Florian Greiner
Die Entdeckung des Sterbens

**Quellen und Darstellungen
zur
Zeitgeschichte**

Herausgegeben vom Institut für
Zeitgeschichte

Band 137

Florian Greiner

Die Entdeckung des Sterbens

Das menschliche Lebensende
in beiden deutschen Staaten nach 1945

DE GRUYTER
OLDENBOURG

ISBN 978-3-11-162775-5
e-ISBN (PDF) 978-3-11-098202-2
e-ISBN (EPUB) 978-3-11-098234-3
ISSN 0481-3545

Library of Congress Control Number: 2022944038

Bibliografische Information der Deutschen Nationalbibliothek
Die Deutsche Nationalbibliothek verzeichnet diese Publikation in der Deutschen Nationalbibliografie; detaillierte bibliografische Daten sind im Internet über http://dnb.dnb.deabrufbar.

© 2024 Walter de Gruyter GmbH, Berlin/Boston
Dieser Band ist text- und seitenidentisch mit der 2023 erschienenen gebundenen Ausgabe.
Titelbild: Gettyimages / Barcin

Satz: Meta Systems Publishing & Printservices GmbH, Wustermark

www.degruyter.com

Inhalt

1. Einleitung 1
   Erkenntnisziele, Fragestellung und Ansatz (2) – Forschungsstand (7) – Analytische Perspektiven und Vorgehen (11) – Methodik, Quellen und theoretischer Zugriff (18)

2. 1948: Das Treffen, oder: Sterben nach dem Massensterben? 25
   2.1 „Gestorben wird immer"? Zum Wandel des Lebensendes im 20. Jahrhundert 27
   Lebenserwartung (28) – Sterblichkeit (33) – Todesursachen und Sterbedauer (38) – Sterbeorte (47)
   2.2 Sterben im Krieg und im Frieden – die Sterbekultur im 20. Jahrhundert 58

3. 1955: Die These, oder: ein Todestabu in der Moderne? 63
   3.1 Verdrängtes Sterben? Die Tabuisierungsthese in Forschung und Öffentlichkeit 65
   Schweigen überall – Orte, Formen und Akteure des Tabus (66) – Verdrängung im Sozialismus? Die Tabuisierungsthese in der DDR (75) – Ein sichtbares Geheimnis: Zur Relevanz des Sterbetabus in der Zeitgeschichte (77)
   3.2 Sterben als christliche Aufgabe: Die Kirchen und die Wiederentdeckung des Lebensendes 79
   Sterben, Sterbebegleitung und Sterbehilfe als kirchliche Themen (80) – Eine neue Ars moriendi? Kirchliche Sterbeanleitung in der Öffentlichkeit (89) – Motor des Dialoges – das Lebensende und die christlichen Kirchen in der DDR (97)

4. 1969: Das Buch, oder: die Erfindung des Sterbeaktivismus 109
   4.1 Das Sterben erforschen: die Thanatologie und die Verwissenschaftlichung des Lebensendes 114
   Die Thanatologie als interdisziplinäre Sterbeforschung in beiden deutschen Staaten (117) – Die Wahrheit am Sterbebett – thanatologische Themen und Zielsetzungen (124) – Das schöne Sterben – von der Sterbeerziehung zum sozialen Protest (132)
   4.2 Sterbebegleitung neu gemacht: die Hospizidee als internationales Phänomen 141
   Cicely Saunders und die moderne Hospizidee (143) – Das Hospiz als Erfolgsmodell zwischen Wissenschaft und Gesundheitspolitik: Hospice Care in den USA (146) – Ideentransfers zwischen Liebe und Kirche: das Hospiz in Polen (149) – Ein gescheitertes Experiment? Die Anfänge der Hospizbewegung in Westdeutschland (150) – Spezifisch deutsch? Ursachen und Bewertung der Hospizproblematik in der Bundesrepublik (161)

5. 1973: Der Skandal, oder: Euthanasie reloaded? 167

5.1 Zwischen NS-Erinnerung, Selbstbestimmung und „ärztlicher Bewahrungspflicht" – Sterbehilfe in der Bundesrepublik und DDR ... 173

Die Wiederentdeckung des Themas seit den frühen 70er Jahren im Westen (176) – Behandlung bis zum letzten Atemzug? Sterbehilfe in der DDR (194) – Von Hackethal bis Singer – die Polarisierung der Sterbehilfe in der Bundesrepublik in den 80er Jahren (203) – Sterbehilfe als das „Andere": zur Funktion eines imaginierten Gegners im wiedervereinten Deutschland (214) – Ein neues Urteil und seine Folgen: Sterbehilfe in der deutschen Zeitgeschichte 1973–2022 (222)

5.2 Nahtoderfahrungen – Ein Leben nach dem Tod in der Moderne? 224

„Waren Sie schon mal im Jenseits?" Nahtoderfahrungen in den Massenmedien (234) – Nahtod und Sinngebung – Das Leben nach dem Tod als Desiderat der Moderne (239)

6. 1978: Das Dokument, oder: „Wie willst du gestorben werden?" 243

6.1 Den Tod neu vermessen: Hirntod, Organtransplantation und Patientenverfügungen 248

Die Neuerfindung des Todes: Der Hirntod (249) – Sterben, um zu leben? Organtransplantation und Tod (260) – „Mein Wille geschehe" – Patientenverfügungen und das Ringen um Sicherheit (266)

6.2 Das Sterben neu vermessen: Der Wandel der Sterbebegleitung in Altenpflege, Krankenhausseelsorge und Sozialer Arbeit in West und Ost 277

Alles Kübler-Ross? Thantologisches Wissen in der Praxis der deutsch-deutschen Sterbebegleitung (280) – Sterbebegleitung als Katalysator des Fortschritts in Seelsorge, Altenpflege und Sozialarbeit (288) – Sterbebegleitung lernen – das Sterben in der Aus- und Weiterbildung (292) – Perfekte Sterbebegleitung? Hospizliche Ideen in Altenpflege, Seelsorge und Sozialarbeit (296)

7. 1985: Die Serie, oder: Sterben in der „Schwarzwaldklinik" 301

7.1 Hallo Sterben! Das Lebensende und die Medien 305

Das Lebensende dar- und ausstellen – von Sterbeporträts und Museumsleichen (307) – Experten des Sterbens – Ratgeber und die Popularisierung von Wissen über den Tod (313) – Grenzen des Sag- und Zeigbaren? Das Sterben in Hörfunk und Fernsehen (326) – Medien, Populärkultur und die Popularisierung des Sterbens (341)

7.2 Schulmedizinisches Sterben? Palliativmedizin und perimortale Medizin in West und Ost 346

Das Sterben als Blindstelle? Ärzte, Medizin und Krankenhäuser am Lebensende (348) – Palliativ oder perimortal? Die Suche nach Problemlösungen in den 70er und 80er Jahren (358) – Die palliative Wende – Ursachen, Rückwirkungen und Erfahrungen (368)

8. 1989: Der Kongress, oder: Schöner Sterben im Sozialismus und im Kapitalismus 383

8.1 Ein erster Anlauf: die Hospizidee in der DDR 384

8.2 Ein neuer Anlauf: Das Hospiz als Neue Soziale Bewegung im Westdeutschland der 80er Jahre 399

Pionierleistungen, oder: Die Macht der Kontingenz – die Hospizidee als Spielweise für zivilgesellschaftliches Engagement (400) – Hospiz als Modethema: Massenmedien als treibende Kräfte (412) – Feindliche Übernahme? Die Kirchen und die Hospizidee (418) – Motive, Selbstverständnis und Praxis der frühen Hospizarbeit (427) – Das Hospiz als Neue Soziale Bewegung in der deutsch-deutschen Zeitgeschichte (435)

9. 1993: Die Verhaftung, oder: Ringen um das „humane" Sterben 441

9.1 Palliativstation oder Hospiz? Der Kampf um das Sterben in München 446

Ursprünge und Hintergründe der Münchner Hospizbewegung (446) – Eine schwierige Geburt: das Johannes-Hospiz als eine hospizliche Palliativstation (453) – Ein Münchner „Religionskrieg" – das Ringen um Hospiz Nr. 2 (466) – Die Hospizidee als Motor und Ausdruck der Glokalisierung (475)

9.2 Gegen alle Widerstände? Die Geschichte der DGHS und der deutschen Sterbehilfebewegung 481

Die Ära Atrott (1980–1993) – innerer Aufschwung und öffentliche Diskreditierung (482) – In ruhigeren Fahrwassern? Die DGHS in der post-Atrott Ära (494) – Die Hospizbewegung und die DGHS: zwischen Parallelen und Abgrenzung (500)

10. 1997: Der Paragraf, oder: Triumph der Sterbebegleitung? 505

10.1 Jünger, bunter, anders – AIDS und die Transformation des Sterbens 507

Öffentliches Sterben? Inszenierungen des Lebensendes im Kontext der AIDS-Epidemie (510) – Selbstorganisiertes Sterben? Der AIDS-Tod zwischen Selbsthilfebewegung und Gesundheitspolitik (513) – Ein gespaltenes Verhältnis? AIDS und Hospiz (519)

10.2 Politik und Sterbebegleitung im wiedervereinigten Deutschland 525

Eine Frage der Zuständigkeit: die sozialpolitische Förderung von Palliativmedizin und Hospizidee (526) – Die Bundespolitik und die Standardisierung der Sterbebegleitung (532) – Warum Sterbebegleitung? Ursachen für die Entdeckung des Hospizes (536) – Auf der Suche nach der Dauerfinanzierung – das BMA und die Hospizbewegung (541) – Der Siegeszug des Hospizes: Konflikte und Folgen (546)

11. 2020: Ausblick und Fazit, oder: Was ist das eigentlich – ein „gutes Sterben"? 563

Die Entdeckung des Sterbens und die Zeitgeschichte (565) – Lebensende „nach dem Boom"? (567) – Zwischen Religion und Subjektarbeit:

VIII Inhalt

Coping und Sinnstiftung am Lebensende (568) – Transnationale und deutsch-deutsche Netze (571) – Tod, Sterben und die Auseinandersetzung mit dem Erbe des „Dritten Reiches" (572) – Ein relevantes Randphänomen – zum stillen Siegeszug des Hospizes und seinen Ambivalenzen (574) – Gut, besser, am besten? Sinn und Unsinn der Superlative des schönen Sterbens (578) – Quo vadis, Sterben – ein Lebensende 2.0? (583)

Danksagung 585

Abbildungs- und Tabellenverzeichnis 587

Quellen- und Literaturverzeichnis 589
   1. Quellen 589
      1.1 Öffentlich zugängliche Archive 589
      1.2 Kirchenarchive 590
      1.3 Privat- und Organisationsarchive 591
      1.4 Eigene Interviews 592
      1.5 Interviews Dritter und unpublizierte Dokumente 593
      1.6 Tageszeitungen, Zeitschriften, Fachmagazine und Nachrichtenagenturen 594
      1.7 Filme, Dokumentationen, Serien und Rundfunksendungen ... 596
      1.8 Politische, kirchliche und staatliche Dokumente und medizinische Richtlinien 599
      1.9 Meinungsumfragen und Statistiken 601
      1.10 Publizierte Quellen und graue Literatur 602
   2. Sekundärliteratur 636
   3. Sonstige Online-Ressourcen und Internetadressen 665

Personenregister 669

Ortsregister 675

1. Einleitung

> *„Und irgendwie irritiert es mich auch. Sie hat so viel über Tod und Sterben geschrieben, es sogar verherrlicht. Jetzt, da ihre Zeit kommt, sagt sie: ‚Ich muss noch dies und das machen.'"*[1] (Erika Faust-Kübler)

Elisabeth Kübler-Ross starb langsam und leidvoll.[2] Es begann Mitte der 90er Jahre mit einer Serie von Schlaganfällen, die zu einer weitgehenden Lähmung führten. Die bis dahin so aktive und noch keine 70 Jahre alte Dame war fortan an ihr Zuhause gefesselt – und ein chronischer, ebenso unaufhaltsamer wie langwieriger körperlicher Verfall eingeleitet. Kübler-Ross, Jahrgang 1926, lebte alleine in der Wüste Arizonas, die Einsamkeit unterbrochen nur von gelegentlichen Besuchen ihres Sohnes und einer mexikanischen Haushaltshilfe. In ihrer 1997 erschienenen Autobiografie klagte sie über ständige Schmerzen, die Abhängigkeit von ganztägiger Pflege und den Mangel an Privatsphäre: Ihr Lebensende habe sich „zum Alptraum" entwickelt. Die eilig nach Arizona gereiste Oprah Winfrey stellte in ihrer Show spöttisch fest, dass die „death and dying lady [...] is not so keen on dying right now."[3] Im Herbst 1997 berichtete Kübler-Ross dem *Spiegel* von unendlicher Langweile, davon, dass es nichts mehr gebe, das ihr noch Spaß mache und sie am Wochenende von Wasser und Brot leben müsse, da niemand da sei, um für sie zu kochen. 16 Stunden am Tag im Stuhl zu sitzen, das sei kein richtiges Leben mehr, sondern ein bloßes Existieren. Immerhin werde das Ende, so prognostizierte sie gewohnt thesenstark, noch vor dem 1. Januar kommen: „Das ist sicher." Doch erst knapp sieben Jahren später, im August 2004, starb Kübler-Ross schließlich. Kurz zuvor hatte sie einer kanadischen Journalistin, die sie für ein Buch über den Umgang mit persönlichen Lebenskrisen interviewte, noch den unmissverständlichen Rat gegeben: „Don't live past seventy. It's hell."[4]

Nichts am Tod von Elisabeth Kübler-Ross ist ungewöhnlich oder gar einzigartig. So wie sie starben – und sterben – Tausende, ja Millionen von Menschen, gerade ab der zweiten Hälfte des 20. Jahrhunderts infolge einer steigenden Lebenserwartung und der immer ausgefeilteren Fähigkeiten der Medizin, auch Schwerstkranke über eine lange Zeit am Leben zu erhalten. Und doch ist dieser Sterbeverlauf bei ausgerechnet jener Person etwas Bemerkenswertes: Es hätte ihn in dieser Form nämlich niemals geben sollen. Denn Elisabeth Kübler-Ross war nicht irgendjemand. Die amerikanisch-schweizerische Psychiaterin war die prominenteste Ver-

---

[1] Stefan Haupt: Elisabeth Kübler-Ross, dem Tod ins Gesicht sehen. DVD-Ausgabe: Berlin 2013, Minute 00:10:25 ff.

[2] Die folgenden Informationen zum Sterben von Elisabeth Kübler-Ross entstammen der oben zitierten Kino-Dokumentation über die Schweizer Sterbeforscherin, dem Spiegel-Artikel von Marianne Wellershoff: „Das elende Warten auf Tag X." *Der Spiegel* 51 (1997), Nr. 39, S. 146 f. und dem Kübler-Ross-Interview in derselben Ausgabe („Die Kojoten sind meine Freunde", S. 149 f.) sowie ihrer Autobiografie: Kübler-Ross, Rad, S. 335–346, Zitat S. 340.

[3] Ein Mitschnitt der Sendung findet sich unter https://www.youtube.com/watch?v=0kR8VianhSk [15. 12. 2021].

[4] Zit. nach Todd: Courage, S. xxii.

treterin jener jungen Zunft der Thanatologie, die sich ab den 1960er Jahren der Aufgabe verschrieben hatte, das Lebensende zu erforschen – und zugleich die Grundsätze eines würdevollen, „guten Sterbens" zu erarbeiten, zu verbreiten und zu lehren. Sie war ein in den Medien omnipräsenter Star, eine Bestseller-Autorin, die unzählige Talkshow-Auftritte absolvierte, deren Seminare und Workshop zehntausende Menschen aus aller Welt besuchten, und die als Sachverständige sogar in Parlamenten gehört wurde. Ihre Arbeit gab der modernen Hospizbewegung wichtige Impulse. Sie war eine öffentliche „Institution" in allen Fragen des Lebensendes, galt international als die „Tod-und-Sterben-Lady".[5] Sie war gleichermaßen von ihren Anhängern[6] geliebt wie von ihren Kritikern gefürchtet, aber doch von jedem als die große Expertin der Sterbeforschung anerkannt. Im festen Glauben an ein Leben nach dem Tod mühte sie sich darum, dem Sterben seinen Schrecken zu nehmen, es vielmehr als etwas grundsätzlich Gutes zu präsentieren: Denn das Sterben sei, wie sie nie müde wurde zu betonen, nichts anderes als „ein Umziehen in ein schöneres Haus."[7] Und doch erlitt ausgerechnet Elisabeth Kübler-Ross jenes „schlechte Sterben", vor dem sie jahrzehntelang so eindringlich gewarnt, ja zu dessen Konstruktion sie einen gewichtigen Beitrag geleistet hatte: einsam, alleine, schmerzvoll, ohne Akzeptanz. Sie hatte es, wie ihre Schwester Erika in dem einleitenden Zitat bemerkt, offenbar trotz allem selbst nicht gelernt, „richtig" zu sterben.

Erkenntnisziele, Fragestellung und Ansatz

Sterben und Tod sind biologische Phänomene, deren konkrete Gestalt zugleich hochgradig zeitgebunden ist.[8] So sind individuelle und gemeinschaftliche Erwartungen und Erfahrungen am Lebensende immer abhängig von den jeweiligen historischen Kontexten. Was Menschen mit dem Tod verbinden, wie sie sich einen „guten" oder „schlechten" Sterbeverlauf vorstellen und wie sie tatsächlich sterben, ist ebenso Ergebnis der medizinisch-pflegerischen, gesundheitspolitischen und demografischen Rahmenbedingungen (vgl. Kap. 2.1) wie von kulturellen Repräsentationen, gesellschaftlichen Aushandlungen oder sozialen Deutungen (vgl. Kap. 2.2). Kulturübergreifend konstant ist einzig das allgemeine Todesbewusstsein als eine spezifisch menschliche Eigenschaft, die die Notwendigkeit von Vermitt-

---

[5] Kübler-Ross, Rad, S. 15.
[6] In diesem Buch wird das generische Maskulinum verwendet. Dies hat nicht nur darstellerische Gründe, sondern auch sachliche: In einigen empirischen Beispielen ist bei Funktionsgruppen (wie z. B. an einem Kongress teilnehmenden Wissenschaftlern) unklar und nicht eindeutig zu belegen, ob sich darunter Frauen und Männer befunden haben (auch weil in den historischen Quellen keine gendergerechte Sprache benutzt wird). Das generische Maskulinum sichert in diesem Sinne die Einheitlichkeit und Exaktheit der Angaben. Geschlechterhistorische Spezifika werden indes immer wieder in den jeweiligen Kapiteln diskutiert.
[7] Kübler-Ross, Tod, S. 10.
[8] Vgl. hier und im Folgenden besonders Assmann, Mensch, S. 12–27 und Trauzettel, Todeserfahrungen, in: ebd., S. 30–40.

lung und Sinnstiftung am Lebensende nach sich zieht und dieses zu einem konstitutiven Bestandteil der persönlichen und kollektiven Identitätssuche macht.[9] Infolgedessen geben die Formen des Sterbens, die Vorstellungen vom Tod und der Umgang mit Sterbenden in einer Gesellschaft Aufschluss über deren grundsätzliche Beschaffenheit: Sind Sterbekultur und menschliche „Sterbewelten" immer Konstrukte,[10] so ist das Lebensende ein Seismograf für sich wandelnde normative Konventionen, für politische Entwicklungen, kulturelle Sinngebung oder soziale Probleme.

Um ein mögliches Missverständnis gleich auszuräumen: Dies ist keine Studie über ein Tabu. Zu keiner Zeit war das Sterben nach 1945 Gegenstand gesellschaftlicher Sanktionierung oder stellte gar etwas „Unsagbares" dar, weder in der Bundesrepublik noch in der DDR oder im wiedervereinten Deutschland, die im Folgenden im Zentrum stehen. Entsprechend kann und will die Arbeit auch nicht mit einem Tabu brechen. Sie will vielmehr zeigen, dass die bis heute omnipräsente These von der vermeintlichen Tabuisierung von Tod und Sterben in der modernen Gesellschaft einen wichtigen Bestandteil jener kulturkritischen Problemdiagnosen, Aufmerksamkeitskonjunkturen und Verschiebungen markierte, die die Zeitgeschichte des Lebensendes prägten. Es geht also darum, das Verdrängungsnarrativ aufzubrechen und konsequent zu historisieren, seinen Erfolg zu erklären und seine Folgen zu analysieren (vgl. Kap. 3.1). Dabei ist sowohl nach den strukturellen Bedingungsfaktoren dieser Meistererzählung zu fragen als auch nach den Interessen der vielfältigen Akteure in Zivilgesellschaft und Politik, die ihr Vorschub leisteten.

Denn nach 1945 erfolgte vielmehr – und dies ist nicht nur der Titel, sondern auch die zentrale These dieser Arbeit – die Entdeckung des Sterbens. Damit ist natürlich nicht gemeint, dass sich ein Bewusstsein über die menschliche Vergänglichkeit erst nach dem Zweiten Weltkrieg ausgeprägt hätte. Auch die Frage, wie „würdevoll" gestorben und das menschliche Lebensende adäquat gestaltet werden konnte, war keinesfalls neu, sondern beschäftigte unter anderem die Kirchen bereits seit Jahrhunderten (vgl. Kap. 3.2). Was sich aber, insbesondere im letzten Drittel des 20. Jahrhunderts als Reaktion auf medizinische, demografische und soziale Veränderungen systemübergreifend herausbildete, war ein verändertes Problembewusstsein. Doch hinter der Entdeckung des Sterbens verbarg sich noch weitaus mehr: Diese spiegelte ebenso spezifische gesellschaftliche Verlusterfahrungen wie unterschiedlichste Zukunftserwartungen. Sie markiert damit eine ganz eigene zeithistorische Epochensignatur, die ein immenses Spannungspotenzial barg. So prallten am Lebensende verschiedenste Akteure und eine Vielzahl an Positionen quer durch alle politischen, sozialen und weltanschaulichen Lager aufeinander: Das Sterben avancierte mithin zu einem bedeutsamen gesellschaftlichen Konfliktthema.

---

[9] Vgl. Morin, L'homme.
[10] Vgl. Nieder/Schneider, Grenzen; Schnell/Schneider/Kolbe, Sterbewelten.

Genau darum soll es in dieser Arbeit gehen: Um das Lebensende als eine Sonde für allgemeine Entwicklungstrends moderner und postmoderner Gesellschaften. In den Blick kommen etwa Verwissenschaftlichungsprozesse, die das Sterben zu einem Spielfeld der Sozial- und Naturwissenschaften werden ließen (vgl. Kap. 4.1) und im Zuge derer Todkranke zum Gegenstand sozialer Praktiken der Subjektarbeit in Form einer gezielten „Sterbeanleitung" durch staatliche und zivilgesellschaftliche Akteure wurden. Gleichfalls werden die Genese Neuer Sozialer Bewegungen in den Bereichen Hospiz und Sterbehilfe, ihre Triebkräfte, ihr Protestcharakter und ihre gesellschaftlichen Einflüsse untersucht. Über eine Zeitgeschichte des Sterbens können gerade die markanten politischen, kulturellen und sozialen Veränderungen im letzten Drittel des 20. Jahrhunderts erfasst und somit auch ein Beitrag zur Debatte um die Ära „nach dem Boom" geleistet werden – gleichwohl in einer veränderten Perspektive.[11] So wird gesellschaftlicher Wandel nicht auf der Makroebene der Industrieproduktion, der Wirtschaftsverhältnisse oder des politischen Systems analysiert, sondern mit einem systemübergreifenden Langzeitblick primär auf der Mikroebene sozialer Praktiken (z. B. Sterbebegleitung), kultureller Deutungen (z. B. Darstellungen des Krebstodes im Fernsehen), medizinischer Wissensproduktion (z. B. Entstehung neuer Todesdefinitionen) und gesellschaftlicher Deutungskämpfe (z. B. Sterbehilfe).

Damit begegnet diese Arbeit zugleich der jüngst wiederholt formulierten Kritik an einer auf dramatisch-spektakuläre Gegenstände fixierten und dadurch allzu weit von der Normalität der Lebenswelten entfernten Zeitgeschichte.[12] Profane, aber omnipräsente Alltagspraktiken der „Mehrheitsgesellschaft" sowie die sich damit verbindenden Normen und Repräsentationen, aber auch ihre Rückwirkungen auf Politik, Wirtschaft und Kultur, geraten nach wie vor eher selten in den zeithistorischen Blick. Das Sterben hingegen ist kaum ein im klassischen Sinne faszinierendes Thema. Seine Bedeutung für die menschliche Lebenswirklichkeit ist jedoch unumstritten und seine gesamtgesellschaftliche Relevanz ungebrochen. Denn an diesem liminalen Übergang, der jedes Individuum und sein Umfeld früher oder später betrifft, verdichteten sich zahlreiche der markanten Entwicklungen und Verschiebungen der Jahre nach 1945: Eine zeithistorische Analyse des Lebensendes berührt unter anderem Fragen einer Geschichte des Alter(n)s und der Folgeprobleme einer Bevölkerung, die immer länger lebt; die Herausforderungen der Gesundheitspolitik und des Wohlfahrtsstaates; die Rolle von Religion und Wissenschaft in der modernen Gesellschaft und deren wechselseitige Beziehung; das Erbe des Nationalsozialismus sowie den Einfluss von Massenmedien oder sozialem Protest. Sie ermöglicht damit neue Perspektiven auf eine Epoche, die durch veränderte gesellschaftliche Erwartungshorizonte, soziale, religiöse, mediale und demografische Umbrüche, Wertewandel, Verschiebungen im Verhältnis von Öffentli-

---

[11] Raphael/Doering-Manteuffel, Boom.
[12] Vgl. Bösch, Arbeit, hier v. a. S. 301 sowie stark polemisch Uekötter, Kanal, S. 250–267.

chem und Privatem, Prozesse der Rationalisierung und Ökonomisierung sowie die Entstandardisierung von Lebensentwürfen charakterisiert war.[13]

Hieraus ergeben sich eine Fülle von Leitfragen mit unterschiedlicher Reichweite: Wie starben Menschen nach 1945? Wie gingen verschiedene politische Systeme mit den neuen Herausforderungen um und wie veränderte sich in beiden deutschen Staaten der gesellschaftliche Zugriff auf das Ende des Lebens in Anbetracht des medizinischen, sozialen und demografischen Wandels? Denn der Blick fällt auch und gerade auf die Organisation und Ausgestaltung des Sterbens in der zweiten Hälfte des 20. Jahrhunderts: Welche Akteure beschäftigten sich in jenen Jahren in der DDR und in der Bundesrepublik vor welchem Hintergrund, mit welchem Interesse und mit welchen Folgen mit dem Thema? Welche Vorstellungen von einem „guten Sterben" verhandelten sie und welche Wissensbestände produzierten sie? Wie wandelte sich dadurch die Gestalt des „würdevollen Todes" und mit welchen Interventionstechniken wurde versucht, diesen zu erreichen und in konkrete Praktiken, etwa der Sterbebegleitung, zu übersetzen? Blieben Formen sozialer Ungleichheit bestehen? Welche Bedeutung fiel dabei der zeitgenössisch immer breiter debattierten Idee eines „selbstbestimmten" Sterbens zu? Schließlich: Welche Rolle spielten das gewalttätige Erbe völkisch-eugenischen Denkens oder die Kirchen und konfessionelle Sinnstiftungsmechanismen.

An dieser Stelle sind einige semantische Präzisierungen und analytische Eingrenzungen nötig. Dies betrifft zunächst die beiden zentralen Begrifflichkeiten „Tod" und „Sterben", die sich jenseits ihres biologischen Kerns einer exakten Definition entziehen. So beschreibt der Tod als Zustand zwar offenkundig das Ende des Lebens, doch bereits der exakte Zeitpunkt ist schwer zu bestimmen und Gegenstand wissenschaftlicher, politischer und öffentlicher Auseinandersetzungen. Eine der großen Streitfragen der Menschheitsgeschichte ist zudem, ob der Tod wirklich das Ende der Existenz markiert und was konkret mit Menschen nach ihrem Ableben geschieht. Die sich damit verbindende Sinnlücke macht transzendente Fragen nach einem Jenseits oder einem Leben nach dem Tod seit jeher zu einem wichtigen Gegenstand von Philosophie, Religion sowie dem individuellen Nachdenken über das eigene Selbst – und beschäftigte auch und gerade die Zeitgenossen nach 1945 intensiv, beispielsweise im Kontext der Debatte um Nahtoderfahrungen (vgl. Kap. 5.2). Das Sterben wiederum umreißt den Prozess des Erlöschens der vitalen Organfunktionen, ist aber ebenfalls unmöglich einzugrenzen, weder was die konkreten körperlichen Vorgänge angeht noch in zeitlicher Hinsicht. Dies gilt in Ermangelung einer einheitlichen Todesdefinition für das Ende, gleichermaßen aber auch für den Anfang. Ab wann stirbt ein Mensch: Mit dem Ausbrechen der letztlich zum Tode führenden Krankheit, in dem Moment, in dem ein Arzt diese diagnostiziert beziehungsweise wenn er selbst davon erfährt, mit sich häufenden Grunderkrankungen, die einen plötzlichen Tod (z. B. einen Herz-

---

[13] Vgl. Reitmayer/Schlemmer, Anfänge; Heinemann, Wertewandel; Dietz/Neumaier/Rödder, Wertewandel.

infarkt) hervorrufen, oder vielleicht – im Bewusstsein um die Unvermeidlichkeit – sogar bereits ab seiner Geburt?[14] Zugleich ist das Sterben ein sozialer Prozess, der sich nicht in seiner biologischen Seite erschöpft, ja ein kulturelles Konstrukt. Denn die Art, wie Menschen sterben, hängt von zahlreichen Variablen ab, von medizinischen Faktoren ebenso wie von Zuschreibungen von Krankheit, nahendem Ende oder umgekehrt sozialem Weiterleben, von der Einbindung in ihr Umfeld oder der Qualität der Pflege.[15] Die Gestalt des Lebensendes wird mithin entscheidend geprägt durch das zum jeweiligen Zeitpunkt akzeptierte „Sterbewissen", das sich nach 1945 stark wandelte.[16] Was „Tod" und „Sterben" genau bedeuten und wie diese Prozesse beziehungsweise Zustände zu definieren waren, darüber wurde in der zweiten Hälfte des 20. Jahrhunderts hitzig gestritten. Die bereitgestellten Antworten und die damit einhergehenden Neubestimmungen – zu denken ist etwa an das Konstrukt des Hirntodes (vgl. Kap. 6.1) – sind insofern Teil der Analyse.

Als Arbeitsdefinition für den Zweck dieser Studie wird „Sterben" als die Phase des Übergangs zum Tod bestimmt, womit konkret der Zeitraum am Ende des menschlichen Lebens gemeint ist, in dem ein Schwerkranker keine Aussicht auf Heilung mehr hat. Damit einher geht eine Schwerpunktsetzung, die nötig ist, um das Sterben als Prozess in den Blick zu bekommen: Erstens werden „natürliche" Sterbeverläufe infolge chronischer Erkrankungen fokussiert. Diese entwickelten sich statistisch in der zweiten Hälfte des 20. Jahrhunderts zur dominanten Form des Sterbens – und eben deshalb war das Schicksal von Elisabeth Kübler-Ross alles andere als eine Ausnahme, sondern stand prototypisch für die Art, wie die Mehrzahl der Menschen im Westen, aber auch im Osten starben. Dass diese Sterbeverläufe zugleich ins Zentrum der gesundheitspolitischen, wissenschaftlichen und zivilgesellschaftlichen Aufmerksamkeit sowie zunehmend auch der kulturellen Repräsentationen des Lebensendes rückten, lag zugleich daran, dass sie ein neuartiges Maß an Sinngebung erforderten und hohe Kosten verursachten. Dagegen werden die nach 1945 seltener werdenden, aber selbstredend immer noch vorhandenen Fälle eines plötzlichen oder gewaltsamen Todes weitgehend ausgeblendet. Dies gilt auch für den Suizid, der jedoch dann eine Rolle spielt, wo er alters- oder krankheitsbedingt auftritt. Denn die Option, freiwillig aus dem Leben zu scheiden, war in dieser Hinsicht Teil des Ringens um Selbstbestimmung am Lebensende, eine wichtige Komponente im Kontext der Entwicklung von Sterbehilfe, ärztlich assistiertem Suizid und Tötung auf Verlangen (vgl. Kap. 5.1). Auch der Schwangerschaftsabbruch wird in der Arbeit nur am Rande thematisiert, obwohl seine Geschichte in mancherlei Hinsicht mit dem eigentlichen Thema verwoben ist: Insbesondere in den 70er Jahren zeigen sich in Westdeutschland klare Parallelen zwischen der Debatte um den Abtreibungsparagrafen (§ 218 StGB) und derjenigen um den Sterbehilfeparagrafen (§ 216 StGB), und zwar gleichermaßen bezüg-

---

[14] Vgl. zu diesem Problem Feldmann, Sterben, v. a. S. 8.
[15] Vgl. ebd., S. 86–93.
[16] Vgl. Schneider, Sterbewelten, hier v. a. S. 57.

lich der politischen, zivilgesellschaftlichen und strafrechtlichen Reformbemühungen wie mit Blick auf einen wissenschaftlich-intellektuellen Diskurs um die „Grenzen des Lebens".[17]

Zweitens klammert die Arbeit weitgehend die Themenfelder Trauer, Bestattungswesen und Sepulkralkultur aus. Im Zentrum steht das, was unmittelbar vor dem Tod passiert, und nicht das, was nach dem Ende eines Lebens kommt. Denn die analytischen Fluchtpunkte sind, wie der folgende Forschungsüberblick verdeutlicht, letztlich andere. Klar ist jedoch: Eine eindeutige Trennung ist nicht immer einfach, oft unmöglich. Die Gestaltung der eigenen Bestattung treibt – wie nicht erst, aber ganz besonders im Kontext der AIDS-Epidemie Ende der 80er und Anfang der 90er Jahre deutlich wurde (Kap. 10.1) – viele Schwerstkranke ebenso um wie die Frage, was nach dem Tod mit ihnen geschieht. Zudem stellt Trauerarbeit (bei den Hinterbliebenen) beispielsweise eine bedeutende Facette moderner Sterbebegleitung dar.[18] So ist das Lebensende denn auch als eine Phase des liminalen Übergangs zu verstehen, dessen einzelne Bestandteile eng miteinander verwoben sind.[19] Daher erfolgen im Laufe der Arbeit immer wieder kursorische Seitenblicke auf den Bereich der Trauer-, Friedhofs- und Bestattungskultur.

Forschungsstand

Das Lebensende ist bislang kaum ins Blickfeld der Zeitgeschichte geraten, obschon zahlreiche der damit verbundenen Fragen und Probleme, wie der Alterssuizid, Sterbehilfe und -begleitung, das Sterben im Krankenhaus, Patientenverfügungen und Organspende oder die Hirntoddefinition im letzten Drittel des 20. Jahrhunderts öffentlich breit diskutiert wurden, was auf ihre hohe politische und gesellschaftliche Relevanz verweist. Diese Forschungslücke überrascht auch angesichts der Vielzahl an wissenschaftlichen Studien seit den 60er Jahren, die Tod und Sterben in anderen Disziplinen zu regelrechten Modethemen werden ließ. Die Akzente wurden dabei leicht unterschiedlich gesetzt: Während etwa die kulturanthropologische Thanatologie meist Fragen des Todes fokussiert und etwa Bestattungsriten, Friedhofskultur oder den Umgang mit toten Körpern erforscht, lässt sich in der sozialwissenschaftlichen Forschung eine stärkere Konzentration auf das Sterben, also die Phase vor dem Tod feststellen. Auch im 21. Jahrhundert wird das menschliche Lebensende in jedem Fall in Fächern wie der Soziologie,[20] Anthropo-

---

[17] Vgl. Dworkin, Grenzen sowie zur Geschichte der Abtreibung in der Bundesrepublik und in der DDR allgemein Gante, 20. Jahrhundert (II), S. 169–207; Schwartz, Liberaler, S. 183–212.
[18] Vgl. etwa Müller/Brathuhn/Schnegg, Handbuch, darin insbesondere das Geleitwort des damaligen Präsidenten der Deutschen Gesellschaft für Palliativmedizin, S. 7 f.
[19] Für eine systematische Diskussion vgl. das Panel „Deutungskämpfe am Lebensende – Zur Dialektik von Individualisierung und Standardisierung beim Sterben, Trauern und Erben im 20. Jahrhundert" auf dem 53. Deutschen Historikertag: Meßmer, Sektionsbericht.
[20] Vgl. hier und in den folgenden Fußnoten jeweils als Auswahl Knoblauch/Zingerle, Thanatosoziologie; Feldmann, Tod; Benkel, Zukunft; Jakoby/Thönnes, Soziologie; Benkel/Meitzler, Le-

logie und Ethnologie,[21] Philosophie,[22] Theologie,[23] in Medizin, Medizin- und Bioethik[24] sowie den Literatur-, Kultur- und Rechtswissenschaften viel beforscht.[25]

Dies gilt für die Geschichtswissenschaften nur sehr eingeschränkt, für die Zeitgeschichte überhaupt nicht. So kommen interdisziplinäre Kompendien zum Sterben in der Regel ohne zeithistorische Beteiligung aus.[26] Die historiografische Beschäftigung mit dem Thema begann Mitte der 70er Jahre mit den Studien der mentalitätsgeschichtlich arbeitenden französischen Annales-Historiker Michel Vovelle und insbesondere Philippe Ariès.[27] Diese untersuchten epochenübergreifend die sich wandelnden gesellschaftlichen Einstellungen zum Tod und kulturelle Repräsentationen des Sterbens, wobei der Fokus – gemäß ihrer fachlichen Spezialisierung – auf der Zeit vor 1800 lag. Dies war durchaus richtungsweisend. So entwickelte sich ein reges Interesse an dem Thema in einigen Teildisziplinen: In der Alten Geschichte,[28] der Mediävistik[29] und der Frühen Neuzeit[30] existieren relativ breite Forschungen beispielsweise zu Friedhofsarchitektur, Grabbeigaben, Trauerritualen, Gedenkkulturen, aber auch Spezialthemen wie adligen Suiziden. Für das 19. Jahrhundert liegen mittlerweile ebenfalls geschichtswissenschaftliche und medizinhistorische Studien vor, die sich nicht nur mit dem Wandel von Trauerkulturen, sondern vereinzelt auch mit der Entwicklung der Sterbebegleitung befassen.[31] Besonders opferreiche Seuchen rückten ausgehend von Richard Evans monumentaler Studie zur Hamburger Choleraepidemie im Jahr 1892 ebenfalls gelegentlich

---

ben und Tod. Vgl. für einen fundierten Forschungsüberblick Barth/Mayr, Tod sowie exemplarisch für die nicht minder umfangreiche englischsprachige Forschung Broom, Dying.

[21] Vgl. Springhart, Mensch; Eschenbruch, Stories; Cox, Sterben und Tod; Gross, Tod oder das Themenheft „Lebens-Enden. Zum Umgang mit Sterben und Tod in der Europäischen Ethnologie/Volkskunde" der Zeitschrift Augsburger Volkskundliche Nachrichten 23 (2017), Nr. 1.

[22] Esser/Kersting/Schäfer, Tod; Gehring/Rölli/Saborowski, Ambivalenzen; Oliver, Technologies; Birnbacher, Tod.

[23] Ahn/Miczek/Rakow, Diesseits; Weiher, Geheimnis; Venbrux u. a., Ways; Heller/Winter, Tod; Volp, Tod.

[24] Weingarten, Sterben; Streeck, Tod; de Ridder, Sterben; Jox, Sterben; Husebø/Mathis, Palliativmedizin.

[25] Eiden u. a., Totenkulte; von Thannhausen, Todesbegriff; Putz/Steldinger, Patientenrechte; Leisner, Tod sowie die einschlägigen Beiträge in Tag/Groß, Umgang.

[26] Vgl. etwa Bormann/Borasio, Sterben sowie die Beiträge beim interdisziplinären Workshop „Rationalitäten des Lebensendes. Sterbekulturen in Vergangenheit und Gegenwart" (Senneke, Tagungsbericht) und den Tagungsband: Bauer u. a., Rationalitäten. Der Call for Papers zu der Veranstaltung hatte keinerlei Einsendungen von zeithistorischer Seite hervorgerufen.

[27] Die französischen Erstwerke waren Vovelle, Mourir bzw. Ariès: Essais [das Buch erschien zunächst in englischer Übersetzung unter dem Titel Western Attitudes Toward Death: from the Middle Ages to the Present. Baltimore 1974]. Vgl. für eine kritische Diskussion der Arbeiten von Vovelle und Ariès als Ausdruck des thanatologischen Zeitgeistes Kap. 3.1.

[28] Degelmann, Squalor; Graen, Tod; Pfeiffer, Tod; Volp, Tod.

[29] Appleford, Learning to Die; Bruggisser-Lanker, Musik; Janßen, Leben; Kolmer, Tod; von der Nahmer, Heilige; Ohler, Sterben; Rollo-Koster, Death; Schmitz-Esser, Leichnam; Wenninger, Du guoter tôt.

[30] Brüggemann, Herrschaft; Kühnel, Ehre; Karsten/Zitzlsperger, Tod; Kobelt-Groch/Moore, Tod; Lorbeer, Sterbelieder; Stöcker, Räume; Warda, Memento mori; Zürn, Gemeinde.

[31] Richter, Tod; Nolte, Todkrank; Buchner, Weinen; Zedler, Leichen.

ins Zentrum des Interesses, wobei das Augenmerk hier hauptsächlich auf deren gesellschaftlichen, politischen und sozialen Ursachen sowie Folgen lag.[32]

Allerdings deutet diese Auflistung bereits jene analytische Engführung an, die das Thema bisher in den Geschichtswissenschaften charakterisiert: Der Schwerpunkt der Forschung liegt eindeutig auf Fragen der Sepulkralkultur, was sicherlich mit der deutlich besseren Quellenlage zusammenhängt. Noch viel stärker trifft dies für das 20. Jahrhundert zu, für das ohnehin vergleichsweise wenig Studien vorliegen.[33] Die internationale,[34] aber ganz besonders die deutsche Zeitgeschichte des Todes ist bislang vornehmlich die Geschichte von Friedhöfen, Beerdigungen und des Bestattungswesens.[35] Methodisch dominieren folgerichtig überwiegend erinnerungskulturelle, mentalitäts- und kunsthistorische Fragestellungen. Diese Schwerpunktsetzung reflektiert sich ebenfalls in der jährlich am Museum für Sepulkralkultur in Kassel stattfindenden interdisziplinären Tagung „transmortale" und den daraus hervorgegangenen Publikationen,[36] oder in dem Band zur „Sozialgeschichte des Todes" des Archivs für Sozialgeschichte aus dem Jahr 2015, die durchaus vielfältige zeithistorische Perspektiven aufwerfen.[37] Auch für die DDR liegen mittlerweile einige Arbeiten zur Geschichte der Bestattungs- und Trauerkultur vor. Deren Befunde verweisen auf die Schranken der ideologischen Durchdringung des Lebensendes, die anhaltende Bedeutung der Kirchen in diesem Bereich sowie auf eine Vielzahl an systemübergreifenden Kontakten und transnationalen Verflechtungen nicht zuletzt mit dem Westen.[38]

Wird der Tod insofern historiografisch zumeist vom Endzustand her (in Form des Umgangs mit Leichen und der Trauer) gedacht, so sind das Sterben selbst und die letzte Phase des menschlichen Lebens ungeachtet der markanten Verschiebungen nach 1945 bislang kaum berücksichtigt worden. Ausnahmen finden sich lediglich in dramaturgisch aufgeladenen Teilbereichen – zu denken ist hier etwa an Studien zur Todesstrafe,[39] zu Praktiken der Totenfolge wie der Witwenverbren-

---

[32] Evans, Tod. Vgl. für neuere Gesamtdarstellungen Vasold, Grippe und Jacobsen, Schatten sowie für die zeithistorische Seuchengeschichtsforschung Thießen, Seuchen.
[33] Vgl. auch den Abriss zum Forschungsstand in der Geschichtswissenschaft in: Wittwer/Schäfer/Frewer, Sterben, S. 1–14, der sich auf die mittelalterliche und frühneuzeitliche Forschung konzentriert, das 20. Jahrhundert auf knapp einer Seite abhandelt und die Darstellung auf Fragen der Sepulkralkultur reduziert.
[34] Für die USA liegt mittlerweile zumindest eine medizinhistorische Studie vor, die sich der Entwicklung der Sterbebegleitung vom späten 19. Jahrhundert bis in die 1960er Jahre widmet: Abel, Hour.
[35] In Auswahl: Fischer, Geschichte des Todes; ders., Raum; ders./Herzog, Nekropolis; Götz, Trauernde; Herzog, Totengedenken; Sörries, Ruhe; ders., Tod (2015); systemübergreifend: Black, Death.
[36] Buchner/Götz, transmortale. Vgl. zu der Veranstaltungsreihe https://www.sepulkralmuseum.de/forschung/forschung-zur-sepulkralkultur/transmortale--neue-forschungen-zum-thema-tod [15. 12. 2021].
[37] Auch veröffentlicht als Planert/Süß/Woyke, Sterben, Töten, Gedenken.
[38] Vgl. Redlin, Totenrituale; Schulz, Death; Tóth, Shades sowie für eine theologische Untersuchung George, Bestattung.
[39] Vgl. Evans, Rituale oder beschränkt auf frühere Epochen Martschukat, Töten.

nung in Indien,[40] die vergleichsweise breite Forschung zum Thema Suizid[41] oder die – vor allem dank medizingeschichtlicher Bemühungen – zumindest ansatzweise historisierte Debatte um die Sterbehilfe in beiden deutschen Staaten nach 1945.[42] Zeithistorische Perspektiven auf das Sterben zu werfen, bleibt indes häufig anderen, etwa Sozialwissenschaftlern, überlassen.[43] Dies zeigt sich auch in den diversen, die jüngere Vergangenheit fokussierenden „Kulturgeschichten" des Lebensendes, die populärwissenschaftlich aufgemacht sind.[44] Historische Überblicksdarstellungen zur Palliativmedizin liegen bislang ebenfalls ausschließlich seitens der Medizingeschichte vor. Eine Folge hiervon ist, dass die zweite Hälfte des 20. Jahrhunderts, in der die Palliativmedizin ihre Institutionalisierung und eigentliche Blüte erfuhr, gemäß einer nach wie vor bestehenden disziplinären Grundausrichtung auf die Jahre vor 1945 weitgehend ausgeblendet wird: In Michael Stolbergs umfangreicher Überblicksdarstellung entfallen etwa auf die Zeit nach dem Zweiten Weltkrieg gerade einmal 17 Seiten, während das Kapitel zur Frühen Neuzeit fast 100 Seiten stark ist.[45] Die Geschichte der Hospizidee und der sich mit ihr verbindenden zentralen zivilgesellschaftlichen Organisation im Bereich der Sterbebegleitung ist bislang fast ausschließlich von der Bewegung selbst geschrieben worden. Infolgedessen weist sie teilweise hagiografische Tendenzen auf und ist limitiert auf bewegungsinterne Quellen wie Interviews, Publikationen oder unsystematische Bestände der einzelnen Vereine und Verbände, die kaum kontextualisiert werden.[46]

Sind dezidiert zeithistorische Untersuchungen zum Sterben somit bislang absolute Mangelware, bietet die Forschung in anderer Hinsicht vielfältiges Anschlusspotenzial. Ohne direkt Bezug auf den Vorgang des Sterbens zu nehmen, betonen etwa neuere Arbeiten zur Geschichte des Erbens oder zum sogenannten „vierten Alter", also der immer weiter wachsenden Gruppe der Hochbetagten, wie politische Rahmenbedingungen, soziale Praktiken, gesellschaftliche Zuschreibungen und kulturelle Repräsentationen dem menschlichen Lebensende Gestalt geben.[47] Auch mit Blick auf den deutsch-deutschen Vergleich, dem diese Arbeit schwerpunktmäßig nachgeht, liegt mittlerweile eine Vielzahl an Untersuchungen vor. Diese weisen nach, dass bei aller Systemkonkurrenz mannigfaltige Prozesse des Austausches, der – gleichwohl meist asymmetrisch bleibenden – Verflechtung und

---

[40] Mit Ausblicken in die Zeitgeschichte: Fisch, Rituale.
[41] Goeschel, Selbstmord; Graitl, Sterben, mit einem starken Fokus auf die Zeit zwischen 1963 und Mitte der 2000er Jahre; Grashoff, „Depression"; Baumann, Recht; Macho, Leben und Minois, Selbstmord, der allerdings nur ausblickartig das 20. Jahrhundert untersucht.
[42] Benzenhöfer, Tod; Bettin, Bedeutsam; Frewer/Eickhoff, Euthanasie; Hohendorf, Tod.
[43] Vgl. etwa Thieme, Sterben, S. 113–143.
[44] So etwa Jones, Reise; Pennington, Memento mori; Smolny, Tod.
[45] Stolberg, Geschichte. Vgl. für den englischsprachigen Raum Clark, Comfort oder stärker gegenwartsbezogen Lewis, Medicine.
[46] Vgl. Heller u. a., Geschichte; Fink, Initiative; Golek, Standort; Seitz/Seitz, Hospizbewegung; Mielke, Hospiz, darin der geschichtliche Abriss auf S. 115–156.
[47] Vgl. van Laak, Was bleibt; Dinkel, Erben; Kramer, Alter(n).

Analytische Perspektiven und Vorgehen

der Interdependenz existierten. Ausgehend von der Pionierstudie von Christoph Kleßmann, der sich vor allem der unmittelbaren Nachkriegszeit widmete, differenzierte sich die deutsch-deutsche Forschung seit der Jahrtausendwende stark aus.[48] Die Versuche einer Theoretisierung reichen von Schlagworten wie „asymmetrisch verflochtene Parallelgeschichte" über die „doppelte Zeitgeschichte" bis hin zur „geteilten Geschichte".[49] Selbstredend spielten bei aller Verflechtung Praktiken der Abgrenzung und Formen der Konkurrenz in der Geschichte der Beziehungen zwischen der Bundesrepublik und der DDR stets eine zentrale Rolle.[50] Auch diese trugen indes zur wechselseitigen Beobachtung und zu systemübergreifenden Bezugnahmen bei. So existierte ein gemeinsamer Erfahrungsraum, der die deutsch-deutsche Wahrnehmung prägte.[51] Ein übergreifender Befund der neueren Forschung ist dabei, dass „gerade obsessiv betriebene Trennung gegen alle Intentionen eng zusammen[führen]" kann.[52] „Getrennt und doch vereint", ließe sich denn auch als prägendes Charakteristikum der deutsch-deutschen Zeitgeschichte festhalten – vor und vielleicht auch nach der Wende.[53] Allerdings herrscht nach wie vor ein Mangel an empirischen Studien, die die Entwicklung im wiedervereinigten Deutschland in den Blick nehmen und nach den Folgen dieser asymmetrischen Verflechtungen für die Berliner Republik fragen – noch immer stellt der Umbruch der Jahre 1989/90 allzu oft einen „zeithistoriografische[n] Schlussstein" dar.[54]

Analytische Perspektiven und Vorgehen

Genau hier setzt diese Arbeit an, indem sie die gesellschaftlichen Reaktionen auf die neuen Problemlagen am Lebensende nach 1945 in beiden deutschen Staaten sowie im ersten Jahrzehnt nach der Wiedervereinigung analysiert – und sich damit auch in der noch jungen zeitgeschichtlichen Transformationsforschung verortet.[55] Ein solcher Zugang lenkt den Blick auf das gemeinsame Erbe, insbesondere die Erfahrungen im „Dritten Reich" und im Zweiten Weltkrieg, sowie auf jenen konfliktreichen Wandlungsprozess, den die DDR wie die Bundesrepublik anschlie-

---

[48] Kleßmann, Staaten.
[49] Vgl. Brunner/Grashoff/Kötzing, Verflochten; Bauerkämper/Sabrow/Stöver, Zeitgeschichte; Bösch, Geteilte Geschichte. Zum Ursprung der auf Kleßmann zurückgehenden Formulierung „asymmetrisch verflochtene Parallelgeschichte" vgl. Wentker, Abgrenzung.
[50] Vgl. auch Möller/Mählert, Abgrenzung.
[51] Vgl. Großbölting, Himmel (2012).
[52] Wolff, Teilung, S. 354.
[53] Weber, Getrennt.
[54] Vgl. Bösch, Geteilte Geschichte, S. 98–114 und Böick/Siebold, Sorgenkind, Zitat ebenda.
[55] Vgl. zur zeithistorischen Transformationsforschung Böick/Brückweh, Einleitung, und die anderen Beiträge dieses Themenschwerpunktes; Brückweh, Deutschland, S. 4–10; Brückweh/Villinger/Zöller, Geschichte sowie für die Mikroebene der sozialen Praktiken Hoffmann/Brunnbauer, Transformation.

ßend durchliefen.[56] Zugleich verweist er aber auf die unterschiedliche politische, wirtschaftliche und gesellschaftliche Entwicklung von West- und Ostdeutschland. Angestrebt wird ausdrücklich kein klassischer Demokratie-Diktatur-Vergleich, vielmehr ist aufbauend auf den eben genannten Ansatz einer „asymmetrisch verflochtenen Parallelgeschichte" nicht nur nach Unterschieden, sondern auch nach Konvergenzen und Interaktionen zu fragen. Damit wird der Tatsache Rechnung getragen, dass der grundsätzliche Problemhorizont in beiden Staaten letztlich ähnlich war (vgl. Kap. 2.1). Auf den ersten Blick mag dies überraschen, waren die Voraussetzungen in Ost- und Westdeutschland doch denkbar ungleich. So fiel die DDR wirtschaftlich und sozial rasch weit hinter das Niveau der Bundesrepublik zurück, so dass die gesundheitspolitischen und wohlfahrtsstaatlichen Strukturen stark divergierten, was sich gleichermaßen auf die Lebenserwartung und Sterblichkeitsraten wie auf die Qualität der medizinischen Versorgung – eben auch von Sterbenden – auswirkte. Der Lebensstandard im Osten war in den 80er Jahren nach neueren Schätzungen etwa viermal niedriger als im Westen.[57] Jedoch bestanden bezüglich der Entwicklung am Lebensende strukturelle Gemeinsamkeiten in Form noch eingehend zu betrachtender demografischer Veränderungen und medizinischer Entwicklungen, die eine politische wie gesellschaftliche Neuausrichtung notwendig machten und mit dazu beitrugen, dass das Sterben in der sozialistischen Diktatur deutlich weniger im Zentrum der Ideologisierung stand als andere Lebensphasen. Ferner ist eine solche deutsch-deutsche Perspektive und speziell die Suche nach Interdependenzen und Verflechtungen aus verschiedenen Gründen analytisch fruchtbar, zumal wenn die Zeit nach der Wende in die Untersuchung eingeschlossen wird: Sie reflektiert ebenso den geteilten Erfahrungshintergrund, speziell hinsichtlich des Nationalsozialismus, wie das Vorhandensein einer über die Mauer hinweg bestehenden „Kommunikationsgemeinschaft", die vielfältige Wissenstransfers hervorrief und mit dazu beitrug, dass gegenseitige Bezugnahmen auch infolge von Konkurrenz und Abgrenzung viel ausgeprägter waren als zu anderen Staaten.[58]

In dieser Hinsicht leistet die Arbeit auch einen Beitrag zur Nachgeschichte des Zweiten Weltkriegs, indem sie den Folgen der Transformation vom „gewaltsamen" zum „natürlichen" Tod nachspürt, die immer wieder als prägende Elemente der Sterbekultur ausgemacht werden. Nicht nur, aber ganz besonders in der Auseinandersetzung um Sterbehilfe (Kap. 5.1, 9.1) zeigte sich, welche spezifische Bedeutung die Erinnerung an die nationalsozialistischen Verbrechen hatte. So beinhaltete die Anfang der 70er Jahre international erneut entfachte Debatte um „Euthanasie" in West- wie Ostdeutschland sehr viele Reminiszenzen an die Krankenmorde im „Dritten Reich" im Rahmen der Aktion T4 sowie deren ideologisches Fundament. Noch immer gilt in diesem Kontext das Urteil von Richard Bessel und Dirk Schumann aus dem Jahr 2003, dass die Frage, wie Menschen aus den Schrecken des

---

[56] Vgl. hierzu die klassische Darstellung von Jarausch, Umkehr.
[57] Herbert, Geschichte, S. 1120.
[58] Vgl. Bösch, Geteilt, S. 19–21.

Massentodes des Zweiten Weltkriegs hervorgingen und welche strukturellen Folgen diese hatten, bislang – mit Ausnahme von speziellen Themen wie der Bedeutung des Holocausts für die Gedenkkultur nach 1945 – vergleichsweise stiefmütterlich behandelt worden ist.[59] Unzweifelhaft markierte jenes Massensterben ein Signum des 20. Jahrhunderts, das sich nicht nur für das Kriegsgedenken, sondern für die gesamte europäische Bestattungskultur als prägend erwies.[60] So starben im vergangenen Säkulum mehr Menschen eines gewaltsamen Todes als in jedem anderen zuvor.[61] Was aber bedeutete die lange Dominanz von plötzlichen, anthropogenen Sterbefällen für Gesellschaften, in denen nach 1945 zunehmend langwierige, naturbedingte Sterbeverläufe infolge chronischer Erkrankungen zur Regel wurden, die eine ganz andere Art der Sinnstiftung erforderten?

Die Geschichte des geteilten Deutschlands soll dabei jedoch nicht ausschließlich vom Jahr 1945 ausgehend gedacht werden, wie dies in der zeithistorischen Forschung lange üblich war.[62] Fraglos waren die Auseinandersetzung mit dem Nationalsozialismus und Fragen der Vergangenheitsbewältigung in mancherlei Hinsicht auch im Bereich Tod und Sterben zentral für die politische, soziale und kulturelle Entwicklung beider deutscher Staaten. Und doch waren viele der Entwicklungen seit dem Zweiten Weltkrieg anderweitig determiniert, etwa auf transnationale Einflüsse, strukturelle Verschiebungen wie den medizinischen Fortschritt und seine Folgen oder auch spezifisch deutsche Eigenheiten wie die Systemkonkurrenz zwischen Bundesrepublik und DDR zurückzuführen. Dies zeigt sich umso mehr, wenn die 90er Jahre und das wiedervereinigte Deutschland mitberücksichtigt werden – und der analytische Fluchtpunkt eben nicht 1945, sondern die unmittelbare Gegenwart ist. Über die vermeintliche Zäsur von 1989/90 hinauszugehen, erlaubt in diesem Sinne einen Blick auf die Folgewirkungen der deutschen Teilungsgeschichte, den Transformationsprozess und auf jene, in der jungen Berliner Republik einsetzende Suchbewegung, im Zuge derer das wiedervereinte Deutschland um Stabilität, Sicherheit und Antworten auf neue, zum Beispiel sozialpolitische Herausforderungen rang.[63] Zugleich können so zahlreiche wichtige Prozesse, etwa die gesundheitspolitische Verankerung von Hospizidee und Palliativmedizin, die bei allen Vorläufern in der Bundesrepublik und in der DDR vor allem nach der Wende Zugkraft gewannen, adäquat analysiert oder die Frage nach der Relevanz und Anschlussfähigkeit von Sterbewissen und Sterbeexperten aus Ostdeutschland gestellt werden. Folglich werden die zeithistorische Entwicklung von Tod und Sterben in dieser Arbeit als „Vorgeschichte gegenwärtiger Problemlagen" (Hockerts) untersucht, auch weil die Bedeutung des Themas Lebensende nach 2000 weiter wuchs.[64] So stieg, um nur ein Beispiel zu nennen, die Zahl an deutschen

---

[59] Bessel/Schumann, Introduction, S. 13. Vgl. für eine der erwähnten Ausnahmen Knoch, Tat.
[60] Vgl. hierzu Arnold, Air War; Koch, Helden und besonders die Überlegungen von Schlögel, Friedhof Europa, S. 253–266.
[61] In seinem populären Kultbuch schätzte der schottische Schriftsteller Gil Elliot bereits Anfang der 70er Jahre die weltweite Zahl auf 100 Millionen; Elliot, Century, S. 1.
[62] Vgl. als ein Beispiel hierfür: Herbert, Vergangenheiten, S. 376–390.
[63] Vgl. hierzu Wolfrum, Aufsteiger.
[64] Vgl. für einen solchen zeithistorischen Zugriff programmatisch Metzler, Zeitgeschichte.

Ärzten, die über eine Weiterbildung die Zusatzqualifikation „Palliativmedizin" erwarben, alleine zwischen 2009 und 2016 von 2356 auf 10 246.[65]

Der deutsch-deutsche Vergleich ist – wie die Einleitung über Leben und Sterben von Elisabeth Kübler-Ross bereits andeutet – notwendigerweise an vielen Stellen durch europäisch-transatlantische Perspektiven zu erweitern. So schwenkt der Blick der Studie immer wieder ins Ausland, ebenso nach Westen, wo insbesondere aus den USA, Großbritannien, aber auch aus Staaten wie den Niederlanden oder der Schweiz wichtige Impulse ausgingen, wie in Staaten des „Ostblocks", insbesondere nach Polen. Denn die Diskursivierung des Sterbens, neue Praktiken der Sterbebegleitung und diesbezügliche Wissenstransfers sowie die Suche nach angemessenen soziopolitischen Reaktionen auf die Missstände am Lebensende, mediale Skandalisierungen oder zivilgesellschaftliche Austauschprozesse waren im letzten Drittel des 20. Jahrhunderts ein grenzüberschreitendes Phänomen. Dieses führte eben keinesfalls nur entlang der deutsch-deutschen Grenze zu Verflechtungen, Transfers und Interaktionen über den „Eisernen Vorhang" hinweg, wie gleichermaßen die Institutionalisierung der Thanatologie, die Zirkulation spezifischer Wissensbestände wie der Tabuisierungsthese, die Auseinandersetzung um Sterbehilfe oder die Neukonzeption der Sterbebegleitung und die Verbreitung der Hospizidee illustrieren.

Analytisch vermessen wird das Thema entlang von drei Achsen, die freilich nicht rigide voneinander zu trennen sind und die sich querschnittartig durch die Studie ziehen, teilweise aber in eigenen Kapiteln schwerpunktmäßig vertieft werden.

(1) Die Ökonomisierung des Sterbens

Ein erster wichtiger Aspekt ist der Kostenfaktor, der nach 1945 sukzessive bedeutsamer wurde. Zwar ist die Vermarktlichung des Todes sicherlich kein zeithistorisches Spezifikum – Sterbegeldversicherungen und Sterbekassen zur Absicherung der Bestattungsgebühren sind beispielsweise seit der Antike überliefert. Bereits in den 1920er Jahren beklagte ein Bericht der Metropolitan Life Insurance Company die kommerzielle Ausbeutung von Hinterbliebenen (und ihren Versicherungsträgern) durch rein an Profitmaximierung orientierte Beerdigungsunternehmen.[66] Die wirtschaftlichen Möglichkeiten wirkten schon in früheren Epochen direkt auf die Betreuung und Versorgung von Sterbenden zurück, soziale Ungleichheiten bedingten letztlich die Art, wie gestorben wurde.[67] Jedoch erhielten finanzielle Erwägungen analog zur allgemeinen Verdichtung des Gesundheitsmarktes infolge der Expansion des Sozialstaates und des medizintechnischen Fortschritts in der

---

[65] Vgl. den Bericht an das Bundesministerium für Gesundheit über die Umsetzung der SAPV-Richtlinie für das Jahr 2016, S. 15, URL: https://www.g-ba.de/downloads/17-98-4474/Bericht-Evaluation-SAPV-2016.pdf [15. 12. 2021].
[66] Vgl. Mitford, Tod, S. 42–45.
[67] Vgl. Abel, Hour, v. a. S. 32–34.

zweiten Hälfte des 20. Jahrhunderts eine neue Dimension.[68] Dies galt vor allem hinsichtlich der Phase des Sterbens. Anfang der 80er Jahre verursachten alleine chronische Herzerkrankungen in den USA jährliche Behandlungskosten von 14 Milliarden Dollar.[69] Auch in beiden deutschen Staaten ließen der medizinische Fortschritt und die Ausdehnung der letzten Lebensphase kostenintensive lebensverlängernde Maßnahmen zu einem Bestandteil der Sozialversorgung und gleichzeitig zu einer als zunehmend belastend empfundenen Herausforderung für die Gesundheitssysteme werden. Dies beschleunigte sich mit den neoliberalen Reformen des Sozialstaats und speziell des Krankenhausbetriebs seit der Wiedervereinigung weiter.[70]

Diese Entwicklung rief eine intensive, bislang jedoch kaum untersuchte Problemwahrnehmung hervor, die sich etwa in der „Sterbekostenthese" niederschlug, wonach nicht das Alter, sondern das Sterben und speziell die letzten Lebensmonate und -wochen zu den höchsten Behandlungskosten führten.[71] Das Lebensende wurde so zu einem integralen Bestandteil der emotionalen Debatte über die vermeintliche Kostenexplosion[72] im Gesundheitswesen seit Anfang der 70er Jahre. Damit verband sich immer öfter eine grundsätzliche Kritik am Sozialstaat, die im einen Fall – vorgetragen von konservativ-neoliberaler Seite – auf eine „stärkere Privatisierung von Lebensrisiken", im anderen Fall – artikuliert primär von Seite der politischen Linken – auf mehr Bürgerverantwortung im Sinne einer „Hilfe zur Selbsthilfe" zielte.[73] Tod und Sterben rückten auf diese Weise ins Blickfeld der Sozial- und Pflegepolitik – zugleich weckten sie das Interesse einer Vielzahl anderer Akteure: Krankenhäuser kämpften mit dem Anstieg der Ausgaben für die Versorgung Sterbender, hospizliche Pflegedienste rangen um eine gesetzliche Dauerfinanzierungsgrundlage (und argumentierten unter anderem damit, dass ihre Sterbebetreuung kostengünstiger sei als die in Kliniken), während die Pharmaindustrie Millionenumsätze mit onkologischen Schmerzmitteln machte oder Fernsehsender und Verlage um Einschaltquoten und Auflagenhöhen ihrer Dokumentationen beziehungsweise Sterberatgeber besorgt waren. Vor diesem Hintergrund entwickelte sich das Lebensende zunehmend zu einem Feld, in dem verschiedene Interessen aufeinander prallten, nicht nur, aber eben auch ökonomischer Art. Mit einigen Unterschieden war dies selbst in der DDR der Fall, wo nicht zuletzt die

---

[68] Vgl. hierzu Berghoff/Thießen, Gesundheitsökonomien, sowie die anderen Beiträge dieses Themenheftes der Zeithistorischen Forschungen.
[69] DeSpelder/Strickland, Last Dance, S. 141.
[70] Vgl. Kühl/Tümmers, Markt, und für eine medizinsoziologische Perspektive Naegler/Wehkamp, Medizin.
[71] Vgl. als Überblick zur Sterbekostenthese Marckmann/Sanktjohanser/in der Schmitten, Sterben, v. a. S. 355–357; Höpflinger, Bevölkerungssoziologie, v. a. S. 227 und Nöthen, Kosten.
[72] Die tatsächliche Tragweite der „Kostenexplosion" ist unter Gesundheitsökonomen umstritten. Tatsächlich stieg der Anteil der Krankenkassenausgaben am Bruttoinlandsprodukt in der Bundesrepublik von ca. 2% im Jahr 1950 auf etwa 6% zur Zeit der Wiedervereinigung und die Gesamtkosten an Gesundheitsausgaben vervierfachten sich allein im Zeitraum 1970 bis 1989. Vgl. Meinhardt/Schulz, Kostenexplosion.
[73] Gohr, Regierungsmacht, S. 25.

neue wirtschaftliche Bedeutung des Sterbens Reaktionen von staatlicher und von wissenschaftlicher Seite hervorrief, etwa durch das Ministerium für Gesundheitswesen oder die marxistische Medizinethik.

(2) Die Medialisierung des Lebensendes

Zweitens sind vor dem Hintergrund der lange so dominanten These einer Tabuisierung des Todes in der Moderne die im letzten Drittel des 20. Jahrhunderts sprunghaft ansteigende massenmediale Aufmerksamkeit für Fragen des Sterbens und die kommunikativen Grundlagen des Lebensendes in der zeithistorischen Forschung bislang kaum untersucht worden – und das obwohl in den Kultur- und Sozialwissenschaften die „neue Sichtbarkeit" des Lebensendes bereits seit einiger Zeit betont wird.[74] So bleibt der augenfällige populärkulturelle Boom erklärungsbedürftig, den das Themenfeld seit den 60er Jahren zu verzeichnen hatte. Tod und Sterben spielten in den Medien in West- und auf einem niedrigeren Niveau auch in Ostdeutschland eine immer größere Rolle. Sie rückten ins Zentrum ausführlicher Reportagen in Printmedien, einer Vielzahl an Fernsehdokumentationen und Spielfilmen, auflagenstarker Ratgeber oder groß angelegter Museumsausstellungen mit hohen Besucherzahlen. Angesichts eines immer weiter wachsenden Einflusses medialer Repräsentationen von Tod und Sterben auf die moderne Sterbekultur ist die Bedeutung des Wandels der Sag- und Zeigbarkeiten kaum zu gering zu veranschlagen. So schufen Massenmedien Kanäle und Dynamiken, die die Diskursivierung des Themas ebenso vorantrieben wie sie einen profunden Einfluss auf Praktiken der Sterbebegleitung hatten. Sie trugen in diesem Zuge wesentlich dazu bei, Vorstellungen vom „guten" oder „schlechten Sterben" zu popularisieren und schufen Anreizsysteme für Todkranke, richtige Entscheidungen am Lebensende zu treffen. Darauf aufbauend werden im Laufe der Analyse immer wieder Fragen und Beispiele einer Medialisierung des Lebensendes fokussiert und schwerpunktmäßig in einem eigenen Kapitel vertieft (Kap. 7.1).

(3) Solidarität am Lebensende

Schließlich werden drittens neuartige Formen einer gesellschaftlichen Solidarisierung mit Sterbenden in den Blick genommen. „Solidarität" wird in diesem Kontext verstanden als ein über Diskurse und Praktiken hergestelltes interpersonales Zusammengehörigkeitsgefühl, das ein wichtiges normatives Fundament für Gesellschaften darstellt – und zielt hier also vor allem auf Formen sozialer Integration, nicht auf einen politischen Kampfbegriff.[75] Ins Blickfeld rücken damit insbesondere zwei unterschiedliche Konzepte: die Hospizidee und die Sterbehil-

---

[74] Macho/Marek, Sichtbarkeit. Vgl. zum Verhältnis von Tabuisierungsthese und Medialisierungsprozessen Greiner, Rationalitäten, v. a. S. 20–23.
[75] Für eine umfassende Profilierung und Operationalisierung des Solidaritätsbegriffes für die zeithistorische Forschung vgl. Süß/Torp, Solidarität.

febewegung. Gemeinsam war ihnen die Forderung nach einem „würdigen" Tod in Form eines selbstbestimmten Sterbens und eine teils harsche Kritik an der Medikalisierung des Lebensendes, einem gegenüber den Belangen von Schwerstkranken vermeintlich blinden medizinischem Personal sowie dem modernen Krankenhausapparat, der die Patienten zu bloßen Konsumenten degradiere. Während sich in der DDR zumindest eine Einzelinitiative in Halle an der Saale etablieren konnte, versuchte die Hospizbewegung in der Bundesrepublik seit den frühen 70er Jahren zunächst vergeblich, Fuß zu fassen, um sich dann ab Mitte der 80er und verstärkt nach der Wiedervereinigung rasant durchzusetzen (vgl. Kap. 4.2, 8.1, 8.2 und 10.2). Allerdings hatte in beiden deutschen Staaten auch jenseits der Institutionalisierung der Bewegung selbst hospizliches Wissen, wie im Verlauf der Untersuchung immer wieder deutlich wird, einen fundamentalen Einfluss auf die Auseinandersetzungen rund um das Lebensende und die Praktiken der Sterbebegleitung (vgl. etwa Kap. 6.2, 7.2). Mit der auch die Sterbeforschung oder die kirchlichen Positionen prägenden Skepsis gegenüber einer allzu oft inhumanen Schulmedizin verband sich eine ganz grundsätzliche Kritik an einer modernen Gesellschaft, die Nächstenliebe vermissen lasse und Sterbende in medizinischen Institutionen aussondere statt wie früher zu Hause innerhalb der Familie zu versorgen, ja die ihre schwächsten Mitglieder letztlich allein lasse. Hiervon zeugten zeitgenössische Bücher mit Titeln wie „Sterbende brauchen Solidarität", die diese Forderung vorrangig mit der „Anonymität der Krankenhäuser" und den neuen Möglichkeiten einer künstlichen Lebensverlängerung durch die „Apparatemedizin" begründeten.[76] Auf der Suche nach Antworten entwickelte sich das Schlagwort der „Selbstbestimmung" zum geflügelten Wort. Die Ausbildung von Neuen Sozialen Bewegungen am Lebensende, das steigende Interesse von Bürgerrechtsorganisationen an dem Thema, die Entstehung von Selbsthilfevereinen für bestimmte Gruppen von Schwerstkranken wie Krebs- oder AIDS-Patienten (Kap. 10.1) oder das Aufkommen von Vorsorgeinstrumenten wie Patientenverfügungen (Kap. 6.1) sind insofern als Ausdruck einer gesellschaftlichen Sinnsuche, eines Ringens um Sicherheit und des Kampfs gegen einen als solchen empfundenen Kontrollverlust in Zeiten starken technischen Fortschritts zu analysieren.

Alle drei Bereiche – die Ökonomisierung, die Medialisierung und die Solidarisierung am Lebensende – erlebten nach 1945 und speziell in den letzten drei Dekaden des 20. Jahrhunderts eine starke Bedeutungszunahme. Diese Entwicklung hatte verschiedenste Hintergründe und mannigfaltige Folgen; in jedem Fall stand sie in ihrer Gesamtheit ursächlich hinter der gesellschaftlichen Entdeckung des Sterbens. Die Arbeit vermisst das aufgespannte analytische Feld in neun Kapiteln mit jeweils zwei Unterkapiteln. Nach einem Überblick über die grundsätzliche Entwicklung des menschlichen Lebensendes rückt der Fokus auf die einschlägigen Akteure und Sachverhalte. Den Hauptkapiteln ist ein eher szenisch-narrativer Einstieg vorangestellt, in dem anhand eines Ereignisses zur Problemstellung hinge-

---

[76] Kruse/Wagner, Sterbende, Zitat auf dem Klappentext.

führt wird. Zwar schreiten deren Datierungen zeitlich innerhalb der zweiten Hälfte des 20. Jahrhunderts voran, damit soll aber keine chronologische Gliederung impliziert werden. Vielmehr untersucht jedes Kapitel systematisch die Geschichte des jeweiligen Gegenstandes und greift dabei historisch weit über die im Titel genannte Jahreszahl heraus, indem sowohl Vorläufer als auch die nachfolgenden Entwicklungen analysiert werden. Ein Schwerpunkt liegt stets auf dem letzten Drittel und ganz besonders letzten Viertel des 20. Jahrhunderts, in dem sich die gesellschaftlichen Auseinandersetzungen um Tod und Sterben in West- und in Ostdeutschland stark zuspitzten.

Methodik, Quellen und theoretischer Zugriff

Die zeithistorische Analyse eines facettenreichen lebensweltlichen Prozesses wie des Sterbens setzt methodisch einen ganzheitlichen Zugriff voraus, der nicht zuletzt die in der neueren Forschung angemahnte Pluralisierung der Akteursperspektiven ermöglicht.[77] Daher verfolgt die Arbeit nicht nur je nach Thema stärker politik-, sozial- oder kulturgeschichtliche Zugänge. Vielmehr strebt sie an, diese unterschiedlichen historiografischen Ansätze miteinander zu verbinden. Im gleichen Stil werden auch Diskurs und Praxis gleichrangig behandelt und als sich gegenseitig bedingende Faktoren betrachtet. So sind Praktiken immer diskursiv geformt und strahlen zugleich ihrerseits auf den Diskurs zurück, ein Wechselspiel, das sich im Bereich des Lebensendes und der Sterbebegleitung gut beobachten lässt. Die Integration geschieht primär über drei methodische Schwerpunktsetzungen:

Erstens bietet die Wissensgeschichte eine fruchtbare Verbindung zwischen den historiografischen Grundrichtungen.[78] Die zahlreichen grenzüberschreitenden Wissenstransfers, die in der neueren Forschung für das 19. und 20. Jahrhundert als wichtige Triebkräfte hinter Transnationalisierungsprozessen erkannt worden sind, verdeutlichen nicht zuletzt das Ineinandergreifen von wissenschaftlichem Diskurs und gesellschaftspolitischer oder medizinischer Praxis.[79] Ihre Dynamik und vergesellschaftende Wirkung hat etwa Katharina Kreuder-Sonnen mit Blick auf die Vernetzung polnischer Mediziner und die globale Zirkulation bakteriologischen Fleckfieberwissens Anfang des 20. Jahrhunderts eindrucksvoll nachgewiesen.[80] Zugleich markiert speziell die jüngste Zeitgeschichte seit den 60er Jahren nicht nur eine Phase des verstärkten wissenschaftlichen Austausches in vielen Bereichen, sondern auch und gerade der zunehmenden Durchdringung der Gesellschaft durch wissenschaftliches Wissen.[81] Gleichermaßen die Natur- wie die

---

[77] Vgl. Sabrow, History, S. 15 f.
[78] Vgl. als Überblick hier und im Folgenden Speich Chassé/Gugerli, Wissensgeschichte, und Sarasin, Wissensgeschichte.
[79] Vgl. Östling u. a., Circulation.
[80] Kreuder-Sonnen, Mikroben.
[81] Vgl. Erdur, Jahre.

Humanwissenschaften lenkten und legitimierten individuelles wie gemeinschaftliches Handeln. Eine erfolgreiche Wissenszirkulation war folglich nicht nur für zivilgesellschaftliche Organisationen zentral.[82] Diese durch ökonomische Sachzwänge noch beschleunigte „Rückkopplung wissenschaftlicher Forschung an die Gesellschaft", wird unter dem Schlagwort der „Verwissenschaftlichung" beschrieben.[83] Wissensbestände prägen insofern einerseits politische Entscheidungsprozesse, kulturelle Traditionen oder gesellschaftliche Aushandlungen und determinieren soziale Praktiken. Andererseits ist Wissen in seinen unterschiedlichen Facetten – wissenschaftlich, alltäglich, technisch – zeitgebunden, wandel- und verhandelbar und wird stets an die jeweiligen historischen Umstände angepasst.[84] Dies geschieht umso stärker, je mehr Akteure in den Prozess der Wissensgenerierung und -vermittlung involviert sind.

Fiel Sterben und Tod als ultimativer Bedrohung menschlicher Existenz im Kontext der interdisziplinären Forschung ein besonderes Gewicht zu, so erklärt sich, dass die Thanatologie in der zweiten Hälfte des 20. Jahrhunderts zu einem Paradebeispiel für die beschriebenen Prozesse der Wissenszirkulation und der durch sie vorangetriebenen Vergesellschaftung wurde – und die Sterbebegleitung dabei prototypisch das Ineinandergreifen von Diskurs und Praxis verdeutlichte. In diesem Zusammenhang wird das Sterben im Folgenden als Gegenstand einer spezifischen Wissensproduktion und -diffusion analysiert, die unterschiedliche Wurzeln hatte. Nachgespürt wird dem produzierten „Sterbewissen", seiner Verbreitung – zum Beispiel in der Gesundheitspolitik und, transportiert über die Massenmedien, in einer breiteren Öffentlichkeit – sowie seiner Anwendung bei den Praktikern der Sterbebegleitung wie Ärzten und Pflegekräften. Die Gestalt und Adaption des Wissens über Tod und Sterben lässt Rückschlüsse auf Wandlungsprozesse und sich verschiebende gesellschaftliche Wertvorstellungen zu. Insofern erlaubt die Frage nach den hierfür verantwortlichen Akteuren und ihren Interessen sowie nach der Art der Wissensvermittlung und den Verbreitungsmechanismen einen spezifischen Blick auf die deutsch-deutsche Zeitgeschichte.

Quellengrundlage dafür sind nicht nur die zeitgenössische, deutschsprachige sowie internationale thanatologische Literatur, sondern auch ärztliche Approbationsordnungen, medizinische, medizinethische, pflegewissenschaftliche oder juristische Handbücher und Fachzeitschriften in der Bundesrepublik und in der DDR. Die Analyse der gesundheitspolitischen Aktivitäten im Bereich des Lebensendes in beiden deutschen Staaten erfolgt über umfangreiche Bestände in den Bundesarchiven Koblenz und Berlin-Lichterfelde. Auch die Akten der Bundesärztekammer wurden in diesem Zuge ausgewertet, die sich ab Ende der 70er Jahre und verstärkt seit der Wiedervereinigung intensiv mit Fragen der Sterbebegleitung, Sterbehilfe oder der Todesdefinition und den Todesfeststellungskriterien befasste. Zudem

---

[82] Vgl. Schmale, United States of Europe, S. 27.
[83] Vgl. zur zeithistorischen Relevanz der Verwissenschaftlichung Raphael, Verwissenschaftlichung, Zitat S. 165 und Szöllösi-Janze, Wissensgesellschaft.
[84] Vgl. Reinecke, Wissensgesellschaft.

konnten die digitalisierten Fraktions- und Parteitagsprotokolle der großen bundesdeutschen Parteien ebenso online erschlossen werden wie diverse Stellungnahmen und Empfehlungen des Europarates seit den 70er Jahren sowie die Drucksachen verschiedener Landtage, über die sich die Maßnahmen auf Seiten der Landespolitik aufzeigen lassen. Zur Rekonstruktion der massenmedialen Repräsentationen des Themas wurden zahlreiche Presseausschnittsammlungen ermittelt und die Online-Archive der *Frankfurter Allgemeinen Zeitung*, *Süddeutschen Zeitung* und des *Spiegel* sowie der ostdeutschen Zeitungen *Neues Deutschland*, *Berliner Zeitung* und *Neue Zeit* systematisch ausgewertet. Im Zentrum der Analyse steht ferner eine breite medienhistorische Kontextualisierung, etwa mittels der im ZDF-Unternehmensarchiv ausgewerteten sekundären Programmüberlieferung, über die Einschaltquoten, Pressekritiken, Protokolle der Telefonredaktion, Sendepässe und Schriftverkehr zu einschlägigen Sendungen erschlossen werden konnten. Im Bereich Film und Fernsehen wurde zudem eine Liste von mehreren hundert einschlägigen Filmen, Fernsehserien und Dokumentation in West- und Ostdeutschland erstellt, dazu exemplarisch für den Rundfunk die Bestände des WDR-Archivs eingesehen.

Zweitens untersucht die Arbeit schwerpunktmäßig die Genese zivilgesellschaftlicher Bewegungen im Bereich des Lebensendes, vor allem der Sterbehilfe- und der Hospizbewegung. Sie bedient sich dabei im Rahmen einer modernen Organisationsgeschichte system- und netzwerktheoretischen Ansätzen,[85] fragt nach Protagonisten und ihren Verflechtungen, nach Prozessen des Austausches zwischen den Verbänden und nach Konkurrenzverhältnissen sowie nach ihren Wechselwirkungen mit anderen gesellschaftlichen Teilbereichen, etwa den Massenmedien, der Justiz, Religion oder Politik. In diesem Zusammenhang werden auch die Kirchen als ein klassischer Protagonist im Feld des Sterbens in den Blick genommen, der auf die gewandelten Herausforderungen reagierte und auf vielfältige Weise mit den neu hinzugekommenen Akteuren der Zivilgesellschaft interagierte. Deutlich wird in einer solchen Organisationsgeschichte der Hospiz- und Sterbehilfebewegung nicht zuletzt das Zusammenspiel von sozialem Protest und wissenschaftlichem Wissen über den Umgang mit Sterbenden auf der einen, und konkreten Praktiken der medizinischen, pflegerischen und psychosozialen Sterbebegleitung auf der anderen Seite.

Für den zivilgesellschaftlichen Bereich wurden hierfür die Archive der führenden deutschen Sterbehilfeorganisation, der Deutschen Gesellschaft für Humanes Sterben (Berlin), der Deutschen AIDS-Hilfe (Berlin), des ersten überregionalen Sterbebegleitungsvereins OMEGA – Mit dem Sterben Leben e. V. (Gelsenkirchen), und des Deutschen Hospiz- und PalliativVerbandes (Berlin) besucht, wobei unter anderem knapp 80 Transkripte von in den 2000er Jahren im Auftrag des DHPV geführten Interviews mit deutschen Hospizpionieren einer Zweitanalyse unterzogen werden konnten. Darüber hinaus stellte die Deutsche Krebshilfe Materialen

---

[85] Vgl. hierzu Böick/Schmeer, Winkel; Becker/Reinhardt-Becker, Systemtheorie.

zur Verfügung. Ferner wurden die einschlägigen Akten der Bürgerrechtsvereinigung Humanistische Union (Berlin) und des Humanistischen Verbands Deutschlands (Berlin) ausgewertet. Besonders ergiebig war das Archiv der Robert-Bosch-Stiftung (Stuttgart), wo zahlreiche hospizliche Förderanträge, Projektberichte und Werbebroschüren eingesehen werden konnten. Um die transnationalen Einflüsse auf die deutsch-deutsche Entwicklung aufzuzeigen, wurden einige Archivrecherchen in England vorgenommen und unter anderem der Nachlass von Cicely Saunders, der Gründungsmutter der Hospizbewegung, im King's College Archive in London ausgewertet, die einen intensiven Schriftverkehr mit anderen Hospizvertretern in aller Welt unterhielt. Auf kirchlicher Seite wurden das Diakonie-Archiv (Berlin) und das Evangelische Zentralarchiv (Berlin) beziehungsweise die Archive der Caritas in Freiburg im Breisgau, München und München-Neuperlach konsultiert, dazu kamen von der Caritas Augsburg zur Verfügung gestellte Unterlagen und Dokumente.

Zur Vertiefung dienen in diesem Zusammenhang zwei lokale Fallbeispiele (München und Halle an der Saale), um speziell die Entwicklung der Hospizidee und deren konkrete Implementierung in West- wie Ostdeutschland vor und nach der Wende aufzeigen zu können. Diese werden in zwei eigenen Kapiteln präsentiert (Kap. 8.1 und 9.2), sie strahlen aber auch immer wieder auf den Rest der Untersuchung aus. Eine detaillierte Analyse der Debatten und Praktiken vor Ort erlaubt es nicht zuletzt, die Folgen der großflächigen Entwicklungen, die damit einhergehenden Probleme und Erfahrungen sichtbar zu machen. In der bayerischen Landeshauptstadt wurden hierfür die Vereins- und Ordensarchive der Barmherzigen Brüder, der Inneren Mission und der Caritas konsultiert sowie für die Landes- und Kommunalpolitik das Stadtarchiv und das Bayerische Hauptstaatsarchiv. Darüber hinaus stellte der 1985 als einer der ersten deutschen Hospizvereine in München gegründete Christophorus Hospiz Verein Materialien zur Verfügung. Der jüngst archivalisch aufbereitete Nachlass des jesuitischen Filmemachers Reinhold Iblacker, einer der führenden Figuren der westdeutschen Hospizbewegung und einer der Protagonisten der Entwicklung in München konnte im Archiv der Deutschen Provinz der Jesuiten ausgewertet werden. Für Halle an der Saale wird insbesondere das Wirken des katholischen Pfarrers Heinrich Pera nachgezeichnet, der seit Anfang der 80er Jahre und über die Wende hinaus federführend den Aufbau von hospizlichen Versorgungsstrukturen in der Stadt leitete und dabei schon vor 1989/90 enge Kontakte zur Hospizbewegung in Westdeutschland und England unterhielt. Sein, allerdings geringfügiger Nachlass wurde im Stadtarchiv Halle ausgewertet, darüber hinaus konnten im Archiv des Bundesbeauftragten für die Unterlagen des Staatssicherheitsdienstes (Berlin) knapp 3000 Seiten Aktenmaterial zu Pera eingesehen werden.

Drittens hat die Arbeit einen methodischen Anker in der zeithistorischen Medizingeschichte.[86] Diese sieht die Medizin als ein zentrales Medium der Vergesell-

---

[86] Vgl. zur Entwicklung, den Perspektiven, Erkenntnispotenzialen und methodischen Problemen Schlich, Zeitgeschichte, S. 269–298 und besonders Thießen, Medizingeschichte, S. 535–599.

schaftung. In Konstruktionen von Krankheit und Gesundheit spiegelte sich demnach nicht nur die Selbstwahrnehmung von Gesellschaften, vielmehr fiel der Medizin in der Moderne eine zunehmend wichtiger werdende Sozialisierungsfunktion für andere Funktionssysteme zu.[87] Dieser Prozess beschleunigte sich mit der Medikalisierung, die im langen 19. Jahrhundert einsetzte und sich in der Zeit nach 1945 weiter verdichtete: Neben einer Professionalisierung des Arztberufes beinhaltete diese Entwicklung vor allem eine Ausdehnung medizinischen Deutungswissens und ärztlicher Expertise in immer mehr gesellschaftliche Felder und individuelle Lebensbereiche.[88] Mit derartigen Perspektiven verbindet sich eine Neuausrichtung der Medizingeschichte. Diese war klassischerweise gerade im deutschsprachigen Raum stark personenbezogen sowie ereignisgeschichtlich und als eine „Geschichte der Medizin für sich" (Thießen), in der die Medizin als weitgehend isoliertes Feld vorwiegend selbstbezogen analysiert wurde, nur begrenzt anschlussfähig für die zeithistorische Forschung. Dagegen kontextualisiert eine „Geschichte der Medizin an sich" die medizinische Entwicklung stärker sozial- wie kulturhistorisch und öffnet sich dadurch für mannigfaltige Fragestellungen und Erkenntnisziele. Insbesondere bettet ein solcher Zugriff, dem auch diese Arbeit verpflichtet ist, Medizin, ärztliche Praxis und das Gesundheitswesen in die allgemeine Entwicklung von Staat und Gesellschaft ein.[89] Seit Anfang der 2000er Jahre lässt sich ein starker Anstieg an zeithistorischen Studien zu Fragen der Medizin und Gesundheit feststellen, die sich klar der Erfassung der sozial- und kulturgeschichtlichen Dimension verschreiben.[90] Dies hängt fraglos neben der methodischen Neuausrichtung und erweiterten Erkenntnisperspektive zugleich mit dem allgemein wachsenden Interesse an der Geschichte der deutschen Sozialpolitik, gerade auch für die Zeit nach der Wiedervereinigung, zusammen, deren Hintergründe – wie Peter Hübner konstatiert – nicht zuletzt in einem gesellschaftspolitischen Bedürfnis liegen dürften, den deutschen Sozialstaat als Erfolgsmodell zu präsentieren.[91]

Darauf aufbauend fragt die Arbeit nicht nur nach der medizinischen Entwicklung im Bereich des Lebensendes und speziell der Genese der Palliativmedizin, sondern auch nach ihrer Interaktion mit anderen Sphären, insbesondere der Gesundheitspolitik, der Justiz, den Massenmedien, den Kirchen oder zivilgesellschaftlichen Organisationen. In den Blick kommen so medizinhistorisch bislang eher selten berücksichtigte Phänomene wie individuelle Erfahrungen oder die prägende Rolle jener fundamentalen gesellschaftlichen Kritik an der Schulmedizin,

---

[87] Wegweisend: Bynum, Geschichte und Porter, Geschröpft.
[88] Zum Begriff der „Medikalisierung" sowie den historischen Hintergründen und Facetten dieser Entwicklung vgl. Stolberg, Heilkundige, sowie das Kapitel „Medikalisierung" in Eckart/Jütte, Medizingeschichte, S. 347–350.
[89] Vgl. zur Unterscheidung zwischen einer „Geschichte der Medizin für sich" und einer „Geschichte der Medizin an sich" Thießen, Medizingeschichte, v. a. S. 537–539.
[90] Vgl. exemplarisch Gerst, Standesorganisationen; Ellerbrock, Democracy; Lindner, Gesundheitspolitik; Thießen, Europa; ders., Gesellschaft; Tümmers, AIDS (2017); Hitzer, Krebs.
[91] Hübner, Sozialpolitik, S. 210.

die sich vor allem im letzten Drittel des 20. Jahrhunderts manifestierte. Neben den oben bereits benannten medizinhistorischen Quellenbeständen werden daher Gerichtsurteile zur Sterbehilfe, zu Problemen des Therapieverzichts oder Behandlungsabbruchs analysiert, die eine fundamentale Auswirkung auf die ärztliche Behandlungspraxis am Lebensende und – im Kontext einer breiten Debatte um Selbstbestimmung – das Arzt-Patienten-Verhältnis hatten. Mit Hilfe der Veröffentlichungen und Daten des Statistischen Bundesamtes wurden quantifizierende Erhebungen angestellt, um für die Entwicklung relevante Verschiebungen in den Bereichen Lebenserwartung, Todesursachen, Sterblichkeit/Mortalität und Sterbeorte zu erfassen. Mittels publizierter oder im Deutschen Tagebucharchiv (Emmendingen) lagernden privaten Therapie- und Tagebüchern konnte sich den alltäglichen Erfahrungswelten von Tod und Sterben genähert werden. Darüber hinaus wurden die Jahresberichte der großen Meinungsforschungsinstitute (Allensbach, Emnid) systematisch auf relevante Fragen zum Thema Lebensende ausgewertet. Ergänzt wird das archivalische Material durch eine Reihe von selbst geführten Experteninterviews, die gezielt eingesetzt wurden, um Lücken in der Quellenüberlieferung zu schließen.

An dieser Stelle setzt die Studie zugleich theoretisch an, indem sie das von dem amerikanischen Medizin- und Wissenschaftshistoriker Charles Rosenberg entwickelte Konzept des „Framing Disease" aufgreift.[92] Rosenberg beschreibt damit weit mehr als nur den bereits vielfach belegten Konstruktionscharakter von Krankheit und Gesundheit, ja er plädiert explizit dafür, den weniger aufgeladenen und empirisch treffenderen Begriff der „Rahmung" zu operationalisieren. Auf diese Weise kann der individuell-biologische Charakter von Krankheiten in der Analyse berücksichtigt werden, der nicht nur die gesellschaftlich-medizinischen Reaktionen auf sie, sondern auch ihre politische Bedeutung, sozialen Zuschreibungen und kulturellen Repräsentationen determiniert – zu denken ist hier nur an Krebs- oder AIDS-Patienten. Konkret charakterisiert Rosenberg zwei Bestandteile des „Framing Disease": Zum einen existieren Krankheiten erst, wenn sie als solche benannt und wahrgenommen, ja gerahmt werden. Entsprechende Pathologisierungen (oder neutraler: Diagnosen) sind immer abhängig von den sozialen und kulturellen Kontexten, den jeweils anerkannten Wissensbeständen und insofern ein stets provisorisches Ergebnis komplexer definitorischer Aushandlungsprozesse. Zum anderen ist die Krankheit selbst ein Rahmen, da sie als strukturierender Faktor in lebensweltlichen Situationen auftritt, sie fungiert mithin – wie die US-Schriftstellerin Susan Sontag 1978 kritisch feststellte – als gesellschaftliche Metapher, die ihrerseits eigene soziale und kulturelle Funktionen hat.[93]

Als „Framing Dying" wird das Konzept von Rosenberg in dieser Arbeit auf das Lebensende und auf Sterbende angewendet. Damit soll das Sterben freilich nicht

---

[92] Vgl. dazu hier und im Folgenden die programmatischen Ausführungen in Rosenberg, Introduction, S. xiii-xxiv.
[93] Sontag, Illness.

zu einem ausschließlich medizinischen Problem erklärt werden, für das potenziell sogar – wie für Krankheiten – eine erfolgreiche Behandlung in Aussicht gestellt werden kann.[94] Allerdings bestehen auffällige Parallelen zwischen der Rahmung von Krankheiten und der Rahmung des Lebensendes: Beide sind abhängig von gesellschaftlichen Variablen, strukturieren aber gleichzeitig individuelle Lebensentwürfe und nehmen Einfluss auf politische, soziale und kulturelle Zusammenhänge. So ist das Sterben ebenfalls stets gleichermaßen gerahmt und Rahmen: Es markiert ein biologisches Faktum, das hochgradig individuelle Erfahrungen hervorruft, die sowohl von der todesursächlichen Grunderkrankung als auch vom begleiteten Umfeld, der Form der Sterbebetreuung und externen Zuschreibungen von Verfall und Tod abhängen können. Wenn, um nur ein Beispiel vorwegzunehmen, im Zuge der Standardisierung von Palliativmedizin und hospizlicher Sterbebegleitung im letzten Viertel des 20. Jahrhunderts der Sterbeverlauf eines Krebspatienten zur Norm erhoben wurde, so rahmte diese Setzung das Sterben – und wirkte auf Tumorkranke ebenso wie auf alle anderen Sterbenden zurück. Tatsächlich war das Lebensende systemübergreifend geprägt von vielfältigen Eingriffen und Deutungskonflikten, die nicht von den Sterbenden selbst, sondern von anderen, aus einer Vielzahl unterschiedlicher Gründe daran interessierten Akteuren ausgefochten wurden. Folge hiervon war unter anderem ein Ringen um Todesdefinitionen, hitzige Debatten darum, ob Selbstbestimmung nur das Recht auf einen Therapieverzicht, oder sogar das auf aktive Sterbehilfe beinhalte, sowie die Produktion und Vermarktung von Sterbewissen mit anleitender Funktion, etwa über Ratgeber.

Auf diese Weise avancierte das Sterben zu einer Art Leitmetapher nicht nur im Zusammenhang mit der Aushandlung von Krankheit und Gesundheit, sondern auch für weit größere Fragen der gesellschaftlichen Entwicklung. In Analogie zum Foucault'schen Sexualitätsdispositiv prägte sich nach 1945 ein zeithistorisches Sterbedispositiv heraus, innerhalb dessen sich der Diskurs um das und die Praktiken am Lebensende entfalteten.[95] Es war bestimmt durch Prozesse der Aneignung, der Regulierung mittels diverser Interventionstechniken und der biopolitischen Durchdringung des Sterbens, deren Stoßrichtung mal disziplinierend, mal emanzipierend oder subjektivierend sein konnte. Am Anfang freilich stand jene strukturelle Verschiebung der demografischen und medizinischen Rahmenbedingungen, die das Lebensende überhaupt erst zu einem der großen gesellschaftlichen Problemfelder der zweiten Hälfte des 20. Jahrhunderts werden ließ – und die eine Person wie Elisabeth Kübler-Ross und ihr Wirken auch in beiden deutschen Staaten so bedeutsam werden ließ.

---

[94] Vgl. zu dieser Gefahr Gott/Ingleton, Introduction, S. xvi.
[95] Vgl. Foucault, Dispositive.

2. 1948: Das Treffen, oder: Sterben nach dem Massensterben?

> *„Death is an outrage. It is terrible that people who deeply love each other, who prop each other up, are suddenly parted."*[1]
> (Cicely Saunders)

Es war ungewöhnlich mild und stürmisch[2] in London in den ersten Wochen des Jahres 1948.[3] Noch immer waren die Spuren des Zweiten Weltkriegs sichtbar, nicht nur im nach wie vor von Kriegszerstörungen gezeichneten Stadtbild. „The Gathering Storm", der erste Teil von Winston Churchills sechsbändiger Kriegschronik, entwickelte sich nach seinem Erscheinen rasch zu einem Bestseller und machte den ehemaligen – und zukünftigen – Premierminister zu einem reichen Mann. Und doch kehrte die Normalität zu Jahresbeginn spürbar in den Alltag zurück. Der erste Supermarkt Großbritanniens eröffnete in der Stadt. Eine Rekordkulisse von über 83 000 Zuschauern sah ein Ligaspiel zwischen Manchester United und Arsenal London. Die Olympischen Spiele im Sommer warfen ihren Schatten voraus, ebenso der durch verschiedene Gesetze der amtierenden Labour-Regierung unter Premierminister Clement Attlee in den beiden Jahren zuvor geschaffene National Health Service (NHS), der eine gebührenfreie, über Steuern finanzierte Gesundheitsversorgung versprach.[4] Und auf den Fluren der Londoner Krankenhäuser, darunter auch im Archway Hospital im Norden der Stadt, wurden Patienten immer seltener wegen Kriegsverletzungen und immer häufiger aus anderen Gründen behandelt.

Ungewöhnlich war auch der Patient, der eben dort im Sterben lag. David Tasma, 40 Jahre alt, war ein jüdisch-polnischer Emigrant. Durch glückliche Umstände – er hatte seine Heimatstadt Warschau nicht aus politischen, sondern aus privaten Gründen kurz vor dem deutschen Einmarsch verlassen und war nach England ausgewandert – war Tasma Holocaust und nationalsozialistischem Massenmord entkommen. Nun litt er unter der Krankheit, die wie keine andere das menschliche Sterben in der zweiten Hälfte des 20. Jahrhunderts repräsentierte: Krebs.

Fernab seiner Heimat hatte Tasma keine Familie und wenig Freunde, aber er sollte in seinen letzten Lebenswochen dennoch nicht allein sein. Bereits im Spätsommer 1947 hatte der an inoperablem Darmkrebs erkrankte Mann im St. Tho-

---

[1] Zit. nach Du Boulay/Rankin, Saunders, S. 192.
[2] Vgl. die Monthly Weather Reports des meteorologischen Dienstes für Januar und Februar 1948: https://digital.nmla.metoffice.gov.uk/IO_7aa3bf68-127c-4331-96c0-3ec97b082120 [15. 12. 2021].
[3] Die folgende Darstellung des Sterbens von David Tasma und des Verhältnisses zu Saunders ist rekonstruiert aus David Clark: Cicely Saunders: A Life and Legacy. Oxford 2018, darin zu David Tasma v. a. S. 56–65; Shirley Du Boulay/Marianne Rankin: Cicely Saunders, Founder of the Modern Hospice Movement. London 2007 [¹1984], S. 60–74; Cicely M. Saunders: Brücke in eine andere Welt. Herausgegeben von Christoph Hörl. Freiburg 1999, S. 13–24 und https://cicelysaundersarchive.wordpress.com/tag/david-tasma [15. 12. 2021].
[4] Zur Geschichte des NHS, der seine Arbeit schließlich Anfang Juli 1948 aufnahm, vgl. Gorsky, Health Service, S. 437–460.

mas Hospital im Zentrum Londons eine junge Krankenschwester kennengelernt. Als er nach einigen Monaten ambulanter Behandlung Anfang Januar 1948 erneut ins Krankenhaus, dieses Mal in das Archway Hospital, eingeliefert werden musste, besuchte sie ihn fast täglich – und verliebte sich dabei in ihn. Ihr Name: Cicely Saunders. Saunders, geboren kurz vor Ende des Ersten Weltkriegs und aufgewachsen in bürgerlichen Verhältnissen, hatte ursprünglich in Oxford Wirtschaftswissenschaften, Politik und Philosophie studiert, sich mit Kriegsausbruch aber in London zur Krankenschwester ausbilden lassen; nach 1945 folgte noch eine Ausbildung als Krankenhausfürsorgerin.[5]

Als Tasma am 25. Februar starb, hatten die beiden knapp sieben Wochen lang fast täglich miteinander über das Leben, Religion und Glauben gesprochen – und über die Not, die Einsamkeit und die Schmerzen von Sterbenden in Krankenhäusern. Mit den Worten „I will be a window in your Home" hinterließ Tasma Saunders 500 Pfund (heutiger Wert: knapp 14 500 Pfund), um einen Ort zu schaffen für Sterbende wie ihn. Für Saunders wiederum stellte der Tod Tasmas trotz oder wegen aller Trauer zugleich doch auch eine „spirituelle Glückserfahrung" dar.[6] Sie betreute anschließend ehrenamtlich Sterbende, studierte ab 1951 Medizin, spezialisierte sich als Ärztin auf Schmerztherapie und formierte eine Bewegung zur Verbesserung der Sterbebegleitung. Im Sommer 1967 eröffnete schließlich ihr St. Christopher's Hospice in London, wo bis heute eine Gedenktafel an die Spende Tasmas erinnert.

Die ungewöhnliche Liebesgeschichte zwischen Saunders und Tasma spielte als besonders romantisch-dramatische Erzählung eine besondere Rolle in der Hospizbewegung, als deren „godmother" Saunders heute gilt.[7] Denn rasch strahlten ihre Ideen in alle Welt aus, auch nach Westdeutschland und sogar bis nach Osteuropa – insbesondere nach Polen, dem Heimatland nicht nur von Tasma, sondern auch des späteren Ehemannes von Saunders, dem Maler Marian Bohusz-Szyszko. Viel wichtiger jedoch als für die noch genauer zu beleuchtende Ursprungsgeschichte der Hospizbewegung erscheint der Tod von David Tasma, einem osteuropäischen Juden, der in den 40er Jahren eben nicht im Holocaust ermordet wurde, sondern an Krebs starb, aus einem anderen Grund: Er markiert prototypisch den Wandel, den das Lebensende im 20. Jahrhundert vollzog – und die langsam aufkeimenden gesellschaftlichen Reaktionen darauf.

---

[5] Zum Leben und Wirken von Saunders vgl. umfassend Clark, Saunders, sowie die stark hagiografische Züge aufweisende ältere Biografie von Du Boulay und Rankin: Du Boulay/Rankin, Saunders.
[6] Littger, Hospiz- und Palliativkultur, S. 89.
[7] Ebd., S. 85.

2.1 „Gestorben wird immer"?
Zum Wandel des Lebensendes im 20. Jahrhundert

„Gestorben wird immer" („Six Feet Under", HBO, 2001–2005)

Sterben, hierauf verweist der profan klingende deutsche Untertitel der populären US-Fernsehserie „Six Feet Under", stellt fraglos eine anthropologische Konstante dar. Die Endlichkeit des Lebens ist – noch im Zeitalter der Kryonik mit seinen neu geweckten Unsterblichkeitsutopien – ebenso unbestreitbar wie das Bewusstsein der Menschen über die eigene Vergänglichkeit.[8] Jedoch unterlag die Art, wie, wo, wann und warum gestorben wurde, historisch betrachtet einem starken Wandel. Und zu wohl keiner Zeit in der Geschichte der Menschheit veränderte sich die Gestalt des Lebensendes so stark wie im 20. Jahrhundert.

Zentral für den Wandel von Tod und Sterben war jener Übergang vom gewaltsamen Massensterben der Weltkriegsjahre zu chronischen Sterbeverläufen, den der Fall David Tasma so eindringlich illustriert – und in dieser Hinsicht markierte das Jahr 1945 gerade für die deutsche Geschichte tatsächlich eine bedeutende Zäsur. Allerdings gilt dies nur mit zwei Einschränkungen: Zum einen resultierten die im folgenden untersuchten Veränderungen der Lebenserwartung, der Sterblichkeitsraten, der Todesursachen und der Sterbeorte allesamt aus längeren Entwicklungen, die in sozialen, gesellschaftlichen, gesundheitspolitischen wie medizinischen Transformationsprozessen wurzelten. Zum anderen zeigten sie ihre volle Wirkung nicht sofort nach Kriegsende, sondern erst mit einigen Jahren Abstand, denn infolge der dysfunktionalen medizinischen Versorgung, des schlechten Allgemeinzustands der Bevölkerung und der problematischen Wohnungs- und Ernährungslage wies das Sterben in der Zeit unmittelbar nach Mai 1945 in vielerlei Weise noch Merkmale des gewaltsam-plötzlichen Todes der Weltkriegsepoche auf: Es war oft Folge von Kriegsverletzungen, Mangelernährung oder akuter Infektionskrankheiten.[9]

Mit der sich dann aber sukzessiv manifestierenden neuen Bedeutung von chronischen Sterbeverläufen ergab sich zugleich – auch dies zeigt das Sterben von David Tasma – ein neuer Bedarf an Sinnstiftung am Lebensende, der die Sterbekultur der zweiten Hälfte des 20. Jahrhunderts prägen sollte. Gerade Krankheiten wie Krebs führten zu neuartigen existentiellen Belastungen – und zwar sowohl bei den Betroffenen als auch bei ihrem sozialen Umfeld.[10] Die Auseinandersetzung mit dem nahenden Tod oder die (Langzeit-)Pflege von Sterbenden führten zu spirituellen Lebenskrisen, warfen Fragen nach der Sinnhaftigkeit auf und erforderten spezifische Bewältigungsstrategien. Welchen psychischen und sozialen Belastun-

---

[8] Vgl. zu den verschiedenen Dimensionen des Sterbens als anthropologischem Grundphänomen Bormann/Borasio, Sterben. Zu menschlichen Unsterblichkeitsphantasien in der Moderne vgl. den Sammelband von Groß/Tag/Schweikardt, Who, darin speziell zur Rolle der in Kap. 5.2 noch näher betrachteten Kryonik Krüger, Unsterblichkeitsutopie.
[9] Vgl. hierzu Hähner-Rombach, Rahmen, S. 13 f.
[10] Nicht zufällig entwickelte sich in den 70er und 80er Jahren die Psychoonkologie, die sich der Verbesserung der psychologischen Versorgung von Krebspatienten widmet. Vgl. Tschuschke, Psychoonkologie; Hitzer, Krebs, S. 98–102 und S. 274.

gen chronisch kranke Sterbende und ihre Angehörige ausgesetzt sind, verdeutlichen private Briefsammlungen, Tagebücher und andere Selbstzeugnisse.[11] In manchen Fällen gab das Sterben eines nahen Angehörigen sogar den Impuls zu autobiografischen Niederschriften, wie 1982 im Fall einer knapp 60-jährigen Frau aus dem Sauerland, die in ihrem Tagebuch die Härten der Pflege ihres schwerkranken Ehemannes beschreibt – und das widersprüchliche Gefühl der Erlösung bei seinem Tod.[12] In einem anderen Fall setzte sich eine Frau im Briefwechsel mit einem Freund mit dem langsamen Sterben ihrer „völlig verkrebsten" Schwester auseinander: „Es ist derart grauenvoll, das mitzuerleben, daß ich keine Worte dafür habe." Tatsächlich fand sie jedoch viele Worte, wenngleich ihr die Verzweiflung deutlich anzumerken war: Angesichts eines „Dreivierteljahr[es] auf der Folterbank (und wie lange mag sie schon vorher verschwiegen Schmerzen ertragen haben!)" fragte sie ihren Briefpartner fassungslos: „wie soll ich das akzeptieren, wie soll ich mich damit abfinden?"[13]

Die Häufung derartiger Sinnkrisen war letztlich Folge des vielfältigen Wandels des Sterbens im 20. Jahrhundert.

Lebenserwartung

Eine erste zentrale Entwicklung betraf die sich rasant verlängernde Lebenserwartung.[14] Hatte diese im Jahr 1780 noch bei knapp 33 Jahren gelegen, war sie im Deutschen Reich bis Anfang des 20. Jahrhunderts bereits auf über 45 Jahre gestiegen.[15] Paradoxerweise potenzierte sich der Anstieg ausgerechnet in der Epoche des Massentodes, denn die Lebenserwartung wuchs bis zum Zweiten Weltkrieg auf über 60 Jahre an (vgl. Abb. 1 und 2). In der zweiten Hälfte des 20. Jahrhunderts stieg sie weiter – in der Bundesrepublik wurden Frauen Mitte der 70er Jahre durchschnittlich erstmals über 75 Jahre, Männer 1980 erstmals mehr als 70 Jahre alt. Im wiedervereinigten Deutschland erreichte die Lebenserwartung im Jahr 2000 schließlich knapp 78 Jahre (Männer: 75,4; Frauen: 81,2).

---

[11] Vgl. hierzu exemplarisch folgende im Deutschen Tagebucharchiv in Emmendingen überlieferten Selbstzeugnisse: für die Auseinandersetzung mit dem eigenen Tod und Sterben: K.H.: Tagebuch eines Sterbenden, Sig. 767-1; E.E.: Der Tod – die letzte Lebensaufgabe, Sig. 974-8. Für die Auseinandersetzung im Zuge der Begleitung sterbender Angehörige: I.M.: Tagebuch 1991, Sig. 1525-1; E.H.: Tagebuch 1939-2010, Sig. 3148-1; A.P.: Mein Leben 1876-1961, Sig. 3375-1; M.T.: Ihre ungewöhnlichen Liebesbriefe 1948-1990, Sig. 1488-1; H.K.: Bis dass der Tod Euch scheidet, Sig. 1913/1; sowie für die DDR: E.S.: Tagebuch – Erinnerungen – Briefe, Sig. 98-5 und G.K.: Kalender mit Tagebucheintragungen. Sig. 3376-67.
[12] M.W.: Nur ein Traum ist das Leben. Tagebuch einer an ihrem Schicksal gereiften Frau, in: ebd., Sig. 1-1.
[13] U.B./R.E.: Lieber Herr E., in: ebd., Sig. 895-1.
[14] Die folgenden Zahlen beziehen sich auf die Lebenserwartung ab Geburt. Damit wird das durchschnittliche Alter ausgedrückt, das Menschen eines bestimmten Geburtsjahrgangs unter Berücksichtigung der altersspezifischen Sterblichkeitsraten erreichen. Vgl. zur Definition und den damit einhergehenden statistischen Problemen Vögele, Lebenserwartung.
[15] Vgl. hierzu auch Allert/Bremer, Erfolgsfaktoren, S. 16.

2.1 „Gestorben wird immer"? Zum Wandel des Lebensendes im 20. Jahrhundert

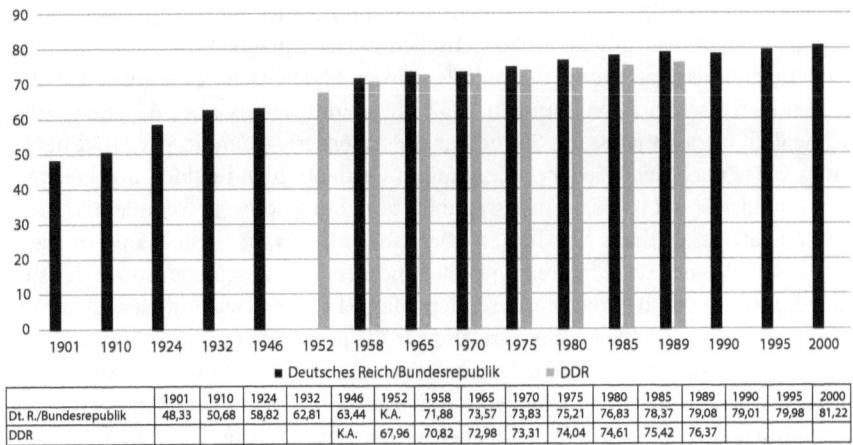

Abb. 1: Weibliche Lebenserwartung bei Geburt in den deutschen Staaten (1900-2000)[16]

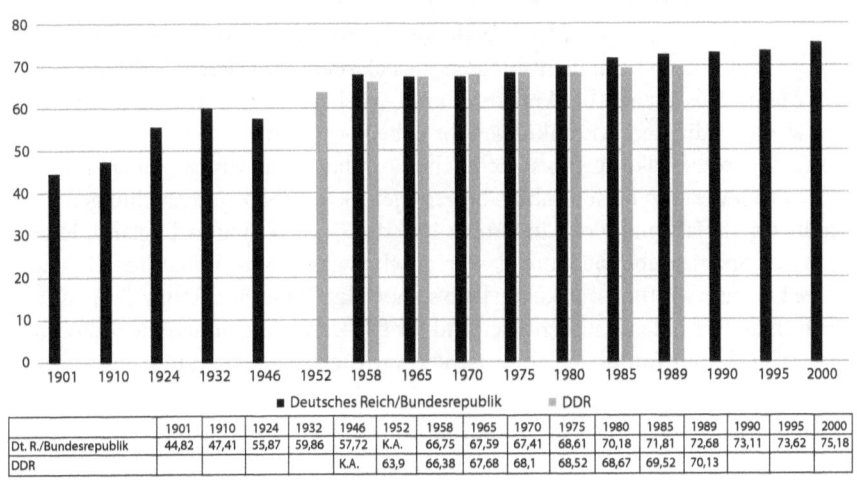

Abb. 2: Männliche Lebenserwartung bei Geburt in den deutschen Staaten (1900-2000)

[16] Die in diesem Kapitel präsentierten Grafiken basieren allesamt auf eigenen Berechnungen (die vollständige statistische Auswertung kann beim Autor angefordert werden), denen die folgenden Quellen zugrunde liegen: Statistisches Jahrbuch für das Deutsche Reich, hg. v. Kaiserliches Statistisches Amt. Berlin: Bd. 1915 – Bd. 1918; Statistisches Jahrbuch für das Deutsche Reich, hg. v. Statistisches Reichsamt. Berlin: Bd. 1919 – Bd. 1943; Statistisches Jahrbuch für die Bundesrepublik Deutschland, hg. v. Statistisches Bundesamt. Wiesbaden: Bd. 1952 – Bd. 1990; Statistisches Jahrbuch der Deutschen Demokratischen Republik, hg. v. Zentralverwaltung für Statistik. Berlin: Bd. 1955 – Bd. 1990; Statistisches Jahrbuch für die Bundesrepublik Deutschland, hg. v. Statistisches Bundesamt. Wiesbaden: Bd. 1991 – Bd. 2003; Bevölkerung und Wirtschaft 1872–1972. Herausgegeben vom Statistischen Bundesamt Wiesbaden anläss-

Diese Entwicklung betraf in der Tendenz West- und Ostdeutschland gleichermaßen. Lag die Lebenserwartung in der Sowjetischen Besatzungszone Schätzungen zufolge 1946 noch bei knapp unter 50 Jahren,[17] wurden Ostdeutsche zu Beginn der offiziellen statistischen Berechnungen 1952 im Schnitt bereits über 65 Jahre, 1989 schließlich circa 73 Jahre alt. Somit war die Lebenserwartung in der DDR beziehungsweise nach der Wiedervereinigung in Ostdeutschland jedoch fast konstant etwas niedriger als in der Bundesrepublik beziehungsweise in Westdeutschland. Diese Kluft vergrößerte sich in den 80er Jahren bei Frauen wie Männern stark, was eine Folge der schlechteren Umwelt- und Lebensbedingungen sowie der sich nun immer deutlicher manifestierenden Mängel in der Gesundheitsversorgung war.[18] Dies war durchaus stellvertretend für die gesamteuropäische Entwicklung: Belief sich die durchschnittliche Lebenserwartung in West-, Nord- und Südeuropa Mitte der 90er Jahre auf 76 Jahre, so waren es in den Nachfolgestaaten der ehemaligen Sowjetunion nur 70, im restlichen Osteuropa 71 Jahre.[19] Da die Lebenserwartung unter anderem abhängig vom Grad der medizinischen Versorgung und den Lebensbedingungen ist, relativierte sich die Differenz im wiedervereinigten Deutschland relativ schnell: Lebten Westdeutsche zum Zeitpunkt der Wende noch 3,5 (Männer) beziehungsweise 2,6 Jahre (Frauen) länger als Ostdeutsche, so waren es im Jahr 2010 nur noch 1,3 respektive 0,2 Jahre.[20] Bis heute existieren erhebliche soziale, ethnische und geschlechtsbedingte Unterschiede. Zurückgeführt werden letztere hauptsächlich auf nicht-biologische Faktoren, etwa darauf, dass mehr jüngere Männer als Frauen bei Verkehrs- und Arbeitsunfällen sowie infolge von lebenswandelbedingten Erkrankungen ihr Leben verlieren.[21]

Die neuere bevölkerungsgeschichtliche Forschung hat sehr zu einer differenzierteren Bewertung dieser Zahlen beigetragen. So ergaben Untersuchungen, dass bereits im 18. Jahrhundert mindestens 10% der Bevölkerung in England, Frankreich und Spanien über 60 Jahre alt war, obschon gesamtgesellschaftlich die statistische Lebenserwartung nur knapp halb so hoch lag.[22] Für den Raum des heutigen Deutschlands erbrachte in den 80er und 90er Jahren insbesondere der Schweizer Historiker Arthur Imhof den empirischen Nachweis, dass schon in früheren Epo-

---

lich des 100jährigen Bestehens der zentralen amtlichen Statistik. Stuttgart 1972; Sonderreihe mit Beiträgen für das Gebiet der ehemaligen DDR. Heft 27: Gesundheits- und Sozialwesen in Übersichten (Teil IV), hg. v. Statistisches Bundesamt. Wiesbaden 1995; Rytlewski/Opp de Hipt, Bundesrepublik; Rytlewski/Opp de Hipt, Deutsche Demokratische Republik.

[17] Vgl. Dietrich, Kulturgeschichte III, S. 1952.
[18] Seit der Wende glich sich die Lebenserwartung in den neuen Bundesländern sukzessive derjenigen in den alten Bundesländern an. Allerdings war noch im Jahr 2002 neben starken regionalen Unterschieden auch eine Ost-West-Lücke festzustellen. Vgl. hierzu Mai, Sterblichkeitsunterschiede.
[19] Vgl. die Übersicht über die weltweite Lebenserwartung in Jones, Reise, S. 111–113.
[20] Süß, Sicherheit, S. 155.
[21] Zu den Hintergründen des „gender gap" im Bereich der Lebenserwartung vgl. auch aus der neueren Forschung: Weigl, gender gap, und den einführenden Überblick in Sundberg u. a., gender gap, S. 673 f.
[22] Thane, Einführung, S. 9.

2.1 „Gestorben wird immer"? Zum Wandel des Lebensendes im 20. Jahrhundert

chen die durchschnittliche Lebenserwartung von Menschen, die ein Alter von Mitte 20 erreicht hatten, bei über 60 Jahren lag, die niedrige Lebenserwartung bei Geburt also vornehmlich auf die hohe Sterblichkeit von Säuglingen und Kindern zurückzuführen war.[23] Obwohl das durchschnittliche Sterbealter im Laufe der letzten 400 Jahre – wie Imhof 1993 auf einem Symposium konstatierte – von knapp 30 auf 70-80 Jahre angestiegen war, sei die Restlebenszeit von Menschen im hohen Alter, mithin die biologische Lebenserwartung, weitgehend unverändert geblieben.[24] Der am Friedrich-Meinecke-Institut der Freien Universität Berlin lehrende Mitbegründer der Historischen Demografie[25] leitete in jenen Jahren eine Reihe von Großprojekten zur Entwicklung der Lebenserwartung in der Geschichte, die sich nicht auf die demografischen Befunde beschränkten, sondern Ansätze einer Problemdiagnose in Form der Frage nach den sich damit verbindenden sozialen, ökonomischen und kulturellen Folgen gleich mit behandelten.[26] Vor allem infolge der „Entchristlichung" mache die Ausweitung der Lebensspanne eine neue Einstellung zu Leben und Sterben nötig.[27] Werde diese gesellschaftlich nicht erreicht, bestehe die Gefahr, dass die gewonnenen Lebensjahre keine „erfüllten" seien. Plakativ fragte Imhof etwa: „Leben wir zu lange?"[28]

Bedeutete die Verlängerung der Lebenserwartung also lange nicht automatisch eine signifikante Erhöhung des maximalen Alters beim Zeitpunkt des Todes, so änderte sich dies nach 1945. Denn anders als noch im 19. Jahrhundert war der weitere Anstieg der Lebenserwartung nun nicht mehr nur Folge des Sinkens der Säuglings-, Kinder- und Müttersterblichkeit, sondern zunehmend einem Zugewinn an Lebenszeit im höheren Alter zu verdanken. So stiegen die durchschnittlich verbleibenden Lebensjahre für Menschen im Alter von 65 Jahren in Westdeutschland zwischen 1950 (ca. 13) und 1990 (ca. 16) deutlich an und näherten sich bei den Frauen schließlich nach der Wiedervereinigung zur Jahrtausendwende bereits der Zahl von 20, nachdem sie zu Beginn des Jahrhunderts noch bei unter elf gelegen hatten (vgl. Abb. 3).[29] Von zehn geborenen Männern und Frauen erreichten 1986 sieben beziehungsweise acht das 70. Lebensjahr, während es in den 1740er Jahren noch gerade mal je zwei gewesen waren.[30] Die Entwicklung in der DDR war wiederum ähnlich, obgleich hier gerade bei Männern aufgrund der

---

[23] Vgl. etwa Imhof, ars moriendi (1994), S. 11.
[24] Arthur E. Imhof: Erfüllt leben – in Gelassenheit sterben. Symposium vom 23.-25. November 1993 an der Freien Universität Berlin [Hand-out zur Kurzorientierung]. Berlin 1994, S. 1, in: Archiv MedZeitgeschichte, Forschungsschwerpunkt Zeitgeschichte der Medizin, Charité Berlin, Sh 60/235; a(III).
[25] Imhof, Einführung in die Historische Demographie.
[26] Hierzu programmatisch Imhof, Zunahme.
[27] Vgl. Imhof, Jahre; ders., Sis humilis sowie die Beschreibung eines von Imhof geleiteten Forschungsprojekts in: Bundesministerium für Familie, Senioren, Frauen und Jugend (Hg.): Forschungs- und Modellvorhaben im Familien-, Alterns- und Sozialbereich in der 12. Legislaturperiode. Stuttgart 1996, S. 324-327.
[28] Imhof, Leben wir zu lange.
[29] Vgl. auch Kramer, Alter(n) und umfassend Imhof, Die Lebenszeit, S. 260-360.
[30] Imhof, Zunahme, S. 29.

hohen Zahl an Arbeits- und Verkehrsunfällen, Suiziden sowie der Folgen von Alkoholkonsum und einer vergleichsweise schlechteren medizinischen Versorgung Einschränkungen vorzunehmen sind: So war die verbleibende Lebenserwartung einer männlichen Person in Ostdeutschland, die das 10. Lebensjahr erreicht hatte, 1955 und 1989 identisch.[31] 1987 starben in der DDR rund 28% der Männer vor dem Erreichen des Rentenalters, in der Bundesrepublik dagegen nur 24% – in der zweiten Hälfte der 50er Jahre war das Verhältnis noch umgekehrt.[32]

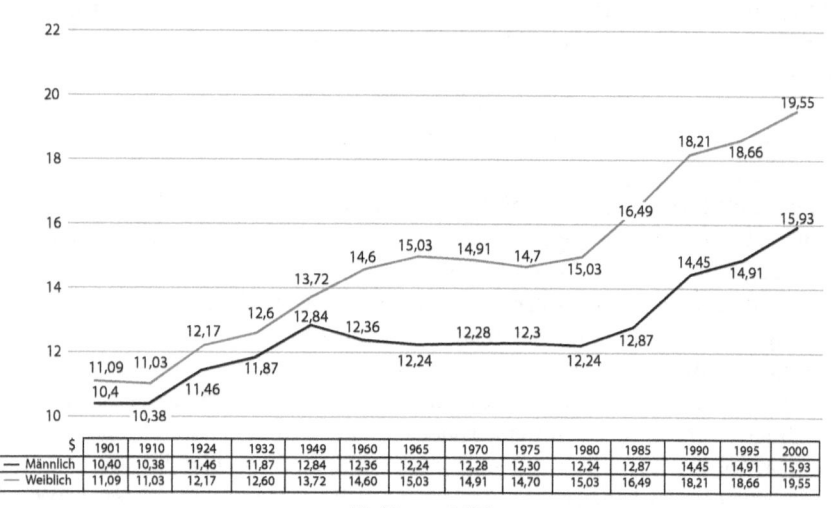

Abb. 3: *Lebenserwartung im Alter von 65 Jahren im Deutschen Reich bzw. in (West-)Deutschland (1900–2000)*

Der Tod, der stets Säuglinge, Kinder, Erwachsene und alte Menschen gleichermaßen betroffen hatte, konzentrierte sich statistisch also zunehmend auf letztere Gruppe. Vor diesem Hintergrund verdichteten sich der gesellschaftliche Altersdiskurs und die um 1900 etablierte wissenschaftliche Altersforschung im letzten Drittel des 20. Jahrhunderts.[33] Dies führte zum Beispiel zur Entwicklung von Phasenmodellen des Alterns, hinter der sich letztlich eine „Institutionalisierung des Alters als Phase im Lebenslauf" verbarg.[34] Immer wichtiger wurde insbesondere

---

[31] Dietrich, Kulturgeschichte III, S. 1952.
[32] Belau, Gesundheitswesen, S. 3.
[33] Zur Altersforschung und speziell der Bedeutung der steigenden Lebenserwartung für den Altersdiskurs vgl. Jordheim, Zukunft. Die neuere kulturwissenschaftliche Altersforschung versteht das „Alter(n) als Objekt und Paradigma diskursiver Aushandlung zwischen unterschiedlichen Wissenskulturen der Wissenschaft und der Gesellschaft", vgl. von Hülsen-Esch/Wolf, Vorwort, S. 9.
[34] Kramer, Alter(n). Vgl. auch Kampf, Alter(n), S. 464–470.

die Abgrenzung zwischen einem „dritten Alter" ab circa 60 Jahren und einem „vierten Alter", das ja nach individuellem Zustand zwischen etwa 80 und 85 beginnt. Während sich das erstere dank medizinischer und sozialer Fortschritte sowie besserer Lebensbedingungen vermehrt durch Aktivität und Unabhängigkeit auszeichnete, bestimmten Abhängigkeit und nahender Tod das letztere.[35] Dass der Tod und ein hohes Alter zusammenhängen, ist eine Wahrnehmung, die überhaupt erst im späten 19. Jahrhundert aufkam – ereigneten sich doch etwa um 1850 noch 60% aller Todesfälle in der Gruppe der Säuglinge, Kinder und Jugendlichen unter 15 Jahren und weitere 20% in der Altersgruppe 15–45 Jahre.[36] Diese Vorstellung verstärkte sich unzweifelhaft im Laufe der folgenden 100 Jahre angesichts der Entwicklung des durchschnittlichen Sterbealters weiter. Denn tatsächlich starben statistisch immer mehr und schließlich eine Mehrzahl der Menschen erst als Hochbetagte.[37] Das Sterben wurde so zu einem integralen Bestandteil der gerontologischen und politischen Debatten um die „Überalterung"[38] der Bevölkerung und den sozialen, politischen und ökonomischen Status von Hochbetagten in der modernen Gesellschaft.[39]

Sterblichkeit

Eine zweite, eng damit zusammenhängende Entwicklung betraf das Sinken der Sterblichkeit beziehungsweise Mortalität. Mit dieser bereits seit der Frühen Neuzeit genutzten statistischen Kategorie wird „die Anzahl der Todesfälle in einer Bevölkerung während eines bestimmten Zeitraums im Verhältnis zur Anzahl der lebenden Individuen der betreffenden Population" bezeichnet. Die Sterbeziffer drückt konkret die Zahl der in einem Kalenderjahr Gestorbenen je 1000 Lebenden aus.[40] Im Laufe des 20. Jahrhunderts sanken international die Sterberaten.[41] Dies betraf – mit kriegsbedingten Schwankungen – letztlich auch die deutschen Staaten (vgl. Abb. 4). So war die Sterbeziffer in Ost- wie Westdeutschland in den 50er Jahren

---

[35] Wegweisend: Laslett, Alter. Zur Bedeutung der Sorgen vor Abhängigkeit, Hilflosigkeit und Unselbstständigkeit im „vierten Alter" im Kontrast zur zunehmenden Aktivität, Unabhängigkeit und Gesundheit von Menschen im „dritten Alter" vgl. Thane, 20. Jahrhundert.
[36] Mintz, Prime, S. 11.
[37] Vgl. Imhof, Einleitung, S. 14.
[38] Die Ursprünge dieser Debatte lagen bereits im Europa der Zwischenkriegszeit. Tatsächlich schwächte sich die Sorge vor einer Überalterung der Bevölkerung nach 1945 infolge der steigenden Geburtenraten zunächst sogar wieder etwas ab, ehe sie im letzten Drittel des 20. Jahrhunderts mit dem zunehmenden Geburtenrückgang und der immer weiter steigenden Lebenserwartung zu neuer Wirkungskraft gelangte, etwa im Bereich der Rentenpolitik. Vgl. Thane, 20. Jahrhundert, v. a. S. 264, Torp, Gerechtigkeit sowie unter Einbeziehung der Situation in der DDR Schmähl, Alterssicherungspolitik.
[39] Vgl. zu Stand und Perspektiven der historiografischen, kultur- und sozialwissenschaftlichen Altersforschung Kramer, Alter(n); Loffeier/Majerus/Moulaert, Age; Martin/Twigg, Routledge Handbook.
[40] Vögele, Mortalität. Zur Geschichte der Mortalitätsstatistik vgl. Blumenthal-Barby, Ergebnisse, S. 163.
[41] Imhof, Die Lebenszeit, S. 70–73.

2. 1948: Das Treffen, oder: Sterben nach dem Massensterben?

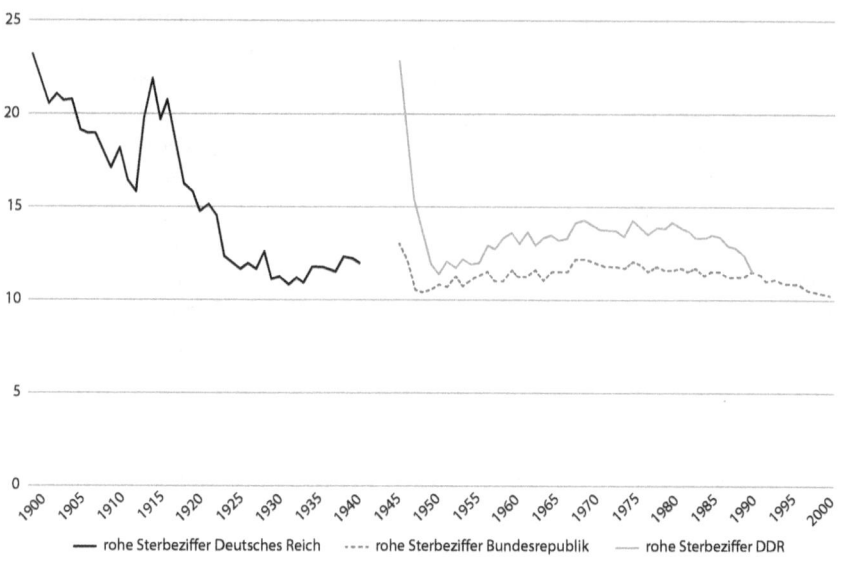

Abb. 4: Rohe Sterbeziffer (Gestorbene je 1000 Einwohner) in allen deutschen Staaten (1900–2000)

nur noch halb so hoch wie im Deutschen Reich zu Beginn des 20. Jahrhunderts, was vom Ministerium für Gesundheitswesen (MfG) in der DDR genau beobachtet wurde.[42] Dort lag die Sterblichkeit stets etwas über der im Westen, was vor allem auf die im Vergleich deutlich größere Zahl an „vermeidbaren" Sterbefälle durch eigentlich therapierbare Krankheiten, Unfälle oder Suizide zurückzuführen war.[43] War der Wert in beiden deutschen Staaten zwischenzeitlich kurzfristig wieder leicht angestiegen, so erreichte er infolge eines kontinuierlichen Rückgangs seit den 80er Jahren zur Jahrtausendwende in der wiedervereinigten Bundesrepublik mit nur noch 10,2 Verstorbenen je 1000 Einwohner seinen Tiefstand.

Im Kontrast dazu steht die Zahl an absolut Gestorbenen, die in beiden deutschen Staaten infolge der gestiegenen Bevölkerungszahl zwischen 1950 und Mitte der 70er Jahre stark anwuchs (vgl. Abb. 5) und auch danach bei leichtem Absinken stets über dem Niveau der 50er und 60er Jahre blieb. Mit anderen Worten: Selbst wenn die Anzahl der jährlichen Todesfälle größer wurde, starben in der zweiten Hälfte des 20. Jahrhunderts doch im Verhältnis zur Zahl der Lebenden immer weniger Menschen. Dies änderte sich erst in den 2000er Jahren, als die Sterbeziffern aufgrund des demografischen Wandels wieder anstiegen, eine Entwicklung,

---

[42] Zur Diskussion des Rückgangs der Sterblichkeit in Ostdeutschland und der Ursachen vgl. auch Kurzinformation der Regierung der Deutschen Demokratischen Republik. Staatliche Zentralverwaltung für Statistik beim Ministerrat. Abteilung Bevölkerung/Nichtmaterieller Bereich der Volkswirtschaft über die Entwicklung der Sterblichkeit, Juli 1963, in: BA Berlin-Lichterfelde, DQ 112/401.
[43] Vgl. Belau, Gesundheitswesen, S. 3.

2.1 „Gestorben wird immer"? Zum Wandel des Lebensendes im 20. Jahrhundert

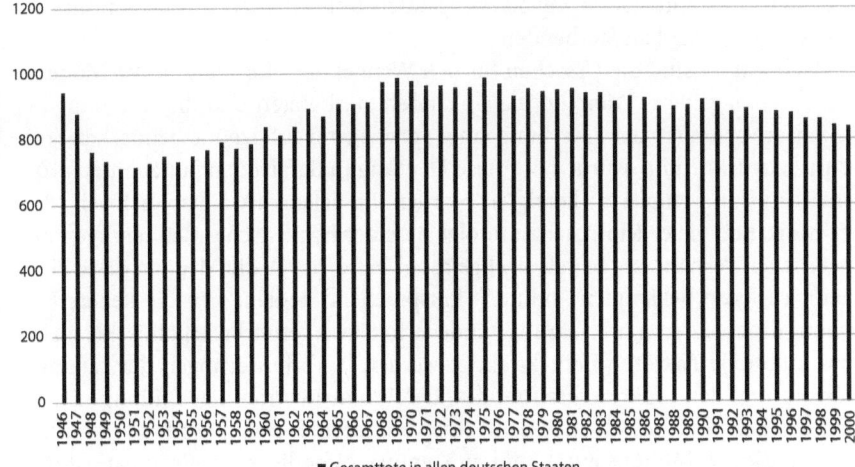

Abb. 5: Absolute Zahl der Verstorbenen in 1000 in allen deutschen Staaten (1946–2000)

die sich in Zukunft mit dem Älterwerden und Sterben der geburtenstarken Jahrgänge der 50er und 60er Jahre weiter zuspitzen und Prognosen zufolge um das Jahr 2030 in einen circa zwei Dekaden anhaltenden „Sterbeboom" münden wird.[44]

Die Beruhigung der Sterblichkeit lässt sich dabei für weite Teile Europas als ein Langzeitprozess charakterisieren, der bereits in der Frühen Neuzeit eingesetzt hatte und sich ab dem späten 18. Jahrhundert intensivierte. Zwar schwankte die Mortalitätsrate etwa in Deutschland im Laufe der folgenden knapp 100 Jahre immer wieder, was insbesondere auf die Folgeprobleme der Urbanisierung wie zum Beispiel schlechte Wohnsituationen oder Hygienemängel zurückzuführen war, halbierte sich aber insgesamt zwischen 1833 und 1913.[45] Alleine in Berlin ging die Sterblichkeit nach Berechnungen von Arthur Imhof zwischen 1772 und 1936 von 60% auf 10% zurück.[46] Neben einem drastischen Rückgang der Säuglings- und einem starken Sinken der Kindersterblichkeit war hierfür vor allem die nachlassende Mortalität bei vielen Krankheitsbildern, etwa bei der Tuberkulose, und das Ausbleiben verlustreicher Seuchen verantwortlich, eine Entwicklung, die Reinhard Spree als „epidemiologischen Übergang" beschreibt.[47] Die von ihm in diesem Zusammenhang gebrauchte Formulierung eines „Rückzugs des Todes" ist insofern missverständlich, als er damit die Verschiebung des individuellen Sterbens ins höhere Lebensalter – statistisch in das achte Lebensjahrzehnt – bezeichnet, und keine gesamtgesellschaftliche Aussage trifft. Denn obwohl die relative Sterblichkeit sank,

---

[44] Tirschmann, Alltag, S. 13.
[45] Spree, Rückzug (1992), S. 12.
[46] Imhof, Die Lebenszeit, S. 70–73.
[47] Spree, Rückzug (1992), v. a. S. 14–17. Vgl. auch Imhof, Die Lebenszeit, S. 106 f.

bedeutete das anhaltende Bevölkerungswachstum letztlich zugleich insgesamt eine steigende Zahl an Sterbenden.

Noch immer sind die Ursachen für den Wandel der Mortalität in der Moderne nicht restlos geklärt. Während die sinkenden Sterberaten und die Erhöhung der Lebenserwartung in der Forschung lange vorwiegend auf den medizinischen Fortschritt zurückgeführt wurden, ist diese Deutung in den letzten Jahrzehnten problematisiert und empirisch korrigiert worden. So gelang etwa der Nachweis, dass die Mortalität vieler Krankheiten infolge besserer hygienischer Bedingungen und materieller Verhältnisse bereits nachgelassen hatte, bevor die Medizin diese überhaupt wirksam bekämpfen konnte.[48] Entsprechend bedient sich die neuere Forschung differenzierterer Erklärungsmodelle, in denen gesundheitspolitische, soziale und kulturelle Faktoren berücksichtigt werden.[49] Verbesserungen der sanitären Versorgung, des Ernährungszustandes, der Wohnsituation, des Bildungsniveaus und des Lebensstandards allgemein, eine veränderte Stellung der Frau (zum Beispiel stärkerer Mutterschutz) und präventive öffentliche Hygienemaßnahmen werden ebenso angeführt wie Praktiken der medizinischen Vorsorge (Impfungen) und Intervention.[50] Deren Bedeutung stieg mit der Ausprägung wohlfahrtsstaatlicher Strukturen und einer allgemein zugänglichen Gesundheitsversorgung weiter an. Dessen ungeachtet ließ sich stets eine soziale Ungleichheit der Lebenserwartung in Form einer höheren vorzeitigen Sterblichkeit niedrigerer Status- und Einkommensgruppen beobachten.[51] Bereits die zeitgenössische Sozialgeschichtsschreibung nahm sich diesem Thema in der historischen Rückschau an.[52] Unzweifelhaft trugen indes gerade in der zweiten Hälfte des 20. Jahrhunderts die durchgreifende Medikalisierung der europäischen Gesellschaften und die neuen medizinischen Behandlungsmöglichkeiten (etwa Antibiotika) wesentlich dazu bei, die Lebenserwartung weiter zu erhöhen und die Sterblichkeit zu senken – mit gravierenden Folgen in Form eines enormen Bevölkerungsanstiegs.

Auch hierbei ist zu beachten, dass diese demografische Entwicklung zwar ganz Europa betraf, aber keinesfalls kontinuierlich verlief, was speziell für Deutschland gilt. Zwar sank die Sterblichkeit bereits seit dem 19. Jahrhunderts stetig, was gemeinsam mit einem geringen Geburtenüberschuss bis in die Zeit des „Dritten Reiches" zu einem beständigen Bevölkerungsanstieg führte.[53] Schon der Erste Welt-

---

[48] Richtungsweisend: McKeown, Rise, nach dem die bessere medizinische Versorgung erst in den 1930er Jahren für den Sterblichkeitsrückgang bedeutsam wurde.
[49] Vgl. zum Forschungsstand Vögele, Mortalität.
[50] Vgl. etwa Spree, Rückzug (1992), S. 46–53; Vögele, Reformen; ders., Lebenserwartung, S. 832.
[51] Vgl. Lampert/Knoll/Dunkelberg, Ungleichheit, sowie für eine Studie zur höheren Sterblichkeit von Krebspatienten in ärmeren Wohngegenden Russell Wilkins/Owen Adams/Anna Brancker: Highlights from a New Study of Changes in Mortality by Income in Urban Canada, in: Chronic Diseases in Canada 11 (Mai 1990), S. 38–40, zu finden in: BA Berlin-Lichterfelde, DQ 1/15330.
[52] Vgl. exemplarisch Spree, Ungleichheit.
[53] Hierzu und zu den im Folgenden genannten Zahlen und Entwicklungen Ehmer, Bevölkerungsgeschichte, S. 10–18 und Weigl, Bevölkerungsgeschichte, S. 40–43.

krieg markierte jedoch mit Blick auf letzteren eine Wachstumsbremse, nicht nur infolge der knapp 2,5 Millionen Kriegstoten und der Gebietsverluste durch den Versailler Vertrag, sondern auch in Form eines Geburtenausfalls sowie einer höheren Sterblichkeit in den Nachkriegsjahren. Noch ungleich negativer waren die demografischen Folgen von Flucht, Deportationen und Massentötungen im Nationalsozialismus und im Zweiten Weltkrieg. Zu den ermordeten deutschen Juden kamen diverse andere Opfergruppen hinzu, so etwa Sinti und Roma, politisch Verfolgte, Zeugen Jehovas, Homosexuelle oder geistig und körperlich behinderte Menschen, die dem sogenannten Euthanasieprogramm zum Opfer fielen, sowie natürlich die Gefallenen und zivilen Kriegstoten. Schätzungen zufolge beliefen sich die demografischen „Verluste" in Deutschland durch direkte und indirekte (Geburtenausfall und Mehrsterblichkeit) Kriegsfolgen auf insgesamt 14 Millionen Menschen, die nur zum Teil durch die Zuwanderung infolge der Massenvertreibung deutscher Minderheiten aus Osteuropa ausgeglichen werden konnten.

Nach dem Zweiten Weltkrieg gerieten die mit der Beruhigung der äußeren Verhältnisse nun klar sichtbar werdenden demografischen Verschiebungen, speziell mit Blick auf Fragen der Lebensdauer und Sterblichkeit, international rasch in die Diskussion, und zwar politisch, wissenschaftlich wie gesellschaftlich.[54] So veranstaltete die UNO zwischen 1954 und 1994 im Zehn-Jahres-Rhythmus Weltbevölkerungskonferenzen, die sich hauptsächlich mit Fragen der Datenerhebung und -sammlung, Familienplanung, Sexualaufklärung sowie der Reduzierung der Säuglings- und Müttersterblichkeit befassten.[55] Dagegen widmete sich die vom 30. August bis 6. September 1966 in Straßburg stattfindende erste Europäische Bevölkerungskonferenz schwerpunktmäßig der Entwicklung der Gesamtsterblichkeit sowie deren Ursachen und Folgen.[56] Die vom Europarat organisierte Veranstaltung ging zurück auf einen zweieinhalb Jahre zuvor vorgelegten Bericht von Sachverständigen der Beratenden Versammlung zur Bevölkerungsentwicklung in Europa und hatte als Ziel, eine europäische Bevölkerungspolitik im Angesicht der mit der demografischen Entwicklung einhergehenden Probleme einzuleiten. Unter den 178 Teilnehmern aus 25 Ländern befanden sich auch Vertreter von Nicht-Europaratsmitgliedsstaaten, zum Beispiel aus den USA oder aus dem „Ostblock" (Bulgarien und Tschechoslowakei), sowie von 23 internationalen Organisationen wie der UNO, dem European Centre for Population Studies oder der Catholic International Union for Social Service. Diese machten den Rückgang der Sterblichkeit als zentrales Moment der „demografischen Revolution" aus, die Europa – auf beiden Seiten des in diesem Zusammenhang gar nicht so „Eisernen Vor-

---

[54] Vgl. zu Perspektiven und Stand der Forschung Hartmann/Unger (Hg.), World und das Themenheft in den Berichten zur Wissenschaftsgeschichte von dies., Bevölkerungswissenschaften.

[55] Vgl. Mirkin, Evolution, und den historischen Überblick im Positionspapier der International Union for the Scientific Study of Population (IUSSP) zur Weltbevölkerungskonferenz in Kairo 1994 von Mertens, Conference.

[56] Zu der Veranstaltung vgl. hier und im Folgenden den Bericht eines der Mitglieder des Organisationsausschusses: Schubnell, Bevölkerungskonferenz, S. 139–151.

	1905	1920	1935
	Deutsches Kaiserreich	Weimarer Republik	Drittes Reich
Infektionskrankheiten	211.309/18%	169.390/18%	48.679/6,1%
Krebs	43.334/4%	52.525/6%	97.077/12,3%
Krankheiten d. Kreislaufsystems	122.701/10%	135.688/15%	197.776/25%
Krankheiten d. Verdauungssystems	182.455/15%	76.342/8%	49.204/6,2%
Unfälle	23.077/2%	28.513/3%	27.400/3,5%
Suizid	12.625/1%	13.143/1%	18.422/2,3%

Abb. 6: *Häufigste Todesursachen in den deutschen Staaten vor dem Zweiten Weltkrieg*

hangs" – erfasst habe. Folge seien ein wachsender Anteil älterer Menschen an der Bevölkerung und deren sukzessive „Vergreisung" – so wurde eine Verdreifachung der Zahl an über 65-Jährigen von 5% um die Jahrhundertwende auf 14,5% im Jahr 1980 prognostiziert.[57] Außerdem prophezeite der Präsident der Konferenz, der französische Bevölkerungswissenschaftler Jean Bourgeois-Pichat, dass sich infolge der Ressourcenknappheit im Gesundheitswesen materiell bedingte Unterschiede mit Blick auf Lebensdauer und Sterblichkeit immer stärker manifestieren würden: „Der Tod von morgen [wird] auch ein soziales Problem sein."[58]

Todesursachen und Sterbedauer

Damit verwies Bourgeois-Pichat auf eine weitere wichtige Entwicklung, die mit der Erhöhung der Lebenserwartung und dem Rückgang der Sterblichkeit einherging. So verschob sich in den letzten 100 Jahren statistisch nicht nur der Todeszeitpunkt nach hinten, sondern es veränderten sich auch die Sterbeverläufe.[59] Ein Blick auf die häufigsten Todesursachen zeigt dies eindringlich: Waren um 1900 in den Industriegesellschaften noch eine Vielzahl an Infektionserkrankungen wie Grippe, Lungenentzündung, Tuberkulose oder Gastritis mit zumeist eher schnellem Verlauf hauptverantwortlich für den Todeseintritt, starben 100 Jahre später deutlich mehr als die Hälfte aller Menschen an Herz-Kreislauferkrankungen sowie an Krebs und damit an oft langwierigen Krankheiten.[60] Diese Entwicklung spiegelt sich auch in der Todesursachenstatistik der deutschen Staaten wider. Infektionskrankheiten, bis in das erste Viertel des 20. Jahrhunderts in Deutschland noch die häufigste Todesursache, verloren gerade nach 1945 rasch an Bedeutung und machten im Jahr 2000 nur noch knapp 3% der Sterbefälle aus (vgl. Abb. 6/7). Umgekehrt verfünffachte sich der Wert bei Herz-Kreislauferkrankungen in jenem Zeitraum, sogar noch stärker war der Anstieg bei Krebs. Entscheidend für die neue Gestalt, die das Lebensende nach 1945 annahm, ist dabei die schon angedeutete grundsätzliche Veränderung, die damit einher ging: Der Wandel vom akuten zum

---

[57] Ebd., S. 146.
[58] Zit. nach ebd., S. 143.
[59] Vgl. hierzu grundsätzlich Elias, Einsamkeit, S. 15–17.
[60] Vgl. Die Übersicht in Corr, Death, S. 33 sowie Imhof, Die Lebenszeit, S. 63.

	1950		1970		1989		2000
	Bundesrepublik	DDR	Bundesrepublik	DDR	Bundesrepublik	DDR	Bundesrepublik
Infektionskrankheiten	52.257/10,6%	32.843/15%	34.852/4,7%	7.993/3,3%	20.333/2,9%	4.279/2,1%	28.886/3,4%
Krebs	84.677/17,1%	31.582/14,4%	148.590/20%	37.823/15,7%	170.485/24,4%	34.755/16,9%	210.738/25,1%
Krankheiten d. Kreislaufsystems	169.976/34,5%	75.618/34,4%	301.018/40,4%	80.038/33,2%	342.816/49,1%	121.312/58%	405.762/48,4%
Krankheiten d. Verdauungssystems	29.754/6%	2.026/1%	19.014/2,6%	3.639/1,5%	17.960/2,6%	5.758/2,8%	22.284/2,7%
Unfälle	21.279/4.3%	8.705/4%	38.997/5,2%	10.015/4,1%	20.070/2,9%	7.288/3,5%	23.458/2,8%
Suizid	9.142/1,8%	5.405/2,5%	13.046/1,7%	5.176/2,1%	10.252/1,5%	4.294/2,1%	11.065/1,3%

Abb. 7: Häufigste Todesursachen in den deutschen Staaten nach 1945

chronischen Sterben. So hielten sich Schätzungen zufolge um 1900 chronische und akute Sterbeverläufe noch ungefähr die Waage; bereits im Jahr 1955 dagegen machten erstere über 80% der Todesfälle aus.[61] Neben den dafür hauptursächlichen Todesursachen wie Herz-Kreislauferkrankungen und Krebs gewannen andere chronische, altersspezifische Krankheiten wie Diabetes, Arthritis oder Alzheimer im Verlauf des 20. Jahrhunderts ebenfalls stark an Bedeutung.[62]

Auch wenn die Zahlen eine klare Tendenz aufzeigen, so dürfen einige Probleme und Schwachstellen der Todesursachenstatistik nicht unerwähnt bleiben. Diese kann auf eine lange Geschichte zurückblicken: Als Teil einer allgemeinen Planungseuphorie wurde sie in der heutigen Form im Deutschen Kaiserreich um die Wende zum 20. Jahrhundert eingeführt, um den Stand der Gesundheitsversorgung und medizinische Problemlagen zu dokumentieren und geeignete gesundheitspolitische und wissenschaftliche Reaktionen darauf entwickeln zu können.[63] Da die Erhebung von Todesursachen ein weltweites Phänomen war, erarbeitete das International Statistical Institute (ISI) bereits in den 1890er Jahren eine einheitliche Klassifikation, die International Classification of Diseases (ICD). Diese etablierte sich nach dem Zweiten Weltkrieg sowohl in West- als auch in Ostdeutschland als Grundlage der Todesursachenstatistiken und wird bis heute fortlaufend mit Blick auf die darin erfassten Krankheitsbilder revidiert, seit 1948 durch die Weltgesundheitsorganisation (WHO).[64] Die in der Bundesrepublik vom Statistischen Bundesamt in Wiesbaden auf Grundlage der ärztlichen Todesbescheinigungen erstellte Todesursachenstatistik berücksichtigt mit wenigen Aus-

---

[61] Student/Napiwotzky, Palliative Care, S. 199.
[62] Vgl. hierzu Thane, 20. Jahrhundert, S. 282–290.
[63] Das Statistische Bundesamt datiert das erste einheitliche Todesursachenverzeichnis in Deutschland auf das Jahr 1905 (mit bis in die 1870er Jahre zurückreichenden Vorläufern), wohingegen in der Forschung das Jahr 1892 genannt wird. Vgl. https://www.destatis.de/DE/Themen/Gesellschaft-Umwelt/Gesundheit/Todesursachen/Methoden/todesursachenstatistik.html [15. 12. 2021] bzw. Gräb, Sterblichkeit, S. 14. Zur ersten Welle der Planungseuphorie um 1900 vgl. van Laak, Planung.
[64] Zur mittlerweile elf Versionen umfassenden ICD vgl. auch http://www.who.int/classifications/icd/en/ [15. 12. 2021].

nahmen (Totgeburten, von einem Gericht für tot erklärte Personen) alle Verstorbenen des jeweiligen Jahres.[65] Ihre Zuverlässigkeit ist folglich abhängig von der Exaktheit der Eintragungen durch den Leichenschauarzt. Sie leidet nicht nur unter regionalen Unterschieden der Kodierung und einer niedrigen Obduktionsfrequenz, sondern letztlich auch unter der Entwicklung der Todesursachen und Sterbeverläufe selbst. So wird diese ausschließlich monokausal aufbereitet – nur das Grundleiden der Gestorbenen fließt demnach in die Statistik ein, ein Problem, das bis heute besteht. Gerade bei Verstorbenen im höheren Lebensalter, bei denen eine exakte Todesursachenbestimmung sich ohnehin oftmals als schwierig erweist, ist der Tod jedoch nicht selten auf mehrere Erkrankungen zurückzuführen. In Anbetracht des gestiegenen durchschnittlichen Sterbealters lassen die Todesursachenstatistiken folglich keinen eindeutigen Rückschluss auf die tatsächlichen Mortalitätsverhältnisse zu.

Ungeachtet dessen ist zumindest eine weitgehende Vergleichbarkeit der statistischen Angaben zwischen West- und Ostdeutschland gewährleistet. Denn die Erhebung und Form der Todesursachenstatistik in der DDR funktionierte, wie bereits angedeutet, ähnlich wie in der Bundesrepublik: So bereitete die dafür zuständige Staatliche Zentralverwaltung für Statistik (SZS) die Zahlen jährlich auf Grundlage der Totenscheine auf, wobei sich die Nomenklatur stets nach der – wie es der amtierende Leiter der SZS, Günter Hartig, 1977 in einem internen Informationsschreiben formulierte – „im Rahmen der Weltgesundheitsorganisation abgestimmten internationalen Todesursachenklassifikation" richtete.[66] Die einzige Ausnahme stellten Suizide dar, die darin eigentlich als eigenständige Position ausgewiesen sind. Aufgrund der hohen Suizidrate, die durchweg deutlich über dem Schnitt in der Bundesrepublik lag, war deren Bekanntgabe in der DDR politisch unerwünscht, so dass Selbsttötungen im veröffentlichten Statistischen Jahrbuch unter „sonstige Krankheiten" verbucht und somit camoufliert wurden. Die amtlichen Suizidstatistiken unterlagen der Geheimhaltung und standen lediglich dem Politbüro sowie wenigen Stellen innerhalb des Gesundheitswesens zur Verfügung, die sie bis 1977 zu Forschungszwecken nutzen konnten. Als die Zahl der Suizide Mitte der 70er Jahre ihren Höhepunkt erreichte und sich zeitweise mehr als 6000 Ostdeutsche im Jahr das Leben nahmen, verschärfte die SED die Verschlussregelung weiter.[67]

Davon abgesehen war das staatliche und gesundheitspolitische Interesse an der Todesursachenstatistik im Osten in mancherlei Hinsicht ausgeprägter als im Westen. So rief das kurz zuvor geschaffene Institut für Medizinische Statistik und Datenverarbeitung beim MfG 1987 ein „Mortalitätsprojekt" ins Leben, im Zuge des-

---

[65] Zur Geschichte, der Entstehung und der beschriebenen Problematik der Todesursachenstatistik vgl. hier und im Folgenden ausführlich Gräb, Sterblichkeit sowie Gaber, Sterblichkeit, S. 27.
[66] „Information des amtierenden Leiters der Staatlichen Zentralverwaltung für Statistik, Dr. Hartig, über die Erfassung, Organisation und Aufbereitung der Todesursachenstatistik", 13. 6. 1977, in: BA Berlin-Lichterfelde, DC 20/13015.
[67] Vgl. hierzu ausführlich Grashoff, Anfall und von den Driesch, Verschluss.

sen aufbauend auf den Ergebnissen der knapp 38 000 in der DDR durchgeführten Sektionen deutlich detailliertere Daten zu den Todesursachen und – erstmals in der Geschichte – auch systematisch Zahlen zum Sterbeort erhoben wurden.[68] Noch ambitionierter war der exemplarisch in der Stadt Görlitz im Jahr 1986/87 unternommene Versuch, die statistischen Angaben mittels einer fast vollständigen Sektionsrate zu überprüfen. Die sogenannte „Görlitzer Studie", deren systematische Auswertung erst nach der Wende erfolgte, basierte auf den zwischen dem 1. Dezember 1986 und dem 30. November 1987 durchgeführten Obduktionen von 1027 der insgesamt 1060 Verstorbenen mit Wohnsitz in der sächsischen Mittelstadt, ein bis heute einzigartiges Unterfangen.[69] Rückblickend bemerkte der Leiter der Untersuchung, dass die „damaligen gesetzlichen Grundlagen" eine derartige Studie überhaupt erst ermöglicht hätten, wenngleich die hohe Obduktionsquote von fast 97% durch Information der Bevölkerung erreicht und der nur in Ausnahmefällen erfolgte Widerspruch von Angehörigen stets berücksichtigt worden sei.[70] Hintergrund waren Zweifel an der amtlichen Todesursachenstatistik: So hatte eine stichprobenhafte Überprüfung in Brandenburg Mitte der 80er Jahre gezeigt, dass nur knapp zwei Fünftel der Totenscheine bei den Angaben zum Grundleiden und nicht einmal jeder zehnte im nichtdiagnosebezogenen Teil fehlerfrei ausgefüllt worden waren.[71] Tatsächlich ergab die „Görlitzer Studie" eine hohe Zahl an Fehldiagnosen bei den ärztlichen Angaben auf dem Totenschein in 22,4% (Männer) respektive 27,5% (Frauen) der Fälle, wobei die Fehldiagnoserate mit zunehmenden Alter der Verstorbenen anstieg. Darüber hinaus stellten die Mediziner signifikante Abweichungen zur offiziellen Todesursachenstatistik fest: So lag im Vergleich zu den amtlichen Zahlen der tatsächliche Wert bei Krankheiten des Kreislaufsystems niedriger, bei Geschwulstleiden sowie Infektionskrankheiten dagegen höher. Besonders markant waren nicht diagnostizierte tödliche Tuberkulosen, die die Prozentangaben im Statistischen Jahrbuch um ein Zehnfaches überstiegen.[72]

Nicht nur deshalb sind hinsichtlich der beschriebenen Verschiebungen vom akuten zum chronischen Sterbeverlauf im 20. Jahrhundert einige Einschränkungen vorzunehmen. Der plötzliche Tod verlor keinesfalls komplett an Bedeutung, wenn man etwa die anhaltend hohe Inzidenz von Suiziden oder Unfällen berücksichtigt, die beispielsweise in den USA Anfang der 80er Jahre insbesondere ob

---

[68] Vgl. Institut für Medizinische Statistik und Datenverarbeitung, Gesundheitswesen (1988), S. 10 f.
[69] Vgl. Dieter Modelmog/Roland Goertchen: „Der Stellenwert von Obduktionsergebnissen in Beziehung zu Sektionsfrequenz und amtlicher Todesursachenstatistik (Görlitzer Studie)." *Deutsches Ärzteblatt* 89 (1992), Nr. 42, S. A$_1$-3434–3440; Friedrich Karl Kößling: Die Görlitzer Studie. Eine Herausforderung, in: Deutsches Ärzteblatt 89 (1992), Nr. 45, S. A$_1$-3749; sowie ausführlich die medizinische Habilitationsschrift von Dieter Modelmog, Todesursachen. Vergleichbare Studien mit ähnlich hohen Obduktionsquoten beschränken sich auf den Sterbeort Krankenhaus, vgl. Modelmog, Todesursachen, S. 128.
[70] Modelmog, Todesursachen, S. 15 f. Die reguläre Sektionsrate belief sich Mitte der 80er Jahre in der DDR auf knapp 18% und lag in Görlitz in den Jahren zuvor bei ca. 22%, vgl. ebd., S. 32.
[71] Ebd.
[72] Ebd., S. 113 und S. 138–142.

der Verkehrstoten die dritthäufigste Todesursache waren.[73] Dies betraf vor allem jüngere Verstorbene: So stellten Unfälle bei Männern unter 35 Jahren in der DDR 1987 mit über 30% die häufigste Todesursache dar.[74] Zugleich darf nicht übersehen werden, dass Infektionskrankheiten in den Todesursachenstatistiken stets präsent blieben, in manchen Jahren gehäuft, etwa im Zuge pandemischer Grippewellen wie 1957/58 (Asiatische Grippe) oder 1968–70 (Hongkong-Grippe), die jeweils weltweit mehr als eine Million Todesfälle nach sich zogen und auch in der Bundesrepublik und der DDR wüteten. Ihre rasante Ausbreitung war dabei auch Folge des neuen Grades globaler Verflechtungen und Mobilität.[75] Teilweise wuchs sogar die statistische Relevanz einzelner Infektionskrankheiten, eine Entwicklung, die bereits eingesetzt hatte, lange bevor das Problem von Krankenhauskeimen (nosokomialen Infektionen) und Antibiotikaresistenzen auftrat.[76] Waren Mitte der 80er Jahre zwar nur noch ein geringer einstelliger Prozentsatz aller Todesfälle in Europa auf Infektionskrankheiten zurückzuführen (wie auch die „Görlitzer Studie" bestätigte), so stieg beispielsweise die Zahl der an einer Sepsis verstorbenen Menschen in der Bundesrepublik bereits seit 1955 deutlich an.[77]

Hinzu kam das Auftreten neuer Infektionskrankheiten: Tropenkrankheiten verbreiteten sich zunehmend auch in anderen Klimazonen, die Hepatitis gewann an Bedeutung. Und mit AIDS erschien im letzten Viertel des 20. Jahrhunderts schließlich ein völlig neues infektiöses Bedrohungsszenario auf der Bildfläche. In der Bundesrepublik wurde HIV erstmals 1989 in die Todesursachenstatistik aufgenommen, wobei die Zahl der Verstorbenen mit 946 zunächst relativ gering war, sich aber rasch vervielfältigen sollte. Anfang der 90er Jahre war denn auch eine Zunahme der über die potenziell verlorenen Lebensjahre (potential years of life lost, PYLL) vor einem Alter von 65 gemessenen vorzeitigen Mortalität für die drei in Deutschland häufigsten infektiösen Todesursachen zu verzeichnen: Während die verlorenen Lebensjahre bei Pneumonie und Sepsis zwischen 1990 und 1993 immerhin von 12,9 auf 15,6 beziehungsweise von 5,8 auf 7,6 stiegen, explodierten diese bei HIV von 31,6 auf 50,4.[78] Trotz der genannten Einschränkungen lässt sich

---

[73] Vgl. hierzu ausführlich DeSpelder/Strickland, Last Dance, S. 364–401 sowie zur Bedeutung des Suizids als Todesursache S. 402–437.
[74] Institut für Medizinische Statistik und Datenverarbeitung, Gesundheitswesen (1988), S. 10.
[75] Vgl. zum Zusammenspiel von Globalisierungsprozessen und der Verbreitung von Infektionskrankheiten seit der europäischen Expansion Harrison, Contagion.
[76] Die ersten multiresistenten Bakterien kamen bereits in den 50er Jahren auf, das Problem verstärkte sich jedoch seit dem letzten Drittel des 20. Jahrhunderts infolge des hohen Antibiotikaverbrauchs. Vgl. zu den gesellschaftlichen Folgen und den medizinischen Hintergründen Gradmann, Natur und Saga/Yamaguchi, History .
[77] Für eine globale Perspektive unter besonderer Berücksichtigung der Bedeutung von sozialen Ungleichheiten und Armut für die Mortalität von Infektionskrankheiten vgl. Farmer, Infections.
[78] Vgl. zu den hier genannten Fakten und Entwicklungen Rieg/Knupp/Stille, Tod. Die Verfasser vertreten darin zudem die These, dass aufgrund der oben beschriebenen Problematik bei der Erstellung der Todesursachenstatistik die Zahl der an Infektionskrankheiten Verstorbenen de facto nach oben korrigiert werden müsse.

2.1 „Gestorben wird immer"? Zum Wandel des Lebensendes im 20. Jahrhundert

eine Verschiebung hin zu chronischen Todesursachen und damit zu insgesamt längeren Sterbeverläufen zumindest als Grundtendenz im 20. Jahrhundert klar erkennen.[79] Das oft schmerzhafte und unselbstständige Leben mit tödlichen Krankheiten wurde so zugleich zu einem spezifischen Abschnitt innerhalb des „vierten Alters".[80]

An wohl keinem Krankheitsbild lässt sich dieser Umstand – und die mit ihm verbundenen Folgen – so klar illustrieren wie am Beispiel Krebs, dessen prägender Einfluss auf die Sterbekultur und die Todesbilder nach 1945 im weiteren Verlauf immer wieder thematisiert wird. Fraglos war Krebs schon im 19. und frühen 20. Jahrhundert eine häufige Todesursache, zumal es zu dieser Zeit infolge der beschränkten diagnostischen Möglichkeiten noch eine hohe Dunkelziffer gab.[81] Dennoch war in der ganzen westlichen Welt nach dem Zweiten Weltkrieg eine zunehmende Relevanz von Krebs als Todesursache zu verzeichnen, sowohl in absoluten Zahlen als auch relativ betrachtet. In den USA starben etwa im Jahr 1984 circa 450 000 Menschen an Krebs, im Schnitt einer alle 70 Sekunden – war um 1900 noch einer von 27 Todesfällen auf Krebs zurückzuführen, war es nun einer von fünf.[82] Auch in Deutschland wuchs die Bedeutung der Todesursache Krebs im Laufe des 20. Jahrhunderts stark an: War Krebs im Kaiserreich um 1900 noch für etwa 4 % aller jährlichen Todesfälle verantwortlich, so lag der Wert zur Jahrhundertmitte in der Bundesrepublik bereits bei etwa 17 %, um im Jahr 2000 einen Höhepunkt von über 25 % zu erreichen.[83] Sowohl in der Bundesrepublik als auch in den USA stieg die Sterberate je 100 000 Einwohnern zwischen 1970 und 1995 bei keiner Krankheit so stark an wie bei Krebs, wobei nach Schätzungen der WHO die Zuwachsraten in Entwicklungsländern sogar ungleich höher waren.[84]

Fast noch markanter war der Bedeutungszuwachs von Krebs nach 1945 mit Blick auf die damit einhergehende Problemwahrnehmung. Diese resultierte wesentlich aus der sich angesichts der hohen Letalität vieler Tumorerkrankungen mit der Krankheit verbindenden Vorstellung eines langsamen Sterbens, dem oft eine infauste Diagnose vorausging. So erschien Krebs in der öffentlichen Debatte zunehmend als die große „Krankheitsgeißel des 20. Jahrhunderts", die medial forcierte und transportierte „Krebsangst" entwickelte sich – wie neuere emotionshistorische Studien zeigen – gerade im letzten Drittel des Säkulums zu einem zentralen erfahrungsgeschichtlichen Moment.[85] Dies betraf nicht nur die Sorge des Einzelnen vor Tumorerkrankungen, sondern hatte auch gesamtgesellschaftliche Implikationen. Bereits zeitgenössische Beobachter diagnostizierten eine mit-

---

[79] Für einen demografischen Nachweis der sich verlängernden Sterbedauer vgl. Imhof, Die Lebenszeit, S. 92.
[80] Vgl. DeSpelder/Strickland, Last Dance, S. 138–167 und Imhof, Einleitung, S. 14.
[81] Vgl. zur Situation im 19. Jahrhundert ausführlich Nolte, Sterbebegleitung.
[82] DeSpelder/Strickland, Last Dance, S. 141–144.
[83] Allert/Bremer, Erfolgsfaktoren, S. 17 f.
[84] Vgl. die Übersicht in Jones, Reise, S. 115 f. sowie zur Situation in den Entwicklungsländern S. 118.
[85] Hitzer, Angst, Zitat S. 137 f., vgl. zur „Krebsangst" v. a. auch S. 150–155.

unter psychotische Ausmaße annehmende „Krebshysterie", die sich zum Beispiel im Zuge prominenter Sterbefälle entlud. Als 1959 der amerikanische Außenminister John Foster Dulles an der Krankheit verstarb, veröffentlichte die *New York Herald Tribune* eine dreiteilige Artikelreihe der renommierten, pulitzerpreisgekrönten Journalistin Marguerite Higgins, die international ausstrahlte und in einer gekürzten, übersetzten Version im *Spiegel* erschien.[86] Higgins, die – und dies war bezeichnend – eigentlich als Kriegskorrespondentin bekannt war, beschrieb Krebs darin in aggressiver Sprache und mit martialischen Metaphern als „grausame Krankheit" und als einen persönlichen „Feind", das Sterben als einen mit großen Leiden verbundenen „Kampf".[87]

Durchaus vergleichbar verlief die Entwicklung im Osten, wenngleich die statistische Bedeutung der Todesursache Krebs hier etwas unterhalb des Werts in Westdeutschland lag und die Zuwachsraten geringer waren (vgl. Abb. 7). Wichtiger noch: Auch in der DDR lässt sich eine ansteigende Problemwahrnehmung hinsichtlich Tumorerkrankungen und ihrer Folgen feststellen. Im gesundheitspolitischen Bereich beschäftigte sich das MfG intensiv mit der Entwicklung der Sterblichkeit bei verschiedenen Karzinomen und möglichen Gegenmaßnahmen. Keine andere Krankheit wurde so genau beobachtet, was Inzidenz, Überlebensraten und Mortalität angeht.[88] Bereits seit Anfang der 50er Jahre bestand eine verordnete Meldepflicht für Geschwulstkrankheiten sowie ein Nationales Krebsregister. Mitte der 70er Jahre stellte das MfG besorgt fest, dass Krebs in der Statistik der potenziell verlorenen Lebensjahre für Menschen unter 65 Jahren bei Frauen mittlerweile den ersten Platz belegte, noch vor Unfällen und Herz-Kreislauferkrankungen. Das 1972 etablierte Zentralinstitut für Krebsforschung (ZIK) an der Akademie der Wissenschaften der DDR intensivierte daraufhin die Krebsprophylaxe, etwa in Form eines großflächigen Programms zur Bekämpfung des Gebärmutterhalskrebses (1976–1980).[89] Denn mit der erfolgreichen Bekämpfung akuter Infektionskrankheiten und dem Älterwerden der Gesellschaft wachse – wie es in einer Begründung zur Notwendigkeit einer Onkologischen Klinik an der Charité aus dem Jahr 1982 hieß – die Bedeutung bösartiger Tumore stark an.[90] So ergab sich die gesundheitspolitische Priorität des Krankheitsbildes Krebs in den 70er und 80er Jahren, wie der langjährige Direktor des ZIK, Stephan Tanneberger, kurz vor der Wende argumentierte, aus der hohen Mortalität, die „neben dem persönlichen

---

[86] Marguerite Higgins: „How Secretary Dulles Faced Death." *New York Herald Tribune*, 26. 7. 1959, S. A1; dies.: „Dulles' Strong Will Helped Battle Disease." *New York Herald Tribune*, 27. 7. 1959, S. 7; dies.: „Dulles Fought for Comeback." *New York Herald Tribune*, 28. 7. 1959, S. A4.
[87] Vgl. Marguerite Higgins: „Der Mann, der nicht aufgeben wollte. Das Ende des John Foster Dulles." *Der Spiegel* 13 (1959), Nr. 34, S. 32–34.
[88] Vgl. hierzu und zu den im Folgenden genannten Informationen BA Berlin-Lichterfelde, DQ 1/13441 und DQ 1/15330.
[89] Vgl. zu Geschichte und Aufgaben des ZIK sowie zum Nationalen Krebsregister Bielka, Berlin-Buch.
[90] „Begründung für die Notwendigkeit einer Onkologischen Klinik im Bereich Medizin (Charité) der Humboldt-Universität zu Berlin", 26. 3. 1982, in: BA Berlin-Lichterfelde, DQ 1/13441.

2.1 „Gestorben wird immer"? Zum Wandel des Lebensendes im 20. Jahrhundert

und individuellen Leid für viele Menschen auch das gesellschaftliche Problem charakterisiert": Jährlich gingen durch Krebs in der DDR etwa 150 000 Lebensjahre verloren, von denen ungefähr 122 000 Arbeitsjahre seien.[91]

Angesichts der Ähnlichkeit der Entwicklung, der Krankheitsbilder und -verläufe sowie der Wahrnehmung der Problemlagen war es fast folgerichtig, dass es im Bereich der Krebsforschung und Krebsbekämpfung zu einem vergleichsweise engen Austausch mit dem Westen kommen konnte. Bis zum Mauerbau nahmen ostdeutsche Onkologen an „gesamtdeutschen" wissenschaftlichen Organisationen wie der „Deutschen Krebsgesellschaft" teil. Danach wurden in der DDR zwar eigene Verbände, wie zum Beispiel die 1969 gegründete „Gesellschaft für Geschwulstbekämpfung", geschaffen, aber auch fortan waren Studienreise oder Tagungsbesuche im Westen für ostdeutsche Onkologen möglich, insbesondere auf dem Gebiet der Früherkennung und Krebsvorsorge.[92] Im Oktober 1976 fand der 6. Europäische Kongress der Zytologen-Gesellschaften in Weimar statt, Ende der 80er Jahre wurde der ostdeutsche Mediziner Peter Leonhardt zum Präsidenten der European Federation of Cytology Societies ernannt.[93] Sogar zivilgesellschaftlich schlug sich das neue Problembewusstsein nieder, wenn auch mit einiger Zeitverzögerung im Vergleich zum Westen: So gründete sich kurz vor der Wiedervereinigung als Pendant zur 1974 in der Bundesrepublik ins Leben gerufenen Deutschen Krebshilfe die Krebsliga der DDR, die sich als eine Bürgerbewegung verstand und explizit die Schaffung von – bis dato im ostdeutschen Gesundheitswesen verpönten – Selbsthilfegruppen anstrebte.[94]

Gemeinsamkeiten lassen sich ferner mit Blick auf die öffentliche Verarbeitung, etwa in der Literatur feststellen. Zu einem Bestseller im Osten avancierten Ende der 70er Jahre die posthum veröffentlichten Tagebuchaufzeichnungen der 1958 in die DDR ausgewanderten österreichischen Schriftstellerin Maxie Wander (1933–1977), in denen sie eindringlich ihr knapp einjähriges Sterben infolge einer Brustkrebserkrankung schilderte. In der DDR erschien das Buch, das polnische, ungarische und tschechische Übersetzungen nach sich zog, in mehreren Auflagen und wurde sogar im Gesundheitswesen breit rezipiert. Denn Wander beklagte sich darin unter anderem vehement über die Behandlung im Krankenhaus, wo sich das Personal nur für den Tumor und nicht für ihre Ängste interessiert habe – ominös begann bereits der erste Eintrag mit den Worten: „Einzug in die Frauenklinik der Charité."[95] Der Darmstädter Luchterhand Literaturverlag erwarb die Rechte für den westdeutschen Markt und verkaufte alleine im ersten Jahr 100 000 Exemplare

---

[91] Vgl. „Fachgebietskonzeption Onkologie erarbeitet vom Zentralinstitut für Krebsforschung, in Abstimmung mit der Gesellschaft für Geschwulstbekämpfung", in: BA Berlin-Lichterfelde, DQ 1/15330.
[92] Vgl. Bielka, Berlin-Buch.
[93] Vgl. BA Berlin-Lichterfelde, DQ 1/13441.
[94] Vgl. „Information anläßlich der Gründungsveranstaltung der Krebsliga der DDR am 18. Februar 1990 in Erfurt", in: BA Berlin-Lichterfelde, DQ 1/15330.
[95] Wander, Tagebücher, Zitat S. 7. Vgl. zur Biografie von Wander Zurmühl, Leben und zur Bedeutung ihres Buches etwa in den Fortbildungsplänen zur Sterbebegleitung Kap. 6.2.

einer leicht gekürzten Lizenzausgabe, was „Leben wär' eine prima Alternative" zu einem der größten deutsch-deutschen Publikumserfolge machte.[96]

Die Popularität des Themas unterstreicht, dass fast zeitgleich im Westen noch andere, ganz ähnlich angelegte Bücher reüssierten. In der autobiografischen Erzählung „Der alltägliche Tod meines Vaters" von 1978 beschrieb der Schriftsteller Paul Kersten dessen mehrmonatiges qualvolles Leiden; ein besonders eindringliches Motiv war dabei die Kontrastierung des abstoßenden Körper- und Kotgeruchs des tumorkranken Sterbenden mit der desinfizierten, sterilen Krankenhausluft.[97] Der renommierte Schweizer Jurist Peter Noll, der seit Ende 1981 an unheilbarem Blasenkrebs litt, hielt seine letzten Lebenswochen in einem Tagebuch fest, das nach seinem Tod von Max Frisch zur Publikation aufbereitet werden sollte. Auch hier war die Perspektive durchaus medizinkritisch, wenn sich Noll etwa einer Operation verweigerte, um selbstbestimmt sterben zu können, oder Frisch in einem Nachwort den unter anderem auf eine fehlerhafte Schmerztherapie zurückzuführenden, qualvollen Verlauf der letzten Tage im Leben seines Freundes schilderte.[98] Mit der „Geißel Krebs" ging in der Wahrnehmung vieler Zeitgenossen in Ost wie West mithin ein Versagen der medizinischen Versorgung einher: Es wäre schöner, so hoffte Noll in seinem letzten Eintrag, wenn er an irgendeinem Infekt sterben könne „statt an einer Metastase."[99] Und in der wohl bekanntesten einschlägigen Schrift war kurz zuvor sogar die Verantwortung für Tumorerkrankungen gesellschaftlichen Missständen zugeschrieben und der Begriff „Wohlstandskrebs"[100] geprägt worden: Unter dem einen Kriegszustand bezeichnenden Titel „Mars" veröffentlichte der Anfang dreißigjährige Schweizer Lehrer Fritz Angst, der sich dafür das passende Pseudonym Fritz Zorn gab, im Münchner Kindler Verlag eine wütende Abrechnung mit seinem Leben und seinem Sterben an Krebs, die sich insbesondere bei Jugendlichen rasch zu einem Kultbuch entwickelte.[101]

Insgesamt bleibt festzuhalten, dass sich im Laufe des 20. Jahrhunderts nicht nur die menschliche Lebenszeit verlängerte, sondern auch und gerade der letzte Abschnitt des Lebens, die Phase des Sterbens. Damit einher ging speziell im Fall chronischer Krankheitsverläufe in der Wahrnehmung vieler Zeitgenossen erstens eine Stigmatisierung der Sterbenden, markierte der Tod doch oftmals – wie Arthur

---

[96] Wander, Leben. Zu den Verkaufszahlen vgl. Ulmer, VEB Luchterhand, S. 308. Zur Bedeutung von Luchterhand als zentralem westdeutschen Lizenzverlag für DDR-Literatur seit den frühen 70er Jahren vgl. darüber hinaus Ulmer, Kriegszustand.
[97] Kersten, Tod, vgl. v. a. S. 47–50.
[98] Noll, Diktate, vgl. die Ausführungen von Frisch auf S. 275–278.
[99] Ebd., S. 273.
[100] Hugo Leber: „Der Zorn des Fritz Zorn. Wohlstandskrebs – Ein literarisches Dokument: ‚Mars'." *Die Zeit*, 27. 5. 1977, URL: https://www.zeit.de/1977/23/der-zorn-des-fritz-zorn/komplettansicht [15. 12. 2021].
[101] Zorn, Mars. Vgl. zum internationalen Publikumserfolg des Buches Macho, Leben, S. 349; Hitzer, Oncomotions, S. 168 sowie als Replik auf Zorn und die düstere Darstellung des Umgangs mit der Krankheit: Lenker, Krebs.

Imhof blumig formulierte – „sein Opfer zum Beispiel mit Krebs- oder AIDS-Symptomen wie ein Förster im Wald einen zu fällenden Baum".[102] Zweitens ergab sich eine neue Notwendigkeit, sich mit dem Sterben auseinanderzusetzen.[103] Diese Entwicklung betraf nach 1945 gleichermaßen die westliche Welt und die Staaten des „Ostblocks", darunter die DDR. Zu sterben dauerte im Schnitt demzufolge nicht nur immer länger als früher, es wurde auch viel teurer, vor allem infolge von kostenintensiven lebensverlängernden Maßnahmen im Bereich der Intensivmedizin.[104]

Sterbeorte

Damit zusammenhängend wandelten sich die Orte des Sterbens: Immer seltener endete das Leben nach 1945 in der eigenen Wohnung, und immer häufiger verbrachten Menschen ihre letzten Wochen und Monate im Krankenhaus, Pflege- oder Altenheim. Statistische Angaben bezüglich der Sterbeorte sind dabei mit Vorsicht zu genießen, wurden Daten zum Sterbeort im 20. Jahrhundert doch in keinem europäischen Land systematisch erhoben.[105] Zwar lässt sich die absolute Zahl der in Kliniken Verstorbenen in der Bundesrepublik wie in der DDR der Krankenhausstatistik entnehmen und kann daher auch leicht in Relation zur Gesamtzahl der Todesfälle gesetzt werden. Bei den Prozentangaben hinsichtlich der in Alten- und Pflegeheimen, zu Hause oder andernorts Verstorbenen handelt es sich jedoch in Ermangelung von amtlichen Statistiken um Schätzwerte der Forschung oder zeitgenössischer Beobachter.[106] Schon Studien aus den 20er Jahren präsentierten das Kuriosum, dass knapp 20% aller plötzlichen Todesfälle in Gaststätten und Kneipen eingetreten seien.[107] Ausnahmen stellen die in den Jahren 1986/87 im Zuge der „Görlitzer Studie" und des Mortalitätsprojekts des MfG in der DDR erhobenen Zahlen dar. Demnach war in Görlitz in diesem Zeitraum der Tod bei 62,6% der Verstorbenen im Krankenhaus, bei 15,2% in Alten- oder Pflegeheimen und bei 22,2% zu Hause eingetreten.[108] Die Daten des MfS für das gesamte Staatsgebiet unterschieden sich hiervon und zeigten zugleich große regionale Unterschiede. So waren 1987 insgesamt 47,4% der Toten im Krankenhaus, 35% zu Hause, 12,2% in Alten- oder Pflegeheimen verstorben, der Rest entfiel auf sonstige Sterbeorte, zum Beispiel im Zuge des Krankentransports. Während in

---

[102] Imhof, Die Lebenszeit, S. 64.
[103] Imhof, Erfüllt leben, S. 1 f.
[104] Vgl. zum Problem der Sterbekosten Kap. 1.
[105] Blumenthal-Barby, Türen, S. 73 f.
[106] Vgl. hierzu Schied, Sterben.
[107] Blumenthal-Barby, Mensch, S. 65. Gerade bei chronischen Krankheitsverläufen muss zudem der im Totenschein vermerkte Ort, an dem der Tod eintrat, nicht notwendigerweise mit dem „Sterbeort" identisch sein. Vgl. zu dieser Problematik Blumenthal-Barby, Sterbeort (1978), S. 131.
[108] Modelmog/Goertchen, Stellenwert, S. A_1-3434.

Ost-Berlin nur 19,1% der Menschen zu Hause verstorben waren, waren es im ländlichen Suhl in Thüringen sogar mehr als im Krankenhaus, nämlich 46%.[109]

Diese Zahlen spiegeln die allgemeine Entwicklung wider, nach der das Sterben zu Hause zunehmend zur Ausnahme wurde. Starben um 1900 schätzungsweise noch 80% aller Menschen daheim, so war es im Jahr 2000 nur noch knapp ein Viertel. Umgekehrt explodierte die Zahl der in medizinischen Institutionen Verstorbenen in diesem Zeitraum von knapp 10% auf fast 70%.[110] Die Verlagerung des Sterbeortes in Krankenhäuser, Alten- oder Pflegeheime begann schon Ende des 19. Jahrhunderts, intensivierte sich aber erst nach 1945.[111] Sie verband sich einerseits mit dem Wandel der Familienstrukturen, der ein (betreutes) Sterben zu Hause für immer mehr Menschen unmöglich machte. Wurde bereits die klassische Kernfamilie zunehmend durch sinkende Heiratszahlen, steigende Scheidungsraten und Kinderlosigkeit gesprengt, entwickelte sich die in früheren Zeiten übliche Großfamilie, auch wegen der höheren Mobilität, immer mehr zu einer Ausnahme: Um 1900 hatten etwa noch 44%, um 1950 immerhin 16% aller Haushalte im Kaiserreich beziehungsweise in der Bundesrepublik fünf oder mehr Personen, wohingegen nur knapp 7 respektive 19% Einpersonenhaushalte waren. Im Jahr 2000 dagegen bestanden ungefähr 4% aller Haushalte aus fünf oder mehr Personen, dagegen 36% aus nur noch einer Person.[112] Lag die durchschnittliche Haushaltsgröße in Bayern um 1900 bei 4,7 Personen, so sank sie bis ins Jahr 2000 auf nur noch 2,2 Personen.[113] Ähnlich verlief die Entwicklung in Gesamt-Deutschland (vgl. Abb. 8), wobei in der Zeit der Teilung die Zahlen in der DDR noch leicht unterhalb des Niveaus im Westen lagen.

Andererseits hing die Veränderung des Sterbeortes auch mit der medizinischen und demografischen Entwicklung zusammen. Denn die Ausweitung und Verbesserung ärztlicher Therapiemöglichkeiten hatte zur Folge, dass Sterbende häufiger bis zuletzt in Krankenhäusern behandelt wurden, zum Beispiel intensivmedizinisch. Ohnehin hatte sich die Institution Krankenhaus mit der Medikalisierung des späten 19. und 20. Jahrhunderts fundamental gewandelt, was vielerorts eine „Hospitalisierung des Sterbens" begünstigte.[114] Im Jahr 1873 gab es etwa in den USA nur knapp 120 Kliniken, von denen Sterbende oft ausgeschlossen waren, da die Krankenhausgesellschaften Angst vor Klagen anderer Patienten hatten und die Mortalitätsraten in ihren Häusern niedrig halten wollten – Patienten mit schlecht behandelbaren Krankheiten wie Krebs oder Tuberkulose wurden daher in aller Regel gar nicht aufgenommen.[115] Hatte das Krankenhaus lange eine rein kurative

---

[109] Institut für Medizinische Statistik und Datenverarbeitung, Gesundheitswesen (1988), S. 11.
[110] Student/Napiwotzky, Palliative Care, S. 199f. und Schied, Deutschen, S. 10. Vgl. auch Blumenthal-Barby, Türen, S. 73–76 und Modelmog, Todesursachen, S. 31.
[111] Vgl. Ariès, Geschichte des Todes, S. 747f.
[112] Vgl. zu diesen Zahlen Allert/Bremer, Erfolgsfaktoren, S. 14f. und Kirschner, Hospizbewegung, S. 18.
[113] Vgl. Greiner, Tod, S. 36.
[114] Vgl. für Italien Buchner, Warum weinen, v. a. S. 95 sowie für Deutschland Nolte, Todkrank.
[115] Vgl. Clark, Comfort, S. 9f. und Abel, Hour, S. 31.

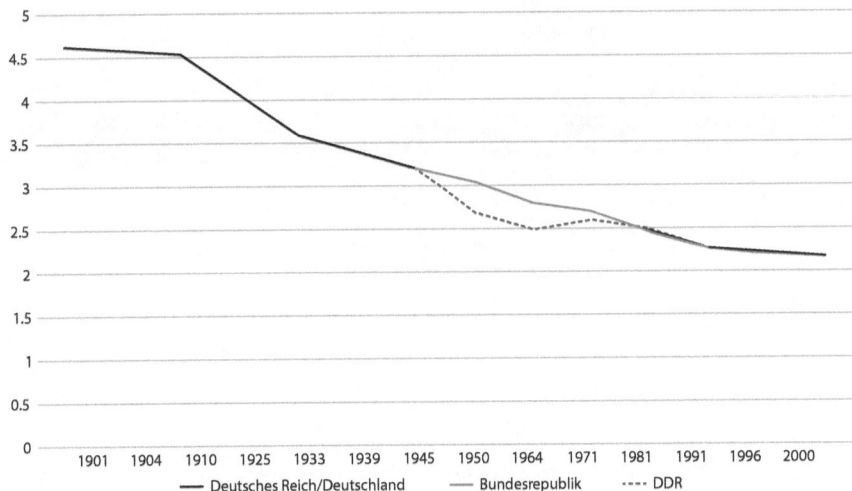

Abb. 8: Entwicklung der durchschnittlichen Haushaltsgröße in den deutschen Staaten im 20. Jahrhundert

und soziale, mitunter auch exkludierende und disziplinierende Funktion vorwiegend für Ärmere, so etablierte es sich zunehmend als „house of science", in dem professionelle Gesundheitsversorgung für alle Bevölkerungsschichten und medizinische Forschung Hand in Hand gingen.[116] Ungeachtet der ideologisch bedingten Unterschiede in der Gesundheitspolitik und der ab den 80er Jahren grassierenden Mangelwirtschaft im ostdeutschen Gesundheitssystem änderte auch die Verstaatlichung aller Krankenhäusern und die gezielte Förderung ambulanter Kliniken (Polikliniken) in der DDR nichts an dieser grundlegenden Aufgabenstellung.[117] Zugleich machten die sich häufenden chronischen Krankheitsverläufe gerade älterer Menschen in Ost und West oft eine Langzeitpflege in Altenpflegeheimen erforderlich.[118]

Besonders markant war der Bedeutungszuwachs des Sterbeorts Klinik im 20. Jahrhundert. Nachdem sich der Anteil stationär Verstorbener an der Gesamtzahl der Todesfälle im Deutschen Reich bereits zwischen 1923 und 1939 von 17,4 auf 38,4% mehr als verdoppelt hatte (vgl. Abb. 9), ging die Entwicklung nach dem Zweiten Weltkrieg in der Bundesrepublik zunächst ungebrochen weiter (vgl. Abb. 10). Die Zunahme schwächte sich erst ab, als der Prozentsatz der in Kranken-

---

[116] Vgl. hierzu ausführlich Risse, Bodies, Zitat S. 677; Murken, Armenhospital und Bynum, Geschichte, S. 177–189.
[117] Vgl. als Überblick Belau, Gesundheitswesen; Rohland, Gesundheitswesen; Weil, Ärzteschaft, S. 11–19 sowie speziell zur Krise in den 80er Jahren Erices/Gumz, DDR-Gesundheitswesen. Für einen vergleichenden Überblick zur Geschichte der Gesundheitsversorgung in der DDR und der Bundesrepublik siehe Süß, Gesundheitspolitik.
[118] Vgl. Risse, Bodies, S. 678 f.

50   2. 1948: Das Treffen, oder: Sterben nach dem Massensterben?

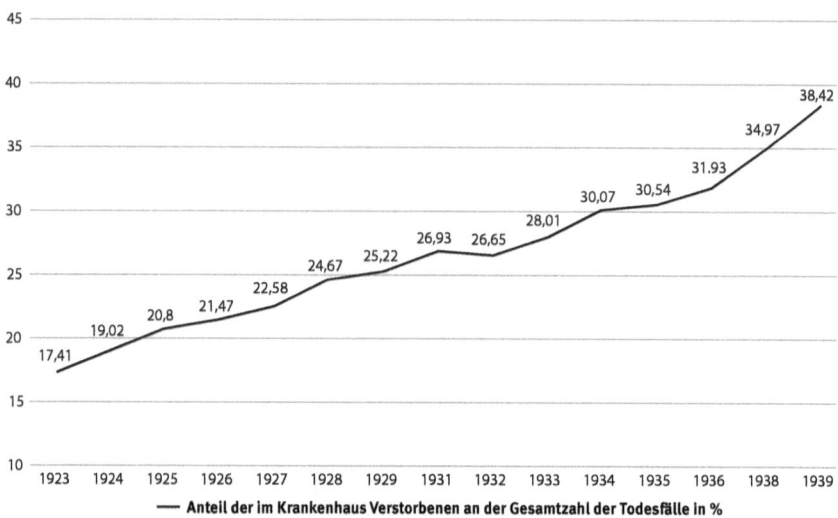

Abb. 9: Sterbeort Krankenhaus im Deutsches Reich (1923–1939)

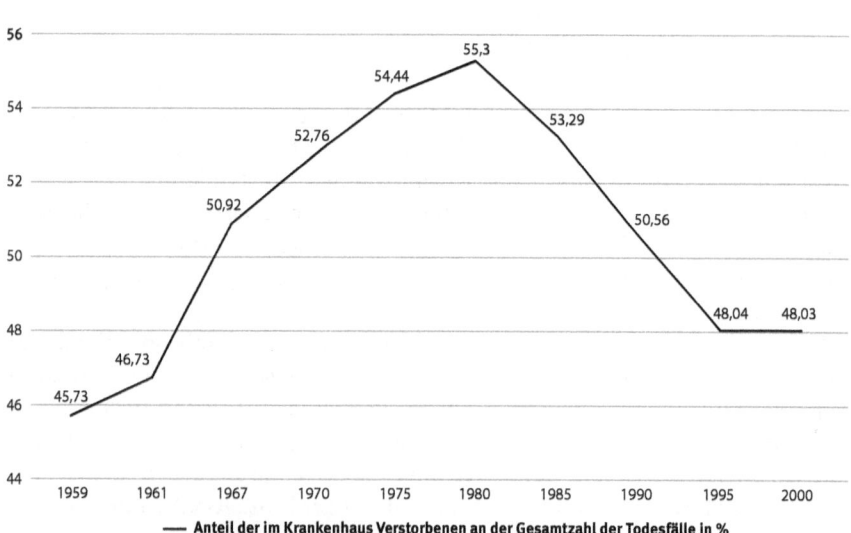

Abb. 10: Sterbeort Krankenhaus in der Bundesrepublik (1959–2000)

2.1 „Gestorben wird immer"? Zum Wandel des Lebensendes im 20. Jahrhundert

häusern Verstorbenen in den 60er Jahren erstmals die 50%-Marke überschritt, um 1980 mit über 55% seinen historischen Höchststand zu erreichen.[119] Eine Detailuntersuchung ergab dabei für das Jahr 1969, dass in Westdeutschland der Anteil von Sterbefällen an der Patientenzahl in geriatrischen Spezialkliniken (17%) und in Krankenhäusern für Psychiatrie und Neurologie (ca. 6,5%) am höchsten war – dies war auf die lange Verweildauer der Patienten zurückzuführen, im Unterschied etwa zu chirurgischen Kliniken (2,4%), aus denen Sterbende in aller Regel vor ihrem Tod noch verlegt wurden.[120] Seit den 80er Jahren sind die Zahlen wieder leicht rückläufig, was sowohl mit der Kostenexplosion im Gesundheitswesen und Sparmaßnahmen in vielen Kliniken als auch mit den verbesserten Möglichkeiten einer Hausbetreuung durch Angehörige und ambulante Hospiz- und Palliativdienste zu erklären ist.[121]

Bei dieser Entwicklung handelte es sich um ein internationales Phänomen, das die Industriestaaten des Westens ebenso betraf wie – auf einem niedrigeren Ausgangsniveau – den „Ostblock". So wuchs der Anteil in Krankenhäusern Verstorbener zwischen 1960 und 1990 in Japan, Österreich, Dänemark, der Schweiz und Schottland insgesamt ebenso an wie in Polen, Ungarn oder der Tschechoslowakei, wobei der genaue Verlauf der Kurven stark divergierte.[122] Auch in der DDR stieg die Zahl stationär Verstorbener zwischen 1960 und 1990 von 41 auf 48% an.[123] Jedoch blieb sie in den 60er und 70er Jahren zwischenzeitlich im Unterschied zur Entwicklung nicht nur in der Bundesrepublik, sondern auch in den meisten anderen osteuropäischen Staaten erstaunlich konstant.[124] Die Hintergründe sind in der Forschung umstritten, da unklar ist, von welchen Faktoren der Sterbeort genau abhängt. Systematische Untersuchungen hierzu wurden wiederum eher in der DDR als im Westen vorgenommen.[125] Kay Blumenthal-Barby zeigte in einer detaillierten Studie für das Jahr 1974 in der Tendenz auf, dass der Anteil stationär Verstorbener in der DDR regional betrachtet umso größer war, je höher der Bettenversorgungsgrad und je geringer die Siedlungsdichte war.[126] Angesichts einiger Ausnahmen relativierte er diesen Befund später jedoch – statistisch klar zu belegen war lediglich eine Korrelation zur regionalen Familienstruktur und vor allem zum Alter der Verstorbenen: Je jünger diese waren, desto häufiger trat der Tod im Krankenhaus ein, eine Folge der im jüngeren Lebensalter häufiger verbreiteten

---

[119] Vgl. auch Blumenthal-Barby, Ergebnisse, S. 164.
[120] Schied, Deutschen, v. a. S. 12 f.
[121] Für eine umfassende Diskussion der Hintergründe der Entwicklung in der Bundesrepublik und der DDR vgl. Blumenthal-Barby, Betreuung, S. 19–50.
[122] Vgl. Blumenthal-Barby, Leben, S. 30; Schied, Deutschen, S. 10 f. und Blumenthal-Barby, Sterbeort (1994).
[123] Blumenthal-Barby, Ergebnisse, S. 164.
[124] Blumenthal-Barby, Sterbeort (1978), S. 131.
[125] So widmeten sich etwa mehrere Abschlussarbeiten an der Fachschule für Gesundheits- und Sozialwesen „Prof. Dr. Karl Gelbke" in Potsdam dem Thema Sterbeort. Vgl. BA Berlin-Lichterfelde, DQ 119/429 und DQ 119/1397.
[126] Blumenthal-Barby, Sterbeort (1978), S. 132 f.

akuten Sterbeverläufe.[127] Das Mortalitätsprojekt des MfG bestätigte diesen Befund Ende der 80er Jahre mittels einer differenzierten Darstellung des Sterbeortes nach Altersgruppen, die den sinkenden Anteil an Krankenhaus-Toten mit zunehmenden Sterbealter zeigte.[128] Im Langzeittrend lässt sich in jedem Fall sowohl für die DDR als auch für die Bundesrepublik für die zweite Hälfte des 20. Jahrhunderts eine klare Zunahme der Sterbefälle im Krankenhaus festhalten, wobei die Kluft zwischen Ost und West in dem 70er Jahren durchaus beträchtlich war und zeitweise fast 15% ausmachte, sich aber bis 1990 (4%) wieder weitgehend schloss.

Diese Verschiebungen sorgten bereits zeitgenössisch für Aufsehen: So gewann die Frage des Sterbeortes seit den 70er Jahren stark an Bedeutung, wobei das „Displacement of Death from the Home" extrem kritisch diskutiert wurde.[129] Für Philippe Ariès, der die Zahl der im Krankenhaus eingetretenen Todesfälle für New York City im Jahr 1967 auf 75% taxierte, war es schlicht Ausdruck des (für ihn klar negativ konnotierten) „Triumph[s] der Medikalisierung".[130] Viele Beobachter monierten auch eine Erosion der zwischenmenschlichen Beziehungen infolge des Wandels der Familienstrukturen und rekurrierten dabei auf Schätzungen, nach denen die Mehrzahl der in Kliniken verstorbenen Menschen keine Angehörigen mehr hätten, die sie pflegen konnten.[131] Obschon die steigende Zahl an Sterbefällen in Kliniken im Unterschied zu früheren Epochen offenkundig auch ein Indiz für eine sich verbessernde medizinische Versorgung darstellte, war die „Institutionalisierung" des Sterbens seit ihrer Entdeckung damit zugleich ein Befund wie ein Kampfbegriff. Nicht zuletzt erwies sich diese spezifische Problemwahrnehmung als grundlegend für die Entwicklung der modernen Sterbebegleitung, der Sterbehilfedebatten sowie der Hospizbewegung. Gerade in diesem Umfeld kursierten mitunter stark übertriebene Zahlen, nach denen etwa 90% der Menschen in Institutionen sterben würden.[132] Rückschauend begründete ein Überblicksband zum Stand von Hospizarbeit und Palliativmedizin in Europa im Jahr 2004 deren Siegeszug Ende des 20. Jahrhunderts mit „der Tatsache, dass einerseits Angehörige immer weniger Sterbende zu Hause versorgen wollen, andererseits offenkundig die Würde der Sterbenden auch bei bester medizinischer Versorgung in Krankenhäusern nicht gewahrt" sei.[133]

Auch in der westdeutschen Gesundheitspolitik rückte das Thema im letzten Viertel des 20. Jahrhunderts auf die Agenda: So lud der Bremer Gesundheitssenator Herbert Brückner den in der Schweiz einige Jahre zuvor in eine Sterbehilfe-Affäre verwickelten Züricher Arzt Urs Haemmerli 1978 und 1979 zu mehreren Vorträgen und Informationsgesprächen in die Hansestadt ein, in denen er Ärzte

---

[127] Blumenthal-Barby/Hahn, Sterbeort, S. 101–102.
[128] Institut für Medizinische Statistik und Datenverarbeitung, Gesundheitswesen (1988), S. 11.
[129] DeSpelder/Strickland, Last Dance, S. 13. Vgl. Blumenthal-Barby, Mensch, S. 50.
[130] Ariès, Geschichte des Todes, S. 747.
[131] Vgl. Schied, Deutschen, S. 10.
[132] So etwa Muschaweck-Kürten, Hospizbewegung, S. 119. Vgl. auch ähnlich Student, Hand.
[133] Vgl. Gronemeyer/Fink/Globisch/Schumann, Helfen, S. 22–27, Zitat S. 27.

2.1 „Gestorben wird immer"? Zum Wandel des Lebensendes im 20. Jahrhundert   53

über die Rechte von sterbenden Patienten im Krankenhaus und Probleme im Betreuungsverhältnis aufklärte.[134] Die Arbeitsgemeinschaft der Leitenden Medizinalbeamten der Länder und der Landesgesundheitsrat Bayern beschäftigten sich seit den späten 70er Jahren ebenfalls mehrfach mit dem Sterben im Krankenhaus.[135] Auf der Vollsitzung 1984 stellte ein Mediziner im Dienste des Bayerischen Staatsministeriums für Arbeit und Sozialordnung zwar fest, dass auch im Freistaat im Zeitraum zwischen 1981 und 1983 mehr als 50% der Menschen in Kliniken gestorben seien. Dies müsse jedoch mit Blick auf die Gesamtzahl an Krankenhauspatienten relativiert werden. Da weniger als 3,7% aller in bayerischen Krankenhäusern aufgenommenen Patienten verstarben, könne es sich nicht um ein „Massenproblem" handeln. Wichtig sei, dem Patienten die Angst vor der „anonymen" Klinik zu nehmen und ein Gefühl des „Geborgenseins" zu vermitteln.[136]

Eine derart unaufgeregte Argumentation stellte in jenen Jahren indes eine absolute Ausnahme dar – und dies, obwohl der von dem bayerischen Mediziner angedeutete Rückgang der Sterblichkeit im Krankenhaus tatsächlich als Langzeitprozess empirisch feststellbar ist: Mit einigen Schwankungen sank der Anteil der im Krankenhaus Verstorbenen an der Gesamtzahl der dort Behandelten von über 5,6% im Jahr 1929 auf knapp 2,3% im Jahr 2000 (vgl. Abb. 11/12). Dies relativierte die Problemwahrnehmung jedoch keinesfalls. Galt es vor der Aufklärung noch als Segen, in einer Klinik zu sterben, nicht zuletzt da dort eine Versorgung mit den Sterbesakramenten sichergestellt war, so wandelte sich dies in der Moderne – und speziell im letzten Drittel des 20. Jahrhunderts – offenkundig nahezu vollständig.[137]

Insbesondere in der zweiten Hälfte der 70er und zu Beginn der 80er Jahre erschien der „Tod im Krankenhaus" vielen Zeitgenossen im Westen zunehmend als ein Schreckgespenst. Unter eben jenem Titel publizierte Ephrem Else Lau 1975 eine knappe, problemorientierte soziologische Untersuchung, die unter anderem die *Süddeutsche Zeitung* als „bemerkenswertes Buch" pries.[138] Eine noch ungleich stärkere Rezeption fanden im Jahr darauf die anonym veröffentlichten Aufzeichnungen der Ehefrau eines Herzinfarkt-Patienten über den Tod ihres Mannes in einem Großstadtkrankenhaus. Die *Berliner Morgenpost* serialisierte das von einem Hamburger Chefarzt herausgegebene Buch in einer mehrteiligen Artikelreihe mit

---

[134] Vgl. hierzu Lilo Weinsheimer: „Mehr Respekt vor dem Tod." *Süddeutsche Zeitung*, 9. 6. 1978 sowie die Kopie eines der Diavorträge von Haemmerli in BHStA, Marb 3720. Zur „Affäre Haemmerli" vgl. Kap. 5.1.
[135] Vgl. BHStA, Marb 7218, MarB 3720 und Marb 4020.
[136] Ein Abdruck des Vortrags findet sich in der Dokumentation der Vollsitzung: Bayerischer Landesgesundheitsrat, Sterben im Krankenhaus, S. 27–32.
[137] Vgl. Risse, Bodies, S. 678 f. Bereits für das 19. Jahrhundert finden sich einzelne Quellenbelege, dass viele Sterbende mit dem Krankenhaus Hoffnungslosigkeit und einen schlechten Tod assoziierten. Vgl. Buchner, Warum weinen, S. 96.
[138] Lau, Tod; „Ephrem Else Lau. Sterben in einer Institution." *Süddeutsche Zeitung* 30./31. 10. 1976.

54   2. 1948: Das Treffen, oder: Sterben nach dem Massensterben?

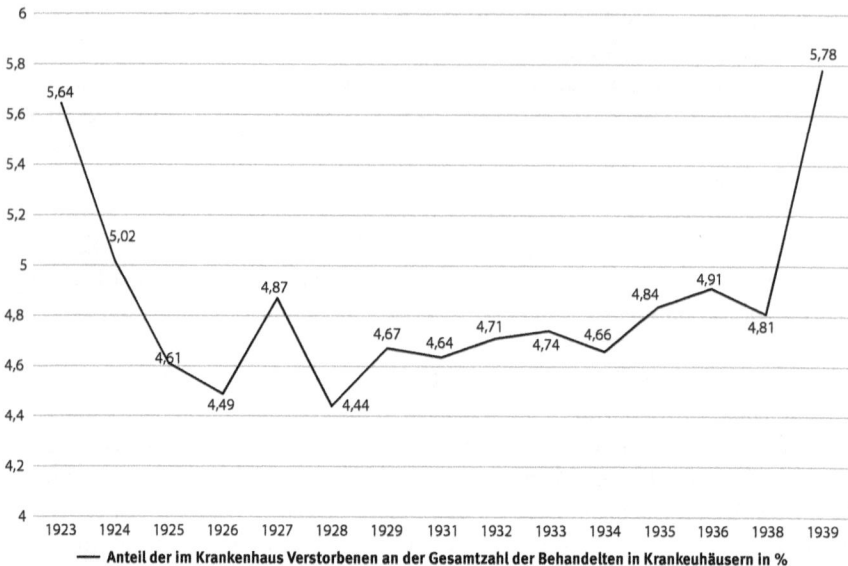

Abb. 11: Anteil der im Krankenhaus Verstorbenen an der Gesamtzahl der Behandelten im Deutschen Reich (1923–1939)

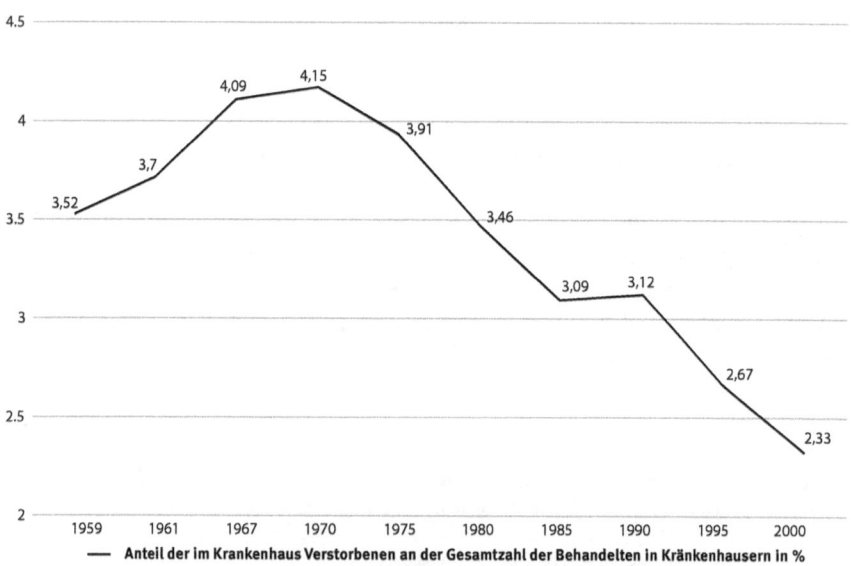

Abb. 12: Anteil der im Krankenhaus Verstorbenen an der Gesamtzahl der Behandelten in der Bundesrepublik (1959–2000)

2.1 „Gestorben wird immer"? Zum Wandel des Lebensendes im 20. Jahrhundert

dem Titel „Sterben im Krankenhaus".[139] Die Publikation verstand sich als leidenschaftliche Kritik am Zustand des Gesundheitswesen insgesamt: Sie berichtete von einer unpersönlichen Behandlung durch emotional überforderte Ärzte, klagte über den Massenbetrieb in der Klinik mit ihren strikten Besuchszeiten, die lange unklare Diagnose infolge des Unwillens der Personals, über den nahenden Tod eines Patienten zu sprechen, und informierte über eine „Entwürdigung" des Sterbenden unter anderem durch Pflegekräfte, die ihn als reines „Objekt" betrachtet und beispielsweise nie mit seinem akademischen Titel angeredet hätten. Die abgedruckten Krankenhausrechnungen (für 28 Tage Aufenthalt berechnete die Klinik knapp 10 000 DM, inklusive Telefongebühren von 60 Pfennig) illustrierten die Ökonomisierung des Lebensendes im modernen Gesundheitssystem, entfiel ein Großteil der Aufwendungen doch auf den Einsatz von Technik.[140] In den folgenden Jahren berichtete die Presse in der Bundesrepublik immer wieder über das Problem.[141] Laut dem *Deutschen Allgemeinen Sonntagsblatt* erführen Sterbende „in jedem Buschkrankenhaus [...] mehr Menschlichkeit als in unseren westdeutschen Kliniken."[142] Sogar die katholischen Bischöfe bezogen Anfang 1979 klar Stellung und verkündeten, dass ein „menschenwürdiges Sterben" in Krankenhäusern angesichts der „hochtechnisierten Medizin" nicht möglich sei.[143] Diese Kritik reflektierte durchaus die Erfahrungen vieler Zeitgenossen. Ein schwerstkranker Oberstudienrat klagte etwa Anfang der 80er Jahre in einem Brief an einen Medizinjuristen, er habe sich „selbst im Kessel von Stalingrad nicht so einsam gefühlt wie auf der Intensivstation".[144]

In der DDR drehten die Printmedien das Argument dagegen auffälligerweise um. So berichtete die Presse zwar wie in der Bundesrepublik extensiv über das Problemfeld „Sterben im Krankenhaus", allerdings aus einem ganz anderen Blickwinkel: Im Fokus standen die vermeintlich miserablen Zustände in westlichen Kliniken, in denen infolge von Personalmangel oder Überfüllung Patienten eines vermeidbaren Todes sterben würden.[145] Dagegen beschäftigten sich die ostdeutsche

---

[139] „Sterben im Krankenhaus." *Berliner Morgenpost* (1) 25. 4. 1977, (2) 26. 4. 1977, (3) 27. 4. 1977 (4) 28. 4. 1977, (5) 29. 4. 1977.
[140] Kautzky, Sterben, vgl. v. a. S. 22 f., S. 29–38, S. 73–86 (Zitate S. 73 und S. 76) und S. 139–156.
[141] In Auswahl: „Gegen das inhumane Sterben im Krankenhaus." *Frankfurter Allgemeine Zeitung*, 15. 1. 1981; Maria Rosenkranz: „Wir haben ja auch alle Angst ... Gespräche mit Schwestern und Ärzten über Sterben im Krankenhaus." *Evangelischer Pressedienst*. Ausgabe für kirchliche Presse Nr. 42, 20. 10. 1982, S. 13–15; Hans-Peter Wolff: „Wenn der Tod als Betriebsunfall verdrängt wird." *Frankfurter Allgemeine Zeitung*, 3. 9. 1983, S. 7.
[142] Alfons Heutgen: „Die Sterbenden werden vergessen." *Deutsches Allgemeines Sonntagsblatt*, 10. 1. 1982, S. 16.
[143] Klaus M. Schmidt: „Im Sterben nicht allein." *Berliner Sonntagsblatt, die Kirche*, 25. 2. 1979. Vgl. auch Günter Hollenstein: „Klage über menschenunwürdiges Sterben in Krankenhäusern. Bischöfe besorgt über alleinigen Glauben an die Medizin." *Frankfurter Rundschau*, 10. 2. 1979.
[144] Zit. nach Uhlenbruck, Probleme, S. 45.
[145] In Auswahl: „Menschen sterben, weil Bonn Krankenhäuser verkümmern lässt." *Neues Deutschland*, 31. 03. 1960; „Kein Platz zum Sterben. Skandalöse Zustände in Hamburger Krankenhaus." *Neue Zeit*, 30. 11. 1965; „Weil sie arm ist, muß sie sterben". *Berliner Zeitung*, 24. 07. 1969; „,...auch Leichen zweiter Klasse'. Leiden und Sterben des Gastarbeiters Dome-

Belletristik, Forschung und Gesundheitspolitik unter ähnlichen Vorzeichen wie in der Bundesrepublik mit dem Thema. Ab Anfang der 70er Jahre erhob das MfG mittels einer Krankenblattstatistik systematisch Daten zur stationären Morbidität.[146] Als einer der führenden Vertreter der staatlichen Sozialhygiene interpretierte Kay Blumenthal-Barby die im Unterschied zum Westen niedrigere Zahl stationär Verstorbener 1978 noch als Indiz für die Schwäche des ostdeutschen Gesundheitswesens und das mangelnde Vertrauen der Bevölkerung in die medizinische Versorgung: Eine Erhöhung erschien ihm notwendig, da damit in seinen Augen eine Reduzierung der Zahl plötzlicher Todesfälle einher ging.[147] Jedoch revidierte Blumenthal-Barby diese Einschätzung dann unter dem Eindruck der von ihm intensiv rezipierten internationalen Literatur bereits Anfang der 80er Jahre: Fortan vertrat er die Auffassung, dass das Krankenhaus gerade für Patienten mit chronischen Krankheiten keinen geeigneten Sterbeort darstelle.[148]

Es ist insofern irrig, wenn die Medizinhistorikerin Andrea Quitz die Institutionalisierung des Sterbeortes in Ostdeutschland als Folge der gegen die Familie als Versorgungseinheit gerichteten SED-Politik sieht und der marxistischen Medizinethik vorwirft, sie habe diesen Zusammenhang bewusst übersehen.[149] Vielmehr beschäftigte sich diese sehr detailliert mit der Entwicklung und fragte nach den Vor- und Nachteilen unterschiedlicher Sterbeorte.[150] In einer an der Akademie für Ärztliche Fortbildung entstandenen Dissertation wertete der Mediziner Günter Zingelmann Ende der 70er Jahre fast 600 Totenscheine im Kreis Prenzlau aus und führte über 400 Interviews. Nicht einmal einem Viertel der Befragten schien dabei ein würdevolles Sterben in Krankenhäusern möglich.[151] So kam die Studie zu dem Ergebnis, dass die Frage des Sterbeorts differenziert zu beantworten war und vom jeweiligen Krankheitsverlauf abhängig gemacht werden musste; nur im Falle „vermeidbar Sterbender" könne überhaupt die Notwendigkeit einer Krankenhausaufnahme diskutiert werden.[152]

Tatsächlich war das Problem in der DDR sogar in mancherlei Hinsicht noch gravierender, da in ostdeutschen Krankenhäusern nicht nur Behandlungs-, sondern auch Pflegefälle versorgt wurden.[153] Dies betraf gerade ältere Menschen, die

---

nic Barneabei in der BRD." *Neue Zeit*, 25. 06. 1971; „Sozialer Kahlschlag in den USA – die Spur der Hochrüstung. Auf der Schwelle zum Krankenhaus sterben…" *Neues Deutschland*, 26. 09. 1981.

[146] Vgl. zur Geschichte der Krankenblattstatistik und den unterschiedlichen Analysesträngen: Institut für Medizinische Statistik und Datenverarbeitung, Gesundheitswesen (1986), v. a. S. 227–241.

[147] Blumenthal-Barby, Sterbeort (1978), v. a. S. 131 und S. 134.

[148] Vgl. Blumenthal-Barby/Hahn, Sterbeort, S. 101 und Blumenthal-Barby, Mensch, S. 69. Positionen wie diese ermöglichten Blumenthal-Barby unmittelbar nach der Wiedervereinigung einen reibungslosen Anschluss an die westdeutsche Sterbeforschung, vgl. Kapitel 4.1.

[149] Quitz, Fragen, S. 153 f.

[150] Vgl. Körner/Ott/Schirmer, Aspekte, S. 811.

[151] Zingelmann, Untersuchungen, S. 68.

[152] Ebd., S. 59.

[153] Belau, Gesundheitswesen, S. 30. Belau schätzt den Wert der fehlbelegten Krankenhausbetten in der DDR auf 15–20%.

nicht zu Hause gepflegt werden konnten – und machte das Sterben in Krankenhäusern, wie neuere kulturhistorische Studien eher beiläufig andeuten, „zu einem einsamen und bedeutungslosen Vorgang".[154] Denn statistisch kam in der DDR in den 80er Jahren auf jeden 20. Rentner nur ein Alten- oder Pflegeheimplatz, was Wartezeiten von fünf bis zehn Jahren zur Folge hatte. Bis zuletzt existierte ferner keine Möglichkeit für berufstätige Angehörige, für die häusliche Pflege Sterbender eine kurzfristige Freistellung und ein Pflegegeld zu erhalten (wie es sie für die Betreuung von erkrankten Kindern gab).[155] Zwar gewährte die Sozialversicherung eine Hauskrankenpflege statt eines Klinikaufenthalts, allerdings nur im Fall einer Heilbehandlung, nicht bei chronischen Krankheiten oder bei Dauerpflegefällen.[156] So fand sich das Motiv des ungewollten Sterbens im Krankenhaus denn auch in der populären Literatur, etwa beim sorbischen Schriftsteller Jurij Brězan, der in einem autobiografischen Roman berichtete, wie sein schwerstkranker Vater eine Einweisung ins Spital ablehnte, um einen guten, würdevollen Tod zu Hause im Kreis der Familie sterben zu können – als negative Kontrastfolie diente ein alter Freund, der eben dort „zwischen Fremden habe sterben müssen".[157] Auch die ostdeutsche Gesundheitspolitik widmete ihre Aufmerksamkeit seit den frühen 80er Jahren wiederholt dem Themenkomplex.[158]

Diese negative Wahrnehmung lässt sich damit erklären, dass dem Sterbeort, dem unzweifelhaft eine zentrale Rolle für alle Fragen der Sterbebegleitung zukommt, erst dann eine gesteigerte Bedeutung beigemessen wurde, als das Problem der Betreuung Sterbender als solches ausgemacht worden war.[159] Das neue Interesse an dem Thema hatte dabei gleichzeitig auf doppelte Weise Einfluss auf die tatsächlichen Sterbeorte. So kamen ab den frühen 90er Jahren stationäre Hospize als Orte des Sterbens im wiedervereinigten Deutschland hinzu, wobei sich die Zahl der dort jährlich verstorbenen Menschen noch um die Jahrtausendwende im niedrigen vierstelligen Bereich bewegte.[160] Wichtiger dürfte die Diskursivierung des Problems „Sterben im Krankenhaus" und die damit implizit oder explizit einhergehende Forderung gewesen sein, Sterbende nach Hause zu holen. In Großbritannien, wo die Hospizidee und ihre gesellschaftlichen Forderungen nach einem Sterben zu Hause früher Verbreitung fanden, war bereits seit Mitte der 70er Jahre ein Wiederabsinken des Anteils stationär Verstorbener festzustellen.[161]

---

[154] Fulbrook, Leben, S. 117 f. Vgl. auch Dietrich, Kulturgeschichte III, S. 1953 und zum hohen Anteil an älteren Menschen in Krankenhäusern sowie den sozialen und gesundheitspolitischen Ursachen hierfür Schwitzer, Aspekte, hier v. a. im Anhang S. 39–46.
[155] Vgl. Graumann u. a., Endlich leben, S. 12 f.
[156] Müller/Göbel, Palliativmedizin, S. 44.
[157] Brězan, Bild, S. 26.
[158] Vgl. die einschlägige Akte im BA Berlin-Lichterfelde, DQ 1/11613 sowie Kap. 7.2.
[159] Vgl. dazu Blumenthal-Barby, Mensch, S. 63–69.
[160] Vgl. hierzu Kapitel 10 sowie Becker, Orte.
[161] Vgl. Blumenthal-Barby/Özkan, Sterbeaufklärung, S. 10.

2.2 Sterben im Krieg und im Frieden – die Sterbekultur im 20. Jahrhundert

„Let us die young or let us live forever."
(Alphaville – Forever Young)

Neben den Sterbeverläufen selbst veränderten sich auch die Wahrnehmung des Lebensendes und die Sterbekultur. Die Grundlagen dieses Wandels waren unzweifelhaft in vielerlei Hinsicht in der ersten Hälfte des 20. Jahrhunderts gelegt worden. Zum einen sorgte die Epoche der Weltkriege dafür, dass mit vielen traditionellen Bräuchen und Übergangsriten im Bereich der Sepulkralkultur gebrochen werden musste. Im Ersten Weltkrieg entstand ein neuartiger Gefallenenkult, in dem der „Opfertod" angesichts der Brutalisierung des Kriegsgeschehens eine sinnstiftende Funktion für das gewaltsame Sterben junger Männer erhielt.[162] Deren Leichen dienten der nationalen Repräsentation, zum Beispiel in Form von Kriegsdenkmälern oder des symbolträchtigen Grabmals des Unbekannten Soldaten. In Einklang mit der engen Verbindung von Militär und Nation setzte sich nach 1914 – ungeachtet der nun im Unterschied zu früheren Kriegen üblichen Einzelbestattung aller Gefallenen – ein egalitärer Umgang mit den Kriegstoten durch, der die gemeinsame Kriegsanstrengung symbolisieren sollte. Durch die Einebnung von Einzelgräbern erfolgte die Tilgung alles Individuellen und die Anonymisierung der Gefallenen.[163]

Der zu einer „säkularisierten Religion" avancierende Gefallenenkult wurde in Deutschland gerade in der Zwischenkriegszeit von der politischen Rechten instrumentalisiert und mündete in eine gesellschaftlich bedeutsame Kriegsgräberfürsorge.[164] Das Ziel des hierfür zuständigen Verbands, des Volksbundes Deutsche Kriegsgräberfürsorge (VDK), lag nicht nur in der Pflege der Soldatenfriedhöfe oder der individuellen Trauerverarbeitung, sondern auch in der propagandistischen Massenintegration im Sinne einer nationalistisch-antidemokratischen Ideologie. Entsprechend beurteilte der VDK den Krieg affirmativ und interpretierte den „Heldentod" deutscher Soldaten als Ausdruck des Opfergedankens einer elitären „Frontsoldatengemeinschaft".[165] Der „gewaltsame Tod" wurde somit verherrlicht statt perhorresziert, Trauer diente eher der Arbeit am „Volkskörper" denn der Bewältigung einer massenhaften Verlusterfahrung.[166] Diese Entwicklung ver-

---

[162] Vgl. die klassische Darstellung zum Kriegstod im Ersten Weltkrieg und seiner Ideologisierung von Mosse, Vaterland, v. a. S. 89–133. Eine stärker empirische Untersuchung bietet Janz, Kapital. Fraglos hatte dieser „politische Totenkult" Vorläufer, die sich etwa in Kriegerdenkmälern niederschlugen; vgl. dazu Koselleck/Jeismann, Totenkult.
[163] Für einen internationalen Überblick über das Gefallenengedenken vgl. Hettling/Echternkamp, Gefallenengedenken.
[164] Mosse, Vaterland, S. 130. Zur Geschichte der Kriegsgräberfürsorge vgl. Böttcher, Auftrag.
[165] Greiner, Volksbund. Zum VDK und seinen Zielen vgl. auch Zilien, Volksbund.
[166] Hierauf weist auch die politische Instrumentalisierung des ab 1925 landesweit begangenen Volkstrauertages in der Weimarer Republik und im Nationalsozialismus hin. Vgl. dazu umfassend: Kaiser, Helden.

2.2 Sterben im Krieg und im Frieden – die Sterbekultur im 20. Jahrhundert

schärfte sich im „Dritten Reich" und vor allem im Zweiten Weltkrieg in vielerlei Hinsicht noch, als der Soldatentod von den nationalsozialistischen Behörden romantisiert und gezielt zu Propagandazwecken eingesetzt wurde, ja der Kult um die Toten zu einem zentralen Element der NS-Ideologie avancierte.[167] In der Praxis jedoch zeigte sich ein starkes Abrücken von der offiziell von der Wehrmacht garantierten und strikt reglementierten „Heldenbestattung" für jeden gefallenen Soldaten, da die Bergung oft zu gefährlich war oder diese – insbesondere gegen Kriegsende – Zeit- und Materialmangel zum Opfer fiel, zumal angesichts der exorbitanten Verlustzahlen.[168]

Der Massentod wurde insofern zwischen 1914 und 1945 zu einem „death that overflowed the bounds of private grief and mourning, and became a central feature of public life because it came to be shared by so many people."[169] Sterben erschien in diesem Zusammenhang als ebenso unnatürlich wie unberechenbar, als plötzlich und „höchst selektiv",[170] aber wegen der Häufigkeit des gewaltsamen Todes speziell jüngerer Menschen durchaus als ein Alltagsphänomen. Die neuartige Gestalt des Soldatentodes seit dem Ersten Weltkrieg, Epidemien wie die Spanische Grippe, deren Vehemenz letztlich kriegsbedingt war, oder die steigende Zahl ziviler Opfer etwa infolge des Bombenkriegs im Zweiten Weltkrieg bedingten eine „permanente Todesnähe und die Zufälligkeit des Sterbens",[171] die durchaus als Charakteristikum der Sterbekultur der ersten Hälfte des 20. Jahrhunderts bezeichnet werden kann. Der Massentod hinterließ – sicher auch infolge seiner politischen Instrumentalisierung – kollektive Traumatisierungen und sorgte wesentlich dafür, dass sich nach 1945 der Wunsch nach Normalität, gerade auch mit Blick auf das Lebensende, zu einem zentralen erfahrungsgeschichtlichen Merkmal entwickelte.[172]

Wenn sich durch die steigende Lebenserwartung und die Entalltäglichung des Sterbens die Wahrnehmung von Gewalt veränderte und die Tötung nach dem Zweiten Weltkrieg zunehmend verpönt war, verweist dies umgekehrt zugleich auf sich wandelnde Todesbilder.[173] Während die erste Hälfte des 20. Jahrhunderts, in Deutschland und weiten Teilen Europas, vor allem durch den „tragischen Tod" in Form eines oft gewaltsamen, plötzlichen Sterbens geprägt war, entwickelte sich nach 1945 der „natürliche Tod" zum bestimmenden Charakteristikum des Lebensendes. Die zunehmende Verknüpfung des Sterbens mit fortgeschrittenem Lebensalter distanzierte große Teile der Gesellschaft zunächst vom (eigenen) Tod.[174]

---

[167] Behrenbeck, Kult.
[168] Vgl. hierzu ausführlich Janz, Toten.
[169] Bessel/Schumann, Introduction, S. 4. Zu den Nachwirkungen in Form des öffentlichen Trauerns um die (eigenen) Kriegstoten nach 1945 in beiden deutschen Staaten vgl. Behrenbeck, Pain.
[170] Ehmer, Bevölkerungsgeschichte, S. 13.
[171] Leonhard, Frieden, S. 15.
[172] Vgl. Bessel/Schumann, Introduction, v. a. S. 1 und S. 3. Speziell für die erinnerungskulturellen Folgen des Luftkriegs vgl. Arnold/Süß/Thießen, Luftkrieg und Süß, Tod.
[173] Vgl. Bessel, Violence.
[174] Vgl. Bleyen, Death, S. 63–65.

2. 1948: Das Treffen, oder: Sterben nach dem Massensterben?

Denn der Zeitpunkt des Ablebens war nun klarer vorauszusehen, überraschende Sterbefälle wurden seltener, der Tod erschien so immer weniger als unerwartetes Schicksal, und immer mehr als etwas Berechenbares, ein Umstand, der vor allem für die Debatte um Sterbehilfe und Alterssuizid wichtig werden sollte.[175]

Nach dem Zweiten Weltkrieg gewann das „Lebensende" folglich in dem Sinne eine neue Gestalt und zugleich eine gesteigerte gesellschaftliche Relevanz, als dass es zu einer eigenen Lebensphase avancierte, in die immer mehr Menschen gelangten – und mit deren Erreichen zunehmend kalkuliert wurde. Denn mit der Erhöhung der Lebenserwartung ging eine sukzessive Angleichung, ja sogar eine „extreme Konzentration" des Sterbealters in Form einer weitgehenden Abwesenheit des Todes in den Altersstufen unterhalb von 70 Jahren einher.[176] Hatte im 18. Jahrhundert nur jeder dritte Europäer, der das 60. Lebensjahr erreichte, mindestens ein noch lebendes Kind, so bildete sich nach dem Zweiten Weltkrieg eine Normalbiografie heraus, in welcher der Tod auf die einzelnen Lebensabschnitte folgte, statt diese zu durchziehen.[177] Dies hatte in den Worten von Arthur Imhof einen radikalen Wandel von der „unsicheren zur sicheren Lebenszeit" zur Folge.[178] Biografische Planbarkeit und Vorhersehbarkeit bestimmten fortan das Bild des Lebens ebenso wie das Bild des Todes.[179]

Dabei darf jedoch nicht übersehen werden, dass der „tragische Tod" auch nach 1945 in den Vorstellungsräumen der Zeitgenossen durchaus präsent blieb, sei es in Form der im Kalten Krieg wirkmächtigen Angst vor dem Atomkrieg,[180] der zumindest phasenweise weiterhin vorhandenen Anwesenheit des Soldatentodes, dem Verkehrstod, dessen Bedeutung nach dem Zweiten Weltkrieg infolge der Motorisierung sogar stark anstieg, oder der häufigen Sterbedarstellungen im Fernsehen und anderen Massenmedien.[181] Analog zur zunehmenden Ausdiffe-

---

[175] Vgl. Macho, Leben, S. 419 f.
[176] Spree, Rückzug (1998), S. 5.
[177] Thane, Einführung, S. 9 f.
[178] Imhof, Von der unsicheren zur sicheren Lebenszeit und Imhof: Vorwort. Fraglich erscheint, ob hierdurch wirklich zum ersten Mal in der Geschichte eine gezielte Lebensplanung möglich wurde, wie etwa Norbert Fischer behauptet; die von ihm als Argument genannte, vermeintlich neu eingeführte Lebensversicherung gab es jedenfalls auch schon in früheren Epochen. Entscheidender für den Wandel der Sterbekultur dürfte die neue Gewissheit der meisten Menschen gewesen sein, ein hohes Lebensalter zu erreichen. Vgl. Fischer, Erde, S. 28 f.
[179] Vgl. Elias, Einsamkeit, S. 17.
[180] Für eine zeitgenössische Diskussion der Bedeutung der nuklearen Bedrohung für die Wahrnehmungen des Todes vgl. das Unterkapitel „Nuclear Threat" in DeSpelder/Strickland, Last Dance, S. 390–395. Tatsächlich verweist die Vielzahl an dystopischen Untergangsvorstellungen in Literatur, Film und anderen Massenmedien auf die Virulenz der Ängste vor einem plötzlichen, gewaltsamen Tod in der zweiten Hälfte des 20. Jahrhunderts und den Bedarf an Sinnstiftungsmechanismen. Vgl. hierzu allgemein Macho, Leben, S. 227–256 und Weart, Rise.
[181] Vgl. Kastenbaum/Aisenberg, Psychology, S. 234–236. Die absolute Zahl der Verkehrstoten sinkt infolge neuer Sicherheitsmaßnahmen in der Bundesrepublik erst seit den 90er Jahren kontinuierlich, trotz des weiter steigenden Kraftfahrzeugbestandes. Vgl. hierzu Zeller, Automobile und Nowak, Automatismen.

2.2 Sterben im Krieg und im Frieden – die Sterbekultur im 20. Jahrhundert 61

renzierung der Gesellschaften pluralisierten sich in der Moderne auch die Todesbilder.[182] Hinter dem Begriff „natürlicher Tod" verbirgt sich offenkundig ein Konstrukt, das bereits auf die spezifischen Interessen und Zielvorstellungen der an der Debatte um das Sterben beteiligten Akteure verweist. So verband sich mit der Diagnose mitunter eine Forderung, wenn etwa der Moraltheologe Alfons Auer Mitte der 70er Jahre ein Recht der Menschen auf einen „natürlichen Tod" postulierte.[183] Demnach war es Aufgabe des Staates und der Gesellschaft, einen gewaltsamen Tod zu verhindern.

Denn als Dispositiv umfasst der „natürliche Tod" verschiedene Perspektiven.[184] Erstens beinhaltet er das Ideal des Alterstodes, das Max Scheler bereits 1911 als – damals noch utopisch wirkende – Vision eines „guten Sterbens" beschrieb.[185] Mit der zunehmenden Ausnutzung des „biologischen Potentials" durch den medizinischen Fortschritt im 20. Jahrhundert entwickelten sich Alter und Tod zu Synonymen, wenn etwa „Altersschwäche" zu einer offiziellen Todesursache wurde.[186] In seiner viel beachteten Untersuchung moderner Todesbilder wies der deutsche Soziologe Werner Fuchs Ende der 60er Jahre nach, dass die Idee vom natürlichen Tod von der Vorstellung eines friedlichen Verlöschens geprägt war – und verwies damit auf eine andere Facette des Begriffes.[187] Denn paradoxerweise stellte dieser zweitens zugleich die Grenzen medizinischer Behandlungsmacht am Lebensende zur Diskussion – meint „natürlich" in diesem Sinne doch weitgehend frei von menschlichen Manipulationen. Dass der Alterstod keinesfalls immer „sanft" und „friedlich" erfolgt, sondern in der medikalisierten Gesellschaft häufig mit Abhängigkeit und Hilflosigkeit einhergeht, fiel schon Zeitgenossen auf. Während im angelsächsischen Raum in den 60er Jahren infolge des Problems einer sozialen Abwertung und Stigmatisierung von Personen im hohen Alter gelegentlich die Nähe des natürlichen Todes zu einem „shameful death" diskutiert wurde,[188] sprach der Tübinger Philosoph Walter Schulz etwas nüchterner davon, dass die Vorstellung vom friedlichen Einschlafen uralter Menschen „ein wenig romantisch und irreal" sei.[189] Der natürliche Tod avancierte jedenfalls zur Leitvorstellung eines – wie es der Philosoph Johannes Schwartländer 1976 formulierte – „Sterben-Können[s]

---

[182] Hahn, Einstellungen.
[183] Auer, Recht.
[184] Vgl. Schiefer, Tode, S. 259–261 sowie zu den juristischen, medizinethischen und moraltheologischen Facetten des Begriffes Bormann, Vorstellung.
[185] Vgl. Scheler, Tod.
[186] Salis Gross, Tod, S. 53. Vgl. auch Krasberg, Alzheimer, S. 41.
[187] Fuchs, Todesbilder. Fuchs verband diesen empirischen Befund freilich mit der kritischen Diagnose eines Fortdauerns des gewaltsamen Todes in Form von sozialer Ungleichheit. Der Tod erschien im daher als Mittel sozialer Kontrolle und als ein Herrschaftsinstrument, da über die „Affirmation der Ewigkeit [...] zugleich die Unveränderbarkeit der bestehenden gesellschaftlichen Verhältnisse betont" werde. Vgl. hierzu Fuchs, Herrschaft, Zitat S. 163.
[188] Vgl. zu den auf den Soziologen Erving Goffman zurückgehenden Ursprüngen des Konzeptes „shameful death" Kellehear, History, S. 213–233.
[189] Schulz, Problem, S. 174.

zur rechten Zeit", mit der sich normative Aussagen bezüglich Lebensdauer, Sterbeverlauf und Todesursachen verbanden.[190]

Trotz der genannten Einschränkungen lässt sich insgesamt festhalten, dass das Lebensende infolge der beschriebenen Entwicklungen im Laufe des 20. Jahrhunderts allgemein immer stärker mit fortgeschrittenem Alter, chronischer Krankheit und dem langsamen Sterben unter ärztlicher Begleitung assoziiert wurde.[191] Das Todesbild veränderte sich demnach, wie Philippe Ariès bemerkt, von einem „letzten Augenblick" zu einer Art „Kontinuität" von längerer Dauer, wobei die zeitliche Ausdehnung das Diesseits und eben nicht das Jenseits betraf.[192] So ergaben beispielsweise Untersuchungen, dass sich in jener Zeit Bedeutung und Inhalt von Todesanzeigen veränderten, einer Quellengattung, die Aufschluss über die vorherrschenden gesellschaftlichen Todesvorstellungen und -wahrnehmungen gibt.[193] Denn soziale Repräsentationen wie das Sprechen über das Sterben einer Person sind letztlich Ausdruck „of our need to make death familiar".[194] Tatsächlich deuten die sich im letzten Drittel des Säkulums häufenden Formulierungen wie „nach einem erfüllten Leben von uns gegangen" oder „von ihrem schweren Leiden erlöst" an, wie sich die demografischen und medizinischen Verschiebungen auch auf kulturelle Praktiken der Sinngebung am Lebensende auswirkten.[195] Diese sich verändernde Sterbekultur war ebenso Ausdruck wie Ursache für die im Folgenden zu analysierenden politischen, wissenschaftlichen und gesellschaftlichen Debatten und Reformmaßnahmen rund um das Lebensende.

---

[190] Schwartländer, Tod, S. 20. Vgl. hierzu auch die kritischen Ausführungen des Schweizer Psychotherapeuten, Philosophen und Anthropologen Gion Condrau zum vermeintlichen Recht auf einen „natürlichen Tod"; Condrau, Mensch, S. 355–361.
[191] Vgl. auch Pennington, Memento mori, S. 73–79.
[192] Ariès, Geschichte des Todes, S. 749.
[193] Wegweisend: Dirschauer, Tod. Vgl. bzgl. des Form- und Funktionswandels die quantitative Inhaltsanalyse von über 2500 zwischen 1820 und 1983 erschienenen privaten Todesanzeigen in Grümer/Helmrich, Todesanzeige.
[194] Bradbury, Representations, Zitat aus dem Klappentext.
[195] Vgl. Imhof, Die Lebenszeit, S. 56 f.

3. 1955: Die These, oder: ein Todestabu in der Moderne?

> „No censorship has ever been really effective."
> (Geoffrey Gorer – The Pornography of Death)

Ein fauler Wissenschaftler sei er gewesen, sagte Geoffrey Gorer (1905–1985) über sich selbst.[1] Sein Vater war ein wohlhabender Kunsthändler und Geschäftsmann, der 1915 an Bord der *Lusitania* starb, und ihm ein Vermögen hinterließ. Gorer studierte Altertumswissenschaften und Philologie in Cambridge, Paris und Berlin. Anschließend versuchte er sich mit geringem Erfolg als Schriftsteller und unternahm zahlreiche Reisen durch die ganze Welt. Auf einer seiner Touren durch Westafrika entdeckte er Mitte der 30er Jahre sein Interesse an der Sozialanthropologie, das durch seine enge Freundschaft zur renommierten US-Ethnologin Margaret Mead weiter verstärkt wurde. Trotz seiner kritischen Selbsteinschätzung der eigenen Produktivität und obschon er seinen Lebensunterhalt vornehmlich als Literaturkritiker sowie über hohe Kapitalerträge verdiente, ist Gorers akademisches Œuvre beeindruckend. Er schrieb knapp zwei Dutzend Monografien, die in sieben Sprachen übersetzt wurden, darunter ins Japanische, Norwegische und Chinesische. Das thematische Spektrum reichte von Studien zu den revolutionären Ideen des Marquis de Sade über Feldforschungen zu afrikanischen Tänzen, auf Bali oder in einem Dorf im Himalaya bis hin zu verhaltens- und völkerpsychologischen Arbeiten über Japan, die USA, Russland und England. Als am einflussreichsten erwies sich jedoch ein gerade einmal vierseitiger Artikel aus seiner Feder: The „Pornography of Death", veröffentlicht 1955 in der linken Londoner Literaturzeitschrift *Encounter*.[2]

Gorers Argumentation war denkbar simpel: Im 20. Jahrhundert habe ein Todestabu das Sexualtabu des 19. Jahrhunderts abgelöst. In der Gegenwart wirkten Leichendarstellungen und der natürliche Prozess des Zerfalls des Körpers so abstoßend wie im viktorianischen England Zeugung und Geburt. Die Folgen würden künstlich versteckt, das Sprechen über den Tod gelte als ungesund und morbide. Als Hauptursache führte Gorer neben dem medizinischen Fortschritt, der das Sterben jüngerer Menschen unwahrscheinlich werden lasse, die Säkularisierung und den nachlassenden Glauben an ein Leben nach dem Tod an, da „without some such belief natural death and physical decomposition have become too horrible to contemplate or to discuss." Während der „natural death became more and more smothered in prudery", habe der „violent death" (Automobilunfälle erschienen Gorer in diesem Zusammenhang wichtiger als Kriege) in der jüngsten Vergangenheit dagegen ein bis dato unerreichtes Ausmaß angenommen und errege immer

---

[1] Zu Leben und Werk Gorers vgl. hier und im Folgenden Lindstrom, Gorer, S. 185–187 sowie die biografischen Angaben zu seinem Nachlass: https://archiveshub.jisc.ac.uk/search/archives/8b51e213-c8c7-3945-81d8-73412a8271ec [15. 12. 2022].

[2] Gorer, Pornography.

mehr die Fantasie der Menschen: In den omnipräsenten Repräsentationen des gewaltsamen Sterbens gerade in den Massenmedien lag für Gorer die „Pornographie des Todes".[3]

Diesen Befund verband er mit einer eindringlichen Warnung: Bleibe der natürliche Tod unaussprechlich, setze sich das „horror comic" mit fatalen psychologischen Folgen fort, da der Mensch irgendwann zwangsläufig mit ihm konfrontiert werde.[4] Folgerichtig forderte Gorer einen offeneren Umgang mit dem Lebensende. In seinem ohnehin kurzen Artikel kam er erst sehr spät, nach längeren Ausführungen zur Theorie der Pornografie, überhaupt auf das Thema Tod und Sterben zu sprechen. Empirische Belege fehlten komplett, stattdessen mühte sich Gorer um eine personalisierte Beweisführung. So habe er „alte Bekannte" befragt, von denen niemand über 60 Jahre nicht mindestens das Sterben eines nahen Verwandten erlebt habe: „I do not think I know a single person under the age of thirty who has had a similar experience."[5] Und während in der viktorianischen Literatur das Sterbebett einen festen Platz gehabt habe, sei dies in der Gegenwart nach seinem Kenntnisstand nicht mehr der Fall: „I cannot recollect a novel or play of the last twenty years or so which has a ‚death-bed-scene' in it, describing in any detail the death ‚from natural causes' of a major character [...]."[6]

Nicht zuletzt ob derartiger argumentativer Unschärfen blieben zahlreiche Fragen offen, etwa von wem genau eigentlich die „Zensur" des Themas ausgeht, deren Effektivität Gorer in seinem einleitend zitierten Schlusssatz in Frage stellte. Auch den gerade einmal zehn Jahre zurückliegenden Zweiten Weltkrieg als möglichen Faktor für die sich wandelnden Erfahrungswelten erwähnte er gar nicht, Kriege lediglich en passant in einem Satz. Nichtsdestotrotz popularisierte sein Artikel, der bis heute in der Forschung viel rezipiert und explizit als Ausgangspunkt für Studien dient,[7] die wirkmächtigste und folgenreichste These zum Lebensende in der Moderne: die Annahme, Tod und Sterben seien tabuisiert und gesellschaftlich verdrängt.

---

[3] Ebd., S. 51.
[4] Ebd., S. 52.
[5] Ebd., S. 51.
[6] Ebd., S. 50.
[7] Vgl. für explizite konzeptuelle Bezugnahmen auf Gorers Artikel in der neueren thanatologischen Forschung exemplarisch Foltyn, Dead Famous und Tercier, Pornography.

3.1 Verdrängtes Sterben? Die Tabuisierungsthese in Forschung und Öffentlichkeit

> „The word ‚death' itself has become almost unmentionable [...]. Death is ‚un-American'; for, if the fact of death were once admitted to be a reality [...], then it would also have to be admitted that the United States is not the earthly paradise that it is deemed to be (and this is one of the crucial articles of faith in ‚the American way of life')."[8] (Arnold Toynbee)

In den Dekaden nach Erscheinen von Gorers „Pornography of Death" wurde die These, dass in der modernen Gesellschaft kein Platz für das Sterben sei, in Forschung, Politik und Öffentlichkeit breit aufgegriffen. Sie verbreitete sich seit den 60er Jahren flächendeckend gerade in und ausgehend von den Sozialwissenschaften.[9] Ja mehr noch: Die Klage von einer Tabuisierung von Tod und Sterben markierte eine Art Ausgangspunkt für die Thanatologie, die sich in jenen Jahren als eigenständiger akademischer Arbeitsbereich formierte. Viele ihrer Vertreter stellten diese These ihren Forschungen zum Lebensende voraus. Dabei war sie oft keine empirisch zu überprüfende Hypothese, sondern – manchmal sogar explizit – eine Art Voraussetzung für weiterführende Studien.[10] Die Tabuisierungsthese wurde so früh zu einem vermeintlichen Faktum, dem sich selbst Wissenschaftler unhinterfragt bedienten, die keinen expliziten Forschungsschwerpunkt im Bereich Tod und Sterben hatten. Für den einleitend zitierten britischen Historiker Arnold Toynbee markierte das Sterben beispielsweise etwas „Un-Amerikanisches", da es dem Selbstverständnis einer technikgläubigen, wohlstands-, konsum-, jugend- und leistungsorientierten Gesellschaft widerspreche. Die USA erschienen ihm in diesem Zusammenhang lediglich als Speerspitze einer allgemeinen Entwicklung in der Moderne.

Bei genauerer Betrachtung hat die These zwei Seiten, die eng miteinander verwoben sind und von ihren Vertretern kaum voneinander getrennt wurden. Zum einen postuliert sie eine individuelle Verdrängung von Tod und Sterben in der Moderne: In den Familien werde weniger als in früheren Epochen darüber geredet, Sterbende seien nicht mehr Teil der Gemeinschaft, sondern würden aus dieser entfernt. Zum anderen behauptet sie die Existenz eines gesellschaftlichen Tabus in der Moderne, das ein öffentliches Sprechen über Tod, Sterben und Trauern unmöglich mache, ja untersage. Tatsächlich wird unter einem „Tabu" allgemein eine stillschweigende soziale Norm verstanden, oder in den Worten des Dudens ein „ungeschriebenes Gesetz, das aufgrund bestimmter Anschauungen innerhalb einer Gesellschaft verbietet, bestimmte Dinge zu tun."[11] Im deutschen Sprachraum kamen die Begriffe „Tabuisierung des Todes" beziehungsweise „Todestabu" in den

---

[8] Toynbee, Attitudes, S. 131.
[9] Zur Verbreitung der Verdrängungsthese in den Sozialwissenschaften vgl. Martin/Tradii, Death.
[10] Vgl. etwa Bowers u. a., Sterbenden [englisches Original: Bowers, Counseling].
[11] Zit. nach https://www.duden.de/rechtschreibung/Tabu [15. 12. 2021].

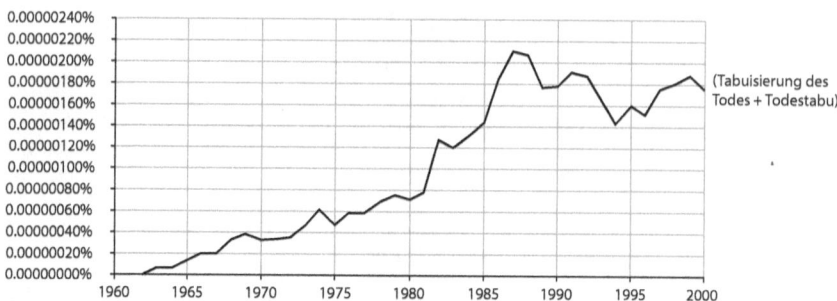

Abb. 13: Prozentuale Häufigkeit der Begriffe „Tabuisierung des Todes" und „Todestabu" in deutschsprachigen Veröffentlichungen (1960–2000)[12]

60er Jahren auf, um zwischen Mitte der 70er und Ende der 80er Jahre eine Blütezeit zu erleben, wie auch eine Google Ngram-Suche illustriert (vgl. Abb. 13).

Schweigen überall – Orte, Formen und Akteure des Tabus

Die Tabuisierungsthese wurde rasch auf unterschiedlichste Aspekte von Tod und Sterben übertragen, so etwa auf die defizitäre Behandlung von Schwerstkranken in Krankenhäusern,[13] ein problematisches Schweigen beziehungsweise ein Vermeidungsverhalten von Angehörigen wie medizinischem Personal in der Kommunikation mit Sterbenden,[14] auf ein gesellschaftliches „Sprechverbot"[15] oder auf das Verschwinden von Bestattungsritualen und Trauerpraktiken.[16] Insbesondere erschien die „Ignorierung des Todes" als eine Art Höhepunkt einer viel beklagten Diskriminierung von Kranken in der modernen Gesellschaft.[17] Diese verdränge das Thema sogar dann, wenn sie gezwungen sei, sich aktiv damit auseinanderzusetzen. In Traueranzeigen etwa werde durch sprachliche Beschönigungen wie „eingeschlafen" die Wahrheit vermieden und der Tod „totgeschwiegen".[18] Für Geoffrey Gorer stand sogar hinter der boomenden Bestattungsindustrie eine Verschleierung des Todes, im Zuge derer die Pflege traditioneller Riten an bezahlte

---

[12] Die Grafik ist folgendem Google Ngram-Link entnommen: https://books.google.com/ngrams/graph?content=Tabuisierung+des+Todes+%2B+Todestabu&year_start=1960&year_end=2000&corpus=20&smoothing=3&share=&direct_url=t1%3B%2C%28Tabuisierung%20des%20Todes%20%2B%20Todestabu%29%3B%2Cc0#t1%3B%2C(Tabuisierung%20des%20Todes%20%2B%20Todestabu)%3B%2Cc0 [15. 12. 2021].

[13] Wegweisend: Glaser/Strauss, Time und Quint, Nurse. Zur Bedeutung des Buches für die Aufdeckung einer todesbezogenen „conspiracy of silence" in Krankenhäusern vgl. Wilkie/Corless, Science, S. 47 f.

[14] Vgl. hierzu die Schriften von Kübler-Ross, z. B. Interviews, sowie darauf aufbauende Studien wie Schulz/Aderman, Medical Staff oder Germain, Dying.

[15] Eisenberg/Gronemeyer, Tod.

[16] Huntington/Metcalf, Celebrations; Stubbe, Formen.

[17] Vgl. etwa C. und L. von Ferber, Mensch, v. a. S. 49 und 58, Zitat u. a. S. 56.

[18] Dirschauer, Tod, v. a. S. 179.

3.1 Verdrängtes Sterben? Die Tabuisierungsthese in Forschung und Öffentlichkeit 67

Spezialisten übergeben wurde: Die Kommerzialisierung war mithin Folge der Verdrängung.[19]

Bezüglich der Ursachen gab es unter den Vertretern der These keinen klaren Konsens. Einige argumentierten eher anthropologisch, dass die Gesellschaft dadurch den Schein wahre, dass Tod und Sterben gar nicht existierten.[20] Die bereits von Max Scheler diagnostizierte Unfähigkeit der Menschen, sich mit der eigenen Sterblichkeit abzufinden, verbarg sich nicht nur für den renommierten Psychiatrieprofessor Joachim-Ernst Meyer hinter deren Verdrängung.[21] Für Norbert Elias dagegen waren der medizinische Fortschritt und demografische Veränderungen die Hauptgründe für die von ihm lautstark beklagte neue „Einsamkeit der Sterbenden". So habe die größere Lebenssicherheit infolge der steigenden Lebenserwartung dazu geführt, dass der Anblick des Todes und das Sprechen darüber seltener geworden seien als in früheren Zeiten.[22] Hierdurch sei es zu einer „stillschweigende[n] Aussonderung der Alternden und der Sterbenden aus der Gemeinschaft der Lebenden" gekommen, diese seien „hinter die Kulissen des gesellschaftlichen Lebens fortgeschafft" worden.[23] Die historische Bedingtheit der Tabuisierung des Todes betonten letztlich auch diejenigen, die sie als Produkt des religiösen Wandels und speziell der Prozesse der Rationalisierung in der modernen Gesellschaft interpretierten.[24]

In der Geschichtswissenschaft selbst waren es vor allem zwei französische Historiker, die in der zweiten Hälfte der 70er Jahre die Verdrängungsthese stark machten und fachintern wie in einer zunehmend breiten Öffentlichkeit popularisierten. Der Mentalitätshistoriker Michel Vovelle wies anhand einer Untersuchung von Testamenten eine Verweltlichung der Sepulkralkultur in der Neuzeit nach. Insbesondere der Verlust religiöser Grundüberzeugen, ja der christlichen Sterbefrömmigkeit, erschien ihm dabei als Ursache für eine Entfremdung der Menschen vom Tod.[25] Ungleich schärfer und wirkmächtiger waren die ungefähr zeitgleich entstandenen Studien des Mediävisten Philippe Ariès.[26] In dessen linearer Darstellung der Entwicklung der Sterbekultur prägte die Tabuisierungsthese eindeutig das Narrativ. Demnach habe historisch lange der „gezähmte Tod" dominiert, eine Phase, in der Menschen ihre eigene Sterblichkeit als Teil eines kollektiven Schicksals akzeptierten und sich bewusst auf den Tod vorbereiteten.[27] In der Epoche des „eigenen Todes" seit dem frühen Mittelalter sei das Sterben personalisiert worden und das Individuum stärker ins Zentrum gerückt.[28] Eine neuartige Todesfurcht

---

[19] Gorer, Death. Ähnlich argumentierend Charmaz, Reality, S. 189 und Elias, Einsamkeit, S. 47 f.
[20] Frey, Nachwort.
[21] Meyer, Todesangst, vgl. v. a. S. 98 f.
[22] Vgl. Elias, Einsamkeit, v. a. S. 9, S. 15, S. 17, S. 25 und S. 71–74.
[23] Ebd., S. 8 und S. 38. Vgl. auch ebd., S. 22 und S. 30–32.
[24] Vgl. Nassehi/Weber, Tod, v. a. S. 278–303.
[25] Vgl. Vovelle, Mourir autrefois und sein Hauptwerk La mort. Für eine kritische Würdigung der Forschungen Vovelles vgl. Kselman, Death (2004).
[26] Vgl. Ariès, Studien und Ariès, Geschichte des Todes [französisches Original: Ariès, L'Homme].
[27] Aries, Geschichte des Todes, S. 13–42.
[28] Ebd., S. 121–375.

diagnostizierte Ariès seit dem 18. Jahrhundert: Mit dem Bedeutungsgewinn des Privatlebens seien das Sterben dramatisiert worden und der „Tod des Anderen" sowie der damit einhergehende Verlust sozialer Bindungen zu zentralen Bedrohungen avanciert, was unter anderem zu übersteigerten Trauerpraktiken geführt habe.[29] In all diesen Phasen – von der Antike bis ins 19. Jahrhundert hinein – überwog demnach letztlich ein offener, bewusster und gemeinschaftlicher Umgang mit dem Tod, der sich stets als prägendes Moment für soziale Gruppen erwiesen habe.

Im 20. Jahrhundert – so Ariès – sei der Tod dagegen „in den Zustand der Wildheit zurückversetzt", „verboten" und „ins Gegenteil verkehrt" worden. Immer weniger habe sich die Gemeinschaft am Tod eines Menschen beteiligt, ja sie habe sich – wie die Verlagerung der Sterbeorte in medizinische Institutionen zeige – ganz offen mit Sterbenden entsolidarisiert: Eine auf Lebensfreude konzentrierte moderne Gesellschaft weigere sich schlichtweg, die Sterblichkeit ihrer Mitglieder anzuerkennen. Durch die Ausbürgerung des Todes sei das öffentliche Trauern bedeutungslos geworden, Kinder würden penibel davor geschützt, mit dem Sterben in Berührung zu kommen, Ärzte kämpften für den Erhalt der Gesundheit und empfänden das Ableben eines Patienten als persönliche Beleidigung. Infolgedessen komme es auch zu einer Verheimlichung, im Zuge derer Sterbende nicht über ihren nahenden Tod aufgeklärt würden. Der Tod sei mithin zu einer großen „Lüge" geworden, was zur Folge habe, dass Sterbende ebenso gemieden würden wie Trauernde. Die Anwesenheit von Schwerkranken werde als lästig empfunden und provoziere Schamgefühle, da die moderne Sterbekultur die hässliche Seite des Todes betone – im Unterschied zu früher, als dessen Schönheit ein beliebtes Motiv gewesen sei. Stationäre Pflege und Praktiken der Auslagerung und Tabuisierung des Todes dienten demnach als Surrogate, eine Entwicklung, die nach Ariès die ganze westliche Welt betraf, wenn auch mit nationalen Unterschieden. So sei die „Verbannung des Todes" in England deutlich radikaler vonstattengegangen als etwa in den USA.[30]

Diese umfassende Verlustgeschichte hatte nicht nur in der Historiografie großen Einfluss.[31] Sie gilt heute als ein thanatologischer Klassiker, nicht zuletzt da Ariès seine historische Darstellung mit vielen zeittypischen Versatzstücken anreicherte, insbesondere einer kulturpessimistischen Kritik an der Technisierung, der Medikalisierung und speziell dem Krankenhaustod.[32] Zugleich provozierte sein Narrativ aber ebenso rasch substanzielle Einwände. War die Interpretation nicht allzu einseitig und linear? Ging es nicht doch nur vor allem um ein kleines Elitenphänomen, das Ariès in den Blick bekam, und trage er mit der nostalgischen und mythisierenden Beschreibung einer Periode des „gezähmten Todes" nicht gar zu

---

[29] Ebd., S. 519–712.
[30] Ebd., v. a. S. 715–770, wörtliche Zitate S. 715, S. 725, S. 763 und S. 789.
[31] Vgl. etwa zur Übernahme in der Medizingeschichte Illhardt, Ars moriendi.
[32] Für eine umfangreiche diskursive Einordnung der Studien von Ariès vgl. Bleyen, History.

3.1 Verdrängtes Sterben? Die Tabuisierungsthese in Forschung und Öffentlichkeit

einer Romantisierung des Sterbens in vormodernen Epochen bei?[33] Sogar andere Vertreter der Tabuisierungsthese wie Norbert Elias warfen Ariès eine selektive Faktenauswahl vor, im Zuge derer er etwa übersehe, wie brutal und schmerzhaft das Sterben früher – im Unterschied zu heute – gewesen sei.[34] Die methodischen und argumentativen Schwächen seiner Studien waren auch für Nicht-Historiker leicht zu erkennen. Die mehrseitige Besprechung des Hauptwerks „Geschichte des Todes" durch eine Literaturwissenschaftlerin im *Spiegel* begrüßte zwar nachdrücklich den darin so engagiert eingelegten „Einspruch gegen die Tabuisierung des Todes", bezeichnete die Quellenauswahl jedoch als „gezinkt". Die Analyse leide zudem unter einer mangelnden Kontextualisierung, ja es handele sich letztlich um ein „spekulatives Buch".[35]

Tatsächlich ist mit einigem Recht infrage gestellt, dass früher ein so viel intensiverer, menschlicherer und „besserer" Umgang mit dem Sterben und Trauern geherrscht habe, eine zentrale Annahme der These von der Verdrängung des Todes, für die nie klare empirische Belege vorgelegt wurden.[36] Angesichts der damaligen Sterbeverläufe und der stets präsenten Seuchengefahr erscheint vielmehr sehr fraglich, dass die Anwesenheit von Angehörigen am Sterbebett bis Ende des 19. Jahrhunderts tatsächlich, wie ein Vertreter der Tabuisierungsthese behauptet, „durchweg als gegeben angenommen" werden könne.[37] Dass Sterbende im engsten Familienkreis von ihren Angehörigen und Freunden Abschied nehmen konnten, schließen bereits die häufigsten Todesursachen im Mittelalter und in der Frühen Neuzeit eigentlich aus – nämlich Infektionskrankheiten wie die Pest, Tuberkulose oder Typhus, deren Ansteckungsgefahr bekannt war, aber für die es keinerlei Therapien gab.[38] Denn wenn die Sterbebegleitung in früheren Epochen mangels anderer Akteure in den Händen der Familie lag, heißt das nicht zwangsläufig, dass diese auch geleistet wurde, zumal ihr aufgrund der deutlich geringeren Zahl an chronischen Sterbeverläufen nicht dieselbe Bedeutung wie nach 1945 zufiel. Durch präzisere Kontextualisierung ist zudem gezeigt worden, dass hinter dem Wandel im Umgang mit Tod und Sterben durchaus handfeste politische Interessen stehen konnten und die Sepulkralkultur nicht einfach Großprozessen wie der Säkularisierung oder Individualisierung zum Opfer fiel, wenn etwa in Italien nach 1860/61 die neue bürgerliche Elite die expressiven Trauerriten gerade im Süden des Landes als Teil des nation-building-Prozesses bekämpfte – ohne dass die Trauer an sich dadurch zwangsläufig an Bedeutung verloren hätte.[39]

---

[33] Vgl. etwa Feldmann, Tod, S. 83–86.
[34] Elias, Einsamkeit, S. 23 f.
[35] Marlies Janz: „‚Nehmen wir etwa den Sarg'." *Der Spiegel* 35 (1981), Nr. 12, S. 237–245, Zitate S. 237 und S. 245.
[36] Vgl. etwa Bleyen, History; Stöcker, Räume; Stolberg, Geschichte, v. a. S. 263; Feldmann, Sterben, v. a. S. 27.
[37] Blumenthal-Barby, Mensch, S. 65.
[38] Vgl. Imhof, Die Lebenszeit, S. 66; ders., ars moriendi (1994), S. 23.
[39] Buchner, Warum weinen.

Die Kritik an der historischen Erklärung für das mutmaßliche Todestabu war in vielerlei Hinsicht ein Spiegel der Kritik an der Verdrängungsthese selbst. Obwohl oder gerade weil diese so rasch und breit reüssierte, machte sich etwa in der internationalen und speziell westdeutschen Soziologie früh Skepsis breit. Ihr wurden eine normative Stoßrichtung und empirische Unhaltbarkeit attestiert.[40] Alois Hahn und Werner Fuchs sahen in der Tabuisierungsthese schon Ende der 60er Jahre die Leitmelodie einer konservativen Kulturkritik, im Zuge derer ein durch den wissenschaftlichen Fortschritt und die Rationalisierung der Gesellschaft verursachter Bedeutungsverlust überkommener Traditionen und christlicher Bräuche bemängelt werde.[41] Während Hahn in seiner Studie nachwies, dass die meisten Menschen Tod und Sterben durchaus bewusst entgegentraten, interpretierte Fuchs die euphemistische Semantik in Todesanzeigen eben nicht als Ausdruck einer Verdrängung des Themas, sondern einer natürlichen Weigerung, den Tod als unwiderrufliches Ende zu akzeptieren. Für Ivan Illich, einen der wortgewaltigsten und populärsten Fortschritts-, Kapitalismus- und Medizinkritiker der 70er Jahre, steckte hinter der Rede vom Todestabu lediglich der kapitalistische Versuch, „Apologien zugunsten Gottes und des Lebens nach dem Tod zu konstruieren."[42]

Quer durch alle wissenschaftlichen Disziplinen stellten einzelne Kritiker die so erfolgreiche These von der Tabuisierung in Frage und argumentierten unter anderem, dass diese normale Formen des gesellschaftlichen Wandels, etwa einen pragmatischeren Umgang mit Sterbenden, unnötig dramatisiere.[43] Diese Veränderungen seien nicht zuletzt Folge der demografischen Verschiebungen, etwa der steigenden Lebenserwartung und der sinkenden Sterblichkeitsraten. So kam Arthur Imhof, der selbst im Zuge seiner bevölkerungshistorischen Forschungen Anfang der 90er Jahre feststellte, dass der Tod im Unterschied zu früheren Epochen keine „permanente Erscheinung im Alltag" mehr darstelle, zu dem Schluss, dass dies der demografischen und nicht der kulturell-gesellschaftlichen Entwicklung geschuldet sei: „Wir haben den [...] Tod nicht aus unserem Denken verdrängt, sondern er selbst hat sich von dort zurückgezogen."[44] Andere empirische Studien unterstrichen die anhaltende Bedeutung sozialer Repräsentationen des Todes[45] oder die hohe Faszination visueller Darstellungen von Leichen.[46] Vor allem aber konterkarierte die im letzten Drittel des 20. Jahrhunderts in unterschiedlichsten Bereichen aufblühende Debatte um Tod und Sterben die Vorstellung von der Exis-

---

[40] Vgl. Hahn/Hoffmann, Tod, v. a. S. 128–131.
[41] Hahn, Einstellungen, v. a. S. 88; Fuchs, Todesbilder, v. a. S. 21–25.
[42] Illich, Enteignung, S. 155. Zu Illich und seiner Bedeutung vgl. Paquot, Illich und Kaller-Dietrich, Illich sowie ausführlich Kap. 4.1.
[43] So beispielsweise Kellehear, Society; Dumont/Foss, View; Schmied, Sterben, z. B. S. 35 f.; Schulz, Problem; Fischer, Gottesacker, v. a. S. 130.
[44] Imhof, Zunahme, S. 24. Vgl. ganz ähnlich: Walter, Death (1991), S. 307.
[45] Vgl. etwa Bradbury, Representations.
[46] Bronfen, Body.

tenz eines Tabus.[47] Dies galt besonders für die hohe öffentliche Präsenz des Sterbens, einem Thema, das sich spätestens in den 70er Jahren zu einem integralen Bestandteil der Populärkultur entwickelte.[48] Der Umgang mit Tod und Sterben sei – wie der hierauf spezialisierte evangelische Geistliche Johann-Christoph Hampe 1977 in der *Deutschen Zeitung* betonte – eben keinesfalls tabuisiert, sondern sogar „fast zu einer Mode und Masche" geworden.[49] Der britische Soziologe Tony Walter diagnostizierte im gleichen Atemzug angesichts der Vielfalt an Debattenbeiträgen eine „society obsessed with death, not one that denies it."[50] Dies blieb auch Verfechtern der Tabuisierungsthese wie Michel Vovelle nicht verborgen, der von einer „Wiederentdeckung des Todes" seit 1960 sprach.[51]

Andere ihrer Befürworter wandten gegen den Befund einer Allgegenwärtigkeit von Tod und Sterben ein, dass dieses zum einen ein rein kulturelles Phänomen sei und zum anderen lediglich den Tod des Anderen fokussiere, während die eigene Sterblichkeit weiter ausgeblendet werde.[52] Der Grund für dieses „fast eruptiv hervortretende Interesse" liege vielmehr im Verlust der individuellen Todeserfahrung.[53] Die damit einhergehende „Trivialisierung" sei im Endeffekt „nichts anderes als eine Form von Tabuisierung, als eine Spielart der Verdrängung."[54] Die forcierte massenmediale Darstellung des Sterbens fremder Menschen erschien in diesem Sinne als strategischer Tabubruch, der „den modernen Tod in seiner zutiefst asozialen Qualität der Nichtkommunizierbarkeit" verdeutlichte.[55] Auch eine Studie, die am Beispiel der Repräsentation toter Körper empirisch die Todesfaszination der modernen Gesellschaft nachwies, sah darin lediglich einen Beleg für die Existenz eines Tabus, das die Anziehungskraft des Themas bedinge. Die Ambivalenz löse sich in der Unterscheidung zwischen „echten" und „falschen" Leichen auf.[56] Die Herausforderung liege schließlich darin, wie ein Chefarzt eines großen evangelischen Krankenhauses in Hamburg 1989 auf einer Konferenz betonte, wieder individuell die Endlichkeit des Lebens zu akzeptieren: „Wichtig ist, dieses Verhältnis zu unserem *eigenen* Tod und Sterben zu bekommen – nicht zu dem irgendeines fernen Asiaten oder Afrikaners."[57]

---

[47] Vgl. etwa Kalish, Status; Schulz, Problem, v. a. S. 166 f.; Wittkowski, Tod (1978), S. 13–15.
[48] Vgl. die zeitgenössische Diskussion bei DeSpelder/Strickland, Last Dance, S. 16–36 und ausführlich dazu Kap. 7.1.
[49] Johann Christoph Hampe: „Schlüssellöcher in das Jenseits? Reflexionen über Tod und Sterben." *Deutsche Zeitung. Christ und Welt*, 16. 11. 1977. Ähnlich argumentierend auch Henry Marx: „Läßt sich die Kunst des Sterbens lehren? In Amerika haben Bücher über den Tod Hochkonjunktur." *Die Welt*, 23. 8. 1974.
[50] Walter, Revival, S 1 f.
[51] Vovelle, Rediscovery, S. 89–99.
[52] So etwa noch in den 2010er Jahren Knoblauch, Tod.
[53] Schwartländer, Einleitung, S. 5.
[54] Schreiber, Ende, S. 18.
[55] Sykora, Tabubruch, S. 276.
[56] Helmers, Tabu, vgl. v. a. S. 26–32 und S. 212.
[57] Matthaei, Möglichkeiten, S. 22 (Kursivsetzung im Original).

3. 1955: Die These, oder: ein Todestabu in der Moderne?

Es waren jedoch keinesfalls nur Tod und Sterben, die öffentlich immer sichtbarer wurden, vielmehr avancierte auch die Tabuisierungsthese selbst seit den 70er Jahren zu einer Art Medienereignis. Zu genau der Zeit, als die Massenmedien die Problematik des Lebensendes für sich entdeckten, popularisierten sie zugleich den Gedanken, dass die Beschäftigung mit dem Tod und das Sprechen darüber verboten sei. In der westdeutschen Presse fanden sich Mitte der 70er Jahre eine Vielzahl an entsprechenden Artikeln.[58] Als 1976 die deutschsprachige Ausgabe von Ariès „Studien zur Geschichte des Todes im Abendland" erschien, überschlug sich diese mit positiven Besprechungen.[59] Der *Spiegel* verortete das Buch als Ausdruck einer „neuen Protestbewegung" gegen das inhumane, „schamhaft vertuschte" Sterben in der auf „kollektive[s] Glück" verpflichteten westlichen Wohlstandsgesellschaft.[60] Dabei verwies der Artikel durchaus auf den jüngsten Boom an Literatur zu dem Thema. Diese kaum zu übersehende Tatsache sorgte dafür, dass die Vorstellung eines Todestabus in den folgenden Jahren mitunter medial problematisiert wurde, wenn etwa der *Tagesspiegel* sprachgewandt verkündete: „Das Tabu Tod liegt im Sterben".[61] Jedoch blieben leidenschaftliche öffentliche Klagen über die Verdrängung des Todes auch in den folgenden Jahrzehnten dominant, zumal dann, wenn die Presse den Expertendiskurs einfing.[62]

Obwohl die Tabuisierungsthese empirisch rasch problematisiert und sogar weitgehend widerlegt wurde, verbreitete sie sich folglich immer weiter.[63] Ungeachtet aller Kritik hatte etwa die „Geschichte des Todes" von Ariès eine hohe Prägekraft. Sie war als historisches Grundlagenwerk zum Thema in thanatologischen Veröffentlichungen, gesundheitspolitischen Erörterungen und in der öffentlichen Debatte omnipräsent und diente als wissenschaftlicher Beleg für das vermeintliche Fakt, dass der Mensch in der Moderne – im Unterschied zu früheren Epochen – den Tod verdränge und tabuisiere. Noch in der Zeit der Wiedervereinigung

---

[58] In Auswahl: „Wider das ‚Tabu Tod'." *Berliner Sonntagsblatt. Die Kirche*, 17. 3. 1974; Ernst Klee: „Tabu Tod." *Die Zeit*, 24. 9. 1976, S. 42; „Verdrängter Tod." *Frankfurter Allgemeine Zeitung*, 16. 10. 1976.

[59] Vgl. etwa Helge Pross: „Der Tod wird verboten. Studien zu seiner Geschichte von Philippe Ariès." *Frankfurter Allgemeine Zeitung*, 15. 10. 1976.

[60] „Entfesselter Tod." *Der Spiegel* 30 (1976), Nr. 46, S. 201–206, Zitate S. 201.

[61] „Das Tabu des Todes ist vielerorts gebrochen." *Frankfurter Rundschau*, 12. 3. 1979, S. 14; Gerhard Rein: „Das Ende eines Tabus. Der Tod im Leben." *Deutsches Allgemeines Sonntagsblatt*, 12. 8. 1979; „Das Tabu Tod liegt im Sterben." *Der Tagesspiegel*, 25. 11. 1984.

[62] Vgl. exemplarisch „Eines unserer letzten Tabus." *Frankfurter Allgemeine Zeitung*, 19. 5. 1978; „Ein Hund, der stirbt. Der Tod ist gegenwärtig und wird dennoch im Alltag ständig verdrängt." *Rheinischer Merkur*, 27. 4. 1979, S. 30; Helmut Ortner/Franco Rest: „Der Tod ist uns fremd und unheimlich. Sterben in der modernen Industriegesellschaft." *Stuttgarter Zeitung*, 2. 8. 1980; Annelie Stankau: „Mit Sterbenden offen über das Leiden sprechen. Internationales Kolloquium zu einem Tabu." *Kölner Stadt-Anzeiger*, 4. 10. 1980; „Wenn der Tod als Betriebsunfall verdrängt wird." *Frankfurter Allgemeine Zeitung*, 3. 9. 1983; Tatjana Michaelis: „Tabu Tod. Unser gestörtes Verhältnis zum Sterben." *Süddeutsche Zeitung*, 12./13. 11. 1983, S. I; „Thema Sterben und Tod werden häufig verdrängt." *Neue Zeit*, 15. 11. 1990, S. 8; Kay Blumenthal-Barby: „Die Verdrängung der letzten Stunde." *Neues Deutschland*, 24./25. 11. 1990.

[63] Vgl. Schiefer, Tode, S. 171 f.

stammten zum Beispiel die in einer Ausstellung zu unterschiedlichen Sterbekulturen in Frankfurt am Main verwendeten Texte allesamt, wie eine Museumsmitarbeiterin in der Begleitpublikation selbstkritisch resümierte, aus „Werke[n] des französischen Historikers Philippe Ariès, ohne dass dies deutlich genug zum Ausdruck kommt."[64] Dies prägte das Narrativ, denn fast folgerichtig war die Enttabuisierung das erklärte Ziel der Verantwortlichen: „Die Ausstellung brach gewissermaßen mit einem Tabu, indem sie ein in unser Gesellschaft totgeschwiegenes Thema öffentlich machte."[65]

Die enorme gesellschaftliche Durchdringung mit der Tabuisierungsthese betraf verschiedene Akteursgruppen unterschiedlich stark. Besonders tief verankerte sie sich innerhalb der Kirchen, für die sie gleichsam Ausdruck eines Verlusts der religiösen Bindungen der Menschen und der Probleme einer christlichen Sterbebegleitung in der Moderne war.[66] Im Hospizbereich wirkte sie gar identitätsstiftend. Und auch alltagssprachlich verselbstständigte sich die Tabuisierungsthese und wurde zu einer Trivialität, einer Art „conventional wisdom".[67] Eine Auswertung der Besucherkommentare zu der eben erwähnten Frankfurter Ausstellung ergab beispielsweise, dass immerhin knapp 10% davon das Museum explizit dafür lobten, ein tabuisiertes Thema aufgegriffen zu haben.[68] Dennoch spricht manches dafür, dass die diskursive Wirkung der Tabuisierungsthese stets deutlich größer war als ihre tatsächliche lebensweltliche Relevanz. So ergab eine Umfrage des Instituts für Demoskopie Allensbach im Juni 1998, dass zwar 33% der Bundesbürger der Aussage „Die meisten Menschen verdrängen den Tod, das ist nicht gut" zustimmten. Auffällig war, dass darunter deutlich mehr West- als Ostdeutsche (35 zu 22%) waren, was durchaus als Folge für die deutlich stärkere öffentliche Thematisierung der Tabuisierungsthese im Westen vor der Wende gesehen werden kann. Jedoch fiel die Zustimmung zu den gegenläufigen Fragen „Über den Tod sollte man nicht so viel nachdenken, das nimmt einem den Lebensmut" (32%) und „Ich denke oft über den Tod nach" (28%) nur ungleich geringer aus.[69]

Wenn die Verdrängungsthese als eine primär sozialwissenschaftliche Erfindung[70] im letzten Drittel des 20. Jahrhunderts zu einem zentralen Bestandteil des akademischen wie massenmedialen Framing des Lebensendes avancierte, dann fungierte die Rede vom Tabu dabei nie primär als empirische Erkenntnis, sondern immer in erster Linie als kulturkritischer Appell. Dessen Reichweite ging über den Bereich von Tod, Sterben und Trauern deutlich hinaus – und er fand sich keinesfalls nur auf konservativer Seite, sondern war genauso unter linksalternativen Autoren wie Elisabeth Kübler-Ross[71] oder in Zeitschriften wie dem *Encounter* ver-

---

[64] Gross, Augen, S. 76.
[65] Zekorn/Gross, Einführung, S. 9.
[66] Vgl. die zeitgenössische Kritik hieran von K. F. Becker, Sterben.
[67] Walter, Taboo, S. 293. Vgl. auch Hahn/Hoffmann, Tod, S. 128.
[68] Kroeber-Wolf, Besucherkommentare.
[69] Allensbacher Jahrbuch 1998–2002, S. 370.
[70] Vgl. hierzu Walter, Taboo, v. a. S. 307.
[71] Zur Bedeutung der Tabuisierungsthese für das Werk von Kübler-Ross vgl. Kübler-Ross, Rad, v. a. S. 167–172.

breitet, ja er existierte sogar – wie gleich gezeigt wird – im ostdeutschen Staatssozialismus. Denn wenn sich die Kritik gegen eine vermeintlich affektfeindliche moderne Gesellschaft richtete, so konnte sie auch mit einer Stoßrichtung gegen mutmaßlich gefühlskalte Institutionen wie die (Schul-)Medizin oder eine wirtschaftliche, wissenschaftliche und technologische Entwicklung intoniert werden, im Zuge derer die Bedürfnisse des Individuums und Formen zwischenmenschlicher Solidarität in Vergessenheit geraten seien: Statt dem von Konservativen beklagten Verlust religiöser Bindungen und traditioneller Wertvorstellungen in der Moderne erschien hier die neue gesellschaftliche Orientierung auf Konsum, Leistung und Jugendlichkeit als Grundübel. In diesem Sinne sprach 1977 der linke Schweizer Soziologe und Globalisierungskritiker Jean Ziegler von einer „Negation des Todes durch die Warengesellschaft".[72]

Mit der Klage von der Verdrängung ging gleichzeitig stets der Ruf nach einer größeren Sichtbarkeit einher. Gerade hier zeigte sich eine klare Verbindung der wissenschaftlichen Zeitdiagnose zum sozialen Protest jener Jahre. In einer der zentralen Kampfschriften gegen das anonyme Sterben in Krankenhäusern in den 70er Jahren war denn auch der Brief einer Witwe an den Chefarzt der Klinik, in der ihr Mann verstorben war, abgedruckt, in dem sie sich lautstark beschwerte: „Warum ist eigentlich das Sprechen über den Tod im Krankenhaus tabu?"[73] Infolgedessen fand die Tabuisierungsthese in der Hospizbewegung nicht nur weite Verbreitung, sondern diese rief die Enttabuisierung von Tod und Sterben sogar explizit zu einer ihrer primären Zielvorstellungen aus.[74] Sie war in Satzungen von Hospizvereinen nicht zuletzt deswegen so verbreitet, weil sie als eine zentrale Mobilisierungsstrategie diente, mit der Anhänger und sogar finanzielle Unterstützung, etwa seitens der Politik oder gemeinnütziger Stiftungen, gewonnen werden konnten.[75] Tatsächlich gab es auch Befürworter der Tabuisierungsthese, die kommerzielle Motive hatten und diese strategisch einsetzten. Denn das Kokettieren mit dem Tabubruch wirkte sich absatzsteigernd aus und war deshalb in massenmedialen Produkten wie Ausstellungen, Fernsehdokumentationen oder insbesondere dem aufblühenden Ratgebermarkt im letzten Viertel des 20. Jahrhunderts omnipräsent.[76]

---

[72] Ziegler, Lebenden, S. 85.
[73] Kautzky, Sterben, S. 140.
[74] Vgl. exemplarisch Golek, Standort, v. a. S. 17 f. und S. 26–28; Stoddard, Hospiz-Bewegung, v. a. S. 7–9; diverse Stellungnahmen der Deutschen Hospiz Stiftung in der zweiten Hälfte der 90er Jahre zum „Tabu-Thema" Tod, in: Schell, Sterbebegleitung, S. 240–243; sowie ausführlich zur Bedeutung der Tabuisierungsthese für die Hospizbewegung Kap. 4.2, 8.2 und 10.2. Auch in der Sterbehilfe-Debatte spielte das Argument einer Tabuisierung des Todes eine zentrale Rolle, vgl. hierzu Kap. 5.1 und 9.2.
[75] Vgl. Jordan, Hospizbewegung, v. a. S. 85–88; Perabo, Hospiz sowie exemplarisch für die Satzungen von Hospizvereinen RBSG-A 3100-32, RBSG-A 3100-65 und RBSG-A 3100-67.
[76] Vgl. Kap. 7.1.

Verdrängung im Sozialismus? Die Tabuisierungsthese in der DDR

Die Tabuisierungsthese bediente somit unterschiedlichste Interessen und Akteurskonstellationen, was die maßgebliche Ursache für ihren nahezu ungebremsten Siegeszug gewesen sein dürfte. Ihre gesellschaftliche Anschlussfähigkeit und Durchschlagskraft war so stark, dass sie sogar jenseits des „Eisernen Vorhangs" reüssierte. In der DDR kritisierte bereits im Jahr 1964, wie ein Inoffizieller Mitarbeiter des MfS notierte, ein Mediziner in seiner Antrittsvorlesung die „Verdrängung des Todes".[77] Ende der 70er Jahre verkündete das Vorwort eines Sammelbandes, dass die Beschäftigung mit dem Tod zu einem Tabu verkommen sei, was Unsicherheiten im Umgang mit Sterbenden hervorrufe.[78] Dabei sei – wie der im Folgenden abgedruckte Aufsatz eines niederländischen Theologen elaborierte – das „Tabu des Sterbens" sogar noch ausgeprägter als das „Tabu des Todes".[79] Wie im Westen führten ostdeutsche Autoren dies unter anderem darauf zurück, dass durch den demografischen Wandel, den medizinischen Fortschritt und die Entwicklung der Familienstrukturen individuelle Sterbeerlebnisse seltener geworden seien. Dies habe zum Wegfallen „allgemeinverbindlicher Verhaltensmuster für die Situation des eigenen Sterbens und des Sterbens anderer" geführt, „wie sie noch bis in die Anfänge unseres Jahrhunderts [...] existierten."[80] Ohnehin wurden im Zuge der Verbreitung der Tabuisierungsthese westliche Autoren wie Ariès in der DDR viel zitiert, was gerade deshalb problemlos möglich war, da ihre Position auch als grundsätzliche Kritik an der bürgerlichen Gesellschaft gelesen werden konnte.[81]

Ganz selbstverständlich reproduzierten in den 80er Jahren eine Reihe von Dissertationen an der Akademie für Ärztliche Fortbildung und Abschlussarbeiten an der Fachschule für Gesundheits- und Sozialwesen „Prof. Dr. Karl Gelbke" in Potsdam, einer zentralen Ausbildungsstelle des MfG für Medizinpädagogik, Krankenpflege und Gesundheitsökonomie, das im Westen so erfolgreiche Niedergangsnarrativ, nach dem Tod und Sterben in der Moderne verbannt worden seien: „Heute werden", wie eine Arbeit im Jahr 1982 konstatierte, „die Gedanken an Sterben und Tod mit seiner Ungewißheit als störend empfunden, der Tod wird aus dem Bewußtsein verdrängt."[82] Sterbende würden vor diesem Hintergrund, wie zwei andere Untersuchungen ungefähr zeitgleich ergänzten, „aus dem häuslichen Mili-

---

[77] Zit. nach Quitz, Staat, S. 216f.
[78] Nikelski, Einführung.
[79] Sporken, Umgang, S. 17–19.
[80] Feldes/Hahn, Anforderungen, S. 453. Vgl. auch Körner/Ott/Schirmer, Aspekte, S. 811.
[81] Vgl. als Beispiel für die Zitation von Ariès im Kontext der Diagnose eines tabuisierten Todes seitens ostdeutscher Autoren Blumenthal-Barby, Mensch, S. 39–43. Zur Beobachtung der Debatte um die Verdrängung des Todes in der marxistischen Medizinethik vgl. Hahn/Thom, Lebensbewahrung, v. a. S. 89–99.
[82] A.S.: Der sterbende Patient. Abschlussarbeit an der Fachschule für Gesundheits- und Sozialwesen „Prof. Dr. Karl Gelbke", Fachrichtung Medizinpädagogik, Ausbildungsberuf Krankenpflege. Potsdam/Gera 1982, S. 10, in: BA Berlin-Lichterfelde, DQ 119/429.

eu herausgedrängt und an ‚Fremde' delegiert" beziehungsweise „hinter Krankenhaustüren verborgen".[83] Auch eine Unterrichtshilfe für die Aus- und Weiterbildung von mittlerem medizinischem Personal mit dem Titel „Der Kranke mit infauster Prognose und der sterbende Patient" aus dem Jahr 1985 kreiste um das Problem der gesellschaftlichen Verdrängungsmechanismen im gegenwärtigen Umgang mit Tod und Sterben.[84]

Ein Blick auf die Frage nach einem Todestabu illustriert demnach das sukzessive Umdenken bezüglich des Umgangs mit dem Sterben in der DDR. In den 60er Jahren dominierte zumindest seitens der marxistischen Philosophie und Medizinethik noch die Position, dass im Sozialismus der Blick auf die Lebenden zu richten und der bürgerlich-christliche Todeskult klar abzulehnen sei,[85] was in gewisser Weise genau jene ideologisch verordnete Tabuisierung des Themas implizierte, die zeitgleich immer stärker beklagt wurde. Eine andere der erwähnten Abschlussarbeiten aus den 80er Jahren räumte in Reaktion darauf zwar ein, dass Tod und Sterben nicht im Mittelpunkt der sozialistischen Weltanschauung stünden, aber ihre Tabuisierung gleichfalls abzulehnen sei, denn das „Sterben aus dem Erfahrungsbereich des Menschen zu verdrängen, heißt, das Problem nicht zu bewältigen."[86] Tatsächlich war es jene, in den folgenden Kapiteln genauer untersuchte, neue Problemwahrnehmung im letzten Viertel des 20. Jahrhunderts, die nicht nur eine aktive Hinwendung zur Sterbebetreuung im Gesundheitswesen zur Folge hatte, sondern gleichsam die Tabuisierungsthese popularisierte. In diesem Sinne beklagte ein interner Untersuchungsbericht des MfG zum Umgang mit Sterbenden in Einrichtungen des Gesundheitswesens, dass die Todesverdrängung „allen sozialen Schichten zunehmend mehr zu eigen" werde und „sich ganz offensichtlich in den heranwachsenden Generationen" vertiefe.[87]

Vor allem auch dank dieses identischen kulturkritischen Ausgangspunktes waren ostdeutsche Sterbeexperten nach der Wiedervereinigung sofort anschlussfähig. So rekapitulierte Kay Blumenthal-Barby auf einer Tagung Ende 1991 wie selbstverständlich die langjährigen Bemühungen einer Gruppe engagierter Wissenschaftler in (ganz) Deutschland, das Tabu um Tod und Sterben zu brechen.[88] In seiner ersten monografischen Veröffentlichung zum Thema nach der Wende

---

[83] B.W.: Der sterbende Patient. Abschlussarbeit an der Fachschule für Gesundheits- und Sozialwesen „Prof. Dr. Karl Gelbke", Fachrichtung Lehrkraft für den berufspraktischen Unterricht. Potsdam/Dresden 1982, Zitate S. 10, in: BA Berlin-Lichterfelde, DQ 119/487 bzw. Kleemann, Post mortem, S. 5.

[84] M.W.: Der Kranke mit infauster Prognose und der sterbende Patient". Potsdam 1985, in: BA Berlin-Lichterfelde, DQ 1/15615.

[85] Vgl. Bettin, Bedeutsam, S. 34 und die Erinnerung eines der führenden Medizinethiker und Thanatologen der DDR: Luther, Selbstbestimmt sterben.

[86] E.N.: Der sterbende Patient. Abschlussarbeit an der Fachschule für Gesundheits- und Sozialwesen „Prof. Dr. Karl Gelbke", Fachrichtung Lehrkraft für den berufspraktischen Unterricht. Potsdam/Halle 1982, in: BA Berlin-Lichterfelde, DQ 119/512, S. 8.

[87] Bericht zum Sterben in den Einrichtungen des Gesundheitswesens und zum Leichenwesen. Neustrelitz, 11. 2. 1982, in: BA Berlin-Lichterfelde, DQ 1/11613.

[88] Blumenthal-Barby, Ergebnisse, S. 165.

bespielte er ebenfalls fleißig die Tabuisierungsthese und beklagte beispielsweise den Verlust der Trauerfarbe Schwarz: „Das Schwarz ist bisher das Letzte, was man dem Tod nehmen konnte, nachdem man ihn schon so erfolgreich aus der Öffentlichkeit verbannte."[89]

Ein sichtbares Geheimnis: Zur Relevanz des Sterbetabus in der Zeitgeschichte

Wenn nicht nur in dieser Diagnose völlig unklar blieb, wer „man" eigentlich genau war, wer also aus welchen Gründen Tod und Sterben verbannen wollte, so illustriert dies die gravierenden empirischen Defizite der These vom Todestabu. Fraglos lässt sich zwar das Argument, die moderne Gesellschaft konzentriere sich auf junge, gesunde Körper, die Leistung und Erfolg repräsentierten, durchaus historisch belegen.[90] Damit ging jedoch keinesfalls zwangsläufig eine Marginalisierung von Alter und Tod einher. Wenn dies doch, insbesondere in den Jahren nach Ende des Zweiten Weltkriegs, mitunter geschah, so war dies zum einen keine langfristige Angelegenheit, zum anderen sind die Hintergründe differenziert zu analysieren. Historisch bedingte Verschiebungen infolge einer Rückkehr zur Normalität nach dem Massensterben der Weltkriegsepoche und ein damit zusammenhängender Wunsch nach einer Rückbesinnung auf das Leben sind als (bereits von Gorer übersehene) Ursache für einen zeitweiligen individuellen und gesellschaftlichen Unwillen, sich mit dem Tod auseinanderzusetzen, durchaus plausibler als anonyme Großprozesse wie die Säkularisierung, Rationalisierung oder Institutionalisierung.[91] Dies gilt zumal in Kombination mit dem Umstand, dass das Sterben nach 1945 tatsächlich relativ gesehen seltener und statistisch ins höhere Lebensalter verlagert wurde.[92] Obschon sich der Umgang mit Sterbenden fraglos in den letzten 100 Jahren stark spezialisierte, zum Beispiel mit Blick auf die medizinische Betreuung, und die meisten Menschen auch deshalb später als in früheren Zeiten direkte Todeserfahrungen machen, erscheint zudem mehr als fraglich, dass die hinter der individuellen Verdrängung der eigenen Sterblichkeit wie der kollektiven Redetabus vermutete Todesangst in der Moderne tatsächlich stärker ausgeprägt war als in vormodernen Gesellschaften.[93]

So stehen beide Facetten der Tabuisierungsthese auf wackligem Grund: Was die individuelle Verdrängung von Tod und Sterben angeht, ist längst nachgewiesen worden, dass es sich hierbei – wie schon Sigmund Freud konstatierte – um eine anthropologische Konstante handelt, die sich in allen Epochen und unterschied-

---

[89] Blumenthal-Barby, Leben, S. 34.
[90] Vgl. etwa jüngst Martschukat, Zeitalter.
[91] Vgl. Bessel/Schumann: Introduction, S. 5–7. Aus soziologischer Perspektive kritisch zum oft postulierten Einfluss der Institutionalisierung auf eine vermeintliche Tabuisierung des Sterbens Thönnes, Grundthema, v. a. S. 91 f.
[92] Vgl. Kap. 2.1.
[93] Vgl. Hahn/Hoffmann, Tod, S. 129 f.

lichsten Kulturen beobachten lässt.[94] Selbst Norbert Elias räumte ein, dass diese keine Erfindung des 20. Jahrhunderts darstelle, sondern so alt sei, wie das Todesbewusstsein selbst.[95] Mithin scheint es, als ob das Widerstreben, sich permanent mit der eigenen Sterblichkeit zu befassen, eine, wenn nicht die zentrale menschliche Bewältigungsstrategie ist.

Hinsichtlich der Behauptung, im 20. Jahrhundert habe sich ein gesellschaftliches Tabu ausgeprägt, das ein öffentliches Sprechen über Tod, Sterben und Trauern untersage, führte sich die These durch ihre enorme Popularität und schlagartige mediale Verbreitung quasi selbst ad absurdum: Einerseits belegte sie so, dass schlicht kein Sprachverbot existierte, andererseits trug sie ihrerseits maßgeblich dazu bei, dass der Tod im letzten Drittel des 20. Jahrhunderts „in das Bewußtsein der Moderne" zurückkehrte.[96] Süffisant nannte bereits im Jahr 1979 Michael Simpson den Tod ein „very badly kept secret" – das Sterben sei so unaussprechlich, „that there are over 650 books now in print asserting that we are ignoring the subject."[97] Vor diesem Hintergrund ist die „neue Sichtbarkeit" des Lebensendes heute ein gängiges Motiv in der Forschung.[98] Dies betrifft auch verwandte Felder: So ist die von Simone de Beauvoir Anfang der 70er Jahre in klarer Anlehnung an den Gedanken eines Todestabus formulierte These einer „Verschwörung des Schweigens" über das Alter(n) in einer jugendfixierten Gesellschaft und die damit einhergehende Desavouierung von Hochbetagten empirisch hinterfragt und für die jüngste Vergangenheit weitgehend widerlegt worden.[99]

Aus zeithistorischer Sicht liegt die Relevanz der Tabuisierungsthese somit eher in der zentralen Rolle, die sie bei der Entdeckung des Sterbens im letzten Drittel des 20. Jahrhunderts spielte. Sie ist in diesem Sinne ein zu historisierendes soziales Konstrukt, das laufende gesellschaftliche Aushandlungsprozesse katalysierte und als Ausdruck einer systemübergreifenden Sinnsuche verstanden werden kann. Dessen ungeachtet ist die These bis heute überaus präsent und prägt gleichermaßen die Fachliteratur[100] und die politische wie öffentliche Auseinandersetzung rund um das Lebensende – was verdeutlicht, dass es bei dieser immer um mehr geht als nur um den Umgang mit Tod und Sterben. Denn mit ihrer fortschritts- und kulturpessimistischen Perspektive zielt die Tabuisierungsthese auf weit größe-

---

[94] Vgl. Feldmann, Sterben, S. 25; Richter, Tod, S. 336 f. und die wegweisenden psychoanalytischen Studien von Becker, Denial und Weisman, Dying.
[95] Elias, Einsamkeit, S. 55.
[96] Maio, Tod, S. 1400.
[97] Simpson, Dying, S. vii.
[98] Macho/Marek, Sichtbarkeit. Vgl. auch Bishop, Corpse, v. a. S. 227–252; Simonovic/Laryionava, Sterben; Groß/Schweikardt, Realität.
[99] De Beauvoir, Das Alter, S. 5 – de Beauvoir bemängelt im selben Atemzug, dass „Amerika das Wort *Tote* aus seinem Vokabular gestrichen" habe (Kursivsetzung im Original). Vgl. als Überblick zu den Thesen der französischen Philosophin Kern, Mensch, v. a. S. 56–61; dagegen kritisch hierzu etwa Kampmann, Bilder, darin zur „neuen Sichtbarkeit des Alters" v. a. S. 12 und S. 173–175.
[100] Vgl. etwa Samuel, Death; Bettin, Bedeutsam, S. 33 f.; Krasberg, Alzheimer, S. 34 und S. 43 f.; Mielke, Sterben, S. 35; Seul, Abschied, S. 17 f.

re Fragen der politischen, sozialen und kulturellen Entwicklung, auf die Ausprägung individueller und kollektiver Identitäten und auf Probleme des zwischenmenschlichen, familiären und gesellschaftlichen Zusammenlebens in der Moderne. Es war eben jene Stoßrichtung, über die sie so rasch und tiefgehend Einfluss auf unterschiedlichste Akteure nehmen konnte – ganz besonders auf die Kirchen.

3.2 Sterben als christliche Aufgabe: Die Kirchen und die Wiederentdeckung des Lebensendes

> *„'Priests and doctors,' said Robin thoughtfully. 'It's hardwired in most of us to trust them, don't you think?' [...] I suppose we've all got a need to trust people who seem to have power over life and death.'"*
> (Robert Galbraith – Troubled Blood)

Eng verbunden war die Rede von der Tabuisierung des Todes mit der Säkularisierungsthese.[101] Der katholische Theologe Heinrich Pompey diagnostizierte 1989 eine völlige Verdrängung des Sterbens „aus der Welt der Gesunden und Lebenden, wie dies noch kaum in der Menschheitsgeschichte der Fall war."[102] Auch vielen nicht-geistlichen Autoren, unter anderem dem einleitend vorgestellten Geoffrey Gorer, erschien der Funktionsverlust von Religion und Kirchen als eines der Grundübel hinter dem problematischen Umgang mit Tod und Sterben in der Moderne. So führten Historiker wie Philippe Ariès die von ihnen ausgemachte Verdrängung des Themas unter anderem auf den vermeintlichen Wegfall der Vorstellung vom Leben nach dem Tode sowie den Bedeutungsrückgang der Kirchen zurück, die in früheren Epochen dafür gesorgt hätten, dass das Sterben „stets etwas Soziales und Öffentliches" gewesen sei.[103] Darauf aufbauend wird der religiöse Wandel und der Rückgang christlicher Traditionen in der thanatologischen Forschung in aller Regel als integraler Bestandteil einer „Technisierung des Todes" im 20. Jahrhundert beschrieben. So habe die fortschreitende Säkularisierung den gesellschaftlichen Umgang mit Sterbenden und Toten verändert, da die Kirchen als klassische Träger von Übergangsriten und Sterbebegleitung an Bedeutung verloren hätten.[104] Diese Lesart ist oftmals Teil eines gesellschaftskritischen Narrativs, nach dem Menschlichkeit und Nähe zugunsten eines pragmatisch-anonymen und „medikalisierten" Umgangs mit dem Tod abhandengekommen seien – mit nachteiligen Folgen für Sterbende wie Trauernde gleichermaßen.[105]

---

[101] Vgl. Schiefer, Tode, S. 171 f. Dieses Kapitel ist eine überarbeitete und stark erweiterte Version des ersten Teils eines 2019 in den VfZ publizierten Aufsatzes; Greiner, Säkulares Sterben.
[102] Pompey, Fragen, S. 34.
[103] Ariès, Geschichte des Todes, S. 716. Vgl. auch Vovelle, Mort; Kselman, Dechristianisation und ders., Death (1993).
[104] Vgl. etwa Walter, Revival, S. 14 f. sowie für den Bereich der Sepulkralkultur Fischer, Geschichte der Trauerkultur.
[105] Vgl. Schiefer, Tode, v. a. S. 80–91 und für die ältere thanatosoziologische Forschung Lofland, Craft, v. a. S. 17–35.

Im Folgenden wird diese von vielen Geistlichen aufgegriffene thanatologische Meistererzählung systematisch überprüft – und verworfen. Für die Kirchen und christliche Akteure gehörte der Umgang mit Tod und Sterben vielmehr zu ihrem Kerngeschäft. Sie nahmen auch nach 1945 stets eine zentrale Rolle in allen Fragen rund um das Lebensende und speziell die Sterbebegleitung ein.[106] Tatsächlich war sowohl die öffentliche Debatte als auch die Entwicklung in der Praxis geprägt von den Aktivitäten zum Beispiel der kirchlichen Hilfsorganisationen, ein Umstand, der in der Forschung kaum erkannt wurde. Bisherige historisch ansetzende Studien zum Zusammenhang von Religion und Sterben in der Zeit nach 1945 stammen in der Regel aus der Feder von Soziologen oder Ethnologen, die die Säkularisierung, eher abstrakt, als gesellschaftlichen Großprozess voraussetzen.[107] Umgekehrt hat sich die sich sukzessive für religionshistorische Perspektiven öffnende Zeitgeschichte, die in den letzten Jahren verstärkt die anhaltende Bedeutung von Religion und Glauben thematisiert, bislang noch nicht dem Sterben gewidmet.[108]

Sterben, Sterbebegleitung und Sterbehilfe als kirchliche Themen

Im Unterschied zu vielen anderen Akteuren, die sich nach 1945 zunehmend mit dem Sterben beschäftigten, war dieses Thema für die Kirchen gewissermaßen eine Wiederentdeckung. Bereits im Spätmittelalter versuchte die katholische Kirche mittels christlicher Erbauungsschriften, der Literaturgattung der Ars moriendi, die Gläubigen auf einen „guten Tod" vorzubereiten. Die „Kunst zu sterben" bestand damals vor allem darin, einen unvorbereiteten Tod zu vermeiden und sich rechtzeitig um das eigene Seelenheil zu bemühen.[109] Im 19. Jahrhundert war es zunehmend die sich professionalisierte Ärzteschaft, die den Geistlichen ihren Platz am Sterbebett und damit zugleich die Deutungskompetenz rund um alle Fragen des Todes streitig machte, welche sie zuvor jahrhundertelang unangefochten für sich reklamieren konnten.[110]

In der Bundesrepublik befassten sich beide Kirchen, deren Selbstverortung sich zunächst in einem Spannungsfeld zwischen großen Hoffnungen auf eine Rechristianisierung sowie den augenfälligen Folgen der Erosion religiöser Bindungen und Normen bewegte,[111] nach dem Zweiten Weltkrieg zunehmend mit der Frage, wie eine christliche Sterbebegleitung in der Moderne aussehen könnte. Das galt beson-

---

[106] Vgl. für das Bestattungswesen bereits den entsprechenden Befund von Gorer aus dem Jahr 1965: Gorer, Death, S. 30–42.
[107] Vgl. etwa Walter, Revival; Schiefer, Tode; Lofland, Craft sowie für die Sepulkralkultur in der DDR: Redlin, Totenrituale.
[108] Vgl. hierzu die Überblicksstudie von Großbölting, Himmel (2013). Großbölting thematisiert darin zwar gelegentlich en passant Fragen rund um das Lebensende, insbesondere die Angst vor dem Tod, kommt aber nicht auf Sterben, Sterbebegleitung oder Sterbehilfe zu sprechen.
[109] Vgl. Imhof, Ars moriendi (1991); Rolfes, Ars moriendi; Rohner, ars (bene) moriendi sowie Ricken, *Ars moriendi*.
[110] Vgl. Nolte, Todkrank.
[111] Vgl. Großbölting, Himmel (2013), v. a. S. 22–34.

ders für ihre zentralen Wohlfahrtsorganisationen, die katholische Caritas und die evangelische Diakonie, zwei Grundpfeiler des westdeutschen Sozialstaats.[112] Beide Organisationen wurden politisch nach 1949 ob der christlichen Prägung der Parteien und des im Grundgesetz verankerten Subsidiaritätsprinzips stark gefördert, und avancierten insbesondere mit der steigenden Wirtschaftskraft der Bundesrepublik zu tragenden Säulen des rasch expandierenden Gesundheitswesens. Die Zahl an Einrichtungen stieg in den 60er und 70er Jahren infolge eines regelrechten Überflusses an Finanzmitteln sprunghaft an, wobei neben Krankenhäusern insbesondere Altenheime und ambulante Krankenpflege Schwerpunkte darstellten. Zur umfangreichen Ausweitung der Tätigkeit und des Personalbestandes von Caritas wie Diakonie hinzu kam eine große Zahl ehrenamtlicher Helfer in beiden Verbänden.

In den christlichen Hilfsorganisationen kam die Frage einer christlichen Sterbebegleitung vor allem im Kontext der Altenhilfe, Krankenpflege sowie Krankenhausseelsorge auf. Caritas wie Diakonie reagierten dabei auf einen aus der Praxis heraus empfundenen Mangel. So erinnerte sich der evangelische Krankenhausseelsorger und Theologe Hans Christoph Piper, dass ihn bei einem seiner ersten Krankenbesuche Anfang der 60er Jahre eine sterbende Krebspatientin überhaupt nicht habe zu Wort kommen lassen: „Sie schimpfte maßlos auf die Kirche, auf das Krankenhaus, auf Gott und die Welt." Er sei ratlos aus dem Zimmer geflohen und bis zum Tod der Frau – trotz deren ausdrücklichen Wunsch – nicht noch mal zu ihr gegangen.[113] Robert Svoboda, der Geschäftsführer der Freien Vereinigung für Seelsorgehilfe, diagnostizierte 1963 eine „Not des Sterbens" und einen gravierenden Mangel an Ordensschwestern in der Gemeindepflege. Um den Sterbebeistand in der Krankenhausseelsorge und Altenpflege, der „ein geistiges Werk der Barmherzigkeit" darstelle, wieder besser zur Geltung zu bringen, erfolgte sogar ein Appell an „rüstige Witwen, die zuvor selber ihren Gatten gepflegt haben, mit ihren Erfahrungen sich zu unserm Dienst an den Siechen zur Verfügung zu stellen […]."[114] Damit verwies er zugleich auf zwei geschlechtergeschichtlich markante Facetten des Themas Sterbebegleitung, nämlich die weibliche Prägung des gesamten Pflegewesens sowie den Umstand, dass Männer statistisch vor ihren Ehefrauen starben.

Innerhalb der Caritas war es insbesondere Svoboda, eine führende Figur bei der Neuausrichtung der Organisation nach dem Zweiten Weltkrieg, der früh die Bedeutung des Sterbens thematisierte.[115] Bereits in einem internen Schreiben aus

---

112 Vgl. hier und im Folgenden zu Entwicklung, Aufgaben und Bedeutung von Caritas und Diakonie in der Bundesrepublik Frie, Katholizismus bzw. Hammer, Geschichte, S. 9 und S. 277–317. Gerade der insgesamt sehr breite Forschungsstand zum Deutschen Caritasverband ist dabei für die Zeitgeschichte noch disparat, insbesondere mangelt es an Überblicksdarstellungen. Vgl. mit Hinweisen auf Bibliografien, Quellensammlungen und Einzelstudien: Manderscheid/Wollasch, Jahre, v. a. S. 9–17.
113 Piper, Gespräche, S. 9.
114 Robert Svoboda: „Denen ‚niemand mehr helfen kann'." *Oberrheinisches Pastoralblatt* 64 (1963), S. 209–213, Zitate S. 212 f.
115 Zur Biografie Svobodas vgl. Kolling, Svoboda.

dem Jahr 1957 hatte er kritisiert, man sage „gerade der katholischen Krankenseelsorge nach, daß sie am Sterbebett rücksichtslos, ohne Takt und Feingefühl, vorginge und die Sakramente geradezu aufdränge, nur um zu einem ‚Erfolg' zu kommen." Infolgedessen würde die Pfarrseelsorge vor allem in größeren Städten kaum noch zu Sterbenden gerufen. Dies sei ärgerlich, da „manche Christen auf eine Gelegenheit warteten, dies oder jenes wieder in Ordnung zu bringen, und diese Gelegenheit erst im Krankenhaus ins Leben tritt."[116] Einige Jahre später ergänzte Svoboda in einem Artikel, dass im Angesicht von Pseudonymität und Unwahrheit am Sterbebett sowie dem Fehlen religiöser Bindungen in der Moderne, viele Sterbende ein großes Bedürfnis nach christlicher Hilfe hätten. Allerdings sei Sterbebeistand verlernt und nicht an den „heutigen Stil des Sterbens" angepasst worden. Der moderne Mensch verkläre sein Sterben nicht mehr so romantisch wie die Bürger der Neuzeit, sondern sei geneigt, „nach dem grauenhaften Massensterben in Krieg und KZ [...] in die kollektive Anonymität einzutauchen."[117] Svoboda forderte die katholischen Seelsorger daher auf, am Sterbebett sensibel vorzugehen und sparte auch nicht mit detaillierten Anweisungen: Sterbebegleiter sollten „keinen üblen Mund-, Schweiß- oder Tabak-Geruch [...] verbreiten – sie werden den hilflos Daliegenden überhaupt nicht ins Gesicht hineinreden –, beim Sprechen sollte man achten auf angenehme Tonlage, angemessene Lautstärke, kurze und einfache Sätze [...]."[118] Sterbebegleitung also für eine angesichts der Katastrophe des Zweiten Weltkriegs dem Sterben überdrüssige, aber gleichsam weiterhin hilfsbedürftige moderne Gesellschaft. Die wichtigste Aufgabe sei es, so Svoboda, Leidenstrost zu spenden, da dieser nur auf der Grundlage echten Glaubens möglich sei.

In den 70er Jahren intensivierte sich auch die praktische Arbeit im Bereich der Sterbebegleitung in der Caritas, wobei wiederum die Krankenhausseelsorge voranschritt.[119] So widmete die Arbeitsgemeinschaft katholischer Krankenhausseelsorger ihre beiden Jahrestagungen 1972 in Essen-Heidhausen und in Freising dem Thema „Sterben und Beistand bei Sterbenden". Dieses sei, wie der Vorsitzende Anton Székely vorab in einem Rundbrief betonte, „[s]cheinbar ein Modethema, [...] aber überaus aktuell, nämlich für den kranken Menschen, [...] der seine Hoffnung auf die moderne Medizin alleine setzt."[120] Er verwies damit auf die Grundfrage jener Veranstaltung sowie auch der Debatten um die Neujustierung der christlichen Sterbebegleitung allgemein, nämlich auf die der Positionierung gegenüber der Medizin angesichts deren Mängel im Umgang mit Sterbenden. Durchaus in Einklang damit verkündete ein Heidelberger Arzt in einem Vortrag auf der Essener Konferenz, dass traditionell Geistliche stärker mit Tod und Sterben vertraut und befasst seien als Ärzte, aber die gesellschaftliche Entmythologisierung, in der „die alten christlichen Metaphern nicht mehr recht greifen wollen",

---

[116] Caritas-Archiv Freiburg, Signatur 259.4 Fasz. 01.
[117] Ebd.
[118] Ebd.
[119] Vgl. exemplarisch als Überblick Mayer-Scheu, Auftrag (1974) sowie ausführlich Kap. 6.2.
[120] Brief vom 12. 3. 1972, Caritas-Archiv Freiburg Signatur 259.4 Fasz. 06., Reiter 1972.

bei vielen von ihnen zu neuen Hemmungen geführt hätten: „Es scheint mir, daß gerade die kirchliche Seelsorge in großer Unruhe und Bewegung begriffen ist [...] und nach neuen Handlungsmöglichkeiten und Handlungsvorbildern Ausschau hält." Jenen Unsicherheiten gelte es entgegenzuwirken: „Eine Möglichkeit dazu könnte eine neue Seelsorge im Krankenhaus sein, die psychologisch kundiger als ehemals gelernt hat hinzuhören auf das, was den Sterbenden in seinen mitmenschlichen, in seinen weltlichen Gefühlen bewegt."[121] 1974 fand das Thema Sterbebeistand Aufnahme in den Stundenplan der von der Caritas veranstalteten Einführungskurse für Krankenhausseelsorger. Das Bistumsblatt für das Ruhrgebiet fokussierte in einem Artikel mit dem Titel „Frischer Wind in der Krankenhausseelsorge" eben diese Neuerung und hob die Bedeutung christlicher Sterbebegleitung im Krankenhaus hervor. Faktisch vereinsame der Patient rasch, wenn er „mit der Sinnfrage allein gelassen ist. Unversehens bricht in ihm auf, was er – oft ein Leben lang – mit Arbeit, Vergnügen und Hetze rund um die Uhr zu übertönen suchte."[122] Das Sterben, oder genauer: die Problematik des ungenügenden Umgangs mit dem Sterben, erschien dieser Lesart zufolge als eine Art moderne Zivilisationskrankheit, die vorrangig mit religiösen Mitteln bekämpft werden konnte. Eine grundsätzliche Missbilligung der gesellschaftlichen Entwicklung und der Versäumnisse der Medizin, insbesondere bei der seelisch-emotionalen Versorgung von schwerkranken Patienten im Krankenhaus, sowie eine Selbstkritik mit Blick auf den Zustand christlicher Sterbebegleitung gingen hier Hand in Hand.

Ganz ähnlich verlief die Debatte in der Diakonie, wo eine intensivere Beschäftigung mit dem Sterben allerdings erst etwas später einsetzte. Gerade der für Altenarbeit zuständige Fachverband, der Deutsche Evangelische Verband für Altenhilfe (DEVA), hielt sich lange zurück und präferierte andere Themen, vor allem das „aktive Altern", Freizeitgestaltung und Gesundheit sowie die Wohnsituation. Erst in den 70er Jahren entdeckten die protestantischen Sozialexperten das Thema. Auf der Bundestagung 1975 beklagte ein Tübinger Dekan den Verlust der Ars moriendi in den letzten 100 Jahren. Aufgabe der Diakonie müsse es sein, den Menschen zu einer neuen Sterbekunst und einem unbefangeneren Verhältnis zum Tod zu verhelfen.[123] Immer lauter wurde in diakonischen Kreisen anschließend bemängelt, dass der „eigentliche pastorale Dienst" vor allem bei „Sterbenden und hoffnungslos Erkrankten" zu kurz komme oder ganz verschwunden sei. Deren Betreuung bleibe häufig Sozialarbeitern überlassen, da viele Krankenhausseelsorger „Angst hätten vor den Anforderungen der seelsorgerlichen Begegnung mit Sterbenden."[124]

---

[121] Vortragsmanuskript „Wie erleben Patienten ihr Sterben?" von Oberarzt Dr. med. Böker, ebd.
[122] J. Hosse: „Frischer Wind in der Krankenhausseelsorge." *RuhrWort*, 4. 5. 1974, zu finden in: Caritas-Archiv Freiburg Signatur 259.4 Fasz. 06., Reiter 1974.
[123] Vgl. den Artikel „Leben und Tod: Schicksal und Aufgabe" im Vorbereitungsheft der Tagung, S. 61–71, in: Diakonie-Archiv Berlin (ADW), DEVA 225.
[124] Brief von Mechthild König, der Vorsitzenden der Hauptabteilung III, Sozial- und Jugendhilfe an Klaus Rassmann, einen Pfarrer am Robert-Bosch-Krankenhaus in Stuttgart und Vorsitzenden der Konferenz für evangelische Krankenhausseelsorge, vom 2. 3. 1977, in: ADW, HGSt 2777.

Als Reaktion auf derartige Klagen rückte das Thema Sterbebegleitung in der zweiten Hälfte der 70er Jahre stärker ins Zentrum des Interesses – in der Diakonie wie in der evangelischen Kirche allgemein. So gründete sich im Rahmen des von 1976 bis 1978 laufenden Schwerpunktprogramms „Hilfe für das Alter" eine Projektgruppe mit dem Titel „Recht auf Leben – Recht auf Sterben". Diese befasste sich keinesfalls ausschließlich, wie der Name suggeriert, mit dem Problem der Sterbehilfe, sondern widmete sich der Suche nach Gegenmaßnahmen für die vermeintliche Verbannung des Sterbens ins Nichtöffentliche. Ein Ende 1977 vorgelegter Arbeitsbericht forderte als Antwort auf den Verlust christlicher Werte im modernen, rationalisierten Medizinbetrieb, die Sterbenden mit biblischen Worten, Gebeten und der Barmherzigkeit Gottes zu umsorgen: „Das Gespräch mit Sterbenden und der Dienst an ihnen mag uns Angst machen; aber wir sollten nicht davor zurückschrecken; denn wir sehen hinter der Dunkelheit des Todes das Licht des ewigen Lebens."[125] Zugleich wurde die Aufnahme des Themas Sterben in die Aus- und Fortbildungslehrpläne der Altenhilfe und Altenpflege empfohlen, dazu die Gründung von Selbsterfahrungsgruppen für Mitarbeiter, die sonst kaum Möglichkeit hätten, die sich aus der Konfrontation mit Sterbenden ergebenden „persönlichen und beruflichen Probleme aufzuarbeiten."[126] Auch im auflagenstarken *Deutschen Pfarrerblatt*, dem Publikationsorgan des Verbandes evangelischer Pfarrerinnen und Pfarrer, in dem sich Artikel zum Sterben ab den frühen 70er Jahren stark häuften, verbanden sich die allgegenwärtigen Klagen über die Tabuisierung des Themas oft mit Verweisen auf die Folgen einer gesellschaftlichen Säkularisierung. Vor eben diesem Hintergrund diskutierten zahlreiche Autoren theologische Fragen rund um das Lebensende oder bereiteten Geistliche dezidiert auf den Einsatz am Sterbebett vor.[127] Für den Theologen und Kirchenhistoriker Christian-Erdmann Schott war „ein ständiger stillschweigender Rückgang der letzten Abendmahle bei Sterbenden" in Gemeinden wie Krankenhäusern eines der Grundübel. Diese Entwicklung dürfe die Kirche nicht länger hinnehmen, zumal die „religiöse Sprachunfähigkeit" des modernen Menschen im Angesicht des Todes ihren Höhepunkt erreiche. Die Lösung liege darin, das Tabu des Sterbens in Gemeindekreisen und im Konfirmandenunterricht zu brechen und eine christliche Sterbebegleitung einzuüben.[128]

---

[125] Manfred Seitz: Der alte Mensch und sein Tod, Arbeitsergebnis der Projektgruppe 9 (innerhalb des 3. Schwerpunktprogrammes des Diakonischen Werkes der EkiD: „Hilfe für das Alter"): „Recht auf Leben – Recht auf Sterben", S. 3–9, hier S. 9, in: ADW, DEVA 335.
[126] Ebd.
[127] Vgl. Horst R. Flachsmeier: „Hilfe zum Sterben – Hilfe im Sterben." *Deutsches Pfarrerblatt* 71 (1971), S. 490–492; Gerhard Ruhbach: „Plädoyer für eine ars moriendi." *Deutsches Pfarrerblatt* 71 (1971), S. 745–746; Gerd Heinz-Mohr: „‚Der Tod ist eine Nuß...' Sprichwörtliches zum Thema Tod." *Deutsches Pfarrerblatt* 75 (1975), S. 683–686. Dieses Deutungsmuster zog sich bis in die 90er Jahre durch; vgl. Johannes Gerrit Funke: „Gnade, Gericht und die Wahrheit, die uns frei macht. Zur Begleitung Trauernder und Sterbender." *Deutsches Pfarrerblatt* 92 (1992), S. 502–504.
[128] Christian-Erdmann Schott: „Trauriges Sterben?" *Deutsches Pfarrerblatt* 77 (1977), S. 670–672.

Die Kirchen und christliche Autoren befeuerten folglich von Anfang an wesentlich die grassierende Medizin- und Technikkritik jener Jahre. Bereits 1967 warnte ein Beitrag in der evangelischen Zeitschrift *Wege zum Menschen* vor unmenschlichen Operationen am Lebensende, im Zuge derer aus Sterbenden Objekte für medizinische Experimente werden könnten.[129] In dem thematischen Überblick zur Bundestagung des DEVA im Jahr 1975 beklagte der Pfarrer Heimo Liebl insbesondere Missstände in Krankenhäusern, wo sich „oft Sterbende elend zu Tode quälen müssen, die nicht sterben können, obwohl sie sterben wollen", sei das Sterben doch nicht länger ein „naturhafter Vorgang", sondern „durch die medizinische Technik steuerbar" geworden.[130] Im Zuge der Professionalisierung des Klinikbetriebs offenbarten sich, wie sogar der Geschäftsführer des Verbandes katholischer Kranken- und Pflegeanstalten Deutschlands einräumte, besonders für todkranke Patienten immer wieder Schattenseiten, etwa ein Mangel an Mitmenschlichkeit ob der „hastige[n], oft ärgerliche[n] Vielgeschäftigkeit" des Personals oder ein „Zerfall der Persönlichkeit [...] durch ein Übermaß von Medikamenten und Spritzen."[131] Der katholische Moraltheologe Franz Böckle porträtierte die westdeutschen Kliniken in einem Artikel in der *Frankfurter Allgemeinen Zeitung* 1978 wortgewaltig als biotechnische Versorgungsstationen, die zu einer Entpersönlichung der Patienten und besonders einer „Vereinsamung der Schwerkranken" beitragen. So sei der moderne Medizinbetrieb nicht geeignet, Sterbenden „die innere Gemeinschaft" zu bieten, die die Grundlage eines würdigen Todes darstelle. Sinnstiftend könne dagegen die „Hoffnung auf die lebenerweckende Macht Gottes" wirken.[132] Auch der ehemalige Präsident des Deutschen Caritasverbandes, Franz Müller, beklagte in einem Vortrag im Kolpinghaus München, „wie einsam und verlassen die Menschen im Krankenhaus sterben, oft in der Nacht, ohne Priester, ohne Angehörige, ohne jemand, der betet und menschliche Nähe spüren läßt."[133] Und der prominente evangelische Geistliche Helmut Thielicke sprach in seinem Grundlagenwerk „Theologische Ethik" gar von der Gefahr, dass am Lebensende „kraft des Vermögens heutiger Medizin der Heilauftrag des Arztes in einen Terror der Humanität, in den Frevel des Inhumanen" umschlage.[134]

---

[129] Kracht, Stellung, v. a. S. 260 f.
[130] Liebl, Einführung, Zitate S. 1 und S. 2. Auf diesen Umstand fokussierte auch die mediale Berichterstattung über die Bundestagung. Vgl. „Problem mit Tabu: Wer soll beim Sterben helfen?" *Der Tagesspiegel*, 27. 4. 1975 oder „Sterbezimmer dürfen nicht zu Folterkammern werden." *epd Landesdienst Berlin*, Nr. 70, 24. 4. 1975.
[131] B. Rüther, Tod, S. 105.
[132] Franz Böckle: „Das Recht auf einen würdigen Tod." *Frankfurter Allgemeine Zeitung*, 28. 6. 1978.
[133] Das veröffentlichte Vortragsmanuskript findet sich in Franz Müller: „Altenpastoral: ein besonderer Auftrag unserer Gemeinden." *Caritasdienste. Mitteilungen des Katholischen Caritasverbandes der Erzdiözese München und Freising* 1986, S. 41–43.
[134] Thielicke, Ethik, S. 250. Wortgleich in: Thielicke, Sterben, S. 35. Vgl. hierzu auch Kreß, Würde, S. 36, sowie „‚Der alte Tod verlor die rasche Kraft.' Die moderne Medizin und die Manipulierbarkeit des Sterbens." *epd. Ausgabe für kirchliche Presse*, Nr. 43, 24. 10. 1984.

Bis Ende der 70er Jahre war das Sterben somit in kirchlichen Kreisen zu einem der zentralen gesellschaftlichen Zukunftsthemen geworden. Dabei ging es aber keineswegs nur um das Lebensende und den möglichst „würdigen" Tod. Im Kern berührte die Frage nach dem „guten Sterben" die Rolle der christlichen Kirchen in einer sich zunehmend säkular verstehenden Gesellschaft. Gab es hier womöglich ein Sinnvakuum der Moderne, das nur durch die Kirche gefüllt werden könne? Wo war deren Platz als eine Institution der Sinngebung, die sich zunehmend schwerer tat, ihre alten Milieus an sich zu binden? Als eine Herausforderung und direkte Bedrohung musste in diesem Zusammenhang die seit Anfang der 70er Jahre international immer mehr Aufmerksamkeit und Zustimmung erhaltenden Idee einer (aktiven) Sterbehilfe erscheinen.[135] In den Niederlanden veranstalteten etwa Anfang 1972 der protestantische und der katholische Krankenpflege-Verband einen Kongress in Utrecht zur Situation von Sterbenden, der wegen des großen Zulaufs sogar zweimal wiederholt werden musste.[136] In Westdeutschland initiierten christliche Akteure eine regelrechte Kampagne gegen aktive Sterbehilfe. In ihrem Kampf schossen sie mitunter übers Ziel hinaus. Im Frühjahr 1973 zirkulierte in katholischen Kreisen, unter anderem über die *KNA*, ein angeblich von den Heidelberger Jusos stammendes Papier, in dem großflächig Euthanasiemaßnahmen bei älteren und kranken Menschen gefordert wurden. Obwohl das Katholische Büro in Bonn von vornherein Bedenken bezüglich der Echtheit des Dokuments geäußert und vor seiner Verbreitung gewarnt hatte, zitierten zahlreiche Pfarrer es in ihren Gottesdiensten. Noch nachdem die Fälschung aufgeflogen war, publizierte die Kirchenzeitung *Kirche und Leben* des Bistums Münster einen Artikel darüber. Resultat war ein Gerichtsverfahren gegen das vom Münsteraner Bischof Heinrich Tenhumberg herausgegebene Blatt sowie eine Kleine Anfrage im nordrhein-westfälischen Landtag.[137] Der Fall unterstreicht, dass die wachsende Zustimmung zur Sterbehilfe für viele Geistliche nicht nur Ausdruck einer „gottlosen" Zeit war, sondern auch eine direkte Folge des defizitären Zustands christlicher Sterbebegleitung.

In die gleiche Richtung argumentierte die Evangelische Kirche in der Bundesrepublik. Als Anfang der 70er Jahre die ersten internationalen Sterbehilfe-Fälle in der Öffentlichkeit diskutiert wurden, waren die wenigen dezidiert kritischen Stimmen vorrangig in evangelischen Zeitungen zu finden. Niemand sei, wie etwa die *Christ und Welt* 1973 unter Berufung auf den theologischen Referenten in der Kirchenkanzlei (später Kirchenamt) der EKD argumentierte, nach christlicher Überzeugung Herr über sein Leben oder das seiner Mitmenschen.[138] Nach einer zeitgleich entstehenden theologischen Dissertation des evangelischen Krankenhauspfarrers Ulrich Eibach verbargen sich hinter der wachsenden Akzeptanz un-

---

[135] Vgl. hierzu Kap. 5.1. Eine ausführliche Diskussion der Position europäischer Kirchen in der Debatte um aktive Sterbehilfe findet sich in Frieß, Sterbehilfe.
[136] Vgl. Mochel, Euthanasie, S. 12.
[137] Vgl. zu dem Fall Landtag von Nordrhein-Westfalen, 7. Wahlperiode, Drucksache 7/2698, 10. 05. 1973 und Mantei, Abtreibung, S. 233.
[138] „Menschen über die Schwelle des Todes helfen."' *Christ und Welt*, 2. 2. 1973, S. 14.

3.2 Die Kirchen und die Wiederentdeckung des Lebensendes 87

terschiedlicher Formen der Tötung am Lebensende gesellschaftliche Ursachen in Form der sinkenden Toleranz gegenüber alten und kranken Menschen.[139] 1975 veröffentlichte der *Evangelische Pressedienst* eine 68-seitige Dokumentation zu den neuen Diskussionen um Sterbehilfe, in der unter anderem der Präsident des Diakonischen Werkes, Theodor Schober, die Repräsentativität der zahlreichen Umfragen anzweifelte, laut denen immer mehr Westdeutsche derartige Praktiken begrüßten.[140] Eine Reihe an Vorträgen auf der Bundestagung des DEVA im selben Jahr befasste sich mit der Frage der aktiven Sterbehilfe – oft unter dem im deutschen Sprachgebrauch stark negativ konnotierten Begriff „Euthanasie", der Bezüge zu den nationalsozialistischen Krankenmorden aufwarf.[141] Auch die Jahrestagung der Konferenz für Evangelische Krankenhausseelsorge im März 1977 in Berlin widmete sich der gesellschaftspolitischen Relevanz der Debatte um aktive Sterbehilfe, wobei das Leitthema, wie der Vorsitzende in einem Schreiben an die Hauptgeschäftsstelle des Diakonischen Werkes erläuterte, „[w]egen der zuspitzenden Aktualität des § 216 (aktive und passive Sterbehilfe)" kurzfristig geändert wurde.[142]

In den 80er Jahren verschärften sich die Angriffe der EKD in diesem Feld weiter. Immer wieder positionierte sie sich öffentlich klar auf Seiten der Gegner aktiver Sterbehilfe.[143] Im Herbst 1988 verkündete eine Entschließung der Generalsynode der Vereinigten Evangelisch-Lutherischen Kirche Deutschlands (VELKD) mit dem Titel „Sterbehilfe – Tötung auf Verlangen?", dass jede Form der aktiven Beendigung des Lebens, selbst wenn sie aus Mitleid infolge schwerster Leiden geschehe, „gegen Gottes Gebot" verstoße – zum Menschsein gehöre vielmehr, „sich auch dem Elend zu stellen, das mit dem Sterben verbunden sein kann."[144] Das Evangelische Bildungswerk West-Berlin veranstaltete kurz darauf gleich zwei Tagungen zum Thema unter den Titeln „Sterbehilfe. Tötung auf wessen Verlangen" und „Begleitetes Sterben. Gegen den Versuch, Euthanasie zu legalisieren." Ein immer wiederkehrendes Motiv in den dortigen Vorträgen waren Referenzen auf den

---

[139] Eibach, Recht.
[140] „Neue Diskussion um Sterbehilfe." *Evangelischer Pressedienst*, Zentralredaktion, Nr. 10, 24. 2. 1975, die Aussagen Schobers finden sich auf S. 54 f.
[141] Vgl. die publizierten Beiträge von Liebl, Einführung; von Bodelschwingh, Euthanasie; de With, Recht; Spranger, Fristenlösung. Zur starken Fokussierung der Sterbehilfeproblematik auf das Euthanasieprogramm im „Dritten Reich" in der evangelischen Ethik vgl. bereits Wolf, Problem.
[142] Vgl. das Schreiben von Klaus Rassmann an Mechthild König vom 13. Februar 1977 sowie die Tagesordnung der Jahrestagung, in: ADW, HGSt 2777.
[143] Vgl. in Auswahl: „Auch die EKD übt Kritik an Zeidlers Worten." *Berliner Morgenpost*, 21. 1. 1986; „Äußerungen Zeidlers stoßen auch bei EKD und SPD auf Ablehnung." *Der Tagesspiegel*, 22. 1. 1986; „EKD nur für ‚Hilfe bei Sterben'." *Die Welt*, 11. 8. 1987.
[144] Vgl. zu der im unterfränkischen Veitshöchheim verabschiedeten Entschließung und den Hintergründen den im Bayerischen Arbeitsministerium archivierten Schriftverkehr zwischen Staatsminister Gebhard Glück und Vertretern der VELKD, in: BHStA, MArb 4020. Der Text der Entschließung findet sich ebd. sowie in Godzik/Jeziorowski, Begleitung, S. 157–160.

Nationalsozialismus.[145] Der Psychologe Michael Wunder sah die neue Sterbehilfedebatte in der Bundesrepublik sogar in einer direkten Kontinuität zur Euthanasie-Praxis des Nationalsozialismus.[146] Ferner war – wie bereits der Titel der zweiten Veranstaltung zeigt – klar zu beobachten, wie die Ablehnung aller Formen von aktiver Sterbehilfe als Katalysator für die Forderung nach einer stärkeren Hinwendung zum Thema Sterben allgemein beziehungsweise zur Sterbebegleitung im Besonderen fungierte. Eine Krankenhausseelsorgerin suchte anhand eines Falles aus ihrer eigenen Arbeit empirisch nachzuweisen, dass die „Bitte um Sterbehilfe [...] in aller Regel ein Ruf nach effektiverem Beistand" sei.[147] Ohnehin läge, wie eine andere Rednerin betonte, die Hauptursache für die neuen Forderungen nach aktiver Sterbehilfe in der Tabuisierung von Tod und Sterben – hinter der sich wiederum der Verlust „transzendentaler bzw. religiöser Bezüge" in der modernen Gesellschaft verberge.[148]

Noch ungleich schärfer bezog die katholische Kirche Position gegen Sterbehilfe und alle Versuche, die bestehenden Gesetze wie in den Niederlanden zu lockern. Nachdem sich die Arbeitsgemeinschaft katholischer Krankenhausseelsorger auf ihren beiden Jahrestagungen 1974 unter dem Titel „Lebensverlängerung um jeden Preis? Das Problem der Euthanasie in medizinischer und theologischer Sicht" noch vergleichsweise zurückhaltend mit der Frage nach Sterbehilfe befasst und unter anderem den als tendenziellen Befürworter bekannten Arzt Lothar Witzel einen Vortrag hatte halten lassen,[149] erteilte die Deutsche Bischofskonferenz der Idee bereits kurz darauf eine klare Absage. Ein Hirtenbrief vom 1. Juni 1975 diskutierte das Thema unter dem Begriff der „Euthanasie" und stellte einmal mehr einen Zusammenhang zwischen den gegenwärtigen Sterbehilfedebatten und den nationalsozialistischen Krankenmorden her, und zwar nicht nur semantisch, sondern auch inhaltlich. Darauf aufbauend gelangte der Hirtenbrief zu einem klaren Urteil: „Für den Christen [...] muß menschliches Leben, in welchem Stadium auch immer es sich befindet, unverfügbar und unantastbar sein."[150] Zwar könne der

---

[145] Vgl. etwa Baader, Sterbehilfe; Willems, Krankenmorde; Rost, Euthanasie-Film.
[146] Wunder, Sterbehilfe.
[147] Rust-Riedel, Praxisbericht, S. 46.
[148] Falck, Sterbebegleitung, Zitat S. 31. Ähnlich: Baader, Heilen. Dieses Argument gegen aktive Sterbehilfe findet sich im gesamten Untersuchungszeitraum und zwar auch auf katholischer Seite, etwa in einer Argumentationshilfe der Deutschen Bischofskonferenz aus dem Jahr 1996, nach der der Ruf nach Sterbehilfe ein „Schrei nach Nähe" sei; In Würde sterben - in Hoffnung leben. Hg. vom Sekretariat der Deutschen Bischofskonferenz. Bonn 1996, Zitat S. 8.
[149] Caritas-Archiv Freiburg Signatur 259.4 Fasz. 06, Reiter 1974, darin auch das Manuskript des Vortrags von Witzel. Vgl. zu Witzel einen im folgenden Jahr erschienenen *Spiegel*-Artikel, in dem er eingestand, „in zahlreichen Fällen Euthanasie durchgeführt" zu haben – gemeint war damit freilich passive Sterbehilfe: „Sterbehilfe – der Tod als Freund." *Der Spiegel* 29 (1975), Nr. 7, S. 36–60, hier S. 53.
[150] Die deutschen Bischöfe, Lebensrecht, S. 3. Zum breiten medialen Echo des Hirtenbriefes vgl. Herbert Kremp: „Das Recht auf einen menschenwürdigen Tod." *Die Welt*, 5. 6. 1975; „Besonnenes Hirtenwort zu Sterbehilfe." *Süddeutsche Zeitung*, 6. 6. 1975; „Katholische Bischöfe gegen Euthanasie." *Berliner Morgenpost*, 11. 6. 1975; „Katholischer Hirtenwort gegen Euthanasie." *Der Tagesspiegel*, 11. 6. 1975; „Katholische Bischöfe gegen künstliches Hinauszögern des

Anspruch jedes Einzelnen auf ein „menschenwürdiges Sterben" unter bestimmten Bedingungen bedeuten, dass auf medizinische Maßnahmen wie etwa weitere Operationen verzichtet werde, aber selbst das stark in die Kritik geratene, „beliebig lange" Anschließen von Menschen an eine Herz-Lungen-Maschine dürfe aus christlicher Sicht nicht unterbleiben; es sei vielmehr „Aufgabe des Sozialstaates, dafür zu sorgen, daß auch kostspielige Apparaturen und aufwendige Medikamente für alle, die ihrer bedürfen, zur Verfügung stehen."[151] Darauf aufbauend schlug ein weiterer Hirtenbrief im Jahr 1978 sogar eine alternative Definition des Begriffes „Sterbehilfe" im Sinne einer Hilfe im Sterben vor, bei der es ganz in der Tradition christlicher Sterbebegleitung um medizinisch-pflegerische sowie „geistig-seelische Hilfe" für Sterbende gehe.[152] Zugleich müssten Sterbende lernen, sich auch ohne Hoffnung auf Heilung an Gott festzuhalten. Gegen die Ohnmacht am Sterbebett könnten Gebete helfen, darüber hinaus Sakramente, vor allem die Krankensalbung. Da bereits Verstorbene keine Sakramente empfangen könnten, sei angesichts der medizinisch unklaren Definition des exakten Todeszeitpunktes an der „bisherigen bewährten Praxis" festzuhalten, dass „der Priester im Zweifelsfall – unter gewissenhafter Abwägung aller Umstände – dem Sterbenden die Krankensalbung spendet."[153]

Eine neue Ars moriendi? Kirchliche Sterbeanleitung in der Öffentlichkeit

Es war sicher nicht zuletzt den hitzigen Debatten um Sterbehilfe geschuldet, dass die Kirchen mit Blick auf die öffentliche Verbreitung der Grundsätze eines „guten Todes" im letzten Drittel des 20. Jahrhunderts zunehmend die Initiative übernahmen und sich um die Propagierung der Bedeutung christlicher Sterbebegleitung in der Moderne bemühten. Dahinter standen Versuche, die mittelalterliche Ars moriendi wiederzubeleben, eine Zielvorstellung, die immer wieder explizit als solche artikuliert wurde. Im *Deutschen Pfarrerblatt* entspann sich bereits Anfang der 70er Jahre eine Debatte hierüber. Der evangelische Theologe Gerhard Ruhbach verband sein Plädoyer für eine neue Ars moriendi mit einer umfassenden Kritik an der Aufklärung. Deren rationalisierte Form der Todesbewältigung habe sich paradoxerweise zum Einfallstor eines neuen Aberglaubens entwickelt, da Sterben „eine Kunst [sei], die dem Menschen nicht angeboren ist." Der moderne Mensch „braucht einen Ort, an dem er seinem vor-rationalen Selbst Raum geben kann [...]. Vor dem Tod kapituliert der Leistungsdruck und der Terminkalender." Ziel müsse folglich eine neue christliche Sterbeanleitung als „Ausdruck des Glaubens

---

Todes." *Frankfurter Rundschau*, 11. 6. 1975; Georg Riedel: „Sterbehilfe: Recht auf natürlichen Tod." *Berliner Morgenpost*, 15. 6. 1975.
[151] Ebd., S. 5 f.
[152] Die deutschen Bischöfe, Menschenwürdig sterben, S. 14.
[153] Ebd., S. 30 f. Vgl. zum Problem der Festlegung des Todeszeitpunkts Kap. 6.1.

in unserer Zeit" sein.[154] Ende der 80er Jahre forderte Peter Neher, ein ehemaliger Krankenhausseelsorger und später Präsident des Deutschen Caritasverbandes, in seiner theologischen Dissertation über die Ars moriendi-Literatur des 15. Jahrhunderts dezidiert deren Wiederbelebung. Die Studie prüfte, in welchem Umfang deren Inhalte und Praktiken auf die gegenwärtige Problematik der Sterbebegleitung übertragen werden konnten. Neher postulierte unter anderem eine „Elementarisierung christlichen Glaubens" als Grundlage einer das Subjekt des Sterbenden fokussierenden Sterbebegleitung. Im Angesicht des Todes würden die „tragenden Wurzeln des Glaubens" freigelegt, denn am Ende sei es „Gott alleine [...], mit dessen Hilfe der Sterbende [...] die Ängste der Sterbesituation besiegen kann."[155]

Eben diese Wiederbelebung der Ars moriendi hatte im Jahrzehnt zuvor indes bereits stattgefunden. Kirchliche Bildungswerke und Akademien, Synoden und Bischofskonferenzen sorgten mit einer regelrechten Tagungsflut seit Mitte der 70er Jahre dafür, dass das Thema Sterben verstärkt nicht nur in den Gemeinden, sondern auch in der lokalen und überregionalen Presse aufschien – und zwar im Kontext religiös-christlicher Aktivitäten.[156] Besonders früh sehr aktiv bei der Thematisierung des Sterbens war der Kirchenfunk. Schon 1967 befasste sich im WDR in der Sendereihe „Zum Sonntag" eine ausführliche Reportage von Walter Weymann-Weyhe, einem Redaktionsmitglied der linkskatholischen *Frankfurter Hefte*, mit dem Thema „Denken und Tod". Beklagt wurde darin, dass die heutige Gesellschaft dem „härtesten Faktum unseres Dasein, dem Tod, am liebsten aus dem Wege" gehe.[157] Der evangelische Pastor Johann Christoph Hampe produzierte 1975 gleich zwei Sendungen: Im Sender Freies Berlin widmete er sich in einer Ausgabe von „Wissen, was dahinter" dem Lebensende.[158] Und in einer Sendung

---

[154] Gerhard Ruhbach: „Plädoyer für eine ars moriendi." *Deutsches Pfarrerblatt* 71 (1971), S. 745–746. Vgl. zur anschließenden Debatte über den Artikel von Ruhbach: Friso Melzer: „‚Ars moriendi' für Christen als ‚ars vivendi'." *Deutsches Pfarrerblatt* 72 (1972), S. 751–752.

[155] Neher, Ars moriendi, S. 345. Vgl. ähnlich argumentierend Wagner, Ars moriendi (1992).

[156] Vgl. exemplarisch für die mediale Berichterstattung über derartige Veranstaltungen: „Hilfe zum Sterben – Hilfe zum Leben. Diakonischer Arbeitstag über die Bewältigung von Tod und Trauer." *Frankfurter Allgemeine Zeitung*, 26. 10. 1972; „Sterben und sterben lassen." *Frankfurter Allgemeine Zeitung*, 7. 10. 1974 und Erdmute Heller: „Die Freiheit zum Tode." *Stuttgarter Zeitung*, 4. 10. 1974 (über eine Tagung der Katholischen Akademie Bayern); „Theologen über Sterbehilfe. Recht auf den eigenen Tod?" *Rheinische Post*, 22. 2. 1975 (über eine Tagung der Katholisch-Sozialen Akademie in Münster); „Guter Tod?" *Berliner Sonntagsblatt. Die Kirche*, 29. 2. 1976 (über eine Tagung der Katholischen Akademie Berlin); „Tabu Tod – Auseinandersetzung mit dem Sterben. Seminar vom 25. bis 27. November in der Evangelischen Akademie." *epd Landesdienst Berlin*, Nr. 208, 29. 10. 1980; Martina Thielepape: „Die Apparatemedizin als Verhinderer humanen Sterbens." *Frankfurter Rundschau*, 11. 7. 1987 (über eine Tagung an der Evangelischen Akademie Bad Boll); „Der Arzt, der sterben läßt, will nicht den Tod.'" *Frankfurter Allgemeine Zeitung*, 13. 5. 1996 (über eine Tagung der Katholischen Akademie München).

[157] Walter Weymann-Weyhe: Denken und Tod. WDR 1967; Historisches Archiv des Westdeutschen Rundfunks Köln (HA WDR), 04723 (Akten): Kirchenfunk, Sendereihe Zum Sonntag, Sendemanuskript, S. 2. Für den Hinweis auf die Sendung danke ich Bill Sharman. Zu Weymann-Weyhe vgl. Kießling, Deutschen, S. 93.

[158] Johann Christoph Hampe: Wissen, was dahinter. SFB 1975. Vgl. das Protokoll der Sendung in ELAB 55.5/1751.

für den WDR mit dem Titel „Zweimal sterben – zweimal leben. Überlegungen zum Todeserlebnis" beklagte er, dass die Kunst früherer Generationen verloren gegangen sei, als die Menschen im Sterben, durch die Annahme des Todes, ihren Glauben besiegelt hätten: „Wir empfinden das alles heute ganz anders. Und die Kirchen und ihre Theologen selbst tun ihr Bestes, die Christen von solcher Freude am Sterben und im Sterben freizumachen."[159]

Auch über christliche Zeitungen, Zeitschriften und Nachrichtenagenturen diffundierten Informationen zu Tod und Sterben in eine breite Öffentlichkeit.[160] Stellungnahmen der beiden Kirchen zu diesen Fragen erfuhren stets eine große Publizität.[161] Ohnehin fungierten gerade in der Frühphase der medialen Entdeckung des Sterbens in Westdeutschland und speziell im Zuge der Debatten um Sterbehilfe und „Sterbendürfen" Mitte der 70er Jahre Geistliche als beliebte Experten für alle Fragen rund um das Lebensende. Diese konnten, wie etwa der evangelische Pastor Paul Schulz in einem Artikel 1973 in der Zeit über die biblischen Grundlagen des Jenseitsglaubens, das Themenfeld Tod und Sterben so auch in den Massenmedien mit genuin christlichen Deutungsmustern verknüpfen. Sie nutzten dies wiederum häufig für Verweise auf Sinnstiftungslücken in der modernen Gesellschaft. Nach Schulz habe die religiöse Verunsicherung in der Gegenwart dazu geführt, dass der Tod – zum Beispiel in Krankenhäuser – „abgeschoben" worden und die beruhigende Kernbotschaft des Evangeliums verloren gegangen sei. Sogar Pastoren hätten Schwierigkeiten, „die alte Botschaft des ewigen Lebens so umzusetzen, daß sie von Menschen unserer modernen Welt, in der die Naturwissenschaften die Horizonte versetzt haben, nachvollzogen werden kann."[162] In der gleichen Zeitung argumentierte einige Monate später der jesuitische Theologe und Dogmatiker Karl Rahner in einem viel zitierten Artikel, dass ein Arzt am Lebensende seine „spezifische Aufgabe nur wirklich erfüllen" könne, wenn er „(anonym oder ausdrücklich) Christ ist."[163]

Das Hauptgenre der Popularisierung einer religiösen Sterbeanleitung sowie christlicher Problemlösungsstrategien rund um die Missstände am Lebensende

---

[159] Johann Christoph Hampe: Zweimal sterben – zweimal leben. WDR 1975; HA WDR, 04797: Kirchenfunk, Sendereihe Zum Sonntag, Sendemanuskript, S. 4.
[160] Vgl. etwa „Wider das Tabu Tod." Berliner Sonntagsblatt. Die Kirche, 17. 3. 1974; „Die letzte Zeit." Berliner Kirchenreport, 25. 10. 1977, S. 2; Maria Rosenkranz: „Wir haben ja auch alle Angst... Gespräche mit Schwestern und Ärzten über Sterben im Krankenhaus." epd. Ausgabe für kirchliche Presse, Nr. 42, 20. 10. 1982, S. 13–15; das Themenheft „Sterbenlassen – aber nicht töten." Blick in die Kirche. Informationen aus der Evangelischen Kirche von Kurhessen-Waldeck, Nr. 4, April 1986; „Auf leise Klopfzeichen hören." Die Kirche – Wochenzeitung für Anhalt und die Kirchenprovinz Sachsen, 21. 4. 1996 sowie Kap. 7.1.
[161] Vgl. neben den bereits zitierten Beispielen für den späteren Untersuchungszeitraum noch exemplarisch die Reaktionen auf die Stellungnahmen der Katholischen und Evangelischen Kirche Anfang 1996 anlässlich der Veröffentlichung einer Allensbach-Umfrage, wonach knapp 70% der Befragten für eine Straffreiheit des Arztes bei Tötung auf Verlangen plädierten: Gernot Facius: „Ein dritter Weg als Alternative zu Sterbehilfe." Die Welt, 19. 4. 1996; „Kirchen gegen aktive Sterbehilfe." Frankfurter Allgemeine Zeitung, 19. 4. 1996.
[162] Paul Schulz: „Der Tod ist etwas ganz Natürliches." Die Zeit, 23. 11. 1973.
[163] Karl Rahner: „Das Recht, sterben zu dürfen." Die Zeit, 7. 2. 1975.

stellten aber die seit Mitte der 70er Jahre zahlreich erschienenen Argumentationshilfen, Informationsbroschüren und praktischen Leitfäden dar, die sich in einen zu jener Zeit in der Bundesrepublik neu entstehenden Markt einreihten: Ratgeber zu Tod und Sterben.[164] Katholische Verlage wie der Patmos-, Matthias-Grünewald- oder Herder-Verlag sowie ihre evangelische Pendants wie das Verlagshaus Gerd Mohn, der Quell-Verlag und der Christian Kaiser Verlag publizierten unzählige Handreichungen, Sachbücher und Ratgeber zum Umgang mit Tod und Sterben[165] – auch Trauerverarbeitung war ein beliebter Gegenstand.[166] „Es fällt schon schwer", so resümierte 1977 ein Aufsatz in einer diakonischen Fachzeitschrift, angesichts der gegenwärtigen Publikationsflut „aus einem christlichen Buchladen ohne ein Buch über das Sterben herauszukommen."[167] Diese stammten keinesfalls immer aus der Feder von Geistlichen. Offenkundig ging es den Verlagen um die Diskursivierung des Themas Lebensende allgemein – und darum, gerade dessen spirituellen Seiten zu betonen, über die grundlegende und klassisch religiöse Fragen wie der Sinn des Lebens diskutiert werden konnten. Finanzielle Erwägungen mögen ebenfalls eine Rolle gespielt haben. So erzielte der christliche Kreuz-Verlag etwa mit den deutschen Übersetzungen der Bücher von Elisabeth Kübler-Ross, die teilweise siebenstellige Auflagenhöhen erreichten, enorme Verkaufserfolge.[168]

Thematisch widmeten sich viele Schriften dem Thema Sterbebegleitung und gaben praktische Hinweise zur Betreuung von Todkranken. Diese schlossen zwar an die neueren thanatologischen Erkenntnisse in diesem Bereich an, wurden von den Autoren – wie etwa dem Arzt und promovierten Theologen Werner Schweidtmann – aber stets vor dem Hintergrund spezifisch christlicher Erfahrungen und Wertvorstellungen präsentiert.[169] Bereits 1963 offerierte ein im Furche-Verlag erschienenes Büchlein eines Mitarbeiters der Evangelisch-lutherischen Landeskirche Hannovers explizit „Sterbeanweisungen" für Christen. Die „Sterbekunst" lag demnach im „Verlassen auf Christus", das alleine die Garantie bot, sich richtig auf den eigenen Tod vorzubereiten.[170] Ein von Psychotherapeuten und Theologen gemeinsam veröffentlichter US-Ratgeber, dessen deutsche Übersetzung der Matthias-Grünewald- und Christian Kaiser-Verlag Anfang der 70er Jahre in Koopera-

---

[164] Vgl. in Auswahl: Bock, Keiner; Märkel, Sterbende; Sporken, BejahtAlois Stiefvater, Sterben sowie zum Ratgebermarkt allgemein Kap. 7.1.
[165] Vgl. exemplarisch: Becker/Eid, Begleitung; Dirschauer, Leben; Lohfink, Tod; Neun, Tatsache; die Text- und Bildsammlung von Twer, Hingehen; Wehowsky, Sterben.
[166] Als Beispiele für die hier nicht näher zu behandelnden, in christlichen Verlagen zahlreich erschienenen Trauerratgeber im letzten Viertel des 20. Jahrhunderts vgl. Böke/Knudsen/Müller, Trauer; Canacakis, Tränen; Canacakis, Trauer; Kast, Trauern; Müller/Schnegg, Unwiederbringlich; Paul, Trauer; Spiegel, Prozeß sowie die literarische Verarbeitung von Lewis, Trauer [englisches Original: Lewis, Grief].
[167] Neubauer, Sterben, S. 194.
[168] Kübler-Ross, Interviews; dies., Was können wir noch tun; dies., Reif werden (1975); dies., Leben; dies., Verstehen; dies.: Kinder.
[169] Vgl. Becker/Eid, Begleitung; Lamerton, Sterbenden; Schweidtmann, Sterbebegleitung; Twer, Hingehen.
[170] Heinz-Mohr, Stunde, v. a. S. 114.

3.2 Die Kirchen und die Wiederentdeckung des Lebensendes

tion herausgaben, erklärte, dass sich viele Sterbende zum Aufbrechen ihrer Isolation dem christlichen Glauben zuwenden würden: In einer solchen existenziellen persönlichen Krise könnten aus therapeutischer Sicht „religiöse Kräfte" eine heilende Wirkung entfalten.[171]

Mithin ging es vielen Autoren dezidiert um eine rational-wissenschaftliche Darstellung religiös konnotierter Sinnstiftungsmerkmale. Diese Verbindung stellten sie wiederum häufig mittels einer gesellschafts- und medizinkritischen Argumentation her. So war der Ausgangspunkt der meisten Ratgeber eine wahrgenommene Verdrängung des Sterbens in der Moderne, infolge einer zunehmenden Professionalisierung der medizinischen Versorgung und der fortschreitenden Säkularisierung, die zu einer Anonymisierung von Schwerstkranken beitrage. Viele Schriften forderten darauf aufbauend eine stärkere Akzeptanz des Sterbens – und leisteten damit zugleich der Krisendeutung, dass die Verhältnisse am Lebensende gegenwärtig nicht mehr „menschenwürdig" seien, weiter Vorschub.[172] So beklagte der renommierte, an der Harvard University lehrende niederländische Pastoraltheologe Henri Nouwen in einer im Herder-Verlag erschienenen Veröffentlichung über den Tod seiner Mutter den fehlgeleiteten Umgang des modernen Menschen mit diesem Thema: Er selbst habe kurz zuvor noch auf einem Flug in die USA gereizt reagiert, als sein Sitznachbar mit ihm über das Ableben eines Angehörigen habe sprechen wollen.[173] Religion erschien in diesem Zusammenhang als Heilmittel: Denn „Sterbende nicht alleine [zu] lassen" sei, wie Heinrich Pompey verkündete, die Grunderfahrung christlicher Sterbebegleitung.[174] Mitunter argumentierten die Autoren sogar, wie bereits in den 60er Jahren der jesuitische Theologe Ladislaus Boros in seinem mehrfach aufgelegten, im katholischen Walter-Verlag erschienenen Buch „Mysterium Mortis", dass alte christliche Lehren wie das Fegefeuer oder die Vorstellung von einem letzten Gericht existenzielle Wahrheiten verbargen, die auch in der Moderne noch Relevanz besäßen und zur Sinnstiftung am Lebensende beitragen könnten.[175]

Tatsächlich lag der Fluchtpunkt vieler Ratgeber auf transzendenten Fragen bezüglich eines Lebens nach dem Tod.[176] Zu einer extrem wirkmächtigen Spielart hiervon avancierte spätestens Mitte der 70er Jahre das Phänomen der Nahtoderfahrungen.[177] Berichte von Menschen, die infolge von Komazuständen oder Unfällen mutmaßlich einige Zeit im Grenzbereich zwischen Tod und Leben verbrachten, oder die gar nach ihrem klinischen Tod wiederbelebt werden konnten, dienten in diesem Kontext letztlich als implizite, teilweise gar explizite Belege für das Vorhandensein eines Lebens nach dem Tod. So veröffentlichte der Herder-

---

[171] Bowers u. a., Sterbenden, S. 146.
[172] Vgl. etwa Sporken, Sterben; Wehowsky, Sterben.
[173] Nouwen, Sterben, S. 14.
[174] Pompey, Sterbende.
[175] Boros, Mysterium.
[176] In Auswahl: Boff, Was kommt nachher; Boros, Tod; Raguse, Tod.
[177] Vgl. Kap. 5.2 sowie zur Bedeutung von Nahtoderfahrungen für die christliche Religion und Theologie Lachner/Schmelter, Nahtoderfahrungen.

Verlag ein Buch des bekannten Parapsychologen Werner Schiebeler mit dem Titel „Wir überleben den Tod. Erfahrungsbeweise für ein Weiterleben", in dem dieser behauptete, „eine persönliche Fortexistenz nach dem irdischen Tode [...] zumindest in Einzelfällen nachweisen" zu können.[178] Auch mit Blick auf inhaltliche Details lehnten sich diese Berichte häufig an eine christliche Bild- und Motivsprache an: Sie berichteten etwa vom Anblick eines hellen, warmen Lichts, dem Auftauchen religiöser Figuren wie Engel oder dem freien Schweben (der Seele) über dem eigenen Körper. Fast immer erschien der Tod dabei als etwas grundsätzlich Positives, die Betroffenen verkündeten, nach dem Ableben ruhig, glücklich und schmerzfrei gewesen zu sein. Die Suggestion, einen alten Glauben mit modernen, vermeintlich wissenschaftlichen Beweisen unterfüttern zu können, sowie die augenfällige Nähe zum deutlich älteren und stets populären Thema der Jenseitsvorstellungen machte das Phänomen der Nahtoderfahrungen wenigstens zeitweise salonfähig.[179]

Die Hoffnung auf ein Leben nach dem Tod stellte damit fraglos eine wichtige Schnittstelle dieser spezifischen Form der Todesratgeber zu klassisch religiösen Deutungsmustern und Sinnstiftungsstrategien dar – was erklärt, dass christliche Autoren rasch eine führende Rolle in dem Genre übernahmen. So stammten einige der zentralen Veröffentlichungen von Geistlichen, die sich darin um einen direkten oder indirekten Anschluss ihrer Glaubenslehre an die neueren gesellschaftlichen und wissenschaftlichen Debatten zum Sterben bemühten. Für den innerhalb der katholischen Kirche umstrittenen brasilianischen Befreiungstheologen Leonardo Boff stellte der Tod „den Ort der wahren Geburt des Menschen" dar.[180] Das 1975 publizierte Buch „Sterben ist doch ganz anders. Erfahrungen mit dem eigenen Tod" des bereits erwähnten Johann Christoph Hampe entwickelte sich im Laufe der 80er Jahre sogar zu einem Bestseller mit zweistelliger Auflagenzahl. Hampe stellte zahlreiche „Austritts"-Erfahrungen vor, die er immer wieder mit Bibelzitaten unterlegte, bestätigten die neuen medizinischen Möglichkeiten einer Wiederbelebung doch letztlich seiner Auffassung nach ältere, religiöse Zeugnisse vom Weiterleben nach dem Tod. Er argumentierte, dass Wissen den Glauben zwar niemals ersetzen, doch „geprüfte Erfahrung unsere Urteile verändern" könne.[181] Die Menschen sollten sich daher auf die neuen wissenschaftlichen Belege für ein Leben nach dem Tod einlassen und aus diesen Sicherheit gewinnen, sowohl für das Leben als auch für den Tod: „Und darum, weil wir sterben dürfen und nicht sterben müssen, darum, weil Sterben ganz anders ist, als wir immer dachten, habe ich Hoffnung und Vertrauen für dieses mein Leben."[182]

Die christlich-religiöse Sterbeanleitung war damit einerseits Teil des „Psychobooms" des letzten Drittels des 20. Jahrhunderts, in dem psychologische Beratung

---

[178] Schiebeler, Tod (1983).
[179] Vgl. hierzu Kap. 5.2.
[180] Boff, Was kommt nachher, S. 31.
[181] Hampe, Sterben, S. 10.
[182] Vgl. ebd., S. 160–163, Zitat S. 163.

3.2 Die Kirchen und die Wiederentdeckung des Lebensendes   95

zu allen Fragen des Lebens – und eben auch Sterbens – eine neue Breitenwirkung entfaltete.[183] Andererseits war diese Ausdruck einer Art forcierten „Rechristianisierung". Die ungebrochene Bedeutung der Religion im Kontext des Sterbens wurde folglich nicht nur von geistlichen Autoren herausgestellt. Die Frage, ob Sterbebegleitung pauschal eine religiöse Grundlage benötige, bejahte etwa explizit Paul Becker, Chefarzt an einer Limburger Klinik und Ritter des Malteserordens, in einem vom Kreuz-Verlag in Auftrag gegebenen Begleitbeitrag zur deutschen Ausgabe einer Veröffentlichung von Elisabeth Kübler-Ross: „Ich kann dazu nur sagen, wenn ich nicht von zu Hause aus schon eine religiöse Grundhaltung erfahren hätte, dann wären es spätestens die Sterbenden gewesen, die mir zu einer solchen verholfen hätten."[184] Das Sprechen über das Lebensende wurde in diesem Sinne quasi automatisch zu einem Nachdenken über Religion – und oftmals zu einer Art öffentlichen Affirmation der Bedeutung christlichen Glaubens in der Moderne. So sind die vorgestellten Formen der medialen Verbreitung religiösen Wissens rund um das Lebensende sowie der Grundsätze christlicher Sterbebetreuung auch als ein Akt pastoraler Begleitung zu verstehen, in dem sich die Sinndeutungsgeber der beiden Konfessionen ihren Platz in einer als säkular empfundenen gesellschaftlichen Ordnung gleichsam zurückerkämpfen konnten – der Tod war und blieb gewissermaßen eine christliche Kernkompetenz.

Gerade im Bereich des Sterbens ließ sich somit durchaus eine „Wiederkehr der Götter"[185] im ganz wörtlichen Sinne feststellen, wie ein Blick auf die Meinungsumfragen zum Glauben an ein Leben nach dem Tod eindringlich illustriert. Die Langzeituntersuchungen des Instituts für Demoskopie Allensbach zeigen, dass in Westdeutschland Ende der 90er Jahre eine Mehrheit an ein Leben nach dem Tod glaubte, die sogar größer war als bei den ersten Befragungen hierzu im Jahr 1956 – wohingegen Mitte der 70er Jahre das Verhältnis noch umgekehrt war und die Zahl der Skeptiker überwog (vgl. Abb. 14).[186] Eklatant ist der Unterschied zu Ostdeutschland, wo unmittelbar nach der Wiedervereinigung nur 13% der Befragten angaben, an ein Leben nach dem Tod zu glauben; hier stieg die Zahl in der Folgezeit ebenfalls leicht an (vgl. Abb. 15).[187] Ohne diesen Zahlen zu große Bedeutung beizumessen,[188] lässt sich doch in jedem Fall festhalten, dass das Lebensende eine Grenze für säkulare Tendenzen markierte. Religiös-christliche Deutungen von

---

[183] Vgl. Tändler, Jahrzehnt und Kap. 7.1.
[184] Kübler-Ross, Leben bis wir Abschied nehmen, S. 171. Ganz ähnlich argumentierte auch der Freiburger Palliativmediziner Markus von Lutterotti, vgl. von Lutterotti, Sterben.
[185] Graf, Wiederkehr.
[186] Vgl. Allensbacher Jahrbuch 1998–2002, S. 369. Die früheren Befragungen finden sich in Jahrbuch der öffentlichen Meinung 1957, S. 129 f.; Jahrbuch der öffentlichen Meinung 1965–1967, S. 35; Jahrbuch der öffentlichen Meinung 1968–1973, S. 106; Allensbacher Jahrbuch 1974–1976, S. 32; Allensbacher Jahrbuch 1978–1983, S. 124; Allensbacher Jahrbuch 1984–1992, S. 215; Allensbacher Jahrbuch 1993–1997, S. 264.
[187] Ebd.
[188] Zur Problematik und zu den methodischen Herausforderungen im Umgang mit sozialwissenschaftlichem Datenmaterial vgl. Pleinen/Raphael, Zeithistoriker. Für eine Problematisierung der zeitgleichen Meinungsumfragen zur Sterbehilfe vgl. Kap. 5.1.

96   3. 1955: Die These, oder: ein Todestabu in der Moderne?

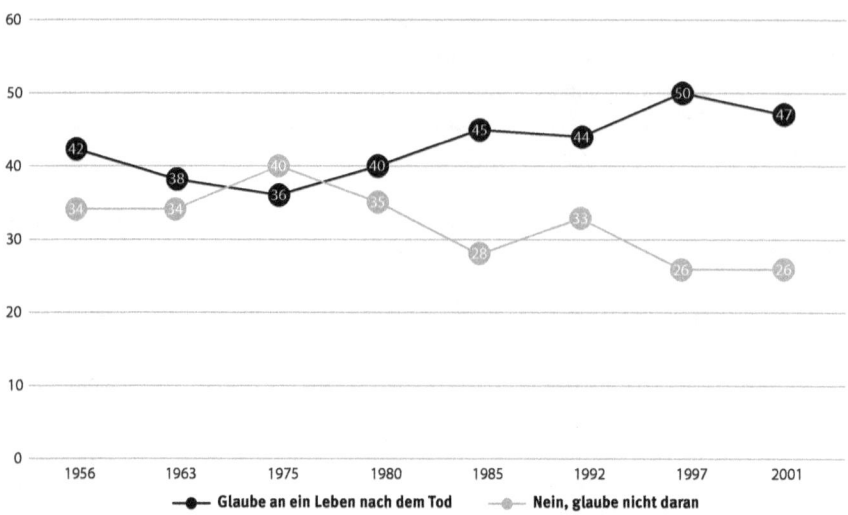

Abb. 14: Übersicht Umfragen des Instituts für Demoskopie Allensbach in Westdeutschland (1956–2001)

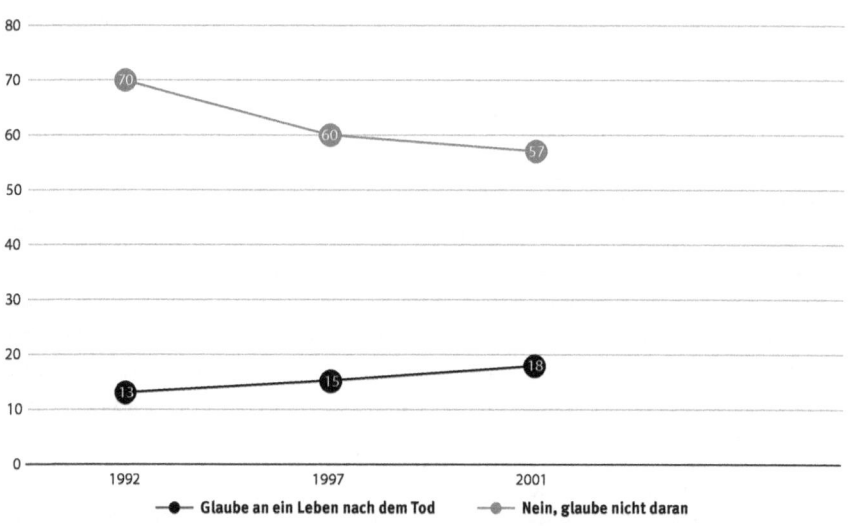

Abb. 15: Übersicht Umfragen des Instituts für Demoskopie Allensbach in Ostdeutschland (1992–2001)

Sterben und Tod erwiesen sich in Westdeutschland in der zweiten Hälfte des 20. Jahrhunderts als äußert konsistent. Dieser Umstand fiel zeitgenössisch auch den Demoskopen selbst auf, die Fragen der religiösen Entwicklung aufmerksam beobachteten. So konstatierte das – ähnliche Zahlen wie die Konkurrenz aus Allensbach erhebende –Meinungsforschungsinstitut Emnid 1984 als Trend entgegen der Zunahme kritisch-ablehnender Stimmen in Glaubensfragen: „Als Ausnahme muß die Frage nach dem Leben nach dem Tod angesehen werden, denn davon sind über den Gesamtzeitraum betrachtet, heute mehr Menschen überzeugt als vor 16 Jahren."[189] Folgt man Philippe Ariès, so stellt die Eschatologie einen zentralen Indikator für kollektive Mentalitäten und den gesellschaftlichen Umgang mit Sterbenden dar. War es in der Verlustgeschichte des französischen Historikers jedoch gerade das vermeintliche Erlöschen des Glaubens an ein Leben nach dem Tod im Zeitalter des wissenschaftlichen Fortschritts, das die Ursache für die Missstände am Lebensende und die Verdrängung des Todes war, so zeigt sich empirisch vielmehr dessen Fortwirken, ja Revitalisierung in der Zeit nach 1945.[190]

Motor des Dialoges – das Lebensende und die christlichen Kirchen in der DDR

Der stark unterschiedlich ausgeprägte Glaube an ein Leben nach dem Tod in den alten und neuen Bundesländern verweist auf die verschiedenartige Entwicklung von Kirche und Religion im geteilten Deutschland nach dem Zweiten Weltkrieg. So gilt die DDR gemeinhin als Paradebeispiel für einen hochgradig säkularisierten, atheistischen Staat.[191] Der christliche Glauben markierte eine Art natürliches Feindbild der marxistischen Ideologie, was in Repressionen und Überwachung, aber auch in Assimilationsversuche mündete.[192] Mit graduellen Unterschieden bewegten sich letztlich beide christlichen Kirchen in der DDR stets in einem Spannungsfeld von staatlicher Unterdrückung und freiwilliger Anpassung, etwa in Form einer Kooperation von Kirchenfunktionären mit dem Ministerium für Staatssicherheit.[193] Die schwierige Situation der Kirchen und der Druck der sozialistischen Staatsorgane führten zu starken Prozessen der Entkirchlichung: Waren in der DDR 1949 nur etwa 7% der Bürger konfessionell nicht gebunden, so explodierte diese Zahl bis Ende der 70er Jahre – als noch über 90% der Westdeutschen Kirchenmitglieder waren – auf knapp 50%, um zur Zeit der Wende sogar bei fast 70% zu liegen.[194]

Jedoch haben jüngere Studien nachgewiesen, dass religiöse Praktiken und Deutungsmuster gerade im privaten, alltäglichen Bereich oft von zentraler Bedeutung blieben.[195] Auch die im Laufe der Zeit zwischen Formen gewaltsamer Repression und strategischer Kooperation changierenden Bemühungen des SED-Regimes, Einfluss auf die Arbeit von Caritas und Diakonie zu gewinnen, scheiterten insge-

---

[189] Emnid-Institut (Hg.): Informationen 36 (1984), Nr. 9/10, S. 30.
[190] Vgl. Ariès, Geschichte des Todes, S. 123–180, S. 599 f., S. 733 und S. 784 f.
[191] Vgl. etwa Wohlrab-Sahr/Karstein/Schmidt-Lux, Säkularität; Großbölting/Große Kracht, Religion.
[192] Vgl. zur Kirchenpolitik in der DDR und den unterschiedlichen Phasen des Verhältnisses von Staat und Kirchen ausführlich Ehm, Herde, v. a. S. 26–135; Greschat, Protestantismus.
[193] Vgl. grundlegend Besier/Wolf, Pfarrer.
[194] Redlin, Totenrituale, S. 10.
[195] Vgl. etwa Fulbrook, Leben, S. 65, S. 142 f. oder S. 225; Ehm, Herde, S. 6.

samt. Diese stellten trotz vielfacher Einschränkungen und finanzieller Schwierigkeiten, zum Beispiel infolge des Verbots von Haussammlungen, vielmehr eine zentrale Institution sozialer, diakonaler und caritativer Dienste in der DDR dar – nicht zuletzt die schlechte wirtschaftliche Lage und die daraus resultierenden Mängel im staatlichen Gesundheitswesen führten dazu, dass das Regime auf die Versorgungsstrukturen der kirchlichen Wohlfahrtsorganisationen angewiesen war und entgegen der ideologischen Richtlinien immer wieder pragmatisch entscheiden musste.[196] Dies war insbesondere der Fall, als in der Honecker-Ära die Versuche intensiviert wurden, eine „Fürsorgediktatur" aufzubauen, was die Einsicht beförderte, dass die diakonisch-caritative Arbeit aller ideologisch-weltanschaulichen Vorbehalte zum Trotz durchaus mit dem humanistischen Grundansatz in der sozialistischen Gesellschaft und speziell im Gesundheitswesen in Einklang stand.[197] Ohnehin waren die Kirchen in der DDR die einzigen größeren Organisationen, die über ein gewisses Maß an Selbstständigkeit verfügten.[198] Dies galt vor allem für die evangelische Kirche. Diese konnte bis Ende der 60er Jahre sogar in der gesamtdeutschen EKD organisiert bleiben, was vielfältige grenzübergreifende Kontakte ermöglichte.[199] Als der politische Druck mit dem Mauerbau immer weiter wuchs, gründete sich 1969 der Bund der Evangelischen Kirchen (BEK) in der DDR, der sich zwar im Rahmen der Formel „Kirche im Sozialismus" zur bestehenden Ordnung bekannte, aber zugleich Freiräume für regimekritische Aktivitäten schuf.[200] Die Kirchen fungierten in diesem Kontext oftmals als Sprachrohr für die Artikulation von politischen, sozialen und gesellschaftlichen Problemen.[201]

Eben dies zeigte sich auch in Fragen von Tod und Sterben. So konnten die Kirchen ihre Eigenständigkeit gerade in solchen Bereichen bewahren, die aus Sicht der staatlichen Behörden von eher nachgeordneter Bedeutung waren – mitunter ungeachtet ihrer lebensweltlichen Relevanz. Neuere Studien haben gezeigt, dass die Kirchen trotz der Bemühungen des Regimes um eine säkulare, sozialistische Sepulkralkultur ihre zentrale Rolle in diesem Feld behaupten konnten.[202] Zwar war das Bestattungswesen bereits in den 50er Jahren in der Theorie Gegenstand sozialistischer Kulturarbeit, im Rahmen derer kirchliche Lebensfeiern durch weltliche ersetzt werden sollten, und spätestens mit der Gründung des Dresdner Instituts für Kommunalwirtschaft (IfK) Anfang der 60er Jahre erfolgte auch eine gewis-

---

[196] Vgl. zur Caritas in der DDR: Pilvousek, Kirche, S. 293–305 und Kösters, Staatssicherheit; zur Diakonie: Hammer, Geschichte, S. 318–326.
[197] Vgl. kritisch zum Konzept der „Fürsorgediktatur" Jarausch, Fürsorgediktatur und speziell zu dessen Bedeutung für die Arbeit des Caritasverbandes Hockerts, Caritas.
[198] Das Verhältnis von Staat und Kirche in der DDR ist in der bisherigen Forschung intensiv untersucht worden. Vgl. neben den bereits oder im Folgenden zitierten Titeln auch Helmberger, Blauhemd.
[199] Vgl. etwa Wentker, 1954.
[200] Vgl. Rink, Bürgerbewegungen, v. a. S. 394–397 und Silomon, Widerstand.
[201] Vgl. hierzu ausführlich Albrecht-Birkner, Freiheit und Wilk, Kirche.
[202] Vgl. hierzu Sörries, Beileid, S. 111–129; Redlin, Totenrituale; Schulz, Death; George, Bestattung sowie für eine dezidiert vergleichende Studie unterschiedlicher sozialistischer Übergangsrituale Lange, Wiege.

se politische Steuerung. Dennoch etablierten sich säkulare Trauerreden oder atheistische Beerdigungsrituale nie als Standard, sie wurden vielmehr von vielen Bürgern dezidiert abgelehnt, die sich mitunter offen über die Qualität der staatlich ausgebildeten, weltlichen Redner beschwerten und immer häufiger ganz auf Trauerfeiern verzichteten.[203] Zudem blieben circa 60% der Friedhöfe in der DDR in kirchlicher Hand und entzogen sich damit dem Zugriff des Regimes wenigstens zum Teil. Selbst die Zunahme der ideologiekonformen Urnenbeisetzungen, die zum Symbol der ostdeutschen Sepulkralkultur avancierten, war mehr zweckrationalen ökonomischen Erwägungen geschuldet und erfolgte letztlich „despite the lack of political direction", da sie preiswerter und weniger arbeitsintensiv als Sargbestattungen waren.[204] Die sozialistische Beerdigungskultur erwies sich damit im privaten Bereich als reine Floskel, während religiös-christliche Übergangsriten und Sinnstiftungsmechanismen ungeachtet der fortschreitenden Entkirchlichung bedeutsam blieben.[205] Das gleiche Phänomen fand sich in anderen Ländern des „Ostblocks": So erhöhte sich etwa in Ungarn die Zahl säkularer Bestattungen zwischen 1963 (5,79%) und 1987 (16,17%) nur geringfügig und war derjenigen kirchlicher Bestattungen (1963: 81,33%; 1987: 77,89%) klar unterlegen.[206]

Ähnliches lässt sich für das Sterben feststellen. Wie im Westen intensivierten die Kirchen auch in Ostdeutschland sukzessive ihre Aktivitäten in diesem Bereich – wenngleich etwas später und vergleichsweise schwächer ausgeprägt. Nachdem bis in die frühen 70er Jahre marxistische Medizinethiker und Philosophen die Diskussion um das Sterben in der DDR bestimmt hatten und kaum christliche Positionen zu finden waren, übernahmen anschließend religiös-kirchliche Akteure einen immer aktiveren Part.[207] Dabei begriffen sie das Thema einerseits ebenfalls als Chance, um die eigenen Einflussmöglichkeiten zu stärken, und nutzten andererseits die Freiräume, die sich seitens des Regimes boten. Standen Lebensübergänge und Ersatzriten wie die 1954 eingeführte Jugendweihe oder die standesamtliche Hochzeit im Zentrum der politischen Säkularisierungsbestrebungen, so galt dies weniger für das Lebensende, für das der Marxismus keine klare Antwort bereitstellte.[208]

Vor diesem Hintergrund konnten die Kirchen sogar eine Agenda-Setting-Funktion in diesem Bereich übernehmen. So griff ein Artikel in der evangelischen Monatszeitschrift für Mitarbeiter der Kirche in der DDR bereits im Jahr 1972 das im Westen intensiv debattierte Problem der „Lebensverlängerung um jeden Preis" auf, mit dem sich Fragen der passiven Sterbehilfe verbanden und das infolge des

---

[203] Vgl. auch Dietrich, Kulturgeschichte III, S. 1954.
[204] Schulz, Death, S. 147. Vgl. auch Redlin, S. 167 und George, Bestattung, S. 137.
[205] Zu unterscheiden ist der Bereich privater Bestattungs- und Trauerkultur freilich von den hier nicht näher zu betrachtenden politisch inszenierten Staatsbegräbnissen, Gedenkritualen und Totenehrungen für nationale „Helden", die sich zu einer zentralen Ressource der Selbstdarstellung des Regimes entwickelten. Vgl. hierzu Redlin, Totenrituale, v. a. S. 20–136.
[206] Tóth, Rituals, S. 198.
[207] Vgl. Bettin, Bedeutsam, S. 39–42.
[208] Vgl. Redlin, Totenrituale, S. 245; George, Bestattung, S. 336 und Ropers, Krankenpflegeausbildung, S. 38.

Grundsatzes der ärztlichen Bewahrungspflicht in der ostdeutschen Medizinethik erst sehr viel später thematisiert wurde. Angesichts der medizinischen Entwicklung müsse überprüft werden, wie lange „der Arzt eine [...] rein animalische Existenz prolongieren" darf, könne sich in der Praxis doch das Paradoxon ergeben, dass er „entweder am Sterben eines Menschen schuldig [ist] oder an seinem unerträglichen oder sinnlosen Leben." Wichtig sei es daher, immer den Einzelfall zu betrachten, so auch die Quintessenz eines am Ende des Artikels abgedruckten, längeren Ausschnitts des einige Jahre zuvor veröffentlichten Kübler-Ross-Buches „Interviews mit Sterbenden".[209] Derartige blockübergreifende Wissenstransfers waren keine Seltenheit: Ein vom ehemaligen Vorsitzenden des Landeskirchenrates der Evangelischen Landeskirche Anhalt Martin Müller verfasster Artikel in der Zeitschrift stellte einige Jahre darauf die Position verschiedener westlicher Autoren in der neuen Debatte rund um das Sterben dar, darunter die Hampe-Veröffentlichung „Sterben ist doch ganz anders". Müller unterstützte nachdrücklich die von Hampe in seinem „erregenden Buch" präsentierte Deutung von Nahtoderlebnissen als Fundament einer religiös grundierten „Hoffnung im Sterben". Darauf aufbauend forderte er eine neue „christliche Sterbekunst" und entsprechende Praktiken der „Sterbehilfe" in den Gemeinden, in denen mit liebevoller Mitmenschlichkeit speziell die Anonymisierung von Sterbenden aufgebrochen werden solle.[210] Auch führende ostdeutsche Theologen wie etwa Jürgen Henkys, der zur Leitung des Bundes der Evangelischen Kirchen in der DDR gehörte, befassten sich in den 80er Jahren zunehmend mit dem Sterben. Henkys hielt eine Reihe von Vorträgen, darunter das Eröffnungsreferat auf einem Hochschullehrgang der Luther-Akademie Sondershausen zum Thema „Sterben – Tod – Auferstehung" im September 1984.[211] Darin konzentrierte er sich auf eine rein theologische Diskussion des Themenkomplexes, im Zuge derer er niederländische Kirchenlieder ebenso auf Todesdeutungen hin analysierte wie einen Roman des sowjetischen Schriftstellers Juri Trifonow.[212] Für Christen kannte das Sterben keinen „Eisernen Vorhang".

Als ein mauerübergreifendes Phänomen erwiesen sich sogar die kirchlichen Versuche der Schaffung einer neuen Ars moriendi, obgleich selbstredend die Öffentlichkeitswirksamkeit der christlichen Sterbeanleitung in der DDR im Allgemeinen deutlich geringer ausgeprägt war. Dies führte zu einigen Publikationsparadoxien. Der ostdeutsche evangelische Theologe Friedrich Winter veröffentlichte

---

[209] Röhricht, Lebensverlängerung, Zitate S. 269 und S. 273.
[210] M. Müller, Hoffnung, Zitate S. 455 und S. 459.
[211] Vgl. zu der Tagung das Programm und die übrigen Informationen im *Kirchlichen Amtsblatt der Evangelisch-Lutherischen Landeskirche Mecklenburgs* Nr. 5, 30. 5. 1984, S. 39, online unter: https://www.kirchenrecht-nordkirche.de/kabl/31360.pdf [15. 12. 2021]. Zur Vortragstätigkeit von Henkys vgl. sein Nachlass im Evangelischen Zentralarchiv Berlin, Signatur EZA 811/95, darin u. a. sein am 29. 11. 1983 in Graz gehaltener Vortrag „Wer so stirbt, der stirbt wohl".
[212] Vgl. die 28 handschriftlichen Stichpunktzettel zu dem Vortrag, in: Evangelisches Zentralarchiv in Berlin, Signatur EZA 811/95.

3.2 Die Kirchen und die Wiederentdeckung des Lebensendes 101

sein Buch zur Seelsorge an Sterbenden und Trauernden 1976 etwa im Göttinger Verlag Vandenhoeck & Ruprecht.[213] Dieses diente laut Vorwort explizit der Anleitung von Kirchenmitarbeitern zum richtigen Umgang mit dem Thema, war aber trotz des Publikationsortes speziell zugeschnitten auf „Leben und Arbeit der Kirche [...], wie sie innerhalb des Bundes Evangelischer Kirchen in der DDR Raum und Grenze finden."[214] Rezeption fand das Buch folgerichtig beiderseits der Mauer, womit es zugleich einer der wenigen ostdeutschen Beiträge zum Lebensende war, der im Westen beachtet wurde. Inhaltlich hob Winter klar die Vorzüge einer christlichen Sterbebegleitung hervor, die er auch in liturgischen Angeboten und diakonischer Hilfe verortete. Zugleich machte er Zugeständnisse an die herrschenden gesellschaftlichen Bedingungen. So sah er „das Herbeirufen eines Geistlichen" ans Sterbebett als „keinesfalls bindend" an und verwies auf eine entsprechende, seiner Ansicht nach bewährte Praxis in ungarischen Krankenhäusern, wo dieses nur auf ausdrücklichen Wunsch der Patienten erfolgte.[215] Ein ursprünglich 1979 und einige Jahre später in unveränderter Zweitauflage im kirchlichen St. Benno-Verlag erschienener Sammelband des Leipziger Priesters Hartmut Nikelski mit dem Titel „Christliche Sterbehilfe" versammelte umgekehrt ausschließlich Beiträge von westlichen Theologen – auch das Literaturverzeichnis führte nur Westtitel zum Thema.[216]

Derartige Veröffentlichungen trugen wesentlich dazu bei, dass sich die Wissensbestände zum Lebensende in Ost- und Westdeutschland stark anglichen. Dies gilt etwa mit Blick auf Fragen der Krankensalbung, deren biblische Grundlage im Nikelski-Band die beiden renommierten katholischen Krankenhausseelsorger Josef Mayer-Scheu und Artur Reiner aus Heidelberg diskutierten. Die Krankensalbung werde oft missverstandenen, stelle aber eine wichtige „Antwort auf eine besondere Lebens- und Glaubenssituation" dar.[217] Denn gerade Gebete könnten helfen, wie ein anderer Aufsatz zu dem Thema erläuterte, den Sterbenden die Angst vor dem nahen Tod zu nehmen.[218] So diffundierte der westliche Standpunkt hinsichtlich des Problems der Sterbesakramente vollständig in Richtung Osten: In seinem Beitrag präsentierte der katholische Theologe Karl Rahner die offizielle Position des Hirtenbriefes aus dem Jahr 1978. Demnach könnten die Sakramente im Zweifel auch bei totalem Organausfall noch gespendet werden, was wichtig war, da ein Christ im Normalfall „zu einem ausdrücklich christlichen Sterben ‚verpflichtet'" sei.[219] Die Hintergründe des Nikelski-Bandes sorgen noch heute für Verwirrung in der Forschung. So übersieht der Medizinhistoriker Hartmut Bettin, dass die von ihm als Beleg für sein Argument, auch in der DDR sei von Seiten der Kirchen der

---

[213] Winter, Seelsorge. Zu Leben und Wirken von Winter vgl. seine Autobiografie; Winter, Weg.
[214] Winter, Seelsorge, S. 5.
[215] Ebd., S. 52.
[216] Nikelski, Sterbehilfe, S. 211.
[217] Mayer-Scheu/Reiner, Heilszeichen, S. 187.
[218] Richter/Probst/Plock, Verhältnis, v. a. S. 129.
[219] Rahner, Sterben.

Wunsch „nach selbstbestimmtem Sterben" immer lauter geworden, zitierte Passage von keinem ostdeutschen Autor stammt, sondern sich in dem Beitrag des niederländischen Moraltheologen Paul Sporken verbirgt.[220]

Zwar ändert dies nichts am Befund, dass das Sterben auch im Osten ab Ende der 70er Jahre gerade seitens kirchlicher Akteure immer stärker thematisiert wurde, aber die Differenzierung erscheint wichtig, um die dafür wesentlich mit verantwortlichen transnationalen Wechselwirkungen zu erkennen – und zu verstehen, warum sich die Positionen in West und Ost inhaltlich kaum unterschieden. Gerade im kirchlichen Bereich waren Wissenstransfers zum Sterben vom Westen in den Osten eher die Regel als die Ausnahme. Diese funktionierten auch auf anderem Wege, etwa über persönliche Kontakte. So konnten beispielsweise Mitglieder der ostdeutschen Diakonie im Mai 1987 an einer internationalen Konferenz christlicher Ärzte in Polen zu den Problemen im Umgang mit Sterbenden teilnehmen, zu der sich zahlreiche Vertreter aus dem westlichen Ausland einfanden – ähnliches gilt für Vertreter der frühen Hospizbewegung in der DDR, die immer wieder in den Westen reisten, um dort Erfahrungen in der Sterbebegleitung zu sammeln.[221] Christliche Netzwerke ermöglichten somit in der DDR wesentlich die Distribution und Zirkulation von Wissen und Ideen rund um das Lebensende aus dem Westen. Dies war fraglos begünstigt durch die Existenz eigenständiger Kirchenverlage, die seit 1978 bestehende Möglichkeit der Vergabe einer innerkirchlichen Druckerlaubnis und die weitgehende Veranstaltungsfreiheit, die gerade die evangelische Kirche genoss.[222] Möglich war dies aber letztlich nur, da das Regime den Kirchen in diesem Bereich freie Hand ließ. Offenbar galten Fragen des Sterbens und der Sterbebegleitung aus Sicht der Behörden als ideologisch unbedenklich, sei es aufgrund einer angenommenen Randständigkeit des Themas, sei es aufgrund der inhaltlichen Nähe der christlichen zur offiziellen marxistischen Position.

Tatsächlich ist frappierend, dass sich die Positionen christlich-kirchlicher Autoren kaum von denjenigen marxistischer Vertreter unterschieden – und es in den 80er Jahren sogar als Teil eines größeren Dialogs im medizinethischen Bereich zu einem dezidierten Austausch kam.[223] Führende staatliche Thanatologen wie Susanne Hahn und Achim Thom publizierten in kirchlichen Zeitschriften und priesen dabei die „Mehrheit der Christen in der DDR" für ihre „Gesprächsbereit-

---

[220] Bettin, Bedeutsam, S. 56. Vgl. Sporken, Umgang, S. 29. Bettin zitiert lediglich den Sammelband und die Seitenzahl.
[221] Vgl. Jürgen Schomacker: „Kritik an der Isolierung Sterbender. Internationale Konferenz Christlicher Ärzte in Polen." *Die Kirche* (Ost-Berlin), 14. 6. 1987 sowie zur Hospizbewegung in der DDR Kap. 8.1.
[222] Vgl. Bettin, Bedeutsam, S. 40.
[223] Vgl. hierzu etwa die bei Ernst Luther in Halle entstandene medizinethische Dissertation von Schubert-Lehnhardt, Gemeinsamkeiten. Luther war, wie auch seine Assistentin Schubert-Lehnhardt, für die Stasi tätig (Klose, Wurzeln, S. 32). Vgl. zum Verhältnis zwischen Theologie und marxistisch-leninistischer Philosophie bzw. Medizinethik auch Bettin, Bedeutsam, S. 40–42 und ausführlich Ens, Sterben.

schaft" sowie „ihr akzeptierendes Verständnis" mit Blick auf Fragen der Sterbebetreuung: Die auch in anderen Feldern „bewährte Zusammenarbeit zwischen Christen und Marxisten" führe sukzessive zu einer Verbesserung der Situation Sterbender.[224] In einer thanatologischen Sektion auf einem großen medizinethischen Symposium der Akademie für Ärztliche Fortbildung 1984 in Halle an der Saale fand sich ein Beitrag der marxistischen Philosophin Hannelore Volland zu den „protestantischen Auffassungen über Sterben und Tod". Volland lobte darin die Kirche, die sich jüngst verstärkt über die Verbesserung der Betreuung von Sterbenden Gedanken mache, anstatt nur „umfangreiche theologische Begründungen dafür zu erarbeiten." Umgekehrt könne und wolle die marxistisch-leninistische Weltanschauung keine individuell „schlüssige Antwort auf alle Fragen der eigenen Bewältigung der Endlichkeit des Lebens" geben, so dass das medizinische Personal Rücksicht auf Religion und Glauben von todkranken Patienten nehmen solle. Dies gelte sogar in solchen Bereichen, in denen – wie mit Blick auf die Frage nach dem „ewigen Leben" – grundlegende Unterschiede zwischen der christlichen und der staatlich-marxistischen Position festzustellen seien.[225] Insgesamt überwogen jedoch – wie Volland in einem Aufsatz mit einem der führenden ostdeutschen Medizinethiker, Uwe Körner, in der Zeitschrift für klinische Medizin weiter ausführte – ohnehin die Übereinstimmungen. Eine „humane Sterbebetreuung" stelle mithin „gemeinsames Anliegen von Kommunisten und Christen" dar, was wichtiger sei als die „Einheit der Meinungen über ein etwaiges Leben nach dem Tode."[226] Im Sommer 1988 durfte – zum ersten Mal in der Geschichte des Diakonischen Werkes der DDR – sogar ein anderer namhafter Vertreter der sozialistischen Medizinethik, Ernst Luther, die Hauptrede auf der Jahresversammlung der Diakonie halten, ein deutliches Zeichen für die beschriebene Annäherung zwischen der kirchlichen Wohlfahrtsorganisation und dem staatlichen Gesundheitswesen. Luther hob dabei zunächst allgemeine Verbindungslinien zwischen Christen und Marxisten hervor, darunter den „unvergessenen" gemeinsamen Kampf gegen den Nationalsozialismus, um dann schnell – und ausführlich – auf die Betreuung Sterbender zu sprechen zu kommen. Diese sei im Laufe des letzten Jahrzehnts zu einem „gesamtgesellschaftlichen Anliegen" geworden, das im Zentrum der eigenen wie der kirchlichen Aufmerksamkeit stehe und für Luther ganz offenbar das Herzstück der „gemeinsame[n] humanistische[n] Ziele" markierte, nach denen auf der Tagung gesucht wurde.[227]

Die Zielvorstellung „menschenwürdiges" Sterben bot also im Osten ebenfalls semantisch wie inhaltlich Berührungspunkte für unterschiedlichste Akteursgruppen. Gemeinsam war ihnen nicht nur, aber gerade auch die – unter anderem von Luther stark in den Mittelpunkt gestellte – konsequente Ablehnung jeder Form aktiver Sterbehilfe und die intensive Erinnerung an die nationalsozialistischen Eu-

---

[224] Hahn/Thom, Betreuung, S. 33.
[225] Die Druckfassung des Vortrags findet sich in Volland, Auffassungen.
[226] Volland/Körner, Sterbebetreuung, Zitate im Titel und auf S. 2057.
[227] Luther, Ziele, Zitate S. 23 und S. 27, zu finden etwa in: ADW, DWDDR I 628.

thanasie-Verbrechen, die stets als Fluchtpunkt der aktuellen Debatte fungierte.[228] Paradoxerweise verliefen die Schnittmengen hier ebenso zwischen staatlicher und kirchlicher Thanatologie in der DDR sowie – trotz der in Richtung Westen verfolgten Frontstellung – zwischen West- und Ostdeutschland. So unterschied sich die Position der Evangelischen Kirchen in der DDR in keiner Weise von der der EKD. Der bereits erwähnte, an der Evangelischen Stiftung Alsterdorf tätige westdeutsche Sterbehilfe-Kritiker Michael Wunder, der immer wieder für die EKD als Redner fungierte, nahm beispielsweise in der Wendezeit als Gast an einer Fachtagung des Diakonischen Werkes in der DDR teil.[229] Das Lebensende erwies sich für die Kirchen in der DDR damit in doppelter Weise, nach innen wie nach außen, als Motor für einen Dialog. Bereits der Untertitel des Nikelski-Bandes („Beiträge zum Gespräch über Sterben und Tod") aus dem Jahr 1979 verwies auf dessen Existenz.

Ihren Höhepunkt erreichte die intensive Auseinandersetzung mit Tod und Sterben in den Kirchen in der Zeit der Wiedervereinigung. So sah der Deutsche Evangelische Verband für Altenhilfe im Rahmen seiner ersten gesamtdeutschen Bundestagung 1991 in ihr eine der zentralen Zukunftsherausforderungen.[230] Und im Zuge eines Auftritts von Elisabeth Kübler-Ross in der Ost-Berliner Marienkirche im Herbst 1990 kritisierte ein Vertreter der evangelischen Kirche in Berlin-Brandenburg in einer Presseerklärung, dass durch den Veranstaltungsort suggeriert würde, die Positionen der amerikanisch-schweizerischen Sterbeforscherin seien christlich, und ergänzte: „Umso schärfer stellt sich die Frage, welche reale, christliche Hilfe und Antwort aus dem Evangelium die Kirche den von Orientierungskrisen gebeutelten Ostberlinern sowie den von Tod und Sterben angefochtenen und bedrohten Menschen in unserer Stadt, insbesondere den Krebs- und AIDS-Kranken zu geben bereit ist."[231]

Insgesamt ist damit festzuhalten, dass sich das Sterben in der zweiten Hälfte des 20. Jahrhunderts zwar für vielfältige gesellschaftliche und wissenschaftliche Zugriffe geöffnet und die Religion fraglos manches von ihrer Autorität über das Thema verloren hat. Dennoch war die Problematisierung des Lebensendes und speziell die Neukonzeption der Sterbebegleitung in jener Epoche an konfessionelle Träger, religiöses Wissen und die beiden christlichen Kirchen als zentrale Deutungsinstanzen gebunden. Kirchliche Akteure richteten sich nach 1945 neu aus und begriffen die gesellschaftlichen Probleme rund um das Sterben eher als Chance denn als Bedrohung. Waren sie – wenigstens in der Selbstwahrnehmung – in vielen anderen Fragen der gesellschaftlichen Entwicklung zunehmend in die Defensive gedrängt, so avancierte das Lebensende zu einem Anker, mittels dem sich offensiv die Bedeutung der Religion in der Moderne betonen ließ. So positionierten sich die Kirchen selbst mit einigem Selbstbewusstsein auf diesem wachsenden Markt und beanspruchten erfolgreich eine Kompetenz, die sie auf vielen anderen,

---

[228] Vgl. hierzu ausführlich Kap.5.1.
[229] Ein Abdruck seines Ende Oktober 1989 gehaltenen Vortrags findet sich in Wunder, 50 Jahre.
[230] Vgl. ADW, DWDDR III 82.
[231] Vgl. die Presseerklärung, in: *epd Landesdienst Berlin* Nr. 188, 2. 10. 1990, S. 3.

traditionellen Feldern kirchlicher Lebensbegleitung verloren hatten. Vor dem Hintergrund einer, etwa von Nicolai Hannig und Benjamin Ziemann nachgewiesenen, Anpassung kirchlicher Akteure an veränderte gesellschaftliche, mediale und kulturelle Rahmbedingungen erfolgte in jenen Jahren die Formulierung einer neuen christlichen Ars moriendi.[232] Diese berücksichtigte – im Vergleich zur klassischen Ars moriendi – nicht nur die gewandelten Bedingungen des Sterbens in der Moderne, beispielsweise mittels einer medizinkritischen Stoßrichtung, sondern war auch deutlich stärker wissenschaftlich untermalt.[233]

Sterbebegleitung als eine spezifische Form kirchlicher Lebensberatung stellte dabei zugleich ein Feld dar, dessen stärkerer Ausbau gut zu dem in den 60er und 70er Jahren stattfindenden Wandel von der „strafenden" zur „helfenden" Religion passte.[234] Denn als Reaktion auf das veränderte Gottesbildes jener Zeit suchten beide christlichen Kirchen statt autoritärer Anleitung zunehmend den inklusiven, vermittelnden Dialog, ein Prozess, den Thomas Großbölting treffend mit der Formulierung „vom Höllenfeuer zur allumfassenden Liebe" beschreibt.[235] Genau in diesem Sinne erklärten die europäischen Bischöfe 1989 Tod und Sterben auf einem Symposium zu einer wichtigen Herausforderung bei der angestrebten Neuevangelisierung Europas. Die Verdrängung des Themas erschien als Folgeproblem säkularisierter, technisch hochentwickelter Gesellschaften, in denen – wie es im Arbeitspapier für die regionalen Vorbereitungstreffen hieß – der Sterbende durch eine moderne „Medizin-Religion" zum „Statist" degradiert werde.[236] Umgekehrt wurden jedoch auch der strafende Charakter des früheren kirchlichen Bildes vom Lebensende sowie das Problem des Aufdrängens der Sakramente am Sterbebett selbstkritisch hinterfragt. Nötig sei vielmehr ein ehrlicher Umgang mit Sterbenden: Der Tod, bemerkte etwa der Generalvikar der Ordensgemeinschaft der Kamillianer, Domenico Casera, „ist für den, der ihm gegenübersteht, viel zu wichtig, als daß wir uns nicht fragen müßten, wie unsere Anwesenheit ‚als Kirche' sinnvoll, willkommen und gern gesehen sein kann." Eine solidarische, einfühlsame Sterbebegleitung, ein würdiger Tod bis hin zur Begräbnisfeier und die Verkündigung des „ewigen Lebens" als Geschenk eines gütigen Gottes gingen hier Hand in Hand.[237]

Menschen starben nach 1945 zwar anders als in früheren Epochen, aber keinesfalls „säkularer", ein Befund, der an die jüngere zeithistorische Forschung an-

---

[232] Hannig, Religion; Ziemann, Kirche. Vgl. auch Funke, Bilder.
[233] Zur neuen Bedeutung wissenschaftlicher Deutungsmuster für religiöses Wissen seit den 60er Jahren vgl. Eitler, Ressourcen.
[234] Vgl. Großbölting, Himmel (2013), S. 168–170.
[235] Ebd., S. 148.
[236] Vgl. Arbeitspapier für die regionalen Vorbereitungstreffen, in: Die europäischen Bischöfe und die Neu-Evangelisierung Europas. Hg. vom Sekretariat der Deutschen Bischofskonferenz und dem Rat der europäischen Bischofskonferenzen (CCEE). Bonn 1991, S. 295–315, Zitate S. 302 und S. 306.
[237] Casera, Umgang, S. 360. Vgl. zu dem Symposium und zum Mitte der 70er Jahre entstandenen Konzept der Neuevangelisierung eines vermeintlich säkularisierten Europas: Walldorf, Neuevangelisierung, v. a. S. 59–66.

schließt, die der Säkularisierungsthese mit größerer Skepsis begegnet.[238] Einige Studien gehen sogar so weit, diese primär als eine massenmediale Erfindung der westlichen Kultur seit den 60er Jahren zu verstehen, deren empirischer Kern für die Gesellschaften selbst eher zweitrangig war.[239] In die Kritik ist besonders der von ihr behauptete kausale Zusammenhang von Modernisierung und Entchristlichung geraten.[240] Folgt man etwa Steve Bruce, einem der Hauptvertreter der Säkularisierungsthese, so war der steigende Wohlstand für das Abschwächen religiöser Bindungen verantwortlich: „The more pleasant this life, the harder it is to concentrate on the next. The more satisfying being human, the harder to be mindful of God."[241] Dagegen verweist der Einfluss christlicher Symbole und Akteure im Bereich des Sterbens nicht nur auf nachwirkende religiöse Traditionen, sondern war oftmals eine neue Entwicklung des letzten Drittels des 20. Jahrhunderts, was offenbart, dass auch in der Moderne im Sinne Bruces eine Konzentration auf jene Themen möglich und erwünscht war. Ob man in diesem Zusammenhang von einer einsetzenden „desecularization" sprechen kann, erscheint fraglich.[242] Vielmehr dürfte es zielführender sein, Säkularisierung von vornherein nach Benjamin Ziemann „als einen beobachterrelativen Begriff zu verstehen, der danach fragt, wie religiöse Beobachter auf Folgeprobleme funktionaler Differenzierung für die Artikulation der für Religion tragenden Unterscheidung von Immanenz/Transzendenz reagiert haben."[243] Dahinter verbirgt sich mithin ein kontextabhängiger Prozess, der – wie Moritz Buchner zu Recht betont – Weltanschauungen und Glaubensformen transformieren, aber „auch neue Formen von Religiosität" hervorbringen konnte.[244]

Das Thema „Lebensende" eignete sich besonders, um die öffentliche Sichtbarkeit der Religion zu erhöhen sowie deren Bedeutung zu betonen. Tatsächlich zeigen die Publikationserfolge christlicher Ratgeber, die Flut an Veranstaltungen oder diverse Meinungsumfragen, dass der Bedarf nach religiöser Sterbeanleitung und -begleitung in der Bundesrepublik, und mit gewissen Einschränkungen sogar in der DDR spätestens ab den 70er Jahren durchaus vorhanden war. So landete bei einer Umfrage des Instituts für Demoskopie Allensbach, über welches Thema man mit einer Person sprechen würde, die sich gut in Fragen des Lebens und Glaubens auskenne, auf Platz eins einer langen Liste an Auswahlmöglichkeiten: „Ob es ein Fortleben nach dem Tod gibt, oder ob nach dem Tod alles aus ist".[245] Eine andere Studie im Juli 1982 ergab als häufigste Antwort auf die Frage, wobei die Religion

---

[238] Für einen Überblick über die vorgebrachten Einwände gegen die Säkularisierungsthese und ein Plädoyer, diese selbst zu historisieren, vgl. Pollack, Rekonstruktion.
[239] Vgl. etwa Brewitt-Taylor, Radicalism, v. a. S. 8. Differenzierter und mit einem Fokus auf den anhaltenden Einfluss der Kirchen in beiden deutschen Staaten Brechenmacher, Sog.
[240] Vgl. Pollack, Säkularisierungstheorie.
[241] Bruce, God, S. 25.
[242] Berger, Desecularization.
[243] Ziemann, Säkularisierung, S. 36.
[244] Buchner, Warum weinen, S. 9.
[245] Jahrbuch der öffentlichen Meinung 1968–1973, S. 103.

den Menschen helfen könnte: „Um mit dem Sterben fertig zu werden."[246] Und in einer weiteren Umfrage nach den Einsatzgebieten der Kirchen äußerten 1997 70% der Befragten den Wunsch, die Kirchen sollten sich besonders darum kümmern, „daß die Menschen die Angst vor dem Tod verlieren" – immerhin zwei Drittel waren zugleich der Auffassung, dass die Kirchen sich auch konkret dafür einsetzen würden.[247] Eine verstärkte Hinwendung vieler Menschen zum christlichen Glauben im Angesicht des nahenden Todes oder beim Sterben enger Verwandter lässt sich etwa in privaten Tagebüchern und Briefwechseln nachzeichnen.[248] Die thanatologische Forschung stellte ebenfalls bereits Anfang der 70er Jahre ein zunehmendes Gewicht religiöser Interpretationen und Überzeugungen bei geriatrischen Patienten mit tödlich verlaufenden Erkrankungen fest.[249] Eine empirische Untersuchung zur Verarbeitung beruflicher Sterbeerfahrungen bei oberbayerischen Krankenschwesternschülerinnen ergab 1980, dass die bei den meisten von ihnen noch „stark verankerten religiösen Leitsätze" beim Umgang mit dem Thema halfen und diesem viel von seinem Schrecken nahmen.[250]

Dies blieb kirchlichen Akteuren nicht verborgen, die immer wieder betonten, dass der Verlust von Jenseitshoffnungen und religiösen Gewissheiten in der Moderne zu zentralen Sinnkrisen am Lebensende führe – was wiederum als Herausforderung wie als Chance für eine dezidiert christliche Sterbebegleitung und die Artikulation einer neuen Ars moriendi empfunden wurde.[251] Denn dass „Liturgie Sterbe- und Trauerhilfe sein kann", sei eine „unbestrittene und altbewährte Erfahrung."[252] „Der Glaube gibt Hoffnung", so interpretierte der Theologe Helmut Zielinski das Ergebnis eines von der Deutschen Krebshilfe an der Uniklinik Köln Anfang der 80er Jahre durchgeführten Projekts, in dem in einem Farbenseminar festgestellt wurde, dass viele Schwerstkranke ihr Empfinden mittels typisch christlicher Zeichen ausdrückten und insbesondere das helle Licht am Ende des schwarzen Tunnels omnipräsent war: „Die Erfahrung der Nähe Gottes [...] läßt diese Krankheit ertragen."[253] Auch Heinrich Pompey sah zur Zeit der Wiedervereinigung in Tod und Sterben die schwierigste und am meisten belastende Grenzsituation des menschlichen Lebens – und in der Religion die zentrale Einflussgröße, die ein „Vertrauenspotential" begründen könne.[254] Eine Einführung in die Religionspsychologie wies zeitgleich darauf hin, dass religiöse Grunderfahrungen von

---

[246] Allensbacher Jahrbuch 1978–1983, S. 122.
[247] Allensbacher Jahrbuch 1993–1997, S. 284.
[248] Exemplarisch: Nur ein Traum ist das Leben. Tagebuch einer an ihrem Schicksal gereiften Frau, in: Deutsches Tagebucharchiv, Emmendingen, Signatur 1-1; Briefe an den Ehemann, in: ebd., Signatur 3165-3; Briefe an den toten Ehemann, in: ebd., Signatur 1877-76.
[249] Vgl. z. B. Witzel, Sterbende; Shneidman, Deaths, v. a. S. 208–210; Erlemeier, v. a. S. 112–115 sowie zur Thanatologie Kap. 4.1.
[250] Eggensberger, Sterben, S. 7.
[251] Vgl. etwa das Konzept des Modellprojekts Hospiz-Hausbetreuungsdienst am St. Elisabeth Krankenhaus e. V. Halle (Saale) vom September 1992 im Bundesarchiv Koblenz, B 149/149813, Bl. 530–554.
[252] Duesberg, Sterbenden. Vgl. ähnlich Berger, Sterben.
[253] Zielinski, Religion, Zitate S. 128 und S. 129.
[254] Pompey, Fragen, S. 42–49, Zitat S. 46.

vielen Menschen im höheren Alter reaktiviert würden, um etwa Lebenskrisen wie Krankheiten oder eben den nahenden Tod besser bewältigen zu können, eine Beobachtung, die auch Krankenhausseelsorger in der Praxis immer wieder machten.[255] Gerade mit Blick auf Sinnstiftung am Ende des Lebens besaßen religiös-christliche Symboliken, Deutungen und rituelle Handlungen folglich nach 1945 nicht nur eine anhaltend große Bedeutung, diese stieg vielmehr im Laufe des letzten Drittels des 20. Jahrhunderts weiter an.[256]

Diese Entwicklung war sicherlich auch eine Folge der Diskursivierung des Themas Sterbens durch religiös-kirchliche Akteure. Der Entstehungshintergrund einer modernen Ars moriendi und der Neukonzeption einer christlichen Sterbebegleitung lag letztlich in der Hoffnung und Erwartung, trotz der Transformation religiöser Selbstverständlichkeiten Zugriff auf menschliche Lebenswelten gewinnen zu können, da die moderne Wissenschaft und die rationalisierte Gesellschaft offenkundig keine befriedigende Antwort auf die Fragen rund um das Lebensende zu geben vermochten. Vielmehr stellten das Sterben und die Frage, was danach kommt, die vielleicht letzte große Unbekannte der Moderne dar: Ein Rätsel, das der medizinische und wissenschaftliche Fortschritt eben nicht gelöst hatte. Weder konnte der Tod besiegt noch die Frage, was eigentlich genau nach dem Tod passiert, zufriedenstellend beantwortet werden. Die zitierten Umfrageergebnisse wie die anhaltende Popularität des Themas Jenseitsvorstellungen in Öffentlichkeit und Forschung verweisen darauf, dass das „Nichts" als Endzustand menschlicher Existenz für die meisten Menschen wenigstens unbefriedigend, oft wohl auch unvorstellbar ist.[257] Denn ohne Gott stellt der Tod, wie Pompey Anfang der 90er Jahre in Anlehnung an Ernst Bloch bemerkte, einen Nihilist dar, der „alle innerweltliche Sinngebung" konterkariere.[258] Tatsächlich könne nur die Kirche, wie zeitgleich der auf gerontologische Themen spezialisierte evangelische Theologe Karl Becker postulierte, dieses „Daseinsthema aller [...] zur Sprache bringen."[259] Die neue Debatte um den Tod und die Probleme des Sterbens erschien kirchlichen Akteuren so im letzten Drittel des 20. Jahrhunderts immer mehr als eine Möglichkeit, in Zeiten der Entkirchlichung, die eben keinesfalls eine Säkularisierung sein musste, mittels einer Betonung der Bedeutung transzendenter Selbstversicherung und religiös-christlicher Sinnstiftungsmechanismen am Lebensende erneut Einfluss auf zentrale gesellschaftliche Problemfelder zu bekommen – und zugleich den innerkirchlichen Prozess der Öffnung und Annäherung an eine sich rasch verändernde Welt voranzutreiben.

---

[255] Holm, Einführung, v. a. S. 98 f. Vgl. Interview Josef Kirsch sowie die Ergebnisse eines theologischen Forschungsprojekts, in dem Ende der 70er Jahre mittels einer qualitativen Inhaltsanalyse der Gedächtnisprotokolle von Seelsorgern die religiösen Erfahrungen von Sterbenden analysiert wurden: Engelke, Sterbenskranke.
[256] Vgl. für einen ähnlichen Befund für das 19. Jahrhundert Richter, Tod, v. a. S. 335 f.
[257] Vgl. für eine empirische, religionswissenschaftliche Analyse von „Nachtodvorstellungen" in der Gegenwart Tesche, Nachtodvorstellungen.
[258] Pompey, Leben, S. 187.
[259] K. Becker, Sterben, S. 55.

4. 1969: Das Buch, oder: die Erfindung des Sterbeaktivismus

> „Death is not painful. It is the most beautiful experience you will have." (Elisabeth Kübler-Ross)

Elisabeth Kübler-Ross selbst beschrieb ihr Leben als einen stetigen „Kampf um meine eigene Identität".[1] Geboren 1926 in Zürich als älteste Drillingsschwester mit einem Körpergewicht von nur zwei Pfund, rang sie anfangs ums Überleben – und zeitlebens um Anerkennung. Mit ihrem Interesse an fremden Kulturen strebte sie früh danach, der Enge der ländlichen Schweiz zu entkommen, in der sie aufwuchs, nachdem die Familie nach Meilen am Zürichsee gezogen war. So verließ sie bereits mit 16 Jahren ihr Elternhaus und den strengen Vater, der sie als Kind unter anderem dadurch abhärten wollte, dass er ihr Kaninchen schlachten und zum Abendessen verspeisen ließ. Am Ende des Zweiten Weltkriegs arbeitete Kübler-Ross als Freiwillige in der Flüchtlingshilfe, zunächst in Frankreich, nach Kriegsende auch in Polen, wo sie sich unter anderem um Überlebende des KZ Majdanek kümmerte. Die direkte Erfahrung des gewaltsamen Massentodes und besonders der systematischen Ermordung der europäischen Juden hatte eine prägende Wirkung auf die junge Frau.[2] Das anschließende Medizinstudium setzte sie gegen familiäre Widerstände durch. Ihr Interesse am Arztberuf speiste sich aus einem Aufenthalt im Züricher Kinderkrankenhaus in ihrer Jugend, war aber – was mit Blick auf ihr weiteres Wirken durchaus wegweisend sein würde – klar negativ und durch einen Veränderungswunsch motiviert: Sie sei wie ein Gegenstand behandelt, nicht einmal begrüßt worden, alles sei kalt und die Erfahrung „bemerkenswert unerfreulich" gewesen.[3] Nach Abschluss ihres Studiums zog sie mit Anfang 30 zusammen mit ihrem Ehemann, einem amerikanischen Arzt, in die USA, wo sie sich auf Psychiatrie spezialisierte und eine wissenschaftliche Karriere einschlug, die sie schließlich 1965 an die University of Chicago führen sollte.

Es scheint mit Blick auf ihren Lebenslauf kein Zufall gewesen zu sein, dass Kübler-Ross sich in Forschung und Lehre rasch einem Thema widmete, das ihrer Auffassung nach vollständig marginalisiert war. Bereits in ihren ersten Jahren in den USA sei ihr an einem staatlichen Krankenhaus in New York die schlechte Behandlung von Sterbenden aufgefallen, da die meisten Ärzte „der Realität des Todes gewöhnlich aus dem Wege gingen" und das Thema tabuisierten.[4] Nachdem sie daraufhin in ihrer Zeit an der University of Colorado erstmals mit dem Einsatz einer jungen Todkranken zu Lehrzwecken in einem Seminar experimentiert hatte,

---

[1] Vgl. hier und im Folgenden zu den genannten Aspekten zum Leben von Kübler-Ross ihre Autobiografie: Kübler-Ross, Rad, S, 15–200, Zitat auf S. 24; Gill, Kübler-Ross; Schaup, Kübler-Ross sowie den Film von Haupt, Kübler-Ross.
[2] Vgl. Heller u. a., Geschichte, S. 37 f.
[3] Kübler-Ross, Rad, S. 32.
[4] Ebd., S. 144.

begann sie unmittelbar nach ihrer Ankunft in Chicago mit einem systematischen Forschungsprojekt. Dessen Ausgangspunkt war die Beobachtung, dass die meisten Studierenden im Angesicht des Todes völlig hilflos seien, da sie noch nie mit Sterbenden gesprochen oder eine Leiche gesehen hätten. Um ihnen praktische Erfahrungen zu ermöglichen, suchte Kübler-Ross gegen den Widerstand des Klinikpersonals unheilbar Kranke im Krankenhaus, die in protokollierten Gesprächen im Rahmen einer Lehrveranstaltung über ihre Sorgen, Gefühle und Wünsche sprachen. Ihr Kurs, der nach ihrer Aussage von der Fakultät zunächst boykottiert worden sei, war bei Medizin- wie Theologiestudenten gleichermaßen beliebt. Auf eine Anfrage des Macmillan-Verlags hin schrieb sie in nur zwei Monaten jenes Buch, für das sie weltweit bekannt werden sollte: „On Death and Dying"[5] – den Titel hatte der Verlag schon vorab festgelegt – wurde 1969 veröffentlicht und hielt sich auch dank ausführlicher Berichte in den auflagenstarken Nachrichtenmagazinen *Time*[6] und *Life*[7] mehrere Monate auf der Bestsellerliste der *New York Times*. Innerhalb kurzer Zeit verkaufte es sich über eine Million Mal – ebenso wie die noch im selben Jahr erschienene deutsche Übersetzung „Interviews mit Sterbenden".[8]

„On Death and Dying" war dabei auch, vielleicht sogar in erster Linie, eine Kampfschrift gegen autoritäre Auswüchse im modernen Gesundheitswesen. Radikal brach Kübler-Ross in ihren Interviews mit den Konventionen der medizinischen Praxis jener Jahre: Sie ließ die Patienten sprechen, war geduldig und freundlich, hörte ihnen zu, ja sie sah in ihnen, wie sie nicht müde wurde zu betonen, „our teacher" – und nicht umgekehrt. Es ging ihr mithin nicht nur um das Sterben, es ging ihr auch um ein verändertes, ein besseres Arzt-Patienten-Verhältnis. Das Lebensende erschien ihr als eine Art Sonde für all das, was nicht funktionierte, denn gerade Sterbenden werde im Medizinbetrieb das Recht auf eine eigene Meinung, eine Persönlichkeit abgesprochen.[9] Doch nicht nur hier, sondern in der modernen Gesellschaft an sich sei das Thema zu einem Tabu verkommen, auch dort hätten tradierte Bräuche an Bedeutung verloren, die Sterbenden und ihren Angehörigen in früheren Zeiten geholfen hätten, den Tod als Teil des Lebens zu akzeptieren.[10] In diesem Sinne war es nur konsequent, dass Kübler-Ross die Ergebnisse ihrer akademischen Forschung nicht etwa in einem Fachjournal publizierte – sondern an eine breite Öffentlichkeit richtete und später durchaus aggressiv vermarktete: Denn ihren Kampf für die Rechte von Sterbenden sah sie in einem klaren Zusammenhang mit dem zeitgenössischen Ringen um die Rechte anderer benachteiligter und diskriminierter Gruppen.

---

[5] Kübler-Ross, On Death and Dying bzw. dies., Interviews.
[6] „Dying: Out of Darkness." *Time* 94 (1969), Nr. 15.
[7] Loudon Wainwright: „A Profound Lesson for the Dying." *Life* 67 (1969), Nr. 21, S. 37–43.
[8] Vgl. bezüglich des Publikationserfolgs und zu den Verkaufszahlen: Fulton, Death (1977), v. a. Introduction; Mor/Greer/Kastenbaum, Hospice, S. 1–15 und „Paper Back Talk." *New York Times*, 29. 8. 1976, S. 223.
[9] Vgl. Kübler-Ross, On Death and Dying, v. a. S. 7–9.
[10] Ebd., S. 6.

4. 1969: Das Buch, oder: die Erfindung des Sterbeaktivismus

Als das zentrale empirische Ergebnis ihrer Arbeit mit Sterbenden beschrieb sie das Modell der fünf Phasen des Sterbens: „Denial", „Anger", „Bargaining", „Depression", „Acceptance".[11] In einer unmittelbaren Reaktion des Schocks versuchten unheilbar kranke Patienten demnach zunächst, ihr bevorstehendes Sterben zu verdrängen, indem sie etwa die tödliche Diagnose leugneten. Sobald dies nicht mehr möglich sei, folge eine Zeit der aggressiven Frustration, des Zorns und der Wut, die sich auf ihr gesamtes soziales Umfeld richten könne, insbesondere auf gesunde Menschen. Anschließend träten sie in eine kurze Periode des Verhandelns, in der Sterbende dem Schicksal, Gott oder den Ärzten mehr Lebenszeit abringen wollten. Stießen sie auch mit diesen Bemühungen an eine Grenze, so reagierten sie darauf depressiv und fielen in eine tiefe Trauer. Erst in einem letzten Schritt gelangten Sterbende in jene Phase, deren Erreichen für Kübler-Ross die Voraussetzung für einen „guten Tod" markierte: diejenige der Annahme, der Akzeptanz des bevorstehenden Ablebens. Kübler-Ross präsentierte ihr Phasenmodell dabei (auch wenn sie dies später relativieren sollte) durchaus als etwas Lineares und – trotz der nur 200 Probanden – als empirisch gefestigt. Tatsächlich scheint es aber in mancherlei Hinsicht eher ein ad hoc-Resultat des Prozesses der Niederschrift ihres Buches gewesen zu sein. So erinnerte sie sich in ihrer Autobiografie, dass sie erst bei der Konzeption des Buches auf einmal „ganz klar" erkannt habe, „wie alle sterbende Patienten [...] fünf ähnliche Stadien durchlaufen."[12]

Es war gerade das Phasenmodell, das rasch in alle Welt, sogar über den „Eisernen Vorhang" hinweg, diffundierte und gleichfalls in Wissenschaft, medizinischer Praxis wie Öffentlichkeit viel beachtet wurde. Es fand Erwähnung in über 60 Filmen und Fernsehsendungen, von „Star Trek: The Next Generation" über „Buffy the Vampire Slayer" bis zu einer legendären Folge der „Simpsons" aus dem Jahr 1991, in der Familienvater Homer nach einer tödlichen Diagnose die fünf Phasen in einer Rekordzeit von 20 Sekunden durchläuft.[13] Zur rasanten Verbreitung und diskursiven Durchdringung ihrer Ideen trug Kübler-Ross selbst maßgeblich bei. So begann sie mit einer intensiven Publikationstätigkeit und hielt weltweit Vorträge, mitunter vor tausenden Zuhörern, wie 1985 in West-Berlin.[14] Ihr Engagement zeigte auch sofort Auswirkungen auf die Praxis des Umgangs mit Sterbenden. In den USA kam es schon 1972 im Senat zu einer ersten Anhörung zur Situation Schwerstkranker auf nationaler Ebene, bei der Kübler-Ross als Expertin auftrat; das dadurch angestoßene politische Interesse und eine entsprechende Gesetzesini-

---

[11] Ebd., S. 34–121.
[12] Kübler-Ross, Rad, S. 197.
[13] Eine Übersicht über die populärkulturellen Referenzen auf das Phasenmodell von Kübler-Ross findet sich unter https://www.ekrfoundation.org/5-stages-of-grief/5-stages-in-popular-media [15. 12. 2021]. Vgl. The Simpsons. USA/Fox seit 1989, Staffel 2, Folge 11 (One Fish, Two Fish, Blowfish, Blue Fish, ausgestrahlt am 24. 1. 1991) [die deutsche Erstausstrahlung erfolgte unter dem Titel „Die 24-Stunden-Frist" am 13. 3. 1992 im ZDF; ein Clip der Szene findet sich unter. https://www.youtube.com/watch?v=jYN4CllWuiM [15. 12. 2021].
[14] Vgl. „Das Leben als Herausforderung. Sterbeforscherin berichtete von ihren Erfahrungen und Untersuchungen." *Epd Landesdienst Berlin* Nr. 183, 26. 9. 1985, S. 2.

tiative markierte unter anderem den Startschuss für die amerikanische Hospizbewegung.[15] Eine noch ungleich größere Wirkung entfaltete der Aktivismus von Kübler-Ross allerdings „von unten". So veranstaltete sie rund um den Globus speziell konzipierte Workshops und Seminare zum Umgang mit Tod und Sterben – bevorzugt in der Bundesrepublik, wo sich rasch ein besonders treuer Kreis an Anhängern herauskristallisierte. Darunter befanden sich Ärzte, Pflegekräfte und Seelsorger ebenso wie Hinterbliebene oder thematisch interessierte Privatpersonen. Im Klima der 70er und 80 Jahre, in dem neue Formen der Psychotherapie nur so aus dem Boden sprossen, erwies sich das Konzept als überaus erfolgreich: Die Workshops zum Sterben waren für viele Teilnehmer auch eine Form der Lebenstherapie.[16]

Zugleich gerieten Kübler-Ross und speziell ihr Phasenmodell jedoch fast ebenso rasch in die Kritik. Andere Studien bemängelten, dass sie nie einen eindeutigen empirischen Nachweis für die Existenz der fünf Phasen erbracht hätte und ihr Buch methodische Schwächen aufweise.[17] Ohnehin fokussiere das schematische Modell offenkundig Krebspatienten und blende die Individualität des Sterbens völlig aus, die sich – wie in der Forschung immer stärker herausgearbeitet wurde – in unterschiedlichsten Einstellungen zum Tod und in schnell wechselnden Gemütszuständen sowie Gefühlen ohne klar zu erkennende allgemeine Muster ausdrücke.[18] Derartige Vorbehalte bestätigten sich auch in der Praxis: So stellten die Verantwortlichen in der Kölner Palliativstation 1989 nach einigen Jahren Erfahrung in der Sterbebegleitung verblüfft fest, dass gerade die fünfte Phase, die Annahme des Todes im terminalen Stadium, in der Realität ganz anders verlaufe als im Modell von Kübler-Ross beschrieben.[19] Aus heutiger Sicht, so konstatierte 2012 abschließend einer der führenden deutschen Thanatopsychologen, müssten alle Phasenmodelle der 60er und 70er Jahre, darunter insbesondere jenes von Kübler-Ross, als „vorwissenschaftliche Aussagen" qualifiziert und verworfen werden: Es gebe mithin keine stichhaltigen Belege dafür, dass Sterbeverläufe linear bestimmten Phasen folgen würden.[20]

Auch darüber hinaus polarisierte Kübler-Ross, insbesondere seit sie Ende der 70er Jahre ein esoterisches Therapiezentrum namens „Shanti Nilaya" in Südkalifornien eröffnete, das rasch wegen spiritistischer Behandlungspraktiken in Verruf geriet – sie setzte etwa ein Medium ein, um Hinterbliebene in Kontakt mit Verstor-

---

[15] Vgl. Golek, Standort, S. 97 sowie allgemein zur US-Hospizbewegung Kap. 4.2.
[16] Vgl. Ermann, Medizin, S. 512–520 sowie zum Erfolg des Workshop-Konzepts in Westdeutschland Kap. 8.2.
[17] Vgl. etwa Kalish, Myth, v. a. S. 220 f.; Howe, Sterben; Corr, Coping; Schmied, Sterben, S. 72–76.
[18] Vgl. Shneidman, Unempfindlichkeit; Baltes, Altern. Zu den hochgradig vom jeweiligen Krankheitsbild und Sterbeverlauf abhängigen, ganz unterschiedlichen Erfahrungen und psychologischen Bedürfnissen von Sterbenden vgl. bereits die ursprünglich in den 20er Jahren entstandenen Überlegungen von Hoff, Psychologie.
[19] Vgl. Zielinski, Religion, S. 125 f.
[20] Wittkowski, Psychologie, S. 53.

4. 1969: Das Buch, oder: die Erfindung des Sterbeaktivismus 113

benen zu bringen. Zudem richtete sie ihre wissenschaftliche Forschung nun darauf aus, die Existenz eines Lebens nach dem Tod zu beweisen, etwa indem sie sich in ein künstliches Koma versetzen ließ, um Nahtoderfahrungen zu simulieren. Zehn Monate nach deren Tod, so begründete die Schweizer Ärztin ihr Interesse an diesem Thema, sei ihr eine ehemalige Patientin namens „Frau Schwarz" in einem Aufzug erschienen und habe sie instruiert, sich damit zu befassen.[21] Darüber hinaus begann sie im Verlauf der 70er und 80er Jahre die Existenz des Todes an sich zu leugnen und entwickelte – wie auch im einleitenden Zitat deutlich wird – eine zunehmende Begeisterung für das Sterben, das durchaus „schön" sein könne.[22] Dieses „Sterbe-Entzücken" erschien 1982 nicht nur der *Zeit* in der Kritik zu einer Fernsehsendung mit ihr befremdlich.[23] Als Kübler-Ross am 30. September 1990, einen Tag nach Inkrafttreten des Einigungsvertrags, im ehemaligen Ost-Berlin einen Vortrag hielt, intervenierte sogar der Sektenbeauftragte der evangelischen Kirche.[24] In einer Presseerklärung bezeichnete er ihren Auftritt als „Trauerspiel" und „Ausverkaufsposse": Bei Eintrittspreisen von 20 DM habe der Veranstalter Einnahmen von über 30 000 Mark generiert – und der „Reinkarnationsforscherin" dafür die Gelegenheit gegeben, ihre „Gespenstergeschichten" und Märchen von der „bewußtseinsbildende[n] Funktion von AIDS und Krebs" zu verbreiten.[25]

Dies freilich rief sogleich die Anhänger von Kübler-Ross auf den Plan, die zahlreich bei der Veranstaltung vertreten waren. In wütenden Schreiben an Kirchenvertreter und zahlreichen Leserbriefen in Tageszeitungen protestierten sie gegen die „Methoden des Rufmordes" der Kirche, die versuche, mit „aberwitzigen Mutmaßungen und Unterstellungen" die Sterbeforscherin als „nicht genehme Person ,auszuschalten'." Offenbar sei, wie eine andere Zuschrift monierte, „die Verfolgung Andersdenkender [...] wieder en vogue", in jedem Fall entspreche das Vorgehen – so die Kritik einer Marburger Hospizgruppe – „nicht rechtsstaatlichen Grundsätzen, sondern dem Stil des ehemaligen Staatssicherheitsdienstes."[26] Die breite Unterstützung verweist darauf, dass Kübler-Ross in der Bundesrepublik bei denjenigen, die sich aktiv mit Tod und Sterben auseinandersetzten, letztlich als Ikone stets

---

[21] Vgl. Kübler-Ross, Rad, S. 207–218.
[22] Vgl. Sörries, Tod (2015), S. 141.
[23] Momos: „Jeder ein kleiner Sokrates." *Die Zeit*, 23. 7. 1982, URL: https://www.zeit.de/1982/30/jeder-ein-kleiner-sokrates/komplettansicht [15. 12. 2021]. Vgl. zur Kritik an Kübler-Ross Ron Rosenbaum: Dead Like Her. How Elisabeth Kübler-Ross Went Around the Bend." *Slate*, 23. 9. 2004, https://slate.com/culture/2004/09/the-treacly-legacy-of-kubler-ross.html [15. 12. 2021].
[24] Vgl. hierzu die Akte „Sammlung zu Tod und Sterben", ELAB 27/175, darin neben Schriftverkehr und Presseberichterstattung zu dem Fall auch eine Abschrift des Vortrags selbst.
[25] „Auftritt von Reinkarnationsforscherin als ,gespenstisch' bezeichnet. Schweizer Spiritistin Kübler-Ross in Berliner Marienkirche." *Epd Landesdienst Berlin* Nr. 188, 2. 10. 1990, S. 3.
[26] Vgl. den Schriftverkehr und die abgelegten Briefe in ELAB 27/175, die Zitate stammen aus den Schreiben eines bekannten Schülers von Kübler-Ross aus Hannover vom 5. 11. 1990 und eines Berliner Palliativmediziners vom 18. 10. 1990 jeweils an den Sektenbeauftragten sowie aus dem offenen Brief der Hospizgruppe vom 28. 10. 1990, der an zahlreiche Kirchenführer, darunter den Bischof der evangelischen Kirche von Berlin-Brandenburg, gerichtet war.

unumstritten blieb. Dies erklärt auch, warum ihr Modell der fünf Phasen des Sterbens alle Kritik überlebt hat: Noch im Jahr 1992 bezeichnete einer der im Bereich der Palliativversorgung führenden deutschen Ärzte die Kenntnis der Sterbephasen nach Kübler-Ross als „unerlässlich für die medizinische Praxis", im Bereich der Sterbebegleitung ist das Modell bis heute omnipräsent.[27]

Um Kübler-Ross selbst wurde es in ihren letzten Lebensjahren vergleichsweise ruhig. Nach der Aufgabe ihres Heilzentrums in Kalifornien zog sie auf eine Farm in Virginia, auf der sie Anfang der 90er Jahre vergeblich versuchte, ein AIDS-Hospiz zu errichten, bevor sie in der Einöde Arizonas eben jenen in der Einleitung beschriebenen Tod erleiden sollte, gegen den sie zeitlebens bei anderen angekämpft hatte: einsam, schmerzhaft, langwierig, voller Selbstzweifel und ohne Akzeptanz.[28] Als sie 2004 schließlich starb, hinterließ Kübler-Ross knapp zwei Dutzend Bücher, die in 35 Sprachen übersetzt wurden – von Armenisch über Isländisch bis hin zu Urdu. Sie erhielt 23 Ehrendoktorwürden und unzählige Auszeichnungen.[29] Das Magazin *Time* rechnete sie zu den Top 100 der größten „scientists & thinkers" des 20. Jahrhunderts.[30] Und drei Jahre nach ihrem Tod folgte die Aufnahme in die amerikanische National Women's Hall of Fame.[31] Ihr größtes Vermächtnis allerdings ist es, den modernen „Sterbeaktivismus" begründet zu haben. Mit diesem Begriff soll im Folgenden die spezifische Verbindung von Forschung und Protest beschrieben werden, die prototypisch für zwei zentrale Triebkräfte der Neubestimmung von Tod und Sterben im letzten Drittel des 20. Jahrhunderts steht: die Thanatologie und die Hospizidee.

4.1 Das Sterben erforschen: die Thanatologie und die Verwissenschaftlichung des Lebensendes

„Muss ich denn sterben, um zu leben?" (Falco – Out of the Dark)

Die Thanatologie war indes keine Erfindung von Kübler-Ross. Einzelne, zum Beispiel philosophische oder theologische Abhandlungen zu Tod und Sterben erschienen schon seit Jahrhunderten und auch die dezidiert wissenschaftliche Erforschung dieser Themen, etwa zu psychologischen Problemen der Sterbebewältigung oder kulturellen Repräsentationen des Todes, hatte ihre Ursprünge bereits um 1900.[32] So setzte sich etwa der polnische Kulturanthropologe Bronisław Mali-

---

[27] P. Becker, Sterben, S. 33. Vgl. Wenzel/Pleschberger, Sterbeprozess sowie problemorientiert Thönnes, Grundthema, S. 95 f.
[28] Vgl. zur späteren Lebensphase Kübler-Ross, Rad, S. 273–346 sowie zu ihrem Sterben Kap. 1.
[29] Vgl. Kolling, Kübler-Ross, . Eine Übersicht über die von Kübler-Ross erhaltenen Auszeichnungen findet sich unter https://www.ekrfoundation.org/elisabeth-kubler-ross/awards-and-honors [15. 12. 2021].
[30] *Time* 153 (1999), Nr. 12.
[31] Vgl. https://www.womenofthehall.org/inductee/elisabeth-kblerross [15. 12. 2021].
[32] Vgl. als Überblick zur Entwicklung der Thanatologie Schmitz-Scherzer, Sterben.

nowski in den 20er Jahren im Zuge seiner Feldforschung in pazifischen Stammeskulturen detailliert mit der Frage auseinander, inwieweit der Tod als konstitutiv für jede Form des Glaubens, der Religion und des Ritus angesehen werden müsse.[33] Auch der Philosoph Martin Heidegger beschäftigte sich 1927 in seinem Jahrhundertwerk „Sein und Zeit" ausführlich mit dem Tod, den er als Grundlage jeder Form des individuellen Zeitverständnisses (Vergangenheit, Gegenwart, Zukunft), ja des menschlichen Daseins an sich betrachtete.[34] Und in der Psychologie entstanden seit Sigmund Freuds viel diskutierten Überlegungen zum menschlichen „Todestrieb" periodisch immer wieder Studien zum Umgang mit Tod und Sterben, etwa in Form einer Essaysammlung des aus Österreich stammenden amerikanischen Psychoanalytikers Kurt Eissler.[35]

Dennoch war die Thanatologie im Wesentlichen ein Phänomen der zweiten Hälfte des 20. Jahrhunderts. Im Laufe der 50er Jahre begannen vor allem Sozialwissenschaftler und Psychologen, sich auf das Lebensende zu spezialisieren, wobei die USA der Hort der neuen Aktivitäten war. Ihr Ausgangspunkt war eine Beobachtung, die im Januar 1957 in einem anonymen Essay in der renommierten Zeitschrift *Atlantic Monthly* auf den Punkt gebracht und im Kontext des medizinischen Fortschritts mit seinen neuen Möglichkeiten der künstlichen Lebensverlängerung verortet wurde: „There is a new way of dying today. It is the slow passage via modern medicine."[36] Ein erster sichtbarer Ausdruck des aufkommenden wissenschaftlichen Interesses war der 1959 erschiene Sammelband „The Meaning of Death" des an der University of Southern California lehrenden Psychologen Herman Feifel.[37] Das schnell zu einem Bestseller werdende Buch, dem sogar das populäre Magazin *Time* eine Rezension widmete,[38] gilt heute als „the single most important work that galvanized the scholarly community concerning dying, death, and bereavement".[39] Es versammelte Schriften von 21 Wissenschaftlern aus verschiedenen Disziplinen, darunter Koryphäen wie C. G. Jung oder Herbert Marcuse, aber auch junge, auf das Lebensende spezialisierte Experten wie den Psychologen und Kommunikationswissenschaftler Robert Kastenbaum. Ganz nebenbei erbrachte die Publikation damit den Nachweis, dass Tod und Sterben bereits seit einiger Zeit zentrale Gegenstände der philosophischen, medizinisch-psychologischen, theologischen, anthropologisch-soziologischen und ethischen Debatte waren. Neben Beiträgen zur Theorie des Todes oder zu verschiedenen Sterbekulturen standen praktisch angelegte Aufsätze, die sich mit Sterbebegleitung oder dem Verhältnis von Ärzten zu Sterbenden befassten.[40]

---

[33] Malinowski, Magie, v. a. S. 109–119.
[34] Eine Kompilation der einschlägigen Passagen findet sich in Heidegger, Ganzsein.
[35] Eissler, Psychiatrist, vgl. darin auch ausführlich die Auseinandersetzung mit dem Postulat eines Todestriebes von Freud.
[36] Anonymous: „A Way of Dying." *The Atlantic Monthly* 199 (1957), Nr. 1, S. 53–55, hier S. 53.
[37] Zu Feifels Biografie vgl. den Nachruf von Strack, Feifel (2003).
[38] „The Meaning of Death." *Time* 75 (1960), Nr. 2.
[39] Strack: Feifel, Herman. Vgl. zur Bedeutung des Buchs und seiner Verortung in der frühen thanatologischen Forschung in den USA auch Abel, Hour, S. 106–109.
[40] Vgl. Aronson, Treatment und Kasper, Doctor.

In den 60er Jahren stieg das akademische Interesse an Tod und Sterben sprunghaft an, was sich mit der Explosion an Literatur hierzu im Verlauf der nächsten beiden Dekaden illustrieren lässt. Der US-Soziologe Robert Fulton etwa zählte 1964 gerade einmal knapp 400 englischsprachige Publikationen zu Tod und Sterben, die seit Mitte des 19. Jahrhunderts veröffentlicht worden waren – diagnostizierte aber bereits einen rapiden Anstieg seit Erscheinen von Feifels Sammelband.[41] Knapp eineinhalb Jahrzehnte später führte seine fraglos unvollständige, stark auf amerikanische Titel mit wissenschaftlichem Anspruch fokussierende Bibliografie dann für den Zeitraum 1965 bis 1980 stolze 5700 neue Titel zu dem Thema.[42] Markierte die Veröffentlichung von Feifels Buch 1959 einen Katalysator der Entwicklung, so habe „On Death and Dying" zehn Jahre später die Schleusentore geöffnet.[43]

Tatsächlich stellte letzteres in vielerlei Hinsicht eine Zäsur dar. Mit einer Kombination von „intense public marketing" und „personal appearances" machte Kübler-Ross sich und ihre Sache bekannt und wurde zu einer internationalen Berühmtheit.[44] In den 70er und 80er Jahren waren Vorlesungen und Interviews von und mit ihr ein beliebter Aufhänger von Fernsehsendungen in der ganzen westlichen Welt.[45] In der Schweiz gilt das zweiteilige, insgesamt anderthalbstündige „Neujahrsgespräch" zwischen Kübler-Ross und dem katholischen Theologen Hans Küng im Dezember 1982 als eine „Sternstunde" der Rundfunkgeschichte.[46] Kübler-Ross avancierte dank ihrer vielfältigen Vortragsaktivitäten und hohen massenmedialen Präsenz zur charismatischen Führungsfigur der neuen thanatologischen Bewegung, die in den USA als „death awareness movement" bekannt wurde und ungeachtet ihrer akademischen Wurzeln rasch auch in einer breiten Öffentlichkeit reüssierte.[47] Die moderne Thanatologie trieb eine Verwissenschaftlichung des Sterbens voran und stellte zugleich Know-how zum Umgang mit Tod und Sterben bereit, wobei sie auf einen offenkundigen Bedarf stieß. Mithin strebte sie danach,

---

[41] Fulton, Death (1965), S. ix.
[42] Fulton, Death (1977) bzw. Fulton, Death (1981). Vgl. hierzu auch DeSpelder/Strickland, Last Dance, S. 35 f. und Kirschner, Hospizbewegung, S. 31.
[43] Fulton, Death (1977), unpaginierte Introduction.
[44] Von Gunten, Hospice, S. 18.
[45] Vgl. in Auswahl „Death and Dying." Kanada 1971; „On Death and Dying." USA/NBC 1974; „Das Ende der Angst: Porträt der Sterbeforscherin Elisabeth Kübler-Ross." Bundesrepublik Deutschland 1981; „Sterben ohne Angst. Günter Rolling im Gespräch mit Dr. Elisabeth Kübler-Ross." ARD 1982; „Death and Dying. A Conversation with Elisabeth Kübler-Ross." USA 1989.
[46] „Neujahrsgespräch 1983: Elisabeth Kübler-Ross und Hans Küng." SRF 1982. Ein Videomitschnitt findet sich unter https://www.srf.ch/play/tv/kultur-webvideos/video/neujahrsgespraech-1983-elisabeth-kuebler-ross-und-hans-kueng-teil-1? id=6d13af7c-4d1d-49d5-bca3-91de9101f7b6 bzw. https://www.srf.ch/play/tv/kultur-webvideos/video/neujahrsgespraech-1983-elisabeth-kuebler-ross-und-hans-kueng-teil-2?id = 824c55b6-4859-4e19-a5f3-35e31d1c 0366 [15. 12. 2021]. Vgl. zu der Diskussionsrunde die autobiografische Erinnerung von Küng, Menschlichkeit, S. 607, hier auch das Zitat aus der Berner Zeitung.
[47] Vgl. zur Geschichte der Death Awareness Movement und deren akademischen Ursprüngen: Doka, Movement.

ein „wissenschaftlich fundiertes Hilfsprogramm" anzubieten, um das „Verlangen nach Rat" zu befriedigen.[48]

So kam es Anfang der 70er Jahre in den USA zu einem „great deal of collective bustle [...] over death and dying", ja das Thema erfuhr einen derartigen Boom, dass bereits zeitgenössische Beobachter einen „thanatological chic" diagnostizierten.[49] Die Teilnehmerzahlen bei einschlägigen wissenschaftlichen Konferenzen schossen in die Höhe und diese verzeichneten mitunter mehrere hundert Besucher, auflagenstarke Publikumszeitschriften veröffentlichten Titelgeschichten zum Umgang mit Sterbenden und Gefängnisse boten für Gefangene im Todestrakt Seminare zur psychologischen Vorbereitung auf den Tod an.[50] Diese Entwicklung müsse, wie Robert Fulton 1977 forderte, selbst sozialwissenschaftlich analysiert werden, zumal sie begleitet werde „by a rise in death-related course offerings in high schools, colleges, and universities thoughout the country."[51] Das Magazin *Time* berichtete 1973 über eine neue Welle des Interesses seitens von Studierenden, für die Tod und Sterben „not morbid but exciting, dynamic" seien.[52] Im ganzen Land seien neue thanatologische Seminare aus dem Boden gesprossen, von denen sich einige Studierende gar so begeistert zeigten, dass sie freiwillig Kurse zum Tod an Highschools organisierten. Ende der 70er Jahre publizierten Verlage bereits thanatologische Lehrpläne, Fulton bezifferte die Zahl einschlägiger Lehrveranstaltungen an amerikanischen Colleges und Universitäten nun auf mehr als 2000.[53] Etwa 12 000 Schüler besuchten einen von ihm entwickelten Kurs „Death and Dying. Challenge and Change", der landesweit in 350 höheren Bildungseinrichtungen stattfand; darüber hinaus wurden die Inhalte im Rahmen des Programms „Courses by Newspapers" von großen nationalen Zeitungen einer breiten Öffentlichkeit zugänglich gemacht.[54] 1970 respektive 1977 gründeten sich in den USA die thanatologischen Fachzeitschriften *OMEGA – Journal of Death and Dying* und *Death Studies*, die sich schnell fest etablierten, ebenso wie ihr später entstandenes britisches Pendant *Mortality* (seit 1996).[55]

Die Thanatologie als interdisziplinäre Sterbeforschung in beiden deutschen Staaten

Diese Institutionalisierungstendenzen gingen mit zwei Begleitprozessen einher, die die Thanatologie bis heute prägen. Zum einen betrifft dies die Interdisziplina-

---

[48] Rýzl, Tod (1981), S. 63.
[49] Lofland, Craft, S. 10 und S. 107.
[50] Vgl. ebd., S. 10–13.
[51] Fulton, Death (1977), unpaginierte Introduction.
[52] „Education: Thanatology I." *Time* 101 (1973), Nr. 2.
[53] Fulton, Death (1977), unpaginierte Introduction. Vgl. Exemplarisch für einen der publizierten Syllabi Margolis, Thanatology.
[54] Vgl. hierzu den Reader Fulton u. a., Death (1981), darin zu den Hintergründen des Projekts v. a. S. xvii.
[55] Vgl. Blumenthal-Barby/Özkan, Sterbeaufklärung, S. 10 f.

rität. Rasch entwickelte sich die Thanatologie zu einem akademischen Arbeitsbereich, in dem sich unterschiedlichste Fächer bewegten: sowohl die Geistes-, Kultur- und Sozialwissenschaften als auch die Medizin, die Psychologie oder die Rechtswissenschaften. Gleichwohl waren einzelne Disziplinen führend. Hierzu gehörte anfangs die Soziologie, die ab Mitte der 60er Jahre verstärkt betonte, dass sowohl das Sterben als auch der Umgang mit Toten durch sozialen Praktiken geprägt und individuelle wie kollektive Erfahrungen und Deutungen abhängig von den gesellschaftlichen Rahmenbedingungen seien.[56] Die methodische Grundlage der Thanatosoziologie legte 1967 David Sudnow in einer Pionierstudie zur sozialen Organisation des Lebensendes.[57] Auch die Psychologie war nicht erst durch die Arbeit von Kübler-Ross auf das Sterben und dessen fundamentalen Einfluss auf die menschliche Psyche aufmerksam geworden – und spätestens nach deren Publikation kannte das disziplinäre Interesse am Thema fast keine Grenzen mehr.[58] In einem Forschungsüberblick bezeichnete der Gerontopsychologe Norbert Erlemeier die Literaturlage bereits Anfang der 70er Jahre als völlig „unübersichtlich" und kaum noch zu überblicken, was er auf einen „gegenseitigen Anregungsprozeß" zurückführte.[59]

Dass sich die Thanatologie früh durch eine breite disziplinäre Ausrichtung auszeichnete, war zugleich Folge des Gegenstandes wie des epistemologischen Ansatzes: So fokussierte sie von Beginn an gleichermaßen das Sterben als Prozess, den Tod und die damit einhergehenden Fragen nach Endlichkeit und kulturell-religiöser Sinnstiftung sowie die Bestattungs- und Sepulkralkultur. Der Versuch, das Lebensende in seiner Gesamtheit zu erfassen, führte notwendigerweise zu einer bunten Vielfalt an Themen, die von der pflegerisch-medizinischen Versorgung von oder der Kommunikation mit Sterbenden über unterschiedliche Kulturen des Todes bis hin zu Fragen der Trauerverarbeitung und Friedhofsästhetik reichte – und die nur interdisziplinär bearbeitet werden konnte.[60] Dies galt umso mehr, als dass das Ziel von vornherein war, dabei auch praxisrelevante Erkenntnisse zu gewinnen, mithin zu einer Verbesserung der Situation von Sterbenden beizutragen, wie es insbesondere die klinische Thanatologie anstrebte.[61]

Zum anderen lässt sich früh eine durchgehende Internationalisierung der thanatologischen Forschung feststellen, die nicht nur durch die Zirkulation entsprechender Fachliteratur und deren Übersetzungen vorangetrieben wurde, sondern

---

[56] Wegweisend Parsons, Death und Glaser/Strauss, Awareness sowie für die westdeutsche Soziologie von Ferber, Aspekte. Vgl. für einen fundierten Überblick über Ansätze, Ziele und Befunde der Thanatosoziologie im 20. Jahrhundert Hahn, Tod.
[57] Sudnow, Passing On. Vgl. als Überblick über die frühe Thanatosoziologie Riley, Jr., Dying.
[58] Alexander/Adlerstein, Studies sowie grundlegend Weisman/Kastenbaum, Autopsy. Vgl. für spätere Publikationen Godin, Mort [auf Englisch erschienen als Godin, Death]; Kastenbaum/Aisenberg, Psychology; Weisman, Dying; Kastenbaum, Death (1977). Vgl. als Überblick über die frühe thanatopsychologische Literatur Kastenbaum/Costa Jr., Perspectives.
[59] Erlemeier, Forschungen, S. 32.
[60] Vgl. exemplarisch Becker/Einig/Ullrich, Angesicht.
[61] Vgl. zur klinischen Thanatologie und ihren Zielen Knupp/Stille, Sterben, darin v. a. das Vorwort.

sich ihrerseits rasch institutionalisierte, etwa in Form der 1973 gegründeten „International Work Group for Death, Dying and Bereavement" (IWG). Folge war eine starke Wissensdiffusion und -verbreitung. In der Bundesrepublik erschienen etwa die Kübler-Ross-Publikationen meist ebenso schnell auf Deutsch wie andere einschlägige Schriften, darunter die thanatosoziologischen Klassiker von Sudnow, Barney Glaser und Anselm Strauss, Ernest Beckers pulitzerpreisgekrönte thanatopsychologische Studie „The Denial of Death" von 1973 oder eine international viel beachtete Schrift des französischen Psychoanalytikers Jean Laplanche zur Bedeutung des menschlichen Todestriebes.[62] Auch ältere Arbeiten wie die Studie von Kurt Eissler aus den 50er Jahren fanden nun Verleger in Westdeutschland.[63] Dies provozierte in Kombination mit der bereits geweckten kirchlichen Aufmerksamkeit auch eine neue mediale Präsenz des Themas in der Bundesrepublik sowie erste wissenschaftliche Konferenzen zu Tod und Sterben, etwa eine Tagung an der Evangelischen Akademie Hofgeismar im Sommer 1972, an der Theologen und medizinisches Personal teilnahmen, aber der Thanatopsychologe Joachim-Ernst Meyer eines der beiden Hauptreferate hielt.[64]

In eben jenen Jahren begann die Institutionalisierung der Thanatologie als Disziplin in Westdeutschland. An der Fachhochschule in Dortmund spezialisierte sich der 1971 frisch berufene, junge Professor für Erziehungswissenschaft, Sozialphilosophie und Sozialethik Franco Rest, angeregt von der Lektüre von „Interviews mit Sterbenden", in der Lehre rasch auf Tod und Sterben.[65] Auf Bitte der mit der FH kooperierenden Arbeiterwohlfahrt schrieb Rest einen Aufsatz zur „Pädagogik des Todes", der 1974 im Zentralorgan der AWO erschien und die neuen thanatologischen Ansätze im gesamten Bundesgebiet bekannt machte.[66] Im Oktober 1977 veranstaltete Rest ein von der Volkswagenstiftung finanziertes „Internationales Symposion für Thanatologie und Thanatagogik", für das unter anderem Forscher aus Großbritannien, den Niederlanden und den USA, darunter Robert Fulton, nach Schwerte kamen.[67] Im folgenden Jahr veröffentlichte er eine annotierte Bibliografie mit über 800 vorrangig englischsprachigen Titeln zu Tod und Sterben, die stark zur Verbreitung der internationalen Literatur in der Bundesrepublik beitrug.[68] In den späten 70er und frühen 80er Jahren erfolgte eine breite disziplinäre Öffnung der westdeutschen Wissenschaft für thanatologische Fragen,

---

[62] Sudnow, Sterben; Glaser/Strauss, Interaktion; Becker, Dynamik; Laplanche, Leben [französisches Original: Laplanche, Vie].
[63] Eissler, Patient.
[64] Vgl. das Tagungsprotokoll Evangelische Akademie Hofgeismar, Sterben, darin v. a. den stark an die US-Literatur anlehnenden Beitrag von Meyer, Situation. Zur kirchlichen Beschäftigung mit thanatologischen Fragen vgl. Kap. 3.2, zur neuen medialen Präsenz der Thanatologie exemplarisch die besonders frühe und ausführliche Darstellung in Paul-Heinz Koesters: „Wie schwer ist der Abschied vom Leben? Ärzte erforschen, wie Sterbende sich mit dem Tod abfinden." *Stern*, 10. 12. 1972, S. 86–91.
[65] Vgl. Interview Rest, v. a. S. 1 f.
[66] Rest, Pädagogik.
[67] Vgl. Interview Rest, S. 5 f.
[68] Rest, Orthothanasie (2). Vgl. auch Interview Rest, S. 7.

wobei sich zunächst gewisse Schwerpunkte in der Thanatopsychologie und Thanatophilosophie herauskristallisierten.[69]

In der DDR war die Geschichte der Thanatologie komplexer und umkämpfter.[70] Der Marxismus-Leninismus war eine stark diesseitsbezogene Ideologie, die zudem jede Form organisierter Religion ablehnte, eine traditionelle Grundlage für die Beschäftigung mit Tod und Sterben. Stellte demzufolge die Sicherung der Arbeitskraft des Einzelnen die zentrale Aufgabe des Gesundheitswesens und auch der philosophischen und medizinischen Ethik dar, so war die Frage nach dem Tod weltanschaulich betrachtet weithin irrelevant: Dieser markierte im materialistischen Denken einen Endpunkt, und keinen Übergang wie beispielsweise in der christlichen Theologie. Jede Form der Sinnstiftung musste demnach über eine positive Lebensleistung erfolgen, nicht über die Auseinandersetzung mit der Endlichkeit. In der DDR habe zudem wie im Westen bis in die 70er Jahre hinein, so konstatierte eine in der Wendezeit in Leipzig entstandene medizinische Dissertation, ein optimistischer Fortschrittsglaube und ein Streben nach Glück und Leistung überwogen.[71] Dennoch fanden sich bereits in den 60er Jahren einige wissenschaftliche Abhandlungen zu Tod und Sterben, die allerdings die Relevanz des Themas eher in Frage stellten beziehungsweise auf Missstände im Westen abzielten.[72] Der marxistische Philosoph Hans Steußloff habilitierte sich etwa 1966 in Jena mit einer unpubliziert gebliebenen Studie „[z]ur Kritik der ideologisch-theoretischen Verschleierung der Todesprobleme in der modernen christlichen Theologie", in der er argumentierte, dass der Tod als soziales Problem lediglich im Kapitalismus existiere, im Sozialismus indes keine größere individuelle Herausforderung darstelle.[73]

Dies sollte sich Ende der 70er Jahre ebenso rasant wie vollständig ändern. So war das letzte Jahrzehnt des Bestehens der DDR zugleich die große Blütezeit der ostdeutschen Thanatologie. Hierfür gab es unterschiedliche Gründe. Eine erste Ursache war die Intensivierung des internationalen Diskurses, der auf die ostdeutsche Wissenschaft zurückstrahlte. Diese beschäftigte sich intensiver mit dem Lebensende, sei es, indem sie sich – wie im Bereich der noch eingehend zu betrachtenden Sterbehilfe-Debatte – dezidiert von den Positionen jenseits des „Eisernen Vorhangs" abgrenzte, sei es infolge von Wissenstransfers, im Zuge derer westliche

---

[69] Vgl. Ebeling, Tod; Wittkowski, Tod (1978); Meyer, Todesangst; Wittkowski, Erlebens- und Verhaltensmodi; Winau/Rosemeier, Tod; Spiegel-Rösing/Petzold, Begleitung; Macho, Todesmetaphern, das auf einer in Klagenfurt eingereichten philosophischen Habilitationsschrift von 1983 basierte sowie den Sammelband von Paus, Grenzerfahrung, der auf eine Vorlesungsreihe anlässlich der Salzburger Hochschulwochen 1975 zurückging, allerdings vorrangig Beiträge westdeutscher Autoren beinhaltete.

[70] Vgl. ausführlich zur Geschichte der ostdeutschen Thanatologie, allerdings mit einem verengten Fokus auf den Bereich des Bestattungswesens: Schulz, Search, und die stark auf die medizinische Thanatopsychologie und -philosophie abzielende zeitgenössische Auseinandersetzung in Krause, Umgang, v. a. S. 2–41.

[71] Krause, Umgang, S. 4 f.

[72] Vgl. ebd., S. 2–5. Als Beispiel für eine frühe naturwissenschaftliche Abhandlung, die stark technische Fragen wie die Bestimmung von Todeszeitpunkt oder Todesursachen fokussierte, vgl. Bredt, Tod.

[73] Steußloff, Kritik.

Thanatologen rezipiert wurden: Insbesondere die Schriften von Kübler-Ross fehlten auch in der DDR in keinem einschlägigen Literaturverzeichnis, wobei ostdeutsche Autoren diese oft in den höchsten Tönen lobten.[74] Mitunter standen dahinter auch persönliche Kontakte: So mündete ein Austausch von Franco Rest mit einem ostdeutschen Mediziner in einen Fachkonvent zum Thema Sterben, der Ende 1984 in Brandenburg stattfand und von etwa 60 Fachschulkadern aus diakonischen und staatlichen Einrichtungen besucht wurde – Rest hielt einen der Hauptvorträge und seine Dortmunder Fachhochschule beteiligte sich sogar an der Finanzierung der Veranstaltung, in der es konkret um Fragen wie die Bedürfnisse von Sterbenden, eine angemessene Kommunikation mit ihnen sowie die Aufklärung über tödliche Krankheiten ging.[75] Derartige Transfers blieben insofern einseitig, als dass ostdeutsche Thanatologen im Westen wenigstens bis zur Wiedervereinigung überhaupt nicht zur Kenntnis genommen wurden.

Zweitens konnten viele der neuen Problemlagen am Lebensende, so etwa die infolge der intensivmedizinischen Entwicklung deutliche Zunahme sowohl der Kosten einer Behandlung todkranker Patienten als auch der Klagen über diesbezügliche Missstände in der DDR ebenfalls nicht länger ignoriert werden. Dies führte dazu, dass schließlich die offizielle Freigabe des Themas seitens der SED erfolgte. Ein Artikel in der führenden gesundheitswissenschaftlichen Zeitschrift des Landes lotete 1978 die weltanschauliche Sagbarkeit des Themas aus, indem er marxistische und westliche Positionen zu verschiedenen Aspekten des Lebensendes gegenüberstellte. Er kam zu dem Schluss, dass Sterben und Tod im Sozialismus „ein zu Unrecht vernachlässigtes Problem" darstellten.[76] Noch deutlicher hieß es im selben Publikationsorgan im Jahr darauf, dass der Materialismus hinsichtlich der praktischen wie ideellen Probleme am Lebensende „noch keine hinreichend detaillierte Begründung" geliefert habe.[77] Auf dem Philosophie-Kongress Ende 1979 forderte der Chefideologe der SED, Kurt Hager, Grenzsituationen im menschlichen Leben wie Krankheit und speziell das Sterben als „eine Herausforderung an die marxistisch-leninistische Philosophie anzunehmen" und entsprechende Positionsbestimmungen auszuarbeiten.[78]

Damit waren neue Möglichkeitsräume für die thanatologische Forschung geschaffen, die nun auf Probleme beim Umgang mit Tod und Sterben in der DDR hinweisen und sogar explizit Kritik an den herrschenden Verhältnissen üben konnte. Das ideologisch bedingte Ausblenden des Themas in den Jahren zuvor wurde seit den späten 70er Jahren, gerade auch seitens der Wissenschaft, als Defizit erkannt.[79] Daraufhin entstanden in den 80er Jahren zum Beispiel eine Vielzahl

---

[74] Vgl. als empirische Beispiele Nikelski, Sterbehilfe; Blumenthal-Barby, Betreuung, v. a. S. 39–49 und S. 93–100; Baust, Sterben, S. 57–59 sowie Jacob, Erfahrungen, S. 264. Ein weiteres Beispiel wäre der auch in der DDR oft positiv rezipierte populäre niederländische Thanatologe Paul Sporken, vgl. etwa Hahn/Thom, Betreuung, S. 33.
[75] Vgl. Klose, Wurzeln, S. 43.
[76] Kunzendorff, Sterben.
[77] Körner/Ott/Schirmer, Aspekte, S. 811.
[78] Hager, Philosophie, S. 23.
[79] Vgl. George, Bestattung, S. 336.

an thanatologischen Dissertationen und Abschlussarbeiten an der Akademie für Ärztliche Fortbildung und anderen Fachschulen des MfG für die Weiterqualifikation des medizinischen Personals, die sich verschiedenen Missständen in der Betreuung von Sterbenden widmeten.[80] Die Autoren sicherten sich häufig dadurch ab, dass sie Hager wörtlich zitierten.[81] Besonders im Bereich der Trauer- und Sepulkralkultur versuchte das Regime darüber hinaus seinerseits, verstärkt Einfluss zu nehmen, um durch die aktive Förderung sozialistischer Bestattungspraktiken wie Urnengemeinschaftsanlagen oder weltlicher Trauerfeiern eine staatlich forcierte Säkularisierung voranzutreiben. Auch wenn diese Bemühungen, wie bereits dargelegt, nie besonders erfolgreich waren,[82] trugen sie fraglos dazu bei, Tod und Sterben in der sozialistischen Gesellschaft weiter „sagbar" zu machen, wenn etwa Handbücher für Trauerredner nun einen offeneren und ehrlicheren Umgang mit diesem Thema forderten.[83]

Diskursiv als noch prägender erwies sich, dass nun auch die marxistische Medizinethik auf dem Gebiet aktiv wurde. Diese unterstand in der DDR stärker noch als andere wissenschaftliche Disziplinen einer ideologischen Einflussnahme seitens des Staates, was unter anderem dadurch zustande kam, dass viele ihrer Vertreter SED-Mitglieder oder sogar für das MfS tätig waren.[84] Infolge der sozialistischen Maxime von der unbedingten Bewahrungspflicht menschlichen Lebens durch die Medizin ignorierten sie lange Tod und Sterben als Themenfelder.[85] Ab Ende der 70er Jahre prägte sich vor dem eben beschriebenen Hintergrund dann jedoch ein eigener thanatologischer Zweig innerhalb der Medizinethik aus, dem führende Forscher des Landes wie Uwe Körner, Achim Thom oder Karl Seidel angehörten. Letzterer argumentierte in einem frühen Beitrag zum Umgang mit Sterbenden 1977 noch, dass die diesbezüglich gravierendsten Missstände im Westen zu finden seien; es sei „eigentlich erschütternd, auch hierdurch bestätigt zu sehen, wie in der kapitalistischen Gesellschaft [...] menschliche Würde in den Staub getreten" werde. Allerdings gebe es, wie der Beitrag vorsichtig einräumte, ungeachtet der typisch sozialistischen „Menschlichkeit" im Verhalten gegenüber

---

[80] Vgl. hierzu BA Berlin-Lichterfelde, DQ 1/15614; DQ 1/15615; DQ 103/385; DQ 103/398; DQ 119/429; DQ 119/487; DQ 119/512; DQ 119/537; DQ 119/1397 sowie Kap. 6.2.
[81] So etwa M.N.: Zur Problematik des Sterbens im Kreis Zossen, speziell bezogen auf die stationären Einrichtungen (Kreis-Krankenhaus Zossen/Ludwigsfelde und Krankenpflegeheim Saalow). Ludwigsfelde 1984, S. 5, in: BA Berlin-Lichterfelde, DQ 103/385, oder A.S.: Der sterbende Patient. Abschlussarbeit an der Fachschule für Gesundheits- und Sozialwesen „Prof. Dr. Karl Gelbke", Fachrichtung Medizinpädagogik, Ausbildungsberuf Krankenpflege. Potsdam/Gera 1982, S. 16, in: BA Berlin-Lichterfelde, DQ 119/429.
[82] Vgl. Schulz, Death.
[83] Vgl. Schulz, Search, S. 219.
[84] Vgl. hierzu ausführlich Quitz, Staat. Zur Geschichte der Medizinethik in der DDR vgl. auch Frewer/Erices, Medizinethik und Bettin/Gadebusch Bondio, Ethik, darin zahlreiche retrospektive Aufsätze von ehemaligen DDR-Medizinethikern.
[85] Vgl. zur Beschäftigung der ostdeutschen Medizinethik mit Tod und Sterben Bettin, Bedeutsam, v. a. S. 34–36; Ens, Sterben und ausführlich die sehr deskriptive Darstellung bei Quitz, Staat, S. 200–217.

Sterbenden auch in der DDR Probleme bei der Betreuung Todkranker, die wissenschaftlich erforscht werden müssten – was im Folgenden durch eine kritische Überprüfung des Phasenmodells von (der nicht namentlich genannten) Kübler-Ross und die Diskussion psychotherapeutischer Behandlungsmöglichkeiten am Lebensende geschah.[86] Auch ein erstmals 1981 erschienener Aufsatz in einem der zentralen medizinethischen Handbücher zu „Grenzsituationen ärztlichen Handelns" konstatierte ein Forschungsdesiderat in der DDR und rezipierte intensiv – nun auch explizit benannte – westliche Thanatologen wie Kübler-Ross, Feifel oder Wittkowski. Zugleich verwarf das Autorenkollektiv um Seidel und Körner die Vorstellung, dass sich kommunikative und psychologische Herausforderungen im Umgang mit Sterbenden mittels „weltanschaulich-ideologischer Grundthesen" lösen ließen.[87] In den folgenden Jahren entstanden immer mehr thanatologische Schriften, die nicht nur in medizinethischen Sammelbänden oder in monografischer Form erschienen, sondern auch in den führenden Fachorganen anderer Disziplinen.[88] Die Medizinethik entwickelte sich so zur Leitdisziplin der ostdeutschen Thanatologie – ein großer Unterschied zum Westen.

Anders als jenseits der Mauer konnte die ostdeutsche Thanatologie ferner nie eine solche öffentliche Breitenwirkung entfalten, wie sie dort im letzten Viertel des 20. Jahrhunderts festzustellen war – obschon ihr Wirken gelegentlich in Tageszeitungen eingefangen wurde und sich manche ihrer Positionen zumindest indirekt massenmedial niederschlugen, etwa im DDR-Fernsehen.[89] Mit Blick auf die Wissenschaft erfolgte jedoch auch in der DDR in den 80er Jahren eine nahezu vollständige thanatologische Durchdringung, wie sich an der Publikationshäufigkeit sowie der Zahl an Konferenzen illustrieren lässt. Hatte sich bereits 1974 eine medizinethische Tagung in Greifswald schwerpunktmäßig auf das Lebensende konzentriert,[90] so entwickelten sich Tod und Sterben in den 80er Jahren zu einem wahren Modethema.[91] Thanatologische Fragestellungen rückten ins Zentrum von immer mehr Kongressen und Fachveranstaltungen und stießen dort, wie ein ostdeutscher Sterbeforscher 1982 bemerkte, auf ein enormes Teilnehmerinteresse.[92] 1983 veranstaltete die Akademie der Wissenschaften der DDR ein interdiszipliná-

---

[86] Seidel/Ott, Patient, S. 9.
[87] Seidel/Körner/Ott/Schirmer, Betreuung. Ähnlich argumentiert kurz darauf: Hahn/Thom, Lebensbewahrung, v. a. S. 55, hier ebenfalls eine ausführliche Auseinandersetzung mit der westlichen Thanatologie auf S. 89–139.
[88] Vgl. in Auswahl: Körner/Ott/Schirmer, Aspekte; Feldes/Hahn, Anforderungen; Seidel/Hinderer/Körner, Grundsätzen; Körner, Sterben; Volland/Körner, Sterbebetreuung; Luther, Nachdenken; Hahn/Thom, Betreuung und dies., Lebensbewahrung.
[89] Vgl. hierzu Kap. 7.1. Exemplarisch für die Presseberichterstattung über die ostdeutsche Thanatologie vgl. „Betreuung Sterbender ist Lebenshilfe. DDR-Mediziner über ‚Sinnvolle Lebenserwartung'." *Neue Zeit*, 19. 11. 1983, S. 7; „Neu aus DDR-Verlagen.".*Neues Deutschland*, 26./27. 4. 1986, S. 14; „Ehrfurcht vor dem Leben gilt auch dem Sterbenden." *Neue Zeit*, 26. 6. 1986, S. 6.
[90] Vgl. den Konferenzband Hüller, Ethik.
[91] Vgl. Bettin, Bedeutsam, S. 52.
[92] Blumenthal-Barby, Betreuung, S. 49.

res Kolloquium zu „Leben und Sterben" in Kühlungsborn. Neben Gesellschaftswissenschaftlern, Philosophen und Medizinern nahmen auch Vertreter der Akademie der Künste der DDR teil, darüber hinaus zahlreiche Journalisten und Filmemacher. Die Themen und Befunde unterschieden sich kaum von denen, die zeitgleich im Westen zu finden waren: Die Referate diskutierten unter anderem die Grenzen der Intensivmedizin, die psychologische Verfassung von Sterbenden nach dem Modell der fünf Phasen von Kübler-Ross oder das „Recht auf den eigenen Tod", gemäß dem Todkranke eine Weiterbehandlung verweigern dürften.[93]

Insgesamt kam es also keinesfalls, wie oft behauptet wird,[94] zu einer ideologisch motivierten Verdrängung thanatologischer Fragen in der DDR. Der Autor der bereits zitierten, 1994 eingereichten Leipziger Dissertation zum Umgang mit dem Lebensende in Ostdeutschland konstatierte dementsprechend, dass er mit der Arbeit bereits vor der Wende begonnen habe: „Es wäre falsch, wollte ich erklären, daß die Möglichkeit zur Auseinandersetzung mit Problemen des Sterbens und des Todes erst durch die politischen Veränderungen in unserem Land gegeben waren."[95] Es war insofern trotz der klar apologetischen Stoßrichtung keine völlige Fehleinschätzung, wenn einer der betreffenden Medizinethiker, Ernst Luther, 1999 in den *Marxistischen Blättern* die akademisch-wissenschaftliche Beschäftigung mit Tod und Sterben als eine der „erfolgreichen Seiten der DDR-Geschichte" zu präsentieren suchte, die völlig in Vergessenheit geraten sei.[96] Immerhin hatte die ostdeutsche Thanatologie den internationalen Diskurs breit rezipieren und das Lebensende vergleichsweise frei von ideologischen Schranken auf eine Weise diskutieren können, die sich kaum grundlegend von den Positionen im Westen unterschied. Ganz im Gegenteil existierten substanzielle inhaltliche Berührungspunkte, ungeachtet teilweise anderer Begrifflichkeiten sowie sporadischer, weltanschaulich bedingter Unterschiede und Abgrenzungsversuche in der DDR.[97] Auch wenn ostdeutschen Thanatologen vor der Wende in der Bundesrepublik keine Beachtung geschenkt wurde, fanden – entgegen der Aussagen Ernst Luthers – durchaus einige von ihnen nach 1989 im wiedervereinten Deutschland rasch Anschluss, allen voran Kay Blumenthal-Barby.

Die Wahrheit am Sterbebett – thanatologische Themen und Zielsetzungen

Fragt man nach den zentralen Aufgabengebieten und den Zielen der Thanatologie, lassen sich interdisziplinär wie international zahlreiche Gemeinsamkeiten herausstellen. Zunächst ging es ihr um eine tiefgehende Verwissenschaftlichung von Tod und Sterben. Dies geschah gerade in der Anfangszeit zumeist über Versuche einer

---

[93] Vgl. die beiden ausführlichen Tagungsberichte von Körner, Kolloquium und ders., Leben.
[94] Vgl. Redlin, Totenrituale, z. B. S. 138 und S. 246.
[95] Krause, Umgang, S. 1.
[96] Luther, Selbstbestimmt sterben, S. 32.
[97] Vgl. zu diesem Urteil auch Krause, Umgang, S. 5.

Schematisierung und Objektivierung der Sterbeverläufe. So sprossen verschiedene Phasenmodelle rund um die verschiedenen Stadien am menschlichen Lebensende nur so aus dem Boden. Bereits ein Jahr nach der Publikation von „On Death and Dying" entwickelten der renommierte britische Psychoanalytiker John Bowlby und der am Londoner St. Christophers Hospice von Cicely Saunders forschende Colin Murray Parkes ein Trauerphasenkonzept, das deutliche Ähnlichkeiten zu Kübler-Ross aufwies, aber auch auf eigene Vorarbeiten der Autoren zurückging.[98] Im deutschsprachigen Raum war es die Psychologin Verena Kast, die in ihrem erstmals 1982 erschienenen populären Trauerratgeber – bis 1999 sollte das Buch nicht weniger als zwanzig Auflagen erleben – eine wiederum auf Bowlby und Parkes aufbauende Typologie der vier Phasen der Trauer postulierte.[99] Auch Kübler-Ross selbst übertrug ihr ursprünglich auf Sterbende bezogenes Phasenmodell später auf Trauerprozesse und speziell die Trauer der Hinterbliebenen.[100] Die Normierung von Sterbestufen markierte ein zentrales Moment der Erfassung, Systematisierung und Überwachung des Lebensendes durch Experten.[101]

Dahinter standen Versuche einer Rationalisierung des Todes, über die letztlich die Verwissenschaftlichung des Sterbens im letzten Drittel des 20. Jahrhunderts ebenso forciert wie popularisiert wurde. Ziel war mithin die Generierung von „(Natur-) Beherrschungswissen" im Sinne der klassischen Wissenssoziologie von Max Scheler.[102] Diese Grundform thanatologischen Wissens erwies sich nicht nur für die Medizin als prägend, sondern stand, insbesondere seit dem Buch von Kübler-Ross, zunehmend auch im Zentrum der sozial- und kulturwissenschaftlichen Forschung. Sie war Teil einer gesellschaftlichen Sinnsuche, wie ein 1983 erschienener Band mit diversen „Sterbegeschichten aus zwei Jahrtausenden" – von Sokrates über Montezuma bis zu Sigmund Freud – verdeutlichte. Da das Sterben, wie es im Vorwort hieß, in der Gegenwart verdrängt werde, ja „Hausverbot erhalten" habe, gelte es, sich das Ende des Lebens über historische Fallbeispiele zu vergegenwärtigen.[103] Das „Beherrschungswissen" ergänzte damit im Diskurs, aber auch – wie am Beispiel der Hospizbewegung im Folgenden sichtbar wird – in der alltäglichen Praxis der Sterbebegleitung das religiöse „Heils- und Erlösungswissen",[104] das zeitgleich von kirchlichen Akteuren geschärft wurde. Die Normierungstendenzen standen dabei durchaus in einem Widerspruch zu der sich zunehmend herauskris-

---

[98] Bowlby/Parkes, Separation. Vgl. auch die früheren und späteren Einzelpublikationen der beiden Autoren, v. a. Bowlby, Processes und Parkes, Bereavement sowie zum Verhältnis des Konzepts der Trauerphasen zum Modell der Sterbephasen von Kübler-Ross Parkes, Grief, S. 11 f.
[99] Kast, Trauern.
[100] Vgl. hierzu die späteren Publikationen Elisabeth Kübler-Ross/David Kessler: On Grief and Grieving. Finding the Meaning of Grief Through the Five Stages of Loss. New York 2005. Zum Zusammenhang von Sterbe- und Trauerphasen vgl. auch Kast, Trauern, v. a. S. 38.
[101] Vgl. bereits die zeitgenössische Diagnose von Gronemeyer, Orthothanasie, S. 110.
[102] Scheler, Wissensformen, v. a. S. 250–254.
[103] Schultz, Tage.
[104] Vgl. zu den unterschiedlichen Facetten thanatologischen Wissens auch Schiefer, Tode, S. 112–115.

tallisierenden empirischen Feststellung, dass Sterben ein hochgradig individueller Prozess sei.[105] Umso deutlicher wird an diesem Umstand, wie zentral die Konstruktion eines „guten Sterbens" für die Thanatologie war. Als Idealtypus eines gelungenen Sterbeverlaufs manifestierte sich, wie die zahlreichen Fallbeschreibungen in der thanatologischen Literatur untermalen, ein langsames Sterben ohne Schmerzen, im Rahmen dessen sich der chronisch kranke Patient von seinem sozialen Umfeld friedlich verabschieden konnte und dabei völlig angstfrei war.[106]

Auch in einem anderen Punkt zeigte sich eine Leitfunktion der amerikanisch-schweizerischen Sterbeforscherin: ihre starke Patientenbezogenheit und der Versuch, die Sterbenden über Gespräche und Interviews zu verstehen, inspirierten rasch Nachahmer. So entstanden rasch eine ganze Reihe an Kübler-Ross-Verschnitten, welche die neuen thanatologischen Signalwörter bereits im Titel trugen: „Gespräche mit Sterbenden", „Gespräche über den Tod" oder „die Sprache der Sterbenden".[107] Anfang der 70er Jahre erlangten die Forschungen des Erlanger Arztes Lothar Witzel bundesweit Aufmerksamkeit, der nach Auswertung von über 100 Interviews zu dem Schluss gelangte, dass die meisten Sterbenden ruhig, schmerzfrei und ohne Todesangst dahinschieden.[108] Der an der Medizinischen Hochschule in Hannover tätige evangelische Seelsorger und Pastoralpsychologe Hans Christoph Piper analysierte 1973 in einer zunächst nur im Kollegenkreis zirkulierenden Gesprächssammlung, die einige Jahre später erneut für ein größeres Publikum verlegt wurde, fünfzehn Protokolle von Kommunikationssituationen mit Sterbenden. Diese waren deutlich stärker problembehaftet als dies bei den vor studentischem Publikum erfolgten Interviews mit Sterbenden von Kübler-Ross der Fall gewesen war. Das Ziel der Veröffentlichung war eine Optimierung der Gesprächsführung – und ein besseres Verständnis für die kommunikativen Bedürfnisse von Todkranken, speziell in Kliniken.[109]

Diese thanatologische Patientenorientierung hatte verschiedene Ursachen und Folgen. Zunächst stand dahinter die Intention, das Sterben – und die Betroffenen – wieder ernst(er) zu nehmen, als dies in der jüngeren Vergangenheit der Fall gewesen sei. Tatsächlich sind die Ursprünge der modernen Thanatologie eng verbunden mit der Tabuisierungsthese. Herman Feifel präsentierte das Thema Tod 1963 etwa in einem viel beachteten Sammelband zu gesellschaftlichen Tabuthemen.[110] Kaum eine thanatologische Studie der 60er oder 70er Jahre begann nicht mit

---

[105] Vgl. Schmitz-Scherzer, Sterben, S. 11.
[106] Vgl. exemplarisch die Schilderung des Sterbeverlaufs eines 63-jährigen Herzpatienten in Kruse, Sterbende, S. 63–66.
[107] Prest, Sprache [englisches Original: Prest, Aspects]; Becher/Lindner, Gespräche; Piper, Gespräche; König, Gespräche.
[108] Vgl. Witzel, Verhalten; ders., Sterbende sowie zur Rezeption Paul-Heinz Koesters: „Wie schwer ist der Abschied vom Leben? Ärzte erforschen, wie Sterbende sich mit dem Tod abfinden." Stern, 10. 12. 1972, S. 86–91, hier v. a. S. 89.
[109] Piper/Zabel/Grunow, Gespräche bzw. Piper, Gespräche. Vgl. zu Piper und seiner Rolle in der westdeutschen Krankenhausseelsorge auch Kap. 6.2.
[110] Feifel, Death (1963).

4.1 Die Thanatologie und die Verwissenschaftlichung des Lebensendes

Verweisen auf die Verdrängung von Tod und Sterben.[111] Mittels einer dezidierten Praxisorientierung sollte Sterbebetreuung optimiert und Todkranken sowie ihren Angehörigen Rat geboten werden. Mit der Diagnose von entsprechenden Versorgungslücken reüssierte die Thanatologie flächendeckend – auch weil andere Akteure identisch argumentierten. Sterbende, so das Narrativ, seien bei der Entwicklung sozialstaatlicher und gesellschaftlicher Solidaritätspraktiken vergessen worden: „Es ist nicht verwunderlich, daß auf dieser Erde täglich ungezählte Menschen vereinsamt sterben, daß Tausende in den einsamen Zimmern der Großstadtwohnungen und Massenkrankenhäusern verborgen auf ihren Tod warten [...]."[112] Sogar in der DDR entwickelte sich ungeachtet des paternalistischen Ansatzes im Gesundheitswesen in den 80er Jahren die Patientenautonomie zur zentralen Kategorie bei der Betreuung Sterbender, deren persönliche Bedürfnisse besser beachtet werden müssten.[113] Noch im Herbst 1991, als sich die Situation längst in vielen Punkten verbessert hatte, verkündete ein Symposium der Stadt Dortmund, das die verschiedenen Initiativen zur Sterbebegleitung in der Stadt zusammenbrachte und diese fachwissenschaftlich beraten wollte, als Grund für die Beschäftigung mit dem Thema düster die „Diskrepanz zwischen dem Anspruch unserer modernen Hochleistungsgesellschaft zur grenzenlosen Versorgung und Unterstützung ihrer Mitglieder [...] und die immer noch weit verbreitete Unfähigkeit, Sterbende sowohl medizinisch als auch sozial angemessen zu begleiten [...]."[114]

Damit einher ging eine Reihe von Forderungen der Thanatologie mit Blick auf die Betreuung von Sterbenden. So müssten etwa all diejenigen, die in die Sterbebetreuung involviert waren, vorher ein Verhältnis zu ihrem eigenen Tod entwickeln und sich ihrer Sterblichkeit bewusst werden. Dieses Postulat war bereits in dem Feifel-Band von 1959 lautstark vertreten und später von Kübler-Ross popularisiert worden.[115] Noch bedeutsamer war die Frage nach Wahrhaftigkeit am Sterbebett. Die US-Soziologen Glaser und Strauss wiesen Mitte der 60er Jahre nach, dass die Frage, ob Patienten über ihren nahenden Tod aufgeklärt waren, einen fundamentalen Einfluss auf die Interaktion mit medizinischem Personal und den Angehörigen hatte.[116] In Westdeutschland diskutierte zeitgleich Eugen Ansohn in seiner viel beachteten medizinischen Dissertationsschrift „Die Wahrheit am Krankenbett" Argumente für und wider eine Aufklärung von sterbenden Patienten. Eine allgemeine Richtlinie in der Frage könne es nicht geben, vielmehr müsse immer der Einzelfall beurteilt werden. Gleichwohl sah Ansohn in einer ehrlichen Kommunikation den Schlüssel für eine erfolgreiche ärztliche Hilfe beim Sterben, Lügen gegenüber Todkranken seien Ausdruck einer klaren Fehlhaltung.[117] Dies war

---

[111] Vgl. Feifel, Meaning.
[112] Becher/Lindner, Gespräche, S. 606 f.
[113] Vgl. Quitz, Staat, S. 216 f.
[114] Nassehi/Pohlmann, Vorwort, S. 7.
[115] Vgl. Kasper, Doctor, S. 269.
[116] Glaser/Strauss, Awareness.
[117] Eugen Ansohn: Die Wahrheit am Krankenbett. Grundfragen einer ärztlichen Sterbehilfe. Hamburg 1975 [¹ München 1965], vgl. v. a. 141–156. Ansohn, Jahrgang 1929, war ein jüdischer Holocaust-Überlebender, der vor seiner Flucht in die Bundesrepublik 1959 in der DDR

durchaus revolutionär: So galt unter westlichen Ärzten lange als Konsens, dass sich der Krankheitsverlauf bei Sterbenden „erheblich verschlimmern kann", falls diese über ihr Schicksal Bescheid wissen, wie es einer der prominentesten Vertreter der westdeutschen Ärzteschaft, der Düsseldorfer Arzt und Medizinhistoriker Hans Schadewaldt noch 1969 verkündete. Dass derartige Informationen vorenthalten werden, habe daher nichts mit „Macht- und Herrenbewußtsein oder einem falschen Autoritätsanspruch" zu tun, sondern sei Teil der ärztlichen Fürsorgepflicht und ein zusätzliches „Pharmakon" im Kampf gegen die Krankheit: „Wir sind geneigt, auch in diesen Fällen den ‚Arzt als Arznei' einzusetzen und durch eine dosierte Bekanntgabe der klinischen Befunde [...] einen seelischen Schock zu verhindern."[118] Ähnlich rücksichtsvoll – oder eben doch autoritär – räumte eine Krankenpflegeschülerin im zweiten Ausbildungsjahr einige Jahre darauf zwar ein, dass ein Patient durchaus das „Recht" auf die Wahrheit habe, aber diese ihm selbstredend nur mitgeteilt werden könne, wenn er sie auch „ertragen und mit ihr leben kann".[119]

Eine Vielzahl an Studien zeigte in den 70er Jahren den Unwillen von Ärzten und medizinischem Fachkräften, Patienten über ihre tödlichen Krankheiten aufzuklären, der bis zu einem totalen Verschweigen der Situation unter Gebrauch glatter Lügen führen konnte – und belegte entgegen der Thesen von Schadewaldt und oft unter Aufgreifen der neuen psychotherapeutischen Ansätze die nachteiligen Folgen, die die Unwissenheit bei Sterbenden zumeist hatte.[120] Philippe Ariès mühte sich einmal mehr um einen historischen Beleg, dass die verbreitete Unwahrheit am Sterbebett ein neuartiges Phänomen war.[121] Auch wenn die Frage, wann und in welcher Form Schwerstkranke über ihren Zustand aufgeklärt werden sollten, gerade in der Medizinethik noch lange im Detail diskutiert werden sollte, prägte sich unter westlichen Thanatologen doch rasch der Grundsatz aus, dass nur eine offene Kommunikation zweckdienlich sei – wenngleich die Wahrheit stets taktvoll zu vermitteln war und ohne dem Sterbenden alle Hoffnung zu rauben.[122] In „Interviews mit Sterbenden" betonte Kübler-Ross unmissverständlich, dass es „nicht um die Frage [geht], ob, sondern *wie* man einen Patienten über seine

---

gelebt und in Leipzig Medizin studiert hatte. Als Arzt war er in den 60er und 70er Jahren in West-Berlin und später in Kassel tätig. 1983 sollte Ansohn nach Israel auswandern und den Namen Yaacov Ben-Chanan annehmen, ehe er in den 90er Jahren als Honorarprofessor für jüdische Geschichte an der Universität Kassel lehrte. Vgl. zu seiner Biografie Schmied-Kowarzik, Auseinandersetzungen, S. 244.

[118] Schadewaldt, Arzt, S. 565 f. Vgl. zum Verschweigen von Untersuchungsergebnissen bei Krebspatienten in jenen Jahren und zum Aufbrechen dieser Praxis seit den 70er Jahren auch Hitzer, Krebs, v. a. S. 183–277.
[119] Stoltenberg, Menschen, S. 589.
[120] McIntosh, Communication; Kalish, Myth, S. 221 f.; Charmaz, Reality, v. a. S. 126–181. Vgl. als Überblick über die empirischen Studien Huppmann/Werner, Sterben, S. 159–161.
[121] Ariès, Geschichte des Todes, v. a. S. 717–722.
[122] Vgl. als Überblick DeSpelder/Strickland, Last Dance, S. 301–303; Rest, Wahrheit und Meyer, Wahrheit.

4.1 Die Thanatologie und die Verwissenschaftlichung des Lebensendes 129

schlechten Aussichten aufklärt."[123] Die meisten Sterbenden ahnten ohnehin bereits, wie es um sie steht und wünschten ein ehrliches Gespräch.[124]

Sogar in der DDR kam es zu einem dementsprechenden Umdenken. Gemäß dem bekannten Verdikt: „Den Tod verkünden, heißt den Tod geben"[125] des für die sozialistische Medizinethik maßgeblichen Arztes Christoph Wilhelm Hufeland (1762–1836) und dem paternalistischen Verständnis im Verhältnis zum Patienten war eine Aufklärung prinzipiell nicht vorgesehen. Anfang der 60er Jahre sprach der Medizinprofessor Rolf Emmerich in einem medizinethischen Sammelband dem Arzt darauf aufbauend nicht nur die Pflicht, sondern sogar jegliches Recht ab, Schwerstkranke – und insbesondere Krebspatienten – über ihren Zustand zu informieren. Statt Todesurteile auszusprechen, müsse er eine „freudige Heiterkeit ausstrahlen [...] und einen Optimismus an den Tag legen, der alles Schreckliche und alle trübe Stimmung überwindet."[126]

Rasch kam es allerdings zu Differenzierungen, was auch daran lag, dass die zentralen westlichen Publikationen hierzu, etwa das Buch von Ansohn, in der DDR wiederum breit rezipiert wurden.[127] Zwar dürfe Sterbenden, so argumentierte der Theologe Eberhard Winkler, nicht „rücksichtslos die Diagnose" mitgeteilt werden, die ernste Lage jedoch genauso wenig verharmlost werden: Echte Hoffnung könnte nur vermittelt werden, indem Zuspruch im Angesicht der „Macht des Todes" erfolge.[128] Auch die marxistischen Thanatologen Karl Seidel und Jürgen Ott verkündeten 1977, dass es in der Frage kein klares „entweder-oder" geben könne, verwiesen aber nachdrücklich darauf, dass der Sterbende Orientierung brauche und eine „Verschwörung des Schweigens" schädlich sei.[129] Eine eigens eingerichtete Arbeitsgruppe in der Gesellschaft für Allgemeinmedizin der DDR fand zeitgleich heraus, dass der Großteil der zu Hause betreuten Todkranken selbst eine Todesahnung entwickelten und ihr Ableben bereits mehr als eine Woche im Voraus antizipierten – und bestätigte damit ähnliche Studien, die im Westen durchgeführt worden waren. Dies erstaunte umso mehr, als die Autoren zeitgleich feststellten, dass in 60% der untersuchten Fälle keinerlei Unterrichtung über den Ernst der Lage durch den Arzt stattgefunden hatte und bei weiteren 10% das behandelnde medizinische Personal sogar auf Nachfrage ausdrücklich verneint hatte, dass sich der Patient in Lebensgefahr befinde. Zugleich deuteten die Ergebnisse an, dass aufgeklärte Sterbende besser mit der Situation zurechtkamen. Eine Information über den letalen Ausgang von Krankheiten erschien vor diesem Hintergrund sinnvoll.[130]

---

[123] Kübler-Ross, Interviews, S. 39 (Kursivsetzung im Original).
[124] Vgl. ebd., bes. S. 35.
[125] Zit. nach Thielicke, Leben (1980), S. 82.
[126] Emmerich, Vertrauensverhältnis, S. 41.
[127] Vgl. Winter, Seelsorge, S. 63–65; Wagner, Wahrheit, v. a. S. 289 f.
[128] Winkler, Seelsorge (1983), S. 419 f.
[129] Seidel/Ott, Patient. Daher ist Hartmut Bettin auch klar zu widersprechen, laut dem nur in christlichen Kreisen zunehmend eine Aufklärung Sterbender gefordert worden sei; vgl. Bettin, Bedeutsam, S. 45.
[130] Schmerler, Todesahnung.

Spätestens in den 80er Jahren schließlich setzte sich so die Auffassung durch, dass Todkranke unbedingt zu informieren seien, wie ein Aufsatz im Handbuch zu „Grenzsituationen ärztlichen Handelns" unter Verweis auf Kübler-Ross klarstellte.[131] Ein Artikel im Mitteilungsblatt der Gesellschaft Sozialhygiene der DDR forderte 1981 unumwunden, den Sterbenden über sein „Leiden zu informieren und mit ihm über den bevorstehenden Ausgang der Erkrankung zu sprechen", da nur so eine Isolation und Angstzustände verhindert werden könnten.[132] Die Arbeitsgruppe „Ethische Probleme" der Gesellschaft für Innere Medizin der DDR kam zu dem Schluss, dass es gar nicht um die Frage der Diagnosemitteilung gehe, die als unumgänglich erachtet wurde, sondern um die Art der Prognoseeröffnung.[133] Und Roland Jacob, Chefarzt auf der Krebsstation des Regierungskrankenhauses der DDR in Berlin-Buch, sprach sich auch öffentlich deutlich gegen ein Verschweigen tödlicher Diagnosen aus, welches das Vertrauen zum Arzt beschädige: Entgegen der Prognosen der Kritiker einer vollen Patienteninformation zöge eine solche zudem nachweislich weder psychische Traumata noch Suizidfälle nach sich.[134]

Hinter dem Aufkommen der internationalen Thanatologie verbarg sich demnach eine dezidierte Kritik an bestimmten Missständen in der Schulmedizin. Bereits ein Aufsatz in dem Feifel-Band von 1959 attestierte der Ärzteschaft eine „oddly inhuman perspective" auf den Tod, die auf den wachsenden Optimismus in der Gesellschaft und den Glaube an Wissenschaft und Vernunft zurückgeführt wurde, infolgedessen sich der Arzt zu einem „high priest in the cult of health and beauty forever'" entwickelt habe.[135] Derartige Positionen häuften und verschärften sich mit der wachsenden Medizinkritik im Laufe der 60er und 70er Jahre, im Zuge derer alternativmedizinische Strömungen ebenso an Gewicht gewannen wie der Grundsatz der Patientenautonomie.[136] Es war kein Zufall, dass sich ihr vermutlich prominentester Vertreter in jenen Jahren, Ivan Illich, dezidiert mit Tod und Sterben auseinandersetzte. Der österreichisch-stämmige Philosoph, der lautstark die Machtlosigkeit der Medizin gerade im Kampf gegen chronische Krankheiten wie Krebs beklagte und die Medikalisierung sowie eine allzu autoritär auftretende Ärzteschaft vielmehr als treibende Faktoren hinter vielen modernen Gesundheitsschädigungen sah, plädierte grundsätzlich für mehr Selbstbestimmung und Eigenverantwortung der Patienten.[137] Für ihn zeigte sich die Pervertierung der medizinischen Praxis speziell in der „Mechanisierung" und „Technisierung des Todes" in Form eines kapitalistischen Privilegs auf ärztliche Behandlung, aber auch eines verordneten Konsums medizinischer Dienstleistungen bis zum

---

[131] Jacob, Erfahrungen, v. a. S. 264. Vgl. hierzu auch: Kersten, Theorie, S. 54 und S. 76.
[132] Blumenthal-Barby/Jacob, Sterben, S. 44.
[133] Vgl. Meister, Prognoseeröffnung.
[134] Eberhard Klages: „Jeder hat das Recht, vor dem Tode nicht allein zu sein. Mediziner der DDR über Probleme und Aufgaben bei der Betreuung Sterbender." Neue Zeit, 20. 11. 1982, S. 7.
[135] Kasper, Doctor, S. 260 und S. 262.
[136] Vgl. Stolberg, Geschichte, S. 236.
[137] Vgl. hierzu v. a. seinen Bestseller: Illich, Nemesis. Für eine zeithistorische Bewertung des Werkes von Illich vgl. Süß, Gesundheit.

letzten Atemzug. Diese Entwicklung habe die Menschen vom Tod entfremdet, da ihnen durch die „imperialistische Intervention der Medizin" ein kommerzialisiertes Ideal des Sterbens aufgezwungen und sie „ihrer traditionellen Auffassung von Gesundheit und Tod beraubt" worden seien. Das Sterben müsse daher gesellschaftlich wieder – und hier verwies Illich explizit auf Kübler-Ross – stärker akzeptiert werden.[138]

Die öffentliche Kritik am Sterbeort Krankenhaus im letzten Drittel des 20. Jahrhunderts wurde dementsprechend gerade von thanatologischer Seite vorangetrieben. Zahlreiche Studien unterfütterten die grassierende Abneigung gegenüber einem Sterben in Kliniken wissenschaftlich: Sie argumentierten, dass dessen statistische Zunahme Folge eines Institutionalisierungsprozesses sei, mit dem ein Verlust der persönlichen und sozialen Identität einhergehe.[139] Umgekehrt werde das Sterben zu Hause von den meisten Menschen präferiert – und biete die besten Voraussetzungen für einen „würdevollen Tod".[140] Einer der führenden christlichen Thanatologen, Paul Sporken, bemängelte einen Mangel an Humanität in Kliniken und fragte: „Was ist den [sic] eigentlich los mit unseren Krankenhäusern, daß sie anscheinend keinen menschlichen Platz zu einem menschenwürdigen Sterben mehr anbieten können"?[141] Selbst der ostdeutsche Thanatologe Kay Blumenthal-Barby bemerkte in der Wendezeit süffisant, dass es bei der Zahl derjenigen, die sich freiwillig für ein Sterben im Krankenhaus entschieden, einen deutlichen Unterschied zwischen Krankenhauspersonal (nur 40%) und dem Rest der Bevölkerung (60%) gebe; ein stationäres Sterben sei also unerwünschter bei den „,Eingeweihten', die um die Bedingungen wußten".[142] Dies entsprach durchaus der bereits geschilderten Position, die zuvor in der DDR in der Frage vertreten wurde. Dort galt zwar gemäß dem gesundheitspolitischen Leitziel einer umfassenden Versorgung akut Kranker und Verletzter stets, dass vermeidbare Todesfälle, also etwa das Ableben von Unfallopfern, stationär erfolgen sollten. Allerdings setzte sich ebenfalls früh der Grundsatz durch, dass unheilbar chronisch kranke Patienten, und insbesondere an Krebs leidende, vorzugsweise zu Hause sterben und in ihrem letzten Lebensabschnitt von Angehörigen betreut werden sollten.[143]

---

[138] Vgl. hierzu Illich, Enteignung, S. 150–161, Zitate S. 157 und S. 160.
[139] Vgl. Feldmann, Tod, S. 158 oder die Beiträge in Kruse/Wagner, Sterbende.
[140] In Auswahl: Hinton, Dying, v. a. S. 149–156; Kalish, Myth, S. 223 f.; Huppmann/Werner, Sterben; Barnard, Leben, v. a. S. 50 f.
[141] Sporken, Sterbekliniken, S. 69.
[142] Blumenthal-Barby, Leben, S. 30. Völlig unklar ist ob nicht vorhandener Nachweise, wie Blumenthal-Barby zu diesen Zahlen kommt, die nicht Teil der amtlichen Krankenhausstatistik sind.
[143] Vgl. Blumenthal-Barby, Sterbeort (1978), S. 131; Blumenthal-Barby/Hahn, Sterbeort und Blumenthal-Barby, Betreuung Sterbender, S. 101. Auch im Westen fokussierte die Debatte um den Sterbeort stark auf Krebspatienten. Dies war auch eine Folge davon, dass der Anteil in Krankenhäusern verstorbener Krebskranker überall deutlich über dem Durchschnitt der Krankenhaustoten lag (1972 betrug die Prozentzahl in der Bundesrepublik etwa knapp 65%); vgl. dazu Blumenthal-Barby, Sterbeort (1978), S. 133.

Die internationale Thanatologie knüpfte in diesem Punkt einerseits explizit oder implizit an traditionelle Vorstellungen von Funktion und Bedeutung der Familie an. Andererseits verbarg sich dahinter der diagnostizierte neue Bedarf an Sinnstiftung am Lebensende im Angesicht chronischer Krankheitsverläufe. Der Mediziner Hans-Werner Schied begründete 1980 in seiner Untersuchung der Entwicklung der Sterbeorte in der Bundesrepublik die Bedeutung eines Todes in den heimischen vier Wänden damit, dass „mit zu Hause [...] offenbar doch das Vertraute, die gewohnte Umgebung, die nicht ängstigenden Verhältnisse, das, was Geborgenheit vermittelt" gemeint sei.[144] Eng verbunden waren diese Debatten daher mit Fragen nach „Selbstbestimmung" und „Würde" der Sterbenden, Begrifflichkeiten, die sich rasch verselbstständigten und im Osten wie im Westen zu einem zentralen Bestandteil des sich ausprägenden thanatologischen Jargons wurden. Für die prominente US-Historikerin Gerda Lerner war das Recht des Patienten, über seinen Zustand aufgeklärt zu sein, das zentrale Merkmal des von ihr anhand des Sterbens ihres an einem Hirntumor erkrankten Ehemanns beschriebenen „Death of One's Own", der wiederum – wie es im Untertitel der deutschen Ausgabe hieß – den „Schlüssel zum Leben" darstelle.[145]

Das schöne Sterben – von der Sterbeerziehung zum sozialen Protest

Sterben wurde von thanatologischer Seite mithin nicht nur als integraler Bestandteil des menschlichen Daseins präsentiert, sondern als etwas Konstitutives für die menschliche Identität, ja etwas Bereicherndes, das eine Voraussetzung für jede Form von individuellem Lebensglück darstelle. Dies gelte sowohl für die Sterbenden selbst, als auch für Angehörige, das soziale Umfeld und sogar für professionelle Betreuer, die im Zuge einer Sterbebegleitung wichtige Erfahrungen machen könnten.[146] In diesem Sinne beantwortete die Thanatologie die einleitend zitierte Frage des Musikers Falco: „Muss ich den sterben, um zu leben?" mit einem klaren „ja".

In den USA formierte sich in den 70er Jahren gar eine „Happy Death Movement". Damit ist eine lose Gruppierung von Wissenschaftlern, Intellektuellen, medizinischem Fachpersonal und Aktivisten bezeichnet, die ein verändertes Bewusstsein und strukturelle Reformen am Lebensende anstrebte, beispielsweise in Form einer Förderung des Sterbens zu Hause, einer Akzeptanz der eigenen Sterblichkeit und einer Aufhebung der Tabuisierung des Themas zugunsten eines forcierten „death talk" mit erzieherischer Funktion – und die im Zuge dessen eine eigene „Ideologie" (Lofland) des Todes schuf.[147] Deren wichtigste Komponenten waren der Glaube an ein (nicht näher spezifiziertes) Leben nach dem Tod, ein

---

[144] Schied, Deutschen, S. 10.
[145] Lerner, Death; dies., Tod.
[146] Vgl. etwa Kruse, Sterbende, S. 71 f.
[147] Vgl. zur „Happy Death Movement" Lofland, Craft, S. 74–100; Schmied, Sterben, S. 90–93.

positiver Blick auf das Sterben als Möglichkeit zur Selbstentfaltung und persönlichen Erfüllung sowie ein expressiver Umgang damit, etwa über einen ungehemmten Ausdruck von Gefühlen, da nur so der individuelle Gewinn gesichert werden könne: Der Tod erschien mithin als etwas Identitätsstiftendes.[148] Diese im Wesentlichen von Thanatologen wie Kübler-Ross getragene Bewegung erhielt gerade bei in medizinischen oder sozialen Berufen tätigen Personen mit gehobener Bildung zeitweilig viel Zulauf, obschon sie in den 80er Jahren zunehmend in Kritik geriet. Sogar in einem westdeutschen Sammelband, der 1989 für ein Sterben zu Hause warb, wurde das „home-death"-Modell der „Happy Death Movement" als idealisierendes Wunschdenken verworfen, das sich durch „einen verklärenden Rückgriff auf frühere Zeiten" auszeichne.[149] Auch ostdeutsche Thanatologen lehnten die von ihnen genau beobachtete „Glorifizierung des Todes" bei manchen ihrer westlichen Kollegen ab, da in der materialistischen Weltanschauung das Sterben keinesfalls als eine Art „Selbstverwirklichung für das Individuum" verstanden werden könne.[150] Vielmehr erschien ihnen die „Behauptung, das Sterben müsse der Vervollkommnung des Charakters" dienen, als ein rhetorisches Mittel der „bürgerlichen Literatur", um von der Krise der Medizin und des Kapitalismus abzulenken.[151]

Dennoch überdauerten einige der Kernaspekte der Bewegung bis in die Gegenwart, zumal sich rasch verschiedene Ableger ausprägten, so etwa eine „Natural Death Movement". Diese war eng angelehnt an die ebenfalls im letzten Viertel des 20. Jahrhunderts aufblühende „Natural Birth Movement", die Entbindungen in Kliniken ablehnte: Einem der Protagonisten, dem englischen Sozialaktivisten Nicholas Albery, war nach eigener Aussage Mitte der 70er Jahre erstmals die Idee für das später von ihm gegründete „Natural Death Centre" gekommen, als seine schwangere Frau das gemeinsame Kind in einem Heuhaufen zur Welt gebracht habe. Auf der Agenda befanden sich unter anderem das forcierte öffentliche Sprechen über den Tod, Verbesserungen in der Sterbebegleitung, aber auch die Förderung von „Do It Yourself"-Bestattungen mit günstigen und umweltfreundlichen Särgen aus Recycling-Stoffen.[152] Im Zentrum stand das Plädoyer für eine Rückkehr zum „natürlichen Tod". Gemeint war damit eine rigide Ablehnung medizinischer Interventionen am Lebensende und eine aktive, selbstbestimmte Kontrolle und Planung des eigenen Sterbeprozesses – was zugleich die Grundlage für das Verständnis vom „guten Tod" sowohl in der Hospiz- als auch in der Sterbehilfebewegung markierte.[153]

---

[148] Vgl. als besonders markantes Beispiel Koestenbaum, Answer.
[149] Christian-Widmaier, Sterben, S. 34.
[150] Seidel u. a., Betreuung, S. 235.
[151] Blumenthal-Barby/Jacob, Sterben, S. 42.
[152] Albery/Elliot/Elliot, Death, zur Geschichte der Bewegung v. a. S. 7–13, zu den DIY-Bestattungen S. 117–151. Vgl. zu Albery (1948–2001) seinen Nachruf im *Guardian*: Walter Schwarz: „Obituary: Nicholas Albery." The Guardian, 8. 6. 2001, URL: https://www.theguardian.com/news/2001/jun/08/guardianobituaries.books [15. 12. 2021].
[153] Vgl. hierzu DeSpelder/Strickland, Last Dance, S. 489–493; Bradbury, Representations, S. 152–156; Albery/Elliot/Elliot, Death, S. 14–37.

Der Tod stellte in diesem Sinne ein Ziel des menschlichen Lebens dar, auf das sich der Einzelne systematisch vorbereiten müsse. So beschrieb ihn Albery in Anlehnung an ein bekanntes Zitat von Kübler-Ross als eine Art Ausbildungsabschluss („Death as graduation").[154] Es war nur konsequent, dass die Thanatologie rasch die gesellschaftliche Sterbeerziehung in Form einer Hinführung der Menschen zum Tod ins Visier nahm. „Death education" bedeutete in diesem Sinne die pädagogische Aufbereitung thanatologischer Inhalte zur Vermittlung der identitätsstiftenden Bedeutung von Tod und Sterben und besonders zur Beseitigung der individuellen Todesangst, die die Lebensqualität negativ beeinflusse.[155] Nachdem Robert Fulton 1969 an der University of Minnesota ein „Centre for Death Education and Research" etabliert hatte und im Jahr darauf in den USA eine erste Konferenz zu dieser Frage veranstaltet worden war, formierte sich ein eigener anwendungsorientierter Strang in der Thanatologie. 1977 gründete sich die Zeitschrift *Death Education*, die einige Jahre später in *Death Studies* umbenannt werden sollte.[156]

Die populären Workshops von Kübler-Ross waren ebenso Ausdruck dieser neuen öffentlichen Sterbeerziehung wie eine Vielzahl an Kursangeboten und pädagogisch aufbereiteten Materialien in der Erwachsenenbildung,[157] zunehmend aber auch in Schulen und an Universitäten. Zum Teil provozierten diese Veranstaltungen, im Zuge derer methodische Konzepte wie Rollenspiele entwickelt wurden, esoterische Ableger. Mediale Aufmerksamkeit erhielten 1977 in der Bundesrepublik etwa die „Sterbeseminare", die der katholische Theologe Franz Susman in einer eigens eingerichteten „Sterbeschule" in Schwabing sowie im Bayerischen Wald anbot.[158] Für den *Spiegel* nahm der Journalist Martin Morlock gemeinsam mit 14 anderen sowie einem Filmteam des ORF an einem der Kurse teil. Ungeachtet der kritisch-ironisierenden Darstellung nahm Morlock mit einiger Verwunderung die Begeisterung der „Esoteriker Ober- und Niederbayerns" zur Kenntnis, die eine Gebühr von 150 DM bezahlten und sich sogar von kurz zuvor erlittenen Verletzungen nicht vom Besuch der Veranstaltung abhalten ließen.[159] Darüber hinaus hatten thanatologische Publikationen oft selbst eine ratgebende Funktion und In-

---

[154] Albery/Elliot/Elliot, Death, S. 12.
[155] Vgl. zur „death education" allgemein Kastenbaum, Death (1977), S. 231–235; DeSpelder/Strickland, Last Dance, S. 479; Leviton, Education sowie für den deutschsprachigen Raum Rest, Sterbeerziehung; Blumenthal-Barby, Türen, S. 31–42.
[156] Vgl. hierzu die Beiträge in der Erstausgabe, insbesondere Pine, Portrait.
[157] Vgl. für ein Beispiel aus der Bundesrepublik Aichelin u. a., Tod.
[158] Vgl. Claus Bienfait: „Wie man mit dem Sterben lebt und verdient." *Die Welt*, 24. 8. 1977; „,Schöner Tod' als Seminar. Theologe richtet in München Sterbeschule ein." *Abendzeitung*, 22. 8. 1977; „Seminare über den Tod. Münchener ‚Sterbeschule'?" *Rheinische Post*, 23. 8. 1977; „,Sterbeschule' gegen Todesangst." *Berliner Morgenpost*, 23. 8. 1977; Karl Stankiewitz: „Sterben läßt sich lernen. Seminare bereiten auf den Tod vor – Training in Schwabing." *Kölner Stadt-Anzeiger*, 25. 5. 1977.
[159] Marin Morlock: „,Eine Hand muß immer draufbleiben'. Martin Morlock besuchte ein Sterbeseminar." *Der Spiegel* 31 (1977), Nr. 42, S. 257–264, Zitat S. 257.

4.1 Die Thanatologie und die Verwissenschaftlichung des Lebensendes 135

tention. Manchen davon lagen sogar Fragebögen bei, in denen sich Leser auf ihre Furcht vor dem Sterben testen konnten: Wer zu ängstlich abschnitt, dem wurde empfohlen, dagegen mittels Meditation, autogenem Training, Tanzübungen und Sprechgesang vorzugehen.[160] Hierin liegen auch die Wurzeln der Ratgeberliteratur zu Tod und Sterben, die sich in den 80er- und 90er Jahre flächendeckend Bahn brach.[161]

Im deutschsprachigen Raum schlugen Ende der 70er Jahre unabhängig voneinander der westdeutsche Thanatologe Franco Rest und sein ostdeutscher Kollege Kay Blumenthal-Barby fast zeitgleich den Begriff „Sterbeerziehung", mitunter auch „Thanatagogik", als Übersetzung für das etablierte englische „death education" vor – auch wenn sich dieser zunächst nicht durchsetzen konnte und die abgeschwächte Formulierung „Sterbeaufklärung" bis in die 90er Jahre dominierte.[162] Nach der Wende war es Blumenthal-Barby, der 1993 an der Universität Göttingen den ersten Lehrauftrag für Sterbeerziehung in der Bundesrepublik erhielt – ein weiterer Beleg dafür, wie anschlussfähig die DDR-Thanatologie letztlich war.[163] Insgesamt entwickelte sich die Erziehung zum Tode im letzten Drittel des 20. Jahrhunderts zu einer gesellschaftlichen Aufgabe, die ihren Verfechtern kaum weniger wichtig schien als die medizinische Verhinderung eines vorzeitigen Todes. Auf diesem Weg strahlten die Thanatologie und die von ihr betriebene Verwissenschaftlichung des Sterbens nicht nur in eine breite Öffentlichkeit aus, sie konnte auch die angestrebte Optimierung des Subjekts am Lebensende vorantreiben.[164]

Dahinter stand die Beobachtung, dass der Mensch einen direkten Zugang zu Tod und Sterben verloren habe, ja davon entfremdet worden sei. Dies betraf keinesfalls nur den Bereich des Sterbens, in dem der Medikalisierung die Hauptverantwortung zugesprochen wurde. Vielmehr übertrugen Thanatologen diesen Aspekt auf die verschiedenen Facetten des Lebensendes, mit jeweils leicht unterschiedlichen Intonationen. Im Bereich der Sepulkralkultur machten in den 60er Jahren etwa eine Reihe von Studien Prozesse der Kommodifizierung und Ökonomisierung als Grundübel aus, welche die hohen Kosten von Bestattungen kritisier-

---

[160] Vgl. Albery/Elliot/Elliot, Death, S. 57–87.
[161] Vgl. hierzu Kap. 7.1.
[162] Vgl. Rest, Sterbeerziehung; Blumenthal-Barby/Özkan, Sterbeaufklärung; Blumenthal-Barby, Sterbeerziehung sowie Özkan, Sterbeaufklärung. Vgl. zur Verwendung der Begriffe und zur Übernahme des Konzepts der „death education" in Westdeutschland auch Huck/Petzold, Education.
[163] Vgl. zur öffentlichen Rezeption von Rest, Blumenthal-Barby und ihrer Sterbeforschung in der Presse vor und nach der Wende auch: Peter Sabinski: „Ein junger Professor aus Dortmund meint: Der Mensch sollte das Sterben lernen ... ohne Verlust der Lebensfreude." *Westdeutsche Allgemeine Zeitung*, 12. 11. 1977; Manfred Schmidt: „Kann uns ‚Sterbeforschung' helfen? Wissenschaftliche Arbeiten über ein verdrängtes Thema – Beiträge auch aus Ost-Berlin." *Der Tagesspiegel*, 26. 11. 1989; Jens Heitmann: „Dem Tod die Tabus nehmen. Sterbeforschung an der Göttinger Universität einzigartig in Deutschland." *Stuttgarter Zeitung*, 25. 1. 1993; Marlies Fischer: „Mit dem Sterben leben." *Hamburger Abendblatt*, 16./17. 11. 1996.
[164] Vgl. exemplarisch für die mediale Rezeption der thanatologischen Sterbeerziehung in der Bundesrepublik: „Sterben lernen." *Stern*, 25. 10. 1979, S. 104–115.

ten – und selbst einen enormen Absatz fanden.¹⁶⁵ Bereits 1961 stellte ein amerikanischer Journalist die plakative Frage: „Can You Afford to Die?"¹⁶⁶ Zwei Jahre später avancierte Jessica Mitfords kurz darauf auch in deutscher Übersetzung erschienenes Buch „The American Way of Death" zu einem Bestseller – bereits am Publikationstag war die Erstauflage von 20 000 Exemplaren vergriffen.¹⁶⁷ Die britisch-amerikanische Investigativjournalistin untersuchte darin die Geschäftspraktiken der US-Beerdigungsindustrie und zeigte, dass zentrale und besonders kostspielige Bestattungs- und Trauerpraktiken (wie etwa die Einbalsamierung von Leichen, die Verwendung von Särgen bei der Einäscherung oder teure Begräbnismoden) Teil einer Vermarktungskette waren, im Rahmen derer vermeintliche Traditionen einfach erfunden worden seien.¹⁶⁸

Um dieser Entfremdung entgegenzuwirken, musste im thanatologischen Verständnis mit der Erziehung der Menschen zum Tod früh angefangen werden. So rückten rasch Kinder ins Zentrum des Interesses – obschon oder gerade weil diese lebensweltlich nach 1945 kaum direkt mit dem Sterben in Berührung kamen, weder bei sich selbst noch in ihrem engsten sozialen Umfeld, also bei Eltern, Geschwistern und Freunden. Fraglos standen dahinter tatsächliche Defizite und Probleme im kommunikativen Verhalten gegenüber Kindern, was Tod und Sterben angeht. Früh zeigten thanatologische Studien, dass Kinder bereits im jungen Lebensalter von etwa drei Jahren begannen, regelmäßig über den Tod nachzudenken und graduell auch das Konzept der Sterblichkeit verstanden – und sich damit naturgemäß Ängste und Fragen verbanden.¹⁶⁹ Eltern müssten mit ihnen daher über den Tod sprechen und im Trauerfall einen offenen Umgang mit dem Thema suchen. Üblich seien in vielen Familien aber, wie viele Thanatologen wie Kübler-Ross bemängelten, ein Schweigen oder ein euphemistisches Schönreden bei schwersten Erkrankungen oder Todesfällen. Stehe dahinter zwar der Wunsch, die Kinder vor emotionalen Belastungen zu schützen, so wirke sich der Unwille, mit ihnen über Tod und Sterben zu sprechen, psychologisch nachteilig aus.¹⁷⁰

Dies wurde beispielsweise deutlich, als sich das britische „Mass-Observation", ein mit Unterbrechungen seit den 30er Jahren existierendes Sozialforschungsprojekt, das sich der Erforschung des Alltagslebens gewöhnlicher Menschen verschrieben hat, im Frühjahr 1994 erstmals mit dem Lebensende beschäftigte. Die Erhebung umfasste Fragen nach den ersten Erfahrungen mit Tod und Sterben sowie speziell danach, wie Kinder an das Thema herangeführt wurden.¹⁷¹ Hunderte

---

165 Vgl. Bowman, Funeral und Harmer, Cost.
166 Roul Tunley: „Can You Afford to Die?" *Saturday Evening Post*, 17. 6. 1961, S. 24.
167 Mitford, Way (1963). Vgl. zum Absatz des Buches dies.: Way (1998), S. xvi.
168 Mitford, Tod, v. a. S. 9–15.
169 Nagy, View; Anthony, Discovery. Vgl. zur frühen thanatologischen Beschäftigung mit der Einstellung von Kindern zu Tod und Sterben sowie dem aktuellen Forschungsstand auch Stevenson, Children.
170 Vgl. Kübler-Ross, Kinder.
171 Mass Observation Archive (University of Sussex): Spring Directive 1994: Death & Bereavement, vgl. Den Fragekatalog unter http://www.massobs.org.uk/images/Directives/Spring_19

4.1 Die Thanatologie und die Verwissenschaftlichung des Lebensendes 137

von eingegangenen Antworten – das Autorenspektrum reichte von Teenagern bis zu Hochbetagten im Alter von über 80 Jahren – zeigten, dass die erste Begegnung mit dem Tod bei den meisten Menschen im Zusammenhang mit dem Sterben von Haustieren oder der Großeltern erfolgte. Gerade ältere Autoren erinnerten sich dabei an oft traumatisch verlaufende Kindheitserfahrungen: Oftmals war ihnen die Teilnahme an Beerdigungen explizit verweigert worden oder sie litten lange unter Euphemismen und Formen des Verheimlichens im Umgang mit verstorbenen Angehörigen in der Familie.[172] Stellvertretend für viele Einsendungen berichtete etwa eine 57 Jahre alte Aushilfslehrerin aus Norwich in einem völlig ausufernden, 34 Seiten langen Brief, wie sie infolgedessen bei der Niederschrift der Antwort noch ein halbes Jahrhundert später erneut von der Erinnerung an den plötzlichen Tod ihres Großvaters aufgewühlt worden sei: „So if this answer is out of balance – well that is how I feel and how I have reacted to the directive. It has been painful to dredge up some memories [...]."[173]

Vor diesem Hintergrund erklärt sich die Flut an Publikationen, die sich seit den 70er Jahren mit der Vorbereitung von Kindern auf den Tod befassten. Populäre Sachbücher und wissenschaftliche Studien fokussierten gleichermaßen die Frage, wie Kinder und Jugendliche das eigene Sterben oder aber den Tod anderer erlebten und verarbeiteten.[174] So diskutierte Marielene Leist unterschiedlichste Fälle von kindlichen Sterbeverläufen oder Verlusterfahrungen (vom Haustier über ein Elternteil bis zum Tod der ganzen Familie). Sie kam zu dem Schluss, dass der gegenwärtige Umgang mit trauernden Kindern in den Familien hochgradig defizitär sei, was fatale physische wie psychische Langzeitfolgen für die Kinder habe und unter anderem emotionale Hemmungen, Lernschwächen, Übergewicht oder eine Anfälligkeit für Krankheiten nach sich ziehen könne.[175] Die Lösung müsse in einer unbedingten Ehrlichkeit und Offenheit liegen: „Unsere Kinder haben ein Recht auf Wahrheit."[176] Besonders lautstark wurde in diesem Feld der Tabuisierungsverdacht geäußert, wenn etwa Leist ihre Studie mit der Feststellung, „[w]ir Eltern und Erzieher möchten gern Sterben und Tod von unseren Kindern fernhalten", begann, oder andere Autoren zu plakativen Buchtiteln wie „[S]chweigt die Schule den Tod tot?" griffen.[177] Tatsächlich versuchten viele Schriften, Tod und Sterben für die Schule pädagogisch aufzubereiten, wobei besonders der Religionsunter-

---

94_Directive.pdf [15. 12. 2021]. Zur Geschichte und Zielsetzung von „Mass-Observation" vgl. Hall, Worktown.
[172] Vgl. Exemplarisch die Antworten von weiblich, 62, A1646; weiblich, 64, A2168; männlich, 60, A883; weiblich, 59, C108, in: Mass Observation Archive (University of Sussex): Antworten zur Spring Directive 1994: Death & Bereavement, SxMOA2/1/42/1/1.
[173] Ebd., B2258.
[174] Vgl. etwa Reed, Kinder [englisches Original: dies., Children]; Bluebond-Langner, I Know; Asperger, Kind; Engelke/Schmoll/Wolff, Sterbebeistand; Sporken, Umgang, S. 91–93; DeSpelder/Strickland, Last Dance, S. 72–107 und S. 234–259; Pendleton, Too Old, v. a. S. 34–45; Larbig, Todeserleben; Bürgin, Begleitung sowie Schmitz-Scherzer, Sterben, S. 21 f.
[175] Leist, Kinder, vgl. v. a. S. 66–68.
[176] Ebd., S. 106. Vgl. ähnlich argumentierend Rosemeier, Psychologie, v. a. S. 304.
[177] Leist, Kinder, S. 11; Neulinger, Schule. Vgl. auch Gins, Sterben, v .a. S. 248 f.

richt seit Ende der 70er Jahre ins Zentrum der gesellschaftlichen „Thanatagogik" rückte.[178] Sogar die Bundesvereinigung Evangelischer Kindertagesstätten gab 1976 erstmals einen Elternbrief zu dem Thema heraus, der nicht der letzte dazu bleiben sollte.[179]

Auch in diesem Bereich gelang es der Thanatologie rasch, öffentlich auszustrahlen. Mitte der 70er Jahre befasste sich eine Vielzahl an Artikeln in der westdeutschen Presse intensiv mit dem Verhältnis von Kindern zum Tod – und folgte der thanatologischen Position, dass ein frühes Sprechen über das Sterben und eine Sterbeaufklärung von elementarer Bedeutung seien.[180] Zugleich verbreiteten sich immer mehr Kinderbücher, die sich mittels Geschichten von verstorbenen Tieren oder Menschen explizit mit dem Tod und Fragen des Trauerns auseinandersetzten.[181] Diese Entwicklung war eindeutig von der Sterbeforschung beeinflusst, deren Erkenntnisse auf die inhaltliche und dramaturgische Aufmachung der Kinderbücher zurückstrahlten. Dies betraf bereits eines der ersten Beispiele, den 1973 erschienenen Roman „Die Brüder Löwenherz" von Astrid Lindgren, der wohl renommiertesten Kinderbuchautorin aller Zeiten.[182] Dieser erzählt die Geschichte der beiden Brüder Karl und Jonathan Löwe. Der neunjährige Karl ist unheilbar krank und ahnt um seinen nahenden Tod, obwohl die Erwachsenen nicht mit ihm darüber sprechen. Sein lebensfroher älterer Bruder versucht ihm mit Erzählungen vom Leben nach dem Tod in einer fiktiven Welt namens Nangijala die Angst vor dem Sterben zu nehmen. Jonathan stirbt plötzlich bei einem Brand, doch es dauert nicht lange, bis Karl ihn in Nangijala wiedertrifft, wo sie den Namen Löwenherz tragen. Das Buch endet mit dem gemeinsamen (symbolischen) Sprung der Brüder in den Tod und dem Satz „Ich sehe das Licht!". Eindrucksvoll illustrierte das Buch auf diese Weise die Überwindung der Todesfurcht, die ganz im thanatologischen Sinne durch eine positive Zuversicht und Akzeptanz ersetzt wurde.

---

[178] Vgl. Pullwitt, Tod; Ven, Kindern; Peter, Gott; Burgheim u. a., Kindern sowie die stark auf Kübler-Ross aufbauende religionspädagogische Habilitationsschrift von Plieth, Kind, v. a. S. 296–338.

[179] Krüger, Kinder. Vgl. für eine spätere Version: Hilt, Kind.

[180] In Auswahl: Heidi-Ricarda Hoegen: „Mit Kindern über den Tod sprechen? Fertige Antworten sind nicht nötig" *Evangelischer Pressedienst* Zentralausgabe Nr. 13, 31. 3. 1976, S. 12–13; „Sterbeschulung." *Frankfurter Allgemeine Zeitung*, 3. 4. 1978; Peter Bellon: „Kinder begegnen dem Tod…" *Kölnische Rundschau*, 25. 5. 1977; Inge Nordhoff: „Am Anfang stand die Angst. Der Versuch eines Psychologen, Kindern das Sterben zu erleichtern." *Hannoversche Allgemeine Zeitung*, 1./2. 10. 1977; Marc Wilson: „Die Kinder und der Tod. Warum Aufklärung über das Sterben so wichtig ist." *Der Abend*, 6. 6. 1978; sowie als spätere Beispiele Annelie Stankau: „Zeichnungen sterbender Kinder." *Kölner Stadt-Anzeiger*, 12./13. 9. 1981 und Gerd Schimansky: „Wenn Kinder den Tod erleben. Über ihre Trauer getrost mit ihnen sprechen." *Berliner Sonntagsblatt. Die Kirche*, 25. 11. 1984.

[181] Viele der Bücher kamen ursprünglich aus dem nordeuropäischen Raum, wurden aber rasch ins Deutsche übersetzt. Vgl. in Auswahl: Schindler, Pele; Varley, Leb wohl; Kaldhol/Øyen; Velthuijs, Was ist das; Pirkko Vainio: Die Schneegans. Hamburg 1993; Fried/Gleich, Opa; Stalfelt, Und was kommt dann.

[182] Lindgren, Brüder. Vgl. zur Darstellung von Tod und Sterben in den Büchern von Lindgren Mettenbrink, Religion, darin zu den „Brüdern Löwenherz" v. a. S. 260 ff.

4.1 Die Thanatologie und die Verwissenschaftlichung des Lebensendes 139

Die Thanatologie war folglich als akademische Disziplin von Anfang an stark durch eine Symbiose von Wissenschaft und sozialem Protest geprägt – und damit ist das Kernmerkmal des thanatologischen Wirkens benannt, das gleichermaßen Forschung wie Sozialaktivismus beinhaltete.[183] Dahinter stand zum einen die empirische Feststellung einer umfassenden gesellschaftlichen Benachteiligung und Exklusion von Schwerstkranken. Die Thanatosoziologie prägte Ende der 60er Jahre für diesen Zusammenhang das Konzept des „sozialen Todes": Die Vorstellung, dass Sterbende bereits vor ihrem eigentlichen physischen Ableben, dem „klinischen Tod", innerhalb ihres Umfelds, aber gerade auch in medizinischen Institutionen an den Rand gedrängt würden, verselbstständigte sich rasch in Forschung und Öffentlichkeit.[184] Wie im Westen erfolgten in der DDR ebenfalls direkte oder indirekte Bezugnahmen auf den „sozialen Tod", wenn beispielsweise Günter Baust unter Verweis auf die Untersuchungen von Robert Fulton die Infantilisierung und unwürdige Behandlung von Sterbenden durch Ärzte und Pflegekräfte kritisierte.[185] Das Phänomen hatte aus Sicht der Thanatologie unterschiedliche Ursachen: Die Konzentration des Gesundheitswesens auf Heilung, strukturelle Defizite in der Ausbildung von medizinischem Personal und in der Versorgung Schwerstkranker in Kliniken oder Pflegeheimen, die gesellschaftliche Tabuisierung des Themas, die Veränderung der Familienstrukturen, oder die Unaufgeklärtheit vieler Sterbender, die im Unterschied zu ihrem Umfeld nichts über ihren nahenden Tod wüssten – woraus sich zwangsläufig Kommunikationsprobleme ergaben. In jedem Fall mussten im thanatologischen Verständnis der „soziale Tod" und das „unwürdige Sterben" nicht nur diagnostiziert, sondern auch bekämpft werden.

Zugleich reflektierte diese Entwicklung den Bedeutungsgewinn und die immer größeren gesellschaftlichen Rückwirkungen der sich im Kontext der wohlfahrtsstaatlichen Reformpolitik nach dem Zweiten Weltkrieg etablierenden Sozialforschung, insbesondere der um eine stärkere öffentliche Präsenz bemühten Sozialwissenschaften.[186] So verbarg sich hinter dem sozialen Aktivismus der Thanatologie noch mehr: Dieser speiste sich in vielen Punkten direkt aus dem Klima der späten 60er und 70er Jahre und einer umfassenden Kritik an Missständen in der modernen Gesellschaft allgemein. Die frühen Schriften vieler US-Thanatologen standen, wie einer ihrer Gründerväter, Robert Fulton, 2003 rückblickend resümierte, mit ihren Forderungen nach einer veränderten Perspektive auf Tod und Sterben in

---

[183] Vgl. zu diesem bis in die Gegenwart festzustellenden Charakteristikum und seinen Folgen Greiner, Rationalitäten, v. a. S. 9–11 und S. 17–19.

[184] Vgl. Sudnow, Passing On, v. a. S. 65–75 und Glaser/Strauss, Time, sowie zur Adaption im deutschsprachigen Raum Rest, Orthothanasie (1), v. a. S. 73–80; Schmitz-Scherzer, Sterben und als Beispiel für die öffentliche Debatte darüber „Der soziale Tod tritt früher ein. In den Pflegeheimen gibt es zu wenig Zeit für das tabuisierte Sterben." *Rheinische Post*, 29. 10. 1977. Als Überblick über das Konzept des „sozialen Todes" vgl. Brennan, Death und das Themenheft „Social Death" der Zeitschrift Contemporary Social Science, darin v.a. die Einleitung: Králová, Death.

[185] Baust, S. 148 f. Vgl. zum „sozialen Tod" in der DDR auch Quitz, Staat, S. 214.

[186] Raphael, Verwissenschaftlichung, S. 177.

einem klaren Zusammenhang mit den Protesten gegen den Vietnamkrieg und den Aktivitäten der Bürgerrechtsbewegung. Das Interesse „an der Todesthematik erwuchs aus den Belastungen, denen unsere sozialen Beziehungen und institutionellen Einrichtungen zu dieser Zeit unterlagen [...]."[187] Der Paderborner Philosoph Hans Ebeling sah 1979 die Thanatophilosophie mit ihrer Ausrichtung am „guten" Leben und Sterben sogar in einem wissenschaftlichen Kampf „gegen die Interessen der Nuklearindustrie".[188] Dass Sterbeerziehung dazu beitragen könne, die Gefahr eines Todes durch „nukleare Vernichtung oder Zerstörung der Umwelt" zu reduzieren, da sie die Ehrfurcht vor dem Leben fördere, darin waren sich Thanatologen international einig.[189]

Die enge Verbindung zur Friedensbewegung erklärt, warum speziell an amerikanischen Colleges die „death education" ab Anfang der 70er Jahre so derart boomte.[190] Dies lässt sich auch individualbiografisch in vielen Fällen nachvollziehen. Herman Feifel etwa war als Soldat im Zweiten Weltkrieg Augenzeuge des Abhebens der *Enola Gay* geworden, jenes Bombers, der für die atomare Zerstörung der japanischen Stadt Hiroshima verantwortlich war; ein Ereignis, das nach eigener Aussage sein Interesse an der Thanatologie auslöste.[191] Der britische Sterbeaktivist Nicholas Albery war intellektuell ebenso tief in der 68er-Bewegung verwurzelt wie Franco Rest in der Bundesrepublik, der in seiner Studentenzeit an Diskussionsrunden mit Rudi Dutschke teilgenommen hatte.[192] Analog zu anderen sozialen Gruppierungen, etwa zur Umwelt-, Frauen- und Friedensbewegung, begründete die Thanatologie letztlich eine „Death Movement", die sich durch ihren Bewegungscharakter und einen breiten gesellschaftlichen Sterbeaktivismus auszeichnete.

Die Thanatologie als wissenschaftliches Forschungsfeld war somit international stark mit dem politischen und kulturellen Protest sowie dem sozialen Wandel verwoben, dem die Gesellschaften im Allgemeinen, aber auch Tod und Sterben im Speziellen in jener Zeit unterlagen – und den sie selbst zu erforschen suchte. Dieses neue soziale Bewusstsein war der Nährboden für die Entdeckung des Sterbens als einem gesellschaftlichen Problemfeld. Es war nur logisch, dass die durch sie ausgelöste „Death Movement" in einer engen Verbindung zur wichtigsten sozialen Bewegung im Kontext des Lebensendes stand: der Hospizbewegung.

---

[187] Fulton, Prolog, S. 11.
[188] Hans Ebeling: Einleitung: Philosophische Thanatologie seit Heidegger, in: ders. (Hg.): Der Tod in der Moderne. Königstein 1979, S. 11–31, hier S. 31.
[189] Huck/Petzold, Education, S. 506.
[190] Vgl. hierzu auch DeSpelder/Strickland, Last Dance, S. 479.
[191] Strack, Feifel, Herman.
[192] Björn Meyer: „Franco Rest. Vater der Hospizbewegung." *Westfälische Nachrichten*, 29. 8. 2019, URL: https://www.wn.de/Muenster/3933897-Franco-Rest-Vater-der-Hospizbewegung [15. 12. 2021]. Albery verglich die von ihm mitbegründete „natural death movement" wiederholt mit anderen sozialen Bewegungen wie der Umweltbewegung, z. B. Albery/Elliot/Elliot, Death, S. 8.

4.2 Sterbebegleitung neu gemacht: die Hospizidee als internationales Phänomen

> „Wenn der Mensch eine Mutter hätte
> die ihn aufnimmt am Ende
> wie eine Mutter ihn hergab am Anfang –
> wie leicht wär der Tod."
> (Heinz Kahlau)

Zu Beginn sorgte das Hospiz nicht nur aus semantischen Gründen für Verwirrung. Der Begriff verweist zunächst unspezifisch auf ein fürsorgliches Verhältnis zwischen einem Reisenden und einem Wirt, stammt er doch vom lateinischen „hospes" ab, das sowohl Gast als auch Gastgeber bedeuten kann.[193] Seit dem Frühmittelalter existierten unter dem Namen „Hospiz" von Ordensgemeinschaften wie den Johannitern geführte Einrichtungen, in denen Kranke bis zu ihrer Genesung oder zu ihrem Tod leben konnten; zugleich dienten sie vielerorts als Zwischenstationen für Gläubige, die auf der Durchreise waren.[194] Sukzessive erfolgte eine Ausdifferenzierung in Hospitäler und Hospize, die für Sterbende reserviert waren.[195] Waren solche Einrichtungen bereits mit der Reformation wieder verschwunden, so erfolgte im späten 19. Jahrhundert eine Reihe von Neugründungen. Zeitgleich prägte sich jedoch eine andere, rasch dominierende Wortbedeutung heraus: Hospize bezeichneten in jenen Jahren primär christlich geführte Herbergen, vor allem im Alpenraum: 1904 wurde in Kassel der „Verband Christlicher Hospize" (VCH) gegründet, dessen Mitglieder Anfang der 30er Jahre über mehr als 10 000 Betten verfügten. 1987 änderte der VCH angesichts einer abermaligen öffentlichen Neubesetzung des Begriffes seinen Namen in „Verband Christlicher Hotels".[196] Noch bei der Recherchen für die Erstellung des ersten deutschen Hospiz- und Palliativführers im Jahr 2002/2003 kam es aber zu entsprechenden Missverständnissen.[197] Bis heute kennt der Duden folglich drei Wortbedeutungen für „Hospiz": erstens ein „bei einem Kloster befindliches Haus, in dem besonders Pilger übernachten können", zweitens ein „Hotel oder Pension, die in christlichem Geist geführt wird" und drittens eine „Einrichtung zur Pflege und Betreuung Sterbender".[198] Darüber hinaus existierten unter diesem Namen in Deutschland bis weit ins 20. Jahrhundert hinein auch noch pflegerische Einrichtungen, die nicht speziell auf Sterbende spezialisiert waren: So förderte etwa das Bayerische Staatsministerium für Arbeit und soziale Fürsorge nach dem Zweiten Weltkrieg ein „katholisches Hospiz Pater Rem" in Ingolstadt, in dem bis Mitte der 50er Jahre Kriegsversehrte versorgt wurden.[199]

---

[193] Allen, Hospice.
[194] Vgl. Allen, Hospice und Stoddard, Hospiz-Bewegung, S. 26–31.
[195] Vgl. von Gunten, Hospice, S. 17 f.
[196] Vgl. Godzik, Hospizbewegung, S. 3 f.
[197] Vgl. Heller u. a., Geschichte, S. 119.
[198] Vgl. https://www.duden.de/suchen/dudenonline/Hospiz [15. 12. 2021].
[199] Vgl. BHStA, Landeshauptfürsorgestelle 134.

4. 1969: Das Buch, oder: die Erfindung des Sterbeaktivismus

Reichte die Geschichte organisierter Sterbebegleitung bis in die griechische Antike,[200] die Geschichte von Hospizen als Orte für Todkranke zumindest bis ins Mittelalter zurück, so gelten gemeinhin erst die im letzten Viertel des 19. Jahrhundert unter diesem Namen entstandenen Einrichtungen als direkte Vorläufer der heutigen Hospizbewegung. Die Zentren dieser bislang kaum untersuchten „protohospices" lagen in Frankreich und Großbritannien. Alleine in London existierten zeitweilig drei davon, ferner gab es sie auch in New York, Sydney oder Brüssel.[201] Am bekanntesten war das 1879 in Dublin gegründete Our Lady's Hospice for the Dying der Sisters of Charity, einer 1815 von Mary Aikenhead ins Leben gerufenen katholischen Ordensgemeinschaft. Dieses bis heute bestehende „Proto-Hospiz" verstand sich als ein Gemeinschaftsprojekt, in dem subjektorientiert und spendenfinanziert direkte Hilfe für Sterbende geleistet wurde. Dahinter verbarg sich zugleich eine explizite Missionstätigkeit.[202]

Die moderne Hospizidee, die sich ab den späten 1960er Jahren ausbildete, teilte diese christlichen Wurzeln, unterschied sich aber von den Vorläufer-Hospizen der Ordensgemeinschaften in mehreren strukturellen Aspekten: Erstens nahm sie rasch Bewegungscharakter an und zeichnete sich durch einen hohen Grad an Vernetzung sowie transnationale Wissenstransfers aus. Zweitens beinhaltete sie keine direkte Missionsarbeit mehr. Und drittens standen hinter ihr die bereits vorgestellten Ansätze einer Verwissenschaftlichung der Sterbebegleitung. So sind die Einflüsse der thanatologischen Forschung auf die neu entstehende zivilgesellschaftliche Bewegung klar zu erkennen.[203] In Einklang mit dieser beklagte die Hospizidee etwa eine Tabuisierung des Themas oder den „sozialen Tod" vieler Sterbender und forderte, Sterben wieder stärker als Teil des Lebens wahrzunehmen.[204] Dementsprechend ging es ihr nicht mehr nur um Hilfe für einzelne Sterbende, sondern auch um die Behebung größerer gesellschaftlicher Missständen, die sich vermeintlich hinter der neuen Not am Lebensende verbargen.

Hierin liegt auch der Hauptgrund für die geforderte starke Einbeziehung ehrenamtlicher Helfer in den Betreuungsprozess – auch Angehörige sollten, wo möglich, beteiligt werden, um anschließend den erlernten, bewussten Umgang mit dem Sterben und die Prämissen der Hospizidee weiter verbreiten zu können. Ohnehin war ein „Sterben zu Hause" das Leitziel, aus dem sich ein klarer Vorrang von Formen ambulanter Hilfe ergab. Stationäre Hospizeinrichtungen dienten vor-

---

[200] Vgl. Stoddard, Hospiz-Bewegung, S. 19–25.
[201] Vgl. Clark, Comfort, S. 33–57.
[202] Vgl. ausführlich zum Our Lady's Hospice und seinen religiösen Zielsetzungen Littger, Hospiz- und Palliativkultur, S. 73–81.
[203] Vgl. Buckingham, Hospiz, S. 99. Zum Zusammenhang von sozialen Bewegungen und sozialwissenschaftlicher Forschung vgl. allgemein Kramer, Bewegungen.
[204] Zu den Grundsätzen der modernen Hospizidee, die in den 60er Jahren entwickelt wurden und im Wesentlichen bis heute unverändert geblieben sind, vgl. hier und im Folgenden Golek, Standort, S. 12 und S. 64–67; Buckingham, Hospiz, S. 17–28; Stoddard, Hospiz-Bewegung, S. 130–135; Davidson, Introduction sowie ausführlich das Grundlagenwerk der deutschen Hospizbewegung: Student, Hospiz-Buch.

rangig zur Betreuung von Sterbenden, die entweder übergangsweise, zum Beispiel infolge starker Schmerzen, einer Vollzeitpflege bedurften, oder bei denen keine Hilfe durch Familie oder Freunde möglich war. Sie sollten den Tod auf eben jene Art erleichtern, die das einleitende Zitat des Lyrikers Heinz Kahlau illustriert: indem sie ihn mit einer Aufnahme statt mit einem Abschied verbanden. Gemäß ihrer Prämisse, dass Sterben nicht nur eine physische, sondern auch eine psychologische und emotionale Seite habe, vertrat die Hospizidee im pflegerischen Bereich von Anfang an einen „ganzheitlichen" Ansatz in Form einer interdisziplinären Sterbebegleitung von Medizinern, Psychologen, Pflegekräften und Sozialarbeitern. Im Zentrum stand eine ausgefeilte medikamentöse Schmerztherapie, welche dem Sterbenden weitgehende Schmerzfreiheit auf der einen und ein bis zuletzt klares Bewusstsein auf der anderen Seite ermöglichen sollte.[205] Letzteres war notwendig, da daneben auch ein besonderes Gewicht auf der psychosozialen Seite der Begleitung lag: Mittels persönlicher Gespräche sollte der Sterbende auf den nahenden Tod vorbereitet und ihm Ängste genommen werden. So verfügte die Hospizarbeit über eine ausgeprägte spirituell-philosophische Grundlage. Diese musste nicht notwendigerweise religiös determiniert sein, war es aber oftmals.[206] Um die praktische Umsetzbarkeit dieses folglich sehr personal- und zeitintensiven Betreuungsverhältnisses zu gewährleisten, legte die Hospizbewegung bereits frühzeitig ein durchaus enges Patientenprofil fest: Hospizlich betreut wurden demnach nur Menschen mit einer verbleibenden Lebenserwartung von weniger als sechs Monaten, bei denen keine therapeutischen Maßnahmen mehr möglich waren. Daraus ergab sich, gerade in der Frühphase, eine starke Fokussierung auf Krebspatienten,[207] die sich in vielerlei Hinsicht für die Debatten um Sterben und Sterbebegleitung seit dem letzten Drittel des 20. Jahrhunderts als prägend erwies.

Cicely Saunders und die moderne Hospizidee

Der geistige Ursprung der Neukonzeption der Hospizidee lag in England und verbindet sich mit dem Namen jener Krankenschwester, später Ärztin, die nach der bereits geschilderten Begegnung mit dem Krebspatienten David Tasma 1948 sukzessive eine Bewegung zur besseren Versorgung von Sterbenden formierte: Cicely Saunders. Nachdem sie sich in den 50er Jahren noch vorrangig ihrem Medizinstudium gewidmet hatte, verschob sich ihr Fokus anschließend auf die geplante Gründung einer stationären Einrichtung speziell für die Bedürfnisse von Todkranken.[208] Zwischen 1957 und 1967 schrieb Saunders etwa 10 000 Briefe, um für ihr

---

[205] Ein ausführlicher Überblick über die hospizliche Pflege mit einem Schwerpunkt auf der Schmerzkontrolle findet sich Stoddard, Hospiz-Bewegung, S. 162–173.
[206] Vgl. speziell zur religiösen Grundlage der Hospizarbeit Saunders, Brücke, S. 92–100.
[207] Vgl. von Gunten, Hospice, v. a. S. 18 und S. 21.
[208] Vgl. Saunders, Brücke, S. 6–12 und Du Boulay/Rankin, Saunders, S. 60–74 sowie die Einleitung zu Kap. 2.

geplantes Haus für Sterbende zu werben und Gelder zu sammeln.[209] In zahlreichen Schriften und Vorträgen stellte sie ihr Konzept einer modernen Sterbebegleitung vor, in der palliative Schmerztherapie und eine intensive psychosoziale Betreuung Hand in Hand gingen.[210] Sie entwickelte bereits im Zuge ihrer ärztlichen Ausbildung am St. Joseph Hospice in Hackney, einem der erwähnten „Proto-Hospize", das Total Pain-Konzept, nach dem Schmerzen nicht nur körperlicher, sondern auch emotionaler, spiritueller oder sozialer Art sein können.[211] 1959 verbreitete Saunders ein zehnseitiges Pamphlet mit dem vielsagenden Titel „The Scheme", in dem sie Interessierte mit Informationen hinsichtlich der praktischen Umsetzbarkeit ihrer Idee versorgte. Auch einen Namen für die vorgesehene stationäre Einrichtung schlug sie vor: St. Christopher's Hospice.[212]

Im Klima der frühen 60er Jahre zahlten sich die Bemühungen von Saunders um öffentliche und politische Aufmerksamkeit sowie der Aufbau von Unterstützungsnetzwerken rasch aus.[213] Sie profitierte von dem sich verändernden gesellschaftlichen und speziell wissenschaftlichen Rahmen, insbesondere dem sprunghaften Anstieg an thanatologischer Forschung, der sich auch in ihrem eigenen Wirken spiegelte: Hatte ein unter dem Titel „The Management of Patients in the Terminal Stage" veröffentlichter Beitrag von Saunders in einem onkologischen Sammelband im Jahr 1960 gerade mal 40 Referenzen, verfügte ihr 1967 im *British Journal of Hospital Medicine* publizierter Artikel „The Management of Terminal Illness" bereits über 184 Literaturverweise.[214] Vor diesem Hintergrund gelang es ihr auch, innerhalb weniger Jahre Spenden in Höhe von über einer halben Million Pfund zu sammeln und schließlich am 24. Juli 1967 das St. Christopher's Hospice zu eröffnen.[215]

Dieses war von Saunders dezidiert auch als eine religiös-christliche Institution konzipiert worden.[216] Saunders war im Jugendalter noch selbsterklärte Atheistin gewesen. In den 50er Jahren trat sie als Medizinstudentin in Oxford jedoch dem „Socratic Club" bei, einem zu dieser Zeit von dem Schriftsteller C. S. Lewis geleite-

---

[209] Clark, Movement. Die Briefe sind Teil des umfangreichen Nachlasses von Saunders im Londoner King's College Archive: http://www.kingscollections.org/catalogues/kclca/collection/s/10sa88-1 [15. 12. 2021], vgl. die Signaturreihe K/PP149/4/1-6, zur Korrespondenz mit deutschen Personen, Medien und Hospizeinrichtungen speziell K/PP149/4/3/25.
[210] Für die frühen Publikationstätigkeiten von Saunders vgl. v. a. die sechsteilige Artikelreihe, die ursprünglich 1959 in der Zeitschrift *Nursing Times* erschienen war und die im folgenden Jahr gesammelt herausgegeben wurde: Saunders, Care.
[211] Vgl. Godzik, Hospizbewegung, S. 4 und zu den von Saunders formulierten Grundsätzen der Schmerzkontrolle sowie der Hospizarbeit allgemein Saunders, Hospices.
[212] Vgl. Clark, Saunders, S. 147 f. und Clark, Saunders (Letters), S. 10.
[213] Vgl. zur weiteren Entwicklung der Hospizbewegung in Großbritannien Ravenscroft, Entwicklung.
[214] Vgl. Clark, Comfort, S. 73. Die beiden Aufsätze finden sich in Saunders, Writings, S. 21–35 und S. 91–114.
[215] Vgl. Saunders, Brücke, S. 13–24 sowie zur anfangs stets prekären Finanzierung der Einrichtung ebd., S. 51–67.
[216] Vgl. ausführlich Du Boulay/Rankin, Saunders, S. 120–134.

4.2 Sterbebegleitung neu gemacht: die Hospizidee als internationales Phänomen

ten, wöchentlichen Diskussionsforum zu Glaubensfragen, das sich speziell an religiös desillusionierte Intellektuelle richtete.[217] Vor dem Hintergrund dieser Erfahrung bewegte sich Saunders anschließend zeitweise in evangelikalen Kreisen.[218] Als Erwachsene näherte sie sich, nicht zuletzt unter dem Einfluss ihres strenggläubigen Lebenspartners, dem emigrierten polnischen Künstler Marian Bohusz-Szyszko, dem Katholizismus an und wurde unter anderem mit dem päpstlichen Gregoriusorden ausgezeichnet.[219] Für Saunders stand angesichts ihrer Erfahrungen im Bereich der Sterbebegleitung früh fest, dass es auch in einer vermeintlich säkularisierten Zeit noch ein stilles Vertrauen in Gott und einen wirklichen Glauben in der Gesellschaft gebe. Zwar mache Religion den Tod nicht per se leichter, sei aber ein effektiver Weg, um auf lebensweltliche Herausforderungen zu reagieren.[220] Die Hospizbewegung stellte für sie eine Art religiöse Gemeinschaft im Angesicht von Leiden und Sterben dar. Die universale, inklusive Glaubenseinstellung von Saunders zeigte sich unter anderem in der stark religiös behafteten Terminologie, derer sie sich in ihren Briefen, Vorträgen und Publikationen bediente. Dieses religiöse Grundverständnis hatte zugleich praktische Folgen für den Alltag im St. Christopher's Hospice, der geprägt war von christlichen Symbolen, Zeichen und Ritualen wie der Morgenandacht, der Krankensalbung oder dem gemeinsamen Gebet.[221]

Aufgrund ihres Glaubens lehnte Saunders darüber hinaus aktive Sterbehilfe vehement ab, eine Einstellung, die sich in der Folge auch in der deutschen Hospizbewegung durchsetzte. Das Ziel der Hospizarbeit müsse es sein, beim Sterben zu helfen, und nicht, den Tod zu beschleunigen. Jedoch befürwortete sie eine Einstellung der im medizinischen Alltag häufig anzutreffenden Formen einer unangemessenen Weiterbehandlung von Patienten in der Terminalphase und erachtete deren Recht auf einen Therapieabbruch für selbstverständlich.[222] Dass sie sich gerade in diesem Zusammenhang immer wieder medizinkritisch äußerte, darf nicht darüber hinwegtäuschen, dass Saunders sich als Ärztin rasch den Ruf einer Koryphäe auf dem Gebiet der pharmakologischen Schmerztherapie erarbeitete.[223] Sie

---

[217] Vgl. zur Geschichte des zwischen Dezember 1941 und 1972 existierenden „Oxford Socratic Club" Stella Aldwinckle: Memories of the Socratic Club, in: Roger White/Judith Wolfe/Brendan Wolfe (Hg.): C. S. Lewis and His Circle: Essays and Memoirs from the Oxford C. S. Lewis Society. Oxford 2015, S. 192–196 und http://www.scriptoriumnovum.com/l/club.html [15. 12. 2021]. Zur Bedeutung für Saunders und ihren Glauben vgl. Clark, Saunders, S. 41–43 und Littger, Hospiz- und Palliativkultur, S. 89.
[218] Clark, Saunders, S. 87–89.
[219] Vgl. hierzu auch die Ausführungen von Saunders zu ihrem eigenen Glauben in: Saunders, Brücke, S. 142–154.
[220] Saunders, Treatment, S. 4.
[221] Für eine theologische Untersuchung der religiösen Grundlagen des Hospizkonzeptes von Saunders und den Folgen für den Hospizalltag vgl. Littger, Hospiz- und Palliativkultur, S. 82–136.
[222] Vgl. Saunders, Brücke, S. 82–91.
[223] Vgl. zur Tätigkeit von Saunders auf dem Gebiet der Schmerztherapie etwa Saunders, Management.

akzeptierte die Medizin vielmehr als gleichberechtigte Vision neben der Religion, konnte doch beides gemeinsam der „Wohlfahrt" der Patienten im Hospiz dienen.[224] Wissenschaftlich fundierte medizinische Forschung stellte folglich für Saunders einen integralen Bestandteil der Hospizarbeit dar – am St. Christopher's entstanden auch über den Bereich der Schmerzbehandlung hinaus früh bahnbrechende thanatologische Forschungsarbeiten, etwa die psychologischen Studien von Colin Murray Parkes zur Trauerbewältigung.[225]

Das Hospiz als Erfolgsmodell zwischen Wissenschaft und Gesundheitspolitik: Hospice Care in den USA

Noch offenkundiger war das wissenschaftliche Fundament der modernen Hospizidee in den USA, wo ungefähr zeitgleich Überlegungen zur Konzeption einer neuen Form der Sterbebegleitung aufkamen, die in einem direkten Zusammenhang mit den neuen thanatologischen Forschungen standen. Das amerikanische Pendant zu Cicely Saunders war denn auch Elisabeth Kübler-Ross. Die katalysatorische Funktion der Veröffentlichungen der prominenten Sterbeforscherin ist gerade für die amerikanische Hospizbewegung nicht zu übersehen. Süffisant bemerkte etwa eine ihrer frühen Protagonistinnen, Barbara McCann zur Motivation vieler ihrer Mitstreiter: „The middle-aged children [...] had read Kübler-Ross and wanted Dad to die at home where he belonged."[226] Dass Kübler-Ross jedoch häufig als „Mutter der Hospizbewegung" und speziell Begründerin ihres amerikanischen Ablegers bezeichnet wird, ist insofern irreführend, als dass sie lediglich das ideelle Grundgerüst bereitete und selbst klare Sympathien für die Hospizidee hegte;[227] eigene Hospizprojekte verfolgte sie indes keine beziehungsweise erst zu einem späten Zeitpunkt, als sie Anfang der 90er Jahre auf ihrem Grundstück in Virginia ein Hospiz für an AIDS erkrankte Kinder errichten wollte, was am Widerstand der Anwohner scheiterte.[228]

Auf praktischer Seite zeichneten vielmehr eine Reihe von Anfang der 70er Jahre parallel voneinander entstehenden Einzelinitiativen verantwortlich für den Beginn der amerikanischen Hospizbewegung. In vielen Fällen waren diese durch Kontakte nach England entstanden: Cicely Saunders hielt erstmals Mitte der 60er Jahre in den USA Vorträge über die Hospizidee und lockte Interessierte zu sich nach London, wie etwa die Krankenschwester Florence Wald, Dekanin der School of Nursing an der Yale University.[229] Gemeinsam mit der Ärztin Sylvia Lack, die Anfang der 70er Jahre ebenfalls in mehreren englischen Hospizen, darunter am St. Christopher's, hospitiert hatte, gründete Wald 1974 mit Mitteln des Nationalen

---

[224] Vgl. Littger, Hospiz- und Palliativkultur, S. 96.
[225] Parkes, Bereavement.
[226] McCann, Foreword, S. xi.
[227] Heller u. a., Geschichte, S. 37.
[228] Vgl. Kübler-Ross, Rad, S. 191–193 und S. 291–303.
[229] Vgl. hierzu und im Folgenden Golek, Standort, S. 96–99 und Bennahum, Development.

4.2 Sterbebegleitung neu gemacht: die Hospizidee als internationales Phänomen

Krebsinstituts in New Haven, Connecticut, das erste Hospiz des Landes, das eng nach dem britischen Vorbild aufgebaut war – beschränkte sich das Angebot anfangs auf ambulante Dienste, umfasste es bald auch eine stationäre Einrichtung mit 44 Betten.[230] Gleichzeitig formierte sich an der Westküste eine kleine ehrenamtliche Initiative, die Ende 1975 in Marin County bei San Francisco, ohne Wissen über die vergleichbaren Projekte im Osten des Landes und in England, mit einem ambulanten Hospizdienst begann.[231] Internationale Wissenstransfers und nationale Problemdiagnosen beziehungsweise -lösungen gingen also durchaus Hand in Hand. Ende des Jahrzehnts wurden in den USA bereits 235 Hospizprogramme gezählt.[232]

Dies erklärt sich auch dadurch, dass die Rahmenbedingungen für die Hospizbewegung in den USA sehr günstig waren. Zum einen entwickelte sich ein unverkrampftes Verhältnis zu staatlichen Gesundheitseinrichtungen. So entstand bereits das zweite amerikanische Hospizprogramm 1975 am New Yorker St. Luke's Hospital. Palliativmedizin und Hospizarbeit verschmolzen in den Vereinigten Staaten von Anfang an.[233] Zum anderen war in den Jahren des Erstarkens der Bürgerrechtsbewegung der öffentliche und politische Wind günstig: Die lokalen Medien berichteten auffallend positiv über das bürgerschaftliche Engagement für Sterbende und die Graswurzelbewegung wurde bereits früh wissenschaftlich flankiert und politisch unterstützt. War ein Gesetzesentwurf zur Finanzierung von Hospizdiensten aus Bundesmitteln 1974 noch gescheitert, so berief der Kongress Ende der 70er Jahre die „National Hospice Study" (NHS) ein. Bei dieser von der Health Care Financing Administration organisierten Studie übernahm die Behörde die Finanzierung von 26 bereits existierenden Hospizprogrammen in 16 Bundesstaaten und wertete diese anschließend aus, um Standards für die Hospizpflege zu erarbeiten sowie eine konkrete Berechnungsgrundlage für künftige gesundheitspolitische Aktivitäten zu schaffen.[234] Gemeinsames Ziel der Auftraggeber und der wissenschaftlichen Gutachter war es, „to objectively evaluate the success of the hospice mission in the United States."[235] Die Ergebnisse fielen klar positiv aus. Noch vor dem Ende der NHS verabschiedete der Kongress 1982 den „Tax Equity and Fiscal Responsibility Act", der über das hierdurch geschaffene „Medicare Hospice Benefit Program" finanzielle Zuschüsse zur Hospizarbeit ermöglichte, von denen bereits 1986 etwa 11 000 Patienten profitierten.[236] Ende 1982 rief US-Präsident Ro-

---

[230] Vgl. Stolberg, Geschichte, S. 18; Stoddard, Hospiz-Bewegung, S. 105–129; Allen, Hospice und Lack/Buckingham, Hospice.
[231] Vgl. Stoddard, Hospiz-Bewegung, S. 32–46.
[232] Vgl. Greer u. a., Hospice.
[233] Vgl. Allen, Hospice.
[234] Zu den Hintergründen der „National Hospice Study" vgl. Mor, Design und McCann, Foreword. In diesem Zusammenhang gründete sich 1978 mit der „National Hospice Organization" ein Dachverband der Hospizbewegung, der rasch auch die Zuständigkeit im Bereich der Palliativmedizin übernahm.
[235] Mor/Greer/Kastenbaum, Hospice, S. 15.
[236] Vgl. Davis, Hospice.

nald Reagan auf Aufforderung des Kongresses eine nationale Hospizwoche zur Unterstützung der Hospizidee aus, die – wie es in der Proklamation hieß – „is rapidly becoming part of the Nation's health care system."[237] Tatsächlich begünstigte das politische Interesse ein rasantes Wachstum der Hospizversorgung und die Schaffung einer „hospice industrie": Alleine bis 1983 stieg die Zahl an Hospizprogramme in den USA auf über 2000, eine Zahl, die sich bis ins 21. Jahrhundert mehr als verdoppelte. Im Jahr 2010 ließ sich der Staat die hospizliche Versorgung von über anderthalb Millionen Amerikanern etwa 12 Milliarden Dollar kosten.[238]

Hinter der gesundheitspolitischen Unterstützung für die Hospizbewegung standen primär finanzielle Erwägungen. So war das Kostenargument gerade in den USA von Anfang an zentral: Folgerichtig wurden hier die finanziellen Rahmenbedingungen der Hospizarbeit besonders früh systematisch evaluiert, auch im Rahmen der NHS. Die Analyse ergab, dass Hospizversorgung bei Sterbenden deutlich günstiger war als konventionelle Krankenpflege in Krankenhäusern, Heimen oder auch zu Hause.[239] Schätzungen in der thanatologischen Literatur zufolge betrug alleine die Kostenersparnis im Bereich der Schmerzlinderung im Falle einer häuslichen Behandlung im Vergleich zu einem Klinikaufenthalt knapp 1700 Dollar pro Patient.[240] Spätestens ab Anfang der 80er Jahre gingen mit der Aufnahme von Hospizleistungen in das Medicare-Versorgungssystem, das ältere Bürger im Alter von über 65 Jahren absichert, humanistische Motive und fiskalische Interessen in der US-Hospizbewegung Hand in Hand.[241]

Auch in den USA waren vielerorts die christlichen Wurzeln der Hospizidee erkennbar, wenngleich hier – fraglos unter dem Einfluss von Kübler-Ross – zur Umschreibung der religiösen Aspekte noch stärker als in England der Begriff der „Spiritualität" verwendet wurde. Dieser war ebenfalls ein Zeichen der Zeit. Seit den 60er Jahren boomte er in Nordamerika und erreichte im letzten Viertel des 20. Jahrhunderts den deutschsprachigen Raum. Spiritualität bezeichnet subjektive Erfahrungen des Transzendenten und eine bewusste Hinwendung zu geistigen und übersinnlichen Phänomenen, häufig an der Grenze zur Esoterik. Trotz seiner stark religiösen Bezugnahmen diente der Terminus zugleich der Abgrenzung zu institutionalisierten Formen der Religion, was ihn gerade auch in den kommunistischen Staaten des „Ostblocks" anschlussfähig machte.[242] Spiritualität stand in

---

[237] Proclamation 4966 – National Hospice Week, 1982, online unter: https://www.reaganlibrary.gov/research/speeches/91382h [15. 12. 20219].
[238] Davidson, Hospice, S. xif. und von Gunten, Hospice, S. 19 f.
[239] Vgl. zu den Ergebnissen der NHS bezüglich der Versorgungskosten von Gunten, Hospice, S. 18 f.; Greer u. a., Alternative und Kidder, Impact.
[240] Bloom/Kissick, Home, S. 563. Für eine detaillierte Analyse der Kosten amerikanischer Hospizdienste vgl. Buckingham, Hospice Guide, S. 75–83.
[241] Vgl. hierzu ausführlich: David S. Greer/Vincent More/Robert Kastenbaum: Public Policy and the Hospice Movement, in: dies. (Hg.): The Hospice Experiment. Baltimore 1988, S. 227–244.
[242] Vgl. zu Geschichte und Inhalten des Begriffes „Spiritualität" Knoblauch, Soziologie, v. a. S. 91 und S. 103.

einem engen Zusammenhang mit dem Aufkommen einer alternativen Religiosität sowie der Strömung des „New Age".[243] Vor dem Hintergrund eines ganzheitlichen Verständnisses von Medizin wurde Spiritualität jedoch rasch zugleich zu einer bedeutsamen gesundheitspolitischen Kategorie. Seit 1984 betont die WHO die spirituelle Seite der Gesundheit als eine zentrale Facette moderner medizinischer Versorgung.[244]

Ideentransfers zwischen Liebe und Kirche: das Hospiz in Polen

Nicht zuletzt ob ihrer vordergründig säkularen Semantik bei gleichzeitiger religiöser Programmatik erklärt sich, dass die Hospizidee rasch in Richtung „Ostblock" diffundieren konnte. In Europa war die Volksrepublik Polen nach Großbritannien das zweite Land, in dem sie Fuß fasste.[245] Verantwortlich hierfür waren zum einen wiederum enge Wissenszirkel und persönliche Verbindungen, die noch direkter waren als im Falle der USA, wo viele Interessierte erst Vorträge von Kübler-Ross hörten und dann für praktische Erfahrungen nach London reisten.[246] So hatte Cicely Saunders zeitlebens mehrere enge (Liebes-)Beziehungen zu Polen: zwischen David Tasma und ihrem späteren Ehemann Marian Bohusz-Szyszko bestand Anfang der 60er Jahre noch eine enge Freundschaft zu dem polnischen Krebspatienten Antoni Michniewicz.[247] Zum anderen erhielt die Hospizidee in Polen früh Unterstützung seitens der katholischen Kirche und schließlich auch der entstehenden Bürgerrechtsbewegung.

In Krakau konnte sich vor diesem Hintergrund 1968 eine Initiative um die Journalistin und spätere Bürgerrechtlerin Halina Bortnowska formieren, die bereits 1959 zum Umgang mit Sterbenden publiziert hatte.[248] Das Zentrum der hospizlichen Aktivitäten lag im Stadtteil Nowa Huta und stand im Zusammenhang mit der Errichtung einer Kirche durch die örtliche Kirchengemeinde – tatsächlich erfolgte deren Einweihung parallel zur Eröffnung eines ehrenamtlichen Sterbebegleitungsdienstes im Beisein des späteren Papstes Johannes Paul II., zu dem Zeitpunkt Erzbischof von Krakau.[249] Einen weiteren Aufschwung erhielt die Bewegung im Jahr 1978, als Saunders persönlich mehrere polnische Städte, darunter Warschau, Krakau und Danzig, besuchte, um sich mit Hospizinteressierten zu treffen, Vorträge zu halten und in onkologischen Kliniken Fortbildungen in Schmerztherapie anzu-

---

[243] Vgl. Hanegraaff, New Age.
[244] Vgl. hierzu das Abstract des laufenden Forschungsprojekts von Peng-Keller, Integration.
[245] Vgl. hier und im Folgenden Sikorska, Hospice; Luczak/Hunter, Hospice und Kujawska-Tenner, Beginnings.
[246] Von Gunten, Hospice, S. 18.
[247] Vgl. Clark, Saunders, S. 115–117. Zum besonderen Verhältnis Saunders zu Polen und dessen (unklaren) Wurzeln vgl. Heller u. a., Geschichte, S. 34 f.
[248] Vgl. Pera, Miteinander, S. 60 und zur Publikation von Bortnowska Kujawska-Tenner, Beginnings.
[249] Vgl. Pera, Da sein bis zuletzt, S. 24 f.

bieten.²⁵⁰ Neue Chancen ergaben sich auch durch den Beginn der Solidarność-Bewegung, die früh das bürgerschaftliche Engagement im Hospizbereich unterstützte. Dies galt besonders in Krakau, wo Bürgerrechtler und Hospizanhänger Anfang der 80er Jahre gemeinsam die „Gesellschaft der Freunde der Kranken" gründeten, die Hospizdienste aufbaute und schließlich 1981 sogar ein stationäres Hospiz eröffnete.²⁵¹ Im ganzen Land bildeten sich weitere hospizliche und palliativmedizinische Projekte, unter anderem in Białystok, Posen und Danzig, wo 1984 durch eine spontane Initiative eines Priesters ein eng am Vorbild von St. Christopher's orientierter Hausbetreuungsdienst entstand. Im Jahr 1989 existierten bereits 20 Hospizprogramme in Polen.

Zwar sind für die 80er Jahre immer wieder Streitigkeiten und Konflikte mit den Behörden überliefert, ein wirkliches Verbot hospizlicher Aktivitäten gab es aber offenkundig nicht: Freiwillige konnten ebenso ausgebildet wie Sterbende begleitet werden. Gegen die Behauptung, dass das kommunistische Regime mit seiner „unwillingness to change the pervasive stereotypical approach to death" alle Neuansätze im Bereich der Sterbebegleitung blockiert habe, spricht auch, dass bereits in den 70er Jahren Publikationen von Saunders, Kübler-Ross und anderen US-Thanatologen in polnischer Übersetzung erscheinen konnten.²⁵² Davon bleibt unberührt, dass sich eine großflächigere palliativ-hospizliche Versorgung in Polen, wie im Rest Osteuropas, vor allem aus finanziellen Gründen erst nach der politischen Wende in den 90er Jahren ausbilden konnte.²⁵³ Dies gilt aber letztlich auch für viele westliche Staaten, darunter die Bundesrepublik.

Ein gescheitertes Experiment?
Die Anfänge der Hospizbewegung in Westdeutschland

In Westdeutschland gab es im Unterschied zu England keine einzelne Pionierfigur der Hospizbewegung.²⁵⁴ Vielmehr entwickelten sich wie in den USA mehrere Initiativen zeitgleich und anfangs weitgehend unabhängig voneinander. Letzteres gilt aber nur in struktureller, keinesfalls in ideeller Hinsicht. Vielmehr war auch in der Bundesrepublik die Ausstrahlungswirkung von Kübler-Ross und Saunders klar zu

---

[250] Vgl. hierzu auch den anschließenden Schriftverkehr von Saunders mit polnischen Hospizlern, denen sie auch Kopien ihrer Veröffentlichungen und sonstige Fachliteratur zukommen ließ, um dadurch die weitere Verbreitung der Hospizidee in Polen anzustoßen; Brief an Tadeusz Koszarowski, 29. 6. 1978; Brief an Halina Iwanowska, 13. 7. 1978; Brief an Henryk Gaertner, 24. 10. 1978 und Brief an Julian Stolarczyk, 13. 2. 1979, in: Clark, Saunders (Letters), S. 181–186.
[251] Vgl. Jaspers/Schindler, Stand, S. 347 f. Anfang der 90er Jahre zählte die Hospizgesellschaft etwa 6500 Mitglieder, vgl. Sikorska, Hospice, S. 312.
[252] Kujawska-Tenner, Beginnings, Zitat S. 162. Vgl. Brief von Cicely Saunders an Jósef Trzeciak vom 14. 1. 1974, in: Clark, Saunders (Letters), S. 159.
[253] Vgl. Clark, Comfort, S. 168–170; Luczak/Hunter, Hospice.
[254] Vgl. Heller u. a., Geschichte, S. 12 f. sowie zur Geschichte der Hospizidee in der DDR Kap. 8.1.

4.2 Sterbebegleitung neu gemacht: die Hospizidee als internationales Phänomen

erkennen.[255] Mitarbeiter der Tübinger Tropenklinik Paul-Lechler-Krankenhaus waren etwa 1967 nach London gereist und dort mit der Hospizarbeit in Berührung gekommen. Obschon sie zunächst kein eigenes Hospizprojekt verwirklichten, übernahmen sie im Laufe der 70er Jahre doch zahlreiche Grundpfeiler der Idee, vor allem in der Schmerztherapie, aber auch in den Bereichen Sterbe- und Angehörigenbegleitung.[256] Denn eben in der Versorgung von Sterbenden liege, wie der hierfür primär verantwortlich zeichnende Oberarzt Aart van Soest einige Zeit später verkündete, gleichermaßen „die vergessene Aufgabe" und die eigentliche „Bestimmung" des Krankenhauses.[257] Auch ein zentraler Vertreter der frühen westdeutschen Bewegung, der Internist Paul Becker, Chefarzt im St. Vincenz-Krankenhaus in Limburg, war Anfang der 70er Jahre durch die Veröffentlichungen von Kübler-Ross sowie Berichte über das Wirken von Saunders auf die Problematik gestoßen. In seinem Medizinstudium war er nach eigener Aussage überhaupt nicht mit dem Thema Sterben konfrontiert worden. Nachdem er 1971 Kübler-Ross auf einer Tagung der Katholischen Akademie in Bayern kennengelernt (und ihre Arbeit anschließend in Chicago vor Ort inspiziert) hatte, hospitierte er kurz darauf – wie viele andere – bei Saunders in London. Anschließend begann er deren Konzept einer modernen Sterbebegleitung in seiner ärztlichen Tätigkeit und in der von ihm geleiteten Krankenpflegeschule zu verbreiten.[258]

Es war fast unvermeidlich, dass das St. Christopher's Hospice ins Zentrum des ersten Versuches rückte, die Hospizidee in der Bundesrepublik auch einer breiteren Öffentlichkeit bekannt zu machen. Im Jahr 1971 konnten westdeutsche Fernsehzuschauer die dortige Arbeit im Rahmen von zwei ZDF-Dokumentationen kennenlernen. Regisseur und Produzent war der 1930 geborene jesuitische Pater und Filmemacher Reinhold Iblacker, der im Anschluss an sein Theologieexamen in den 60er Jahren Kommunikationswissenschaften in den USA studiert hatte und nach einer längeren Tätigkeit für den NDR das Institut für Kommunikationsforschung und Medienarbeit an der Münchner Jesuitenhochschule aufbaute und leitete. Damit verkörperte Iblacker die in jenen Jahren immer deutlicher werdende

---

[255] Vgl. Heller u. a., Geschichte, S. 330 und Jordan, Hospizbewegung, S. 197.
[256] Vgl. Jordan, Hospizbewegung, S. 45; Seitz/Seitz, Hospizbewegung, S. 75 f. sowie für eine zeitgenössische empirische Untersuchung der Arbeit in Tübingen bzw. einen Pressebericht darüber Scheffel, Versorgung, v. a. S. 81–235; „Wie unheilbar kranke Patienten auf den Tod vorbereitet werden." *Stuttgarter Zeitung*, 22. 1. 1986.
[257] Van Soest, Aufgabe. Eine weitergehende Institutionalisierung hospizlicher Strukturen erfolgte am Paul-Lechler-Krankenhaus erst Anfang der 90er Jahre in Form der vom Krebsverband Baden-Württemberg und der Robert-Bosch-Stiftung geförderten Einrichtung eines ambulanten Palliativdienstes „Häusliche Betreuung Schwerkranker" statt, vgl. Godzik/Pfisterer/Pleitner, Gemeinde, S. 54–58. Hierzu, zu von Soest und den Ursprüngen der Beschäftigung mit der Hospizidee in Tübingen inklusive der Person von Soests vgl. auch Interview Schlunk, v. a. S. 2–4, S. 9 und S. 14.
[258] Vgl. zu Paul Beckers Biografie die Angaben in seinem Nachruf unter: https://www.ahd-saar.de/images/downloads/Zum-Tod-von-Dr.-Paul-Becker-Januar-2017.pdf [15. 12. 2021]; zu den Ursprüngen seines hospizlichen Engagements Interview Becker (2006), S. 2 f. sowie zu seinem weiteren Wirken Kap. 8.2.

Aneignung moderner Medienarbeit durch kirchliche Akteure – und avancierte zeitgleich zu einer Führungsfigur der westdeutschen Hospizbewegung.[259] Iblacker hatte Cicely Saunders 1969 an der Yale University kennengelernt, wo er als Dolmetscher für Karl Rahner fungierte, dem ein Ehrendoktortitel verliehen wurde – zufälligerweise parallel mit Saunders.[260] Auf ihre Einladung hin recherchierte Iblacker anschließend vor Ort im St. Christopher's Hospice mit dem Ziel, einen filmischen Bericht anzufertigen. Während das ZDF ihn daraufhin sofort mit zwei Dokumentationen beauftragte und ihm ein Mitglied der Redaktion „Kirche und Leben", Siegfried Braun, als Co-Regisseur zur Seite stellte, zogen sich die Verhandlungen mit den Verantwortlichen des Hospizes zunächst in die Länge. Diese waren infolge ihrer Erfahrungen bei früheren Dreharbeiten eines niederländischen Teams zurückhaltend, das unter anderem Sterbende mit grellem Scheinwerferlicht geblendet hatte. Die persönliche Freundschaft zwischen Saunders und Iblacker ermöglichte es aber am Ende, dass er mit seiner Filmcrew vier Wochen lang im Hospiz leben und drehen konnte.[261]

Die erste (und bekanntere) der beiden Dokumentation strahlte das ZDF an Fronleichnam 1971 zur besten Sendezeit im Vorabendprogramm unter dem Titel „Noch 16 Tage. Eine Sterbeklinik in London" aus.[262] Ihr Ziel war eindeutig, einem deutschen Publikum die jüngeren Entwicklungen im Bereich der Sterbebegleitung in Großbritannien vorzustellen sowie ein Bewusstsein für das Problem eines menschenwürdigen Lebensendes in der Gegenwart zu wecken. Das Filmteam bekam hierzu eine ungewöhnlich lange Drehzeit zugestanden und verrichtete zunächst Hilfspflegedienste auf unterschiedlichen Stationen, um die Mitarbeiter und Patienten kennenzulernen. Ein Drehbuch im eigentlichen Sinne existierte nicht, viele Szenen waren improvisiert.[263] Die Dokumentation bot eine klar positive Darstellung des Alltags im St. Christopher's Hospice und rekurrierte dabei auf gesellschafts- und medizinkritische Zeitdiagnosen. Das Personal versuche den Patienten die Angst davor zu nehmen, „in der Anonymität eines Krankenhausbetriebes zu verschwinden." (Min. 02:11–02:13) Vielmehr bedürften Sterbende viel Aufmerksamkeit und Zärtlichkeit, auch wenn sie gar nicht mehr auf die Gesten der Zuneigung reagieren würden. Nur durch einen klaren Fokus auf den Patienten

---

[259] Zur Biografie Iblackers vgl. Kolling, Iblacker; den abgedruckten Nachruf in Seitz/Seitz, Hospizbewegung, S. 78 und Funiok, Pionier. Insgesamt produzierte Iblacker über 100 TV- und Kinofilme. Zu Iblackers Tätigkeit in der Hospizbewegung in München vgl. Kap. 9.1.

[260] Zur Beziehung von Saunders und Iblacker vgl. Albrecht, Hospizidee sowie den Schriftverkehr zwischen den beiden im Nachlass Iblackers, in: Archiv der Zentraleuropäischen Provinz der Jesuiten (SJ), München, Akte Sig.: 47-444.

[261] Vgl. zu diesen Informationen Archiv der Zentraleuropäischen Provinz der Jesuiten (SJ), München, Akte Sig.: 47-444 sowie die Erinnerungen von Iblackers Vertrauten Sr. Gerburg Vogt, die ebenfalls als Dozentin am Institut für Kommunikationsforschung und Medienarbeit der Hochschule für Philosophie in München sowie in der westdeutschen Hospizbewegung tätig war: Interview von Sabine Pleschberger am 3. 11. 2006, S. 5 f.

[262] Siegfried Braun/Reinhold Iblacker: Noch 16 Tage. Eine Sterbeklinik in London. ZDF 1971.

[263] Vgl. auch Interview de Roche, der als junger Kameramann an den Sendungen mitgewirkt hatte.

4.2 Sterbebegleitung neu gemacht: die Hospizidee als internationales Phänomen   153

und dessen individuellen Wünsche und Sorgen könne es gelingen, „die Einsamkeit des Todes gerade in unserer Zeit zu überwinden, dem Tod etwas von seinem Schrecken zu nehmen und dem Menschen im Sterben etwas von seiner Würde zurückzugeben." (Min. 27:27–27:40)

Laut ZDF-Wochenbericht übertraf die Sendung die Einschaltquoten der ARD-Konkurrenz bei weitem und wurde an knapp vier Millionen Fernsehgeräten verfolgt.[264] Die unmittelbare Reaktion der Zuschauer war klar zustimmend: So verzeichnete der ZDF-Telefondienst nur positive Anrufe und resümierte: „Sehr großes Lob für die Sendung über eine Londoner Sterbeklinik."[265] Nach Angaben von Vertrauten erhielt Iblacker im Anschluss „waschkörbeweise" Zuschriften von Interessierten.[266] Auch in der Presse, die intensiv über den Film berichtete, fand „Noch 16 Tage" durchaus Anklang – und zwar gleichermaßen in Kirchenzeitungen, überregionalen Qualitätsmedien oder Fachorganen wie dem *Deutschen Ärzteblatt*.[267] Als positiv wurde etwa hervorgehoben, dass die Sendung mit einem vermeintlichen Tabu gebrochen habe: „Es war eine gute Idee, das Problem des Sterbens, das jeden angeht, aufzugreifen."[268] *Die Zeit* widmete der Doku einen ausführlichen Bericht, der zwar das ZDF dafür kritisierte, nach der unmittelbar zuvor ausgestrahlten Komödie keine angemessene Programmpause eingelegt zu haben, die Reportage selbst aber als „würdig" anpries: „Ein leiser Film, sehr menschlich, sehr behutsam und sehr unsentimental [...]."[269] Insgesamt fiel das Presseecho jedoch gemischt aus.[270] Neben der optimistischen Darstellung des Alltags im Hospiz, die etwa der *Christ und Welt* unrealistisch erschien, bemängelten Besprechungen, dass die Nahaufnahmen von Sterbenden sensationslüstern seien – nicht nur die *Stuttgarter Nachrichten* bezweifelten, dass das „Medium Fernsehen in der Form nüchterner Abbildung überhaupt [das Thema Sterben] erschließen" könne.[271]

Noch deutlich härter war die Kritik im Fall der zweiten der beiden Iblacker-Dokumentationen. Im Mittelpunkt der am 3. Oktober 1971 ausgestrahlten Sendung „Die letzte Station. Dreharbeiten in einer Sterbeklinik" stand eine Art Selbstbeobachtung der fünfköpfigen Filmcrew bei den Dreharbeiten: Gezeigt wurden die Konflikte innerhalb des Teams im Spannungsfeld zwischen filmischen Zwängen und menschlichem Mitgefühl (etwa Minute 08:18–08:38, 19:46–21:16) – und die zunehmend verzweifelten und ungeduldigen Versuche, eines der selbst ge-

---

[264] ZDF Unternehmensarchiv, Bestand „Sekundäre Programmüberlieferung", Infratam-Einschaltquote, 10. 6. 1971.
[265] ZDF Unternehmensarchiv, Bestand „Sekundäre Programmüberlieferung", Protokoll der Telefonredaktion vom 10. 6. 1971.
[266] Albrecht, Hospizidee, S. 21.
[267] Vgl. neben den noch genannten Artikel exemplarisch die Meldungen der *Katholischen Nachrichten-Agentur* vom 9. Juni 1971 und im *Deutschen Ärzteblatt* am 26. August 1971.
[268] „Sterbeklinik? Behütetes Leben!" *Glaube und Leben*, 20. 6. 1971. Vgl. auch „Neue Tabus". *Kölner Stadt-Anzeiger*, 12. 6. 1971.
[269] „Für den Tod keine Pause." *Die Zeit*, 18. 6. 1971.
[270] Vgl. Seitz/Seitz, Hospizbewegung, S. 143 f.
[271] „Zu schönes Sterben." *Christ und Welt*, 18. 6. 1971; „Enten füttern und das Sterben." *Stuttgarter Nachrichten*, 12. 6. 1971.

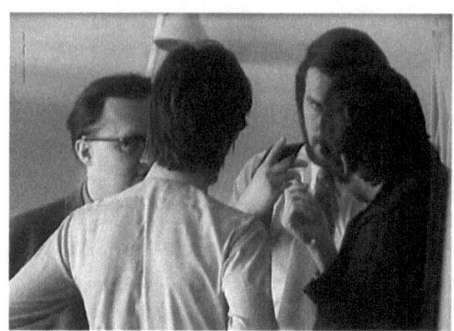

Abb. 16: „Wie ein Geier darauf warten, dass ein Mensch stirbt." Krisengespräch der Filmcrew (Still „Die letzte Station", Minute 19:33)

steckten Ziele zu erreichen, nämlich den Übergang vom Leben zum Tod mit der Kamera einzufangen. Dies scheiterte letztlich daran, dass die dafür vorgesehene Sterbende das Ende der Dreharbeiten überraschend überlebte (Min. 16:42–26:56).[272] Laut Iblacker war die durchaus ambitionierte Aufgabe des zweiten Filmes, „herauszufinden, ob sich Einstellungen zum Tod oder Sterben ändern, wenn Menschen längere Zeit eng mit Sterbenden leben."[273] Er selbst hatte als einziges Mitglied des Teams bereits zuvor Erfahrungen mit dem Thema gesammelt, während er bei den anderen – alles junge Männer im Alter von unter 30 Jahren – „exakt die Klischees" über Tod und Sterben zu beobachten glaubte, „wie sie heute wieder weithin latent in unserem Volk grassieren."[274] Tatsächlich fing die Doku ein, wie die Crew anfänglich beim Anblick der Sterbenden sichtbar geschockt reagierte (Min. 03:44–04:14), teilweise auch regelrecht angewidert von den „ganz hässlichen" Patienten war (Min. 04:56–05:08). Rasch stellte sich dann aber echte Betroffenheit beim Ableben einzelner Hospizbewohner ein (Min. 12:04–13:12), was Iblacker auf das sukzessive Aufbrechen „uralte[r] Tabu-Ängste" zurückführte.[275] „Die letzte Station" war damit inhaltlich wie filmdramaturgisch noch anspruchsvoller als ihr Vorgänger. Die Kombination von Dokumentation und Selbstreflexivität kam bei Filmkritikern durchaus an: So erhielt die Sendung diverse Auszeichnungen, unter anderem den Adolf-Grimme-Preis in Bronze.

Komplett gegenläufig waren jedoch die öffentlichen Reaktionen darauf: Die *Bild*-Zeitung verkündete einen Skandal und berichtete von Hunderten wütenden

---

[272] Siegfried Braun/Reinhold Iblacker: Die letzte Station. Dreharbeiten in einer Sterbeklinik. ZDF 1971. Vgl. zu den Hintergründen des Films und den Dreharbeiten Reinhold Iblacker: Kliniken – nur für Sterbende. Anmerkungen zu dem ZDF-Bericht ‚Noch 16 Tage…', im Vorbereitungsheft der Bundestagung der Diakonie „Recht auf Leben – Recht auf Sterben" (1975), S. 15–24, hier v. a. S. 17–20, in: ADW, DEVA 225.
[273] Ebd., S. 18.
[274] Ebd., S. 19. Dabei hatte etwa der Kameramann Axel de Roche nach eigener Aussage bereits bei früheren Dreharbeiten Kriegstote gesehen, eine Erfahrung, die ihn aber – wie seine erste Szene in „Die letzte Station" zeigt (Min. 01:12–01:24) – nicht auf den Einsatz im Hospiz vorbereitete; Interview de Roche.
[275] Ebd.

Anrufen beim ZDF.[276] Tatsächlich markierte die zweite Iblacker-Doku in den Augen vieler Fernsehzuschauer nun nicht mehr einen willkommenen Tabubruch, sondern eine mediale Grenzüberschreitung. So notierte der ZDF-Telefondienst zwar nicht Hunderte, aber immerhin 46 kritische Anrufe, die von Vorwürfen der Geschmacklosigkeit bis hin zu „Beschimpfungen aller Art" reichten. Die Anrufer seien sehr aufgebracht gewesen, in einigen Fällen sogar Tränen geflossen.[277] Auch die Presse schäumte – von wenigen Ausnahmen abgesehen[278] – vor Wut, überbot sich mit teils polemischen Verrissen und druckte zahlreiche erboste Leserbriefe ab.[279] Die *Rundschau am Sonntag* bedauerte angesichts des zeitgleich begangenen Welttierschutztages, dass das ZDF nicht „eine halbe Stunde für den Menschenschutz" geopfert habe. Trocken bemerkte sie zu einem Iblacker-Zitat aus dem Film, dass Angehörige oft beim Sterben ihrer Verwandten in Panik geraten würden (Min. 15:40–15:45): „Wir paniken vor allem deshalb, weil auch Jesuiten nicht mehr wissen, wohin sie mit ihrer Zelluloid-Phantasie sollen."[280] Fremdes Sterben zu beobachten sei keine Vorbereitung auf den Tod, vielmehr für ältere oder kranke Menschen „mit Sicherheit erschreckend und deprimierend", stellte der *Münchner Merkur* entrüstet fest und fragte nach dem Sinn der Sendung: „Wozu also?"[281] Und das *Deutsche Ärzteblatt* beklagte die „brutale optische Inflationierung eines Intimvorgangs" und den in der zweiten Doku erfolgten Übergang von „der zurückhaltenden, meisterlich skizzierten fernsehjournalistischen Pionierleistung der ersten Sendung in die selbstgefällige, widerlich-überzeichnete Attitüde des Sensationsreporters."[282]

Trotz aller Kritik ist die Trigger-Funktion der Iblacker-Produktionen, insbesondere von „Noch 16 Tage", für die westdeutsche Hospizbewegung nicht zu verkennen. Zwar kam es im Zuge der Ausstrahlung kurzzeitig sogar zu Unstimmigkeiten mit Saunders, die monierte, dass entgegen vorheriger Absprachen die Namen von mehreren Sterbenden publik geworden waren.[283] Dennoch unterhielt sie weiter ein enges Verhältnis zu Iblacker, der anderen westdeutschen Journalisten in den

---

[276] „Darf man so über den Tod reden?" *Bild*, 5. 10. 1971.
[277] ZDF Unternehmensarchiv, Bestand „Sekundäre Programmüberlieferung", Protokoll der Telefonredaktion vom 3. 10. 1971.
[278] Vgl. etwa die positiven Besprechungen in: „Das Streiflicht". *Süddeutsche Zeitung*, 5. 10. 1971; „Die letzte Station." *Rheinischer Merkur*, 15. 10. 1971.
[279] In Auswahl: „Mit Kamera und Gewissensbissen am Sterbebett." *Die Welt*, 27. 9. 1971; „Todeskampf vor Millionen Zuschauern. Kritik am Fernsehfilm über Sterbende" *Bild am Sonntag*, 3. 10. 1971; „Mißglückt." *Frankfurter Rundschau*, 5. 10. 1971; „Leben und Tod." *Die Zeit*, 8. 10. 1971; sowie die Leserbriefe „Tod im Fernsehen." *Rheinische Post*, 11. 10. 1971 und in „Todeskampf auf der Mattscheibe? Tz-Leser sagen ihre Meinung über den Sterbefilm." *Tz*, 5. 10. 1971.
[280] „Sterbe-Studio." *Rundschau am Sonntag*, 10. 10. 1971.
[281] Effi Horn: „Keine Sterbenshilfe". *Münchner Merkur*, 5. 10. 1971.
[282] „Verjahrmarktung des Todes." *Deutschen Ärzteblatt*, 4. 11. 1971.
[283] Vgl. hierzu den Schriftverkehr zwischen Saunders und Iblacker bzw. der Produktionsfirma Tellux-Film zwischen März und Oktober 1971, in: Archiv der Zentraleuropäischen Provinz der Jesuiten (SJ), München, Akte Sig.: 47–444.

folgenden Jahren den Kontakt und Zugang zum St. Christopher's Hospice vermittelte.[284] Die mediale Rezeption der Sendungen reichte sogar über die Bundesrepublik hinaus. Selbst in Nigeria habe sie, wie Saunders Iblacker schrieb, im Auslandsradio einen Bericht darüber gehört.[285] In Österreich, wo der ORF-Fernsehdirektor Helmut Zilk 1971 noch vehement „Die letzte Station" als brutalen Eingriff in die Intimsphäre verteufelt und eine Ausstrahlung klar abgelehnt hatte, wurde mit einiger Verzögerung Ende 1975 zumindest „Noch 16 Tage" gesendet.[286]

Am stärksten war die Wirkung aber natürlich in der Bundesrepublik: Viele Westdeutsche, darunter zahlreiche spätere Hospizfreiwillige, erfuhren zum ersten Mal von den neuen Praktiken der Sterbebegleitung – oder wurden durch die Filme sogar unmittelbar zu einem weitergehenden Engagement animiert.[287] Paul Becker etwa nahm kurz nach der Ausstrahlung von „Noch 16 Tage" Kontakt zum ZDF auf und bat um Vermittlung eines Kontaktes zu Iblacker. Er habe konkrete Planungen für die Umsetzung hospizlicher Ideen an seiner Klinik in Limburg: „Es wäre sicherlich für Ihre publizistische Arbeit erfreulich, wenn aus einer solchen Sendung heraus in näherer oder weiterer Zukunft eine entsprechende Verwirklichung in unserem Lebensbereich möglich werden könnte."[288] In der Tat vereinbarten Iblacker und Becker kurz darauf ein persönliches Treffen, das für die weitere Netzwerkbildung in der deutschen Hospizbewegung eine katalysatorische Funktion gehabt haben dürfte.[289] Die Ausstrahlung der Sendungen inspirierte die Katholische Akademie in Bayern zu einer Tagung mit dem Thema „Menschlich Sterben", zu

---

[284] Vgl. den Brief des *Spiegel*-Redakteurs Manfred Eichel an Iblacker vom 28. Juli 1971, in: ebd., Akte Sig.: 47-444.
[285] Ebd., Akte Sig.: 47-444.
[286] Vgl. hierzu die Meldungen „Dr. Zilk: ‚Film vom Tod geschmacklos'" *Kurier*, 30. 9. 1971 und Erna Putz: „Noch 16 Tage…" *Linzer Kirchenzeitung*, 2. 11. 1975, S. 16-17. Fehlerhaft ist hier die nur auf Zeitzeugeninterviews gestützte Darstellung des hospizlichen Autorenkollektivs um Andreas Heller, laut der „Noch 16 Tage" in Österreich erst Anfang der 80er Jahre im Nachtprogramm gesendet worden sei; Heller/Pleschberger, Film.
[287] Vgl. hierzu Heller u. a., Geschichte, S. 44 und S. 331, oder auch die Ausführungen der renommierten Palliativmedizinerin Claudia Bausewein zu dem Film, mit dem sie in ihrem Medizinstudium Mitte der 80er Jahre in Berührung gekommen war; Bausewein, Sterben, S. 15-21.
[288] Der Brief von Becker an das ZDF vom 6. 7. 1971 und der Brief von Iblacker an Becker vom 21. 7. 1971 finden sich in: Archiv der Zentraleuropäischen Provinz der Jesuiten (SJ), München, Akte Sig.: 47-444. Becker hatte nach eigener Aussage die Dokumentation nur deshalb angeschaut, weil das Wetter an dem Tag so schlecht war, dass er nicht spazieren gehen konnte, vgl. Interview Becker (2006), S. 2 und Paul Becker: Bemühungen um humanes Sterben am Modell des St. Vincenz-Krankenhauses in Limburg und anderswo, in: Deutsche Akademie für medizinische Fortbildung (Hg.): Sterben zwischen Angst und Hoffnung. Referate vom Interdisziplinären Fortbildungskongress vom 2. und 3. Oktober 1981 in Bad Nauheim. Kassel/Bad Nauheim 1981, ohne Seitenzahlen, zu finden im Archiv Archiv MedZeitgeschichte, Forschungsschwerpunkt Zeitgeschichte der Medizin, Charité Berlin.
[289] Zur Rolle von Iblacker als Netzwerker in der westdeutschen Hospizbewegung vgl. Funiok, Pionier, S. 126 f. sowie die Erinnerung von Claudia Bausewein (Interview von Sabine Pleschberger am 19. 10. 2008, S. 3): „Also Reinhold Iblacker war extrem gut in Leute motivieren oder zu begeistern und Leute zusammenzubringen. Der hat wirklich sozusagen Kontakte geknüpft, Netze geknüpft. Das war ganz erstaunlich gewesen."

4.2 Sterbebegleitung neu gemacht: die Hospizidee als internationales Phänomen 157

der sich 600 Teilnehmer einfanden – von denen eine deutliche Mehrzahl „Noch 16 Tage", wie die *Katholische Nachrichten-Agentur* festhielt, als empfehlenswert einstufte.[290] Auch die Bundestagung der Diakonie im Jahr 1975 setzte sich explizit mit den beiden Produktionen auseinander. Iblacker selbst steuerte einen ausführlichen Bericht bei, in dem er sich unter anderem mit einem Verweis auf die „totale Öffentlichkeit des Todes Jesu Christi" gegen Vorwürfe einer Verletzung der Privatsphäre Sterbender durch seine Aufnahmen verteidigte.[291] Darüber hinaus fungierte „Noch 16 Tage" lange Zeit als Lehrfilm in der Hospizarbeit – und erfüllte insofern den selbst gesetzten Zweck, indem es nicht nur auf die neue Bewegung aufmerksam machte, sondern sogar direkt Freiwillige dafür anwarb.[292]

Dagegen war die unmittelbare Wirkung der beiden Sendungen mit Blick auf eine breitere Öffentlichkeit klar negativ. Am stärksten fiel der Widerstand im Umfeld der beiden Kirchen aus, obschon in den Dokumentationen die christlichen Wurzeln des Londoner Hospizes klar herausgestellt wurden, welches gleichermaßen eine medizinische wie eine religiöse Institution sei – und ungeachtet der Tatsache, dass diese letztlich Produktionen des Kirchenfunks sowie vom katholischen Sendebeauftragten beim ZDF genehmigt worden waren. Tatsächlich erreichte „Noch 16 Tage" die bis dato höchste Einschaltquote einer Sendung der Redaktion „Kirche und Leben" in der Nachkriegszeit.[293] Dieser Widerspruch blieb bereits zeitgenössisch dem *Spiegel* nicht verborgen, der die vehemente Kritik von christlichen Publizisten und Zeitschriften daran folglich wesentlich darauf zurückführte, dass „die Kirchen ihren eigenverantwortlichen Anteil am ZDF-Programm sorgsam tarnen."[294] Gerade auf katholischer Seite fielen Kommentatoren regelrecht über die Iblacker-Sendungen her, sogar über „Noch 16 Tage". Noch einige Jahre später stellte ein sichtlich emotionaler Anton Székely, der langjährige Schriftleiter von *Krankendienst*, der Zeitschrift für katholische Krankenhäuser, Sozialstationen und Rehaeinrichtungen, und eine der führenden Figuren in der katholischen Krankenhausseelsorge, dem Film ein vernichtendes Urteil aus:

„Schade, daß es ihn gibt. Er ist gestellt und zudringlich. Er hat den Beigeschmack einer Kommerzialisierung des Sterbens. Humanität beim Sterbenden als Job – eine unsympathische Vorstellung. Nun

---

[290] Vgl. die Meldung der *Katholischen Nachrichten-Agentur* vom 25. Oktober 1971.
[291] Vgl. das Schreiben der Geschäftsführerin des Deutschen Evangelischen Verbands für Altenhilfe an Iblacker in: Archiv der Zentraleuropäischen Provinz der Jesuiten (SJ), München, Akte Sig.: 47–444 sowie die Akten zur der Bundestagung in: ADW, DEVA 225, Zitat im Vorbereitungsheft auf S. 18.
[292] „Noch 16 Tage" spielt denn auch eine zentrale Rolle in den Erinnerungen vieler deutscher Hospizpioniere, als sie im Auftrag des DHPV Mitte der 2000er Jahre interviewt wurden. Vgl. exemplarisch die Interviews mit Sr. Geburg Vogt (S. 6), Elisabeth Albrecht (S. 3), Ruth Albrecht (S. 3), Monika Müller (S. 8), Elisabeth Freifrau Spies von Büllesheim (S. 2) und Gustava Everding (S. 1). Auch der Arzt Thomas Binsack (S. 20) erinnert sich daran, im Studium Mitte der 70er Jahre bei einem Filmabend in der Katholischen Hochschulgemeinde „Noch 16 Tage" gesehen zu haben, allerdings habe die Dokumentation auf ihn zunächst eher eine abschreckende Wirkung gehabt.
[293] Albrecht, Hospizidee, S. 21.
[294] „Tun tun wir es." *Der Spiegel* 25 (1971), Nr. 44, S. 76–78, Zitat S. 76.

4. 1969: Das Buch, oder: die Erfindung des Sterbeaktivismus

ist auch das Persönliche institutionalisiert, die Verantwortung abgenommen, wir sind von einer Pflicht losgekauft. Der Sohn kann ruhig zum Fußballspiel gehen, während der Vater stirbt."[295]

Für viele der frühen Hospizpioniere wie den Palliativmediziner Eberhard Klaschik oder auch Iblacker selbst lag in der kritischen Rezeption der beiden Dokumentationen eine der Ursachen für das Scheitern ihrer Bemühungen in den 70er Jahren.[296] Als grundsätzliche Schwierigkeit erwies sich die beschriebene Begriffsproblematik im Deutschen: Noch 1993 äußerte Elisabeth Kübler-Ross Zweifel, dass sich der Begriff „hospice" überhaupt übersetzen ließe: „Ich weiß nicht, ob es ein deutsches Wort dafür gibt".[297] Der sowohl in den Untertiteln als auch in den Dokus selbst zur Beschreibung des St. Christopher's Hospice verwendete Begriff „Sterbeklinik" war in mehrfacher Hinsicht heikel. So weckte „Klinik" auf der einen Seite Assoziationen zu genau dem, gegen das sich der Film und das Hospizkonzept eigentlich positionierten: Den modernen Krankenhausbetrieb mit seinen vermeintlichen Schattenseiten gerade für Patienten in der Terminalphase. Auf der anderen Seite rief die Komposition „Sterbeklinik" Vorbehalte bezüglich einer möglichen Abschiebung und Exklusion von Schwerstkranken hervor, die für manche sogar Bezüge zu den Verbrechen der NS-Zeit eröffnete. In der Hospizliteratur wird kolportiert, dass der Begriff „Sterbeklinik" als Übersetzung für das englische „hospice" nicht auf Iblacker, sondern auf das ZDF zurückging, das ihn ihm aus Werbegründen aufgezwängt habe. Für Dieter und Oliver Seitz stellt dies gar eine „Tatsache" dar.[298] Stichhaltig belegen lässt es sich jedoch keinesfalls. Im Gegenteil: Eine Untersuchung des Nachlasses von Iblacker deutet darauf hin, dass dieser wenigstens keinen großen Widerstand gegen den Begriff geleistet hat, vielleicht sogar aktiv an seiner Verwendung beteiligt war – und dies hinterher bereute. So bezeichnete er es Anfang der 80er Jahre als „unsere grosse Todsünde, dieses Wort in den Film hineinzubringen."[299]

Jedenfalls mischten sich Vorbehalte gegen die Form der medialen Aufbereitung des Themas Sterben in den Iblacker-Produktionen in den 70er Jahren mit einer grundsätzlichen Ablehnung des Hospizkonzeptes. Dabei fokussierte die Debatte stark den Begriff „Sterbeklinik", der von den Kritikern immer wieder als eine Art Totschlagargument gegen die neuen Formen der Sterbebegleitung ins Feld geführt wurde. Einige von ihnen, darunter einflussreiche Verbände wie die Deutsche Gesellschaft für Gerontologie, warnten vor „Abstellgleise[n] zum Tode" und einer

---

[295] Székely, Sterbeklinik, S. 38. Vgl. auch Zielinski, Sterbeklinik, S. 54.
[296] Vgl. Interview Klaschik, S. 3 sowie zur Einschätzung von Iblacker das Interview Elisabeth Albrecht, S. 3.
[297] Kübler-Ross, Sterben lernen, S. 23.
[298] Seitz/Seitz, Hospizbewegung, S. 143 f. Als Beleg für die Behauptung in der Fußnote verweisen die beiden freilich vage auf die entsprechende „Vermutung" eines anderen Autoren.
[299] Archiv der Zentraleuropäischen Provinz der Jesuiten (SJ), München, Akte Sig.: 47–444. Dagegen berichtet Rüdiger Funiok von einer öffentlichen Veranstaltung aus dem Jahr 1986, auf der Iblacker das ZDF in dieser Sache scharf attackiert haben soll (auch für diese, sogar wörtlich zitierte Passage existiert jedoch kein Quellenbeleg); Funiok, Pionier, S. 124. Für Hinweise in dieser Frage danke ich Prof. Rüdiger Funiok und Prof. Wolfgang Schreml.

4.2 Sterbebegleitung neu gemacht: die Hospizidee als internationales Phänomen 159

„Ghettoisierung" des Sterbens, semantische Zuspitzungen, durch die – bewusst oder unbewusst – zugleich ein Bezug zu den Verbrechen des Nationalsozialismus hergestellt wurde.[300] Die Psychotherapeutin und Journalistin Renate Jäckle fühlte sich beim Gedanken an komfortable Spezialkliniken für Sterbende gar an die „Schöne neue Welt" von Aldous Huxley und die Utopie von einer perfekten Gesellschaft erinnert, hinter der sich in Wahrheit eine Dystopie voller Exklusionsmechanismen verbarg.[301]

Als die Bundesregierung 1978/79 erwog, ein Modellprojekt zur Schaffung von stationären Hospizen zu etablieren – vorausgegangen war ein Förderantrag der Arbeiterwohlfahrt München beim Bundesgesundheitsministerium – und zu diesem Zweck Stellungnahmen von verschiedenen Organisationen erbat, stieß dies folgerichtig auf deutliche Ablehnung, gerade auf kirchlicher Seite.[302] Insgesamt 23 der 25 angefragten Institutionen, darunter beide christlichen Kirchen, Diakonie und Caritas, sprachen sich klar gegen „Sterbekliniken" in der Bundesrepublik aus, wobei einige von ihnen wie der „Verband katholischer Heime und Einrichtungen der Altenhilfe in Deutschland" die Pläne scharf als inhuman kritisierten.[303] Das Katholische Büro in Bonn, in dem sich zum damaligen Zeitpunkt das Kommissariat der deutschen Bischöfe befand, sah in speziell für Sterbenden geschaffenen Institutionen die Gefahr einer endgültigen gesellschaftlichen Verdrängung des Sterbens: „Ein [...] menschenwürdiges Sterben kann nicht durch die Errichtung eigener Sterbekliniken oder Sterbeheime gewährleistet werden, in die der Schwerkranke abgeschoben wird."[304]

Namhafte Theologen bezogen auch öffentlich Stellung: Für Bernhard Rüther, den Geschäftsführer des Verbandes katholischer Kranken- und Pflegeanstalten Deutschlands, stellten sowohl die öffentliche Debatte über den Tod als auch die zunehmende Forschung zum Thema Sterben Probleme dar, da sie sich für viele Sterbende eher als „Belastung" denn als „Hilfe" erwiesen. Eine „staatlich verordnete Sterbeklinik" würde diese gefährliche Entwicklung auf die Spitze treiben und durch die Schaffung eines neuen Gettos die „Sterbenden endgültig von den Lebenden" trennen: „Man möge sich rechtzeitig überlegen, was das für die Krankenhäuser, für die Gesellschaft, für die Christen, für alle Bürger bedeutet!"[305] Erneut Székely verkündete, dass Sterbekliniken lediglich der „Verdrängung der letzten

---

[300] Vgl. Eibach, Kliniken Zitate S. 548 und 550. Vgl. auch Golek, Standort, S. 57; Heller u. a., Geschichte, S. 331–333 und Becker, Gesellschaft, S. 45.
[301] Jäckle, Sterbekliniken. Vgl. auch dies.: „Brauchen wir Sterbekliniken?" *Süddeutsche Zeitung*, 20. 2. 1981.
[302] Vgl. dazu auch die zeitgenössische Berichterstattung darüber, in: „Hilflose Helfer." *Der Spiegel* 33 (1979), Nr. 30, S. 50.
[303] Einen Überblick über die zeitgenössischen Diskussionen und die ablehnenden Reaktionen bietet Schmidt-Sommer, Sterbekliniken. Vgl. auch Seitz/Seitz, Hospizbewegung, S. 291–296 und S. 343 sowie Rest, Vernetzung, S. 69 f. Als Beispiel für eine ablehnende Position aus dem nicht-kirchlichen Bereich vgl. die Stellungnahme der Deutschen Gesellschaft für Gerontologie, die ebenfalls vor der Entstehung eines „Sterbegetto" warnte: Falck u. a., Stellungnahme.
[304] Zit. nach Godzik/Pfisterer/Pleitner, Gemeinde, S. A18.
[305] Rüther, Diskussion.

menschlichen Aufgabe" dienten, nämlich der Auseinandersetzung mit dem eigenen Tod. Darüber hinaus bestünde die Gefahr, dass bei Schwerkranken durch die Einlieferung in eine solche Institution Depressionen ausgelöst würden.[306] Nicht zuletzt verrate die vom Bund angedachte Einrichtung von Sterbekliniken, die einen „gut ausgearbeiteten Tod" anböten, „eine negative Einstellung zum Alter".[307] Auch auf einer im März 1979 eilig einberufenen Tagung der Katholischen Akademie der Diözese Rottenburg-Stuttgart, die wegen des großen Besucherandrangs im Mai wiederholt werden musste, wurde das Konzept „Sterbeklinik" für die Bundesrepublik einhellig verworfen, obschon einige der Referenten den englischen Hospizen – irrtümlich als „Hostels" bezeichnet – durchaus Positives abgewinnen konnten.[308] Sogar der in Fragen der Sterbebegleitung progressiv denkende, populäre niederländische Theologe Paul Sporken befürchtete eine „Institutionalisierung von Krankenhausstrukturen" und bezweifelte, dass „dem Sterbenden wirklich damit gedient ist, wenn wir ihm einen schönen Platz einräumen, an dem er mit anderen, die von dem selben Schicksal getroffen sind, sterben darf." Sterbekliniken seien keine „echte Lösung für das eigentliche Problem", nämlich eine Verbesserung des Sterbebeistands durch Angehörige, Freunde und professionelles medizinisches Personal.[309] Ein Vertreter der Bundesregierung sah sich in seinem Beitrag regelrecht genötigt, die Anfrage seines Ministeriums zu rechtfertigen, und bilanzierte angesichts der vorgebrachten Kritikpunkte: „Die Sterbeklinik wird nicht als Alternative zur Lösung des Problems würdigen Sterbens angesehen."[310] Anfang 1981 äußerte sich Iblacker als Gast auf einer Diskussionsveranstaltung mit dem plakativen Titel „Brauchen wir Sterbekliniken?" konsterniert über den anhaltenden Gebrauch des Begriffes: Mit diesem „Reizwort [...] errichte man bereits eine Blockade". In den vergangenen zehn Jahren sei in der Bundesrepublik zwar intensiv über die Notlage von Sterbenden geredet worden, aber „die Leute gehen anschließend heim, und es ändert sich nichts."[311]

Folglich dauerte es bis Anfang der 80er Jahre, bis sich renommiertere christliche Autoren wie der Moraltheologe Helmut Zielinski, der Leiter der Katholischen Klinikseelsorge an der Universität Düsseldorf, offen für „Sterbekliniken" aussprachen und versuchten, den Begriff ins rechte Licht zu rücken – oder ihn sogar, wie der an der evangelischen Fachhochschule in Hannover lehrende Psychiater und Hospizpionier Christoph Student, durch „Hospiz" zu ersetzen.[312] Zielinski, der im Studium in England in einigen Hospizen gearbeitet hatte, warf Székely und anderen mangelnde Kenntnisse der konkreten Ziele und Praktiken vor. Der Begriff

---

[306] Székely, Diskussion.
[307] Székely, Sterbeklinik, S. 39 und S. 40.
[308] Schmidt-Sommer, Sterbekliniken, v. a. S. 586. Vgl. zur Rezeption der Veranstaltung auch die im April erschienene Ausgabe 14/1979 der Druckschrift *refero-med* des Pharmaunternehmens Bayer mit dem Titel „Bei uns keine ‚Sterbe-Kliniken'", in: BHStA, Minn 105397.
[309] Sporken, Sterbekliniken, Zitate S. 73 und S. 74.
[310] Jelen, Sterbeklinik, S. 53.
[311] Zit. nach Renate Jäckle: „Brauchen wir Sterbekliniken?" *Süddeutsche Zeitung*, 20. 2. 1981.
[312] Student, Hospiz (1985).

„Sterbeklinik" bringe mithin „etwas Falsches zum Ausdruck", Schwerstkranke würden keinesfalls abgeschoben, sondern ihnen das Gefühl vermittelt, im Sterben nicht allein gelassen zu werden. Zwar sei grundsätzlich „nichts wünschenswerter, als auch in Deutschland ein solches Hospiz einzurichten", jedoch plädierte Zielinski wegen der fehlenden Finanzierungsgrundlage für spezielle geriatrische Abteilungen in Kliniken mit hospizlich geschultem Personal.[313]

Spezifisch deutsch? Ursachen und Bewertung der Hospizproblematik in der Bundesrepublik

Was waren die Gründe für das Scheitern einer frühen Übernahme hospizlicher Ideen in der Bundesrepublik? In der Hospizliteratur wird diese Frage vorwiegend mit problematischen sozialpsychologischen Argumenten beantwortet. So sei infolge des Wirtschaftswunders das Thema Sterben massiv verdrängt worden. Die damit einhergehende „emotionale Einkapselung" habe Reformen im Bereich der Sterbebegleitung verhindert. Dies kann jedoch – selbst wenn man dieser empirisch nie belegten Prämisse Glauben schenkt – kaum erklären, warum diese psychologischen Schranken ausgerechnet in Westdeutschland noch in den 70er Jahren retardierend gewirkt haben sollen, nicht aber in Großbritannien oder den USA.[314]

Ein zweites, ganz ähnlich aufgebautes Argument fokussiert die Erinnerung an den Nationalsozialismus: Diese habe in Form kollektiver Traumatisierungen und eines Unwillens, sich mit den eigenen Verbrechen auseinanderzusetzen, zu einer „seelischen Vereinsamung" geführt, die ein Nachdenken über Tod und Sterben verhinderte und damit naturgemäß den Hospizgedanken blockierte.[315] Unzweifelhaft spielte die nationalsozialistische Vergangenheit, die eine spezifische Problemwahrnehmung hervorrief, eine wichtige Rolle für die kritische Rezeption der Hospizidee in der Bundesrepublik in den 70er Jahren, wie der Verlauf der „Sterbeklinik"-Debatte illustriert. Auch strahlte das Erleben des Massentodes durch die Vorkriegsgeneration, wie bereits an anderer Stelle gezeigt, auf den gesellschaftlichen Umgang mit Tod und Sterben zurück. Wenn den Deutschen allerdings attestiert wird, als „Volk, das so viel Tod verursacht hat in der Welt", offenkundig eine besondere Angst vor dem Sterben entwickelt zu haben,[316] wird übersehen, dass in den 70er Jahren in anderen Feldern sehr wohl intensiv darüber gesprochen wurde. Dies gilt etwa im Kontext der lebhaften Sterbehilfe-Debatte, die sich im Übrigen keinesfalls nachteilig auf die Hospizidee auswirkte,[317] sondern diese in mancherlei

---

[313] Zielinski, Sterbeklinik, S. 54, S. 74 und S. 83–85.
[314] Vgl. Heller/Pleschberger, Anfänge, S. 33 und Heller u. a., Geschichte, S. 60 und S. 80–91.
[315] Vgl. besonders Heller/Pleschberger, Sterbebegleitung.
[316] Ebd., S. 17. So war die Hospizdebatte keinesfalls „die erste öffentliche Thematisierung des Sterbens in der Nachkriegsgeschichte", ein Argument, das offenbar primär dazu dient, der Hospizidee eine „heilsame Wirkung" auf die Psyche der Deutschen zuzuschreiben und diese als „Induktionsfeld für kollektive Trauer" zu betrachten (Zitate ebd., S. 16 f.).
[317] Dies suggerieren etwa Türks, Einleitung, S. 7 und Seitz/Seitz, Hospizbewegung, S. 219 f. Tatsächlich profitierte die westdeutsche Hospizbewegung von der öffentlichen Aufmerksamkeit

Hinsicht sogar begünstigte – und zwar nicht nur in der Bundesrepublik, sondern auf internationaler Ebene.

Stattdessen waren eine Reihe anderer Faktoren für die kritische Aufnahme des neuen Modells der Sterbebegleitung in der Bundesrepublik verantwortlich. Ein wichtiger Punkt war, dass der Hospizidee nur geringe Aufmerksamkeit geschenkt wurde, insbesondere im Unterschied zum Thema Sterbehilfe. So existierte in den 70er Jahren extrem wenig deutschsprachige Literatur, über die sich Interessierte hätten informieren können.[318] Der damit einhergehende grundsätzliche Informationsmangel führte immer wieder zu Missverständnissen und einer fehlerbehafteten Rezeption. Der *Stern* druckte etwa 1974 in einem Artikel zu einem Sterbehilfe-Fall in Dänemark ein Filmstill aus der Iblacker-Doku über das Londoner Hospiz von Saunders und erläuterte nebulös, dass dort ein Patient im Schnitt nur „16 Tage zum Sterben hat", da das Leben nicht mehr verlängert werde.[319] Auch ein stark hospizkritischer Artikel im *Spiegel* berichtete 1977, dass im St. Christopher's Hospice Sterbende mit LSD und Heroin ruhiggestellt würden – nicht der einzige Irrtum in dem Bericht, der abschließend konstatierte: „Solche Sterbehilfe wird von der Mehrheit der Deutschen, wie das Meinungsforschungsinstitut Allensbach erfragt hat, wider Erwarten gutgeheißen – freilich nirgendwo in Deutschland praktiziert."[320] Da es zur Hospizidee Mitte der 70er Jahre noch gar keine systematische Meinungsforschung gab, gelegentliche nicht repräsentative Umfragen dagegen hohe Ablehnungsquoten zeigten, wurde diese hier offenkundig sogar mit der aktiven Sterbehilfe verwechselt.[321]

Zudem machte sich der allgemeine Rückstand der Bundesrepublik im Bereich der thanatologischen Forschung bemerkbar. So waren besonders häufig vorgebrachte Einwände gegen „Sterbekliniken" wie die Gefahr der Gettoisierung, eine zusätzliche psychische Belastung für das Personal und – in Form eines „Einweisungsschocks" – für die Sterbenden, kaum zu vermeidende Mängel in der medizinischen Versorgung in derartigen Institutionen (etwa im Bereich der Schmerzbekämpfung) oder deren enorme Kosten ob des hohen Betreuungsschlüssels längst in Nordamerika und Großbritannien durch Erfahrungsberichte und wissenschaftliche Studien empirisch widerlegt worden.[322] Ungünstig waren ferner die gesundheitspolitischen Rahmenbedingungen in Westdeutschland, etwa was die

---

und auch der massiven Ablehnung, die der Sterbehilfeidee zuteilwurde. Vgl. dazu Kap. 5.1, 8.2 und 9.

[318] Vgl. Student, Sterbeklinik, S. 262.

[319] Leo Sievers: „Sterbehilfe. Würdiger Abschied vom Leben." *Stern*, 15. 8. 1974, Nr. 34, S. 80 f., Zitat S. 80.

[320] „Die neue Weise vom Tod des Jedermann." *Der Spiegel* 31 (1977), Nr. 27, S. 158–166, Zitat S. 166.

[321] Vgl. Türks, Einleitung, S. 7. Zur Sterbehilfe führten das Institut für Demoskopie Allensbach seit 1972/73 systematische Erhebungen durch, rasch folgten andere Meinungsforschungsinstitute (vgl. Kap. 5.1).

[322] Vgl. Student, Sterbeklinik, S. 262; Zielinski, Sterbeklinik, S. 68–81 und Scheffel, Versorgung, S. 73.

4.2 Sterbebegleitung neu gemacht: die Hospizidee als internationales Phänomen

Möglichkeiten einer Kostenerstattung hospizlicher Leistungen anging: Bestand in Großbritannien eine Behandlungskette, die automatisch eine ambulante Weiterbetreuung eines Sterbenden nach einem Klinikaufenthalt ermöglichte, existierte diese Option in der Bundesrepublik zunächst nicht.[323] Auch erkannten wichtige gesundheitspolitische Akteure nicht wie in den USA die potenziellen Kosteneinsparungen, die sich durch eine Hospizversorgung für das Gesundheitswesen ergeben konnten. Viele von ihnen, insbesondere Vertreter aus der Krankenhausseelsorge insistierten vielmehr lange darauf, dass das deutsche Kliniksystem deutlich besser aufgestellt und folglich eher in der Lage sei, mit gewissen Reformen ein „menschenwürdiges Sterben" zu gewährleisten.[324] Als besonders fatal erwies sich schließlich – in Kombination mit der zentralen Bedeutung der christlichen Wohlfahrtsorganisationen im westdeutschen Gesundheitswesen – die klare Ablehnung der Hospizidee auf Seiten der Kirchen.

Die Bundesrepublik war für die Hospizbewegung tatsächlich zunächst „ein hartes Pflaster", wie es Cicely Saunders formulierte.[325] In der offiziösen Hospizgeschichtsschreibung gelten die 70er Jahre demzufolge als Dekade des Scheiterns, als das „Jahrzehnt der Unkenntnis".[326] Dies ist jedoch eine missverständliche Formulierung: Zweifelsfrei existierten Informationslücken mit Blick auf eine breitere Öffentlichkeit, was sich in dieser frühen Phase aber auch für alle anderen Staaten, sogar für die USA und Großbritannien, feststellen lässt. Jedoch berichteten überregionale Qualitätsmedien durchaus hin und wieder über die Hospizidee – und dies mitunter, wie ja auch schon im Fall der ZDF-Dokumentationen von 1971, überaus positiv: Der *Spiegel* lobte Ende 1971 beispielsweise die von englischen Hospizen ausgehenden Fortschritte bei der Schmerzbekämpfung bei sterbenden Krebspatienten.[327] Die Journalistin Fee Zschoke arbeitete sogar wochenlang als Freiwillige im St. Christopher's Hospice und schrieb einen ausführlichen Bericht über ihre Erfahrungen, der Ende 1972 in der *Zeit* erschien und zugleich ein Plädoyer für die neue Form der Sterbebegleitung darstellte – der Titel „Auf der letzten Station" war dabei eine klare Referenz an die zweite Iblacker-Sendung.[328] Die Grundlagen für die Medialisierung des Themenfeldes Sterben allgemein sowie der Hospizidee im Besonderen waren also gelegt, die zentral für ihren späteren Aufschwung ab der zweiten Hälfte der 80er Jahre werden sollte. Und in den verant-

---

[323] Für einen dezidierten zeitgenössischen Vergleich der Rahmenbedingungen der Hospizarbeit in der Bundesrepublik, Großbritannien und den USA vgl. Golek, Standort, v. a. S. 112–114.
[324] Vgl. Heller u. a., Geschichte, S. 331–333.
[325] Zit. nach Heller u. a., Geschichte, S. 80.
[326] Seitz/Seitz, Hospizbewegung, u. a. S. 137 und – einer identischen Terminologie folgend – Heller u. a., Geschichte. Vgl. auch ähnlich Lilie, Implementierung, S. 45.
[327] „Trip vor dem Tod." *Der Spiegel* 25 (1971), Nr. 50, S. 178 f. Vgl. für andere positive Referenzen auf die Hospizidee Paul-Heinz Koesters: „Wie schwer ist der Abschied vom Leben? Ärzte erforschen, wie Sterbende sich mit dem Tod abfinden." *Stern*, 10. 12. 1972, S. 86–91, hier S. 91; Momos: Tat und Motiv. *Die Zeit*, 13. 12. 1974.
[328] Fee Zschoke: „Auf der letzten Station." *Die Zeit*, 24. 11. 1972, online unter: https://www.zeit.de/1972/47/auf-der-letzten-station [15. 12. 2021].

wortlichen sozial- und gesundheitspolitischen Kreisen der Bundesrepublik herrschte – ungeachtet der immer wieder anzutreffenden Fehlwahrnehmungen – ohnehin keine „Unkenntnis" im eigentlichen Sinne: Die Kardinalfrage war vielmehr, inwieweit sich die in England oder den USA geschaffenen hospizlichen Strukturen auf die Bundesrepublik übertragen ließen.

Daher erscheint eine differenziertere Bewertung der Entwicklung in den 70er Jahren nötig, die sich nicht in der bloßen Diagnose eines Fehlschlags erschöpft. Erfolglos waren die Bemühungen einer Institutionalisierung hospizlicher Ideen in der Bundesrepublik, zum Beispiel in Form der Schaffung stationärer Hospize oder des Aufbaus ambulanter Versorgungsstrukturen. Dagegen gelang es ihren Unterstützern unzweifelhaft, ein öffentliches wie politisches Bewusstsein für die problematische Lage vieler Sterbender zu wecken. Damit zusammenhängend darf nicht übersehen werden, dass mancherorts bereits in den 70er Jahren wenigstens punktuell neue Ansätze der Sterbebegleitung diskutiert oder sogar initiiert wurden. Auf einer gegen „Sterbekliniken" Position beziehenden katholischen Tagung war 1979 etwa paradoxerweise sogar Aart van Soest von der Tropenklinik Paul-Lechler-Krankenhaus vertreten, der die in Tübingen praktizierten – und eindeutig von der Hospizidee inspirierten – alternative Formen des Umgangs mit Sterbenden vorstellte.[329] Tatsächlich lagen auch die Forderungen nach einem „würdigen Sterben", die viele Akteure, gerade solche aus einem kirchlichen Umfeld, in vermeintlicher Abgrenzung zum Schreckgespenst „Sterbeklinik" äußerten, inhaltlich mitunter sehr nahe an den hospizlichen Grundideen.[330]

Die Hospizbewegung war also keinesfalls gescheitert, ihr Weg vielmehr geebnet. Dies hing auch mit einer Reihe von Triebkräften zusammen, die sie in der Bundesrepublik begünstigten und die sich nicht zuletzt deshalb als überaus nachhaltig erwiesen, da sie ein Spiegel größerer zeithistorischer Entwicklungen waren. Erstens gilt dies für die Netzwerkstrukturen, die zentrale Bedeutung für die Verbreitung der Hospizidee hatten. Diese war im letzten Drittel des 20. Jahrhunderts Ergebnis einer internationalen, sogar die Blockgrenzen überwindenden Wissenszirkulation. Derartige Prozesse der Transnationalisierung waren dabei, wie die neuere Forschung zeigt, ein allgemeines Phänomen jener Jahre.[331] So verbreitete sich die Hospizidee etwa bei den Praktikern der Sterbebegleitung durchaus rasant. Die englischen Hospizeinrichtungen lockten Ende der 70er Jahre nicht nur zahlreiche interessierte westdeutsche Ärzte an, sondern auch Altenpfleger, Krankenschwestern oder Seelsorger.[332] Das St. Christopher's Hospice in London etablierte sich als Zentrum, wo in den 70er Jahren teilweise mehr als hundert freiwillige

---

[329] Vgl. Schmidt-Sommer, Sterbekliniken, S. 584 und S. 586 sowie den gedruckten Vortrag: Van Soest, Erfahrungen, darin direkte Referenzen auf das St. Christopher's Hospice etwa auf S. 39.
[330] Vgl. Scheffel, Versorgung, S. 73.
[331] Vgl. Seefried/Rolf, Exchange.
[332] Vgl. etwa für einen Erfahrungsbericht: Rüsberg, Eindrücke. Weitere Beispiele finden sich in Kap. 8.2 und 9.1.

4.2 Sterbebegleitung neu gemacht: die Hospizidee als internationales Phänomen

Helfer unterschiedlichster Herkunft gleichzeitig im Einsatz waren.[333] Von hier aus diffundierten die Ideen in alle Welt, auch dank der brieflichen Netzwerkarbeit und Vortragstätigkeit von Saunders, deren Vorträge schließlich sogar japanische Hörsäle sprengten und in Tokio und Osaka über 2600 Zuhörer erreichten.[334]

Zweitens ist die Verquickung der Hospizbewegung und der sich institutionalisierenden Sterbeforschung nicht zu übersehen. Auch akademische Kreise nahmen die Neuansätze bei der Betreuung Sterbender interessiert zur Kenntnis. So entstand in der Bundesrepublik ebenfalls eine enge Verbindung zwischen der Hospizbewegung und der sich etablierenden wissenschaftlichen Thanatologie, deren frühe Vertreter wie der wiederum von Kübler-Ross inspirierte Franco Rest in Dortmund rasch selbst hospizlich aktiv wurden. Die Hospizidee in Westdeutschland sei, wie eine Festschrift des DHPV resümierte, stets wesentlich „wissenschaftlich mit initiiert, reflektiert und begleitet" worden.[335] Die Bekämpfung von Missständen in der Begleitung Sterbender und die thanatologische Untersuchung der richtigen Grundzüge des Umgangs mit Sterbenden gingen mithin Hand in Hand – eine spezifische Mischung aus akademischer Forschung und normativen Urteilen, wie sie in jenen Jahren auch in anderen Feldern, gerade in den Sozialwissenschaften, üblich war.[336] Hierdurch erhielten einerseits hospizliche Konzepte und Praktiken ein wissenschaftliches Fundament, andererseits die Thanatologie eine gesellschaftspolitische Bedeutung. Die Hospizidee markiert insofern ein Paradebeispiel für die in der zeithistorischen Forschung beschriebenen Praktiken einer „Verwissenschaftlichung des Sozialen" seit den 70er Jahren.[337]

Drittens begünstigte die ihr inhärente Moderne-, Medizin- und Technikkritik international, und speziell in Westdeutschland, das Aufkommen der Hospizbewegung. Durchaus in Einklang mit der stark mit ihr verzahnten Tabuisierungsthese beklagte die Hospizidee letztlich den Verlust alter Werte und Praktiken am Lebensende als Folgen des vermeintlichen Fortschritts. Für die populäre amerikanische Kinderbuchautorin Sandol Stoddard, deren 1978 erschienenes Grundlagenwerk „The Hospice Movement: A Better Way of Caring for the Dying" einige Jahre später ins Deutsche übersetzt wurde, hatte die Moderne den Menschen so „Wunderbares" wie den Nationalsozialismus, die Marktwirtschaft oder Interkontinentalraketen beschert. Besonders im medizinischen Bereich und bei der Sterbebe-

---

[333] Vgl. Fee Zschoke: „Auf der letzten Station." *Die Zeit*, 24. 11. 1972, online unter: https://www.zeit.de/1972/47/auf-der-letzten-station [15. 12. 2021].

[334] Vgl. für eine Selbstwahrnehmung der Diffusion der Hospizidee durch die Vortragstätigkeit von Saunders ausführlich Saunders, Brücke, S. 39–50.

[335] Allert/Klie, Beirat, S. 69. In den 80er Jahren sollte sich die westdeutsche Hospizbewegung dann viel stärker praxisbezogen etablieren und als Bürgerbewegung „von unten" gegen eine weitere Akademisierung eintreten, vgl. Heller u. a., Geschichte, S. 332.

[336] Vgl. etwa für die westdeutsche Familiensoziologie, die gerade nach 1969 den Wandel der Familienstrukturen nicht nur analysierte, sondern häufig mit Sorgen bezüglich des aktuellen Zustands und entsprechenden familienpolitischen Forderungen einherging: Jakob, Familienbilder.

[337] Vgl. Raphael, Verwissenschaftlichung.

gleitung sei dabei „[d]er rote Faden [...] verlorengegangen."[338] Mittels eines breit gefächerten sozialen Protestes, der letztlich weit über Fragen eines Sterbens in Würde hinausreichte, versuchte die Hospizbewegung gegenzulenken – und erwies sich gerade in dieser Hinsicht im Klima von 1968 als durchaus gesellschaftlich anschlussfähig. Mithin entwickelte sie sich als Graswurzelbewegung, hinter der ein dezidiert bürgerschaftliches Engagement für mutmaßlich marginalisierte Gruppen stand, zu einer der Neuen Sozialen Bewegungen jener Jahre, auch wenn sie in der Forschung bislang kaum als solche erkannt wird.[339]

Viertens verbarg sich hinter der neuen Zuwendung, die die Hospizbewegung für Sterbende einforderte, etwas durchaus selbstbezogenes, ein Zusammenhang, der auch den Beteiligten durchaus bewusst war – und aus dem sie in der Regel keinen Hehl machten. Nach Saunders etwa ging es bei der Hospizarbeit letztlich „um *uns* und darum, daß wir etwas ganz Entscheidendes verlieren, wenn wir ‚leben' und ‚sterben' als gegensätzliche Begriffe sehen [...]." Dem Sterben der anderen musste daher, um eine Verbesserung der Versorgungslage zu erreichen, vom Einzelnen genauso ein Platz eingeräumt werden, wie dem Gedanken an die eigene Vergänglichkeit: „‚Sterbebegleitung' heißt ja, daß wir uns selbst mit dem Sterbenden zusammen auf den Weg machen müssen."[340] Selbstfindung stellte demnach eine zentrale Facette der Idee dar und fungierte als dezidierter Anreiz zur Hospizarbeit. Dies erklärt die starken Vergemeinschaftungstendenzen, die bereits in der Frühphase der Hospizbewegung bei den beteiligten Ehrenamtlichen zu beobachten waren: Wer einmal mit hospizlicher Arbeit begonnen habe, so bemerkte etwa Stoddard durchaus selbstkritisch, der setze sich glühend dafür ein, „was im günstigen Fall zu Freisetzung nutzbarer Energie führt, aber auch allzu leicht ins Fanatische ausarten kann."[341] Zugespitzt formuliert: Nicht der Sterbende stand oftmals im Mittelpunkt hospizlichen Denkens, sondern der sinnsuchende Helfer. In dieser Beziehung spiegeln sich in der Geschichte der Hospizbewegung jene Prozesse der Individualisierung und Subjektbildung, die in der Forschung als ein Kern der sich in der Zeitgeschichte differenzierenden Gesellschaften ausgemacht werden. Es mag vielleicht primär diese Eigenheit gewesen sein, die in ihrer Frühphase gerade Widerstände auf Seiten der Kirchen herausforderte – für die Sterbebegleitung in den eigenen Zuständigkeitsbereich fiel.

---

[338] Stoddard, Hospiz-Bewegung, S. 48 und S. 50.
[339] Zum Begriff der NSB und den historischen Wurzeln vgl. Rucht, Bewegungen. Die Hospizbewegung spielt etwa keine Rolle im zentralen Handbuch zu den NSB in West- und Ostdeutschland: Roth/Rucht, Bewegungen.
[340] Saunders, Brücke, S. 12.
[341] Stoddard, Hospiz-Bewegung, S. 93.

5. 1973: Der Skandal, oder: Euthanasie reloaded?

> „Denn so wie die Sterblichkeit zum Leben gehört, so gehört die Unsterblichkeit zum Tod."[1]

Es begann alles ganz gewöhnlich, als ein Fall, wie er täglich auf der ganzen Welt tausendfach vorkommt: Eine Frau im mittleren Alter besuchte nach Feierabend ihre hochbetagte, schwerkranke Mutter im Pflegeheim. Doch an jenem Abend im Oktober 1971 geschah etwas Außergewöhnliches, das nicht nur alles im Leben der Familie verändern, sondern auch eine heftige gesellschaftliche Debatte evozieren sollte: Die Tochter, eine Ärztin namens Geertruida (Truus) Postma-van Boven, spritzte der Mutter 200 Milligramm Morphium – eine tödliche Dosis.[2]

Der Tat vorausgegangen war eine lange Leidensgeschichte. Die Verstorbene, Ende 70, seit einem Schlaganfall taub, weitgehend gelähmt und aus Sicherheitsgründen permanent an einen Stuhl oder an ihr Bett fixiert, hatte wiederholt ebenso vehement wie klar den Sterbewunsch geäußert, sogar mehrere offizielle Anträge auf Sterbehilfe gestellt – und anschließend ihre Tochter angefleht, ihr zu helfen. Der leitende Arzt des Pflegeheimes zeigte sich im Vorfeld verständnisvoll und sicherte zu, im Fall der Fälle eine natürliche Todesursache festzustellen. Nun jedoch, nachdem es tatsächlich geschehen war, bekam er Gewissensbisse und weigerte sich, den Totenschein zu unterschreiben. Stattdessen rief er die Polizei: Der „Fall Postma" war geboren.

Die Rahmenbedingungen waren denkbar ungünstig für eines der großen transnationalen Medienereignisse der frühen 70er Jahre. Das verschlafene Örtchen Oosterwolde in der niederländischen Provinz Friesland, in dem das katholische Pflegeheim stand, eignete sich kaum als Kulisse, ebenso wenig das benachbarte Noordwolde, wo Postma gemeinsam mit ihrem Mann Andries lebte und eine beschauliche Hausarztpraxis unterhielt. Niemand in der Familie strebte nach Öffentlichkeit, Postma selbst, die in den meisten Medienberichten später als schüchtern beschrieben werden sollte, wollte eben keinesfalls einen Präzedenzfall provozieren, um die bestehende gesetzliche Lage anzugreifen – wie manch anderer Arzt, der in den folgenden Jahren in vergleichbaren Situationen Sterbehilfe leisten sollte. Im Gegenteil: Die Umstände des Todes der Mutter hätten eigentlich ein Familiengeheimnis bleiben sollen, so wie es in ähnlicher Form bereits mancherorts existiert haben dürfte.

So war es kein Wunder, dass zunächst anderthalb Jahre lang kaum jemand in den Niederlanden und überhaupt niemand im Rest Europas Kenntnis von dem

---

[1] Baumann, Individualität, S. 227.
[2] Hintergründe, Verlauf und Folgen des „Fall Postma" sind, sofern nicht anders ausgewiesen, hier und im Folgenden rekonstruiert aus Peter Grubbe: „Sterbehilfe. 200 Milligramm Morphium in der Vene." *Stern*, 18. 1. 1973, S. 126–128; Tony Sheldon: Andries Postma, in: BMJ 334 (10. 2. 2007), S. 320 und „Recht zu sterben." *Der Spiegel* 27 (1973), Nr. 6, S. 74.

nahm, was in Oosterwolde geschehen war. Dies änderte sich schlagartig, als sich die Staatsanwaltschaft nach langem Zögern entschloss, Anklage gegen Postma zu erheben: Die Ankündigung des Prozesses löste Anfang 1973 eine Welle an lokaler, dann nationaler und schließlich internationaler Berichterstattung aus. Reporterteams aus aller Welt reisten in die Provinzhauptstadt Leeuwarden. Platzkarten für den Sitzungssaal im Gericht waren schwieriger zu erhalten als für die Heimspiele des lokalen Fußballvereins SC Cambuur, der keine zehn Jahre nach seiner Gründung um den Aufstieg in die erste Liga kämpfte. Angesichts des entfachten medialen Lauffeuers versuchte der sichtlich verunsicherte Oberstaatsanwalt schon im Voraus, die hohen Erwartungen zu dämpfen: Niemand solle doch bitte einen Sensationsprozess erwarten. Ganz unspektakulär forderte die Anklage sechs Monate Haft auf Bewährung – strafrechtlich möglich gewesen wären bis zu zwölf Jahre.

Und tatsächlich hatte der Staatsanwalt nicht untertrieben: Nach wenigen Verhandlungstagen war der „Fall Postma" juristisch schon erledigt. Das Urteil sorgte einzig in den Rechtswissenschaften für Aufsehen – ein Schuldspruch, der aber nur eine (explizit als solche benannte) symbolische Strafe von einer Woche Haft, ausgesetzt zur Bewährung, nach sich zog.[3] Die juristisch eigenwillige Begründung: Die Angeklagte habe sich zwar strafbar gemacht, aber moralisch völlig richtig gehandelt. Ja, fast schien es so, als sei dem Gericht die geltende Gesetzeslage peinlich, würdigte es doch ausdrücklich die Motive der Verurteilten. Wirkliche Skandalstimmung kam denn auch keine auf, obschon es sich die Pressefotografen nicht nehmen ließen, die Handvoll Demonstranten abzulichten, die vor dem Gericht für einen harten Schuldspruch protestierten und ihre weltanschauliche Gesinnung mit einem Plakat illustrierten, auf dem ein „Zurück zu Gottes Wort" gefordert wurde.

Allerdings waren sogar Geistliche in den Niederlanden sehr zurückhaltend bei der Bewertung des Geschehenen: die niederländisch-reformierte Kirche beispielsweise hatte bereits zuvor bestimmte Formen der Sterbehilfe als grundsätzlich zulässig bezeichnet, was Ergebnis einer langjährigen Debatte in dem nordwesteuropäischen Land war.[4] Immer wieder kam es dort nach 1945 zu Sterbehilfe-Fällen, wenngleich bislang keiner eine solche mediale Resonanz erfahren hatte – so war 1952 etwa ein Arzt aus Tilburg zu einem Jahr auf Bewährung verurteilt worden, nachdem er seinem Bruder Sterbehilfe geleistet hatte. Insbesondere das zumeist mit einer medizinkritischen Stoßrichtung diskutierte Problem einer künstlichen Verlängerung des Sterbens – und Leidens – von Todkranken durch die moderne Apparatemedizin trieb die niederländische Gesellschaft früher und stärker um, als dies im Rest Europas der Fall war. Anfang der 70er Jahre debattierten im Rahmen einer mehrteiligen Fernsehreihe, die mit dem nationalen Fernsehpreis ausgezeichnet wurde, Patienten, Angehörige, Ärzte, Pflegepersonal, Juristen und Theologen

---

[3] Vgl. zu juristisch-rechtswissenschaftlichen Einschätzung des Urteils aus zeitgenössischer bzw. heutiger Sicht Scholten, Legalisierung, S. 877 f. und Jacob, Sterbehilfe, S. 89–92.
[4] Vgl. als Überblick Mochel, Euthanasie, S. 7–20.

ausführlich über Sterbehilfe.⁵ Die Sendungen waren ein enormer Publikumserfolg und konnten mit im Schnitt fast zwei Millionen Zuschauern eine für eine anspruchsvolle Dokumentation extrem hohe Einschaltquote verzeichnen.⁶ Dabei war zwar durchaus die volle Bandbreite an Positionen vertreten, in erster Linie wurde aber deutlich, dass aktive Sterbehilfe ebenso denk- wie sagbar war: Immer wieder klagten Patienten und Hinterbliebene über die „Behandlungswut in manchen Pflegeeinrichtungen" und fragten angesichts qualvoll dahinsiechender Sterbender: „Muß das wirklich so sein?"⁷ Anonym outete sich ein Hausarzt, selbst bereits einmal Sterbehilfe geleistet zu haben. In der Sendung drückten unmittelbar andere Ärzte und Juristen ihre Bewunderung für sein Verhalten aus, auch die Zuschauerreaktionen fielen stark positiv aus. Verstanden als Gnadentat, so stellte gar ein reformierter Pfarrer klar, stünde aktive Sterbehilfe nicht einmal im Widerspruch zur Bibel. Und der Moderator zeigte sich anschließend über die ausbleibenden straf- oder wenigstens ordnungsrechtlichen Folgen verblüfft, die eigentlich antizipiert worden waren: Erst als eine private Anzeige erstattet wurde, habe die Polizei freundlich und halbherzig bei ihm versucht, den Namen des Interviewgastes in Erfahrung zu bringen.⁸

Vor diesem Hintergrund erklärt sich die klar positive Einschätzung des Handelns von Postma in der niederländischen Öffentlichkeit Anfang 1973. In einer Unterschriftenkampagne stellten sich innerhalb kürzester Zeit fast zweitausend Bewohner der Provinz Friesland hinter Truus Postma. Zahlreiche Ärzte, darunter führende Mediziner des Landes, solidarisierten sich mit ihr, 18 davon räumten nun auch namentlich ein, bereits selbst Sterbehilfe praktiziert zu haben. Die Presse sprach wie selbstverständlich von einer „Befreiung" der Verstorbenen und kritisierte offen die paternalistische Allmacht der Medizin.⁹ Noch im Jahr des Prozesses gründete sich die niederländische Vereinigung für freiwillige Euthanasie (NVVE) – die Initiatoren stammten, wie sollte es anders sein, aus Noordwolde und auch das Ehepaar Postma engagierte sich später in dem Verein. Die Familie erhielt nach eigener Aussage im Anschluss an den Prozess hunderte Briefe aus aller Welt, die von ähnlichen Fällen und unmenschlichen Zuständen am Lebensende berichteten. Bis zur Jahrtausendwende entwickelte sich die niederländische Sterbehilfebewegung zu einer auch politisch schlagkräftigen Organisation mit knapp 100 000 Mitgliedern.¹⁰ Hatte sich der niederländische Ärzteverband anfangs noch enttäuscht über das Leeuwardener Urteil gezeigt und die Strafbarkeit aktiver Sterbehilfe verteidigt, änderte er seine Position im Laufe des folgenden Jahrzehnts

---

⁵ Vgl. hierzu ausführlich die vom Moderator publizierten Aufzeichnungen mit Interviews, Zitaten, Presseberichten und Zuschauerpost: Mochel, Tod.
⁶ Ebd., S. 115 f.
⁷ Ebd., S. 81 und S. 84.
⁸ Vgl. ebd., S. 21–38.
⁹ Vgl. zur Rezeption des „Fall Postma" in den Niederlanden Jordan, Hospizbewegung, S. 73–75.
¹⁰ Vgl. zur Entwicklung der niederländischen Sterbehilfebewegung sowie der politischen und juristischen Praxis hier und im Folgenden Jordan, Hospizbewegung, S. 72–82.

vollständig und plädierte anschließend für eine gesetzliche Freigabe unter Auflagen.[11] 1980 erschien erstmals eine „Gebrauchsanleitung für Ärzte zur verantwortungsbewussten Euthanasie", die für Sterbehilfe geeignete medikamentöse Mittel und die passende Dosierung präsentierte. Ihr Verfasser war der Anästhesist Pieter Admiraal, der sich offen dazu bekannte, Hunderten von Patienten Sterbehilfe geleistet zu haben – und der dennoch problemlos lange dem nationalen Anästhesiologie-Verband vorsitzen und mit zahlreichen Preisen und Orden dekoriert werden konnte.[12] Die liberale politische und gesellschaftliche Kultur führte mithin zu einer faktischen Freigabe aktiver Sterbehilfe in den Niederlanden: Mitte der 80er Jahre gingen Experten von etwa 6000 Fällen im Jahr aus, nur noch selten kam es zu Anklagen, die stets mit Freisprüchen endeten. Immer lauter wurde der Ruf nach einer völligen Legalisierung, die nach Umfragen fast 90% der Bevölkerung befürwortete.[13] 1993 verabschiedete das niederländische Parlament schließlich mit deutlicher Mehrheit ein vom Ärzteverband ausgearbeitetes Gesetz, das aktive Sterbehilfe durch Ärzte unter bestimmten Voraussetzungen gestattete: Eine neue Rechtsgrundlage war geschaffen, die in den folgenden Jahren noch weiter liberalisiert werden sollte – und die Niederlande zum ersten Land weltweit machte, in dem aktive Sterbehilfe erlaubt war.[14]

Im Ausland fiel das Urteil der Öffentlichkeit im „Fall Postma" ebenso eindeutig aus, ganz besonders in der Bundesrepublik.[15] Die Presse – darunter in vielen Fällen die führenden Köpfe des westdeutschen Nachkriegsjournalismus – sprach fast einhellig von einem „Gnadentod" der alten, schwerkranken Frau, die friedlich und liebevoll „eingeschläfert" worden sei.[16] Nicht nur der *Spiegel* sah sich genötigt, gegen eine historisch bedingte Tabuisierung der Euthanasie infolge der „grausamen Verzerrung des Begriffs vom guten Tod durch NS-Ärzte" anzuschreiben, habe doch – wie Ernst Müller-Meiningen jr. in der *Süddeutschen Zeitung* ergänzte – die von Postma geleistete „echte Euthanasie" rein gar nichts mit den Verbrechen der Nationalsozialisten zu tun.[17] So könne gewiss niemand Postma „unlaute-

---

[11] Vgl. Sheldon, Postma.
[12] Vgl. Elisabeth Wehrmann: „Der nicht spontane Tod. Feldversuch Holland: Wie sich Gedanken, Gefühle und Taten verändern, wenn Euthanasie geduldet wird." *Die Zeit*, 16. 5. 1997 sowie Admiraal, Euthanasie.
[13] Vgl. auch „Vom Leiden erlöst. Das holländische Parlament will aktive Sterbehilfe unter bestimmten Bedingungen legalisieren." *Der Spiegel* 40 (1986), Nr. 7, S. 138.
[14] Griffiths/Bood/Weyers, Euthanasia. Vgl. auch zur Rezeption dieser Entwicklung in Deutschland „Sterbehilfe erlaubt." *Berliner Zeitung*, 10. 2. 1993, S. 16; „Niederlande: Parlament billigt Sterbehilfe-Gesetz." *Neue Zeit*, 11. 2. 1993, S. 2.
[15] Vgl. zu Westdeutschland auch Hohendorf, Tod, S. 146, zur internationalen Rezeption Fittkau: Autonomie, v. a. S. 9.
[16] Vgl. in Auswahl: „Ein Prozeß im Streit der Meinungen. Das Recht zu Sterben." *Der Abend*, 7. 2. 1973; Hermann Bleich: „Holländische Ärztin wegen Sterbehilfe symbolisch verurteilt." Und den dazugehörigen Kommentar von Wolfgang Bartsch: „Symbolisches Urteil." *Frankfurter Rundschau*, 22. 2. 1973; „Euthanasie-Prozeß. Ein salomonisches Urteil." *Die Zeit*, 2. 3. 1973.
[17] „Recht zu sterben." *Der Spiegel* 27 (1973), Nr. 6, S. 74. Vgl. ähnlich Ernst Müller-Meiningen jr.: „Der menschenwürdige Tod." *Süddeutsche Zeitung*, 22. 2. 1973.

re Motive" unterstellen, wie die *Frankfurter Rundschau* betonte.[18] In der *Zeit* gebrauchte der Publizist und Medizinjournalist Theo Löbsack gar das Franz Kafka zugeschriebene Zitat „Töten Sie mich, sonst sind Sie mein Mörder" (freilich hatte der Arzt des schwer tuberkulosekranken Schriftstellers sich diesem Wunsch verweigert), um seine Position unmissverständlich zu artikulieren: „Der medizinische Fortschritt verlangt nach neuen Rechtsnormen zur Euthanasie."[19] Ein Kommentar in der *Stuttgarter Zeitung* begrüßte das Leeuwardener Urteil dagegen, da es sicherstelle, dass die Angelegenheit dort belassen werde, „wo sie hingehört: in das Gewissen des handelnden Arztes."[20] Auch die Illustrierte *Quick* kündigte zwar an, sie wolle ein „Problem zur Diskussion" stellen, bezog dann aber sogleich eindeutig Stellung: Ärzte hätten, falls ein Patient die Qualen nicht mehr länger ertragen könne, doch bitte dem Wunsch „nach Erlösung zu entsprechen".[21] Und im *Stern* erklärte Sebastian Haffner gewohnt markig, der Grundsatz der „Unantastbarkeit des Lebens" habe sich angesichts der medizinischen Entwicklung schlicht „überlebt". Die Problemstellung, nämlich die viel zu große „Macht der Ärzte über den Kranken", sei heute eine ganz andere als im Nationalsozialismus: Das „Recht auf einen leichten Tod" stellte für Haffner jedenfalls nichts weniger als ein „Menschenrecht" dar.[22]

Angesichts der Welle an öffentlicher Unterstützung frohlockten humanistische Verbände. Nun sei – wie der Publizist Gerd Hirschauer verkündete – endlich die Zeit gekommen, um mittels einer Gesetzesreform die unklare Rechtslage in der Bundesrepublik zu beseitigen, die eine „personale Entscheidung auf einen menschenwürdigen Tod" verhindere: Ohne offen die Freigabe einer „Tötung auf Verlangen" zu fordern, lief seine Argumentation doch genau hierauf hinaus, wenn er etwa betonte, dass sich die bereits vielfach praktizierte indirekte Sterbehilfe in der Praxis gar nicht von einer „direkten" trennen lasse. Die notwendige Gesetzesreform sei jedenfalls bislang von christlichen Politikern und den Kirchen blockiert worden, die sich mit Blick auf die aktuelle Entwicklung nun erneut in Stellung brächten. Angesichts der einseitigen Verteilung der Sympathien erklärte Hirschauer, Redakteur in der Verbandszeitung der Humanistischen Union und zuvor langjähriger Herausgeber einer linkskatholischen Zeitschrift, generös, man könne dies dem ideologischen Gegner freilich „nicht einmal übel nehmen."[23] Tatsächlich schien sich im „Fall Postma" einzig in den Kirchen Widerstand gegen die herr-

---

[18] Hermann Bleich: „Unlautere Motive unterstellt ihr niemand. Für die angeklagte Ärztin im Euthanasie-Prozeß einen Monat Haft auf zwei Jahre Bewährung gefordert." *Frankfurter Rundschau*, 8. 2. 1973.
[19] Theo Löbsack: „,Töten Sie mich, sonst sind Sie mein Mörder'." *Die Zeit*, 23. 2. 1973.
[20] Werner Birkenmaier: „Sterbehilfe." *Stuttgarter Zeitung*, 24. 2. 1973.
[21] Marianne Schmidt: „QUICK stellt hier ein Problem zur Diskussion, das viel zu lange tabu war. Ärzte, die aus Mitleid töten." *Quick*, 22. 2. 1973.
[22] Sebastian Haffner: „Ein Recht auf den Tod." *Stern*, 18. 1. 1973, S. 128.
[23] Gerd Hirschauer: „Das neue Thema Sterbehilfe." *Vorgänge* 31 (1973), Nr. 2, S. 4–7.

schende Meinung zu regen.[24] Diese mühten sich nicht nur um eine Betonung der NS-Bezüge, sondern versuchten auch eine Verbindung zu der gleichzeitig laufenden Debatte um Schwangerschaftsabbruch herzustellen: Offenbar gehe es im Kern darum, menschliches Leben (einmal mehr) nach Kriterien des Lebenswertes vermessen und zur gesellschaftlichen Verfügung stellen zu wollen. Nach christlicher Überzeugung dagegen dürfe niemand Herr über sein Leben oder das seiner Mitmenschen sein, wie der theologische Referent in der damaligen Kirchenkanzlei der EKD klarstellte.[25]

Insgesamt avancierte der „Fall Postma" damit eben doch zu einer Art Präzedenzfall, weil das milde Urteil mit dem moralischen Freispruch die Grenzen in Diskurs und Praxis verschob und in den Niederlanden, der Bundesrepublik und vielen anderen Ländern zu einer neuen Diskussion um Euthanasie und Sterbehilfe führte, ja eine knapp zweijährige Blütezeit dieser Debatte zur Folge hatte.[26] Er setzte ein Signal, dass Sterbehilfe durch Ärzte akzeptabel sein konnte und nannte zugleich die Bedingungen: eine mit großen Leiden verbundene tödliche Krankheit und der klar dokumentierte Patientenwunsch. Damit animierte er Nachahmer, die sich in einer rasch aufblühenden, transnational vernetzten Sterbehilfebewegung organisierten und die in den folgenden Jahren jene Grenzen zu vermessen, mitunter aufzuweichen versuchten.[27] Dabei war der Fall mit Blick auf die nun einsetzende Entwicklung in mancherlei Weise atypisch. So war Postma eine Ärztin. Im Großteil der in den folgenden Jahren bekannt gewordenen und öffentlich diskutierten Sterbehilfefälle waren es dagegen zwar Frauen, die um Hilfe baten, jedoch zumeist Männer, die sie bereitwillig gewährten:[28] Admiraal, Jack Kevorkian in den USA oder Julius Hackethal in der Bundesrepublik waren nur die bekanntesten Namen. Vor allem aber waren die Sympathien so klar und einseitig verteilt, wie es nie zuvor – und nie danach – der Fall war.

---

[24] Vgl. Helmut Thielicke: „Grünes Licht für Sterbehilfe? Zum Urteil im holländischen ‚Euthanasie'-Prozeß." *Deutsche Zeitung. Christ und Welt*, 2. 3. 1973 sowie allgemein zu kirchlichen Positionen zur Sterbehilfe Kap. 3.2.
[25] Vgl. Marc Blankenstein: „‚Menschen über die Schwelle des Todes helfen.' Der Euthanasieprozeß gegen die niederländische Ärztin Postma-van Boven." *Deutsche Zeitung. Christ und Welt*, 2. 2. 1973, S. 14.
[26] Zur wachsenden Zustimmung der (internationalen) Öffentlichkeit zur aktiven Sterbehilfe infolge des „Fall Postma" vgl. Zülicke, Sterbehilfe, S. 66 f.
[27] Vgl. zur Sterbehilfebewegung Kap. 9.2.
[28] Vgl. Ludger Fittkau: „Männer reichen den Giftcocktail." *Die Tageszeitung*, 17. 2. 2006, S. 12.

5.1 Zwischen NS-Erinnerung, Selbstbestimmung und „ärztlicher Bewahrungspflicht" – Sterbehilfe in der Bundesrepublik und DDR

> *„An Altersschwäche zu sterben ist ein seltener, ein geradezu außergewöhnlicher Tod – und daher weniger natürlich als die andern: Es ist die letzte und äußerste Art des Sterbens."*
> (Michel de Montaigne, 1580)

Zu den eher seltenen strukturellen Gemeinsamkeiten der beiden deutschen Staaten in den ersten zwei Nachkriegsjahrzehnten gehörte die völlige politische und gesellschaftliche Ablehnung des Begriffes und Konzeptes der Sterbehilfe. In wohl kaum einem anderen Bereich erwies sich die Erinnerung an den Nationalsozialismus systemunabhängig als derart prägend. Unter dem Deckmantel der „Euthanasie" waren im „Dritten Reich" über 200 000 psychisch oder physisch Kranke, darunter viele erbkranke Säuglinge und Kinder, ermordet worden.[29] Insbesondere die Aktion T4, im Zuge derer diese Maßnahmen in den Jahren 1940 und 1941 über die Einrichtung von Tötungsanstalten systematisiert wurden, stand nach 1945 in Ost- wie in Westdeutschland als Synonym für den menschenverachtenden Charakter des NS-Euthanasieprogramms. Die Erinnerung hieran bestimmte in der Bundesrepublik und in der DDR die Einstellung zu diesem ethischen Problem, ja verhinderte lange eine neue grundsätzliche Debatte über Fragen der Sterbehilfe und prägte diese nach ihrer Entstehung entscheidend.[30]

Dabei hatte, wie der aus dem Altgriechischen kommende, tatsächlich aber erst in der Frühen Neuzeit gebräuchlich werdende Begriff schon andeutet, die Euthanasie durchaus ältere – und weniger verbrecherische – Wurzeln.[31] Versuche, Schwerstkranken einen sanften und schmerzfreien, mithin eben jenen „guten Tod" zu verschaffen, den das Wort semantisch umschreibt, finden sich seit der Antike, ebenso wie eine ethische Debatte über die Legitimität derartiger Praktiken. Denn diese waren von Anfang an ambivalent: Euthanasie meinte oft nur eine besonders fürsorgliche Sterbebegleitung, mitunter aber auch eine bewusste Entscheidung für eine gezielte Lebensverkürzung zur Vermeidung weiterer Leiden. In diesem Sinne konnte sie in Verbindung zu Suizidpraktiken stehen, mittels derer Kranke eigenständig oder mit Hilfe anderer ihr Leben beendeten.

Im letzten Drittel des 19. Jahrhunderts erfolgten im Zuge des internationalen Diskurses um Rassenhygiene die radikale Umdeutung der Euthanasie und die schrittweise Transformation des Konzeptes in eine „Praxis des Tötens".[32] Denn die

---

[29] Vgl. ausführlich zu den nationalsozialistischen Krankenmorden und zur „Aktion T4" Hohendorf, Tod, S. 72–131; Klee, Euthanasie und Süß, Volkskörper, v. a. S. 127–168 und S. 311–369.
[30] Vgl. hierzu Burleigh, Nazi-Analogie.
[31] Vgl. zu Geschichte der Euthanasie seit der Antike hier und im Rest des Absatzes Benzenhöfer, Tod, S. 11–68 und Zimmermann, Heiligkeit, S. 27–36.
[32] Vgl. hier und im Folgenden Benzenhöfer, Tod, S. 69–96 und Hohendorf, Tod, S. 27–71, Zitat S. 64.

5. 1973: Der Skandal, oder: Euthanasie reloaded?

Idee einer „Vernichtung lebensunwerten Lebens" – die keinesfalls mehr ausschließlich kurz vor dem physischen Tod stehende Schwerstkranke umfasste – war keine Erfindung der Nationalsozialisten. Sie speiste sich in vielen Ländern, darunter anfänglich besonders in den USA und Großbritannien, aus dem aufblühenden eugenischen und sozialdarwinistischen Gedankengut. Das Konzept konnte sich nun auf körperlich Schwache oder geistig Kranke jeden Alters und Gesundheitszustands richten, die es mit Blick auf ihren vermeintlich „degenerierten", „minderwertigen" und „entarteten" Zustand zu „erlösen" galt – und vor deren „Vermehrung" die Gesellschaft geschützt werden sollte. Diese rassentheoretischen Erwägungen in Kombination mit einem utilitaristisch-ökonomischen Nützlichkeitsdenken standen in mancherlei Hinsicht durchaus in Verbindung zum medizinischen Fortschritt, etwa der Entdeckung von Analgetika, die nicht nur zur Schmerzlinderung, sondern auch zur absichtlichen Lebensbeendigung eingesetzt werden konnten.[33]

Im deutschsprachigen Raum wurde die These, dass die Medizin im Dienst der „Rasse" eine Verantwortung habe, biologische „Schwächlinge" zu „beseitigen", in den 1890er Jahre zunächst prominent von Alexander Tille und Alfred Ploetz artikuliert. In der frühen Zwischenkriegszeit waren es der Rechtswissenschaftler Karl Binding und der Psychiater Alfred Hoche, die lautstark für eine „Freigabe der Vernichtung lebensunwerten Lebens" plädierten – und damit in vielerlei Weise den Boden für die Entwicklung im „Dritten Reich" bereiteten, da sie hierunter eben nicht nur unheilbar Kranke, sondern auch geistig Behinderte und andere als „Defektmenschen" und „Ballastexistenzen" diskreditierte Gruppen fassten.[34] Aufbauend auf dieses breite ideologische Gerüst und mittels ihrer euphemistischen Verschleierung als „Euthanasie" konnten die Nationalsozialisten im Zweiten Weltkrieg auch ohne gesetzliche Grundlage ihre Krankenmorde mit geringem Widerstand praktizieren – neben einigen Angehörigen und Heimleitern protestierten einzig verschiedene Kirchenvertreter dagegen, was zumindest mit zur Beendigung der Aktion T4 führte. Dabei bestand auf theoretischer wie technisch-praktischer Ebene eine enge Verbindung der Euthanasiemorde zum Holocaust.[35]

Wie in so vielen anderen Bereichen blieb die Aufarbeitung des NS-Euthanasieprogramms nach dem Zweiten Weltkrieg lange randständig und die strafrechtliche Verfolgung der daran beteiligten Personen, etwa im Zuge der Euthanasie-Prozesse in den Jahren 1946 bis 1948, war keinesfalls konsequent. Einige involvierte Ärzte oder Juristen konnten vielmehr in beiden deutschen Staaten Karriere machen und versuchten teilweise offen ihre Taten zu rechtfertigen, womit sie gerade in der Bundesrepublik im Klima der 50er und 60er Jahre durchaus Erfolg hatten: Verurteilungen von Tätern erfolgten wenn überhaupt wegen Totschlags, nicht wegen Mordes, in vielen Fällen sahen die Gerichte sie indes gänzlich frei von jeder Schuld und verwiesen in ihren Urteilsbegründungen auf die seinerzeit herrschende Meinung,

---

[33] Vgl. auch Zülicke, Sterbehilfe, S. 52–57.
[34] Vgl. Binding/Hoche, Freigabe.
[35] Vgl. hierzu detailliert Proctor, Naziärzte.

welche die Schrift von Binding und Hoche vermeintlich belegte.[36] Dennoch kann kein Zweifel daran bestehen, dass das Konzept der Euthanasie infolge der NS-Erinnerung gesamtgesellschaftlich in den ersten beiden Nachkriegsjahrzehnten verbrämt war und nicht ernsthaft diskutiert werden konnte.[37] Auch medizinische Fachliteratur, die Formen einer ärztlichen Sterbehilfe bei leidenden, todkranken Patienten nicht pauschal ablehnte, sah sich primär zu einer dezidierten Auseinandersetzung mit den Verbrechen der Vergangenheit – statt mit den Problemen der Gegenwart – gezwungen.[38]

Entgegen manch anderslautender Stimmen, war Sterbehilfe nach dem Zweiten Weltkrieg in den beiden deutschen Staaten dabei keinesfalls komplett tabuisiert, also mit einem öffentlichen Sprechverbot belegt.[39] Richtig ist vielmehr, dass Sterbehilfe in den ersten beiden Nachkriegsjahrzehnten in der Bundesrepublik und der DDR fast ausschließlich mit einer negativen, abgrenzenden Bezugnahme auf die nationalsozialistischen Verbrechen verhandelt wurde.[40] Anfang der 60er Jahre berichtete der *Spiegel* etwa in mehreren Ausgaben über die Praktiken des NS-Krankenmordes und griff einen der Hauptbeteiligten, den Kinderarzt Werner Catel, scharf an, der nach dem Krieg Karriere an der Universität Kiel gemacht hatte und sogar zum Leiter der dortigen Kinderklinik ernannt worden war.[41] Tatsächlich versuchte Catel zu dieser Zeit in einer Publikation, seine Taten im Nationalsozialismus nicht nur zu legitimieren, sondern mit Blick auf die neuen ärztlichen Herausforderungen gar als zukunftsweisendes Konzept zu präsentieren.[42]

Dies misslang jedoch vollständig. Denn die Erinnerung an das nationalsozialistische Euthanasieprogramm erwies sich in beiden deutschen Staaten auch dann noch als diskursiv prägend, als längst klar war, dass der medizintechnische Fort-

---

[36] Vgl. zum Umgang mit und zur Erinnerung an die NS-Euthanasiemorde in der Bundesrepublik und der DDR hier und im Folgenden Hohendorf, Tod, S. 132–140; Benzenhöfer, Tod, S. 130–135 und Zülicke, Sterbehilfe, v. a. S. 66 f. Vgl. allgemein zur Aufarbeitung der der nationalsozialistischen Medizinverbrechen in der Bundesrepublik und der DDR Forsbach, Abwehren.
[37] Vgl. Lunshof/Simon, Diskussion, S. 237 f.; Burleigh, Nazi-Analogie; Benzenhöfer, Tod, S. 137 und für eine quantifizierende Einschätzung Kimeswenger, Wunsch, v. a. S. 106.
[38] Vgl. Ehrhardt, Euthanasie.
[39] Vgl. für eine solche Behauptung etwa die Debatte, die hierzu noch 1992 in der *Zeit* geführt wurde: Ernst Tugendhat: „Wir müssen das Tabu diskutieren."; Robert Spaemann: „Die Euthanasiedebatte. Wir dürfen das Tabu nicht aufgeben." *Die Zeit*, 12. 6. 1992.
[40] Vgl. in Auswahl: „Übertriebene Verteidigung." *Berliner Zeitung*, 3. 7. 1947; „KZ-Häftlinge entsetzlich mißhandelt." *Neues Deutschland*, 30. 11. 1960, S. 2; „Massenmörder Heyde erhängte sich." *Neue Zeit*, 14. 2. 1964; „Menschliches Leben unter allen Umständen erhalten." *Epd Zentralausgabe*, Nr. 49, 27. 2. 1964, S. 4 f.; „‚Die Gesunden dürfen nicht zu Unmenschen werden'. Pastor von Bodelschwingh antwortet auf ‚heimliche Fragen' zur Krankentötung." *Epd Zentralausgabe*, Nr. 154, 8. 6. 1964; „Die Haltung der evangelischen Kirche zur Euthanasie. Gutachter im Ärzteprozeß: ‚Schon immer als Mord beurteilt'. Kein Recht auf Sterbehilfe." *Frankfurter Allgemeine Zeitung*, 21. 3. 1967; „Grenzzone zwischen Tod und Leben. Der vierteilte Mensch – Probleme der Euthanasie." *Deutsches Allgemeines Sonntagsblatt*, 28. 2. 1968.
[41] Vgl. „Euthanasie: Eingeschläfert." *Der Spiegel* 14 (1960), Nr. 34, S. 31–33; „Euthanasie: Fürchtet euch nicht." *Der Spiegel* 14 (1960), Nr. 35, S. 21; „Euthanasie: Die Kreuzelschreiber." *Der Spiegel* 15 (1961), Nr. 19, S. 35–44.
[42] Catel, Grenzsituationen. Vgl. dazu Zülicke, Sterbehilfe, S. 66.

schritt ganz neue therapeutische wie ethische Problemstellungen nach sich zog: Zum einen stieg die Lebenserwartung rasant und die Sterbeverläufe nahmen immer häufiger eine chronische, langwierige und mit starken körperlichen und psychischen Leiden verbundene Form an – obwohl die Menschen immer älter wurden, war der friedliche, symptomlose Tod aufgrund von Altersschwäche, den der einleitend zitierte französische Humanist Michel de Montaigne schon Ende des 16. Jahrhunderts als etwas ebenso Erstrebenswertes wie Ungewöhnliches beschrieben hatte, weiterhin eine Rarität.[43] Zum anderen entstanden insbesondere mit der Entwicklung der Intensivmedizin immer weitergehende Möglichkeiten einer künstlichen Lebensverlängerung von Todkranken. Als sich infolge dessen in den späten 60er Jahren erste Fälle ereigneten, in denen Ärzte zugaben, die Langzeitbeatmung schwerstkranker Patienten abgebrochen zu haben, fragte die *Berliner Zeitung* angesichts des Abschaltens der „Lebensmaschine eines Menschen" suggestiv: „Wann wird der Arzt zum Henker?"[44] Und als der Berliner Landesdienst der *Evangelischen Presseagentur* 1968 über einen Gesprächsabend von Ärzten zum Thema Herztransplantation informierte, warnte er mit Blick auf die Organspender bereits in der Überschrift vor einer mutmaßlich gefährlichen Entwicklung: „An der Grenze der Euthanasie".[45]

Die Wiederentdeckung des Themas seit den frühen 70er Jahren im Westen

Sukzessive jedoch, dies wurde Anfang der 70er Jahre immer deutlicher, waren die gewandelte Problemstellung und die Notwendigkeit einer neuen Debatte über Sterbehilfe kaum noch von der Hand zu weisen. Hierfür waren primär vier Aspekte verantwortlich, die mit gewissen Unterschieden und Verzögerungen in Westwie in Ostdeutschland Relevanz entfalteten: Erstens konnten Sterbehilfe-Konzepte jenseits der verbrecherischen NS-Praktiken durchaus auf Vorläufer zurückblicken. So hatte sich nicht nur in den USA und Großbritannien, sondern auch im deutschsprachigen Raum seit Ende des 19. Jahrhunderts ein Strang der Euthanasiebewegung ausgeprägt, der wenigstens partiell unabhängig vom Rassediskurs blieb und sich vorrangig auf das Problem unheilbar Kranker am Lebensende konzentrierte. Einige der in diesem Zusammenhang diskutierten Ideen, Gesetzesentwürfe und auch die gebrauchten Begrifflichkeiten erwiesen sich im letzten Drittel des 20. Jahrhunderts als durchaus anschlussfähig. Adolf Josts Essay „Das Recht auf den Tod" von 1895 entwickelte etwa ebenso Überlegungen hinsichtlich einer zu normierenden Selbstbestimmung bis zum letzten Atemzug wie der freidenkerische Deutsche Monistenbund im frühen 20. Jahrhundert, in dessen Umfeld am Vorabend des Ersten Weltkriegs auch zum ersten Mal der deutsche Terminus

---

[43] Vgl. hierzu Kap. 2.1.
[44] „‚Euthanasie'-Diskussion in England. Wann wird der Arzt zum Henker?" *Berliner Zeitung*, 14. 12. 1967.
[45] „An der Grenze der Euthanasie?" *epd Landesdienst Berlin*, Nr. 65, 28. 5. 1968, S. 3.

„Sterbehilfe" als Synonym für Euthanasie Verwendung fand.[46] Es war kein Zufall, dass Ende der 60er Jahre die ersten lautstarken Stimmen, die für eine Wiederaufnahme der Debatte in der Bundesrepublik plädierten, aus eben jenem Lager kamen, beispielsweise von der 1961 gegründeten Humanistischen Union, einer linksliberalen Bürgerrechtsorganisation. Angesichts der bereits laufenden Bestrebungen einer „Entideologisierung des Freitods" ergänzte diese, dass hierunter alle Formen autonomen Handelns mit Blick auf das eigene Sterben fallen müssten, also auch die Tötung auf Verlangen: Es mangele der Menschheit bislang an der Entwicklung von „rechtlichen, psychologischen und technischen Methoden [...], um den Abschluss des individuellen Lebens im Einklang mit ihrer fortgeschrittenen Intelligenz zu gestalten." Hinsichtlich einer kurz zuvor mit vergleichsweise knapper Mehrheit abgelehnten Gesetzesinitiative zur Legalisierung der Tötung auf Verlangen in Großbritannien verlangte die Humanistische Union entsprechende Bemühungen in der Bundesrepublik.[47] Zeitgleich forderte auch der Sozialphilosoph Max Horkheimer den Aufbau einer staatlichen Sterbehilfe-Verwaltung.[48]

Der hier zu erkennende intensive Blick ins Ausland verweist auf eine zweite Ursache: International wurde der Ruf nach Sterbehilfe, die in vielen Ländern und Sprachen weiterhin mit dem Begriff „Euthanasie" umschrieben wurde, nach 1945 relativ schnell wieder lauter. Die westdeutsche Presse berichtete in den 50er und 60er Jahren ausführlich über rechtliche Normierungsversuche in Ländern wie der Schweiz oder Schweden.[49] Auch in Großbritannien übte die bereits Ende 1935 gegründete Voluntary Euthanasia Legislation Society (später Voluntary Euthanasia Society) in diesen Jahren starken politischen Druck aus, um Gesetzesreformen auf den Weg zu bringen.[50] Ganz ähnlich war die Entwicklung in den USA, wo die ebenfalls am Vorabend des Zweiten Weltkriegs entstandene Sterbehilfeorganisation National Society for the Legalization of Euthanasia (später Euthanasia Society of America) nach 1945 rasch wieder Auftrieb gewann.[51] 1952 reichte eine Gruppe von über 2500 vorrangig amerikanischen Ärzten und Juristen eine (unberücksichtigt gebliebene) Petition bei den Vereinten Nationen ein, mit der die Aufnahme eines Rechts auf Euthanasie im Fall unheilbarer Erkrankungen in die Allgemeine Erklärung der Menschenrechte erreicht werden sollte.[52] Diese Aktivitäten wurden nicht nur von den sich langsam formierenden Befürwortern einer Sterbehilfe in der Bundesrepublik beobachtet, sondern auch von deren ideologischem Hauptgegner: den Kirchen. Das Pressearchiv der Evangelischen Kirche Berlin-Branden-

---

[46] Vgl. Zimmermann, Heiligkeit, S. 33–38 und Fittkau, Autonomie, S. 27.
[47] Lorenz Müller: „Zur Freiheit des Sterbens." *Vorgänge* 8 (1969), Nr. 10–11, S. 380–383.
[48] Vgl. Fittkau, Autonomie, S. 9.
[49] Vgl. zur Rechtsgeschichte der Sterbehilfe in Europa Fittkau, Autonomie, S. 16–54 sowie exemplarisch für die Rezeption der Entwicklung den Artikel „Das Sterben erlauben." *Frankfurter Allgemeine Zeitung*, 10. 6. 1964, zu den Bestrebungen einer Legalisierung der passiven Sterbehilfe in Schweden.
[50] Vgl. Zülicke, Sterbehilfe, S. 61–66.
[51] Vgl. Dowbiggin, End.
[52] Vgl. Mochel, Euthanasie, S. 16 f.

burg (West) begann 1964 mit der systematischen Sammlung von Presseausschnitten zum Thema Sterbehilfe.[53]

Diese internationale Entwicklung hing drittens mit jenen sich häufenden Klagen über die Folgen des medizinischen Fortschritts zusammen, die bereits wiederholt angesprochen wurden. Gerade die zunehmend kritische Wahrnehmung der Möglichkeiten der modernen Intensivmedizin hinsichtlich der künstlichen Verlängerung menschlichen Lebens im Endzustand verwies auf neue ethische Problemlagen, die in den folgenden Jahren zur Entstehung von simplifizierenden, aber wirkungsvollen Formeln wie „Warum darf ich nicht sterben?" führten.[54] Vor diesem Hintergrund prägte sich nun eine (bis heute ebenso weit verbreitete wie umstrittene) Differenzierung zwischen verschiedenen Formen der Sterbehilfe aus: Bei der aktiven Sterbehilfe, auch Tötung auf Verlangen, erfolgt eine gezielte Herbeiführung des Todes eines Menschen durch einen oder mehrere Dritte, etwa über Medikamentengabe. Voraussetzung dafür ist irgendeine Art der Willensäußerung des Betroffenen, da die Handlung ansonsten den Tatbestand des Totschlags oder gar Mords erfüllt. Während im westdeutschen Strafrecht ein eigener Paragraf, § 216 StGB („Tötung auf Verlangen"), für derartige Fälle existierte, galt aktive Sterbehilfe in der DDR juristisch stets als Tötungsdelikt, das nach den §§ 112 und 113 StGB (Mord beziehungsweise Totschlag) verfolgt wurde. Denn der Arzt sei, wie eine rechtliche Expertise des MfG Anfang der 80er Jahre klarstellte, „nicht Richter über Leben und Tod, sondern Helfer des Menschen".[55] Der (ärztlich) assistierte Suizid bezeichnet Fälle, in denen der Sterbewillige mit Hilfe Dritter eigenhändig sein Leben beendet. Diese Praxis war in der Bundesrepublik grundsätzlich nicht strafbar, in der DDR dagegen ebenfalls strikt untersagt: Mitunter wurden Ärzte sogar dann wegen Totschlags verurteilt, wenn sie Suizide von Patienten nicht verhinderten, obwohl sie deren Absicht antizipiert haben mussten.[56] Eine völlige Straffreiheit und ethische Unbedenklichkeit kristallisierte sich dagegen in beiden deutschen Staaten mit Blick auf zwei andere Formen von Sterbehilfe heraus, die infolge der medizinischen Entwicklung zunehmend relevant wurden: Indirekte Sterbehilfe, also die Verabreichung schmerzlindernder Medikamente unter Inkaufnahme einer möglichen Lebensverkürzung, sowie die im medizinischen Alltag noch deutlich häufigere passive Sterbehilfe in Form der Unterlassung lebenserhaltender Maßnahmen. Freilich zeigte sich rasch, dass die einzelnen Varianten der Sterbehilfe in der Praxis oft nicht klar voneinander getrennt werden konnten, sondern verschmolzen oder sich Grauzonen ergaben.[57]

---

[53] Vgl. Evangelisches Zentralarchiv in Berlin, ELAB 55.5/1690, ELAB 55.5/1691, ELAB 55.5/1692 und ELAB 55.5/1693.
[54] Grubbe, Warum.
[55] Punkt 5 der Expertise der Abteilung Recht des Ministeriums für Gesundheitswesen vom 12. 4. 1983 zu rechtlichen Positionen hinsichtlich der „Anforderungen an die medizinische Betreuung sterbenskranker Patienten", in: BA Berlin-Lichterfelde, DQ 1/11613. Vgl. auch Kersten, Theorie, S. 58.
[56] Vgl. Kersten, Theorie, S. 59.
[57] Vgl. zu dieser Problematik Lunshof/Simon, Diskussion, S. 246.

In diesem Zusammenhang war viertens die wissenschaftliche Entwicklung bedeutsam: Zum einen institutionalisierte sich seit den frühen 70er Jahren die Bioethik als akademische Disziplin. Diese widmete sich speziell den nicht zuletzt durch den medizintechnischen Fortschritt auftretenden moralischen Problemen in Grenzsituationen menschlichen Lebens – und fokussierte rasch das Thema Sterbehilfe. Zum anderen verhandelte parallel dazu die Thanatologie kritisch die gegenwärtigen Möglichkeiten eines „guten Sterbens" und sondierte dessen medizinische, psychologische, gesundheitspolitische wie soziokulturelle Voraussetzungen. Auch hinter der neuen Sterbeforschung verbarg sich oftmals eine dezidierte Medizinkritik, die dazu beitrug, dass für die Sterbehilfe-Debatte anschlussfähige Konzepte und Begriffe wie „Selbstbestimmung" oder „Würde" von Sterbenden einen Aufschwung erlebten.[58] In beiden Fällen wurde nicht nur die wissenschaftliche Forschung vorangetrieben, sondern vielfach auch ein neues öffentliches Interesse an derartigen Fragestellungen geweckt.[59] Im Laufe der nächsten Jahre griffen sogar Film und Fernsehen immer wieder einschlägige thanatologische und bioethische Debatten auf. In Kanada produzierte das National Film Board etwa eine populäre und mehrfach preisgekrönte, achtteilige Dramareihe mit dem Titel „Discussion in Bioethics", die im Rahmen von Kurzfilmen mit offenem Ende unter anderem Sterbehilfe, künstliche Lebenserhaltung und ärztlichen Behandlungsverzicht als Folgeprobleme der modernen Medizintechnik thematisierte.[60]

Damit waren die Samen für jene explosionsartige Intensivierung der Debatte gelegt, die der „Fall Postma" 1973 katalysierte und die in weiten Teilen der westlichen Welt, darunter auch der Bundesrepublik, in eine „liberale Phase" der Sterbehilfe mündete.[61] Auch in der DDR wurde das Thema ab Ende der 70er Jahre wenigstens in der wissenschaftlichen und gesundheitspolitischen Debatte sagbar. Diese Verzögerung lag vor allem daran, dass die öffentliche und mediale Auseinandersetzung mit dem Thema im Osten weitgehend ausblieb, während sie im Westen die Diskussion maßgeblich antrieb.

Dies hing zunächst vor allem damit zusammen, dass die Ereignisse rund um Truus Postma in den Niederlanden keine Ausnahme blieben, sondern Mitte der 70er Jahre weitere spektakuläre Sterbehilfe-Fälle folgten. Eine intensive Rezeption erfuhr das Schicksal der Amerikanerin Karen Ann Quinlan. Die junge Frau, gerade 21 Jahre alt, hatte im Anschluss an einen Kneipenbesuch im April 1975 einen Kreislaufstillstand erlitten und war in ein Koma gefallen – in ihrem Blut fanden sich Alkohol und Medikamente, wobei unklar blieb, ob der vollständige körperliche Zusammenbruch durch eine vorherige Drogenabhängigkeit oder eine Radi-

---

[58] Vgl. zum indirekten Zusammenspiel von Sterbehilfe und Sterbeforschung auch BioSkop-AutorInnenkollektiv, Sterbehilfe, v. a. S. 67–72.
[59] Vgl. zur Bioethik Zülicke, Sterbehilfe, S. 37 sowie zur Thanatologie und ihrer öffentlichen Rezeption Kap. 4.1.
[60] Discussions in Bioethics. NFB/Kanada 1985, vgl. die Übersicht unter http://onf-nfb.gc.ca/en/our-collection/series/?ids=171583&nom=Discussions%20in%20Bioethics [15. 12. 2021].
[61] Fittkau/Gehring, Geschichte, S. 29. Vgl. als Überblick über die Debatten um Sterbehilfe in der Bundesrepublik nach 1945 Lunshof/Simon, Diskussion, S. 237–249.

kaldiät bedingt war.[62] In jedem Fall entwickelte sie infolge dessen ein apallisches Syndrom. Als feststand, dass die schwersten Hirnschäden irreversibel waren, beantragten die streng katholischen Eltern das Abschalten der Beatmungsgeräte, um einen natürlichen Sterbevorgang einzuleiten. Die Ärzte lehnten ab, es folgte ein mehrmonatiger Rechtsstreit. Nachdem einige Gerichte die Klage der Familie abgewiesen hatten, war fast ein Jahr vergangen, bis der Supreme Court des Bundesstaats New Jersey schließlich entschied, dass die Beatmungsgeräte abgeschaltet werden dürften. Doch als dieses Urteil im Mai 1976 umgesetzt wurde, begann Quinlan wider Erwarten selbstständig zu atmen. Künstlich ernährt lebte sie fortan schwerstpflegebedürftig in einem Heim.

Insbesondere in den Monaten zwischen September 1975 und Mitte 1976 berichtete die Presse weltweit intensiv über den Fall. In der Bundesrepublik waren die Sympathien dabei eindeutig verteilt: Fast einhellig unterstützten die Printmedien die Eltern und sprachen sich klar für einen sofortigen Abbruch der lebenserhaltenden Maßnahmen aus.[63] Der *Stern* zeigte seine Position bereits in plakativen Überschriften wie „Lasst unser Kind doch sterben!" und „Zum Leben gezwungen": Hilflos müsse die Familie ertragen, wie die junge Frau „bewußtlos an einem Beatmungsgerät dahinvegetiert."[64] Damit verbanden sich teils aggressive Angriffe auf die US-Gerichte sowie die behandelnden Ärzte, die – wie ausgerechnet das evangelische *Berliner Sonntagsblatt* verkündete – „Gott spielen" würden. Denn Quinlan wäre längst gestorben, wenn sich „die Schöpfung noch in der guten alten Ordnung" befände: „So aber hält die Maschine das Menschenkind am Vegetieren."[65] Einige Kommentare verwiesen auch auf die finanzielle Seite. So bezifferte die *Süddeutsche Zeitung* die bisherigen Behandlungskosten „der lebendigen Toten" auf 130 000 Dollar und bemerkte, dass man sich fast schämen müsse, „eine solche Zahl auch nur in die Debatte zu werfen" – was das Blatt freilich nicht davon abhielt, es dennoch zu tun: „Aber darf man nicht wenigstens fragen, wie viele Menschen in Bangladesh für 130 000 Dollar hätten gerettet werden können?"[66] Spielraum für eine kritische ethische Debatte blieb bei derartigen Argumenten natürlich nicht:

---

[62] Vgl. zu dem Fall die anschließende Buchveröffentlichung der Familie: Quinlan/Quinlan, Karen Ann.

[63] In Auswahl: „Kampf um Tod der Tochter." *Der Tagesspiegel*, 24. 9. 1975; „Eltern bitten um Tod ihrer Tochter." *Kölner Stadt-Anzeiger*, 25. 9. 1975; „Leben oder sterben – eine Frage vor Gericht." *Frankfurter Allgemeine Zeitung*, 29. 10. 1975; „Kein Fall für den irdischen Richter. Unsicherheit amerikanischer Gerichte über den ‚Gnadentod' für zwei Frauen." *Süddeutsche Zeitung*, 29. 10. 1975; „Sterbehilfe: Wenn der Tod nicht schneller ist. Fall Quinlan erschüttert Amerika." *Die Zeit*, 7. 11. 1975; Monika Metzner: „Sie beteten vergebens um Gnade für Karen Ann Quinlan." *Frankfurter Rundschau*, 12. 11. 1975; Werner Höler: „Nicht leben können, nicht sterben dürfen. Gibt es das Recht auf den Tod." *Die Zeit*, 5. 12. 1975, S. 43 f.

[64] Winfried Maaß: „Laßt unser Kind doch sterben!" *Stern*, 30. 10. 1975, S. 55–59, Zitat S. 55; „Zum Leben gezwungen." *Stern* 24. 6. 1976, S. 200–206.

[65] Frank Pauli: „Machbares Leben." *Berliner Sonntagsblatt. Die Kirche*, 2. 11. 1975.

[66] „Das Streiflicht." *Süddeutsche Zeitung*, 2. 11. 1975, S. 1.

Für weite Teile der westdeutschen Presse war Quinlan schlicht ein „lebendes Opfer der medizinischen Technologie."[67]

Fraglos unterschied sich der Fall Quinlan hinsichtlich seiner Hintergründe von den Ereignissen rund um Postma in den Niederlanden einige Jahre zuvor: So ging es um passive, nicht um aktive Sterbehilfe, und die sterbende Patientin war keine an einer unheilbaren chronischen Krankheit leidende Hochbetagte, sondern eine junge Frau, die plötzlich aus der Mitte des Lebens gerissen wurde. Doch umso frappierender ist eine strukturelle Gemeinsamkeit: In beiden Fällen erschien die moderne Medizintechnik – die das Überleben ermöglichte – nicht nur den betroffenen Familien, sondern auch einer breiten Öffentlichkeit als das eigentliche Problem, ja als ein Grundübel.[68]

Diese oft pauschale Medizin- und Technikkritik begann zunehmend die Auseinandersetzung zu bestimmen – und gab öffentlichen Forderungen nach Sterbehilfe sichtlich Auftrieb. Sehr selten waren differenzierende Betrachtungen der ethisch-moralischen Probleme, die sich zum Beispiel mit einem Abbruch lebenserhaltender Maßnahmen verbinden konnten.[69] Stattdessen dominierte auch in vielen anderen Fällen die Metapher vom „Gnadentod", etwa bei einer Anfang 30-jährigen Amerikanerin, die nach einem Autounfall im Koma lag und deren Ehemann zeitgleich zur Familie Quinlan ein Abschalten der Maschinen juristisch zu erstreiten versuchte – die Patientin verstarb aber im Oktober 1975, bevor der Fall vor einem Bundesgericht verhandelt werden konnte, weshalb er deutlich weniger Aufmerksamkeit erregte.[70] Ein weiteres Beispiel hierfür in jenen Jahren erscheint als eine besondere Paradoxie der Geschichte: Der Tod des spanischen Diktators Francisco Franco im November 1975. Nach einem Herzinfarkt hatten Ärzte vergeblich versucht, dem Generalísimo mit mehreren Operationen das Leben zu retten – Folge war ein zäher und schmerzhafter, einmonatiger Sterbeverlauf, den westdeutsche Journalisten mitunter in einem Atemzug mit dem Fall der jungen Karen Ann Quinlan in den USA diskutierten.[71] Mag dies auf den ersten Blick bizarr wirken, so verbargen sich dahinter tiefsitzende Ängste vor den Schattenseiten der medizintechnischen Errungenschaften, vor denen eben nicht einmal ein politischer Machthaber mit autoritärem Anspruch gewappnet war. Ein Kommentar im *Berliner Sonntagsblatt* nutzte das Sterben Francos, um ganz grundsätzlich vor der neuen „Problematik eines so lange hinausgezögerten Sterbens" infolge der neuen medizintechnischen Möglichkeiten zu warnen, im Zuge derer sogar einzel-

---

[67] Monika Metzner: „Lebendes Opfer der medizinischen Technik. Ein im Koma liegendes junges Mädchen wirft in den USA viele heikle Fragen auf." *Frankfurter Rundschau*, 4. 11. 1975.

[68] Der Fall Quinlan diente in der Literatur folgerichtig lange als das Paradebeispiel für die Notwendigkeit passiver Sterbehilfe, vgl. etwa Barnard, Leben, S. 147–150.

[69] Vgl. für eine Ausnahme den Kommentar zum Fall Quinlan von Günter Stein: „Um Leben und Tod." *Vorwärts*, 30. 10. 1975.

[70] Vgl. zu diesem Fall von Judith Ann Debro etwa „Woman in Machine, Subject of Suit, Dies." *New York Times*, 10. 11. 1975, S. 36.

[71] Vgl. Werner Höfer: „Nicht leben können, nicht sterben dürfen. Gibt es das Recht auf den Tod." *Die Zeit*, 5. 12. 1975, S. 43 f.

ne Organe maschinell ersetzt werden könnten: „Alles, was dem Menschen sein einmaliges und unverwechselbares Sterben raubt, ist Mißbrauch."[72]

Die Furcht vor Auswüchsen der Medizintechnik avancierte so zur Triebkraft hinter der Euthanasiedebatte der 70er Jahre und war der Hauptgrund dafür, dass Sterbehilfe öffentlich eingefordert werden konnte. So stürzten sich Journalisten gierig auf Fälle, in denen führende Mediziner für die Freigabe bestimmter Formen der Sterbehilfe plädierten, wie im August 1974, als ausgerechnet einer der Mitbegründer der Intensivmedizin, der dänische Anästhesist Björn Ibsen, in einer Fernsehsendung vor einer medizinischen Überbehandlung warnte und spontan die Möglichkeit einer tödlichen Spritze für unheilbar kranke Patienten ins Spiel brachte – er selbst habe dies bereits erfolgreich erprobt.[73] Der Schriftsteller Leo Sievers begrüßte im *Stern* die Aussagen des Kopenhagener Arztes, der „hoffnungslos kranke Patienten mit einer Überdosis Morphium einschläfert" – nicht nur diese Wortwahl drückte den „Respekt" aus, den Ibsen verdiene. Zwar warnte Sievers vor Verallgemeinerungen und einer unkontrollierten Freigabe aktiver Sterbehilfe, stellte die Aktion aber in einen größeren Zusammenhang, der sie letztlich legitimierte: Im Laufe der letzten Generationen sei medizinisch viel gewonnen worden, aber zugleich „viel an menschlicher Wärme" verloren gegangen. „Fließbandarbeit" habe gerade am Lebensende die individuelle Zuwendung ersetzt und das Sterben werde immer öfter „mit der spezifischen Gefühllosigkeit der Maschine" verlängert: „Die Mentalität der modernen Gesellschaft [...] unterscheidet sich gar nicht so wesentlich von der jener Eskimos, die ihre alten Leute, wenn deren Stunde gekommen ist, im Eis aussetzen."[74]

Kurz darauf erschütterte die „Affäre Haemmerli" die Schweiz: Der Chefarzt einer Zürcher Klinik hatte zunächst intern, später öffentlich zugegeben, einige bewusstlose, sterbende Patienten nicht mehr künstlich zu ernähren und war daraufhin von seiner Vorgesetzten suspendiert und wegen vorsätzlicher Tötung angezeigt worden. Der Fall löste eine hitzige Debatte über Behandlungsverzicht und passive Sterbehilfe in der Schweiz aus, die letztlich nicht nur zur Gründung der Schweizer Sterbehilfebewegung führte, sondern die auch in die Bundesrepublik ausstrahlte.[75]

---

[72] Wolf-Dieter Zimmermann: „Mißbrauchtes Sterben." *Berliner Sonntagsblatt. Die Kirche*, 30. 11. 1975.

[73] Vgl. etwa „Einer der bekanntesten dänischen Ärzte befürwortet im Fernsehen die ‚Sterbehilfe'. Wer nicht zu retten ist, bekommt eine Morphium-Spritze und wird in einen Raum geschoben, wo er sterben kann." *Berliner Zeitung*, 7. 8. 1974; „Todesspritze für Krebskranke ohne Hoffnung." *Bild*, 7. 8. 1974.

[74] Leo Sievers: „Sterbehilfe. Würdiger Abschied vom Leben." *Stern*, 15. 8. 1974, S. 80 f.

[75] Vgl. „Schützenhilfe für Euthanasie-Arzt." *Frankfurter Rundschau*, 21. 1. 1975; „Schweizer Diskussion um die Sterbehilfe." *Frankfurter Allgemeine Zeitung*, 22. 1. 1975; Irmgard Locher: „Strafanzeige wegen vorsätzlicher Tötung." *Der Tagesspiegel*, 30. 1. 1975; Klaus Thiele-Dohrmann: „Wenn die Uhr abgelaufen ist... In der Schweiz hat eine Debatte um Sterbehilfe begonnen." *Die Zeit*, 31. 1. 1975, S. 43; Ernst Müller-Meiningen jr.: „Im Grenzbereich des Sterbens." *Süddeutsche Zeitung*, 1./2. 2. 1975. Vgl. zum Verlauf des Falls und der Position von Haemmerli – der 1975 auf Platz 3 bei der Wahl zum Schweizer des Jahres landete – auch seine Darstellung in: Urs Peter Haemmerli: Medizin und Menschenrechte, in: Werner Höfer (Hg.): Leben müssen – sterben dürfen. Die letzten Dinge, die letzte Stunde. Bergisch Gladbach 1977, S. 155–177.

In einem langen *Spiegel*-Interview begründete Haemmerli sein Handeln mit der „Sinnlosigkeit unseres Tuns." Bei der Betreuung von chronisch Schwerstkranken, die den Hauptteil seiner Patienten ausmachten, sei es eben keinesfalls „die Pflicht des Arztes, die Agonie zu verlängern." Die breite Welle an Unterstützung, die er im In- und Ausland erfahren habe, wertete er selbstbewusst als „Reaktion des gesunden Menschenverstandes."[76] Tatsächlich entsprach seine Position ganz der herrschenden Meinung. Nicht nur der *Stern* lobte den besonnenen Arzt in den höchsten Tönen, der das Leben Todkranker eben „nicht um jeden Preis verlängerte."[77] In einem Leserbrief in der *Frankfurter Allgemeinen Zeitung* verkündete die renommierte konservative Journalistin Margret Boveri enthusiastisch, sie habe den Namen Haemmerli vor fünf Tagen zum ersten Mal gehört, aber er gehe ihr seitdem nicht mehr aus dem Kopf: „Hoffen wir, daß auch in Deutschland unsere Ärzte [...] daraus die richtigen Konsequenzen ziehen."[78] Als Haemmerli schließlich freigesprochen und seine Suspendierung aufgehoben wurde, reagierte die westdeutsche Presse mit Erleichterung.[79] In den folgenden Jahren trat er wiederholt als gesundheitspolitischer Experte zu Fragen des medizinischen Behandlungsabbruchs in der Bundesrepublik in Erscheinung.[80]

Auffällig an der medialen Sterbehilfedebatte in der Bundesrepublik war neben ihrer stark internationalen Ausrichtung eine sehr personalisierte Berichterstattung. Komplexe ethische Grenzfragen schienen sich über die Erörterung von Einzelbeispielen – sei es von Sterbenden, Angehörigen oder eben Ärzten – offenbar öffentlichkeitswirksamer aufbereiten zu lassen. Zugleich war die klare Befürwortung der Sterbehilfe eine fast schon logische Folge aus der emotionalen Aufladung dieser oft dramatischen individuellen Schicksale, die mit plakativen Schlagzeilen wie „Warum bringt mich keiner um?" in Szene gesetzt wurden.[81] Besonders beliebt waren in diesem Zusammenhang die sich seit dem „Fall Postma" häufenden Aussagen von Ärzten und Angehörigen, die einräumten, Sterbehilfe geleistet zu haben.[82] Der *Spiegel* drucke etwa 1975 im Kontext der „Affäre Haemmerli" entgegen seiner redaktionellen Linie einen anonymen Leserbrief, in dem ein Mann gestand, seiner schwer krebskranken Frau mit Hilfe des behandelnden Arztes Sterbehilfe geleistet zu haben – so sei ein „sanfter Tod" ohne „Todeskampf" möglich

---

[76] „Todkranke auf Kalorie Null gesetzt." *Der Spiegel* 29 (1975), Nr. 7, S. 42–43.
[77] Winfried Maaß: „Sterbehilfe. Wie lange muß ein Sterbender noch leben?" *Stern*, 23. 1. 1975, S. 82–84.
[78] Margret Boveri: „Sterbehilfe." *Frankfurter Allgemeine Zeitung*, 25. 1. 1975.
[79] „Professor Hämmerli kann sein Amt wieder aufnehmen." *Der Tagesspiegel*, 28. 3. 1975; „Suspendierung Hämmerlis aufgehoben." *Frankfurter Allgemeine Zeitung*, 29. 3. 1975.
[80] Vgl. zu Haemmerlis Expertenrolle in der westdeutschen Gesundheitspolitik Kap. 2.1 und BHStA, MArb 3720.
[81] „,Warum bringt mich keiner um?' Ein unheilbar gelähmter Mann, 24 Jahre alt, fordert den Gnadentod." *Stern*, 31. 10. 1974, S. 44–52.
[82] Vgl. „Deutscher Arzt gibt öffentlich zu: Ich gab todkranken Patienten Medikamente, die das Leben verkürzen." *Berliner Zeitung*, 6. 9. 1974; „,Ich gebe unheilbar Kranken Spritzen'. Deutscher Arzt für passive Sterbehilfe." *Bild*, 6. 9. 1974.

gewesen und sie habe „nicht wie so viele andere so unsagbar leiden" müssen.[83] Im *Stern* gab zeitgleich der bekannte Thanatologe und Internist Lothar Witzel zu, selbst bereits genauso wie sein Schweizer Kollege gehandelt zu haben: Ärzte sollten lernen, mit medizinischen Niederlagen angemessen umzugehen, im Übrigen müsse verhindert werden, dass „lebende Leichen" die Intensivstationen blockierten.[84] Unzweifelhaft führte all dies Mitte der 70er Jahre nicht nur zu einem starken Anstieg der medialen Aufmerksamkeit, sondern auch zu einer radikalen Verschiebung der Grenzen des Sagbaren in der öffentlichen Debatte. Gerade die Entscheidung für einen Behandlungsverzicht oder -abbruch erschien nun als ein Grundrecht des Sterbenden, denn das Leben dürfe „nicht bis ins Absurde" ausgedehnt werden.[85]

Zugleich verschmolzen aktive und passive Sterbehilfe sehr häufig, etwa als der *Spiegel* im Februar 1975 Sterbehilfe zum Rahmenthema für eine ganze Ausgabe machte. Diese versuchte laut Covertitel das ethische Spannungsfeld zwischen „Mitleid" und „Mord" auszuleuchten.[86] Tatsächlich las sich der Hauptartikel mit dem suggestiven Untertitel „Der Tod als Freund" und dramatischen Fallgeschichten jedoch wie ein Plädoyer für die Freigabe der Euthanasie, die ohnehin „längst zum medizinischen Alltag gehört." Eine Unterscheidung zwischen aktiver und passiver Sterbehilfe mache keinen Sinn, denn der Entschluss zum Abbruch der Behandlung eines Patienten sei „in Wahrheit so gezielt wie die Entscheidung, sein Leben zu beenden." Zwar könne – wie der Artikel einräumte – Euthanasie durchaus missbraucht werden, dies gelte aber noch umso mehr für ihr Verbot. Während die zitierten medizinischen Experten in diesem Zusammenhang Bedenken bezüglich einer Überforderung der Krankenhäuser infolge der Lebensverlängerung von Todkranken äußerten, ging der *Spiegel* selbst noch einen Schritt weiter: Die Ablehnung von Sterbehilfe könne angesichts der medizinischen Möglichkeiten zu einer „grauenvollen Konsequenz" führen, die am Beispiel eines Sterbenden, „dessen Körper von Krebszellen fast völlig zerfressen ist", erläutert wurde: „Man trennt den Kopf vom krebskranken Körper und läßt ihn isoliert weiterleben." Der „körperlose Kopf" – fraglos ein journalistisches Glanzstück in der Geschichte des *Spiegel* – sei keine Fiktion, entsprechende Operationen in Japan vielmehr bereits an Hunden geglückt.[87]

---

[83] „Ich habe Sterbehilfe geleistet." *Der Spiegel* 29 (1975), Nr. 9, S. 10.
[84] Winfried Maaß: „Wie lange muß ein Sterbender noch leben?" *Stern*, 23. 1. 1975, Nr. 5, S. 82–84, Zitate S. 84. Zu Witzel vgl. Kap. 4.1 sowie zu seiner Position zur Sterbehilfe Witzel, Sterbende, S. 1376 f.
[85] Vgl. in Auswahl: „Im Blickpunkt: Das technisierte Sterbebett auf der Intensivstation. Was recht war, weiß der Arzt erst nachher..." *Welt am Sonntag*, 30. 11. 1975; „Kranke sollen nicht so grausam sterben wie meine Mutter." *B.Z.*, 10. 12. 1975; „Als Großvater entschied, es sei Zeit zu sterben." *Stern*, 11. 12. 1975; „‚Das Leben nicht bis ins Absurde hineinziehen'." *Der Spiegel* 30 (1976), Nr. 18, S. 92–100.
[86] *Der Spiegel* 29 (1975), Nr. 7.
[87] „Sterbehilfe – der Tod als Freund." *Der Spiegel* 29 (1975), Nr. 7, S. 36–60, Zitate S. 36, S. 50 und S. 51.

Abb. 17: Cover der Spiegel-Ausgabe vom 10. 2. 1975

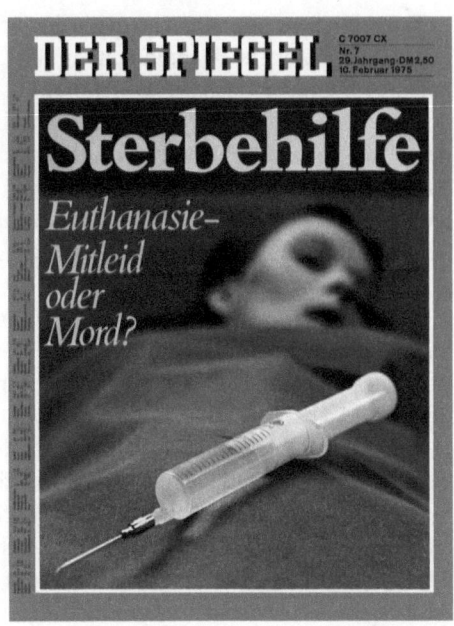

Auf diesem Nährboden konnten sich in jenen Jahren offene Forderungen nach aktiver Sterbehilfe ausbreiten, die in der Bundesrepublik zunächst durchaus breitere Unterstützung fanden. So erregte 1973 ein Buch von Paul Moor große Aufmerksamkeit, der bereits zuvor immer wieder in der westdeutschen Qualitätspresse unverhohlen zur „Verteidigung der Euthanasie" Stellung beziehen hatte können, die für ihn vergleichbar mit der Einschläferung von Haustieren war.[88] Der amerikanisch-deutsche Schriftsteller beschrieb darin auf drastische Weise das Sterben seiner krebskranken Schwester in einer texanischen Klinik – unter anderem schilderte Moor, wie ihr kurz vor dem Tod noch ein künstlicher After in den Leib geschnitten wurde, da der Darm von einem wuchernden Tumor verstopft war. Detailliert beschrieb er mit Hilfe der täglichen Pflegeprotokolle ihren körperlichen Verfall sowie psychischen Kontrollverlust und verband dies mit einem „Plädoyer für ein Recht auf menschenwürdiges Sterben."[89] Der populäre österreichische Schriftsteller und ehemalige NS-Widerstandskämpfer Jean Améry, der schon in den 60er Jahren wortgewaltig über Probleme des Alterns in der modernen Gesellschaft geklagt hatte,[90] prophezeite in einer Rezension des Werkes im *Spiegel* düster, dass angesichts der gesetzlichen Hürden gegen die Sterbehilfe der Suizid auf absehbare Zeit „die einzige Chance eines wahrhaft würdigen Sterbens" bleiben werde.[91]

---

[88] Vgl. etwa Paul Moor: „Gewissensfrage an die Ärzte. Zur Verteidigung der Euthanasie. Die Geschichte eines qualvollen langen Sterbens." *Die Zeit*, 9. 5. 1969.
[89] Moor, Freiheit.
[90] Améry, Altern.
[91] „Vor Einbruch der Nacht." *Der Spiegel* 27 (1973), Nr. 47, S. 189 f., Zitat S. 190.

Tatsächlich veröffentlichte Améry, der sich 1978 selbst das Leben nehmen sollte, kurze Zeit später ein Buch, in dem er den „Freitod" als humanistisches Gut pries, kröne er doch das „sich selbst Gehören".[92] Zeitgleich zu Amérys Suizid sorgte in der Bundesrepublik ein Werk der schwedischen Journalistin Berit Hedeby mit dem Titel „Ja zur Sterbehilfe" für Aufsehen. Hedeby war zu einer einjährigen Haftstrafe wegen Totschlags verurteilt worden, weil sie einem an Multipler Sklerose leidenden Kollegen eine tödliche Dosis Insulin gespritzt hatte. Dennoch würde sie wieder so handeln, erläuterte Hedeby ausführlich und rekapitulierte in diesem Zusammenhang sowohl den qualvollen Krebstod ihrer Mutter als auch die Ergebnisse ihrer jahrelangen Recherchen in einem Dauerpflegeheim: Denn handlungsleitend dürfte einzig die Menschenwürde sein, Sterbehilfe aus Mitleid sei daher Ausdruck „wahrer Humanität". Ihre persönliche Motivation indes beschrieb Hedeby einleitend mit Worten, die ungewollt eine andere Dimension offenbarten: „Ich will es nicht, daß mein Körper häßlich, alt, faltig, eklig und übelriechend wird."[93] Mit solchen Gedanken war sie offenbar nicht allein. Der *Stern* hatte ein Jahr zuvor knapp 100 Prominente schriftlich zu ihrer Einstellung zum Thema befragt: Fast alle begrüßten Praktiken der Sterbehilfe, viele davon, darunter Rudi Carrell, Walter Jens oder Inge Meysel, sogar die aktive Form. Bereits die Wortwahl des Magazins war dabei hochgradig suggestiv. So wollten die Befürworter von aktiver oder passiver Sterbehilfe mutmaßlich „den Todeskampf verkürzen", während dem einzigen Befragten, der sich gegen jede Form der Sterbehilfe aussprach (dem ehemaligen Box-Weltmeister Max Schmeling), unterstellt wurde, er sei „für die Verlängerung des Lebens um jeden Preis" – der Fragebogen hatte an dieser Stelle sogar noch zur plastischen Verdeutlichung der Form des vermeintlichen Preises in Klammern „an Aufwand, an Schmerzen" ergänzt.[94]

Nicht nur in den Printmedien, sondern auch im Rundfunk verstärkte sich die Beschäftigung mit der Sterbehilfe in den 70er Jahren fundamental. Das Interesse von Film und Fernsehen an diesem Thema hatte eine längere Tradition, da sich die damit verbundenen ethischen Fragen filmisch gut umsetzen ließen. Die Nationalsozialisten nutzten das Medium 1941, um ihr Euthanasieprogramm propagandistisch zu unterfüttern. Das Drama „Ich klage an", das über 18 Millionen Kinobesucher sahen, thematisierte ganz bewusst die andere Seite der Euthanasie (der Begriff selbst wurde vermieden), nämlich die Frage nach einem „Gnadentod" für sterbende Menschen. Es verhandelte einen Fall von Tötung auf Verlangen bei einer an Multipler Sklerose erkrankten Frau durch ihren Ehemann, der letztlich als ein

---

[92] Améry, Hand, vgl. S. 82. Vgl. dazu die stark kritische Rezension von Gabriele Wohmann: „Sein Tod ist nicht einladend." *Der Spiegel* 30 (1976), Nr. 35, S. 131–134. Zum Suizid von Améry vgl. „Améry: ‚Mein Tod soll meine Sache sein'." *Der Spiegel* 32 (1978), Nr. 44, S. 233–246.
[93] Hedeby, Sterbehilfe, S. 12 sowie S. 16–22 und S. 27–78. Vgl. kritisch zu der Veröffentlichung: Heinz Welz: „Wer soll sterben?" *Sozialmagazin* 7 (November 1982), S. 16–25.
[94] „Prominente Deutsche über Sterbehilfe. Stecker raus?" *Stern*, 21. 7. 1977, S. 84–87. Vgl. zu den Hintergründen der Befragung, für ein Exemplar des Fragebogens und die detaillierten Ergebnisse die Buchveröffentlichung des verantwortlichen Journalisten: Höfer, Wer viel fragt.

Abb. 18: Cover der Stern-Ausgabe vom
21. 7. 1977

humanitärer Akt der Menschenliebe präsentiert wurde.[95] Diese Form der „Vernichtung lebensunwerten Lebens" blieb nach dem Zweiten Weltkrieg im internationalen Film darstellbar. 1950 diskutierten etwa in Frankreich gleich zwei Filme Fälle von Sterbehilfe bei krebskranken Partnern, „Meurtres?" und das Gerichtsdrama „Justice est faite".[96] Einen ähnlichen Freundschaftsdienst durch einen Arzt zeigte der Hollywoodfilm „The Bramble Bush" von 1960 mit Richard Burton.[97] Zumindest in fiktiven Szenarien konnten Fragen der Sterbehilfe somit schon in den ersten Nachkriegsjahrzehnten filmisch inszeniert werden. Eine Darstellung realer Sachverhalte war dagegen schwieriger: In Frankreich setzte 1962 ein Fernsehsender eine von zwei Journalisten gedrehte Dokumentation über Euthanasie kurzfristig ab, anscheinend eine Reaktion auf die eindringliche Bitte einer krebskranken Frau, auf die Ausstrahlung zu verzichten.[98]

Ab Ende der 60er Jahre häuften sich Darstellungen der Sterbehilfe im Rundfunk.[99] Während im DDR-Fernsehen das Thema wenn überhaupt mit Blick auf das NS-Euthanasieprogramm aufgegriffen wurde,[100] rückten im Westen Fragen

---

[95] Vgl. BioSkop-AutorInnenkollektiv, Sterbehilfe, S. 57–67.
[96] Richard Pottier: Meurtres? / Klagt mich an! Frankreich 1950; André Cayatte: Justice est faite / Schwurgericht. Frankreich 1950.
[97] Daniel Petrie: The Bramble Bush / Jeder zahlt für seine Schuld. USA 1960.
[98] Vgl. zu dem Fall: Mochel, Tod, S. 60.
[99] Vgl. als Überblick Schlichter/Wulff, Sterbehilfe.
[100] Vgl. die im Rahmen der Krimireihe „Fernsehpitaval" entstandene Sendung Wolfgang Luderer: Um den Tod eines Justizobersekretärs. Fernsehen der DDR 1972.

einer Tötung auf Verlangen oder eines medizinisch assistierten Suizids nun verstärkt in den Fokus von Spielfilmen.[101] Immer mehr offenbarte sich, dass das Thema Sterbehilfe mit seinen moralischen Grenzfragen sehr gut zu medialen Dynamiken passte und einen starken ästhetischen Reiz auf Filmemacher ausüben konnte.[102] Ein beliebtes Motiv waren Fälle von Menschen, die nach einem Unfall oder angesichts schwerster Erkrankungen mit einem Sterbewunsch an Familie oder Ärzte herantraten. Die sich mit dem Abbruch lebenserhaltender Maßnahmen oder der gezielten Tötung auf Verlangen verbindenden ethischen Probleme ließen sich mittels der Darstellung individueller Schicksale publikumswirksam diskutieren.[103] Sogar reale Fälle erwiesen sich als spektakulär genug für Verfilmungen, etwa die Geschichte der Familie Quinlan, die 1977 ein amerikanischer TV-Blockbuster verarbeitete, der in Westdeutschland unter dem suggestiven Titel „Zum Leben verurteilt" ausgestrahlt wurde.[104]

Wie in der printmedialen Debatte dominierte auch im Rundfunk ein grundsätzliches Verständnis für den Wunsch nach Sterbehilfe im Angesicht der neuen medizinischen Problemstellungen. Dies zeigte sich auch in den zahlreichen westdeutschen Dokumentationen und TV-Diskussionsrunden, die sich mit der Intensivierung der öffentlichen Debatte über das Thema im Jahr 1973 blitzartig häuften.[105] Im Dezember 1974 strahlte die ARD die Sendung „Sterbehilfe – Mord oder Möglichkeit" aus, die an mehreren Fällen zeigte, wie Todkranke in Kliniken künstlich am Leben gehalten wurden, und mit welchen Widerständen und rechtlichen Problemen Ärzte konfrontiert waren, die über die verschiedenen Formen der Sterbehilfe in den Sterbeprozess einzugreifen versuchten.[106] Unter seinem Pseudonym Momos lobte Walter Jens die Doku in der *Zeit* in den höchsten Tönen und kritisierte die Kirchen vehement für ihre pauschale Ablehnung dieser Praktiken. Es sei falsch, nur auf die Tat zu schauen und das Motiv zu ignorieren, da „Tötung nicht gleich Tötung, Euthanasie nicht gleich Euthanasie" sei. Das Grundübel sei eine fehlgeleitete Erinnerung an den Nationalsozialismus, die das Problem ins Gegenteil verkehre: „Die Mörder von gestern sind auch die Folterknechte von heute: Ohne Hitler [...] gäbe es in unseren Krankenhäusern heute weniger Schmerzen

---

[101] In Auswahl: Mai Zetterling: Doktor Glas. Dänemark 1968; James Ricketson: Limbo. Australien 1972; Harvey Hart: Murder or Mercy. USA 1974; Hark Bohm: Moritz, lieber Moritz. Bundesrepublik Deutschland 1978.
[102] Vgl. Fittkau, Autonomie, S. 273–311.
[103] Vgl. etwa Brian Clark: Whose Life Is It Anyway? Großbritannien 1972 [das Drehbuch wurde später auch für ein Theaterstück und einen amerikanischen Kinofilm verwendet: John Badhams gleichnamiges Drama von 1981 war unter dem Titel „Ist das nicht mein Leben?" auch in der Bundesrepublik zu sehen]; Jerome Hellman: Promises in the Dark / Wenn das Schicksal es will. USA 1979; János Mészáros: Lasst mich doch sterben! Bundesrepublik Deutschland 1980; Jud Taylor: Act of Love / Ein Akt der Liebe. USA 1980.
[104] Glenn Jordan: In the Matter of Karen Ann Quinlan / Zum Leben verurteilt. USA 1977. Vgl. für ein anderes Beispiel: Robert B. White: Please Let Me Die. USA 1974.
[105] Exemplarisch: In der Diskussion: Euthanasie. NDR, 2. 3. 1973; Der gute Tod der Margina Grevelink. ZDF, 9. 7. 1973; Marianne Riedel: Kontakte: Der gute Tod. ZDF 1976.
[106] Wilma Kottusch: Sterbehilfe – Mord oder Möglichkeit. ARD 1974.

und weniger qualvolle Tode. Weil auf die Tat gestarrt wird und nicht auf die Motive der Tat, läßt sich, mit dem Alibi der faschistischen Euthanasiepolitik, Hilfe verweigern und eine inhumane Position verteidigen."[107] Die Sendung wurde ebenso mit dem Film- und Fernsehpreis des Hartmannbundes ausgezeichnet wie „Der Tod vor dem Sterben", eine im folgenden Jahr ausgestrahlte ARD-Produktion, die ebenfalls an einem Einzelfall – einer Wachkomapatientin mit inoperablen Hirnverletzungen – das Verhältnis von „inhumaner Lebensverlängerung" und „humaner Euthanasie" auslotete. Die Wahl der Adjektive zeigte freilich eine Tendenz, auch in der offiziellen Filmvorschau wurde die Patientin ebenso schonungs- wie kompromisslos als ein „nach menschlichem Ermessen nicht mehr lebensfähige[s] Vegetativum" beschrieben.[108] Im Rahmen einer Leserbriefdebatte zu der Sendung in der Fernsehzeitschrift *Hörzu* forderte ein Zuschauer, dass sterbende Menschen dieselbe Möglichkeit zum Gnadentod erhalten sollten, „die man einem verunglückten Rennpferd, einem schwerkranken Hund gewährt"; ein anderer kommentierte begeistert: „Endlich hat jemand dieses heiße Eisen angepackt. Leben heißt leben und nicht vegetieren."[109]

Deutlich kontroverser als die massenmediale Debatte war die breitere gesellschaftliche und politische Auseinandersetzung über die Sterbehilfe in der Bundesrepublik in den 70er Jahren. Die beiden Extrempole markierten auf der einen Seite die Kirchen, die über die wachsende öffentliche Zustimmung besorgt waren und immer lautstärker Position gegen „Euthanasie" bezogen.[110] Zugleich mühten sie sich aber zunehmend um eine neue Positionsbestimmung zu Fragen des Behandlungsverzichts und der passiven Sterbehilfe, die anfänglich noch oft Hand in Hand mit aktiveren Formen diskutiert worden waren – und das, obwohl die Möglichkeiten einer künstlichen Lebensverlängerung auch kirchliche Kreise durchaus seit längerem beunruhigten.[111] Papst Pius XII. hatte vor diesem Hintergrund bereits 1957 verlauten lassen, dass er unter bestimmten Umständen einen Therapieabbruch und sogar die Gabe von lebensverkürzenden Schmerzmitteln für theologisch zulässig erachtete.[112] Der Hirtenbrief der katholischen Bischöfe unterschied 1975 dennoch überhaupt nicht zwischen den verschiedenen Formen der Sterbe-

---

[107] Momos: „Tat und Motiv." *Die Zeit*, 13. 12. 1974. Vgl. auch die ebenfalls im Grundsatz positive Besprechung der Dokumentation von Michael Stone: „Tabu Tod." *Der Tagesspiegel*, 7. 12. 1974.
[108] Daniel Christoff: Der Tod vor dem Sterben. ARD 1975. Vgl. die Filmbeschreibung in dem Flyer zu dem Film, in: ELAB 55.5/1690 sowie zu dem Fernsehpreis: https://www.hartmannbund.de/wir-ueber-uns/preise-ehrungen/film-und-fernsehpreis [15. 12. 2021].
[109] *Hörzu* 40/1975, S. 117, zit. nach http://www.zuschauerpost.de/zupo/docs70/1975d.htm [15. 12. 2021].
[110] Vgl. zum Konnex Religion und Sterbehilfe auch Schrader, Sterbehilfe, S. 155–162 und S. 168 f.
[111] Vgl. etwa Kracht, Stellung, v. a. S. 260.
[112] Vgl. Krome, Entwicklung, S. 10 f. und die Bezugnahmen auf die Aussagen von Pius XII. in der „Erklärung zur Euthanasie" (1980) der Kongregation für die Glaubenslehre, online unter: https://www.vatican.va/roman_curia/congregations/cfaith/documents/rc_con_cfaith_doc_19800505_euthanasia_ge.html [15. 12. 2021].

hilfe und auch der Vatikan bezog im Fall Quinlan im selben Jahr wenig differenziert und angesichts der tatsächlichen medizinischen Hintergründe missverständlich gegen eine „Tötung auf Verlangen" Stellung.[113]

Im Anschluss daran erfolgte jedoch rasch eine Präzision der Begrifflichkeiten, im Zuge derer die Bedeutung von Selbstbestimmung betont und die pauschale Ablehnung aller Arten der Sterbeverkürzung sukzessive verworfen wurde.[114] So kam es im weiteren Verlauf der 70er Jahre zu einer Liberalisierung der Positionen kirchlich-christlicher Akteure bezüglich passiver und indirekter Sterbehilfe, die führende katholische Moraltheologen wie Paul Sporken oder Franz Böckle nun sogar öffentlich verteidigten.[115] Zu dieser Neujustierung trug auch die nach 1973 rasch aufblühende wissenschaftliche Debatte über die ethisch-moralische Dimension der Sterbehilfe bei.[116] In dieser spielten theologische Autoren eine zentrale Rolle, oftmals in einem bewusst gesuchten Dialog mit Medizinern, Juristen oder Vertretern anderer Disziplinen. In einem 1975 vom Patmos-Verlag herausgegebenen Buch des Theologen und Mediziners Thomas Lohmann mit dem Titel „Euthanasie in der Diskussion" wurden klassische kirchliche Positionen immer wieder mit dem Problem der künstlichen Lebens- und Sterbeverlängerung kontrastiert.[117] Bezeichnenderweise gab der evangelische Geistliche Helmut Thielicke Ende der Dekade der Neuauflage seines Standardwerks „Wer darf leben?" zu ethischen Problemen der modernen Medizin von 1970 den Titel: „Wer darf sterben?".[118]

Den Kirchen gegenüber standen auf der anderen Seite des Meinungsspektrums die schon erwähnten humanistischen Organisationen als klare Befürworter der Sterbehilfe. In der zweiten Hälfte der 70er Jahre intensivierte die Humanistische Union ihre Öffentlichkeitsarbeit und politische Lobbytätigkeit: Mittels Pressemitteilungen oder groß angelegter Kongresse drängte der Bürgerrechtsverein auf eine Reform des Strafgesetzbuchs, über die bestehende juristische Unsicherheiten mit

---

[113] Vgl. „Vatikan verurteilt Tötung auf Verlangen." *Die Welt*, 24. 10. 1975. Zum Hirtenbrief und der kirchlichen Position zur Sterbehilfe allgemein vgl. Kap. 3.2.
[114] Vgl. etwa bereits die Kommentare von Franz Böckle und des Jesuitenpaters Franz-Josef Trost zum Hirtenbrief und eine Themenausgabe zur Sterbehilfe des Kirchenblattes für das Bistum West-Berlin kurz darauf: Franz Böckle: „Sterbehilfe ist Lebenshilfe. Die Freiheit von Arzt und Patient." *Rheinischer Merkur*, 27. 6. 1975, S. 21; Franz-Josef Trost: „Wenn Kranke nicht leben und sterben können." *Deutsches Allgemeines Sonntagsblatt*, 22. 6. 1975; „Mit-leiden, mit-sterben. Neue Wege in die Sterbehilfe." *Petrusblatt* 31 (1975), Nr. 39.
[115] Vgl. „Moraltheologe bejaht Recht auf menschenwürdigen Tod." *Donaukurier*, 27. 1. 1975; „'Recht auf menschenwürdigen Tod'." *Münchner Merkur*, 27. 1. 1975; „'Recht auf menschenwürdiges Sterben'." *Süddeutsche Zeitung*, 28. 1. 1975; „Das Recht auf den menschenwürdigen Tod." *Passauer Neue Presse*, 27. 1. 1975; Sporken, Euthanasie. Für die Rückwirkungen auf die offizielle Position der katholischen Kirche vgl. etwa Kongregation für die Glaubenslehre, Erklärung zur Euthanasie (1980).
[116] Vgl. Lunshof/Simon, Diskussion, S. 238–240; für einen Überblick über die Debatte Koch, Euthanasie sowie für zeitgenössische Beiträge Mitte der 70er Jahre Wunderli, Euthanasie; Eid, Euthanasie; Eser, Suizid; Heifetz, Recht; Blaha u. a., Schutz.
[117] Lohmann, Euthanasie.
[118] Thielicke, Leben (1970) bzw. Thielicke, Sterben.

Blick auf Formen einer passiven Sterbehilfe ausgeräumt und zugleich neue, liberalere Normen hinsichtlich der Tötung auf Verlangen geschaffen werden sollten.[119] Ziel war dabei keine komplette Freigabe, sondern ein gesetzlicher Rahmen, der sie unter bestimmten Bedingungen erlaubte – als das zentrale Kriterium hierfür galt der Krankheitszustand des Betroffenen.[120] Eine medial und politisch viel beachtete Fachtagung in Bremen mit dem Titel „Humanes Sterben" widmete sich Anfang Juni 1978 vordergründig Problemen eines „menschenwürdigen Todes", bei genauerem Hinsehen waren damit jedoch Fragen der Sterbehilfe gemeint.[121] Einen der Hauptvorträge hielt Urs Haemmerli, als weitere Referenten eingeladen waren einige der bekanntesten Verfechter der aktiven Sterbehilfe, darunter Jean Améry (der kurzfristig absagte) und Paul Moor. Angesichts dessen überrascht, dass die Veranstaltung Unterstützung und einen finanziellen Zuschuss im höheren vierstelligen Bereich durch den Gesundheitssenator der Stadt Bremen erhielt, der zu der Zeit auch Vorsitzender der Gesundheitsministerkonferenz war. Eine auf der Tagung entworfene politische Eingabe, in der geschickt harmlose Forderungen nach mehr Patienteninformation im Krankenhaus mit einer postulierten Änderung des § 216 StGB verbunden wurden, führte in einigen Bundesländern zu Landtagsdebatten, in Hessen überwies sie das Parlament sogar als Petition an die Landesregierung.[122] In den folgenden Jahren erarbeitete die Humanistische Union gemeinsam mit Juristen einen detaillierten Reformvorschlag, über den die Möglichkeit einer Straffreiheit in den Paragrafen aufgenommen werden sollte. Der Täter sollte demnach nicht rechtswidrig gehandelt haben, „wenn er die Tat begonnen hat, um einen menschenwürdigen Tod zu ermöglichen."[123]

Vor diesem Hintergrund war die hohe Politik ab Mitte der 70er Jahre mit dem Thema konfrontiert. Die sozialliberale Bundesregierung sah sich angesichts des wachsenden medialen Drucks Anfang 1975 zu einer Stellungnahme genötigt.

---

[119] Vgl. etwa die Pressemitteilungen „Sterbehilfe" vom 21. 7. 1977 und „Humanistische Union fordert Richtlinien für Sterbehilfe" vom September 1978 in den Ordnern „Medizin 1977–1997" bzw. „Humanes Sterben – 3./4. Juni 1978, Bremen" in der Geschäftsstelle der Humanistischen Union, Berlin.

[120] Vgl. hierzu Hans Saner: „Vom Anspruch auf ein humanes Sterben." *vorgänge* 16 (1975), Nr. 46, S. 4–9.

[121] Vgl. hier und im Folgenden die abgelegten Korrespondenzen, Programmentwürfe, Pressemitteilungen, Zeitungsartikel und Akten im Ordner „Humanes Sterben – 3./4. Juni 1978, Bremen" in der Geschäftsstelle der Humanistischen Union, Berlin. Zur Rezeption der Veranstaltung vgl. Lilo Weinsheimer: „Mehr Respekt vor dem Tod. Tagung zum Thema Sterbehilfe." *Süddeutsche Zeitung*, 9. 6. 1978; „Das Recht auf den eigenen Tod. Bundesregierung soll Richtlinien für Ärzte erlassen." *Stuttgarter Zeitung*, 6. 6. 1978; „Technik kontra Menschlichkeit? Tagung der Humanistischen Union zum Thema ‚Humanes Sterben'." *Hannoversche Allgemeine Zeitung*, 5. 6. 1978.

[122] Vgl. das Schreiben des hessischen Sozialministers an die Humanistische Union vom 3. 2. 1981 im Ordner „Humanes Sterben – 3./4. Juni 1978, Bremen" in der Geschäftsstelle der Humanistischen Union, Berlin sowie „Humanistische Union fordert Richtlinien für die Sterbehilfe." *vorgänge* 36 (1978), Nr. 6, S. 108.

[123] Vgl. Pressemitteilung der Humanistischen Union vom 26. 3. 1982 und Stellungnahme der Humanistischen Union zum Hearing des Rechtsausschusses des Deutschen Bundestags im Mai 1985 in Bonn vom 6. 5. 1985 im Ordner „Medizin 1977–1997" in der Geschäftsstelle der Humanistischen Union, Berlin.

Hans de With, Staatssekretär im Bundesjustizministerium, erteilte darin Forderungen nach aktiver Sterbehilfe eine klare Absage und verwarf eine Änderung des Strafrechts als unnötig.[124] Während sich kirchliche Akteure wie Diakonie-Präsident Theodor Schober erleichtert zeigten, verwiesen viele Experten – darunter Juristen wie der renommierte Tübinger Strafrechtler und rechtspolitische Berater der FDP, Jürgen Baumann – mit Blick auf die Grauzonen zwischen den verschiedenen Formen der Sterbehilfe auf die Notwendigkeit präziserer gesetzlicher Normen.[125] August Wimmer, Senatspräsident am Oberlandesgericht Köln, sah hierin gar ein familienrechtliches Problem, da Sterbehilfe potenziell jede Familie betreffen könne. Zwar existiere hinsichtlich ihrer Bewertung im Spannungsfeld zwischen Leidenserleichterung und Lebensverkürzung bereits ein „Gewohnheitsrecht der strafbefreienden Pflichtenkollision". Gerade angesichts der klar abzulehnenden Forderungen nach einer Freigabe der Tötung auf Verlangen dürfte sich jedoch „die ärztliche Sterbehilfe nicht weiterhin im strafrechtlichen Halbdunkel abspielen", sondern Ethiker, Mediziner und Juristen sollten gemeinsam „Grund und Grenzen der Straflosigkeit" präzisieren.[126] Wimmers Kollege Rudolf Wassermann, Präsident am Oberlandesgericht Braunschweig, brachte 1978 angesichts der „unbefriedigenden Rechtslage" im Bereich der aktiven Sterbehilfe gar einen Vorschlag ins Spiel, der zwar in der Bundesrepublik bereits diskutiert, aber nicht im Strafgesetzbuch verankert worden war: Er empfahl in Fällen einer Tötung auf Verlangen, in denen das Handeln eines Angeklagten zwar rechtswidrig, jedoch aus Sicht des Richters moralisch richtig war, einen „Schuldspruch unter Strafverzicht".[127]

Eine politische Mehrheit für eine Gesetzesreform war dessen ungeachtet nicht zu finden, zumal die christdemokratische Opposition klar Stellung bezog: Insbesondere die CSU polemisierte gegen „Euthanasie" und verknüpfte das Thema mit der Abtreibungsdiskussion, im Zuge derer der Bundestag kurz zuvor eine Fristenregelung erlassen hatte. Ein Artikel in den „Beiträgen zur Gesundheitspolitik" der Partei sah 1975 in den neuen Forderungen nach einer Lebensverkürzung für Todkranke eine logische Weiterführung der „parteipolitisch erzwungenen Mehrheit für die Freigabe der Tötung ungeborener Menschen durch Ärztehand", der entschieden entgegengetreten werden müsse.[128] Im selben Jahr sprachen sich auch

---

[124] Vgl. Friedrich Deich: „Regierung lehnt Straffreiheit für Sterbehilfe ab." Die Welt, 20. 2. 1975; „Keine Gesetzesänderung über Sterbehilfe geplant." Der Tagesspiegel, 20. 2. 1975; „Sterbehilfe soll nicht legalisiert werden." Stuttgarter Zeitung, 20. 2. 1975; „Keine Sterbehilfe." Berliner Morgenpost, 20. 2. 1975; Rudolf Wechinsky: „Hilfe beim Sterben?" Welt am Sonntag, 23. 2. 1975.

[125] Vgl. Theodor Schober: „Hilfe im Sterben, nicht zum Sterben." Evangelischer Pressedienst, Ausgabe für kirchliche Presse, Nr. 12, 19. 3. 1975, S. 7 f.; Paul Graf: „Nein zur ‚Sterbehilfe'." Rheinischer Merkur, 27. 2. 1975; „Sterbehilfe – der Tod als Freund." Der Spiegel 29 (1975), Nr. 7, S. 36–60, v. a. S. 60 sowie allgemein zum Stand der juristischen Debatte Mitte der 70er Jahre Geilen, Euthanasie.

[126] Wimmer, Recht, Zitate S. 439 f.

[127] Vgl. die Ausführungen von Wassermann in Hedeby, Sterbehilfe, S. 145.

[128] Ernst Theodor Mayer: Zur Haltung des Heilungsberuflers in der Euthanasie-Diskussion, in: Christlich-Soziale Union in Bayern (Hg.): Beiträge zur Gesundheitspolitik 2/1975, zu finden in BHStA, MInn 105397.

eine scharfe Resolution des Evangelischen Arbeitskreises (EAK) der CSU und eine Fachtagung der parteinahen Hanns-Seidel-Stiftung gegen lebensverkürzende Eingriffe jeder Art aus.[129] Untermauert wurde diese Position auch dadurch, dass sie führende ärztliche Fachgesellschaften wie die Deutsche Gesellschaft für Chirurgie teilten, die sich im Frühjahr 1979 gegen jede direkte Sterbehilfe verwehrte und die Notwendigkeit einer Betreuung bis zuletzt betonte.[130]

Es war einmal mehr die internationale Entwicklung, die die westdeutsche Gesundheitspolitik in der zweiten Hälfte der 70er Jahre zu einer klareren Differenzierung zwischen den unterschiedlichen Formen der Sterbehilfe zwang, im Zuge derer passive und indirekte Sterbehilfe eine immer höhere Akzeptanz fanden. Intensiv rezipiert wurde in der Bundesrepublik der „Natural Death Act", den der US-Bundesstaat Kalifornien 1976 erließ. Das Gesetz schützte diejenigen Ärzte vor einer Strafverfolgung, die sterbende Patienten auf deren ausdrücklichen Wunsch hin nicht weiter behandelten, und markierte damit zugleich einen Durchbruch auf dem Weg zu rechtssicheren Patientenverfügungen. An der Formulierung des Gesetzesentwurfs, der ganz unter dem Eindruck des Falls Quinlan stand und der aktiven Sterbehilfe eine klare Absage erteilte, war mit Edwin Shneidman einer der führenden US-Thanatologen jener Jahre beteiligt.[131] Begründet wurde die Notwendigkeit des Gesetzes mit der medizintechnischen Entwicklung, die die kalifornische Legislative erstaunlich scharf kritisierte: Die durch sie ermöglichte Lebensverlängerung verursache bei Sterbenden „den Verlust der Menschenwürde des Patienten und unnötige Schmerzen und Leiden […], ohne medizinisch notwendig zu sein noch für den Patienten Vorteile zu bringen […]."[132]

Der Europarat verabschiedete Anfang desselben Jahres eine Empfehlung für Richtlinien zur Sterbehilfe an die Mitgliedsstaaten mit ganz ähnlichem Wortlaut, die ebenfalls auf die völlige Freigabe von passiver und indirekter Sterbehilfe hinauslief. Die Recommendation 779 („Rights of the Sick and Dying") warnte vor möglichen negativen Folgen der medizintechnischen Entwicklung „with respect to the fundamental human rights and the integrity of sick people" und empfahl die Erarbeitung genauer ethischer und strafrechtlicher Normen mit Blick auf Fragen der Lebensverlängerung und des Behandlungsabbruchs. Eine begleitende Resolution ergänzte, dass die wahren Interessen von Todkranken „are not always best served by a zealous application of the most modern techniques for prolonging life"

---

[129] Vgl. „Gegen Tötung auf Verlangen." *Frankfurter Allgemeine Zeitung*, 8. 4. 1975; „EAK lehnt Tötung auf Verlangen ab." *Evangelischer Pressedienst*, Zentralausgabe, Nr. 66, 7. 4. 1975, S. 4; „Seidel-Stiftung gegen aktive Euthanasie." *Münchner Merkur*, 1. 12. 1975.

[130] Vgl. die Resolution zur Behandlung Todkranker und Sterbender der Deutschen Gesellschaft für Chirurgie vom 10. 4. 1979, in: BHStA, MInn 105397 sowie für die öffentliche Rezeption exemplarisch „Chirurgen sind gegen direkte Sterbehilfe." *Die Welt*, 26. 4. 1979.

[131] Vgl. zu den Hintergründen und Folgen des „Natural Death Act" Jonsen, Dying Right; Towers, Impact sowie zur Rezeption der US-Entwicklung in Westdeutschland Zülicke, Sterbehilfe, S. 79–84. Vgl. zur Bedeutung des Gesetzes für Patientenverfügungen auch die Einleitung zu Kap. 6.

[132] Zit. nach der deutschen Übersetzung des Gesetzes in *vorgänge* 36 (1978), Nr. 6, S. 115–118.

und forderte darauf aufbauend die Ermöglichung eines Sterbens in „peace and dignity".[133] In der Aussprache im Bundestag äußerten sich Abgeordnete von CDU/CSU wie SPD positiv zu dem Europaratsbericht.[134] Die Gesundheitsministerkonferenz rekurrierte 1979 stark auf die Empfehlungen des Europarates, als sie sich in zwei Sitzungen dem Thema Sterbehilfe widmete und die ihr zuarbeitende Arbeitsgemeinschaft der Leitenden Medizinalbeamten der Länder zur Vorlage eines Berichts aufforderte, der unter anderem den Problembereich einer Abgrenzung zwischen den verschiedenen Formen ausleuchtete.[135] Übergreifend lief die Entwicklung in der Bundesrepublik ab Mitte der 70er Jahre somit darauf hinaus, den rechtlichen Rahmen für die juristisch ohnehin zulässigen Praktiken einer passiven Sterbehilfe zu präzisieren, wodurch Formen eines Behandlungsabbruchs bei Todkranken letztlich ausgeweitet werden konnten.[136]

Behandlung bis zum letzten Atemzug? Sterbehilfe in der DDR

Ganz anders war die Situation zeitgleich in der DDR. Dort lehnten Kommentare den kalifornischen „Natural Death Act" entschieden ab.[137] Sterbehilfe – in jeder Form – war Mitte der 70er Jahre in Ostdeutschland wenigstens offiziell vollständig verpönt. Dies hatte drei Hauptursachen: Erstens verhinderte die geschichtspolitische Präsenz des Euthanasieprogramms der Nationalsozialisten länger als im Westen eine Neujustierung der Position in der Gegenwart. Zwar unterlag die Rückschau auf das „Dritte Reich" prinzipiell in beiden deutschen Staaten zeitlichen Parallelen und strukturellen Gemeinsamkeiten, die auch auf das „weitgehend einheitliche Reservoir an Erinnerungen, Traditionen und Werten in Bezug auf die NS-Zeit" zurückzuführen waren, allerdings wurde sie in der DDR deutlich stärker ideologisch instrumentalisiert als dies in Westdeutschland der Fall war.[138] Gerade das Gedenken an die Opfer der nationalsozialistischen Krankenmorde stand bis zur Wiedervereinigung im Zentrum zahlreicher Veranstaltungen, die fraglos dazu beitrugen, die Schattenseite des Begriffs und Konzepts politisch wie gesellschaft-

---

[133] Recommendation 779 (1976) und Resolution 613 (1976) der Parlamentarischen Versammlung des Europarates unter https://pace.coe.int/en/files/14813 [15. 12. 2021] bzw. https://pace.coe.int/en/files/16026 [15. 12. 2021]. Zur medialen Rezeption in der Bundesrepublik vgl. „Europarat für Sterbehilfe." Der Abend, 29. 1. 1976; „‚Recht auf menschenwürdiges Sterben'. Europarat will Probleme der Sterbehilfe klären lassen." Süddeutsche Zeitung, 30. 1. 1976.
[134] Vgl. Deutscher Bundestag, 7. Wahlperiode, Drucksache 7/4835, 9. 3. 1976, S. 27–32.
[135] Vgl. die Tischvorlage „Tagesordnung für die 43. GMK am 10./11. 5. 1979 in Düsseldorf", die Tagesordnung der 109. AGLMB-Sitzung am 13./14. 9. 1979 in Düsseldorf und die Tagesordnung für die 44. GMK am 15. 11. 1979 in Berlin mit der Anlage „Beschluß-Entwurf Sterbehilfe" (Top 3), in: BHStA, MInn 105397.
[136] Für eine ausführliche Betrachtung der rechtshistorischen Entwicklung vgl. Grimm, Aspekte und Schrader, Sterbehilfe, v. a. S. 53–99.
[137] Vgl. Zülicke, Sterbehilfe, S. 74.
[138] Sabrow, NS-Vergangenheit, Zitat S. 145.

lich lebendig zu halten.[139] So spielten Referenzen an das NS-Euthanasieprogramm durchweg eine zentrale Rolle in den Überlegungen zur Sterbehilfe – und zwar nicht nur (wie in der Bundesrepublik) vorrangig bei kirchlichen, sondern in gleichem Maße auch bei staatlichen Akteuren aus der Gesundheitspolitik und dem Justizwesen.

Während letztere die aufblühende Diskussion im Westen durchaus aufmerksam verfolgten und auch in der DDR in den 70er Jahren die Problemwahrnehmung bezüglich der medizintechnischen Entwicklung zunahm, blieb zweitens jedoch eine breite Debatte darüber aus.[140] Dies galt nicht nur für Medien und Öffentlichkeit, sondern lange auch für den politischen, medizinischen und wissenschaftlichen Bereich. Angesichts der immer komplexer werdenden ethischen Fragen führte dies rasch zu Unsicherheiten bei Bevölkerung wie Entscheidungsträgern: Anfang 1974 etwa fragte ein Bürger beim MfG bezüglich der Rechtslage zur Sterbehilfe an und bat um Auskunft, wie verschiedene Fallbeispiele juristisch zu bewerten seien. Im Antwortschreiben konnte das Ministerium der Justiz zwar auf die eindeutige strafrechtliche Bewertung der Tötung auf Verlangen als Mord oder Totschlag verweisen, geriet aber sichtlich in Schwierigkeiten mit Blick auf die mögliche Zulässigkeit eines Behandlungsabbruchs bei Sterbenden. Nicht strafbar sei die „Todeslinderung, soweit sie Milderung und Verkürzung des eigentlichen Todeskampfes darstellt", da so nur das Sterben erleichtert werde. Sobald, wie im besten Juristendeutsch weiter ausgeführt wurde, damit jedoch „eine Verkürzung des Lebens [einhergeht], wird objektiv eine strafrechtlich zu wertende Verhaltensweise gegeben sein" – völlig offen blieb freilich, wie in der Praxis eine Verkürzung des „Todeskampfes" ohne eine gleichzeitige Verkürzung der Lebenszeit möglich sein sollte. Konkrete Normen oder juristische Kommentare zu diesen Formen der Sterbehilfe existierten, wie das Schreiben einräumte, keine, einzig unveröffentlichte Gerichtsurteile. Diese liefen darauf hinaus, dass der Arzt in der sozialistischen Gesellschaft alles zur Lebenserhaltung tun müsse und unter keinen Umständen das Leben verkürzen dürfe.[141]

Hier zeigte sich ein drittes, weltanschaulich-ideologisch Hindernis für das Konzept der Sterbehilfe in der DDR: Der Grundsatz vom ärztlichen Bewahrungsauftrag war einer der zentralen ideologischen Pfeiler des sozialistischen Gesundheits-

---

[139] Vgl. exemplarisch noch Ende der 80er Jahre das Symposium „Geschaffenes Leben – in unserer Hand" des Diakonischen Werkes im Jahr 1987 oder die kommentierte Vorführung des NS-Films „Ich klage an" im Staatlichen Filmarchiv der DDR am 16. 11. 1989, in: ADW, DWDDR II 173 bzw. ADW, DWDDR I 176.

[140] Zur Wahrnehmung der Debatte im Westen durch staatliche Behörden in der DDR vgl. etwa für die Zeit Mitte der 70er Jahre die Sammlung von Literatur und Presseberichten in BA Berlin-Lichterfelde, DP 1/22347. Vgl. zur zunehmenden Wahrnehmung der Problematik einer medizinischen Lebensverlängerung insbesondere die in Kap. 3.2 geschilderte Position kirchlicher Akteure in der DDR, die hierauf seit Anfang der 70er Jahre hinwiesen.

[141] Entwurf eines Schreibens der Hauptabteilung II an H.K. vom 20. 2. 1974 mit dem Titel „Ihre abschriftlich übersandte Eingabe an den Minister für Gesundheitswesen", in: BA Berlin-Lichterfelde, DP 1/22347.

wesens. Demnach war das Vertrauen der Bürger darauf, dass Medizin und Ärzteschaft alles zur Erhaltung ihrer Gesundheit und ihres Lebens taten, die Grundlage für ein funktionierendes Arzt-Patienten-Verhältnis, ja sogar für gesellschaftliche Stabilität.[142] Dies machte nicht nur die aktive Variante der Sterbehilfe – und verwandte Praktiken der Suizidbeihilfe – von vornherein unmöglich, sondern ließ auch ihre passiven Formen hochproblematisch erscheinen. Der marxistische Philosoph Hans Steußloff hatte vor diesem Hintergrund bereits Mitte der 60er Jahre im Rahmen einer Vorlesungsreihe an der Karl-Marx-Universität Leipzig alle Überlegungen zur Euthanasie pauschal zurückgewiesen – dahinter verberge sich ein Folgeproblem der „bürgerlichen Ideologie", das sich im „kapitalistischen" Westen etwa angesichts der Folgen des Contergan-Skandals stelle, aber im Sozialismus mit seinem Richtsatz der Bewahrungspflicht so gar nicht bestehe.[143] Auch Ludwig Mecklinger, langjähriger Minister für Gesundheitswesen, betonte 1973 nachdrücklich, aus dem humanistischen Grundanliegen der sozialistischen Gesellschaft folge für den Arzt „an erster Stelle die Pflicht, menschliches Leben zu erhalten, zu fördern, und vor Schaden zu bewahren, einem Kranken bis zu seiner letzten Lebensstunde Hilfe zu leisten, das Leiden mit jeglichen Mitteln zu mildern [...], ohne jedoch durch irgendwelche Eingriffe die Lebenszeit zu verkürzen."[144]

Diese Position spiegelte sich deutlich in den anfangs spärlichen Stellungnahmen zum Problem der Sterbehilfe seitens der marxistischen Medizinethik wider. Karl Seidel, Direktor der psychiatrischen Klinik an der Charité, griff 1974 etwa in der gesundheitswissenschaftlichen Fachzeitschrift *humanitas* kritisch die zeitgenössische Entwicklung im Westen und die wachsenden Bemühungen um die Freigabe eines „Gnadentodes" auf.[145] Diese setzte er sogleich in einen kausalen Zusammenhang zum nationalsozialistischen Euthanasieprogramm, dessen ideelles Gerüst „noch immer und erneut" in den kapitalistischen Gesellschaften präsent sei. Ohne die Begriffe namentlich zu nennen, erörterte der Artikel die drei gängigen Idealtypen der Sterbehilfe. Dabei erteilte er nicht nur der Tötung auf Verlangen, sondern auch der passiven Sterbehilfe eine klare Absage, denn „Sterben lassen" sei nichts weiter als „unterlassene Hilfeleistung". Dies gelte sogar dann, wenn der Patient den Wunsch nach einem Behandlungsabbruch geäußert habe, schließlich müsse in solchen Fällen „unterstellt werden, daß die freie Willensentscheidung durch einen letztlich krankhaften psychischen Verarbeitungsvorgang [...] erheblich beeinträchtigt ist." Fast erstaunlich – aber mit Blick auf die Problemstellung umso

---

[142] Vgl. Bettin, Bedeutsam, S. 41–44; Quitz, Staat, S. 200–217 sowie für zeitgenössische Begründungen der Bewahrungspflicht die einschlägigen Beiträge in Mayer, Berufsethos und Steußloff, Medizin.

[143] Steußloff, Sozialismus.

[144] Zit. nach Eberhard Klages: „Jeder hat das Recht, vor dem Tode nicht allein zu sein. Mediziner der DDR über Probleme und Aufgaben bei der Betreuung Sterbender." *Neue Zeit*, 20. 11. 1982, S. 7.

[145] Seidels Stellungnahme wurde sogar im Westen interessiert zur Kenntnis genommen, vgl. „DDR: Euthanasie ethisch und rechtlich abzulehnen." *Katholische Nachrichten-Agentur*, Nr. 257, 7. 11. 1974.

aufschlussreicher – war die Diskussion der indirekten Sterbehilfe: Seidel gestand hier – durchaus im Widerspruch zur Position Mecklingers – ein, dass in der Praxis Krankheitsverläufe denkbar waren, in denen der Arzt zu stark schmerzlindernden Medikamenten greifen musste, die unter Umständen als Nebenwirkung zu einer Lebensverkürzung beitragen konnten. Dies sei dann „ärztlich-ethisch vertretbar und rechtlich tolerierbar", wenn die Schmerzlinderung das klare und alleinige Ziel der Behandlung darstelle.[146]

Mit diesem Zugeständnis nahm Seidel die Kehrtwende vorweg, die sich in den folgenden knapp zehn Jahren vollziehen sollte. Zwar blieb es in der DDR stets bei der kategorischen Ablehnung der aktiven Sterbehilfe, die noch rigider ausfiel, als dies im Westen der Fall war. So verwehrten sich etwa 1983 Susanne Hahn und Achim Thom in einer der zentralen ostdeutschen thanatologischen Schriften zum „humanen Sterben" angesichts des Bewahrungsauftrags der Medizin gegen jede Form einer Tötung auf Verlangen.[147] Ein Tabu freilich waren selbst diese nicht: Eine kurz vor der Wende an der Akademie für Ärztliche Fortbildung entstandene Dissertation ergab etwa auf Basis von 50 Interviews mit Hinterbliebenen, dass 44% der Angehörigen aktive Sterbehilfe begrüßten.[148] Ob sich daraus aber ein „verbreitete[s] Bedürfnis" nach einer Tötung auf Verlangen in der Praxis, das im Widerspruch zur offiziellen Position stand,[149] ableiten lässt, erscheint angesichts der eingeschränkten Reichweite der Studie mehr als fraglich. In jedem Fall unterschied sich die Diskrepanz von Umfrageergebnissen pro und gesellschaftlichem Konsens contra aktive Sterbehilfe nicht von der zeitgleichen Situation im Westen, die noch genauer zu analysieren ist. Entscheidender war indes, dass es mit Blick auf Formen des Behandlungsverzichts und der passiven Sterbehilfe zu einem vollständigen Umdenken kam. So betonten wiederum Hahn und Thom, dass ärztliche Maßnahmen bei Sterbenden nur legitim seien, wenn sie einen medizinischen Nutzen hätten – in Fällen, in denen sie nichts mehr zur Genesung beitragen könnten und nur noch das Leid verlängerten, sei ein Therapieabbruch hingegen nicht nur zulässig, sondern geboten.[150]

Dies war im Jahr der Veröffentlichung – 1983 – nicht mehr ungewöhnlich, sondern herrschende Meinung.[151] Bereits Ende der 70er Jahre sahen die beiden marxistischen Thanatologen Hans Hinderer und Uwe Körner bei einer Diskussion der rechtlichen Aspekte der Behandlung Todkranker die „Richtlinien für die Sterbehilfe", die die Schweizerische Akademie der Medizinischen Wissenschaften 1977 als Reaktion auf die „Affäre Haemmerli" herausgegeben hatte, als wertvolle Orien-

---

[146] Seidel, Euthanasie, S. 9. Vgl. für eine ähnliche Position Brüschke, Ethik, S. 240.
[147] Hahn/Thom, Lebensbewahrung, v. a. S. 32–51.
[148] Petra Hillebrand: Aufzeigung von Haltungen und Erfahrungen Hinterbliebener im Umgang mit Sterben und Tod sowie Darstellung von Tendenzen des gegenwärtigen Trauerkults in der DDR. Diss. med. Berlin, Akad. für Ärztl. Fortbildung d. DDR 1990, v. a. S. 70–73, S. 89 und S. 99.
[149] Bettin, Bedeutsam, S. 38.
[150] Vgl. ebd., S. 140–145.
[151] Vgl. hierzu auch Lohmann, Gesellschaft, S. 182–186.

tierungsgrundlage und einen „Gewinn" für die Entwicklung einer sozialistischen Position bezüglich der neuen medizinischen Möglichkeiten der Lebensverlängerung und den damit einhergehenden ethischen Problemen: Mithin sollten in der DDR „ähnliche Richtlinien" formuliert werden.[152] In diesen, von Hinderer und Körner ungekürzt zitierten Grundsätzen war nicht nur die passive Sterbehilfe bei Patienten mit infauster Prognose und irreversiblem Krankheitsverlauf als ärztlich begründet, sondern deren Willensäußerung als alleinige Entscheidungsgrundlage bezüglich eines möglichen Abbruchs der medizinischen Behandlung bezeichnet worden.[153] Ein Beitrag im zentralen medizinethischen Handbuch „Grenzsituationen ärztlichen Handels" kehrte wenig später das Argument des unbedingten Bewahrungsauftrags komplett um und verkündete unmissverständlich, dass eine „Verlängerung unabwendbarer Sterbeprozesse [...] zu dieser Verpflichtung im Widerspruch" stünde.[154] Auch das von führenden ostdeutschen Medizinethikern wie Seidel Anfang der 80er Jahre als Gegenstück zur westlichen Palliativmedizin etablierte Konzept der „Sterbebetreuung" schloss wie sein Pendant in der Bundesrepublik Praktiken der passiven und indirekten Sterbehilfe ganz selbstverständlich ein.[155]

Dies freilich war nicht sofort zu erkennen, da die im Westen gebrauchten Begriffe ausdrücklich verworfen und durch Alternativen wie „Hinnahme des Sterbens" oder „Sterben lassen" ersetzt wurden.[156] Viele einschlägige Autoren mühten sich zudem im Bewusstsein um die ideologische Problematik ihrer Position um verklausulierte Formulierungen und versteckten diese zumeist hinter der einleitenden Beteuerung, dass jede Form einer Lebensverkürzung oder Beschleunigung des Sterbens abgelehnt werde.[157] Sie relativierten diese jedoch oft umgehend, wie beispielsweise der Onkologe Dietfried Jorke, Direktor der Klinik für Innere Medizin an der Friedrich-Schiller-Universität Jena, der hierzu in einem 1982 in der *Zeitschrift für ärztliche Fortbildung* publizierten Aufsatz die neuen intensivmedizinischen Möglichkeiten der Lebensverlängerung problematisierte. In Abkehr vom paternalistischen Ansatz des sozialistischen Gesundheitswesens betonte Jorke nun nachdrücklich die Selbstbestimmung des Patienten, dürfe das Handeln des Arztes doch ausschließlich durch den Patientenwillen bestimmt werden. Er verwies in diesem Zusammenhang mit Blick auf nicht mehr urteilsfähige Sterbende gar auf die sich im Westen verbreitenden „Patiententestamente", die zwar nicht komplett bindend sein sollten, aber doch Hinweise auf den „mutmaßlichen Willen" des Ster-

---

[152] Hinderer/Körner, Aspekte, v. a. S. 1605–1607, Zitat S. 1607. Vgl. auch Jorke, Euthanasie, S. 658.
[153] Vgl. „Ärztliche Hilfe für den Sterbenden. Die Richtlinien der Schweizerischen Akademie der Medizinischen Wissenschaften." *Deutsches Ärzteblatt* 74 (1977), Nr. 31, S. 1933–1937.
[154] Engelmann u. a., Bewahrungsauftrag, S. 120.
[155] Seidel/Hinderer/Körner, Grundsätzen, v. a. S. 2047; Baust, Sterben; Seidel/Hinderer/Körner, Humanismus, S. 604 f. Vgl. Bettin, Bedeutsam, S. 54 und zum Konzept der „Sterbebetreuung" allgemein Kap. 7.2.
[156] Seidel/Hinderer/Körner, Grundsätzen, S. 2047.
[157] Vgl. z. B. Hinderer/Körner, Aspekte, S. 1601.

benden geben könnten.[158] Angesichts dessen sei ein Verzicht auf Intensivtherapie, ja eine „passive, ärztliche Sterbehilfe" ethisch zu verantworten, da eben auch eine künstliche Lebensverlängerung „ein menschlicher Übergriff, eine Umkehr der Euthanasie" sein könne.[159]

Im Gesundheitswesen selbst schlug sich diese Neubestimmung unmittelbar nieder. Eine rechtliche Expertise des MfG aus dem Jahr 1983 verkündete zwar einleitend, dass die generelle Bewahrungspflicht des Arztes bei sterbenskranken Patienten nicht eingeschränkt werden dürfe, bekannte sich im Folgenden aber dennoch klar zu indirekter wie passiver Sterbehilfe. Denn im Mittelpunkt der Behandlung stehe bei Sterbenden die „Leidensbewahrung" und Schmerzbekämpfung. Daher sei es legitim, hochwirksame Arzneimittel zu verabreichen, auch wenn hierdurch ein „evtl. vorzeitiger Eintritt des Todes nicht ausgeschlossen werden kann." Allerdings müsse der Arzt vorsichtig vorgehen, um jeden Verdacht zu vermeiden, er habe aktive Sterbehilfe geleistet. Gänzlich unbedenklich sei hingegen die ärztliche Entscheidung, „auf (kurzzeitige) lebensverlängernde Maßnahmen [zu verzichten], um den Prozeß der Linderung des Leidens nicht hinauszuzögern. Angesichts der Unabwendbarkeit des Todes ist diese Haltung rechtlich zulässig."[160]

Ein weiterer Indikator für diesen Einstellungswandel ist, dass auch in der medizinischen Ausbildung die neuen Positionen vergleichsweise frei diskutiert werden konnten. In seiner Abschlussarbeit für das postgraduale Studium für Leistungskader des Gesundheits- und Sozialwesens relativierte 1984 ein Chefarzt für Chirurgie und ärztlicher Direktor an einem Kreiskrankenhaus den üblichen Verweis auf die Bewahrungspflicht sogleich mit der Einschränkung, es sei klar, dass „die Anwendung der fortgeschrittenen wissenschaftlich-technischen Möglichkeiten der Medizin nicht in jedem Fall von vornherein dem individuellen Wohl und dem humanistischen Anliegen unserer Gesellschaft dienlich ist [...]."[161] Eine stellvertretende Stadtbezirksärztin schloss ihr Zusatzstudium für die Kreisarztfunktion mit einer ausführlichen Betrachtung der westlichen Sterbehilfe-Debatte ab. Darin kritisierte sie zwar die dortigen Tendenzen in Richtung einer Tötung auf Verlangen, besonders bei Sterbehilfeorganisationen wie der DGHS, sowie Fälle einer öffentlich inszenierten Suizidbeihilfe. Sie nutzte die Gelegenheit aber zugleich, um ausführlich – und ohne sich abzugrenzen – Richtlinien aus der Bundesrepublik vorzustellen, die die Eigenverantwortlichkeit des Patienten mit Blick auf einen Behandlungsabbruch betonten. Auch diese Ärztin sah eine „Dialektik von medizinischer Bewahrungspflicht menschlichen Lebens und Sterbebetreuung im sozialistischen Gesundheitswesen". Gerade im intensivmedizinischen Bereich seien

---

[158] Vgl. zur Geschichte der Patientenverfügung in der DDR Kap. 6.1.
[159] Jorke, Euthanasie, Zitate S. 660.
[160] Punkt 1, 2, 4 und 7 der Expertise der Abteilung Recht des Ministeriums für Gesundheitswesen vom 12. 4. 1983 zu rechtlichen Positionen hinsichtlich der „Anforderungen an die medizinische Betreuung sterbenskranker Patienten", in: BA Berlin-Lichterfelde, DQ 1/11613.
[161] M.N.: Zur Problematik des Sterbens im Kreis Zossen, speziell bezogen auf die stationären Einrichtungen (Kreis-Krankenhaus Zossen/Ludwigsfelde und Krankenpflegeheim Saalow). Ludwigsfelde 1984, S. 7, in: BA Berlin-Lichterfelde, DQ 103/385.

"Verbote" ärztlichen Handelns wichtig, um ein "humanes Sterben" zu ermöglichen, therapeutische Maßnahmen mithin nur zulässig, sofern sie "eine Hilfe für den Sterbenden" darstellten.[162]

Deutlich wird in all den genannten Beispielen, dass die rasche Akzeptanz von Formen der passiven und indirekten Sterbehilfe in der DDR insbesondere zwei Ursachen hatte. Zum einen war die medizinische und ethische Problemstellung identisch mit der im Westen. Auch in Ostdeutschland waren Ärzte, medizinisches Personal, Angehörige und Patienten zunehmend konfrontiert mit zähen, schmerzhaften Sterbeverläufen, die künstlich immer weiter verlängert werden konnten. Dies übte nicht zuletzt Druck auf die Medizinethik sowie die Gesundheitspolitik aus, sich offen und vergleichsweise frei von ideologischer Programmatik mit den neuen Problemen auseinanderzusetzen. Anfang 1982 schilderte etwa ein Bürger in einem Brief an die *Berliner Zeitung* eindrücklich das Sterben seines Vaters, der infolge einer unheilbaren, mit extremen Schmerzen verbundenen Krankheit über zwei Jahre lang habe leiden müssen und dabei von 90 auf 38 Kilo abgemagert sei. Er fragte, warum in solchen Fällen kein "mildernder Tod" gewährt werden könne und bat um Auskunft bezüglich der Möglichkeiten einer "humanistischen Sterbehilfe" im Sozialismus. Angesichts der Brisanz des Themas sah die Redaktion von einer Veröffentlichung ab und leitete den Brief stattdessen an das MfG weiter, das ihn wiederum an die Akademie für Ärztliche Fortbildung übersandte. Der Medizinethiker und marxistische Thanatologe Uwe Körner antwortete dem Mann, der eine "recht schwierige Frage" gestellt habe, indem er sich zunächst erwartungsgemäß klar von der aktiven Sterbehilfe distanzierte. Auffälligerweise stellte er dabei aber weder den sozialistischen Grundsatz der ärztlichen Bewahrungspflicht noch die NS-Erinnerung ins Zentrum, sondern gab dem Bürger sogar ausdrücklich recht, dass die von ihm angesprochene ethische Thematik rein gar nichts mit "den faschistischen Euthanasie-Verbrechen zu tun" habe. Vielmehr nannte er eben jene Argumente, die auch im Westen zu der Zeit erfolgreich gegen die aktive Sterbehilfe ins Feld geführt wurden: So würde eine Freigabe der Tötung auf Verlangen einen hohen moralischen Druck auf Sterbende und ihr Umfeld ausüben, diese auch in Anspruch zu nehmen, sowie diejenigen unverhältnismäßig belasten, die den "Gnadentod" gewähren müssten. Darüber hinaus legte Körner dem Schreiben, das in Kopie wiederum beim MfG archiviert wurde, zwei Artikel bei, in denen er die von ihm vertretene Konzeption einer Sterbebetreuung – inklusive der Möglichkeit eines Behandlungsabbruchs und der passiven Sterbehilfe – darlegte, und bot ausdrücklich ein persönliches Gespräch an.[163]

---

[162] K.G.: Ethische und organisatorische Aspekte des Umgangs mit Sterbenden/Verstorbenen in Einrichtungen des Gesundheitswesens Berlin-Lichtenberg. Berlin 1988, v. a. S. 28–31, in: BA Berlin-Lichterfelde, DQ 103/398.

[163] Vgl. zu dem Fall den Brief des Bürgers an die *Berliner Zeitung* vom 7. 2. 1982 mit dem Betreff „Sterbehilfe", das Schreiben der *Berliner Zeitung* an das MfG vom 2. 3. 1982, das Schreiben des MfG an Körner vom 15. 3. 1982 und dessen Antwortbrief vom 29. 3. 1982, in: BA Berlin-Lichterfelde, DQ 1/12059.

Zum anderen wurde die öffentliche wie wissenschaftliche Diskussion über Sterbehilfe im Westen in der DDR intensiv rezipiert. Ostdeutsche Autoren und Gesundheitspolitiker griffen zum Teil direkt Positionen von westlichen Thanatologen wie Thielicke, Sporken oder Kübler-Ross auf, die die Selbstbestimmung von Sterbenden und das Recht auf einen Behandlungsverzicht betonten – und die problemlos zitiert sowie übernommen werden konnten.[164] Uwe Körner plante im Laufe der 80er Jahre sogar eine umfangreiche monografische Abhandlung, die sich schwerpunktmäßig mit dem Stand der Sterbehilfe-Debatte in der Bundesrepublik und in Großbritannien auseinandersetzen sollte und im Zuge dessen die eigenen Leser hinsichtlich dieser Fragen „vorbereiten und orientieren" wollte. Zwar lehnte der Dietz-Verlag den Vorschlag nach langen Verhandlungen ab, aber keinesfalls aufgrund thematischer Bedenken (eine interne Verlagsnotiz lobte den Ansatz ausdrücklich als „interessant" und „wichtig"), sondern wegen der vorgesehenen Länge des Buches – die ausgehandelte Kompromisslösung einer schmalen Broschüre kam offenbar infolge der Wiedervereinigung nicht mehr zustande.[165]

Insgesamt ist damit festzuhalten, dass die DDR im Bereich der Sterbehilfe sehr nahe an der westdeutschen Linie lag und gerade in Fragen des Behandlungsabbruchs keinesfalls derart rückständig und ideologisiert war, wie oft behauptet wird.[166] Zu dieser irrigen Einschätzung trug fraglos entscheidend bei, dass sich ostdeutsche Experten stets von den im Westen gebrauchten Konzepten abgrenzten, ja den „bürgerlichen" Begriff der Sterbehilfe oft ganz verwarfen, sowie ihre Positionen verklausuliert formulierten und hinter dem Gebot des unbedingten Bewahrungsauftrags versteckten.[167] Darüber hinaus schlug sich die Entwicklung öffentlich kaum nieder, da die Debatte vorrangig auf die staatliche Medizinethik beschränkt blieb. Die ostdeutsche Presse berichtete in den 80er Jahren zwar immer wieder über Sterbehilfe-Fälle im Ausland und beobachtete mit Interesse die dortige Lage, präsentierte das Thema indes in der Regel als ein Problem des kapitalistischen Westens: Derartige Praktiken erschienen motiviert durch ein inhumanes

---

[164] Vgl. etwa Jorke, Euthanasie, v. a. S. 660 f.; K.G.: Ethische und organisatorische Aspekte des Umgangs mit Sterbenden/Verstorbenen in Einrichtungen des Gesundheitswesens Berlin-Lichtenberg. Berlin 1988, in: BA Berlin-Lichterfelde DQ 103/398, S. 32–35.

[165] Vgl. die Akte „Uwe Körner (Hg.): Endlichkeit und Zerbrechlichkeit des Lebens. Gesundheit und Krankheit, Sterben und Tod in Vergangenheit und Gegenwart (1983–1990)", darin insbesondere die Aktennotiz des Lektoratsleiters „Philosophie" vom 30. 9. 1982, dessen Schreiben an Körner vom 31. 3. 1983 (darin das Zitat) sowie die aktualisierte Konzeption des Buches vom 12. 10. 1988, in: BA Berlin-Lichterfelde, DY 30/21595.

[166] So etwa Zülicke, Sterbehilfe, S. 70–74 und in der Tendenz auch Lohmann, Gesellschaft, S. 183–189. Für eine ausgewogenere Einschätzung der Einstellung zu Sterbehilfe und Therapieverzicht in der DDR vgl. bereits Bettin, Bedeutsam, v. a. S. 59–61 und Kersten, Theorie, S. 55–85.

[167] Vgl. neben den bereits genannten Beispielen diesbezüglich auch E.N.: Der sterbende Patient. Abschlussarbeit an der Fachschule für Gesundheits- und Sozialwesen „Prof. Dr. Karl Gelbke", Fachrichtung Lehrkraft für den berufspraktischen Unterricht. Potsdam/Halle 1982, v. a. S. 8–11, in: BA Berlin-Lichterfelde, DQ 119/512.

Streben nach Profit.[168] Allerdings gab es auch Ausnahmen, die zeigten, dass die neuen Ansichten zur Sterbehilfe durchaus öffentlich sagbar waren: So publizierte die *Neue Zeit* 1982 einen Artikel, der unter Bezugnahme auf Jorke, Seidel und andere den Stand der Debatte in der DDR rekapitulierte und der mit einem Zitat der an Krebs verstorbenen kommunistischen Schriftstellerin Maxie Wander vom „Grauen des Dahinsiechens" begann.[169] Und zwei Jahre später stellte Achim Thom in einer Diskussionsrunde vor Journalisten klar, dass die ärztliche Bewahrungspflicht nicht mit einer Sterbeverlängerung verwechselt werden dürfe – sogar die Presse im Westen berichtete daraufhin von Tendenzen einer Liberalisierung der ostdeutschen Einstellung zur passiven Sterbehilfe.[170]

Inhaltlich näherten sich die Positionen in West und Ost ab Ende der 70er Jahre immer stärker an und waren Mitte der 80er Jahre – abgesehen von Unterschieden bei der juristischen Bewertung des assistierten Suizids – fast deckungsgleich.[171] Es war durchaus treffend, wenn Ernst Luther 1988 in einem Vortrag resümierte, dass die marxistisch-leninistische Medizinethik nach einer genauen „Analyse der internationalen Diskussion" (tatsächlich erwähnte er bei der Gelegenheit den ihm offenbar gut vertrauten Fall Karen Ann Quinlan) zu dem Ergebnis gekommen sei, dass „weder die konservative, legalistische Position des Kampfes ‚um jeden Preis' noch eine liberalistische Auffassung von der Lebensqualität akzeptiert werden konnte."[172] Bei der Suche nach einer sozialistischen Antwort auf das Problem der neuen technisch-medizinischen Möglichkeiten einer künstlichen Lebenserhaltung von Sterbenden seien zunächst die im Westen gebrauchten Begrifflichkeiten „Euthanasie" und „Sterbehilfe" verworfen worden, die wegen ihrer historischen Belastung sowie aus ethisch-philosophischer Sicht abgelehnt werden müssten: Sterbehilfe impliziere „Hilfe zum Sterben", dürfe aber nur „Hilfe beim Sterben" bedeuten. Faktisch war die von Luther zu Recht als Konsens der DDR-Literatur präsentierte Position einer „Akzeptanz des Todes" bei gleichzeitiger „Achtung des Lebens" aber identisch mit der Grenzziehung zwischen legitimer passiver und un-

---

[168] Vgl. „‚Sterben lassen, aber nicht töten'." *Neue Zeit*, 16. 1. 1986, S. 5; Klaus Bischoff: „Berge von Arbeit für Wiens Polizey." *Berliner Zeitung*, 20. 4. 1989, S. 4; „Unverzichtbare Trauerarbeit." *Berliner Zeitung*, 28. 3. 1990, S. 7; „Sterbehilfe möglich." *Berliner Zeitung*, 12. 4. 1990, S. 1; „Sterbehilfe bei 5000 Kranken." *Neue Zeit*, 12. 11. 1990, S. 8.
[169] Eberhard Klages: „Jeder hat das Recht, vor dem Tode nicht allein zu sein. Mediziner der DDR über Probleme und Aufgaben bei der Betreuung Sterbender." *Neue Zeit*, 20. 11. 1982, S. 7. Zu Wander, die ihren Sterbeprozess Ende der 70er Jahre literarisch verarbeitet hatte, vgl. Kap. 2.1.
[170] Vgl. „‚Sterben ist eine Lebensphase'. Auch in der DDR diskutiert man über Behandlung Todkranker." *Frankfurter Rundschau*, 7. 5. 1984; „Auch ‚DDR'-Wissenschaftler diskutieren über Sterbehilfe. Professor Hoerz: ‚Es gibt so etwas wie die Würde des Sterbens'." *Berliner Morgenpost*, 8. 5. 1984.
[171] Vgl. zu diesem Urteil auch Kersten, Theorie, S. 104.
[172] Ernst Luther: „Gemeinsame humanistische Ziele?" Gedanken zum Thema aus der Sicht marxistischer Ethik, in: Diakonie Information 1 (1988), S. 23–31, hier S. 27, zu finden etwa in: ADW, DWDDR I 628. Der Fall Quinlan diente auch in anderen ostdeutschen Positionsbestimmungen als anschauliches Beispiel für die Schattenseiten einer unbedingten Lebensverlängerung, vgl. Baust, Sterben, S. 119 f.

zulässiger aktiver Sterbehilfe im Westen – der unbedingte ärztliche Bewahrungsauftrag war mithin am Ende nur noch eine überholte ideologische Floskel.[173]

Obwohl sich Fälle, in denen Ärzte tatsächlich passive Sterbehilfe leisteten, nur schwer dokumentieren und gar nicht quantifizieren lassen, kann doch mit guten Gründen angenommen werden, dass Behandlungsverzicht und Therapieabbruch bei Sterbenden wie im Westen nicht nur in der theoretischen Diskussion, sondern auch in der Praxis zu finden waren.[174] Hierfür spricht, dass sich die neuen Einstellungen dazu auch in der ärztlichen Aus- und Fortbildung niederschlugen. In der DDR formulierte die Interdisziplinäre Arbeitsgemeinschaft Ethik in der Medizin an der Ärztlichen Akademie für Fortbildung ab Sommer 1986 ein Konsenspapier, dessen schriftliche Fassung im Mai 1988 fertiggestellt, aber erst nach der Wende unter dem Titel „ethisch-rechtliche Positionsbestimmungen zu den ärztlichen Pflichten bei der Betreuung Sterbender" publiziert wurde.[175] Dieses stimmte in den wesentlichen Punkten mit den von der Bundesärztekammer 1993 herausgegebenen „Richtlinien für ärztliche Sterbebegleitung" überein: In beiden Dokumenten wurden Tötung auf Verlangen und Suizidbeihilfe klar abgelehnt, aber hinsichtlich der passiven Sterbehilfe das Selbstbestimmungsrecht und die Autonomie des Patienten betont, der jederzeit eine Behandlung verweigern oder abbrechen könne. Mit Blick auf die indirekte Sterbehilfe sahen die ostdeutschen Richtlinien den Arzt bei Sterbenden sogar zur Gabe von möglicherweise lebensverkürzenden Schmerzmitteln „verpflichtet", sofern eine Linderung der körperlichen Leiden auf anderem Wege nicht möglich sei.[176]

Von Hackethal bis Singer – die Polarisierung der Sterbehilfe in der Bundesrepublik in den 80er Jahren

Die Annäherung der Positionen im Laufe der 80er Jahre lag umgekehrt auch daran, dass es im Westen ebenfalls zu einer Akzentverschiebung kam, im Zuge derer Sterbehilfe wieder stärker problematisiert wurde: Die Offenheit, die sich in der Dekade zuvor teilweise mit Blick auf Praktiken einer Tötung auf Verlangen gezeigt hatte, verschwand sukzessive. Dies hing nicht zuletzt damit zusammen, dass die Grenzziehung zwischen den verschiedenen Formen der aktiven, indirekten und passiven Sterbehilfe diffizil war, was immer wieder zu Missverständnissen führte. In einem Beitrag in einer Fachzeitschrift für Soziale Arbeit wurde etwa dem Moraltheologen Franz Böckle fälschlich unterstellt, er habe bereits aktive Sterbehilfe praktiziert: Böckle hatte zugegeben, den Tropf abgestellt zu haben, an dem seine

---

[173] Ebd. Vgl. besonders bezeichnend Seidel/Hinderer/Körner, Humanismus.
[174] Vgl. diesbezüglich auch die Befunde von Lohmann, Gesellschaft, v. a. S. 182 f. und von Kersten, Theorie, v. a. S. 89 f., die unter anderem auf Interviews mit ostdeutschen Ärzten und Gesundheitsfunktionären aufbauen.
[175] Körner/Mann, Pflichten.
[176] Ebd., S. 237. Vgl. für einen dezidierten Vergleich der beiden Richtlinien Kersten, Theorie, S. 90–95.

todkranke Mutter angeschlossen war.[177] War hier die Bewertung des Vorgehens definitorisch eindeutig, da Böckle durch den Abbruch der lebenserhaltenden Maßnahmen vielmehr passive Sterbehilfe geleistet hatte, existierten in der medizinischen Praxis zahlreiche Graubereiche und Überschneidungen zwischen den verschiedenen Formen.

Angesichts dieser mangelnden Trennschärfe prägte sich im Westen, genau wie im Osten, zunehmend der Grundsatz aus, dass nicht jeder Einzelfall normiert werden konnte und Ärzten eine individuelle Entscheidungsfreiheit überlassen werden sollte.[178] So blieben die angestoßenen Bemühungen um eine Änderung des § 216 StGB in der Bundesrepublik ergebnislos und waren spätestens gescheitert, als sich im Mai 1985 eine deutliche Mehrheit der geladenen Sachverständigen bei einer Anhörung vor dem Rechtsausschuss des Bundestags dagegen aussprach; die anwesenden Vertreter der Sterbehilfebewegung hatten eine klare Außenseiterrolle.[179] Eine Entschließung des Bayerischen Ärztetages verurteilte zwei Jahre später die „marktschreierische Werbung" einiger Aktivisten für eine Legalisierung der Tötung auf Verlangen nachdrücklich – die Landesärztekammer erhielt dafür ein herzliches Dankesschreiben des Bayerischen Staatsministeriums des Innern.[180] Der Deutsche Juristentag von 1986, der sich schwerpunktmäßig mit Sterbehilfe befasste, kam ebenfalls zu dem Ergebnis, dass kein Reformbedarf bestehe.[181] Zwar erarbeitete zeitgleich ein Arbeitskreis von Juristen und Medizinern einen (politisch nie aufgegriffenen) „Alternativentwurf eines Gesetzes über Sterbehilfe" (AE-Sterbehilfe), auch hier bildete die Position des Repräsentanten der Humanistischen Union, des ehemaligen FDP-Politikers und Kölner Strafrechtsprofessors Ulrich Klug, aber eine klare Mindermeinung und wurde überstimmt: Klug forderte die Aufnahme eines Rechts, den eigenen Todeszeitpunkt selbst bestimmen zu können. Dagegen hielt der letztlich publizierte Text an der unbedingten Strafbarkeit aller Formen einer Tötung auf Verlangen fest, und präzisierte lediglich die Bedingungen, unter denen ein Behandlungsabbruch oder Formen einer indirekten Sterbehilfe rechtmäßig waren – diese freilich galten in der Praxis ohnehin bereits als nicht strafwürdig.[182]

---

[177] Peter Jentsch: „Die Sterbehelfer." *Sozialmagazin* 7 (März 1982), S. 6.
[178] Vgl. Bettin, Bedeutsam, S. 61.
[179] Vgl. hierzu Fittkau, Autonomie, S. 50 und Zülicke, Sterbehilfe, S. 68.
[180] Die Entschließung und das Dankesschreiben vom 17. 11. 1987 finden sich in: BHStA, MInn 105398.
[181] Vgl. zum Juristentag BA Koblenz, B 411/269 sowie aus der medialen Rezeption Claus Donath: „Leben und Sterben aus der Sicht der Juristen." *Stuttgarter Zeitung*, 11. 9. 1986 und Rainer Hess: „56. Deutscher Juristentag zu künstlicher Befruchtung und Sterbehilfe." *Deutsches Ärzteblatt* 83 (1986), Nr. 47, S. A 3272–3276, darin auch eine kurze Dokumentation der Beschlüsse.
[182] Baumann u. a., Alternativentwurf. Vgl. zum AE-Sterbehilfe Grimm, Aspekte, S. 15 f. sowie zur Position der Humanistischen Union Klaus Waterstradt: „Menschenwürdiges Sterben." *vorgänge* 81 (1986), Nr. 3, S. 6–7 sowie die Korrespondenz und die Entwürfe der Druckschrift im Ordner „„„Medizin 1977–1997" in der Geschäftsstelle der Humanistischen Union, Berlin.

Der mangelnde politische Wille zu einer wie auch immer gearteten Gesetzesänderung lag keinesfalls daran, dass das Thema grundsätzlich an Bedeutung verloren hätte. Im Gegenteil: Sterbehilfe blieb en vogue, wie nicht nur ihre anhaltend breite massenmediale Thematisierung unterstrich. Forderungen nach mehr Selbstbestimmung und nach einem freiwilligen Therapieabbruch angesichts der medizinischen Möglichkeiten einer künstlichen Lebensverlängerung entwickelten sich dabei in den 80er Jahren zu einem Gemeinplatz, der fortan weder begründet noch diskutiert werden musste. Völlig unumstritten war der ärztliche Behandlungsverzicht bei Todkranken, der vielen im Angesicht des Schreckgespenstes Apparatemedizin nicht mehr nur als Möglichkeit, sondern zunehmend als Pflicht erschien. So veröffentlichte Veronica Carstens, die Frau des ehemaligen Bundespräsidenten, einen Artikel in der *Welt*, in dem sie passive Sterbehilfe als angemessene Reaktion auf die neuen Sorgen vieler Menschen vor dem Sterben im Anbetracht des Fortschritts der Medizin bezeichnete.[183] Diese Ängste schienen weiterhin permanent medial auf, etwa als 1985 in den USA schließlich Karen Ann Quinlan in ihrem Langzeitpflegeheim an einer Lungenentzündung verstarb. Nach zehn Jahren Wachkoma und künstlicher Ernährung war die junge Frau am Ende auf 34 Kilo abgemagert und versinnbildlichte für viele das „chronische Vegetieren".[184] In einem Nachruf rekapitulierte der *Spiegel* den unsäglichen Fall und schimpfte über „den Widerstand des bigotten Krankenhauspersonals und hergebrachte Moral", der die Verantwortung zuzuschreiben sei, dass Quinlan als „Bündel aus Haut und Knochen" starb. Markig urteilte das Magazin: „Vergangenen Mittwoch setzten Karen Ann Quinlans letzte ‚Lebens'-Funktionen aus – gestorben war sie schon lange."[185]

Paradoxerweise war es indes gerade die rapide gestiegene Akzeptanz der indirekten und passiven Sterbehilfe, die dafür sorgte, dass die Debatte an sich wieder deutlich kritischer wurde, sowohl in den Medien als auch in der Politik und der Wissenschaft. Denn einen zweiten Fall Quinlan würde es, das zeigte sich in den 80er Jahren immer deutlicher, nirgendwo in der Form mehr geben: Die Bundesärztekammer hatte bereits 1979 erstmals „Richtlinien für die Sterbehilfe" erlassen, die sich am bereits geschilderten Schweizer Vorbild von 1977 orientierten. Diese stellten klar, dass bei Patienten mit infauster Prognose die Schmerzlinderung im Vordergrund stünde und keinesfalls alle „der Lebensverlängerung dienenden" Behandlungsmöglichkeiten ausgeschöpft werden müssten; vielmehr sei der Patien-

---

[183] Veronica Carstens: „Passive Sterbehilfe ist vertretbar." *Die Welt*, 18. 1. 1986.
[184] „Nach zehnjährigem Koma starb die Amerikanerin Karen Ann Quinlan. Weltweite Diskussion nach Abschaltung des Beatmungsgeräts." *Der Tagesspiegel*, 13. 6. 1985. Vgl. für einen ähnlichen Fall in der Bundesrepublik: „Familie will Behandlung eines Todkranken beenden lassen." *Der Tagesspiegel*, 15. 7. 1987; „Mediziner äußert sich zum Fall des griechischen Gastarbeiters Gerassudios. Professor Julius Hackethal: Laßt den Patienten in Ruhe sterben." *Berliner Morgenpost*, 16. 7. 1987; „Todesschlaf! Familie will Sterbehilfe." *Neue Ruhr Zeitung*, 27. 7. 1987; „Todesurteil oder Sterbehilfe – ein Präzedenzfall." *Die Tageszeitung*, 31. 7. 1987, S. 9.
[185] „Gestorben: Karen Ann Quinlan, 31." *Der Spiegel* 39 (1985), Nr. 25, S. 188.

tenwille sogar dann zu beachten, wenn „er sich nicht mit der von dem Arzt für geboten angesehenen Therapie deckt."[186] In den folgenden Jahren untermauerten eine Reihe von Entwicklungen diesen Standpunkt, darunter die wachsende Bedeutung der Palliativmedizin, das Aufgreifen hospizlicher Ideen im Gesundheitswesen oder die steigende Popularität von privaten Vorsorgeverfügungen.[187] Auch diverse Deklarationen auf internationaler Ebene bestätigten die Grundsätze einer unbedingten Patientenautonomie sowie einer therapeutischen Handlungsfreiheit von Ärzten im Grenzbereich zwischen Leben und Tod: Der Weltärztebund bekannte sich etwa in mehreren Stellungnahmen aus den Jahren 1981, 1983 und 1987 zu passiver Sterbehilfe und einem Recht auf „Würde" im Sterben, die klar von der weiterhin als „unethisch" betrachteten aktiven Euthanasie unterschieden wurden.[188] Dieselbe Position vertraten die Teilnehmer auf einer Wochenendtagung der Ärztekammer des Saarlandes 1980 sowie auf den Deutschen Ärztetagen 1981 in Trier und 1984 in Aachen.[189] Widerstand gegen einen Behandlungsabbruch bei Sterbenden fand sich nun keiner mehr, nicht einmal auf Seiten der Kirchen. Sogar der nicht gerade als weltanschaulich progressiv bekannte Arbeitskreis Juristen der CSU verkündete in seinen Thesen zur Sterbehilfe vom Juli 1985, dass die Tötung von Menschen zwar strafbar bleiben müsse, der Mensch jedoch umgekehrt kein Objekt medizinischer Technik sei, lebensverlängernde Maßnahmen also von allen Sterbenden abgelehnt werden dürften, deren „Recht auf einen Tod in Würde [...] grundgesetzlich verbürgt [ist]."[190]

Dies prägte auch die Rechtsprechung. Ab den frühen 80er Jahren verhandelten westdeutsche Gerichte zunehmend Sterbehilfe-Fälle. Der Bundesgerichtshof urteilte im Juli 1984, dass ein Arzt sich nicht unter allen Umständen wegen eines Tötungsdeliktes oder unterlassener Hilfeleistung strafbar mache, falls er nichts zur Rettung eines Patienten nach einem Suizidversuch unternimmt. Im Dezember 1986 bestätigte das Landgericht Ravensburg, dass auf Wunsch eines Sterbenden lebenserhaltende Maßnahmen unterbleiben oder abgebrochen werden müssten – und differenzierte dabei diese Form der Sterbehilfe juristisch klar von einer Tötung auf Verlangen, der sich der behandelnde Arzt in solchen Fällen nicht einmal dann schuldig mache, wenn er aktiv handle (zum Beispiel durch Abschalten eines Beatmungsgeräts). Ein Rechtsanspruch von Schwerstkranken auf aktive Sterbehilfe könne dessen ungeachtet keiner bestehen, wie das Bundesverfassungsgericht im Juli 1987 urteilte. Vielmehr war, so stellte das Verwaltungsgericht Karlsruhe Ende des Jahres fest, eine Untersagung derartiger Praktiken im Rahmen einer polizeirechtlichen Verfügung zulässig, wenn Betroffene oder Ärzte einen Antrag darauf

---

[186] Richtlinien für die Sterbehilfe der Bundesärztekammer, veröffentlicht im *Deutschen Ärzteblatt* 76 (1979), Nr. 14, S. 957–960, Zitate S. 957 f.
[187] Vgl. hierzu Kap. 6.1, 7.2 und 8.2.
[188] Die Deklarationen finden sich in Schell, Sterbebegleitung, S. 151–155.
[189] Vgl. Fritsche u. a., Sterbehilfe; Burkhard Pflug: „Auch im Sterben lebt der Mensch. Sterbehilfe ist Lebenshilfe – aber nicht Lebensverlängerung um jeden Preis." *Süddeutsche Zeitung*, 29. 5. 1981; „Sterbehilfe strikt abgelehnt." *Der Tagesspiegel*, 16. 5. 1984.
[190] Vgl. BHStA, MInn 105398.

bei der Stadtverwaltung stellten – in beiden Verfahren wollte der Kläger damit bewusst die Verfassungsmäßigkeit des § 216 StGB auf den Prüfstand stellen.[191]

So wurden die Demarkationslinien zwischen einer weiterhin illegalen aktiven und einer komplett akzeptierten passiven Sterbehilfe gesamtgesellschaftlich immer schärfer gezogen, der Unterschied zwischen „Sterbenlassen" und „Töten" zunehmend als „entscheidend" erkannt, so etwa 1987 vom Generalvikar der Erzdiözese Freiburg, Robert Schlund, in einer viel zitierten Standortbestimmung.[192] Im Zuge dieser Entwicklung jedoch fiel der (unsichtbare) Gegner weg, der in den 70er Jahren die scharfen Angriffe auf Apparatemedizin und künstliche Lebensverlängerung und die wütenden Plädoyers für ein „Sterben in Würde" provoziert hatte. Dagegen kristallisierte sich in Form der Sterbehilfebewegung mit ihrer oft polemischen Rhetorik und ihren öffentlichkeitswirksam inszenierten Suizidbeihilfen von Einzelpersonen im Laufe der 80er Jahre ein neues Feindbild heraus. Deren rasantes Aufblühen wiederum war ein internationales Phänomen. In den USA galt dies für die zu Beginn der Dekade neu formierte Hemlock Society sowie den einige Jahre später als „Dr. Death" bekannt werdenden Pathologen Jack Kevorkian. Zeitgleich sorgten in der Bundesrepublik die noch genauer zu betrachtenden Aktivitäten der größten Sterbehilfeorganisation DGHS und des berüchtigten Arztes Julius Hackethals für Unruhe, der wortgewaltig als Befürworter einer aktiven Sterbehilfe auftrat und Sterbewilligen beim Suizid half. In beiden Ländern war deren Aufstieg flankiert und begünstigt von einer intensiven massenmedialen Darstellung.[193] War diese anfangs noch durchaus aufgeschlossen, so evozierte die Sterbehilfebewegung rasch bei vielen Beobachtern Misstrauen und nährte Befürchtungen, dass das, was vorgeblich einen „Gnadentod" ermöglichen sollte, ins genaue Gegenteil umschlagen könnte.[194] Eine von Kevorkian entwickelte „Suizidmaschine" in Form eines mit einem Elektromotor betriebenen Apparats, der dem Sterbewilligen auf Knopfdruck eine tödliche Spritze injizierte, symbolisierte diese Ängste, zumal sie an die Mechanisierung der Tötung im Nationalsozialismus erinnerte – und sorgte kurz vor der Wende sogar in der DDR für Aufsehen.[195]

Nicht zufällig häuften sich in dieser Zeit erneut Warnungen vor „Krankenmorden" und Reminiszenzen an das NS-Euthanasieprogramm. Denn zur Debatte stand nun eben nicht mehr vorrangig das Problem der Lebensverlängerung, son-

---

[191] Für einen Überblick über die gerichtliche Spruchpraxis in Sterbehilfe-Fällen zwischen Anfang der 80er und Jahrtausendwende vgl. Schell, Sterbebegleitung, S. 47–150, die in diesem Absatz zitierten Urteile finden sich auf S. 47–54; S. 54–59; S. 59–62 und S. 73–79.
[192] Schlund, Tod, S. 51.
[193] Vgl. exemplarisch für den Film das auch im deutschen Fernsehen ausgestrahlte US-Drama von Paul Wendkos: Right to Die / Das Recht zu sterben. USA 1987 sowie für weitere Beispiele Kap. 7.1 und die Übersicht in Schlichter/Wulff, Sterbehilfe, S. 6–8.
[194] Vgl. für die USA Atwood-Gailey, Death, v. a. S. 105 sowie für die Bundesrepublik ausführlich Kap. 9.2.
[195] Gerd E. Zehm: „Selbstmord im VW-Bus." *Neue Zeit*, 7. 7. 1990, S. 16. Ein detaillierter Überblick über die Biografie und Sterbehilfe-Aktivitäten von Kevorkian mit einem Kommentar aus Sicht der zeitgenössischen deutschen Medizinethik bietet Udo Benzenhöfer: „Verurteilt: Jack Kevorkian alias ‚Dr. Death'." *Deutsches Ärzteblatt* 96 (1999), Nr. 25, S. A-1708 f.

dern Tötung auf Verlangen und assistierter Suizid, mit denen moralisch, rechtlich wie medizinethisch deutlich heiklere Fragen einhergingen als mit dem Abschalten lebenserhaltender Maschinen. Die NS-Erinnerung wurde in der Bundesrepublik abermals ganz bewusst von den Gegnern derartiger Praktiken – darunter nicht nur, aber besonders auch kirchliche Akteure – instrumentalisiert.[196] Dies geschah, ohne dass die „Nazianalogien", wie der Philosoph Georg Meggle bemerkte, irgendwann einmal systematisch hinterfragt und auf ihren ethisch-moralischen Gehalt geprüft worden wären.[197] So war die Verwendung des negativ assoziierten Begriffes „Euthanasie" zur Diskreditierung der aktiven Formen der Sterbehilfe in beiden deutschen Staaten keinesfalls nur ein Phänomen, das sich bis in die 70er Jahre hinein fand.[198] Vielmehr blühte sie jetzt wieder auf, etwa in der theologischen Ethik.[199] Wenn einer der führenden Vertreter der deutschen Hospizbewegung 1993 bemängelte, dass aktive Sterbehilfe „in Deutschland mit dem Begriff ‚Euthanasie' beschönigend umschrieben" werde, so drehte er folglich auf frappierende Art und Weise das um, was tatsächlich geschehen war.[200] Denn die vermeintlich „beschönigende" Umschreibung war in Wirklichkeit zumeist eine Diffamierung.

Durch die Fokussierung der problematischen aktiven Formen und die sukzessive Ausklammerung der nun für völlig legitim erachteten passiven Varianten, verschob sich zugleich die Debatte. So nahm in der Berichterstattung in Presse und Rundfunk im Westdeutschland der 80er Jahre die Skepsis gegenüber „der" Sterbehilfe stark zu. Das große mediale Echo, welches das Thema weiterhin erhielt, war im Unterschied zum Jahrzehnt zuvor sehr viel kritischer und klarer auf den Bereich der Tötung auf Verlangen konzentriert. Als der Präsident des Bundesverfassungsgerichts Wolfgang Zeidler etwa Anfang 1986 den § 216 StGB eine „Insel der Inhumanität als Folge kirchlichen Einflusses auf die Rechtsordnung" nannte, prallte umgehend der geballte Zorn der Bonner Republik auf ihn ein – die öffentlich erklärte Unterstützung der DGHS für den Juristen verhallte.[201]

---

[196] Vgl. etwa „‚Der alte Tod verlor die rasche Kraft'. Die moderne Medizin und die Manipulierbarkeit des Sterbens." *Evangelischer Pressedienst*, Ausgabe für kirchliche Presse, Nr. 43, 24. 10. 1984 oder das Themenheft „Sterbenlassen – aber nicht töten." *Blick in die Kirche. Informationen aus der Evangelischen Kirche von Kurhessen-Waldeck*, Nr. 4, April 1986.
[197] Meggle, Euthanasie, v. a. S. 219.
[198] So etwa der Befund von Bettin, Bedeutsam, S. 49.
[199] Vgl. als Überblick Koch, Sterbehilfe. Kritisch zum Problem der begrifflichen Verzerrungen in jenen Jahren Meggle, Euthanasie, S. 209.
[200] Student, Suche, S. 23.
[201] Vgl. zu dem Fall in Auswahl: „Vom Zwang zur Qual beim Sterben. Union bekräftigt Höffners Kritik an Verfassungsrichter Zeidler – Gesellschaft für Humanes Sterben attackiert den Kardinal." *Süddeutsche Zeitung*, 17. 1. 1986; „Aus der EKD scharfe Kritik an Zeidler. Der Präsident des Verfassungsgerichts verteidigt sich: Wir haben ein weltliches Recht." *Die Welt*, 20. 1. 1986; „Zeidler legt sich mit Kardinal an." *Die Tageszeitung*, 20. 1. 1986; „Geschwätzig." *Berliner Morgenpost*, 21. 1. 1986; Hans Heigert: „Reden ist Silber." *Süddeutsche Zeitung*, 21. 1. 1986; „Wirkung nach außen." *Frankfurter Rundschau*, 21. 1. 1986; „Äußerungen Zeidlers stoßen auch bei EKD und SPD auf Ablehnung." *Der Tagesspiegel*, 22. 1. 1986; „Bischof greift Zeidler hart an." *Rheinische Post*, 23. 1. 1986.

Noch deutlich stärker zeigte sich dies im Zuge der Kontroverse um den ebenso umstrittenen wie renommierten australischen Philosophen und Bioethiker Peter Singer. Dieser hatte in seinem 1979 publizierten und erstmals 1984 in deutscher Übersetzung erschienenen Grundlagenwerk „Praktische Ethik" eine Freigabe der Tötung auf Verlangen gefordert und – entgegen des sich ausprägenden Konsenses – auch eine Unterscheidung von passiver und aktiver Sterbehilfe abgelehnt.[202] Zwar bezog er seine Argumente ursprünglich nicht primär auf Sterbende, sondern hinterfragte am Fall geistig oder körperlich schwerstbehinderter Kinder die Mindestkriterien für ein lebenswertes Leben. Gerade in Westdeutschland wurden seine Thesen aber rasch auf die laufende Debatte zur Situation Todkranker übertragen, was letztlich dafür sorgte, dass Fragen der aktiven Sterbehilfe zeitweise wieder stark auf die Vernichtung vermeintlich „lebensunwerten Lebens", also etwa auf Menschen mit Behinderung, rekurrierten.[203] Durch den Versuch jedenfalls, den Wert einer menschlichen Existenz nach utilitaristischen Rationalitätskriterien zu bemessen, fühlten sich in der Bundesrepublik viele an jene Kosten-Nutzen-Rechnungen erinnert, die das nationalsozialistische Euthanasieprogramm legitimiert hatten.[204] Singer selbst provozierte dies noch, indem er in der deutschen Erstauflage seines Buches missverständlich davon sprach, dass trotz der furchtbaren Verbrechen nicht alles im Nationalsozialismus schlecht gewesen sei: „Wir können die Euthanasie nicht nur deshalb verdammen, weil die Nazis sie durchgeführt haben, ebensowenig wie wir den Bau von neuen Straßen aus diesem Grund verdammen können."[205] Folge war eine fundamentale Kritik an Singer, erst von Behindertenverbänden, bald von breiten Teilen der westdeutschen Gesellschaft (Politik, Kirchen, Medien, mit Einschränkungen der Wissenschaften, darunter besonders von Thanatologen).[206] Die Erinnerung an das „Dritte Reich" diente in diesem Kontext als ein Hauptargument der Kritiker, die Singer eine gedankliche Nähe zur nationalsozialistischen Euthanasieideologie unterstellten, Vorwürfe, die dadurch eine besondere Qualität bekamen, dass Verwandte des Philosophen in deutschen Konzentrationslagern ermordet worden waren.[207] Als Singer Ende der 80er Jahre seine Positionen in der Bundesrepublik präsentieren wollte, kam es zu Protestaktionen.

---

[202] Singer, Ethik [englisches Original: ders., Ethics]. Vgl. kritisch zu Singers Positionen Benzenhöfer, Tod, S. 167–175.
[203] Vgl. Christoph, Zeitgeist.
[204] Vgl. etwa Stadler, Sterbehilfe, z. B. S. 173; Holger Wittig: „Eine Tagung sorgt für Unruhe." Sozialmagazin 17 (1992), Nr. 4, S. 58–59.
[205] Singer, Ethik, S. 210. In späteren Auflagen des Buches war die Passage nicht mehr enthalten, vgl. hierzu Hohendorf, Krankenmorde, S. 285.
[206] Zur Rezeption von Singer in der Bundesrepublik vgl. Fischer, Erde, S. 60; Zülicke, Sterbehilfe, S. 70 sowie als Überblick über die vorgebrachte Kritik Seitz/Seitz, Hospizbewegung, S. 59–63.
[207] Vgl. zu den Bezugnahmen auf den Nationalsozialismus in der Singer-Debatte die stark kritischen Ausführungen von Burleigh, Nazi-Analogie, S. 410–412, der hierin einen Beleg sah, wie die NS-Erinnerung zur pauschalen Diskreditierung einer anderslautenden Ansicht missbraucht werden konnte.

Über Demonstrationen verhinderten seine Gegner zahlreiche geplante öffentliche Auftritte oder akademische Vorträge.[208]

In einem (wenigstens oberflächlich betrachtet) markanten Widerspruch zum gesellschaftlichen Konsens einer klaren Ablehnung der Tötung auf Verlangen stand die private Einstellung vieler Bundesbürger – zumindest, wenn man den Umfragen zu dem Thema Glauben schenkt. Seit Mitte 1973 widmeten sich Meinungsforschungsinstitute wie Emnid oder das Institut für Demoskopie Allensbach regelmäßig der Sterbehilfe – fraglos eine Folge der neuen medialen Aufmerksamkeitskonjunktur durch den Postma-Skandal, der das Thema zu einem Politikum werden ließ.[209] Auch wenn ein direkter Vergleich nur schwer möglich ist, da die genauen Fragestellungen im Laufe der Zeit variierten, so zeigten die von ihnen erhobenen Zahlen deutlich eine bis zur Jahrtausendwende wachsende Zustimmung zu den verschiedenen Formen der Sterbehilfe, darunter eben auch und gerade zur Tötung auf Verlangen.[210] In der ersten Allensbach-Umfrage hierzu sprachen sich 53% der Befragten für das Recht eines schwerkranken Patienten im Krankenhaus aus, vom Arzt eine „todbringende Spritze" zu verlangen, 33% waren dagegen – die Zustimmung war bei Männern, Jüngeren und Konfessionslosen respektive Protestanten jeweils etwas höher als bei Frauen, Älteren und Katholiken, bei allen Gruppen übertraf sie jedoch die Ablehnung.[211] Vier Jahre später, im Juni 1977, fiel die Kluft bei gleicher Fragestellung mit 55 zu 29% noch deutlicher aus. Ähnlich waren die Zahlen bei der Konkurrenz von Emnid, die bei der ersten Erhebung 1975 zwischen einer prinzipiellen Ablehnung der aktiven Sterbehilfe (38%), deren Rechtmäßigkeit auf Wunsch des Kranken (19%) oder auf Wunsch des Patienten und seiner Angehörigen (38%) unterschied. 1978 waren nur noch 28% der Befragten der Meinung, dass Tötung auf Verlangen verboten sein solle, die beiden bejahenden Kategorien kamen auf je 35%. In der Folge blieben die Zahlen relativ unverändert, obwohl Emnid selbst weiterhin einen deutlichen Anstieg verkündete. Im Juni 1986 sprachen sich wieder 30% pauschal gegen aktive Sterbehilfe aus, eine Quote, die auch nach der Wiedervereinigung Bestand hatte, wobei die Tötung auf Verlangen 1993 in Ostdeutschland (73%) auf etwas mehr Zustimmung stieß als in den alten Bundesländern (67%).[212]

---

[208] Vgl. zu den Protesten die zeitgenössischen Kommentare von Hans Schuh: „Läßt sich Euthanasie ethisch begründen?" *Die Zeit*, 16. 6. 1989 sowie Michael Wunder: „Vom namenlosen Elend und vom namenlosen Eigennutz. Der neue Diskurs über ‚lebensunwert'." *Sozialmagazin* 14 (1989), Nr. 11, S. 19–22.

[209] Vgl. für einen zeitgenössischen Überblick über die Umfragen Beine, Sehen, S. 258–305.

[210] Laut Fittkau stieg die Zustimmung zu aktiver Sterbehilfe und Beihilfe zum Suizid in dem Zeitraum von 53 auf 83%. Diese Zahl erscheint jedoch problematisch und zu undifferenziert, da zwischen Tötung auf Verlangen und assistiertem Suizid nicht nur erhebliche Unterschiede in der rechtlichen Bewertung, sondern auch in der öffentlichen Meinung bestanden; vgl. Fittkau, Autonomie, S. 205.

[211] Jahrbuch der öffentlichen Meinung 1968–1973, S. 247.

[212] Vgl. zu den genannten Zahlen und Aussagen Emnid-Institut (Hg.): Informationen 27 (1975), Nr. 5, S. 8; Emnid-Institut (Hg.): Informationen 38 (1986), Nr. 7, S. 16 f. und Emnid-Institut (Hg.): Umfrage & Analyse 4 (1994), Nr. 7/8, S. 77–80. Die Differenzierung, auf wessen Wunsch hin aktive Sterbehilfe geleistet werden durfte, fiel nach 1986 weg.

Die mittels demoskopischer Forschung erbrachte Diagnose einer wachsenden öffentlichen Zustimmung zur aktiven Sterbehilfe war ein internationales Phänomen, das im letzten Viertel des 20. Jahrhunderts zahlreiche europäische Länder betraf.[213] Dies beobachteten auch die deutschen Meinungsforschungsinstitute. Emnid beispielsweise informierte ausführlich über Umfrageergebnisse aus den Niederlanden – laut denen Mitte der 80er Jahre nur noch knapp 10% der Bürger an der Unzulässigkeit der aktiven Sterbehilfe festhielten – und aus Großbritannien, wo die Zustimmung zur Legalisierung einer ärztlichen Tötung auf Verlangen zwischen 1977 und 1991 von 58 auf 69% gestiegen sei.[214] Auf den ersten Blick belegten die Umfragen damit eine vermeintlich klare Tendenz hin zu einer liberalen Einstellung der Bevölkerung zu derartigen Praktiken: So war sich im wiedervereinigten Deutschland, wie wiederum die Forscher aus Allensbach feststellten, eine Mehrheit der Menschen einig, dass die Aussage „unheilbar Kranken sollte man auf Wunsch Sterbehilfe leisten dürfen" unter den am meisten zeitgemäßen Ansichten auf Platz zwei liege, lediglich übertroffen von „die jungen Deutschen brauchen sich für Naziverbrechen nicht schuldig zu fühlen".[215] Umgekehrt erschien in der Rubrik „Moral" den meisten Befragten eine frühzeitige Beendigung des Lebens Sterbender durch „Euthanasie" vergleichsweise wenig problematisch: Aus einer Liste mit 24 Auswahlmöglichkeiten erachteten sie lediglich „in Notwehr töten" und „sich scheiden lassen" als ethisch noch unbedenklicher.[216]

Ungeachtet ihrer vordergründigen Objektivität und der eindeutigen Zahlen sahen sich die Umfragen bereits zeitgenössisch einer starken Kritik ausgesetzt. Insbesondere kirchliche Akteure zweifelten die Repräsentativität der Ergebnisse immer wieder nachdrücklich und lautstark an. Sie argumentierten dabei vor allem, dass durch die Befragung gesunder, oft noch sehr junger Menschen, die vor ein fiktives zukünftiges Horrorszenario (einen schmerzhaften, langwierigen Sterbeprozess) gestellt wurden, ein verzerrtes Meinungsbild entstehe.[217] Damit verwiesen sie auf eine erste zentrale Einschränkung, die mit Blick auf die zeithistorische Bewertung der Meinungsumfragen zur Sterbehilfe vorzunehmen ist. Diese müssen noch aus zwei weiteren Gründen problematisiert werden:

Zum einen begünstigte neben der Form der Erhebung auch die Fragestellung und die ihr oftmals noch hinzugefügten Erläuterungen die hohe Zustimmung zur (aktiven) Sterbehilfe in der Demoskopie. Dies galt zumal bei den (zahlreichen) Umfragen, die seit Mitte der 80er Jahre von der Sterbehilfebewegung selbst ange-

---

[213] Vgl. Griffiths/Weyers/Adams, Euthanasia, S. 486 und Fittkau, Autonomie, S. 188–202.
[214] Vgl. Emnid-Institut (Hg.): Informationen 38 (1986), Nr. 5/6, S. 39 f. und Emnid-Institut (Hg.): Umfrage & Analyse 2 (1992), Nr. 3/4, S. 134–136.
[215] Allensbacher Jahrbuch 1978–1983, S. 172.
[216] Allensbacher Jahrbuch 1993–1997, S. 791 bzw. S. 773.
[217] Vgl. etwa „Neue Diskussion um Sterbehilfe." *Evangelischer Pressedienst*, Zentralredaktion, Nr. 10, 24. 2. 1975, S. 54 f. oder noch kurz nach der Jahrtausendwende den Artikel „Zuwendung statt Todesspritze" im unveröffentlichten Caritas-Jahresbericht von 2001, S. 32–33, in: Archiv des Caritasverbandes der Erzdiözese München und Freising, München.

stoßen worden waren.[218] Exemplarisch sei eine Emnid-Studie im Auftrag der DGHS genannt, die danach fragte, ob es erlaubt sein solle, „unheilbar Kranke von ihren Leiden zu erlösen, indem ihr Leben auf ausdrücklichen Wunsch beendet wird". Dass knapp zwei Drittel der Befragten dies bejahten, kann angesichts des Fokus auf „Leidenserlösung" kaum verblüffen, ebenso wenig wie die mehrheitliche Zustimmung zu der daran anschließenden Frage, ob man sich für sich selbst im Falle einer „unheilbaren und qualvollen Krankheit" eine Lebensverkürzung durch „Freitod" vorstellen könne.[219] Aber auch in hauseigenen Erhebungen der Institute fanden sich wiederholt suggestive Fragen und Formulierungen, die semantisch genau an die Ängste vor allmächtiger Apparatemedizin und wehrlosen Patienten anknüpften, die seit den 70er Jahren breit geschürt wurden – und fraglos von etlichen Menschen im privaten Umfeld bereits lebensweltlich erfahren worden waren. So wollte eine Allensbach-Umfrage im Mai 1986 wissen, ob ein Arzt „mit allen Mitteln den Kranken so lange wie möglich am Leben halten, oder [...] sich bei einem Todkranken darauf beschränken [sollte], die Schmerzen und Leiden [...] zu lindern" – vor diese Alternative gestellt, war nicht einmal jeder zehnte Befragte für eine unbedingte Lebensverlängerung. Ein knappes Jahr später, im September 1987 verbanden die Demoskopen vom Bodensee mit der Frage, ob ein „Arzt bestraft werden soll, weil er seinem Patienten geholfen hat", sein Leben zu beenden, eine erläuternde Fallgeschichte, laut der der Betroffene ohnehin bereits im Sterben lag und „nur noch mit Apparaturen und starken Medikamenten am Leben erhalten" werden konnte – auch hier votierten wenig überraschend nur 13% für eine Strafverfolgung, bei einer Wiederholung der Umfrage 1995 mit identischem Wortlaut waren es noch weniger.[220]

Damit zusammenhängend war zum anderen die starke Akzeptanz der aktiven Sterbehilfe im Spiegel der Meinungsforschung eine Folge der Diskursivierung, die das Thema seit Anfang der 70er Jahre erfahren hatte. Insbesondere die medialen Darstellungen, die gerade in der Zeit nach 1973 sehr stark und einseitig die Schattenseiten einer künstlichen Lebensverlängerung betonten, spielten hierbei eine wichtige Rolle.[221] Diese rissen keinesfalls ab und beeinflussten auch direkt die nicht repräsentativen Umfragen, die Massenmedien immer wieder selbst durchführten. Als der *Stern* etwa seine Prominenten-Schau von 1977 zehn Jahre später wiederholte, befürwortete wieder eine diesmal nicht ganz so eindeutige Mehrheit der Befragten, darunter Boris Becker oder Götz George, die Tötung auf Verlangen. Nicht nur die ihnen gestellte Frage („Wenn Sie todkrank wären und keine Hoffnung mehr hätten, würden Sie Ihren Arzt um eine Spritze bitten, die Ihr Leben

---

[218] Vgl. zur Verbindung der Sterbehilfebewegung mit der demoskopischen Forschung sowie für Beispiele von entsprechenden Umfragen auch Kap. 9.2 und Fittkau, Autonomie, S. 185–212, v. a. S. 206 f.
[219] Emnid-Institut (Hg.): Umfrage & Analyse 8 (1998), Nr. 7/8, S. 20–22.
[220] Allensbacher Jahrbuch 1984–1992, S. 225 und S. 226; Allensbacher Jahrbuch 1993–1997, S. 335.
[221] Vgl. zu diesem Befund für die USA ausführlich Atwood-Gailey, Death.

beendet?") wies dabei eine Tendenz auf, sondern auch die Aufmachung des ganzen Artikels: Dieser rahmte das Problem, indem er begleitend die Geschichte eines querschnittsgelähmten jungen Krebspatienten erzählte, der gegen seinen Willen von Ärzten medizinisch am Leben gehalten wurde und unter einer schlechten Pflege sowie dem kompletten Verlust der Selbstständigkeit litt.[222] Außerdem darf in diesem Zusammenhang nicht übersehen werden, dass Umfragen zur Tötung auf Verlangen oft von solchen zur passiven Sterbehilfe und zum ärztlichen Behandlungsabbruch begleitet wurden, die ein noch eindeutigeres Meinungsbild ergaben und sich auch auf das Antwortverhalten zu den heikleren Praktiken ausgestrahlt haben dürften. Denn diese operierten mit alt bekannten Dichotomien, wenn etwa – wie 1978 von Emnid – festgestellt wurde, dass Lebensverlängerung in Wirklichkeit häufig eine „Leidensverlängerung" sei, oder eine Allensbach-Umfrage wenige Jahre später die Befragten vor die Wahl zwischen einem Weiterleben „um jeden Preis", auch wenn es „für den Kranken mit großen Schmerzen verbunden" wäre, und einem Therapieverzicht bei Sterbenden stellte, der damit begründet wurde, dass es Grenzen dafür gebe, „was man einem Menschen an Schmerzen zumuten kann".[223]

Insofern relativiert sich die vermeintlich hohe Zustimmung zur Tötung auf Verlangen in der Bevölkerung bei näherer Betrachtung.[224] Vielmehr erscheint es nötig, die zeitgenössisch medial und politisch genau beobachteten Umfragen als Teil des sich dahinter verbergenden gesellschaftlichen Deutungskampfes zu analysieren und zeithistorisch zu kontextualisieren.[225] Denn die Ergebnisse der Demoskopie stellen niemals einen empirischen Beleg für *die* öffentliche Meinung dar, zu dem sie in der Rezeption oft erklärt werden, sondern konstruieren diese erst mittels der ihr eigenen Quantifizierungsmacht: Die Sterbehilfe-Umfragen stellten letztlich ein Musterbeispiel für die vermeintliche Objektivierung, aber faktisch gezielte Steuerung eines Konfliktthemas durch Statistiken und Zahlen dar, von der besonders diejenigen profitierten, die für eine Legalisierung der Tötung auf Verlangen eintraten.[226]

---

[222] Wilfried Krause: „Stern-Umfrage zur Sterbehilfe: Wenn Sie todkrank wären und keine Hoffnung mehr hätten, würden Sie Ihren Arzt um eine Spritze bitten, die Ihr Leben beendet?" *Stern*, 20. 8. 1987, S. 17–19. Vgl. zu dem Bericht Hans-Hermann Klare: „Komm, großer schwarzer Vogel." *Stern*, 20. 8. 1987, S. 22–26.

[223] Emnid-Institut (Hg.): Informationen 30 (1978), Nr. 7, S. 12; Allensbacher Jahrbuch 1978–1983, S. 172.

[224] Vgl. für einen ähnlichen Befund zur gegenwärtigen Situation die empirische Untersuchung von Hübner, Sterbehilfe.

[225] Vgl. exemplarisch für die mediale Rezeption der Sterbehilfe-Umfragen „Mehrheit befürwortet aktive und passive Sterbehilfe. Allensbach-Befragung dokumentiert wachsendes Verständnis in der Bundesrepublik." *Frankfurter Rundschau*, 29. 10. 1984; Rudolf Grimm: „Recht auf Selbstbestimmung schließt für viele Recht auf aktive Sterbehilfe ein." *Märkische Oderzeitung*, 6. 3. 1996; Gernot Facius: „Ein dritter Weg als Alternative zu Sterbehilfe." *Die Welt*, 19. 4. 1996; sowie für einen zeitgenössischen Kommentar dazu Höfer, Leben, S. 148–152.

[226] Vgl. Fittkau, Autonomie, S. 187 f. und S. 212.

Sterbehilfe als das „Andere": zur Funktion eines imaginierten Gegners im wiedervereinten Deutschland

Umgekehrt erfüllten diese Zahlen jedoch auch eine wichtige Funktion im Lager der Sterbehilfe-Gegner, wie sich vor allem in den 90er Jahren zeigte: Sie dienten als eine konstante Warnung. Die Angst vor der Legalisierung einer Tötung auf Verlangen und ihren möglichen Folgen erwies sich in Kirchen, zivilgesellschaftlichen Gruppen und in der Gesundheitspolitik nicht zuletzt als eine zentrale Triebkraft für die Forcierung alternativer Praktiken der Sterbebegleitung, insbesondere im Hospiz- und Palliativbereich – und diente als wichtiges Argument im Ringen um deren Finanzierung.[227] Der Regensburger Moraltheologe Eberhard Schockenhoff begründete etwa kurz nach der Wende wie viele andere auch die wachsende Akzeptanz der „Euthanasie" mit sozialen Missständen, die durch eine bessere „Einübung ins Sterben" und eine Konzentration auf Sterbebeistand als einer Form der „Bewährung menschlicher Solidarität" behoben werden könnten.[228] In der Hospizidee und der Palliativmedizin erkannten keinesfalls nur ihre Protagonisten eine mögliche Antwort auf die aktive Sterbehilfe, sondern immer mehr am Thema Interessierte, so etwa 1992 die über 200 Teilnehmer eines Berliner Symposiums von Juristen und Ärzten mit dem Titel „Sterben ist keine Krankheit".[229]

Aktive Sterbehilfe bekam so als Feindbild eine Bedeutung zugesprochen, die sie in der Bunderepublik zur damaligen Zeit weder in der gesellschaftlichen, juristischen oder politischen Auseinandersetzung noch in der medizinischen Praxis besaß. Damit soll nicht behauptet werden, dass die Tötung auf Verlangen keinerlei praktische Relevanz gehabt hätte. Doch während laut Studien aus den 90er Jahren der Abbruch lebensverlängernder Maßnahmen für Ärzte zum Alltag geworden war, so deuten die meist nicht repräsentativen Umfragen zur aktiven Sterbehilfe darauf hin, dass diese, in Deutschland wie international, eine absolute Ausnahme blieb.[230] In der Bundesrepublik gaben in einer Studie Mitte des Jahrzehnts knapp 97% der befragten Internisten an, in ihrem beruflichen Umfeld noch nie etwas von aktiver Sterbehilfe oder Fällen der Suizidbeihilfe mitbekommen zu haben.[231] Andere Untersuchungen kamen auf einen etwas höheren Wert: Demnach konnten knapp 6% aller klinisch tätigen und immerhin 11% der Allgemeinärzte davon berichten, wobei der Anteil umso höher war, desto mehr der Befragte mit schwerstkranken Patienten zu tun hatte.[232] Verlässlicher waren zu diesem Zeitpunkt die Zahlen aus den Niederlanden, wo im Zuge der gesetzlichen Legalisierung der aktiven Sterbehilfe Anfang der 90er Jahre ein Meldesystem eingeführt worden war.

---

[227] Vgl. hierzu Kap. 8.2, 9.1 und 10.2.
[228] Vgl. Schockenhoff, Sterbehilfe, v. a. S. 106–117.
[229] Vgl. „Sterben ist keine Krankheit." *Berliner Ärzte* (Zeitschrift der Ärztekammer Berlin) 29 (1992), Nr. 3, S. 47–49.
[230] Vgl. hierzu ausführlich zur Sterbehilfepraxis in den 90er Jahren Zülicke, Sterbehilfe, S. 90–109, zur Omnipräsenz der passiven Sterbehilfe v. a. S. 95.
[231] Dornberg, Angefragt, S. 40.
[232] Wehkamp, Sterben, S. 13 f.

Eine Begleitevaluation ergab, dass deren Anteil an der Gesamtzahl der Sterbefälle in den folgenden Jahren in einem niedrigen einstelligen Prozentbereich lag.[233]

Auch in der öffentlichen Debatte gab es weiterhin Stimmen, die sich offensiv für aktive Sterbehilfe aussprachen. Für Aufsehen sorgte 1995 die Streitschrift „Menschenwürdiges Sterben", die der Tübinger Literaturhistoriker und Rhetorik-Professor Walter Jens gemeinsam mit seinem Universitätskollegen, dem katholischen Theologen Hans Küng, publizierte. Aus ihrer jeweiligen disziplinären Perspektive heraus argumentierten beide lautstark gegen den Verlust an Selbstbestimmung am Lebensende im Angesicht der medizinischen Entwicklung und plädierten explizit für ein Recht, bei chronischen und schmerzhaften Sterbeverläufen den eigenen Todeszeitpunkt selbst wählen zu können – was eine Legalisierung der Tötung auf Verlangen einschloss.[234] Damit evozierten sie eine wütende Kritik von Theologen, Hospizbewegung, aber auch von Teilen der Presse und der Politik.[235] Dass das Buch in der Rezeption zumeist primär als Plädoyer für aktive Sterbehilfe diskutiert wurde, war allerdings zu kurz gegriffen. So stellte es eher einen Diskussionsbeitrag dar, wie auch die darin enthaltenen, differenziert argumentierenden Kommentare des Freiburger Juristen und Sterbehilfe-Experten Albin Eser und des Mediziners Dietrich Niethammer verdeutlichten. Ferner entfalteten die Ausführungen von Jens und Küng ihre eigentliche argumentative Kraft eher in den Passagen, in denen sie, oft anhand von dramatischen Fallgeschichten, vor den Folgen einer allzu mächtigen Medizin warnten – und dabei mit stilistischer Brillanz genau die Begrifflichkeiten und Leitgedanken wie „Menschenwürde", „Selbstbestimmung" oder eines „Dahinsiechens" infolge der Apparatemedizin bespielten, die sich in der Auseinandersetzung der beiden Jahrzehnte zuvor zu Gemeinplätzen entwickelt hatten. Der Erfolg des Buches beim Publikum und bei etlichen Rezensenten lag darin begründet, dass es viele Aspekte jenes Wandels aufgriff und zuspitzte, den das Sterben seit den 70er Jahren erfahren hatte.[236]

So erklärt sich, dass eine solche viel beachtete Veröffentlichung keinesfalls zu einem grundsätzlichen Umdenken oder auch nur einer neuen Debatte über die Frage einer Reform der gesetzlichen Rahmenbedingungen der Sterbehilfe führte. Ein weiterer Grund dafür war, dass deren Befürworter keine geschlossene, schlagkräftige Organisation formierten: Während die deutsche Sterbehilfebewegung und

---

[233] Vgl. van der Maas et al., Euthanasia.
[234] Jens/Küng, Menschenwürdig sterben.
[235] Vgl. etwa Godzik, Sterbe-Heroen; Fischer, Sterbehilfe, S. 110; Patrick Bahners: „Es gibt keinen menschenwürdigen Tod. Walter Jens und Hans Küng müssen mit ihrem Plädoyer für ein selbstverantwortetes Sterben scheitern." *Frankfurter Allgemeine Zeitung*, 18. 7. 1995; „'Töten ist niemals Tat der Liebe'. Bischof Kasper widerspricht Professoren Küng und Jens." *Stuttgarter Nachrichten*, 4. 4. 1995.
[236] Stark deutlich wird dies etwa in der positiven Besprechung von Walther Roth: „Menschenwürdig leben und sterben. Zu Walter Jens und Hans Küng." *Deutsches Pfarrerblatt* 95 (1995), S. 462–463. Vgl. auch „Das Buch des Tages. Tod als Tabubruch?" *Die Welt*, 29. 5. 1995; Rudolf Stiege: „Leiden bis zum bitteren Ende? Walter Jens und Hans Küng befürworten aktive Sterbehilfe." *Berliner Morgenpost*, 28. 5. 1995; Günter Baumgart: „Zwischen Barmherzigkeit und Gewissensangst." *Märkische Allgemeine*, 12. 4. 1996.

vor allem die DGHS in den 90er Jahren mit internen Zersetzungsprozessen und einem katastrophalen öffentlichen wie politischen Ruf zu kämpfen hatte, waren sich die humanistischen Verbände bei der Bewertung des Themas uneinig. Der 1993 gegründete Humanistische Verband Deutschlands (HVD) vertrat in Fragen der aktiven Sterbehilfe eine zurückhaltendere Position als die Humanistische Union, vielleicht auch, weil er im Bereich der Sterbebegleitung sofort sehr enge Kontakte zur Hospizbewegung aufbaute.[237] So blieb es bei unkoordinierten Einzelforderungen nach einer neuen gesetzlichen Regelung der Sterbehilfe, deren genaue Gestalt völlig offen war.

Vor diesem Hintergrund gelang es den Befürwortern einer Reform des § 216 StGB und einer Lockerung des Verbots der Tötung auf Verlangen zu keiner Zeit, den bestehenden politischen und gesellschaftlichen Konsens aufzubrechen. Dies zeigte sich an ihren vergeblichen Bemühungen, den nicht nur von Hans Küng stark problematisierten Gegensatz zwischen einer „umstrittenen" (aktiven) und einer „unumstrittenen" (passiven) Sterbehilfe aufzuheben.[238] Dessen Herausbildung in den beiden Dekaden zuvor war zu Recht als eine Ursache dafür erkannt worden, dass trotz aller Kritik an künstlicher Lebensverlängerung und ungeachtet der prinzipiellen Akzeptanz des Rechts auf Selbstbestimmung von Todkranken die Tötung auf Verlangen in Deutschland nie hatte Fuß fassen können. Nicht nur der Deutsche Freidenker-Verband, sondern sogar kirchliche Autoren, wie der renommierte und auch in der Bundesrepublik breit rezipierte niederländische reformierte Theologe Harry Kuitert, kritisierten die Differenzierung von aktiver und passiver Sterbehilfe: Ob der Tod eines Menschen durch Unterlassung oder Handeln herbeigeführt werde, mache für die ethische Bewertung des Vorgangs keinen Unterschied, da Intention wie Konsequenz die gleiche seien.[239] Dennoch verfestigte sich die Trennung zwischen den unterschiedlichen Formen der Sterbehilfe weiter – und das obwohl diese sogar in der Praxis, wie Umfragen unter Ärzten zeigten, hochproblematisch war und zu Unklarheiten führte.[240] Befürworter der Trennung argumentierten jedoch erfolgreich dagegen, indem sie etwa darauf verwiesen, dass bei der passiven Form das „Warten auf den Tod" als Grundcharakteristikum des Sterbevorgangs gewahrt bleibe, während bei der aktiven die Situation beendet werde.[241]

---

[237] Vgl. zur DGHS Kap. 9.2, zu den Unterschieden bei den humanistischen Verbänden Interview Neumann und exemplarisch für die Nähe des HVD zur Hospizbewegung die beiden Druckschriften: Humanistischer Verband Deutschlands, Schwer und unheilbar krank sowie Neumann, Patientenverfügung, v. a. S. 5 und S. 14 f., zu finden im Ordner „Vermischtes" in der Geschäftsstelle des HVD in Berlin.
[238] Vgl. Jens/Küng, Menschenwürdig sterben, S. 43–51.
[239] Vgl. Kuitert, Tod; Rundschreiben des Deutschen Freidenker-Verbandes vom 7. 6. 1993 betreffs „Orientierungsrahmen zum selbstbestimmten Lebensende und zur verantwortbaren Sterbehilfe" im Ordner „Medizin 1977–1997" in der Geschäftsstelle der Humanistischen Union, Berlin.
[240] Vgl. Wehkamp, Sterben, S. 20 f. und Lunshof/Simon, Diskussion, S. 244–246.
[241] Fischer, Sterbehilfe, v. a. S. 111–122.

Diesen Fragen waren indes lediglich in der theoretischen und wissenschaftlichen Diskussion stark umkämpft – in der Bioethik war die Sterbehilfe in den 90er Jahren das am meisten beforschte Thema.[242] Bei den zentralen Deutungsinstanzen in der Bundesrepublik hingegen blieb die Ablehnung der aktiven Sterbehilfe ebenso eindeutig wie konsequent. Auf dem CDU-Parteitag 1994 in Bonn warnte Bundeskanzler Helmut Kohl in seiner Rede mit Blick auf die Legalisierungstendenzen in einigen anderen Staaten davor, dass bezüglich der Tötung auf Verlangen „Dämme brechen könnten", und forderte auch unter Verweis auf den Nationalsozialismus eine „neue, klare und kämpferische Position" gegen die „Euthanasie".[243] Die Deutsche Bischofskonferenz und der Rat der Evangelischen Kirchen in Deutschland erneuerten in einer gemeinsamen Erklärung 1996 ihre rigorose Absage an die aktive Sterbehilfe bei gleichzeitiger Hinterfragung der vermeintlichen „Erfolge der Medizin", deren Konsequenzen gerade mit Blick auf die Grenzsituationen des Lebens teilweise bereits „als ‚tödlich' entlarvt" worden seien.[244]

Gänzlich unbeeindruckt bezüglich der von der Sterbehilfebewegung stets verkündeten rechtlichen und ethischen Unsicherheit des medizinischen Personals im Grenzbereich von Leben und Tod zeigten sich die Ärzteverbände. Die Bundesärztekammer ergänzte zwar ihre „Richtlinien für die Sterbehilfe" von 1979 im Laufe der 90er Jahre gleich zweimal, ein deutliches Zeichen für die Intensität der mit dem rasanten Fortschritt der medizinischen Technik einhergehenden ethischen Grenzfragen sowie den indirekten Druck durch die Entwicklungen im Ausland. Aber sowohl die „Richtlinien für die ärztliche Sterbebegleitung" von 1993 als auch die „Grundsätze zur ärztlichen Sterbebegleitung" von 1998 hielten an der Unterscheidung zwischen befürworteter passiver und indirekter sowie klar abgelehnter aktiver Sterbehilfe fest. Darüber hinaus betonten sie (fraglos als Replik auf die Aktivitäten Hackethals und anderer im Jahrzehnt zuvor), dass die – 1979 noch nicht thematisierte – Beihilfe zum Suizid „dem ärztlichen Ethos" widerspreche.[245]

---

[242] Vgl. Borry/Schotsmans/Dierickx, Research.
[243] Vgl. Protokoll des 6. Parteitags der CDU Deutschlands, Bonn, 28. November 1994, S. 24.
[244] Im Sterben: Umfangen vom Leben. Gemeinsames Wort zur *Woche für das Leben 1996*: „Leben bis zuletzt – Sterben als Teil des Lebens". Herausgegeben vom Kirchenamt der Evangelischen Kirche in Deutschland und vom Sekretariat der Deutschen Bischofskonferenz, Zitate S. 5 f.
[245] Richtlinien der Bundesärztekammer für die ärztliche Sterbebegleitung, veröffentlicht im *Deutschen Ärzteblatt* 90 (1993), Nr. 37, S. A 2404-A 2406 bzw. Grundsätze der Bundesärztekammer zur ärztlichen Sterbebegleitung, veröffentlicht im *Deutschen Ärzteblatt* 95 (1998), Nr. 39, S. A 2366 f., Zitat S. A 2366. Dass die indirekte Sterbehilfe in Form einer Leidenslinderung mit möglicherweise damit verbundener Lebensverkürzung nun nicht mehr nur für Patienten in der Terminalphase für zulässig erachtet wurde, sondern auch bei schwerstbehinderten Neugeborenen, stieß freilich auf Kritik; vgl. hierzu etwa Fischer, Erde, S. 60 f. Vgl. zur Rezeption exemplarisch Susanne Meinrenken: „Gnade oder unerlaubte Tötung? Nach dem Entwurf der Bundesärztekammer soll aktive Sterbehilfe weiter verboten bleiben." *Süddeutsche Zeitung*, 25. 8. 1998; „Kritik an Sterbehilfe-Richtlinien. Deutsche Hospizstiftung warnt vor ‚Tötung auf vermutetes Verlangen'." *Die Welt*, 11. 9. 1998; Stephan Sahm: „Sterbebegleitung statt Sterbehilfe." *Frankfurter Allgemeine Zeitung*, 14. 9. 1998; „‚Eine klare Grenze'. Beifall für das Papier der Ärztekammer zur Sterbebegleitung." *Deutsches Allgemeines Sonntagsblatt*, 18. 9. 1998.

Diese Positionen teilten zur gleichen Zeit ebenso der Weltärztebund wie die Deutsche Gesellschaft für Chirurgie oder der Marburger Bund.[246] In allen Fällen wurde die medizinische Behandlung am Lebensende jedoch zugleich uneingeschränkt an den tatsächlichen oder mutmaßlichen Patientenwillen gebunden, der lediglich dort auf Vorbehalt treffe, wo er eine gewünschte ärztliche Lebensbeendigung umfasse.[247] Dies galt auch für die „Konvention Europa gegen Euthanasie", die der Hartmannbund im August 1997 veröffentlichte: „Nicht wandelbar", so hieß es dort, sei trotz aller gegenwärtigen Veränderungen im Bereich des Sterbens „die Tatsache, dass Euthanasie unethisch und mit dem Selbstverständnis des Arztes unvereinbar ist": Das Recht auf Selbstbestimmung schaffe mithin „keine Rechtsgrundlage zur Selbsttötung."[248]

Auch die Rechtsprechung blieb ihrer Linie der 80er Jahre treu. Der Bundesgerichtshof bestätigte im Mai 1991, dass selbst bei aussichtsloser Prognose Sterbehilfe nur durch den Abbruch lebensverlängernder Maßnahmen auf Patientenwunsch erfolgen dürfe, jedoch keinesfalls durch gezieltes Töten – eine Krankenschwester, die aus Mitleid unaufgefordert fünf schwerstkranken Intensivpatienten eine tödliche Spritze gesetzt hatte, wurde in dem Verfahren wegen Totschlags, nicht jedoch, wie von der Staatsanwaltschaft gefordert, wegen Mordes verurteilt. Knapp drei Jahre später sorgte ein weiterer vor dem obersten ordentlichen Gericht in der Bundesrepublik verhandelter Fall für deutlich mehr Aufsehen: Die Karlsruher Richter entschieden im so genannten „Kemptener Urteil", dass ein Behandlungsabbruch bei einem unheilbar kranken Patienten sogar dann zulässig sein konnte, wenn die zentrale Voraussetzung der BÄK-Richtlinien zur Sterbehilfe nicht erfüllt war, nämlich der eigentliche Sterbeprozess noch gar nicht eingesetzt hatte. Mehr noch: War der Betreffende selbst nicht mehr entscheidungsfähig, so genügte ein Nachweis des „mutmaßlichen Willens". Darauf aufbauend gestattete es Mitte Juli 1998 das Oberlandesgericht Frankfurt am Main in einem ebenfalls viel beachteten Urteil den Ärzten einer 85-jährigen Patientin, die seit einem halben Jahr im Koma lag, auf Antrag ihrer Tochter die Sondenernährung einzustellen.[249]

Bezeichnend ist, dass obschon die beiden letztgenannten Verfahren definitorisch Fragen der passiven Sterbehilfe berührten, die Reaktionen darauf einmal mehr vor einer Auflockerung des Verbots der Tötung auf Verlangen warnten. Insbesondere Kommentatoren aus dem kirchlichen und hospizlichen Umfeld beklagten gefährliche Tendenzen. Der Bundesverband Schädel-Hirnpatienten in Not sah Anfang 1998 das „Kemptener Urteil" als Auftakt einer Reihe von folgenschweren Entwicklungen (darunter die bereits als Entwurf bekannt gewordenen neuen

---

[246] Vgl. Erklärung des Weltärztebundes über die ärztliche Hilfe zum Selbstmord (1992); Leitlinie zum Umfang und zur Begrenzung der ärztlichen Behandlungspflicht in der Chirurgie (1996) und Beschluss zur ärztlichen Sterbebegleitung des Marburger Bundes (Mai 1997), in: Schell, Sterbebegleitung, S. 158, S. 184–187, hier v. a. S. 186 bzw. S. 200 f.
[247] Vgl. hierzu auch von Lutterotti, Grenzen.
[248] Konvention Europa gegen Euthanasie (August 1997), in: Schell, Sterbebegleitung, S. 201.
[249] Die drei Urteile finden sich in Schell, Sterbebegleitung, S. 83–85, S. 87–96 und S. 114–118. Vgl. zum Kemptener und Frankfurter Fall auch Benzenhöfer, Tod, S. 194–204.

Grundsätze der Bundesärztekammer zur ärztlichen Sterbebegleitung), die auf eine sukzessive Einschränkung des Lebensrechts von Wachkoma-Patienten hinausliefen, hinter denen einzig ökonomische Motive einer Verkürzung teurer Intensivbehandlungen stünden.[250] Noch breiter und wütender fielen die Proteste gegen das Urteil des OLG Frankfurt aus. Die *Bild* fragte plakativ: „Muß ein Richter künftig über Leben und Tod entscheiden?"[251] Der Hospizpionier Christoph Student kritisierte den Richterspruch in der *Süddeutschen Zeitung* ebenso wie es Abgeordnete der Grünen oder die Kirchen taten – für den wenig später zum Kardinal erhobenen Mainzer Bischof Karl Lehmann markierte er schlicht den „Dammbruch zur Euthanasie".[252] Der Evangelische Pressedienst gab eilig eine zwanzigseitige Dokumentation heraus, in der die Position des Gerichts mit kirchlichen Aussagen zur Sterbehilfe wie der von Lehmann kontrastiert wurde.[253] Das Frappierende an der Aufregung war, dass das Urteil mit Blick auf die herrschende politische, medizinethische wie juristische Bewertung der Sterbehilfe, wie der renommierte Göttinger Medizinjurist Hans-Ludwig Schreiber in einem Interview im *Spiegel* klarstellte, überhaupt „nichts Neues gebracht" hatte: Der Proteststurm war ihm denn auch unverständlich, zumal der Beschluss in keiner Weise neue Spielräume für eine Tötung auf Verlangen eröffne, wie seine Kritiker monierten.[254]

Derartige Fälle zeigen, wie das Schreckgespenst der aktiven Sterbehilfe bewusst instrumentalisiert wurde, um alternative eigene Deutungen zur Sterbebegleitung und zur Gestalt eines „guten Sterbens" zu präsentieren. Dies schlug sich auch in der massenmedialen Darstellung des Themas nieder. Die deutsche Presse etwa informierte weiter genau über Liberalisierungstendenzen im Ausland, nun aber oft mit einem durchaus kritischen Unterton. Insbesondere die Aktivitäten der berüchtigten Schweizer Sterbehilfeorganisation EXIT und der einsetzende „Sterbetourismus" in das Nachbarland wurden genau beobachtet. Der *Spiegel* begleitete

---

[250] Vgl. Stellungnahme des Bundesverbandes „Schädel-Hirnpatienten in Not e. V." von Januar 1998, in Schell, Sterbebegleitung, S. 223–225.

[251] Petra Erlwein/Christoph Fischer: „Muß ein Richter künftig über Leben und Tod entscheiden?" *Bild*, 21. 7. 1998.

[252] „,Würde ist unabhängig vom Zustand, in dem ich bin.' Der Wissenschaftler Johann Christoph Student sieht im Frankfurter Urteil zur Sterbehilfe eine gefährliche Tendenz." *Süddeutsche Zeitung*, 27. 7. 1998; „Lehmann kritisiert Sterbehilfe-Urteil." *Die Welt*, 23. 7. 1998; Bernd Ulrich: „Grauzone der Menschlichkeit. Nicht wegen der Vergangenheit, wegen der Zukunft muß Sterbehilfe verboten bleiben." *Der Tagesspiegel*, 23. 7. 1998.

[253] „Hilfe beim Sterben, zum Sterben? Ein aktueller Beschluß des Oberlandesgerichts Frankfurt am Main und gemeinsame Aussagen der Kirchen zu Sterbehilfe und Sterbebegleitung." *Evangelischer Pressedienst*, Zentralredaktion, Nr. 33a, 3. 8. 1998, ein Bericht über die Aussage von Karl Lehmann findet sich gleich auf S. 1.

[254] Marco Evers/Johann Grolle: „,Diebstahl von Leben'." *Der Spiegel* 52 (1998), Nr. 31, S. 178–181, Zitat S. 179. Vgl. für positive Einschätzungen des Urteils: Heidrun Graupner: „In Würde sterben." *Süddeutsche Zeitung*, 22. 7. 1998, S. 4; Martin W. Huff: „Frankfurter Beschluß zur Sterbebegleitung stößt auf Zustimmung." *Frankfurter Allgemeine Zeitung*, 22. 7. 1998; Torsten Verrel/Kurt W. Schmidt: „Wer Selbstbestimmung fordert, muß sich seiner Endlichkeit stellen. Das Frankfurter Gerichtsurteil zur ‚Sterbehilfe' und die Bedeutung von Patientenverfügungen." *Frankfurter Rundschau*, 6. 8. 1998.

in einer ausführlichen Reportage einen hochbetagten Konstanzer im Alter von Ende 80 in seinen letzten Lebensmonaten und beim assistierten Suizid in der Schweiz. Der als „rüstig" beschriebene Mann klagte zwar über Atembeschwerden, litt aber keinesfalls an einer tödlichen Erkrankung. Grund für den EXIT-Beitritt und sein selbst gewähltes, frühzeitiges Lebensende war vielmehr eine allgemeine Angst vor dem Verlust der Autonomie, ein als solcher empfundener Mangel an Lebenswert im hohen Alter sowie ein antizipiertes, möglicherweise drohendes schmerzhaftes Sterben – wobei es der Artikel nicht versäumte zu erwähnen, dass er am Ende infolge der ihm verabreichten Medikamentenlösung eben jenen Erstickungstod erleiden musste, vor dem er sich eigentlich gefürchtet hatte. Zurück blieb, auch dies zeigte die Reportage schonungslos, die trauernde und einsame Ehefrau, die sich ebenso verzweifelt wie vergeblich dem Sterbewunsch ihres Gatten verwehrt hatte, sichtlich verstört etwa über die Festlegung des Todestags, der „wie die Anlieferung eines Möbelstücks" vereinbart worden sei.[255]

Dieser Bericht war durchaus stellvertretend für die gewandelten und nun deutlich problemorientierteren Darstellungen der Sterbehilfe in den Massenmedien seit den 70er Jahren. Immer öfters wurden alternative Formen der Sterbebegleitung gegen die Tötung auf Verlangen ins Feld geführt und als die bessere Wahl präsentiert, womit entsprechende moralische Zuschreibung einhergingen.[256] Besonders die Hospizidee blühte in den 90er Jahren stark auf und löste die Sterbehilfe auch in Presse und Rundfunk zunehmend als zentrale Bezugskategorie in Fragen eines humanen, selbstbestimmten Sterbens in Würde ab. Dies zeigte sich in der populären WDR 2-Radiosendung „Hallo Ü-Wagen", die mehr und mehr auf palliative und hospizliche Praktiken einging.[257] Dagegen positionierten sich in der einzigen dezidiert der Sterbehilfe gewidmeten Ausgabe im Sommer 1992 sowohl die meisten der eingeladenen Experten als auch viele der spontan interviewten Gäste aus dem Publikum klar ablehnend gegenüber der Tötung auf Verlangen. Diese erschien in der Folge als Ausdruck einer schädlichen Verleugnung von Krankheit und Tod.[258] In zwei Rollenspielen – ein beliebtes Format in der Sendung – kam es zu hitzigen Diskussionen, im Zuge derer sich unter anderem zeigte, wie die Entscheidung für Sterbehilfe oder Suizidbeihilfe nicht nur für den Sterbewilligen, sondern auch das gesamte Umfeld gravierende Belastungen mit sich bringen konnte. Eine beobachtende Motivforscherin resümierte anschließend, dass im Zuge dessen deutlich geworden sei, wie „heute fast alle Menschen" vor der großen Angst beherrscht würden, nicht auf natürliche Weise zu sterben, sondern „einer Apparatemedizin ausgeliefert" zu sein. Zugleich gehe es dabei ganz offenbar nicht

---

[255] Marianne Wellershoff: „Ein kalter Abgang." *Der Spiegel* 52 (1998), Nr. 6, S. 102–108. Vgl. auch Thomas Roser: Der selbstbestimmte Tod. Fünf Jahre Sterbehilfegesetz in den Niederlanden: Für die Ärzte bleibt es eine schwierige Entscheidung." *Frankfurter Rundschau*, 24. 7. 1998.
[256] Vgl. zur diskursiven Konstruktion des Gegensatzes zwischen Sterbehilfe und Sterbebegleitung ausführlich Koppehele, Sterbehilfe.
[257] Vgl. detailliert Kap. 7.1 und 8.2.
[258] Hallo Ü-Wagen: Beim Schlußstrich mitziehen? Sterbehilfe. WDR, 4. 6. 1992.

um eine Hilfe zum Sterben, sondern um ein „hilf mir, dass ich nicht noch künstlich am Leben gehalten werde und am Sterben gehindert werde."[259] Erneut zeigte sich, wie die Angst vor einer medizinischen Überbehandlung, die Forderung nach einer Therapiebegrenzung sowie der Wunsch nach Selbstbestimmung am Lebensende klar von der Tötung auf Verlangen gelöst wurden.

Ähnliches war in Film und Fernsehen festzustellen, wo Sterbehilfe ein wichtiges Motiv blieb. Praktiken der Tötung auf Verlangen wurden nun stark in einem Spannungsfeld von „Mord" und „Gnade" debattiert.[260] Im englischsprachigen Bereich war es der Sterbehilfe-Arzt Jack Kevorkian, der sich hervorragend als Symbolfigur für diesen Zwiespalt eignete: „Dr. Death" war in den 90er Jahren in Dokumentationen und Nachrichtensendungen fast omnipräsent und personifizierte oft die Schattenseiten von ärztlich assistiertem Suizid und aktiver Sterbehilfe.[261] Auch die sich in den USA in der letzten Dekade des 20. Jahrhunderts formierende Anti-Euthanasiebewegung nutzte das Medium Film für harte Angriffe auf die Sterbehilfe.[262] International genau rezipiert wurde die Entwicklung in den Niederlanden: Im Rahmen ihrer Dokumentarfilmreihe „Modern Times" berichtete die BBC im Frühjahr 1995 aufgeschlossen über die dortigen, neuen Möglichkeiten im Bereich der Sterbehilfe. Die Sendung „Death on Request", die in der anschließenden „Late Show" ausführlich diskutiert wurde, zeigte den Fall eines an ALS leidenden Niederländers, der von seinem Hausarzt aktive Sterbehilfe erhielt. Die positive Darstellung sorgte für Entsetzen in Großbritannien: Zahlreiche Experten bemängelten die schlechte medizinische Beratung, die der Patient im Vorfeld seiner Entscheidung erhalten habe.[263] In der Bunderepublik setzten sich eine Reihe von Dokumentationen kritisch mit den neuen rechtlichen Bedingungen der Sterbehilfe in dem Nachbarland auseinander – mitunter stellten Sendungen wie „Erlösung Todesspritze?" und „Hollands langer Schatten oder: Euthanasie durch die Hintertür" von 1994 derartigen Praktiken dezidiert hospizliche Ideen einer humanen Sterbebegleitung entgegen.[264] Auch andere Dokus problematisierten im Zuge einer Dar-

---

[259] Ebd., Min. 2:11:25–2:25:30.
[260] Vgl. etwa eine gleichnamige Fernsehdebatte in der kanadischen Nachrichtensendung „The National" von 1995 (Murder or Mercy. Euthanasia on Trial. Kanada/CBC 1995) oder für eine filmische Umsetzung Kenneth Sherman: The Time Being. USA 1998.
[261] In Auswahl: Susan Lehman: Michigan v. Kevorkian. The Trial of Dr. Death. USA 1995; Michael Betzold u. a.: The Kevorkian File. Australien/SBS 1997; Michael Kirk/Michael Sullivan: Physician-assisted Suicide on Trial. Australien/SBS 1997; sowie die am 14.5.1996, 25.8.1996 und 4.11.1997 ausgestrahlten Folgen „The Kevorkian Verdict. The Life and Legacy of the Suicide Doctor" der investigativjournalistischen Dokureihe „Frontline" (USA/PBS 1996), „Kevorkian on the Record" der Nachrichtensendung Dateline (USA/NBC 1996) und „Calling Dr. Kevorkian. A Date with Dr. Death" der Dokumentarfilmserie „America Undercover" (USA/HBO 1997).
[262] Vgl. International Task Force on Euthanasia and Assisted Suicide: Euthanasia: False Light. USA 1995; zur Anti-Euthanasiebewegung vgl. Zülicke, Sterbehilfe, S. 69 und S. 83.
[263] Modern Times: Death on Request. Großbritannien/BBC Two 1995. Vgl. zu dem Fall Keown, Euthanasia, S. 145–147.
[264] Uwe Mönninghoff: Erlösung Todesspritze? Der neue Streit um Sterbehilfe. Bundesrepublik Deutschland 1994; Heidi und Bernd Umbreit: Hollands langer Schatten oder: Euthanasie durch die Hintertür. Bundesrepublik Deutschland 1994.

stellung des Schicksals von Sterbenden und ihrer Angehörigen Formen der Sterbehilfe und präsentierten diese im Kontrast „Sterbebegleitung kontra Todesspritze", wie es 1997 im Rahmen eines Themenabends bei Arte hieß.[265]

Ein neues Urteil und seine Folgen: Sterbehilfe in der deutschen Zeitgeschichte 1973–2022

Wie in vielen anderen Feldern der „Entdeckung des Sterbens" ging es in der Auseinandersetzung um die Sterbehilfe im Kern um die Frage, wie es dem modernen Menschen gelingen konnte, den Tod zu zähmen, der Furcht vor einem langen, schmerzhaften Sterbeverlauf oder einem hilflosen „Vegetieren" an Apparaten zu begegnen, ja das Grundziel eines Lebensendes mit der größtmöglichen Autonomie und Würde sicherzustellen. Immer wieder wird in der Forschung auf einen langen, kontinuierlichen Weg der Legalisierung der Sterbehilfe von Anfang der 70er Jahre bis ins 21. Jahrhundert hinein verwiesen.[266] Einen solchen gab es unzweifelhaft hinsichtlich Fragen des Behandlungsabbruchs, des Therapieverzichts sowie der passiven und indirekten Sterbehilfe, und zwar gleichermaßen in beiden deutschen Staaten wie in der wiedervereinigten Bundesrepublik: Eine öffentliche Debatte, angetrieben von spezifischen massenmedialen Darstellungslogiken, politische und juristische Grundsatzentscheidungen, wissenschaftliche Kontroversen, sich wandelnde kirchliche Positionen sowie neue ärztliche Herausforderungen und Problemlösungen katalysierten eine klar wachsende gesellschaftliche Akzeptanz jener Praktiken. Wenn indes in den Jahren vor und nach der Jahrtausendwende viele kritische Kommentatoren in Deutschland im gleichen Atemzug eine ebenso pauschal steigende Zustimmung zur aktiven Sterbehilfe in den Dekaden zuvor diagnostizierten, so war dies mehr als irrig – und eher normative Warnung denn empirischer Befund.[267] Auch wenn die Tötung auf Verlangen durchaus sagbar, phasenweise sogar salonfähig geworden war, so war der Weg dorthin doch ebenso zyklisch wie steinig gewesen. Und überdies, das war in den 90er Jahren für Befürworter wie Gegner der aktiven Sterbehilfe kaum zu übersehen, hinkte Deutschland auf diesem Gebiet der internationalen Entwicklung deutlich hinterher.[268]

Fraglich erscheint, dass dies Folge einer gesellschaftlichen Tabuisierung war, die, wie insbesondere die Sterbehilfeverfechter unter Aufgreifen der beliebten Ver-

---

[265] Monika Lobkowicz u. a.: Todesschmerz: Sterbebegleitung kontra Todesspritze. Arte 1997. Vgl. auch Silvia Matthies: Das Recht zu töten – Die Folgen der neuen Euthanasie-Diskussion. ARD 1997 oder die Folgen „Fern und doch so nah: Menschen im Koma und ihre Angehörigen" der Dokureihe „37 Grad" (ZDF 1997) bzw. „Sterbebegleitung oder Sterbehilfe?" des Magazins „Horizonte" (HR 1998), die im November 1998 anlässlich des Urteils des OLG Frankfurt und der neuen „Grundsätze zur ärztlichen Sterbebegleitung" der Bundesärztekammer ausgestrahlt wurde.
[266] Vgl. Zülicke, Sterbehilfe, S. 67.
[267] Vgl. Fischer, Sterbehilfe, S. 110; Zülicke, Sterbehilfe, S. 90; Fischer, Erde, S. 49–61.
[268] Vgl. zu dieser Einschätzung Kimeswenger, Wunsch, v. a. S. 112 und Krome, Entwicklung, S. 95 f.

drängungsthese behaupteten, ein offenes Thematisieren jener Fragen unmöglich mache – zumal zum „Tabu Sterben" in diesem Fall sogar noch das „Tabu Nationalsozialismus" hinzukomme.[269] Vielmehr fiel bereits zeitgenössischen Kommentatoren auf, dass derartige Behauptungen eher eine strategische Funktion im Ringen um Deutungshoheit bezüglich der Ausgestaltung eines humanen Sterbens hatten.[270] Sicherlich ist richtig, dass gerade die Erinnerung an den Nationalsozialismus die Auseinandersetzung mit Sterbehilfe in der deutschen Zeitgeschichte stets prägte. Tabuisierend gewirkt hat sie indes nie: Sie war vielmehr ein Argument, das die Gegner als Mahnung gegen eine Zulassung der Tötung auf Verlangen ins Feld führten, und somit Teil einer lebhaften Debatte. Darüber hinaus zeigten sich in dieser Diskussion über Sterbehilfe durchaus immer wieder Kontinuitätslinien, über die vermeintliche Zäsur von 1945 hinaus, etwa mit Blick auf Ideen der Eugenik.[271] Tatsächlich bewegte sich die Auseinandersetzung, wie nicht erst die Singer-Kontroverse verdeutlichte, stets in einem Spannungsfeld von individueller Selbstbestimmung und biopolitisch motivierten „Sozialtechnologien": Modernen Bemühungen um eine „Versicherheitlichung" in Form der Aufrechterhaltung der eigenen Autonomie im Angesicht der medizintechnischen Entwicklung standen gesundheitsökonomische, utilitaristisch-rationale Erwägungen gegenüber, die deutlich ältere Ursprünge hatten.[272]

In jedem Fall war es eben keine logische Folge einer historischen Langzeitentwicklung, als das Bundesverfassungsgericht am 26. Februar 2020 das Verbot der geschäftsmäßigen Suizidbeihilfe mit der Begründung aufhob, dass sich aus dem Grundgesetz ein Recht auf selbstbestimmtes Sterben ableiten ließe, welches auch die Inanspruchnahme der Hilfe Dritter einschließe.[273] Denn immerhin reagierte das Gericht damit lediglich auf die Neufassung des § 217 StGB, die der Bundestag erst fünf Jahre zuvor erlassen hatte und die eben jene Praktiken untersagte – das Gesetz zielte dabei eindeutig auf Sterbehilfevereine mit kommerziellen Interessen. Dennoch liefen die Gegner der Sterbehilfe einmal mehr Sturm und warnten, wie der Diakonie-Präsident Ulrich Lilie, vor „Konsequenzen, deren Folgen nicht ab-

---

[269] Vgl. Lorenz Müller: „Zur Freiheit des Sterbens." *vorgänge* 8 (1969), Nr. 10–11, S. 380–383; Frey, Nachwort, v. a. S. 267 f.; Wolfgang Bartsch: „Sterben und sterben lassen. Das Tabu Tod und die Euthanasie." *Frankfurter Rundschau*, 10. 3. 1973. Vgl. zur Tabuisierungsthese Kap. 3.1 sowie zu ihrem Gebrauch in der DGHS Kap. 9.2.
[270] Joachim Neander: „‚Diese Gesellschaft' und die angebliche Tabuzone Tod. Zur Diskussion über die Tat eines medizinischen Show-Mannes." *Die Welt*, 27. 4. 1984; Oliver Tolmein: „Ethik-Experten auf Abwegen." *Die Tageszeitung*, 25./26. 5. 1996, S. 14.
[271] Vgl. hierzu für die Schweiz Wecker, Eugenics.
[272] Vgl. zu diesem Spannungsfeld ausführlich die soziologische Studie von Ludger Fittkau, der von einer Gleichzeitigkeit von „Autonomie und Fremdtötung" spricht; Fittkau, Autonomie.
[273] Zum Beschluss und zur Urteilsverkündung vgl. die Pressemitteilung Nr. 12/2020 des BVerfG vom 26. 2. 2020, online unter https://www.bundesverfassungsgericht.de/SharedDocs/Pressemitteilungen/DE/2020/bvg20-012.html [15. 12. 2021] sowie BVerfG, Urteil des Zweiten Senats vom 26. Februar 2020 - 2 BvR 2347/15 -, Rn. (1–343), online unter http://www.bverfg.de/e/rs20200226_2bvr234715.html [15. 12. 2021].

schätzbar sind."[274] Die *Luzerner Zeitung* frohlockte umgekehrt, dass dies gute Nachrichten seien, immerhin könnten die Deutschen nun endlich „wieder zu Hause sterben", der nervige Sterbetourismus in die Schweiz sei damit Geschichte.[275] Mehr als irreführend in der Rezeption war die Interpretation der Gerichtsentscheidung als „Sterbehilfe"-Urteil, das – wie die Kritiker verlauten ließen – potenziell auf die Legalisierung einer Tötung auf Verlangen herauslaufe. Denn in Wirklichkeit schrieb das Bundesverfassungsgericht nur das fest, was überhaupt nie strafbar gewesen war und in der Bundesrepublik bereits in den 80er Jahren von Ärzten wie Julius Hackethal oder der DGHS durchaus mit geschäftsmäßigem Interesse praktiziert worden war: Suizidbeihilfe.[276] Völlig unberührt vom Urteil blieb dagegen jenes Setzen einer tödlichen Spritze durch einen Arzt oder einen anderen Dritten, für das die – nach wie vor verbotene – aktive Sterbehilfe steht.[277] So erscheinen auch dieses jüngste Gerichtsurteil und die aufgeregte Debatte darum weniger als eine Zäsur, sondern vielmehr als eine weitere Wegmarke jenes gesellschaftlichen Aushandlungsprozesses, der die deutsche Zeitgeschichte seit den 70er Jahren begleitet.

5.2 Nahtoderfahrungen – Ein Leben nach dem Tod in der Moderne?

> *„Das hier ist meine Nahtoderfahrung. Sie haben mir überhaupt nichts vorzuschreiben."* (Professor Boerne – Tatort: Limbus)

Die Versuche einer Zähmung des Todes, die die gesellschaftliche Auseinandersetzung um die Sterbehilfe seit den frühen 70er Jahren beschleunigten, strahlten parallel dazu auf ein weiteres Phänomen zurück: So explodierte in dieser Zeit das Interesse am Thema Nahtoderfahrungen. Der Grund hierfür lag zum einen erneut im medizintechnischen Fortschritt, insbesondere in den neuen Möglichkeiten einer Wiederbelebung klinisch Toter. Damit gerieten Grenzbereiche am Lebensende in den Blick, die durchaus historische Vorläufer hatten. Bereits in der Antike und verstärkt seit dem 17. Jahrhundert beschrieben Zeitgenossen oft anekdotische,

---

[274] Zit. nach https://www.bildderfrau.de/gesundheit/praxisratgeber/article228550195/Sterbehilfe-ist-als-Dienstleistung-zulaessig.html [15. 12. 2021].

[275] Vgl. https://www.luzernerzeitung.ch/international/deutsche-durfen-wieder-zu-hause-sterben-ld.1198585 [15. 12. 2021] und https://www.luzernerzeitung.ch/international/gutes-zeichen-fuer-die-schweiz-der-deutsche-sterbehilfeentscheid-und-seine-auswirkungen-auf-den-sterbetourismus-ld.1198584 [15. 12. 2021]. Tatsächlich stammten knapp 50% aller zwischen 1998 und 2021 vom Schweizer Verein Dignitas in den Suizid begleiteten Menschen aus Deutschland. Vgl. http://www.dignitas.ch/images/stories/pdf/statistik-ftb-jahr-wohnsitz-1998-2021.pdf [15. 09. 2022]. Für den Hinweis danke ich Eric Franklin.

[276] Vgl. zu den Praktiken der Suizidbeihilfe der DGHS und Hackethals ausführlich Kap. 9.2.

[277] Vgl. https://www.spiegel.de/panorama/justiz/sterbehilfe-was-das-urteil-des-bundesverfassungsgericht-zum-begleiteten-suizid-besagt-a-6a263d8a-4a64-4539-aa98-333d3f65991f [15. 12. 2021].

5.2 Nahtoderfahrungen – Ein Leben nach dem Tod in der Moderne? 225

mitunter aber auch verbürgte Fälle von Menschen, die sich in einer Art Schwellenzustand zwischen Leben und Tod befanden: Der Scheintod – in Form von bewusstlosen, aber noch lebenden Menschen ohne erkennbaren Pulsschlag oder wahrnehmbare Atmung – entwickelte sich am Ende der Frühen Neuzeit, als naturphilosophische Strömungen die Medizin dominierten, zu einer viel diskutierten Erscheinung, mit der sich starke Ängste verbanden. Insbesondere die Furcht, lebendig begraben zu werden und eingeschlossen im Sarg wieder zu erwachen, avancierte nicht nur zu einem beliebten Motiv in der Literatur, sondern erwies sich auch als Triebkraft für gesellschaftliche, medizinische und politische Reaktionen. So waren es der wissenschaftliche Fortschritt, neue Verfahren der Todesfeststellung und speziell eingeführte Praktiken im Umgang mit dem toten Körper (Leichenhäuser), die in der zweiten Hälfte des 19. Jahrhunderts dafür sorgten, dass der Scheintod sukzessive an Bedeutung verlor.[278]

Zum anderen hatte sich im Zuge der thanatologischen Revolution ein neues wissenschaftliches wie öffentliches Interesse daran ausgeprägt, was eigentlich beim Sterben und nach dem Tod genau mit einem Menschen geschieht. In diesem Zusammenhang gewannen subjektive Sterbeerlebnisse seit den 60er Jahren an Bedeutung. Gerade die psychologisch und soziologisch ansetzende Forschung fokussierte stark individuelle Erfahrungen von Todkranken.[279] Dabei stieß sie rasch auf Erlebnisberichte, in denen Menschen paranormale Bewusstseinszustände in lebensbedrohlichen Situationen beschrieben, etwa nach Unfällen, Kreislaufstillständen oder komatösen Zuständen. Bis heute ist umstritten, ob derartige Nahtoderlebnisse tatsächlich Todeserfahrungen darstellen, oder – sofern ihre Überlieferung ernst zu nehmen ist – auf bestimmte neurologische Prozesse und (Fehl-)Funktionen in physisch und psychisch extrem belastenden Situationen zurückgeführt werden können, die nicht kausal mit dem Sterben zusammenhängen müssen.[280]

In jedem Fall erklärt sich vor diesem doppelten Hintergrund, dass die Zahl an Veröffentlichungen über Nahtoderfahrungen Mitte der 70er Jahre in die Höhe schnellte. Insbesondere „Life after Life" des amerikanischen Psychiaters Raymond A. Moody entwickelte sich sowohl international als auch in der Bundesrepublik zu einem enormen Publikumserfolg, dessen Rezeption wesentlich für die Popularisierung des Begriffes „Nahtoderfahrung" im Laufe der folgenden Dekade verantwortlich war (vgl. Abb. 19). Das Buch versammelte ebenso wie die umgehend nachgeschobene Anschlusspublikation „Reflections on Life after Life" Aufzeichnungen von Reanimierten, die übereinstimmend von ähnlichen Erfahrungen berichteten: Tunnelerscheinungen, einem goldenen Licht, einer spürbaren Trennung von Körper und Seele, einer komprimierten Rückschau auf das eigene Leben, einer Begrüßung durch ihnen bekannte, bereits verstorbene Personen, einem Blick in

---

[278] Vgl. zur Geschichte des Scheintods Ariès, Geschichte des Todes, S. 504–517; Groß, Behandlung; Wittwer/Schäfer/Frewer, Sterben, S. 88–92 und Bauer, Scheintod.
[279] Vgl. etwa Bahle, Angst sowie zur Thanatologie Kap. 4.1.
[280] Vgl. hierzu ausführlich Schmied-Knittel, Physik und Engmann, Experiences.

5. 1973: Der Skandal, oder: Euthanasie reloaded?

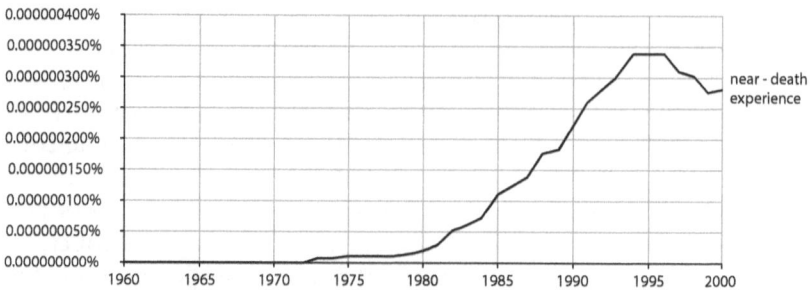

Abb. 19: Prozentuale Häufigkeit des Begriffes „near-death experience" im englischsprachigem Google Ngram-Textkorpus (1960-2000)[281]

eine Art Jenseits, das schön und friedlich erschien – sowie einem Unwillen, wieder ins Leben zurückzukehren.[282] Dass sich rasch fundamentale methodische wie empirische Kritik an der Darstellung Moodys regte, die unter anderem die unreflektierte Behandlung anekdotischer Erzählungen als wissenschaftliche Fakten bemängelte,[283] tat der intensiven Rezeption keinen Abbruch: Die deutsche Übersetzung „Leben nach dem Tod" stand im Herbst 1977 vier Wochen lang auf Platz 1 der *Spiegel*-Bestsellerliste und bescherte dem Rowohlt Verlag alleine im Erscheinungsjahr einen Absatz von 175 000 Exemplaren.[284] Mit seinen Bemühungen, „das Jenseits, das zunehmend an Glaubwürdigkeit verliert, wieder zusammenzuflicken" war Moody, wie ein Rezensent im *Spiegel* feststellte, trotz der wissenschaftlich „unzulänglichen Mittel" offenkundig erfolgreich.[285]

Dies lag auch daran, dass er keinesfalls der erste war, der derartige Phänomene präsentierte, sondern sich vielmehr ins bereits gemachte Nest setzen konnte. Da Nahtoderfahrungen sich fast immer mit Jenseitsvorstellungen verbanden und in einer engen Beziehung zum Glauben an ein Leben nach dem Tod standen, erwiesen sie sich als besonders anschlussfähig für kirchliche Positionen.[286] So waren es gerade christliche Autoren wie Johann Christoph Hampe, die Mitte der 70er Jahre für ihre Popularisierung verantwortlich zeichneten und dabei in der Regel direkt an den zeitgleich wachsenden Glauben an ein Leben nach dem Tod anknüpften.[287]

---

[281] https://books.google.com/ngrams/graph?content=Near-death+experience&year_start=1960&year_end=2000&corpus=15&smoothing=3&share=&direct_url=t1%3B%2CNear%20-%20death%20experience%3B%2Cc0#t1%3B%2CNear%20-%20death%20experience%3B%2Cc0 [15. 12. 2021].

[282] Moody, Life after Life [Deutsch: ders., Leben nach dem Tod]; ders.: Reflections [Deutsch: ders., Nachgedanken].

[283] Vgl. als Überblick Alcock, Psychology.

[284] Vgl. Rudolf Kautzky: „Das Jenseits zusammenflicken?" *Der Spiegel* 32 (1978), Nr. 22, S. 219–221.

[285] Ebd.

[286] Vgl. ausführlich Kap. 3.2.

[287] Hampe, Sterben. Vgl. auch Boros, Tod; Boff, Was kommt nachher.

Über Nahtoderfahrungen konnten bestimmte christliche Bildwelten transportiert werden, die seit den 70er Jahren wieder medial sichtbarer wurden und in unsicheren lebensweltlichen Bereichen Orientierung boten.[288] Gerade die Vorstellung eines „Himmels" erlebte im Kontext der neuartigen Jenseitsvorstellungen ein bemerkenswertes Comeback. Tatsächlich war in den 70er Jahren eine Mehrheit der Menschen von dessen Existenz überzeugt. Im Unterschied zu Himmelsvorstellungen in früheren Epochen war dieser Glaube nun zwar weniger detailliert: Die Menschen hatten – wie Umfragen in den USA Anfang der 80er Jahre ergaben – keine Vorstellung davon, wie ihr Leben im Jenseits konkret aussehen würde. In vielerlei Hinsicht erwiesen sich die volkstümlichen Bilder des 19. Jahrhunderts vom Leben nach dem Tod jedoch als sehr konsistent und überdauerten bis in die jüngste Zeitgeschichte.[289] Dies galt vor allem für die Erwartung, Verwandte und Freunde im Himmel wiederzusehen. Dass der Tod Familien erst auseinanderreißt, die dann im Himmel wieder zusammengeführt würden, markierte eine prägende Säule des Jenseitsglaubens, die sich direkt in den als solchen präsentierten Nahtoderfahrungen niederschlug.

Entscheidend für die allgemeine Popularität des Phänomens in den 70er und frühen 80er Jahren war jedoch, dass die Argumentation nicht rein theologisch erfolgte, sondern wissenschaftlich grundiert war. Der 1974 erschienene Sammelband „Leben nach dem Sterben" von Alfons Rosenberg bot etwa nicht nur Beiträge von evangelischen und katholischen Geistlichen, darunter Joseph Kardinal Ratzinger, sondern warf auch einen Blick auf den Glauben an ein Fortleben nach dem Tod in anderen Kulturkreisen und Disziplinen wie der Biologie.[290] Ratzinger forderte in seinem Beitrag, eine Vermittlung zwischen „den Fakten der Offenbarung und den positiven Gegebenheiten der Wissenschaft", um eine „sinnvolle Antwort" auf die Frage zu erhalten, was jenseits des Todes liege.[291] Und ohnehin reklamierten Veröffentlichungen zum Thema Nahtoderfahrungen stets einen wissenschaftlichen Anspruch: Die deutsche Übersetzung von Moodys Bestseller erschien bezeichnenderweise mit dem Untertitel „Die Erforschung einer unerklärlichen Erfahrung" und kündigte den medizinischen Doktortitel des Autors groß auf dem Cover an. In einem umfangreichen Fragekatalog begegnete der Autor gleich selbst möglichen Zweifeln, die dem Leser bei der Lektüre gekommen sein mögen: Als Antwort auf den ersten Einwand („Haben Sie sich das Ganze nicht bloß ausgedacht?") verwies Moody schlicht darauf, dass er sich „sehr ernsthaft auf eine wissenschaftliche Laufbahn" vorbereite und „Professor für Psychiatrie und für philosophische Fragen der Medizin" werden wolle – eine „betrügerische Fälschung" müsse, so das optimistische Argument, demnach niemand fürchten.[292]

---

[288] Vgl. Maier, Religion.
[289] Lang/McDannell, Himmel, S. 408–416.
[290] Rosenberg, Leben.
[291] Ratzinger, Todes, Zitate S. 15 f.
[292] Moody, Leben nach dem Tod, S. 135.

Tatsächlich fand sich ein neues Interesse am Leben nach dem Tod nicht nur in den Kirchen, sondern auch in unterschiedlichen akademischen Disziplinen. Hier war es die in den 70er Jahren boomende Parapsychologie, die sich im letzten Viertel des 20. Jahrhunderts intensiv mit den Grenzbereichen am Lebensende auseinandersetzte.[293] Der lettisch-amerikanische Parapsychologe Kārlis Osis sammelte bereits in den 60er Jahre über großangelegte Umfragen unter Ärzten und Krankenschwestern in den USA und Indien tausende von Sterbebettvisionen wie Engelserscheinungen. Die in verschiedenen Publikationen, teilweise gemeinsam mit seinem in Freiburg bei Hans Bender ausgebildeten isländischen Kollegen Erlendur Haraldsson, aufbereiteten Ergebnisse seiner Studie liefen letztlich darauf hinaus, dass Sterbende kurz vor oder während ihres Ablebens antizipierten, dass der Tod nicht das Ende bedeutete.[294] Nicht nur aufgrund des problematischen methodischen Zugriffs mit Erfahrungsberichten aus zweiter Hand wurden diese Befunde jedoch heftig kritisiert.[295] Dessen ungeachtet überflutete eine ganze Schwemme an Büchern zu Nahtoderlebnissen, Wiedergeburt und Jenseitsvorstellungen ab Mitte der 70er Jahre den westdeutschen Büchermarkt, in denen Parapsychologen, Spiritisten und Esoteriker wie der Erfinder der Reinkarnationstherapie Thorwald Dethlefsen ihre Ideen und Fallberichte präsentierten, dabei aber mitunter sogar Co-Autoren wie den Theologen Helmut Aichelin fanden, der die damals in Stuttgart sitzende Evangelische Zentralstelle für Weltanschauungsfragen leitete.[296] Und sogar Prominente wie der Bergsteiger Reinhold Messner, der 1978 ein Buch über Todeserfahrungen bei Bergunglücken veröffentlichte, sprangen auf den Zug der paranormalen Erscheinungen am Lebensende auf.[297]

Deutlich sichtbar waren die Bemühungen um wissenschaftliche Glaubwürdigkeit in der parapsychologischen Nahtodforschung. So postulierte etwa einer der führenden deutschen Parapsychologen, Werner Schiebeler, der in seinem Buch „Der Tod, die Brücke zu neuem Leben" vermeintlich stichfeste „Beweise" für ein Leben nach dem Tod lieferte, bereits mit dem Untertitel „Der Bericht eines Physikers" naturwissenschaftliche Kompetenz und Expertise.[298] Im gleichen Stile versah der Freiburger Esoterik-Verlag Aurum die deutsche Übersetzung eines Buches des kanadischen Reinkarnationsforschers Ian Stevenson mit dem Titelzusatz, das darin nur „überzeugende und wissenschaftlich bewiesene Fälle" präsentiert würden.[299] Und der ebenfalls auf esoterische Themen spezialisierte Schweizer Ariston Verlag kündigte auf dem Buchrücken einer in Erstauflage 1981 publizierten Veröf-

---

[293] Zu Geschichte und Ansatz der Parapsychologie vgl. Hong Xiong, Outline, darin zur parapsychologischen Behandlung von Nahtoderfahrungen S. 193–196.
[294] Vgl. Osis, Observations; Osis/Haraldsson, Hour [Deutsch: dies., Tod].
[295] Vgl. Alcock, Psychology.
[296] In Auswahl: Ford, Bericht; Bernstein, Protokoll; Jacobson, Leben; Dethlefsen, Leben; Adler, Wiedergeboren; Ebon, Erfahrungen; Delacour, Jenseits; Adler/Aichelin, Reinkarnation; Allgeier, Du; Adler, Seelenwanderung.
[297] Messner, Grenzbereich.
[298] Schiebeler, Tod (1991). Vgl. bereits ähnlich Schiebeler, Tod (1983), hierzu auch Kap. 3.2.
[299] Stevenson, Reinkarnation.

fentlichung an, dass der Verfasser, Milan Rýzl, nicht nur einer der „Pionierforscher der Parapsychologie", sondern zugleich „von Hause aus Physiker und Chemiker" sei und als solcher „[w]issenschaftlich erhärtete Fakten" präsentiere, die ein Weiterleben nach dem Tod beweisen und somit „echte Lebens- und Sterbehilfe" leisten würden.[300] Rýzl sah in der Erforschung von Tod und Sterben sowie den sich damit verbindenden außersinnlichen Wahrnehmungen eine der wichtigsten Aufgaben der Parapsychologie, da sie diesbezüglich größere Erkenntnischancen habe als andere Disziplinen. Das Leben nach dem Tod sei „keine bloße Phantasie", wie er anhand von Sterbebettvisionen und mittels einer Betrachtung von außerkörperlichen Erfahrungen nachzuweisen suchte, die in einer kurzen Phase zwischen klinischem Tod und wirklichem Tod erfolgten, aus der dank der modernen Möglichkeiten der Wiederbelebung durchaus eine Rückkehr ins Leben möglich sei.[301]

In der Tat wurden Nahtoderfahrungen auch in etablierten akademischen Disziplinen und von anerkannten Forschern aufgegriffen – deren Befunde und Perspektiven in vielen Punkten denen der Parapsychologie erstaunlich ähnlich waren. Der aus der Tschechoslowakei stammende und in den USA forschende Psychotherapeut Stanislav Grof und die medizinische Anthropologin Joan Halifax bestätigten nur kurze Zeit nach der Veröffentlichung von Moodys Buch dessen Kernaussagen – vorausgegangen waren Experimente, bei denen sie sterbenden Krebspatienten LSD verabreicht hatten, womit sie ihre physischen wie psychischen Schmerzen bekämpfen wollten.[302] Der Psychologe Kenneth Ring entwickelte mittels systematischer Interviewbefragungen und quantifizierender Methoden ein Stufenmodell von Nahtoderlebnissen: Auf eine Phase der Friedlichkeit, in der der Sterbende sämtliche Ängste und Schmerzen verliere, folgten außerkörperliche Erfahrungen, eine Reise durch einen Tunnel und das Erreichen des Lichts.[303] Anfang der 80er Jahre gründeten Ring, Moody und andere in den USA die International Association for Near-Death Studies sowie das Journal of Near-Death Studies, die sich ebenso wie zahlreiche Konferenzen und Forschungsprojekte durchaus differenziert und kontrovers mit den Hintergründen von Nahtoderfahrungen befassten.[304] Dank des Rückgriffs auf anerkannte wissenschaftliche Verfahren und Praktiken erhielt das Thema wenigstens zeitweise Eingang in den akademischen Mainstream, schien es doch so, als ließe sich der Vorwurf des Anekdotischen mittels einer systematisierenden Erforschung von Nahtoderfahrungen entkräften.

Hierzu trug auch die Thanatologie entscheidend bei, die Nahtoderfahrungen und Vorstellungen vom Leben nach dem Tod als zentrale Gegenstände für sich entdeckte. Diese wurden zu einer Art anthropologischen Konstante erklärt, da sie

---

[300] Rýzl, Tod (1995).
[301] Vgl. ebd., v. a. S. 61–73, Zitat S. 64. Zum Verhältnis von Nahtoderfahrungen und außerkörperlichen Erlebnissen vgl. Grof, Erfahrung, S. 81–83.
[302] Grof/Halifax, Begegnung, v. a. S. 186–190. Das amerikanische Original erschien unter dem Titel „The Human Encounter with Death" im Jahr 1977.
[303] Ring, Life. Vgl. auch ders., Omega [Deutsch: ders., Tod].
[304] Vgl. hierzu Hong Xiong, Outline, S. 196 sowie Greyson, Vorwort.

in allen Kulturkreisen, Religionen und in unterschiedlichsten Epochen zu beobachten seien.[305] In vielen thanatologischen Publikationen widmete sich folglich ein Kapitel der Frage, was genau beim Sterben und nach dem Tod eines Menschen geschieht.[306] Nahtoderfahrungen erschienen dabei als integraler Bestandteil jenes „natural death", für dessen gesellschaftliche Wiederentdeckung die Thanatologie kämpfte.[307] Sie verbanden sich in den 70er Jahren insbesondere mit den wachsenden Bemühungen, Tod und Sterben als etwas Schönes zu beschreiben, vor dem kein Mensch Angst haben müsse. Die Vorstellung eines Lebens nach dem Tod und einer Unsterblichkeit war ein zentraler Baustein der „Happy Death Movement".[308] So erschien 1974 in der Bundesrepublik die Erstauflage des Buchs „Blick nach drüben" des renommierten Mediziners und Psychiatrie-Professors Eckart Wiesenhütter. Dieser beschrieb darin Nahtoderlebnisse, die er bei anderen und einmal sogar bei sich selbst beobachtet habe. In allen Fällen sei, wie Moody im Jahr darauf wiederholte, die erfolgreiche Wiederbelebung vom Patienten nur widerstrebend akzeptiert worden, ein vermeintlicher Beleg dafür, dass auf das Ende der irdischen Existenz eine bessere Zukunft folge. Eine Art Todessehnsucht ersetzte in diesem Sinne im Narrativ der Nahtoderfahrungen eine Todesangst.[309] Das Sterben wiederum konnte so als ein Erlebnis begriffen werden, dem man sich angstfrei nähern und das schön sein konnte.[310] Auch andere Veröffentlichungen präsentierten derartige Erfahrungen als etwas grundsätzlich Beglückendes, worin ein wichtiger Unterschied zum älteren Phänomen des Scheintodes lag.[311] So trug der publizierte Bericht eines Schweizer Ingenieurs über seine Nahtoderfahrung etwa den Titel „Mein schönstes Erlebnis war der Tod."[312]

Angesichts dessen war es nur konsequent, dass sich auch die populärste Sterbeforscherin jener Zeit, Elisabeth Kübler-Ross, rasch dem Nahtod zuwandte. Sehr zum Unmut einiger ihrer Fachkollegen stürzte sich die Thanatologin seit den frühen 70er Jahren mit zunehmender Begeisterung auf dieses Thema. Denn die Wissenschaft, so erläuterte sie im von ihr verfassten Vorwort zu Moodys Bestseller, habe viel über den Vorgang des Sterbens herausgefunden, dagegen fehlten Erkenntnisse darüber, was beim Eintritt des Todes geschehe und welche Erfahrungen klinisch Tote machten.[313] Zusammen mit ihrem engen Vertrauten, dem Priester und ehemaligen Black Panther-Aktivisten Renford Gaines sammelte auch sie systematisch Zeugen, die über derartige Erlebnisse berichten konnten. Kübler-Ross

---

[305] Vgl. Klimkeit/Ozols, Tod; Raguse, Tod; Grof/Grof, Todes; Zaleski, Journeys; Braun, Jenseits.
[306] Vgl. in Auswahl DeSpelder/Strickland, Last Dance, S. 439–471; Albery/Elliot/Elliot, Death, S. 38–56; Schreiber, Ende, S. 155–178; Jones, Reise, S. 185–219.
[307] Vgl. Albery/Elliot/Elliot, Death, S. 7–13.
[308] Vgl. Schmied, Sterben, S. 90–93; Lofland, Craft, S. 87 f. und ausführlich zur „Happy Death Movement" Kap. 4.1.
[309] Wiesenhütter, Blick.
[310] Vgl. Bahle, Angst.
[311] Vgl. etwa Hampe, Sterben.
[312] Rýzl, Tod (1995), S. 217–227.
[313] Moody, Leben nach dem Tod, S. 9–11.

kam bei der Analyse zu ähnlichen Ergebnissen wie Moody und viele andere, sowohl was die Gestalt der spezifischen Phasen des Todes (gekennzeichnet unter anderem durch ein Austreten aus dem Körper, Zustände der Energie und die Erscheinung eines warmen, strahlenden Lichts) als auch was die Glaubwürdigkeit der Quellen anging: „In allen Fällen", so erinnerte sie sich in ihrer Autobiografie, „glichen sich die Nahtoderfahrungen so sehr, daß die Berichte darüber wahr sein mußten." Mitte der 70er Jahre glaubte Kübler-Ross gar, dass ihr mit einem Foto von einer angeblichen Fee in einem Blumenbeet der Beweis für ein Leben nach dem Tod gelungen sei. Es folgten zahlreiche eigene außerkörperliche Erfahrungen, teilweise herbeigerufen durch Experimente im Labor des bekannten Bewusstseinsforschers Robert Monroe in Virginia – dieser hatte ein auf einer Audiotechnologie basiertes Verfahren (die „Hemi-Sync"-Methode) entwickelt, in dem mittels bestimmter Tonklänge Nervenimpulse im Gehirn ausgelöst wurden, die entsprechende Sinneswahrnehmungen erzeugen konnten. Stets schien der Thanatologin das (vermeintliche) Sterben dabei nicht nur angenehm, sondern „ein Vergnügen" zu sein.[314]

Bei aller wissenschaftlichen Skepsis hatte Kübler-Ross in der Öffentlichkeit damit indes einmal mehr durchaus den Zahn der Zeit getroffen. Der auf esoterische Themen spezialisierte Silberschnur-Verlag sammelte eine Reihe von einschlägigen Vorträgen sowie den Text einer von Kübler-Ross besprochenen Lehrkassette und gab sie 1984 unter dem Titel „Über den Tod und das Leben danach" heraus.[315] Die Veröffentlichung entwickelte sich rasch zu einem Publikumserfolg, erschien bis 2013 in nicht weniger als 41 Auflagen und wurde laut Verlagsangaben über eine Million Mal verkauft.[316] Im Klappentext stellte der Verlag klar, dass es das Zusammenspiel von wissenschaftlicher Expertise und subjektiven Erfahrungen sei, das den präsentierten Erkenntnissen ein besonderes Gewicht verleihe: So müsse sich der „‚Aufgeklärte', der bisher ‚mangels Beweise' ein Leben nach dem Tod leugnete" von der Autorin „vom wissenschaftlichen Standpunkt aus [...] eines besseren ‚belehren' lassen", wobei Kübler-Ross „darüber hinaus ganz persönliche Erlebnisse erfahren [durfte], die das, was sie erforschte, vollauf bestätigen."[317] Kübler-Ross changierte in ihren Ausführungen zwischen einer ablehnenden Haltung gegenüber der verwissenschaftlichten, rationalisierten Gesellschaft, die sie brandmarken würde, wenn sie ihr Wissen über das Leben nach dem Tod öffentlich verkünde, und einer offenbar für notwendig erachteten Betonung der empirischen Fundiertheit ihrer eigenen Forschungen. So stellte sie heraus, dass das Experiment, im Zuge

---

[314] Vgl. zu den in diesem Abschnitt genannten Aspekten Kübler-Ross, Rad, S. 228–272 und S. 307–346, Zitate S. 230 und S. 315. Zu Monroe, dem von ihm etablierten Monroe Institute und der „Hemi-Sync"-Methode vgl. https://www.monroeinstitute.de/workshops-die-bewegen/the-monroe-institute [15. 12. 2021] und Monroe, Journeys (auf Deutsch erschienen als ders., Mann).
[315] Kübler-Ross, Tod.
[316] Vgl. die Angaben auf der Verlagshomepage: https://www.silberschnur.de/ueber-uns [15. 12. 2021].
[317] Kübler-Ross, Tod, Klappentext.

dessen sie eine ihrer persönlichen Nahtoderfahrungen gemacht habe, von „skeptischen Wissenschaftlern überwacht" worden sei.[318] Die Message war, dass, wie es von Verlagsseite im Vorwort formuliert wurde, „wir uns eigentlich vor dem Tode gar nicht zu fürchten haben, denn der Tod ist nicht das Ende, vielmehr ist er ‚ein strahlender Beginn'."[319] Die Einsicht in ein Leben nach dem Tod befreie nicht nur von jeder unnötigen Furcht vor dem Sterben, sondern ermögliche auch eine neue Perspektive auf das Leben – in den Worten von Kübler-Ross: „Nur wenn Sie sich ganz und gar für Höheres öffnen und keinerlei Angst haben, werden Ihnen höhere Einsichten und Offenbarungen mitgeteilt werden."[320]

Die Behandlung von Nahtoderfahrungen und Fragen eines Lebens nach dem Tod reihten sich somit ein in die zunehmende, wissenschaftlich grundierte Romantisierung des Sterbens im Wirken von Kübler-Ross, die für ihre Kritiker Züge einer Verherrlichung trug. Trotz der wachsenden akademischen Skepsis war ihre öffentliche Popularität ungebrochen; tatsächlich deuten die anhaltend hohen Absatzzahlen ihrer Publikationen darauf hin, dass das Motiv der Schönheit des Sterbens durchaus verkaufsfördernd wirkte – nicht umsonst gilt „Über den Tod und das Leben danach" als einer der großen „esoterischen Bestseller in Deutschland".[321] Dies nutzte der Silberschnur-Verlag in den folgenden Jahren immer wieder gezielt, etwa indem er 1992 einen Bildband mit Schmetterling-Fotografien herausgab, die mit Zitaten der Thanatologin unterlegt waren – auch hier wurde die grundsätzliche Message bereits im Titel unmissverständlich klar gemacht: „Jedes Ende ist ein strahlender Beginn."[322]

Was die konkrete Gestalt des im Zuge von Nahtoderfahrungen antizipierten Lebens nach dem Tod angeht, lassen sich zwei Richtungen unterscheiden, wobei die erste stärker religiöser Natur war. Einer der bereits von Moody interviewten Zeugen, der amerikanische Psychiater George Ritchie, veröffentlichte beispielsweise 1978 gemeinsam mit der christlichen Bestseller-Autorin Elizabeth Sherrill das Buch „Return from Tomorrow", in dem er detailliert über seine Nahtoderfahrung Bericht ablegte. Ritchie war als Soldat im Zweiten Weltkrieg infolge einer Lungeninfektion im Feldlazarett bereits für tot erklärt worden, ehe er nach neun Minuten wieder aus der Bewusstlosigkeit erwachte – für Aufsehen in seiner Schilderung der Zeit seines „Todes" sorgte vor allem die kolportierte Begegnung mit Jesus Christus, umso mehr, als er nach eigener Aussage zum damaligen Zeitpunkt nicht gläubig war.[323] Die erstmals Mitte der 80er Jahre erschiene deutsche Übersetzung des Buches erreichte bis in die 2000er Jahre fast 40 Auflagen.[324] Zu ähnlichen Ergebnissen kamen Wissenschaftler im Zuge der eben erwähnten Experi-

---

[318] Vgl. ebd., S. 83–89, Zitat S. 83.
[319] Ebd., S. 5.
[320] Ebd., S. 44.
[321] Vgl. die Werbeanzeige in Kübler-Ross, Sterben lernen, S. 64.
[322] Kübler-Ross, Ende.
[323] Ritchie/Sherrill, Return.
[324] Ritchie/Sherrill, Rückkehr.

mente mit psychedelischen Drogen, die in der psychiatrischen Forschung in den ersten drei Dekaden nach Ende des Zweiten Weltkriegs eine wichtige Rolle spielten.[325] Bereits einige Zeit vor Grof, nämlich in den 60er Jahren, hatte der in Harvard ausgebildete Theologe und Mediziner Walter Pahnke mit Freiwilligen ein entsprechendes Projekt durchgeführt („Good Friday Experiment"). Ziel war es herauszufinden, ob künstlich hervorgerufene Bewusstseinsänderungen zu religiösen Erfahrungen führen konnten. Mittels einer Gegenprobe über eine Placebo-Gruppe gelang ihm ein mutmaßlich empirisch gesicherter Nachweis dafür, den er in Anschlussprojekten unter anderem auch speziell für Sterbende bestätigte. Ausgangspunkt war die Beobachtung, dass viele Krebspatienten verängstigt, voller Schmerzen und sozial isoliert starben, ja einen unwürdigen Tod erlitten. In einer Studie in einer Klinik in Baltimore kombinierte Pahnke eine LSD-Therapie bei Todkranken mit psychotherapeutischen Maßnahmen. Er beschrieb unter anderem den Fall einer Patientin mittleren Alters mit Bauchspeicheldrüsenkrebs im Endstadium, die im Zuge der Behandlung immer klarer die Präsenz Gottes zu spüren begann. Von dem dadurch verbesserten Bewusstsein für Leben, Sterben und Tod habe die Frau selbst ebenso profitiert wie ihr soziales Umfeld. Für Pahnke verband sich damit die Hoffnung, dass die psychedelische Psychotherapie – die allerdings wenige Jahre später in der westlichen Welt verboten wurde – eine positive Wirkung auf das individuelle Todesbewusstsein und die gesellschaftliche Sterbekultur haben könnte.[326]

Die andere Ausprägung der Nahtoderfahrungen ging eher in eine esoterisch-spirituelle Richtung. Derartige Erlebnisberichte enthielten oftmals diffuse Geistervorstellungen, Verweise auf Reinkarnation oder eine Verwandlung in kosmische Energie und waren mitunter kanalisiert durch den Einsatz von übersinnlichen Medien. Berüchtigt und international bekannt war vor allem „Frau Schwarz", eine ehemalige Patientin von Kübler-Ross, die der Thanatologin angeblich nach ihrem Tod im Fahrstuhl erschienen war. In zahlreichen Publikationen und Vorträgen, auch vor Studierenden und vor Fachpublikum, verbreitete die Sterbeforscherin die Geschichte der Erscheinung, stets verwundert darüber, dass viele Zuhörer sie nicht für wahr hielten, sondern auf eine Halluzination zurückführten.[327] Über Mediumismus, Formen des Channeling und Trancezustände strebten Kübler-Ross und etliche ihrer Anhänger danach, mit den Toten zu kommunizieren, um so den Nachweis eines Fortlebens in einem wie auch immer gearteten Jenseits zu erbringen.[328] Derartige Praktiken waren in den 70er Jahren in der westlichen Welt zeitweilig durchaus in breiteren gesellschaftlichen Kreisen anschlussfähig, da die Esoterik in Folge des Aufkommens von Jugend- und Gegenkulturen eine Blütezeit erlebte, die in der alternativ-spirituellen Strömung des „New Age" gipfelte.[329]

---

[325] Vgl. Sessa, Geschichte.
[326] Vgl. Pahnke, Experience.
[327] Vgl. Kübler-Ross, Rad, S. 207–213.
[328] Vgl. ebd., S. 245–254.
[329] Vgl. Hanegraaff, Esotericism, v. a. S. 42–44 sowie zum „New Age" ders., New Age und speziell zu dessen Adaption in der Bundesrepublik Häberlen, Politics.

Den esoterischen Positionen wurde gerade in der Bundesrepublik von theologischer Seite immer wieder kritisch unterstellt, sie trügen zu einer Bagatellisierung des Todes bei.[330] Speziell Kübler-Ross zog mit ihren Aussagen und Handlungen den Zorn kirchlicher Akteure auf sich und sah sich teilweise mit heftigen Widerständen konfrontiert.[331] Dennoch bestanden zwischen den beiden Ausprägungen des Phänomens der Nahtoderfahrungen und der Vorstellungen von einem Leben nach dem Tod viele Berührpunkte. Sie teilten das Streben nach einem wissenschaftlichen Nachweis, dass das Leben nicht mit dem irdischen Dasein ende. Egal welche Form das Jenseits auch konkret hatte, die menschliche Unsterblichkeit wurde dabei als etwas grundsätzlich Schönes und Angenehmes betrachtet.[332] Licht, Wärme, ein Wiedersehen mit alten Freunden und gute Gefühle dominierten die vorgeblichen Erfahrungswelten von Sterbenden oder gerade Verstorbenen, unabhängig davon, ob diese christlich oder spirituell beschaffen waren.

Angesichts der Jenseitsbezogenheit des Themas kann nicht überraschen, dass es in der DDR mit ihrer materialistischen Ideologie keinerlei Rolle spielte. Zwar waren auch in sozialistischen Gesellschaften mitunter Unsterblichkeitsutopien entwickelt worden, die eine Überwindung des Todes anstrebten, diese hatten aber keine metaphysische Dimension, sondern verwarfen explizit den Gedanken an ein Jenseits. In der Sowjetunion strebten Vertreter der Strömung des Biokosmismus vor allem in den 20er Jahren vielmehr einen durch biologische Auslese und naturwissenschaftliche Fortschritte geschaffenen und von seiner körperlichen Sterblichkeit befreiten „neuen Menschen" an, der eine höhere zivilisatorische Entwicklungsstufe erreichen und sich perspektivisch in Richtung Weltraum ausdehnen sollte.[333] Hatten bereits derartige intellektuell-philosophische Visionen im ostdeutschen Realsozialismus keinen Platz mehr, so galt dies noch ungleich stärker für transzendente Fragen eines Lebens nach dem Tod. Eine der wenigen thanatologischen Schriften, die in der DDR Anfang der 80er Jahre überhaupt Nahtoderfahrungen thematisierte, verwarf diese als „subjektive halluzinatorische Erlebnisse". Die Forschung zu diesem Phänomen – unter anderem die Schriften von Kübler-Ross und Moody wurden genannt – sei rein spekulativ.[334]

„Waren Sie schon mal im Jenseits?" Nahtoderfahrungen in den Massenmedien

Im Westen dagegen blieb die Diskussion des Phänomens der Nahtoderfahrungen keinesfalls nur beschränkt auf den akademischen Bereich. Im Gegenteil: Gerade in der Bundesrepublik erfuhr das Thema zwischen Mitte der 70er Jahre und Ende der 80er Jahre – mit Ausläufern bis in die 90er Jahre hinein – eine starke öffentli-

---

[330] Vgl. besonders pointiert Thiede, Tod.
[331] Vgl. Einleitung Kap. 4.
[332] Vgl. Lofland, Craft, S. 95.
[333] Vgl. Groys/Hagemeister, Menschheit und Lohmeier/Kaiser, Medizintechnik.
[334] Baust, Sterben, S. 54–57, Zitat S. 56.

5.2 Nahtoderfahrungen – Ein Leben nach dem Tod in der Moderne?

che Rezeption.[335] Als ungemein medienaffin erwies sich die Mischung aus Sensationsgeschichten, mutmaßlich seriöser Forschung und einem letztlich für alle Menschen relevanten Thema – Nahtoderfahrungen und Jenseitsvorstellungen waren so gerade, aber nicht nur, für die Boulevardpresse ein gefundenes Fressen. Die Aussagen der Forscherikone Kübler-Ross, dass der Mensch nach dem Tod „wie ein Schmetterling" davon schwebe und sie „keinen Zweifel" am Leben nach dem Tode habe, führten zu einer intensiven Presseberichterstattung, unter anderem in der *Bild*, der Zeitschrift *Quick* und dem Berliner Boulevardblatt *B.Z.* – die *Welt* widmete ihnen im Herbst 1976 eine Artikelserie mit Beiträgen von Moody und dem bekannten amerikanischen Religionsjournalisten Kenneth Woodward.[336] Einen ausführlichen Artikel über die kolportierte Begegnung der Thanatologin mit ihrer verstorbenen Patientin „Frau S." (Schwarz) in der Illustrierten *Bunte* rechtfertigte die Redaktion im Juli 1977 vorab mit den Worten: „Diesen Bericht würde die BUNTE nicht drucken, wenn es hier nicht um das Erlebnis einer seriösen Wissenschaftlerin ginge."[337] Kübler-Ross fungierte denn auch als Expertin in einer Artikelreihe zur „geheimnisvollen Welt der Toten", die die auflagenstarke Zeitschrift im Mai 1978 publizierte.[338]

Zu einer Art medialem Sprachrohr von Nahtoderfahrungen entwickelte sich in der Bundesrepublik vor allem die *Bild*-Zeitung. Immer wieder zitierte sie Forscher, die an ein Leben nach dem Tod glaubten, und präsentierte mit reißerischen Titeln wie „Ich war tot – was ich im Jenseits erlebte" versehene Fallgeschichten von Nahtoderfahrungen.[339] Mal sprachen die Toten dabei Englisch und spielten miteinander Tennis, mal befahlen ominöse Stimmen den Verstorbenen, in ihren Körper zurückzukehren, mal trafen gestorbene Kinder im Himmel auf den „lieben Gott" –

---

[335] Vgl. Mayer, Phantome, S. 145–148 und die Presseausschnittsammlung im Ordner „Organtransplantation, Nahtod und Anatomie" in der Geschäftsstelle des Humanistischen Verbands Deutschland in Berlin.

[336] Raymond A. Moody: „‚Kein Zweifel, es gibt Leben nach dem Tode'." *Die Welt*, 12. 9. 1976, S. 25; Kenneth L. Woodward: „‚Kein Zweifel, es gibt Leben nach dem Tode'." *Die Welt*, 19. 9. 1976, S. 31. Vgl. auch „Der Mensch schwebt nach dem Tode davon – wie ein Schmetterling." *Bild*, 21. 11. 1975; Harvey T. Rowe: „Gibt es ein neues Leben nach dem Tod?" *Quick*, 17. 7. 1975, S. 50–51; „Beim Sterben erstrahlt ein helles Licht. Großes Aufsehen um Uni-Vortrag einer Schweizer Sterbe-Forscherin." *B.Z.*, 22. 12. 1982.

[337] „‚Auf dem Flur begegnete ich einer Frau, die seit elf Monaten tot war'." *Bunte*, 14. 7. 1977, S. 28–32.

[338] Vgl. etwa „Die geheimnisvolle Welt der Toten. Ist das Sterben ein Anfang oder ein Ende? Ist das Leben danach eine religiöse Wunschvorstellung oder die Existenz auf anderer Ebene?" *Bunte*, 18. 5. 1978, S. 42–47; „Die geheimnisvolle Welt der Toten. Ein Bericht über Geschehnisse, die Wissenschaftler nicht erklären, aber auch nicht leugnen können." *Bunte*, 25. 5. 1978, S. 52–56.

[339] J. Sailors/C. Gottwaldt: „‚Ich war tot – was ich im Jenseits erlebte'. Nach 3 Minuten und 20 Sekunden wurde ein Kieler ins Leben zurückgerufen." *Bild*, 2. 9. 1977. Vgl. auch in Auswahl: „Was ich nach meinem Tod erlebte." *Bild*, 12. 8. 1976; Sigi Kopp: „Berliner Forscher: ‚Es gibt ein Leben nach dem Tod'." *Bild*, 7. 2. 1979 sowie die Bild-Serie „Ist Sterben schön? Protokolle über Tote, die weiterleben und Botschaften aus dem Jenseits" von Peter Paul Born im Juni 1979, darunter „Oscar operierte mit Taschenmesser. Dr. Fritz führte seine Hände" vom 2.6. und „Tote jagen Kommissar Müller – bald haben sie ihn" vom 9. 6. 1979.

in jedem Fall hörten „tote Seelen" offenbar alles und das Sterben erschien durchweg angenehm, „warm und friedlich".[340] Noch Anfang 1994, als die Blütezeit von Nahtoderlebnissen bereits überschritten war, veröffentlichte das Boulevardblatt eine fünfteilige Artikelreihe „Ist Sterben schön? Neue Bild-Serie über die Rätsel des Todes", im Zuge derer es unverblümt seinen Lesern die Frage „Waren Sie schon mal im Jenseits?" stellte und um entsprechende Einsendungen bat.[341]

Aber auch Presseorgane mit einem gehobeneren Anspruch verschlossen sich nicht dem Phänomen des Nahtodes und Fragen eines Lebens nach dem Tod.[342] Insbesondere als sich in der zweiten Hälfte der 70er Jahre zeitweise die Ansicht verbreitete, dass Nahtoderlebnisse durch naturwissenschaftliche Mechanismen erklärbar seien, war das Thema selbst für Qualitätszeitungen anschlussfähig. Die populären Veröffentlichungen von Moody, Hampe oder Gerhard Adler wurden vor diesem Hintergrund breit und immer wieder positiv besprochen.[343] Ende 1979 befasste sich die *Süddeutsche Zeitung* sogar in einem ausführlichen Hintergrundartikel auf ihrer berühmten Seite Drei mit den Versuchen des Psychodiagnostikers Fidelio Köberle, mittels akustischer Aufzeichnungen einen „Funkverkehr mit Verstorbenen" im Jenseits herzustellen.[344] Die sogenannte Tonbandstimmenforschung, die in esoterischen und parapsychologischen Kreisen seit den 60er Jahren

---

[340] Armin Reuter: „Was eine Münchnerin erlebte, die zwei Minuten tot war. Eine Stimme befahl: Kehr in deinen Körper zurück. Sterben ist schön – alles ist warm und friedlich." *Bild*, 24. 6. 1977, S. 7; Peter Paul Born: „Priester Susmann: Die Toten sprechen englisch und spielen Tennis. Protokolle über Tote, die weiterleben, Menschen, die mehrmals leben, Botschaften, die aus dem Jenseits kamen." *Bild*, 1. 6. 1979, S. 5; Peter Paul Born: „Tote Seelen hören alles." *Bild*, 8. 6. 1979; „‚Der liebe Gott sprach mit mir'. Was sterbende Kinder im Himmel erlebten." *Bild*, 26. 6. 1985.

[341] Heinz Sünder: „Ist Sterben schön? Neue Bild-Serie über die Rätsel des Todes". *Bild*, 31. 1. 1994. Die weiteren vier Artikel in der Serie folgten am 1.2., 2.2., 3.2. und 4. 2. 1994.

[342] Vgl. exemplarisch: „Soll dann alles vorbei sein? Junge Leute diskutieren über ein Leben nach dem Tod." *Die Zeit*, 17. 10. 1975; „Das Leben nach dem Leben. Erfahrungen von ‚klinisch Toten', die zurückkehrten." *Nürnberger Nachrichten*, 23./24. 7. 1977, S. 3; „Sie starben nur für kurze Zeit. US-Wissenschaftler: Vom Leben nach dem Tod überzeugt." *epd Zentralausgabe*, Nr. 142, 26. 7. 1978, S. 4; „Der Tod – Beginn eines neuen Lebens?" *Welt am Sonntag*, 18. 11. 1979 sowie für spätere Beispiele Wieland Schmid: „Gibt es Hinweise auf ein Leben nach dem Tod? Weinsberger Arzt und Forscher möchte dem Sterben den Schrecken nehmen." *Stuttgarter Zeitung*, 8. 8. 1995 und „Ärzte erkunden Erfahrungen am Rande der Ewigkeit." *Berliner Morgenpost*, 22. 3. 1996.

[343] So etwa Susanne Kahl: „Sterben ist ganz anders. Berichte von fast Gestorbenen zwingen zum Umdenken." *Berliner Sonntagsblatt. Die Kirche*, 21. 11. 1976; Heinrich Satter: „Nicht nur einmal leben. Gerhard Adler: ‚Wiedergeboren nach dem Tode?'" *Frankfurter Allgemeine Zeitung*, 6. 5. 1978; Hellmuth Haug: „Werke über das Sterben brechen ein Tabu. Leben nach dem Tod?" *Rheinische Post*, 4. 2. 1978. Vgl. auch stärker kritisch Hans-Dieter Kuhlhay: „Beim Sterben geht's durch einen engen Tunnel. Ein wohlkalkulierter Weg zum Bestseller: Raymond A. Moodys ‚Erforschung' vom ‚Leben nach dem Tod'." *Kölner Stadt-Anzeiger*, 3./4. 12. 1977.

[344] „Jenseits, bitte melden! Fidelio Köberles Funkverkehr mit Verstorbenen." *Süddeutsche Zeitung*, 31. 12. 1979/1. 1. 1980, S. 3. Zu Köberle, der Mitte der 70er Jahre den Verein für Transkommunikationsforschung gegründet hatte, vgl. den Nachruf unter https://www.vtf.de/p126_2.shtml [15. 12. 2021].

Abb. 20: Cover der Spiegel-Ausgabe vom 20. 6. 1977

eine wichtige Rolle spielte, ging zurück auf den estnischen Künstler und selbst ernannten Transkommunikationsexperten Friedrich Jürgenson, der sie auch in der Bundesrepublik erfolgreich als Möglichkeit einer „praktischen [...] Kontaktherstellung mit dem Jenseits" anpries.[345]
Zentral in der medialen Darstellung von Nahtoderfahrungen war die behauptete wissenschaftliche Belastbarkeit der als Fakten präsentierten Ergebnisse. So widmete der *Spiegel* 1977 Nahtoderfahrungen eine eigene Ausgabe, deren Titel bereits die optimistische Grundbotschaft transportierte: „Das schöne Sterben – Erlebnisse im Grenzbereich des Todes".[346] Das Coverbild (Abb. 20) zeigte eine engelsartige Gestalt, die eine verstorbene Person ins Jenseits geleitete. In der Hausmitteilung zur Titelgeschichte verknüpfte die Redaktion die Fallgeschichten von Reanimierten mit der akademischen Disziplin der Thanatologie, die durch die neuen Möglichkeiten zur Wiederbelebung klinisch Toter einen Aufschwung erfahren habe. Keiner der Betreffenden könne sich an Panik oder Angst erinnern. Dass das Sterben offenbar kein „Grauen" darstelle, verstärke „den Zweifel am Sinn hochtechnisierter Lebensverlängerung in den Kliniken" – so die durchaus eigenwillige Argumentation, die das Thema direkt mit der zeitgleich laufenden Debatte um passive Sterbehilfe und Behandlungsabbruch verband (unklar blieb, ob im umgekehrten Fall eines antizipierten Höllendaseins nach dem Tod eine künstliche Lebenserhaltung

---

[345] Vgl. Jürgenson, Sprechfunk.
[346] Vgl. *Der Spiegel* 31 (1977), Nr. 26.

von Sterbenden gerechtfertigt gewesen wäre).[347] Der Hauptartikel bot die übliche Sammlung an Fallgeschichten, in denen Privatpersonen oder Prominente wie der französische Schauspieler Daniel Gélin ihre Nahtoderlebnisse schilderten. Er war sichtbar darum bemüht, den wissenschaftlichen Charakter der Forschung zu außerkörperlichen Erfahrungen und dem Leben nach dem Tod zu betonen – die Behauptungen von Kübler-Ross wurden in diesem Zuge als „okkult" und „naiv" verworfen und verschiedene mögliche Erklärungen für Jenseitserfahrungen diskutiert, vom Sauerstoffmangel über Hormonausschüttungen bis hin zu psychischen Abwehrreaktionen. Zwar seien die Beschreibungen der „anderen Wirklichkeit" im Detail unterschiedlich, alle Zeugen hätten aber die Wiederbelebung gleichermaßen „als unerwünscht, die Rückkehr selbst als Schmerz" empfunden.[348] In einem begleitenden Interview hielt der angesehene Limburger Internist, Sterbeforscher und Hospizpionier Paul Becker die vielfach berichteten euphorischen Bewusstseinszustände für glaubwürdig. Deutlich wurde dabei auch die enge Verbindung von Glauben und Wissenschaft, die das Thema Nahtod generell befeuerte. Becker, ein Malteserritter, betonte nicht nur, dass er aus religiösen Gründen nicht an ein Ende der menschlichen Existenz mit dem physischen Ableben glaube, sondern ergänzte auf Nachfrage, es gebe seines Erachtens „auch auf der Basis anderer Überzeugungen, die nicht so aussehen wie meine, akzeptable Gründe dafür [...], so etwas jedenfalls anzunehmen."[349]

Auch in Film und Fernsehen entwickelten sich Nahtoderfahrungen zu einem beliebten Gegenstand. Der dokumentarische ZDF-Kurzfilm „Lazarus in der Unterwelt" von 1978 ging etwa auf ein Drehbuch von Johann Christoph Hampe zurück und mischte fiktionale Elemente mit informativen und literarischen Passagen: Er berichtete von den Erlebnissen eines kurzzeitig klinisch toten Unfallopfers, das aus der Vogelperspektive die Reanimationsversuche der Sanitäter verfolgte, in einem Tunnel mit hellem Licht sein Leben an sich vorbeiziehen sah und schließlich in dem Bewusstsein ins Leben zurückkehrte, dass der Tod nur ein Übergang sei und das Leben der Vorbereitung darauf diene.[350] Süffisant kommentierte der *Spiegel* in seiner Programmvorschau, dass in dem Film „wieder mal einer das ‚schöne Sterben' genossen" habe.[351] In den folgenden Jahren blieb letzteres durchaus präsent, zumal angestachelt vom Interesse an anderen Kulturen und spirituellen Ideen von einem Leben nach dem Tod, das sich etwa in der zweiteiligen Dokumentation „The Tibetan Book of the Dead" niederschlug, einer japanisch-französisch-kanadischen Co-Produktion über buddhistische Jenseitsvorstellungen.[352] Noch Mitte der 90er Jahre zeigten zwei im deutschen Fernsehen ausge-

---

[347] „Hausmitteilung." *Der Spiegel* 31 (1977), Nr. 26, S. 3.
[348] „‚Ganz ruhig, in einem himmlischen Zustand'. Erlebnisse und Erfahrungen im Grenzbereich des Todes." *Der Spiegel* 31 (1977), Nr. 26, S. 84–101, Zitate S. 91 und S. 101.
[349] „‚Von irgendwoher eine Hilfe'." *Der Spiegel* 31 (1977), Nr. 26, S. 92.
[350] Günter Höver: Lazarus in der Unterwelt. ZDF 1978.
[351] „Diese Woche im Fernsehen." *Der Spiegel* 32 (1978), Nr. 12, S. 255–256, hier S. 256.
[352] Yukari Hayashi/Barrie McLean: The Tibetan Book of the Dead. Japan/Frankreich/Kanada 1994.

strahlte Dokumentationen mit den Titeln „Blick ins Jenseits – Grenzerfahrungen zwischen Leben und Tod" und „Mit einem Fuß im Jenseits – Erfahrungen aus dem Reich zwischen Leben und Tod" Nahtoderfahrungen von (teilweisen denselben) Einzelpersonen und diskutierten mit Hilfe von Experten wie dem Theologen Hans Küng die Bedeutung derartiger Sterbeerlebnisse.[353]

Einmal mehr erwies sich Hollywood als guter Indikator für die Popularität – und mediale Anschlussfähigkeit – eines Themas. Zwar hatten Geschichten von Reinkarnation, Engeln und Geistern eine lange Tradition, doch standen viele der zahlreichen Produktionen, die im letzten Viertel des 20. Jahrhunderts in unterschiedlichen Facetten ein Leben nach dem Tod darstellten, unverkennbar unter dem Einfluss der zeitgenössischen Auseinandersetzung um Nahtoderfahrungen und außerkörperliche Erlebnisse. Innerhalb kürzester Zeit kamen in den Jahren 1989 und 1990 beispielsweise gleich vier auch in der Bundesrepublik erfolgreiche Blockbuster in die Kinos: Die – teilweise das „New Age" ironisierende – Liebeskomödie „Ein himmlischer Liebhaber" mit Robert Downey Jr. erzählte die Geschichte eines Mannes, der nach seinem Unfalltod durch einen Fehler im Himmel mit Erinnerungsfetzen an sein früheres Leben wiedergeboren wurde und sich in seine eigene Tochter verliebte.[354] Im mehrfach oscarprämierten Thriller „Ghost – Nachricht von Sam" ermittelte ein als Geist temporär weiter auf der Erde weilendes Mordopfer mit Hilfe eines Mediums die Hintergründe der Tat und beschützte seine Freundin, um nach Abschluss seiner Mission in einem hellen Licht zu verschwinden.[355] Auch in der Komödie „Ghost Dad" war der von Bill Cosby gespielte Protagonist nach seinem Unfalltod in der Lage, mit seinen Kindern zu kommunizieren – und kehrte am Ende mit Hilfe eines auf paranormale Phänomene spezialisierten Wissenschaftlers in seinen Körper zurück.[356] Und der Horrorfilm „Flatliners – Heute ist ein schöner Tag zum Sterben" zeigte eine Gruppe von Medizinstudenten, dargestellt unter anderem von William Baldwin, Kevin Bacon, Kiefer Sutherland und Julia Roberts, bei Experimenten mit Nahtoderfahrungen: Sie versetzten sich künstlich in einen Zustand des klinischen Todes und belebten sich nach einigen Minuten wieder, wobei mit der schrittweisen Erhöhung der Zeit bis zur Reanimation auch die Nebenwirkungen stiegen.[357]

Nahtod und Sinngebung – Das Leben nach dem Tod als Desiderat der Moderne

Die Vielfalt und Intensität, mit der Massenmedien Nahtoderfahrungen und die damit zusammenhängenden Fragen eines Lebens nach dem Tod seit Mitte der

---

[353] Kurt Hoffmann/Peter Kropf: Blick ins Jenseits – Grenzerfahrungen zwischen Leben und Tod. BR 1995; Kurt Gloor: Mit einem Fuß im Jenseits. Erfahrungen aus dem Reich zwischen Leben und Tod. SF/SR DRS/3Sat 1996.
[354] Emile Ardolino: Chances Are / Ein himmlischer Liebhaber. USA 1989.
[355] Jerry Zucker: Ghost / Ghost – Nachricht von Sam. USA 1990.
[356] Sidney Poitier: Ghost Dad. USA 1990.
[357] Joel Schumacher: Flatliners / Flatliners – Heute ist ein schöner Tag zum Sterben. USA 1990. Vgl. zu dem Film Pennington, Memento mori, S. 173 f.

70er Jahre aufgriffen, verweisen ebenso wie die Publikationserfolge einschlägiger Veröffentlichungen auf einen hohen öffentlichen Bedarf an dem Phänomen. Offenbar befriedigte es nicht nur eine menschliche Sensationslust, sondern erfüllte darüber hinaus eine sinnstiftende Funktion. Der partielle Bedeutungsverlust christlicher Dogmen und theologischer Lehren in der Moderne katalysierte im letzten Viertel des 20. Jahrhunderts den gesellschaftlichen wie individuellen Wunsch, Aufschluss über das zu erwartende eigene Schicksal zu gewinnen.[358] In erster Linie ging es darum, stichhaltige Beweise für die Existenz des Lebens nach dem Tod und eines wie auch immer gearteten Jenseits zu finden – und damit gleichermaßen das Sterben zu zähmen. Die bereits beschriebenen Verwissenschaftlichungstendenzen der Sterbeforschung machten sogar vor esoterisch-spirituellen Themen nicht halt – auch wenn die präsentierten „Belege" stets methodisch wacklig und empirisch fragwürdig blieben. Klar erkennbar ist zudem eine Romantisierung des Todes, die Nahtoderfahrungen mit thanatologischen und auch hospizlichen Ideen eines „schönen Sterbens" verknüpfte: Der vermeintlich wissenschaftlich fundierte Jenseitsglaube diente mithin dazu, die Furcht vor Tod und Sterben zu lindern. Ganz ähnlich wie mit einem anderen Fluchtpunkt auch die zeitgleichen Ideen und Praktiken der Sterbehilfe half die Überlieferung derartiger Sterbeerlebnisse bei der Bekämpfung jener Unsicherheiten und Ungewissheiten, mit denen Menschen am Lebensende konfrontiert waren und sind. Dies fiel gelegentlich bereits zeitgenössischen Beobachtern wie dem evangelischen Theologen Reinhard Neubauer auf, der 1977 in der Entdeckung dieses Phänomens den Versuch erblickte, den Tod zum Freund des Menschen zu erklären: „Plötzlich ist die Annahme, mit dem Tod sei alles aus, wieder eine ganz oberflächliche Behauptung, die den Menschen in unheilbare Angst versetzt, sein ganzes Leben vergällt und dabei so unnötig ist."[359]

Die konkrete Gestalt von Nahtoderfahrungen ist – wie religionshistorische, soziologische und anthropologische Studien gezeigt haben – immer zeitgebunden und abhängig von den jeweiligen kulturellen, religiösen und gesellschaftlichen Kontexten, mithin sozial konstruiert.[360] Die unter anderem durch ein Wiedersehen mit verstorbenen Verwandten oder das Auftreten eines hellen Lichts gekennzeichneten Sterbeerlebnisse und der sich mit ihnen verbindende Jenseitsglauben im letzten Drittel des 20. Jahrhunderts reflektierten folglich bestimmte individuell oder gesellschaftlich als solche empfundene Defizite und waren Ausdruck einer Sehnsucht nach Wärme und Zuneigung im Angesicht existenzieller Grenzerfahrungen. Sie markierten in diesem Sinne einen integralen Bestandteil jener von Philippe Ariès in einem anderen Zusammenhang beschriebenen „Globalstrategie des Menschen gegen die Natur", die in der jüngsten Vergangenheit eben keinesfalls, wie von dem französischen Historiker attestiert, an Bedeutung verlor, son-

---

[358] Lang/McDannell, Himmel, S. 409.
[359] Neubauer, Sterben, S. 198.
[360] Vgl. hierzu ausführlich Zaleski, Journeys und Knoblauch/Soeffner, Todesnähe.

dern – wegen des Wandels religiöser Selbstverständlichkeiten – sogar daran gewann.[361] Die Hoffnung auf Unsterblichkeit und das Bewusstsein für die Existenz einer wie auch immer beschaffenen „höheren Macht", verliehen dem Leben einen Sinn. Der dahinterstehende subjektbildende Charakter zeigte sich nicht zuletzt in der anleitenden Funktion von Nahtodveröffentlichungen, die wiederum in jenen Jahrzehnten auch typisch für die Thanatologie war. So versprachen die meisten Veröffentlichungen implizit oder explizit, dass die Leser „aus Nahtod-Erfahrungen für das Leben" gewinnen könnten.[362]

Die Rückwirkungen auf die Allgemeinbevölkerung waren stark – und dürften erheblich mit dazu beigetragen haben, dass der Glaube an ein Leben nach dem Tod seit Mitte der 70er Jahre wieder stark anstieg.[363] In einer Gallup-Umfrage gaben Anfang der 80er Jahre mehr als 3% von 1500 zufällig befragten US-Amerikanern an, dass sie selbst bereits einmal Nahtoderfahrungen gemacht hätten.[364] Um die Jahrtausendwende versuchte eine über den Krebstod ihrer Schwester verzweifelte Frau im Briefwechsel mit einem Freund sich selbst zu trösten, indem sie sich an deren empirisch gesichertes Fortleben erinnerte: „Es gibt seit etwa 30 Jahren weltweit eine intensive Sterbeforschung, die zu beweisen scheint, daß der Tod keineswegs die Endstation unserer Existenz ist."[365] Die *Zeit* kommentierte Ende der 90er Jahre in einem Artikel über eine Umfrage zu Todesnäheerfahrungen im Rahmen einer soziologischen Studie unter mehr als 2000 Deutschen, die erhebliche Unterschiede zwischen alten und neuen Bundesländern ergab (unter anderen waren Hinweise auf eine Präsenz Gottes im Westen deutlich häufiger), ebenso sarkastisch wie treffend, dass offenbar eher ins „Jenseits aufbricht, wer schon von dieser Reisemöglichkeit gehört hat" – in der DDR hätten viele Betroffene einschlägige Erlebnisse als Träume abgetan: „Erst nach der Wende erfuhren sie im Fernsehen und aus Illustrierten, was ihnen da widerfahren war."[366] Und bereits kindliche Todesvorstellungen sind heute geprägt vom festen Glauben an ein (schönes) Leben nach dem Tod, was fraglos eine Folge ihrer sozialen Konditionierung ist: „Tote essen auch Nutella".[367] Tatsächlich wirkt diese Diskursivierung bis in die Gegenwart nach. Noch immer werden im parapsychologisch-esoterischen Bereich regelmäßig Bücher zu Nahtoderfahrungen veröffentlicht, quasi jährlich beispielsweise durch den lange von Rowohlt verlegten Berliner Autor Bernard Jakoby, der kostenpflichtige Beratungen für davon Betroffene anbietet – wenn der Jenseitsglauben für ihn zugleich einen wichtigen Baustein einer (hospizlich inspirierten) Sterbebegleitung markiert, so unterstreicht dies zugleich einmal mehr die anhaltenden

---

[361] Ariès, Geschichte des Todes, S. 776.
[362] So der Untertitel von Ring/Elsaesser-Valarino, Angesicht.
[363] Vgl. Kap. 3.2.
[364] Hong Xiong, Outline, S. 196.
[365] U.B./R.E.: Lieber Herr E., Brief von U.B. vom 13. 8. 2000, in: Deutsches Tagebucharchiv, Emmendingen, Sig. 895–1.
[366] Urs Willmann: „Einmal Hölle und zurück." *Die Zeit*, 15. 7. 1999.
[367] Plieth, Tote, vgl. v. a. S. 133–157.

Querverbindungen zwischen den verschiedenen Protagonisten eines schönen Sterbens und „guten Todes".[368]

In der öffentlich-medialen Wahrnehmung freilich hat den Nahtoderfahrungen in den letzten Jahren eine neue Unsterblichkeitsvorstellung den Rang abgelaufen: Die Kryonik bietet ein Verfahren, klinisch Tote in flüssigem Stickstoff einzufrieren (entweder komplett oder nur den Kopf), um sie in einer unbestimmten Zukunft potenziell wiederbeleben und von ihren Grunderkrankungen heilen zu können. Nachdem in den USA erstmals 1967 der Körper eines Mannes kryokonserviert worden war, entwickelte sich die Kryonik zum Grundpfeiler eines die Grenzen der menschlichen Existenz überwindenden Post- oder Transhumanismus.[369] Ungeachtet ihrer meist rigiden Ablehnung durch die Wissenschaften, häuften sich Berichte über die neuen technischen Möglichkeiten der Konservierung in der westdeutschen Presse seit den frühen 80er Jahren. Sie changierten zumeist zwischen leisen Fortschrittshoffnungen auf der einen und einem insgesamt überwiegenden Misstrauen angesichts der profitorientierten Unternehmen, der hohen Kosten und der völlig unklaren Erfolgschancen auf der anderen Seite.[370] Bei allen Unterschieden zum Phänomen der Nahtoderfahrungen – insbesondere gehen mit der Kryonik keine Jenseitsvorstellungen einher, ihre Anhänger verneinen dagegen meist die Existenz eines Lebens nach dem Tod – erscheinen auch derartige Praktiken letztlich als ein Mittel, um die eigene Todesangst mittels Unsterblichkeitsutopien zu bewältigen.[371] In beiden Fällen sind Geist oder Bewusstsein die eigentlichen Säulen der menschlichen Existenz, der Körper dagegen ein störungsanfälliges, aber hoffentlich in Zukunft entweder von Menschenhand oder durch eine „höhere Macht" optimierbares Beiwerk.[372] Vor allem aber stehen hinter ihnen spezifische Konzepte der Todesüberwindung und eines biopolitischen Ringens um Ewigkeit, die sich einreihen in jenen Kampf um den „guten Tod", der die Entdeckung des Sterbens in der Zeitgeschichte begleitet.[373]

---

[368] In Auswahl: Jakoby, Auch du lebst ewig; ders., Brücke; ders.: Hoffnung. Vgl. zu Jakobys Beratungsangebot: https://www.sterbeforschung.de/index.php/beratung.html [15. 12. 2021].

[369] Vgl. Krüger, Virtualität.

[370] Vgl. exemplarisch „Eisiges Warten auf Wiederauferstehung. Theologische Unsicherheit über das Seelenleben tiefgefrorener Leichen." *Süddeutsche Zeitung*, 28. 8. 1980; „Wer im Jahre 2080 nicht leben mag, kann tot bleiben. Für 65 000 Dollar kann der Mensch sich nach dem Tod einfrieren." *Frankfurter Allgemeine Zeitung*, 30. 9. 1980.

[371] Vgl. Krüger, Unsterblichkeitsutopie.

[372] Vgl. Benkel, Sterben, S. 292 f.

[373] Vgl. die Aussagen eines der Protagonisten der deutschen Kryonik-Bewegung: Sames, Kryonik.

6. 1978: Das Dokument, oder: „Wie willst du gestorben werden?"

> „*Mortality gives meaning to human life. Peace, love, friendship, these are precious because we know they cannot endure. A butterfly that lives forever is really not a butterfly at all.*" (Star Trek: Picard)

1978 war gewiss nicht das beste Jahr für die Menschenrechte in der Welt: Während sich im Iran die gewaltsamen Proteste schiitischer Oppositioneller gegen das Schahregime zuspitzten und in Afghanistan der Präsident und seine Familie im Rahmen eines Militärputsches ermordet wurden, mobilisierte in Argentinien die Junta die letzten finanziellen Reserven, um eine Fußball-Weltmeisterschaft zu organisieren, die propagandistisch alles übertraf, was die Welt seit den Olympischen Spielen in Berlin 1936 gesehen hatte: Inklusive einer mutmaßlichen Bestechung des letzten Zwischenrundengegners Peru, der den perfekten Abschluss des argentinischen Sommermärchens ermöglichte, das eher einer Lügengeschichte glich. Zu dieser trugen die ausländischen Funktionäre und Spieler bei, die sich kritischer Stimmen weitgehend enthielten und sich im Gegenteil vielfach schützend vor die Diktatur stellten. Der DFB-Vorstopper Berti Vogts etwa wollte in dem Land viel Ordnung und „keinen einzigen politischen Gefangenen" gesehen haben – eine verbale Grätsche, die kaum weniger rustikal daherkam als seine Spielweise auf dem Platz.

Und doch erfolgte in einem ganz anderen Bereich im Jahr 1978 in der Bundesrepublik eine menschenrechtspolitische Weichenstellung: Auf dem Weg zu Autonomie und Selbstbestimmung von Sterbenden. Denn erstmals erschien das deutschsprachige Muster einer Patientenverfügung, mittels derer Menschen vorab die Grundzüge der von ihnen gewünschten medizinischen Behandlung festlegen und insbesondere einen Verzicht auf bestimmte lebensverlängernde Maßnahmen erklären konnten – antizipiert wurden dabei speziell mögliche Situationen am Lebensende, in denen sich der Betreffende nicht mehr selbst artikulieren konnte und sich im Voraus vor Fremdbestimmung schützen wollte. Veröffentlicht wurde das Dokument in der *Neuen Juristischen Wochenschrift*, dem wohl bedeutendsten und auflagenstärksten Publikationsorgan der Rechtspraxis und -wissenschaft in der Bundesrepublik.[1] Ihr Autor war Wilhelm Uhlenbruck, ein aus einer renommierten Medizinerfamilie stammender Jurist, der sich als Richter am Amtsgericht Köln eigentlich auf Konkurs- und Insolvenzrecht spezialisiert hatte.[2] Eine bevorstehende große Operation veranlasste ihn jedoch zur Verfassung des von ihm so bezeichneten „Patientenbriefes". Dieser begann ganz unspektakulär mit einigen formalen Angaben zu persönlichen Daten, medizinischem Status (Impfungen, Vorerkrankungen) und sozialem Umfeld (behandelnder Arzt, Kontaktpersonen).

---

[1] Uhlenbruck, Patientenbrief.
[2] Vgl. zu Uhlenbruck und seinen Motiven hier und im Folgenden Katzenmeier/Dahm, Uhlenbruck.

Anschließend jedoch kam das zum damaligen Zeitpunkt Außergewöhnliche: Der Unterzeichner verweigerte explizit die Zustimmung zu solchen Behandlungsmaßnahmen, mit denen nach Prognose von mindestens zwei Ärzten nur noch eine „Verlängerung des Sterbevorgangs oder eine Verlängerung des Leidens" erreicht werden konnte – darunter künstliche Beatmung oder Ernährung, Intubation, Dialyse und Bluttransfusionen – und drohte dem medizinischen Personal für den Fall einer Nichtbeachtung mit einer Anzeige wegen Körperverletzung.

Ein solches Vorsorgedokument kam keinesfalls aus dem Nichts, wie sich bereits daran zeigt, dass sich in der Bundesrepublik rasch auch andere Namen dafür etablierten, wie Patiententestament oder der aus dem Englischen entlehnte Begriff „living-will"-Erklärung.[3] Tatsächlich hatte in den USA bereits 1967 der bekannte Menschenrechtsaktivist Luis Kutner, einer der Mitbegründer von Amnesty International, eine entsprechende Verfügung präsentiert – und zwar auf einer Tagung der Euthanasiebewegung. Blieb diese anfangs noch umstritten und wenig beachtet – so musste sie Kutner im relativ randständigen *Indiana Law Journal* veröffentlichen, nachdem mehrere Zeitschriften die Publikation abgelehnt hatten – änderte sich dies ab Mitte der 70er Jahre unter dem Eindruck der neuen Debatte um (passive) Sterbehilfe fundamental: Bis Mitte der 2000er Jahre wurden in den USA über 10 Millionen Exemplare seines Formulars verteilt. Hierzu trug die juristische Entwicklung bei, im Zuge derer die Rechte von Patienten gerade am Lebensende gestärkt wurden: Der kalifornische „Natural Death Act" von 1976 beinhaltete etwa den Vordruck einer Verfügung an die Ärzte, in der für den Fall einer tödlichen Erkrankung der Verzicht auf lebenserhaltende Maßnahmen erklärt werden konnte.[4] Andere Bundesstaaten folgten kurz darauf, darüber hinaus begannen auch erste Krankenhäuser wie das Beth Israel Hospital in Boston damit, den Patienten Formulare auszuhändigen, auf denen ihre Rechte dezidiert festgeschrieben waren: Ein besonderes Augenmerk lag dabei darauf, dass die Behandlung jederzeit und sogar gegen den Willen der Ärzte abgebrochen werden konnte.

Diese Entwicklung und insbesondere das Aufkommen derartiger „Testamente", die die Grenzen einer medizinischen Therapie festlegten, wurden in der Bundesrepublik genau beobachtet.[5] Als 1974 in der US-Zeitschrift *The Humanist* zahlreiche Prominente, darunter einige Nobelpreisträger wie der Chemiker und bekannte Atomwaffengegner Linus Pauling, ihre unterzeichneten „living-will"-Erklärungen präsentierten, informierte die westdeutsche Presse nicht nur ausführlich darüber, sondern druckte gleich Übersetzungen des Vordrucks mit ab.[6] Laut *Süddeutscher*

---

[3] Vgl. zur Vorgeschichte der Patientenverfügung und den in dem Absatz genannten Aspekten: Luis Kutner: Due Process of Euthanasia. The Living Will, a Proposal, in: Indiana Law Journal 44 (1969), Nr. 4, S. 539–554; Zülicke, Sterbehilfe, S. 78–87; Peuten, Patientenverfügung, S. 51–53; Lanzrath, Patientenverfügung, S. 30–32.

[4] Vgl. Kap. 5.1.

[5] Vgl. Gerd Hirschauer: „Das neue Thema Sterbehilfe." *vorgänge* 31 (1973), Nr. 2, S. 4–7.

[6] Vgl. etwa Michael Globig: „,Tod-mit-Würde-Testament'." *Deutsche Zeitung. Christ und Welt*, 16. 8. 1974; „Nobelpreisträger fordern Euthanasie. Wissenschaftler wollen ,gütigen Gnadentod' testamentarisch festlegen." *Frankfurter Rundschau*, 20. 6. 1974; Cornelia Bolesch: „Das

Zeitung seien in den USA bereits eine Million solcher „Testamente der Lebenden" im Umlauf.[7] Die *Frankfurter Allgemeine Zeitung* ergänzte kurz darauf, dass auch Tausende von Schweden „Testamente für passive Sterbehilfe" ausgefüllt hätten.[8] Und sogar die Illustrierte *Bunte* veröffentlichte im Jahr darauf unter dem Titel „Ich bitte, daß man mich sterben läßt..." eine Frühform einer Patientenverfügung, mit der sich der Verfasser, der nicht den Tod, sondern nur „die Unwürdigkeit des Verfalls" fürchtete, gegen eine Lebenserhaltung durch „künstliche Mittel oder heroische Behandlung" verwahren konnte, und für den Fall der Fälle passive sowie indirekte Sterbehilfe einforderte.[9]

Dass der Wunsch nach einer deutschsprachigen Adaption des „living will" wuchs, hing nicht nur mit der Rezeption der internationalen Entwicklung zusammen. Vielmehr kam das Thema eines vorab schriftlich fixierten Behandlungsverzichts am Lebensende auch in der Bundesrepublik in den 70er Jahren immer wieder auf, besonders prominent im Zusammenhang mit dem Tod des ehemaligen Bundespräsidenten Gustav Heinemann. Dieser hatte noch während seiner Amtszeit im Mai 1972, knapp vier Jahre vor seinem Tod, ein Dokument aufgesetzt, das Verfechtern der Patientenrechte als ein frühes Paradebeispiel für eine solche Vorsorgeverfügung galt. „Aufgrund seiner Autorität", so hieß es Ende 1976 in einem öffentlichen Aufruf einer Nürnberger Initiative (aus der später die größte deutsche Sterbehilfeorganisation hervorgehen sollte), habe Heinemann für sich selbst ein humanes Sterben erreichen können: „Nach seinem Vorbild ist das gleiche Recht auf einen menschenwürdigen Tod – durch eine Gesetzesinitiative – für alle zu garantieren." Mit dem hierdurch ermöglichten „Testament der Lebenden" könnten dann alle Bürger selbst vorsorgen: „Im Falle eines entsprechenden Leidens wird ihr schmerzhafter Tod nach ihrem Wunsch in einem humanen Sterben erleichtert oder beschleunigt."[10] Dieselbe Argumentation fand sich im Jahr darauf in einer Pressemitteilung der Humanistischen Union, die die Möglichkeit, „lebensverlängernde Maschinen" abzulehnen, nicht nur für Prominente wie eben Heinemann, sondern für alle Bürger reklamierte.[11] Allerdings verband sich damit eine völlige Fehlwahrnehmung. So machte Heinemanns Dokument überhaupt keine Angaben zum Verlauf des Sterbens, sondern beinhaltete lediglich Wünsche für die Gestaltung der Trauerfeier – es unterschied sich inhaltlich somit kaum von

---

Recht auf den Tod." *Spandauer Volksblatt*, 20. 10. 1974 (und das „Testament für die Lebenden" unter dem Artikel); „Euthanasie-Testament in USA." *Der Spiegel* 29 (1975), Nr. 7, S. 56.

[7] Ernst Müller-Meininging jr.: „Die Diskussion um die Euthanasie ist unvermeidbar. Warnungen der Kirchen. In Amerika eine Million ‚Testamente der Lebenden'." *Süddeutsche Zeitung*, 29./30. 6. 1974.

[8] Elke Lehmann-Brauns: „‚Das Recht auf unseren Tod'." *Frankfurter Allgemeine Zeitung*, 6. 9. 1974, S. 7 f.

[9] „Ich bitte, daß man mich sterben läßt...." *Bunte*, 5. 6. 1975.

[10] Eine Kopie des Aufrufs findet sich im Ordner „Humanes Sterben – 3./4. Juni 1978, Bremen" in der Geschäftsstelle der Humanistischen Union in Berlin. Vgl. zu der Nürnberger Initiative Kap. 9.2.

[11] Pressemitteilung der Humanistischen Union vom 21. 7. 1977 im Ordner „Medizin 1977–1997" in der Geschäftsstelle der Humanistischen Union, Berlin.

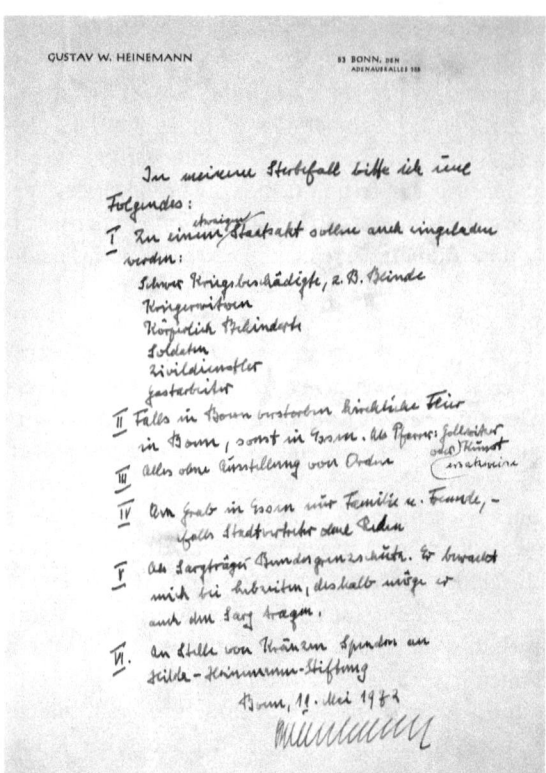

Abb. 21: Persönliche Verfügung für den Todesfall von Gustav Heinemann vom 11. 5. 1972[12]

dem, was bereits seit jeher in Testamenten festgehalten wurde. Das Missverständnis rührte vermutlich daher, dass der unter chronischen Nierenproblemen leidende Heinemann sich einer Dialyse-Behandlung verweigerte und öffentlich wiederholt erklärte, er wolle auf künstliche Lebensverlängerung oder gar einen Anschluss an „Maschinen" verzichten, zumal er keine Angst vor dem Tod habe.[13] Zudem war die Art seiner Verfügung neu: Salopp und formlos formuliert, nicht notariell beglaubigt – und dennoch in der Umsetzung respektiert und beachtet. So war es fast logisch, dass sie für viele zu einem Prototyp für Selbstbestimmung von Sterbenden avancierte.

Ganz ähnlich verhielt es sich auch mit dem Patientenbrief Uhlenbrucks, der 1978 eben keinesfalls – wie in der Forschung gemeinhin kolportiert wird – die Patientenverfügung als Vorsorgeinstrument in der Bundesrepublik einführte.[14]

---

[12] Persönliche Verfügung Gustav Heinemanns für den Todesfall (Reproduktion), in: Haus der Geschichte der Bundesrepublik Deutschland, Bonn, EB-Nr. 1996/01/0044. Für Hilfe bei der Beschaffung des Dokuments danke ich Anna-Maria Götz und Markus Würz vom HDG.

[13] Vgl. Hermann Schreiber: „Gustav Heinemann. Den Tod hat er nicht gefürchtet." *Der Spiegel* 30 (1976), Nr. 29, S. 30–31.

[14] Zülicke, Sterbehilfe, S. 79; Blumenthal-Barby, Türen, S. 59; Sörries, Tod (2015), S. 118 f.; Peuten, Patientenverfügung, S. 51; Lanzrath, Patientenverfügung, S. 33 f.

Doch ungeachtet aller internationalen und nationalen Vorläufer markierte er vor allem wegen der Vehemenz und argumentativen Schärfe eine Zäsur, mit welcher der Autor die juristische Wirksamkeit seines Entwurfs postulierte. Sogar in der DDR wurde fortan die Entwicklung mit Interesse zur Kenntnis genommen und Uhlenbruck in diesem Kontext zitiert.[15] Obwohl das Dokument jederzeit widerrufbar war, sah der Jurist die Rechtsverbindlichkeit eines eindeutig schriftlich erklärten Patientenwillens für gegeben, sofern eine klare infauste Diagnose gestellt worden war. Er folgerte dies zum einen aus dem sich im Verlauf der 70er Jahre in der Bundesrepublik und anderen westlichen Ländern manifestierenden Grundsatz, dass der Wunsch von Patienten mit Blick auf Behandlungsfragen Vorrang vor der ärztlichen Hilfspflicht habe und speziell ein Therapieverzicht bei Sterbenden auf deren Bitte hin zulässig war. Zum anderen stand laut Uhlenbruck die Rechtsverbindlichkeit testamentarischer Verfügungen außer Frage, die ebenfalls deutlich vor dem Tod aufgesetzt werden konnten. Diese Position stellte zur damaligen Zeit durchaus eine Mindermeinung unter Juristen dar, die auf eine mögliche Abweichung zwischen erklärtem (zum Zeitpunkt der Verfassung des Dokuments) und tatsächlichem (in der konkreten medizinischen Behandlungssituation) Willen verwiesen, welche derartige Bekundungen als Entscheidungsgrundlage für Ärzte untauglich mache.

So erklärt sich die große öffentliche Resonanz, die Uhlenbrucks Entwurf erhielt. Die sterbehilfefreundliche Humanistische Union sah in ihm eine zentrale Wegmarke hin zu einem „menschenwürdigen Sterben".[16] Die intensive Presseberichterstattung dazu nahm die Gesundheitspolitik unmittelbar zur Kenntnis.[17] Nicht nur der *Spiegel* informierte ausführlich über den Patientenbrief. Zwar kamen dabei auch kritische Stimmen zu Wort, die diesen für zu komplex oder weitgehend hielten, aber die grundsätzliche Tendenz pro-Selbstbestimmung war eindeutig: Denn der Artikel setzte das neuartige „Patienten-Testament" in Verbindung zu prominenten Beispielen einer Überbehandlung von Sterbenden wie dem Fall Quinlan – ein Foto der Eltern der amerikanischen Wachkoma-Patientin erinnerte die Leser an die tragische Geschichte, die einige Jahre zuvor die Massenmedien in Atem gehalten hatte – und sah in ihm ein Mittel, um zu verhindern, dass sich die Medizin weiter zum „Terror" entwickle und Menschen als eine Art ärztliches „Habilita-

---

[15] Vgl. Jorke, Euthanasie, S. 660.
[16] Vgl. den Abdruck in einer gleichnamigen Sonderausgabe des Vereinszeitschrift sowie den redaktionellen Kommentar dazu: Wilhelm Uhlenbruck: „Muster eines Patienten-Testaments." *vorgänge* 36 (1978), Nr. 6, S. 118–119.
[17] Vgl. die eigens angelegte Presseausschnittsammlung des bayerischen Innenministeriums in BHStA, MInn 105397 sowie exemplarisch „Ein Richter entwarf das Sterbe-Testament – Reaktion: stapelweise Post und Telefonate. Wenn Therapie zum Terror wird..." *Die Welt*, 29. 8. 1978; „Leben verlängern – um welchen Preis? ‚Patiententestament' gegen sinnlose Verlängerung des Leidens." *epd Zentralausgabe*, Nr. 49, 6. 12. 1978; „Todkranke sollen selbst entscheiden. ‚Patientenbrief' gegen künstliche Lebensverlängerung." *Abendzeitung*, 21. 10. 1978; „Intensivstation. Wenn das Leben an den Schläuchen hängt." *Stern*, 27. 3. 1980, S. 64–76 und S. 254 f., hier S. 255.

tionsobjekt sozusagen gestorben werden".[18] Im gleichen Stil schilderte die *Zeit* ausführlich die fiktive Fallgeschichte eines Magenkrebspatienten, der ungeachtet seines ausdrücklichen Verzichts auf lebensverlängernde Maßnahmen unter starken Schmerzen wochenlang künstlich am Leben gehalten wurde, ja „dahinsiechte". Derartiges ereigne sich, wie der Artikel mit unklarer Datengrundlage behauptete, „in irgendeinem Krankenzimmer nahezu in jedem Augenblick". Vor diesem Hintergrund sei zu hoffen, dass der Patientenbrief zu einer Richtlinie ärztlichen Handelns werde, von dem eine neue Schutzfunktion und eine „Chance für humanes Sterben" ausgehen könne. Selbst wenn er nur eine Entscheidungshilfe darstelle, wäre viel gewonnen „gegenüber der heutigen Situation, in der der Patient zunehmend weiter entmündigt wird."[19] Obschon es noch lange bis zur von Uhlenbruck erhofften juristischen Anerkennung derartiger Verfügungen in der Bundesrepublik dauern sollte, war somit eine Entwicklung angestoßen, im Zuge derer sukzessive ein „Umschwung vom paternalistischen auf liberale Vorsorgemodelle" erfolgte.[20]

6.1 Den Tod neu vermessen: Hirntod, Organtransplantation und Patientenverfügungen

> „*Contingent facts as opposed to necessary facts, and the realization as you look into the mirror this morning that all life is contingent, except for the one necessary fact that sooner or later it will come to an end.*" (Paul Auster – Winter Journal)

Die Entdeckung des Sterbens in der zweiten Hälfte des 20. Jahrhunderts war begleitet von einer grundsätzlichen Neubestimmung der Grenzen des Lebensendes sowie des Konzepts „Tod". Dabei ist insbesondere auf drei Entwicklungen zu verweisen, die teilweise auf Vorläufer zurückblicken konnten, aber ihre Relevanz vor allem seit den 70er Jahren entfalteten – und deren Geschichte eng miteinander verwoben ist: Die Hirntoddefinition, die Möglichkeit der Organtransplantation und das bereits angerissene Aufkommen von Patientenverfügungen. In allen Fällen verbanden sich damit juristische, ethische und medizinische Probleme und Streitfragen im Grenzbereich zwischen Leben und Tod. Konkret ging es im Zusammenspiel der drei Themen darum, wie Selbstbestimmung und Autonomie von Sterbenden sichergestellt, aber zugleich ebenso den gesundheitspolitischen Sachzwängen sowie den neuen Herausforderungen für die ärztliche Praxis angesichts der Fortschritte der modernen Medizin Rechnung getragen werden konnten.

---

[18] „Prognose ohne Hoffnung." *Der Spiegel* 32 (1978), Nr. 36, S. 71–73, Zitat S. 71. Zum Fall Quinlan vgl. Kap. 5.1.
[19] Marion Rollin: „Das Recht auf den eigenen Tod. Der ‚Patientenbrief' – eine Chance für humanes Sterben." *Die Zeit*, 7. 7. 1978.
[20] Koppehele, Sterbehilfe, S. 138.

Die Neuerfindung des Todes: Der Hirntod

Anfang August 1968 erschien im *Journal of the American Medical Association*, das zu den medizinischen Fachzeitschriften mit dem weltweit höchsten Impact-Faktor gehört, in der Rubrik „Special Communication" ein kurzer Artikel ohne Verfasserangabe mit dem unscheinbaren Titel „A Definition of Irreversible Coma". Bereits der Untertitel, der den Text als Produkt einer Ad Hoc-Kommission der Harvard Medical School auswies, und der erste Satz zeigten jedoch, dass es in Wirklichkeit um viel mehr ging: „Our primary purpose is to define irreversible coma as a new criterion for death."[21] Dies sei, wie der Beitrag weiter ausführte, unter anderem deshalb wichtig, da die Verbesserungen der Medizintechnik und speziell die Möglichkeiten zur Wiederbelebung und einer künstlichen Beatmung in den letzten Jahren zu Fällen geführt hätten, in denen Menschen Atem- und Herzstillstände überlebten, aber wegen des Sauerstoffverlusts irreversible Hirnschäden davon trugen. Damit verbänden sich nicht nur medizinische, sondern auch moralische, religiöse und rechtliche Probleme, die eine präzise Definition dieses komatösen Zustands nötig machten. Eine solche liege, so die pragmatische Begründung, gleichfalls im Interesse der Betroffenen, ihrer Familien wie der Krankenhäuser, in denen zahlreiche Betten durch derartige Patienten belegt – und für andere blockiert – würden. Zugleich müsse damit eine neue Todesdefinition einhergehen, um ethische und rechtliche Sicherheit bei der Entnahme von Organen für Transplantationen zu erreichen. Habe bislang das Herz als zentraler Mechanismus des menschlichen Körpers gegolten, dessen Ausfall unweigerlich den Tod nach sich zog, sei dieser Gedanke durch die medizintechnische Entwicklung überholt worden.[22] Vor diesem Hintergrund bestimmte die unter dem Vorsitz des renommierten Anästhesisten Henry K. Beecher tagende Kommission die medizinischen Kriterien, nach denen ein Gehirn als permanent funktionsuntüchtig gelten konnte und definierte diesen Zustand als „Hirntod".[23]

Obschon Versuche, den exakten Zeitpunkt des Endes des Lebens zu definieren, seit jeher Gegenstand der medizinischen und philosophischen Debatte waren, hatten sich die gängigen Todeskriterien – im Unterschied zu den diagnostischen Untersuchungsmöglichkeiten – im Laufe der Zeit kaum gewandelt.[24] Als tot galt ein Mensch, wenn Atmung und Herzschlag ausgesetzt hatten, der Körper kalt und steif geworden war. Tatsächlich waren das, was in der heutigen medizinischen Praxis der „klinische Tod" und der „biologische Tod" genannt werden, lange unweigerlich zwei Seiten derselben Medaille: Ein Herz-Kreislaufstillstand und ein Aussetzen der Atmung führten quasi zwangsläufig zum irreversiblen Erlöschen aller Organ- und Zellfunktionen, das von sicheren Todeszeichen wie den Totenflecken

---

[21] O.V., Definition.
[22] Ebd., S. 339 f.
[23] Vgl. für eine jüngere historische Darstellung und medizinethische Bewertung der Arbeit der Kommission Belkin, Death.
[24] Vgl. Mant, Tot und lebendig.

oder der Leichenstarre, ja vom einsetzenden Verwesungsprozess begleitet wird.[25] Allerdings beschäftigten oft anekdotenhafte Überlieferungen von Ausnahmefällen, in denen mutmaßlich für tot gehaltene Menschen ohne Herzfunktion wieder von selbst erwachten oder reanimiert werden konnten, schon in der Frühen Neuzeit die Menschen und schürten die Angst vor dem Scheintod und insbesondere davor, lebendig begraben zu werden.[26] Auch wenn noch keine exakten diagnostischen Möglichkeiten existierten, prägte sich medizinisch sukzessive ein Bewusstsein dafür aus, dass unterschiedliche Körperfunktionen nicht zeitgleich erlöschen mussten. In diesem Kontext entstand bereits im frühen 19. Jahrhundert der Begriff des „Hirntodes" zur Beschreibung jener Phase im Sterbeprozess, in der die Gehirnfunktionen endeten. Jedoch war dieser bis in die zweite Hälfte des 20. Jahrhunderts ein rein theoretisches Modell geblieben, da er sich weder exakt dokumentieren ließ (oder gar mit bloßem Auge zu erkennen war) noch – in Ermangelung der Möglichkeiten zur künstlichen Beatmung und Herzmassage – eine praktische Relevanz besaß: Der Hirntod wurde unvermeidlich begleitet vom vollständigen Zusammenbruch des gesamten Organismus.[27] Noch 1956 definierte das für die ärztliche Ausbildung zentrale „Wörterbuch der Medizin" in der DDR den Tod in diesem Sinne als „Zugrundegehen eines lebendigen Organismus", wobei der bereits namentlich erwähnte „Gehirntod" eine Folge des Erlöschens der übrigen Organfunktionen nach einem Zusammenbruch des zentralen Nervensystems sei.[28]

Zu diesem Zeitpunkt freilich hatten sich die medizinischen Rahmenbedingungen bereits vollständig gewandelt. Bedeutsam waren insbesondere die Erfindung der künstlichen Beatmung im Jahr 1952, Fortschritte bei der parenteralen Ernährung sowie die im Laufe der 40er und 50er Jahre konzipierten moderner Reanimationstechniken, die speziell seit der Einführung der externen Herzdruckmassage (1960) die Chancen für eine erfolgreiche Herz-Lungen-Wiederbelebung stark erhöhten.[29] Im Zuge dieser Entwicklung wurden nicht nur die Grundlagen der Intensivmedizin geschaffen, es entstand gewissermaßen als Nebenprodukt das Phänomen des „death before dying": Die neue manipulative Macht der Medizin ermöglichte mit der künstlichen Lebensverlängerung zugleich eine Trennung des Herz-Kreislaufsystems vom zentralen Nervensystem.[30] Der Hirntod konnte mithin nun unabhängig vom Herztod auftreten – und auch diagnostiziert werden, insbesondere dank des bereits in der Zwischenkriegszeit entdeckten und sukzessive verbesserten Elektroenzephalogramms (EEG), das die Messung der elektrischen Aktivität im Gehirn erlaubt. Diese Entwicklung betraf den Westen wie den Osten gleichermaßen. So waren sowjetische Wissenschaftler wie Wladimir Ne-

---

[25] Vgl. Helmers, Tabu, S. 6–8; Hoff/in der Schmitten, Kritik, S. 154.
[26] Vgl. zum Scheintod Kap. 5.2 sowie ausführlich zum Zusammenhang von Schein- und Hirntod den allerdings stark deskriptiven historischen Abriss bei Schäfer, Scheintod, v. a. S. 12–33.
[27] Vgl. Hoff/in der Schmitten, Kritik, S. 155 und Matouschek, Sterben, v. a. S. 22–24.
[28] Wörterbuch der Medizin (1956), S. 882.
[29] Vgl. Schäfer, Koma, v. a. S. 31–36; Hoff/in der Schmitten, Kritik, S. 155.
[30] Belkin, Death, v. a. S. xxii. Vgl. auch Frey, Nachwort, S. 267.

gowski zur Jahrhundertmitte international durchaus führend in der Reanimationsforschung gewesen.[31]

Angesichts dessen stellte sich die Frage der exakten Bestimmung des Todeszeitpunkts neu. In Ostdeutschland kam der renommierte Pathologe und Träger des Nationalpreises der DDR Heinrich Bredt bereits 1958 zu dem Schluss, dass eine genaue zeitliche Grenze zwischen Leben und Tod nur in Fällen eines gewaltsamen Todes gezogen werden könne, obwohl der Zeitraum zwischen dem Ableben und dem Auftreten sicherer Todeszeichen dank neuer Untersuchungsmethoden immer kleiner werde.[32] Quasi zeitgleich beschrieben Mediziner in Frankreich erstmals wissenschaftlich ein endgültiges Koma („coma dépassé") und sprachen dabei von einem „Hirntodsyndrom".[33] Und bereits kurz vor der Harvard-Kommission hatten sich führende medizinische Verbände in der westlichen Welt, darunter die französische Académie nationale de médicine und die Deutsche Gesellschaft für Chirurgie zum Hirntodkonzept bekannt und den irreversiblen Funktionsverlust des Gehirns zum zentralen Todeskriterium erhoben.[34]

Dennoch fiel dem Bericht der Harvard-Kommission nicht zuletzt wegen ihres Prestiges eine wichtige katalysatorische Funktion zu, sowohl mit Blick auf die juristische und medizinische Bedeutung des Hirntods als auch bezüglich der Debatte darüber. In den 70er Jahren erließen viele Staaten, beginnend 1971 mit Finnland, Gesetze, die den Hirntod als offizielles Todeskriterium festschrieben.[35] Auftrieb erhielt dieser Prozess durch die enorme mediale Aufmerksamkeit erzeugenden Fälle von hirntoten Menschen wie Karen Ann Quinlan, die gegen den Willen ihrer Familien über einen längeren Zeitraum künstlich am Leben erhalten wurden. Eine infolgedessen eingesetzte „President's Commission for the Study of Ethical Problems in Medicine and Biomedical and Behavioral Research" erließ in den USA 1981 einen Bericht mit wegweisenden Richtlinien, die nicht nur zur Grundlage der in den meisten amerikanischen Bundesstaaten geltenden Todesdefinition wurde: Er verwarf Modelle eines Hirnstamm-, Teil- oder Großhirntodes („higher brain death") und machte den Ganzhirntod zum alleinigen Kriterium für das Ableben eines Menschen, dazu empfahl er standardisierte Verfahren zu dessen Messung, die sich international durchsetzten.[36] Tatsächlich war Hirntod nicht gleich Hirntod: Im Laufe des letzten Viertels des 20. Jahrhunderts erfolgte vielmehr eine kontinuierliche medizinische Weiterentwicklung und Präzision des Konzepts und der Diagnostik, im Zuge derer unterschiedliche Ausdifferenzierungen diskutiert wurden.[37]

---

[31] Vgl. Schäfer, Koma, S. 32 f.
[32] Bredt, Tod, v. a. S. 11 f.
[33] Vgl. Hoff/in der Schmitten, Kritik, S. 155; Wittwer/Schäfer/Frewer, Sterben, S. 94 f.
[34] Vgl. Lindemann, Sicherheiten, S. 113; Schäfer, Scheintod, S. 32 f. sowie übergreifend zur „Entdeckung des [...] Hirntodes" Körner, Hirntod, S. 14–21.
[35] Vgl. Marklan u. a., Technologies, S. 59 und S. 442 f.
[36] Abram u. a., Death, darin zum Ganzhirntod v. a. S. 18 und S. 32–38. Vgl. Belkin, Death, S. xv und Barfield, Death, S. 113.
[37] Vgl. zu den medizinischen Hintergründen Bertels, Hirntod, v. a. S. 26–28 und S. 81–84.

Allerdings verlief die Geschichte des Hirntodes keineswegs so glatt, wie dies angesichts dieser raschen Akzeptanz im juristischen wie medizinischen Bereich auf den ersten Blick scheinen mag. So nahm die fachwissenschaftliche ebenso wie die öffentliche Debatte über den Hirntod als Todeskriterium rasch einen stark kritischen Verlauf.[38] Bereits unmittelbar nach Publikation des Artikels der Harvard-Kommission 1968 erhoben weltweit Ärzte, Thanatologen, Intellektuelle und Geistliche Vorwürfe, dass die Festlegung des neuen Todesbegriffes rein pragmatisch über einen festgestellten Bedarf begründet und jegliche tiefergehende inhaltliche oder ethische Auseinandersetzung vermieden werde.[39] So beklagte etwa der westdeutsche Philosoph Hans Jonas in einem Vortrag zum Thema „Humanversuche", dass angesichts der schwammigen Grenzlinie zwischen Leben und Tod überhaupt keine Gewissheit bestehen könne, ob ein mit externer Hilfe atmender Patient ohne Gehirnfunktion wirklich tot sei. Darüber hinaus sei für das (berechtigte) Ziel eines möglichen Behandlungsabbruchs bei Koma-Patienten mit irreversiblen Hirnschäden gar keine neue Todesdefinition nötig – offenbar gehe es im Kern also (unberechtigterweise) darum, weiterführende medizinische Eingriffe zu legitimieren, insbesondere die Entnahme von Organen. Damit verletze das Hirntodkriterium das Recht des Patienten auf Selbstbestimmung über seinen eigenen Körper und verhindere ein menschenwürdiges Sterben.[40] Auch wenn Jonas wegen seiner teils polemisch vorgetragenen Einwände selbst zur Zielscheibe mitunter heftiger Attacken wurde, erwies sich seine grundsätzliche Argumentation – erweitert um religiös-theologische Einwände gegen die neue Todesdefinition[41] – durchaus als prägend für die moralphilosophische und ethische Hirntodkritik.

In den folgenden Jahrzehnten entwickelte sich die Diskussion um den Hirntod neben der Debatte um Sterbehilfe zur kontroversesten Auseinandersetzung im Bereich des Lebensendes. Dies lag vor allem daran, dass es keinesfalls nur auf humanwissenschaftlicher,[42] sondern auch auf naturwissenschaftlicher Seite Widerstand gegen den Hirntod gab. Neurobiologen und Mediziner verwiesen zum Beispiel auf die gängige Definition von „Leben", die auf die Interaktion von Organen abhebe, woraus zu folgern sei, dass dieses nur erlöschen könne, wenn der gesamte Organismus zusammenbreche. Wie im Falle anderer Organe könnten zudem auch die Funktionen des Gehirns, insbesondere das Atemzentrum, über Apparate künstlich aufrechterhalten werden.[43] Der Umstand, dass Patienten im irreversiblen Koma

---

[38] Vgl. Belkin, Death, S. xivf. sowie für einen ausführlichen Überblick über die vorgebrachten Kritikpunkte Bertels, Hirntod, v. a. S. 85–98.

[39] Vgl. Hoff/in der Schmitten, Kritik, S. 157 und S. 169; Sporken, Medizin, S. 213–231; Byrne/O'Reilly/Quay, Death. Vgl. dagegen die Argumentation in Belkin, Death, nach dem die Entwicklung des Hirntod-Kriteriums eine unausweichliche Folge der medizinischen Entwicklung und der neuen ärztlichen Problemstellungen war.

[40] Vgl. zur Kritik von Jonas Bertels, Hirntod, S. 19 f. und S. 87–91 sowie zu seiner Argumentation Jonas, Reflections, hier v. a. S. 243–245 und ausführlich das Kapitel „Gehirntod und menschliche Organbank: Zur pragmatischen Umdefinierung des Todes" in Jonas, Technik, S. 219–241.

[41] Vgl. Byrne/O'Reilly/Quay, Death.

[42] Vgl. übergreifend für die Soziologie Manzei, Hirntod.

[43] Vgl. Byrne/O'Reilly/Quay, Death; Roth/Dicke, Hirntodproblem; Roth, Hirntod.

nun schon vor Abbruch der *lebens*verlängernden Maßnahmen für tot erklärt werden konnten, erschien vielen Kritikern daher ebenso paradox wie fragwürdig. Ausreichend und in der Sache zielführender sei, so ein Gegenvorschlag, eine Präzisierung des tradierten Todesverständnis eines endgültigen Kreislaufstillstandes, im Zuge derer die kurze Zeitspanne von wenigen Minuten adäquat berücksichtigt werde, in der eine Wiederbelebung theoretisch möglich ist.[44]

Dass sich der Hirntod dennoch im letzten Viertel des 20. Jahrhundts flächendeckend als Todeskriterium durchsetzen konnte und 1986 sogar von islamischen Geistlichen und Juristen auf einem Konzil im jordanischen Amman offiziell anerkannt wurde, lag vor allem an drei Aspekten.[45] Erstens relativierten die immer besser werdenden diagnostischen Möglichkeiten Zweifel an der medizinischen Fundiertheit der Todesfestlegung. Mit der präzisen Bestimmung des Stopps der Hirndurchblutung und des Verlusts aller elektrischen Aktivitäten stieg die Bereitschaft, ein Nulllinien-EEG, das bereits der Harvard-Kommission als entscheidendes Kriterium für ein irreversibles Koma galt, als Ausdruck für den Tod eines Menschen zu akzeptieren.[46] Zweitens erhöhte sich die Zustimmung zum Hirntod international infolge der erwähnten, sich in den 70er Jahren häufenden ethischen Grenzfälle von Wachkoma-Patienten, die in der breiten medialen Berichterstattung nicht selten als intensivmedizinisch künstlich am Leben gehaltenen „Leichen" bezeichnet wurden.[47] Und drittens schließlich überlagerte für viele zunehmend eine neue gesundheitspolitische Notwendigkeit mögliche Bedenken gegen das Hirntodkriterium: Die Versorgung der Transplantationsmedizin mit ausreichend Spenderorganen. Bereits die zeitliche Nähe zwischen der ersten erfolgreichen Herzverpflanzung im Dezember 1967 und dem ein knappes halbes Jahr später publizierten Bericht der Harvard-Kommission zeigt den engen Zusammenhang zwischen Hirntod und Organtransplantation.[48] Ganz wie von dieser gewünscht, etablierte sich der Hirntod in den folgenden Jahren international bei postmortalen Spenden als hinreichendes Kriterium für den Todeseintritt, ab dem eine Organentnahme zulässig war. Dahinter stand auch eine starke neue Lobby im Gesundheitswesen, etwa die in der Bundesrepublik 1984 gegründete Deutsche Stiftung Organtransplantation, die wesentlich mit dafür verantwortlich war, dass sukzessive sogar Kritiker des Hirntods diesen im Kontext der Transplantationsmedizin für zulässig erachteten.[49]

Dies betraf wiederum gleichermaßen den Westen und den Osten. So setzte sich der Hirntod in der DDR ebenfalls rasch als neue Todesdefinition durch. Hierzu trug auch bei, dass die Diskussion um eine Neubestimmung des Todeszeitpunkts in den 60er Jahren durchaus transnational – und zwar über den „Eisernen Vor-

---

[44] Vgl. hierzu Hoff/in der Schmitten, Kritik, S. 156.
[45] Vgl. Barfield, Death, S. 114 sowie ausführlich zu den inhaltlichen wie diskursiven Hintergründen der Durchsetzung der Hirntoddefinition Lindemann, Sicherheiten, v. a. S. 49–155.
[46] O.V., Definition, S. 338. Vgl. Frey, Nachwort, S. 267.
[47] Vgl. hierzu Kap. 5.1 sowie für ein Beispiel Winfried Maaß: „Wie lange muß ein Sterbender noch leben?" Stern, 23. 1. 1975, Nr. 5, S. 82–84, v. a. S. 84.
[48] Vgl. Fischer, Erde, S. 64 und Zülicke, Sterbehilfe, S. 16 f.
[49] Vgl. Schlake/Roosen, Hirntod und Schöller, Hirntod, hier v. a. S. 138.

hang" hinweg – geführt wurde. Im Rahmen der 1. Tagung der Gesellschaft für gerichtliche Medizin der DDR, die im Oktober 1967 in Halle an der Saale mit Teilnehmern aus Italien, den USA, der Bundesrepublik, Großbritannien, Österreich, den Niederlanden sowie zahlreichen sozialistischen Staaten stattfand, entspann sich eine Debatte über gesundheitspolitische Herausforderungen im Kontext der neuen Transplantationsmedizin, an der unter anderem die ostdeutsche Justizministerin Hilde Benjamin partizipierte.[50] Kern der Veranstaltung war der Programmpunkt „Konfliktsituation der ärztlichen Ethik an der Grenze des Strafrechts". Verhandelt wurden die Probleme der neuen Grenzziehung zwischen Leben und Tod und einer Bestimmung des „klinischen Todes", die auch Gegenstand des Eröffnungsvortrags des renommierten Gerichtsmediziners Gerhard Hansen sowie eines Rundtischgesprächs waren. Der Chirurg Franz Mörl, Mitglied der Akademie der Wissenschaften der DDR, sprach sich darin für einen neuen Todesbegriff aus, der dem Umstand Rechnung tragen müsse, dass die moderne Medizin den Blutkreislauf eines Patienten über Wochen hinweg aufrechterhalten könne, obwohl die Gehirnaktivität vollständig erloschen sei. Eine solche Behandlung führe, wie andere Ärzte ergänzten, zu hohen Kosten für das Gesundheitswesen, obschon – darin waren sich insbesondere Chirurgen und Internisten einig – diese Menschen faktisch tot seien. Darüber hinaus spiele eine zeitnahe Todeserklärung bei Hirntoten eine große Rolle, da die Erfolgsaussichten für eine Transplantation anstiegen, je früher das Organ entnommen werde. Ein Mitarbeiter des Ministeriums der Justiz, der einen offiziellen Bericht über die Tagung anfertigte, notierte mit Interesse Forderungen nach einer gesetzlichen Todesdefinition, die rechtliche Klarheit verschaffen könne und im Übrigen im westlichen Ausland teilweise bereits existiere. Überzeugt hatte den Staatsvertreter dabei vor allem das Argument, dass „trotz wochenlangen Aufrechterhaltens der Blutzirkulation der Maschine die Gehirntätigkeit nicht wieder aufleben kann und so trotz <u>immenser Kosten</u> ohnehin <u>keine echte Lebensverlängerung</u> eintreten kann."[51]

Die Standpunkte und medizinischen Termini waren folglich identisch mit denen im Westen,[52] wobei in der DDR die gesundheitspolitischen Interessen, namentlich eine Kostensenkung und Unterstützung der Transplantationsmedizin, noch schneller zu einer Akzeptanz des Hirntodkriteriums führten. Hansen etwa befasste sich in den folgenden Jahren wiederholt mit dem Zusammenhang von Todesdiagnose, Reanimation und Organtransplantation – der Hirntod als Todeskriterium, so führte er 1969 in einer der führenden medizinischen Fachzeitschriften des Landes aus, sei dabei nicht nur eine zielführende Lösung der neuen Proble-

---

[50] Vgl. hier und im Folgenden den Schriftverkehr, das Programm, die Teilnehmerliste und den Bericht eines Mitarbeiters des Ministeriums der Justiz der DDR vom 16. 10. 1967 über die Tagung in: BA Berlin-Lichterfelde, DP 1/2002.
[51] Bericht vom 16. 10. 1967, in: BA Berlin-Lichterfelde, DP 1/2002, S. 7 (Unterstreichungen im Original).
[52] Vgl. exemplarisch Reichel/Rabending, Grenze sowie für eine öffentliche Erklärung des neuen Todeskriteriums und der dahinterstehenden medizinischen Problematik „Kampf am Rande des Lebens." *Neue Zeit*, 30. 11. 1983, S. 5.

me, sondern auch konform mit den Prinzipien des Sozialismus; immerhin gehe es vor allem darum, Lösungen zu finden, die „einer schnellen Entwicklung der chirurgischen Wissenschaft in der DDR alle Hemmnisse aus dem Weg räumen."[53] Nachdem sich Ende der 60er Jahre ein Vorgehen in der Praxis etabliert hatte, nach dem ein ärztliches Kollektiv mit Beteiligung eines Rechtsmediziners eine Todeserklärung bei Patienten mit irreversiblen Verlust aller Hirnfunktionen vornehmen konnte, erarbeitete ein Fachärztegremium schließlich 1973 eindeutige Kriterien für die Todesfeststellung, die wiederum nicht von denen im Westen zu unterscheiden waren. Das Fehlen von EEG-Geräten in vielen ostdeutschen Kliniken sollte über ein detailliertes Formblatt zur Protokollierung aller Hirntod-Fälle oder alternative Diagnostiken wie einer Angiografie kompensiert werden – Ziel war, dass „zeitliche Verzögerungen aus formalen Gründen vermieden werden." Dies ermöglichte es, dass der Hirntod zur Grundlage der Todesfeststellung im Zuge der 1975 erlassenen „Verordnung über die Durchführung von Organtransplantationen" wurde.[54] Auch in der DDR waren jedoch in der fachwissenschaftlichen Diskussion über den Hirntod immer wieder abweichende Stimmen zu vernehmen und gerade Medizinethiker kritisierten das neue Todeskriterium mitunter als eine der Ursachen für die sich verschärfenden medizinischen wie gesellschaftlichen Unsicherheiten mit Blick auf die Grenze zwischen Leben und Tod, deren Ziehung fortan „völlig von der ärztlichen Willkür abhängig" schien.[55]

In der Bundesrepublik prägte sich in medizinischen Fachkreisen ab Ende der 60er Jahre eine vergleichbare Sichtweise wie in der DDR aus, nach der eine Feststellung des Todes als Entscheidung eines Ärztekollektivs möglich sei, solange das Vorgehen nicht rechtlich normiert war, wobei der Gesetzgeber ohnehin nur „gewisse Mindestgrenzen" ziehen könne.[56] Obschon es bis zur Festlegung konkreter medizinischer Richtlinien und gesundheitspolitischer Rahmenbedingungen etwas länger als im Osten dauerte, befürwortete letztlich eine Mehrheit der Mediziner den Hirntod als Todeskriterium zumindest für die klinische Praxis.[57] Eine vom Wissenschaftlichen Beirat der Bundesärztekammer erstmals 1982 herausgegebene „Entscheidungshilfe zur Feststellung des Hirntodes", die in den folgenden Jahren wiederholt mit Blick auf neue diagnostische Verfahren fortgeschrieben wurde und

---

[53] Hansen, Diagnose, Zitat S. 239.
[54] Vgl. zu den genannten Punkten Kerde/Schulz, Erfahrungen, Zitat S. 1043; A.S.: Der sterbende Patient. Abschlussarbeit an der Fachschule für Gesundheits- und Sozialwesen „Prof. Dr. Karl Gelbke", Fachrichtung Medizinpädagogik, Ausbildungsberuf Krankenpflege. Potsdam/Gera 1982, S. 18, in: BA Berlin-Lichterfelde, DQ 119/429; Baust, Sterben, S. 154–168 und Schimmel, Entwicklung.
[55] Vgl. Ritzow, Aspekte, v. a. S. 53 und Körner/Mann, Pflichten, S. 233 f.
[56] Max Kohlhaas: „Zur Feststellung des Todeszeitpunkts Verstorbener." *Deutsche Medizinische Wochenschrift* 93/1 (1968), S. 412–414, Zitat S. 414. Vgl. auch Schimmel, Entwicklung, S. 35.
[57] Vgl. H. Schneider: „Zur Feststellung des Hirntodes." *Deutsche Medizinische Wochenschrift* 94/2 (1969), S. 2404 f.; Wolfgang Spann: „Feststellung des Todes." *Deutsche Medizinische Wochenschrift* 104/1 (1979), S. 689. Zur Argumentation der medizinischen Hirntod-Befürworter in der Bundesrepublik übergreifend Angstwurm, Hirntod sowie für die Entwicklung der Position der Bundesärztekammer Bertels, Hirntod, S. 111–115.

die auch entsprechende Protokolle zur Todesfeststellung enthielt, bekannte sich zum Konzept des Ganzhirntodes. In den unter Leitung des Neurochirurgen Hans Kuhlendahl erarbeiteten Richtlinien übertrug das zentrale Organ der ärztlichen Selbstverwaltung in Westdeutschland die alleinige Verantwortung für die Erklärung des Hirntodes den Ärzten und bezog hinsichtlich der laufenden ethischen Debatten über einen ganzheitlicheren Todesbegriff unmissverständlich Stellung: „Der Hirntod ist der Tod des Menschen."[58] Und auch das wichtigste klinische Wörterbuch, der „Pschyrembel", räumte in der Auflage von 1982 jegliche Zweifel aus dem Weg, indem es auf der Seite mit den einschlägigen Einträgen zu Todesmerkmalen und Todeszeitpunkt in einem dicken Sonderkasten fettgedruckt herausstellte: „Der Zeitpunkt des Todes ist der Zeitpunkt, in dem der Hirntod eintritt, also die Hirnfunktion erlischt. Das gleiche gilt auch dann, wenn das Herz noch schlägt."[59]

Auch andere bedeutende Akteure des gesellschaftlichen Lebens in Westdeutschland sowie speziell der Auseinandersetzung um das Lebensende übernahmen diesen Standpunkt, so etwa humanistische Verbände und die Sterbehilfebewegung, die den Hirntod argumentativ nutzte, um auf das Problem der medizinischen Lebensverlängerung von Patienten aufmerksam zu machen, deren „personales Dasein für immer verlorengegangen ist."[60] Zustimmung zum Hirntod als Todeskriterium kam sogar von kirchlicher Seite. Führende Theologen wie Karl Rahner akzeptierten ihn bereits im Laufe der 70er Jahre.[61] Ungeachtet einiger wortgewaltiger Gegenstimmen, wie die von Joachim Kardinal Meisner, folgten evangelische und katholische Kirche in der Folge bis in die frühen 90er Jahre dieser Sichtweise auch in ihren offiziellen Stellungnahmen.[62] Erneut war die enge Verbindung zum Thema der Organspende entscheidend. In einer gemeinsamen Erklärung der Deutschen Bischofskonferenz und des Rates der Evangelischen Kirche in Deutschland zu „Organtransplantationen" hieß es 1990 unmissverständlich: „Mit dem Hirntod fehlt dem Menschen die unersetzbare und nicht wieder zu erlangende körperliche Grundlage für sein geistiges Dasein in dieser Welt."[63]

---

[58] „Kriterien des Hirntodes. Entscheidungshilfen zur Feststellung des Hirntodes." *Deutsches Ärzteblatt* 79 (1982), Nr. 14, S. 45–55, Zitat S. 45. Vgl. die ersten drei Fortschreibungen unter dem jeweils selben Titel „Kriterien des Hirntodes. Entscheidungshilfen zur Feststellung des Hirntodes." *Deutsches Ärzteblatt* 83 (1986), Nr. 43, S. 2940–2946; *Deutsches Ärzteblatt* 88 (1991), Nr. 49, S. A4396-A4407; *Deutsches Ärzteblatt* 94 (1997), Nr. 19, S. A1296-A1303.
[59] Pschyrembel, Wörterbuch (1982), S. 1200.
[60] Deutsche Gesellschaft für Humanes Sterben, Menschenrecht, S. 12. Vgl. auch die Erklärung „Fragen an unser Menschenbild: Gehirntod, Organspende und gesetzliche Regelung" des wissenschaftlichen Beirats des Humanistischen Verbands Deutschland anlässlich des Tages der Organspende am 4. 6. 1994, zu finden im Ordner „Organtransplantation, Nahtod und Anatomie" in der Geschäftsstelle des HVD in Berlin.
[61] Rahner, Sterben, S. 150.
[62] Vgl. zur Position Meisners, der den Hirntod kategorisch ablehnte, sowie der evangelischen und katholischen Kirche Bertels, Hirntod, S. 98–106.
[63] Organtransplantationen. Erklärung der Deutschen Bischofskonferenz und des Rates der EKD. Bonn/Hannover 1990, S. 10 f.

Dennoch blieb die öffentlich geführte Auseinandersetzung über den Hirntod enorm leidenschaftlich – und zwar bis in die Zeit nach der Wiedervereinigung hinein.[64] Nach der Wende heizten neue Kontroversen die Kritik an ihm sogar erneut an. Enorme Aufmerksamkeit erlangte vor allem der Fall des „Erlanger Babys": Im Oktober 1992 war eine junge Frau in der fünfzehnten Schwangerschaftswoche nach einem Verkehrsunfall für hirntot erklärt worden. Die Ärzte im Universitätsklinikum Erlangen setzten die intensivmedizinische Behandlung jedoch in der Hoffnung fort, das Leben des unverletzt gebliebenen Fötus zu retten. Auch wenn dies wegen einer Fehlgeburt einige Wochen später letztlich nicht gelang, stellte sich die Frage nach dem Hirntod als Kriterium für eine Todesfeststellung nun ganz augenscheinlich neu: Wie soll, so fragten die Kritiker, eine Komapatientin, die potenziell ein *lebendiges* Kind zur Welt bringen kann, wirklich *tot* sein? So kam es denn auch zu einer neuen Protestwelle gegen den Hirntod.[65] In der *Zeit* waren es zwei junge Wissenschaftler, der Theologe Johannes Hoff und der Mediziner Jürgen in der Schmitten, die den Fall zum Anlass für einen Rundumschlag nahmen: Der Hirntod greife als Todesdefinition nicht nur ethisch und medizinisch viel zu kurz, er diene sogar ganz bewusst der Verschleierung der Tatsache, dass solche Patienten – und potenzielle Organspender – in Wahrheit eben noch lebten.[66] Mit ihrem Plädoyer für ein „menschenwürdiges Todeskriterium" stießen sie durchaus auf Zustimmung: Bei der Bundesärztekammer gingen wütende Eingaben von Ärzten ein, die gegen die Verbandsposition Stellung bezogen.[67] Die SPD-Bundestagsfraktion veranstaltete im März 1993 eine öffentliche Anhörung zum „Erlanger Baby" und dem Problem Hirntod.[68] Auch auf Seiten der Kirchen wurde die vorherige Zustimmung zum Hirntod nun problematisiert und teilweise relativiert: Dieser sei nicht mit der Definition des Todes an sich gleichzusetzen, sondern markiere ein, allerdings untrügliches, Todeszeichen (unter anderen).[69] Studien von Hirntod-Skeptikern wie dem amerikanischen Neurologen Alan Shewmon wiesen nach, dass für hirntot erklärte Patienten entgegen der medizinischen Erwartung teilweise noch wochen-, in Ausnahmefälle sogar jahrelang künstlich am Leben erhalten werden konnten.[70] Zur Verunsicherung trugen auch Berichte über unkontrollierte, reflexartige Bewegungen von Hirntoten bei, die als „Lazarus-Zeichen" auch semantisch die Möglichkeit einer Wiedererweckung zum Leben zu signalisieren schienen.[71]

Der Wissenschaftliche Beirat der Bundesärztekammer reagierte auf diese Entwicklung mit der Einrichtung eines Arbeitskreises „Sterben und Tod", der sich in

---

[64] Vgl. hierzu ausführlich Schneider, So tot wie nötig.
[65] Vgl. dazu die Beiträge in Hoff/in der Schmitten, Mensch; Körner, Hirntod und Meran/Poliwoda, Hirntod.
[66] Johannes Hoff/Jürgen in der Schmitten: „Tot?" *Die Zeit*, 13. 11. 1992.
[67] Vgl. etwa Dr. med. U.P.: „‚Sicheres Zeichen für was'?". Kommentar zur Stellungnahme der BAK zum Hirntod, datiert Hamburg, 15. 11. 1993, in: BA Koblenz, B 417/2124.
[68] Vgl. die Informationen hierzu in: BA Koblenz, B 417/2124.
[69] Vgl. Bertels, Hirntod, S. 100 f.
[70] Shewmon, Death. Vgl. kritisch zu Shewmon Moskopp, Hirntod, S. 58–60.
[71] Vgl. Schneider, Sterbewelten, S. 59.

der Folge intensiv darum mühte, die Zweifel am Hirntod in der Bundesrepublik zu zerstreuen.[72] Bereits bei der konstituierenden Sitzung am 15. Juni 1992 in Münster diskutierten die Mitglieder, darunter überwiegend Mediziner, aber auch Theologen, Bioethiker und Philosophen, mit einer internationalen wie interdisziplinären Perspektive die seit 1968 vorgebrachten Einwände gegen den Hirntod und formulierten mögliche Antworten. Ziel war es nachzuweisen, dass „die Kriterien des Hirntodes keine neue Sicht oder sogar ein Abweichen der bisherigen Einschätzung des Todes darstellen", sondern nur eine Vertiefung der „seit nahezu 2000 Jahren den abendländischen Menschen vertraute Vorstellung vom Erlöschen des Lebens durch den Herzstillstand." Hierdurch sollten Vorwürfe konterkariert werden, dass der Sterbende durch die neuen Maßstäbe seiner „menschlichen Würde verlustig gehe".[73] Die umfangreiche Stellungnahme „Der endgültige Ausfall der gesamten Hirnfunktion (,Hirntod') als sicheres Todeszeichen" vom November 1993, die der Kritik zumindest mit einer klaren Absage an das von einigen Transplantationschirurgen vertretene Konzept eines „Teilhirntods" Rechnung trug,[74] erschien unter anderem im *Deutschen Ärzteblatt* und als Nachdruck in zahlreichen Fachzeitschriften, darunter dem *Mitteilungsblatt der Deutschen Gesellschaft für Chirurgie*. Zugleich bearbeitete der Arbeitskreis die periodischen Anfragen von Ärzten an die Bundesärztekammer mit der Bitte um juristische und medizinethische Beratung bei Hirntodentscheidungen. In einem Fall berichtete Anfang 1994 der Leiter der Intensivmedizin an einem norddeutschen Kreiskrankenhaus von Auseinandersetzungen mit Angehörigen, die sich gegen einen Behandlungsabbruch bei einem hirntoten Patienten mittleren Alters wehrten. Aus Angst vor einer Klage setzten die Ärzte daraufhin gegen ihre eigene Überzeugung die künstliche Beatmung fort. Im Antwortschreiben stellten zwei Mitglieder des Arbeitskreises klar, dass rechtlich die Behandlungspflicht mit dem nachgewiesenen Hirntod beendet sei – niemand könne dagegen Einspruch erheben und die „Behandlung einer Leiche als Selbstzweck verlangen". Angesichts der für Laien nur schwer zu erkennenden Unterscheidung zwischen „beatmeten Intensivpatienten" und „beatmeter Leiche" empfahlen sie trotz der eindeutigen juristischen Lage allerdings ein klärendes persönliches Gespräch aller Beteiligten.[75]

Die Auseinandersetzung zwischen Befürwortern und Gegnern des Hirntods kulminierte Mitte der 90er Jahre, als die Konzeption eines gesamtdeutschen Transplantationsgesetzes auf die politische Agenda rückte. Die Frage, ob hirntote Menschen wirklich tot waren und ob ihnen Organe entnommen werden durften,

---

[72] Vgl. zur Tätigkeit des Arbeitskreises, seinen Mitgliedern und deren Veröffentlichungen, der im Folgenden erwähnten Stellungnahme und ihren unterschiedlichen Publikationen BA Koblenz B 417/2125 und B 417/2126.

[73] Zit. aus den Anfragen an weitere potenzielle Mitglieder vom 17. 6. 1992, in: BA Koblenz B 417/2124.

[74] Vgl. diesbezüglich etwa Zülicke, Sterbehilfe, S. 16 f.

[75] Vgl. das Schreiben „Therapeutische Konsequenzen nach festgestellten Hirntod" vom 15. 1. 1994 und die Antwort vom 28. 2. 1994, in: BA Koblenz B 417/2124, darin auch weitere ähnliche Anfragen.

rückte spätestens jetzt ins Zentrum der Publizistik und beschäftigte sogar Radiosendungen sowie Dokumentarfilme.[76] Berichte von „Hirntodfehldiagnosen" wie im Rahmen eines Arte-Themenabends 1997 schürten die Furcht, fälschlich für tot erklärt und von Ärzten als eine Art menschliche „Materialbank" für Organtransplantationen missbraucht zu werden.[77] Vor diesem Hintergrund weckte der Hirntod, wie eine zeitgenössische thanatologische Untersuchung betonte, „Urängste" bei vielen Menschen.[78] „Schlachten die Transplanteure Menschenleiber aus, die noch am Leben sind", fragte plakativ der *Spiegel*, und berichtete mit sichtlichem Wohlwollen über die neuen Zweifel an der „High-Tech-Medizin", die mehr als 1000 Hirntote pro Jahr explantiere.[79] Die zwei Dekaden zuvor nicht zuletzt in diesem Nachrichtenmagazin geschürte Furcht, über Apparate künstlich am Sterben gehindert zu werden, war hier offenbar derjenigen gewichen, nicht lange genug am Leben erhalten zu werden.

Auch im Bundestag kam es zu hitzigen Debatten, im Zuge derer die in allen Fraktionen vorhandenen Kritiker die künstliche Aufhebung der Einheit von „Geist" und „Leib" bemängelten und verfassungsrechtliche Bedenken geltend machten, insbesondere fragten, ob das Grundrecht auf körperliche Integrität nicht auch für Hirntote gelten müsse.[80] Der Hirntod hatte sich von einer rein medizinischen Sachfrage zu einem integralen Bestandteil jenes Spannungsfeldes zwischen der zivilgesellschaftlich eingeforderten „Würde" der Sterbenden auf der einen, und medizinischen, gesundheitspolitischen, ökonomischen Sachzwängen auf der anderen Seite entwickelt, das die Entdeckung des Sterbens in jenen Jahren charakterisierte.

Einmal mehr lag der Grund, warum dieser politische und gesellschaftliche „Grabenkampf in der Auseinandersetzung über den Tod des Menschen" am Ende doch überwunden werden konnte, in den drängenden Problemen der Transplantationsmedizin.[81] Das Fehlen von Spenderorganen als ethisches Gegenargument brachte der aus Presse und Fernsehen bundesweit bestens bekannte Arzt und Medizinjournalist Hans Harald Bräutigam 1994 in der *Zeit* pointiert auf den Punkt.

---

[76] Vgl. die am 25., 26. und 27. 12. 1992, jeweils von 16.30 bis 17 Uhr, im *Deutschlandfunk* ausgestrahlte Sendung „Wissenschaft im Brennpunkt. Ethik und Medizin", das Sendemanuskript findet sich in BA Koblenz, B 417/2124; den Dokumentarfilm von Silvia Matthies: Tot oder lebendig – Die ethische Kontroverse um den Hirntod. Bundesrepublik Deutschland 1995 sowie exemplarisch für die Presse Gundolf Gubernatis: Wenn das Individuum erloschen ist. Ist der Hirntod eine gesellschaftlichen Konsens stiftende Todesdefinition?" *Frankfurter Allgemeine Zeitung*, 17. 7. 1996, S. 7 und den kritischen Leserbrief „Hirntod und Personaltod sind nicht identisch" dazu vom 6. 8. 1996; „Hirntod nicht als Ende anerkannt. Rot-grüner Gesetzentwurf: Organspender muß zustimmen." *Frankfurter Rundschau*, 12. 1. 1997 und Wolfram Höfling: „Das Gesetz und der Hirntod." *Die Zeit*, 18. 4. 1997, S. 34.
[77] Regina Breul/Silvia Matthies: Eine Hirntodfehldiagnose aus Deutschland. Bundesrepublik Deutschland/Arte 1997.
[78] Schreiber, Ende, S. 15.
[79] „Im Grenzland des Todes." *Der Spiegel* 51 (1997), Nr. 10, S. 228–239.
[80] Vgl. Hauser-Schäublin u. a., Leib, S. 194–204.
[81] Hauser-Schäublin u. a., Leib, S. 189.

Angesichts des Mangels an Organspenden beklagte er die Verunsicherung vieler Menschen durch die Debatte über den Hirntod und dessen Infragestellung als Todeskriterium. Mit Blick auf den Respekt vor dem Schmerz von Angehörigen forderte er nachdrücklich, dass dieser „dort Grenzen haben [müsse], wo er das Schicksal anderer besiegelt."[82] Für die Bundespolitik bestand darüber hinaus die Notwendigkeit, eine einheitliche Regelung hinsichtlich der Transplantationsvoraussetzungen zu finden, die zuvor in Ost und West stark divergierten. Hatte ein klarer gesetzlicher Todesbegriff in keinem der beiden deutschen Staaten existiert, änderte sich dies nun – und der Hirntod setzte sich im Zuge dessen am Ende trotz allem durch. Das schließlich zum 1. Dezember 1997 in Kraft getretene Transplantationsgesetz erhob den „Gesamthirntod", also den Ausfall aller zentralen Hirnregionen (Groß- und Kleinhirn sowie Hirnstamm), zum Kriterium für die Todesfeststellung.[83] Die Bundesärztekammer, der im Rahmen des Transplantationsgesetzes die Festlegung der Verfahrensregeln zur Feststellung des Todes offiziell übertragen worden war, titulierte ihre „Kriterien zur Feststellung des Hirntodes" nun in Richtlinien um und erklärte sie zu „verpflichtenden Entscheidungsgrundlagen".[84] So konnte international die Gleichsetzung des Hirntods mit dem Tod des Menschen Ende des 20. Jahrhunderts gesellschaftlich, medizinisch wie bioethisch als „relatively settled" gelten.[85]

Sterben, um zu leben? Organtransplantation und Tod

Die Geschichte von Transplantationen reicht, wenigstens wenn man entsprechenden Überlieferungen Glauben schenken mag, bis in die Antike zurück.[86] Der medizinische Fortschritt indes führte in den Jahren zwischen etwa 1880 und 1930 zu einer ersten Welle an Organtransplantationen, in der Schilddrüsen oder Hoden verpflanzt werden konnten. Quantitativ wie qualitativ wurden diese Vorläufer von der Entwicklung der modernen Organtransplantation nach 1945 rasch in den Schatten gestellt. Insbesondere neue Operationstechniken und verbesserte Mittel zur Unterdrückung von Abstoßungsreaktionen beim Organempfänger führten dazu, dass immer mehr Organe transplantierbar waren, und erhöhten die Erfolgschancen (wobei eine Transplantation anfänglich schon als gelungen galt, wenn das Spenderorgan einige Tage oder Wochen im neuen Körper funktionierte). Mitte der 50er Jahre gelangen erstmals die bereits länger erprobten Nierentransplantationen, rasch folgten weitere Organe wie Lunge (1963), Bauchspeicheldrüse (1966) oder Leber (1967). Nicht nur symbolisch bedeutsam war besonders die erste er-

---

[82] Hans Harald Bräutigam: „Tödlicher Streit. Wann ist ein Mensch gestorben? Darüber zanken sich Philosophen und Ethiker mit Transplantationsmedizinern." *Die Zeit*, 8. 7. 1994, S. 25.
[83] Vgl. Helmers, Tabu, S. 6–8 und Hauser-Schäublin u. a., Leib, S. 204.
[84] „Richtlinien zur Feststellung des Hirntodes." *Deutsches Ärzteblatt* 95 (1998), Nr. 30, S. A1861–A1868, hier S. A1861. Vgl. auch Schell, Sterbebegleitung, S. 345–356.
[85] Shewmon, Death, S. 1538.
[86] Vgl. hier und im Folgenden zur Geschichte von Organtransplantationen: Schlich, Transplantation, v. a. S. 11–17 und Hamilton, History.

folgreiche Herzverpflanzung 1967 in Südafrika. Diese stieß auf ein breites internationales Medienecho, bei dem die medizinischen Hintergründe ebenso in den Blick gerieten wie die beteiligten Personen, vom Arzt über die Spenderin bis zum Empfänger – der Kommunikationswissenschaftler Eckart Roloff sah hierin einige Jahre später eine Geburtsstunde des modernen Medizinjournalismus sowie im Speziellen die „publizistische Entdeckung des Patienten".[87]

Zugleich zeigte sich bereits Ende der 60er Jahre, dass auch die noch junge, aber schon intensive gesellschaftliche Debatte um Tod und Sterben durch die sich verbessernden Möglichkeiten der Organspende eine neue Qualität bekam, insbesondere ob der engen zeitlichen Nähe zwischen dem Tod des Spenders und der Organverpflanzung. Ein Zusammenhang von Organspende und Lebensende bestand aus offenkundigen Gründen für den Empfänger, aber auch für den Spender und dessen Angehörige: So markieren Versuche einer Sinngebung des Todes neben altruistischen Motiven den häufigsten Beweggrund für die Bereitschaft zur Organspende, zumal hierdurch die Fortexistenz eines Teils des eigenen Körpers in einer fremden Person sichergestellt wird, etwa – besonders symbolkräftig – das Weiterschlagen des Herzens.[88] Umgekehrt entstanden in solchen Fällen, wo die Freiwilligkeit der Organspende nicht klar dokumentiert war beziehungsweise rechtlich gesehen gar nicht vorhanden sein musste, moralische Zwickmühlen. In der Schweiz kam es im Zuge der ersten Herztransplantation im April 1969 etwa zu heftigen öffentlichen und juristischen Auseinandersetzungen, im Zuge derer die anfängliche Begeisterung der Medien über die medizinische Sensation rasch umschlug in teilweise wütende Proteste, da die Organentnahme ohne Zustimmung des jungen, kurz zuvor für hirntot erklärten Spenders oder seiner Angehörigen erfolgt war. Die Boulevardpresse stürzte sich gierig darauf und zitierte dessen Mutter, die erst nach dem Eingriff informiert worden war und die zuständigen Ärzte anschließend sogar verklagte, mit den Worten: „Man hat meinem Bub das Herz gestohlen".[89]

In der Praxis kristallisierten sich rasch zwei medizinische beziehungsweise bioethische Hauptprobleme heraus: Zum einen waren eine rasche Todesfeststellung und Freigabe der Organe für Transplantationszwecke von zentraler Bedeutung für die Erfolgschancen. Infolge des schnellen physiologischen Verfalls im Anschluss an den Hirntod ist dessen zeitnahe förmliche Erklärung eine Voraussetzung für Organtransplantationen. Noch in den 2000er Jahren gingen Schätzungen zufolge ob ineffizienter Diagnostik 15–25% aller potenziellen Spenderorgane verloren.[90] Dieser zeitliche Druck führte in Kombination mit den bereits angesprochenen Einwänden gegen den Hirntod als Todeskriterium zu Befürchtungen, dass Patien-

---

[87] Roloff, Berichterstattung. Vgl. auch ders., Entdeckung.
[88] Vgl. Kirste, Organspende sowie allgemein für zeitgenössische thanatologische Betrachtungen des Themas Organspende DeSpelder/Strickland, Last Dance, S. 317 f. für den Westen bzw. für den Osten Baust, Sterben, v. a. S. 164–176.
[89] Vgl. zum „Zürcher Herzskandal": Hofmann, Körperteile, v. a. S. 9–15.
[90] Barfield, Death, S. 114.

ten „zu früh" für tot erklärt werden könnten, um ihre Organe für Transplantationen zu verwenden. Zum anderen überstieg die Nachfrage bei postmortalen Organspenden stets deutlich das Angebot. Die Frage nach gesellschaftlichen wie gesundheitspolitischen Maßnahmen zur Steigerung der Zahl an Spendern führte immer wieder zu extremen Forderungen, zum Beispiel nach einer völligen Freigabe der Sterbehilfe oder die Unterstützung Sterbewilliger beim Suizid.[91] Damit ergab sich ein ethisches Spannungsfeld zwischen einer gewünschten Erhöhung der Organspendebereitschaft auf der einen und der Furcht vor einem Missbrauch zulasten Sterbender, inklusive des Problems des illegalen Organhandels, auf der anderen Seite.

Offenkundig war damit ein Bedarf an Normierung der Voraussetzungen für eine Organentnahme auch über die in der Praxis rasch erfolgte Festlegung des Todeskriteriums hinaus. Dabei existierten zwei grundsätzlich unterschiedliche Modelle: Nach der Widerspruchslösung – die nicht nur in der Schweiz in dem erwähnten Fall von 1969 praktiziert worden war, sondern sich in vielen Staaten des Westens wie Ostens als Standard etablierte – war die Entnahme von Organen zulässig, solange der Betroffene dieser zuvor nicht explizit widersprochen hatte. Dagegen setzte die Zustimmungslösung das explizit erklärte Einverständnis des Spenders (über eine zu Lebzeiten verfasste schriftliche Erklärung) oder seiner Angehörigen voraus.

Die beiden deutschen Staaten schlugen diesbezüglich einen anderen Weg ein. Angesichts der paternalistischen Ausrichtung des Gesundheitswesens war wenig überraschend, dass in der DDR – ohne dass es jemals zu einer öffentlichen Debatte darüber gekommen wäre – rasch die Widerspruchslösung reüssierte, zumal sich die Transplantationsmedizin zu einem Aushängeschild der ostdeutschen Medizin entwickelte.[92] Ungeachtet der hohen Kosten und des großen technisch-organisatorischen Aufwands konnte diese im real existierenden Sozialismus mit seinem chronisch unterversorgten Gesundheitswesen florieren, da sie als Symbol für eine effiziente Hochleistungsmedizin politische Unterstützung fand. Deutlich früher als in der Bundesrepublik erfolgte daher eine gesetzliche Regelung, etwa über die im Westen genau rezipierte „Verordnung über die Durchführung von Organtransplantationen" (1975) oder die „Anweisung über die Vorbereitung und Durchführung von Nierenentnahmen" (1977) des Ministeriums für Gesundheitswesen. Ziel dieser Normen war unverkennbar, niedrigschwellige Anforderungen für Transplantationen zu schaffen, die dem medizinischen Personal große Entscheidungsfreiheit ließen und ein zügiges Handeln im Fall eines bestätigten Hirntods ermöglichten. So hatten Angehörige keinerlei Mitspracherecht und Ärzte mussten nicht

---

[91] Vgl. Sörries, Tod (2015), S. 87–92; Lunshof/Simon, Diskussion, S. 238–240.
[92] Vgl. hier und im Folgenden zur Geschichte der Organtransplantation in der DDR Schimmel, Entwicklung, v. a. S. 31–55; „Transplantationsmedizin war in der DDR ein Politikum." *Frankfurter Allgemeine Zeitung*, 2. 6. 1992; Quitz, Staat, S. 212 f.; Lohmann, Gesellschaft, S. 160–178 sowie die von der Bundesärztekammer archivierten Informationen zur ostdeutschen Transplantationsmedizin in: BA Koblenz, B 417/2124.

prüfen, ob eine Widerspruchserklärung des Verstorbenen vorlag – falls eine solche anschließend auftauchte, konnte dennoch niemand dafür belangt werden.[93] Zwar sind Fälle einer vorzeitigen Todeserklärung zum Zwecke der Organentnahme nicht dokumentiert, sehr wohl jedoch Fälle, bei denen schwerstkranke und möglicherweise bald als Organspender infrage kommende Patienten extra und entgegen ihrer eigenen medizinisch-pflegerischen Bedürfnisse in die Berliner Charité mit ihrem großen Transplantationszentrum transportiert wurden, eine Praxis, die die verantwortlichen Ärzte 1988 selbst problematisierten und wieder aufgaben.[94] Auch finanzielle Zuwendungen an das an erfolgreichen Organentnahmen beteiligte medizinische Personal sind überliefert.[95]

Angesichts dieser günstigen Rahmenbedingungen war die ostdeutsche Transplantationsmedizin im internationalen Vergleich durchaus leistungsfähig. Seit der zweiten Hälfte der 60er Jahren nahmen fünf Krankenhäuser im Land Organtransplantationen vor. 1972 war die DDR Gründungsmitglied der in Prag sitzenden Organisation Intertransplant, die die grenzüberschreitende Verteilung von Spenderorganen zwischen den Staaten des Rats für gegenseitige Wirtschaftshilfe regelte, partizipierte zugleich aber auch immer wieder am westlichen Pendant Eurotransplant, das einige Jahre zuvor im niederländischen Leiden seine Arbeit aufgenommen hatte und dem die Bundesrepublik angehörte. Dabei gab die DDR nach Westen wie nach Osten stets mehr Organe ab, als sie selbst erhielt, ohne dafür Gegenleistungen zu bekommen.[96] Zwischen Mitte der 70er Jahre und 1990 war die relative Zahl an Nierenentnahmen mit circa 20 pro Million Einwohner in der DDR fast genauso hoch wie in der Bundesrepublik (wenngleich die Zahl der tatsächlich transplantierten Nieren geringer war). Dieser Wert übertraf deutlich das Niveau vieler westlicher Staaten wie Frankreich, Großbritannien oder Italien und lag mehr als doppelt so hoch wie im Rest des „Ostblocks", sogar zwanzigmal so hoch wie in der Sowjetunion.[97] Allein das größte Zentrum für Nierentransplantationen in Berlin-Friedrichshain verpflanzte zwischen 1967 und 1991 knapp 1400 Nieren (ab 1971 nur noch Organe von Verstorbenen, zuvor auch einige von Lebendspendern). Tatsächlich lag der Fokus in der Praxis auf Nierenverpflanzungen, wenngleich in der Charité neben Leber- auch Bauchspeicheldrüsen- und Herztransplantationen vorgenommen wurden, allerdings jeweils deutlich später als im Westen. Als hinderlich erwiesen sich die teils gravierenden logistischen Probleme beim Transport der Organe, der nicht wie jenseits des „Eisernen Vorhangs" üblich per Flugzeug, sondern zumeist per Zug oder Auto erfolgte – die Charité besaß

---

[93] Vgl. Lohmann, Gesellschaft, S. 168.
[94] „Transplantationsmedizin war in der DDR ein Politikum." *Frankfurter Allgemeine Zeitung*, 2. 6. 1992.
[95] Schimmel, Entwicklung, S. 45.
[96] Vgl. ebd., S. 22 und S. 63; „Transplantationsmedizin war in der DDR ein Politikum." *Frankfurter Allgemeine Zeitung*, 2. 6. 1992 und Lohmann, Gesellschaft, S. 177–179.
[97] Schimmel, Entwicklung, S. 2 und S. 41.

eigens hierfür zwei VW-Busse: Immer wieder scheiterten Transplantationen wegen des Zeitverlusts und Spenderorgane mussten verworfen werden.[98]

In der Bundesrepublik hingegen fand auch in Ermangelung einer klaren rechtlichen Regelung die Zustimmungslösung Anwendung. So war um ein Gesetz zur Organtransplantation seit Mitte der 70er Jahre intensiv, aber vergeblich gerungen worden. Ein Gesetzesvorschlag der sozialliberalen Bundesregierung 1979 sah eine Widerspruchslösung wie in der DDR vor und basierte auf Empfehlungen des Europäischen Parlaments, scheiterte aber aufgrund von Bedenken, dass diese gegen den im Grundgesetz verankerten Grundsatz der Selbstbestimmung verstoßen könnte. In der Folge sahen sich Versuche der gesundheitspolitischen Normierung stets konfrontiert mit Vorwürfen, dass eine solche auf ein „Organbeschaffungsgesetz" hinauslaufen könne.[99] Der öffentlich intensiv diskutierte, gravierende Mangel an Spenderorganen leistete solchen Ängsten fraglos weiter Vorschub. Dieser wurde besonders ab Anfang der 80er Jahre lautstark beklagt, als die medizinischen Erfolgsaussichten entsprechender Eingriffe derart gestiegen waren, dass Beobachter eine „Ära der Transplantationen" prophezeiten.[100] Tatsächlich wuchs die Zahl an Transplantationen ungeachtet der im Vergleich zur DDR deutlich rigideren Voraussetzungen für eine Organentnahme und des Mangels an Spendern auch in der Bundesrepublik sprunghaft. So wurden 1987 in Westdeutschland nach Auskunft der Bundesregierung unter anderem über 1700 Nieren-, 96 Leber- und 221 Herztransplantationen durchgeführt, nachdem es zehn Jahre zuvor gerade einmal 277 Nierenverpflanzungen gewesen waren und sich die jährlichen Herzverpflanzungen bis in die späten 70er Jahre sogar noch stets an einer Hand hatten abzählen lassen.[101]

Vor diesem Hintergrund waren sich wichtige Verbände wie der 1979 geschaffene Arbeitskreis Organspende, dem neben der Bundesärztekammer auch Vertreter der Spitzenverbände der Krankenkassen und anderer Organisationen des Gesundheitswesens angehörten, die 1984 als zentrale Stelle für die Koordinierung von Spenden und die administrative Abwicklung von Transplantationen gegründete Deutsche Stiftung Organtransplantation oder die Arbeitsgemeinschaft der Deutschen Transplantationszentren (aus der 1992 die Deutsche Transplantationsgesellschaft hervorging) über die Notwendigkeit eines normativen Rahmens im Klaren.[102] Im November 1987 verabschiedete letztere auf ihrer Mitgliederver-

---

[98] Vgl. ebd., S. 24 f.; „Transplantationsmedizin war in der DDR ein Politikum." *Frankfurter Allgemeine Zeitung*, 2. 6. 1992.
[99] Vgl. Lohmann, Gesellschaft, S. 168–174 und Schimmel, Entwicklung, S. 59.
[100] „Eine Schwelle ist überschritten. Die Fortschritte der Transplantationschirurgie und ihre Grenzen." *Der Spiegel* 37 (1983), Nr. 50, S. 96–99, Zitat S. 97. Vgl. zu den in dieser Zeit rapide steigenden Überlebensraten bei der Transplantation vieler Organe wie zunächst vor allem Herz und Leber auch die Informationen in: BA Koblenz, B 417/412.
[101] Deutscher Bundestag, 11. Wahlperiode, Drucksache 11/3993, 15. 2. 1989. Vgl. zu den früheren Zahlen und zur weiteren Entwicklung der Transplantationszahlen bis in die 90er Jahre hinein Fischer, Erde, S. 65 f. und Lohmann, Gesellschaft, S. 161.
[102] Vgl. zur Akteursvielfalt und den Querverbindungen zwischen den genannten Verbänden Hauser-Schäublin u. a., Leib, S. 309.

sammlung in Marburg einen Transplantationskodex, der bestimmte medizinische, rechtliche und ethische Richtlinien der Transplantationsmedizin festlegte. Dieser markierte bis 1997 einen zwar freiwilligen, aber von der Ärzteschaft als Selbstverpflichtung akzeptierten Rahmen, dessen Kern eine erweiterte Zustimmungslösung war: Die Entnahme von Organen bei Hirntoten war demnach gestattet, wenn die Angehörigen zustimmten oder wenn der Verstorbene selbst schriftlich sein Einverständnis erklärt hatte, was formlos oder über einen Organspendeausweis geschehen konnte.[103] Letztere existierten in der Bundesrepublik seit Anfang der 70er Jahre; als erstes Bundesland begann Hamburg im November 1971 mit der Herausgabe von entsprechenden Erklärungen, die die Gesundheitsbehörde entworfen hatte.[104] Obschon Gestaltung und Vertrieb von Organspendeausweisen in den folgenden Jahrzehnten immer professioneller wurden, blieb ihre Verbreitung in der Bevölkerung jedoch bis zur Jahrtausendwende – und darüber hinaus – sehr gering.[105] Neben der gebräuchlichsten, von der Bundeszentrale für gesundheitliche Aufklärung im Scheckkartenformat herausgegebenen Version entstanden zahlreiche weitere Varianten von anderen, teils privaten Anbietern, die wie etwa das Organspende-Zertifikat der Deutschen Gesellschaft für Humanes Sterben oft deutlich stärker ausdifferenziert waren und mehr Wahlmöglichkeiten boten.[106]

Mit der Wiedervereinigung ergaben sich bezüglich der Transplantationspraxis rechtliche Freiräume, die aber zugleich Unsicherheiten mit sich brachten. Denn im Einigungsvertrag war das Transplantationsrecht nicht berücksichtigt worden, so dass in den neuen Bundesländern zunächst weiter nach der Widerspruchslösung transplantiert werden konnte, solange keine bundesweite Regelung existierte. Tatsächlich aber führte diese juristisch wie ethisch heikle, da der etablierten Praxis in den alten Bundesländern klar entgegen stehende Situation zu einem starken Rückgang der Zahl an Organentnahmen und Transplantationen in Ostdeutschland.[107] So wuchs der politische Druck, den gesetzesfreien Zustand zu beenden: Nach einem langwierigen Gesetzgebungsverfahren verabschiedete der Bundestag im Juni 1997 schließlich ohne Fraktionszwang das Transplantationsgesetz, das die erweiterte Zustimmungslösung festschrieb.[108] Dieses freilich beseitigte nicht den

---

[103] Vgl. hierzu und allgemein zur Gesetzesentwicklung sowie den rechtspolitischen Debatten um ein Transplantationsgesetz in der Bundesrepublik Bader, Organmangel, S. 93–98 sowie die von der Bundesärztekammer gesammelten Informationen in: BA Koblenz, B 417/2126.

[104] Vgl. „Organspender können Menschenleben retten. Versuch in Hamburg: Ausweise für den Ernstfall." *Hamburger Abendblatt*, 4. 11. 1971, S. 9.

[105] Vgl. die vom Arbeitskreis Organspende gesammelten Musterexemplare von Organspendeausweisen, Vortragsmanuskripte, Presseberichte und sonstige Informationen, in: BA Koblenz, B 417/412.

[106] Zum Organspende-Zertifikat der größten deutschen Sterbehilfeorganisation vgl. das Protokoll der außerordentlichen Hauptversammlung in Augsburg am 8. 5. 1993, Top 21, im Ordner „Hauptversammlungsakten" in der Geschäftsstelle der DGHS, Berlin sowie *Humanes Leben – Humanes Sterben* 13 (1993), Nr. 2 und *Humanes Leben – Humanes Sterben* 15 (1995), Nr. 1, S. 12.

[107] Vgl. Hauser-Schäublin u. a., Leib, S. 189; Schimmel, Entwicklung, S. 58.

[108] Vgl. zum Transplantationsgesetz und zum Gesetzgebungsverfahren Bader, Organmangel, S. 94–99; Fischer, Erde, S. 67; Schimmel, Entwicklung, S. 59 f. sowie exemplarisch für die

Organmangel und führte vielmehr zu neuen Debatten über das Problem der Verteilungsgerechtigkeit.[109] Im Kontext dieser Diskussion sahen Mediziner Mitte der 90er Jahre denn auch in der „Verordnung über die Durchführung von Organtransplantationen" von 1975 eines der „einmalig gute[n] Gesetze", die das DDR-Gesundheitswesen trotz seiner personellen, technischen und materiellen Mängel zustande gebracht habe.[110] In der Folge wurden die Hürden für eine Organentnahme in der Bundesrepublik sogar noch weiter verschärft: Die 2012 eingeführte Entscheidungslösung setzt eine Zustimmung zur Organentnahme vom Spender zu Lebzeiten voraus. Angesichts des nach wie vor gravierenden Organmangels werden periodisch immer wieder Forderungen für eine Widerspruchslösung laut – so 2019/2020 einmal mehr vergeblich durch Bundesgesundheitsminister Jens Spahn und einige Gesundheitsexperten im Bundestag von unterschiedlichen Parteien.[111] Einiges spricht somit dafür, dass sich die DDR-Praxis in diesem Bereich langfristig als zukunftsträchtiger erweist.

„Mein Wille geschehe" – Patientenverfügungen und das Ringen um Sicherheit

Die Auseinandersetzungen um Hirntod und Organspende bewegten sich folglich in einem für die Zeitgeschichte typischen Zwiespalt zwischen utopischen Hoffnungen auf eine Lebensverlängerung durch den medizinischen Fortschritt auf der einen Seite sowie Sorgen vor einer technokratischen Kontrolle der Menschen auf der anderen Seite. Auf diese Weise wurden sie zu einem zentralen Merkmal der „Neu-Ordnung des Todes".[112] Diese Entwicklung verschärfte das Spannungsfeld von Fremd- und Selbstbestimmung am Lebensende und forcierte individuelle wie gesellschaftliche Unsicherheiten im Grenzbereich zwischen Leben und Tod. Dies begünstigte zugleich den Siegeszug, den Patientenverfügungen – die eine mögliche Antwort hierauf darstellten – in den letzten beiden Jahrzehnten des 20. Jahrhunderts erlebten. Bereits der Patientenbrief von Wilhelm Uhlenbruck im Jahr 1978 beinhaltete eine Erklärung, dass der Patient mit der Organentnahme nach dem klinischen Tod einverstanden sei.[113] Die Einstellung zum Thema Organspende wurde in der Folge zu einem zentralen Bestandteil von Patientenverfügungen. Semantisch dominierte, wie auch ein Blick auf den Google Ngram Viewer unterstreicht (Abb. 22), nach dem erstmaligen Aufkommen des Konzepts im deutsch-

---

breite und kontroverse öffentliche Rezeption den Artikel „Willen und mutmaßlicher Willen." *Frankfurter Rundschau*, 26. 6. 1997.
[109] Vgl. Michael Emmerich: „Gerechtigkeit bei Herz und Nieren. Ärztekammer will Verteilung von Organspenden regeln." *Frankfurter Rundschau*, 18. 3. 1999.
[110] Kreibich, Probleme, S. 5.
[111] Vgl. „Spahn wirbt bei Abgeordneten mit Brief für Widerspruchslösung." *Deutsches Ärzteblatt*, 10. 1. 2020 und https://www.bundesgesundheitsministerium.de/ministerium/meldungen/2019/widerspruchsloesung.html [15. 12. 2021].
[112] Schneider, Sterben.
[113] Uhlenbruck, Patientenbrief.

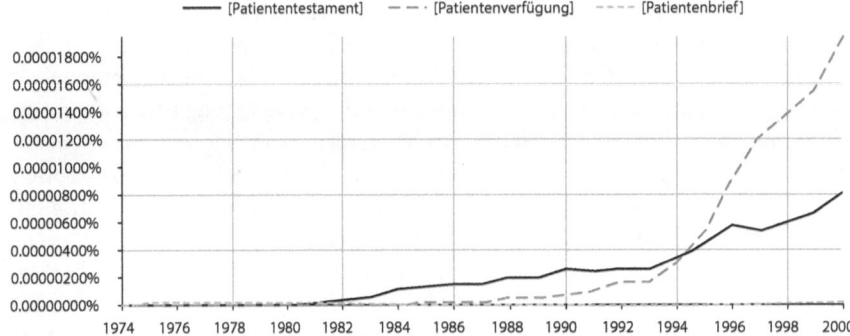

Abb. 22: Prozentuale Häufigkeit der Begriffe „Patiententestament", „Patientenverfügung" und „Patientenbrief" in deutschsprachigen Veröffentlichungen (1974–2000)[114]

sprachigen Raum Mitte der 70er Jahre zunächst die Bezeichnung „Patientenbrief", die zu Beginn der 80er Jahre durch „Patiententestament" (oder in der anfangs gängigeren Schreibweise „Patienten-Testament") abgelöst wurde. Im Laufe der 90er Jahre setzte sich sukzessive das bis heute gebräuchliche Wort „Patientenverfügung" durch.[115]

Entsprechende, vorab getroffene Erklärungen begegneten in jedem Fall dezidiert den neuen Unsicherheiten, die die medizintechnische Entwicklung mit sich brachten. So erklärt sich, dass diese gerade in ihrer Frühphase begleitet waren von jener, oft extreme Ausmaße annehmenden Medizinkritik, die auch die Institutionalisierung der Thanatologie, die Konzeption einer neuen Sterbebegleitung oder die Debatten um Sterbehilfe und Hirntod katalysierte. Der bereits zitierte Aufruf der Nürnberger „Initiative für humanes Sterben nach Wunsch der Sterbenden", die sich für „,living will'-Verfügungen nach amerikanischem Vorbild einsetzte, forderte etwa Ende 1976 eindringlich, dass „die gnadenlose Apparatur der rein technischen Lebensverlängerung auf den Wunsch jedes Betroffenen auszuschalten" sei: „Nicht länger dürfen in den Krankenhäusern (Intensivstation!) die auf den Tod erkrankten Menschen ohne ihre Einwilligung zu einem ‚Sterben auf Raten' verurteilt werden." Nur über eine gesetzliche Verankerung des Rechts auf Selbstbestimmung könne die weitere Herabwürdigung von Patienten zu „Anhängseln der Maschinen" verhindert werden.[116]

---

[114] Die Grafik ist folgendem Google Ngram-Link entnommen: https://books.google.com/ngrams/graph?content=Patiententestament%2CPatientenverf%C3%BCgung%2CPatientenbrief&year_start=1974&year_end=2000&corpus=20&smoothing=3&share=&direct_url=t1%3B%2CPatiententestament%3B%2Cc0%3B.t1%3B%2CPatientenverf%C3%BCgung%3B%2Cc0%3B.t1%3B%2CPatientenbrief%3B%2Cc0#t1%3B%2CPatiententestament%3B%2Cc0%3B.t1%3B%2CPatientenverf%C3%BCgung%3B%2Cc0%3B.t1%3B%2CPatientenbrief%3B%2Cc0 [15. 12. 2021].
[115] Vgl. zur Begriffsgeschichte auch Peuten, Patientenverfügung, S. 53 f.
[116] Eine Kopie des Aufrufs findet sich im Ordner „Humanes Sterben – 3./4. Juni 1978, Bremen" in der Geschäftsstelle der Humanistischen Union in Berlin. Vgl. zu der Nürnberger Initiative Kap. 9.2.

Darauf aufbauend rückte das neue Vorsorgeinstrument für ein autonomes Lebensende in der Bundesrepublik sofort ins Blickfeld einer breiten Gruppe an Akteuren. Bereits in den 80er Jahren kristallisierte sich eine enorme Anbietervielfalt heraus. Nicht nur in der langsam aufblühenden Hospizbewegung entstand unmittelbar ein hohes Interesse an Patientenverfügungen. Die Internationale Gesellschaft für Sterbebegleitung und Lebensbeistand (IGSL) schloss die Konzeption und Verbreitung von „Willenserklärungen für lebensbedrohliche Situationen" direkt nach ihrer Gründung 1986 in ihren Kernaufgabenbereich ein. Vordrucke boten auch andere überregional tätige Hospizverbände wie OMEGA – Mit dem Sterben leben, dazu kam eine Reihe von lokalen Hospizvereinen wie der Christopherus Hospiz Verein in München, die Patientenverfügungen als fixe Bestandteile in ihre Betreuungspläne integrierten.[117]

Besonders wichtig waren Patientenverfügungen – international wie in der Bundesrepublik – beim ideologischen Hauptgegner der Hospizidee, der Sterbehilfebewegung, die gleichfalls auf Selbstbestimmung am Lebensende abzielte, freilich aber mit einem anderen Fluchtpunkt.[118] Die Humanistische Union erarbeitete bereits im Nachgang ihrer Fachtagung „Humanes Sterben" in Bremen 1978 ein entsprechendes Formular mit Mustertext; dieses war das am häufigsten angeforderte Schriftstück bei der Bürgerrechtsvereinigung zwischen ihrer Gründung im Jahr 1961 und der Jahrtausendwende.[119] In einem Flyer für Interessierte erläuterte der Bundesvorsitzende Jürgen Seifert 1984, dass viele Mitglieder Vorsorge treffen wollten für den Fall, dass sie am Lebensende nicht mehr in der Lage sind, ihre Behandlungswünsche kundzutun: „Das Papier ist für diejenigen gedacht, die eine unnötige Verlängerung des Leidens oder Sterbens durch weitere ärztliche Eingriffe, durch den kritiklosen Einsatz von modernen medizinischen Geräten und Medikamenten ablehnen [...]."[120] Auch die aus der Nürnberger Initiative hervorgegangene Sterbehilfeorganisation Deutsche Gesellschaft für Humanes Sterben stellte nicht einmal ein Jahr nach ihrer Gründung, am 9. September 1981, ihre erste eigene Patientenverfügung vor. Zuvor hatte der Verein bereits wörtliche Übersetzungen des dem kalifornischen „Natural Death Act" von 1976 beigefügten amerikanischen Vordrucks in Umlauf gebracht.[121] Eine Publikation informierte

---

[117] Vgl. Interview Becker (2006), S. 10; Blumenthal-Barby, Türen, S. 60; Heller u. a., Geschichte, S. 196; Interview Kunz/Nieder; „Betreuungsplan für Hospizpatienten" des CHV, in: Ordner Christophorus Hospiz Verein e. V., Archiv der Inneren Mission München. Zu den genannten Hospizvereinen und ihren Zielen vgl. ausführlich Kap. 8.1, 8.2 und 9.1.

[118] Vgl. Fittkau, Autonomie, S. 123 f.

[119] Vgl. Humanistische Union: „Patienten-Verfügung [Mustertext]." vorgänge 69 (1984), Nr. 3, S. 118–119; Till Müller-Heidelberg: „Klaus Waterstradt wird 80." Mitteilungen der Humanistischen Union. Zeitschrift für Aufklärung und Bürgerrechte 170 (2000), Nr. 2, S. 32. Zur inhaltlichen Arbeit der Fachtagung 1978 vgl. Kap. 5.1 und die Akten im Ordner „Humanes Sterben – 3./4. Juni 1978, Bremen" in der Geschäftsstelle der Humanistischen Union, Berlin.

[120] Flyer „An die Interessenten der Patienten-Verfügung", in: Ordner „Medizin 1977–1997" in der Geschäftsstelle der Humanistischen Union, Berlin, darin auch Exemplare von frühen Patientenverfügungen des Vereins.

[121] Vgl. Humanes Leben – Humanes Sterben 25 (2005), Nr. 4, S. 19; das Schreiben der Bundesgeschäftsführerin der DGHS an die Bundesärztekammer vom 6. 7. 1981, in: BA Koblenz, B

1985 ausführlich über Vorsorgeinstrumente im Ausland, veröffentlichte entsprechende Schriftstücke und verglich die internationale Rechtslage: Die Erfahrungen in Ländern wie Finnland oder in einigen amerikanischen und australischen Bundesstaaten zeigten, dass die Sorgen vor langwierigen juristischen Streitigkeiten unbegründet und Patientenverfügungen rundum geeignet seien, um das Problem der medizintechnischen „Manipulierbarkeit" des Sterbens in den Griff zu bekommen.[122]

Eine flächendeckende Verbreitung erlangten Patientenverfügungen in den 80er Jahren in der Bundesrepublik indes noch nicht, wenngleich Schätzungen zufolge westdeutsche Ärzte im Laufe der Dekade lebensverlängernde Maßnahmen bei Sterbenden infolge ihres Vorliegens immerhin in rund 5000 Fällen einstellten.[123] Ein großes Hindernis markierte jedoch besonders das Problem der nicht vorhandenen rechtlichen Wirksamkeit.[124] Obwohl die Bundesärztekammer im Kommentar zu ihren „Richtlinien für die Sterbehilfe", in denen dem Patientenwillen für Therapieentscheidungen am Lebensende allgemein ein großes Gewicht zugesprochen wurde, in solchen vorab verfassten Erklärungen bereits 1979 ein „gewichtiges Indiz" für dessen Ermittlung sah, waren sie für Ärzte keinesfalls bindend.[125] Darüber hinaus waren Patientenverfügungen in juristischen wie medizinischen Fachkreisen umstritten und wurden mitunter dezidiert abgelehnt.[126] Zahlreiche Rechtswissenschaftler verwarfen sie als zu allgemein, problematisierten die unklaren Umstände ihrer Verfassung und verwiesen darauf, dass der Arzt ohnehin nur vom Patientenwillen in einem konkreten Behandlungsfall gebunden sein könne, nicht von einem im Vorfeld erklärten. So sei zu diesem Zeitpunkt nämlich noch gar keine medizinische Aufklärung erfolgt und viele Betroffene änderten ihre Einstellung zu therapeutischen Fragen nachweislich im Angesicht einer schweren Erkrankung. Ein Rechtsgutachten im Umfeld des Deutschen Juristentages 1986 bestätigte diese Auffassung und kam zu dem Schluss, dass Patientenverfügungen nicht mehr als eine unverbindliche Entscheidungshilfe ohne juristi-

---

417/412 sowie die dieser Akte beigefügten Exemplare von DGHS-Patientenverfügungen. Frühe Musterformulare der DGHS und der Humanistischen Union finden sich auch in Grubbe, Warum, S. 195–204.

[122] Deutsche Gesellschaft für Humanes Sterben, Menschenrecht, v. a. S. 5–50, Zitat S. 2.

[123] Vgl. „Sterbehilfe bei 5000 Kranken." *Neue Zeit*, 12. 11. 1990. Als Hinweise auf das durchaus vorhandene öffentliche Interesse an Patientenverfügungen bereits zu Beginn der 80er Jahre vgl. auch: Wolfgang Rieger: „Patiententestament. Wer hat den letzten Willen?" *Deutsches Allgemeines Sonntagsblatt*, 20. 4. 1980 und „Patienten-Testament für einen menschenwürdigen Tod. Informationsveranstaltung des Gesundheitsamtes Charlottenburg – Bereits 20 000 Formulare bestellt." *Der Tagesspiegel*, 13. 6. 1980.

[124] Vgl. ausführlich zur rechtlichen Problematik in jenen Jahren Uhlenbruck, Probleme, S. 71–95.

[125] Richtlinien für die Sterbehilfe der Bundesärztekammer, veröffentlicht im *Deutschen Ärzteblatt* 76 (1979), Nr. 14, S. 957–960, Zitate S. 960. Für zeitgenössische Bewertungen der Rechtsverbindlichkeit von Patientenverfügungen vgl. Spann, Patiententestament; Uhlenbruck, Rechtsverbindlichkeit; Roderich Reifenrath: „Wie darf ein Mensch sterben?" *Frankfurter Rundschau*, 27. 4. 1984.

[126] Vgl. Zülicke, Sterbehilfe, S. 118.

sche Relevanz sein könnten.[127] Auch staatliche und gesundheitspolitische Stellen teilten diese kritische Position, wie etwa das Hessische Sozialministerium 1981 in einem Schreiben an die Humanistische Union erläuterte.[128]

Mediziner wiederum zeigten sich irritiert über die medizinkritische Stoßrichtung vieler Patientenverfügungen und verwiesen darauf, dass diese ein „fragwürdige[s] Mittel" zur vermeintlichen Herstellung einer Selbstbestimmung von Sterbenden seien, das in Wirklichkeit das „Mißtrauen zwischen Arzt und Patient eher noch vergrößert".[129] So hielt sich auch in der Ärzteschaft in den 80er Jahren eine grundsätzliche Skepsis – oder wuchs sogar an. Die Bundesärztekammer etwa revidierte nach der Wende ihr prinzipiell positives Urteil von 1979: In ihren „Richtlinien für die ärztliche Sterbebegleitung" beklagte sie 1993 nun vielmehr, dass Patientenverfügungen von gesunden Menschen verfasst würden, die nicht selten unter dem Eindruck dramatischer Sterbeerfahrungen bei Freunden oder Angehörigen stünden: „Solche Patiententestamente mögen im Einzelfall juristisch einfache Problemlösungen bedeuten; ethisch und ärztlich sind sie keine nennenswerte Erleichterung."[130] Und sogar im Hospizbereich gab es Widerstand: Einige Protagonisten der Bewegung kritisierten eine Formalisierung des Sterbevorgangs durch Papiere, die menschliche Zuwendung nicht ersetzen könnten, sondern Betroffene vielmehr vor die problematische Frage „Pflege oder Tod" stellten. In der Folge distanzierte sich etwa OMEGA zeitweilig ganz von dem Vorsorgeinstrument.[131]

In der DDR entsprach die medizinethische und gesundheitspolitische Bewertung von Patientenverfügungen exakt den im Westen geäußerten Kritikpunkten. Das neue Vorsorgeinstrument wurde allerdings keinesfalls verschwiegen oder begründungslos verworfen – wie angesichts der paternalistischen Orientierung des Gesundheitswesens vielleicht zu erwarten gewesen wäre und in der Forschung gelegentlich behauptet wird.[132] Vielmehr nahmen ostdeutsche Ärzte und Medizinethiker das Konzept mit Interesse zur Kenntnis, insbesondere jene Gruppe, die sich ab Ende der 70er Jahre verstärkt thanatologischen Themen und Ansätzen widmete. In diesem Kontext erfolgte rasch eine prinzipielle Aufwertung der Selbstbestimmung von Sterbenden und der Bedeutung des Patientenwillens; die Möglichkeit eines Therapieabbruchs bei tödlichen Erkrankungen sowie Praktiken der passiven und indirekten Sterbehilfe wurden akzeptiert, ja eingefordert.[133] Ganz

---

[127] Vgl. zu den genannten Einwänden Spann, Patiententestament; die zitierten Urteile in „Prognose ohne Hoffnung." *Der Spiegel* 32 (1978), Nr. 36, S. 71–73 sowie ausführlich die rechtshistorische Darstellung bei Lanzrath, Patientenverfügung, S. 32–36, darin auch zur Position des Deutschen Juristentags 1986.
[128] Vgl. das Schreiben eines Ministerialdirigenten des Hessischen Sozialministeriums an die Humanistische Union vom 3. 2. 1981, v. a. S. 6 f., in: Ordner „Humanes Sterben – 3./4. Juni 1978, Bremen" in der Geschäftsstelle der Humanistischen Union in Berlin.
[129] Baader, Sterbehilfe, S. 20 f.
[130] Richtlinien der Bundesärztekammer für die ärztliche Sterbebegleitung, veröffentlicht im *Deutschen Ärzteblatt* 90 (1993), Nr. 37, S. A 2404-A 2406, hier S. A 2404.
[131] Vgl. Interview Rest, S. 28 f.
[132] Vgl. Zülicke, Sterbehilfe, S. 77. Differenzierter dagegen Bettin, Bedeutsam, S. 56 f.
[133] Vgl. Kap. 4.1 und 5.1.

wie viele ihrer Kollegen in der Bundesrepublik und im Einklang mit der dort herrschenden Meinung unter Juristen argumentierten sie jedoch, dass Patientenverfügungen rechtlich für den behandelnden Arzt nicht bindend sein sollten, da „kein Mensch in Zeiten der Gesundheit die Sterbesituation antizipieren kann."[134] Auch im Falle von Unfällen oder Suizidversuchen befreite das Vorliegen „eines solchen Schreibens" niemanden von der Hilfspflicht, zumindest dann nicht, wenn noch „aussichtsreiche" Chancen auf eine Lebensrettung bestanden.[135] Als Indikator zur Ermittlung des Patientenwillens bei tödlichen Erkrankungen konnten Patientenverfügungen jedoch sehr wohl dienen, wie die in der zweiten Hälfte der 80er Jahre von einer Arbeitsgemeinschaft an der Ärztlichen Akademie für Fortbildung formulierten „ethisch-rechtlichen Positionsbestimmungen zu den ärztlichen Pflichten bei der Betreuung Sterbender" klarstellten. Diese waren ganz im Duktus der „Richtlinien für die Sterbehilfe" der Spitzenorganisation der ärztlichen Selbstverwaltung in Westdeutschland von 1979 gehalten und verzichteten auf jene kritischen Vorbehalte gegen das Vorsorgeinstrument, die die Bundesärztekammer 1993 in ihre revidierten „Richtlinien für die ärztliche Sterbebegleitung" einbauen sollte: „Die schriftlich vorliegende Erklärung eines Patienten", so hieß es in der ostdeutschen Positionsbestimmung vielmehr mit Blick auf mögliche lebensverlängernde Maßnahmen bei Todkranken unmissverständlich, „stellt einen wichtigen Anhaltspunkt für ärztliche Entscheidungen dar."[136]

Nach der Wiedervereinigung begann die große Blütezeit der Patientenverfügungen. Diese entwickelten sich nun endgültig zu dem zentralen Instrument zur Herstellung von „Planungssicherheit am Lebensende" und des präventiven Selbst.[137] Dies lag vor allem daran, dass ihre rechtliche und medizinische Akzeptanz im Kontext der zunehmenden Verankerung der Patientenautonomie als Grundlage für ärztliche Entscheidungen weiter wuchs. Die Urteile des Bundesgerichtshofs im Mai 1991 und vor allem im September 1994 („Kemptener Urteil") bestätigten die unbedingte Notwendigkeit eines Behandlungsabbruchs auf Wunsch gerade von Todkranken.[138] Hierdurch rückte die Frage in den Mittelpunkt, wie der Patientenwillen in Zweifelsfällen gewissenhaft und objektiv ermittelt werden konnte. Gesundheitspolitisch wie medizinrechtlich erfolgte infolgedessen eine Aufwertung von vorsorglich verfassten Erklärungen, in denen gesunde Menschen Vorkehrungen für den Fall einer späteren Entscheidungsunfähigkeit trafen: Regelungen und Normen wie das zu Jahresbeginn 1992 in Kraft getretene Betreuungsgesetz oder das Betreuungsrechtsänderungsgesetz kurz vor der Jahrtausendwende stärkten mit Patientenverfügungen verwandte Willensäußerungen

---

[134] Jorke, Euthanasie, S. 660. Vgl. auch identisch argumentierend Hinderer/Körner, Aspekte, S. 1608 und Hahn/Thom, Betreuung, S. 34.
[135] Seidel/Hinderer/Körner, Humanismus, S. 603.
[136] Körner/Mann, Pflichten, S. 236 f.
[137] Vgl. BioSkop, Planungssicherheit und Dornhöfer, Sterben.
[138] Vgl. als Überblick über die entsprechende Rechtsentwicklung in der Bundesrepublik Grimm, Sterbehilfe.

wie die Vorsorgevollmacht (über die einer anderen Person die Entscheidungsbefugnis in Notsituationen übertragen wird) oder die Betreuungsverfügung (in der allgemeine Wünsche hinsichtlich eines vom Gericht bestellten Betreuers festgehalten werden können).[139] Ärzteverbände wie der Hartmannbund bekannten sich im Laufe der 90er Jahre klar zu Patientenverfügungen, die uneingeschränkt zu berücksichtigende Manifestationen des Patientenwillens darstellten.[140] Auch die Bundesärztekammer unterzog schließlich ihre diesbezüglichen Richtlinien erneut einer Revision. Die 1998 veröffentlichten „Grundsätze zur ärztlichen Sterbebegleitung" verzichteten auf eine klare Wertung und betonten nun die Verbindlichkeit von Patientenverfügungen, Betreuungs- und Vorsorgevollmachten. Jedoch müsse sichergestellt werden, dass sich die dort artikulierten Wünsche auf die konkrete Behandlungssituation übertragen ließen – hier spiegelten sich die alten Vorbehalte durchaus noch wider: „Bei der Entscheidungsfindung sollte der Arzt daran denken, daß solche Willensäußerungen meist in gesunden Tagen verfaßt wurden und daß Hoffnung oftmals in ausweglos erscheinenden Lagen wächst."[141] Eine kurz darauf von der Bundesärztekammer publizierte „Handreichung für Ärzte zum Umgang mit Patientenverfügungen" begrüßte die Vorsorgeinstrumente jedoch ausdrücklich als „sinnvoll".[142]

Eine Folge dieser Entwicklung war, dass die enorme Anbietervielfalt, die sich bereits in den 80er Jahren herauskristallisiert hatte, weiter wuchs und ein wahrer „Verfügungswald" entstand.[143] Musterexemplare von Patientenverfügungen boten unter anderem Pharmaunternehmen wie Boehringer Ingelheim, die Ärztekammern vieler Bundesländer wie Berlin oder Niedersachsen, einzelne Krankenhäuser, die AIDS-Hilfe, Verbraucherschutzverbände, lokale Initiativen in Städten wie beispielsweise Esslingen oder Böblingen, wo der Seniorenbeirat allein im ersten Jahr 10 000 Exemplare herausgab, hinzu kamen Gesundheitsämter und Behörden wie das Bayerische Staatsministerium für Justiz. In einem in Bochum und Magdeburg angesiedelten medizinethischen Forschungsprojekt wurde unter dem Begriff der „Wertanamnese" ein Konzept für eine patientenorientierte Selbstfindung zur prospektiven Klärung persönlicher Wertfragen und Wünsche hinsichtlich künftiger medizinischer Entscheidungskonflikte entwickelt. Im Zuge dessen entstand eine stärker narrative, integrierte Betreuungsverfügung, welche die verschiedenen Vorsorgeinstrumente für ein selbstbestimmtes Lebensende kombinierte.[144] Auch

---

[139] Vgl. zur Funktion, definitorischen Abgrenzung und rechtlichen Entwicklung jener Vorsorgeinstrumente in den 90er Jahren Truong, Vorsorgevollmacht, v. a. S. 10–15 und S. 35–53; Uhlenbruck, Sterben, v. a. S. 299–349; ders.: Patiententestament sowie Schell, Sterbebegleitung, S. 323–330.
[140] Vgl. Schell, Sterbebegleitung, S. 201.
[141] Grundsätze der Bundesärztekammer zur ärztlichen Sterbebegleitung, veröffentlicht im *Deutschen Ärzteblatt* 95 (1998), Nr. 39, S. A 2366 f., hier S. A 2367.
[142] „Handreichung für Ärzte zum Umgang mit Patientenverfügungen." *Deutsches Ärzteblatt* 96 (1999), Nr. 43, S. A 2720 f., Zitat S. A 2720. Vgl. auch Schell, Sterbebegleitung, S. 264–268.
[143] Vgl. Jacobi u. a., Wege.
[144] Vgl. Kielstein/Sass, Wertanamnese (1992); dies., Wertanamnese (1997) und May/Gawrich/Stiegel, Erfahrungen, v. a. S. 4 f.

die Kirchen schalteten sich nun aktiv ein: Seit Anfang der 90er Jahre existierte etwa ein von der evangelisch-lutherischen Kirche in Bayern publiziertes Exemplar. Dieses unterschied sich inhaltlich nicht großartig von „säkularen" Varianten, beinhaltete aber Verweise auf den eigenen Glauben, darunter Wünsche nach seelsorgerlichem Beistand am Sterbebett, und eine klare Absage an aktive Sterbehilfe. Die Ablehnung von lebensverlängernden Maßnahmen wurde dezidiert religiös begründet: „Ich glaube, dass meine Zeit in Gottes Händen steht."[145] Ähnliches galt für die schließlich kurz vor der Jahrtausendwende erstmals verlegte und von der Deutschen Bischofskonferenz, der Arbeitsgemeinschaft Christlicher Kirchen und der Evangelischen Kirche in Deutschland gemeinsam herausgegebene, offizielle Christliche Patientenverfügung, die ein intensives Presseecho erfuhr, das eine klare positive Würdigung des Vorsorgeinstruments als wichtiges Mittel gegen die Schattenseiten des medizinischen Fortschritts beinhaltete.[146]

Lukrativ war die Abfassung von Patientenverfügungen nun sogar für kommerzielle Anbieter, darunter Notare, die individualisierte Schriftstücke anfertigten.[147] Dies taten ebenfalls im Wohlfahrtsbereich aktive Organisationen wie der Humanistische Verband Deutschlands (HVD), bei dem Interessierte neben einer umfangreichen „Standard-Patientenverfügung" auch personalisierte Versionen gegen Gebühr bekommen konnten – 1998 hatten bereits mehrere tausend Personen davon Gebrauch gemacht.[148] Diese hatten den Vorteil, dass ihre rechtliche Sicherheit höher war als bei den allgemein gehaltenen Musterformularen (in denen der Inhalt vorgegeben und der Unterzeichner oft nur ja/nein-Ankreuzmöglichkeiten hatte), da auf die spezifischen medizinischen Hintergründe und Krankheitsgeschichte eingegangen werden konnte.[149]

Tatsächlich sorgte die juristische Beurteilung von Patientenverfügungen immer noch für Verwirrung und Unsicherheit, auch infolge von Informationsdefiziten.

---

[145] Ein Musterexemplar findet sich in BA Koblenz, B 417/2124.
[146] So etwa Burkhard Saul: „Lebensende. Eine neue christliche Patientenverfügung." *Deutsches Allgemeines Sonntagsblatt*, 1. 10. 1999; Wolfgang Thielmann: Patientenverfügung / Warum man den letzten Weg im Leben zeitig vorbereiten sollte. Selbstbestimmt sterben." *Rheinischer Merkur*, 1. 10. 1999. Vgl. auch „Anspruch auf menschenwürdiges Sterben – kein Recht auf Tötung. Kirchen legen ‚Christliche Patientenverfügung' vor." *Frankfurter Rundschau*, 29. 9. 1999; „Kirchen legen Patientenverfügung vor – ‚Würdevolles Leben bis zuletzt'." *Süddeutsche Zeitung*, 29. 9. 1999; „In Würde leben bis zum Schluß." *Der Tagesspiegel*, 29. 9. 1999; Michael Trauthig: „Christliche Patientenverfügung. Fürs Sterben in Würde." *Stuttgarter Zeitung*, 28. 9. 1999; „Kirchen legen ‚Christliche Patientenverfügung' vor." *Frankfurter Allgemeine Zeitung*, 28. 9. 1999; „Kirchen: Todkranke haben Recht auf Selbstbestimmung." *Die Welt*, 28. 9. 1999. Frühe Exemplare der christlichen Patientenverfügung finden sich in Schell, Sterbebegleitung, S. 331–344 und im Evangelisches Zentralarchiv in Berlin, ELAB 55.5/1693.
[147] Vgl. zu den genannten Beispielen Blumenthal-Barby, Türen, S. 59 f.; die gesammelten Exemplare in Peuten, Patientenverfügung, S. 165–205 sowie den Ordner „Muster/Vorlagen anderer Anbieter" in der Geschäftsstelle des HVD, Berlin.
[148] Vgl. Gita Neumann: Fragebogen für eine persönliche Patientenverfügung. Beilage der Berliner Medizinethischen Schriften, Sonderdruck Heft 14/15a, 1998 und die anonymisierten Exemplare von personalisierten Vorsorgeverfügungen nach Beratung durch den HVD in den Ordnern „Vermischtes" bzw. „Folien" in der Geschäftsstelle des HVD, Berlin.
[149] Vgl. Jacobi u. a., Wege, S. 19–22.

Mitte der 90er Jahre stand laut Umfragen beispielsweise zwar eine Mehrzahl der deutschen Ärzte dem Vorsorgeinstrument aufgeschlossen gegenüber und beabsichtigte, dieses bei der Entscheidungsfindung zu berücksichtigen, hatte in der Praxis aber noch keinen Kontakt damit gehabt und besaß keine Vorstellung von seiner genauen rechtlichen Bindekraft.[150] Im Bundesgesundheitsministerium gingen zahlreiche Anfragen von Privatpersonen ein, die um Auskunft bezüglich der Wirksamkeit ihrer Patientenverfügungen baten. Eine 71-jährige Frau, die an rasch metastierendem Brustkrebs litt und deren Eltern und Ehemann bereits an Tumorerkrankungen verstorben waren, fragte, wie sie angesichts des ihr bestens bekannten Schicksals die Einweisung in ein Krankenhaus verhindern könne: „Es verlängert doch nur meine schon jetzt vorhandenen Schmerzen, die ich zunehmend nicht mehr verkraften kann."[151] In Berlin wurde im September 1996 ein Mann zu einer sechsmonatigen Bewährungsstrafe verurteilt. Dieser hatte dem Suizid seiner schwerkranken Frau beigewohnt, aber erst nach Eintritt des Todes die Behörden alarmiert – in der (falschen) Erwartung, die neben ihr liegende Patientenverfügung, in der sie lebensrettende Maßnahmen untersagte, würde ihm Straffreiheit garantieren.[152] Medizinrechtlich stand hingegen eine Verbindlichkeit von Patientenverfügungen seit dem Kemptener Urteil von 1994 und allerspätestens mit den neuen Grundsätzen der Bundesärztekammer Ende der 90er Jahre außer Frage, allerdings nur – was in der Praxis die Entscheidungsfindung weiter verkomplizierte – „sofern sie sich auf die konkrete Behandlungssituation beziehen und keine Umstände erkennbar sind, daß der Patient sie nicht mehr gelten lassen würde."[153]

Trotz dieser Unklarheiten erlebten Patientenverfügungen in den 90er Jahren gesamtgesellschaftlich einen Boom, wie das wachsende öffentliche, wissenschaftliche und politische Interesse signalisiert. Die Häufigkeit an Informationsveranstaltungen und akademischen Tagungen schnellte ebenso in die Höhe wie die Intensität der Presseberichterstattung. In der WDR 2-Hörfunksendung „Hallo Ü-Wagen" fanden Patientenverfügungen wiederholt positive Erwähnung.[154] Studien ergaben, dass ihre Funktion für die Unterzeichnenden vor allem in einer beruhi-

---

[150] Vgl. Zülicke, Sterbehilfe, S. 118; Dornberg, Angefragt, v. a. S. 27–29 sowie als Überblick über eine Reihe lokaler Studien aus jenen Jahren unter anderem in Ulm und Hannover Meran u. a., Möglichkeiten, S. 54 f.

[151] Dieser und weitere Briefe finden sich in: BA Koblenz, B 353/238090.

[152] Vgl. zu dem Fall die Zeitungsartikel und Berichte im Ordner „Folien" in der Geschäftsstelle des HVD in Berlin.

[153] Grundsätze der Bundesärztekammer zur ärztlichen Sterbebegleitung, veröffentlicht im *Deutschen Ärzteblatt* 95 (1998), Nr. 39, S. A 2366 f., hier S. A 2367. Vgl. zur entsprechenden medizinrechtlichen Bewertung von Patientenverfügungen Säuberlich, Hilfe, v. a. S. 144.

[154] Vgl. zu den genannten Aspekten: Hallo Ü-Wagen: Abschied für immer – will ich mein Sterben erleben? WDR, 29. 6. 1989 bzw. Beim Schlußstrich mitziehen? Sterbehilfe. WDR, 4. 6. 1992; Barbara Dribbusch: „In Würde abtreten. Tagung zu Sterbebegleitung: Patientenverfügungen und verbesserte Schmerztherapien öffnen neue Wege." *Die Tageszeitung*, 12. 9. 1995; die Presseausschnittsammlung im Evangelischen Zentralarchiv in Berlin, ELAB 55.5/1752 sowie als Überblick über die interdisziplinäre wissenschaftliche Forschung zu Patientenverfügungen in den 90er Jahren Meran u. a., Möglichkeiten, S. 47–55.

genden Wirkung im Fall von Krankheiten lag, sie mithin eine emotionsregulierende Bewältigungsstrategie darstellten, über die Zukunftsängsten begegnet werden konnte.[155] So stieg auch die Verbreitung des Vorsorgeinstruments in den 90er Jahren an.[156] Zwar lässt sich nicht exakt eruieren, wie viele Patientenverfügungen im Umlauf waren, da in der Bundesrepublik im Unterschied zu anderen Ländern wie Dänemark noch kein staatliches Zentralregister existierte.[157] Die Anbieter von Musterexemplaren konnten sich jedenfalls nicht über einen geringen Rücklauf beklagen: Das Bayerische Staatsministerium für Justiz setzte mehr als 500 000 Vordrucke ab und die Christliche Patientenverfügung erreichte rasch eine Auflage von 1,8 Millionen, wobei freilich unklar blieb, wie viele davon auch wirklich ausgefüllt wurden. In dezentralen Hinterlegungsstellen waren um die Jahrtausendwende nur knapp 50 000 Patientenverfügungen registriert, da die meisten Exemplare jedoch bei Hausärzten oder Vertrauenspersonen aufbewahrt wurden, markierte dies nur einen Bruchteil der tatsächlichen vorhandenen Zahl. Laut den stark schwankenden, aber in jedem Fall eine klar steigende Tendenz anzeigenden Schätzungen besaßen zu dieser Zeit zwischen einer halben Million und sieben Millionen Deutsche eine Patientenverfügung.[158] Der letztere, vermutlich deutlich zu hoch gegriffene Wert basierte auf Hochrechnungen der selbst im Vorsorgebereich aktiven Deutschen Hospiz Stiftung aus Umfragen von Meinungsforschungsinstituten, die auf eine hohe Zustimmung zu und Nutzung von vorab getroffenen Verfügungen zur Verhinderung einer künstlichen Lebensverlängerung hinwiesen. Damit verband sich die politische Forderung nach einer weiteren gesetzlichen Aufwertung des Vorsorgeinstruments.[159]

Diese erfolgte jedoch erst Ende der 2000er Jahre. Mit dem Dritten Gesetz zur Änderung des Betreuungsrechts, das im September 2009 in Kraft trat, wurde die Patientenverfügung juristisch anerkannt und gesetzlich verankert.[160] Auch nach Verabschiedung dieser als Patientenverfügungsgesetz bekannt gewordenen Norm war das Vorsorgedokument jedoch weiter umstritten. Medizinrechtlich bestand

---

[155] Schäfer, Patientenverfügungen, v. a. S. 81–100.
[156] Vgl. Jacobi u. a., Wege, S. 15.
[157] Neumann, Patientenverfügung, S. 17. Seit 2005 führt die Bundesnotarkammer ein Zentrales Vorsorgeregister.
[158] Vgl. zu den genannten Zahlen: Schäfer, Patientenverfügungen, S. 13; Zülicke, Sterbehilfe, S. 120; May/Brandenburg, Einstellungen, S. 1–3 und S. 16.
[159] Vgl. Allensbacher Jahrbuch 1993–1997, S. 336; die Presseerklärung „Emnid: 75 Prozent der Menschen würden Willenserklärung verfassen, aber: Massive Verunsicherung über Patiententestamente" der Deutschen Hospiz Stiftung vom 28. 7. 1998, URL: https://www.stiftung-patientenschutz.de/Emnid-75-Prozent-der-Menschen-w%C3%BCrden-Willenserkl%C3%A4rung-verfassen,-aber-Massive-Verunsicherung-%C3%BCber-Patiententestamente [15. 12. 2021] und hierzu kritisch „Politik mit Zahlen." Die Tageszeitung, 15. 12. 2006, S. 18.
[160] Vgl. ausführlich zum Gesetzgebungsprozess, den juristischen Hintergründen sowie der inhaltlichen Reichweite des Patientenverfügungsgesetzes Peuten, Patientenverfügung, S. 51–73; Karliczek, Patientenverfügungsgesetz und Gian Domenico Borasio/Hans-Joachim Heßler/Urban Wiesing: „Patientenverfügungsgesetz. Umsetzung in der klinischen Praxis." Deutsches Ärzteblatt 106 (40), S. A 1952-A 1957.

erstens immer noch das Problem, dass viele Patientenverfügungen zu allgemein waren und die Frage offen blieb, wie entschieden werden sollte, falls sie die konkrete medizinische Situation nicht erfassten oder wenn sie dezidiert eine ärztliche Intervention ablehnten, obwohl im Falle einer Behandlung Überlebenschancen bestanden.[161] Die bereits existierenden Ansätze für konkretere und dynamischere Praktiken der gesundheitlichen Vorausplanung (beispielsweise die oben erwähnte Wertanamnese) wurden vor diesem Hintergrund vertieft. Als Alternative zur unflexiblen Patientenverfügung kristallisierte sich besonders das Konzept des Advance Care Planning (ACP) heraus. ACP erlaubt in moderierten Gesprächen zwischen Betroffenen und behandelndem medizinischem Personal eine individuelle und auf die jeweilige Situation sowie Erkrankung zugeschnittene Vorsorge.[162]

Davon unberührt bleiben jedoch zweitens die ethischen Zweifel am Grad der „Selbstbestimmung", der im Zuge dieser Vorsorgepraktiken überhaupt möglich ist. Studien zeigten, dass die meisten Menschen für das Abfassen von Patientenverfügungen unterschiedliche Experten konsultierten, die hochspezialisierte Wissensbestände in die dann gar nicht mehr so autonomen Dokumente einspeisten.[163] Die Grenzen der vermeintlichen Selbstbestimmung am Lebensende waren so rasch erreicht. Kritiker warnten vor diesem Hintergrund, dass die Patientenverfügung auf einer falschen Dichotomie zwischen menschlicher „Autonomie" und medizinischem „Paternalismus" aufbaue, die den ärztlichen Fürsorgegedanken ad absurdum führe.[164] Dies galt zumal angesichts der starken Durchdringung der Gesellschaft mit thanatologischen Positionen, die mit einer medizinkritischen Stoßrichtung auf eine vermeintliche Überbehandlung zulasten der „Würde" des Einzelnen abzielten. Ob diese aus den 70er Jahren stammende Deutung angesichts der in den folgenden Jahrzehnten erfolgten Kostenexplosion im Gesundheitswesen und der Versuche, diese einzudämmen, noch dem medizinischen Alltag entsprach, oder sich hier nicht vielmehr das gegenläufige Problem einer ökonomisch motivierten Unterversorgung ausbreitete, war zumindest diskussionswürdig.[165] Mit anderen Worten: Konnte eine künstliche Lebensverlängerung hoffnungslos Kranker angesichts ihrer Kostspieligkeit überhaupt eine ärztliche oder gar gesundheitspolitische Zielvorstellung sein? Bereits Ende der 90er Jahre kamen Sorgen vor einer neuen Lebenswertdiskussion auf, im Zuge derer der Lebensschutz auch mittels vermeintlich den Interessen des Einzelnen dienenden Vorsorgeinstrumenten wie der Patientenverfügung schleichend ausgehöhlt werde.[166] Diente die neue

---

[161] Vgl. ausführlich zu diesem Problemkreis die Diskussion in Coeppicus, Gesetz.
[162] Vgl. hierzu bereits Sahm, Sterbebegleitung, S. 187–193 und umfassend Coors/Jox/in der Schmitten, Planning.
[163] Vgl. Dornhöfer, Liebesbrief.
[164] Vgl. die Stellungnahme der Bürgerrechtsorganisation Club of Life vom 15. 12. 1999 zur „Handreichung für Ärzte zum Umgang mit Patientenverfügungen" der Bundesärztekammer, in: Schell, Sterbehilfe, S. 268–278 sowie für eine umfangreiche Diskussion des Problems Kaufmann, Patientenverfügungen, v. a. S. 37 f.
[165] Vgl. hierzu Kap. 4.1 und Kap. 7.2.
[166] Eibach, Patientenverfügungen.

„Beschwörung der Selbstbestimmung" am Ende nur dazu, dem in der Realität gar nicht so mündigen Patienten die Pflicht aufzuerlegen, ethisch heikle Entscheidungen für sich selbst treffen zu müssen, die das verunsicherte medizinische Personal vermeiden wollte?[167] Aufbauend auf eben diesen Gedanken formulierte die Erziehungswissenschaftlerin Marianne Gronemeyer die süffisante Frage: „Wie willst du gestorben werden?"[168] Tatsächlich verschwammen im Kontext der Patientenverfügung ebenso wie in den Bereichen des Hirntods und der Organtransplantation letztlich die Grenzen zwischen individuellem Gestaltungswillen und biopolitischer Gestaltungsmacht am Lebensende.

6.2 Das Sterben neu vermessen: Der Wandel der Sterbebegleitung in Altenpflege, Krankenhausseelsorge und Sozialer Arbeit in West und Ost

> „Die fünf [hochbetagten Frauen] lebten in einer intensiven Gegenwart, weil sie, anders als die Jungen, die sich mit ihrer Endlichkeit auf eine distanzierte, philosophische Weise auseinandersetzen, eben wussten, dass der Tod nicht abstrakt ist."
> (Siri Hustvedt – Der Sommer ohne Männer)

Die Neuvermessung des Todes beschleunigte im letzten Drittel des 20. Jahrhunderts gleichzeitig die Wahrnehmung, dass das Sterben in medizinischen Institutionen das zentrale Problemfeld am Lebensende darstelle. Mit den Folgen dieser Entwicklung befassten sich nicht nur die Hospiz- und Sterbehilfebewegung, die Kirchen oder die Medizin selbst, sondern eine ganze Reihe an Akteuren aus der Praxis, die in der täglichen Arbeit mit Sterbenden konfrontiert waren. Vor diesem Hintergrund wurde insbesondere in Altenpflege, Krankenhausseelsorge und Sozialarbeit – also in drei Bereichen, die in der Zeitgeschichte allgemein einen Bedeutungsgewinn verzeichneten – mit einer Neukonzeption der Sterbebegleitung begonnen.

Die Krankenhausseelsorge hatte sich seit dem frühen Mittelalter aus der christlichen (Kranken-)Seelsorge heraus entwickelt und in den deutschen Staaten seit Ende des 19. Jahrhunderts sowie verstärkt seit den 1950er Jahren institutionalisiert.[169] Hinter ihr steht die Vorstellung einer Einheit von Seele und Körper, die im Krankheitsfall eine nicht nur physische, sondern auch psychische Begleitung nötig machte, um Patienten zu trösten, zu ermutigen oder sie bei der Sinngebung von Leid und Krankheit zu unterstützen. Bereits die Weimarer Reichsverfassung

---

[167] Eibach, Selbstbestimmung, S. 48.
[168] Vgl. erstmals Gronemeyers Vortrag über „Sterbeorte" auf einer Tagung in Köln 2005, online unter: https://www.imew.de/de/barrierefreie-volltexte-1/volltexte/sterbeorte [15. 12. 2021].
[169] Vgl. zur Geschichte der Krankenhausseelsorge hier und im Folgenden Klessmann, Krankenseelsorge sowie für eine regionale Fallstudie Schorberger, Geschichte.

von 1919 garantierte die Krankenhausseelsorge in Kliniken, auch in der Bundesrepublik war sie grundrechtlich als gemeinsame Angelegenheit von Staat und Kirche verankert. In der Praxis war sie stark christlich geprägt und wurde von kirchlichen Akteuren betrieben, vor allem von Geistlichen und haupt- oder ehrenamtlichen Seelsorgern. Nachdem sich in den evangelischen Landeskirchen entsprechende Verbände gebildet hatten, erfolgte 1961 die Gründung der Konferenz der Krankenhausseelsorge in der EKD. Im Deutschen Caritasverband hatte sich bereits zuvor eine Arbeitsgemeinschaft katholischer Krankenhausseelsorger innerhalb der Freien Vereinigung für Seelsorgehilfe formiert.[170] Zugleich prägte sich speziell im palliativen Bereich sukzessive eine später unter dem Begriff „Spiritual Care" bekannt gewordene Form heraus, die Konzepte und Vorstellungen alternativer Religiosität und Spiritualität transportierte und damit gerade solche Patienten fokussierte, die nicht dem christlichen Glauben anhingen.[171] Allgemein trat im letzten Drittel des 20. Jahrhunderts in der Krankenhausseelsorge die historisch lange dominierende christliche Missionsarbeit eindeutig in den Hintergrund zugunsten einer religiös motivierten Begleitung von Menschen in krankheitsbedingten Lebenskrisen.

Auch Praktiken der Sozialen Arbeit haben eine lange Tradition und lassen sich mindestens bis in das öffentliche Almosenwesen und die zunächst ebenfalls größtenteils religiös begründete Armenversorgung im Mittelalter zurückverfolgen. Mit der „sozialen Frage" in den sich ausprägenden kapitalistischen Industriegesellschaften des 19. Jahrhunderts bekam das Problem der Verelendung großer Teile der Bevölkerung eine neue Qualität, die zunehmend staatliche Intervention erforderlich machte. Im Zuge der sozialstaatlichen Expansion wandelte sich zugleich das Erscheinungsbild der Sozialarbeit: Von einer reinen Armenfürsorge weitete sich diese zu einer viel breiter und sukzessive partizipativer angelegten Wohlfahrtspflege mit umfassenden Hilfsangeboten. Ins Blickfeld rückten nun Menschen in allen möglichen sozialen Notlagen, nicht mehr nur Arme, sondern auch solche mit Behinderung, Kinder, Jugendliche, Frauen, Familien, Migranten, Hochbetagte oder Kranke. Damit einher ging eine Erweiterung der Arbeits- und Handlungsfelder hin zu Fragen der Bildung und Erziehung, Kriminalität, Inklusion, Prävention und Unfallschutz, Flüchtlings-, Ehe- und Suchtberatung, oder der Gesundheits- und Altenhilfe. So gründete sich etwa 1926 die Deutsche Vereinigung für den Fürsorgedienst im Krankenhaus (die 1949 in der Bundesrepublik als Deutsche Vereinigung für den Sozialdienst im Krankenhaus neu gegründet werden sollte) und es entstand ein Konzept für einen Kliniksozialdienst, der zu einer wichtigen Säule in der Gesundheitsversorgung avancierte. Ziel war dabei sowohl die Verbesserung der individuellen Lebensbedingungen als auch der sozialen Strukturen auf gesamtgesellschaftlicher Ebene. Im 20. Jahrhundert erfolgte zudem eine Professionalisierung der Sozialen Arbeit, im Rahmen derer sich das Berufsfeld des

---

[170] Vgl. hierzu die Akten der Arbeitsgemeinschaft, in: Caritas-Archiv Freiburg, Signatur 259.4.
[171] Vgl. Roser, Care.

Sozialarbeiters manifestierte. Darüber hinaus prägte sich ein umfassendes Trägersystem der Sozialen Arbeit aus, das in Westdeutschland von kirchlichen oder freien Wohlfahrtsverbänden über private Vereine und Organisationen bis hin zu kommunal-staatlichen Stellen wie Jugend- oder Gesundheitsämtern reichte.[172] In der DDR unterlag die Wohlfahrtsarbeit weitgehend der bereits im Oktober 1945 gegründeten Hilfsorganisation „Volkssolidarität". Wie im Westen rückte die soziale Betreuung älterer Menschen dabei im Laufe der Zeit im Aufgabenspektrum zunehmend nach oben.[173]

Die Altenpflege schließlich gewann vor allem im Zuge des demografischen Wandels nach dem Zweiten Weltkrieg eine immer größere Bedeutung. Bis dato waren ältere Menschen, die nicht mehr alleine oder bei Verwandten leben konnten, meist in Siechenhäusern mit einer eher isolierenden Funktion untergebracht. Deren Bewohner, die so weit wie möglich Arbeitsleistungen zu erbringen hatten, wurden bezeichnenderweise „Insassen" genannt.[174] In den ersten Jahrzehnten nach Kriegsende fand die Not alter Menschen jedoch gesellschaftlich und sozialpolitisch mehr Beachtung.[175] Es entstand sukzessive ein hochspezialisiertes System der Altenpflege: Im stationären Bereich boten Alten- und Altenpflegeheime professionalisierte Pflege für die nun „Patienten" genannten Bewohner; auch im häuslichen Umfeld, wo stets eine deutliche Mehrheit der pflegebedürftigen Menschen im „vierten Alter" durch ambulante Pflegedienste, ehrenamtliche Helfer und/oder Angehörige versorgt wurde, besserten sich die Rahmenbedingungen sukzessive.[176] Ursächlich für diese Entwicklung war, dass mit dem Anwachsen der Lebenserwartung auf der einen und der Zunahme chronischer Krankheitsverläufe am Lebensende auf der anderen Seite die Notwendigkeit einer speziell geriatrischen Betreuung stieg, während der wirtschaftliche Aufschwung zeitgleich für die nötigen materiellen Ressourcen im Gesundheitssystem und bei den Wohlfahrtsverbänden sorgte. Vor diesem doppelten Hintergrund konnte sich der Altenpflegeberuf ausdifferenzieren und von der regulären Krankenpflege emanzipieren. Dies galt besonders im Westen, auf deutlich niedrigerem Niveau aber auch im Osten: In der DDR blieben etwa Altenpflegeheimplätze stets Mangelware, was lange Wartezeiten für Betroffene zur Folge hatte.[177] In der Bundesrepublik dagegen führte in der Kranken- wie auch in der Altenpflege ein Mangel an qualifizierten Arbeitskräften bereits seit den 60er Jahren zu einem sogenannten „Pflegenotstand", der nur marginal durch den stetig ausgeweiteten Einsatz von Zivildienst-

---

[172] Vgl. zu den genannten Aspekten ausführlich Businger/Biebricher, Fürsorge; Hering/Münchmeier, Geschichte; Rathmayr, Armut; Reinicke, Arbeit; Schilling/Klus, Arbeit.
[173] Vgl. zur Geschichte der Sozialen Arbeit in der DDR Hering/Münchmeier, Geschichte, S. 230–234.
[174] Vgl. Irmak, Sieche.
[175] Vgl. zu diesem Wandel Irmak, Körper.
[176] Vgl. ausführlich Matron, Altenpflege.
[177] Vgl. Kap. 2.1.

leistenden behoben werden konnte, nach der Wiedervereinigung kamen bundesweit Finanzierungsprobleme hinzu.[178]

Alles Kübler-Ross? Thantologisches Wissen in der Praxis der deutsch-deutschen Sterbebegleitung

In allen drei Feldern erfolgte in der zweiten Hälfte des 20. Jahrhunderts eine Entdeckung des Sterbens, was für den Westen und mit etwas Verzögerung für den Osten gleichermaßen zutraf. In der Sozialarbeit war dies vor allem eine Folge der eben beschriebenen Ausweitung der Handlungs- und Arbeitsgebiete auf Hochbetagte und Gesundheitsfragen. In der Krankenhausseelsorge stellte Sterbebegleitung dagegen seit jeher einen klassischen Aufgabenbereich dar, der mit der Zunahme der Sterbefälle in Kliniken immer stärker an Bedeutung gewann.[179] „Seelsorge an Sterbenden", so hieß es 1971 im Beitrag eines Hamburger Pastors und Seelsorgers im *Deutschen Pfarrerblatt*, „gehört wohl zu den größten Vorrechten, die uns im geistlichen Amt zuteil werden können."[180] So erklärt sich, dass bereits in den 50er Jahren Forderungen nach einer Neuausrichtung im Angesicht des religiösen und medizinischen Wandels laut wurden, insbesondere in der Caritas. Allerdings beschränkten sich die Debatten in der Folge keinesfalls nur auf die kirchlichen Wohlfahrtsorganisationen.[181] In der sich ausdifferenzierenden geriatrischen Altenpflege wiederum bestand ein entscheidender Unterschied zur klassischen Krankenpflege darin, dass im stationären wie im ambulanten Bereich in der Regel Patienten versorgt wurden, die früher oder später starben.[182] In einem Altenheim im schwäbischen Fellbach etwa starb Ende der 70er Jahre jährlich fast ein Drittel der Bewohner, im Schnitt hatten diese bis zu ihrem Tod nur knapp zwei Jahre dort gelebt.[183] Die Frage, wie sie angemessen begleitet werden konnten, gewann also gerade mit der steigenden Zahl an Hochbetagten an Bedeutung – zumal angesichts zunehmender Klagen über Missstände. In der DDR fanden sich Beschwerden über die Zustände in Alten- und Dauerpflegeheimen der Inneren Mission bereits in den 50er Jahren. Dort herrschten „menschenunwürdige Verhältnisse", berichtete ein Mann aus Ost-Berlin, der Aussagen verschiedener Heimbewohner gesammelt hatte: „Die Menschen sterben ohne einen Beistand in der letzten Stunde. Schon diese Vorstellung allein ist furchtbar."[184] Auch in der Bundesrepublik waren Al-

---

[178] Vgl. zu den Hintergründen, Ursachen und Folgen Hähner-Rombach, Rahmen, v. a. S. 18–21 und Kreutzer, Sorge, v. a. S. 102 f.

[179] Vgl. hierzu Mayer-Scheu, Auftrag (1974), v. a. S. 286; Engelke, Signale sowie die Berichte über den Stand der Kranenhausseelskorge Ende der 50er und Anfang der 60er Jahre, in: ADW, HGSt 2776.

[180] Horst R. Flachsmeier: „Hilfe zum Sterben – Hilfe im Sterben." *Deutsches Pfarrerblatt* 71 (1971), S. 490–492, hier S. 492.

[181] Vgl. ausführlich Kap. 3.1.

[182] Vgl. hier und im Folgenden Phieler, Betreuung, S. 88. Anne Phieler danke ich für viele wertvolle Hinweise zum Thema.

[183] Hummel, Leben, S. 605.

[184] Brief von K.O. vom 13. 2. 1952, in: ADW, DWDDR II 232.

tenheime zu diesem Zeitpunkt weder auf Langzeitpflege noch auf die Versorgung schwerst- und todkranker Menschen ausgerichtet.[185]

Dass seit den 70er Jahren in allen Bereichen ein massiver Aufschwung des Themas erfolgte, kann wesentlich auf die gleichzeitige Blüte der thanatologischen Forschung in der „Kübler-Ross decade" zurückgeführt werden.[186] In der Bundesrepublik weckten die durch die Rezeption der Sterbeforscherin inspirierten Untersuchungen des jungen Thanatologen Franco Rest ein Problembewusstsein hinsichtlich der sozialen Not von Sterbenden in Institutionen der Altenpflege. Ein von ihm geleitetes und vom nordrhein-westfälischen Wissenschaftsministerium gefördertes Forschungsprojekt in zwei Dortmunder Altenheimen ergab Mitte der 70er Jahre skandalöse Zustände, die von Vernachlässigung bis zu struktureller Gewalt reichten: Gerade Patienten in der letzten Lebensphase wurden sozial ausgeschlossen und entmündigt, mitunter sogar ans Bett gefesselt, um die Aufräumarbeit für die Pflegekräfte nach Eintritt des Todes zu erleichtern. Der Sterbende werde als „lebende Leiche" behandelt, kommunikativ seiner Identität beraubt – so kam es vor, dass über ihn nur in der 3. Person etwa als „metastierendes Rectrum" gesprochen wurde – und damit letztlich schon vor dem Ableben „euthanisiert", wie es vollmundig, wenn auch missverständlich hieß.[187] Die Aufregung war riesig: Der *Tagesspiegel* und der *Spiegel* zeigten sich gleichermaßen empört über die schockierenden Ergebnisse der Studie.[188] Die *Westdeutsche Allgemeine Zeitung* sprach von „Resultaten, die zum Teil tief deprimierend sind. [...] Einzelheiten, die erschüttern. [...] Erkenntnissen, die nach Änderung schreien!"[189]

Deutlich weniger öffentlichkeitswirksam, aber fast genauso eindringlich, stellte einige Jahre später in der DDR ein Hygieniker in einem vertraulichen Bericht für das Ministerium für Gesundheitswesen im besten thanatologischen Jargon gravierende Mängel bei der Sicherung der „Würde der Persönlichkeit" von Sterbenden in den medizinischen Institutionen im Bezirk Neubrandenburg fest: Gerade in staatlichen Einrichtungen reduziere das Personal die Kontakte zu Patienten, sobald eine infauste Diagnose gestellt sei. Auch Angehörige würden weder auf die Anforderungen einer Betreuungsarbeit bei Todkranken vorbereitet noch überhaupt dazu motiviert, sich daran zu beteiligen, mit fatalen Folgen: „In den Altersheimen ist das Verlassensein der Sterbenden die grauenvolle Regel." Stattdessen werde nur die absolut notwendige Grundpflege geleistet, was auch mit entsprechenden Lücken in der Ausbildung zu tun habe. Den Beteiligten müsse vermittelt werden, was eine darüber „hinausgehende Zuwendung inhaltlich konkret bedeu-

---

[185] Vgl. für einen umfassenden Überblick über Rahmenbedingungen und Entwicklung der stationären Altenpflege am Fallbeispiel Niedersachsen Grabe, Versorgung.
[186] Germain, Dying, S. 57, vgl. darin als Überblick über die pflegewissenschaftlichen Aktivitäten in den USA im Bereich der Sterbebegleitung S. 48–52.
[187] Vgl. Rest, Orthothanasie (1), Zitate S. 73.
[188] „‚Sterbende nicht allein lassen.' Ergebnis einer zweijährigen Forschungsarbeit in Altenheimen." *Der Tagesspiegel*, 6. 11. 1977; „Hilflose Helfer." *Der Spiegel* 33 (1979), Nr. 30, S. 50.
[189] Peter Sabinski: „Ein junger Professor aus Dortmund meint: Der Mensch sollte das Sterben lernen … ohne Verlust der Lebensfreude." *Westdeutsche Allgemeine Zeitung*, 12. 11. 1977.

tet" und wie wichtig diese „humanitäre Pflicht" für Sterbende sei – gemeint war unter anderem eine seelsorgliche Begleitung, eine angemessene Kommunikation und menschliche Nähe.[190]

Ein Problembewusstsein in West wie Ost war somit geweckt, zumal die sich intensivierenden gesellschaftlichen Auseinandersetzungen rund um Fragen der Sterbehilfe und des Behandlungsverzichts zugleich Herausforderungen für die Seelsorge und geriatrische Altenhilfe darstellten: Wo lag gerade bei hochbetagten Menschen die Grenze zwischen Verlängerung des Lebens und Verlängerung des Leidens, zwischen Mord, Tötung auf Verlangen oder menschenwürdigem Sterbenlassen?[191] Das Thema Sterben rückte auf der Agenda der verantwortlichen Akteure in der Altenhilfe, Seelsorge und Sozialarbeit denn auch weit nach oben. Damit einher ging eine teils massive Selbstkritik. Es sei bezeichnend, so argumentierte eine westdeutsche Altenpflegerin auf einer Konferenz Ende der 70er Jahre, dass laut Befragungen keiner ihrer Berufskollegen selbst in einem Pflegeheim sterben wolle. Denn dort würden Todkranke sozial und kommunikativ entmündigt, ihnen werde gleichermaßen die Privatsphäre und jede Form menschlicher Zuwendung entzogen, was einen umfassenden Identitätsverlust zur Folge habe.[192] Die Deutsche Gesellschaft für Gerontologie (DGG) veranstaltete angesichts derartiger Klagen 1979 eine Arbeitstagung zum Thema Sterbebegleitung bei älteren Menschen. Erklärtes Ziel war eine „Humanisierung" von Institutionen der Pflege hochbetagter Menschen wie Altenheimen, seien doch gerade die dortigen „Bedingungen des Sterbens [...] teilweise nicht menschenwürdig". Formuliert wurde eine Resolution, die unter anderem die Enttabuisierung des Sterbens forderte, die eine Bedingung für die angestrebte Verbesserung der Kommunikationsfähigkeit von Pflegekräften und medizinischem Personal bei der Betreuung von Todkranken darstelle. Nötig sei auch eine entsprechende Modifizierung der Lehrpläne und Ausbildungsprogramme.[193] Tatsächlich ergab eine zeitgleiche Studie für das Themenfeld Tod und Sterben gravierende Defizite bei der Ausbildung des Pflegepersonals und dessen „erhebliche Unsicherheit".[194] Und während der ostdeutsche Theologe Eberhard Winkler Anfang der 80er Jahre beklagte, dass die seelsorgliche Betreuung von Sterbenden jüngst gänzlich vernachlässigt worden sei, verkündete der Neubrandenburger Untersuchungsbericht offen, dass die geistlichen Aktivitäten in dem Feld immer noch deutlich effektiver seien als die staatlichen: Ganz wie im Westen verband sich damit der Ruf nach entsprechenden Qualifizierungsmaßnahmen für das Personal.[195]

---

[190] Bericht zum Sterben in den Einrichtungen des Gesundheitswesens, Neustrelitz, 11. 2. 1982, in: BA Berlin-Lichterfelde, DQ 1/11613.
[191] Vgl. diesbezüglich etwa bereits Kracht, Stellung sowie die Ausführungen von Eibach, Vorbereitung.
[192] Nina Roswitha Ebert: „Menschenwürdiges Sterben aus der Sicht einer Altenpflegerin." *vorgänge* 38 (1979), Nr. 3, S. 36–37.
[193] Falck, Sterbebegleitung (1980), S. 1–6, Zitat S. 4.
[194] Eggensberger, Sterben, Zitat S. 4.
[195] Winkler, Seelsorge (1983), S. 416 und Bericht zum Sterben in den Einrichtungen des Gesundheitswesens, Neustrelitz, 11. 2. 1982, in: BA Berlin-Lichterfelde, DQ 1/11613.

Sowohl inhaltlich als auch semantisch zeigte sich in diesem Zusammenhang klar der Einfluss thanatologischer Positionen. Intensiv wurde beispielsweise nicht nur bei der DGG-Tagung von der Tabuisierungsthese Gebrauch gemacht und argumentiert, dass die moderne Gesellschaft gesundheitsfixiert sei und chronische Kranke und Sterbende ausgesondert würden. Das zentrale westdeutsche Lehrbuch für die Pflegeausbildung in den 70er und 80er Jahren, in dem der Betreuung Sterbender ab der 3. Auflage von 1979 ein eigenes Kapitel gewidmet war, machte das „Leistungs- und Erfolgsdenken der Gesellschaft" für die Tabuisierung des Sterbens verantwortlich: „Opfer dieser ungesunden Atmosphäre" seien todkranke Patienten, da niemand bereit oder fähig sei, offen und ehrlich mit ihnen umzugehen. In den jedem Kapitel anhängenden „Testfragen" sollten die Pflegekräfte in spe die Verdrängung des Themas erläutern.[196] Allgemein erschien vor diesem Hintergrund die „Würde" von Sterbenden bedroht, zumal angesichts eines wachsenden Pflegenotstands, den der bekannte Sozialarbeiter Claus Fussek zur Zeit der Wiedervereinigung als eine der Hauptursachen für die grassierende soziale Not am Lebensende ausmachte.[197] Auch in der Sterbeseelsorge war die These vom Sterbetabu fest etabliert und wurde jahrelang völlig unhinterfragt akzeptiert, wie ein gerontologischer Experte 1992 irritiert feststellte.[198] Dies wiederum war in der DDR nicht anders: So führte Eberhard Winkler den schlechten Zustand der Krankenhausseelsorge keinesfalls auf einen Rückgang der Kirchlichkeit zurück, sondern eben auf die Tabuisierung des Todes, infolge derer „vielen die Erfahrung [fehlt], Menschen in ihrer letzten Lebensphase nahe" zu sein.[199] Dieser Deutung stimmten marxistische Philosophen und Medizinethiker ebenso ausdrücklich zu wie der Untersuchungsbericht des Neubrandenburger Bezirkshygienikers.[200]

Auch über die These vom Tabu hinaus erfolgte in den drei Feldern in beiden deutschen Staaten eine Übernahme vieler thanatologischer Fragenkomplexe und Wissensbestände. Referenzen auf die zentralen Vertreter der Sterbeforschung waren allgegenwärtig. Das erwähnte Pflegelehrbuch von Juchli präsentierte etwa das Phasenmodell von Kübler-Ross als Basis für den Sterbeverlauf – ohne auf die daran bereits lautstark geäußerte Kritik einzugehen.[201] Nicht nur in den USA hatte

---

[196] Juchli, Krankenpflege (1979), Zitate S. 298 und die Testfrage auf S. 305. In der Originalausgabe von 1973 hatten sich die Informationen zum „sterbenden Mensch" noch auf ein Unterkapitel mit knapp vier Textseiten beschränkt, in dem indes ebenfalls beklagt wurde, dass der Tod nicht „in das Denken unserer Leistungsgesellschaft hinein" passe; Juchli, Krankenpflege (1973), S. 40–44, Zitat S. 40. Vgl. für die starke Verbreitung der Tabuisierungsthese im Altenpflegebereich auch: Martin Oepen: „Sterbehilfe und Sterbebeistand." *Altenpflege* 6 (1981), Nr. 7, S. 241–244, hier S. 242 und Herbert Suchanek-Fröhlich: „Das Tabu des Sterbens. Fünf Theoreme zu einem menschenwürdigen Tod." *Altenpflege* 7 (1982), Nr. 8, S. 321–322.

[197] Fussek, So will ich nicht mehr leben.

[198] K. Becker, Sterben, v. a. S. 55.

[199] Winkler, Seelsorge (1983), S. 416.

[200] Volland/Körner, Sterbebetreuung, S. 2055; Bericht zum Sterben in den Einrichtungen des Gesundheitswesens und zum Leichenwesen. Neustrelitz, 11. 2. 1982, in: BA Berlin-Lichterfelde, DQ 1/11613. Zur Verbreitung der Tabuisierungsthese in West- und Ostdeutschland vgl. Kap. 3.1.

[201] Juchli, Krankenpflege (1979), S. 299.

die Sterbeforscherin in den 70er Jahren insbesondere im Pflegebereich eine breite Gefolgschaft gewonnen, die zunehmend Züge einer mythischen Verehrung aufwies.[202] Gerade bei jüngeren westdeutschen Praktikern war Kübler-Ross überaus beliebt: In der *Deutschen Krankenpflegezeitschrift* wurden ihre Positionen beispielsweise 1973 im Rahmen der Rubrik „Stimme der Jugend" ausführlich von einer Krankenpflegeschülerin im zweiten Ausbildungsjahr vorgestellt.[203] Einige Jahre später sah der erst Mitte 20-jährige, aber im gerontologischen Bereich bereits breit ausgewiesene Sozialpädagoge Joachim Hohmann in ihrem Phasenmodell die Grundlage einer jeden Sozialarbeit mit Sterbenden.[204] In der DDR forderten gleichfalls viele Akteure im Bereich der Altenhilfe und Seelsorge im Einklang mit der thanatologischen Forschung, die Kommunikationsbedingungen zu verbessern, gerade über eine stärkere Berücksichtigung der seelischen Situation von Sterbenden. Dank der (westlichen) Thanatologie verfüge man hier über neues Wissen, wie etwa Eberhard Winkler herausstellte, der ebenso ausführlich und zustimmend die Erkenntnisse von Kübler-Ross und Paul Sporken vorstellte wie dies einschlägige Aufsätze in pflegewissenschaftlichen Fachzeitschriften taten.[205] Auch in ostdeutschen Lehrbüchern zur Seelsorge fand gerade das Phasenmodell der amerikanisch-schweizerischen Sterbeforscherin eingehende Berücksichtigung, das sich „weltweit durchgesetzt" habe.[206] Tatsächlich betonten sogar marxistische Medizinethiker dessen Bedeutung in der Aus- und Weiterbildung von Seelsorgern.[207] Folglich entsprachen auch die Empfehlungen für die konkrete Praxis denen, die zeitgleich im Westen artikuliert wurden: Es müsse darum gehen, „nicht zu schnell mit ‚frommen Sprüchen' zu kommen" oder Sakramente zu spenden, wo diese gar nicht erwünscht sind, sondern die Bedeutung der Symbole zu erkennen und angemessene Trostworte zu finden, die einem neu zu schaffenden „Grundbestand an Kernsprüchen" zu entnehmen seien.[208]

Damit war ein zentraler Punkt umrissen, in dem thanatologisches Wissen sich in der Bundesrepublik wie in der DDR unmittelbar in der Konzeption der Sterbebegleitung in Altenhilfe, Seelsorge und Sozialarbeit niederschlug: Die Erkenntnis, dass Sterbende menschliche Nähe und Zuwendung benötigten und eine angemessene Kommunikation mit ihnen nötig war, um sowohl ihre Identität und ihr Selbstwertgefühl zu stärken als auch ihre „Integration in die Gemeinschaft der Lebenden" zu ermöglichen.[209] Dazu gehörte, die spezifische Sprache todkranker Menschen zu verstehen und zu erlernen.[210] Mit solchen Überlegungen einher ging

---

[202] Kalish, Myth, S. 221 und S. 226.
[203] Vgl. Stoltenberg, Menschen.
[204] Vgl. Joachim S. Hohmann: „Sozialarbeit mit Sterbenden." *Altenpflege* 4 (1979), Nr. 7, S. 237–239.
[205] Vgl. Winkler, Seelsorge (1983), S. 417–419 und exemplarisch Jacob/Jacob, Aspekte.
[206] Schulz, Seelsorgepraxis, S. 70–76, Zitat S. 71.
[207] Volland/Körner, Sterbebetreuung, S. 2056.
[208] Winkler, Seelsorge (1983), S. 421. Vgl. auch Volland/Körner, Sterbebetreuung, S. 2056 sowie zur Situation im Westen Kap. 3.2.
[209] Scheytt, Seelsorge, S. 420.
[210] Vgl. Prest, Sprache und Mayer-Scheu, Auftrag (1975), S. 98.

ein zunehmend „ganzheitliches" Verständnis der Betreuung Sterbender, die sich nicht auf eine rein medizinische Grundversorgung beschränken dürfe, sondern psychosoziale Aspekte mit berücksichtigen müsse.[211] Eben dies stelle einen der Hauptmängel des Umgangs mit dieser Patientengruppe im modernen Gesundheitswesen dar, so die Argumentation, hinter der sich einmal mehr eine medizinkritische Stoßrichtung verbarg. Die Aufgabe des Pflegepersonals am Sterbebett müsse, so verkündete das Lehrbuch von Juchli, darin liegen, die medizintechnischen Maßnahmen „zu beseelen" und zu verhindern, dass der Patient zu einem bloßen „Objekt ärztlicher Bemühungen" wird: „Daran ist vor allem in der heutigen Zeit zu denken, wenn mit dem Fortschritt der Technik und der Medizin das Sterbezimmer unruhiger geworden ist."[212] Beschränkten sich Hinweise zur adäquaten Kommunikation im westdeutschen Fachmagazin *Altenpflege* Mitte der 70er Jahre noch auf die Aufforderung, nicht mit Sterbenden zu streiten und das gemeinsame Gebet zu suchen, so entwickelte sich das Thema in den folgenden Jahren zu einem Schwerpunkt der Zeitschrift.[213] Wiederum war es die persönliche Zuwendung, die dabei als konstitutiv für eine angemessene Versorgung Todkranker präsentiert wurde, da das „Alleinsein [...] die eigentliche Not im Sterben" darstelle.[214] Pflegende müssten daher lernen, die eigene Betroffenheit nicht über „makabre Scherze" oder eine Distanzierung von Sterbenden zu kaschieren, sondern durch entsprechende Weiterbildung in eine positive, „emotionale Beteiligung" zu überführen.[215]

Im Bereich der Seelsorge wurde im Laufe der 70er Jahre ebenfalls festgestellt, dass sich Sterbende, beim Versuch ihr Leben abzuschließen, häufig mit Sinnfragen beschäftigten und sich dabei stark über Bilder ausdrückten, oft mit transzendenten Bezügen. In einer empirischen Studie zur psychosozialen Lage von Sterbenden stellte der Psychologe, Theologe und Sozialpädagoge Ernst Engelke mit Hilfe von Gedächtnisprotokollen von Seelsorgern fest, dass die meisten von ihnen eine Identitätskrise durchlebten. Nötig sei daher ein Eingehen auf ihre jeweiligen persönlichen Eigenarten, Verhaltensmuster und Erwartungen: In der Sterbesituation müsse eine größtmögliche Freiheit pauschale, zum Beispiel religiöse Appelle seitens der Seelsorger ersetzen.[216] Gerade Ärzten mangele es – beruflich bedingt – an einer entsprechenden Sprachfähigkeit, so dass andere Berufsgruppen wie eben die

---

[211] Vgl. etwa Hummel, Leben, S. 607 f.
[212] Juchli, Krankenpflege (1979), S. 303.
[213] Friedrich Haarhaus: „Sterbendenbeistand." *Altenpflege* 1 (1976), Nr. 2, S. 35–37; ders.: „Wie bete ich mit Sterbenden?" *Altenpflege* 3 (1978), Nr. 9, S. 249–250; ders. Beten mit Sterbenden muss angeboten werden." *Altenpflege* 3 (1978), Nr. 11, S. 302–305. Vgl. hierzu Phieler, Betreuung, S. 90 f.
[214] Norbert S. Spinner: „Sterbebeistand." *Altenpflege* 4 (1979), Nr. 5, S. 150–152, Zitat S. 151. Vgl. auch ähnlich Frieder Frischling: „Sterben im Heim." *Altenpflege* 10 (1985), Nr. 6, S. 344–345; Elfriede Peschke: „Empfehlungen zur Sterbebegleitung." *Altenpflege* 11 (1986), Nr. 11, S. 692.
[215] Wolfgang M. Pfeiffer: „Die Betreuung Sterbender. Personale Aspekte und Probleme." *Altenpflege* 8 (1983), Nr. 9, S. 444–448, Zitate S. 446 und S. 448.
[216] Ernst Engelke: „Zum Umgang mit Sterbenskranken." *Altenpflege* 5 (1980), Nr. 11, S. 166–170. Vgl. ausführlich zu der Studie Engelke, Sterbenskranke.

Krankenhausseelsorger diese emotionalen und psychologischen Lücken füllen müssten.[217] Dies war keinesfalls ein Gemeinplatz: Vielmehr war „ein Eingehen auf die psychischen und emotionalen Grundbefindlichkeiten" bei Sterbenden zuvor ausdrücklich nicht als Ziel der Seelsorgearbeit betrachtet worden, da dieses – so ein lange existierendes, „unheilvolles Vorurteil" – vermeintlich „zu einem Zurückdrängen der biblischen Substanz innerhalb der seelsorgerlichen Aufgaben" führte, wie der Pastoralpsychologe Joachim Scharfenberg Anfang der 70er Jahre kritisch rekapitulierte.[218]

Die Positionen in Ostdeutschland waren quasi deckungsgleich. Menschliche Nähe und emotionale Zuwendung avancierten auch im Staatssozialismus zu zentralen Facetten einer angemessenen Sterbebegleitung: Denn das größte Problem sei, wie Karl Seidel und Jürgen Ott 1977 argumentierten, nicht das Sterben an sich, sondern „dabei allein zu sein".[219] Ungeachtet des sich ohnehin zunehmend auflockernden Grundsatzes der unbedingten ärztlichen Bewahrungspflicht und eines paternalistischen Verständnisses der Gesundheitsversorgung, prägte sich die Einsicht aus, dass das Sterben zu Hause für Sterbende in diesem Zusammenhang am besten sei – und die Tätigkeit des Pflegepersonals die Voraussetzungen schaffen müsse, um dieses zu ermöglichen.[220] Auch dort, wo eine stationäre Versorgung notwendig war, wurde nun gerade Sterbenden familiäre Nähe in Aussicht gestellt: Die Rahmen-Aufnahmeinformation für evangelische Feierabend- beziehungsweise Alterspflegeheime vom 12. Oktober 1977 versprach den Interessierten etwa explizit, „dass wir Sie in Ihrer letzten Stunde nicht allein lassen". Und während die Rahmen-Arbeitsordnung für evangelische Heime von 1981 bereits in der Präambel verkündete: „Kein Heimbewohner soll ungetröstet sterben",[221] sah die kurz darauf erarbeitete Rahmenordnung für die katholischen Krankenhäuser in der umfassenden „Begleitung Schwerstkranker und Sterbender" eine vorrangige Aufgabe der medizinisch-pflegerischen Versorgung.[222] Damit einher gingen von staatlicher Seite her weltanschauliche Zugeständnisse: Seelsorger, dies bestätigte die marxistische Medizinethik Anfang der 80er Jahre, sollten keinesfalls ideologische Positionen vermitteln, sondern eine ehrliche „menschliche Kommunikation" herstellen.[223] Echter Sterbebeistand werde, wie erneut Seidel in einer Tageszeitung sogar öffentlich betonte, mithin nicht über eine „Verkündung weltanschaulicher Thesen" geleistet.[224]

---

[217] Vgl. Prest, Sprache; Twer, Hingehen und Interview Kirsch.
[218] Vgl. sein Vorwort in Prest, Sprache, S. 5 f., Zitate S. 5.
[219] Seidel/Ott, Patient, S. 9.
[220] Blumenthal-Barby/Hahn, Sterbeort, S. 101.
[221] ADW, DWDDR II 773.
[222] Ropers, Krankenpflegeausbildung, S. 185.
[223] Seidel/Körner/Ott/Schirmer, Betreuung, S. 233.
[224] Zit. nach Eberhard Klages: „Jeder hat das Recht, vor dem Tode nicht allein zu sein. Mediziner der DDR über Probleme und Aufgaben bei der Betreuung Sterbender." *Neue Zeit*, 20. 11. 1982, S. 7.

Zahlreiche in der Betreuung Sterbender fest etablierte Praktiken gerieten in diesem Zusammenhang in die Kritik. Dies betraf zum Beispiel die in vielen Einrichtungen durchgeführte Verlegung von Todkranken in Abstellkammern, Badezimmer oder spezielle Räumlichkeiten, die als Ausdruck einer Abschiebung in beiden deutschen Staaten nun auf immer stärkere Ablehnung stießen.[225] Eine Isolation im Sterbezimmer habe, wie 1977 ein Artikel in der zentralen pflegewissenschaftlichen Fachzeitschrift in der DDR betonte, „schwerwiegende psychische Belastungen" für die Patienten zur Folge.[226] Sie stelle zudem, wie die Qualifikationsarbeit einer Pflegerin an einer Fachschule einige Jahre später ergänzte, „in höchstem Grade eine Mißachtung der Persönlichkeit dar."[227] Statt Sterbende zu isolieren, sollten Pflegekräfte – wie eine Nürnberger Pflegedienstleiterin forderte – vielmehr deren Angehörigen, aber auch andere Patienten dazu animieren, sie zu besuchen und ihnen nach Möglichkeit „über längere Zeit Gesellschaft zu leisten."[228]

Auch bezüglich des in der Thanatologie intensiv diskutierten Themas der Wahrheit am Sterbebett zeigte sich ein Umdenken in der Praxis: Auf der angesprochenen Tagung der westdeutschen DGG 1979 sprachen sich die Teilnehmer noch klar gegen eine „verfrühte Mitteilung, der Tod sei nahe", aus, da eine solche den Sterbenden die „Hoffnung rauben" könne. Die Wahrheit dürfe daher nicht zu schnell und nur „in einer Formulierung [...], die die Erhaltung der Hoffnung sichert", kommuniziert werden – wie diese aussehen konnte, ohne eine Lüge darzustellen, blieb freilich offen.[229] Rasch erfolgte jedoch eine Übernahme des sich ausprägenden thanatologischen Grundsatzes, dass ein Mehr an Ehrlichkeit am Sterbebett nötig sei. In der DDR bestand hierin nicht nur in der Pflege- und Seelsorgeliteratur Einigkeit, auch nach der Rahmen-Krankenhausordnung von 1979 hatte der Patient das Recht, „über seinen Gesundheitszustand [...] in angemessener Weise aufgeklärt zu werden."[230] Das westdeutsche Pflegelehrbuch von Juchli stellte dies unter Verweis auf Kübler-Ross ebenso unmissverständlich klar, denn der Kranke habe einen Anspruch darauf, „bewußt zu sterben".[231] Kurz nach der Wende fassten zwei ostdeutsche Protagonisten die herrschende Meinung zusammen – und zeigten dabei gleichzeitig, dass diese systemübergreifend identisch war: „Es ist bekannt, daß die Beziehung zu einem Sterbenden offener und befriedigender

---

[225] Vgl. Hummel, Leben, S. 606; Ropers, Krankenpflegeausbildung, v. a. S. 173 f.; Blumenthal-Barby, Betreuung, S. 47; Baust, Sterbezimmer.
[226] Brüschke, Ethik, S. 240.
[227] E.N.: Der sterbende Patient. Abschlussarbeit an der Fachschule für Gesundheits- und Sozialwesen „Prof. Dr. Karl Gelbke", Fachrichtung Lehrkraft für den berufspraktischen Unterricht. Potsdam/Halle 1982, S. 14, in: BA Berlin-Lichterfelde, DQ 119/512.
[228] Elfriede Peschke: „Empfehlungen zur Sterbebegleitung." *Altenpflege* 11 (1986), Nr. 11, S. 692.
[229] Falck, Sterbebegleitung (1980), S. 3 f.
[230] Zit. nach M.W.: „Der Kranke mit infauster Prognose und der sterbende Patient. Potsdam 1985, S. 4, in: BA Berlin-Lichterfelde, DQ 1/15615. Vgl. für die Literatur: Seidel/Ott, Patient; Winter, Seelsorge, S. 63–65; Winkler, Seelsorge (1983), S. 419 f. und Eberhard Klages: „Jeder hat das Recht, vor dem Tode nicht allein zu sein. Mediziner der DDR über Probleme und Aufgaben bei der Betreuung Sterbender." *Neue Zeit*, 20. 11. 1982, S. 7.
[231] Juchli, Krankenpflege (1979), S. 302. Vgl. bereits Bowers u. a., Sterbenden, S. 103 f.

ist, wenn über die Krankheit frei gesprochen werden darf – wenn sie also bekannt ist."[232]

Dies galt schließlich auch für das Erfordernis, einen persönlichen Zugang zu dem Thema zu besitzen, um Sterbende angemessen begleiten zu können: Diese zentrale thanatologische Prämisse, die sich in der Bundesrepublik direkt in den Aus- und Weiterbildungsprogrammen im Pflegewesen niederschlug (indem etwa Reflexionen über den gewünschten eigenen Tod in den Unterricht integriert wurden), fand sich ebenso bei marxistischen Experten im Bereich der Sterbebetreuung, die das Vorhandensein einer „gereiften eigenen Position zu den Problemen von Sterben und Tod" forderten.[233] Auch in ostdeutschen Handbüchern der Seelsorge wurde jene als unabdingbare Voraussetzung für Sterbeseelsorge präsentiert.[234]

Sterbebegleitung als Katalysator des Fortschritts in Seelsorge, Altenpflege und Sozialarbeit

Diese Übernahme thanatologischer Gedanken in Altenhilfe, Seelsorge und Sozialarbeit war keinesfalls selbstverständlich. So hatte es etwa unter Krankenhausseelsorgern anfangs kritische Stimmen gegeben, die davor warnten, dass die „neue Freundschaft zum Tod" und der positive Blick auf das Sterben die eigene Arbeit verkomplizieren könnten.[235] Dass derartige Vorbehalte absolute Ausnahmen darstellten, lag daran, dass sich die Ansätze und Ziele der Thanatologie und die allgemeine Entwicklung in den drei Feldern ideal komplementierten. Dies galt zunächst mit Blick auf die Dynamiken der Verwissenschaftlichung, die Seelsorge, Altenpflege wie Sozialarbeit im letzten Drittel des 20. Jahrhunderts prägten.

Die Soziale Arbeit wurde methodisch-theoretisch unterfüttert, die akademische Ausbildung in der Bundesrepublik mit der Einführung der Fachhochschulen aufgewertet. Die seit 1945 etablierte Einzelfallhilfe geriet im Zuge dessen in die Kritik, da nun – auch unter dem Einfluss der Neuen Sozialen Bewegungen – vorrangig gesellschaftliche Missstände als Ursache für individuelle Probleme erkannt wurden. Mit dieser Systemorientierung einher ging eine ganzheitliche Betrachtung sozialer Probleme, die Erklärungsangebote wie die Tabuisierung des Todes anschlussfähig machte. Das eigene Verstehen erschien dabei für Sozialarbeiter – ganz ähnlich wie für Sterbebegleiter – als Schlüssel, um anderen Menschen in Not zur Seite stehen zu können. In diesem Zusammenhang erfolgte eine Stärkung der Selbsthilfe, da eine aktive Beteiligung der Betroffenen die Erfolgschancen erhö-

---

[232] Pera/Weinert, Leidenden, S. 126.
[233] Seidel/Körner/Ott/Schirmer, Betreuung, S. 233. Vgl. auch K.G.: Ethische und organisatorische Aspekte des Umgangs mit Sterbenden/Verstorbenen in Einrichtungen des Gesundheitswesens Berlin-Lichtenberg. Berlin 1988, S. 20 f., in: BA Berlin-Lichterfelde, DQ 103/398.
[234] Schulz, Seelsorgepraxis, S. 76; Winkler, Seelsorge (1983), S. 416 f.
[235] Neubauer, Sterben, S. 199.

he.²³⁶ Auch der für Fragen der Sterbeanleitung so bedeutsame „Psychoboom" der 70er und 80er Jahre schlug sich in Form einer stärker psychologischen Ausrichtung voll auf die Sozialarbeit nieder – ein Perspektivwandel, der wiederum gerade auf die Betreuung Todkranker rückbezogen wurde: Denn wer mit Sterbenden arbeite, so verkündete ein Sozialpädagoge 1979, der „braucht mehr als guten Willen, braucht zumindest Kenntnisse über die psychologischen Mechanismen und ihre Abfolge beim Klienten."²³⁷ Die zunehmende Konfrontation mit unheilbar Kranken und pflegebedürftigen Hochbetagten mit oft „extremen Verlusten sinnstiftender Umwelten und Autonomie" führte dabei gar zu einer grundsätzlichen Debatte über die Funktion und den Handlungsansatz der Sozialen Arbeit. Angesichts der Problemlagen von Menschen am Lebensende schien der Grundsatz überholt, Lösungen und Perspektiven bieten zu wollen. Der Sozialarbeiter solle Betroffene begleiten, so argumentierte ein Themenschwerpunkt in der Fachzeitschrift *Sozialmagazin* Ende der 80er Jahre, statt zu versuchen, ihnen zu helfen. Da die Leiden eben nicht behoben werden könnten, müsse die betreute Person selbst den Weg vorgeben und dabei als Persönlichkeit ernst genommen werden – ein Gedanke, der exakt den thanatologischen Prämissen entsprach.²³⁸

War die Altenpflege nach 1945 anfangs stark funktional orientiert und auf pflegerische Effizienz bedacht, so veränderte sich dies im letzten Drittel des 20. Jahrhunderts, als sie sich von einem christlichen Liebesdienst zu einem professionellen Berufsbild mit rationalisiertem, empirischem Fundament wandelte.²³⁹ Die Qualifizierungsmaßnahmen professionalisierten sich, ebenso durch teils selbstorganisierte Fort- und Weiterbildungen der Pflegekräfte wie durch die neuen Möglichkeiten einer akademischen Ausbildung, die in der DDR durch die Einführung von Fachschul- und Diplomstudiengängen in den 60er und 70er Jahren, in der Bundesrepublik etwas später durch das Pflegestudium an Fachhochschulen geschaffen wurden.²⁴⁰ Auch hier setzte sich im Kontext einer Verwissenschaftlichung sukzessive ein ganzheitliches Pflegekonzept durch, dessen Zielvorstellung eine „Humanisierung der Krankenversorgung" in Anbetracht eines vermeintlich kalten, technisierten Medizinbetriebs war.²⁴¹ Darauf aufbauend rückte die psychosoziale Seite,

---

[236] Vgl. als Überblick über die genannten Entwicklungen im Bereich der Sozialen Arbeit Neuffer, Kunst; Hering/Münchmeier, Geschichte, S. 205–243 und Wendt, Geschichte, v. a. S. 103–299. Zu „Psychoboom" und Sterbeanleitung vgl. auch Kap. 3.2, 4.1 und 7.1.

[237] Joachim S. Hohmann: „Sozialarbeit mit Sterbenden." *Altenpflege* 4 (1979), Nr. 7, S. 237–239, hier S. 239.

[238] Vgl. die Beiträge des Themenschwerpunkts „Das Unabänderliche – Sozialarbeit und das Unheilbare" von Bernhard Mayer: „Hilflos, heillos, endgültig."; Gerhard Schneider: „Wie hilflos sind Helfer." und Wolf-Eckart Failing: „Soziale Arbeit als Begleitung oder die geschulte Zuwendung." *Sozialmagazin* 14 (1989), Nr. 12, S. 15–18, S. 18–21 bzw. S. 22–25, Zitat S. 22.

[239] Vgl. hier und im Folgenden allgemein Kreutzer, Arbeits- und Lebensalltag und die einschlägigen Beiträge in Hähner-Rombach/Pfütsch, Entwicklungen.

[240] Vgl. hierzu ausführlich für die DDR: Thiekötter, Pflegeausbildung; für die Bundesrepublik: Hähner-Rombach, Aus- und Weiterbildung und Grabe, Versorgung.

[241] Kreutzer, Sorge, S. 110 f. Vgl. für die DDR Ropers, Krankenpflegeausbildung, S. 292.

etwa die Gesprächsführung mit Patienten, stärker in den Fokus.[242] Es war gerade die Betreuung Sterbender, an der in jenen Jahren illustriert wurde, dass „Pflege nicht nur Körperpflege sein" dürfe, sondern ebenso eine adäquate Kommunikation beinhalten müsse.[243] Dies galt auch in der DDR, wo etwa Anfang der 80er Jahre am Städtischen Klinikum Berlin-Buch erstmals ein Fortbildungskurs für Pflegepersonal zu Gesprächsführung und Verhaltenstraining angeboten wurde. Angesichts der beklagten gravierenden Mängel im Kommunikationsverhalten mit den Patienten müsse die zentrale Aufgabe der Pflegekräfte sein, „[z]unächst einmal sich selbst [zu] erkennen." Es war kein Zufall, dass die Initiatoren der Veranstaltung beide schwerpunktmäßig im Feld der Sterbebegleitung tätig waren.[244] Damit einher ging auch eine durchgreifende „Verhäuslichung" und „Enthospitalisierung". So war der sich im Laufe der 70er Jahre ausprägende Fokus auf ambulante Versorgung keinesfalls nur dem Umstand geschuldet, dass diese in der Regel kostengünstiger war als eine stationäre: Vielmehr erfolgte deren Idealisierung als besonders humane Form der Pflege.[245] Stationäre Altenpflegeeinrichtungen wurden zunehmend wohnlicher ausgestattet: Immer mehr Einzelzimmer standen zur Verfügung, um ein hohes Maß an Privatsphäre und Individualität zu gewährleisten, die Patienten, die sogar eigene Möbelstücke mitbringen konnten, sollten sich mithin wie daheim fühlen.[246] Diese Entwicklung passte wiederum gut zu den neuen Grundsätzen der Sterbebegleitung mit ihrer Präferenz für ein „Sterben zu Hause".

In der Klinikseelsorge sorgten Verwissenschaftlichungsprozesse zeitgleich für einen Paradigmenwechsel und ein neues, verändertes Verständnis von Seelsorge. Als Folge eines zunehmend ganzheitlichen Blicks auf die Institution Krankenhaus sowie die Interaktion zwischen medizinischem Personal und Patienten wurden Klinikmitarbeiter stärker in die Begleitung einbezogen und speziell die Kommunikationskultur in den Einrichtungen hinterfragt. Im Zuge dessen erfolgte eine Aufwertung von Patienten zu Gesprächspartnern. Zugleich rückte der Selbsterfahrungsbereich der Seelsorger in den Mittelpunkt, immer mehr Träger boten für Mitarbeiter Formen der Supervision an, um das eigene Handeln zu reflektieren und die Betreuungsqualität zu verbessern.[247] Damit einher ging in den 70er Jahren eine starke Ausweitung der Stellenzahl für Klinikseelsorger in der Bundesrepublik. Die Krankenhausseelsorge erschien beiden Kirchen und ihren Wohlfahrtsorganisationen immer weniger als Gelegenheit zur Missionsarbeit und immer mehr als eine Art „Dienst [...] an der Zivilgesellschaft", wodurch die kommunikativen wie

---

[242] Vgl. Piper/Piper, Schwestern; Gestrich, Gespräch, darin zur Kommunikation mit Schwerstkranken und Sterbenden S. 92–104.
[243] Günther Rüsberg: „Wir können Sterbenden beistehen." *Altenpflege* 3 (1978), Nr. 2, S. 44–46, hier S. 46. Vgl. ähnlich argumentierend Franco Rest: „Verhaltensmerkmale für den Umgang mit Sterbenden." *Altenpflege* 4 (1979), Nr. 12, S. 404–406.
[244] Jacob/Jacob, Zunächst einmal sich selbst erkennen. Vgl. zur praktischen Anwendung der Grundsätze in der Pflege Sterbender Jacob/Jacob, Aspekte, v. a. S. 199.
[245] Vgl. Matron, Altenpflege, S. 301–305.
[246] Vgl. Phieler, Betreuung, S. 89.
[247] Vgl. hierzu auch Winkler, Seelsorge (1993) und Interview Kirsch.

theologischen Grundlagen diskutiert und überarbeitet wurden.[248] Neuartige Ansätze wie Gesprächsanalysen zur Erlernung der „Sprache der Sterbenden"[249] spiegelten damit ebenso die thanatologische Forschung wie die allgemeine Entwicklung wider, wenn etwa Verfahren aus der Familientherapie sukzessive auf den Umgang mit Sterbenden und ihren Angehörigen angewandt wurden.[250] Veränderungen im Qualifizierungsbereich begleiteten diesen Prozess und trieben ihn weiter voran, insbesondere die Einführung der Klinischen Seelsorgeausbildung (KSA), die eine deutlich stärker empirische Orientierung mit sich brachte – humanwissenschaftliche und psychologische Kompetenzen ergänzten fortan das theologische Wissen. Die Publikation von „Interviews mit Sterbenden" und die Übernahme der in den USA bereits etablierten KSA fielen in der Bundesrepublik Anfang der 70er Jahre auffälligerweise zeitlich zusammen. Die detaillierte, pastoralpsychologische Analyse von Gesprächsprotokollen, für deren Verankerung in Westdeutschland vor allem der auch thanatologisch forschende evangelischer Pastor, Seelsorger und Dozent an der Medizinischen Hochschule Hannover Hans Christoph Piper verantwortlich zeichnete, avancierte dabei zu einer zentralen Methode in der Ausbildung – und das Sterben war der vielleicht wichtigste inhaltliche Baustein.[251]

Stand die Neukonzeption der Sterbebegleitung insofern paradigmatisch für den Wandel innerhalb der Krankenhausseelsorge im Westen, so ging mit ihr in der DDR sogar ganz unmittelbar eine prinzipielle Aufwertung der Seelsorgearbeit einher. Diese hatte lange unter den schwierigen Rahmenbedingungen im Staatssozialismus gelitten: Seelsorgliche Betreuung war zwar erlaubt und möglich, aber nur auf ausdrücklichen Wunsch des Patienten. Dies führte in vielen staatlichen Krankenhäusern dazu, dass Seelsorgern wegen ideologischer Vorbehalte der freie Zugang zu den Stationen verweigert wurde.[252] Seit Ende der 70er Jahre fand auf staatlicher Seite ein Umdenken statt, im Zuge dessen die Seelsorge sukzessive als wichtiger Bestandteil der angestrebten zeitgemäßen Betreuung von Schwerst- und Todkranken erkannt wurde.[253] So stand die Frage der Klinikseelsorge im Frühjahr 1978 bei einem Gespräch zwischen Erich Honecker und dem Vorstand der Konferenz der Kirchenleitungen in der DDR auf der Agenda; in den Jahren danach stieg die Zahl an Stellen stark an.[254] Deren Notwendigkeit im Bereich der Sterbebegleitung betonten Anfang der 80er Jahre eine Reihe thanatologisch inspirierter Ab-

---

[248] Klessmann, Krankenseelsorge, S. 37. Vgl. Piper, Seelsorge-Ausbildung.
[249] Vgl. Piper, Gespräche, Zitat Klappentext.
[250] Vgl. Mayer-Scheu, Begleitung, v. a. S. 344.
[251] Vgl. hierzu Piper, Gespräche, v. a. S. 9–16; Piper, Seelsorge-Ausbildung und Neubauer, Sterben, v. a. S. 197.
[252] Vgl. den Fall des Hallenser Priesters und Seelsorgers Heinrich Pera, der infolge dessen eine Ausbildung zum Krankenpfleger machte, um mit den Patienten in Kontakt treten zu können. Hierzu ausführlich Kap. 8.1.
[253] Vgl. Uwe Schnell: „Viele Patienten warten auf einen Gesprächspartner." *Mecklenburgische & Pommersche Kirchenzeitung* 38 (1983), S. 2.
[254] Vgl. ebd. und Volland/Körner, Sterbebetreuung, S. 2055.

schlussarbeiten an den Fachschulen des Gesundheits- und Sozialwesen, in denen das medizinische Personal über ein Zusatzstudium fortgebildet werden konnte. Eine Dresdner Altenpflegerin stellte klar, dass Pflegekräfte die Weltanschauung und religiöse Einstellung der Patienten respektieren müssten, auch wenn diese nicht mir ihrer eigenen übereinstimmt. Die anzustrebende „ganzheitliche Zuwendung für den Sterbenden" schließe „Gespräche über den Sinn des Lebens, über den Glauben" ebenso ein wie den Wunsch nach einem Seelsorger.[255] Auch der erwähnte Neubrandenburger Bezirkshygieniker lobte in seinem offiziellen Bericht 1982 die Leistungen der konfessionellen Seelsorge im Bereich der Begleitung Sterbender, zumal „anstelle dieser Qualität im staatlichen Verantwortungsbereich allgemein nichts gleichwertiges oder gar besseres getreten ist."[256] Vor diesem Hintergrund stieg vielerorts die Akzeptanz der christlichen Krankenhausseelsorge zumindest bei Todkranken. Eine Untersuchung zum Umgang mit Sterbenden in den Krankenhäusern des Stadtbezirks Berlin-Lichtenberg ergab kurz vor der Wiedervereinigung, dass die seelsorgliche Betreuung in allen Einrichtungen gewährleistet war.[257]

Sterbebegleitung lernen – das Sterben in der Aus- und Weiterbildung

Analog zur Professionalisierung der Aus- und Weiterbildung in allen drei Bereichen, rückte das Thema Sterben fest auf den Stundenplan – und beide Prozesse zusammen boten ein Einfallstor für thanatologische Wissensbestände. In der Thanatologie hatte sich nicht nur die Forderung nach einer Weiterqualifizierung von Seelsorgern, Pflegekräften und Sozialarbeitern seit den frühen 70er Jahren zu einem Gemeinplatz entwickelt, vielmehr wurden die Inhalte gleich pädagogisch aufbereitet.[258] Ihre rasche Übernahme zeigt sich nicht nur im Pflegelehrbuch von Juchli: Dieses baute auf ein ganzheitliches Verständnis von Gesundheit auf und nahm den Patienten als Individuum ernst, ein Zugriff, der wiederum gerade für in der Sterbebegleitung aktive Seelsorger anschlussfähig war.[259] Mitte der 70er Jahre standen die Themenblöcke „Sozialarbeit mit unheilbar Kranken" und „Sozialar-

---

[255] B.W.: Der sterbende Patient. Abschlussarbeit an der Fachschule für Gesundheits- und Sozialwesen „Prof. Dr. Karl Gelbke", Fachrichtung Lehrkraft für den berufspraktischen Unterricht. Potsdam/Dresden 1982, S. 24, in: BA Berlin-Lichterfelde, DQ 119/487.
[256] Bericht zum Sterben in den Einrichtungen des Gesundheitswesens, Neustrelitz, 11. 2. 1982, in: BA Berlin-Lichterfelde, DQ 1/11613.
[257] K.G.: Ethische und organisatorische Aspekte des Umgangs mit Sterbenden/Verstorbenen in Einrichtungen des Gesundheitswesens Berlin-Lichtenberg. Berlin 1988, hier v. a. S. 8, S. 10–12 und S. 15 f., in: BA Berlin-Lichterfelde, DQ 103/398.
[258] Vgl. exemplarisch Kastenbaum/Aisenberg, Psychology, S. 236–238 sowie zum pädagogischen Ansatz der Thanatologie allgemein Kap. 4.1.
[259] Vgl. die Erinnerung von Hans Overkämping, der 1982 mit der Seelsorgearbeit in einer Klinik in Recklinghausen begann und dort später eine der ersten Hospizinitiativen in der Bundesrepublik aufbaute; Hans Overkämping: „20 Jahre ALPHA – ein Resümée." *Hospiz-Dialog Nordrhein-Westfalen* 54 (Januar 2013), S. 24 f.

beit bei Patienten, die um ihre akute Lebensbedrohung wissen" bereits auf dem Programm einer Fortbildungstagung der Deutschen Vereinigung für den Sozialdienst im Krankenhaus und sogar die in der thanatologischen Forschung so beliebte Frage des Umgangs mit todkranken Kindern hatte schon Aufnahme in Weiterbildungsveranstaltungen für die Soziale Arbeit in Kinderkliniken gefunden.[260] Das gesundheitspolitische Interesse war ebenfalls geweckt: Das Bayerische Staatsministerium für Unterricht und Kultus integrierte das Sterben 1982 in die Lehrpläne der Kranken- und Altenpflege, zur Qualifizierung bereits examinierter Pflegekräfte konzipierte die Stadt München darüber hinaus eine spezielle Weiterbildung, in der unter anderem Phasenmodelle des Sterbens vermittelt wurden.[261] So existierte Anfang der 80er Jahre in Westdeutschland bereits ein ausdifferenziertes System an Weiterbildungsmöglichkeiten für Pflegekräfte im Bereich des Sterbens.[262] Folglich stieg auch die Zahl an einschlägigen Ratgebern, Lehrbüchern und Schulungsvideos zur Sterbebegleitung in den drei Bereichen im Laufe der 80er Jahre an, wozu in der zweiten Hälfte der Dekade auch die verschärfte Problemstellung im Kontext der AIDS-Epidemie beitrug, die neue Herausforderungen für Seelsorge, Pflege und Sozialarbeit mit sich brachte.[263]

In der DDR wurde seelsorgerliche und pflegerische Sterbebegleitung ebenfalls fest in die Weiterbildungsseminare der Altenhilfe und in die Ausbildungsordnungen für Heilerziehungspflege integriert.[264] Bereits seit Anfang der 70er Jahre hatte die evangelische Kirche entsprechende Programme zur Aus- und Fortbildung von Pflegepersonal in der diakonischen Betreuung von Sterbenden entwickelt.[265] In katholischen Krankenhäusern war Sterbebeistand ab 1976 Teil der Pflegeausbildung.[266] Und nur wenig später entdeckten auch staatliche Akteure das Thema. Im

---

[260] Vgl. das Programm der Fortbildungstagung „Sozialdienst im Krankenhaus in den Grenzbereichen zwischen Leben und Tod" der Deutschen Vereinigung für den Sozialdienst im Krankenhaus e. V. vom 9.-10. 4. 1975 im Kolpinghaus Freiburg, in: ADW, HGSt 2776 und Brock, Umgang.

[261] Vgl. das Referat der Leiterin der Fort- und Weiterbildung am Städtischen Ausbildungsinstitut für Krankenpflege in München auf der Vollsitzung des Bayerischen Landesgesundheitsrats am 16. 7. 1984, in: Bayerischer Landesgesundheitsrat, Sterben im Krankenhaus, S. 12–18, hier v. a. S. 15–17.

[262] Vgl. Huck/Petzold, Education, 507–540.

[263] Exemplarisch Herrmann, Ich habe nicht umsonst geweint; Koch/Schmeling, Betreuung; Lückel, Begegnung; Stiefvater, Sterben; Märkel, Sterbende; das Schulungsvideo Gespräche mit Sterbenden – Begleiten bis zum Ende des Weges. Bundesrepublik Deutschland 1994 in einer Serie zur Fort- und Ausbildung in der Altenpflege des Vincentz Verlags sowie die einschlägigen Beiträge in Engelke/Schmoll/Wolff, Sterbebeistand: Schmoll, Sterben; Piper, Begleitung; Sporken, Ausbildung und Koch/Schmeling, Ausbildung. Vgl. für die entsprechenden Entwicklungen im Bereich der AIDS-Epidemie Kap. 10.1.

[264] Vgl. die Beispiele für Grundkurse und Weiterbildungsseminare in Altenarbeit oder Ausbildungsordnungen des Seminars für Heilerziehungspflege der Neinstedter Anstalten, in: ADW, DWDDR III 82 und ADW, EDV 83.

[265] Volland, Auffassungen, S. 177 und Volland/Körner, Sterbebetreuung, S. 2056. Vgl. Bettin, Sterbehilfe, S. 40 und allgemein zum kirchlichen Zugriff auf das Lebensende in der DDR Kap. 3.2.

[266] Ropers, Krankenpflegeausbildung, S. 164.

April 1980 widmete sich das erste Symposium zum Thema „Grundkrankenpflege" einer pflegewissenschaftlichen Arbeitsgruppe, aus der einige Jahre später die Gesellschaft für Krankenpflege der DDR hervorgehen sollte, schwerpunktmäßig dem Thema der „Betreuung infaust Kranker und Sterbender".[267] Ab Anfang der 80er Jahre stand das Sterben auf den Lehrplänen der staatlichen Fachschulen des Gesundheits- und Sozialwesens.[268] Das Lehrprogramm für marxistisch-leninistische Ethik im Pflegebereich, das sich inhaltlich nicht großartig von den katholischen Ausbildungsplänen unterschied, entsprach durchaus dem pädagogischen Ansatz im Westen: Demnach sollten sich die Auszubildenden etwa mit der eigenen Sterblichkeit auseinandersetzen.[269] Wie jenseits der Mauer stieg in den 80er Jahren die Zahl an Veröffentlichungen sprunghaft an, die Seelsorger, Pflegekräfte oder Sozialarbeiter auf die Sterbebegleitung vorbereiten sollten, das gleiche galt für die Zahl der an den Fachschulen entstandenen einschlägigen Abschlussarbeiten.[270]

In allen Fällen lassen sich inhaltlich starke Bezugnahmen auf die thanatologischen Wissensbestände feststellen, abgesehen von der Terminologie waren die Einschätzungen und Empfehlungen meist deckungsgleich. Eine aus einer der erwähnten Abschlussarbeiten hervorgegangene, mehr als 50 Seiten lange methodisch-didaktische Stoffsammlung zum Thema „Der sterbende Patient" strebte 1982 etwa danach, „die Einheit von physischer, psychischer und sozialer Betreuung" auf Grundlage des „heutigen wissenschaftlichen Erkenntnisstandes" (gemeint war damit östliche wie westliche Literatur gleichermaßen) zu vermitteln und damit den berufspraktischen Unterricht zu optimieren. Gerade Krankenschwestern seien bislang ungenügend auf die Aufgaben am Sterbebett vorbereitet, insbesondere was die Gesprächsführung mit Todkranken und das Schaffen der Rahmenbedingungen für ein „menschenwürdiges Sterben" angehe: „Die sozialistische Gesellschaft versteht darunter, die Beachtung bedeutender sozialer Grundbedürfnisse des Sterbenden, größtmöglichste Linderung von Schmerzen und Leiden während des Sterbens, Kontakt zum Sterbenden, um ihm nicht das Gefühl des Verlassenseins, sondern der Geborgenheit zu geben."[271] Das als Folie aufbereitete Modell der fünf Phasen des Sterbens von Kübler-Ross, aus dem sich „Handlungsorientierungen für die Krankenschwester ableiten lassen",[272] spielte bei der psy-

---

[267] Feldes/Hahn, Anforderungen. Vgl. zu dem Symposium in Wernigerode auch Bettin, Bedeutsam, S. 52, der die Gründung der Gesellschaft für Krankenpflege der DDR (eigentlich 1985) aber fälschlich auf 1979 vordatiert.
[268] Vgl. auch Krause, Umgang, S. 38 f.
[269] Vgl. Ropers, Krankenpflegeausbildung, S. 201–203.
[270] Vgl. jeweils in Auswahl A.S.: Der sterbende Patient. Abschlussarbeit an der Fachschule für Gesundheits- und Sozialwesen „Prof. Dr. Karl Gelbke", Fachrichtung Medizinpädagogik, Ausbildungsberuf Krankenpflege. Potsdam/Gera 1982 und für das Feld der Trauerarbeit Winkler, Wort. Vgl. hierzu auch Ropers, Krankenpflegeausbildung, S. 208.
[271] E.N.: Der sterbende Patient. Abschlussarbeit an der Fachschule für Gesundheits- und Sozialwesen „Prof. Dr. Karl Gelbke", Fachrichtung Lehrkraft für den berufspraktischen Unterricht. Potsdam/Halle 1982, Zitate aus dem unpaginierten Autoreferat und S. 10, in: BA Berlin-Lichterfelde, DQ 119/512.
[272] Ebd., S. 17.

chologisch-kommunikativen Schulung ebenso eine zentrale Rolle wie in einer anderen, an den Fachschulen verwendeten Unterrichtshilfe für die Ausbildung und Weiterbildung von mittlerem medizinischem Personal mit dem Titel „Der Kranke mit infauster Prognose und der sterbende Patient" aus dem Jahr 1985. Diese weckte ein Problembewusstsein für Missstände in der klinischen Versorgung Todkranker über entsprechende Ausschnitte aus dem Tagebuch der an Krebs verstorbenen Schriftstellerin Maxie Wander, plädierte für eine Aufklärung von Patienten mit infausten Diagnosen und präsentierte Rollenspiele als eine Methode zur Optimierung der Gesprächsführung. Um die „Realisierungsmöglichkeiten" eines „menschenwürdigen Sterbens" auszuschöpfen, müsse den Studierenden vermittelt werden, was sich dahinter verberge, nämlich unter anderem die „Beachtung wichtiger sozialer Grundbedürfnisse", die „Achtung der Persönlichkeit des Patienten" und das Schaffen von Bedingungen, die „dem Patienten die Vorbereitung auf den Tod erleichtern."[273] Dass westliche Thanatologen und Lehrbücher wie das von Juchli eine zentrale Position in der ostdeutschen Pflege- und Seelsorgeausbildung einnahmen,[274] wurde von marxistischer Seite keinesfalls problematisiert, sondern im Gegenteil ausdrücklich begrüßt: Volland und Körner stimmten 1986 sogar unter Verwendung des englischen Begriffs „Clinical Pastoral Training" der im Westen praktizierten KSA zu.[275]

Was die Umsetzung der theoretischen Erkenntnisse und Ausbildungsziele in der pflegerisch-seelsorgerlichen Praxis angeht, sind fraglos Differenzierungen nötig. Dies gilt aufgrund der strukturellen Defizite im Gesundheitswesen, aber auch ob ideologisch bedingter Hürden, zum Beispiel in der Arbeit der kirchlichen Krankenhausseelsorge, ganz besonders für die DDR, wo deutliche Mängel existierten.[276] Ungewollt illustrierte sogar eine 1981 im DDR-Fernsehen ausgestrahlte Dokumentation mit Interviews von Krankenschwestern des Städtischen Klinikums Berlin-Buch sowohl die Verankerung der Sterbebegleitung in der Ausbildung als auch die dennoch weiter vorhandenen Unsicherheiten.[277] Die Untersuchung für die Kliniken in Berlin-Lichtenberg stellte im Jahr 1988 ebenfalls fest, dass bei allen Fortschritten ein wirklich hohes Niveau in der Betreuung Todkranker in keiner staatlichen Einrichtung, sondern lediglich im Evangelischen Diakoniewerk Königin Elisabeth existiere: Das Personal verfüge hier über ein hohes Maß an Wissen und Sicherheit im Umgang mit Sterbenden, diese würden daher offen über ihre infauste Diagnose aufgeklärt und könnten im Unterschied zu anderen Krankenhäusern im Stadtbezirk bis zuletzt auf ihrem Zimmer bleiben.[278] Ob und

---

[273] M.W.: Der Kranke mit infauster Prognose und der sterbende Patient. Potsdam 1985, Zitate S. 11, in: BA Berlin-Lichterfelde, DQ 1/15615. Zu Wander und ihrem Tagebuch vgl. Kap. 2.1.
[274] Vgl. dazu auch Bettin, Bedeutsam, S. 59 f. und Ropers, Krankenpflegeausbildung, S. 293.
[275] Volland/Körner, Sterbebetreuung, S. 2056.
[276] Vgl. Ropers, Krankenpflegeausbildung, S. 37; Bettin, Bedeutsam, S. 55.
[277] Dagmar Hengelhaupt (Regie)/Gerhard Sieler (Drehbuch): Dem Leben verpflichtet. Chance und Verantwortung der Medizin. Fernsehen der DDR 1981, vgl. Minute 05:58–09:17.
[278] K.G.: Ethische und organisatorische Aspekte des Umgangs mit Sterbenden/Verstorbenen in Einrichtungen des Gesundheitswesens Berlin-Lichtenberg. Berlin 1988, hier v. a. S. 15 f. und S. 20, in: BA Berlin-Lichterfelde, DQ 103/398.

inwieweit die neuen theoretischen Grundsätze in der Praxis Berücksichtigung fanden, war demnach vom Einzelfall abhängig. Die Spielräume für individuelles Engagement waren jedenfalls auch im Osten durchaus vorhanden: In Halle an der Saale baute der Klinikseelsorger Heinrich Pera etwa Ende der 70er Jahre eine Selbsthilfegruppe für Menschen in Lebenskrisen (darunter besonders schwerstkranke chronische Patienten) auf, aus der später eine Hospizinitiative erwuchs, die ehrenamtlich ambulante Sterbebegleitung leistete.[279]

Darüber hinaus war auch in der Bundesrepublik die Theorie nicht zwangsläufig gleichbedeutend mit der Praxis: So wurden etwa im Bereich der Altenhilfe seit Ende der 70er Jahre immer wieder Missstände bei der Implementierung der neuen Grundsätze der Sterbebegleitung im pflegerischen Alltag oder in der Ausbildung des Personals festgestellt.[280] Manches blieb demnach ein Desiderat: Noch Mitte der 90er Jahre gewann eine norddeutsche Krankenpflegeschule den zweiten Platz eines Wettbewerbs der Robert Bosch Stiftung, weil sie ein Seminar zu Tod und Sterben in den Unterrichtsplan integriert hatte. Der inhaltliche und methodische Aufbau des Kurses entsprach exakt dem, was in West- wie Ostdeutschland bereits seit zwanzig Jahren Standard war, etwa das Vermitteln einer eigenen Einstellung zu Tod und Sterben oder das Ziel, „[i]m Sinne der Ganzheitlichkeit" nicht mehr nur physiologische, sondern auch spirituell-transzendentale Aspekte zu berücksichtigen. Umso frappierender ist, dass die Verantwortlichen unter anderem mit dem Argument struktureller „Defizite auch beim examinierten Pflegepersonal" oder der Feststellung punkten konnten, man habe mit dem Seminar „ein Tabu überwunden": „Über das Thema ‚Tod und Sterben' darf nachgedacht und geredet werden."[281]

Perfekte Sterbebegleitung? Hospizliche Ideen in Altenpflege, Seelsorge und Sozialarbeit

Eine wichtige Verbindung zwischen den sich umorientierenden Praktikern bei der pflegerischen, seelsorglichen und psychosozialen Betreuung Sterbender und den neuen Ansätzen der Sterbebegleitung eines praxisnahen Strangs der Thanatologie stellte ab den 80er Jahren das Hospizkonzept dar. Dabei stieß es anfänglich noch auf Skepsis, teilweise gar auf unverhohlene Ablehnung. Auf die Mehrzahl der aus der Altenarbeit kommenden Teilnehmer einer Tagung zum Thema „Sterben im Altenheim" im Jahr 1976 wirkte die vorgeführte Filmdokumentation „Noch 16 Tage" über das Londoner St. Christophers Hospice „belastend, oder besser gesagt schockierend."[282] Die DGG sprach sich Ende der 70er Jahre wie viele andere west-

---

[279] Vgl. dazu ausführlich Kap. 8.1.
[280] Vgl. Phieler, Betreuung, S. 90; Eggensberger, Sterben, v. a. S. 4.
[281] Vgl. die Unterlagen und den Schriftverkehr, in: RBSG-A 1200–10, die Zitate entstammen dem Beurteilungsbogen und der Broschüre „Förderpreis Krankenpflegeschulen 1997. Initiative – Engagement – Innovation" der Robert Bosch Stiftung, S. 76–77.
[282] Dieter Schweiger: Sterben im Altenheim, in: Altenheim 15 (1976), Nr. 8, S. 163–168, hier S. 167.

deutsche Verbände klar gegen die Hospizidee aus, da sie fürchtete, dass schwerstkranke Patienten so in Spezialeinrichtungen ausgesondert und weiter stigmatisiert würden.[283] Auch der langjährige Vorsitzende der Arbeitsgemeinschaft katholischer Krankenhausseelsorger Anton Székely lehnte zeitgleich Hospize nachdrücklich ab, da er im Krankenhaus den einzigen Ort sah, wo ein Schwerkranker „menschenwürdig sterben kann".[284] Umgekehrt dürften Sterbende auf keinen Fall aus Kliniken abgeschoben werden, da diese sonst zu bloßen „Reparaturwerkstätten" degradiert würden und aus Sicht des medizinischen Personals eine „Pervertierung ihres Berufes" erfolge – insbesondere würden die „therapeutischen Berufe um eine bedeutende menschliche Dimension verkürzt [...]."[285]

Jedoch wuchs in den darauffolgenden Jahren die Einsicht, dass das hospizliche Ziel eben nicht primär in der Etablierung eigener stationärer Einrichtungen, sondern im Bereitstellen ergänzender, ambulanter Betreuungsangebote und ganz besonders in der Integration ihrer Ideen in bestehende Strukturen lag, zum Beispiel über die entsprechende Beeinflussung von Aus- und Weiterbildungsprogrammen.[286] In der Folge wurde – auch begünstigt durch die sich häufenden Besuche in englischen Hospizen – zugleich immer offenkundiger, dass eine große ideelle Nähe existierte.[287] So betonte der Hospizgedanken die Bedeutung von Seelsorge, Altenpflege und Sozialarbeit für eine ganzheitliche, auch psychosoziale Belange einschließende Sterbebegleitung. Pflegekräfte und Sozialarbeiter waren integrale Bestandteile des interdisziplinären Hospizteams und darin Ärzten im Sinne eines „Dreiklangs" gleichgestellt.[288] Die hospizliche Betonung der Notwendigkeit einer spirituell-emotionalen Betreuung stieß in Psychotherapie und Krankenhausseelsorge auf offene Ohren: Es galt mithin, Sterbende bei ihrer „letzten Reifung" zu unterstützen.[289]

Diese inhaltlichen Berührpunkte schlugen sich auch in personellen Überschneidungen nieder: Bereits die „Grande Dame" der Hospizbewegung, Cicely Saunders, hatte nicht nur eine Ausbildung als Krankenschwester, sondern auch eine als medizinische Sozialarbeiterin absolviert. Viele Hospizpioniere in der Bundesrepublik waren Pflegekräfte oder Krankenhausseelsorger, ebenso Heinrich Pera, der Protagonist des ostdeutschen Ablegers vor der Wiedervereinigung. Das erste stationäre Hospiz in Westdeutschland war 1985 in Aachen einem bereits lange operierenden Altenheim angeschlossen worden, die Errichtung der ersten Palliativstation in der Bundesrepublik, 1983 in Köln, ging wesentlich auf die Arbeit des Krankenhausseelsorgers Helmut Zielinski zurück. In der DDR fanden ab 1982 auf

---

[283] Vgl. zur frühen Kritik an der Hospizidee Kap. 4.2.
[284] Székely, Diskussion.
[285] Székely, Sterbeklinik, S. 39 und S. 40 f.
[286] Vgl. etwa Rosemarie Gumpert: Das Hospice – eine ergänzende Einrichtung zur Pflege von schwerkranken Patienten, in: Deutsche Krankenpflegezeitschrift 33 (1980), Nr. 11, S. 660–662.
[287] Vgl. ebd. oder Rüsberg, Eindrücke.
[288] Student, Hospiz (1985).
[289] Vgl. hierzu den Untertitel von Renz, Zeugnisse.

Initiative des Referats für Weiterbildung der Caritas Ost-Berlin knapp zwei Dutzend hospizliche Fortbildungsveranstaltungen statt, die sich vorrangig an Pflegekräfte, Sozialarbeiter und Seelsorger richteten und die bis zur Wende von einem beträchtlichen Teil des Personals der katholischen Krankenhäuser des Landes besucht wurden. Hauptreferent bei den Seminaren war stets der westdeutsche Hospizexperte Paul Becker.[290]

Tatsächlich setzte sich bei zentralen Akteuren im Bereich der Altenhilfe, der Klinikseelsorge und der Sozialen Arbeit zunehmend die Einsicht durch, dass hospizliche Ideen Eingang in die Betreuungspraxis finden mussten: In der Fachzeitschrift *Altenpflege* avancierte das Hospiz beispielsweise rasch zum Synonym für „ideale Sterbebegleitung", und zwar bereits ab Ende der 70er Jahre mit einer Reihe positiver Artikel über ausländische Hospizeinrichtungen, deren multidisziplinäre Arbeit gerade in den Bereichen Supervision und Patientenkommunikation als vorbildlich gelobt wurde, sowie mit einem Bericht von Zielinski über die Kölner Palliativstation.[291] Dass Todkranke im Hospiz beispielsweise ganz selbstverständlich mit ihrem Namen begrüßt würden, sei eine willkommene Erinnerung daran, „wie würdelos doch" in manchem Altenheim „mit vermeintlich geistig abwesenden, sterbenden Heimbewohnern umgegangen wird."[292] Ein Psychologe und Sozialpädagoge dokumentierte 1986 in seinem Erfahrungsbericht über das Londoner St. Christopher's Hospice, der „fast wie eine Geschichte [klinge], die zu schön ist, um wahr zu sein", geradezu paradiesische Zustände: Bilder zeigten lächelnde, entspannt wirkende Bewohner, die sich nach eigenen Worten rundum geborgen fühlten und bis zum letzten Atemzug umsorgt würden. Es sei zu wünschen, dass die westdeutschen Altenpflegeheimen „hospizähnlich werden" und ihre Bewohner künftig im Sinne der Hospizidee ebenfalls als „Reisende" in „Gasthäusern" empfingen.[293] Auch im *Sozialmagazin* erschien hospizliches Wissen nun als zentrales Element einer erfolgreichen Supervision des Verhaltens von Sozialarbeitern gegenüber Sterbenden.[294]

---

[290] Vgl. zu den genannten Punkten Kap. 4.2, 7.1, 8.1 und 8.2, für den Einfluss der hospizlichen Weiterbildungen auf die ostdeutsche Altenpflege in den 80er Jahren Ropers, Krankenpflegeausbildung, S. 211 f. und übergreifend zur Bedeutung der Krankenhausseelsorge für die Entwicklung der deutschen Hospizbewegung allgemein Heller u. a., Geschichte, S. 72–75.

[291] „Sterben und sterben lassen?" *Altenpflege* 3 (1978), Nr. 1, S. 16–18; Norbert Zimmering: „Mit dem Sterben leben. (Nicht nur) Ein Bericht über eine Fortbildung für Berufspraktikanten." *Altenpflege* 7 (1982), Nr. 9, S. 358–361; Helmut R. Zielinski: „Therapie auf der palliativen Station." *Altenpflege* 9 (1984), Nr. 10, S. 575–578; Norbert Zimmering: „... dem Tod gemeinsam entgegenleben." *Altenpflege* 11 (1986), Nr. 5, S. 276–278; Susanne Schneider: „Sterben in Würde. Aus einer Studienarbeit zur Hospiz-Philosophie." *Altenpflege* 14 (1989), Nr. 6, S. 360–364. Vgl. hierzu auch Phieler, Betreuung, S. 94.

[292] Norbert Zimmering: „Mit dem Sterben leben. (Nicht nur) Ein Bericht über eine Fortbildung für Berufspraktikanten." *Altenpflege* 7 (1982), Nr. 9, S. 358–361, hier S. 359.

[293] Norbert Zimmering: „... dem Tod gemeinsam entgegenleben." *Altenpflege* 11 (1986), Nr. 5, S. 276–278, Zitate S. 278.

[294] Nando Belardi: „Supervisionserfahrungen in der Sterbebegleitung." *Sozialmagazin* 15 (1990), Nr. 4, S. 58–61.

6.2 Das Sterben neu vermessen

Dies hatte unmittelbare Rückwirkungen auf Fortbildungsmaßnahmen und die Förderstrukturen. Die Robert Bosch Stiftung, deren zur Zeit der Wiedervereinigung geschaffenes Förderprogramm „Pflege braucht Eliten" wesentlich die Professionalisierung der Aus- und Weiterbildung in den Pflegeberufen finanzierte, unterstützte auffälligerweise gerade Qualifizierungsmaßnahmen im hospizlichen Bereich.[295] Die Finanzierung von Hospizinitiativen erfolgte in Nordrhein-Westfalen seit Ende der 80er Jahre modellartig mit Mitteln aus dem Landesaltenplan. Das Bundesministerium für Familie, Senioren, Frauen und Jugend begann kurz darauf mit der Förderung der Hospizbewegung, da sie Ausdruck einer „aktiven Altenpolitik" sei.[296] Vor allem jedoch erfolgte nun eine umfassende Implementierung hospizlicher Ansätze und Ideen in Altenpflege und Krankenhausseelsorge.[297] Ein erstmals 1989 erschienenes Studienbuch zum Sterbebeistand, das sich an Altenpfleger und Seelsorger richtete, rekurrierte stark auf das Konzept.[298] Im Mai 1990 diagnostizierte eine Arbeitsgruppe der VELKD, dass die bestehenden Institutionen im Gesundheitssystem erfolgreich zur Übernahme der „neuen Formen der Sterbebegleitung" angeregt worden seien. Angesichts immer noch bestehender Defizite in der Versorgung Sterbender sollten Mitarbeiter in Alten- und Pflegeheimen sowie Sozial- und Diakoniestationen nun sogar aktiv hospizlich weitergebildet werden, um so noch tiefgehender die von der Bewegung ausgehenden Impulse „in die bestehenden Einrichtungen zu vermitteln." Bewährt habe sich in der Praxis bereits die durch die Hospizidee forcierte Hinzuziehung freiwilliger Helfer in den Betreuungsprozess, die Teamarbeit am Sterbebett sowie der Grundsatz der Wahrhaftigkeit in der Kommunikation, die eine der Grundvoraussetzungen für eine gute Betreuung sei und sich positiv auf die Beziehungen zwischen Sterbenden und Angehörigen auswirke.[299]

Insgesamt erfolgte in den letzten beiden Dekaden des 20. Jahrhunderts eine tiefgehende Durchdringung von Altenpflege, Klinikseelsorge und Sozialarbeit mit thanatologischen und hospizlichen Ansätzen und Konzepten, die bis zur Jahrtausendwende abgeschlossen war.[300] Verzahnte sich die Entdeckung des Sterbens als Problemfeld in zentralen Punkten mit der allgemeinen Entwicklung in diesen Feldern, so konnte sich in diesem Zuge gerade die Hospizidee fest in der Praxis der Sterbebegleitung verankern, und zwar weitgehend unabhängig von dem noch näher zu betrachtenden Institutionalisierungsprozess, den sie selbst erst relativ spät, im wiedervereinten Deutschland, erleben sollte.

---

[295] Vgl. Hähner-Rombach, Aus- und Weiterbildung, S. 185 f. sowie ausführlich zu der Förderlinie und dem hospizlichen Engagement der Robert Bosch Stiftung allgemein Kap. 8.2.
[296] Kohnert, Hospiz, S. 169–176. Vgl. auch Kap. 10.2.
[297] Vgl. Lilie, Implementierung und Varga-Ottahal, Möglichkeiten.
[298] Vgl. Rest, Sterbebeistand (1989).
[299] Stellungnahme der VELKD zur Hospiz-Bewegung vom Mai 1990, Diakonie-Archiv Berlin, Signatur: ADW, – DWDDR III 82.
[300] Vgl. für die Altenpflege Wilkening/Kunz, Sterben und Kostrzewa/Gerhard, Altenpflege sowie für die Sozialarbeit Seul, Abschied, S. 146–157.

7. 1985: Die Serie, oder: Sterben in der „Schwarzwaldklinik"

> *„Das Drehbuch war exzellent, die Schauspieler konnten nicht besser ausgewaehlt werden. Alles, alles stimmte."* (Julius Hackethal)

Es war zweifellos das TV-Highlight des Jahres, wahrscheinlich des Jahrzehnts und vielleicht sogar der ganzen Bonner Republik. Nach über einjähriger Produktionszeit bekam das Fernsehpublikum im Spätherbst 1985 endlich die heiß erwartete neue Seriensensation zu Gesicht: „Die Schwarzwaldklinik". Die Rezeption übertraf alles, was die Verantwortlichen beim ZDF vorher erwartet hatten. Die Deutschen überfluteten den Sender förmlich mit Fanpost.[1] Die Zuschauerzahlen schossen in bislang unbekannte Höhen. Die ersten 20 Folgen wurden im Durchschnitt von über 25 Millionen Westdeutschen verfolgt, was einer Einschaltquote von über 60% entsprach – Werte, die sonst nur bei sportlichen Großereignissen erreicht werden. Bis heute hält eine Folge der ersten Staffel der „Schwarzwaldklinik" den Rekord für fiktionale Sendungen im deutschen Fernsehen.[2] Und die Presse kannte in den Wochen nach Ausstrahlung der ersten Folge am 22. Oktober kaum ein anderes Thema. Eine eilig durchgeführte Studie des Instituts für Demoskopie Allensbach ergab nur einen Monat später, dass bereits 79% der Bundesbürger eine oder mehrere Folgen der „Schwarzwaldklinik" gesehen hatten, ein Publikumserfolg, der sogar die zuvor unübertroffene US-Seifenoper *Dallas* in den Schatten stellte: Endlich, so frohlockte die Münchner *Abendzeitung*, sei die Bundesrepublik wirklich kulturell geeint.[3]

Dies war freilich ein Trugschluss. Vielmehr rief die neue Sendung sofort fundamentalen Widerstand auf den Plan. Der SPD-Parlamentarier Kurt Vogelsang – immerhin Kinderbeauftragter des Bundestags – sah in der „Schwarzwaldklinik" schlicht einen Beleg für die um sich greifende „Volksverdummung".[4] Der *Spiegel* führte wie so oft die Phalanx der Kulturkritiker an und widmete der Serie Ende Oktober ein Heft mit dem unmissverständlichen Titel: „Operation Kitsch".[5] Ein langer Verriss sprach von einer „grausigen Mediziner-Saga", welche die „Gemütsvitrinen der fünfziger Jahre" öffne, und nutzte die „Eskalation des Stumpfsinns"

---

[1] ZDF Unternehmensarchiv, Bestand „Sekundäre Programmüberlieferung", Die Schwarzwaldklinik Schriftverkehr, Signaturen 6321/2088–2093 und 6321/2147–2152.

[2] Vgl. das ZDF-Presse Spezial vom 27. Juni 1986, in: ZDF Unternehmensarchiv, Bestand „Sekundäre Programmüberlieferung", Presseausschnittsammlung, Signatur 11.4/4–1.11 und „Die ‚Schwarzwaldklinik' schlägt sogar Fußballrekorde und ‚Vom Winde verweht'." *Mannheimer Morgen*, 5. 11. 1985.

[3] „TV-Serie eint die Deutschen. Alle lieben die ‚Schwarzwaldklinik'." *Abendzeitung*, 5. 12. 1985. Zur Allensbach-Studie vgl. „Jung und alt sehen die ‚Schwarzwaldklinik'." *Stuttgarter Nachrichten*, 5. 12. 1985.

[4] Zit. nach dem undatierten Artikel „Wirbel in Bonn um ‚Schwarzwaldklinik'." *Kölnische Rundschau*, in: ZDF Unternehmensarchiv, Bestand „Sekundäre Programmüberlieferung", Presseausschnittsammlung, Signatur 11.4/4–1.11.

[5] *Der Spiegel* 39 (1985), Nr. 44.

Abb. 23: Cover der Spiegel-Ausgabe vom 28. 10. 1985

in der „Schwarzwaldklinik" zu einem Frontalangriff auf das öffentlich-rechtliche Fernsehen.[6]

Nachdem die ersten drei Episoden zwar bereits Sterbefälle gezeigt, aber primär durch ausgiebige Privatszenen die einzelnen Charaktere eingeführt hatten, machten die Serienverantwortlichen in der vierten Folge Ernst: Die Leiden schwerstkranker Hochbetagter und deren langsames chronisches Sterben standen auf der Agenda, ja das hochkontroverse Thema Sterbehilfe – so auch der Titel der Episode. Feinfühlig vermerkte der Sendepass des ZDF bei der Endabnahme der Folge: „In Anbetracht des Themas sollte ein Hinweis mit dem Wunsch nach guter Unterhaltung diesmal unterbleiben."[7] Tatsächlich verzeichnete der ZDF-Telefondienst in der Zeit zwischen Ende der Ausstrahlung um 19 Uhr und 1 Uhr nachts zahlreiche kritische Anrufe: Ein Mann aus dem Ruhrgebiet zeigte sich verärgert darüber, dass der sich ethisch fragwürdig verhaltende Serienarzt seinen Namen trug. Durch dessen Handeln, so monierten mehrere andere Anrufer, „geht das Vertrauen in Ärzte total verloren – unverantwortlich." Und ein anderer Kritiker brachte die Befürchtungen des ZDF auf den Punkt: „So etwas gehört nicht in eine Unterhaltungssendung."[8]

---

[6] „Fernsehen: Der Schwarzwälder Schinken." Der Spiegel 39 (1985), Nr. 44, S. 290–304, Zitate S. 291 und S. 294.
[7] ZDF Unternehmensarchiv, Bestand „Sekundäre Programmüberlieferung", Produktionsordner 6321/2088–2093, Sendepaß des ZDF vom 30. 8. 1985.
[8] ZDF Unternehmensarchiv, Bestand „Sekundäre Programmüberlieferung", Protokoll des Telefondienstes am Sonntag, dem 27. 10. 1985.

Abb. 24: *Filmstill "Die Schwarzwaldklinik", Folge 4*

Was hatten die Zuschauer gesehen? Ausgangspunkt der Episode ist der Fall eines Landarztes, der mit dem Todeswunsch eines schwerkranken, älteren Patienten konfrontiert wird.[9] In der Erwartung einer möglichen Klinikeinweisung und intensivmedizinischen Behandlung trotz seiner (damals noch nicht rechtskräftigen) Patientenverfügung, klagt dieser dem Arzt sein Leid („Ich will endlich sterben", Min. 05:26) und bittet um eine Erklärung, warum er nicht sterben dürfe, obwohl er zufrieden sei und ein „wunderschönes Leben" (Min. 05:55) gehabt habe. Der Landarzt wird schließlich nach dem Tod des Patienten durch eine Überdosis Medikamente wegen unterlassener Hilfeleistung angezeigt. In einer hitzigen Diskussion macht er dem als Gutachter auftretenden Protagonisten der Serie, Prof. Brinkmann, Vorwürfe, wie sie seit den späten 70er Jahren zunehmend gegen die professionalisierte moderne Medizin gerichtet wurden: „So redet einer, der in den großen Kliniken die Menschen monatelang qualvoll und unwürdig krepieren lässt, statt ihnen einen schnellen und friedlichen Tod zu gönnen [...]. Dir geht es doch nur um medizinische Erfolgserlebnisse und nicht um die Gnade eines menschenwürdigen Todes." (Min. 15:52; Min. 18:30) Als Kontrast dazu dient in der Folge der Fall einer Anästhesistin in der „Schwarzwaldklinik", die erfolgreich ein mit einer selbstbeigefügten Vergiftung eingeliefertes, schwerstkrankes altes Ehepaar rettet – das ihr jedoch anschließend bittere Vorwürfe deswegen macht. Vor diesem Hintergrund stellt sich Brinkmann vor Gericht schließlich zur Überraschung aller auf die Seite des letztlich auch freigesprochenen Landarztes: „Es kann nur die Aufgabe eines Mediziners sein, das Leben zu verlängern, nicht das Sterben" (Min. 35:54).

Nicht nur wegen dieses Satzes, der paradigmatisch für die Debatten in der Medizin jener Jahre steht, bietet die Folge aus heutiger Sicht eine durchaus tiefgehende Diskussion der neuen Problemlagen rund um das Sterben, insbesondere der lebensweltlichen Auswirkungen chronischer Krankheit im hohen Alter und der Schattenseiten der neuen medizinischen Möglichkeiten einer künstlichen Lebens-

---

[9] Die Folge findet sich unter https://www.youtube.com/watch?v=Rwn43ZJdbC4 [15. 12. 2021].

verlängerung. Presse und Öffentlichkeit waren sich in der Bewertung indes uneins. Der *Wiesbadener Kurier* zeigte sich enttäuscht, dass die „launig-muntere Unterhaltung" der ersten Folgen ins Stocken geraten sei. Die Darstellung des diffizilen Themas hinterlasse den Zuschauer mit Unbehagen: „Natürlich war es in diesem Genre unmöglich, alle Aspekte, die ganze Problematik mit wissenschaftlicher Gründlichkeit auszuleuchten. Muß dann aber nicht die Frage erlaubt sein, ob man nicht besser die Finger ganz davon gelassen hätte?"[10] Noch deutlicher äußerte sich der Journalist und Politaktivist Rupert Neudeck, der sogar in Sorge um das „TV-Abendland" war: Sei die Kritik an der Serie bislang überzogen gewesen, so gebe die vierte Folge den „Radikal-Gegnern" recht: „Selten ist ein ernstes gesellschaftliches Thema öffentlich [...] so verhunzt und geprügelt worden wie dieses Mal."[11]

Jedoch fanden sich auch gegenläufige Einschätzungen. Die Koblenzer *Rhein-Zeitung* etwa lobte, dass sich die „Schwarzwaldklinik" offenbar nicht vor ernsten Themen drücke, und teilte die Message der Serienmacher: „Denn wer wünschte sich nicht einen sanften, schnellen Tod, wenn es einmal soweit ist?"[12] Regelrecht begeistert zeigte sich der Arzt und Sterbehilfe-Apologet Julius Hackethal. Hackethal hatte nach der Ausstrahlung der ersten Folge noch gegenüber der Presse verlauten lassen, es handle sich bei der „Schwarzwaldklinik" um einen weiteren billigen Arztroman, der eine „heile Welt vorgaukelt" und von der viel problematischeren Realität ablenke: „Diese Serie ist gefährlich."[13] Die Folge „Sterbehilfe" versöhnte den prominenten Medizinkritiker mit der „Schwarzwaldklinik", thematisierte sie nun doch genau jene Fragen, die auch Hackethal umtrieben – und endete sogar mit einem rechtlichen wie moralischen Freispruch für den Landarzt. Überschwänglich schrieb Hackethal direkt nach Ausstrahlung der Episode an den verantwortlichen TV-Produzenten Wolfgang Rademann: „Es klingt wie eine Uebertreibung: Aber ich erinnere mich nicht, dass mich ein Film schon jemals so im Innersten aufgewühlt haette. Meine Begeisterung ist so gross wie selten. Alles stimmte!" Zwar sei die Darstellung des patientenorientierten Landarztes wieder beschönigend, insgesamt habe die Folge aber seine Befürchtung widerlegt, die Serie zeige „nur eine heile Welt": Er sehe nun keinerlei „Gefahren mehr, sondern nur gute Unterhaltung und interessante Informationen."[14]

Die Folge und ihre Rezeption zeigte damit zweierlei: Zum einen spiegelte sie die extreme Polarisierung, die ethische Streitfragen wie künstliche Lebensverlängerung oder Sterbehilfe in der deutschen Zeitgeschichte hervorriefen. Zum anderen offenbarte sie, dass Fragen und Probleme des Lebensendes Mitte der 80er Jahre

---

[10] K.H.: Ohne Titel. *Wiesbadener Kurier*, 29. 10. 1985.
[11] Rupert Neudeck: „Geht das TV-Abendland im Schwarzwald unter? Anmerkungen zum letzten TV-Serien-Ereignis." *Funk-Report*, 31. 10. 1985.
[12] Hellmut Lange: Ohne Titel. *Rhein-Zeitung*, 29. 10. 1985.
[13] Vgl. etwa „,'Mensch, da mußt du unbedingt mal rein.' Prof. Hackethal warnt vor der ‚Schwarzwaldklinik'." *Badische Neueste Nachrichten*, 28. 10. 1985.
[14] ZDF Unternehmensarchiv, Bestand „Sekundäre Programmüberlieferung", Die Schwarzwaldklinik Schriftverkehr, Brief von Julius Hackethal an Wolfgang Rademann vom 28. 10. 1985, darin auch das einleitend zitierte Lob Hackethals.

eindeutig massenmedial anschlussfähig und auch in populären Sendeformaten im Fernsehen zeigbar waren.

7.1 Hallo Sterben! Das Lebensende und die Medien

> *„The lesson today is how to die."*
> (Boomtown Rats – I Don't Like Mondays)

Dass Medien das menschliche Lebensende darstellen, abbilden und aushandeln, hat eine lange Tradition – und unterschiedlichste Ausdrucksformen. Tod und Sterben sind ebenso klassische Themen in der Literatur wie sie zentrale Bildtypen in den Künsten markieren, Nekrologe waren wichtige Ausformungen des individuellen wie öffentlichen Totengedenkens vom Mittelalter bis ins 19. Jahrhundert.[15] Mehr noch: Schon immer war die gesellschaftliche Präsenz von Tod und Sterben abhängig von den verfügbaren Medien und Kommunikationstechniken.[16] Dessen ungeachtet wird die mediale Vermittlung von Tod und Sterben in der jüngsten Zeitgeschichte immer wichtiger. Zum einen lässt sich eine durchdringende Medialisierung der Gesellschaft allgemein feststellen, im Zuge derer Medien immer stärker die Alltagswelt prägen.[17] Zum anderen ist diese speziell mit Blick auf das Lebensende von Relevanz, denn im Laufe des 20. Jahrhunderts kamen die meisten Menschen immer später und immer seltener direkt mit dem Sterben in Berührung. Während heute infolge des demografischen Wandels und der Veränderung der Sterblichkeitsraten viele Menschen auch in einem fortgeschrittenen Lebensalter noch nie einen Toten gesehen haben, werden sie quasi täglich in den Massenmedien mit dem Sterben konfrontiert.[18] Bereits 1990 sprach Klaus Feldmann von einer „Mediatisierung des Todes" in modernen Gesellschaften.[19] Insbesondere den Massenmedien fällt in diesem Sinne die Rolle als „interpreter of death in contemporary modern societies" zu.[20]

Ihre Bedeutung am und für das Lebensende umfasst prinzipiell zwei Ebenen. Zum einen fällt Massenmedien mit Blick auf eine breitere Öffentlichkeit eine zentrale Agenda-Setting-Funktion zu, die im Verlauf dieses Buches immer wieder aufscheint. Wie mediale Dynamiken die gesellschaftliche Debatte zu Problemen am Lebensende prägen, zeigte sich besonders im Bereich der Sterbehilfe in den 70er oder mit Blick auf das steigende öffentliche Interesse an der Hospizidee seit den späten 80er Jahren. Die Entdeckung des Sterbens ist in diesem Sinne auch und gerade eine Folge der Explosion massenmedialer Darstellungen und Thematisie-

---

[15] Vgl. zu Nekrologen Buchner, Warum weinen, v. a. S. 114–116.
[16] Walter, Communication. Vgl. als Fallstudie für das Spätmittelalter: Kinch, Imago.
[17] Dieser Zusammenhang wird in der Medien- und Kommunikationswissenschaften als Mediatisierung diskutiert. Vgl. Krotz, Mediatisierung und Hartmann/Hepp, Mediatisierung.
[18] Vgl. hierzu McIlwain, Death und Kap. 2.
[19] Feldmann, Tod, S. 111.
[20] Field/Walter, Death, S. 1.

rungen im letzten Drittel des 20. Jahrhunderts. Diese war gleichermaßen Ausdruck von Medialisierungsschüben und bestimmten Medienlogiken wie von einer breiteren diskursiven Popularisierung des Themas Sterben durch verschiedenste Akteure, die sich medial reflektierte. Massenmedien fungieren keinesfalls nur als Diskursplattformen, sie stellen vielmehr selbstständige Akteure mit einer eigenen Agenda dar – und codieren beziehungsweise konstruieren dabei das Sterben.[21]

Zugleich schlagen sich Medien zum anderen auch in konkreten alltagsweltlichen Praktiken nieder, werden sie doch – nicht nur in Form von Ratgebern – von Menschen aktiv genutzt, um Informationen zu gewinnen oder ihre individuellen Erfahrungen mit dem Sterben zu verarbeiten; zu denken wäre hier nur an Todesanzeigen in Printmedien, ein Genre, das im Laufe der letzten 100 Jahre die gesellschaftlichen Veränderungen widerspiegelte, da der politische, soziale oder religiöse Wandel auf ihre Form sowie ihren Inhalt ausstrahlte.[22] Demnach erscheint die in der thanatologischen Forschung getroffene und oft mit einem kritischen Impetus versehene Unterscheidung zwischen einem medial vermittelten, „sekundären Todeserlebnis" und einer davon ersetzten, unmittelbar erlebten Primärerfahrung problematisch.[23] Vielmehr gilt es, die spezifischen medialen Logiken und Inszenierungsweisen sowie deren historische Rahmenbedingungen zu untersuchen, denen die Thematisierung – oder eben Nicht-Darstellung – von Tod und Sterben unterlagen, was bislang erst in Ansätzen geschehen ist.[24]

Im Folgenden werden exemplarisch drei zentrale Beispiele massenmedialer Inszenierungen in der Zeitgeschichte vorgestellt: Fotografien und Museen, publizierte Sterberatgeber und Film und Fernsehen. Ausgeklammert wird der Bereich der Literatur und der Presse, obschon sich diese Medien – wie an anderen Stellen immer wieder gezeigt wird – intensiv wie öffentlichkeitswirksam Fragen des Lebensendes widmeten. Auch dessen Visualisierung in der bildenden Kunst wird im Folgenden nicht berücksichtigt.[25] Zwar hatten etwa gemalte oder modellierte Bilder und Kunstwerke zu Tod, Toten oder Sterbenden eine lange Tradition.[26] Doch diese verloren in der Moderne an Bedeutung, was keinesfalls auf eine Verdrängung des

---

[21] Vgl. Weber, Codierungen und Seale, Constructions. Zur Funktion und Bedeutung von Massenmedien allgemein vgl. Bösch/Vowinckel, Mediengeschichte.
[22] Vgl. hierzu für die Bundesrepublik und die DDR: Dirschauer, Tod; Haus, Todesanzeigen; Gerhards/Metzler, Veränderung sowie Kap. 2.1.
[23] Vgl. etwa Fischer, Erde, S. 30 f.
[24] Vorhandene systematische empirische Untersuchungen zu medialen Todesbildern oder Sterbedarstellungen sind vorwiegend kommunikations- und sozialwissenschaftlicher Art und lassen tiefergehende gesellschafts- oder medienhistorische Verortungen oft vermissen. Noch immer lässt sich zudem ein leichter Fokus auf journalistische Berichterstattung und Formen des gewaltsamen Sterbens feststellen. Wegweisend: Walter/Littlewood/Pickering, Death in the News. Vgl. für die jüngere Forschung exemplarisch: McIlwain, Death; Hanusch, Death und Morse, News.
[25] Vgl. hierzu Seubold/Schmaus, Ästhetik.
[26] Vgl. Ariès, Bilder sowie allgemein zu bildlichen Visualisierungen des Todes und ihrer Funktion Dracklé, Bilder. Zu denken wäre hier auch an Grabplastiken auf Friedhöfen oder künstlerische Darstellungen des Totentanzes; vgl. Götz, Trauernde und Link, Tanz.

Themas zurückzuführen ist, sondern vielmehr auf den medial-technischen Fortschritt, der andere Darstellungsformen begünstigte.

Das Lebensende dar- und ausstellen – von Sterbeporträts und Museumsleichen

Seit ihrer Erfindung Ende der 1830er Jahre war die Fotografie ein Schlüsselmedium für die Darstellung von Tod und Sterben.[27] Rasch entstanden Sterbebett- und Post-mortem-Aufnahmen bei gesellschaftlich hochgestellten Verstorbenen als eine spezifische Form der Porträtfotografie, spätestens gegen Ende des 19. Jahrhunderts entwickelten sie sich auch im privaten Alltag vieler Menschen zur Regel. Bis weit in die erste Hälfte des 20. Jahrhunderts hinein dienten sie vor allem in West- und Nordeuropa sowie den Vereinigten Staaten der Erinnerung an die Toten – mancherorts war dies sogar noch länger der Fall, wohingegen sie im Deutschen Kaiserreich bereits in den 1870er Jahren in einigen Regionen aus hygienischen Gründen verboten wurden.[28] Im viktorianischen Zeitalter waren Post-mortem-Fotografien beispielsweise zentraler Bestandteil eines neuen Totenkultes.[29] Die enge Verbindung der Fotografie zum Tod ist auf eine besondere „medientheoretische Affinität" zurückzuführen: So passten Leichenbett-Aufnahmen gut zum christlichen Ritus der Leichenaufbahrung.[30] Darüber hinaus waren Fotografien kostengünstiger als gemalte Porträts. Sie erlaubten eine vergleichsweise realitätsnahe Abbildung, in der die Toten nicht zuletzt wie Lebende inszeniert wurden.[31] Die bildliche Repräsentation konnte auf diese Weise die physische Präsenz von Verstorbenen ersetzen.

Zugleich konnten Fotografien von Sterbenden oder Toten noch andere Funktionen erfüllen, etwa anthropologische oder medizinische im Kontext der Pathologie.[32] Post-mortem-Aufnahmen bilden einen Hauptbestand im 1977 von einem Augenarzt in New York gegründeten Burns Archive, der weltweit größten Sammlung medizinischer Fotografien. Bereits 1978 eröffnete dort die erste Ausstellung zu dem Thema, im Jahr 1990 folgte die Publikation einer der zentralen Veröffentlichungen, „Sleeping Beauty".[33] Fotografien transportierten Bilder von Sterbenden und Verstorbenen in eine breite Öffentlichkeit – und inszenierten den Tod dabei auf eine bestimmte Art und Weise. Das Antlitz der „Unbekannten aus der Seine" –

---

[27] Vgl. Maas, Totengedenken, S. 57; Ruby, Shadow; für eine phänomenologisch-kulturwissenschaftliche Einordnung Därmann, Tod sowie die zentrale empirische Untersuchung zu dem Thema von Sykora, Tode I bzw. dies., Tode II.

[28] Vgl. Richter, Tod, S. 257–293. Zur Funktion von Fotografien als „Erinnerungsmedium" vgl. Benkel/Meitzler, Blicke.

[29] Vgl. die populärwissenschaftliche Darstellung in Woodyard, Book.

[30] Richter, Tod, S. 257.

[31] Vgl. zur fotografischen „Verlebendigung" von Leichen ebd., S. 279 f.

[32] Vgl. ausführlich Sykora, Tode I, S. 429–517.

[33] Vgl. https://www.burnsarchive.com/historical-death-memorial [15. 12. 2021] und Burns, Sleeping Beauty.

Abb. 25: *Masque de l'inconnue de la Seine, 1966 (© Man Ray 2015 Trust / Adagp, Paris, 2022 – Photo: Telimage / Adagp Images)*

einer Pariser Suizidentin an der Wende zum 20. Jahrhundert, von deren Gesicht ein Gipsabdruck gefertigt worden war – verbreitete sich etwa weltweit auf diesem Wege und avancierte zu einem der bekanntesten Frauenbilder in der jüngeren Vergangenheit; noch 1966 widmete der renommierte US-Künstler Man Ray der Totenmaske der „Unbekannten" eine Serie von 14 Fotografien (vgl. Abb. 25).[34] Was fotografisch präsentabel war, musste zeitgenössisch stets ausgehandelt werden. Hatten 1898 Aufnahmen des verstorbenen Otto von Bismarck einen Presseskandal zur Folge gehabt, im Zuge dessen der Fotograf zu einer Gefängnisstrafe verurteilt worden war,[35] so verursachte ein Bild des tot in der Badewanne liegenden Politikers Uwe Barschel im Oktober 1987 keine Aufregung mehr und konnte vom *Stern* sogar auf dem Titelblatt gedruckt werden.[36] Schon in den Jahren zuvor hatte die Illustrierte Fotografien von echten Toten veröffentlicht und damit fraglos selbst zu einer öffentlichen Entspannung und einem Wandel der Zeigbarkeiten beigetragen.[37]

Die genannten Beispiele verdeutlichen bereits ein übergreifendes Motiv vieler fotografischer Darstellungen des Lebensendes: Diese zeigten Sterbende oft mit friedlichem Gesichtsausdruck, ohne äußere Anzeichen eines Leidens, Tote schienen zu schlafen.[38] Damit zeichneten sie eine vermeintliche Schönheit des Todes,

---

[34] Vgl. hierzu Macho, Leben, S. 114; Sykora, Tode II, S. 115–136 und Saliot, Muse, v. a. S. 14 und S. 272.
[35] Vgl. Buchner, Warum weinen, S. 125 und Sykora, Tode I, S. 76.
[36] *Stern* 40 (1987), Nr. 44.
[37] Vgl. etwa Evelyn Holst: „Menschen, die vom Sterben leben." *Stern* 38 (1985), Nr. 48, S. 74–82, Bild auf S. 75.
[38] Vgl. als weiteres Beispiel hierfür eine hospizlich inspirierte Fotoserie Anfang der 2000er Jahre: Lakotta/Schels, Tod. Radikal gebrochen wurde mit der Tradition fotografischer Darstellungen eines schönen Todes im Zuge der AIDS-Welle in den 90er Jahren, als Aktivisten bewusst die hässliche Seite des Sterbens in Szene setzten. Vgl. dazu Kap. 10.1.

der zugleich in eine ikonografische Nähe zum Leben gerückt wurde.[39] All dies machte Fotografien als Medium sehr anschlussfähig für die neue thanatologische wie gesamtgesellschaftliche Debatte um das Lebensende seit den 70er Jahren – im Westen wie im Osten. Fast folgerichtig entstanden neue Projekte von Fotokünstlern, so etwa die Fotoserie „Großvater geht" (1980–81) von Georg Pöhlein, die den Sterbeprozess eines hochbetagten fränkischen Postboten dokumentierte: vom Frühstück über das Bett bis in den offenen Sarg.[40] Der an der Akademie der Künste der DDR ausgebildete Thüringer Fotograf Rudolf Schäfer fotografierte 1983 Leichen in der Berliner Charité.[41] Seine erstmals Anfang 1989 in Ost-Berlin ausgestellte und anschließend auch im Westen in Buchform erschienene Dokumentation „Visages de morts" zeigte zahlreiche Tote, denen wiederum gemein war, dass keiner von ihnen Spuren einer Krankheit aufwies; die Porträtaufnahmen zeigten rundum entspannte Gesichter.[42] Dies war das ausdrückliche Ziel des Fotografen, der nicht nur den „alltäglichen Tod" einfangen, sondern dem Sterben zugleich seinen Schrecken nehmen wollte. In einem dem Bildband beigefügten Interview versicherte Schäfer, dass die Aufnahmen nicht geschönt seien. Entsprechende Zweifel von einigen Ausstellungsbesuchern, die die „so würdevoll" aussehenden Toten als unrealistisch empfanden, seien mangelnden Kenntnissen über die tatsächliche Gestalt des Sterbens geschuldet. Dies sei auch eine Folge davon, dass die Medien laut Schäfer den plötzlichen, gewaltsamen Tod fokussierten und den „Normaltod" ausblendeten:

„Es ist doch so, daß in unserer Gesellschaft – ich meine jetzt nicht die Gesellschaft der DDR, sondern alle Gesellschaften des Abendlandes – fast alle Bereiche des Lebens von Technologie bestimmt werden. Was aber dazu geführt hat, daß wesentliche Lebensereignisse [...] in Reservaten stattfinden, die eine allgemeine sinnliche Erfahrung nicht mehr ermöglichen."[43]

Auch in derartigen medialen Darstellungen setzte sich also das Verlustnarrativ einer Entfremdung des Menschen von Tod und Sterben fort. Dies zeigte sich nicht zuletzt bei der musealen Darstellung des Lebensendes, in denen Fotografien oftmals eine zentrale Rolle spielten. Während Tod und Sterben schon seit jeher Gegenstand musealer Repräsentationen sind – man denke an Gruselkabinette oder einzelne Objekte wie Mumien – handelt es sich bei Ausstellungen, die sich explizit und ausschließlich dem Lebensende widmen, um ein jüngeres Phänomen der

---

[39] Ausführlich zu den unterschiedlichen Motivlagen: Sykora, Tode I, S. 29–295.
[40] Vgl. Pöhlein, Großvater. Die Fotoserie ist heute im Kassler Museum für Sepulkralkultur ausgestellt.
[41] Vgl. König, Toten, S. 97 f.
[42] Schäfer, Schlaf. Eine ausführliche Bildinterpretation dazu liefert der Kunsthistoriker Jens Guthmann: Guthmann, Tod, S. 6 f.
[43] Schäfer, Schlaf, ohne Seite. Die Kritik von Schäfer war insofern berechtigt, als dass etwa Fotografien von Toten im Nachrichtenwesen fraglos häufig die Opfer von Krieg oder Katastrophen zeigten. Vgl. zu den unterschiedlichen Facetten fotografischer Todesdarstellungen etwa die Ausstellung „Das letzte Bild. Fotografie und Tod" im C/O Berlin (Dezember 2018 bis März 2019): https://co-berlin.org/de/programm/ausstellungen/das-letzte-bild [15. 12. 2021].

Zeitgeschichte, konkret der letzten beiden Dekaden des 20. Jahrhunderts.[44] In der Bundesrepublik schoss die Zahl entsprechender Ausstellungen Anfang der 80er Jahre flächendeckend in die Höhe: Die Wanderausstellung „Wie die Alten den Tod gebildet" der Arbeitsgemeinschaft Friedhof und Denkmal, die unter anderem in Bonn (August 1979) und in Kassel (Mai–Juli 1981) gezeigt wurde, widmete sich dem Totenkult des 18. und 19. Jahrhunderts.[45] Im nordrhein-westfälischen Unna spannte „Bilder und Tänze des Todes" im Herbst 1982 einen Bogen vom Mittelalter bis in die Gegenwart.[46] Es folgten Ausstellungen wie „Memento mori" (September–Oktober 1984) zur künstlerischen Darstellung des Themas im Hessischen Landesmuseum Darmstadt,[47] „Die letzte Reise. Sterben, Tod und Trauersitten in Oberbayern" im Stadtmuseum München (Juli–November 1984),[48] „Lebende Tote" im Übersee-Museum Bremen (Juli–November 1986) über den Umgang mit Tod und Sterben in Mexiko[49] oder „Memento Mori. Zur Kulturgeschichte des Todes in Franken" im Stadtmuseum Erlangen (September 1990–Januar 1991).[50]

Die Aufmachung dieser Ausstellungen zeigte ein anthropologisch-ethnologisch inspiriertes Interesse an Geschichte und Gegenwart des regionalen bis internationalen Totenbrauchtums. Allerdings thematisierten sie dabei zugleich ganz grundsätzlich Fragen und Probleme des Lebensendes, so etwa im Fall der auch in Deutschland gezeigten Schweizer Ausstellung „Last Minute" Ende der 90er Jahre, die unter anderem die Fotoserie „Großvater geht" beinhaltete.[51] Dies prägte auch die Rezeption der Veranstaltungen: Die Macher der Münchner Ausstellung nannten als ihre Hauptmotivation die gegenwärtige Entsolidarisierung mit Sterbenden sowie das anonyme Sterben im Krankenhaus. Angesichts dessen beklagten sie, dass wichtige Teile der Sterbekultur verloren gegangen seien – und forderten eine Wiederbelebung früherer Rituale.[52] Ganz ähnlich angelegt war die Inszenierung und Aushandlung des Themas in der Ausstellung „Langsamer Abschied. Tod und Jenseits im Kulturvergleich" zwischen Dezember 1989 und März 1991 im damaligen Museum für Völkerkunde in Frankfurt am Main.[53] Diese war entsprechend

---

[44] Vgl. Reiner Sörries: Die Inszenierung des sterbenden Menschen im Museum, in: Günter Seubold/Thomas Schmaus (Hg.): Ästhetik des Todes. Tod und Sterben in der Kunst der Moderne. Bonn 2013, S. 239–259 und Helmers, Tabu, S. 181–196.
[45] Boehlke, Alten.
[46] Vgl. „Vom Knochenmann zum atomaren Holocaust. In Unna zeigt eine Ausstellung ‚Bilder und Tänze des Todes'." *epd Zentralausgabe* Nr. 176, 10. 9. 1982, S. 1–2.
[47] Wolbert, Memento mori.
[48] Metken, Reise.
[49] Krause, Tote. Vgl. zur Ausstellung auch Helmers, Tabu, S. 188 f.
[50] Grießhammer/Weih-Krüger, Memento Mori. Vgl. zur Rezeption: Thomas Gerlach: „Memento Mori! Erlanger Ausstellung zur ‚Kulturgeschichte des Todes'." *epd Zentralausgabe* Nr. 196, 11. 10. 1990, S. 5 f.; Thomas Senne: „Alles über das Sterben. Erlanger Stadtmuseum zeigt Kulturgeschichte des Todes." *Süddeutsche Zeitung*, 26. 11. 1990.
[51] Glarner, Last minute.
[52] Vgl. Metken, Reise, v. a. das Vorwort und Sörries, Beileid, S. 106.
[53] Vgl. Zekorn/Gross, Furcht. Das Museum wurde 2001 in Museum der Weltkulturen umbenannt.

pädagogisch aufbereitet, bot spezielle Führungen für Schulklassen inklusive Nachbesprechungen und sogar einen eigenen Ausstellungsführer für Kinder mit dem Titel „Lebendiges vom Tod".[54] Auf diese Weise instrumentalisierten die Ausstellungen den Umgang mit Tod und Sterben in der Vergangenheit oder in anderen Kulturkreisen für einen gesellschaftskritischen Blick auf die eigene Gegenwart – und rekurrierten dabei bezeichnenderweise oft auf die thanatologische Forschung.[55]

Obwohl fast alle der genannten Ausstellungen explizit damit warben, ein Tabu zu brechen,[56] waren sie doch vielmehr Ausdruck der wachsenden Popularität des Themas seit den 70er Jahren. Auch in Deutschland kam es zu Publikumserfolgen, wie sie international etwa 1991 das Londoner Victoria and Albert Museum mit der Ausstellung „The Art of Death" verbuchen konnte.[57] „Die letzte Reise" in München zählte beispielsweise 20 000 bis 30 000 Besucher im Monat.[58] Diese überfluteten das Gästebuch mit – überwiegend positiven – Einträgen, die oftmals ausführliche persönliche Erfahrungsberichte beinhalteten und aus denen ein großes Interesse an dem Thema sprach.[59] Auch die Frankfurter Ausstellung erlebte einen derartigen Andrang, dass das Völkerkundemuseum im Februar 1990 erstmals in seiner Geschichte Besuchern aus Überlastungsgründen den Einlass verweigern musste und sich folglich zu einer Verlängerung der Ausstellung entschloss.[60] Paradox erscheint in diesem Zusammenhang nicht nur ein Bericht der *Frankfurter Rundschau*, der trotz der „Besucherrekorde" die vermeintliche Tabuisierung von Tod und Sterben heraushob – was aber auf den Ansatz der Ausstellung selbst zurückzuführen war.[61]

Denn von dieser wurde einmal mehr eine grundsätzliche Gesellschaftskritik kultiviert. So beklagte der Frankfurter Museumsdirektor, dass sich der heutige Mensch, sogar ein intellektueller, „bezüglich Sterben, Tod, Trauer und einem eventuellen Leben danach nicht über das geistige Niveau eines Grundschülers erhebt." Im Vorfeld sei daher mit Protesten gerechnet worden, denn das Lebensende werde „verdrängt und totgeschwiegen". Selbst das eigene Personal nahm er nicht von

---

[54] Vgl. Zekorn, Tod sowie die begleitende Rezeptionsuntersuchung auf S. 29–41.
[55] Vgl. etwa die Verweise auf Kübler-Ross in Metken, Reise, S. 60 und auf Ariès in Gross, Augen, S. 76.
[56] Vgl. diesbezüglich auch die Ausstellung „Tod und Gesellschaft – Tod im Wandel", die Ende 1996 im Diözesanmuseum Obermünster in Regensburg stattfand und die das schwindende Todeswissen seit der Frühen Neuzeit beklagte: Daxelmüller, Tod, v. a. S. 11–13.
[57] Vgl. Llewellyn, Art.
[58] Helmers, Tabu, S. 188.
[59] Vgl. „‚Aus heiterem Himmel mit so etwas konfrontiert.' Besucher der Ausstellung ‚Die letzte Reise' im Stadtmuseum schreiben ihre Eindrücke ins Gästebuch." *Süddeutsche Zeitung*, 1.9/2. 9. 1984, S. 19.
[60] Vgl. Lothar Simmank: „Das eigentliche Leben findet erst im Jenseits statt. Schon 100.000 sahen Frankfurter Ausstellung über den Tod." *epd Zentralausgabe* Nr. 212, 2. 11. 1990, S. 5 f. und Benedikt Erenz: „Wir Toten." *Die Zeit*, 23. 11. 1990, S. 102.
[61] Jutta Rippegather: „Sterben und Tod – das Tabu fördert die Angst und das Alleinsein." *Frankfurter Rundschau*, 26. 11. 1990.

seiner Kritik aus: Alle Angestellten seien bei der Betreuung der Besucher – zu denen unter anderem Gruppen von Krebspatienten zählten – an ihre Grenzen gestoßen; einzig eine argentinische Mitarbeiterin habe keine Probleme gehabt, sie „hatte einen leichten und natürlichen Umgang mit dem Thema Tod, er gehört bei ihr als integraler Bestandteil zum Leben."[62] Die Auswertung der Besucherkommentare an der Kritiktafel ergab dagegen, dass diese zu fast 90% klar positiv waren, die wenigen ablehnenden Kommentaren stammten vorwiegend von Jugendlichen („Schule ist besser").[63] Eine Befragung belegte, dass die meisten Besucher – der vermeintlichen Tabuisierung zum Trotz – über die Presse und Mundpropaganda auf die Ausstellung aufmerksam geworden waren und diese fast ausnahmslos aus Interesse am Thema, nicht an der Volkskunde, besuchten.[64] Ohnehin verzeichnete die Statistik eine Rekordzahl von über 82 000 Besuchern.[65] Auch die Verantwortlichen selbst räumten denn im Nachwort zur Buchpublikation ein, dass „die Verschwiegenheit um das Tabuthema Tod" offenbar schwinde – ohne sich freilich ganz von dieser Rhetorik loszusagen.[66]

Tatsächlich stieg die Popularität solcher Ausstellungen nach der Wiedervereinigung immer weiter. Die damit einhergehende Musealisierung von Tod und Sterben führte dazu, dass 1992 in Kassel das erste Museum in der Bundesrepublik eröffnete, das sich ausschließlich diesem Thema widmete: das Museum für Sepulkralkultur.[67] Der Weg war damit geebnet für jene oft als „Leichenschau" diskreditierte Präsentation toter menschlicher Körper, die mit bislang 48 Millionen Besuchern weltweit (Stand Anfang 2020) als erfolgreichste Ausstellung aller Zeiten gilt: „Körperwelten".[68] Zwar war der Ansatz ein etwas anderer als im Fall der bislang vorgestellten Beispiele: Hauptziel war es, einen Einblick in den menschlichen Körper zu geben, der auch der medizinischen Aufklärung dienen sollte. Dennoch stellten Tod und Sterben zentrale Motive dar – zu denken ist nur an den Querschnitt einer Raucherlunge oder der Leber eines Krebspatienten.[69] Eine erste öffentliche Ausstellung der mittels des vom deutschen Anatom und Ausstellungsmacher Gunther von Hagens in den beiden Jahrzehnten zuvor entwickelten Konservierungsverfahrens der Plastination angefertigten Exponate fand Mitte der

---

[62] Thiel, Vorwort, Zitate S. 5 und S. 6.
[63] Kroeber-Wolf, Besucherkommentare, S. 50–53.
[64] Gross, Besucherbefragung.
[65] Vgl. die Besucherstatistik, in: Zekorn/Gross, Furcht, S. 79–84.
[66] Zekorn/Gross, Schlußbemerkung, S. 86.
[67] Bereits 1967 war das international erste Bestattungsmuseum in Wien gegründet worden; vgl. Blumenthal-Barby/Özkan, Sterbeaufklärung, S. 12 sowie zum Museum für Sepulkralkultur, seinen Hintergründen und Zielen Sörries, Tod (2002), S. 181–185.
[68] Sörries, Beileid, S. 107; der aktuelle Stand der Besucherzahlen findet sich unter: https://koerperwelten.de/wissenswertes/philosophie/ [15. 12. 2021]. Vgl. ausführlich zu „Körperwelten" Peuker/Schulz, Leichen sowie die Beiträge von Liselotte Hermes da Fonseca (S. 197–217), Franz Josef Wetz (S. 219–233) und Rebecca Pates (S. 235–246), in: Groß/Tag/Schweikardt, Who.
[69] Vgl. hierzu die entsprechende Rezeption in der thanatologischen Forschung, etwa die Ausstellungsrezension von Winkel, Körperwelten.

90er Jahre in Japan statt und wurde bereits von schätzungsweise 2,5 Millionen Menschen gesehen. In der Bundesrepublik wurde „Körperwelten" erstmals ab Ende Oktober 1997 in Mannheim ausgestellt – und hatte alleine in den ersten fünf Wochen etwa 125 000 Besucher.[70] Weitere Ausstellungen folgten um die Jahrtausendwende in Wien, Basel, Köln, Oberhausen und Berlin. Im Zuge der kritischen öffentlichen Debatte wurden wiederum allgemeine Fragen des gesellschaftlichen Umgangs mit Tod und Sterben aufgeworfen, etwa die Funktion und die Grenzen einer künstlerischen Darstellung oder der Körperspende als einer spezifischen Form der Organspende, sowie ganz grundsätzlich die Frage diskutiert: Wie viel Mensch steckt in einer Leiche?[71]

Experten des Sterbens – Ratgeber und die Popularisierung von Wissen über den Tod

Unter dem Titel „Pietät und Profit" widmete sich die Verbraucherzeitschrift der Stiftung Warentest Ende 1981 dem Lebensende.[72] Eingebettet zwischen Tipps zur Reisereklamation sowie einem Test von Auto-Batterien, informierte das Ratgebermagazin über ein ungewöhnliches Thema: Es ging um Beerdigungen, Preise für Särge und die richtigen Schritte beim Ableben eines Angehörigen – eine praktische „Merkliste für den Todesfall" führte alle zu erledigenden Formalitäten auf.[73] Wenn sich sogar die Avantgarde des deutschen Ratgeberjournalismus Anfang der 80er Jahre mit Fragen des Sterbens befasste, so war dies das Resultat einer Entwicklung, die in der Bundesrepublik Deutschland knapp eine Dekade zuvor begonnen hatte. Das Lebensende geriet in den Fokus einer neuen Gruppe von öffentlichen „Experten des Todes", deren Erkenntnisse sich einer großen Nachfrage erfreuten.[74] Eine Fülle an Publikationen überschwemmte den westdeutschen Buchmarkt, deren erklärtes Ziel die Begleitung, häufiger gar die dezidierte Anleitung von Sterbenden war. Dass das Sterben in jenen Jahren zum Gegenstand populären Ratgeberwissens wurde, erscheint umso erklärungsbedürftiger, als dass

---

[70] Hallam, Body, S. 38.
[71] Vgl. hierzu Winkel, Körperwelten, S. 338; Fonseca/Kliche, Leichen und den in der Bundesgeschäftsstelle des Humanistischen Verbands Deutschlands archivierten Schriftverkehr zu „Körperwelten": Ordner „Organtransplantation, Nahtod und Anatomie", Bundesgeschäftsstelle HVD Berlin. Exemplarisch aus der Presseberichterstattung: Peter Kischey: „Disput um Kunst, Anatomie und die Unantastbarkeit der Würde des Menschen. Leichen als Schaufensterpuppen." *Neues Deutschland*, 10./11. 10. 1998, S. 9; Wolf H. Goldschmitt: „Ab fünf Uhr morgens kommen die Busse. Die Ausstellung ‚Körperwelten' hat rund um die Uhr geöffnet – Bisher sahen 700 000 Besucher die umstrittene ‚Totenschau'." *Die Welt*, 27. 2. 1998; „Blick unter die Haut." *Der Tagesspiegel*, 30. 11. 1997, S. 29.
[72] Beim folgenden Unterkapitel handelt es sich um eine gekürzte und überarbeitete Fassung von Greiner, Richtig sterben.
[73] Pietät und Profit, in: test 16 (1981), Nr. 10, S. 19–23.
[74] Im Folgenden liegt der Schwerpunkt auf Ratgebern zum Sterben, für Trauerratgeber vgl. Greiner, Richtig sterben sowie für eine textlinguistische Untersuchung Schütte, Strategien.

die offenkundige Sensibilität der Thematik dieses zu einem eher schwierigen Sujet für eine schriftliche Beratungssituation macht.[75]

Der Begriff „Ratgeberliteratur" verweist auf ein spezifisches Medienformat, das dem Leser Expertise, Hilfestellung und konkrete Lösungen für alltägliche Probleme anbietet. Weitere Definitionsmerkmale sind gemeinhin, dass Ratgeberwissen stets für ein Massenpublikum relevant sein muss und den Rezipienten als einen Laien adressiert, der jedoch selbst in der Lage ist, das Problem unter sachkundiger Anleitung zu lösen. Vorschläge zur Problemlösung werden in Ratgebern, die klare Verhaltensanweisungen offerieren und dabei auch vor starken Wertungen nicht zurückschrecken, folglich explizit als solche gekennzeichnet. Ratgeber versprechen damit unter dem Mantel des Fach- oder Erfahrungswissens Antworten für jede erdenkliche Situation des alltäglichen Lebens, insbesondere Auswege aus Lebenskrisen.[76]

Lebensratgeber haben eine lange Tradition. Sie etablierten sich spätestens zu Beginn des 20. Jahrhunderts und erlebten in den 20er Jahren eine erste Blütezeit.[77] Einen regelrechten Boom erfuhr das auch als Selbsthilfeliteratur bezeichnete Genre aber in der jüngeren Zeitgeschichte. Dessen Hintergrund ist in einem erhöhten Interesse an individueller Lebensführung, Praktiken der Subjektivierung und Therapeutisierung auf der einen und einem ausgeprägten gesellschaftlichen Krisen- und Problembewusstsein auf der anderen Seite zu suchen.[78] Ratgeber können als Ausdruck des Wunsches nach Komplexitätsreduktion interpretiert werden. Sie befriedigen die steigenden Orientierungsbedürfnisse der Menschen in einer als besonders rasant empfundenen Zeit technischen und wissenschaftlichen Fortschritts sowie sozialen und gesellschaftlichen Wandels.[79]

Die Ursprünge der Sterberatgeber liegen in den USA und in England und sind eng verwoben mit dem bereits geschilderten Aufstieg der Thanatologie und dem „Death Movement" ab den 60er Jahren. Insbesondere die Bücher von Elisabeth Kübler-Ross dienten auch in der Bundesrepublik in dreifacher Hinsicht als Katalysator für die Popularisierung von Wissen rund um das Sterben und entsprechende Beratungsangebote. Erstens unterstrich ihr 1969 veröffentlichtes und zu einem internationalen Publikumserfolg avancierendes Hauptwerk „On Death and Dying" das Vorhandensein eines Marktes für entsprechendes Wissen. Dass es kurze Zeit

---

[75] Das Genre Sterberatgeber ist bislang fast ausschließlich sozialwissenschaftlich untersucht worden. Vgl. Brüggen, Ratschläge (2005), S. 77–123; Nassehi/Brüggen/Saake, Beratung und Brüggen, Ratschläge (2008).

[76] Vgl. zur Definition des Genres Hömberg/Neuberger, Experten, v. a. S. 9–14 und Oels/Schikowski, Ratgeber. Zu den kommunikationstheoretischen Grundsätzen des Rat-Gebens vgl. die einschlägigen Beiträge in Niehaus/Peeters, Rat.

[77] Vgl. zur Geschichte des Genres Senne/Hesse, Genealogie und Kleiner/Suter, Rat.

[78] Kleiner/Suter, Stress, S. 7–28. Vgl. zur längeren Tradition von Therapeutisierungspraktiken und den Ursachen für ihre starke Ausbreitung im letzten Drittel des 20. Jahrhunderts Elberfeld, Anleitung.

[79] Vgl. hierzu Brüggen, Ratschläge (2005), S. 77–123; Macho, Was tun; die einschlägigen Beiträge in Maasen u. a., Selbst sowie die wegweisenden Studien von Lübbe, Fortschritt bzw. ders., Mensch.

später nicht weniger erfolgreich als deutsche Übersetzung erschien,[80] zeigte die enorme transnationale Anschlussfähigkeit des Themas: In der Folge übersetzten Verlage in der Bundesrepublik zahlreiche englischsprachige Titel.[81] Die Zirkulation von Wissen über den Tod kannte also auch im Bereich des Ratgebermarkts keine Grenzen. Zweitens hatte das Buch bereits selbst Ratgebercharakter, präsentierte Kübler-Ross ihr Modell der fünf Phasen des Sterbens doch als Möglichkeit, den Bedürfnissen von Sterbenden im modernen Medizinwesen gerecht zu werden. So war „On Death and Dying" – wie etliche andere der im Folgenden untersuchten Veröffentlichungen – zwar nicht dezidiert als Ratgeber ausgeflaggt, aber machte eindeutig den Anspruch eines Wissenstransfers auf die Leser zur konkreten Handlungsanleitung geltend – und bediente somit ein typisches Merkmal von Expertenwissen, namentlich das asymmetrische Verhältnis von professionellem Sachverständigen und laienhaftem Rezipienten.[82] Schließlich zeigten die Forschungen der Psychologin drittens Möglichkeiten eines gleichfalls wissenschaftlich-objektiven wie öffentlichkeitswirksamen Zugangs zu einem heiklen Thema wie dem Sterben auf, was Anknüpfungspunkte für andere Autoren bot.

Obschon sich in der Bundesrepublik in jenen Jahren nicht nur auflagenstarke Verbraucherzeitschriften, sondern auch zahlreiche Leitmedien des Qualitätsjournalismus mit dem Sterben befassten,[83] war der Ratgebermarkt nicht primär journalistisch geprägt. Vielmehr traten die sich selbst als „Experten des Todes" gerierenden Autoren wahlweise als professionelle Sterbeforscher oder als biografisch motivierte Autodidakten auf, die ihre eigenen Erlebnisse verarbeiteten und als eine Art Lernerfahrung anboten. Eines der frühesten Beispiele hierfür war ein aus dem Schwedischen übersetztes, seit 1977 in mehreren Auflagen auch auf Deutsch erschienenes Büchlein, in dem eine Mutter den langsamen Krebstod ihres jugendlichen Sohnes schilderte, um anderen Betroffenen Trost zu bieten.[84] Denn – so argumentierte einige Jahre später auch die Literaturwissenschaftlerin Marlene Lohner in ihrem ebenfalls mehrfach aufgelegten „Plötzlich allein. Frauen nach dem Tod des Partners" – die vorhandene Forschungsliteratur zu diesem Thema sei zu wenig alltagsnah, ein Defizit, das sie durch Interviews mit tatsächlich betroffenen Frauen zu überwinden suchte.[85] Auch andere Ratgeber wurden von Betroffenen verfasst, wobei die beschriebene Verlustsituation den erlebten Tod naher Verwandter fokussieren oder das eigene Sterben zum Gegenstand haben konnte.[86]

---

[80] Vgl. ausführlich zu „On Death and Dying" bzw. „Interviews mit Sterbenden" Kap. 4.
[81] Exemplarisch: Buckman, Sterbende [englisches Original: ders., I Don't Know]; Lamerton, Sterbenden [englisches Original: ders., Care]; Smith, Kunst [englisches Original: ders., Lessons].
[82] Vgl. hierzu Brüggen, Ratschläge (2005), v. a. S. 79.
[83] Vgl. zur Konjunktur des Themas in der westdeutschen Qualitätspresse auch Wittkowski, Tod (1978), S. 13–15.
[84] Frederiksson, Lennart. Vgl. ganz ähnlich: Wölfing, Hand.
[85] Lohner, Plötzlich allein, S. 9.
[86] In Auswahl: Lamla, Schlucht; Albrecht, Leben; Lampmann, Wie gerne hätte ich gesehen; Schlegel-Holzmann, Abend oder der Bestseller Zachert/Zachert, Paradies.

Titel wie „Du hättest so gern noch ein bißchen gelebt" oder „Heute will ich leben" verwiesen bereits auf die in den Büchern diskutierten Schwierigkeiten für Sterbende und/oder ihre Angehörige, mit tödlichen Krankheiten und speziell mit chronischen Sterbeverläufen umzugehen.[87] Zu Beginn seines Buchs „Sanftes Sterben" betonte der Psychologieprofessor Reinhard Tausch, dass er im Anschluss an einen Vortrag über den Krebstod seiner Frau Anne-Marie, zu dem über tausend Zuhörer gekommen seien, zahlreiche Zuschriften erhalten habe, in denen andere Betroffene sich dankbar für den hierdurch gefundenen Trost oder die Denkanstöße für die eigene Lebensbewältigung gezeigt hätten. In dem Ratgeber unterstrich Tausch nachdrücklich die positiven Erfahrungen im innerfamiliären Umgang mit der Krankheit – diese habe sich letztlich sogar als „eine Möglichkeit der Selbstentwicklung" erwiesen.[88]

Der größere Teil der Autoren populärer Sterberatgeber hatte jedoch einen professionellen Hintergrund und Berührpunkte zur sich ausdifferenzierenden Thanatologie. Das grundsätzliche Ziel lag dabei in der öffentlichkeitswirksamen Aufbereitung wissenschaftlicher Thesen und Erkenntnisse. In diesem Zusammenhang diente Kübler-Ross als ein (vielzitiertes) Vorbild, zumal ob ihrer ausgeprägten Publikationstätigkeit – auf „Interviews mit Sterbenden" folgten zahlreiche weitere ins Deutsche übersetzte Veröffentlichungen. Bücher wie „Was können wir noch tun? Antworten auf Fragen nach Sterben und Tod", in dem Kübler-Ross im Interviewstil Betroffenen aus der Expertenposition heraus Tipps zum richtigen Verhalten gab, hatten dabei noch expliziteren Ratgebercharakter und offerierten, wie es in einem Kommentar des *Deutschen Ärzteblattes* auf dem Buchrücken von „Reif werden zum Tode" hieß, eine „Nutzanwendung ihrer Forschungsarbeit über Todkranke".[89] Auch andere Autoren mit wissenschaftlichem Hintergrund versuchten, sich öffentlich in Szene zu setzen und ihre Forschungen alltagspraktisch nutzbar zu machen. So strebte etwa der Arzt und Medizinhistoriker Sherwin B. Nuland in seinem mit dem National Book Award ausgezeichneten, in den USA wie in Deutschland zu einem Bestseller avancierenden Buch „Wie wir sterben. Ein Ende in Würde?" an, durch eine genaue Darstellung von sechs der häufigsten Todesarten den Tod zu entmythologisieren und den Lesern die Angst vor dem Sterben zu nehmen.[90] Nuland teilte darin die gängige thanatologische Verlustgeschichte, wonach infolge medizinischer Institutionalisierungsprozesse das von den Menschen einst feierlich zelebrierte Sterben in der Gegenwart „aus dem Blickfeld verdrängt" werde: Insbesondere das Krankenhaus repräsentierte für ihn den „Ort des einsamen Todes".[91]

---

[87] Stephan, Du hättest so gern noch; Cameron, Heute will ich leben.
[88] Tausch/Tausch, Sterben, Zitat S. 7.
[89] Kübler-Ross, Was können wir noch tun; dies., Leben bis wir Abschied nehmen, und dies., Reif werden (1981).
[90] Nuland, Wie wir sterben [englisches Original: ders., How We Die]. Zur Biografie des Autors vgl. den Nachruf in der *New York Times*: „Sherwin B. Nuland, ‚How We Die' Author, Dies at 83." *New York Times*, 5. 3. 2014, S. A20.
[91] Nuland, Wie wir sterben, v. a. S. 373–381, Zitate S. 374 und S. 375.

Abb. 26 und 27: Optische und inhaltliche Nähe: Sterberatgeber der Hospiz- und Sterbehilfebewegung

Auffällig ist ferner, dass viele Ratgeber ab den 80er Jahren häufig aus einem gesellschaftspolitisch engagierten Umfeld kamen. Entsprechende Schriften waren in der Regel an der Schnittstelle zwischen wissenschaftlicher Expertise und Erfahrungswissen von Betroffenen angesiedelt. Dies gilt für die Ratgeber aus der Sterbehilfebewegung.[92] Diese setzten sich häufig, aber keinesfalls immer, direkt mit Fragen der Sterbehilfe auseinander.[93] Als etwa die DGHS 1984 eine kurze Broschüre mit dem Titel „Sterben zu Hause" veröffentlichte (Abb. 27), verkündete ihr Geschäftsführer Hans Henning Atrott im Vorwort als Ziel, „Angehörigen die ‚Schwellenängste' zur Betreuung eines Sterbenden zu nehmen". Gelinge dies, könne die Familie und das Umfeld eines Todkranken sogar „bei diesem Ereignis für sich gewinnen."[94] Im Folgenden changierte der Ratgeber im Zuge seiner Empfehlungen zwischen einem Rekurs auf wissenschaftlich vermeintlich fundierte Erkenntnisse – wie etwa das Phasenmodell des Sterbens von Kübler-Ross – bei der theoretischen Diskussion der Vorteile eines Todes in den heimischen vier Wänden einerseits und alltagspraktischen Informationen zur Pflege sterbender Familienangehöriger andererseits, wie beispielsweise zum Anlegen von Wadenwickeln, der richtigen Belüftung oder dem korrekten Gebrauch der Schnabeltasse.[95] Tatsächlich schuf die DGHS einige Jahre später sogar eine eigene Schriftenreihe „Ratgeber", in der Informationen zu verschiedenen Fragen rund um Tod und Sterben aufbereitet wurden.[96]

Quantitativ überwogen jedoch deutlich Ratgeber aus dem Bereich des Hospizwesens, das nach anfänglichen Startschwierigkeiten in den 80er Jahren in der Bundesrepublik stärker Fuß fassen konnte. Wissen über die Grundsätze der Hospizarbeit wurde dabei in einem transnationalen Rahmen auffällig häufig mittels

---

[92] Zur Geschichte der Sterbehilfe und der Sterbehilfebewegung in Westdeutschland vgl. Kap. 5.1 und 9.2.
[93] Vgl. etwa die deutsche Ausgabe des international viel diskutierten, in mehrere Sprachen übersetzten Bestsellers „Jean's Way" über den assistierten Suizid einer englischen Krebspatientin: Humphry/Wickett, Leben [englisches Original: dies., Jean's Way].
[94] Deutsche Gesellschaft für Humanes Sterben, Sterben zu Hause, S. 1.
[95] Ebd., S. 4–6.
[96] Vgl. Band 1: Deutsche Gesellschaft für Humanes Sterben, Fragen.

spezifischer Ratgeber zur Sterbebegleitung verbreitet und popularisiert.[97] Die nun auch ins Deutsche übersetzten Schriften der englischen Hospizpionierin Cicely Saunders waren etwa inhaltlich durchaus breit angelegt: So wechselten sich Kapitel zu fachmedizinischen Fragen – wie beispielsweise einer adäquaten Symptomkontrolle bei Krebspatienten im Endstadium[98] – mit solchen zu psychosozialen Problemen der Betreuung Sterbender ab, in denen etwa das Überbringen der Nachricht einer unheilbaren Erkrankung thematisiert wurde. Die erzieherischen Tendenzen der Veröffentlichung unterstrichen die im Anhang aufgeführten Informationen zu Weiterbildungsangeboten.[99]

Im letzten Fünftel des 20. Jahrhunderts lässt sich in der Bundesrepublik eine Konjunktur derartiger Hospizratgeber feststellen.[100] Diese Schriften, deren Druck mitunter von den Hospizinitiativen selbst finanziert wurde, boten in erster Linie Handlungswissen für professionelle oder freiwillige Sterbebegleiter, richteten sich aber auch an eine breitere Öffentlichkeit, der die Prinzipien der Hospizidee nähergebracht werden sollten. Insbesondere – und dies ist zugleich eine inhaltliche Verbindung zu entsprechenden Schriften aus der Sterbehilfebewegung – die Forderungen nach einer stärkeren Akzeptanz des Todes als integralem Bestandteil des menschlichen Lebens sowie nach einer „Verhäuslichung des Sterbens" (in Form der Betreuung sterbender Angehöriger durch die Familie in den heimischen vier Wänden) standen dabei im Mittelpunkt. Viele Ratgeber präsentierten das Sterben zu Hause mithin als Leitziel sowie Idealvorstellung eines „guten Todes" und loteten die Chancen und Möglichkeiten einer adäquaten Pflege aus. Das Lebensende bot in diesem Sinne die Chance für eine spezifische Form der zwischenmenschlichen Vergemeinschaftung – Solidarität beim Sterben. Hinter dem Idealtypus des „Zuhauses" verbargen sich jedoch „wenig berechenbare Privatwelten",[101] die eine in der Theorie wünschenswerte Betreuung schwerstkranker Angehöriger im eigenen Heim in der Praxis oft verkomplizierten oder gar unmöglich machten.

Die Folge war ein enormer faktischer Beratungsbedarf in diesem Bereich, den die Hospizschriften befriedigten. Die erstmals 1986 erschienene Broschüre „Zu Hause sterben" wandte sich etwa dezidiert an die Angehörigen von Sterbenden. Bis 2009 erschien das von einer hospizlichen Arbeitsgruppe an der Evangelischen Fachhochschule Hannover publizierte Heft in insgesamt neun Auflagen und wur-

---

[97] Vgl. zur Geschichte der westdeutschen Hospizbewegung im Allgemeinen und der Bedeutung von transnationalen Wissenstransfers im Speziellen Kap. 4.2 und 8.2.
[98] Vgl. hierzu etwa Saunders/Baines, Leben, S. 39–51. In England hatte sich ein knappes, von Saunders verfasstes Merkblatt zur Schmerzkontrolle bei Sterbenden sogar im Laufe der Jahre zum renommierten Oxford Textbook of Palliative Medicine ausgeweitet; vgl. Doyle u. a., Textbook. Zur Entstehung des Handbuches: Baines, Pioneer, S. 224 f.
[99] Saunders, Hospiz, S. 145–148.
[100] Exemplarisch neben den im Folgenden genannten Schriften: Bartholomäus, Hand; Becker/Eid, Begleitung; Godzik/Muschaweck, Hause; Pera, Sterbende und Tausch, Sterbenden.
[101] Werner Schneider u. a.: Struktur- und Prozesseffekte der SAPV in Bayern – Evaluation / Qualitätssicherung und (Aus-)Wirkungen der SAPV auf die AAPV (unter besonderer Berücksichtigung des ländlichen Raums). Ergebnisbericht. Augsburg 2014, S. 21, URL: https://www.pkv-stiftung.de/files/sapv_studie_2._ergebnisbericht_final_1.pdf [15. 12. 2021].

de laut des Vorworts der letzten Ausgabe allein bis zu diesem Zeitpunkt über 80 000-mal – dank eines anonymen Spenders kostenlos – abgegeben.[102] Die Broschüre selbst bot praktische Hinweise für die Betreuung und Pflege von Sterbenden in den heimischen vier Wänden – und ähnelte nicht nur optisch der fast zeit- und titelgleichen DGHS-Broschüre (Abb. 26). Ausführlich listete sie etwa Informationen über notwendige Alltagsgegenstände bis hin zu kleinsten Details wie Kopfkissen, Stecklaken oder einem bequemen Sessel für Besucher auf und lieferte den Betroffenen neben einer Begründung für deren Notwendigkeit („bei kranken Menschen muß das Bett häufiger bezogen werden") zugleich mögliche Bezugsarten („meist im Haushalt vorhanden").[103] Erneut sind in diesem Kontext internationale Transfers unverkennbar. So übernahm und modifizierte die Zweitauflage der Broschüre entsprechende Angaben aus dem einige Jahre zuvor erschienenen, thematisch identischen amerikanischen Ratgeber „Coming Home" von Deborah Duda.[104]

Dass eine Versorgung von sterbenden Familienangehörigen zu Hause für alle Beteiligten nur Vorteile bringe, ist die Quintessenz des Ratgebers, der seine diesbezüglich erzieherisch-missionarische Funktion kaum verhehlte. Sein Ziel war unverkennbar, die Leser überhaupt erst dazu zu motivieren, sterbende Angehörige nach Hause zu holen. So beklagte die Broschüre schon einleitend den vorherrschenden „Zeitgeist", der eine Auslagerung des Todes in Krankenhäuser vorantreibe und den „sozialen Tod" vieler Sterbender in Form des Gefühls von „Einsamkeit" und „Unerwünscht-Sein" toleriere.[105] Die Begegnung mit dem Sterbenden sei für das menschliche Leben jedoch sinnstiftend und könne gerade „für die Hinterbliebenen eine heilsame Funktion" haben.[106] Entsprechend informierte der Ratgeber, dass rechtlich gesehen „[k]ein erwachsener Mensch [...] gegen seinen Willen wegen einer körperlichen Krankheit in der Klinik festgehalten werden [kann] – selbst dann nicht, wenn die Klinik noch Heilungsmöglichkeiten für seine Krankheit sähe."[107] Das würdevolle, „gute Sterben" im eigenen Zuhause erschien offenbar sogar wichtiger als eine mögliche Verlängerung des Lebens. Unterstrichen wurde diese Implikation noch durch die Empfehlung, bei möglichen Notfällen dem Notarzt ein Schriftstück des Hausarztes vorzulegen, auf dem neben den nötigen medizinischen Informationen „vor allem" vermerkt sei, dass „der Patient den Wunsch hat, zu Hause zu bleiben und eine Krankenhauseinweisung deshalb unbedingt vermieden werden soll."[108] Mögliche finanzielle Hindernisse einer Betreuung sterbender Angehöriger suchte die Broschüre mit der Aufforderung zu zerstreuen, dass der Hausarzt dazu ermutigt werden solle, „den gesetzlichen Rah-

---

[102] Student, Zu Hause (2009), S. 3.
[103] Student/Busche, Zu Hause, S. 14–16, Zitate S. 14.
[104] Duda, Coming Home.
[105] Student/Busche, Zu Hause, S. 2f.
[106] Ebd., S. 28. Vgl. auch S. 33.
[107] Ebd., S. 7.
[108] Ebd., S. 11.

men ausreichend zu nutzen, um einem Menschen ein letztes Mal die Chance zu würdigem, ‚gesundem' Leben zu schenken".[109] Auch arbeitspragmatische Bedenken einzelner Familienmitglieder seien zu vernachlässigen, da die Zeit der Pflege Sterbender ja im Unterschied zur Langzeitpflege chronisch Kranker begrenzt sei: „Dies relativiert auch die Frage der ‚Schonung' für die Helfer."[110]

Solche Perspektiven fanden sich keinesfalls nur in den Schriften aus dem Hospizbereich. Vielmehr erschien auch in den meisten anderen Ratgebern das Sterben zu Hause als etwas Erstrebenswertes. Folglich listeten sie – wie die beiden eben vorgestellten Broschüren – minutiös die für eine Pflege von Sterbenden nötigen Grundkenntnisse, aber auch Gebrauchsgegenstände auf und schreckten oft auch vor banalsten Informationen wie „Blumen nicht vergessen" nicht zurück. Im Mittelpunkt standen stets die antizipierten Interessen des Sterbenden. So müsse sogar das Rauchen, wie der ostdeutsche Thanatologe Kay Blumenthal-Barby in einem kurz nach der Wende erschienenen Ratgeber betonte, auf jeden Fall erlaubt werden, und auch „beim Alkohol sollte man großzügig verfahren": „Ein Bier, ein Glas Rum oder ein Schluck Sekt haben noch keinem geschadet."[111]

Mit der „Verhäuslichung des Sterbens" ist damit ein erster übergreifender Topos der Todesratgeber bezeichnet. Darauf aufbauend lassen sich einige weitere Ähnlichkeiten innerhalb des sehr heterogenen Genres feststellen, obschon sowohl die konkreten Inhalte als auch die potenziellen Adressatenkreise und die gewählten Darstellungsformen[112] durchaus unterschiedlich ausfielen: Beliebte Themen waren neben den hier nicht näher zu behandelnden Fragen der Bestattung,[113] des richtigen Trauerverhaltens, zumal in Extremsituationen wie bei Suiziden,[114] dem Tod eines Kindes[115] beziehungsweise Elternteils[116] oder auch bei der Trauerbegleitung von Jugendlichen,[117] insbesondere der Umgang mit Sterbenden. Die Ratgeber konnten sich ebenso an Todkranke und an Angehörige von Sterbenden wie an ehrenamtliche Sterbebegleiter oder an professionelle Dienstleister[118] richten, denen – ganz im Sinne der Hospizschriften – die Bedürfnisse von Sterbenden und ihren Angehörigen nähergebracht wurden.

Eine zweite Gemeinsamkeit bestand darin, dass sich die Ratgeber allgemein dem Ziel verschrieben, die Leser besser auf das Sterben vorzubereiten, nicht zuletzt um – wie es auf dem Buchrücken einer einschlägigen Veröffentlichung hieß – „die Begrenztheit unseres Lebens angstfreier anzunehmen."[119] In diesem Zusam-

---

[109] Ebd., S. 18.
[110] Ebd., S. 27.
[111] Blumenthal-Barby, Leben, S. 52–89, Zitate, S. 75 und S. 84.
[112] Ausführlich, wenngleich nicht in allen Punkten überzeugend, zu den kommunikativen Strategien und sprachlichen Darstellungsformen: Schütte, Strategien, S. 141–155.
[113] Blendinger, Tote.
[114] Paul, Warum hast Du uns das angetan.
[115] Student/Student, Trauer (1987); Goldmann-Posch, Mütter; Buckingham, Liebe.
[116] Dobrick, Eltern.
[117] Brocher, Kinder; Grollman, Kindern; Kroen, Kinder.
[118] Vgl. etwa Lilie/Zwierlein, Handbuch; J. Müller, Hoffnung.
[119] Tausch/Tausch, Sterben.

menhang erhoben keinesfalls nur die Hospizratgeber die Forderung, den Tod als wichtigen Abschnitt des menschlichen Lebens zu begreifen. Entsprechend war laut Klappentext des Buches „Last Minute" der Sozialarbeiterin Ina Dentler ihr zentrales Ziel, die Leser über die geschilderten fünf fiktiven Erzählungen von auf unterschiedliche Weise mit dem Tod konfrontierten Menschen dazu zu motivieren, das „Lebensende als Teil des Lebensinhalts zu begreifen".[120] Die Angst vor dem Tod, so verkündeten viele Schriften, lähme den Menschen und könne zur Ausbildung einer „unsichtbaren Zerstörungsenergie" führen.[121] Umgekehrt könne man, wie in Einklang mit der thanatologischen Forschung immer wieder zu lesen war, mit der richtigen Einstellung zum Sterben sogar davon profitieren. Ein Krankenhaustagebuch von Cordula Zickgraf mit dem Titel „Ich lerne leben, weil du sterben mußt" beschrieb 1979, wie die Autorin bei einem Klinikaufenthalt aus dem intensiv erlebten Sterben ihrer krebskranken Bettnachbarin wertvolle Erfahrungen für ihr eigenes Leben zog – das Vorwort stammte von einem bekannten westdeutschen Thanatologen und Hospizpionier.[122] Und ein in Form eines fiktiven Tagebuches veröffentlichter Ratgeber von 1986 spielte den Fall einer Frau durch, die ihren Todestag träumte und sich ein Jahr darauf vorbereitete, indem sie alle die Dinge in Ordnung brachte, die sie mit Blick auf das nahende Lebensende belasteten: Zentrale Lernerfahrung war demnach nicht nur, dass – so der Titel – Sterben leben heißt, sondern auch, dass „zum Gelingen eines Lebens der Tod dazugehört."[123]

Bezüglich der Darstellungsformen fällt drittens der von den Ratgebern zumeist gewählte sehr persönliche Zugang auf. Immer wieder wurden die Leser direkt angesprochen und mitunter sogar geduzt, was eine Nähe signalisierte, die die asymmetrische Kommunikationssituation wenigstens partiell aufbrechen sollte.[124] Darauf aufbauend mühten sich die Schriften um eine durchaus lockere, aber ernsthafte Bearbeitung des Themas: Humoristische Unterrichtungen in der „Kunst zu sterben" waren eher selten – und selbst in solchen war beispielsweise die ironische Forderung, Eltern sollten ihre Kinder bereits im Alter von 18 Monaten auf das Sterben vorbereiten, gar nicht weit weg von dem, was die thanatologische Forschung tatsächlich diskutierte.[125]

Zentraler Bestandteil der Kommunikationsstrategie der Ratgeber waren dabei viertens klare Verhaltensanweisungen. Diese antizipierten eine in allen Fragen rund um das Lebensende verunsicherte Leserschaft, die nach Hilfe dürste: „Ich möchte dir jetzt am Ende meiner Begleitung sagen, daß ich mich freue, mit dir gewesen zu sein und dir ein bißchen Vertrauen und Sicherheit vermittelt zu haben."[126] Nur selten verwiesen die Ratgeber auf die Individualität von Tod und

---

[120] Dentler, Last Minute.
[121] Canacakis, Tränen, S. 221.
[122] Zickgraf, Ich lerne leben.
[123] Habel, Sterben.
[124] Vgl. exemplarisch Canacakis, Trauer; Student/Student, Trauer (1987). Diese Strategie findet sich bis heute im Genre der Sterberatgeber, vgl. Hütten, Sterben.
[125] Ruellan, Kunst, S. 10 f.
[126] Canacakis, Trauer, S. 67.

Sterben oder betonten explizit, dass sie kein „Rezeptbuch" darstellten.[127] In solchen Fällen wurde die anleitende Funktion sprachlich mitunter eher verdeckt und kam indirekt zum Vorschein, wenn beispielsweise statt von Rat von „Orientierungshilfen" gesprochen wurde.[128] Zumeist war eine derartige Zurückhaltung indes nicht zu erkennen.[129] So ließen oftmals bereits die Titel und Untertitel der Veröffentlichungen mit Formulierungen wie „Was Sterbende brauchen", „Praktische Ratschläge" oder ein „praktischer Leitfaden" kaum Zweifel an der Eindeutigkeit der in ihnen offerierten Hinweise aufkommen.[130] Mögliche Forschungskontroversen oder noch nicht verifizierte Hypothesen spielten in der Darstellung keine Rolle. So untermauerte schon Kübler-Ross die von ihr in „Interviews mit Sterbenden" gegebenen Ratschläge einleitend dadurch, dass sie faktisch gesicherte „psychologische Gegebenheit[en]" ankündigte.[131]

Die Bedeutung klarer Handlungsanweisungen zeigt sich gerade in den Ratgebern, in denen die alltagspraktische Hilfe im Vordergrund stand. Zwar bekam etwa die deutsche Übersetzung eines US-Ratgebers zur Sterbebegleitung durch Angehörige zu Hause den Untertitel „Vorschläge zur Betreuung" verpasst, doch dominierten im Text selbst Formulierungen, die mehr als nur Empfehlungen waren. Selbst bei kontroversen Fragen wie zum Beispiel „wie sage ich jemandem, daß er stirbt?", wurden eindeutige Antworten offeriert – in dem Fall verband sich die Aufforderung, Sterbenden immer die volle Wahrheit zu sagen mit einer wütenden Anklage an unaufrichtige Ärzte.[132] Die bereits zitierte Broschüre der DGHS informierte Angehörige unter Verweis auf die wissenschaftlichen Erkenntnisse von Thanatologen, dass ungeachtet möglicher anderslautender Wünsche einiger Sterbender, „ein Sterben zu Hause vorrangig ermöglicht werden" kann und sollte. Auch was die häusliche Pflege anging, waren die Direktiven ebenso bestimmt wie pauschalisierend: „Der Sterbende möchte [...] weiterhin beteiligt bleiben am Familienleben [...]."[133] Im selben Stil listete die Broschüre „Was tun, wenn jemand stirbt", die von der Arbeitsgemeinschaft der Verbraucher erstmals 1984 herausgegeben wurde und bis 2015 in nicht weniger als 21 Auflagen mit über 240 000 verkauften Exemplaren erschien, detailliert alle zu erledigenden Formalitäten rund um den Tod eines Angehörigen auf.[134] Sie gab Tipps für ein zeit- und kosteneffizientes Agieren, da das nötige Wissen hierfür den meisten Menschen infolge einer gesellschaftlichen Tabuisierung des Themas verloren gegangen sei, wie die beiden

---

[127] Schmied, Sterben, S. 201.
[128] Vgl. etwa Rest, Sterbende.
[129] Fragwürdig erscheint folglich die Schlussfolgerung von Schütte, den Ratgebern gehe es mehr um Vorschläge und weniger um eine explizite Beratung; Schütte, Strategien, S. 146.
[130] Sporken, Sterbende; Buckman, Sterbende; Pera, Sterbende.
[131] Kübler-Ross, Interviews (1987), S. 8. Vgl. hierzu auch Brüggen, Ratschläge (2008), S. 49.
[132] Duda, Für Dich da sein, S. 95 f.
[133] Deutsche Gesellschaft für Humanes Sterben, Sterben zu Hause, S. 3 und S. 4.
[134] Zu den Verkaufszahlen vgl. die Programmvorschau der Verbraucherzentrale Nordrhein-Westfalen, Frühjahr 2015. Düsseldorf 2015, S. 16. Für Auskünfte zu der Veröffentlichung danke ich Herrn Wolfgang Starke von der Verbraucherzentrale NRW.

Autoren, Antje Grunewald und Claus Commandeur, ein promovierter Betriebswirtschaftler, einleitend betonten.[135]

Damit verwiesen sie auf eine fünfte inhaltliche Gemeinsamkeit: Der Ausgangspunkt der meisten im letzten Viertel des 20. Jahrhunderts veröffentlichten Schriften war die postulierte Verdrängung von Tod und Sterben in modernen Gesellschaften, die auch nachteilig auf individuelle Lebenswelten zurückstrahle. Denn als Folge davon seien ein „sozialer Tod" vieler Sterbender und eine problematische „Ort-" und „Wortlosigkeit" der Angehörigen zu diagnostizieren.[136] Angestrebt wurde daher ein offenerer Umgang mit allen Fragen rund um das Lebensende. So betonte etwa Kübler-Ross, dass man den Tod nicht von den Menschen fern halten dürfe, da ansonsten psychologisch nachteilige Folgen zu erwarten seien.[137] Selbst der bereits zitierte Dienstleistungstest der Stiftung Warentest begann mit der simplen Feststellung: „Der Gedanke an den Tod wird in unserer Gesellschaft gern verdrängt."[138] Das Kokettieren mit dem Tabubruch in den Sterberatgebern, das angesichts ihrer massenhaften Existenz in den Bücherregalen paradox scheint, hatte unterschiedliche Ursachen: Zunächst erhoffen sich die Verfasser offenkundig eine kauffördernde Wirkung.[139] Ferner war die vermeintlich unzureichende Vorbereitung auf Tod und Sterben Ausgangspunkt der geschaffenen Beratungssituation, galt es doch, Wissenslücken zu schließen, denen sich der moderne Mensch überhaupt nicht entziehen könne. Als ihr Mann verstarb, so bemerkte die Autorin eines sehr frühen Ratgebers, habe sie zuvor noch nie einen Toten gesehen, obwohl sie bereits 53 Jahre alt war und den Zweiten Weltkrieg miterlebt hatte.[140] Schließlich zeigte sich im intensiven Bespielen der Tabuisierungsthese abermals der prägende Einfluss, den die zeitgenössische thanatologische Forschung auf das Genre ausübte.[141]

Tatsächlich – dies ist ein sechster Punkt – war das Verhältnis zum thanatologischen Wissen und zur Wissenschaft als Deutungsinstanz in vielen Ratgebern (nur) auf den ersten Blick ambivalent. So sahen sich sogar Autoren, die selbst einen wissenschaftlichen Hintergrund hatten, oftmals zu kritischen Kommentaren gegenüber den Fachwissenschaften bemüßigt, denen zum Beispiel fehlende Praxisorientiertheit oder sprachliche Unklarheit attestiert wurden.[142] Häufig stellten sie explizit die vermeintlichen Defizite eines sachlich-objektiven Zugangs heraus und stilisierten sich selbst als Betroffene.[143] Wenn etwa der Kultursoziologe Gerhard

---

[135] Commandeur/Grunewald, Was tun.
[136] Vgl. Parkes, Vereinsamung, v. a. S. 11 f.
[137] Kübler-Ross, Interviews (1987), S. 12.
[138] Pietät und Profit, in: test 16 (1981), Nr. 10, S. 19–23, hier S. 19.
[139] In dieser Hinsicht wird es bis heute genutzt; vgl. Keck/Keck, Sterben.
[140] Giudice, Mann, S. 9.
[141] Zur Tabuisierungsthese und zur Thanatologie vgl. allgemein Kap. 3.1 und 4.1.
[142] Saunders/Baines, Leben, S. vii; Lohner, Plötzlich allein, S. 9; Canacakis, Tränen, S. 231.
[143] In diesem Sinne verwies etwa der Chirurg Sherwin Nuland auf den großen Einfluss, den der Krebstod seiner Mutter und seines Bruders für seine persönliche und private Entwicklung sowie die Entstehung seines Buches gehabt habe; Nuland, Wie wir sterben, S. 20.

Schmied in der Einleitung seines 1985 erschienenen Buches als Ziel die Vermittlung von Fakten und Informationen zum Tod ankündigte, so fügte er wie selbstverständlich hinzu, dass eine „sachliche, wissenschaftliche Auseinandersetzung" damit bei der Bewältigung eines Verlustes helfen könne, um später zu ergänzen, dass eine Behandlung des Themas „ohne die Aura der Betroffenheit nicht denkbar" und die wissenschaftliche Darstellung daher „nicht immer ganz objektiv" sei.[144] Ebenso verwies der Onkologe Robert Buckman im Vorwort eines Ratgebers zur Sterbebegleitung darauf, dass der Leser „im vorliegenden Buch eine große Stütze" finden werde, zumal es im Unterschied zu vielen medizinischen Fachveröffentlichungen „klar und präzise formuliert, praxisorientiert und äußerst nützlich" sei. Dies könne er „aus eigener Erfahrung" sagen, da auch er als Fachmann Angst und Nervosität beim Umgang mit Sterbenden empfinde.[145]

Dies darf aber nicht darüber hinwegtäuschen, dass die Distanz zur Wissenschaft zumeist rein semantischer Natur war. So verfügten sogar eher populär aufgemachte Ratgeber häufig über einen Fußnotenapparat, erläuterten gelegentlich medizinisches Fachvokabular und boten am Ende einige wissenschaftliche Literaturempfehlungen.[146] Darüber hinaus setzten oftmals auch außerhalb des akademischen Bereichs tätige Verfasser die eigene wissenschaftliche Expertise prominent in Szene, etwa durch Herausstellen ihrer universitären Ausbildung in den Autorenbeschreibungen auf den Buchrücken.[147] Wissenschaftliche Erklärungsmodelle, wie insbesondere das Phasenmodell von Kübler-Ross, waren quasi omnipräsent.[148] Und selbst die bereits vorgestellten Ratgeber aus einem kirchlichen Umfeld mühten sich intensiv um eine rational-wissenschaftliche Darstellung religiös konnotierter Sinnstiftungsmerkmale des Sterbens.[149] Mithin standen Seriosität und empirische Belastbarkeit der Tipps und Hinweise stets an vorderster Stelle, das aufbereitete Wissen zum Tod wurde grundsätzlich als wissenschaftlich gesichert präsentiert.

Emotionalität im Sinne eines subjektiven Erfahrungswissens und Wissenschaftlichkeit schlossen sich demnach in den meisten Ratgebern keinesfalls aus, sondern ergänzten sich wechselseitig.[150] Auf einem Buchrücken war nacheinander in Stichpunkten zu lesen, dass das Buch „keine wissenschaftliche Auseinandersetzung [vermittelt], sondern praktische Hilfe" und es „wissenschaftlich fundiert sei".[151] Allgemein ist in jener Zeit ein enges Zusammenspiel von Alltagserfahrun-

---

[144] Schmied, Sterben, S. 5 und S. 201.
[145] Saunders/Baines, Leben, S. vii.
[146] Vgl. exemplarisch: Canacakis, Tränen, S. 231 f.; Deutsche Gesellschaft für Humanes Sterben, Sterben zu Hause; Saunders, Hospiz, S. 137–144; Student/Busche, Zu Hause.
[147] Vgl. etwa Canacakis, Tränen.
[148] Vgl. exemplarisch Duda, Für dich da sein, S. 92 ff.
[149] Zu den Aktivitäten kirchlicher Akteure im Bereich des Lebensendes nach 1945 im Allgemeinen und zur angestrebten Wiederbelebung einer christlichen Ars moriendi im Speziellen vgl. Kap. 3.2.
[150] Treffend lautete der Untertitel eines Ratgebers zur Sterbebegleitung denn auch: „Praktische Erfahrungen und wissenschaftliche Reflexion"; vgl. Becker/Eid, Begleitung.
[151] Leist, Kinder.

gen und wissenschaftlicher Expertise bei der öffentlichkeitswirksamen Aufbereitung von Wissen rund um den Tod zu diagnostizieren, was auch in anderen Medienformaten beobachtet werden kann. Diese Interaktion war Ausdruck des seit den 70er Jahren wachsenden öffentlichen Interesses an den Wissenschaften, zumal den Sozialwissenschaften, die ihrerseits begannen, stärker anwendungsorientiert auf die gesellschaftliche Verwertbarkeit und „Nützlichkeit" ihrer Forschungen zu achten.[152]

In der DDR war zwar keine derartige Konjunktur eines Ratgebermarktes zu Tod und Sterben festzustellen. Allerdings fanden sich auch hier einige einschlägige Publikationen auf dem Büchermarkt. Im Bereich der Sepulkralkultur gab etwa das Zentralhaus für Kulturarbeit in Leipzig ab Anfang der 70er Jahre Handlungsanleitungen für die Gestaltung weltlicher Trauerfeiern heraus, die sogar mit Hinweisen zur adäquaten musikalischen Untermalung aufwarteten.[153] Auf der einen Seite waren diese unzweifelhaft Ausdruck einer angestrebten staatlichen Standardisierung und säkularen Normierung, denn in der sozialistischen Gesellschaft gebe es, wie es in einer der Druckschriften hieß, „keine ausschließlich privaten Angelegenheiten" mehr. Zugleich stand dahinter jedoch offenkundig auch ein antizipierter neuer Beratungsbedarf, den insbesondere das Wegfallen religiöser Sinnstiftungsstrategien hervorrief, die den Betroffenen gerade bei problematischen Sterbeverläufen geholfen hatten. Verstünden Marxisten den Tod als natürlich-biologische Erscheinung und bewerteten die menschliche Existenz ausschließlich diesseitsorientiert, so existierten doch Fälle, in denen „wir trotz aller materialistischer Erkenntnis und Weltanschauung schwerlich davon reden können, daß ein ‚reiches, erfülltes Leben' sich vollendet hat."[154]

Zugleich wurden, wie bereits aufgezeigt, in der DDR ab Mitte der 70er Jahre zunehmend Missstände bei der Betreuung Sterbender diagnostiziert, die ebenfalls neue Formen der Beratung erforderlich machten. Auch einige der medizinethischen und thanatologischen Veröffentlichungen rund um das Lebensende in Ostdeutschland, insbesondere die Bücher von Blumenthal-Barby, hatten dementsprechend einen anleitenden Charakter: „Wenn ein Mensch stirbt" bot den Lesern etwa Checklisten, die von der Aufmachung wie vom Inhalt her an die Ratgeber aus der Bundesrepublik erinnerten.[155] Ein christlicher Sammelband wollte Ende der 70er Jahre „eine kleine praktische Hilfe zur Bewältigung des Lebens und des Sterbens" geben, indem er „in erster Linie informiert", was vorrangig mittels des Abdrucks von Beiträgen westlicher Autoren geschah.[156] Der mutmaßlich steigende Beratungsbedarf in Kombination mit einem ideologisch wenig „verdächtigen" Thema führte dazu, das selbst Bücher aus dem westlichen Ausland eine Druckerlaubnis bekamen. Die deutsche Übersetzung der Tagebuchaufzeichnungen des

---

[152] Vgl. Speich Chassé/Gugerli, Wissensgeschichte, S. 91.
[153] Bonk u. a., Ende. Vgl. hierzu auch Sörries, Beileid, S. 111–129.
[154] Freidank, Ende, Zitate S. 4 und S. 5.
[155] Blumenthal-Barby, Mensch, S. 174–185.
[156] Nikelski, Einführung, S. 15.

französischen Intellektuellen und Islamwissenschaftlers André Miquel über das Sterben seines krebskranken Sohnes wurde etwa nicht nur in der Bundesrepublik veröffentlicht, sie erschien als Lizenzausgabe im kirchlichen St. Benno Verlag auch in der DDR.[157] In einem ausführlichen Nachwort verzichtete der ostdeutsche, katholische Theologe Peter Kokschal auf jegliche ideologische Abgrenzung und sprach stattdessen von einem gemeinsamen Kampf gegen die „heimtückische Krankheit Krebs [...] in allen Kulturländern".[158] Die Notlage von Sterbenden relativierte offenbar systembedingte Gegensätze.

Grenzen des Sag- und Zeigbaren? Das Sterben in Hörfunk und Fernsehen

Die ZDF-Doku „Die letzte Station" über das Londoner St. Christopher's Hospice von 1971 begann mit schnell geschnittenen Szenen, die Nahaufnahmen von Sterbenden zeigten (Min. 00:04–00:28).[159] Immer wieder fing sie Leichen ein (Min. 13:58–14:18, 18:02–18:28) und hielt auch die vergeblichen Bemühungen des Filmteams fest, die letzten Momente im Leben eines Menschen per Kamera einzufangen: „Wir brauchen unbedingt jemanden, der stirbt." (Min. 23:30–23:32) Für das Gros der westdeutschen Öffentlichkeit waren damit Anfang der 70er Jahre die Grenzen des Zeigbaren eindeutig überschritten. Die Filmcrew selbst machte sich dagegen – dies zeigte die Doku ganz nebenbei – keine Sorgen darüber, was sie dem Publikum zumuten konnte. Zu Konflikten kam es vielmehr mit Angehörigen und der Hospizleitung, die die Verwendung einzelner Aufnahmen untersagte (Min. 08:48–11:50): Einer der beiden Regisseure, Siegfried Braun, forderte gar, die betreffenden Szenen entgegen vorherigen Absprachen „im Interesse des Zuschauers" (Min. 11:00–11:12) dennoch zu zeigen.

Dieser Fall untermalt das Spannungsverhältnis, in dem sich die Darstellung von Tod und Sterben im letzten Drittel des 20. Jahrhunderts in Film und Rundfunk bewegte. Stellte der gewaltsame Tod – sei es in fiktiver Form oder auch ganz real in den Nachrichten – bereits seit jeher eines der zentralen Motive dar, so existierten lange große Vorbehalte, was die Zeigbarkeit von „natürlichen" Sterbeverläufen anging. Als die ARD 1977 etwa den schwedischen Film „Der Preis des Lebens" (1976) über eine an einem Gehirntumor sterbende Frau zeigte, verlegten die Verantwortlichen die ursprünglich zur besten Sendezeit um 20:15 Uhr geplante Ausstrahlung kurzfristig auf den späten Abend.[160] Die *Zeit* kommentierte süffisant: „Meinte da jemand vielleicht, die an Derrick- und Tatort- und XY-Unbekannt-Morde gewöhnten Kinder sollten lieber nicht sehen, wie das ist, wenn ein Mensch

---

[157] Miquel, Warum (Leipzig ²1976 bzw. Freiburg i. Br. 1973) [französisches Original: ders., Fils].
[158] Miquel, Warum (1976), S. 148.
[159] Siegfried Braun/Reinhold Iblacker: Die letzte Station. Dreharbeiten in einer Sterbeklinik. ZDF 1971. Vgl. hierzu Kap. 4.2.
[160] Gun Jönsson/Anna-Maria Hagerfors: Leva livet / Der Preis des Lebens. Schweden 1976 / ARD 1977.

seinen Alltagstod stirbt?"[161] Gerade bei der Darstellung echter Sterbefälle und Toter waren die Fernsehanstalten sehr vorsichtig. Die BBC empfahl etwa 1987 in ihren „Guidelines for Producers" Nahaufnahmen unbedingt zu vermeiden.[162] Im Sommer 1992 sorgte das Sat.1-Magazin „Akut" für einen „Shitstorm", als es einen Mann beim Suizid in der Badewanne zeigte – obwohl die Macher die Reportage vor dem Eintritt des Todes mit Bildern des röchelnden Sterbenden ausblendeten.[163]

So erwies sich insbesondere die Ausstrahlung des Moments des Ablebens eines Menschen als Problem, das Anfang der 70er Jahre schon Siegfried Braun und seine Kollegen umtrieb. Zum einen war dieser, wie sich wiederholt zeigte, schwierig einzufangen. Als etwa die ZDF-Dokumentarfilmreihe „Lebenserfahrungen" Ende 1979 eine Folge über den Fall einer todkranken dänischen Krebspatienten produzierte, hatten zwar alle Beteiligten das explizite Ziel, die letzten Augenblicke in ihrem Leben mit der Kamera festzuhalten. Die Sterbende selbst wollte damit unterstreichen, wie sie dem Tod ohne Angst und mit Freude begegnete; allerdings überlebte sie das Ende der Dreharbeiten um zwei Wochen.[164] Zum anderen kollidierte das Ausstrahlen des Moments des natürlichen Sterbens mit den Grenzen des Zeigbaren. Dies wurde einmal mehr deutlich, als diese schließlich 1998 erstmals im Rahmen einer BBC-Dokumentation überschritten wurden, die dafür einen in Irland lebenden deutschen Krebspatienten monatelang mit Kameras begleitet hatte – nicht nur das Boulevardblatt *Sunday Mirror* sprach daraufhin von der „most controversial TV documentary ever filmed".[165] Hatte der durchschnittliche Amerikaner Schätzungen des US-Justizministeriums Ende des 20. Jahrhunderts zufolge im Alter von 18 Jahren bereits 40 000 Film-Tote gesehen, so dürfte es sich mehrheitlich um Opfer von Gewalttaten und nur bei einem verschwindend geringen Teil davon um Tumorkranke oder chronische Langzeitpatienten gehandelt haben.[166] Tatsächlich ergaben Berechnungen, dass auf deutschen Fernsehbildschirmen kurz nach der Wiedervereinigung ungefähr 500 Morde in der Woche zu sehen waren.[167]

Doch analog zur Zunahme der Bedeutung von chronischen, langsam verlaufenden Krankheiten als Todesursachen und dem rapide wachsenden gesellschaftlichen Problembewusstsein bezüglich der Missstände im Umgang mit Sterbenden

---

[161] Momos: „Eine Frau, die sterben muß." *Die Zeit*, 17. 6. 1977. Vgl. zur Rezeption des Films auch: „Thema: Sterben." *Stuttgarter Zeitung*, 8.6.77.
[162] Vgl. Helmers, Tabu, S. 169.
[163] Vgl. „Wir amüsieren uns zu Tode. Ein Mensch bringt sich um – live im Sat.1-Fernsehmagazin ‚Akut'." *Die Tageszeitung*, 7. 8. 1992; „Geteilte Meinungen zur Sterbeszene in ‚Akut'." *Berliner Zeitung*, 7. 8. 1992.
[164] Hans-Dieter Grabe: Tytte Borgfeld: Aufs Sterben freu' ich mich. ZDF 1979. Vgl. zu den Hintergründen: „Aufs Sterben freu' ich mich." *Stern*, 20. 12. 1979, S. 201–203.
[165] Richard Dale: The End of Life (aus der Reihe „The Human Body"). BBC One 1998. Vgl. David Rowe: „Why I Let my Husband Die on Television." *Sunday Mirror*, 26. 4. 1998.
[166] Tercier, Pornography, S. 221.
[167] Peter, Tod, S. 21.

hatte sich – wie die bereits erwähnten Beispiele illustrieren – dieses Missverhältnis im letzten Viertel des 20. Jahrhunderts sukzessive zu wandeln begonnen. Sterbeverläufe unterschiedlichster Art gerieten nun in den Fokus von Film, Fernsehen und Hörfunk – darunter eben auch das gewöhnliche Sterben normaler Menschen fernab der Tatort-Leichen.[168] So wuchs im Westen ab der zweiten Hälfte der 70er Jahre die Zahl einschlägiger Dokumentationen – und immer häufiger liefen diese, dem eben zitierten Verdacht der *Zeit* zum Trotz, im westdeutschen Fernsehen zur besten Sendezeit im Vorabendprogramm. Sie begleiteten Sterbende und ihre Angehörigen, thematisierten medizinische Aspekte des Lebensendes wie Probleme der Schmerztherapie, aber auch psychologische Folgen wie Sinnkrisen oder Trauerbewältigung.[169] Der auf eine US-Vorlage aus den 70er Jahren beruhende westdeutsche Dokumentarfilm „Gramp – Ein Mann altert und stirbt" (1985) zeigte etwa mittels Fotografien und schriftlichen Erinnerungen die letzten Lebensjahre eines Hochbetagten – und die Probleme seiner ihn zu Hause bis zu seinem Tod pflegenden Familie.[170]

Die wachsende Zeigbarkeit des alltäglichen Sterbens lässt sich auch daran belegen, dass immer mehr Unterhaltungsformate das Thema aktiv aufgriffen.[171] Insbesondere im Genre der Krankenhausserie, das sich international in den 60er Jahren etablierte, aber eine Blütezeit in den späten 80er und 90er Jahren erfahren sollte, war der Tod allgegenwärtig.[172] Sie fokussierten dabei, wie im Fall der einleitend vorgestellten Folge der „Schwarzwaldklinik", dramaturgisch neben Notfällen häufig langsame und „normale" Sterbeverläufe, oft inklusive damit einhergehender Probleme der medizinisch-pflegerischen Versorgung, schwerer Schmerzen bei Patienten, Todesdefinitionen (Hirntod), Trauerarbeit bei Hinterbliebenen oder Fragen der Selbstbestimmung am Lebensende wie künstliche Lebensverlängerung, Patientenverfügungen und Sterbehilfe. Alleine in den beiden populären US-Klinikserien „Emergency Room" (1994–2009) und „Chicago Hope" (1994–2000), die ab 1995 auch in der Bundesrepublik ausgestrahlt wurden, widmeten sich bis zur

---

[168] Vgl. zur Vielfalt der Inszenierungen von Tod und Sterbens bereits die Beiträge in Karpf/Kiesel/Visarius, Kino.

[169] In Auswahl: Marianne Riedel/Ernst Engelke/Hans-Joachim Schmoll: Hoffnung wider alle Hoffnung – Vom Umgang mit Todkranken. ZDF 1975; Marianne Riedel: Bring mir Sand und Kies zu essen. Bundesrepublik Deutschland 1980; Günter Höver: Auf eine offene Tür zu. Bundesrepublik Deutschland 1981; Yola Grimm: Schattenrisse. Bundesrepublik Deutschland 1989; Isabel Löchte: Mama ist tot – Wie Kinder trauern. Bundesrepublik Deutschland 1995; Heidi und Bernd Umbreit: Die Kunst zu trauern. SDR 1997; Heidi und Bernd Umbreit: Meine letzten Worte an Euch – Gedanken von Sterbenden. WDR/MDR 1998.

[170] Henning Schüler: Gramp – Ein Mann altert und stirbt. Bundesrepublik Deutschland 1985. Vgl. zu dem Fall M. und D. Jury, Gramp.

[171] Vgl. was die dramaturgisch-ästhetischen Darstellungsformen angeht, für das Fernsehen Bleicher, Gestorben, für Spielfilme Wende, Tod und für das Kino Marschall, Augenblicke.

[172] Auch in der DDR gab es Ende der 80er Jahre eine Reihe von Arztserien, insgesamt erreichte das Genre aber nicht die Bedeutung, die es spätestens seit dem Erfolg der „Schwarzwaldklinik" im Westen hatte. Vgl. zur Geschichte von Arzt- und Krankenhausserien Selg, Serien-Genres sowie als Beispiel für deren wissenschaftliche Analyse Igersky/Schmacke, Patienten.

Jahrtausendwende zusammen mindestens 20 Folgen schwerpunktmäßig derartigen Themen.[173]

Sogar populäre Fernsehserien anderer Genre wie die in den USA und in Westeuropa gleichermaßen beliebte Drama-Serie „Picket Fences – Tatort Gartenzaun" kamen wiederholt zum Beispiel auf Fragen der Tötung auf Verlangen zu sprechen, die in einen größeren Problemzusammenhang rund um das Lebensende gerückt wurden.[174] Auch die Animationsserie „South Park" stellte das Thema 1997 in den Mittelpunkt einer Episode mit dem Titel „Death" („Wer killt Opa?").[175] Der Großvater eines der jugendlichen Protagonisten bat diesen, ihm beim Suizid zu helfen. Ein weiterer Kontext ergab sich dadurch, dass die Macher der Serie explizit die Versuche des Großvaters zeigten, seinem Enkel sein altersbedingtes Leid und die damit verbundene Todessehnsucht plausibel zu machen. Darüber hinaus nahmen sie direkt auf die gesellschaftliche Debatte um Tod und Sterben Bezug: In einer Szene wurde etwa ein Mann erwähnt, der Menschen umbringe, die ihn darum bitten würden. Im amerikanischen Original war damit der US-Euthanasie-Aktivist Jack Kevorkian, bekannt als „Dr. Death", gemeint, während in der deutschen Synchronisation an dieser Stelle namentlich auf den Arzt „Julius Hackebeil", alias Julius Hackethal, verwiesen wurde (Min. 04:48–04:54).

Eine ähnliche Entwicklung war auch im Bereich des Hörfunks festzustellen. Dort war es Ende der 60er Jahre in der Bundesrepublik zunächst vor allem der Kirchenfunk, in dem Fragen des Sterbens thematisiert wurden.[176] Seit den späten 70er Jahren rückten diese dann flächendeckend ins Programm. Dies lässt sich gut am Beispiel der populären WDR 2-Sendung „Hallo Ü-Wagen" illustrieren. In der wöchentlich ausgestrahlten, knapp dreistündigen Live-Sendung, fuhr ein Übertragungswagen in verschiedene nordrhein-westfälische Städte, wobei die Redaktion das Rahmenthema der jeweiligen Folge nach den Wünschen der Zuhörer auswähl-

---

[173] Emergency Room – Die Notaufnahme. USA/NBC 1994–2009, Staffel 1, Folge 15 (Schleichendes Gift); Staffel 2, Folge 5 (Und raus bist Du); Staffel 3, Folge 14 (Ladykiller Dr. Greene); Staffel 3, Folge 16 (Der Wert des Lebens); Staffel 4, Folge 16 (Die Überdosis); Staffel 5, Folge 10 (Ein Werkzeug Gottes); Staffel 5, Folge 14 (Der Sturm 1); Staffel 6, Folge 20 (Ungeklärte Verhältnisse); Staffel 6, Folge 21 (Die eine große Liebe) und Chicago Hope – Endstation Hoffnung. USA/CBS 1994–2000, Staffel 1, Folge 2 (Der Tumor-Spezialist); Staffel 1, Folge 5 (Verantwortung mit Herz); Staffel 1, Folge 8 (Trauer und ein Lächeln); Staffel 2, Folge 13 (Am Ende des Lebens); Staffel 3, Folge 12 (Zwiespältige Entscheidungen); Staffel 3, Folge 20 (Künstliches Koma); Staffel 3, Folge 24 (Welcher Arzt läßt sterben?); Staffel 5, Folge 1 (In Not und Bedrängnis); Staffel 5, Folge 2 (Beihilfe verschiedenster Art); Staffel 5, Folge 11 (Wenn ein Wunsch frei wäre); Staffel 5, Folge 19 (Fragwürdige Experimente).
[174] Picket Fences – Tatort Gartenzaun. USA/CBS 1992–1996, Staffel 1, Folge 9 (Sacred Hearts); Staffel 3, Folge 18 (Without Mercy) [die deutsche Erstausstrahlung der Episoden erfolgte auf Sat.1 unter dem Titel „Der Todesengel" am 20. 2. 1995 bzw. „Gnade vor Recht" am 4. 2. 1997].
[175] South Park. USA/Comedy Central seit 1997, Staffel 1, Folge 6 (Death) [die deutsche Erstausstrahlung erfolgte auf RTL unter dem Titel „Wer killt Opa?" am 10. 10. 1999]. Die Folge ist frei zugänglich unter: http://www.southpark.de/alle-episoden/s01e06-wer-killt-opa [15. 12. 2021].
[176] Vgl. Kap. 3.2.

te. Neben Experteninterviews wurden Passanten befragt, Zuschauermeinungen direkt einbezogen und Rollenspiele veranstaltet. Während sich in den Jahren 1974 bis 1984 insgesamt acht Sendungen mit Tod und Sterben befassten, darunter nur zwei in den 70er Jahren, waren es in den Jahren 1984 bis 1994 gleich 21. Eingeladen zu den Folgen rund um das Lebensende wurden meist dieselben Experten, darunter Medizinhistoriker wie Hans Schadewaldt oder Rolf Winau, aber auch Protagonisten der deutschen Hospizbewegung oder Ratgeber-Autoren wie Jorgos Canacakis und Reinhard Tausch. Die langjährige Moderatorin Carmen Thomas, die 1994 schließlich auch selbst ein Buch zum Umgang mit Tod und Sterben veröffentlichte und darin die neuen „Berührungsängste" mit Verstorbenen als Teil eines Entfremdungsprozesses charakterisierte, wurde von ihren Mitarbeitern mit Texten aus der thanatologischen Fachliteratur sowie Sterberatgebern auf die Sendungen vorbereitet.[177] Einzelne Folgen widmeten sich unter anderem dem „Umgang mit Sterbenden", Todesvorstellungen, Fragen des Scheintodes, eines Lebens nach dem Tode, des Trauerns, der Bestattung oder des Vererbens (vgl. Tab. 1). Auch nach den Wünschen hinsichtlich des Sterbeortes und Sterbeverlaufs wurde wiederholt gefragt, ebenso im Speziellen nach Suizid und Sterbehilfe. Das grundsätzliche Narrativ war es, Einfluss, Selbstbestimmung und Würde der Sterbenden zu betonen, Angehörige zu einem offeneren Umgang mit dem Thema zu motivieren sowie die Deutungsmacht der Medizin zu hinterfragen. In den Redaktionsunterlagen zu einer Folge aus dem Jahr 1990 wurde etwa als deren Ziel ausgeflaggt, die Hörer darauf aufmerksam zu machen, dass „Sterbende [sich] nicht mehr selbst [...] fühlen würden, wenn sie sterben, sondern einem Komplott von Ärzten [...] ausgeliefert seien [...]."[178]

Übergreifend sind einige Besonderheiten der Inszenierung des Sterbens durch Film- und Hörfunkmacher festzustellen: Gerade das Thema Suizid übte früh eine besondere Faszination auf sie aus.[179] Entscheidend war, dass analog zum demografischen Wandel nun auch zunehmend alters- und/oder krankheitsbedingte Suizide in den Fokus rückten. Zu einem Klassiker des westdeutschen Dokumentarfilms entwickelte sich etwa „Nachrede auf Klara Heydebreck" aus dem Jahr 1969, ein filmischer Nachruf auf eine vom Regisseur, Eberhard Fechner, zufällig ausgewählte ältere Berlinerin, die sich völlig vereinsamt das Leben genommen hatte.[180] Der Hollywood-Blockbuster „Harold und Maude" (1971) drehte sich um eine Frau, die an ihrem 80. Geburtstag Suizid beging.[181] Der Suizid erschien hier, mal

---

[177] Thomas, Berührungsängste. Zur Vorbereitung auf die einzelnen Folgen vgl. etwa die Redaktionsunterlagen zu den „Hallo Ü-Wagen"-Sendungen „Trauer gedruckt? Todesanzeigen" (23. 2. 1989) und „Abschied für immer – will ich mein Sterben erleben?" (29. 6. 1989), in: HA WDR, 09088 und 09090 (Akten).
[178] HA WDR, 09092 (Akten), Redaktionsunterlagen zu der „Hallo Ü-Wagen"-Sendung „Wenn's ans Sterben geht – die letzten Worte" vom 12. 4. 1990, S. 6.
[179] Vgl. Macho, Leben, S. 358.
[180] Eberhard Fechner: Nachrede auf Klara Heydebreck. NDR 1969. Vgl. zur zeitgenössischen Rezeption der Doku „Schikane des Teufels." Der Spiegel 24 (1970), Nr. 38, S. 218–219.
[181] Hal Ashby: Harold and Maude / Harold und Maude. USA 1971.

Tab. 1: „Hallo Ü-Wagen"-Sendungen zu Tod und Sterben mit Moderatorin Carmen Thomas (Dez. 1974–Dez. 1994)

Folge	Datum
Umgang mit Sterbenden	15. 04. 1976
Wie stelle ich mir meinen Tod vor?	04. 05. 1978
Das Testament	03. 04. 1980
„Bei uns liegen Sie richtig" – Bestattungsunternehmen	06. 11. 1980
„Herzliches Beileid" oder die Unfähigkeit zu trösten	29. 10. 1981
Weiterleben – aber wie? Witwen und Witwer	11. 11. 1982
Sterben im Fernsehen	21. 07. 1983
Sarg, Urne oder See – was wird mit der Leiche?	17. 11. 1983
Himmel, Hölle, Nichts, Nirwana – was ist nach dem Tod?	19. 04. 1984
Aufbahren oder Einsargen – wie trennen wir uns von den Toten?	04. 04. 1985
Was soll da stehen? Der Grabstein	27. 03. 1986
Den Schmerz zeigen? Trauerkleidung	02. 10. 1986
Krankenhaus oder zuhause – wo möchte ich sterben?	05. 05. 1988
Trauer gedruckt? Todesanzeigen	23. 03. 1989
Abschied für immer – will ich mein Sterben erleben?	29. 06. 1989
Mein Testament – vom Erben	20. 07. 1989
Der letzte Mensch, der uns berührt? Bestatter und Bestatterinnen	09. 11. 1989
Wenn's ans Sterben geht – die letzten Worte	12. 04. 1990
Mit der Trauer leben? Verwaiste Eltern	26. 07. 1990
Das Letzte? Das eigene Begräbnis planen	05. 09. 1991
Grenzerfahrung? Scheintot	16. 04. 1992
Beim Schlussstrich mitziehen? Sterbehilfe	04. 06. 1992
Berührungsängste? Vom Umgang mit der Leiche	19. 11. 1992
Was dann? Wenn ich wüsste, dass ich bald sterbe	06. 05. 1993
Häuser zum Sterben – Hospize	18. 11. 1993
Anatomie und Pathologie – Was Leichen lehren	20. 01. 1994
Sollen Kinder Tod und Sterben sehen?	31. 03. 1994
Wann versteh' ich das? Freitod	06. 10. 1994
Mit der Trauer leben? Verwaiste Eltern	22. 12. 1994

implizit, mal – wie in zahlreichen anderen, späteren Fällen, darunter dem US-Drama „Der letzte Wunsch" (1992) über eine schwer krebskranke Frau – ganz explizit, als ein letzter Ausdruck von Selbstbestimmung am Lebensende. Deren häufige Betonung markierte ein erstes zentrales Motiv der Darstellung des Sterbens im Rundfunk.[182]

---

[182] Jeff Bleckner: Last Wish / Der letzte Wunsch. USA 1992. Der Film findet sich online unter: https://www.youtube.com/watch?v=rnrOrv_se-k [15. 12. 2021].

In diesem Zusammenhang entwickelte sich Krebs zu einem neuen Schlüsselthema. Das Tagebuch einer jungen Krebspatientin diente beispielsweise 1973 als Vorlage für das amerikanische Dokudrama „Sunshine", das bei seiner Erstausstrahlung auf CBS zum bis dato meistgeschauten Fernsehfilm aller Zeiten avancierte.[183] Bereits einige Jahre zuvor konfrontierte das Hollywood-Liebesdrama „Love Story" das Publikum mit dem Fall einer jungen Frau, die plötzlich eine tödliche Krebsdiagnose erhielt – und wurde damit zu einem der erfolgreichsten Kinofilme aller Zeiten.[184] In dem halbdokumentarischen Spielfilm „Nick's Film – Lightning over Water" von 1980 filmte der prominente deutsche Regisseur Wim Wenders das Sterben seines unheilbar an Lungenkrebs erkrankten US-Kollegen Nicholas Ray.[185] Die Kinowerbung versprach den Zuschauern einen authentischen Blick auf das Sterben aus der Schlüssellochperspektive. Tatsächlich zeigte der Film genau die Gebrechen des Todkranken, sein Stöhnen, Husten, Schimpfen, verzichtete jedoch zur Erleichterung von Beobachtern wie dem katholischen Literaturwissenschaftler Hermann Kurzke ebenfalls darauf, den konkreten Sterbevorgang abzulichten: „Einen Rest von Respekt scheint das frivole Genre sich bewahrt zu haben."[186] Auch die WDR-Dokumentation „Abschied vom Leben – Gespräche mit einer Sterbenden" von 1991 begleitete mehrere Jahre lang das Sterben einer Leukämie-Patientin.[187] Der Krebstod rückte dramaturgisch sukzessive sogar ins Zentrum populärer Kinofilme wie „Dying Young" (1991) mit Julia Roberts oder dem deutschen Roadmovie „Knockin' on Heaven's Door" (1997) mit Til Schweiger.[188]

Auffällig ist dabei, dass in vielen Fällen eine inhaltliche, teilweise auch personelle Verbindung zum wachsenden gesellschaftlichen Protest jener Jahre gegen die Missstände am Lebensende bestand. Die Zahl an Dokumentationen und Filmen aus dem Hospizumfeld beziehungsweise zur Hospizbewegung stieg insbesondere ab den späten 80er Jahren stark an. Eine noch stärkere Konjunktur in Film und Fernsehen erfuhr bereits seit Mitte der 70er Jahre das Thema Sterbehilfe, das sehr gut zu massenmedialen Dynamiken passte.[189] Viel wichtiger war noch, dass sich die von diesen Bewegungen vertretenen neuen Perspektiven auf das Sterben auf breiter Ebene medial niederschlugen und auch andere Sendeformate prägten. So zeigte etwa Carmen Thomas in zahlreichen „Hallo Ü-Wagen"-Sendungen offen Sym-

---

[183] Joseph Sargent: Sunshine. USA 1973. Vgl. zum Erfolg des Films: Lofland, Craft, S. 10 und https://friday87central.wordpress.com/2010/07/02/sunshine/ [15. 12. 2021].
[184] Arthur Hiller: Love Story. USA 1970.
[185] Nicholas Ray/Wim Wenders: Nick's Film – Lightning Over Water. Bundesrepublik Deutschland/USA 1980.
[186] Kurzke, Frivolität.
[187] Ernst-Michael Wingens: Abschied vom Leben – Gespräche mit einer Sterbenden. WDR 1991. Die Dokumentation findet sich unter https://www.youtube.com/watch?v=hFJTN9 c_75Q [15. 12. 2021].
[188] Joel Schumacher: Dying Young / Entscheidung aus Liebe. USA 1991; Thomas Jahn: Knockin' on Heaven's Door. Bundesrepublik Deutschland 1997.
[189] Vgl. Kap. 5.1.

pathien gegenüber den Neuansätzen einer (hospizlichen) Sterbebegleitung und teilte insbesondere deren Kritik an der Schulmedizin.[190] Auch Dokumentationen wie „Zu Hause leben bis zuletzt" (1994) äußerten sich häufig medizinkritisch und betonten die Bedeutung von häuslicher Betreuung.[191]

Sogar die Darstellung im Unterhaltungsbereich bewegte sich oft in vielerlei Hinsicht sehr nah an dem, was in der thanatologischen Literatur und der palliativen Praxis diskutiert wurde. Eine Folge der ZDF-Reihe „Rufzeichen", die einen Telefonseelsorger porträtierte, offenbarte 1975 Missstände bei der Versorgung eines todkranken älteren Patienten im Krankenhaus, etwa in Form einer unwürdigen Behandlung seitens des Personals oder des Unwillens der Ärzte, mit dem Sterbenden über seinen Zustand zu sprechen.[192] Auch in der „Schwarzwaldklinik" war die einleitend beschriebene Episode „Sterbehilfe" keine Ausnahme: Bereits die Pilotfolge präsentierte den Fall einer unheilbar krebskranken Patientin mittleren Alters. Während die Sterbende selbst ihren nahenden Tod ahnte und Abschied nehmen wollte, weigerte sich der Ehemann vehement, die Wahrheit zu akzeptieren (Min. 23:42–25:58).[193] Ein Bewusstseinswandel setzte erst nach einer offenen Aussprache mit dem behandelnden Chefarzt ein, der klarstellte, dass die Patientin auf jeden Fall sterben werde und nur noch eine palliative Versorgung möglich sei. Das Gespräch nahm einen idealtypischen Verlauf, zeigte sich der Arzt doch nicht nur sehr menschlich und einfühlsam – vielleicht mit Ausnahme der Replik „Vielleicht hätte sie mal gehen sollen, nech" auf die verzweifelte Anmerkung des Mannes, seine Frau sei immer gesund gewesen und nie zum Arzt gegangen. Er schien vielmehr sogar über die zeitgenössischen Debatten um einen „guten Tod" im Bilde zu sein, wenn er eine bewusste Auseinandersetzung mit dem Sterben empfahl und den Ehemann aufforderte, die Todkranke „mit nach Hause zu nehmen". (Min. 30:05–34:44). Dies ermöglichte schließlich eine für beide Ehepartner hilfreiche Abschiednahme (Min. 1:02:00–1:04:38).

Es kann daher nicht verblüffen, dass auch die Tabuisierungsthese allgegenwärtig war. Immer wieder dienten Verweise auf die vermeintliche Verdrängung des Themas als Aufhänger für Sendungen im Hörfunk oder Fernsehen. Eine zweistündige WDR-Radioreportage zum Umgang mit Tod und Sterben bei Kindern kontrastierte 1979 die Verschiebung des Themas in eine gesellschaftliche „Tabuzone" mit den

---

[190] Vgl. zur Darstellung der Hospizidee in „Hallo Ü-Wagen" und im Rundfunk allgemein Kap. 8.2.
[191] Peter Frey: Zu Hause leben bis zuletzt. Bundesrepublik Deutschland 1994.
[192] Siegfried Braun: Der Anfang von etwas (aus der Reihe „Rufzeichen"). ZDF 1975. Vgl. die Filmbesprechung von Momos: „Beschreibung eines Ausweichmanövers." *Die Zeit*, 14. 3. 1975, URL: https://www.zeit.de/1975/12/beschreibung-eines-ausweichmanoevers [15. 12. 2021].
[193] Die Schwarzwaldklinik. Bundesrepublik Deutschland/ZDF 1985–1989, Staffel 1, Folge 1 (Die Heimkehr). Die Folge findet sich unter https://www.youtube.com/watch?v=k0uvOaC4cTQ [15. 12. 2021]. Vgl. auch das Drehbuch im ZDF Unternehmensarchiv, Bestand „Sekundäre Programmüberlieferung", Die Schwarzwaldklinik Produktionsordner, Signatur 6321/2088–2093, v. a. S. 51–53.

unmittelbaren Sterbeerfahrungen der Menschen. Dieses Missverhältnis führe dazu, dass „der Prozeß des Sterbens zu einem immer größeren menschlichen und psychologischen Problem" werde.[194] Das gleiche Grundmuster fand sich auch bei „Hallo Ü-Wagen": Eine der ersten Sendungen zum Sterben mit dem Titel „Wie stelle ich mir meinen Tod vor" im Mai 1978 moderierte Carmen Thomas etwa an, indem sie betonte, dass der Vorschlag für das Rahmenthema ausnahmsweise von ihr selbst – als Reaktion auf den kürzlichen Tod einer Kollegin – ausgegangen sei: „Die meisten Hörer trauen sich ja doch nicht, so ein etwas tabuiertes Thema vorzuschlagen."[195] Sogar die bereits erwähnte „South Park"-Folge diskutierte kritisch die vermeintliche Überforderung der Gesellschaft, offen über Tod und Sterben zu sprechen. Sowohl der Lehrer und der Kantinenkoch in der Schule der jugendlichen Protagonisten als auch der von ihnen angerufene, eine Call-in-Fernsehsendung moderierende Jesus lehnten es ab, auf die Frage der Schüler nach der moralischen Legitimität von aktiver Sterbehilfe einzugehen: „Das Thema würde ich nicht mal mit der Kneifzange anfassen!" (Min. 05:02; 05:56; 08:32) Die Weigerung nahmen diese entsprechend konsterniert zur Kenntnis: „Was soll denn die Aufregung, warum will niemand darüber sprechen?" (Min. 06:00)[196] Paradoxerweise beklagten so immer wieder ausgerechnet massenmediale Inszenierungen, die sich aktiv mit dem Sterben auseinandersetzten, dessen mutmaßliche gesellschaftliche Tabuisierung.

Aus der zeitgenössischen Debatte rund um das Lebensende übernahmen Film und Fernsehen speziell die Forderung, das Sterben bewusst anzunehmen und den Tod als etwas Schönes zu betrachten: Eine katalysatorische Funktion fiel in diesem Zusammenhang der amerikanischen Dokumentation „Dying" (1976) von Michael Roemer zu, die das ZDF im Oktober 1977 unter dem Titel „Die letzte Zeit" zeigte.[197] Roemer hatte für die Sendung, die im nationalen US-Fernsehen auf PBS ausgestrahlt und ebenso breit wie positiv rezipiert wurde, ein Dutzend an Krebs sterbende Menschen ein halbes Jahr mit der Kamera begleitet. Auch in der Bundesrepublik überschlug sich die Presse mit Lob: „Dying" sei, so die *Westdeutsche Allgemeine Zeitung*, ein fesselndes „Dokument gegen Todesangst".[198] Obschon Philippe Ariès der Doku in seiner zeitgleich geschriebenen „Geschichte des Todes" unterstellte, sie zeige, „wie der Tod als etwas beliebiges und damit bedeutungsloses akzeptiert wird", und fördere dadurch sogar die weitere emotionale Verdrängung des Themas,[199] war „Dying" doch vielmehr Ausdruck eben jener thanatologischen

---

[194] Werner Schmidt: „Über Sterben und Tod von Kindern und den Umgang damit." WDR, 20. 11. 1979, zitiert aus dem Manuskript der Sendung in HA WDR, 10551 (Akten), S. 1 und S. 2.
[195] Hallo Ü-Wagen: Wie stelle ich mir meinen Tod vor? WDR, 4. 5. 1978.
[196] South Park. USA/Comedy Central seit 1997, Staffel 1, Folge 6 (Death).
[197] Michael Roemer: Dying / Die letzte Zeit. USA 1976 / Bundesrepublik Deutschland 1977.
[198] Antje Wülfing: „Filmkamera am Sterbebett." *Westdeutsche Allgemeine Zeitung*, 28. 10. 1977, S. 10. Vgl. für weitere Zeitungsartikel zu „Dying" die Presseausschnittsammlung des Pressearchivs der Evangelischen Kirche Berlin-Brandenburg (West), ELAB 55.5/1751.
[199] Ariès, Geschichte des Todes, S. 758.

Diskursivierung des Lebensendes, zu der der französische Historiker selbst entscheidend beitrug. Ihr Ziel war der Nachweis, dass das Sterben nichts Schlimmes sei, sondern – gerade mit Hilfe menschlicher Nähe sowie der Religion – ertragen werden könne.

Hinter der Anlehnung an die Thanatologie steckte mitunter eine sehr bewusste Entscheidung der Verantwortlichen. So empfahl etwa der zuständige Redakteur von „Hallo Ü-Wagen" der Moderatorin Carmen Thomas zur Vorbereitung der Sendung „Wenn's ans Sterben geht" im Frühjahr 1990 einige Titel von Elisabeth Kübler-Ross aufgrund ihrer „kraftvollen, positiven Grundhaltung". Zwar sei die Thanatologin „wegen ihres missionarischen Optimismus" und wissenschaftlicher Schwächen nicht unumstritten, trotzdem seien ihre Positionen mit Blick auf die antizipierten Interessen des Publikums bestens geeignet, denn „sogar mir hat die Lektüre gut getan zwischen all dem düsteren Zeug."[200] Auch die filmische Visualisierung von Leichen, deren Präsenz immer häufiger und deren Darstellung immer expliziter wurde, erfolgte bewusst in einer geschönten Form: sauber, friedlich und ordentlich.[201]

Ziel war demnach, ein heikles Thema wie das Sterben auf eine positive Weise zu präsentieren, um die Zuschauer oder Zuhörer potenziell nicht zu verschrecken – was erklärt, dass auch im Unterhaltungsbereich insgesamt optimistische Deutungen des Sterbens überwogen. Ein eben solcher Zugriff erlaubte es sogar, Fragen des Lebensendes in Sendungen für Kinder und Jugendliche zu behandeln. Die Jugendsendung „Moskito" vom Sender Freies Berlin zeigte etwa in einer Folge aus dem Jahr 1990 junge Menschen, die das Sterben naher Angehöriger erleben und verarbeiten mussten – das Manuskript stammte von einer auch in der Hospizbewegung aktiven Referentin des Humanistischen Verbandes Deutschlands, der Medizinethikerin Gita Neumann. Die Sendung beinhaltete nicht nur diverse Sketche und Songs, sie begann mit einem Cartoon-Clip, der, wie das Begleitheft zum Video betonte, ein „lockerer und unerwarteter Auftakt zum Thema Tod" darstelle, der den Jugendlichen einen Zugriff darauf ermöglichen solle.[202] Auf ähnliche Weise schildere eine Folge der beliebten Kinderserie „Die Sendung mit der Maus" aus dem Jahr 1997 die Geschichte der jungen Katharina, die mit einer seltenen, unheilbaren Muskelerkrankung geboren worden war und im Alter von nur sieben

---

[200] Zitiert aus den Redaktionsunterlagen der „Hallo Ü-Wagen"-Sendung „Wenn's ans Sterben geht – die letzten Worte" (12. 4. 1990), in: HA WDR, 09092 (Akten), S. 13.
[201] Weber, Drop Dead Gorgeous, v. a. S. 171 f. Die experimentelle US-Dokumentation „The Act of Seeing with One's Own Eyes" von Stan Brakhage hatte 1971 erstmals detaillierte Aufnahmen einer echten Autopsie gezeigt, kurze Zeit später popularisierte die auch in Westdeutschland beliebte NBC-Serie „Quincy" (NBC 1976–1983) über einen Gerichtsmediziner die fiktive Sektion. Seit den 90er Jahren und speziell den frühen 2000er Jahren häufen sich sogenannte Forensiker-Serien.
[202] Moskito: Tod. Bundesrepublik Deutschland/SFB 1990. Zu Neumann vgl. Interview Neumann. Die vom Zentrum für audio-visuelle Medien der Landesbildstelle Berlin herausgegebene Videokassette findet sich im Archiv des HVD in Berlin.

Jahren verstarb.²⁰³ Über Fotos, Videoaufnahmen und Interviews mit Verwandten, Freunden, Lehrern und Ärzten wurde Katharinas Leben rekonstruiert – bis hin zu ihrem Tod. Trotz des außergewöhnlichen Themas hielten die Macher an dem gewohnten Konzept der Sendung fest. Wie bei jeder anderen Folge unterbrachen immer wieder kurze humoristische Cartoon-Clips die knapp 30-minütige Erzählung. Der dramatische Aufhänger der Sendung, der Tod eines jungen Mädchens, wurde bewusst in bestehende mediale Strategien eingepasst und dadurch fraglos aufgelockert. So erlaubte es diese Darstellungsweise auch, eine grundsätzlich positive Deutung des Todes des Kindes zu unterstützen, die trotz aller Tragik hinter der Folge stand. Katharina, so die Grundbotschaft, habe ein kurzes, aber erfülltes Leben gehabt und sich und ihrem Umfeld mehr Vergnügen bereiten können, als man anfänglich hatte hoffen können. „Lebensfreude und Lebenssinn", so verkündet denn auch der Klappentext auf der DVD-Hülle, ließen sich eben nicht „nach gelebten Jahren bemessen."²⁰⁴

An diesen Beispielen wird deutlich, dass bestimmte Perspektiven der thanatologischen Forschung – wie das Tabu-Argument oder die geforderte Akzeptanz des Todes – gut zu medialen Dynamiken und Darstellungslogiken passten. Auch das Phasenmodell von Kübler-Ross fand als Erklärungsangebot im Rundfunk und im Fernsehen weite Verbreitung, da es eine leicht eingängige Schematisierung und klare, vermeintlich wissenschaftlich gestützte Erklärungen für ein hoch komplexes Phänomen bot.²⁰⁵ Allgemein dienten die forcierten Klagen über die gesellschaftlichen Zustände rund um das Sterben der Skandalisierung, wie sich im Falle von „Hallo Ü-Wagen" deutlich zeigte, wenn die mangelnde Bereitschaft der Menschen, sterbende Angehörige zu Hause zu pflegen, wiederholt ins Zentrum der Kritik rückte. Den spontanen Hinweis eines italienisch-stämmigen Zuschauers, in seiner sizilianischen Heimat sei dies anders, nutzte Moderatorin Thomas bei der Aufnahme einer Sendung im Jahr 1993 zum Rundumschlag: „Die Frage ist, was ist in den Seelen dieser deutschen Menschen durch den Krieg oder weiß der Donner was kaputt gegangen, dass die sich da so schwach drin fühlen [...]."²⁰⁶ Als eine Soziologin versuchte, die Problemdiagnose in sachlichere Bahnen zu lenken und auf den Wandel im Erwerbsleben sowie der Familienstrukturen hinwies, der oftmals eine Betreuung durch Angehörige schlicht unmöglich mache, intervenierte Thomas entschieden: „Sind es denn wirklich nur die äußeren Sachzwänge, oder hat es nicht was mit der Seele zu tun und dass der Respekt voreinander irgendwie durch

---

[203] Die Sendung mit der Maus: Die Maus und der Tod: Die Geschichte von Katharina. Bundesrepublik Deutschland/WDR 1997.
[204] Die vom Evangelischen Medienhaus Stuttgart herausgegebene DVD wurde speziell für Unterricht und Bildungsarbeit konzipiert: Klaus Maiwald: Die Maus und der Tod. Die Geschichte von Katharina. Stuttgart 2007.
[205] Vgl. etwa Christine Lemmen: Lieber sterben als leben, oder: Warum Jugendliche den Tod suchen, WDR 2, 21. 11. 1979, Sendemanuskript in HA WDR, 12034 (Akten) sowie für zahlreiche weitere Beispiele die Einleitung in Kap. 4.
[206] Hallo Ü-Wagen: Häuser zum Sterben – Hospize. WDR, 18. 11. 1993, Min. 2:18:51–2:19:00.

diesen Scheiß-Krieg kaputt gegangen ist [...]?"[207] Deutlich wird an diesem Beispiel, wie bestimmte mediale Eigenlogiken wie der Hang zur Skandalisierung und zu monokausalen Erklärungsangeboten – hier in Form der allzu starken Referenz auf den Zweiten Weltkrieg, die ausblendet, dass die Verlagerung des Sterbeorts in Richtung Krankenhaus ein internationales Phänomen war – sogar im Falle einer anspruchsvolleren Sendung wie „Hallo Ü-Wagen" die Darstellung des Sterben nachdrücklich prägten.

Dies zeigte sich, obschon in einem ungleich kleineren Ausmaß, durchaus auch im Osten. In der DDR fanden die sich in Gesundheitspolitik wie Wissenschaft intensivierenden Debatten rund um Tod und Sterben zwar vergleichsweise wenig massenmedialen Niederschlag.[208] Fernseh-Dokumentationen zum Lebensende waren deutlich seltener als im Westen, wenngleich dieses in den 80er Jahren gelegentlich im Zuge der nun verstärkt in den Fokus rückenden Betreuung Hochbetagter eingefangen wurde: Betonte ein Film von 1981 mit dem passenden Titel „Geborgenheit im Alter" noch die Vorzüge eines Rentnerdaseins in der DDR, so präsentierte das noch vor dem Mauerfall 1989 entstandene „Unsere alten Tage" offen Missstände und beklagte die gesellschaftliche Abschiebung alter Menschen.[209] Auch chronische, tödlich verlaufende Erkrankungen wurden mitunter thematisiert. Eine Reportage des populären Wissenschaftsmagazins „Umschau" mit dem Titel „Diagnose: Krebs" befasste sich 1986 beispielsweise mit dem Fall einer an Brustkrebs erkrankten Patientin. Motivisch standen die Schwierigkeiten des Arztes bei der Mitteilung der Untersuchungsergebnisse, die unklaren Überlebenschancen der Schwerstkranken sowie deren Umgang mit der Angst vor dem Sterben im Zentrum.[210] In dieser Hinsicht unterschied sich die Darstellung kaum von entsprechenden Dokumentationen in der Bundesrepublik.

Dies war keine Ausnahme: Vielmehr bewegten sich die einschlägigen Sendungen in ihrer Aufmachung sehr nahe an dem, was Fernsehzuschauer im Westen zu sehen bekamen. Die am 5. August 1981 zur besten Sendezeit um 20:45 Uhr im 1. Programm des DDR-Fernsehens ausgestrahlte Dokumentation „Dem Leben verpflichtet. Chance und Verantwortung der Medizin" beklagte etwa einleitend die Verdrängung des Sterbens durch den Einzelnen wie durch die moderne Gesellschaft insgesamt.[211] Die in diesem Kontext gezeigten Bilder eines an Schläuchen hängenden Patienten auf einer Intensivstation (Min. 00:27–00:51) dienten nicht etwa dazu, die neuen Chancen der Medizin zur Lebensverlängerung anzupreisen, sondern die Gründe zu erläutern, warum den Menschen das Leben als selbstverständlich und der Tod als eine Ausnahme erscheine, die Unsicherheiten provozie-

---

[207] Ebd., Min. 2:27:04–2:27:12.
[208] Vgl. Bettin, Sterbehilfe, S. 35 f.
[209] Peter Petersen: Geborgenheit im Alter. DEFA-Studio für Dokumentarfilme (Berlin/Ost) 1981; Petra Tschörtner: Unsere alten Tage. DEFA-Studio für Dokumentarfilme (Berlin/Ost) 1989.
[210] Das Manuskript der Sendung findet sich in BA Berlin-Lichterfelde DQ 1/24159.
[211] Dagmar Hengelhaupt (Regie)/Gerhard Sieler (Drehbuch): Dem Leben verpflichtet. Chance und Verantwortung der Medizin. Fernsehen der DDR 1981.

re. Sehr kritisch beleuchtete die Doku gerade das Krankenhaus, was angesichts des paternalistischen sozialistischen Gesundheitswesens erstaunt: Zwar entspreche die diese Institution prägende Sorge um das Leben jedes einzelnen Menschen „dem Humanismus unserer Weltanschauung" (Min. 03:31), der hohe medizinische Einsatz bringe jedoch Schattenseiten mit sich, insbesondere das Sterben fernab des eigenen Zuhauses oder die künstliche Lebenserhaltung von „organischen Hüllen", also Menschen in „Schwebezuständen" zwischen Leben und Tod (Min. 03:35–04:24; Min. 21:02–22:16).

Auch die Grundsätze des richtigen Umgangs mit terminal erkrankten Patienten entsprachen darüber hinaus den im Westen gezeigten. Mitleid sei deplatziert, da es isoliere, Sterbende müssten vielmehr bis zuletzt als Menschen behandelt und in ihrer Persönlichkeit ernst genommen werden – den Schlüssel hierfür stelle nicht Bedauern, sondern Zuwendung dar (etwa Min. 10:25–11:00). Die interviewten Experten äußerten teilweise Sätze, die quasi wortgleich in der westlichen thanatologischen Fachliteratur zu finden waren, wenn sie zum Beispiel verkündeten, dass Ärzte und Pflegekräfte nur eine adäquate Sterbebegleitung leisten könnten, wenn sie zuvor über ihre eigene Sterblichkeit nachgedacht hätten (Min. 11:42–12:02). Sogar mit Blick auf das heikle Thema Sterbehilfe hieß es in deutlicher Anlehnung an die gerade von der Hospizbewegung, aber auch von kirchlichen Akteuren im Westen verkündeten Grundsätze, dass der Wunsch nach einer Spritze „sehr viel seltener von den Schwerkranken selbst [...] als von Angehörigen" vorgetragen werde, die deren Leidensweg abkürzen wollten. Hilfe für Sterbende könne daher nur aus Schmerzlinderung und emotionaler Unterstützung bestehen, nicht aus einer Abkürzung des Lebens. Jedoch müssten keinesfalls alle Mittel eingesetzt werden, um das Leben eines Sterbenden möglichst lange und um jeden Preis zu erhalten (Min. 13:44–17:34), es gelte vielmehr, die letzte Phase des Lebens würdevoll zu gestalten (Min. 26:00–26:04) – vom die DDR-Medizinethik lange bestimmenden Argument des ärztlichen Bewahrungsauftrags war hier keinerlei Rede. Auch in der DDR hatten die Fernsehmacher also offenbar spätestens um 1980 das Lebensende als ein öffentlichkeitswirksames Thema erkannt und einen eigenen Umgang damit gefunden, ergänzten sie die Sendung doch sogar um ein anschließendes „Urania-Forum", in dem Experten am Telefon Zuschaueranrufe beantworteten.[212]

Tatsächlich widmeten sich nun auch einige Unterhaltungsfilme im DDR-Fernsehen Fragen des Lebensendes. Der im Februar 1978 erstmals ausgestrahlte Fernsehfilm „Ich will nicht leise sterben" thematisierte etwa einerseits anhand der Figur einer älteren Druckereiarbeiterin Probleme des Alters und des nahenden Todes. Andererseits attestierten die Filmemacher der Protagonistin ganz systemkonform den Wunsch nach einem Sterben am Arbeitsplatz: Sogar die (lauten) Maschinen sollten nach ihrem Willen ununterbrochen weiterlaufen.[213] Gerade die Einsamkeit

---

[212] Eine Bandüberlieferung des „Urania-Forums" existiert laut Auskunft des Deutschen Rundfunkarchivs leider nicht.
[213] Thomas Langhoff: Ich will nicht leise sterben. Fernsehen der DDR 1977.

älterer Menschen nach dem Tod des Partners oder Krankheit, Bettlägerigkeit und Versorgungsabhängigkeit waren beliebte Motive.[214] Das in der Wendezeit entstandene Drama „Sprache der Vögel" zeigte einen fünfjährigen Jungen, der das Sterben seines Großvaters erlebte und verarbeitete.[215] Wie im Westen häuften sich Darstellungen von chronischen Krankheitsverläufen: Dass ausgerechnet der australische Spielfilm „A Street to Die" von 1985 unter dem Titel „Die Straße des Sterbens" auch in der DDR ausgestrahlt wurde, war kein Zufall, zeigte dieser doch den Krebstod eines Veteranen des Vietnamkriegs, dessen Erkrankung die Spätfolge des Einsatzes chemischer Entlaubungsmittel war.[216] Einige Jahre zuvor hatte der Kinofilm „Die Beunruhigung" das Schicksal einer an Brustkrebs erkrankten Frau thematisiert, die sich im Angesicht der lebensbedrohlichen Situation auf die Suche nach dem Sinn des Lebens begab. Das mehrfach preisgekrönte Drama war ein großer Publikumserfolg in der DDR und lief auch in westdeutschen Kinos – wie in der Bundesrepublik übten offenkundig gerade Tumorerkrankungen mit ihren spezifischen Herausforderungen für die Patienten und ihr soziales Umfeld einen besonderen Reiz auf Filmemacher wie Zuschauer aus.[217] Sogar der Suizid in Fällen schwerer Krankheit oder infolge der Trauer über den Tod eines Angehörigen konnte ab Ende der 70er Jahre filmisch inszeniert und in seiner moralischen wie juristischen Problematik diskutiert werden.[218] Im als Synchronfassung in der DDR ausgestrahlten polnischen Drama „Skazany" („Der Verurteilte") nahm sich ein Mann nach einer Lungenkrebs-Diagnose aus Furcht vor einem qualvollen Sterben das Leben, sein Bruder wurde wegen unterlassener Hilfeleistung angeklagt.[219]

Wenn nach Niklas Luhmann Unterhaltungssendungen insbesondere mittels der Durchmischung von Realität und Fiktion, die den Zuschauern „Ja, so ist es"-Erlebnisse ermöglicht, zur persönlichen Sinnstiftung und zur Konstruktion gesellschaftlicher Wirklichkeiten beitragen, kann aus der filmischen Aufbereitung des Sterbens seit den späten 70er Jahren in der DDR wie in der Bundesrepublik zweierlei gefolgert werden.[220] Zum einen schienen Probleme des langsamen Alterstodes offenbar in den Augen der Hörfunk-, Film- und Fernsehmacher im Osten

---

[214] Vgl. Jurij Kramer: Inklusive Totenschein. Fernsehen der DDR 1977; Vera Loebner: Geschenkt ist geschenkt. Fernsehen der DDR 1979; Klaus Gendries: Meschkas Enkel. Fernsehen der DDR 1981; Michael Unger: Der Tod des alten Mannes. Fernsehen der DDR 1984; Hubert Hoelzke: Ein leeres Haus (aus der Reihe „Der Staatsanwalt hat das Wort"). Fernsehen der DDR 1984; Jurij Kramer: Drei Wohnungen. Deutscher Fernsehfunk (Berlin/Ost) 1990.
[215] Fred Noczynski: Die Sprache der Vögel. Deutscher Fernsehfunk (Berlin/Ost) 1990/91.
[216] Bill Bennett: A Street to Die / Die Straße des Sterbens. Australien 1985 / Fernsehen der DDR 1988.
[217] Lothar Warneke: Die Beunruhigung. DDR 1982. Vgl. zu dem Film https://www.defa-stiftung.de/filme/filmsuche/die-beunruhigung [15. 12. 2021].
[218] Vgl. Jurij Kramer: Eine Anzeige in der Zeitung. Fernsehen der DDR 1980; Gabriele Denecke: Wegen Todesfall geschlossen (aus der Reihe „Der Staatsanwalt hat das Wort"). Fernsehen der DDR 1989.
[219] Andrzej Trzos-Rastawiecki: Skazany / Der Verurteilte. Polen 1975 / Fernsehen der DDR 1977.
[220] Luhmann, Realität, v. a. S. 145–149.

wie im Westen – bei aller vermeintlicher Verdrängung dieser Themen – durchaus Anschluss an reale Erfahrungshintergründe der Mediennutzer zu bieten. Zum anderen trugen diese Sendungen ihrerseits zur gesellschaftlichen Popularisierung der Auseinandersetzungen um einen würdevollen Tod und Selbstbestimmung von Sterbenden bei, die sich im letzten Viertel des 20. Jahrhunderts verdichteten. Sie rahmten das Sterben mithin nicht nur auf eine bestimmte Art und Weise, sondern forcierten eine „radikale Enttabuisierung des Todes".[221]

Was vormals unsag- und unzeigbar war, wurde seit den 70er Jahren geradezu inflationär inszeniert. Dass Filmwissenschaftler in diesem Zusammenhang von einem „nekrophilen Voyeurismus" und einer „Pornographie des Sterbens" sprechen, erscheint fragwürdig.[222] Denn die Skandalisierung erfolgte weniger durch besonders extreme und voyeuristische Darstellungen des Sterbens als durch das Aufgreifen von ethisch-moralischen Problem- und Grenzfällen sowie mutmaßlichen Tabuthemen – und ähnelte in vielerlei Hinsicht den Perspektiven und Positionen der Thanatologie. Die beschriebenen Darstellungslogiken kulminierten Anfang der 2000er Jahre in „Six Feet Under", der ersten Serie, die schwerpunktmäßig Tod, Sterben und Sepulkralkultur adressierte.[223] Jede Folge über Leben und Arbeit der kalifornischen Bestatterfamilie Fisher begann mit der plastischen Darstellung einer Sterbeszene, die mal skurril, mal tragisch, aber auch ganz natürlich sein konnte. Die Serie bediente sich dabei einer bestimmten Bildästhetik im Rahmen derer zwar explizite Aufnahmen von Leichen im Vordergrund standen, aber – einmal mehr – auf unangenehme Details verzichtet wurde.[224] Über einen Fokus auf die Persönlichkeit der Verstorbenen gelang es der sich eigentlich mit dem Tod beschäftigenden Serie, einen Fokus auf das Leben selbst zu legen und darüber zahlreiche gesellschaftliche Missstände anzusprechen. Die Serienmacher rekurrierten explizit auf thanatologische Fachliteratur, unter anderem auf das Enthüllungsbuch von Jessica Mitford über Missstände in der US-Bestattungsindustrie.[225]

Kommentierte die *Bild*-Zeitung die Ausstrahlung der ersten Folge der „Schwarzwaldklinik" 1985 noch mit der Schlagzeile: „Gleich heute stirbt eine Frau an Krebs!", so zeigen die Häufigkeit, die Rezeption und die immer wieder eintretenden Publikumserfolge der vorgestellten medialen Produkte, dass sich die Öffentlichkeit im letzten Viertel des 20. Jahrhunderts sukzessive an die neuen Themen und Präsentationsweisen gewöhnte.[226] Wie die Sendungen indes tatsächlich bei den Zuschauern ankamen und welche konkrete Wirkung sie hatten, lässt sich nur punktuell empirisch überprüfen. Eine Untersuchung zur Darstellung des Ster-

---

[221] Macho, Sterben, S. 48.
[222] Wende, Tod, S. 10.
[223] Six Feet Under. USA/HBO 2001–2005.
[224] Allgemein zur Darstellung von Leichen in TV-Sendungen vgl. die medienwissenschaftliche Dissertation von Weber, Drop Dead Gorgeous.
[225] Vgl. zu „Six Feet Under" Weber, Codierungen und Akass/McCabe, Reading Six Feet Under sowie zu Mitford Kap. 4.1.
[226] Zit. nach „Fernsehen: Der Schwarzwälder Schinken." *Der Spiegel* 39 (1985), Nr. 44, S. 290–304, hier S. 291.

bens von Tumorkranken in zwei britischen Dokumentarfilmen Ende der 90er Jahre ergab jedenfalls, dass die filmischen Versuche, das Sterben als etwas Schönes zu präsentieren, das sogar eine lebensweltliche Bereicherung darstellen könne, das Fernsehpublikum, und insbesondere eine Fokusgruppe mit Krebspatienten, wenig überzeugen konnte: Es überwog bei den Zuschauern vielmehr das Gefühl, dass ein einseitiges, zu positives Bild des Umgangs mit der Krankheit gezeichnet werde.[227]

Dagegen waren die „Hallo Ü-Wagen"-Folgen zu Tod und Sterben beim Publikum sehr beliebt und hinterließen offenbar einen bleibenden Eindruck. Die Hörerpost, welche von der Redaktion archiviert und genau ausgewertet wurde, da sie als Grundlage für die künftige inhaltliche Programmgestaltung diente, fiel stark positiv aus.[228] Immer wieder beantworteten Zuhörer die regelmäßig gestellte Frage, welche Sendungen ihnen besonders in Erinnerung geblieben seien, mit Verweis auf die Folgen zum Lebensende: „Den tiefsten Eindruck haben die Sendungen [...] über den ‚Tod' auf mich gemacht" oder „Sterben und Tod (Trauer) (vor allen Dingen das Thema Tod und damit verbundene Bräuche interessieren mich ohnehin)."[229] Eine Frau, die nach eigener Aussage zuvor noch nie einen Hörerbrief geschrieben hatte, schickte dem WDR sogar gleich einen vierseitigen Brief, in dem sie ausführlich das Sterben ihrer krebskranken Tante beschrieb. Sie lobte darin die erfolgte Auseinandersetzung mit dem wichtigen Thema, die ihr „viel Mut gemacht" und sie zu einem anderen, bewussteren Umgang mit Tod und Sterben motiviere.[230] Tatsächlich belegt die vorhandene sozial- und kommunikationswissenschaftliche Forschung, dass mediale Repräsentationen des Lebensendes direkt auf persönliche Erfahrungen zurückwirken.[231]

Medien, Populärkultur und die Popularisierung des Sterbens

Insgesamt lässt sich somit feststellen, dass alle vorgestellten medialen Formate das Sterben im letzten Viertel des 20. Jahrhunderts als Gegenstand entdeckten. Dies war gleichermaßen Ausdruck wie weiterer Katalysator einer Popularisierung des Lebensendes in jenen Jahren, die sich sowohl in Museen und Ausstellungen als auch auf dem Ratgebermarkt sowie in Film und Rundfunk seit den 70er Jahren klar nachweisen lässt, wo der gewöhnliche „Alltagstod" immer stärker ins Zentrum des Interesses rückte – und zwar in doppelter Hinsicht: Die Darstellung beschränkte sich weder auf gewaltsame Sterbeverläufe noch auf den Tod prominen-

---

[227] Vgl. Armstrong-Coster, In Morte, v. a. S. 297 f. und Field/Walter, Death, S. 3.
[228] Vgl. exemplarisch: Brief von M.H. vom 12. 5. 1981 und Brief von A.G. vom 21. 11. 1981, in: HA WDR, 14319 (Akten); Brief von H.G. vom 14. 5. 1990, Brief von A.K. vom 13. 7. 1989 und Brief von H.G. vom 7. 6. 1995, in: HA WDR, 14320 (Akten); Brief von U.F. vom 9. 2. 1995, in HA WDR, 14318 (Akten).
[229] Brief von E.P. vom 1. 12. 1993, in: HA WDR, 14320 (Akten) und Brief von B.S. vom 8. 9. 1994, in HA WDR, 14310 (Akten).
[230] Brief von S.S. vom 6. 6. 1995, in: HA WDR, 14320 (Akten).
[231] Vgl. Hallam, Body, v. a. S. 20–42.

ter Persönlichkeiten.[232] So fokussierten Massenmedien keinesfalls, wie oft fälschlich bemängelt wird,[233] nur das unnatürliche Sterben, um dieses aus Sensationslust und Effekthascherei zu inszenieren. Die thanatologische Niedergangsrhetorik, die etwa künstliche „mediale Exzesse von Todesdarstellungen" kritisiert, die normale Sterbeverläufe gewöhnlicher Menschen ausblende,[234] erscheint insofern deplatziert.

Was waren die Gründe für die neue Aufmerksamkeit gegenüber dem Sterben? Zum einen griffen mediale Darstellungen fraglos laufende Debatten auf und fungierten insofern als Diskursplattformen. Die Medialisierung des Lebensendes reflektierte insofern sowohl den Aufstieg der thanatologischen Forschung als auch das steigende Interesse kirchlicher Akteure am Thema Sterben sowie das Engagement der Hospiz- und der Sterbehilfebewegung. Diesen gelang es nicht nur, ihre Standpunkte aktiv in der Öffentlichkeit zu präsentieren, ihre Positionen schlugen sich auch indirekt in den Massenmedien nieder, da die Entwicklungen rund um das Lebensende eine bestimmte Aufmerksamkeitsökonomie bespielten. Nicht zuletzt verwiesen sie auf gesellschaftliche Missstände, erlaubten eine Kritik an etablierten Institutionen wie der modernen Medizin oder suggerierten einen Mangel an Menschlichkeit, der über das häufige Beklagen eines Fehlens von „Würde" oder „Selbstbestimmung" eingefangen wurde.[235] Das Sterben hatte mithin einen Skandalcharakter.

Zum anderen war die Popularisierung des Themas auf die eigene Akteursrolle der Medien zurückzuführen, die diese Themen aktiv aufgriffen und spezifisch übersetzten. Dies war ihnen offenbar auf zielführende Weise möglich, wie der Umstand verdeutlicht, dass sich Sterberatgeber, Ausstellungen in Museen und filmische Darstellungen gleichermaßen eines hohen Publikumsinteresses erfreuten – und sich infolge ihrer auch kommerziellen Erfolge ständig selbst reproduzierten. Das Lebensende erwies sich als ungemein anschlussfähig für mediale Dynamiken und Darstellungsweisen. Denn als eine der letzten großen Unbekannten in der modernen Gesellschaft fällt diesem ein hoher Kommunikations- beziehungsweise Unterhaltungswert zu. Tod und Sterben entwickelten sich auch deshalb zu populären medialen Unterhaltungsmitteln, weil sie als Reizbilder fungierten: So seien, wie der Fotograf Rudolf Schäfer 1989 betonte, Medien „auf Reizung angelegt, und irgendwann gibt es nichts mehr, was wirklich reizt – und da ist es [...] dieses Letzte, was noch Reiz sein kann."[236] Diese Anziehungskraft zieht sich bis in die jüngste Gegenwart. Noch Ende der 2000er Jahre plante etwa der Raumkünstler Gregor Schneider, das Sterben eines Menschen öffentlich in einem Museum zu zeigen,

---

[232] Vgl. hierzu exemplarisch Merrin, Crash; Schlott, Papsttod.
[233] Vgl. z. B. Durkin, Culture; Golek, Standort, S. 26–28.
[234] Stöcker, Räume, S. 346 und Walter/Littlewood/Pickering, Death in the News, S. 583.
[235] Gerade diese Grundzüge des medialen Sterbediskurses finden sich bis in die Gegenwart. Vgl. Menke/Kinnebrock, Würde; Hahnen u. a., Sterbehilfedebatte sowie Wagner u. a., Care.
[236] Schäfer, Schlaf, ohne Seite.

um das Thema zu enttabuisieren und zugleich die Schönheit des „natürlichen" Todes zu zeigen.[237]

Gerade diesbezüglich übernahmen die Massenmedien die positiv-optimistischen Deutungen der Thanatologie und transportierten ihrerseits die Botschaft, dass das Sterben im Fall des richtigen Umgangs damit etwas Gutes sein könne, vor dem man keine Angst haben müsse. Sie trugen so dazu bei, dass sich thanatologisches Wissen fest in der Öffentlichkeit verankerte. So verkündete eine spontan interviewte Zuschauerin in einer „Hallo Ü-Wagen"-Sendung lautstark: „Ja, ich finde Sterben ganz schön […]. Wenn da einer nicht hinsiecht und wenn einer versorgt wird, ist es schön."[238] Öffentliche Kritik provozierten diese romantisierenden medialen Darstellungen des Sterbens nur selten. Eine der wenigen kritischen Besprechungen des Doku-Erfolgs „Dying" von 1977 in der filmwissenschaftlichen Fachzeitschrift *Film Quarterly* bemängelte etwa insbesondere die dargestellte Schönheit des Todes. Seinen Erfolg und seinen Status als „important television event" verdanke der Film dem Umstand, dass die Thanatologie ein „fashionable subject" sei, und „because it speaks so clearly in the accents of the official culture."[239] Eine Sammelrezension im sozialdemokratischen *Vorwärts* attestierte 1983 zwei Veröffentlichungen von Kübler-Ross sowie den Ratgebern von Marlene Lohner und Deborah Duda eine „perverse Anrüchigkeit". Derartige Bücher seien Ausdruck der kommerzialisierten Bemühungen, „uns mit dem Sterben auszusöhnen", und mit ihrer Betonung, der Tod sei „akzeptabel", insofern hochpolitisch, als dass sie ein systemkonformes, „zufriedenes" und „folgsames" Lebensende intendierten.[240] Der *Tagesspiegel* warf einer Folge der ZDF-Dokureihe „37 Grad" mit dem Titel „Mein Ende bestimme ich selbst – Vorbereitungen auf den eigenen Tod" im Jahr 1997 angesichts einer Romantisierung des Sterbens zu Hause und der pauschalen Verunglimpfung von Krankenhäusern und Ärzten gar eine „Gesinnungskampagne" vor.[241]

Ausstellungen, Ratgeber oder Dokumentationen sowie Unterhaltungssendungen in Film und Rundfunk adressierten, wie auch diese kritischen Stimmen unterstreichen, gesellschaftliche Unsicherheiten. Zeithistorisch betrachtet war die Medialisierung von Tod und Sterben insofern Teil des „Psychobooms" jener Jahrzehnte, im Zuge dessen in der westdeutschen, mit Abstrichen auch in der ostdeutschen Gesellschaft ein erhöhter Beratungsbedarf und zugleich ein stark gestiegenes Beratungsangebot zur „Lebenshilfe" zu diagnostizieren ist, die eben auch

---

[237] Vgl. zu dem Fall Sörries, Beileid, S. 107 und Simonovic/Laryionava, Sterben, S. 208–210. Letztlich scheiterte das Projekt an fehlenden Freiwilligen sowie Protesten seitens der Politik und Presse.
[238] Hallo Ü-Wagen: Häuser zum Sterben – Hospize. WDR, 18. 11. 1993, Min 1:16:01–1:16:14.
[239] Fleischer, Dying, S. 30.
[240] Ursula März: „Zufrieden und folgsam sollen wir sterben. Wie unpolitisch ist die Aussöhnung mit dem Tod." *Vorwärts*, Nr. 25, 16. 6. 1983, S. 24.
[241] Michael Burucker: „Zweifelhafter Ratgeber." *Der Tagesspiegel*, 20. 7. 1997; 37 Grad: Mein Ende bestimme ich selbst – Vorbereitungen auf den eigenen Tod. ZDF 1997.

„Sterbehilfe" sein konnte.[242] Der Bedeutungsverlust von traditionellen Deutungsinstanzen in Politik, Kirche und Kultur in den letzten Dekaden des 20. Jahrhunderts steigerte die Verunsicherung des Einzelnen und verursachte Orientierungskrisen,[243] was neue Formen der Selbstführung hervorrief, die aber oft von Seiten eben jener traditionellen Deutungsinstanzen bereit gestellt wurden. Hinter dem – insbesondere in Ratgebern aktiv betriebenen – Versuch, vermeintlich allgemeingültige Verhaltensanweisungen für den richtigen Umgang mit dem Sterben aufzustellen, verbargen sich letztlich soziale Praktiken einer Subjektarbeit zum Zwecke der geistig-körperlichen, ethischen und moralischen Optimierung des Einzelnen am Lebensende.[244] So bot ein Sterberatgeber sogar einen „Leitfaden zur Eigenanalyse" an, in dem der Leser einen Fragenkatalog abarbeiten musste, der Punkte wie frühere Sterbebegleitungen, Testamentsabfassung oder die Sicht auf Sterbehilfe und Organtransplantation umfasste: Für die einzelnen Antworten erhielt er Punkte, anhand derer die Beurteilung erfolgte, ob er ausreichend, genügend oder nicht ausreichend auf sein eigenes Sterben vorbereitet sei.[245] Aber auch andere massenmediale Formate wie museale Darstellungen oder filmische Inszenierungen von Tod und Sterben waren in dieser Hinsicht „in the forefront of psychological ‚instruction'."[246]

In vielen Feldern der Selbsthilfe stellte die Kultivierung von Unangepasstheit ein zentrales Element des zu optimierenden Subjekts dar.[247] Im Falle des Sterbens erfolgte dies vor allem über die Tabuisierungsthese. Denn wenn der gemeinsame Ausgangspunkt der meisten medialen Darstellungen eine kritische Diagnose der vermeintlichen Verdrängung des Todes war, so steckte dahinter mehr als nur populistische Rhetorik oder ein reines Verkaufsargument. Sie erzeugte vielmehr erst jenen Orientierungsbedarf bei den Mediennutzern, den es durch medial aufbereitetes Wissen zu befriedigen galt. Ziel war es, eine durch die Veränderung der Sterbepraktiken sowie die sich verschiebenden gesellschaftlichen Rahmenbedingungen vermeintlich entstandene Lücke zu füllen. In diesem Zusammenhang darf nicht übersehen werden, dass Problemdiagnose und Problemlösung in den Massenmedien letztlich immer kommunikativ erzeugt und konstruiert werden.[248] Gerade die These von der Tabuisierung von Tod und Sterben erwies sich paradoxerweise als ungemein medienaffin, da sich die Medien – einer ihrer Grundlogiken folgend – hier gleichermaßen als Tabubrecher wie Tabuwächter präsentieren und skandalisieren konnten.[249]

Somit erfolgte nicht zuletzt über die Massenmedien seit den 70er Jahren die Konstruktion eines „guten Todes". Die Grundbotschaft lautete ganz im Einklang

---

[242] Vgl. Tändler, Jahrzehnt und Tändler, Psychoboom.
[243] Hömberg/Neuberger, Experten, S. 22–24 und S. 37 f.
[244] Vgl. hierzu Wiede, Subjekt und Möhring, Regierung.
[245] Blumenthal-Barby, Leben, S. 113–116.
[246] Walter/Littlewood/Pickering, Death in the News, S. 579.
[247] Vgl. Poiger, Suche, v. a. S. 303 f.
[248] Vgl. Brüggen, Ratschläge (2008), S. 46.
[249] Vgl. von Gottberg, Skandalisierung.

mit der thanatologischen Forschung, dass sich Sterbende wie Angehörige nicht zu fürchten brauchten, sondern das Lebensende aktiv annehmen sollten, da es sogar eine wertvolle Lernerfahrung ermögliche – ganz im Sinne der angesprochenen „Arbeit am Selbst". Die Medien lieferten Expertise und zugleich neue Interpretationen des Todes in Zeiten, in denen sich die Bedeutung der klassischen Deutungsgeber wie Kirche und Familie stark gewandelt hatte. Vor eben diesem Hintergrund entwickelten sich autobiografische Berichte von Sterbenden oder Angehörigen, die darin ihre persönlichen Erfahrungen schilderten, zu einem beliebten Gegenstand – sei es in Form von Ratgebern oder in Film und Fernsehen.[250] Dies illustriert, dass sich hinter den vorgestellten Prozessen einer Medialisierung des Lebensendes eine spezifische Form der Sinnsuche und -stiftung im letzten Drittel des 20. Jahrhunderts verbirgt, mithin der Versuch moderner Gesellschaften, Tod und Sterben emotional beherrschbar zu machen. Denn mediale Zeig- und Sagbarkeiten sind immer Ausdruck von gesellschaftlichen Konventionen, die zeitlich fluide sind. Massenmedien spiegeln insofern nicht nur gesellschaftliche Normen, sondern sind ebenso ein Indikator wie eine Plattform für Wertewandel.[251]

Mediale Selektionsmechanismen sowie Darstellungsformen und eine forcierte öffentliche Enttabuisierung von Tod und Sterben bedingten sich im letzten Viertel des 20. Jahrhunderts somit wechselseitig und führten zu einer Veralltäglichung des Lebensendes im doppelten Sinne. Zum einen öffneten massenmediale Inszenierungen den in anderen Bereichen (etwa in der Medizinethik) für den Einzelnen nur schwer zugänglichen Diskurs über das Sterben.[252] Zum anderen sorgten sie für eine „neue Sichtbarkeit"[253] von Tod und Sterben, ja zunehmend zu deren Omnipräsenz. Diese Entwicklung war im Jahr 2000 keinesfalls abgeschlossen, sondern schreitet in der digitalisierten Medienlandschaft des 21. Jahrhunderts weiter voran. Erneut passt sich nicht nur die Inszenierung des Sterbens den neuen medialen Eigenheiten an. Vielmehr werden Sterbe- wie Sepulkralkultur nachhaltig durch den Wandel der medialen Infrastruktur transformiert: Online-Foren zur Beratung von Schwerstkranken, Blogs von Sterbenden, Podcasts über den Tod, virtuelle Friedhöfe oder Smartphone-Apps schaffen neue Informationskanäle respektive Versorgungsangebote für Betroffene.[254] Digitale Spiele etablieren eine ganz eigene Form der Todesbewältigung, deren Folgen für die Sterbekultur noch völlig offen sind: Das sogenannte Respawnen erlaubt beispielsweise die sofortige Wiedergeburt der eigenen Spielfigur und reduziert den Tod zu einem mehr oder weniger willkürlichen Symbol für (temporäres) Scheitern im Spiel.[255]

---

[250] Vgl. Field/Walter, Death, S. 2 f. und Walter, Jade.
[251] Vgl. hierzu von Hodenberg, Moment, v. a. S. 293 f.
[252] Vgl. Walter/Littlewood/Pickering, Death in the News, S. 593 f.
[253] Macho/Marek, Sichtbarkeit.
[254] Vgl. zu den genannten Beispielen: Fischer, Weg, S. 237 f.; Stöcker, Räume, S. 314–335; Greiner, Rationalitäten, S. 22 f.; Offerhaus, Sterben sowie die einschlägigen Beiträge in Groß/Tag/Schweikardt, Who und Klie/Nord, Tod.
[255] Vgl. Greiner, Warentest, S. 109–111; Schreiter, Tod und ein Themenheft „Game Over" der Zeitschrift WASD von 2016: Schiffer u. a., WASD.

7.2 Schulmedizinisches Sterben? Palliativmedizin und perimortale Medizin in West und Ost

> *"As for hospitals, everyone knew you went there only to die."* (Betty Smith – A Tree Grows in Brooklyn)

Das Lebensende und die Medizin: Nicht nur den Machern und Zuschauern der „Schwarzwaldklinik" war Mitte der 80er Jahre längst bewusst, dass diese Kombination in vielerlei Weise eine immense Sprengkraft barg. Die Erkenntnis, dass sich dieses so symbiotische Verhältnis zu einem strukturellen Problem entwickelt hatte, war vielmehr ein zentraler Bestandteil der Entdeckung des Sterbens und zunehmend Konsens bei vielen Beobachtern, darunter auch immer mehr Ärzten und Gesundheitspolitikern – und zwar, ungeachtet der unterschiedlichen Ausgestaltung des Medizinwesens, in beiden deutschen Staaten. Im ambulanten Bereich dominierte in der Bundesrepublik beispielsweise die Versorgung über niedergelassene, selbstständige Haus- und Fachärzte, während diese in der DDR zentralisierte, staatliche Polikliniken übernahmen, deren Strukturen an stationäre Einrichtungen erinnerten. Dies war durchaus als Akzentsetzung zu verstehen: So etablierte sich im Osten ein stärker gelenktes, paternalistisches Gesundheitswesen, während im Westen allgemein mehr auf bürgerliche Eigenverantwortung abgezielt wurde.[256]

Beide Modelle verzeichneten im Laufe der zweiten Hälfte des 20. Jahrhunderts einen rasanten Bedeutungsgewinn. Infolge der demografischen Entwicklung, des medizinischen Fortschritts sowie der sich verbessernden sozialstaatlichen Absicherung weitete sich die Gesundheitsversorgung aus und es kamen immer mehr Menschen in den Genuss ärztlicher Dienstleistungen. Waren Ende der 50er Jahre nach einer Studie des Instituts für Demoskopie Allensbach mehr als ein Drittel der Bundesbürger noch nie in einem Krankenhaus behandelt worden und weitere 30% nur ein einziges Mal, so stiegen die Bettenzahl und die Auslastung in der Folgezeit stark an.[257] Die sich damit verbindende Expansion des „medizinisch-industriellen Komplexes" war ein internationales Phänomen: Musste sich Anfang der 60er Jahre nur einer von zwölf Franzosen einer Krankenhausbehandlung unterziehen, hatte sich diese Zahl bis 1978 verdoppelt.[258] Aus ideologischen Gründen fand sich eine vergleichbare Entwicklung auch in Ostdeutschland, wo die SED damit den humanistischen Anspruch des sozialistischen Gesundheitswesens zu untermauern suchte. Da die Bevölkerungszahl insbesondere infolge der Massenauswanderung jedoch zwischen 1950 und 1989 um knapp zwei Millionen sank, führte dies dazu, dass die Zahl an Krankenhausbetten pro Kopf betrachtet sogar

---

[256] Vgl. als Überblick über die Entwicklung des Gesundheitswesens hier und im folgenden Absatz für die Bundesrepublik Hähner-Rombach, Rahmen, S. 20–24; Wasem u. a., Gesundheitswesen (2007) bzw. Wasem u. a., Gesundheitswesen (2005); für die DDR Schagen/Schleiermacher, Gesundheitswesen; Wasem/Mill/Wilhelm, Gesundheitswesen (2006) bzw. Wasem/Mill/Wilhelm, Gesundheitswesen (2008).
[257] Jahrbuch der öffentlichen Meinung 1958–1964, S. 12 f.
[258] Attali, Ordnung, S. 195.

im Vergleich zum Westen zu hoch war.[259] Durchaus gemein waren den Gesundheitssystemen in der Bundesrepublik und in der DDR zudem die wachsenden Finanzierungsprobleme, die allerdings in der ostdeutschen Mangelwirtschaft deutlich gravierender ausfielen und letztlich dazu führten, dass zahlreiche medizinische Einrichtungen immer maroder wurden.[260]

Parallelen zwischen Ost und West existierten schließlich mit Blick auf die bereits wiederholt thematisierte, im letzten Drittel des 20. Jahrhunderts zunehmende Medizinkritik. Dabei war das öffentliche Image der Schulmedizin und der Ärzte nach dem Zweiten Weltkrieg, auch und gerade vor dem Hintergrund der Ausweitung des medizinischen Leistungsspektrums und der verbesserten Behandlungsmöglichkeiten anfangs in der DDR ebenso wie in Westdeutschland sehr gut gewesen. Dort bejahte im April 1958 in einer demoskopischen Studie eine klare Mehrheit von fast 80% die Frage, ob sie glaube, dass die Medizin in den letzten zehn Jahren große Fortschritte gemacht habe.[261] Fast folgerichtig galt der Arztberuf als besonders prestigereich und war sehr beliebt: Im März 1966 kam er mit 84% auf Platz 1 einer entsprechenden Liste und distanzierte mühelos den Zweitplatzierten („Geistlicher/Pfarrer" mit 49%).[262] Knapp zwei Jahre später setzte er sich in einer Umfrage zu den Berufen, für die nach eigener Einschätzung die größten Fähigkeiten benötigt würden, sogar gegen den Atomphysiker durch. Noch im Sommer 1972 waren sich die Bundesbürger einig, dass sie am meisten Achtung vor Ärzten (81%) hatten, erneut war der Vorsprung auf den zweitplatzierten Hochschulprofessor mit 41% eindeutig.[263] Doch auch der Spiegel der Demoskopie fing die nun einsetzenden Veränderungen schonungslos ein: Periodische Erhebungen zum Begriff „Krankenhaus" etwa zeigten, dass positive Assoziationen wie „hilfsbereite Schwestern", „zuversichtliche Stimmung" oder „Erholung" zwischen 1970 und 1987 stark rückläufig waren, negative wie „unangenehme Luft" oder „Angst" dagegen anwuchsen. Zugleich dachten mehr Menschen bei Kliniken an „sterbende Menschen" – taten dies 1970 noch 36% der Befragte „sehr" und 41% „gar nicht", so drehte sich das Verhältnis bis 1977 auf 46 zu 34% um.[264]

Diese Zahlen stechen auch deshalb hervor, weil sie in einem augenfälligen Kontrast zur faktisch sinkenden Sterblichkeit von Patienten in Krankenhäusern stehen.[265] Sie illustrieren somit eindringlich, wie sich gerade das Lebensende seit den frühen 70er Jahren zur Sonde für die im Bereich der Medizin gesellschaftlich ausgemachten Missstände entwickelte. Ein evangelischer Krankenhausseelsorger

---

[259] Vgl. Belau, Gesundheitswesen, S. 30 und S. 46.
[260] Vgl. zu den materiellen Problemen im ostdeutschen Gesundheitswesen ebd., S. 3 f. und Kap. 2.1.
[261] Jahrbuch der öffentlichen Meinung 1958–1964, S. 16.
[262] Jahrbuch der öffentlichen Meinung 1965–1967, S. 287, vgl. darin auch die Liste der „gehobenen Berufe", die jungen Menschen empfohlen wurden, auf S. 286.
[263] Jahrbuch der öffentlichen Meinung 1968–1973, S. 370.
[264] Allensbacher Jahrbuch 1984–1992, S. 227 f. Vgl. für aktuelle zeithistorische Perspektiven auf das „kranke Krankenhaus" Kühl/Tümmers, Markt.
[265] Vgl. zur Sterblichkeit in Kliniken Kap. 2.1.

brachte die neuen Klagen über eine mangelhafte Versorgung von Todkranken in medizinischen Einrichtungen 1977 in einer westdeutschen diakonischen Zeitschrift auf den Punkt: Es werde zu viel „von den Fortschritten der Medizin" geredet: „Viel umwälzender aber [...] sind die Veränderungen im Status und der Behandlung Sterbender im Krankenhaus während der letzten zehn Jahre."[266] In dieser Zeit kehrte sich denn auch das einleitend zitierte Diktum der amerikanischen Schriftstellerin Betty Smith aus dem Jahr 1943 ins Gegenteil um: Menschen gingen eben nicht länger nur ins Krankenhaus, wenn sie starben, sondern sollten es gerade dann nicht mehr tun.[267]

Das Sterben als Blindstelle? Ärzte, Medizin und Krankenhäuser am Lebensende

Für diesen Einstellungswandel war eine ganze Reihe von Problemen verantwortlich, die sich im Zuge der medizinischen Entwicklung seit Ende des Zweiten Weltkriegs ergeben hatten – und die zunehmend von immer mehr Menschen als solche erkannt und kritisiert wurden. Ein wesentlicher Punkt war die Erfindung der Intensivmedizin im Laufe der 50er Jahre. Diese weckte – bei aller Begeisterung über die neuen medizinischen Möglichkeiten – nicht nur Sorgen vor einer Abhängigkeit von technischen Apparaten, sondern auch vor einer künstlichen Lebensverlängerung, im Zuge derer sogar klinisch Tote durch immer ausgefeiltere Methoden der Langzeitbeatmung und der künstlichen Ernährung – wie die über einen Schlauch durch die Bauchwand direkt in den Magen eingeführte PEG-Sonde – am Leben gehalten werden konnten.[268] Nicht zuletzt ob dieser Entwicklung habe die moderne Medizin, wie der Heidelberger Medizinhistoriker Heinrich Schipperges 1973 feststellte, „den Tod als Gegenstand der Heilkunde" aus dem Blick verloren und trage sogar entscheidend zu dessen Tabuisierung bei.[269] Die neuen Ängste vor dem in eine medizinische Institution ausgelagerten, technisierten und potenziell endlos ausgedehnten Sterben auf der Intensivstation entwickelten sich unter anderem zu zentralen Triebkräften der Auseinandersetzung um Sterbehilfe in ihren unterschiedlichen Formen, um die Hirntoddefinition und die Bedeutung von Patientenverfügungen.[270]

In der DDR manifestierte sich ein kritischer Blick auf mögliche unerwünschte Nebenfolgen der Intensivmedizin für Sterbende vorrangig im nicht- beziehungsweise halböffentlichen Raum, prägte aber gleichwohl die gesundheitspolitische

---

[266] Neubauer, Sterben, S. 194.
[267] Vgl. ausführlich zur gesellschaftlichen, gesundheitsproblematischen und thanatologischen Problemwahrnehmung hinsichtlich des Sterbens im Krankenhaus in Ost- und Westdeutschland Kap. 2.1 und 4.1.
[268] Vgl. als Überblick Hannich, Sterben.
[269] Schipperges, Medizin, Zitat S. 2738.
[270] Vgl. Kap. 5.1 und 6.1 sowie zur Geschichte der Intensivmedizin Lawin/Opderbecke/Schuster, Intensivmedizin und Bär, Intensivmedizin, v. a. S. 4–6.

wie wissenschaftliche Debatte.[271] Bereits 1967 widmete sich das Eröffnungsreferat der 1. Tagung der Gesellschaft für gerichtliche Medizin in der DDR dem Thema „Ärztliche Probleme an der Grenze von Leben und Tod" und speziell den neuen Herausforderungen durch das Aufkommen der Intensivmedizin bei der Bestimmung von Todeszeitpunkt und Todesursachen.[272] Einflussreich waren in der Folge gerade die Schriften von Günter Baust, einem renommierten Intensivmediziner, der die erste Herz-Lungen-Maschine der DDR entwickelt hatte. Baust äußerte sich immer wieder kritisch bezüglich negativer Folgen des Einsatzes intensivmedizinischer Mittel bei Sterbenden, durch die bei allen Erfolgen auch „neue Konfliktsituationen und Problemzonen" entstanden seien.[273] Im gleichen Stil gab 1983 eine Expertise der Rechtsabteilung des MfG die Verschärfung der heiklen Frage der Grenzziehung zwischen Leben und Tod infolge des Fortschritts der Intensivmedizin zu bedenken, welche den Arzt vor die schwierige Entscheidung stelle, „ob und inwieweit angesichts des nahenden Todes eines sterbenskranken Patienten der Einsatz aller Mittel, über die die Medizin verfügt, noch zum Wohl des Patienten bestimmt [...] ist, wenn die so erreichte ‚Lebens'verlängerung mit dem hohen Preis der Leidensverlängerung bezahlt wird."[274]

In Westdeutschland wurden derartige ethische Probleme in diesem Bereich sogar zu einem fixen Bestandteil der öffentlichen Diskussion. So beklagten nicht nur humanistische Verbände in den 70er Jahren lautstark die „Grenzen der Intensivmedizin", die vor allem dort lägen, wo aus Lebenserhaltung „Sterbensverlängerung" werde.[275] Diese Vorbehalte konnten sich keinesfalls nur auf die Behandlung von alten Menschen mit unheilbaren Erkrankungen beziehen, sondern – wie der Fall Quinlan unterstrich – gleichermaßen auf die von jungen Unfallopfern.[276] Der *Spiegel* machte das „inhumane Sterben auf Intensivstationen" 1977 zum Aufhänger einer eigenen Ausgabe.[277] Die Medizin und besonders ihre technischen Apparate, so war darin zu lesen, hätten sich des Sterbenden „bemächtigt". Der willenlos an Schläuchen dahinvegetierende Intensivpatient, in drei Richtungen schwenkbare Betten ohne Kopfkissen, oder der schwerstkranke Hochbetagte, der von allen nur mit „Opa" angeredet wird – all das waren für das Nachrichtenmagazin Charakteristika der „neue[n] Weise vom Tod des Jedermann", während die Intensivstation gar als „die Vorhölle" erschien: „Sterben ist eben auch nicht mehr das, was es mal

---

[271] Exemplarisch Engelmann u. a., Bewahrungsauftrag und Blumenthal-Barby, Betreuung, S. 19–50. Vgl. hierzu auch Bettin, Bedeutsam, v. a. S. 35.
[272] BA Berlin-Lichterfelde, DP 1/2002.
[273] Vgl. Baust, Sterben, v. a. S. 119 f.; Baust, Problemsituationen, Zitat S. 30 sowie zu seiner Person die Angaben in „Geburtstag." *Deutsches Ärzteblatt* 101 (2004), Nr. 4, S. A 3288.
[274] Expertise der Abteilung Recht des Ministeriums für Gesundheitswesen vom 12. 4. 1983 zu rechtlichen Positionen hinsichtlich der „Anforderungen an die medizinische Betreuung sterbenskranker Patienten", in: BA Berlin-Lichterfelde, DQ 1/11613.
[275] Joachim Schara: „Grenzen der Intensivmedizin." *vorgänge* 36 (1978), Nr. 6, S. 65–73.
[276] Zum Fall Quinlan vgl. Kap. 5.1.
[277] Das Zitat findet sich in der Ankündigung im Heft zuvor: „Hausmitteilung." *Der Spiegel* 31 (1977), Nr. 26, S. 3.

war."[278] Etwas differenzierter, aber in der Konsequenz kaum weniger rigoros urteilte einige Jahre später die Konkurrenz vom *Stern* im Zuge einer Titelgeschichte: „Wird auf den Intensivstationen nicht nur sinnvoll Leben erhalten, sondern auch Sterben sinnlos verlängert?" Zwar bot der Bericht, an dem unter anderem der später im Zuge der Affäre um die gefälschten Hitler-Tagebücher zu zweifelhaftem Ruhm gelangende Reporter Gerd Heidemann mitwirkte, unterschiedliche Fallbeispiele, die beide Seiten illustrierten. Auch verwies er durchaus auf positive Entwicklungen, wie etwa die stark nachlassende Sterblichkeit auf Intensivstationen: Habe 1973 am Universitätsklinikum Ulm nur die Hälfte aller Intensivpatienten überlebt, seien es 1979 vier von fünf gewesen. Allerdings dominierte am Ende eben doch eine perhorreszierende Position. Optimistische Einschätzungen von Intensivmedizinern konterkarierte der Artikel, der es auch nicht versäumte, die hohen Kosten von täglich bis zu 3000 Mark für die Behandlung und etwa 100 000 Mark an nötigen Investitionen pro Bett zu erwähnen, mit Aussagen von ehemaligen Patienten, die sich den Ärzten „hilflos ausgeliefert" gefühlt hatten. Die fast 12 000 Menschen, die jährlich in Deutschland intensivmedizinisch behandelt werden mussten, erschienen mithin als Opfer, wenn etwa beklagt wurde, dass auf der Station „menschliches Leiden zu Stichworten reduziert" sei. Ebenso eindringlich wie poetisch hieß es zum Tod einer Patientin: „Das Leben der alten Frau, die sich einen Tod in vertrauter Umgebung gewünscht hatte, erlosch im kalten Neonlicht der Intensivstation. Sie starb zwischen tickender, zischender, zeichengebender Technik mit einem Tubus in der Nase, mit Schläuchen in Venen und Arterien [...]."[279]

Damit einher ging ein weiterer Vorwurf gegen die Medizin: Mit den neuen Behandlungsmöglichkeiten, habe sich der Fokus der Ärzte endgültig einseitig auf die Lebensrettung verschoben. Fraglos war der Tod stets ein Kernproblem der ärztlichen Tätigkeit, ja eine Art natürliche „Grenze medizinischer Rationalität".[280] Er sollte hinausgezögert werden, ließ sich aber in letzter Konsequenz nie vermeiden. Mit dem medizinischen Fortschritt schien sich dieses Dilemma noch zu verschärfen. Die Bestrebung, alle verfügbaren technischen Optionen auch auszunutzen, führe zur „makabren Demonstration des medizinisch Machbaren" und zu „vermessenen Versuchen [...], das Unmögliche möglich zu machen", ja zu einer inhumanen „Verlängerungs-Medizin".[281] Umgekehrt würden Ärzte den Tod eines Patienten als „persönliche Niederlage" begreifen.[282] Der thanatologischen Forschung in Ost wie West zufolge lag in diesem psychologischen Umstand eine Wurzel für die Vernachlässigung vieler Todkranker durch das medizinische Personal –

---

[278] „Die neue Weise vom Tod des Jedermann." *Der Spiegel* 31 (1977), Nr. 27, S. 158–166, Zitate S. 159 und S. 160.
[279] „Intensivstation. Wenn das Leben an den Schläuchen hängt." *Stern*, 27. 3. 1980, S. 64–76 und S. 254 f., Zitate S. 65, S. 73 und S. 76.
[280] Vgl. Canguilhem, Grenzen.
[281] „Intensivstation. Wenn das Leben an den Schläuchen hängt." *Stern*, 27. 3. 1980, S. 64–76 und S. 254 f., Zitate S. 70, S. 71 und S. 73.
[282] „Die neue Weise vom Tod des Jedermann." *Der Spiegel* 31 (1977), Nr. 27, S. 158–166, S. 160.

zumal Studien bei Ärzten eine im Vergleich zu anderen Menschen deutlich höher ausgeprägte Todesangst nachwiesen, die sie mittels ihrer Heilkunst zu sublimieren suchten und die damit einem offenen Umgang mit Sterbenden im Wege stünde.[283] Gerade im medizinischen Bereich zeige sich die Verdrängung des Todes, so das weiterführende Argument, auf eine besonders drastische Art und Weise. Diese war für Elisabeth Kübler-Ross gar Ausdruck einer männlich konnotierten Leistungsgesellschaft, denn „die Mehrzahl der Ärzte waren Männer, und mit wenigen Ausnahmen betrachteten alle den Tod als eine Art von Versagen."[284] Auch der Limburger Internist und Hospizpionier Paul Becker diagnostizierte eine Entgrenzung der ärztlichen Behandlungsmacht in der Moderne, infolge derer die Profession heute nicht mehr wie früher um des Menschen willen betrieben werde: „Je gewisser alles mehr und mehr machbar erschien und wurde, desto mehr geriet die Medizin, und damit der Arzt mit seinen Helfern, in einen Erfolgszwang, der immer wieder die Grenzen des Humanen im eigentlichen Sinne zu verwischen drohte und sie überschreiten ließ."[285]

Dies habe fatale Folgen für die Betroffenen: Viele Ärzte verweigerten das Gespräch gerade mit Sterbenden, ja klärten diese – ein beliebter Gegenstand der frühen thanatologischen Forschung – nicht richtig über ihren Zustand auf und verschwiegen den Ernst der Lage, ob infolge eines falschen Autoritätsverständnisses oder aus eigener Scham. Eine Arbeitsgruppe zu „Sterbesituationen hausärztlich betreuter Patienten" der Gesellschaft für Allgemeinmedizin der DDR dokumentierte Ende der 70er Jahre gravierende Missstände bei Aufklärung und Information von Sterbenden durch die behandelnden Ärzte: Nur einer von sechs Patienten wurde laut der Studie über den letalen Ausgang seiner Erkrankung unterrichtet.[286] Auch die defizitäre Schmerzbekämpfung bei Todkranken, der sich die frühe Hospizbewegung sofort schwerpunktmäßig annahm, wurde wesentlich auf einen ärztlichen Unwillen zurückgeführt, sich intensiver mit dieser Patientengruppe und ihren Bedürfnissen zu beschäftigen.[287] Als die britische Hospizpionierin Cicely Saunders Mitte der 60er Jahre in Philadelphia in einem Vortrag vor amerikanischen Ärzten – fast allesamt Männer – ihre neu entwickelte Morphinmixtur zur Schmerzbekämpfung bei sterbenden Krebspatienten vorstellte, lehnten sämtliche 200 Zuhörer deren Gabe unter Verweis auf eine mögliche Suchtgefährdung strikt ab.[288] Dieses Problem war ebenfalls systemübergreifend: Eine Hausmitteilung im ostdeutschen Ministerium für Gesundheitswesen beklagte im Frühjahr 1983, dass

---

[283] Thomas, Dying; Franco Rest: „Verhaltensmerkmale für den Umgang mit Sterbenden." *Altenpflege* 4 (1979), Nr. 12, S. 404–406, hier S. 406; Potthoff, Tod, v. a. S. 98–104. Vgl. Golek, Standort, S. 12.
[284] Kübler-Ross, Rad, S. 172. Vgl. zum Argument der Leistungsgesellschaft auch Schipperges, Medizin, S. 2741.
[285] P. Becker, Sterben, S. 30.
[286] Schmerler, Todesahnung. Vgl. zum Aspekt der „Wahrheit am Sterbebett" auch ausführlich Kap. 4.1 und 6.2.
[287] Vgl. Kap. 4.2 und 8.2.
[288] Fulton, Prolog, S. 12.

die behandelnden Ärzte infolge einer völlig falschen Einschätzung der suchtmittelrechtlichen Bestimmungen, die bei dieser Patientengruppe nicht beachtet werden müssten, Schmerzmittel „bei Sterbenden zu wenig, zu niedrig dosiert oder zu spät" verordneten.[289] Ein WHO-Bericht stellte 1986 fest, dass selbst in den weiter entwickelten („developed") Staaten zwischen 50 und 80% aller Krebspatienten keine adäquate Symptomkontrolle erfahren würden, was vor allem auf die Verabreichung zu schwacher Schmerzmittel zurückzuführen sei.[290]

Dass gleichzeitig dennoch die Behandlungskosten bei todkranken Patienten ob der neuen medizintechnischen Möglichkeiten bei der Lebensverlängerung in die Höhe schossen, verkomplizierte die Situation zusätzlich.[291] Während das Gesundheitssystem im Osten ohnehin schon unter einer defizitären Versorgungslage litt, häuften sich umgekehrt im Westen Vorwürfe, Sterbende dienten in Kliniken nur der Gewinnmaximierung, was zugleich Sorgen vor einer Überbehandlung aus wirtschaftlichen Motiven verschärfte.[292] Dies betraf insbesondere chronische Langzeitpatienten am Lebensende, speziell Tumorkranke. Nicht nur für den prominenten linken Medizinkritiker Ivan Illich stellte 1975 ein Sterben im Krankenhaus in diesem Sinne das logische „Ziel der ökonomischen Entwicklung" dar: „Der sozial anerkannte Tod tritt ein, wenn der Mensch nicht nur als Produzent, sondern als Konsument nutzlos geworden ist."[293] Der französische Wirtschaftswissenschaftler und Politikberater Jacques Attali bezifferte kurz darauf die Zahl an Amerikanern, die jährlich infolge einer „anarchische[n] Einnahme" von überflüssigerweise verschriebenen Medikamenten starben, auf 150 000.[294] Auch der *Spiegel* diagnostizierte in einer Titelgeschichte „[e]in gnadenloses Zuviel an Therapie".[295] Auf einem Fachärztekongress griff der renommierte Hamburger Gynäkologe Klaus Thomsen Mitte der 80er Jahre seine Berufskollegen scharf an: Bestimmte kostenintensive Therapien bei Krebskranken, mit denen „der Tod nur wenige Wochen hinausgeschoben" werde, dienten einzig den finanziellen Interessen der Pharmaindustrie und des Arztes, für die Patienten verlängere sich lediglich „ein erbärmliches Leben".[296]

Das Sterben gerade in der Klinik entwickelte sich vor diesem Hintergrund zu einem Schreckgespenst. Die westdeutsche Presse klagte in den 70er Jahren fast permanent über eine Vernachlässigung von Sterbenden und zeigte beispielsweise

---

[289] Vgl. Hausmitteilung vom 9. 5. 1983 von Dr. S., in: BA Berlin-Lichterfelde, DQ 1/11613.
[290] World Health Organization: Cancer Pain Relief. Genf 1986, S. 8 (online verfügbar unter https ://apps.who.int/iris/handle/10665/43944 [15. 12. 2021]). Aus den Entwicklungsländern fehlten verlässliche Zahlen, die Situation war indes hier zweifelsfrei noch dramatischer; vgl. zu den entsprechenden Schwierigkeiten in der palliativen Versorgung noch 2003 Rajagopal/ Mazza/Lipman, Pain.
[291] Vgl. zum Problem der Sterbekosten Kap. 1 und Kap. 2.1.
[292] Derartige Vorwürfe finden sich bis in die Gegenwart. Vgl. Thöns, Patient.
[293] Illich, Enteignung, S. 157. Vgl. zu Illichs Position auch Kap. 4.1.
[294] Attali, Ordnung, S. 214.
[295] „Ein gnadenloses Zuviel an Therapie'." Der Spiegel 41 (1987), Nr. 26, S. 128–147.
[296] Zit. nach ebd., S. 131.

Bilder von auf dem Flur abgestellten Krankenhausbetten. Der Tod stelle, so war bereits 1972 im *Stern* zu lesen, für die Schwerstkranken angesichts der schlechten Behandlung zumeist eine Erlösung dar: „Oft werden sie aus Platzmangel im Flur oder – in ihrer letzten Stunde – im Bad untergebracht."[297] Damit verband sich zugleich eine Anklage der Medizin, die den Tod nicht besiege, aber die Würde des Menschen in seiner letzten Stunde bedrohe, wie das Magazin 1979 lautstark bemängelte. Zwar zeigten Thanatologen wie Kübler-Ross den Weg zu einer humaneren Sterbebegleitung, aber die Ärzteschaft stelle auf diesem immer noch ein großes Hindernis dar und die gegenwärtige Lage von Patienten am Lebensende sei eine ganz andere: „Ein normaler Tod in einem normalen deutschen Krankenhaus, ein Tod ohne Würde, ohne Bewußtheit, ohne Frieden. Ein Tod, der um ein paar Stunden hinausgezögert wird, weil ein junger Mediziner (das Wort ‚Arzt' paßt dafür nicht) die Sache so lange wie möglich am Laufen halten will. So wird das Sterben mechanisiert."[298] Trotz der schon seit einiger Zeit betriebenen Forschungen im Bereich der Sterbebegleitung, habe sich in westdeutschen Kliniken, so verkündete zeitgleich der *Spiegel*, überhaupt nichts geändert: Das Personal im Krankenhaus sei hilflos, lasse die Sterbenden allein: „Humaner Tod wird zwar auf Tagungen seit Jahren diskutiert, im medizinischen Alltag hat das aber keine Folgen gehabt."[299] Bereits im Jahr zuvor war das „seelenlose Krankenhaus" Aufhänger einer ganzen Ausgabe gewesen, die nicht zufällig das Lebensende sowie das „erbarmungslose" Sterben fokussierte und dabei zahlreiche der grassierenden Schreckensbilder transportierte, darunter die Vorstellung von an Schläuchen angeschlossenen, enthumanisierten Patienten oder von kalten, desinteressierten Ärzten (vgl. Abb. 28).[300]

Diese Wahrnehmung beschränkte sich keinesfalls nur auf die veröffentlichte Meinung. Vielmehr waren spätestens Ende der 70er Jahre auch die Gesundheitspolitik, Fachverbände und die Ärzteschaft selbst auf die Missstände aufmerksam geworden. Die Deutsche Gesellschaft für Gerontologie verabschiedete etwa 1979 eine Resolution „Sterben aus der Sicht des Krankenhauses", in der sie angesichts der steigenden Zahl an Hochbetagten in Kliniken in 29 Punkten unter anderem Verbesserungen in der Aus- und Fortbildung im Bereich der Sterbebegleitung und speziell der Kommunikationsfähigkeit des medizinischen Personals forderte und zugleich anmahnte, dass „das Sterben in die Wohnung zurückverlegt werden" müsse, da in der „vertrauten Umgebung die Belastung des Sterbenden" sinke.[301]

---

[297] Paul-Heinz Koesters: „Wie schwer ist der Abschied vom Leben? Ärzte erforschen, wie Sterbende sich mit dem Tod abfinden." *Stern*, 10. 12. 1972, S. 86–91, hier S. 89.
[298] „Sterben lernen." *Stern*, 25. 10. 1979, S. 104–115, Zitat S. 110.
[299] „Hilflose Helfer." *Der Spiegel* 33 (1979), Nr. 30, S. 50.
[300] „‚Viele fühlen sich allein gelassen'. Krankenhäuser in der Bundesrepublik: teuer und modern, aber seelenlos." *Der Spiegel* 32 (1978), Nr. 19, S. 38–52, hier v. a. S. 44, die abgebildete Karikatur findet sich auf S. 46.
[301] Deutsche Gesellschaft für Gerontologie: Resolution „Sterben aus der Sicht des Krankenhauses", in: Zeitschrift für Gerontologie 13 (1980), Nr. 6, S. 565–566. Vgl. zu den Hintergründen auch Falck, Sterbebegleitung (1984), S. 358–364.

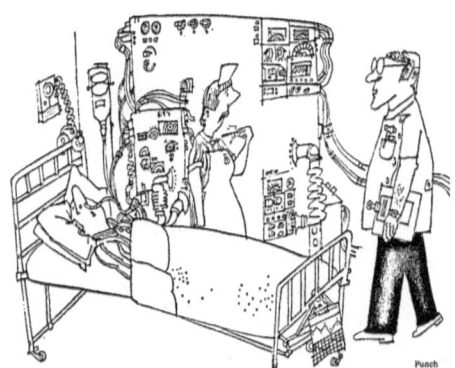

Abb. 28: Punch-Karikatur
in der Spiegel-Ausgabe vom 7. 5. 1978

„Na, Schwester, wie geht's unserer Maschine heute?"

Im selben Jahr befassten sich auf der 43. Gesundheitsministerkonferenz in Düsseldorf erstmals die Gesundheitspolitiker der Länder mit dem Thema.[302] 1983 rief die Ärztekammer Nordrhein die Aktion „Mehr Menschlichkeit in Krankenhaus und Praxis" ins Leben, im Zuge derer auch eine Arbeitsgruppe „Sterben" unter Vorsitz des Thanatologen und Hospizpioniers Franco Rest bestand.[303] Kurz darauf organisierte der Bayerische Landesgesundheitsrat nach jahrelangen internen Debatten über das Problem eine Vollsitzung inklusive Expertenanhörungen zum Umgang mit Sterbenden in Kliniken.[304] Auch im ostdeutschen MfG häuften sich die Eingaben, die teils scharf auf Missstände aufmerksam machten. In einem vertraulichen „Bericht zum Sterben in den Einrichtungen des Gesundheitswesens" resümierte etwa ein Bezirkshygieniker in Neubrandenburg im Februar 1982 mit Blick auf den Umgang mit Sterbenden düster: „Was ich bei unangekündigter Inspektion in zwei Kreiskrankenhäusern an Kulturlosigkeit, Mangel an Pietät und Verwahrlosung gesehen habe, ist unbeschreiblich."[305] Dem zuständigen Bezirksarzt erschien das Material derart „bedeutungsvoll", dass er es direkt Ludwig Mecklinger, dem Minister für Gesundheitswesen, weiterleitete. Als sofortige Gegenmaßnahme habe er in seinem Bezirk die Konzeption von Fortbildungskursen und Lehrveranstaltungen an den Medizinischen Fachschulen sowie Dienstberatungen mit den Kreisärzten angeregt, die zu mehr Sorgfalt instruiert würden.[306]

Die Problemdiagnosen kamen also nicht nur von externen Beobachtern. Im Gegenteil: Viele Ärzte wie Kübler-Ross in den USA, Becker in Westdeutschland oder

---

[302] Vgl. die Tischvorlage „Tagesordnung für die 43. GMK am 10./11. 5. 1979 in Düsseldorf", in: BHStA, MInn 105397 sowie „Hilflose Helfer." Der Spiegel 33 (1979), Nr. 30, S. 50.
[303] Interview Rest, S. 7.
[304] Vgl. die dazugehörige Dokumentation Bayerischer Landesgesundheitsrat, Sterben im Krankenhaus.
[305] Bericht zum Sterben in den Einrichtungen des Gesundheitswesens, Neustrelitz, 11. 2. 1982, in: BA Berlin-Lichterfelde, DQ 1/11613.
[306] Brief des Bezirksarztes des Bezirkes Neubrandenburg an den Minister für Gesundheitswesen Prof. Mecklinger vom 17. 3. 1982, in: BA Berlin-Lichterfelde, DQ 1/11613.

Baust in der DDR gehörten im Westen wie im Osten zu den lautstärksten Kritikern der Situation. Der hessische Landarzt Paul Lüth, der Anfang der 50er Jahre den rechtsextremen, strikt antikommunistischen Bund Deutsche Jugend gegründet und zeitweise geleitet hatte, bezeichnete 1976 den Zustand Sterbender aufbauend auf seine langjährige Praxis als „unmenschlich" und griff seine Kollegen deswegen scharf an.[307] Gerade bei vielen Allgemeinmedizinern und Hausärzten war ein Problembewusstsein hinsichtlich der neuen Herausforderungen am Lebensende geweckt.[308] Auch zahlreiche medizinische Dissertationen beziehungsweise Abschlussarbeiten aus dem postgradualen Studium für Leistungskader des Gesundheits- und Sozialwesens in West- wie Ostdeutschland diagnostizierten Ende der 70er und Anfang der 80er Jahre unbefriedigende bis desaströse Zustände bei der Versorgung Sterbender gerade durch Klinikärzte.[309] Basierend auf einer teilnehmenden Beobachtung in süddeutschen Krankenhäusern stellte etwa 1978 eine Freiburger Doktorarbeit fest, dass viele Ärzte bei todkranken Patienten hilflos seien und sich bei Stationsvisiten in Beschönigungen der Situation flüchteten oder die Kontakthäufigkeit stark reduzierten.[310] Noch 1988, als sich in dem Bereich längst viel getan hatte, ergab eine Gießener Studie zu den Sterbebedingungen in 70 Kliniken aus vier Bundesländern, dass für fast drei Viertel des Krankenhauspersonals die Situation Todkranker nicht „mit zentralen Postulaten der menschlichen Würde vereinbar" war.[311] Gerade am Lebensende schienen Patienten infolge der Entwicklung der Medizin folglich in ihren elementarsten Menschenrechten bedroht – und kritische Ärzte wie Urs Haemmerli, der prominenteste Verfechter der passiven Sterbehilfe in der Schweiz, nahmen nun ganz selbstverständlich auf die Allgemeine Erklärung der Menschenrechte der UN-Generalversammlung von 1948 oder die Europäische Konvention zum Schutze der Menschenrechte und Grundfreiheiten des Europarates von 1950 Bezug, wenn sie für die Notwendigkeit einer verbesserten Sterbebegleitung stritten.[312]

Solch kritische Perspektiven waren sogar im Osten problemlos möglich. Selbst die in anderen Bereichen obligatorischen Verweise auf die vermeintlich guten Rahmenbedingungen des sozialistischen Gesundheitssystems waren hier sehr selten und dort, wo sie zu finden waren, nicht mehr als Lippenbekenntnisse: Der Psychiater und SED-Parteifunktionär Karl Seidel und der Psychotherapeut Jürgen Ott sicherten sich in einem Artikel in einer medizinischen Fachzeitschrift 1977

---

[307] Lüth, Sterben, S. 56–68.
[308] Vgl. für den Westen Mattern, Hausarzt; für den Osten: Dan, Probleme.
[309] Vgl. exemplarisch für den Westen Scheffel, Versorgung, v. a. S. 236–238; Heller, Einstellung, v. a. S. 44–73 sowie für den Osten Rochler, Aspekte, v. a. S. 169–171; Kleemann, Post Mortem, v. a. S. 90 und M.N.: Zur Problematik des Sterbens im Kreis Zossen, speziell bezogen auf die stationären Einrichtungen (Kreis-Krankenhaus Zossen/Ludwigsfelde und Krankenpflegeheim Saalow). Ludwigsfelde 1984, in: BA Berlin-Lichterfelde, DQ 103/385.
[310] Begemann-Deppe, Sprechverhalten. Vgl. hierzu bereits Begemann-Deppe, Krankenhaus.
[311] George/Beckmann/Vaitl, Daten, v. a. S. 307.
[312] Urs Peter Haemmerli: „Medizin und Menschenrecht." *vorgänge* 36 (1978), Nr. 6, 47–64. Vgl. zu Haemmerli Kap. 5.1.

etwa einleitend dadurch ab, dass sie die Probleme am Lebensende auf den Westen abwälzten: „Unser Verhalten zum Sterbenden ist von der Menschlichkeit geprägt, die zum Wesen unserer sozialistischen Gesellschaft gehört." Daraufhin folgte jedoch eine mit westlichen Positionen vergleichbare Radikalkritik an der Situation auch in der DDR, wo Lehrprogramme und wissenschaftliche Studien fehlten. Viele Ärzte, die am „Bild des heilenden und erfolgreichen Therapeuten" festhielten und dadurch im Umgang mit Sterbenden überfordert seien, müssten das Sterben als Lebensprozess wahrnehmen lernen, denn der Sterbende dürfe in der „größten emotionalen Krise seines Lebens nicht aufgegeben werden" und benötige „psychische Führung und emotionale Zuwendung".[313] Ganz ähnlich argumentierte im Jahr darauf ein Artikel zur hausärztlichen Sterbebegleitung in einer anderen zentralen ostdeutschen Fachzeitschrift, der unverblümt feststellte, dass die Ansprüche einer humanen Betreuung Todkranker eben noch keinesfalls als „weitgehend befriedigend angesehen werden können", sondern grundsätzliche „Einstellungsänderungen" nötig seien.[314] Auch eine 1980 an der Akademie für Ärztliche Fortbildung eingereichte Dissertation betonte zwar zu Beginn, dass der Umgang mit Todkranken in der DDR „durch Humanität geprägt" sei, „einem Wesenszug unserer sozialistischen Gesellschaft", relativierte dies aber im empirischen Teil, in dem sie die Zustände vehement kritisierte.[315] Insbesondere seien viele Ärzte und Krankenhäuser – dies war im Osten ebenso wie im Westen immer mehr Konsens – „offensichtlich" völlig unzureichend auf die Betreuung von Sterbenden vorbereitet, wie 1981 der Sozialmediziner Kay Blumenthal-Barby und der Onkologe Roland Jacob, Chefarzt der strahlentherapeutischen Klinik im Klinikum Berlin-Buch, ungeschminkt einräumten.[316]

Uneinigkeit herrschte lediglich bei der Suche nach den Ursachen. Waren diese systemimmanent oder doch primär auf externe Faktoren jenseits des Medizinwesens zurückzuführen? Eine empirische Untersuchung durch einen Psychologen in West-Berlin ergab 1980, dass keinesfalls gesellschaftliche Tabus für die Unfähigkeit vieler Ärzte verantwortlich seien, ein empathisches Verhalten gegenüber Sterbenden zu zeigen. Die Hemmnisse lägen vielmehr „konkret im Stationsalltag" begründet, etwa in einem einseitigen Leistungsdenken, einer Orientierung auf technische Therapieverfahren oder einer tiefgreifenden Durchstrukturierung des Klinikalltags, die ein individuelles Eingehen auf Patienten erschwere.[317] Ein ostdeutscher Arzt führte dagegen in seiner an der Akademie für Ärztliche Fortbildung vorgelegten Doktorarbeit Anfang der 80er Jahre die von ihm empirisch belegten Hemmungen vieler Kollegen, mit den Patienten über das Sterben zu sprechen, auf ideologische Lücken zurück und forderte die marxistische Philosophie dazu auf, aus

---

[313] Seidel/Ott, Patient.
[314] Hahn/Thom, Gesellschaft, S. 567.
[315] Zingelmann, Untersuchungen, S. 1.
[316] Blumenthal-Barby/Jacob, Sterben, S. 45. Vgl. auch Zingelmann, Untersuchungen, S. 59 und Seidel/Körner/Ott/Schirmer, Betreuung.
[317] Potthoff, Tod, v. a. S. 102 f.

materialistisch-atheistischer Sicht neue Antworten auf die Sinnkrisen rund um den Tod zu finden: „Woran sollen sich die Sterbenden klammern in ihrer Verzweiflung?"[318] Dies war durchaus mutig, wenngleich er dabei die Freiräume nutzte, die in diesem Bereich spätestens existierten, seit einige Jahre zuvor der SED-Chefideologe Kurt Hager höchstpersönlich entsprechende Deutungslücken konzediert hatte.[319] Auf frappierend ähnliche Weise argumentierte 1984 im Westen ein bayerischer Oberarzt auf der erwähnten Sitzung des Landesgesundheitsrates, dass für die gravierenden Mängel keinesfalls die moderne Medizin die Verantwortung trage. Schuld daran sei vielmehr die gesellschaftliche Verdrängung des Sterbens, die „mehr denn je Fundament unseres Lebensgefühl ist und unser Denken und Handeln ständig mitbestimmt."[320] Dass fast die Hälfte der zu ihren Erfahrungen mit Tod und Sterben befragten Heidelberger Medizinstudenten angab, sich bislang eher weniger mit dem Thema auseinandergesetzt zu haben, war einige Jahre darauf für den Autor einer Studie „ein Phänomen, was unserer gesamtgesellschaftlichen Tendenz" entspricht.[321] Auch eine zwischen Februar 1990 und Mai 1991 durchgeführte Befragung unter Leipziger Ärzten ergab, dass diese neben dem Zeit- und Personalmangel im Gesundheitswesen vor allem allgemeine „Grundmängel im gesellschaftlichen Moralgefühl" als Hauptursache für Missstände in der Sterbebegleitung ansahen – noch vor einem fehlenden Einfühlungsvermögen des Personals, einer ungenügenden Ausbildung oder strukturellen Missständen in medizinischen Einrichtungen.[322]

Unumstritten indes war in allen Fällen die Quantität und Qualität der Mängel bei der Versorgung Sterbender. Die Ärzteschaft war – so der sich im Laufe der 70er Jahre zunehmend ausprägende Konsens – nicht adäquat auf die Herausforderungen bei chronischen Sterbeverläufen vorbereitet.[323] Diese Erkenntnis konnte nun sogar in der DDR offen kommuniziert werden. Blumenthal-Barby forderte etwa 1980 in einem Leserbrief im wichtigsten ostdeutschen Ärztemagazin eine „völlig andere Haltung" gegenüber Sterbenden, insbesondere eine starke Verbesserung der medizinischen Versorgung.[324] So fiel mitunter bereits zeitgenössischen Beobachtern in der Bundesrepublik auf, dass, wie ein Artikel im *Deutschen Ärzteblatt* 1981 betonte, in dem sozialistischen Staat „bei der Bewältigung der Probleme" rund um das Lebensende „ähnliche Schwierigkeiten wie in anderen Industrienationen bestehen" – und daher ein grenzübergreifender Erfahrungsaustausch sinnvoll sei.[325] Tatsächlich prägte sich auch auf der Suche nach Antworten im

---

[318] Rochler, Aspekte, S. 120.
[319] Vgl. hierzu Kap. 4.1.
[320] Das Vortragsmanuskript findet sich in Bayerischer Landesgesundheitsrat, Sterben im Krankenhaus, S. 5–11, Zitat S. 5.
[321] Schober, Tod, S. 164.
[322] Krause, Umgang, S. 84–87.
[323] Wegweisend im Westen Glaser/Strauss, Interaktion. Vgl. auch für die DDR Brüschke, Ethik, S. 240.
[324] Blumenthal-Barby, Arzt.
[325] Herbert Mück: „Sterben und Tod im Sozialismus." *Deutsches Ärzteblatt* 78 (1981), Nr. 9, S. 420–423.

Westen wie im Osten ab Ende der 70er Jahre ein nahezu identischer Ansatz aus. Dies betraf spezifischere Problemlösungen, wie die rasch steigende Akzeptanz von Therapieverzicht und Behandlungsabbruch, die nicht mehr nur als medizinethisch wie juristisch legitim galten, sondern zunehmend sogar zentrale Grundpfeiler des Selbstbestimmungsrechts des Patienten darstellten.[326] Es betraf aber auch das große Ganze: Die Frage, wie die zeitgenössische Medizin eine angemessene, „würdige" und menschliche Versorgung von Sterbenden erreichen könne.

Palliativ oder perimortal? Die Suche nach Problemlösungen in den 70er und 80er Jahren

Die Geschichte der Palliativmedizin – also einer auf die Belange von Schwerkranken und Sterbenden spezialisierten medizinischen Versorgung – reicht bis ins Spätmittelalter zurück. In ihr verband sich von Anfang an eine intensive ethische Debatte über die Bedürfnisse todkranker Patienten mit der Konzeption geeigneter Behandlungspraktiken im stationären wie ambulanten Bereich, wobei die konkreten Schwerpunktsetzungen im Laufe der Zeit variieren konnten: Anfang des 20. Jahrhunderts etwa, als infolge des grassierenden Fortschrittsoptimismus palliative Ansätze ohnehin an Bedeutung verloren, spielten Fragen der konkreten Betreuung von Sterbenden kaum eine Rolle, stattdessen dominierte die Auseinandersetzung um Sterbehilfe.[327] Doch es waren die eben beschriebenen neuen Problemstellungen, der steigende Reformdruck und die wachsende Deutungskonkurrenz durch andere Akteure im Feld der Sterbebegleitung, die seit den 70er Jahren die Institutionalisierung der Palliativmedizin und ihre Verankerung als anerkannte, eigenständige Disziplin innerhalb der Medizin einleiteten.[328]

Hinsichtlich der neuen Herausforderungen versprach die Hospizidee Abhilfe. Zahlreiche westdeutsche Ärzte reisten in den 70er und verstärkt den frühen 80er Jahren insbesondere nach Großbritannien und Nordamerika, um Hospizeinrichtungen zu besuchen – und ihr Wissen anschließend mit zurückzubringen. Ihr Interesse galt speziell den dort praktizierten neuen Ansätzen im Bereich der Schmerztherapie – vor allem das multidimensionale, über rein körperliche Symptome hinausgehende Schmerzverständnis (Total Pain) – und bei der psychosozialen Betreuung von Sterbenden, schloss aber mitunter sogar Fragen einer adäquaten Begleitung der Angehörigen ein.[329] Die bis dato ungewöhnliche bis verpönte Behandlung unheilbar Kranker mit Morphin sei, wie einer der Pioniere jener hospizlichen Erkundungsreisen, Aart van Soest vom Tübinger Paul-Lechler-Krankenhaus, rekapitulierte, Anfang der 70er Jahre die erste, im Anschluss an den Besuch

---

[326] Vgl. als Überblick hierzu Füllmich, Tod sowie ausführlich Kap. 5.1.
[327] Vgl. Stolberg, Geschichte, S. 7–11 und S. 252, darin umfassend zur Geschichte der Palliativmedizin vor 1945 S. 21–232.
[328] Vgl. Clark, Comfort, S. 167.
[329] Vgl. zum auf Saunders zurückgehenden Total Pain-Konzept Kap. 4.2 und Gerhard, Palliativmedizin, S. 16 f.

eines Londoner Hospizes erfolgte Veränderung in der eigenen medizinischen Praxis gewesen: „Damals rief dieser segensreiche Umgang mit Morphin noch entrüstete bis empörte Reaktionen bei pflegerischen und ärztlichen Mitarbeitern hervor. Ein aufgebrachter Kollege sprach von einem ‚systematischen Kunstfehler'."[330] Tatsächlich waren die Ziele palliativer Medizin und hospizlichem Engagements nahezu deckungsgleich, zumal im Hospizbereich – bei aller Medizinkritik – der Einsatz speziell geschulter Ärzte ebenso selbstverständlich war wie es umgekehrt die Integration freiwilliger Helfer in medizinische Palliativteams werden sollte.[331] Mit der Hospizbewegung stimmte die Palliativmedizin auch grundsätzlich darin überein, dass die Versorgung von Sterbenden stark defizitär sei und zahlreiche Verbesserungen bei der Sterbebegleitung erreicht werden müssten, um eine ganzheitliche Versorgung schwerstkranker Menschen gewährleisten zu können.[332]

Trotz der historischen Vorläufer palliativmedizinischer Praktiken war es mithin das Hospizkonzept, das zur Triebkraft für deren (Neu-)Entdeckung avancierte.[333] Dadurch ergab sich gerade zu Beginn eine enge Symbiose. Viele Ärzte waren führend in der zivilgesellschaftlichen Hospizbewegung engagiert und arbeiteten selbst palliativmedizinisch, ob in Hospizeinrichtungen oder in Kliniken – oder sogar in beiden gleichzeitig.[334] Die jeweiligen Protagonisten kannten sich bestens von den immer häufiger werdenden Tagungen – so organisierte etwa die im hessischen Bad Nauheim sitzende Deutschen Akademie für medizinische Fortbildung in den Jahren 1981 und 1983 mehrere Kongresse mit zahlreichen führenden Palliativmedizinern und Hospizpionieren – und es existierten enge Netzwerke und persönliche Freundschaften.[335] Im angloamerikanischen Raum gehen „Palliative Care" und „Hospice Care" bis in die Gegenwart Hand in Hand. So stammt etwa das Vorwort des zentralen Oxford Textbook of Palliative Medicine aus der Feder von Cicely Saunders.[336] Auch in der Bundesrepublik änderte sich dies trotz der zunehmenden Ausdifferenzierung von Hospizbewegung und Palliativmedizin im Rahmen des jeweiligen, sozialpolitisch flankierten Institutionalisierungsprozesses sowie des Aufkommens grundsätzlicher Differenzen in den folgenden Jahrzehnten nur bedingt.[337] Zwar sollten sich im Zuge dieser Entwicklung nicht nur die Strukturen der Finanzierung, sondern wichtige inhaltliche Aspekte wie Personalschlüssel, Liegedauer oder Qualitätsanforderungen auseinander bewegen und sich der

---

[330] Van Soest, Aufgabe, S. 15.
[331] Vgl. hierzu ausführlich Kap. 8.2 und für das Fallbeispiel München Kap. 9.2.
[332] Vgl. zu den inhaltlichen Schnittmengen zwischen den Konzepten auch Metz, Hospizbewegung und Have/Janssens, Introduction, v. a. S. 1 f.
[333] Vgl. Clark, Comfort, v. a. S. 221–224.
[334] Vgl. für ein Beispiel Elisabeth Albrecht: „Medizinische Sterbebegleitung im Hospiz." *Deutsches Ärzteblatt* 87 (1990), Nr. 1–2, S. A 44-A 46.
[335] Vgl. Deutsche Akademie für medizinische Fortbildung, Sterben (1981) und Sterben (1983).
[336] Saunders, Foreword. Vgl. zur Situation in den USA Golek, Standort, S. 96–111 und zur semantischen Nähe der Begrifflichkeiten im Englischen Jordan, Hospizbewegung, S. 16.
[337] Vgl. hierzu auch Interview Vogt, v. a. S. 19 f.; Stoddard, Hospiz-Bewegung, S. 136–153 sowie ausführlich zu den Folgen der Institutionalisierung von Hospizidee und Palliativmedizin, auch und gerade für deren Verhältnis, Kap. 10.2.

Grundsatz verfestigen, dass Hospizeinrichtungen eher pflegerisch, Palliativdienste eher medizinisch agierten.[338] Eine geschlechtergeschichtlich markante Folge davon war, dass die Hospizidee eher weiblich, die Palliativmedizin stärker männlich geprägt war. Doch die ideelle und personelle Nähe blieb bis zur Jahrtausendwende bestehen: Führende ärztliche Berufsverbände wie der Marburger Bund äußerten sich immer wieder positiv gegenüber der Hospizidee und bei Förderentscheidungen zu hospizlichen Projekten waren es nicht nur bei der Robert Bosch Stiftung oft Palliativmediziner, die die Gutachten schrieben – und ihre Kollegen mitunter wärmstens dafür lobten, „im Finalstadium einer unheilbaren Krankheit das Wohl und die Würde von Patienten zu erhalten und zu bewahren."[339]

Vor diesem Hintergrund erklärt sich, dass die Gründung der ersten Palliativstationen in der Bundesrepublik für gemeinhin ganz selbstverständlich und durchaus mit guten Gründen als Teil der Hospizgeschichte erzählt wird.[340] Denn auch hier zeigte sich die Allianz zwischen der jungen Hospizbewegung und der aufstrebenden medizinischen Spezialdisziplin. An Krankenhäuser angegliederte palliative Stationen hatten sich wiederum seit Mitte der 70er Jahre in Nordamerika und Großbritannien etabliert und entfalteten rasch eine starke internationale Ausstrahlungswirkung.[341] Dies galt insbesondere für die 1975 durch den auf urologische Krebserkrankungen spezialisierten kanadischen Chirurg Balfour Mount am renommierten Royal Victoria Hospital in Montreal gegründete Palliativstation. Mount waren bei der Lektüre der Bücher von Kübler-Ross seine eigenen Lücken im Umgang mit todkranken Patienten aufgefallen, woraufhin er in London am St. Christopher's Hospice von Saunders hospitiert hatte. Angetan insbesondere von den dortigen Erfolgen bei der Schmerzkontrolle von Tumorpatienten, suchte er nach Wegen einer Umsetzung des Konzepts in der eigenen klinischen Tätigkeit – und entschied sich aus Finanzierungsgründen für die Gründung einer hospizähnlichen Palliativabteilung, auf der medizinische und pflegerische Leistungen über die regulären Krankenhaussätze abgerechnet werden konnten.[342]

In der Bundesrepublik war das Vorgehen ganz ähnlich, wobei besonders das Rheinland zu einem frühen Zentrum der Palliativmedizin wurde. In Köln gründete sich 1980 die Arbeitsgemeinschaft für Medizinische Ethik und Gesellschaftsbildung (AMEG), die sich unter Führung des katholischen Theologen und Krankenhausseelsorgers Helmut Zielinski, der zuvor in einem englischen Hospiz gearbeitet hatte, rasch auf Sterbebegleitung spezialisierte.[343] Bereits einige Jahre zuvor war

---

[338] Vgl. Mielke, Sterben, S. 111 f.
[339] Vgl. die Stellungnahme des Marburger Bundes zu Hospizbewegung und Sterbebegleitung vom 15. 5. 1996, in: Schell, Sterbebegleitung, S. 181 bzw. RBS-A, 1106–443.
[340] Vgl. hierzu Heller u. a., Geschichte, S. 141 f.; Stolberg, Geschichte, v. a. S. 237–245 und für eine entsprechende zeitgenössische Perspektive eines der frühen Kölner Palliativmediziner Zech, Entwicklung.
[341] Vgl. Stolberg, Geschichte, S. 241–245.
[342] Vgl. Föllmer, Palliativversorgung, S. 13 und ausführlich Clark, Comfort, v. a. S. 107–164.
[343] Vgl. Hospizarbeit in den Einrichtungen des Diakonischen Werkes der EKD, S. 36 und Heller u. a., Geschichte, S. 208–210.

an der Chirurgischen Universitätsklinik eine spezielle ambulante Nachsorgesprechstunde für Krebspatienten geschaffen worden, eine Reaktion auf den für das medizinische Personal ernüchternden Umstand, dass sie Patienten ins Ungewisse entlassen mussten, bei denen die onkologische Behandlung erfolgreich oder aber erfolglos abgeschlossen worden war.[344] Ziel der in diesem Bereich besonders engagierten Ärztin Ingeborg Jonen-Thielemann war der Aufbau einer kleinen, der Chirurgie angegliederten Station zur ganzheitlichen palliativen Versorgung.[345] Gemeinsam mit Zielinski und mit Unterstützung des Direktors der Chirurgischen Klinik, Heinz Pichlmaier, konzipierte und schuf sie in der Folge die erste Palliativstation in der Bundesrepublik.

Die „Station für palliative Therapie" eröffnete ihren Betrieb mit zunächst zwei Doppelzimmern am 7. April 1983, finanziell gefördert von der Deutschen Krebshilfe. Die beiden ersten Patienten waren Tumorkranke im Endstadium, die bereits seit längerem in Köln in Behandlung waren. Gerade im Bereich der Schmerztherapie erfolgte ein enger Austausch mit dem Londoner St. Christopher's Hospice. Neben die Symptomkontrolle rückte gleichrangig die „geistig-seelische Betreuung durch die menschliche Zuwendung *aller* Mitarbeiter" – also auch der Ärzte. Diese hielten ihre Visite regelmäßig im Wohnzimmer bei einer gemeinsamen Tasse Kaffee ab, was den Patienten ebenso eine familiäre Atmosphäre vermitteln sollte wie die ihnen eingeräumte Möglichkeit, selbst zu bestimmen, wann sie aufstehen oder essen wollten.[346] Die Palliativstation und der seit 1984 operierende, ihr angeschlossene ambulante Hausbetreuungsdienst konnten in den darauffolgenden Jahren weiter ausgebaut werden, vor allem dank der intensiven Hilfe von Mildred Scheel, der Ehefrau des ehemaligen Bundespräsidenten Walter Scheel, selbst Ärztin und Gründerin der Deutschen Krebshilfe. Stationär wurden bis zur Wiedervereinigung in Köln fast 300 Sterbende, allesamt Krebspatienten, betreut.[347] In der Wendezeit errichteten Zielinski und eine Krankenschwester von der Station darüber hinaus in einem Kölner Vorort das erste Hospiz der Stadt, das fortan eng mit den Palliativmedizinern an der Universitätsklinik kooperierte.[348] Anfang der 90er Jahre erfolgte die Gründung des „Dr. Mildred Scheel Hauses" mit 15 Betten, das in der frühen Bundesrepublik als Aushängeschild der Palliativ- und Hospizbewegung galt, nicht zuletzt wegen seiner vergleichsweise immensen finanziellen Ressourcen und einer dazugehörigen Akademie für Forschung und Bildung im Bereich der Sterbebegleitung.[349]

---

[344] Vgl. hier und im Folgenden zum Aufbau der Kölner Palliativstation Interview Jonen-Thielemann; Interview Pichlmaier und Volontieri, Hospizbewegung, S. 17–19.
[345] Vgl. zur Biografie und zur Bedeutung von Jonen-Thielemann Gisela Klinkhammer: „Ingeborg Jonen-Thielemann: Pionierin der Palliativmedizin." *Deutsches Ärzteblatt* 104 (2007), Nr. 42, S. A 2896.
[346] Thielemann-Jonen/Pichlmaier, Pflege, Zitat S. 279 (Hervorhebung im Original).
[347] Zielinski, Religion, S. 124; Interview Jonen-Thielemann, S. 7 f.
[348] Vgl. Interview Radbruch, S. 2; Volontieri, Hospizbewegung, S. 23 f.
[349] Vgl. Kap. 10.2.

Im Anschluss an die Einrichtung der Kölner Palliativstation entstanden im ganzen Bundesgebiet weitere Projekte für palliativmedizinische Abteilungen, unter anderem in Bonn, Saarbrücken oder im noch näher zu betrachtenden München.[350] Begünstigt wurden diese durch persönliche Netzwerke und eine rasche Wissensdiffusion. So schnellte die Zahl an einschlägigen Veröffentlichungen und Tagungen in die Höhe. In einem bereits kurz nach der Gründung der Kölner Station eingerichteten, ebenfalls durch die Deutsche Krebshilfe finanzierten und von der AMEG unterstützten „Bildungsforum" vermittelten die dortigen Palliativmediziner die in der Praxis gewonnenen Erkenntnisse an andere Ärzte, medizinisches Personal, Sozialarbeiter, aber auch an Betroffene und Privatpersonen.[351] Die Stationsärztin Jonen-Thielemann veranstaltete regelmäßig fünftägige Wochenseminare zur Palliativmedizin, an denen interessierte Ärzte aus der ganzen Bundesrepublik teilnahmen – so verbreiteten sich die neuen Ansätze nicht nur in der Theorie, sondern auch in der Praxis rasch innerhalb der Ärzteschaft.[352] Für manche junge Ärzte bot das aufstrebende Spezialgebiet dabei neben fachlichen Reizen auch die Möglichkeit, Prestige in der Community zu gewinnen und eine besondere Qualifikation zu erlangen, die durchaus förderlich für die eigene Karriere sein konnte.[353] In Bonn etwa bewarb sich Eberhard Klaschik, der zuvor wie so viele bei Saunders in London hospitiert und dann als Oberarzt in Köln beim Aufbau der Palliativstation mitgewirkt hatte, 1984 erfolgreich um die Leitung der Abteilung für Anästhesiologie und Intensivmedizin am Malteser-Krankenhaus Rhein-Sieg. Im Bewerbungsverfahren punktete er mit dem Vorschlag der Einrichtung eines Konsiliardienstes für Schmerztherapie bei Sterbenden und der perspektivischen Gründung einer eigenen palliativen Station. Diese eröffnete nach längerer Vorlaufzeit schließlich 1990, wobei Klaschik Unterstützung von seinem jungen Assistenzarzt Friedemann Nauck erhielt, der sich extra in britischen Hospizen im Bereich der Schmerztherapie bei Sterbenden fortbilden ließ – und prompt erster Stationsarzt wurde. Sowohl Klaschik als auch Nauck sollten mit palliativmedizinischen Veröffentlichungen auch akademisch Karriere machen und später einschlägige Professuren erhalten.[354] Auf diese Weise hatte sich die Palliativmedizin bereits zur Zeit der Wiedervereinigung in der Bundesrepublik fest etabliert, obschon die Zahl der stationären Einrichtungen (mit drei) noch sehr gering war.

Zeitgleich zum Westen gewannen palliative Ansätze und Praktiken auch in der DDR an Bedeutung – wenngleich verpackt unter anderen Begrifflichkeiten. Gleich zwei unterschiedliche, aber eng miteinander verwandte Ideen befassten sich mit der Neukonzeption medizinischer Sterbebegleitung. Die schon vorgestellte, von führenden marxistischen Medizinethikern seit Anfang der 80er Jahre vertretene Sterbebetreuung reagierte speziell auf die Problematik der künstlichen Lebensver-

---

[350] Vgl. hierzu Kap. 9.1 und Heller u. a., Geschichte, S. 141–151.
[351] Thielemann-Jonen/Pichlmaier, Pflege, S. 280; Volontieri, Hospizbewegung, S. 19.
[352] Vgl. Interview Binsack, S. 4 und Interview Blettermann, S. 12.
[353] Vgl. auch Interview Bausewein, S. 4f. und S. 20–23 sowie Interview Vogt, S. 12.
[354] Vgl. Interview Klaschik, S. 2; Interview Nauck, S. 2–5.

längerung von Sterbenden und die zeitgenössische Debatte um Sterbehilfe.[355] Der Fokus lag auf einer Diskussion der Bedingungen von Therapieabbruch und Behandlungsverzicht am Lebensende, zugleich aber auch auf Fragen der „psychischen Führung Todkranker", inklusive einem – gerade von Klinikern wie Günter Baust geteilten – Plädoyer für mehr menschliche Nähe am Sterbebett.[356] In diesem Zusammenhang betonte die sozialistische Sterbebetreuung zugleich die Notwendigkeit einer ganzheitlichen, also auch soziale und spirituelle Probleme einschließenden Schmerzlinderung, die im Sterbeprozess die „Pflicht zur unbedingten Lebenserhaltung" als vorrangige Aufgabe des behandelnden Arztes ersetze.[357] In seiner Gesamtheit bot das Konzept der Sterbebetreuung damit – ganz wie die Palliativmedizin im Westen – sowohl eine Antwort auf Missstände im Bereich der Begleitung Todkranker in medizinischen Einrichtungen als auch eine dezidiert als solche ausgeflaggte Alternative zu möglichen Patientenwünschen nach ärztlicher Suizidbeihilfe oder Sterbehilfe.

Das ungefähr zur selben Zeit entwickelte Konzept der „perimortalen Medizin" war dagegen primär vom Hintergrund des ärztlichen Umgangs mit Sterbenden aus gedacht. Es war noch stärker praktisch orientiert und beinhaltete etwa konkrete Verhaltensvorschläge. Initiator war Anfang der 80er Jahre der ehemalige Schiffsarzt Kay Blumenthal-Barby, der am Institut für Sozialhygiene und Organisation des Gesundheitswesens „Maxim Zetkin" in Berlin arbeitete, einer dem MfG unterstellten selbstständigen wissenschaftlichen Einrichtung, die sich eigentlich vorrangig Fragen der medizinischen Statistik annahm. Blumenthal-Barby indes hatte bereits zuvor die thanatologische Forschung in der DDR auch jenseits seiner Studien zu Sterbeorten und Mortalitätsraten maßgeblich vorangetrieben.[358] 1982 gründete er eine Arbeitsgruppe perimortale Medizin innerhalb der Gesellschaft für Klinische Medizin der DDR, die enge Kontakte zur Akademie für Ärztliche Fortbildung unterhielt, wo in den Jahren bis zur Wende einige einschlägige Dissertationen entstanden.[359] Darüber hinaus begann Blumenthal-Barby mit einer intensiven Publikationstätigkeit, wobei seine Bücher wie „Betreuung Sterbender" (1982) und „Wenn ein Mensch stirbt... Ausgewählte Aspekte perimortaler Forschung" (1986) sich durch eine weitgehende Ideologiefreiheit auszeichneten und durchaus Publikumserfolge waren, die in mehreren Auflagen erschienen.[360] Sie beinhalteten eine erstaunlich harsche Kritik an den Zuständen in der DDR, die teilweise sogar zu weit ging, wenn etwa fälschlich behauptet wurde, dass in Ostdeutschland im Unterschied zur Publikationsflut im Westen bis dahin noch überhaupt nicht zum

---

[355] Vgl. Kap. 5.1.
[356] Vgl. Seidel/Hinderer/Körner, Grundsätzen; Baust, Sterben; Volland/Körner, Sterbebetreuung; Seidel/Hinderer/Körner, Humanismus, Zitat S. 598.
[357] Vgl. Engelmann u. a., Bewahrungsauftrag, S. 121.
[358] Vgl. zu Blumenthal-Barby Kap. 2.1 sowie 4.1 und zu seiner Biografie Krause, Umgang, S. 136.
[359] Vgl. hierzu auch Schulz, Search, S. 220 f.
[360] Vgl. Tóth, Shades, S. 155 sowie zum Publikationserfolg auch Blumenthal-Barby, Betreuung, S. 7 und ders., Mensch, S. 17.

Thema Sterben publiziert worden sei.[361] In jedem Fall sei das Betreuungsangebot – wie es in einem frühen Positionspapier der AG perimortale Medizin hieß – im internationalen Vergleich stark rückständig, den Ärzten mangele es an „Verhaltensorientierung".[362]

Diesen Missstand suchte die perimortale Medizin mittels ihres klar anleitenden Charakters zu beheben. Die Veröffentlichungen sollten konkrete Hilfestellungen für das richtige Verhalten gegenüber Sterbenden bieten. Über allem stand die Erkenntnis, dass menschliche Zuwendung in der letzten Lebensphase ein grundlegendes Recht des Einzelnen sei.[363] Der Hausarzt beispielsweise, dem idealerweise die Sterbebegleitung obliege, sollte sich um „eine würdige und ruhige Atmosphäre" bemühen, was ein sicheres Auftreten und eine „Führung" der Angehörigen nötig mache.[364] Eine Isolation und Vereinsamung sei zu vermeiden, die Familie nach Möglichkeit „wieder in die Pflege und Betreuung Sterbender einzubeziehen."[365] Gemeinsam mit der in einer Landpraxis tätigen Internistin Susanne Hahn plädierte Blumenthal-Barby nachdrücklich für eine Rückkehr zur häuslichen Versorgung Schwerstkranker, da dort die besten Voraussetzungen für die Sterbebegleitung vorhanden seien. Ärzte müssten die Familie entsprechend auf ihre Betreuungsaufgaben vorbereiten und eine ambulante Schmerzkontrolle gewährleisten.[366] Ähnlich wie in der Palliativmedizin waren Begriffe wie „Würde" oder Verweise auf die ganzheitlichen, auch psychosozialen Bedürfnisse todkranker Patienten omnipräsent.[367] Ohnehin war das Konzept spürbar von der westlichen Thanatologie inspiriert, insbesondere von der auch prominent in den Literaturverzeichnissen aufscheinenden Kübler-Ross, wenn etwa argumentiert wurde, dass eine „vernünftige Einstellung zum Sterben und zum Tod das Leben schöner machen" könne. Das Ziel der perimortalen Medizin, die folglich ganz im Sinne der westlichen Hospizarbeit sogar Angehörigenbegleitung und Trauerarbeit mit berücksichtigte, sei mithin, die Todesfurcht zu besiegen.[368] Diese sei in der Moderne – wie Blumenthal-Barby unter Aufgreifen der Tabuisierungsthese argumentierte – bei vielen Menschen infolge eines Entfremdungsprozesses vom Sterben stark angestiegen, der wiederum auf die medizintechnische Entwicklung und die Institutionalisierung des Lebensendes zurückgeführt werden müsse.[369] Auch die konkreten Aufgaben und Anforderungen des Sterbebegleiters entsprachen exakt dem, was im Westen Konsens war: Er müsse sich um eine „wahrhaftige" Kommunikati-

---

[361] Blumenthal-Barby, Betreuung, S. 16 f.
[362] Ebd., S. 186 f.
[363] Ebd., S. 138 f. Vgl. als Überblick über die Grundzüge des Konzepts Blumenthal-Barby, perimortale Medizin.
[364] Blumenthal-Barby, Betreuung, S. 187.
[365] Blumenthal-Barby, Mensch, v. a. S. 87 und (Zitat) S. 91.
[366] Blumenthal-Barby/Hahn, Sterbeort. Zu Hahn vgl. Krause, Umgang, S. 135.
[367] Vgl. besonders Feldes/Hahn, Anforderungen; Kleemann, Post Mortem, S. 90.
[368] Blumenthal-Barby, Mensch, S. 49 sowie darin zur Trauerarbeit v. a. S. 116–146.
[369] Ebd., S. 16 f.

7.2 Das Sterben und die Medizin in West und Ost

on bemühen, eine Einstellung zu seinem eigenen Tod besitzen und den Sterbenden in seiner Persönlichkeit akzeptieren, ohne Wertungen vorzunehmen.[370]

Gerade im letzten Jahrzehnt ihres Bestehens etablierte sich in der DDR ein relativ offener, vergleichsweise ideologiefreier Zugang zum Thema ärztliche Sterbebegleitung, der zahlreiche systemübergreifende Verbindungen aufwies. Beiderseits der Mauer beschäftigten sich Mediziner wie praktische Ärzte intensiv mit der Problematik des Umgangs mit Sterbenden und kamen zu denselben Lösungsansätzen. Fraglos waren die palliativen Konzepte in der DDR vordergründig durchaus von den stärker paternalistischen Strukturen im ostdeutschen Gesundheitswesen beeinflusst – wie Formulierungen wie „psychische Führung Todkranker" oder der oft gebrauchte Begriff der „Betreuung" verdeutlichten, die tendenziell Hierarchien fortschrieben und eine Objektstellung des Patienten betonten.[371] Doch die Unterschiede waren vor allem semantischer Art – und selbst hier nicht konsequent: So sprachen auch ostdeutsche Ärzte Ende der 80er Jahre im Kontext der Sterbebetreuung ungeniert von „palliative[n] Behandlungsmethoden".[372] Und mit Blick auf Inhalte und Zielvorstellungen waren die Konzepte ohnehin praktisch identisch. Sie forderten mehr Mitspracherechte für den todkranken Patienten, zum Beispiel was einen Therapieverzicht anging; sogar religiöse Praktiken am Lebensende wurden im Osten bereitwillig freigestellt, wo sie der Befriedung der subjektiven Bedürfnisse des Betroffenen dienten. Wie in der Bundesrepublik lag auch in der DDR ein Fokus auf der Schaffung und Optimierung medizinischer Versorgungsstrukturen für Sterbende jenseits der stationären Einrichtungen.[373] In beiden deutschen Staaten verbanden sich dabei finanzielle Erwägungen mit dem Ziel einer verbesserten, menschenwürdigeren Sterbebegleitung. Sofern es die familiären Rahmenbedingungen und der Krankheitsverlauf zuließen, sollte – wie in den 80er Jahren zahlreiche Ärzte, aber auch Gesundheitsfunktionäre wie Eckhard Kobryn vom Ost-Berliner Magistrat in Bestätigung der Position der perimortalen Forschung verkündeten – ein Sterben zu Hause unterstützt werden.[374]

Schwer zu bemessen ist der tatsächliche Einfluss, den diese neuen palliativen Ansätze in den 80er Jahren auf die ärztliche Praxis in der DDR ausübten. Gerade angesichts der defizitären Ausstattung, personellen Mängel und schwierigen finanziellen Rahmenbedingungen im Gesundheitswesen sind hier durchaus Vorbehalte angebracht.[375] Gleichwohl belegen konkrete Beispiele entsprechende Bemühungen: Im Raum Erfurt etwa spezialisierten sich gleich zwei stationäre Einrichtungen auf eine palliative Versorgung todkranker Tumorpatienten, wobei

---

[370] Vgl. ebd., S. 76–87; Blumenthal-Barby/Hahn, Sterbeort, S. 102.
[371] Vgl. zu dieser Semantik als Ausdruck der Grundstrukturen der ostdeutschen Medizin Lohmann, Grundwerte, S. 8 f.
[372] Baust, Sterben, S. 169.
[373] Vgl. auch Hahn/Thom, Gesellschaft; Dan, Probleme; Schmerler, Todesahnung und Brandt/Hahn/Thom, Probleme.
[374] Kobryn/Neumann/Kuminek, Betreuung.
[375] Vgl. Bettin, Bedeutsam, S. 55. Zum Einfluss gesundheitsökonomischer Fragen auf die Verteilung medizinischer Ressourcen im ostdeutschen Gesundheitswesen vgl. Braun, Medizin.

sich die Ärzte entsprechende Wissensbestände autodidaktisch aneigneten. Diese Aktivitäten bildeten die Basis für die Errichtung einer Palliativstation im Katholischen Krankenhaus Erfurt in den 90er Jahren.[376] Auch darüber hinaus spricht vieles dafür, dass die palliativen Ideen in den letzten Jahren vor der Wende wenigstens eine partielle Durchschlagskraft entfalteten.[377]

Dies betrifft erstens die enorme Wissenszirkulation, die in jener Zeit einsetzte. So war die Konzeption von Sterbebetreuung und perimortaler Medizin begleitet von einem massiven Anwachsen der einschlägigen medizinischen Fachliteratur.[378] Auch über die immer zahlreicher werdenden Symposien und Tagungen diffundierten die neuen Ansätze innerhalb der medizinischen Community. Bereits 1977 widmete sich ein Kongress der Gesellschaft für Allgemeinmedizin der DDR Fragen des ärztlichen Umgangs mit Sterbenden.[379] Im Februar 1981 wurde das Konzept der Sterbebetreuung auf einer Tagung der Akademie für Ärztliche Fortbildung diskutiert.[380] Knapp zwei Jahre später war das zentrale wissenschaftliche Beratungsgremium des MfG, der Rat für Medizinische Wissenschaften, Mitveranstalter eines Kolloquiums zu „Leben und Sterben", bei dem zahlreiche Ärzte die Bedeutung palliativer Ansätze betonten. Der sächsische Landarzt Heinz Brandt forderte in einem Vortrag zur Sterbesituation ambulant begleiteter Patienten für sich und seine allgemeinmedizinisch tätigen Berufskollegen gar „detailliertere rechtliche Bestimmungen in bezug auf ihre Handlungsverpflichtung in der Sterbebetreuung".[381]

Zweitens existierte eine breite Allianz palliativ Interessierter, die von führenden sozialistischen Gesundheitsexperten wie Karl Seidel oder Uwe Körner über akademisch tätige Mediziner wie Kay Blumenthal-Barby bis hin zu praktizierenden Klinikern und Ärzten wie Susanne Hahn, Günter Baust oder Roland Jacob reichte. Die neuen Positionen waren nicht nur an zentralen Stellen innerhalb der ostdeutschen Ärzteschaft – und zwar auch an der Basis, wie etwa im Landambulatorium Parey in Sachsen-Anhalt – akzeptiert, sie fanden so gelegentlich sogar öffentlich Gehör.[382] In der *Neuen Zeit*, dem Zentralorgan der CDU in der DDR, erschien etwa Ende 1982 ein langer Artikel, in dem verschiedene ostdeutsche Ärzte die von ihnen vorangetriebene Neuausrichtung der Sterbebegleitung vorstellten. Bereits der Titel – „Jeder hat das Recht, vor dem Tod nicht allein zu sein" – deutete die Nähe an, die zu den Grundsätzen der westlichen Palliativmedizin auf der anderen Seite der Mauer bestand. Tatsächlich ließen sich die Positionen der Ärzte, unter ihnen Roland Jacob, inhaltlich nicht von denen unterscheiden, die im Westen exis-

---

[376] Vgl. Müller/Göbel, Palliativmedizin, S. 43–46.
[377] Vgl. ähnlich argumentierend Kersten, Theorie, S. 99 f.
[378] Vgl. als Überblick Hahn, Synopsis.
[379] Vgl. Blumenthal-Barby/Pietrowiak, Anforderungen, S. 194; Seidel/Hinderer/Körner, Humanismus, S. 598.
[380] Vgl. Bettin, Bedeutsam, S. 52.
[381] Vgl. den Tagungsbericht von Körner, Kolloquium, hier v. a. S. 575 und (Zitat) S. 578.
[382] Vgl. zum Landambulatorium Parey den Artikel des Leitenden Arztes: Dan, Probleme.

tierten.³⁸³ Sie mahnten etwa an, das Tabu des Sterbens zu brechen, plädierten für eine offene wie einfühlsame Kommunikation mit todkranken Patienten und betonten die Notwendigkeit einer ganzheitlichen Versorgung von Sterbenden, die psychosoziale Faktoren wie die „lebensbegleitende Verarbeitung [...] der Todesfurcht" einschloss.³⁸⁴

Schließlich war drittens ein Einfluss der palliativen Ideen auf die medizinische Aus- und Fortbildung unverkennbar. Ausdruck hiervon waren die zahlreichen, gerade im Umfeld von Blumenthal-Barby oder von Uwe Körner an der Akademie für Ärztliche Fortbildung verfassten Dissertationen und Abschlussarbeiten im postgradualen Studium.³⁸⁵ Allein innerhalb der Arbeitsgruppe perimortale Medizin liefen elf einschlägige Promotion A-Verfahren, von denen bis 1988 sechs abgeschlossen waren.³⁸⁶ Beklagten Seidel, Körner und andere zu Beginn der 80er Jahre noch, dass die Versorgung unheilbar Kranker in der Aus- und Weiterbildung in Ostdeutschland viel zu wenig beachtet werde, so kam es in der Folgezeit zu einer durchgreifenden Optimierung.³⁸⁷ Bereits 1980 erfolgte die Integration des Themas Sterbebegleitung in das Medizinpädagogik-Studium.³⁸⁸ An den medizinischen Fachschulen entstanden Stoffsammlungen und methodisch-didaktische Lösungen zum adäquaten Umgang mit sterbenden Patienten.³⁸⁹ Mitte der 80er Jahre ließ die Akademie für Ärztliche Fortbildung sogar einen Lehrfilm zur Betreuung Todkranker im DEFA-Studio für Dokumentarfilme anfertigen, der sich vorrangig mit Problemen der ambulanten und stationären Versorgung sterbender Krebspatienten befasste.³⁹⁰ Auf diese Weise schlugen Aspekte der Sterbebegleitung auf breiter Fläche durch, da die Fort- und Weiterbildung von Ärzten in der DDR größtenteils über das Lehrangebot der Akademie für Ärztliche Fortbildung organisiert war und zugleich stark auf dem (freiwilligen) Selbststudium über die Lektüre von Fachliteratur sowie den Besuch von Tagungen, Kongressen und Lehrgängen beruhte, also von Bereichen, in denen das Thema boomte.³⁹¹

---

383 Vgl. zur Biografie Jacobs auch https://www.sachsen-sonntag.de/dem-abschied-ins-auge-sehen-dr-roland-jacob-nach-einer-herzerkrankung-gibt-ihm-die-eigene-kirche-kraft [15. 12. 2021].

384 Eberhard Klages: „Jeder hat das Recht, vor dem Tode nicht allein zu sein. Mediziner der DDR über Probleme und Aufgaben bei der Betreuung Sterbender." *Neue Zeit*, 20. 11. 1982, S. 7.

385 In Auswahl: M.N.: Zur Problematik des Sterbens im Kreis Zossen, speziell bezogen auf die stationären Einrichtungen (Kreis-Krankenhaus Zossen/Ludwigsfelde und Krankenpflegeheim Saalow). Ludwigsfelde 1984, in: BA Berlin-Lichterfelde, DQ 103/385; Kleemann, Post Mortem; K.G.: Ethische und organisatorische Aspekte des Umgangs mit Sterbenden/Verstorbenen in Einrichtungen des Gesundheitswesens Berlin-Lichtenberg. Berlin 1988, in: BA Berlin-Lichterfelde, DQ 103/398; Rochler, Aspekte und Zingelmann, Untersuchungen.

386 Vgl. die Übersicht in Blumenthal-Barby, perimortale Medizin, S. 1048. Zum Vergleich: In den 80er Jahren wurden in der DDR durchschnittlich knapp 157 medizinische Promotionen A pro Jahr abgeschlossen; Seigewasser, Diplom, S. 36.

387 Seidel u. a., Betreuung, S. 235.

388 Sommermeyer, Entwicklung, S. 25.

389 Vgl. BA Berlin-Lichterfelde, DQ 119/512.

390 Vgl. Bettin, Bedeutsam, S. 37 f.

391 Vgl. Mros, Aus-, Weiter- und Fortbildung.

Auch im Medizinstudium existierten in den 80er Jahren durchaus direkte Bezugnahmen auf Tod und Sterben, unter anderem im Rahmen des Lehrprogramms Medizinische Psychologie, das explizit eine Auseinandersetzung damit verlangte – das einschlägige, offizielle Lehrbuch schnitt Fragen des Lebensendes ebenso an wie dies diejenigen der Inneren Medizin, der Radiologie und der Pathologie taten.[392] Im Bereich der Ethik hingen die Schwerpunktsetzungen stark von der jeweiligen Universität ab: An der Martin-Luther-Universität Halle-Wittenberg, wo der einzige medizinethische Lehrstuhl des Landes angesiedelt war, kam etwa einem interdisziplinären Kurs „Arzt und Gesellschaft" eine wichtige Rolle zu, im Rahmen dessen Medizinstudenten gemeinsam mit Natur- und Geisteswissenschaftlern Seminare in Form von Rundtischgesprächen absolvierten – und dabei unter anderem mit schwierigen Entscheidungssituationen am Lebensende konfrontiert wurden.[393] Eine Untersuchung im Rahmen einer Doktorarbeit ergab kurz vor der Wende, dass die meisten Absolventen im fünften Studienjahr in Halle bereits mit Problemen der Betreuung Sterbender in Berührung gekommen waren, am häufigsten in diesem interdisziplinären Kontext, in der Medizinischen Psychologie oder in der Intensivmedizin, wo Günter Baust lehrte.[394]

Die palliative Wende – Ursachen, Rückwirkungen und Erfahrungen

Wenn in allen genannten Fällen der Einfluss der internationalen Thanatologie unverkennbar war, so verweist dies auf eine zentrale Triebkraft der Verbreitung palliativer Ideen. Entsprechende Wissensbestände markierten den Kern der medizinischen Fortbildung im Bereich des Sterbens nicht nur im West-, sondern auch im Ostdeutschland der 80er Jahre, wo sie interessierte Ärzte offenkundig problemlos rezipieren konnten.[395] Die von Medizinern und Ärzten in der DDR oft zitierten Erkenntnisse von Elisabeth Kübler-Ross und anderen versprachen Orientierung vor dem Hintergrund der systemübergreifend als identisch wahrgenommenen Problemlage.[396] Völlig Usus waren beispielsweise Plädoyers zur Anwendung von Phasenmodellen in der ärztlichen Behandlungspraxis, die eine wertvolle Unterstützung sein könnten, um „infaust Kranken und Sterbenden hilfreich zur Seite zu stehen."[397] Dabei übten – wie sich an den häufigen Bezugnahmen und den gelegentlichen, gerade begrifflichen Abgrenzungsbemühungen ebenfalls erkennen lässt – die im Westen konzipierten palliativen Problemlösungen auf die Akteure im Osten einen immensen Handlungsdruck aus, zumal der Konkurrenzgedanke

---

[392] Vgl. Krause, Umgang, S. 32 f. sowie ausführlich Asadullah, Behandlung, v. a. S. 10–40.
[393] Vgl. Krause, Umgang, S. 35–37.
[394] Hammerschmidt/Purps, Ausbildung, v. a. S. 120 f.
[395] Vgl. exemplarisch Blumenthal-Barby, Jacob, Sterben.
[396] Vgl. Korbyn/Neumann/Kuminek, Betreuung, S. 460; Dan, Probleme, S. 38; Seidel u. a., Betreuung.
[397] Zingelmann, Untersuchungen, S. 60.

7.2 Das Sterben und die Medizin in West und Ost

zwischen Ost und West speziell im sozialpolitischen Bereich besonders stark ausgeprägt war.[398] Es ergab sich mithin eine ganz eigene deutsch-deutsche Verzahnung, in der Momente der Abgrenzung Verflechtungstendenzen forcierten.

Die Möglichkeit zur Rezeption der Fachliteratur aus dem Westen und zur Adaption oder gar Übernahme der entsprechenden Positionen bestand seit den späten 70er Jahren vor allem aber auch deshalb, da deren Inhalte und Forderungen gut zur allgemeinen Entwicklung des ostdeutschen Gesundheitswesens passten. Dies war ebenfalls ein systemübergreifendes Phänomen: Die Verbreitung palliativer Ideen und die im folgenden beschriebene Neuausrichtung der Medizin beschleunigten sich im letzten Viertel des 20. Jahrhunderts wechselseitig. So kam es – mit unterschiedlicher Intensität – angesichts der wahrgenommenen autoritären Auswüchse eines zunehmend technisierten, kalten Medizinbetriebs beiderseits der Mauer zur Betonung der Eigenverantwortung, durch die die menschliche Seite gestärkt werden sollte. Selbstbestimmung und Patientenautonomie rückten in Reaktion auf die zunehmende gesamtgesellschaftlich verankerte Medizinkritik und das Erstarken alternativmedizinischer und esoterischer Strömungen auch innerhalb der Schulmedizin in den Vordergrund – und mit ihnen das Sterben als Gegenstand der ärztlichen Behandlungspraxis.[399] In diesem Kontext erwies sich die thanatologische Forschung und ihre Kritik an den sozialen Missständen am Lebensende als enorm anschlussfähig.

In Westdeutschland gewannen von Patienten oder Interessenverbänden organisierte Selbsthilfegruppen, zum Beispiel von Krebskranken, sukzessive an Bedeutung. Zugleich erhielten sogenannte Anamnesegruppen in den 70er Jahren flächendeckend Auftrieb, die vielerorts als studentische Selbstinitiativen auf freiwilliger Basis entstanden. In diesen führten Studenten und Tutoren Patientenbesprechungen in Universitätskliniken durch und dies – ganz ähnlich wie später die ethischen Rundtischgespräche in Halle-Wittenberg – häufig mit interdisziplinären Teilnehmern. Das Ziel war es, bereits bei angehenden Ärzten ein besseres Verständnis für kranke Menschen und ihre spezifischen Sorgen und Bedürfnisse zu wecken, ja die Individualität des Patienten und sein subjektives Krankheitserleben besser erkennen zu können. Eine kritische Überprüfung der Arzt-Patienten-Beziehung erfolgte zeitgleich auch in den eng damit verwandten Balintgruppen, in denen Ärzte unter Anleitung eines Psychotherapeuten im Team Fallbeispiele von Behandlungssituationen aus ihrem Klinikalltag besprachen, um insbesondere das eigene Kommunikationsverhalten zu optimieren.[400] Im Zuge der in derartigen Modellen verfolgten Kombination einer stärker patientenzentrierten ärztlichen Verhaltensweise und der Bewältigung eigener praktischer Erfahrungen gerieten häufig palliative Themen ins Blickfeld.[401]

---

[398] Vgl. Hübner, Sozialpolitik, S. 213.
[399] Vgl. hierzu auch Stolberg, Geschichte, v. a. S. 236 und S. 253.
[400] Vgl. zum Konzept und zur Bedeutung der Balintgruppen Foitzik, Balintarbeit, v. a. S. 7–31.
[401] Vgl. für die entsprechende Einschätzung eines Arztes aus dem Jahr 1981: Becker, Bemühungen sowie die retrospektive Erinnerung eines führenden westdeutschen Palliativmediziners: Interview Pichlmaier, S. 3.

Damit einher ging in der Bundesrepublik eine generelle Aufwertung der psychosozialen Seite von Medizin, Gesundheit und Krankheit seit den 60er Jahren, die sich etwa in Form der Gründung der Deutschen Gesellschaft für Sozialmedizin (1963) und der Deutschen Gesellschaft für Soziale Psychiatrie (1970) äußerte.[402] Wie in der DDR verankerte sich in diesem Zusammenhang die Medizinische Psychologie in Ausbildung und Praxis. Ab Anfang der 70er Jahre war diese Pflichtfach im Medizinstudium, 1972 wurde in Gießen der erste eigene Lehrstuhl eingerichtet und Ende des Jahrzehnts folgte die Gründung der Gesellschaft für Medizinische Psychologie.[403] Einen ähnlichen Bedeutungsgewinn erfuhren Teildisziplinen wie die Medizinische Soziologie oder die Psychosomatik, die beide nicht zuletzt eine ganzheitliche Krankheitsbetrachtung forcierten, im Zuge derer psychosoziale Komponenten stärker Berücksichtigung fanden – und die dabei nicht nur die aufstrebende Onkologie beeinflussten, sondern auch speziell das Lebensende rasch als zentrale Problemstellung entdeckten.[404] Es war – wie in der DDR – exakt in diesem Kontext, dass der Umgang mit Sterbenden als Ausbildungsthema pädagogisch geschärft wurde und entsprechende Fortbildungskurse entstanden.[405] Im Laufe der 80er Jahre erfolgte in der Bundesrepublik ebenfalls sukzessive die Aufnahme des Themenkomplexes „Tod und Sterben" ins Medizinstudium, wobei auch hier zunächst große Unterschiede zwischen den verschiedenen Universitäten existierten, je nach den fachlichen Interessen der Lehrenden.[406] Noch vor der Wende stellten spezifische Behandlungssituationen am Lebensende jedoch schließlich bundesweit grundsätzliche Prüfungsinhalte dar – so verlangte die ärztliche Approbationsordnung erstmals 1986 den Nachweis der Befähigung „zu Hilfe und Betreuung bei chronisch und bei unheilbar Kranken und Sterbenden".[407] Seit Anfang 1990 war die Betreuung Sterbender ein offizieller Ausbildungsbestandteil.[408]

In Ostdeutschland waren entsprechende Tendenzen gleichfalls vorhanden, obschon weniger stark ausgeprägt und öfters „von oben" initiiert. Mitte der 70er Jahre war etwa für Medizinstudenten ein einjähriges Pflichtpraktikum in der Krankenpflege eingeführt worden – bei dem sie häufig mit chronisch Schwerstkranken, Hochbetagten und Sterbenden in Berührung kamen.[409] Zwar wurden private Selbsthilfegruppen vom Regime weiter abgelehnt, doch immerhin organisierten

---

[402] Zur Geschichte der Sozialmedizin in Deutschland vgl. die einschlägigen Beiträge in Schagen/Schleiermacher, Sozialhygiene.
[403] Vgl. als Überblick Huppmann/Fischbeck, Geschichte.
[404] Vgl. exemplarisch Freyberger, Grundzüge; ders., Verhalten sowie allgemein Foitzik, Balintarbeit, S. 53; Interview Rest, S. 5 f. Zur Onkologie und der ebenfalls in den 70er Jahren entwickelten Psychoonkologie vgl. Interview Binsack, S. 3 und Kap. 2.1.
[405] Wegweisend v. a. Koch/Schmeling, Umgang; Koch/Schmeling-Kludas, Betreuung.
[406] Vgl. Asadullah, Behandlung, v. a. S. 41–76.
[407] Fünfte Verordnung zur Änderung der Approbationsordnung für Ärzte vom 15. Dezember 1986, in: Bundesgesetzblatt 1986, Teil I, Nr. 67, S. 2457–2471, hier S. 2461.
[408] Asadullah/Franze/Dietze, Behandlung, S. 435.
[409] Krause, Umgang, S. 30.

staatliche Gesundheitseinrichtungen nun vereinzelt Gruppengespräche von Betroffenen.[410] Zugleich formierten sich inoffiziell durchaus einzelne Initiativen im Bereich der Selbsthilfe, ebenso wie sich mancherorts Medizinerkreise bildeten, in denen – vergleichbar mit den Balintgruppen – multidisziplinäre Fallbesprechungen abgehalten wurden.[411] Allgemein gewannen psychologische Ansätze, nachdem sie zuvor lange aus ideologischen Gründen verpönt waren, nun ebenso wie in der Bundesrepublik innerhalb der Medizin an Bedeutung, was sich zum Beispiel an der Institutionalisierung der Gruppentherapie zeigte – wobei ein enger Dialog über die Mauer hinweg existierte.[412] Einer der Protagonisten dieser Entwicklung, Jürgen Ott, thematisierte besonders häufig das Sterben, oft in gemeinsamen Publikationen mit führenden marxistischen Thanatologen wie Körner oder Seidel.[413] Gerade am Lebensende verkompliziere sich die Beziehung zwischen Arzt und Patient infolge der veränderten „psychosozialen Bedürfnisse in der terminalen Phase": Nötig sei daher ein „komplexes Betreuungsprogramm", das neben der organischen Seite auch den „intrapsychischen und sozial-gesellschaftlichen Bedingungen" Rechnung trage.[414] So erklärt sich, dass die ärztliche Fortbildung zunehmend auch psychologische Prozesse des Sterbens berücksichtigte.[415]

Tatsächlich lässt sich auch in der DDR in der letzten Dekade ihres Bestehens ein tendenzieller Einstellungswandel im Gesundheitssystem hin zu einer stärkeren Betonung des subjektiven Patientenwohls feststellen. Bereits die Rahmen-Krankenhausordnung vom 14. November 1979 forderte etwa bei allen diagnostischen und therapeutischen Maßnahmen sowohl eine Berücksichtigung der psychischen Situation des Patienten als auch, „seine Würde zu achten" (A, 4.). Mit Blick auf die Betreuung Schwerstkranker und Sterbender war zumindest von einer „besondere[n] Aufmerksamkeit" und einem „hohen Einfühlungsvermögen" (B. II, 6.) die Rede.[416] In der folgenden Dekade entwickelte sich speziell die Sterbebegleitung zu einem Experimentierfeld für Gedanken der Selbstbestimmung und der Patientenautonomie. Sogar die staatliche Medizinethik mühte sich um eine Neubestimmung des Arzt-Patienten-Verhältnisses, die nicht nur im erwähnten, eben auch in der DDR eingeführten Lehrfach Medizinische Psychologie Niederschlag fand: Konkret angestrebt wurden unter anderem eine bessere Aufklärung von Betroffenen, eine einfühlsamere Kommunikation bei den Visiten oder eine stärker ganz-

---

[410] Vgl. dazu auch Mecklinger, Gesundheitswesen.
[411] Vgl. für Beispiele aus Halle an der Saale Kap. 8.1.
[412] Vgl. Geyer/Senf, Gruppentherapie und zu Geyer, damals Direktor der Klinik für Psychotherapie und Psychosomatik an der Universität Leipzig: Krause, Umgang, S. 142.
[413] Vgl. Körner/Ott/Schirmer, Aspekte; Seidel u. a., Betreuung; Ott/Körner/Schirmer, Situation. Ott wurde 1985 ausgebürgert und war fortan in der Bundesrepublik tätig. Zu seiner Biografie vgl. den Nachruf von Senf/Geyer, Ott.
[414] Ott/Schirmer/Körner, Betreuung, Zitate S. 317.
[415] Zingelmann, Untersuchungen, S. 61.
[416] Die Rahmen-Krankenhausordnung findet sich in BA Berlin-Lichterfelde, DQ 1/12156. Vgl. zur Reichweite die Anordnung über die Rahmen-Krankenhausordnung vom 14. November 1979, in: Gesetzblatt der Deutschen Demokratischen Republik, Teil I, Nr. 3/1980, S. 29 f.

heitliche Berücksichtigung der Bedürfnisse kranker Menschen – alles unter Berücksichtigung der Tatsache, dass Ärzte für viele Kranke auch wichtige soziale Kontaktpersonen darstellten. Gerade die Behandlung von Sterbenden spiegelte in diesem Zusammenhang die zarten Bemühungen einer punktuellen Abkehr vom paternalistischen Ansatz im sozialistischen Gesundheitswesen wider.[417]

Kam es mithin in beiden deutschen Staaten seit den späten 70er Jahren zu einer palliativen Wende in Form eines stark steigenden Interesses an der ärztlichen Sterbebegleitung, so wurde diese zudem von einem Generationenwechsel begünstigt. Viele Palliativmediziner oder palliativ engagierte Ärzte der ersten Stunde wie Pichlmaier (1930) und Jonen-Thielemann (1941) in Köln, Klaschik (1943) und Nauck (1955) in Bonn oder Thomas Binsack (1953) und Elisabeth Albrecht (1958) in München waren unmittelbar vor, im oder nach dem Zweiten Weltkrieg geboren, was auch für ihre ostdeutschen Pendants wie Baust (1929), Blumenthal-Barby (1934), Ott (1938), Jacob (1939) oder Hahn (1947) galt.[418] Sie standen auch für einen Umbruch in der Ärzteschaft: Die Ärzte, die selbst noch im Zweiten Weltkrieg praktiziert, vielleicht sogar als Stabsärzte gedient und das gewaltsame Massensterben medizinisch begleitet hatten, gingen zunehmend in den Ruhestand oder waren bereits in Rente. Viele Vertreter dieser älteren Generation hatten in den Lazaretten und an der Heimatfront noch einen Umgang mit Sterbenden erlernt, der beispielsweise das Ertragen von starken Schmerzen als eine Art Selbstverständlichkeit, vielleicht sogar als männliche Tugend einschloss – was Fragen einer adäquaten Schmerztherapie sekundär werden ließ. Insofern beeinflussten sich der Wandel der Sterbekultur nach dem Krieg und die neuen Formen der Sterbebegleitung wechselseitig.[419]

Vor diesem Hintergrund erfolgte einerseits eine Ausweitung palliativer Gedanken über rein medizinische Behandlungsfragen hinaus: Im Kontext der angestrebten verbesserten Versorgung von Sterbenden rückten nun Aspekte wie die Ausstattung der Zimmer im Krankenhaus, die Besuchszeiten und das Essensangebot oder gar ein pietätvoller Umgang mit dem Leichnam und die Trauerbegleitung bei den Hinterbliebenen ins Zentrum.[420] Andererseits blieben diese Ideen fortan nicht auf die Palliativmedizin als Spezialdisziplin beschränkt, sondern diffundierten auf breiter Ebene in die ärztliche Ausbildung und Praxis. Diese Entwicklung lässt sich auch an den zentralen medizinischen Wörterbüchern ablesen, in denen das Sterben und die Sterbebegleitung sukzessive stärker aufschienen. Beschränkten sich in der DDR die Angaben im „Wörterbuch der Medizin" bis in die 80er Jahre hinein auf allgemeine Informationen zum Tod (etwa medizinische Todesdefinitionen und Todeszeichen) oder auf statistische Aspekte bezüglich Todesursachen und Sterbeziffern, so wandelte sich dies in der Zeit vor der Wende.[421] In der 12. Auflage

---

[417] Vgl. auch Kersten, Theorie, S. 75 f.
[418] Vgl. zu Albrecht und Binsack Kap. 9.1.
[419] Vgl. zum Wandel der Sterbekultur Kap. 2.2.
[420] Vgl. exemplarisch zur Bedeutung der Zimmerausstattung Interview Jonen-Thielemann, S. 9.
[421] Vgl. Wörterbuch der Medizin (1956), S. 882; Wörterbuch der Medizin (1980), S. 991 und S. 1037.

von 1984 fand erstmals das Sterben als „letzte Phase des Lebens" und als „existenzielles Grundproblem" Berücksichtigung, das nicht nur ein biologisches Faktum markiere, sondern den Einzelnen auch zur Reflexion über den Sinn des Lebens herausfordere.[422] Drei Jahre später existierte an selber Stelle dann bereits ein ausführlicher Eintrag zur „Sterbebetreuung", der unter anderem die prinzipielle Legitimität von passiver Sterbehilfe betonte und der in der kurz nach der Wende erschienenen 15. Auflage noch um wichtige thanatologische Prämissen wie die Grundsätze der Sterbeerziehung oder das Phasenmodell von Kübler-Ross erweitert wurde.[423] Auch im westdeutschen Pendant, dem „Pschyrembel", waren jahrzehntelang keine eigene Einträge zu „Tod" und „Sterben" zu finden.[424] Dies wurde Anfang der 80er Jahre korrigiert, zugleich die ursprünglich ebenfalls spärlichen Angaben zu Sterbefällen oder zur Todesfeststellung ausgeweitet.[425] Im Laufe der folgenden Dekade nahm die Redaktion dann ausführliche Informationen zu Sterbebegleitung, zur Sterbehilfe und sogar zum Hospiz und zu Palliativstationen auf.[426]

Die palliative Wende war in den 80er Jahren ein internationales Phänomen: So erließ etwa der Weltärztebund zahlreiche Deklarationen und Richtlinien zur Versorgung Todkranker, in denen er unter anderem das „Recht auf menschenwürdige Sterbebegleitung" fixierte oder die Verwendung opioider Schmerzmittel bei Patienten im Endstadium für legitim erklärte und als wichtiges Mittel zur Sicherstellung eines würdevollen restlichen Lebens sah.[427] Die WHO definierte im Jahr 1990 erstmals offiziell die Palliativmedizin als „aktive, ganzheitliche Behandlung von Patienten mit einer progredienten, weit fortgeschrittenen Erkrankung und einer begrenzten Lebenserwartung", in der die kurative Behandlung erfolglos abgeschlossen ist und „die Beherrschung von Schmerzen, anderen Krankheitsbeschwerden, psychologischen, sozialen und spirituellen Problemen höchste Priorität besitzt."[428] Zugleich war die palliative Wende eine ganz spezifische, geteilte deutsch-deutsche Geschichte – und bezog sich keinesfalls nur auf die Genese einer medizinischen Spezialdisziplin, sondern auch auf die ärztliche Profession als solche. Die damit einhergehenden Wissenstransfers und spezifischen Austauschprozesse blieben insofern einseitig, als dass die DDR-Forschung im Westen zeitgenössisch überhaupt nicht rezipiert wurde. Grundlegend rückständig jedoch war der Osten in dem Feld keinesfalls: Eine Studie attestierte Thüringer Ärzten in den 90er Jahren folgerichtig gute Kenntnisse hinsichtlich palliativmedizinischer Methoden,

---

422 Wörterbuch der Medizin (1984), S. 1693.
423 Wörterbuch der Medizin (1987), S. 2001 und Wörterbuch der Medizin (1992), S. 2009 f.
424 Vgl. noch Pschyrembel, Wörterbuch (1977).
425 Vgl. Pschyrembel, Wörterbuch (1982), 1199 f.
426 Pschyrembel, Wörterbuch (1998), S. 1185, S. 1502 und S. 1577 f.
427 Vgl. die Deklarationen des Weltärztebundes zu den Rechten des Patienten (1981) und zum todkranken Patient (1983) sowie die Erklärung des Weltärztebundes zur Versorgung von Patienten im Endstadium einer zum Tode führenden Krankheit mit starken chronischen Schmerzen (1990), in: Schell, Sterbebegleitung, S. 151–154, S. 153 und S. 157 f.
428 Zit. nach Föllmer, Palliativversorgung, S. 9.

die sich nicht von den im Westen vorhandenen Wissensbeständen unterschieden.[429] Zur Zeit der Wende hatte sich folglich international, aber eben auch im wiedervereinten Deutschland ein festes Verständnis davon ausgeprägt, was eine palliative Versorgung bei Sterbenden beinhalten musste, was sie leisten sollte und warum sie wichtig war.

In den 90er Jahren setzte im wiedervereinten Deutschland darauf aufbauend ein rasanter Siegeszug der Palliativmedizin ein. Unmittelbar nach der Wende intensivierte sich die gesundheitspolitische Förderung mit einem Modellprojekt der Bundesregierung zur Errichtung von Palliativeinheiten in Krankenhäusern.[430] Ferner entstanden nun umfangreiche Hand- und Lehrbücher zur ärztlichen Palliativversorgung.[431] Zugleich schritt die Institutionalisierung der Palliativmedizin voran: Mit der Deutschen Gesellschaft für Palliativmedizin (DGP) gründete sich im Sommer 1994 ihre Dachorganisation, deren Mitgliederzahl rasch anwuchs.[432] 1999 erfolgte die Einrichtung der ersten Professur für Palliativmedizin an der Universität Bonn, die mit Klaschik besetzt wurde, in den folgenden Jahren kamen weitere unter anderem in Aachen, Göttingen und Köln dazu. Bis Frühjahr 1999 stieg die Zahl der Palliativstationen in Deutschland auf 50, kurz nach der Jahrtausendwende waren es dann bereits 70. Darüber hinaus existierten nun einige palliativmedizinische Konsiliarteams an Kliniken und über 900 ambulante Palliativdienste – von den absoluten Zahlen her hatte die Palliativmedizin nur in Großbritannien zu diesem Zeitpunkt eine noch stärkere Verbreitung erreicht.[433]

Auch die Ausstrahlungskraft palliativer Ideen intensivierte sich weiter. Mitte der 90er Jahre waren Fragen der Palliativbehandlung ein Schwerpunkt in der seit 1985 laufenden Initiative „Europa gegen den Krebs", einem Aktionsplan des Europäischen Rates und Europäischen Parlaments zur Krebsbekämpfung, der neben einer Verringerung der Todesraten vor allem die Steigerung der Lebensqualität von Tumorkranken anstrebte.[434] Immer mehr medizinische Verbände befassten sich mit palliativen Themen. Die Deutsche Gesellschaft zum Studium des Schmerzes, die zentrale Organisation für wissenschaftliche Schmerzforschung in der Bundesrepublik, widmete etwa ihre Jahrestagung im November 1993 in Mannheim schwerpunktmäßig der Palliativmedizin und kooperierte fortan eng mit der DGP.[435] Das auf dem 97. Deutschen Ärztetag in Köln 1994 beschlossene gesund-

---

[429] Müller/Göbel, Palliativmedizin, S. 37–42.
[430] Vgl. Jaspers/Schindler, Stand, S. 137 sowie ausführlich Kap. 10.2.
[431] Pichlmaier/Müller/Jonen-Thielemann, Krebstherapie; Aulbert, Lehrbuch.
[432] Vgl. zur DGP Interview Pichlmaier, S. 8 und Heller u. a., Geschichte, S. 221–227.
[433] Vgl. Sabatowski u. a., Entwicklung; Jaspers/Schindler, Stand, S. 162–166 und die Übersicht bei Nauck, Hospizarbeit, S. 13.
[434] Vgl. hierzu die Informationen in BHStA, MArb 4067, darunter ein europaweiter Fragebogen zu Fragen der Palliativversorgung von Krebspatienten.
[435] Vgl. zur später in Deutsche Schmerzgesellschaft umbenannten Organisation und ihrem palliativen Schwerpunkt Gerstenkorn, Hospizarbeit, S. 28 sowie speziell zu der Tagung, an der neben Palliativmedizinern und Hospizvertretern auch die Gesundheitspolitik beteiligt war, das Programm und den Schriftverkehr in: BA Koblenz, B 149/14814.

heitspolitische Programm fixierte nicht nur die Sterbebegleitung als eine ärztliche Pflicht, sondern forderte eine sofortige Überwindung der Mängel „in der Indikationsstellung zur Opiat-Therapie", also ein besseres Gespür für schmerztherapeutische Belange am Lebensende.[436] Mit einer ähnlichen Zielrichtung erließ die Deutsche Gesellschaft für Chirurgie im Herbst 1996 eine Leitlinie zur ärztlichen Sterbebegleitung, die einen Schwerpunkt auf die Schmerzbehandlung legte.[437]

Diese Beschleunigung hing wesentlich damit zusammen, dass noch mehr, zumal finanzkräftige Akteure ihr Interesse an der Palliativmedizin entdeckten. Dies galt insbesondere für die Pharmaindustrie und die schon erwähnte Gesundheitspolitik. Deren Motivation entsprang, wie noch eingehender dargestellt wird, primär ökonomischen und gesellschaftspolitischen Erwägungen. Denn zum einen galt es, den auch öffentlich lautstark beklagten Missständen in der Sterbebegleitung zu begegnen und die Qualität der ärztlichen Versorgung Sterbender zu verbessern, die als Hauptursache für den beklagten Autonomieverlust am Lebensende betrachtet wurde. Dabei versprachen die neuen Behandlungskonzepte sogar eine Antwort in der Auseinandersetzung um aktive Sterbehilfe zu sein: Sowohl die westliche Palliativmedizin als auch die Konzepte der Sterbebetreuung und der perimortalen Medizin im Osten präsentierten die Optimierung der Versorgung Todkranker als Heilmittel gegen die grassierenden Wünsche nach assistiertem Suizid oder einer Tötung auf Verlangen. Je besser die ärztliche Versorgung von Sterbenden sei, so hatte der renommierte Freiburger Internist und Palliativpionier Markus von Lutterotti bereits 1976 verkündet, „desto seltener wird sich das Problem der eigentlichen Euthanasie stellen."[438]

Nicht nur Lutterottis Veröffentlichungen wiesen in den 80er und 90er Jahren immer wieder öffentlichkeitswirksam auf diesen Zusammenhang hin.[439] Die von Ärzteverbänden wie seitens der Gesundheitspolitik in beiden deutschen Staaten und in der wiedervereinten Bundesrepublik unmissverständlich abgelehnte aktive Sterbehilfe galt vielen als Ausdruck der Mängel in der medizinischen Betreuung, so etwa der Befund einer Tagung zum Thema „Arzt und Tod", zu der sich Ende 1988 400 Teilnehmer in Karlsruhe einfanden.[440] Einige Jahre später waren bei einem Expertengespräch der Konrad-Adenauer-Stiftung zu „Lebensschutz – Sterbehilfe – Sterbebegleitung" neben wichtigen Gesundheitspolitikern auch führende Palliativmediziner wie Klaschik zu Gast, die die Vorzüge palliativer Schmerzthera-

---

[436] Gesundheitspolitisches Programm der deutschen Ärzteschaft von 1994, Abschnitt: Beistand bis zum Tod (Beschluss des 97. Deutschen Ärztetages 1994 in Köln), in: Schell, Sterbebegleitung, S. 161 f.
[437] Stellungnahme der Deutschen Gesellschaft für Chirurgie zu Therapieverzicht und ärztlicher Sterbebegleitung, beschlossen im September 1996, in: Schell, Sterbebegleitung, S. 184–187.
[438] Von Lutterotti, Heilauftrag, S. 292.
[439] Vgl. Lutterotti, Sterben; ders., Grenzen sowie exemplarisch für die Rezeption die positive Rezension seines Buchs „Menschenwürdiges Sterben" durch Günther Gillessen: „Sterbehilfe oder Hilfe beim Sterben." *Frankfurter Allgemeine Zeitung*, 27. 9. 1985. Vgl. hier und im Folgenden ausführlich zur Sterbehilfe Kap. 5.1.
[440] Vgl. Matouschek, Arzt, Vorwort.

pie priesen.[441] Tatsächlich zählten die Ärzte an der Kölner Palliativstation in der Wendezeit zu den zentralen Erfahrungen der ersten Jahre ihrer Arbeit die Feststellung, dass kein Schwerstkranker sterben wollte oder gar um eine Tötung bat, „wenn seine Schmerzen [...] auf ein erträgliches Niveau reduziert waren *und* er als Mensch angenommen wurde". Ganz im Gegenteil hätten viele Sterbende sogar nach Möglichkeiten „zur Verlängerung ihres Lebens" gefragt, wobei eine intensivmedizinische Behandlung jedoch einhellig abgelehnt worden sei.[442] Damit markierte die Palliativmedizin nicht nur, aber gerade auch für die Gesundheitspolitik die Lösung für das Problem, dass die absolute Mehrheit der deutschen Ärzte aktive Sterbehilfe ablehnte und auf der Suche nach alternativen Hilfsangeboten war – und dies umso mehr, da ein Therapieabbruch auf Patientenwunsch oder Praktiken der indirekten Sterbehilfe in Form der Lebensverkürzung infolge einer medikamentösen Schmerzbehandlung in den 90er Jahren vollständig akzeptiert waren.[443]

Zum anderen sprach aus gesundheitspolitischer Sicht zudem der Kostenfaktor für eine Ausweitung der palliativmedizinischen Versorgung Schwerstkranker und Sterbender. Trotz des vergleichsweise hohen Personalschlüssels auf Palliativstationen – in Köln kamen etwa in den 80er Jahren auf durchschnittlich fünf bis sieben Patienten sechs examinierte Pflegekräfte und ein Arzt, dazu noch ehrenamtliche Sterbebegleiter – waren die benötigten Mittel überschaubar, vor allem im Vergleich zu einer Intensivstation: 1996 beliefen sich diese beispielsweise in Köln pro Patient bei einer durchschnittlichen Verweildauer von knapp 26 Tagen auf etwa 13 000 DM, insgesamt auf 2,25 Millionen.[444] Bei der Behandlung von Sterbenden, dies zeigten die ersten Studien schnell, war die Palliativmedizin im Vergleich zu einer klassischen medizinischen Versorgung deutlich kostengünstiger.[445]

Umgekehrt war die ökonomische Seite für die Pharmaindustrie aus einem ganz anderen Blickwinkel interessant: Diese förderte die Palliativmedizin substanziell, war ein durchaus entscheidender Geldgeber bei deren Institutionalisierung und nahm eine zentrale Vernetzungsrolle ein. Damit reagierte die Pharmaindustrie auf die gravierende Unterversorgung mit starken, verschreibungspflichtigen Schmerzmedikamenten, besonders bei Tumorpatienten im Endstadium, die nicht nur ein medizinisches Problem für Sterbende, sondern auch ein finanzielles Problem gerade für auf onkologische Schmerzmittel spezialisierte Unternehmen wie Grünen-

---

[441] Vgl. die Teilnehmerliste, inhaltliche Skizze und das Ergebnisprotokoll des Expertengesprächs, in: BA Koblenz, B 149/149814, Blatt 436, Blatt 447–452 und Blatt 479–487.
[442] Thielemann-Jonen/Pichlmaier, Pflege, S. 282 (Hervorhebung im Original).
[443] Vgl. hierzu die Statements anlässlich des Symposiums „Ethik in der Onkologie – Selbstbestimmung und Grenzen der Therapie" der Deutschen Krebsgesellschaft, in: Schell, Sterbebegleitung, S. 225–234; Jochen Vollmann: „Ärztliche Lebensbeendigung und Patientenselbstbestimmung. Eine medizinethische Stellungnahme." *Deutsche Medizinische Wochenschrift* 123 (1998), S. 93–96 oder die Umfragen unter Ärzten in Wehkamp, Sterben, v. a. S. 15–24 und Georg Wedemeyer: „Wann dürfen Ärzte abschalten?" *Stern*, 28. 11. 1996, S. 68–78.
[444] Vgl. Thielemann-Jonen/Pichlmaier, Pflege, S. 283 und Jonen-Thielemann, Organisation, S. 225.
[445] Vgl. Kap. 10.2 sowie für eine neuere empirische Studie dazu Marckmann/Sanktjohanser/in der Schmitten, Sterben, v. a. S. 358 f.

thal oder Mundipharma darstellte. Begleitet wurde die Entwicklung von einem grundsätzlichen Wandel in der Investitionspolitik der Pharmaindustrie, deren Fokus zuvor eher nicht auf der Langzeitbehandlung chronisch Kranker gelegen hatte: Nicht zuletzt durch die immer weiter steigende Zahl an Betroffenen kam es nun jedoch zu einem Umdenken.[446] Darüber hinaus stellten palliativ arbeitende Ärzte wichtige Ansprechpartner für die Optimierung der Medikamente und der Arzneimittelverabreichung dar. Denn hier verbanden sich die Ziele der Partner sowohl im praktischen als auch im ideellen Bereich, wenn etwa britischen Palliativmedizinern um den lange am St. Christopher's Hospice arbeitenden Robert Twycross der Nachweis gelang, dass entgegen eines sich hartnäckig haltenden Vorurteils im Falle einer längerfristigen Morphinbehandlung bei richtiger Dosierung keine Abhängigkeit drohe – und sich Ärzte folglich bei der Verschreibung nicht pauschal zurückhalten mussten.[447] Auch in der Bundesrepublik kam es auf diesem Gebiet immer wieder zu einer direkten Zusammenarbeit. So konnte nicht zuletzt der schlecht zu dosierende Brompton Cocktail (eine Mischung aus hochprozentigem Alkohol, Heroin und Kokain), der bis dahin das gängige Mittel zur Schmerzbekämpfung bei Tumorkranken im Endstadium war, durch eine für den Patienten schonendere, besser einzustellende und noch wirksamere Morphin-Medikation ersetzt werden.[448]

In der Wendezeit begann Mundipharma daher mit der Organisation von palliativmedizinischen Fortbildungen und Seminaren, die zu einer wichtigen Anlaufstelle für interessierte Ärzte aus dem ganzen Bundesgebiet wurden. Dieses Engagement weitete die Limburger Firma rasch aus und subventionierte Veranstaltungen wie das Symposium Palliativmedizin 1993 in Bonn oder den 1. Kongress der DGP 1996 in Köln – ein leitender Mitarbeiter von Mundipharma war Gründungsmitglied der DGP. Darüber hinaus finanzierte sie die Zusammenstellung und den Druck eines „Palliativführers" mit Adressen, Ansprechpartnern und Informationen zur Schmerztherapie sowie die erwähnte erste palliativmedizinische Professur in Bonn.[449] Das Aachener Konkurrenzunternehmen Grünenthal wiederum gründete Ende der 90er Jahre sogar eine eigene Stiftung für Palliativmedizin, über die sie unter anderem einen einschlägigen Lehrstuhl an der städtischen Universität stiftete.[450]

Auf diese Weise übte die palliative Wende auch jenseits der institutionellen Verankerung der Palliativmedizin seit spätestens Mitte der 80er Jahre einen vielfälti-

---

[446] Vgl. Interview Blettermann, S. 4 f.
[447] Twycross, Relief. Vgl. hierzu Saunders, Management (1967), S. 102 f. und Heller u .a., Geschichte, S. 32.
[448] Vgl. Interview Blettermann, S. 13 f.; Interview Becker (2006), S. 13 f.
[449] Vgl. zu Mundipharma ausführlich Interview Blettermann, v. a. S. 2–5 und S. 10 sowie zur Rolle des Unternehmens bei der Entstehung des „Palliativführers" auch Interview Radbruch, S. 3.
[450] Vgl. Heller u. a., Geschichte, S. 185 f. und eine entsprechende Pressemeldung von 1998 unter https://www.stiftung-patientenschutz.de/Gr%C3%BCnenthal-stiftet-1.-Lehrstuhl-f%C3%BCr-Palliativmedizin-in-Deutschland [15. 12. 2021].

gen und fundamentalen Einfluss auf die Betreuung von Patienten am Lebensende aus. Sterbebegleitung war zu einem wichtigen Thema avanciert und beim medizinischen Personal war ein Bewusstsein für die Bedürfnisse von Todkranken geweckt worden. „Körperliche Nähe", dazu „schönste und hellste Zimmer", so lauteten Ende der 80er Jahre die auf thanatologische und hospizliche Wissensbestände aufbauenden, praktischen Vorschläge eines Hamburger Chefarztes der Chirurgie zur Optimierung der Versorgung Sterbender in seiner Klinik – und er ergänzte die Liste noch um das „wohlschmeckende Glas Wein und Glas Bier": Das Ausschenken von Alkohol als Schutz der Würde des Sterbenden, selbst dies war Teil der neuen medizinischen Orientierung.[451] Zu den sich nun etablierenden Grundsätzen der ärztlichen Sterbebegleitung gehörte auch ein einfühlsamer, ehrlicher und offener Umgang mit schwerstkranken Patienten, die nicht angelogen werden durften.[452] Tatsächlich konnten in diesem Bereich spürbare Fortschritte verzeichnet werden: Waren 1970 in einer demoskopischen Untersuchung noch fast drei Viertel aller befragten Bundesbürger der Meinung gewesen, dass einem die Wahrheit im Krankenhaus „sehr" (53%) oder „etwas" (21%) verschwiegen würde, wollte bereits 1987 eine Mehrheit von 37% der Aussage, man erfahre zu wenig über seine Krankheit, „gar nicht" zustimmen.[453]

Klagen über die vermeintlich verheerenden Zustände der Sterbebegleitung in Kliniken und speziell durch sich auf Patienten mit Erfolgschancen fokussierende Ärzte rissen freilich auch in den 90er Jahren nicht ab und blieben ein beliebter Problemaufhänger in populärwissenschaftlichen Schriften wie in der akademischen Forschung.[454] Auch die Integration des Themas in die medizinische Ausbildung trug nur langsam Früchte: 1989 hielten sich beispielsweise laut einer Erhebung des *Deutschen Ärzteblattes* zwei Drittel der Befragten für sehr schlecht ausgebildet mit Blick auf ihre Aufgaben am Sterbebett.[455] Bei einer zeitgleichen Umfrage unter Berliner Medizinstudenten an der ostdeutschen Humboldt-Universität und der westdeutschen Freien Universität waren es sogar insgesamt über 95%, wobei der Prozentsatz in der Bundesrepublik auffälligerweise noch höher lag. Bis 1994 stieg die Zahl derjenigen, die sich ausreichend auf die Betreuung Sterbender vorbereitet fühlten, zwar an, lag aber immer noch bei bescheidenen 12,7% – und obwohl Sterbebegleitung bereits seit einigen Jahren einen offiziellen Bestandteil der Ausbildung darstellte, waren nach eigener Aussage nur etwas mehr als die Hälfte der Befragten im Studium tatsächlich damit in Berührung gekommen.[456] Darüber hinaus waren Fort- und Weiterbildungsmöglichkeiten im palliativmedizinischen Bereich in den 90er Jahren noch nicht bundesweit vorhanden, sondern nur in einzelnen Regionen und Städten, wie im Raum Köln-Bonn oder

---

[451] Matthaei, Möglichkeiten, Zitate S. 23–25.
[452] Vgl. von Lutterotti, Sterbebegleitung, v. a. S. 45–47.
[453] Allensbacher Jahrbuch 1984–1992, S. 227 f.
[454] Knupp/Stille, Vorwort.
[455] Zit. nach Deutsche AIDS-Hilfe/Arbeitsgemeinschaft ambulante Versorgung, Hospize, S. 27.
[456] Asadullah/Franze/Dietze, Behandlung, S. 433 f.

in Limburg.[457] Ferner kam es zu starken Schwierigkeiten bei der Umsetzung palliativer Ideen, zum Beispiel bei der Etablierung multiprofessioneller Teams in Palliativstationen, da eine gleichberechtigte Zusammenarbeit mit anderen Berufsgruppen bei der Behandlung von Patienten gerade für Ärzte ungewöhnlich war.[458]

Vielleicht am gravierendsten waren die anhaltenden Missstände im Bereich der Schmerztherapie. Die Bundesrepublik blieb in diesem Bereich trotz aller Verbesserungen international weiterhin rückständig. Zur Zeit der Wende besaßen nach Angaben des Bundesgesundheitsamtes nur rund 60% der niedergelassenen und 30% der Klinikärzte in Westdeutschland überhaupt einen Rezeptblock zur Verschreibung von Medikamenten, die unter das Betäubungsmittelgesetz fielen.[459] Dies rief zunehmend öffentliche Empörung hervor: In der Radiosendung „Hallo Ü-Wagen" bezeichnete etwa der renommierte Schmerztherapeut Michael Zenz die Bundesrepublik 1993 mit Blick auf die Schmerztherapie bei todkranken Tumorpatienten als ein „Entwicklungsland", da diese nach wie vor nicht Bestandteil des Medizinstudiums sei und autodidaktisch erlernt werden müsse. Das antiquierte Betäubungsmittelgesetz schüre Vorurteile und müsse für Patienten mit chronischen Schmerzen komplett abgeschafft werden.[460] Zwar stieg die durchschnittliche Morphinverschreibung in der Bundesrepublik zwischen 1985 und 1998 drastisch von 0,8 auf 16,0 Kilogramm pro Million Einwohner an, was tatsächlich auch eine Folge von Änderungen in der besonders strikten deutschen Betäubungsmittelgesetzgebung seit 1993 war, im Rahmen derer die Anforderungen für eine Verschreibung sukzessive gesenkt wurden.[461] Doch damit lag man in Deutschland immer noch deutlich unter den von führenden Palliativmedizinern als Minimum für eine adäquate Versorgung ausgeflaggten 80 Kilogramm – und rangierte in dieser Statistik im europäischen Vergleich im unteren Mittelfeld, hinter Ländern wie zum Beispiel Bulgarien.[462]

Dennoch verbesserte sich die ärztliche Versorgung Sterbender in der Bundesrepublik gerade nach der Wiedervereinigung spürbar. Frühe Erfahrungsberichte von Patienten und ihren Familienmitgliedern fielen in aller Regel sehr positiv bis überschwänglich aus: „[W]ie eine Insel der Geborgenheit und des menschlichen Beistands" sei ihm die Bonner Palliativstation erschienen, so berichtete Mitte der 90er Jahre ein Angehöriger, der sie offenbar mit dem regulären Krankenhausbetrieb kontrastierte. Der Mensch und nicht die technischen Apparate stünden hier im Mittelpunkt, man werde in „eine große intakte Familie integriert" und behutsam

---

[457] Klaschik, Palliativmedizin, S. 21 f. Vgl. zu den seit 1993 modellhaft durchgeführten palliativmedizinischen Weiterbildungsmaßnahmen in Nordrhein-Westfalen Jaspers/Schindler, Stand, S. 182.
[458] Vgl. Interview Klaschik, S. 3.
[459] Wiedemann, Hospiz-Bewegung, S. 41.
[460] Hallo Ü-Wagen: Häuser zum Sterben – Hospize. WDR, 18. 11. 1993.
[461] Klaschik, Palliativmedizin, S. 20 und Blumenthal-Barby, Türen, S. 53–57. Vgl. zur Struktur und rechtlichen Bewertung des Betäubungsmittelgesetzes in der Bundesrepublik Schrader, Sterbehilfe, S. 201–210.
[462] Vgl. Blumenthal-Barby/Özkan, Sterbeaufklärung, S. 13 und Klaschik, Palliativmedizin, S. 20.

auf Tod und Abschiednahme vorbereitet. Besonders beeindruckt zeigte er sich von der „wohnliche[n] Gestaltung der Krankenzimmer" und der angenehmen Ruhe: „Hier ist einfach alles ganz anders!"[463] Dass palliativmedizinische Ansätze so manches besser gemacht haben, war eine Wahrnehmung, die auch viele Ärzte teilten – und diese somit in ihre Praxis integrierten. So ergab eine wissenschaftliche Befragung unter Internisten Mitte der 90er Jahre nicht nur, dass Behandlungsverzicht bei aussichtslosen Erkrankungen zu einem Gemeinplatz geworden, sondern auch ein ärztliches Bewusstsein für die Bedeutung von Schmerzbekämpfung bei Sterbenden geweckt war. Auf die Frage, wie sie einen terminalen Krebspatienten, dessen Morphindosierung nicht mehr ausreicht, behandelten, antwortete eine deutliche Mehrheit der Befragten, dass sie diese bis zum Erlangen einer Schmerzfreiheit erhöhen und dafür sogar das Risiko eines Atemstillstands in Kauf nehmen würde. Nur knapp 15% wollten dies nur tun, solange keine negativen medizinischen Folgen zu erwarten wären, kein einziger lehnte die Erhöhung der Dosis pauschal ab.[464]

Die Verbesserungen indes betrafen zunächst primär eine Gruppe von Sterbenden: Krebskranke.[465] Um die Jahrtausendwende wurden, wie ein Gutachten der Enquete-Kommission „Ethik und Recht der modernen Medizin" des Bundestags zum Stand der Palliativversorgung feststellte, in deutschen Palliativstationen nahezu ausschließlich, nämlich zu fast 97%, Tumorpatienten behandelt, und das sogar unabhängig davon, an welcher Abteilung im Krankenhaus sie angesiedelt war.[466] Dabei war die Palliativmedizin keinesfalls prinzipiell auf Tumorpatienten beschränkt. So betonten Vertreter der DGP in den 90er Jahren immer wieder, dass eine palliative Versorgung prinzipiell allen unheilbar Kranken mit begrenzter Lebenserwartung offenstehen müsse.[467]

Doch in der Praxis kam es zu einer klaren Fixierung auf Krebs. Dies war auf verschiedene Umstände zurückzuführen: Wichtig war zweifelsfrei die finanzielle Förderung durch Interessenorganisationen wie die Deutsche Krebshilfe oder entsprechend spezialisierte Pharmafirmen. Hinzu kam, dass es häufig Onkologen waren, die vor der Jahrtausendwende palliativen Themen Aufmerksamkeit schenkten, was sich auch in einer entsprechenden institutionellen Anbindung von Palliativdiensten in Kliniken niederschlug. Dies hing auch damit zusammen, dass Probleme bei der Schmerzbekämpfung – im Jahr 2000 der mit Abstand häufigste Grund für die Aufnahme in eine deutsche Palliativstation – bei progredienten Krebserkrankungen besonders oft vorkamen.[468] Ferner gab es eine ausgeprägte gesundheitspolitische Aufmerksamkeit für die Belange von Tumorkranken infolge

---

[463] Zirwes, Palliativstation, Zitate S. 51 f.
[464] Dornberg, Angefragt, S. 17. Vgl. zur ärztlichen Akzeptanz von Behandlungsverzicht und Therapieabbruch ebd., v. a. S. 19 f. sowie ausführlich Kap. 5.1.
[465] Vgl. Mielke, Sterben, S. 110.
[466] Jaspers/Schindler, Stand, S. 159–161.
[467] Vgl. etwa Pichlmaier, Entwicklung, v. a. S. 1 und Herbst/Goeke, Palliativmedizin.
[468] Vgl. den Überblick in Jaspers/Schindler, Stand, S. 161.

des Bedeutungsgewinns von Krebs als Todesursache auf der einen und des wachsenden öffentlichen Interesses an der modernen Volkskrankheit auf der anderen Seite.[469] Während in der Bundesrepublik Anfang der 90er Jahre das erwähnte Modellprojekt zur Errichtung von Palliativeinheiten in Krankenhäusern aus Mitteln eines Förderprogramms zur besseren Versorgung von Krebspatienten finanziert wurde, existierte zeitgleich auch in der WHO ein Cancer and Palliative Care Program. Dieses trieb auf globaler Ebene die Palliativmedizin voran und unterstützte zeitweise die European Association of Palliative Care substanziell, deren Deklaration zur Palliativpflege von 1995 einen Fokus auf den onkologischen Bereich legte.[470] Schließlich war hier zweifelsfrei der Bedarf an einer ganzheitlichen Sterbebegleitung besonders hoch: Die Aussicht auf einen chronischen Sterbeprozess und der nahende Tod waren für Betroffene oft im Moment der Diagnose greifbar, was Fragen der Sinnstiftung evozierte. Dies verlieh der psychosozialen Betreuung und einer ganzheitlichen Symptomkontrolle im Sinne des palliativen Total Pain-Konzepts bei dieser Patientengruppe automatisch ein besonderes Gewicht. Verstärkt wurden diese Probleme durch das lange schlechte Image der Krankheit und eine stark ausgeprägte Stigmatisierung von Krebspatienten, die noch bis in die letzten Dekaden des 20. Jahrhunderts oft in eine „gesellschaftliche Sterbeecke" gedrängt und in manchen Krankenhäusern zur Schonung von Personal und Besuchern in abgelegenen Stationen isoliert wurden.[471]

Im Zuge der sich seit Ende der 70er Jahre beschleunigenden Entdeckung des Sterbens durch Ärzteschaft und Medizin kam es somit sukzessive zu einer Neuausrichtung der Behandlung von Sterbenden. Auch wenn manches noch Stückwerk blieb, waren doch die Grundlagen für die vollständige Durchsetzung palliativmedizinischer Ideen im deutschen Gesundheitswesen im 21. Jahrhundert gelegt. Seit 1997 ist die Palliativmedizin bundesweit Bestandteil des Medizinstudiums, stellt seit 2009 ein eigenständiges Ausbildungsfach dar und wird seit 2012 an deutschen Universitäten verpflichtend geprüft.[472] Darüber hinaus existiert seit 2004 die Möglichkeit zur palliativmedizinischen Spezialisierung für Fachärzte, die bis 2020 fast 14 000 Ärzte abgeschlossen haben. Die Zahl der stationären Einrichtungen stieg auf knapp 350, so dass heute circa 15% aller deutschen Krankenhäuser über eine Palliativstation verfügen.[473] 2007 erfolgte im Rahmen der Gesundheitsreform zudem die Einführung der spezialisierten ambulanten Palliativversorgung (SAPV), über die alle Krankenversicherten Anspruch auf palliative Leistungen am Lebensende haben.[474] Die Entwicklung folgte auch nach der Jahrtausendwende weiter jener Logik, die die ärztliche und gesundheitspolitische Neupositionierung

---

[469] Vgl. dazu Kap. 2.1.
[470] Vgl. Schell, Sterbebegleitung, S. 176 f. und Stjernswärd, Foreword.
[471] Vgl. Jäger/Knuth, Sterben, Zitat S. 50 sowie Stolberg, Geschichte, S. 271 f. und S. 275.
[472] Vgl. zur aktuellen Situation umfassend Stodieck, Wissen, hier S. 7.
[473] Vgl. zu den in dem Absatz genannten Zahlen https://www.dgpalliativmedizin.de/neuigkeiten/informationen-fuer-patienten-und-angehoerige.html [15. 12. 2021]; https://www.dhpv.de/zahlen_daten_fakten.html [15. 12. 2021].
[474] Vgl. zur SAPV Schneider, Sterbewelten, S. 120 f.

zum Lebensende bereits in den Dekaden zuvor vorangetrieben hatte: Einer Mischung aus Wirtschaftlichkeitsgebot und einer patientenorientiert, multiprofessionell und interdisziplinär ausgerichteten Sterbebegleitung, über die bestehenden Lücken und Missständen entgegengewirkt werden sollte.[475]

In ihrem Kampf um eine bessere Versorgung von Schwerst- und Todkranken war die Ärzteschaft freilich nicht allein gewesen: Unterstützung bekam sie von jener zivilgesellschaftlichen Organisation, die nach anfänglichen Schwierigkeiten in den 80er Jahren schließlich auch in beiden deutschen Staaten langsam Fuß fasste – und mit ihren Positionen zu Tod und Sterben einen nachdrücklichen Einfluss auf Gesundheitswesen wie Gesellschaft ausübte: Der Hospizbewegung.

---

[475] Vgl. Krauss, Who cares, v. a. S. 174.

8. 1989: Der Kongress, oder: Schöner Sterben im Sozialismus und im Kapitalismus

> *„Es ist besser ein Licht anzuzünden, als auf die Dunkelheit zu schimpfen."* (Kongressmotto)

Das Motto der Veranstaltung erlaubte keine direkten Rückschlüsse auf ihren Gegenstand. Auch ließ die allgemeine Aussage zunächst kaum Spielraum für Widerspruch oder gar Kontroversen. Erst ein Blick auf Datum und Ort des Kongresses zeigt ihre möglichen politischen Implikationen: Sie fand im September 1989, wenige Wochen vor dem Mauerfall, in Halle an der Saale statt. Doch handelte es sich keineswegs um eine Kundgebung der oppositionellen Bürgerrechtsbewegung in der DDR. Die knapp 200 Teilnehmer waren nicht in die größte Stadt Sachsen-Anhalts gereist, um für Presse- oder Reisefreiheit zu demonstrieren – sie wollten sich vielmehr über die neuen Ansätze einer humanen Sterbebegleitung informieren. Beeindruckend waren auch Herkunft und Namen der Referenten und externen Gäste: Sie kamen aus den Hochburgen der Hospizbewegung in England (London, Plymouth, Reigate) und Westdeutschland (Aachen, München).[1]

Der internationale Kongress stand unter dem bescheidenen Titel „Begegnung mit Vertretern der Hospizbewegung". Tatsächlich war er als Informationsveranstaltung konzipiert, um den Teilnehmern die Grundzüge der Hospizidee zu vermitteln. Diese stammten zum Großteil aus dem ostdeutschen Gesundheitswesen, genauer aus konfessionellen Krankenhäusern. Die den Gästen präsentierte Literaturliste bot eine ausgewogene Auswahl an insgesamt 21 Titeln zu Tod und Sterben aus Ost und West, darunter gleich sechs Veröffentlichungen von Elisabeth Kübler-Ross. Zu hören waren neben Erfahrungsberichten der einzelnen Hospizinitiativen unter anderem Vorträge zur Schmerztherapie bei Krebspatienten im Endstadium, zur Bildmeditation oder zur Trauerarbeit. Obschon die Veranstaltung auf Einladung des Magdeburger Bischofs Johannes Braun erfolgte, im Provinzhaus eines katholischen Frauenordens stattfand und auch eine Eucharistiefeier angeboten wurde, waren Religion oder Christlichkeit im Tagungsprogramm nicht explizit zu finden. „Spiritualität" hieß das Schlagwort, unter dem die zentralen Voraussetzungen des Helfens am Lebensende – wie „Echtheit" oder „Wahrhaftigkeit" – diskutiert wurden.

Auch wenn die politische Lage auf dem Hospizkongress keine direkte Rolle spielte, stand er eindeutig im Zeichen der Zeit. Deutlich wird dies in dem ausführlichen Bericht, den eine englische Teilnehmerin, die Ärztin Sheila Cassidy vom St. Luke's Hospice in Plymouth, für die katholische Londoner Wochenzeitschrift *The*

---

[1] Die folgenden Informationen entstammen, sofern nicht anders angegeben: Pera, Miteinander, S. 62; Kolodziej, Hospizarbeit; Seeler, Geld, S. 4 sowie dem Tagungsprogramm (inklusive Referenten- und Literaturliste) und den privaten Notizen einer Kongressteilnehmerin, für deren Überlassung ich Herrn Dr. Alexander Laske danke. Beides kann bei Interesse beim Autor angefragt werden.

Tablet schrieb.[2] Cassidy war nicht irgendjemand: Einige Jahre zuvor war sie vom Pinochet-Regime im berüchtigten Folterzentrum Villa Grimaldi misshandelt und erst auf vehemente Proteste der britischen Regierung freigelassen worden – nach ihrer Rückkehr ins Vereinigte Königreich avancierte sie zu einer der prominentesten öffentlichen Kritikerinnen der Menschenrechtsverletzungen in Chile.[3] Bei ihrer Reise in die DDR betonte sie wiederholt deren düstere Seite, fühlte sie sich doch an ihre eigene Vergangenheit erinnert: die grassierende Korruption, eine völlig verfallene Infrastruktur und eine graue Trostlosigkeit, die Ostdeutschland auszeichne und auch seine Einwohner präge, deren Gesichter nicht nur infolge der Luftverschmutzung völlig blass seien. Über ihre Gastgeber schrieb sie: „There was a sadness, a resignation and a dignity about these people that I knew so well, both from my time in the torture centre in Santiago and in the wards of the hospice where I work."[4] Auflösungserscheinungen antizipierte Cassidy im Vorfeld auch in einer anderen Form: So sei in der englischen Delegation angesichts der 17 000 DDR-Bürger, die zur selben Zeit versuchten, über Ungarn das Land zu verlassen, vor der Abreise noch gescherzt worden, dass sie am Ende vermutlich die einzigen Konferenzteilnehmer stellen würden. Umso überraschter zeigte sie sich von der Wärme, Gastfreundschaft und Freude über ihre Anwesenheit bei denjenigen, „who, for one reason or another, had *chosen* to stay behind."[5] Für Cassidy war die Tatsache, dass die Hospizidee, wie sie erstaunt zur Kenntnis nahm, in Theorie und Praxis in der DDR Fuß gefasst hatte, Ausdruck der neuen Hoffnung nicht nur für Sterbende, sondern auch auf einen politischen Wandel. Bewusst zweideutig war die Überschrift ihres Artikels: „Hope stirs in Halle".

Doch wie konnte es überhaupt dazu kommen, dass der erste internationale Hospizkongress auf deutschem Boden ausgerechnet in der DDR stattfand?

8.1 Ein erster Anlauf: die Hospizidee in der DDR

> „Alt werden ist natürlich kein reines Vergnügen. Aber denken wir an die einzige Alternative." (Robert Lembke)

Heinrich Pera (1939–2004) war ein ungewöhnlicher Mensch: Ein katholischer Priester, der für alle sichtbar in einer Beziehung mit einer Frau lebte.[6] Ein DDR-

---

[2] Cassidy, Hope.
[3] Vgl. zu dem Fall Eckel, Ambivalenz, S. 612f. und den zeitgenössischen Bericht Cassidys, die wegen der medizinischen Versorgung eines Oppositionellen inhaftiert worden war: Cassidy, Audacity.
[4] Cassidy, Hope, S. 1114. Als positives Zeichen wertete Cassidy das „relatively high profile of the Church", das auch im Gesundheitswesen zu beobachten sei; ebd., S. 1115.
[5] Ebd., S. 1115 (Kursivsetzung im Original).
[6] Zu Lebenslauf und Wirken von Pera vgl. hier und – sofern nicht anders angegeben – im Folgenden: Packenius, Pera; Pera, Sterbende, S. 11–19; Pantenius, Gelehrte, S. 236–238; die vom MfS archivierten biografischen Angaben in: BStU, MfS BV Halle Abt. XX 5603 bzw. BStU, MfS BV Halle AKG ZMA 1688 sowie den dünnen Nachlass von Pera im Stadtarchiv Halle, der neben einer Zeitungsausschnittsammlung auch eine Kurzbiografie von Ralf Jacob zum Straßenbenennungsvorschlag enthält: Stadtarchiv Halle an der Saale, S 26.1, FA 10455. Zu Peras

Bürger, der wenige Wochen vor dem Mauerbau illegal in den Westen ausreiste – und einige Zeit später zur Verblüffung der ostdeutschen Behörden freiwillig zurückkehrte.[7] Ein sozial engagierter Tausendsassa, der von der Stasi Anfang der 80er Jahre im Rahmen einer operativen Personenkontrolle überwacht wurde – und doch in der Lage war, kurz darauf für längere Zeit nach England zu reisen, um sich dort in hospizlichen Praktiken ausbilden zu lassen. Ein Querkopf, den ein langjähriger Kollege in einem durchaus kritischen Nachruf des Bistums Magdeburg als „Grenzgänger (und Überschreiter)" sowie unbequemen Mitarbeiter bezeichnete – und der doch bald darauf von der Stadt Halle an der Saale eine Straße nach sich benannt bekommen sollte.[8] Es mag angesichts der Rahmenbedingungen kaum verblüffen, dass sich die Geschichte der Hospizidee in der DDR wesentlich mit dem Namen dieses streitbaren Geistlichen verbindet.

Geboren wurde Pera 1938 in Magdeburg, wo er in einer katholischen Arbeiterfamilie aufwuchs. Im Kindesalter verletzte er sich schwer am rechten Auge und verlor einen Teil seiner Sehkraft. Nach Abschluss des Abiturs 1956 arbeitete Pera zunächst ein Jahr als Malergehilfe, ehe er ein Theologiestudium begann, zunächst in Magdeburg und dann ab 1958 am Katholischen Priesterseminar in Erfurt. In jener Zeit verschlimmerte sich sein Augenleiden, er litt unter chronischen Kopfschmerzen und Sehstörungen. Nachdem zahlreiche Operationen keine Besserung gebracht hatten, verließ er die DDR im April 1961 ohne Reisegenehmigung über West-Berlin in Richtung Bundesrepublik, um dort Spezialisten konsultieren zu können. In Köln, wo Pera auf Vermittlung des Paderborner Erzbischofs Lorenz Kardinal Jaeger an der Uniklinik behandelt wurde, studierte er zwei Semester Humanmedizin, ehe er in Paderborn sein Theologiestudium fortsetzte. Im Herbst 1962 kehrte er nach Abschluss der Behandlung in die DDR zurück. Nach eigenen Angaben sei er in der Bundesrepublik zwar als politischer Flüchtling anerkannt worden, habe dies jedoch abgelehnt. Die Priesterweihe erfolgte im Juni 1966 in Magdeburg, anschließend war Pera in Merseburg und kurzzeitig in Weißenfels als Vikar beschäftigt, eine Tätigkeit, die er aus medizinischen Gründen mehrfach unterbrechen musste. Schließlich begann er auf eigenen Wunsch und nach hartnäckigen Drängen beim Magdeburger (Adjutor-)Bischof ab 1974 im St. Elisabeth-Krankenhaus in Halle nebenbei nicht nur als Klinikseelsorger, sondern auch als Krankenpfleger zu arbeiten – die staatliche Anerkennung hatte er mittels eines Fernstudiums im Januar 1971 erworben.[9] Hintergrund war neben dem medizini-

---

offener Zölibatsverletzung vgl. etwa ein Porträt in der *Mitteldeutschen Zeitung* im Jahr 2001: Monika Zimmermann: „Menschen in Mitteldeutschland: Den Übergang erleichtern. Der katholische Seelsorger Heinrich Pera leitet das Hospiz Halle und begleitet Sterbenskranke in den Tod." *Mitteldeutschen Zeitung*, 31. 7. 2001 sowie die in diesem Kapitel zitierten MfS-Überwachungsberichte.

[7] Vgl. den Untersuchungsbericht des MfS anlässlich Peras Rückkehr, das Protokoll seiner Befragung und den Einweisungsbeschluss in: BStU, MfS HA XX AP 11196/92 und BStU, MfS BV Halle AOPK 2156/82, S. 000056–000063.

[8] Packenius, Berufung.

[9] Vgl. die Urkunde und das Facharbeiterzeugnis in BStU, MfS BV Halle AOPK 2156/82, S. 000071–000073.

schen Interesse Peras, dass er als Geistlicher in der DDR keinen Zugang zu staatlichen Krankenhäusern hatte, um dort Seelsorge zu leisten, was er mittels einer Pflegetätigkeit umgehen konnte.[10] Diese Beschäftigung machte Pera zugleich zum einzigen katholischen Priester in der DDR, der teilweise vom Staat bezahlt wurde.[11]

In Halle erwarb Pera sich rasch einen Ruf als engagierter und fachlich kompetenter Krankenhausmitarbeiter, der sich gerade in der Patientenfürsorge und im Weiterbildungsbereich betätigte.[12] Er organisierte Lehrgänge in Psychiatrie-Seelsorge für Theologen und Ärzte, rief einen Medizinerkreis ins Leben, in dem jeweils über den Zeitraum eines Jahres Fortbildungen zu bestimmten Themen angeboten wurden, und leitete einen etwa fünfmal jährlich stattfindenden Schwesternkreis, an dem ungefähr 30 Personen (vorrangig mittleres medizinisches Personal) teilnahmen, die sich mit Problemen der psychosozialen Betreuung von Kranken auseinandersetzten.[13] Diese Aktivitäten kulminierten 1978 in die Einrichtung einer Krisenberatungsstelle namens „Zeit-Oase". In dieser interdisziplinär besetzten Sprechstunde bot Pera zusammen mit Ärzten aus seinem Medizinerkreis, Sozialarbeitern und Fürsorgern regelmäßig zweimal wöchentlich Einzelgespräche für Patienten an, wobei der Schwerpunkt auf psychischer Seelsorge lag. Nach eigenen Aussagen wurden dort bis in die Wendezeit fast 6000 Menschen beraten.[14] Zudem gingen zahlreiche Selbsthilfegruppen, unter anderem für Krebs- und Dialysepatienten, aus der „Zeit-Oase" hervor.[15] Betroffene erfuhren von der Existenz dieser inoffiziellen Hilfsangebote, wie sich eine direkt daran beteiligte Krankenschwester erinnerte, ausschließlich über „Flüsterpropaganda".[16]

Mit der Hospizidee kam Pera bereits Ende der 60er Jahre durch die Veröffentlichungen von Elisabeth Kübler-Ross sowie durch seine persönlichen Kontakte nach Krakau in Berührung – mit der führenden Vertreterin der frühen polnischen Bewegung, Halina Bortnowska, verband Pera eine persönliche Freundschaft.[17] Die Not von Sterbenden rückte dann im Rahmen seiner praktischen Klinikarbeit in den 70er Jahren stärker in den Fokus. Aufschlussreich ist der Bericht einer inoffiziellen Mitarbeiterin des MfS über ein Erlebnis Peras während eines Nachtdienstes

---

[10] Pera, Sterbende, S. 11 f. Vgl. zu den Schwierigkeiten Peras, Zugang zu den Krankenstationen zu bekommen, Interview Ziegenfuß, S. 3 f.
[11] Vgl. Oestreicher, Parish, S. 72.
[12] Vgl. dazu auch die Einschätzung des MfS, in: BStU, MfS BV Halle AKG ZMA 1688, S. 0016.
[13] Vgl. hierzu BstU, MfS BV Halle AKG ZMA 1688, S. 0016–0020 und S. 0030 sowie BstU, MfS BV Halle AOPK 2156/82, S. 000213 f.
[14] Zur „Zeit-Oase" vgl. BstU, MfS BV Halle AOPK 2156/82, S. 000228 f. und MfS BV Halle AOPK 2156/82, S. 000334–000349; Stadtarchiv Halle an der Saale, S. 26.1, FA 10455; Interview Ziegenfuß, S. 3 und Packenius, Berufung.
[15] Pera, Miteinander, S. 60 f.
[16] Vgl. Interview Thamm, S. 3.
[17] Vgl. BStU, MfS BV Halle AKG ZMA 1688, S. 0006; Packenius, Berufung; Pantenius, Gelehrte; „Neue Freiheit soll genutzt werden. Leiter des halleschen Hospizes verabschiedet." *Mitteldeutsche Zeitung*, 5. 7. 2003. Zur frühen Verbreitung der Hospizidee im sozialistischen Polen vgl. Kapitel 4.2.

im Jahr 1974: „In einer Nacht sind 2 Patienten verstorben. Als Pera merkte, daß es mit einer Patientin sehr schlecht stand, versuchte er den diensthabenden Arzt zu erreichen. Dieser war jedoch betrunken und gab Pera zur Antwort, daß er ihn in Ruhe lassen solle. Er rief dann Dr. [...] an. Dieser kam dann erst nach längerer Diskussion. Pera war schockiert über die Einstellung der Ärzte. Es kam so heraus, daß man sowieso nicht helfen könne, warum sich dann erst bemühen."[18] Als Reaktion darauf besorgte sich Pera, wie die Stasi-Informantin berichtete, bei einem privaten Budapest-Ausflug im Jahr darauf einschlägige Fachliteratur zum Sterben – aus Sicht des Regimes stellte diese offenbar kein Problem dar, denn bei der Zollkontrolle wurden zwar die ebenfalls erworbenen Schallplatten mit indischer Beat-Musik, nicht aber die Bücher überprüft.[19] Bereits in jenen Jahren hielt er zudem einige Vorträge über das Sterben in Polen und führte in Zakopane einen Kurs zur Sterbebegleitung durch. Diese machte er 1978 auch zum Gegenstand einer seiner Fortbildungsveranstaltungen in Halle.[20]

Dennoch spielte das Thema Sterben in Peras Arbeit bis Mitte der 80er Jahre eine untergeordnete Rolle. Dies änderte sich, als er 1985 die Möglichkeit erhielt, insgesamt einen Monat lang in vier Hospizen in England zu hospitieren, darunter im St. Christopher's Hospice in London – der Kontakt war über den anglikanischen Geistlichen Paul Oestreicher zustande gekommen.[21] Nach eigenen Worten stellte dies für ihn eine Schlüsselerfahrung dar.[22] Tatsächlich rief Pera unmittelbar danach das erste Hausbetreuungsteam ins Leben, das fortan eine Art ambulanten Sterbebegleitungsdienst in Halle anbot: Pera und seine freiwilligen Mitarbeiter (zunächst je zwei Krankenschwestern, Sozialarbeiter und Ärzte sowie ein Seelsorger) unterstützten Schwerstkranke im Finalstadium, die aus den städtischen Krankenhäusern entlassen wurden, um zu Hause sterben zu können, und ihre Angehörige im pflegerischen und sozialen Bereich, auf Wunsch auch bei der Bestattung und der Trauerarbeit.[23] Die Anzahl der jährlich begleiteten Menschen war jedoch vor der Wende noch äußerst gering: Nachdem sie in den Jahren 1985 bis 1987 in einem einstelligen Bereich lag, wuchs sie anschließend über 12 (1988) auf immerhin 19 beziehungsweise 20 Personen (1989 und 1990).[24] Zudem schuf Pera Helfergruppen, in denen Ärzte, Krankenschwestern, Sozialarbeiter, aber auch Privatpersonen geschult und auf die Hospizarbeit vorbereitet wurden. All dies ge-

---

[18] BStU, MfS BV Halle AOPK 2156/82, S. 000176.
[19] BStU, MfS BV Halle AOPK 2156/82, S. 000201.
[20] Vgl. BA Koblenz, B 149/149813, Blatt 542; BStU, MfS BV Halle Abt. XX ZMA Nr. 3497, S. 0014; BStU, MfS BV Halle AOPK 2156/82, S. 000214; RBSG-A 1106-443.
[21] Packenius, Berufung.
[22] Pera, Da sein bis zuletzt, S. 25 f.
[23] Vgl. Seeler, Geld, S. 4, Laske, Hospizarbeit sowie zur praktischen Tätigkeit des halleschen Hospizdienstes in den Anfangsjahren allgemein den Abdruck eines Berichts von Mitarbeiterinnen aus dem Jahr 1989 in der Festschrift zum zehnjährigen Jubiläum: Graumann u. a., Endlich leben, S. 12–15.
[24] Vgl. den Überblick in der Anlage eines Konzeptpapiers, in: BA Koblenz, B 149/149813, Blatt 552.

schah, wie schon die Arbeit der „Zeit-Oase", unter dem Dach des katholischen St. Elisabeth-Krankenhauses und damit in einem kirchlichen Umfeld – und war nach eigener Einschätzung zu DDR-Zeiten auch nur dort möglich.[25] Jedoch kam es beim Aufbau des Hospizdienstes immer wieder zu Konflikten mit Medizinern und speziell mit kirchlichen Akteuren, insbesondere aus dem Bischöflichen Amt Magdeburg – mit dem Pera seit Anfang der 70er Jahre wiederholt wegen seiner außerkirchlichen Aktivitäten im Clinch lag.[26]

Paradoxerweise verursachte sein Engagement im Bereich Hospiz und Sterbebegleitung dagegen keinerlei direkte Probleme mit den staatlichen Organen, obschon eine vermeintliche Verfolgung gerade durch die Stasi in der Hospizliteratur oft kolportiert wird – und auch von Pera selbst nach der Wende mitunter zumindest angedeutet wurde.[27] Zwar überwachte das MfS Pera tatsächlich zeitweilig minutiös, zwischen Februar 1978 und Juli 1982 sogar im Rahmen einer operativen Personenkontrolle (OPK); diese hatte jedoch ganz andere Hintergründe und Ziele – und war längst beendet, als Pera sich Mitte der 80er Jahre dezidiert der Hospizidee zuwandte. Ins Visier der Stasi war er Ende der 60er Jahre als Vikar in Merseburg eher zufällig geraten: Das MfS überwachte dort mittels einer ins Pfarrbüro eingeschleusten Informantin, zu der Pera ein sehr enges Verhältnis aufbaute, die Aktivitäten der katholischen Kirche und speziell des oppositionellen Pfarrers Adolf Brockhoff, der später seinerseits wegen Verletzung des Zölibats suspendiert wurde und 1975 in die Bundesrepublik ausreisen durfte.[28]

Auf diese Weise wurde das MfS auch auf Peras Tätigkeiten im medizinischen Bereich aufmerksam und leitete Anfang 1978 die OPK „Oase" gegen ihn ein. Bereits der Name verriet, wogegen sich das Vorgehen primär richtete.[29] Peras Medizinerkreis und die „Zeit-Oase" waren insofern problematisch, als dass derartige Praktiken im Bereich der medizinischen Selbsthilfe pauschal untersagt waren, da sie dem staatlichen Fürsorgemonopol im Gesundheitswesen zuwiderliefen und als

---

[25] Vgl. Seeler, Geld; Fink, Initiative, S. 107 f.; Interview Ziegenfuß, S. 3 f.; Interview Syska, S. 2 sowie die Darstellung auf der Webseite des Hospizdienstes: https://www.hospiz-halle.de/uns er-haus/geschichte [15. 12. 2021].

[26] Vgl. von Hayek, Situation in Halle sowie exemplarisch für die der Stasi berichteten Streitigkeiten zwischen Pera und seinen Vorgesetzten in Magdeburg BStU, MfS BV Halle AOPK 2156/ 82, S. 000118 und S. 000207.

[27] Vgl. u. a. Heidi Pohle: „Hospiz begleitet seit 20 Jahren unheilbar Kran-e – Individuelle Betreuung auf Station mit acht Betten." *Mitteldeutsche Zeitung*, 22. 10. 2005; Student, Wege, S. 551 sowie das 1992 mit Pera geführte Interview, in: Seeler, Geld. Auch in den Akten der Robert Bosch Stiftung, die die Hospizinitiative Peras nach der Wende finanziell förderte, taucht der Verweis auf die angebliche Stasi-Überwachung in den 80er Jahren auf, vgl. die Gesprächsnotiz von einer Besprechung am 5. 10. 1993 in Halle, in: RBSG-A 1106-443.

[28] Zu Brockhoff vgl. die Informationen in der biografischen Datenbank „Wer war wer in der DDR?" der Bundesstiftung Aufarbeitung unter https://www.bundesstiftung-aufarbeitung.de/ wer-war-wer-in-der-ddr-%2363;-1424.html?ID=430 [15. 12. 2021].

[29] Vgl. zu den im Folgenden geschilderten Hintergründen und Ergebnissen der Überwachung Peras durch das MfS v. a. die Sachstandsberichte vom 20. Oktober 1978 und vom 24. August 1981, in: BStU, MfS BV Halle AKG ZMA 1688, S. 0001–0027.

potenzielle Verstöße gegen das Versammlungsgesetz verfolgt wurden.[30] Darüber hinaus machten Pera seine freundschaftliche Verbindung zu Brockhoff, seine zahlreichen Auslandskontakte und sein „unsteter Lebenswandel" (gemeint waren seine engen Beziehungen zu Frauen) für das MfS verdächtig; wirkliche politische Verdachtsmomente existierten hingegen – abgesehen von einigen kritischen Aussagen, die er 1968 im Zuge der Niederschlagung des Prager Frühlings getätigt haben soll – keine. Im Zuge der OPK kontrollierte und dokumentierte das MfS, das Informantinnen und Informanten sowohl im engsten Bekanntenkreis als auch im beruflichen Umfeld von Pera und in seinen Fortbildungskursen hatte, neben Verletzungen des Zölibats sowie seinen vielfältigen Kontakten im In- und Ausland auch Verstöße gegen das Urheber-, Devisen- respektive Zollrecht der DDR (einige seiner Aufsätze waren in Polen gegen Honorarzahlungen veröffentlicht worden). Hinweise auf eine „staatsfeindliche Einstellung" Peras ergaben sich indes nicht, so dass das MfS die OPK im Sommer 1982 beendete.[31] Auch im Zuge einer Befragung im Kreisamt der Volkspolizei Halle, zu der es Ende 1981 gekommen war, als ein Bekannter ihn des Besitzes der als antisozialistisch eingestuften Bücher „Krebsstation" von Alexander Solschenizyn und „Collin" von Stefan Heym bezichtigt hatte, konnte Pera glaubhaft nachweisen, dass es ihm nicht um die politischen Implikationen der Werke gegangen sei, sondern „um die Probleme der Kranken, um deren Denken, Fühlen und Handeln als quasi ‚dem Tode geweihte'."[32]

Dass seine Aktivitäten in eben diesem Bereich eher unproblematisch waren und der hospizliche Hausbetreuungsdienst im Unterschied zur „Zeit-Oase" aus Sicht des Regimes keinen Grund zur Beunruhigung darstellte, lässt sich unter anderem mit der nur noch oberflächlichen Beobachtung Peras durch das MfS nach Mitte der 80er Jahre belegen. So erhielt er 1985 trotz des Vorhandenseins einer Stasi-Akte von staatlicher Seite problemlos eine Ausreisegenehmigung, um die Hospize in England zu besuchen – Widerstände gab es dagegen einmal mehr von Seiten des Magdeburger Bischofs, der Pera die Reise erst erlaubte, als dessen Kontakte in England eine persönliche Einladung des Erzbischofs von Westminster, Basil Kardinal Hume, nachreichten.[33] Zwar nahm die zuständige Dienststelle im MfS die England-Reise zur Kenntnis, betonte aber, dass seine Tätigkeit als „nicht staatsfeindlich" einzustufen sei. Ein IM im Umfeld Peras wurde angewiesen, „losen Kontakt" zu ihm zu halten, eine intensivere Kontrolle sei nicht erforderlich.[34] Dass 1989 auch zwei Mitarbeiterinnen des Hospizteams nach London reisen konnten,

---

[30] Vgl. hierzu Seeler, Geld. Der langjährige Minister für Gesundheitswesen der DDR, Ludwig Mecklinger, sah in der rigiden Ablehnung von Selbsthilfegruppen retrospektiv einen der größten Fehler der ostdeutschen Gesundheitspolitik; Mecklinger, Gesundheitswesen.
[31] Vgl. den Abschlussbericht zur OPK „Oase" vom 13. Juli 1982, in: BStU, MfS BV Halle AKG ZMA 1688, S. 0028–0038.
[32] Vgl. den Bericht vom 12. 11. 1981, in: BStU, MfS BV Halle AOPK 2156/82, S. 000350–000356, Zitat, S. 000350.
[33] Oestreicher, Parish, S. 72.
[34] BStU, BV Halle VIII 988–67 OD Leuna Teil II Band 4, S. 000910 und 000920.

um dort einen Vortrag über ihre Arbeit zu halten,[35] und im selben Jahr der Hospizkongress in Halle stattfand, war folglich keinesfalls nur der Erosion des DDR-Staats geschuldet. Eine dezidierte „staatliche Ablehnung der Hospizidee in der DDR" (Littger) gab es in der Form mithin nicht.[36] Dementsprechend charakterisierte eine Beteiligte die Arbeit des Hausbetreuungsdienstes retrospektiv als eine „Privatiniative", die aber nicht explizit „geheim" war.[37] Allerdings ist offenkundig, dass das Hospizkonzept mit seiner medizinkritischen Stoßrichtung, der starken Rolle ehrenamtlicher Helfer und der Betonung der Patientenautonomie der Staatsideologie durchaus entgegenstand. Entsprechend sind zumindest indirekte Rückwirkungen auf das Handeln der Akteure zu konstatieren, denen die Freiheiten der Hospizpioniere im Westen fehlten, etwa was das öffentliche Anwerben und das Zirkulieren ihrer Ideen angeht – dies mag durchaus einen Grund dafür darstellen, dass Peras Initiative die einzige zu DDR-Zeiten blieb.

Überwinden konnte Pera selbst diese Hürden vor allem dank seiner engen Kontakte und häufigen Reisen ins Ausland, speziell in die Bundesrepublik, nach England und nach Polen. Diese ermöglichten es ihm, frühzeitig die Hospizidee in Krakau kennenzulernen und vor allem anschließend an der transnationalen Wissenszirkulation zu partizipieren, die diese gerade im letzten Viertel des 20. Jahrhunderts charakterisierte und wesentlich für ihre rasante Verbreitung verantwortlich war. Mit Reinhold Iblacker, dem Protagonisten der frühen westdeutschen Hospizbewegung, traf sich Pera – wie eine MfS-Informantin berichtete – beispielsweise Ende der 70er Jahre in Berlin; zwar ging es bei dem Treffen nicht direkt um die Hospizidee, sondern um Material für einen geplanten Dokumentarfilm Iblackers zur Krankenhausseelsorge, es liegt aber nahe, dass Pera spätestens zu diesem Zeitpunkt Kenntnis von Iblackers Filmen über das Sterben und das St. Christopher's Hospice erhielt.[38] Auch mit einem anderen Pionier der westdeutschen Hospizbewegung, Paul Türks aus Aachen, stand Pera seit Mitte der 80er Jahre in persönlichem Austausch.[39] Und umgekehrt waren die Aktivitäten Peras in der englischen und westdeutschen Hospizbewegung schon vor 1989/90 bekannt und wurden mit Interesse verfolgt. Ein anderer westdeutscher Hospizpionier, Johann-Christoph Student, lobte in der Wendezeit den „geringe[n] organisatorische[n] und finanzielle[n] Aufwand", mit dem Pera erfolgreich agiere, und beton-

---

[35] Vgl. Pera, Miteinander, S. 62.
[36] Littger, Hospiz- und Palliativkultur, S. 143 f.
[37] Interview Thamm, S. 7 f.
[38] Vgl. die Notiz zu Iblacker im Sachstandsbericht zur OPK vom 20. 10. 1980, in: BStU, MfS BV Halle AKG ZMA 1688, S. 0006, und den Bericht der IM „Sigrid Aster" vom 10. 9. 1979, laut der die Verbindung von Iblacker und Pera sogar schon jahrelang zurückreiche, in: BStU, MfS BV Halle AOPK 2156/82, S. 000239. Auch liegt zumindest der Verdacht nahe, dass die späteren Kontakte von Pera, dessen englischen Sprachkenntnisse sehr schlecht waren und der zuvor nie dort gewesen war, zur britischen Hospizbewegung mit auf den gut vernetzten und mit Cicely Saunders befreundeten Iblacker zurückzuführen waren. Zu Iblacker vgl. Kap. 4.2 und 9.1, zu Peras Englisch vgl. Oestreicher, Parish, S. 72.
[39] Vgl. Interview Louven, S. 25.

te, dass man im Westen „von der Hospizarbeit in der DDR" lernen könne – eine angesichts des singulären Charakters der Hospizinitiative in Halle und der sehr kleinen Zahl an betreuten Sterbenden fraglos übertriebene Einschätzung.[40] Die Ausrichtung des internationalen Hospizkongresses im September 1989 in Halle war logische Folge dieser bereits etablierten Netzwerke Peras in den Westen.[41] Bereits im Mai diesen Jahres war eine Delegation aus Halle zu einer Tagung nach London ans St. Christopher's Hospice gereist und hatte dort über Hospizarbeit in einem sozialistischen Umfeld berichtet. Die Fahrt seiner beiden Mitarbeiterinnen ermöglichte Pera nicht nur durch seine Verbindungen nach England, sondern angesichts der teuren Hotelpreise auch dadurch, dass er ihnen über seine Kontakte private Unterkünfte besorgte.[42]

Nach 1990 avancierte Pera dementsprechend rasch zu einer Art Popstar der gesamtdeutschen Hospizbewegung. Die Zahl an Vorträgen, die er im ersten Jahrzehnt nach der Wiedervereinigung gehalten hat, ist kaum zu überblicken: Pera trat als Referent unter anderem auf der Eröffnungsveranstaltung der Deutschen Gesellschaft für Palliativmedizin (1996) auf, bei evangelischen, katholischen, buddhistischen oder humanistischen Hospizkonferenzen, bei Krebskongressen oder gesundheitspolitischen Fachtagungen.[43] Der RBB drehte eine halbstündige Dokumentation über ihn und sein Hospizprojekt, die am 9. April 1993 auch im Nachmittagsprogramm der ARD ausgestrahlt wurde.[44] Pera war Anfang 1992 treibende Kraft hinter der Gründung der bundesweit tätigen Bundesarbeitsgemeinschaft (BAG) Hospiz, die sich sukzessive als Dachverband der deutschen Hospizbewegung etablierte. Er fungierte als ihr erster Geschäftsführer und zwischen 1993 und Ende 1997 zusätzlich als Vorsitzender der zunächst in Halle sitzenden Organisation. Entsprechend gilt er in der Hospizbewegung heute als zentrale „Integrationsfigur" in der Zeit nach der Wende.[45] Zugleich entwickelte sich Pera zum wichtigsten Ansprechpartner in Hospizfragen für Ministerien auf Länder- und Bundesebene sowie andere (gesundheits-)politische Akteure. Er stand im persönlichen Kontakt mit zahlreichen Ministern und Staatssekretären, den Spitzenverbänden der Krankenkassen, organisierte gemeinsam mit Bundesministerien Informationsveranstaltungen und spielte eine führende Rolle in einer hospizlichen Arbeitsgemein-

---

[40] Student, Wege, S. 551.
[41] So rekrutierten sich auch die westdeutschen und britischen Gäste bei der Konferenz wie Sheila Cassidy oder Iblackers Münchner Kollegin Elisabeth Albrecht aus dem bzw. über den Freundes- und Bekanntenkreis Peras; vgl. Cassidy, Hope.
[42] Vgl. den vom MfS archivierten Schriftverkehr, in: BStU, MfS BV Halle Abt. M Kartei 31482.
[43] Vgl. die die unvollständige Vortragsliste für die Zeit vor Sommer 1993 in ebd., S. 7–10 und exemplarisch die von unterschiedlichen Bundesministerien archivierten Programmentwürfe, in: BA Koblenz B 122/58124; B 353/238090; B 149/149815, Blatt 108 und Blatt 383–385; B 149/149817, Blatt 479.
[44] Wingert, Leben. Darüber hinaus trat Pera Anfang der 90er Jahre immer wieder als Gesprächspartner in Diskussionsrunden und Fernsehberichten zu den Themen Sterbebegleitung und Sterbehilfe auf, u. a. im ZDF, MDR, BR und in der ARD. Vgl. die Übersicht in einem Förderantrag bei der Robert Bosch Stiftung vom 1. 8. 1993, in: RBSG-A 1106-443, S. 11.
[45] Heller/Pleschberger, Anfänge, S. 36.

schaft der Bundesregierung.[46] So hatte Pera auf die sozialpolitische Verankerung der Hospizidee Mitte der 90er Jahre einen großen Einfluss.[47] Im Januar 1996 wurde er beim Neujahrsempfang des Bundespräsidenten Roman Herzog auf Schloss Bellevue für sein ehrenamtliches Engagement ausgezeichnet.[48] Und der CDU-Politiker, langjährige Staatssekretär und Vorsitzende der Senioren-Union Bernhard Worms lobte ihn in einem Brief 1998 überschwänglich: „Gäbe es den Titel: ‚Apostel der Armen', so stünde er Ihnen, lieber Herr Pfarrer Pera, ohne jede Abstriche zu."[49]

Was seine eigene Hospizinitiative in Halle anging, so sah Pera die Folgen der politischen Wende anfänglich durchaus kritisch: Neben der Abwanderung langjähriger Hospizhelfer in den Westen beklagte er vor allem eine Entsolidarisierung der Gesellschaft und einen neuen „Egoismus" gerade bei Menschen im mittleren Alter sowie deren Unsicherheit infolge fehlender Perspektiven.[50] Allerdings profitierte sein weiterhin am St. Elisabeth-Krankenhaus angesiedelter Hospizdienst, der im Juni 1991 auch formal als eingetragener Verein gegründet wurde, finanziell wie organisatorisch unmittelbar von der Wiedervereinigung.[51] Ab 1992 konnte er mit Bundesmitteln ein Pilotprojekt aufbauen, in dem ambulante und stationäre Hospizarbeit in einem Haus kombiniert werden sollten.[52] Dank zusätzlicher Mittel der Robert Bosch Stiftung (262 000 Euro) und der Deutschen Krebshilfe (165 658,57 Euro) konnte in Halle dann bereits im Mai 1993 das erste Tageshospiz in Deutschland eröffnet werden, in dem ein eingeschränktes stationäres Angebot den Hausbetreuungsdienst erweiterte.[53] Dort wurden bereits kurz darauf pro Jahr 60 bis 70 Sterbende ambulant und knapp zwei Dutzend stationär betreut, nun auch erstmals von hauptamtlichen Mitarbeitern. Hinzu kam die mehrstufige Schulung weiterer ehrenamtlicher Hospizhelfer in Grund- und Aufbauseminaren; alleine im

---

[46] Vgl. zu den genannten Punkten sowie exemplarisch zur Bedeutung Peras als ministeriellem Ansprechpartner BA Koblenz, B 189/100277; B 353/203322, v. a. Blatt 28 und 44–48; B 149/149813, v. a. Blatt 464–469; B 149/149814, Blatt 81–84 und 697; B 149/149815, Blatt 546 und B 149/149817, Blatt 457, 463 und 807.

[47] Vgl. hierzu Pantenius, Gelehrte und ausführlich zu dieser Entwicklung Kapitel 10.2.

[48] Vgl. die Zeitungsberichte hierzu in Peras Nachlass: Stadtarchiv Halle an der Saale, S 26.1, FA 10455.

[49] Eine Kopie des Schreibens findet sich, in: BA Koblenz, B 353/203322, Blatt 231 f.

[50] So seine Aussagen in einem Interview 1992, in: Seeler, Geld. Vgl. auch die Passage in dem Dokumentarfilm von 1993 zu den negativen Folgen der Wende für das Hospizprojekt in Halle: Wingert, Leben, Minute 11:58–12:44. Zugleich war der politische Wandel für Pera primär die Folge zivilgesellschaftlichen Engagements und bestätigte insofern seinen eigenen Grundansatz; vgl. Littger, Hospiz- und Palliativkultur, v. a. S. 146.

[51] Vgl. zu den im Folgenden genannten Entwicklungen Packenius, Berufung.

[52] Vgl. das Konzeptpapier des Modellprojekts Hospiz-Hausbetreuungsdienst, in: BA Koblenz, B 149/149813, Blatt 530–534.

[53] Zur Förderung durch die Robert Bosch Stiftung vgl. die Akte „Hospiz am St. Elisabeth-Krankenhaus Halle GmbH: TagesHospiz in Halle", in: RBSG-A 1106–443; bei der Deutschen Krebshilfe hatte das Tageshospiz in Halle die Projektnummer 70–00562, vgl. zum Umfang der Förderung Deutsche Krebshilfe: Gesamtübersicht der Förderung im Bereich „Palliativmedizin, Hospize und Schmerztherapie" (Stand 31. 12. 2012).

ersten Jahrzehnt seines Entstehens bildete das Hospiz am St. Elisabeth-Krankenhaus in Halle 90 Frauen und Männer aus, die zum Teil Hospizdienste in anderen Städten wie Leipzig oder Dessau aufbauten.[54] Ab Ende 1996 schließlich rundeten ein stationäres Hospiz mit acht Betten und die räumliche Zusammenlegung aller bestehenden Hospizdienste unter einem Dach das Angebot in Halle ab.[55]

In den 90er Jahren erhielt Pera für sein Hospizprojekt somit substanzielle Finanzhilfen vom Bund und gemeinnützigen Organisationen, aber auch vom Land Sachsen-Anhalt, der Stadt Halle, kirchlichen Trägern und privaten Spendern.[56] Dank seiner Verbindungen nach Osteuropa förderte die Robert Bosch Stiftung bereits in den frühen 90er Jahren zudem weitere Hospizprojekte in Polen und Slowenien.[57] Die Vielfältigkeit der Finanzhilfen unterstreicht nicht zuletzt, dass ausgerechnet der einzige Vertreter der Hospizidee in der DDR nach der Wende innerhalb kürzester Zeit zum größten und erfolgreichsten Netzwerker innerhalb der gesamtdeutschen Hospizbewegung aufsteigen konnte.[58] Dies war unter anderem Folge sehr enger Ost-West-Kontakte und grenzüberschreitender Wissenstransfers in der Hospizbewegung vor 1989.[59] Die DDR war eben keinesfalls abgeschnitten von den thanatologischen Forschungen und der Entwicklung der Sterbebegleitung im Westen. Diese konnten vielmehr genau rezipiert werden, was Pera nach der Wiedervereinigung einen unmittelbaren Anschluss, mehr noch: die Übernahme einer Vorreiterrolle in der Bewegung erlaubte. Es war sinnbildlich, dass er in einer Veröffentlichung in der Wendezeit, abgesehen von einigen wenigen medizinethischen Schriften aus der DDR ausschließlich westliche Literaturtitel zitierte.[60]

Dessen ungeachtet blieben die tatsächlichen Betreuungszahlen auch nach der Wiedervereinigung überschaubar. Bis Ende 1995 wurden in Halle insgesamt 309 Sterbende begleitet, von denen 130 zu Hause, 170 im Krankenhaus und der Rest in Altersheimen verstarben. Wie im frühen Hospizbereich üblich, lässt sich dabei ein deutliches Übergewicht an Krebspatienten (256) feststellen: Lediglich 53

---

[54] Vgl. Ute Albersmann: „Begleitung für Sterbende. 10 Jahre Arbeit in Halle." *Mitteldeutsche Zeitung*, 6. 9. 1995.
[55] Vgl. Pera, Miteinander, S. 65 und BA Koblenz, B 149/149813, Blatt 530–554.
[56] Vgl. dazu auch die Angaben unter: https://www.hospiz-halle.de/unser-haus/geschichte [15. 12. 2021].
[57] Vgl. Interview Satrapa-Schill, S. 4 und exemplarisch für eine der Projektförderungen in Slowenien – im Zuge derer auch eine slowenische Übersetzung des Buches Sterbende verstehen von Pera entstand – die Akte RBSG-A 1106-49.
[58] Zur Bedeutung Pera als Netzwerker vgl. auch die Inhaltsanalyse der Mitte der 2000er Jahre im Auftrag des DHPV geführten Interviews mit knapp 70 deutschen Hospizpionieren, in denen Referenzen auf Pera omnipräsent sind: Klose, Wurzeln, v. a. S. 50–52. Gabriele Klose, die eine mittlerweile publizierte, pflegewissenschaftliche Masterarbeit an der Universität Bremen zur Geschichte der Hospizarbeit in der DDR verfasst hat, danke ich für zahlreiche Gespräche und wertvolle Hinweise.
[59] Vgl. hierzu auch Peras eigene Gedanken zur Internationalität der Hospizbewegung, in: Seeler, Geld.
[60] Pera/Weinert, Leidenden, S. 168–172. Sämtliche Autoren waren aus der ehemaligen DDR und das Gros der Beiträge stammt aus der Feder der beiden Herausgeber des Bandes, dessen Vorwort auf Mai 1990 datiert ist. Vgl. zu den thanatologischen Transfers auch Kap. 4.1 und 6.2.

der betreuten Sterbenden litten an anderen Krankheiten, darunter zwei an AIDS. In einem starken Kontrast dazu steht der Umfang des geleisteten ehrenamtlichen Engagements: So arbeiteten 35 Freiwillige in Halle im Jahr 1995 insgesamt 3640 Stunden in der Sterbebegleitung, im Schnitt also mehr als 100 Stunden pro Helfer.[61] Obschon ein großzügiger Betreuungsschlüssel und ein hoher Zeiteinsatz der Sterbebegleiter durchaus Teil des Hospizkonzepts ist, deutet dies einen weiteren Umstand an, der prototypisch für viele der frühen Initiativen stand: Diese entfalteten ihre Bedeutung mindestens ebenso stark nach innen wie nach außen und zeichneten sich durch eine starke Gruppenbindung aus. Dies betraf offenkundig sowohl Freiwillige, die aufgrund eigener Verlusterfahrungen zur Hospizbewegung fanden, als auch solche ohne vorherige persönliche Berührungspunkte mit dem Thema.[62]

Was die Motivation von Pera selbst angeht, ist vor allem auf zwei Aspekte zu verweisen: Erstens zeigt sein beruflicher Werdegang und sein ehrenamtliches Engagement – bereits bevor er sich der Hospizidee widmete – ein deutlich ausgeprägtes Bedürfnis, Menschen in psychischen wie physischen Notlagen zu helfen. Aussagen von Kollegen und Freunden legen nahe, dass Pera zumindest in der Spätphase seines Schaffens gar unter einer Art von „Helfersyndrom" litt. Über den Wunsch, permanent andere heilen zu wollen, sei er selbst krank geworden, hieß es etwa in einem Nachruf auf den 2004 kurz nach Eintritt in den Ruhestand verstorbenen Pera, der vielsagend ergänzte, dass ihn diese „innere Zerrissenheit [...] das Leben gekostet" habe.[63]

Auch eine zweite zentrale Antriebskraft Peras steht letztlich paradigmatisch für die Motivation vieler früher deutscher Hospizpioniere, namentlich sein tiefer christlicher Glaube und insbesondere sein Grundverständnis eines menschenfreundlichen, „tröstenden Gottes".[64] Neben seiner eigenen Krankheit, die ihn zeitlebens Schmerzen bereitete, stellte vor allem das Zweite Vatikanische Konzil, das Mitte der 60er Jahre mit seiner eigenen Priesterweihe zusammenfiel, eine prägende religiöse Erfahrung für Pera dar.[65] Jedoch hatten sein Glauben und sein Priesteramt – was ebenfalls symptomatisch war für viele derjenigen, die sich bereits in den 70er und 80er Jahren der Hospizidee zuwandten – keinesfalls eine besondere

---

[61] Vgl. zu den Zahlen den statistischen Überblick zu den Hospizdiensten in Halle und Umland seit 1985, in: RBSG-A 1106–447. Auch 1997 lag der Prozentsatz von Krebspatienten laut eines Zeitungsberichts unverändert hoch bei ca. 80%, während die Zahl an versorgten Sterbenden weiter leicht auf insgesamt 87 anstieg, vgl. Marianne Günther: „Lebenshilfe bis zum Tod im halleschen Hospiz." *Mitteldeutsche Zeitung*, 28. 12. 1998.

[62] Vgl. für letztere Gruppe etwa die autobiografischen „Ausführungen einer Helferin des Tages-Hospizes in Halle im Mai 1994", in: RBSG-A 1106–443.

[63] Packenius, Berufung. Zu Peras Tod vgl. auch „Beliebter Seelsorger starb einsam." *Mitteldeutsche Zeitung*, 9. 3. 2004.

[64] Eine detaillierte theologische Untersuchung des christlichen Selbstverständnisses von Pera und dessen Einfluss auf sein Wirken bietet Littger, Hospiz- und Palliativkultur, v. a. S. 137–183. Für einen Vergleich mit den Positionen anderer Hospizpioniere vgl. ebd., S. 194–203 und S. 406–409.

[65] Ebd., S. 141 f. Vgl. auch Pera, Sterbende, S. 12.

Nähe zur Institution Kirche zur Folge, mit der er nicht nur lebensweltlich, sondern auch ideell durchaus fundamentale Konflikte hatte. Pera empfand deren Positionen oftmals als wirklichkeitsfremd und zu weit entfernt von den tatsächlichen Bedürfnissen der Menschen. Zudem kritisierte er wiederholt die anfängliche Ablehnung der Hospizbewegung durch die Kirchen und die unzureichende Erfüllung ihres diakonischen Auftrags. Defizitär erschien ihm nicht zuletzt die Vorbereitung auf seinen Beruf im Theologiestudium. Er habe – wie er der *Mitteldeutschen Zeitung* 1995 in einem Interview verriet – gerade im Umgang mit Sterbenden schnell gelernt, dass man die „Predigten, die ich an der Universität gelernt habe, [...] da nicht halten" könne.[66] Umgekehrt hatte Pera, wie er der Zeitung in einem späteren Gespräch mitteilte, aber keine Zweifel daran, dass es „ohne meine Rolle als Pfarrer [...] das Hospiz nicht geben würde."[67]

Folglich bezeichnete er sich selbst als „katholischen Seelsorger aus Berufung" und sah sich fest in seinem Glauben verwurzelt.[68] Bereits die frühen Hospizhelfergruppen in Halle waren laut Pera „vom christlichen Menschen- und Gottesbild geprägt".[69] Im Laufe der Jahre entwickelte er ein eigenes, ökumenisches Verständnis von religiös motivierter Sterbebegleitung.[70] In einem Konzeptpapier für sein Modellprojekt in Halle betonte Pera 1992, dass zwar nur noch etwa 30% der Bevölkerung eine Verbundenheit zum christlichen Glauben hätte, jedoch die Erfahrung in der Sterbebegleitung lehre, dass alle Menschen am Lebensende religiös besetzte Sinnfragen umtrieben: „Wir sehen in diesen Fragen eine große Chance, nicht zu Vereinnahmung, sondern durch menschliche Nähe und gelebter persönlicher Hoffnung, die Botschaft des Evangeliums ‚mitteldeutsch' zu buchstabieren."[71] Dass Pera Religion, christlichen Glauben und Rituale wie das Gebet als Heilmittel in Lebenskrisen und gegen das Leid speziell von Sterbenden sah, ging auch aus seinen Veröffentlichungen klar hervor.[72] Solidarität und Fürsorge standen im Zentrum der religiösen Überzeugungen von Pera, für den die gegenseitige Abhängigkeit von Menschen gerade in Krisensituationen zum Vorschein kam. In seiner christlichen Grundposition begründet lag zugleich eine rigide Ablehnung der Idee von Sterbehilfe: „Aus meinen Erfahrungen bedeutet der Gedanke der aktiven Euthanasie nicht Erlösung, sondern eine Blockade menschenwürdiger Hilfestellung."[73]

Darauf aufbauend stellte Sterbebegleitung für Pera in erster Linie eine spezifische Form der „Weggefährtenschaft" dar, eine Vorstellung, die Paul Sporken zeit-

---

[66] Ute Albersmann: „Begleitung für Sterbende. 10 Jahre Arbeit in Halle." *Mitteldeutsche Zeitung*, 6. 9. 1995.
[67] Monika Zimmermann: „Menschen in Mitteldeutschland: Den Übergang erleichtern. Der katholische Seelsorger Heinrich Pera leitet das Hospiz Halle und begleitet Sterbenskranke in den Tod." *Mitteldeutschen Zeitung*, 31. 7. 2001.
[68] Vgl. das Zeitungsporträt „Seelsorger aus Berufung". *Mitteldeutsche Zeitung*, 2. 4. 1994.
[69] Pera, Sterbende, S. 17.
[70] „Seelsorger aus Berufung". *Mitteldeutsche Zeitung*, 2. 4. 1994.
[71] BA Koblenz, B 149/149813, Blatt 541.
[72] Vgl. etwa Pera/Weinert, Leidenden, v. a. S. 9 f.
[73] Pera, Sterbende, S. 168.

gleich im Westen popularisierte und die über die Veröffentlichung eines langen Artikels des niederländischen Theologen in einem ostdeutschen Sammelband spätestens Ende der 70er Jahre in der DDR bekannt worden war.[74] Pera betonte in seiner Hospizidee darauf aufbauend sowohl die Bedeutung der Teamarbeit sowie der Einbeziehung der Angehörigen von Sterbenden als auch die Notwendigkeit umfassender sozialer und besonders kommunikativer Kompetenzen bei den Helfern. Diese sollten zu ihrem eigenen Glauben stehen, ohne andere zu vereinnahmen, und in der Lage sein, Sterbenden auf Wunsch christliche Rituale anzubieten. Dementsprechend war Christlichkeit eine zentrale Voraussetzung für alle ehrenwie hauptamtliche Sterbebegleiter in Peras Hospizteam, obgleich keine formale Kirchenmitgliedschaft nötig war, was wiederum durchaus im Einklang mit den Positionen vieler anderer Vertreter der frühen Hospizidee war.[75] Zu den sich nach der Wende nun auch in den Kirchen und in ihren Wohlfahrtsorganisationen sukzessive institutionalisierten Hospizdiensten wahrte er eine kritische Distanz – und umgekehrt. Dies unterstreichen die noch näher zu betrachtenden Konflikte zwischen Pera sowie der von ihm geleiteten BAG Hospiz und der Caritas in den 90er Jahren.[76]

Obwohl Peras Aktivitäten zu DDR-Zeiten vordergründig unpolitisch blieben, lässt sich seine Hospizinitiative durchaus als eine spezifische Art der Bürgerrechtsbewegung beschreiben. Wie im Westen nahm die Hospizidee wenigstens in diesem Einzelfall den Charakter einer sozialen Bewegung an. So teilte das Projekt in Halle einige zentrale Grundmerkmale mit vielen anderen dissidenten Gruppen.[77] Autonomie und Selbstbestimmung des Individuums spielten erstens entgegen der staatlichen Ideologie eine zentrale Rolle. Zweitens befanden sich Pera und sein Team in keiner Radikalopposition zum SED-Regime, ihr Ziel war vielmehr eine punktuelle Verbesserung der Situation in Richtung des Aufbaus einer solidarischen Gemeinschaft. Angewiesen waren sie dabei drittens auf kirchliche Infrastruktur. Nur im Rahmen des durch die Kirche zur Verfügung gestellten, vergleichsweise geschützten Raumes war eine inhaltliche und organisatorische Profilierung möglich sowie eine gewisse Sichtbarkeit gegeben, ansonsten blieben die Aktivitäten der Hospizgruppe nichtöffentlich. Jedoch war Peras Initiative in Halle vor der Wende der einzige Versuch, systematisch großflächigere Strukturen für hospizliche Arbeit in Ostdeutschland zu schaffen.[78] Der Einschätzung des Palliativmediziners Alexander Laske, dass es „in der DDR viele engagierte Pioniere gab" und vielerorts „nach der Wende auf dem zuvor Geschaffenen aufgebaut wer-

---

[74] Sporken, Umgang, v. a. S. 111. Vgl. hier und im Folgenden Littger, Hospiz- und Palliativkultur, S. 155–157 und S. 406–410.
[75] Vgl. ebd., S. 412. Auch versuchte Pera Begriffe wie „katholisch" oder „kirchlich" in seinen Schriften und in der hospizlichen Praxis zu vermeiden; ebd., S. 167.
[76] Vgl. ebd., S. 411 f. und Kap. 10.2.
[77] Zu diesen Charakteristika vgl. Ohse/Pollack, Gruppen, v. a. S. 378.
[78] So auch die Einschätzung zeitgenössischer Akteure wie Paul Becker, denen keine andere Initiativen zu DDR-Zeiten bekannt waren. Vgl. das Interview von Alexander Laske mit Paul Becker am 8. 10. 2009.

den" konnte, ist insofern zu widersprechen.[79] Ebenso problematisch erscheint allerdings das von einem hospiznahen Autorenteam um Andreas Heller formulierte Urteil, dass die „Erfolgsgeschichte" der Bewegung in den neuen Bundesländern erst nach der Wiedervereinigung und nur unter Rückgriff auf die westdeutschen Erfahrungen möglich war, da es die engen transnationalen Vernetzungen und Wissenstransfers in der Zeit vor 1989 außer Acht lässt.[80]

Ein weiteres Beispiel für diese sind die 25 Seminare zum Umgang mit Sterbenden, die der westdeutsche Arzt und Hospizpionier Paul Becker auf Einladung der Caritas zwischen 1982 und 1989 in Ost-Berlin veranstaltete.[81] Für die Organisation vor Ort war der Theologe Anton Giering, Referent für Weiterbildung bei der Caritas Ost-Berlin, zuständig, der den mit Tagesvisa einreisenden Becker morgens am Grenzübergang Friedrichstraße abholte und abends dorthin zurückbrachte. Die zumeist im katholischen Bildungshaus im Prenzlauer Berg stattfindenden, in Grund- und Aufbaukurse unterteilten Fortbildungen richteten sich an Ärzte, Pflegekräfte und sonstiges Krankenhauspersonal, das vorwiegend aus kirchlichen, später aber auch zahlreich aus staatlichen Kliniken im ganzen Land kam. In jeweils 16, auf ein ganzes Wochenende verteilten Unterrichtseinheiten wurden insgesamt 130 Ärzte (darunter die Chefärzte aller 31 katholischer Krankenhäuser in der DDR) und etwa 1000 Krankenschwestern, Sozialarbeiter und Seelsorger in den Grundzügen der hospizlichen Sterbebegleitung geschult. Zudem nahmen immer wieder Medizinpädagogen teil, die das erworbene Wissen wiederum in der Ausbildung neuen Pflegepersonals weitergaben. Zu den inhaltlichen Schwerpunkten zählten neben der praktischen Sterbebegleitung unter anderem die Kommunikation mit Sterbenden, Seelsorge (inklusive christlicher Sakramente), der richtige Umgang mit Angehörigen, einschließlich Trauerarbeit, allgemeine Fragen zu Tod und Sterben oder das Problem der Sterbehilfe.

Seine eigene, 1986 gegründete überregionale Hospizinitiative, die in Bingen sitzende Internationale Gesellschaft für Sterbebegleitung und Lebensbeistand (IGSL), versah Becker bewusst und auf Empfehlung „aus bischöflichen Kreisen" mit dem Label „international", um seine blockübergreifenden Aktivitäten auch semantisch zu legitimieren: Durch den Verzicht auf „deutsch" oder „Bundesrepublik" im Titel und eine Betonung des grenzüberschreitenden Charakters diente

---

[79] Laske, Hospizarbeit. In den 90er Jahren war die Entwicklung der Hospizbewegung in Ostdeutschland denn auch im Vergleich zum Westen klar rückständig, vgl. Kap. 10.2 und Gerstenkorn, Hospizarbeit, S. 25. In Sachsen-Anhalt existierte etwa noch Ende der 90er Jahre weder ein anderes Tageshospiz noch eine andere stationäre Einrichtung außer denjenigen in Halle, vgl. „Hallenser betreibt einziges Tageshospiz Sachsen-Anhalts." *Magdeburger Volksstimme*, 17. 5. 1997 und Ute Albersmann: „Sterbebegleitung – Leben bis zum letzten Tag. Ehrenamtliche Helfer stehen Kranken zur Seite." *Mitteldeutsche Zeitung*, 3. 12. 1999.

[80] Heller u. a., Geschichte, S. 172.

[81] Vgl. hierzu und zu den im Folgenden genannten Informationen Pohl, Becker; Interview Becker (2006), S. 3 f. sowie die beiden privaten Interviews, die ein Palliativmediziner Ende der 2000er Jahre mit Becker und Anton Giering geführt hat. Die Transkripte, die mir Dr. Alexander Laske freundlicherweise überlassen hat, können bei Interesse beim Autor angefragt werden.

der Name der Organisation als Türöffner gen Osten.[82] Die multiplikatorische Wirkung seiner Seminare, von denen einige in anderen ostdeutschen Städten wie Leipzig, Dresden, Erfurt, Magdeburg oder Dessau abgehalten wurden, lässt sich nicht verkennen.[83] Personell wie ideell lagen die Wurzeln vieler späterer ostdeutscher Hospizinitiativen in den 90er Jahren in diesen Kursen – und in den inhaltlich durchaus vergleichbaren Weiterbildungsgruppen, die Heinrich Pera in Halle organisierte. Pera trat auch im Rahmen von mindestens einem der Kurse von Becker, Mitte der 80er Jahre im brandenburgischen Kloster Alexanderdorf, als Gastreferent zum Thema Seelsorge bei Sterbenden auf.

Dass die Hospizidee sogar in der DDR zumindest punktuell Fuß fassen konnte, Interessierte sich in jedem Fall über die neuen Ansätze in der Sterbebegleitung informieren konnten, war Ausdruck des seit den 70er Jahren weiter systemübergreifend angewachsenen Unbehagens bezüglich des gesellschaftlichen Umgangs mit dem Sterben. Zweifellos stellte die Hospizidee in mancherlei Hinsicht eine „Provokation" für die sozialistische Ideologie dar und stieß etwa in der stets die Vorzüge des eigenen Gesundheitssystems betonenden staatlichen Medizinethik, die sie im Übrigen weitgehend ignorierte, auf Ablehnung. In diesem Sinne stellte eine an der Akademie für Ärztliche Fortbildung verfasste Dissertation etwa 1980 fest: „Unsere sozialistische Gesellschaft bietet alle Voraussetzungen für eine humane Betreuung Sterbender. Die Einrichtung von Sterbekliniken wie sie z. B. in Großbritannien und den USA existieren, ist bei uns nicht notwendig und abzulehnen, weil das Sterben in die Anonymität verbannt wird."[84] Umgekehrt lässt sich entgegen anderslautender Einschätzungen in der bisherigen Literatur jedoch keine direkte staatliche Behinderung der Hospizarbeit in der DDR feststellen.[85] So erhielt Paul Becker in den 80er Jahren regelmäßig problemlos Visa für seine Fortbildungsseminare – nach eigener Aussage gab es nie Schwierigkeiten bei der Ein- oder Ausreise und ihm wurde nur einmal der Zugang nach Ost-Berlin verweigert, als kurz vor dem Mauerfall Anfang Oktober 1989 eine seiner Veranstaltungen mit den Feierlichkeiten zum 40. Jahrestag der DDR zusammenfiel.[86] Auch Pera konnte in Halle seine Hospizinitiative letztlich ungestört aufbauen, obschon dem MfS diese Aktivitäten bekannt waren. Der Bericht seiner beiden ehrenamtlichen Mitarbeiterinnen bei ihrem Vortrag im Mai 1989 in London deutet sogar auf eher konsensuale Strukturen in der hospizlichen Praxis in Halle hin. Demnach entschieden die örtlichen Krankenhäuser über eine Entlassung von Sterbenden zur häuslichen Weiterpflege nach Rücksprache mit dem Hospizteam – und diese konnten im Falle

---

[82] Vgl. hierzu Interview Becker (2006), S. 3 und Sommermeyer, Entwicklung, hier S. 25.
[83] Vgl. zu dieser Einschätzung, Klose, Wurzeln, S. 44 f.
[84] Zingelmann, Untersuchungen, S. 61. Sowohl der Gebrauch des Begriffes „Sterbeklinik" als auch die befürchtete Verbannung von Sterbenden in die Anonymität reflektieren dabei die Kritik an der Hospizidee in Westdeutschland in den 70er Jahren, vgl. Kap. 4.2.
[85] Littger, Hospiz- und Palliativkultur, S. 144.
[86] Interview Becker (2009).

8.2 Ein neuer Anlauf: Das Hospiz als Neue Soziale Bewegung im Westdeutschland der 80er Jahre

> *„Anyone who treats me like a dying man will run the risk of pissing me off."* (Jean-Luc Picard – Star Trek: Picard)

In der Bundesrepublik erlebte die Hospizidee in den 80er Jahren einen rasanten Aufschwung. Dort war das in England oder Nordamerika bereits etablierte Konzept im Jahrzehnt zuvor noch krachend gescheitert, was nicht nur an der fatalen Diskussion um „Sterbekliniken" gelegen hatte, sondern auch am Fehlen von institutioneller Vernetzung, medialer Präsenz und gesundheitspolitischem Interesse. Dazu gab es fundamentale Informationsdefizite in der breiteren Öffentlichkeit, die auch auf einen Mangel an deutschsprachiger Literatur zum Thema zurückzuführen waren. Bezüglich der nicht vorhandenen gesellschaftlichen Verankerung der Hospizbewegung stellte die Bundesrepublik jedoch damals keine Ausnahme dar: Eine Mitte der 90er Jahre durchgeführte Studie zur internationalen Verbreitung der Idee (außerhalb der USA und Großbritanniens) ergab, dass fast alle existierenden Hospizprogramme nach 1980 gegründet worden waren, darunter sämtliche in Kontinentaleuropa.[88]

Bereits Anfang der 80er Jahre begann sich dies in Westdeutschland jedoch zu wandeln. So häuften sich öffentliche Stellungnahmen, die sich klar für die Einführung von Hospizen auch in der Bundesrepublik aussprachen. Eine Arbeitstagung der Deutschen Gesellschaft für Gerontologie, die im Jahr zuvor den Bau von „Sterbekliniken" noch klar abgelehnt hatte, nutzte etwa Franco Rest im November 1979 zu einem wortgewaltigen Plädoyer für Hospize, deren Einrichtung zahlreiche Kranken- und Altenpflegekräfte ebenso wünschten wie die meisten älteren, schwerkranken Patienten.[89] Im Jahr darauf erhielt die Hospizidee den Segen eines der führenden Krankenhausseelsorgers der Bundesrepublik, Josef Mayer-Scheu, der das Nachwort zu einem im Matthias-Grünewald-Verlag veröffentlichten Erfahrungsbericht einer deutschen Pädagogikstudentin über ihre Semesterferien als Pflegehelferin im Londoner St. Joseph's Hospice beisteuerte. Mayer-Scheu räumte darin zwar ein, nicht alle Wertungen der Autorin teilen zu können und wie viele seiner Berufskollegen Vorbehalte zu hegen gegen „eine Arbeit, in der nur noch Patienten in ihrer letzten Lebensphase gepflegt und begleitet werden sollen." Er stimmte aber mit der Kritik an der Institution Krankenhaus im Buch überein, in der Sterbende tatsächlich oft als störend empfunden und entsubjektiviert würden.

---

[87] Graumann u. a., Endlich leben, S. 14.
[88] Wilson/Kastenbaum, Development.
[89] Rest, Vorbereitung.

Vor diesem Hintergrund begrüßte er die neue Mitmenschlichkeit gegenüber Kranken und das aktive Thematisieren des Lebensendes durch die Hospizbewegung, die es dadurch allen Menschen erlaube, wieder „das zu sein, was sie in Wahrheit sind: Sterbende, wenn auch in sehr unterschiedlichen Phasen des Lebens."[90]

Deutlich wird an derartigen Aussagen, dass eine sich weiter verschärfende Problemwahrnehmung hinsichtlich der Notlage Todkranker fraglos von zentraler Bedeutung für den Aufschwung der Hospizidee in jenen Jahren war. Zahlreiche ihre Kernanliegen schlossen an breitere Prozesse des Wandels mit Blick auf Vorstellungen vom „guten Sterben" und Praktiken des Helfens am Lebensende an. Dieser Umstand wird von der deutschen Hospizbewegung selbst auf die Formel „Die Zeit war reif" reduziert und als monokausale Ursache für ihr Reüssieren ab den 80er Jahren interpretiert.[91] Ein solcher abstrakter Verweis auf die Missstände am Lebensende auf der einen und das immer weiter wachsende gesellschaftliche Problembewusstsein auf der anderen Seite greift jedoch deutlich zu kurz. Denn dieses hatte auf internationaler Ebene bereits in den 70er Jahren ein hohes Niveau erreicht, was der frühere Erfolg der Hospizidee in England oder den USA letztlich illustriert. Ferner waren zivilgesellschaftliche Graswurzelbewegungen im sozialen Bereich auch in der Bundesrepublik längst etabliert. Um zu verstehen, warum die westdeutsche Hospizbewegung in den 80er Jahren einen starken Boom erfahren sollte, ist ein genauer Blick auf die Hintergründe nötig. Konkret verbargen sich dahinter eine Reihe von Ursachen.

Pionierleistungen, oder: Die Macht der Kontingenz – die Hospizidee als Spielweise für zivilgesellschaftliches Engagement

Erstens waren es in der Regel engagierte Einzelpersonen, die aus individuellen Motiven heraus hospizliche Ideen aus dem Ausland nach Westdeutschland brachten und umzusetzen versuchten, um Mängel bei der Betreuung Sterbender zu beheben – und oftmals auch, um dezidiert ein Gegengewicht zur erstarkten Sterbehilfebewegung zu setzen und „humanes Sterben" anders zu definieren. Zwar profitierten diese Pioniere von ihren persönlichen Netzwerken, sie agierten aber zunächst weitgehend autonom.

In Nordrhein-Westfalen, das sich in vielfacher Weise als Keimzelle der deutschen Hospizidee erwies, entstanden beispielsweise unabhängig voneinander verschiedene Initiativen.[92] Kontingenz und Widersprüchlichkeiten prägen die Entwicklung: In Recklinghausen beispielsweise gründete die Franziskanerschwester Reginalda gemeinsam mit dem Verwaltungsdirektor des örtlichen Elisabeth Krankenhauses Norbert Homann, einem Gesundheitsökonomen, sowie dem Pfarrer

---

[90] Bartholomäus, Hand, S. 82–86, Zitate S. 82 und S. 86.
[91] Vgl. etwa Heller u. a., Geschichte, S. 92 und S. 328.
[92] Ein ausführlicher Überblick über die einzelnen Hospizinitiativen in der Bundesrepublik in den 80er Jahren findet sich in Heller u. a., Geschichte, S. 116–186.

8.2 Das Hospiz als Neue Soziale Bewegung im Westdeutschland der 80er Jahre 401

und Krankenhausseelsorger Hans Overkämping, die infolge von Umbaumaßnahmen in der Klinik und einer Betriebsreise zufällig zueinander gefunden hatten, im Herbst 1986 einen Hospizverein. Da ihnen privat ein großes Wohnhaus überlassen worden war, konnten sie noch im selben Jahr mit dem Hospiz zum heiligen Franziskus die erste freistehende stationäre Einrichtung in der Bundesrepublik eröffnen.[93] Im keine 120 Kilometer Luftlinie entfernten Aachen hatte bereits einige Wochen zuvor das Hospiz „Haus Hörn" seinen Dienst aufgenommen, das einem von der katholischen Ordensgemeinschaft Oratorium des heiligen Philipp Neri geleiteten Altenheim angeschlossen war. Initiator war der Pfarrer und Heimleiter Paul Türks, der Ende der 70er Jahre im Anschluss an eine USA-Reise Kontakte zur englischen Hospizbewegung aufgenommen und unter anderem Saunders in London besucht hatte. Das aus Angst vor öffentlicher Kritik zunächst mit dem bewusst neutral gehaltenen Namen „Haus für Langzeitpflege mit besonderem Zweck" versehene Hospiz war konzeptionell am St. Christopher's und dem Sheffielder St. Luke's Hospice orientiert.[94] Nicht nur bezüglich der formalen Hintergründe, sondern auch in der inhaltlichen Ausgestaltung der Hospizidee existierten markante Unterschiede: Während es in Recklinghausen etwa gerade einmal acht Betten gab, hatte das „Haus Hörn" anfangs 53 Pflegeplätze. Obschon der Bedarf hierfür offensichtlich vorhanden war – die Auslastung in Aachen stieg zwischen November 1986 und Juni 1987 von knapp 40 auf über 98% – , wurde diese Zahl bereits zeitgenössisch von den meisten Hospizanhängern als deutlich zu groß angesehen und folgerichtig im Zuge der ersten, zur Zeit der Wiedervereinigung ebenfalls in Nordrhein-Westfalen einsetzenden politischen Normierungsprozesse verworfen.[95]

Noch frappierender waren die Unterschiede zu den ersten palliativmedizinischen Abteilungen in der Bundesrepublik.[96] Dies gilt allerdings nur mit Blick auf bestimmte Aspekte der ärztlichen und pflegerischen Praxis, zum Beispiel bezüglich der Abrechnung der Leistungen, der Einbeziehung Ehrenamtlicher, dem Per-

---

[93] Vgl. hierzu Homann, Hospiz, darin besonders die Satzung des Vereins Hospiz „Zum heiligen Franziskus" e. V., S. 105–113; Kirschner, Hospizbewegung, S. 59–95; Interview Overkämping, v. a. S. 1–7; Interview Domdey, v. a. S. 2–5 und S. 48; Heller u. a., Geschichte, S. 125–130 und Norbert Homann: Dokumentation über die Hospizbewegung und das Hospiz Zum Heiligen Franziskus Recklinghausen, in: BA Koblenz, B 149/149816, Blatt 68–84.

[94] Vgl. zum Aachener Fall die Aktennotiz 88/3021: Protokoll der Besichtigung des Hospizes Haus Hörn in Aachen, datiert München 01. 12. 1988 im Ordner „Besichtigungsreisen London/Aachen" im Provinzarchiv der Barmherzigen Brüder in München; Interview Thoenes/Schmitz, v. a. S. 1 f.; Heller u. a., Geschichte, S. 119–125 und speziell zu den religiösen Hintergründen: Littger, Hospiz- und Palliativkultur, S. 184–193.

[95] Vgl. Interview Weihrauch, S. 7–9 sowie zur Auslastung des „Haus Hörn" die Statistik für das Jahr 1986–1987, in: Ordner „Besichtigungsreisen London/Aachen" im Provinzarchiv der Barmherzigen Brüder in München. Mitunter wird daher sogar diskutiert, ob die stationäre Einrichtung in Aachen in ihren Anfangsjahren tatsächlich ein Hospiz und nicht eher ein Langzeitpflegeheim war; tatsächlich wurde 2001 auf Druck der Krankenkassen die Zahl der Hospizbetten auf 17 verkleinert und die restlichen in reguläre Pflegebetten umgewidmet; vgl. Golek, Standort, S. 58 und Heller u. a., Geschichte, S. 125.

[96] Vgl. ausführlich zur Geschichte der Palliativmedizin Kap. 7.2.

sonalschlüssel oder der durchschnittlichen Verweildauer von Patienten. Die dahinter liegende Theorie der Sterbebegleitung orientierte sich dagegen in beiden Fällen klar am Vorbild der englischen Hospizlandschaft. Tatsächlich gab es anfangs in Westdeutschland überhaupt keine klare Trennung zwischen Palliativmedizin und Hospiz.[97] Vielmehr existierte auch personell eine enge Verbindung, und zwar auf doppelte Weise: Zum einen waren viele Ärzte wie Paul Becker, Christoph Student oder Petra Muschaweck treibende Kräfte in der Hospizbewegung. Dort waren zum anderen führende westdeutsche Palliativmediziner wie Eberhard Klaschik, Heinz Pichlmaier oder Ingeborg Jonen-Thielemann gern gesehene Gäste, etwa bei Kongressen oder als Berater von Hospizvereinen – was sicher auch daran lag, dass sie ihre im Laufe der 80er Jahre entstehenden palliativen Einrichtungen explizit als Motor hospizlicher Ziele interpretierten.[98] Die in Köln sitzende und die dortige Palliativarbeit maßgeblich vorantreibende Arbeitsgemeinschaft für Medizinische Ethik und Gesellschaftsbildung (AMEG) übernahm bei der Institutionalisierung der Hospizbewegung sogar eine führende Rolle.[99] Wie selbstverständlich rechnete deren Leiter, Franco Volontieri, die Palliativstationen in Köln und Bonn noch 1991 zu den „bundesdeutschen Hospizeinrichtungen".[100] In vielerlei Hinsicht war dieses enge Verhältnis inhaltlich nur konsequent, beispielsweise mit Blick auf die Herausforderung der Schmerzbekämpfung bei Sterbenden. Medizinische Expertise und hospizlich-thanatologisches Fachwissen gingen hier notwendigerweise Hand in Hand: Fortschritte in der Schmerztherapie waren häufig auf hospizlich geschulte Ärzte wie Saunders, Student oder Becker zurückzuführen, die einem ganzheitlichen Ansatz folgten, der nicht nur, aber eben auch die körperliche Seite berücksichtigte.[101]

In anderen Regionen waren die meisten der vor allem seit Mitte der 80er Jahre entstehenden örtlichen Hospizvereine zumeist ebenfalls von Einzelpersonen oder kleineren Gruppen initiiert worden, obgleich ihre Mitglieder- und Freiwilligenzahl in aller Regel rasch anwuchs. In Stuttgart gründete sich im Frühjahr 1984 ein Projekt namens „Sitzwache", in dem ehrenamtliche Helfer bei Sterbenden in den Pflege- und Altenheimen der Stadt Nachtwachen hielten. Die Zahl der beteiligten Freiwilligen stieg bereits in den ersten beiden Jahren auf knapp 30.[102] Diese Aktivitäten bereiteten den Nährboden, auf dem die Hospizidee ab 1987 rasch Einzug

---

[97] Vgl. hierzu besonders das Fallbeispiel München, Kap. 9.2.
[98] Vgl. für die Kölner Palliativstation etwa deren entsprechende Verortung durch einen ihrer Gründerväter Ende der 80er Jahre Zielinski, Religion, v. a. S. 122–124.
[99] Vgl. Heller u. a., Geschichte, S. 208–210 sowie zur AMEG Kap. 7.2.
[100] Volontieri, Hospizbewegung, v. a. S. 17–25.
[101] Vgl. etwa Student, Menschen sowie zu Saunders, auf die das „Total Pain"-Konzept mit den vier Dimensionen des Schmerzes (körperlich, emotional, sozial und spirituell) ursprünglich zurückgeht Kap. 4.2.
[102] Vgl. Godzik, Hospizlich engagiert, S. 23; die Informationen in einer IGSL-Broschüre von 1987, in: ELAB 55.5/1691 sowie ausführlich den Erfahrungsbericht der Leiterin des Projekts: Lesny, Sitzwache.

8.2 Das Hospiz als Neue Soziale Bewegung im Westdeutschland der 80er Jahre 403

in der Landeshauptstadt halten konnte.[103] Initiatoren waren der Leiter der Abteilung Dienste für seelische Gesundheit der Evangelischen Gesellschaft, Helmuth Beutel, der einige Jahre zuvor irrtümlich mit einer tödlichen Krebserkrankung diagnostiziert worden war,[104] sowie die von ihm eingestellte junge Psychologin Daniela Tausch, deren Eltern, Reinhard und Anne-Marie Tausch, als Koryphäen auf dem Gebiet der Psychotherapie galten. Infolge des Krebstodes ihrer Mutter im Jahr 1983 – den die Familie in zwei Büchern verarbeitete[105] – hatte sich der Kontakt von Daniela Tausch zu Elisabeth Kübler-Ross intensiviert, die sie bereits zuvor über ihre Eltern kennengelernt hatte. Zudem vertiefte sie bei Auslandsaufenthalten und Praktika in England und Montreal ihr Wissen über Hospizarbeit.[106] Das von Beutel und Tausch ins Leben gerufene Projekt „Hospiz. Begleitung Sterbender und ihrer Angehöriger" veranstaltete ab Anfang 1988 Schulungskurse für ehrenamtliche Sterbebegleiter, deren Teilnehmer sich verpflichteten, anschließend mindestens ein Jahr lang wöchentlich sechs bis acht Stunden lang mitzuarbeiten.[107] So konnte die Initiative unter anderem eine telefonische Beratung für Sterbende und ihre Angehörigen anbieten und eine intensive Öffentlichkeitsarbeit betreiben, im Rahmen derer sie alleine 1989 in insgesamt 50 Vorträgen vor Gemeinden, Vereinen und in Krankenhäusern über die neuen Ansätze in der Sterbebegleitung informierte.[108] Darüber hinaus stellte die Mitte August desselben Jahres publizierte Veröffentlichung „Sterben – eine Zeit des Lebens" gemeinsam mit dem zeitgleich erschienenen „Hospiz-Buch" von Student das zentrale Handbuch der Hospizbewegung in der Bundesrepublik dar.[109]

Überregionale Aufmerksamkeit erfuhr Ende der 80er Jahre zudem eine Umfrage des Stuttgarter Hospizprojekts, in der etwa 1700 Bürger der Stadt mittels eines standardisierten Fragebogens zu ihrem persönlichen Umgang mit dem Thema Sterben, dem gewünschten Sterbeort und ihrer Wahrnehmung der gegenwärtigen Lage von Todkranken Auskunft gaben.[110] Dabei schätzten zwei Drittel der Befrag-

---

[103] Zwar war das Verhältnis der „Sitzwachen"-Gruppe zur Stuttgarter Hospizbewegung anfangs nicht konfliktfrei, es entstanden jedoch infolge der ähnlichen Zielsetzungen rasch personelle Überschneidungen und ein enger fachlicher Austausch. Vgl. hierzu Interview Tausch, S. 12; Interview Herrmann, S. 1–4 und zum Verhältnis der „Sitzwachengruppen" zur Hospizidee allgemein Lesny, Hospizarbeit.
[104] Vgl. zu Beutel Interview Student, S. 8; Interview Tausch, S. 6–9 und Egler, Vorgespräch.
[105] Tausch, Gespräche; Tausch/Tausch, Sterben (vgl. hierzu auch Kap. 7.1).
[106] Vgl. Interview Tausch, v. a. S. 2–7; Heller u. a., Geschichte, S. 47.
[107] Vgl. das Schreiben von Daniela Tausch vom 3. 11. 1987 an eine Interessierte, in: Reimann/Napiwotzky, Hospiz und allgemein zur Entwicklung der Stuttgarter Hospizinitiative Beutel/Tausch, Hospiz.
[108] Vgl. Jahresbericht 1989 der Arbeitsgemeinschaft HOSPIZ Stuttgart, in: BA Koblenz, B 353/4422. Die von Anfang an angestrebte Gründung eines stationären Hospizes erfolgte erst im Jahr 1994.
[109] Beutel/Tausch, Sterben.
[110] Vgl. Interview Tausch, S. 7 f. und S. 11 sowie zu den Zielen und Ergebnissen der Umfrage Elisabeth Dieterle: „Was ein Mensch so alles zum Sterben braucht. Gespräch mit Dr. Daniela Tausch zur Gründung eines Hospizes in Stuttgart – Erste Aktivitäten bereits im Gange." *Stuttgarter Zeitung*, 17. 8. 1987 und Beutel/Tausch, Hospiz, S. 159 f. Zur gesundheitspolitischen Rezeption der Ergebnisse des Fragebogen-Aktion vgl. Kap. 10.2.

ten die Versorgung und Betreuung Sterbender als „unbefriedigend bis sehr unbefriedigend" ein. Auffälligerweise fiel das Ergebnis bei der Frage nach der direkt erfahrenen Versorgung und Betreuung von Sterbenden im eigenen Umfeld deutlich positiver aus. Nur für 25% der Befragten war diese „unbefriedigend bis sehr unbefriedigend", dagegen für 54% „befriedigend bis sehr befriedigend".[111] Diese Diskrepanz zwischen persönlicher Erfahrung und allgemeiner Auffassung der Qualität von Sterbeprozessen deutet auf die stark kritisch behaftete Diskursivierung hin, die das Thema in der Dekade zuvor erfahren hatte – und von der die Hospizbewegung nun zu profitieren begann.

In der zweiten Hälfte der 80er Jahre lernten sich deren Protagonisten in den einzelnen westdeutschen Städten und Regionen sukzessive kennen und es kam zu einem sich rasch intensivierenden Austausch. Eine stärkere Vernetzung erschien in den Augen der Hospizanhänger aus unterschiedlichen Gründen zentral für die Erfolgsaussichten und wurde daher bewusst forciert. So formierten sich bereits in dem Moment, als in den ersten Städten Hospizvereine entstanden, mehrere überregionale Hospizverbände. Deren Ziel waren die Beratung und Vernetzung der Einzelinitiativen sowie Öffentlichkeitsarbeit und politische Lobbytätigkeit. Im Dezember 1985 gründete die Landärztin Petra Muschaweck in Hann. Münden den Verein OMEGA – Mit dem Sterben leben, an dem auch der Thanatologe Franco Rest führend beteiligt war. Dieser versammelte zunächst einige Personen, kleinere Gruppen und Arbeitskreise, die bereits in den Monaten zuvor mit der ehrenamtlichen Begleitung von Sterbenden im Münsterland und südlichen Niedersachsen begonnen hatten und von Muschaweck zu einem Arbeitstreffen eingeladen worden waren.[112] Im Fokus stand dabei eine rein psychosoziale Betreuung durch Freiwillige, die oftmals nicht einmal geschult waren. In Bocholt, das sich rasch zu einem der Zentren der OMEGA-Aktivitäten entwickelte, führten diese im Jahr 1987 etwa 20–30 Sitzwachendienste durch. Eine Zusammenarbeit mit professionellen Kräften erfolgte anfangs in aller Regel nicht, was der klar medizinkritischen Grundausrichtung des Vereins geschuldet war. Über bürgerliches Engagement sollte der Umgang mit Sterben, Tod und Trauer stärker im gesellschaftlichen Bewusstsein verankert werden. Dieser rein auf Ehrenamt abzielende Ansatz war zwar innerhalb der Hospizbewegung umstritten, erwies sich aber als durchaus erfolgreich, verfügte OMEGA doch bereits 10 Jahre nach Gründung über 30 Regionalgruppen mit mehr als 1500 Mitglieder.[113]

---

[111] Die Ergebnisse der Umfrage finden sich etwa in BA Koblenz, B 353/4422, Blatt 514.

[112] Darunter war etwa der Arbeitskreis „Zuhause sterben" von Antje Drescher. Vgl. hierzu Ingo Rous: „Antje Dreschers Leben mit dem Tod." *Westfalenpost*, 24. 2. 2012, online unter: https://www.wp.de/daten-archiv/antje-dreschers-leben-mit-dem-tod-id6397931.html [15. 12. 2021] sowie zu dem Arbeitstreffen im Oktober 1985 Rest, NOT-Wendigkeit, S. 2 f. Für die Überlassung des Manuskripts danke ich der Geschäftsstelle von OMEGA.

[113] Vgl. zu Zielen, Ansätzen und Entwicklung von OMEGA den Auszug aus dem Vereinsregister des Amtsgerichts Münden vom 8. 4. 1986, die Satzung vom 7. 12. 1985 und die unpublizierte Druckschrift zur 25-Jahres Feier in der Geschäftsstelle von OMEGA, Gelsenkirchen; die Informationen in den beiden Festschriften OMEGA – Mit dem Sterben leben (Hg.): OMEGA – Mit dem Sterben leben. Eine Idee wächst, 1985–1995. O.O. 1995, v. a. das Grußwort von Rita

8.2 Das Hospiz als Neue Soziale Bewegung im Westdeutschland der 80er Jahre

Einem ähnlichen Ansatz war die bereits vorgestellte, 1986 von Paul Becker in Bingen gegründete IGSL verpflichtet, die ebenfalls rasch eine vierstellige Mitgliederzahl und mehrere Dutzend Regionalgruppen erreichte. Die IGSL initiierte nicht nur Wissenstransfers in Richtung Osten, sondern führte auch zahlreiche Informationsveranstaltungen im Inland durch und eröffnete 1990 das erste hospizliche Bildungswerk in der Bundesrepublik, in dem sich Ehrenamtliche kostenlos in Seminaren fortbilden konnten.[114] Als bedeutsam erwies sich ferner die Anfang 1988 von der Journalistin Renate Wiedemann ins Leben gerufene Deutsche Hospizhilfe im niedersächsischen Buchholz in der Nordheide, die als eine Art PR-Organisation der Hospizbewegung sehr aktiv war und ihr neue öffentliche Aufmerksamkeit beschaffte.[115] Zudem übernahm sie in der Wendezeit eine wichtige Rolle bei der Information und Beratung: Zum einen trug sie mit ihrem Knowhow – mit Christoph Student, Paul Türks und Helmuth Beutel gehörten einige der profiliertesten deutschen Kenner der Idee zu den Gründungsmitgliedern und blieben zumindest kurzzeitig aktiv – in Sachen Finanzierung, Freiwilligengewinnung und Öffentlichkeitsarbeit unterstützend zur Entstehung von Dutzenden Initiativen bei. Zum anderen vermittelte sie deutschlandweit den Kontakt von schätzungsweise 100 000 Sterbenden und Angehörigen zu lokalen Hospizgruppen. Die Deutsche Hospizhilfe geriet jedoch vor allem ab Anfang der 90er Jahre infolge von Repräsentationsfragen und Kritik an der Verwendung von Spendengeldern in Konflikt mit vielen Hospizvereinen und manövrierte sich sukzessive ins Abseits, ehe sie stillschweigend ihre Aktivitäten einstellte.[116]

Ohnehin existierte zwischen den überregionalen Organisationen und den zentralen Akteuren in der westdeutschen Hospizbewegung zu diesem Zeitpunkt kein reibungsfreies Verhältnis. Vielmehr dominierten Konflikte um Zuständigkeiten, um inhaltliche Deutungsmacht oder um finanzielle und personelle Ressourcen, auch persönliche Animositäten und Neid waren keine Seltenheit. Dies betraf keinesfalls nur die rasch bei anderen Hospizanhängern verpönte Deutsche Hospizhilfe. Trotz der inhaltlichen Nähe zwischen den beiden Verbänden scheiterten etwa Versuche, OMEGA und die IGSL zusammenzulegen. Stattdessen warfen Vertreter von OMEGA dem IGSL-Gründer Becker – der bei der Vereinsgründung in Hann. Münden anwesend gewesen war – vor, ihre Satzung und ihr Programm kopiert zu

---

Süssmuth auf S. 3, und OMEGA – Mit dem Sterben leben (Hg.): OMEGA – leben mit dem Sterben, seit Oktober 1985. Bocholt 2010, v. a. S. 1; Muschaweck-Kürten, Hospizbewegung, S. 127–129; Interview Muschaweck, v. a. S. 3–7 und S. 10–13; Interview Student, S. 9 f. sowie Interview Kunz/Nieder.

[114] Zur IGSL und ihren Aktivitäten vgl. Kap. 8.1; Seitz/Seitz, Hospizbewegung, S. 179–181; Heller u. a., Geschichte, S. 194–196; Interview Becker (2006), v. a. S. 2–4 und S. 9 f. sowie die hauseigene Druckschrift „An der Hand eines anderen Sterben" von August 1987, in: ELAB 55.5/1691.

[115] Vgl. zur Deutschen Hospizhilfe Heller u. a., Geschichte, S. 205–208; Interview Student, S. 7–9; Interview Brysch, S. 8 f. und Thielmann, Hospizarbeit, S. 45 f.

[116] Zur Kritik an der Deutschen Hospizhilfe vgl. auch Interview Muschaweck, S. 13 f.; Interview Rest, S. 29 f.; Interview Weritz-Hanf, S. 5–7; Heller u. a., Geschichte, S. 207 sowie speziell für die 90er Jahre Kap. 10.2.

haben. Unterschiede bestanden zudem in der Frage der Qualifizierung von freiwilligen Helfern und hinsichtlich der weltanschaulichen Ausrichtung: die IGSL galt der überkonfessionellen OMEGA-Gruppierung als zu katholisch.[117] Zwar teilten die beiden Organisationen informell die jeweilige Zuständigkeit räumlich auf – letztere konzentrierte sich auf die Gebiete nördlich der Mainlinie, erstere auf die südwestlich davon. Dennoch herrschte zwischen den Verbänden letztlich ebenso ein Konkurrenzverhältnis und nicht zuletzt ein Kampf um Ehrenamtliche und Spendengelder wie sie allgemein im Hospizbereich der späten 80er und frühen 90er Jahre üblich waren.[118]

Diese Spannungen waren noch vorhanden, als sich im Februar 1992 die BAG Hospiz formierte, die vor allem ab Ende der 90er Jahre wesentlich zur Beruhigung der Situation und – im Wechselspiel mit der Bundespolitik – zur weitergehenden Institutionalisierung der Hospizbewegung beitragen sollte.[119] Infolge von hitzigen Streitigkeiten um die Satzung, insbesondere hinsichtlich einer Beteiligung der Wohlfahrtsverbände, sahen sich die Vertreter der einzelnen Hospizvereine bei der Gründungsversammlung in Köln gezwungen, auf den wenig verbindlichen Namen „Arbeitsgemeinschaft" zurückzugreifen.[120] Dass mit Heinrich Pera ein Ostdeutscher die leitende Funktion – zunächst als Geschäftsführer, rasch dann auch als Vorsitzender – übertragen bekam und die Geschäftsstelle anfangs bei ihm in Halle an der Saale angesiedelt wurde, war sicher kein Zufall. Es war aber zugleich weder (wie Seitz und Seitz behaupten) auf die Hoffnung zurückzuführen, so die Verbreitung der Hospizidee in den neuen Bundesländern vorantreiben zu können, noch (wie das Autorenkollektiv um Heller mutmaßt) ausschließlich den persönlichen Eigenschaften Peras geschuldet.[121] Die Entscheidung war vielmehr die Folge der tiefen Risse, die die westdeutsche Bewegung zu diesem Zeitpunkt zwischen und quer durch alle Regionen durchzogen. Hierfür spricht auch, dass als erster Vorsitzender gar ein bis dato in der Hospizarbeit völlig unbefleckter Jurist, Rudolf Dadder, fungierte, der bei der Gründungsversammlung anwesend, den meisten Teilnehmern aber gänzlich unbekannt war. Eine ähnliche Lösung war noch 1996/97 nötig, als mit Gerda Graf, die als Vertreterin eines unbedeutenden Hospizvereines aus Düren die Mitgliederversammlung besucht hatte, erneut ein unbeschriebenes Blatt zur Nachfolgerin Peras gewählt wurde und – in den eigenen Worten –

---

[117] Vgl. Interview Rest, S. 28; Heller u. a., Geschichte, S. 204 f.
[118] Vgl. Interview Kunz/Nieder; Interview Muschaweck, S. 4 und S. 11 f.
[119] Allerdings etablierte sich die BAG Hospiz, die sich im Oktober 2007 in Deutscher Hospiz- und PalliativVerband umbenannte, erst in den 2000er Jahren als unumstrittener Dachverband der Hospizbewegung, vgl. Föllmer, Palliativversorgung, 18 f. Zur Stellung der BAG Hospiz in den 90er Jahren und ihren engen Kontakten zur deutschen Gesundheitspolitik vgl. Kap. 10.2.
[120] Zur Gründungsgeschichte der BAG Hospiz vgl. hier und im Folgenden das Protokoll über die Gründungsversammlung in Köln am 26. 2. 1992, in: BA Koblenz, B 149/149813, Blatt 465–469; von Hayek/Weihrauch, 20 Jahre DHPV, v. a. S. 51–58; Heller u. a., Geschichte, S. 211–213 und Interview Müller, S. 11.
[121] Seitz/Seitz, Hospizbewegung, S. 181; Heller u. a., Geschichte, S. 212.

8.2 Das Hospiz als Neue Soziale Bewegung im Westdeutschland der 80er Jahre 407

damit „wie die Jungfrau zum Kinde" kam.[122] Denn in den Jahren zuvor waren die Konflikte innerhalb der Organisation immer wieder eskaliert: Paul Türks und Adelheid Rieffel etwa drängten Franco Rest aus dem Vorstand, da sie fürchteten, er wolle „neuer Obermacker" werden; Rest wiederum erinnert sich an „fürchterliche Kleinkriege und Grabenkämpfen" in der Anfangszeit der BAG Hospiz.[123]

Dass dessen ungeachtet bereits Ende der 80er Jahre enge Netzwerke innerhalb der Hospizbewegung entstehen konnten, war also nicht nur auf die verschiedenen überregionalen Organisationen, sondern stärker noch auf andere Faktoren zurückzuführen: Zum einen war es eine Art indirekte Folge der wachsenden individuellen Publikationstätigkeit, infolge derer sich die Protagonisten gegenseitig wahrnahmen, sukzessive kennenlernten und sich eine Art „Schneeballsystem" entwickelte.[124] Dies führte in letzter Konsequenz sogar zu zahlreichen gemeinsamen Veröffentlichungen, die innerhalb kurzer Zeit den bis dato gravierenden Mangel an deutschsprachiger Literatur zum Thema behoben.[125] Zum anderen schalteten sich zunehmend weitere Akteure ein. Die besonders rasche und starke Vernetzung der nordrhein-westfälischen Hospizbewegung hing beispielsweise wesentlich mit dem frühen gesundheitspolitischen Interesse in dem Bundesland zusammen.[126] Bereits Mitte der 80er Jahre beschloss das Ministerium für Arbeit, Gesundheit und Soziales (MAGS), die gesellschaftlichen Debatten um Hospizarbeit aufzugreifen und lud alle bekannten Initiativen zu einem Treffen nach Düsseldorf ein. Diese Bündelungsversuche intensivierte die Landespolitik noch, als kurz vor der Wende ein „Gutachten zur Lage der älteren Menschen und zur Altenpolitik in NRW" erschien. Infolge dessen sollte Sterbebegleitung Bestandteil im Landesaltenplan werden, der auch explizit eine „modellartige Unterstützung der Hospizbewegung" zusicherte.[127] Der neue Fokus auf Selbsthilfe und Ehrenamtlichkeit im Landesaltenplan machte die Hospizidee zu einem geradezu prädestinierten Förderobjekt: Expertengruppen, denen neben Rest auch Vertreter des Recklinghauser Hospizes und der Kölner Palliativstation angehörten, wurden formiert, eine Vielzahl an Informationsveranstaltungen organisiert.

---

[122] Vgl. Interview Graf, S. 3 f.
[123] Interview Rieffel, S. 13 f.; Interview Rest, S. 24. In den aus der Bewegung selbst heraus entstandenen Geschichten der Hospizidee wird die Gründung der BAG Hospiz oft irrtümlich auf das Jahr 1997 datiert und deutlich harmonischer dargestellt; vgl. Golek, Standort, S. 61 und Uebach, Hospizarbeit, S. 72.
[124] Interview Muschaweck, S. 4. Zur Bedeutung der Publikationstätigkeit anderer Hospizler in den Anfangsjahren vgl. auch Interview Binsack, S. 20.
[125] Vgl. in Auswahl Godzik/Muschaweck, Hause; Student, Hospiz-Buch; Beutel/Tausch, Sterben; Fried, Frieden.
[126] Vgl. hier und im Folgenden Rest, Vernetzung, v. a. S. 73–95; von Hayek, Situation in Nordrhein-Westfalen; Interview Rest, S. 7–11; Interview Weritz-Hanf, S. 7 und Interview Weihrauch, S. 1 und S. 6.
[127] Der 2. Landesaltenplan ist veröffentlicht in: Politik für ältere Menschen. 2. Landesaltenplan für Nordrhein-Westfalen. Hg. vom Ministerium für Arbeit, Gesundheit und Soziales des Landes Nordrhein-Westfalen, vgl. darin zur Begleitung Sterbender S. 95 f.

Wichtig war diese Netzwerkbildung zunächst vor allem aus zwei konkreten Gründen: Erstens ergaben sich so wichtige Wissenstransfers und Prozesse einer Standardisierung, im Zuge derer die bis dato noch sehr disparate Hospizidee in der Bundesrepublik zunehmend normiert wurde. Bestand sogar hinsichtlich zentraler Aspekte wie der Bettenzahl in stationären Hospizen zuvor noch überhaupt keine Klarheit, erarbeiteten die Akteure nun übergreifende Richtlinien, in Nordrhein-Westfalen etwa im Jahr 1989 bei einer gemeinsamen Klausurtagung von Ministerialbeamten und Hospizvertretern in der Einrichtung in Recklinghausen. Auf dem dort entstandenen Konzeptpapier bauten die kurze Zeit später anlaufenden ersten Förderprogramme für ambulante wie stationäre Hospizarbeit in dem westdeutschen Bundesland auf.[128] Im Zuge dessen kam es ferner zu einer regelrechten Tagungsflut und einer ausgedehnten Vortragstätigkeit vieler Hospizpioniere, die nicht zuletzt zur weiteren Wissensdiffusion beitrug und auch die öffentliche Bekanntheit der Idee erhöhte. Einer der Protagonisten der Recklinghausener Hospizinitiative, der Pfarrer Hans Overkämping, sprach etwa von einer „großen Wanderschaft" am Ende der 80er Jahre, die ihn durch die ganze Republik geführt habe.[129]

Zweitens litt die frühe Hospizarbeit unter einem strukturellen Finanzierungsproblem, das einen engen Austausch über mögliche Wege einer Generierung von Mitteln unabdingbar machte. Da es noch keine gesetzliche Möglichkeit einer Abrechnung ihrer Leistungen über die Krankenkassen gab, waren Hospizinitiativen in den 80er Jahren auf eine mehr oder weniger hohe Eigenbeteiligung der Patienten und vor allem auf Spenden angewiesen, was gerade für kostspielige stationäre Einrichtungen problematisch war.[130] Die Bilanz des Hospizes in Recklinghausen für das Jahr 1988 zeigt, dass fast 60% der Einnahmen auf Spenden im Umfang von insgesamt 240 000 DM zurückgingen – was allerdings nicht einmal ausreichte, um die laufenden Personalkosten zu decken.[131] In Aachen konnte das Problem dadurch umgangen werden, dass die Einrichtung an einem Altenheim angesiedelt war und dadurch Zuschüsse aus öffentlichen Mitteln des Landes und des Landschaftsverbandes möglich waren. Ansonsten bestand ein buntes Mosaik von Finanzierungswegen: In Stuttgart etwa wurden die beiden festen Mitarbeiterstellen des Hospizvereines durch Zuschüsse des Diakonissenwerks und der Stadt, aus Erbschaftsmitteln sowie zeitweise über ABM-Mittel des Arbeitsamtes finanziert.[132] Festzustellen waren dabei starke regionale Unterschiede, zum Beispiel was

---

[128] Vgl. Interview Weihrauch, S. 6f. und Kap. 10.2 zur Förderpolitik in Nordrhein-Westfalen in den 90er Jahren.
[129] Interview Overkämping, S. 7.
[130] Vgl. hier und im Folgenden: Muschaweck-Kürten, Hospizbewegung, S. 124; Interview Rest, S. 10f. und Björn Meyer: „Franco Rest. Vater der Hospizbewegung." *Westfälische Nachrichten*, 29. 8. 2019, URL: https://www.wn.de/Muenster/3933897-Franco-Rest-Vater-der-Hospizbewegung [15. 12. 2021]; Interview Weihrauch, S. 10.
[131] Homann, Hospiz, S. 114.
[132] Vgl. Jahresbericht 1989 der Arbeitsgemeinschaft HOSPIZ Stuttgart, in: BA Koblenz, B 353/4422.

8.2 Das Hospiz als Neue Soziale Bewegung im Westdeutschland der 80er Jahre 409

die Möglichkeit einer Beteiligung der Sozialämter oder Landschaftsverbände anging, die in südlichen Bundesländern und in Nordrhein-Westfalen deutlich besser war als im Norden der Bundesrepublik.[133] Tatsächlich arbeiteten viele Hospizinitiativen ohne jegliche Kostendeckung und standen permanent an der Schwelle zum Bankrott; im hessischen Herborn ging in der Wendezeit ein frühes stationäres Hospiz kurz nach seiner Gründung gar medienwirksam in Konkurs, musste seine hauptamtlichen Pflegekräfte entlassen und Sterbende auf Pflegeheime in der Umgebung verteilen.[134] Besserung versprachen die neu entstandenen Netzwerke. In Nordrhein-Westfalen sondierten beispielsweise auf Druck des MAGS Vertreter der Krankenkassen und der Hospizbewegung um Franco Rest ab Ende der 80er Jahre die Möglichkeiten einer Finanzierung ohne Rechtsgrundlage: Sie einigten sich auf ein (juristisch heikles) Modell der „ausgelagerten häuslichen Krankenpflege", wonach die Krankenkassen fortan Vergütungen für häusliche Krankenpflege auch im stationären Hospizbereich abrechneten. Obschon die prekäre finanzielle Lage der Hospizarbeit in der Bundesrepublik erst im Laufe der 90er Jahre behoben werden konnte, als die Gesundheitspolitik sich auf Bundesebene zu engagieren begann, wurde so das Überleben vieler Initiativen und Vereine ermöglicht.[135]

Gerade im Bereich der Einwerbung von Spenden und Zuschüssen waren in dieser Phase größere private Geldgeber von zentraler Bedeutung. Von diesen fanden sich in den 80er Jahren einige – mit ganz unterschiedlichen Motiven. Die Mitte der 70er Jahre von Mildred Scheel gegründete und rasch zu einer der finanzkräftigsten und einflussreichsten Stiftungen der Bundesrepublik aufsteigende Deutsche Krebshilfe förderte seit 1983 den Ausbau der neuen Formen der Sterbebegleitung mit Zuwendungen im höheren zweistelligen Millionenbereich. Verschob sich der Fokus im Laufe der 90er Jahre auf palliativmedizinische Einrichtungen, zählten anfangs zahlreiche explizit hospizliche Initiativen zu den Begünstigten, etwa in Flensburg, Recklinghausen, Lohmar oder München.[136] Entscheidend für die intensive Förderpolitik war dabei das „Klientel" der frühen Hospizdienste, die zum Großteil Krebspatienten behandelten: Zur Zeit der Wende lag der Prozentsatz in den bestehenden Hospizeinrichtungen bei 60–90%.[137] Gerade die wesentlich seitens der Hospizbewegung vorangetriebene Forschung im Bereich der Schmerz-

---

[133] Zur Situation in Baden-Württemberg, wo auch das Sozialministerium und einzelne Landkreise bereits 1988 modellhaft hospizlich inspirierte Projekte unterstützten, vgl. Interview Schlunk, S. 4–6 und Heller u. a., Geschichte, S. 131–140.
[134] Vgl. zu dem Fall Rest, S. 10 f. und für die zeitgenössische Medienberichterstattung: „Evangelisches Hospiz in Herborn wird geschlossen." *Frankfurter Allgemeine Zeitung*, 14. 4. 1993, S. 9.
[135] Vgl. hierzu ausführlich Kap. 10.2.
[136] Vgl. Deutsche Krebshilfe: Gesamtübersicht der Förderung im Bereich „Palliativmedizin, Hospize und Schmerztherapie" (Stand 31. 12. 2012).
[137] Vgl. für München „Informationen über das Johannes-Hospiz am Krankenhaus der Barmherzigen Brüder", zusammengestellt von Siegfried Thoma am 23. 8. 1992, in: Ordner Christophorus Hospiz Verein e. V., Archiv der Inneren Mission München; für Recklinghausen Kirschner, Hospizbewegung, S. 71 oder für Halle den statistischen Überblick zu den Hospizdiensten in Halle und Umland seit 1985, in: RBSG-A 1106-447.

therapie sowie ihre engagierte Pflegepraxis mit dem Primat ambulanter Versorgungsstrukturen machte sie anschlussfähig für die Förderstrukturen. Zudem ging eines der Grundziele der Krebshilfe, die von ihr angestrebte Enttabuisierung der Krankheit Krebs, durchaus Hand in Hand mit dem hospizlichen Kernanliegen einer Enttabuisierung des Themas Tod und Sterben.[138]

Für die 1964 gegründete Robert Bosch Stiftung (RBS), einen weiteren zentralen Akteur unter den privaten Stiftungen im westdeutschen Gesundheitswesen, war die Hospizidee wegen ihrer Berührpunkte zur Altenpflege, einem traditionellen Schwerpunkt der RBS, von hohem Interesse.[139] Zudem förderte die Stiftung dezidiert bürgerschaftliches Engagement im sozialen Bereich. Ab 1976 finanzierte die RBS erste Projekte für Schwerstkranke und Sterbende, in der zweiten Hälfte der 80er Jahre wurde sie auch im Hospizbereich aktiv und das teilweise sogar initiativ: So übernahm sie 1988/89 aus eigenem Antrieb einen Großteil der sich im siebenstelligen Bereich bewegenden Kosten eines neuen Hospice Care-Projektes am Tübinger Paul-Lechler-Krankenhaus, das hierfür eigentlich einen Förderantrag beim Krebsverband Baden-Württemberg eingereicht hatte.[140] Darüber hinaus bekamen einzelne Hospizengagierte personenbezogene Zuschüsse für Aus- und Fortbildungen in britischen und amerikanischen Einrichtungen oder den Besuch von Kongressen, was zum einen der Vernetzung dienen sollte. Zum anderen stand dies im Einklang mit der RBS-Förderlinie „Pflege braucht Eliten", im Rahmen derer seit der Zeit der Wende die Qualifizierung und Akademisierung der Pflegeberufe vorangetrieben wurde, um eine Antwort auf den grassierenden Pflegenotstand zu finden.[141] Die für Hospizarbeit zuständige Mitarbeiterin Almut Satrapa-Schill, später Leiterin des Referats Gesundheitspflege, war ein fast omnipräsenter Gast bei Hospizeröffnungen und anderen Hospizveranstaltungen. Ende der 90er Jahre hielt eine interne Kurzdarstellung der RBS fest, dass nach der umfangreichen Unterstützung der Hospizbewegung fortan nur noch modellhaft ambulante Projekte in der Anfangsphase gefördert werden sollten – fraglos eine Entscheidung, die durch die nun einsetzende staatliche Subventionierung beeinflusst war. Zuvor habe die Stiftung „zu einem sehr frühen und entscheidenden Zeitpunkt die aus Großbritannien und den USA kommende Idee der Sterbebegleitung und der Hospize unterstützt und wesentlich zur Verbreitung des Ansatzes zu seiner Qualifizie-

---

[138] Vgl. Hitzer, Krebs, S. 274.
[139] Vgl. den internen Vermerk zu einem positiven Gutachten zur Förderung des Münchner Christopherus Hospiz Verein, in: RBSG-A 1106–445 und hier und im Folgenden Interview Satrapa-Schill, v. a. S. 1–9.
[140] Interview Schlunk, S. 2 f. und S. 7.
[141] Vgl. Interview Orth, S. 21 und Interview Satrapa-Schill, S. 3 bzw. S. 9. Zum Programm „Pflege braucht Elite" vgl. Hähner-Rombach, Aus- und Weiterbildung, S. 185 f.; Sabine Dauth: „Symposium der Robert Bosch Stiftung. Pflege braucht Eliten. Forderung nach Akademisierung der Pflegeberufe." *Deutsches Ärzteblatt* 89 (1992), Nr. 20, S, A-1836 und A-1839 sowie Pflege braucht Eliten. Denkschrift der Kommission der Robert-Bosch-Stiftung zur Hochschulausbildung für Lehr- und Leitungskräfte in der Pflege. Hg. von der Robert Bosch Stiftung. Gerlingen 1992.

8.2 Das Hospiz als Neue Soziale Bewegung im Westdeutschland der 80er Jahre   411

rung und Stabilisierung beigetragen." Konkret leistete die RBS bis 1995 fast 2 Millionen Euro an Beihilfe.[142]

Entscheidend für den Erfolg hospizlicher Initiativen in den 80er Jahren waren daher nicht nur Einzelpersonen („Pioniere"), deren singuläre Bedeutung in der mitunter hagiografische Züge tragenden Hospizliteratur stark überbetont wird.[143] Vielmehr mussten diese ganz eigentümliche Allianzen eingehen – und profitierten von zum Teil ihren Zielen eigentlich diametral entgegengesetzten Interessen anderer Akteure. Dies galt insbesondere für die Pharmaindustrie, die in den 80er Jahren eine substanzielle Rolle bei der Finanzierung der westdeutschen Hospizarbeit übernahm – eine angesichts der medizinkritischen Grundposition der Hospizidee auf den ersten Blick paradoxe Konstellation. Hintergrund waren – wie auch im Fall der eng damit verbundenen Unterstützung der Palliativmedizin – ökonomische Interessen der auf die Herstellung starker Schmerzmittel spezialisierten Unternehmen.[144] Eine Förderung von palliativen oder hospizlichen Projekten – beides wurde in der Frühphase als gleichrangig betrachtet – versprach mittelbar eine Steigerung des Umsatzes: Die Zahl der per Betäubungsmittelrezept verschriebenen Medikamente sollte, so die Hoffnung, durch die spezialisierten Betreuungseinrichtungen und den erhofften generellen Bewusstseinswandel stark ansteigen. So unterlag die Hospizförderung, im Zuge derer alleine Mundipharma bis zur Jahrtausendwende einen unteren zweistelligen Millionenbetrag aufwand, einer strengen Prüfung auf Wirtschaftlichkeit – erwies sich aber durchweg als rentabel.[145] Mehr noch: 1991 spendete Mundipharma sogar der umstrittenen, sich rein auf PR-Arbeit konzentrierenden Deutschen Hospizhilfe 100 000 DM. Denn es ging dem Unternehmen auch und gerade darum, das Thema in der Öffentlichkeit zu positionieren und eine gesellschaftliche Debatte über ein würdiges Sterben anzustoßen, das in jedem Fall schmerzfrei erfolgen musste.[146] Im Bereich der Schmerztherapie von Sterbenden erfolgte mithin – ähnlich wie im Fall des von Malte Thießen untersuchten Impfens – eine pharmazeutische Marketing-Kampagne, die letztlich zu einer weiteren Ökonomisierung führte. Die Hospizbewegung war in diesem Kontext – oft ohne es selbst zu reflektieren – ein Partner.[147]

---

[142] Vgl. die einem Förderprojekt als Anlage beigefügte interne Kurzdarstellung, in: RBSG-A 1106-447.
[143] Vgl. Seitz/Seitz, Hospizbewegung oder Heller u. a., Geschichte – die letztgenannte Überblicksdarstellung entstand auf Basis von Interviews mit knapp 75 Hospizpionieren.
[144] Vgl. zum Problem der Unterversorgung mit verschreibungspflichtigen Schmerzmedikamenten sowie ausführlicher zur Entwicklung der Schmerztherapie bei Sterbenden und zur Förderung der Palliativmedizin Kap. 7.1.
[145] Vgl. Interview Blettermann, v. a. S. 4 f., S. 7–9 und S. 14 sowie Heller u. a., Geschichte, S. 183–186.
[146] Vgl. „Pharma-Unternehmen spendet Deutscher Hospizhilfe DM 100.000." *Onkologie. International Journal for Cancer Research and Treatment* 14 (1991), S. 369–376; Interview Blettermann, S. 5 und S. 7.
[147] Vgl. Thießen, Gesellschaft, v. a. S. 178–183. Noch in den 90er Jahren kooperierte aber die BAG Hospiz auch explizit mit Mundipharma, etwa bei der Erstellung und Versendung eines Fragebogens an alle stationären und ambulanten Hospizeinrichtungen in der Bundesrepublik. Vgl. Gesprächsnotiz über das Treffen von Vertretern des Vorstandes der BAG Hospiz

Ob einzelne der frühen Hospizinitiativen reüssierten oder nicht, war damit aus unterschiedlichen Gründen Zufälligkeiten geschuldet. Dazu zählte mitunter sogar die räumliche Lage: Die in Bingen beheimatete IGSL profitierte von der Nähe zu Mundipharma; gemeinsam veranstalteten die ungleichen Verbündeten zahlreiche Seminare in Limburg und entwickelten das erste MST (Morphinsulfat-Tablette) Retard. Dieses revolutionierte die Schmerztherapie bei schwerstkranken Tumorpatienten, da die starken Schmerzmittel fortan nur noch alle zwölf statt alle vier Stunden verabreicht werden mussten – hospizliche Praxiserfahrung und pharmazeutisches Produktionspotenzial befruchteten sich hier wechselseitig.[148] Auch OMEGA unterhielt enge Kontakte zu Mundipharma, was nicht unwesentlich damit zusammenhing, dass der für die Hospizförderung zuständige Mitarbeiter in Limburg Renate Muschaweck persönlich kannte, da er ebenfalls aus Hann. Münden stammte.[149] Dass sich die Hospizidee als solche zunehmend durchsetzte, war dagegen keine kontingente Entwicklung, sondern Konsequenz eines breiten kulturellen Wandels, der wesentlich mit zwei anderen Faktoren zusammenhing.

Hospiz als Modethema: Massenmedien als treibende Kräfte

Die wachsende Bereitschaft vieler Akteure, die Hospizbewegung mit substanziellen Mitteln zu fördern, hing wesentlich mit ihrer neuen medialen Präsenz zusammen. War die Hospizidee bereits in den 70er Jahre gelegentlich ins Visier der Presse geraten, die schon damals durchaus wohlwollend berichtete, so explodierte die Aufmerksamkeit der Massenmedien in der zweiten Hälfte der 80er Jahre – und war wiederum fast ausschließlich positiv.

Ähnlich wie im Fall der Pharmaindustrie beschleunigte sich das enge Verhältnis zwischen Hospizbewegung und Medien infolge eines wechselseitigen Interesses am Gegenüber. So bemühten sich viele Hospizvertreter um eine öffentliche Verbreitung ihrer Grundsätze und Ziele. Eine aktive PR-Arbeit gehörte von Anfang an zu den Grundzielen der Hospizidee.[150] Einerseits galt es, öffentliche Akzeptanz und eine günstige Stimmung für Hospizinitiativen vor Ort zu schaffen, im Idealfall sogar Spender und ehrenamtliche Helfer zu mobilisieren. In Aachen lud man daher bereits vor der offiziellen Hospizgründung gezielt Journalisten zu Besichtigungen ein, was zu einer Vielzahl an Pressemeldungen führte.[151] Erleichtert nahmen Paul Türks und seine Mitstreiter zur Kenntnis, dass trotz ihrer Sorgen vor einer „Gegenpropaganda" die örtliche Presse ausschließlich positiv berichtete.[152] Um

---

und der DHS vom 8. Juli 1999, Ordner „Kooperation mit DHS", Geschäftsstelle des DHPV, Berlin.

[148] Vgl. Interview Becker (2006), S. 13 f.; Interview Blettermann, S. 2, S. 6 und S. 13 f.
[149] Interview Blettermann, S. 5 f.
[150] Vgl. von Hayek, Bedeutung; Schneider/von Hayek, Sterben, v. a. S. 122.
[151] Vgl. Littger, Hospiz- und Palliativkultur, S. 185; Heller u. a., Geschichte, S. 124. Zum ähnlichen Vorgehen in München vgl. Kap. 9.1.
[152] Vgl. im Protokoll der Barmherzigen Brüder festgehaltenen Aussagen gegenüber einer Delegation aus München, in: Aktennotiz 88/3021 vom 1. 12. 1988 im Ordner „Besichtigungsreisen London/Aachen" im Provinzarchiv der Barmherzigen Brüder in München.

8.2 Das Hospiz als Neue Soziale Bewegung im Westdeutschland der 80er Jahre 413

dem vermeintlich größten Handicap der Hospizidee, nämlich ihrer mangelnden Bekanntheit, zu begegnen, gab die Journalistin und Gründerin der Deutschen Hospizhilfe Renate Wiedemann im wichtigsten Handbuch der Bewegung gezielt „Tips für die Öffentlichkeitsarbeit".[153] Denn schließlich ging es andererseits darum, das Sterben und die Sterbebegleitung allgemein wieder stärker gesellschaftlich zu verankern und eine wahrgenommene Verdrängung des Themas rückgängig zu machen. Man müsse daher erreichen, so argumentierte Reinhold Iblacker 1982 in einem Interview, dass die Medien „mit einer sturen Regelmässigkeit immer wieder über Hospice movement berichten."[154]

Dies war keine Mammutaufgabe. Vielmehr stieß die Hospizbewegung mit ihrer PR-Arbeit umgekehrt bei den Medien auf offene Ohren. Schon im Frühjahr 1986 ließ das *Hamburger Abendblatt* die Anfrage einer Leserin, warum es in der Stadt keine „Sterbekliniken" wie in England gebe, von der jungen Hospizpionierin Daniela Tausch beantworten.[155] Diese neue Aufmerksamkeit für das Hospiz war durchaus ein überregionales Phänomen: Über die Gründung und Aktivitäten der IGSL in Limburg berichteten 1986 etwa die Deutsche Presse-Agentur, die *Katholische Nachrichten-Agentur* und Zeitungen im gesamten Bundesgebiet.[156] Im selben Jahr war die Eröffnung des ersten stationären Hospizes des Landes in Aachen sogar der *Frankfurter Allgemeinen Zeitung* einen langen Artikel aus der Feder der Theodor-Wolff-Preisträgerin Thea Winandy wert.[157] Und auch in den folgenden Jahren wurden Gründungen von Hospizgruppen im ganzen Bundesgebiet genau von der Presse beobachtet.[158] Aus all diesen Berichten sprach eine grundsätzliche Zustimmung und Unterstützung: Geradezu euphorisch verkündeten die Printmedien, dass die Hospizbewegung „einen anderen Umgang mit Schwerkranken und Sterbenden" schaffe, über den „dem Tod seinen Schrecken" genommen werden könne.[159] Es erscheint daher keinesfalls übertrieben, wenn sich eine Vertreterin der

---

[153] Wiedemann, Tips.
[154] Das Interview findet sich im Nachlass Iblackers, Archiv der Zentraleuropäischen Provinz der Jesuiten (SJ), München, Akte Sig.: 47–444.
[155] Daniela Tausch: Warum gibt es bei uns keine Sterbekliniken? *Hamburger Abendblatt*, 26./27. 4. 1986.
[156] Vgl. „Sterbekliniken sollen den Tod leichter machen." *Berliner Morgenpost*, 22. 11. 1986; „Gesellschaft für Sterbebegleitung." *Die Welt*, 15. 12. 1986.
[157] Thea Winandy: „Die Angst nehmen, die Schmerzen lindern, die Würde wahren." *Frankfurter Allgemeine Zeitung*, 30. 12. 1986.
[158] Vgl. etwa nur als Beispiele für Berichte über örtliche Hospizvereine im Jahr 1992 aus der *Süddeutschen Zeitung*: Gabriela Brüggemann: „Damit der Tod nicht ausquartiert wird." 2. 3. 1992 (Nürnberg); Sibylle Steinkohl: „Ein Team, das dem Sterben den Schrecken nimmt." 1. 6. 1992 (München); Birgit Matuschek-Labitzke: „Die Hospizidee breitet sich aus." 12. 9. 1992 (Ingolstadt); Conny Neumann: „Sterbenden einen ‚schönen Tod' gewünscht." 31. 10. 1992 (Augsburg).
[159] Annelie Stankau: „Aufgehoben statt aufgegeben. Hospiz-Bewegung: Ein anderer Umgang mit Schwerkranken und Sterbenden." *Kölner Stadt-Anzeiger*, 31.10./1. 11. 1987; Karin Frohnmeyer: „Dem Tod seinen Schrecken nehmen." *Deutsches Allgemeines Sonntagsblatt*, 4. 10. 1987, S. 21. Vgl. auch Peter Hertel: „‚Gehen Sie schnell raus!' Ein Haus für Sterbende: Für eine neue Einstellung zum Tod werben Pfleger und Patienten von Hospizen." *Deutsches Allgemeines Sonntagsblatt*, 16. 10. 1988, S. 16.

Stuttgarter Hospizinitiative erinnert, dass sich bereits kurz nach deren Etablierung 1987 „die Medien geradezu darauf [stürzten]."[160]

Was waren die Gründe für das enorme Medieninteresse an der Hospizidee ab Mitte der 80er Jahre, dessen Dimension kaum zu gering eingeschätzt werden kann? Erstens war dieses eine Folge der bereits geschilderten durchgängigen Medialisierung des Themas Lebensende, die in der Bundesrepublik eingesetzt hatte. Dieses war Mitte der 80er Jahre integraler Bestandteil der medialen Agenda, eigneten sich die wahrgenommenen Missstände doch nicht zuletzt ideal für Skandalisierungen. Zweitens erwies sich die von fast allen Hospizpionieren intensiv propagierte Verdrängungsthese als enorm anschlussfähig. Immer wieder zitierten die Medien Äußerungen aus der Bewegung, sie kämpfe gegen das größte Tabu der Gegenwart an – so etwa die *Süddeutsche Zeitung* in einem Bericht über den Hospizverein Erlangen.[161]

Schließlich profitierte die Hospizbewegung in diesem Zusammenhang drittens von der Sterbehilfeidee, die sich als noch medienaffiner erwies und schon in der zweiten Hälfte der 70er Jahre stark medialisiert worden war. So diskutierten etwa die *Süddeutsche Zeitung* und der *Tagesspiegel* im Februar 1988 die Gründung der Deutschen Hospizhilfe unter Verweis darauf, dass nun ein Gegenpol zur Sterbehilfe geschaffen worden sei.[162] Kurz darauf informierte die Fachzeitschrift *Sozialmagazin* unter dem Titel „Sterbehilfe geht auch anders" zum ersten Mal über die Hospizbewegung.[163] Nicht immer war die Rezeption der beiden Konzepte jedoch komplett antagonistisch. Denn die Sorge vor einer menschenunwürdigen medizinischen Überversorgung am Lebensende, welche die Hospizbewegung mit den Unterstützern der Sterbehilfe verband, machte beide interessant für die Medien, die dieses Schreckgespenst ebenfalls bespielten. Die wechselseitige Instrumentalisierung von besonders frappierenden Sterbeverläufen zeigte sich etwa im Fall von Walter Gerner, einem nach einem Unfall querschnittsgelähmten jungen Mann, der im Alter von Mitte 20 zusätzlich an einem Tumor erkrankte. Der von Claudio Kürten, einem der Mitgründer von OMEGA, betreute Gerner starb qualvoll nach einem zweieinhalbjährigen Aufenthalt in Pflegeheimen und Krankenhäusern, wo er gegen seinen Willen bis zuletzt behandelt worden war. Die *Zeit* widmete seinem Tod, den die Hospizliteratur zu einem Paradebeispiel für einen misslungenen Sterbeprozess erklärte, im Herbst 1986 einen langen Artikel, der mit dramatischen Worten die Entmenschlichung des Sterbenskranken beschrieb: „Man ist wie ein Tier ... auf der Schlachtbank."[164] Im *Stern* erschien im folgenden Jahr ein um Bil-

---

[160] Interview Herrmann, S. 2.
[161] Reymer Klüver: „Beistand in den letzten Stunden. Wie ein ambulanter Dienst auf Wünsche Todkranker individuell eingeht." *Süddeutsche Zeitung*, 26. 10. 1993.
[162] „Klarer Gegenpol zur Sterbehilfe." *Süddeutsche Zeitung*, 24. 2. 1988; „,Hospizhilfe' als Alternative zu Hackethal und Atrott gegründet." *Der Tagesspiegel*, 24. 2. 1988.
[163] Elvira Döscher: „Hospizbewegung. Sterbehilfe geht auch anders." *Sozialmagazin* 14 (1989), Nr. 6, S. 60 f.
[164] „Man ist wie ein Tier." *Die Zeit*, 3. 10. 1986, online unter: https://www.zeit.de/1986/41/man-ist-wie-ein-tier [15. 12. 2021]. Zur Darstellung des Falles in Hospizschriften vgl. Kürten, Lasst mich doch endlich sterben sowie zu den Hintergründen des Falles den Jahresbericht

8.2 Das Hospiz als Neue Soziale Bewegung im Westdeutschland der 80er Jahre   415

der des völlig abgemagerten, sichtbar leidenden Gerner erweiterter Bericht.[165] Dieser war auffälligerweise in einem Themenheft zur Sterbehilfe eingebettet und fungierte als Begleitlektüre zu den Ergebnissen einer Umfrage unter Prominenten, die überwiegend die Frage bejahten, ob sie im Falle einer tödlichen Erkrankung vom Arzt eine lebensbeendende Maßnahme erbitten würden.[166]

Mit Blick auf die Folgen der intensiven medialen Aufmerksamkeit für die Hospizidee ist auf mehrere Aspekte zu verweisen. Infolgedessen war die öffentliche Rezeption aller in diesem Kapitel genannten Hospizinitiativen sehr positiv, was nicht zuletzt die Grundlage dafür bildete, dass sie trotz der prekären finanziellen Lage überdauern und sich sukzessive sogar erfolgreich als zentrale Institutionen des Gesundheitswesens in ihren jeweiligen Regionen etablieren konnten. Widerstände von Anwohnern oder der Lokalpolitik gegen Hospizgründungen gab es zwar in Einzelfällen, wie etwa in Aachen oder in Radebeul bei Dresden Anfang der 90er Jahre – dies blieben jedoch eindeutig Ausnahmen.[167] Dasselbe gilt für allgemeinen Gegenwind gegen das Konzept: Derartige Vorfälle – so verweigerte etwa eine große deutsche Bank der Deutschen Hospizhilfe die Einrichtung eines Spendenkontos, da sie nicht mit diesem Thema assoziiert werden wollte – waren eine Seltenheit, ungeachtet der empörten wie lautstarken Klagen darüber seitens der Hospizbewegung.[168]

Darüber hinaus begünstigten die neuen medialen Dynamiken die Entwicklung der westdeutschen Hospizbewegung noch in einem anderen Punkt: Sie erwiesen sich als überaus bedeutsam für die Zirkulation und weitere Verbreitung der Hospizidee. Stellte diese bis dato infolge des Mangels an deutschsprachiger Literatur hierzu eines der zentralen Probleme dar, so wurden die Wesenszüge des Konzeptes nun über die intensivierte Presseberichterstattung in eine breitere Öffentlichkeit transportiert – und zwar grundsätzlich affirmativ sowie mediengerecht aufbereitet.[169] In einer ausführlichen Reportage, in der unter anderem Türks und Student interviewt und Veröffentlichungen von Saunders zitiert wurden, beschrieb etwa *Der Spiegel* detailliert das Hospizkonzept, dessen Übernahme in der Bundesrepublik – wie die Zeitschrift kritisch anmerkte – infolge der Wissenslücken bei katholischen Bischöfen in den 70er Jahren zunächst gescheitert sei.[170] Ferner stieg die Zahl an hospizlichen Schriften auf dem Buchmarkt angesichts der neuen Popula-

---

2011/12 des Hospiz- und PalliativVerbandes NRW, S. 2 f., online unter: https://www.yumpu.com/de/document/view/11043604/jahresbericht-2011-2012-hospiz [15. 12. 2021].
165 Hans-Hermann Klare: „Komm, großer schwarzer Vogel." *Stern*, 20. 8. 1987, S. 22–26.
166 Wilfried Krause: „Stern-Umfrage zur Sterbehilfe: Wenn Sie todkrank wären und keine Hoffnung mehr hätten, würden Sie Ihren Arzt um eine Spritze bitten, die Ihr Leben beendet?" *Stern*, 20. 8. 1987, S. 17–19. Vgl. dazu auch Kap. 5.1.
167 Vgl. zu den Fällen Albrecht, Hospiz, S. 175; https://www.dresden-lese.de/index.php?article_id=142 [15. 12. 2021].
168 Wiedemann, Hospiz-Bewegung, S. 43.
169 Vgl. hierzu auch die stark unvollständigen Auflistungen in Seitz/Seitz, Hospizbewegung, S. 224–240 und Godzik, Hospizbewegung, S. 18 f.
170 „‚Erfülltes Leben bis zuletzt.'" *Der Spiegel*, 16. 11. 1992, S. 248–260.

rität des Themas. Renommierte Verlage gaben in den Jahren vor und nach der Wende zahlreiche – in der Regel mit Vorworten deutscher Hospizpioniere versehene – Übersetzungen zentraler englischsprachiger Veröffentlichungen von Saunders, Buckingham oder Stoddard heraus, die in den beiden Jahrzehnten zuvor erschienen waren.[171]

Noch beschleunigt wurde diese Wissenszirkulation dadurch, dass sich nicht nur die Printmedien, sondern auch der Rundfunk nun dezidiert der Hospizarbeit widmete. In der WDR-Radiosendung „Hallo Ü-Wagen" mehrten sich beispielsweise in den 80er Jahren Referenzen darauf, was unzweifelhaft damit zusammenhing, dass zu den ohnehin immer häufigeren Sendungen rund um das Thema Lebensende regelmäßig Vertreter der Hospizbewegung als Gäste eingeladen wurden.[172] Bereits im Jahr 1978 verwies Franco Rest in einer Folge zu Todesbildern auf den guten Betreuungsschlüssel in englischen Hospizen, wo folglich deutlich besser Sterbebegleitung geleistet werden könne als in deutschen Krankenhäusern oder Pflegeheimen.[173] Ende der 80er Jahre pries Reinhard Tausch Hospize als „Lebensstätten für Sterbende" und bedauerte die starke Rückständigkeit der Idee in der Bundesrepublik im Vergleich zu Großbritannien. Wenn die Moderatorin Carmen Thomas daraufhin umgehend eine eigene Sendung zur Hospizbewegung versprach, so spiegelte sich darin auch eine klar zu erkennende Sympathie der „Hallo Ü-Wagen"-Redaktion, die allgemein häufig auf der Seite von sozialem Protest, Gesellschaftskritik und bürgerschaftlichem Engagement Stellung bezog.[174]

Zwar dauerte es noch einige Jahre bis zur Ausstrahlung jener Sendung, dafür wurde diese dann direkt am „Haus Hörn" in Aachen produziert. Immer noch wüssten viele Menschen gar nicht, beklagte Thomas einleitend, was ein Hospiz überhaupt sei und welche Ziele es habe. Sah das Konzept von „Hallo Ü-Wagen" eigentlich eine gleichberechtigte Repräsentation von Pro- und Kontra-Stimmen vor, so überwog in diesem Fall eindeutig die Seite der Befürworter: Die interviewten Gäste, zu denen neben Paul Türks unter anderem die Stationsleiterin des Aachener Hospizes zählte, äußerten sich ausnahmslos positiv; einzig die Soziologin Herrad Schenk sah in stationären Einrichtungen die Gefahr einer weiteren Ausgrenzung von Sterbenden – ihr Plädoyer für ambulante Versorgungsstrukturen entsprach aber letztlich durchaus dem Ansatz der Hospizbewegung, wie im Publikum anwesende Mitarbeiter des Hospizes in Lohmar sofort klarstellten.[175] Thomas selbst sparte ebenfalls nicht mit Unterstützung: So kommentierte sie die mangelnden gesundheitspolitischen Mittel für Hospize ebenso süffisant wie medi-

---

[171] Buckingham, Hospiz, mit einem Vorwort von Gustava Everding, S. 7–9; Stoddard, Hospiz-Bewegung, mit einem Vorwort von Elisabeth Albrecht, S. 7–9; Saunders/Baines, Leben; Saunders, Hospiz, mit einem Vorwort von Reinhold Iblacker, S. 7–10.
[172] Vgl. ausführlich zur Sendung „Hallo Ü-Wagen" und deren Beschäftigung mit Tod und Sterben Kap. 7.1.
[173] Hallo Ü-Wagen: Wie stelle ich mir meinen Tod vor? WDR, 4. 5. 1978.
[174] Hallo Ü-Wagen: Abschied für immer – will ich mein Sterben erleben, 29. 6. 1989.
[175] Hallo Ü-Wagen: Häuser zum Sterben – Hospize. WDR, 18. 11. 1993.

8.2 Das Hospiz als Neue Soziale Bewegung im Westdeutschland der 80er Jahre 417

zinkritisch: „Tja, Apparate [...] lassen sich besser finanzieren als sowas."[176] Und in ihrer Abmoderation nannte sie die Existenz von Hospizen ein Armutszeugnis für Krankenhäuser, in denen immer noch so viel falsch laufe.

Auch im Fernsehen wurde das Vorbild der Iblacker-Sendungen aus dem Jahr 1971 in der zweiten Hälfte der 80er Jahre aufgegriffen, zugleich aber dessen Fehler in der Präsentation des Themas vermieden. Zwei Dokumentationen in den Jahren 1986/87 zeigten etwa die hospizliche Arbeit am Paul-Lechler-Krankenhaus in Tübingen und im „Haus Hörn" in Aachen.[177] Während die erstgenannte Produktion der renommierten Dokumentarfilmerin Birgit Kienzle unter anderem in der ARD lief, wurde die zweitgenannte des Hessischen Rundfunks anschließend für die katholische Bildungsarbeit aufbereitet und mit einer Arbeitshilfe von Paul Türks versehen, der darin den „christlichen Ursprung" der neuen Formen der Sterbebegleitung betonte.[178] Zur Zeit der Wiedervereinigung und in den Jahren danach intensivierte sich die filmische Beschäftigung mit der Hospizidee weiter.[179] Mit dem Elisabeth-Hospiz in Lohmar befassten sich gleich mehrere Dokumentationen.[180] Der anderthalbstündige Film „Da Sein" von Heide Breitel aus dem Jahr 1991 zeigte über den Zeitraum von einem Jahr Mitarbeiter des Hospizvereins in der Kleinstadt in der Nähe von Bonn bei der ambulanten Sterbebegleitung von zwei krebskranken Frauen und bei ihren (schließlich erfolgreichen) Bemühungen um die Errichtung eines stationären Hospizes.[181] Die mit Mitteln des nordrhein-westfälischen Innenministeriums finanzierte Dokumentation erhielt von der Deutschen Film- und Medienbewertung (FBW) das Prädikat „besonders wertvoll".

Das Hospiz galt mithin als pädagogisch wertvoll. Dies war nicht zuletzt eine Folge der öffentlich intensiv rezipierten thanatologischen Forschung, deren zentrale Erkenntnis, dass Tod und Sterben breit gesellschaftlich diskutiert werden müssen, offenbar gerade Medienmacher ansprach. So strebte „Da sein" an, zur Enttabuisierung des Sterbens beizutragen. Tatsächlich lobte die Jury der FBW in ihrer Begründung, dass der Film ein „gesellschaftliches Tabuthema sachlich, ruhig

---

[176] Ebd., Min. 2:00:42–2:00:46.
[177] Birgit Kienzle: Wenn das Planen aufhört. Das Hospiz in Tübingen. SWF 1986. Zur Rezeption vgl. „...wenn das Planen aufhört." *Deutsches Ärzteblatt* 19. 12. 1987, S. A35–45. Mechthild Müser/Jörg Röttger: Leben dürfen bis zum Tod. Hospize: ein neuer Weg der Sterbebegleitung. HR 1987.
[178] Die Arbeitshilfe findet sich unter https://docplayer.org/55155099-Leben-duerfen-bis-zum-tod-arbeitshilfe-katholisches-filmwerk.html [15. 12. 2021], Zitat S. 2.
[179] Vgl. etwa Wingert, Leben, zur Hospizinitiative in Halle; Lutz Kulling: Trauer kann mir keiner mehr nehmen. Bundesrepublik Deutschland 1989 zur Palliativstation in Köln; Gino Cadeggianini: Cicely Saunders: Der Tod – mein Leben. Bundesrepublik Deutschland 1989; Jörg-Peter Bierach: Ende oder Anfang. Erfahrungen in einem Sterbehospiz. SR 1996 sowie Kap. 9.1 zu den Fernsehberichten über das Münchner Johannes-Hospiz.
[180] Dieter Zeppenfeld: Mit dem Sterben leben – Bericht aus einem Hospiz. Bundesrepublik Deutschland 1993. Vgl. hierzu auch den Schriftverkehr zwischen Zeppenfeld und dem Bundesministerium für Arbeit, das das Lohmarer Hospizprojekt finanziell förderte, in: Bundesarchiv Koblenz, B 149/149815, Blatt 329–331.
[181] Heide Breitel: Da Sein. Bundesrepublik Deutschland 1991.

und natürlich behandelt."[182] Auch Reinhold Iblacker, der bereits in den 80er Jahren einen öffentlich unbekannt geblieben, aber innerhalb der Bewegung viel beachteten Lehrfilm über das Hospiz von Sylvia Lack in Connecticut gedreht hatte, in dem eine Mitarbeiterin seines Münchner Hospizvereins hospitierte, trat kurz nach der Wende erneut selbst als Produzent in Erscheinung.[183] Seine fünfteilige Dokumentation „Hospiz – Sterbenden helfen" war primär auf die katholische Bildungsarbeit zugeschnitten.[184] An den größtenteils über eine private Spende des mit ihm befreundeten Medienmoguls Leo Kirch gedeckten Produktionskosten beteiligte sich der Verband der Diözesen Deutschlands mit 120 000 DM.[185] Dieser Umstand verweist auf eine dritte zentrale Triebkraft hinter dem Aufschwung der Hospizidee in der Bundesrepublik seit den 80er Jahren: die komplette Neuausrichtung beider Kirchen und anderer christlicher Verbände.

Feindliche Übernahme? Die Kirchen und die Hospizidee

Hatten religiöse Akteure in den 70er Jahren zu den schärfsten Kritikern des neuen Konzepts der Sterbebegleitung gehört, so änderte sich dies nach 1980 fundamental.[186] Zwar waren auch fortan noch vereinzelt kritische Stimmen aus religiösen Kreisen zu hören, die die Hospizidee explizit ablehnten. Im Juni 1989 hielt etwa eine Referentin auf einer Tagung des Evangelischen Bildungswerkes Berlin zum Thema „Begleitetes Sterben" eine Förderung der Hospizbewegung für „nicht vertretbar": Zum einen führe eine solche zu einer „Professionalisierung des Sterbens", zum anderen sei der Versuch, mittels einer „Errichtung von Sterbekliniken durch religiöse Träger die Säkularisierung rückgängig zu machen", zwangsläufig zum Scheitern verurteilt.[187] Jedoch stellten derartige Positionen in kirchlich-religiösen Kreisen nun eindeutig Mindermeinungen dar, deren Randständigkeit angesichts der tatsächlichen Entwicklung nicht zu übersehen war.

Das radikale Umdenken der Kirchen in der Hospizfrage im letzten Fünftel des 20. Jahrhunderts war wenigstens symbolisch dadurch angestoßen, dass Cicely Saunders 1981 den renommierten „Templeton Prize for Progress in Religion" erhielt. Diese seit 1972 existierende, zum damaligen Zeitpunkt höchstdotierte Auszeichnung für Individuen (das Preisgeld wird jährlich so angepasst, dass es über

---

[182] Die Jury-Begründung findet sich unter https://www.fbw-filmbewertung.com/film/da_sein [15. 12. 2021].
[183] Vgl. hierzu Interview Elisabeth Albrecht, S. 9.
[184] Georg Stingl/Reinhold Iblacker: Hospiz – Sterbenden helfen. Eine Filmreihe. Bundesrepublik Deutschland 1991.
[185] Vertrag vom 4. 5. 1990 zwischen der Oberdeutschen Provinz SJ und dem Verband der Diözesen Deutschlands, Archiv der Zentraleuropäischen Provinz der Jesuiten (SJ), München, Akte Sig.: 48–11. Nr. 23. Vgl. zu den Inhalten, Dreharbeiten, dem Konzept und der Zielgruppe, der Rezeption sowie zu den Kosten und Finanzierung die Akten Sig. 48–11. Nr. 23-Nr. 31, in: ebd. Zur finanziellen Unterstützung durch Kirch vgl. auch Interview Vogt, S. 5.
[186] Die folgenden Ausführungen sind eine überarbeitete und erweiterte Fassung des entsprechenden Unterkapitels in Greiner, Säkulares Sterben.
[187] Falck, Sterbebegleitung (1989), S. 31.

8.2 Das Hospiz als Neue Soziale Bewegung im Westdeutschland der 80er Jahre 419

dem des Nobelpreises liegt) war zuvor unter anderem an Mutter Theresa und Frère Roger verliehen worden.[188] Ganz im Sinne des Preises hatte Saunders in ihrer Rede das Hospizkonzept als Mischung aus religiös begründetem Humanitarismus und moderner Wissenschaft präsentiert, „as a religious and medical foundation bringing together science and the spiritual dimension."[189] Die Verleihung der Auszeichnung, die in Westdeutschland medial breit eingefangen wurde, machte Interessierte in aller Welt somit darauf aufmerksam, dass die moderne Hospizidee wenn schon nicht kirchliche, dann doch durchaus christliche Wurzeln hatte – und nahezu idealtypisch den neuen Grundsatz eines Aufbruchs in die moderne Welt und einer Hinwendung zum Menschen verkörperte, dem sich gerade die katholische Kirche mit dem Zweiten Vatikanischen Konzil verschrieben hatte.[190] Denn konträr zur oben zitierten Äußerung auf der Berliner Tagung 1989 bot die Hospizidee in den Augen vieler Geistlichen eben sehr wohl die Möglichkeit, eine als solche wahrgenommene „Säkularisierung" vielleicht nicht rückgängig zu machen, aber zumindest ihre Folgen zu kaschieren.

Zugleich war die Neuorientierung das Ergebnis eines bottom up-Prozesses, der im Kleinen vor Ort begann. So kam es an der Basis immer wieder zu Kooperationen zwischen sich formierenden Hospizgruppen und kirchlichen Sozialstationen.[191] In zahlreichen Städten, wie etwa Freiburg im Breisgau, Wiesloch, Herborn, Schwerte, Siegen, Bremen oder Rendsburg, waren es sogar Pfarrer und Kirchengemeinden, die – häufig initiativ – bei der Gründung von Hospizgruppen mitwirkten.[192] Einige dieser frühen christlichen Hospizvertreter, wie der Aachener Pastor Paul Türks, bemühten sich um eine intensive Aufklärungsarbeit bei den Kirchenführern.[193] So erklärte sich etwa Prälat Paul Bocklet, der Ende der 70er Jahren als langjähriger Leiter des Katholischen Büros Bonn und zentrale Mittlerfigur zwischen Kirche und Politik in der Bundesrepublik den Bau von Sterbekliniken noch als „unmenschlich" abgelehnt hatte, gegenüber Türks im Sommer 1987 bereit, „die Angelegenheit noch einmal zu erörtern." Im Anschluss an einen Besuch im Aachener Hospiz zeigte er sich wenige Monate später „sehr beeindruckt" und äußerte die Hoffnung, dieses könnte zu einer Modelleinrichtung werden – hierzu empfahl er die persönlichen Besuche von Bundesministern und Staatssekretären.[194] Nach-

---

[188] Vgl. die Ausführungen von Saunders zu diesem Preis und ihrem eigenen Glauben in: Saunders, Brücke, S. 142–154.
[189] Die Rede findet sich in Saunders, Writings, S. 157–162, Zitat S. 159.
[190] Vgl. exemplarisch für die zeitgenössische Berichterstattung „Für die Behandlung Sterbender mit Templeton-Preis geehrt." *Frankfurter Allgemeine Zeitung*, 7. 3. 1981.
[191] Vgl. Denzler-Labisch, Erfahrungen, S. 89.
[192] Vgl. die entsprechenden Berichte in Diakonie 18 (1992), Nr. 4, S. 216–224; Diakonisches Werk der Evangelischen Kirche von Westfalen, Leben bis zuletzt, S. 11–22 sowie Godzik/Pfisterer/Pleitner, Gemeinde, S. 10 und S. 61–64.
[193] Vgl. den Schriftverkehr von Türks mit Joseph Kardinal Ratzinger, Fiorenzo Kardinal Angelini (dem damaligen Präsidenten des Päpstlichen Rates), dem Generalsekretariat des Malteser Hilfsdienstes und anderen hohen Kirchenvertretern in den Jahren 1989/90, abgedruckt in Seitz/Seitz, Hospizbewegung, S. 302–308.
[194] Vgl. Schreiben von Bocklet an das Bundesministerium für Jugend, Familie und Gesundheit vom 30. 6. 1978; Schreiben von Bocklet an Türks vom 9. 6. 1987 und Schreiben von Bocklet

dem Türks 1989 eine Audienz im Vatikan bei Joseph Kardinal Ratzinger, damals Präfekt der Kongregation für die Glaubenslehre, erhalten hatte, ließ dieser kurze Zeit später gegenüber der *Katholischen Nachrichten-Agentur* verlauten, dass er die Hospizidee für „eine sehr gute Sache" halte.[195]

Vor diesem Hintergrund setzte eine intensive, immer wohlwollendere Beschäftigung mit dem Hospiz in beiden Kirchen und anderen christlichen Institutionen ein. Die VELKD gab aufgrund des wachsenden Interesses an dem Thema 1983 gleich zwei Handreichungen zu Sterben und Sterbebegleitung heraus, in denen hospizliche Ideen wenigstens indirekt aufschienen.[196] Im folgenden Jahr gründete sich an der Evangelischen Fachhochschule Hannover eine Arbeitsgruppe mit dem Titel „Zu Hause sterben" um den dort als Professor für Psychiatrie und Sozialmedizin lehrenden Arzt Christoph Student.[197] Student hatte Anfang der 80er Jahre infolge des Todes einer seiner Töchter ein Seminar von Elisabeth Kübler-Ross besucht und sich zu einem der überzeugtesten Schüler der Sterbeforscherin in der Bundesrepublik entwickelt.[198] Die Arbeitsgruppe, die zugleich den ersten ambulanten Hospizdienst in der Bundesrepublik etablierte, strahlte rasch deutschlandweit aus, insbesondere auch bei der Verbreitung hospizlichen Wissens durch die bereits inhaltlich vorgestellte Broschüre „Zu Hause sterben" von 1986 und eine Informationsschrift zur Schmerztherapie mit Morphin, die beide eine hohe fünf- respektive sechsstellige Auflagenhöhe erreichten.[199] Nicht zuletzt machten die Veröffentlichungen von Student evangelische Geistliche auf die neuen Ansätze in der Sterbebegleitung aufmerksam, darunter Peter Godzik, Oberkirchenrat in der VELKD und Propst des Kirchenkreises Herzogtum Lauenburg.[200] Auf dessen Anregung hin veranstaltete die VELKD 1988 eine Generalsynode zum Thema „Sterbende begleiten" und setzte eine Arbeitsgruppe „Hospiz-Bewegung" ein, deren Arbeit im Mai 1990 in eine klar positive „Stellungnahme zur Hospiz-Bewegung"

---

an Türks vom 28. 3. 1988, in: Seitz/Seitz, Hospizbewegung, S. 293–299, Zitate S. 298 und S. 299.
[195] Zit. nach Seitz/Seitz, Hospizbewegung, S. 344.
[196] Märkel, Sterbende und Vereinigte Evangelisch-Lutherische Kirche Deutschlands, Sterben.
[197] Vgl. hier und im Folgenden Seitz/Seitz, Hospizbewegung, S. 161; Heller u. a., Geschichte, S. 133–135 sowie die Informationen unter http://www.christoph-student.de/ [15. 12. 2021].
[198] Vgl. hierzu das Vorwort in dem von Student gemeinsam mit seiner Frau verfassten Trauerratgeber für Eltern: Student/Student, Trauer (2007) bzw. zum Verhältnis Students zu Kübler-Ross Student, Hospiz (1989), S. 12, sowie seinen Brief vom 5. 11. 1990 an den Pfarrer für Sekten- und Weltanschauungsfragen der Ev. Kirche in Berlin-Brandenburg, in: ELAB 27/175.
[199] Student/Busche, Zu Hause; Student, Schmerz-Therapie. Vgl. Kap. 7.1 und exemplarisch für die Presseberichterstattung hierüber „Das Sterben zu Hause soll den Menschen erleichtert werden. Informationsschrift aus der Evangelischen Fachhochschule" *Hannoversche Allgemeine Zeitung*, 22. 5. 1986.
[200] Vgl. Godzik, Tod und Seitz/Seitz, Hospizbewegung, S. 161. Zu Godzik, der sich seit Mitte der 80er Jahre vertieft mit dem Thema Sterben beschäftigte, der Rolle von Student hierbei und seiner eigenen Vermittlungsarbeit in der VELKD vgl. auch Interview Godzik, v. a. S. 1 f.; Interview Domdey, v. a. S. 2–5 und S. 48 sowie exemplarisch für die von ihm betriebene hospizliche Wissensvermittlung innerhalb kirchlicher Kreise Godzik, Sterben; ders., Hospize bzw. ders., Würde.

mündete.[201] Um eine Umsetzung in der Praxis zu gewährleisten, entwickelte das zwischen 1989 und 1992 laufende Projekt „Sterbende begleiten – Seelsorge der Gemeinde" in Zusammenarbeit mit dem Gemeindekolleg der VELKD in Celle Einführungskurse, über die ehrenamtliche Helfer gewonnen und ausgebildet wurden – Ziel war die Etablierung von Hospizdiensten in den Gemeinden.[202]

Auf katholischer Seite verlief die Entwicklung ähnlich. Die noch eingehend geschilderte, besonders markante Entwicklung im Raum München stellt hier keinesfalls eine Ausnahme dar. In vielen Regionen bildeten sich im Laufe der 80er Jahre hospizliche Strukturen aus, die von einzelnen Kirchengemeinden oder Ordensgemeinschaften wie den Barmherzigen Brüdern in der bayerischen Landeshauptstadt oder dem Oratorium des heiligen Philipp Neri in Aachen aufgebaut wurden. In einigen Diözesen, wie etwa 1983 im Erzbistum Bamberg, übten Kirchenvertreter sogar Druck auf die Gesundheitspolitik aus.[203] Katholische Verlage begannen damit, unzählige Bücher zur Hospizidee zu publizieren. Darin wurde hospizliche Sterbebegleitung regelmäßig als eine spezifisch „christliche Mission" präsentiert, wie es in einem vom österreichischen Religionssoziologen Paul Zulehner verfassten Begleitwort zu einer Veröffentlichung von Heinrich Pera im Herder-Verlag hieß.[204] Als Reaktion auf diese sich immer weiter intensivierenden hospizlichen Tätigkeiten würdigte die katholische Kirche die Hospizbewegung im Februar 1991 in einer von der Deutschen Bischofskonferenz – die in der Wendezeit ein Referat „Hospiz" eingerichtet hatte – veröffentlichten Handreichung mit dem Titel „Schwerstkranken und Sterbenden beistehen".[205] Im darauffolgenden Jahr rückte die Idee sogar ins Zentrum einer Ansprache Papst Johannes Paul II. an die südwestdeutschen Bischöfe, in der er in der Sicherung der „Würde" sterbender Menschen eine neue große Herausforderung für die europäischen Christen sah und Hospize in diesem Zusammenhang als „Inseln der Humanität" bezeichnete.[206]

Die starke Frontstellung der deutschen Hospizbewegung zur Idee der aktiven Sterbehilfe machte sie dabei für die katholische Kirche noch attraktiver, wie etwa

---

[201] Stellungnahme der VELKD zur Hospiz-Bewegung vom Mai 1990, Diakonie-Archiv Berlin, Signatur: ADW, – DWDDR III 82. Vgl. zu der Generalsynode im Jahr 1988 die publizierten Materialien in Godzik/Jeziorowski, Begleitung sowie als Überblick über die Entwicklung der Hospizarbeit in der VELKD allgemein Rüther, Denn ich bin gewiß, S. 43–71; Seitz/Seitz, Hospizbewegung, S. 344 f.; Thielmann, Hospizarbeit sowie die Arbeitsberichte für die Generalsynode: Lutherisches Kirchenamt der VELKD, Hospiz-Bewegung (1990) bzw. Hospiz-Bewegung (1996).
[202] Vgl. das im Rahmen des Projekts erarbeitete Handbuch: Ebert/Godzik, Verlaß mich nicht.
[203] Vgl. den Schriftverkehr zwischen dem Diözesanrat der Katholiken im Erzbistum Bamberg und der Bayerischen Landesregierung im Sommer 1983, in: BHStA, MInn 105397.
[204] Pera, Sterbende, S. 9.
[205] Die deutschen Bischöfe, Schwerkranken. Zum Referat Hospiz in der Bischofskonferenz vgl. Interview Domdey, S. 48.
[206] Ansprache des Heiligen Vaters an die Bischöfe aus Südwestdeutschland, 19. 12. 1992, in: Verlautbarungen des Apostolischen Stuhls Nr. 108: Ansprachen von Papst Johannes Paul II. aus Anlaß der Ad-limina-Besuche der deutschen Bischöfe. Hg. vom Sekretariat der Deutschen Bischofskonferenz. Bonn 1992, S. 37–47, hier S. 39 f. Zu den frühen Berührungspunkten des Papstes mit der Hospizidee vgl. auch Kap. 4.2.

eine 1993 von der Pastoralkommission formulierte Arbeitshilfe mit dem unzweideutigen Titel „Die Hospizbewegung – Profil eines hilfreichen Weges in katholischem Verständnis" klar zum Ausdruck brachte.[207] So verknüpften die im Laufe der 90er Jahre zahlreicher werdenden offiziellen Kirchentexte zu Fragen des Lebensendes häufig den Aufruf zum Widerstand gegen die aktuelle „Kultur des Todes" – die Papst Johannes Paul II. angesichts der Bemühungen um eine Freigabe der Euthanasie im März 1995 in seiner Enzyklika Evangelium Vitae namentlich beklagte – mit einem Plädoyer für die vermeintlich christliche Form der Problemlösung durch die Hospizidee, die eine „Kultur des Lebens" verkörpere.[208] Auch die Caritas verkündete in den sozialpolitischen Positionen von 2003, dass sie im Angesicht der wachsenden Akzeptanz der aktiven Sterbehilfe, die eine direkte Folge der gesellschaftlichen Verdrängung des Sterbens trotz existenzieller Ängste der meisten Menschen vor dem Tod sei, die Hospizbewegung bei ihren Bemühungen unterstütze, „dass Menschen in Würde" sterben könnten.[209]

Tatsächlich hatte spätestens in der Zeit der Wiedervereinigung in den christlichen Wohlfahrtsorganisationen ebenfalls ein Umdenken eingesetzt: 1990 – zu einem Zeitpunkt, als bereits viele örtliche und regionale Caritasverbände hospizlich engagiert waren – begrüßte der Deutsche Caritasverband erstmals öffentlich die Hospizbewegung und begann auf Bundesebene mit der Unterstützung von Modellprojekten.[210] In einigen Bundesländern, wie etwa in Sachsen, lag Anfang der 90er Jahre sogar zeitweise die gesamte Finanzierung der Hospizarbeit in den Händen der Caritas.[211] Schon einige Jahre vor der Wende, im Frühjahr 1987, hatte die bereits erwähnte Evangelische Gesellschaft in Stuttgart – eine der größten diakonischen Einrichtungen Süddeutschlands – eine „Arbeitsgemeinschaft Hospiz" initiiert. Deren Satzung verkündete, dass der Hospizdienst gleichermaßen „eine diakonische und missionarische Zielsetzung" habe.[212] Nachdem sich auf Einladung der VELKD im November 1991 evangelische Hospizinitiativen aus dem ganzen Bundesgebiet in Celle getroffen hatten, veranstaltete das Diakonische Werk im Februar 1992 eine Klausurtagung zum Thema „Hospiz" in Tübingen. Die begleitende Dokumentation führte eine Vielzahl an Hospizgruppen und -projekten mit evangelischen Trägern auf; in einer Erklärung empfahlen die Tagungsteilnehmer „die An-

---

[207] Die Hospizbewegung – Profil eines hilfreichen Weges in katholischem Verständnis. Erklärung der Pastoralkommission der Deutschen Bischofskonferenz, 23. 9. 1993, in: Die deutschen Bischöfe 47 (März 1996), S. 43–57. Zum Verhältnis von Hospizbewegung und Sterbehilfeidee in Deutschland vgl. Golek, Standort, S. 9 f. und S. 57 f.

[208] Die Enzyklika Evangelium Vitae findet sich unter http://w2.vatican.va/content/john-paul-ii/de/encyclicals/documents/hf_jp-ii_enc_25031995_evangelium-vitae.html [15. 12. 2021]. Vgl. auch die theologische Untersuchung kirchlicher Texte, Stellungnahmen und Positionspapiere zum Lebensende aus jenen Jahren bei Littger, Hospiz- und Palliativkultur, S. 266–281.

[209] Sozialpolitische Positionen (Juli 2003), im Historischen Archiv der Caritas München, Akte II/ZTR-DIR/3 51.

[210] Seitz/Seitz, Hospizbewegung, S. 345.

[211] Vgl. Kap. 10.2.

[212] Beutel, Erfahrungen, S. 83.

erkennung und Aufnahme der Hospizarbeit als kirchlicher Arbeit" sowie konkrete Finanzhilfen der Kirchen und Gemeinden für Hospizinitiativen.[213] Darüber hinaus bot die Dokumentation praktische Hilfestellungen, etwa in Form von Kostenkalkulationen für Hospize oder Ausbildungsprogrammen für Hospizmitarbeiter. Als Zielvorstellung wurde ein Konzept namens „Gemeinde als Hospiz" präsentiert, das „an alte christliche Traditionen anzuknüpfen" und so die gegenwärtig defizitäre Lage der christlichen Sterbebegleitung auszugleichen versuche.[214] Ausgemacht wurden zwei Schwerpunkte der christlich-hospizlichen Sterbeseelsorge: die Bewältigung religiöser Fragen zu Tod und Vergänglichkeit sowie das Ankämpfen gegen die innere Tabuisierung des Sterbens in den Familien und im modernen Krankenhausbetrieb, aber auch gegen individuelle Schuld und Angst. Der Direktor des gastgebenden christlichen „Deutschen Instituts für Ärztliche Mission" (Diäm), Rainward Bastian, äußerte in einem Grußwort die Hoffnung, dass derartige Impulse letztlich dazu beitragen könnten, „die Medizin wieder menschlicher" zu machen.[215] Zugleich richtete das Diakonische Werk infolge dieser Klausurtagung die erste Koordinationsstelle für Hospizarbeit ein, um diese bundesweit besser in die bestehenden Einrichtungen zu integrieren.[216]

Neben der Diakonie und der Caritas nahmen bundesweit vor allem die Malteser früh eine führende Rolle im Bereich der Hospizarbeit ein.[217] Bereits ab Mitte der 80er Jahre bestand eine enge Anbindung der Hilfsorganisation an die IGSL in Bingen um den Hospizpionier – und Malteserritter – Paul Becker im Bereich der Fort- und Weiterbildung.[218] Dies mündete in die hospizliche Qualifizierung von Pflegekräften und Ärzten sowie den Aufbau ehrenamtlicher Strukturen. Ab 1989 existierte eine Ordensbeauftragte für die Hospizarbeit, Elisabeth Freifrau Spies von Büllesheim, die spätere Vizepräsidentin und Generaloberin des Malteser Hilfsdienstes, die unmittelbar mit dem Aufbau eines stationären Hospizes in Flensburg begann.[219] Im folgenden Jahr richteten die Malteser Werke, als Unterorganisation des Ordens, eine Fachstelle ein, die 1996 in den Malteser Hilfsdienst nach Köln verlagert wurde. Dieses bundesweit tätige Referat, in dem von Anfang an drei Vollzeitkräfte beschäftigt waren, etablierte 1992 ein eigenes Bildungsprogramm und entwarf ein Grundlagenpapier zur Hospizarbeit. Nach der Wiedervereinigung be-

---

[213] Die „Tübinger Erklärung" vom 20. 2. 1992 findet sich in Godzik/Pfisterer/Pleitner, Gemeinde, S. 12 f. Vgl. hierzu auch Seitz/Seitz, Hospizbewegung, S. 345.
[214] Dopffel, Gemeinde, S. 78.
[215] Godzik/Pfisterer/Pleitner, Gemeinde, S. 15.
[216] Vgl. Interview Kottnik, S. 1–3.
[217] Das evangelische Pendant der Malteser, der Johanniterorden mit der Johanniter-Unfall-Hilfe, begann dagegen erst Ende der 90er Jahre mit der Hospizarbeit. Vgl. Seitz/Seitz, Hospizbewegung, S. 193–195 und S. 347.
[218] Vgl. hier und im Folgenden zur Entwicklung und den Grundsätzen der Hospizarbeit bei den Maltesern Interview Blümke; Seitz/Seitz, Hospizbewegung, S. 189–193, S. 309, S. 315 und S. 347 f.; Schell, Sterbebegleitung, S. 251 f. und Blümke u. a., Sterben, v. a. S. 52 f.
[219] Zu Biografie und Wirken von Spiel von Büllersheim sowie dem 1992 eröffneten und bis heute existierenden Katharinen Hospiz am Park in Flensburg vgl. Interview Spies von Büllersheim, v. a. S. 4–7 und S. 10–15.

gannen die Malteser darüber hinaus mit der Beratung und Unterstützung lokaler Initiativen, etwa über die Finanzierung von Projektstellen oder Gemeindeschwestern wie (ab 1992) in Freiburg oder Erfurt. Am Ende des 20. Jahrhunderts unterhielt der Hilfsdienst alleine 45 ambulante Hospizdienste in eigener Trägerschaft. Zu den inhaltlichen Schwerpunkten des Hospizkonzepts der Malteser zählten ein klarer Fokus auf ambulante und ehrenamtliche Sterbebegleitung sowie die Betonung der Unverfügbarkeit menschlichen Lebens, der christlichen Wurzeln der Idee und – weitergehend – einer solidarischen Gesellschaft.

Was die Hintergründe des starken Engagements der Malteser im Hospizbereich angeht, so verwiesen die Akteure selbst immer wieder darauf, dass Hospizarbeit mit Blick auf die eigenen historischen Wurzeln, den Fokus auf Pflege und den Grundgedanken der Hospitalität „unserem Ordensauftrag wie kaum ein anderer Dienst" entspreche.[220] Entscheidender in der konkreten Situation war aber die ab Ende der 80er Jahre erfolgende Erweiterung des Malteser Hilfsdienstes zu einer sozialen Organisation, die Resultat des Aufstiegs des Ordens zu einem der führenden Wohlfahrtsverbände und zentralen Akteur im Bereich der Krankenfürsorge im Laufe der drei Dekaden zuvor war.[221] Neben der Betreuung von Spätaussiedlern war die Hospizarbeit eines der großen Experimentierfelder, um eine breitere soziale Konturierung, zumal im Ehrenamtsbereich, zu erreichen. Der Hospizgedanke avancierte rasch zum Fundament der Arbeit der Malteser und wirkte dabei nach innen „kulturbildend". Im Unterschied zu Caritas und Diakonie verstanden die Malteser die Hospizbewegung explizit als eine Bürgerbewegung, deren Zielsetzung weit über den reinen Versorgungsgedanken hinausreichte. Dieser breitere Ansatz führte immer wieder zu Konflikten gerade mit der Caritas, die den Maltesern vorwarfen, die Hospizidee zu instrumentalisieren, um sich als Verband (neu) zu etablieren. Anders als die beiden anderen Wohlfahrtsorganisationen waren die Malteser von Anfang an Mitglied des 1992 gegründeten zivilgesellschaftlichen Dachverbandes, der BAG Hospiz, und sogar in dessen Vorstand vertreten. 1995 schuf der Malteserorden – unter Mitwirkung von Heinrich Pera – die Deutsche Hospiz Stiftung (DHS), deren Zielsetzung eine umfassende Öffentlichkeitsarbeit, politische Lobbytätigkeit und die betriebswirtschaftliche Beratung von Hospizvereinen umfasste. Die DHS, die im Anschluss an die Gründungseinlage unabhängig von den Maltesern und der Fachstelle Hospiz agierte und sich sukzessive zu einer allgemeinen Patientenschutzorganisation entwickelte, etablierte sich rasch als ein medial omnipräsenter, wenngleich stark umstrittener Akteur im Hospizbereich.[222]

Ungeachtet immer wiederkehrender Auseinandersetzungen zwischen einzelnen kirchlichen Trägern und Institutionen waren viele der hospizlichen Aktivitäten

---

[220] Heereman/von Thurn und Taxis, Vorwort, S. 1. Vgl. auch der historische Abriss in dem Heft zur Arbeit des von Maltesern geführten Hospizes in Jerusalem im 11. Jahrhundert, ebd., S. 16.
[221] Vgl. hierzu Staehle, Geschichte, S. 227.
[222] Zur Geschichte der DHS und ihrer zentralen wie konfliktreichen Rolle in der deutschen Hospizbewegung nach 1995 vgl. Kap. 10.2, Heller u. a., Geschichte, S. 217–220 und Interview Brysch, v. a. S. 9–17.

dezidiert ökumenisch. Waren sich katholische und evangelische Kirche Ende der 70er Jahre noch bezüglich ihrer massiven Kritik an der Hospizidee einig, so begrüßten sie diese nun gleichermaßen.[223] Der Würzburger Bischof Paul Werner Scheele sah etwa in einem Grußwort zur VELKD-Synode „Sterbende begleiten" im Jahr 1988 angesichts der Notlage vieler Menschen am Lebensende eine Verpflichtung für alle Christen, „gemeinsam auch im öffentlichen Leben unsere Stimme zu erheben."[224] Im darauffolgenden Jahr veröffentlichten der Rat der EKD und die Deutsche Bischofskonferenz zusammen eine umfangreiche Erklärung unter dem Titel „Gott ist ein Freund des Lebens", in der dem Thema „würdevolles Sterben" große Aufmerksamkeit geschenkt und die Hospizbewegung explizit für ihre „wichtige[n] Impulse und Anregungen" in diesem Feld gelobt wurde.[225] In der Zeit der Wiedervereinigung gründete sich der ökumenische Loccumer Hospizkreis, dessen treibende Kräfte Peter Godzik von der VELKD und der katholische Theologe Ulrich Domdey waren.[226] Im Anschluss an den von Caritas und Diakonie organisierten ersten Ökumenischen Hospizkongress in Braunschweig im Jahr 1994 stellten die beiden Kirchen 1996 auch ihre gemeinsame Woche für das Leben unter das Motto „Leben bis zuletzt – Sterben als Teil des Lebens".[227]

Insgesamt lässt sich feststellen, dass bei der Neukonzeption einer christlichen Sterbebegleitung ab den späten 80er Jahren eine klare Anlehnung an die Ideen und zunehmend auch an die Organisationsstrukturen der internationalen Hospizbewegung erfolgte. Dies betraf gerade die Wohlfahrtsverbände, die ein Jahrzehnt zuvor den Bau von „Sterbekliniken" noch entschieden abgelehnt und dabei auf die Vorzüge der bestehenden, eigenen Einrichtungen und Versorgungsstrukturen verwiesen hatten.[228] Anfang der 90er Jahre existierten im Diakonischen Werk bereits fünf regionale Arbeitsgemeinschaften Hospiz, dazu unterhielt es ebenso wie der Caritasverband eine AG Hospiz auf Bundesebene.[229] Katholische Kirche, VELKD und christliche Hilfsorganisationen vereinnahmten in jenen Jahren zunehmend das – in seinen Ursprüngen dezidiert weltanschaulich neutral angelegte[230] – Konzept. Wiederholt verwiesen sie in Stellungnahmen darauf, schon immer

---

[223] In Einzelfällen kam es freilich vor Ort immer wieder zu Spannungen zwischen katholischen und evangelischen Trägern, was im weiteren Verlauf am Fallbeispiel München (Kap. 9.1) illustriert wird.
[224] Bischof Paul Werner Scheele, Würzburg (19. 10. 1088): Grußwort zur 7. Generalsynode der VELKD in Veitshöchheim, in: Seitz/Seitz, Hospizbewegung, S. 300 f., Zitat S. 300.
[225] Gott ist ein Freund des Lebens, vgl. etwa S. 12–15, S. 47 und S. 105–110, Zitat S. 109.
[226] Vgl. Interview Domdey, S. 3 f. und Heller u. a., Geschichte, S. 200 f.
[227] Vgl. Seitz/Seitz, Hospizbewegung, S. 345 f.; Godzik, Hospizlich engagiert, S. 18 und die Übersicht über die Themen der Woche für das Leben unter https://www.woche-fuer-das-leben.de/wp-content/uploads/2017/12/Die_Themen_von_1991_bis_2018.pdf [15. 12. 2021].
[228] Vgl. hierzu Karin von Kries: Standpunkt des Diakonischen Werkes der EKD zum Thema „Sterbekliniken", 9. 5. 1978, in: Seitz/Seitz, Hospizbewegung, S. 278 f.
[229] Vgl. Buckingham, Hospiz, S. 214 f. Zur Entwicklung der Hospizarbeit in der Diakonie vgl. auch die resümierende Bilanz des Fachbeirats Hospiz aus dem Jahr 1997: Hospizarbeit in den Einrichtungen des Diakonischen Werkes der EKD.
[230] Vgl. Heller u. a., Geschichte, S. 326.

hospizlich aktiv gewesen zu sein: Exemplarisch rezitierte etwa Papst Johannes Paul II. 1998 in einer Rede anlässlich eines Besuches im Hospiz Rennweg in Wien das Gleichnis des barmherzigen Samariters und betonte, dass in dessen Herberge die Wurzel des Hospizgedankens liege.[231]

Worin lagen die Ursachen dieser abrupten Kehrtwende und rasanten Übernahme der Idee? Begünstigt wurde sie zum einen fraglos durch die eindeutig religiöse Prägung vieler internationaler, aber speziell auch westdeutscher Hospizinitiativen in den 80er Jahren. Deren oft stark konfliktreiches Verhältnis zu den Amtskirchen darf nicht darüber hinwegtäuschen, wo ihre eigentliche Motivation lag – so verweigerte etwa die Darlehenskasse des Bistums Münster dem von einem katholischen Pfarrer und einer Franziskanerin geführten Recklinghauser Hospizverein einen Kredit mit der Begründung, ihr Konzept sei „unchristlich", und intervenierte sogar erfolgreich bei der Landesregierung gegen eine finanzielle Unterstützung.[232] Dessen ungeachtet sahen sich die Hospizanhänger in Recklinghausen, wie eine Broschüre aus dem Jahr 1989 klarstellte, direkt „im Geist des hl. Franziskus [...], der in seinem Sonnengesang den Tod seinen ‚Bruder' nennt."[233] Auch viele der frühen überregionalen Hospizvereine, darunter die IGSL, waren stark christlich beeinflusst. Diese sollten bei der noch näher zu untersuchenden sozial- und gesundheitspolitischen Verankerung der Hospizidee in den Jahren nach der Wende eine wichtige Rolle spielen – ebenso wie Caritas und Diakonie, die dann offen eine Führungsfunktion in der Hospizbewegung für sich reklamierten, was sie immer wieder in Frontstellung zu anderen Akteuren bringen sollte. Tatsächlich befanden sich um die Jahrtausendwende knapp 30% aller stationären Hospize in der Trägerschaft der Diakonie und sogar knapp zwei Drittel in der Trägerschaft katholischer Verbände, insbesondere der Caritas.[234] Auch bei vielen privaten Hospizinitiativen, die sich aus Kostengründen meist auf ambulante Sterbebegleitung spezialisierten, war eine nicht unbedingt kirchliche, aber doch religiöse Verankerung festzustellen. Dies galt ganz konkret vor allem mit Blick auf die Motivationen ehrenamtlicher Hospizhelfer, die sich oftmals dezidiert einer christlichen Ethik verpflichtet fühlten.[235] Hospiz und christliche Sterbebegleitung waren so in den letzten beiden Jahrzehnten des 20. Jahrhunderts weitgehend zu Synonymen geworden.

Zum anderen erschien, wie bereits ausführlich beschrieben, die Vereinsamung von Sterbenden christlichen Akteuren zunehmend als zentrale gesellschaftliche

---

[231] Ansprache des Papstes beim Besuch im Hospiz Rennweg der Caritas Socialis in Wien, 21. 6. 1998, in: Seitz/Seitz, Hospizbewegung, S. 317–322, Zitat S. 321.
[232] Vgl. Interview Overkämping, S. 7 f.
[233] Homann, Hospiz, S. 14.
[234] Gerstenkorn, Hospizarbeit, S. 26 f.
[235] Vgl. etwa die Ergebnisse einer entsprechenden Untersuchung von Freiburger Ehrenamtlichen: Stange, Befragung und Spengler, Motivation. Auch zwölf der 14 hauptamtlichen Mitarbeiter im Hospiz in Recklinghausen schätzten Anfang der 90er Jahre die Bedeutung von Glaube und Religion in diesem Zusammenhang als sehr wichtig bzw. wichtig ein, lediglich zwei erachteten sie für weniger, kein einziger für unwichtig; vgl. Kirschner, Hospizbewegung, S. 119.

8.2 Das Hospiz als Neue Soziale Bewegung im Westdeutschland der 80er Jahre   427

Problemstellung und Herausforderung für die Gemeinden, Wohlfahrtsorganisationen, aber auch die Kirche an sich.[236] Die Hospizidee stellte eine mögliche Antwort darauf dar, verkörperte sie doch in ihrem Grundansatz in vielerlei Weise die immer intensiver eingeforderte „neue Ars-moriendi".[237] Die Akzeptanz der eigenen Sterblichkeit und eine neue solidarische Offenheit im Umgang mit Sterbenden, deren ganzheitliche medizinisch-spirituelle Versorgung, ein grundsätzlich pragmatisch-optimistischer Zugang zum Tod und die rigide Ablehnung aktiver Sterbehilfe versprachen Mittel zu sein, um den modernen Menschen nicht nur mit seinem Leben und Sterben auszusöhnen, sondern auch mit seinem Glauben. In genau diesem Sinne lobte der renommierte Moraltheologe Bernhard Häring das von ihm durchgehend falsch geschriebene Konzept in einem Brief an die Münchner Barmherzigen Brüder im Sommer 1991 in den wärmsten Worten: „In den Hospizten sind schon viele Menschen versöhnt mit Gott und mit sich selbst heimgegangen."[238] Kurz zuvor hatte bereits einer der Initiatoren der Kölner Palliativstation, der katholische Theologe Helmut Zielinski, als Ergebnis einer hausinternen Untersuchung festgestellt, dass ausnahmslos alle Patienten kurz vor ihrem Tod einen Seelsorger rufen ließen, was er auf deren konstante Präsenz auf der Station zurückführte.[239] Die Hospizidee bot demnach neue Möglichkeiten zur Wiederevangelisierung einer vermeintlich immer säkularer werdenden Gesellschaft, könnten doch mittels einer hospizlichen Versorgung von Sterbenden – wie es 1989 in der Kirchenzeitung der Diözese Würzburg hieß – sogar Menschen erreicht werden, die „ihr Leben lang nichts mit der Kirche zu tun gehabt hätten".[240]

Motive, Selbstverständnis und Praxis der frühen Hospizarbeit

Um die Erfolge der Hospizbewegung in den 80er Jahren erklären zu können, ist ein Blick auf die Motivation ihrer Vertreter und die konkreten hospizlichen Praktiken unerlässlich. Was die Triebkräfte der im Hospizbereich engagierten Personen angeht, so lassen sich diesbezüglich – neben den bereits angesprochenen religiösen Motiven – noch einige weitere übergreifende Befunde festhalten.[241] Neben einer

---

[236] Vgl. Littger, Hospiz- und Palliativkultur, S. 203 sowie ausführlich Kap. 3.2.
[237] Vgl. Brathuhn, Tod, S. 153.
[238] Brief von Bernhard Häring an den Provinzial der Barmherzigen Brüder, Bernhard Binder, vom 12. 7. 1991, in: Reiter Protokolle Fachbeirat im Ordner Johannes-Hospiz 1991–1992, Provinzarchiv der Barmherzigen Brüder in München.
[239] Zielinski, Religion, S. 124 f.
[240] „Der Bedarf an Sterbe-Hospizen steigt beträchtlich." *Würzburger katholisches Sonntagsblatt*, 2. 4. 1989. Dieser religiöse „Mehrwert" wurde auch seitens der Hospizbewegung immer wieder betont; vgl. exemplarisch das Konzept des Modellprojekts Hospiz-Hausbetreuung am St. Elisabeth Krankenhaus e. V. Halle (Saale) vom September 1992, in: BA Koblenz, B 149/ 149813, Blatt 530–554, hier v. a. Blatt 541.
[241] Für eine ausführliche, jedoch auf retrospektive Interviews als Quellenbasis beschränkte Diskussion der persönlichen Beweggründe der Führungsfiguren der frühen Hospizbewegung in der Bundesrepublik vgl. Heller u. a., Geschichte, S. 96–112.

allgemeinen Faszination für Tod und Sterben war insbesondere eine persönliche Betroffenheit wichtig. Viele Hospizpioniere waren durch eigene schwere Erkrankungen (Beutel, Rest), das Sterben von nahen Angehörigen (Student, Tausch) und/oder Freunden (Drescher, Everding, Weihrauch) auf die Hospizidee aufmerksam geworden.[242] Biografische Verlusterfahrungen spielten darüber hinaus auch bei etlichen der frühen ehrenamtlichen Helfer eine zentrale Rolle.[243]

Bedeutsam waren ferner geschlechter- und generationengeschichtliche Aspekte. Die Tatsache, dass viele ihre frühen Protagonisten Männer waren, darf nicht über die stark weibliche Prägung der westdeutschen Hospizbewegung hinwegtäuschen. Nicht nur bei den Hauptamtlichen, sondern auch bei den Ehrenamtlichen befanden sich Frauen in aller Regel in einer deutlichen Mehrzahl. Unter den 16 Freiwilligen der Stuttgarter Hospiziniative war 1989 etwa nur ein Mann, auch das Bild des ersten hospizlichen Schulungskurses im Jahr 1988 zeigt ausnahmslos Frauen.[244] Dies änderte sich im Laufe der Zeit nicht, im Gegenteil: In Nürnberg etwa waren Ende der 90er Jahre 80% der knapp 450 Mitglieder des örtlichen Hospizvereins Frauen, bundesweit stellten Männer laut der ersten Hospizstatistik im Jahr 2000 unter den 16 000 registrierten ambulanten Hospizmitarbeitern eine verschwindend geringe Minderheit dar.[245]

Die Ursache dafür war vor allem, dass der Pflegebereich in der Bundesrepublik ein traditionell weibliches Arbeitsumfeld darstellt: Lag der Frauenanteil in den 50er Jahren bei über 90%, so waren Anfang der 70er Jahre – als die Zahl an Pflegepersonal in Kliniken die Marke von 200 000 bereits überschritten hatte – nur knapp 14 000 westdeutsche Männer in Pflegeberufen tätig. Dieses Missverhältnis relativierte sich durch die wachsende Zahl an in Krankenhäusern und anderen medizinischen Einrichtungen tätigen Zivildienstleistenden nur marginal: Noch im wiedervereinten Deutschland der 90er Jahre war nur etwa jede achte Pflegekraft ein Mann.[246] Das Gros des Hospizpersonals – sowohl beruflich wie ehrenamtlich Beschäftigte – wiederum stammte gerade in der Frühphase aus diesem Bereich. Die Anfang der 90er Jahre in Recklinghausen angestellten Mitarbeiter waren etwa

---

[242] Vgl. zu den einzelnen Fällen, sofern noch nicht anderweitig nachgewiesen: Interview Rest, S. 1 f.; Interview Tausch, S. 7 bzw. 11; Ingo Rous: „Antje Dreschers Leben mit dem Tod." Westfalenpost, 24. 2. 2012, URL: https://www.wp.de/daten-archiv/antje-dreschers-leben-mit-dem-tod-id6397931.html [15. 12. 2021].

[243] Vgl. exemplarisch die Aussage einer Hospizhelferin in Halle im Dokumentarfilm von 1993: Wingert, Leben bis zuletzt, Minute 05:50–10:16 sowie die Schilderung der Motivation der Ehrenamtlichen im Konzept des Modellprojekts Hospiz-Hausbetreuung am St. Elisabeth Krankenhaus e. V. vom September 1992, in: BA Koblenz, B 149/149813, Blatt 530–554.

[244] Vgl. Jahresbericht 1989 der Arbeitsgemeinschaft HOSPIZ Stuttgart, in: BA Koblenz, B 353/4422 sowie Reimann/Napiwotzky, Hospiz S. 6.

[245] Vgl. Kathrin Imke: Bis zum letzten Atemzug. Hospizarbeit in Bayern. Ein würdevoller Umgang. BR 1998, S. 2 des Skripts (für die freundliche Überlassung danke ich Kathrin Imke) sowie die erste Hospizstatistik in: Schell, Sterbebegleitung, S. 282 f.

[246] Vgl. zu den genannten Zahlen, dem Gender Gap im westdeutschen Pflegewesen im letzten Drittel des 20. Jahrhunderts und den Ursachen dafür: Schwamm, Masculinity und Hähner-Rombach, Entwicklung.

vor ihrer Tätigkeit im Hospiz im Schnitt nur elf Tage speziell hospizlich ausgebildet geworden, aber bereits seit über 19 Jahren in der Krankenpflege aktiv.[247] In München konnte der örtliche Hospizverein die ersten Freiwilligen Mitte der 80er Jahre fast ausnahmslos über einen Krankenschwesternkongress rekrutieren, was eine Protagonistin darauf zurückführte, dass im Bereich der Pflege das größte Unbehagen über die Missstände in der Sterbebetreuung existierte.[248] Stellvertretend für viele entsprechende Erfahrungen erinnerte sich etwa die spätere Vorsitzende der BAG Hospiz Gerda Graf, eine gelernte Krankenschwester, wie sie in der Ausbildung in den 70er Jahren dadurch abgeschreckt und ethisch verunsichert wurde, dass Sterbende in Badezimmer geschoben worden seien oder Pflegekräfte die Zimmer von Schwerstkranken konsequent gemieden hätten.[249] Ebenso wie die Pflege allgemein wurde auch das Hospizwesen dabei mit entsprechenden kulturellen Rollenmustern assoziiert. Denn in der Eigenlogik der Hospizidee war die Begleitung Sterbender, zumal dort, wo sie nicht primär durch professionelle Experten erfolgte, dem häuslichen Bereich und damit der weiblichen Einflusssphäre zugeordnet.

Mit Blick auf die Altersstruktur ist festzustellen, dass sich die Hospizaktivisten der 80er Jahre überwiegend in ihren mittleren Lebensjahren befanden. Die meisten Führungsfiguren der ersten Generation der deutschen Hospizbewegung waren in der Zeit zwischen Anfang der 40er und Anfang der 50er Jahre geboren (vgl. Tab. 2) – die wenigen Ausnahmen wie Reinhold Iblacker (geb. 1930), Paul Türks (geb. 1920) oder Paul Becker (geb. 1925) waren in ihrem Handeln religiös motiviert. Dagegen hatten insbesondere die primär aus einem zivilgesellschaftlichen oder medizinischen Bereich heraus Engagierten in aller Regel den Krieg und den gewaltsamen Massentod nicht bewusst erlebt. Dies machte sie – ganz ähnlich wie dies für die neue Generation palliativ interessierter Ärzte galt – offenbar empfänglicher für die Notlage von Sterbenden und insbesondere für die Bemühungen, das Sterben als eine eigene Lebensphase zu begreifen. In vielen Fällen kam noch hinzu, dass ihre schulisch-akademische Sozialisation mit dem sozialen und kulturellen Protest der 68er Jahre zusammenfiel.[250] Hieraus resultierten nicht zuletzt auch die häufigen Referenzen der Hospizidee auf andere Protestbewegungen sowie deren übergreifender Wunsch, Deutschland politisch wie gesellschaftlich verändern zu wollen. Gerade vor diesem Hintergrund ist die sozialkritische Motivation vieler Hospizanhänger erklärbar, für die das Hospiz ein Mittel im Kampf gegen Mängel in der modernen Gesellschaft und speziell der Schulmedizin war.[251]

---

[247] Kirschner, Hospizbewegung, S. 118.
[248] Interview Everding (2007), S. 4.
[249] Vgl. Interview Graf, v. a. S. 2 f.
[250] Vgl. für Franco Rest: Björn Meyer: „Franco Rest. Vater der Hospizbewegung." *Westfälische Nachrichten*, 29. 8. 2019, URL: https://www.wn.de/Muenster/3933897-Franco-Rest-Vater-der-Hospizbewegung [15. 12. 2021].
[251] Vgl. hierzu auch die Ergebnisse einer zeitgenössischen empirischen Befragung von Hospizhelfern in Freiburg: Spengler, Motivation, v. a. S. 90–93.

Tab. 2: Geburtsjahre ausgewählter westdeutscher Hospizpioniere

Name	Geburtsjahr
Helmuth Beutel	1940
Christine Denzler-Labisch	1949
Antje Drescher	1944
Ulrich Domdey	1950
Gustava Everding	1940
Peter Godzik	1946
Gerda Graf	1952
Roswitha Kottnik	1947
Monika Müller	1947
Petra-Renate Muschaweck(-Kürten)	1949
Hans Overkämping	1940
Franco Rest	1942
Thomas Schlunk	1950
Elisabeth Freifrau Spies von Büllesheim	1944
Christoph Student	1942
Birgit Weihrauch	1943

Die vielleicht wichtigste Triebkraft für Aktivisten ergab sich schließlich aus der hospizlichen Praxis selbst. Das solidarische Verhalten gegenüber Sterbenden, das oftmals schlicht auf ein hohes Maß an zwischenmenschlicher Empathie bei den Hospizhelfern und auf altruistische Beweggründe zurückgeführt wird,[252] entpuppt sich bei genauerem Blick als durchaus nicht nur selbstlos. Sterbebegleitung und die persönliche Beschäftigung mit dem Tod waren für viele von ihnen vielmehr eine Art Selbsterfahrung, durch die sich ihr Interesse am Hospiz immer weiter verstärkte. Denn die Betreuung eines Sterbenden hinterlasse – wie die Kölner Palliativmedizinerin und Hospizpionierin Ingeborg Jonen-Thielemann dem *Spiegel* mitteilte – „ein zufriedenes Gefühl."[253] Auf die Frage der Moderatorin Carmen Thomas, woher das Personal die Kraft für seine schwierige Aufgabe nehme, erwiderte der Aachener Hospizleiter Paul Türks in der „Hallo Ü-Wagen"-Sendung zur Hospizidee, dass sich diese überhaupt nicht stelle, da man davon persönlich nur profitiere: „Das klingt ganz eigenartig, aber fragen sie unsere Mitarbeiterinnen und Mitarbeiter, die ja schon alle jahrelang bei uns sind, die werden ihnen das bestätigen, [...] dass wir von diesen Menschen lernen, dass wir auch wirklich viel Zuwendung selber nicht nur geben, sondern auch bekommen."[254] Fast wortgleich berichtete Ende der 80er Jahre der bereits zwei Dekaden zuvor mit der Idee in

---

[252] Vgl. ebd.
[253] Zit. nach „Erfülltes Leben bis zuletzt.'" *Der Spiegel*, 16. 11. 1992, S. 248–260, hier S. 260.
[254] Hallo Ü-Wagen: Häuser zum Sterben – Hospize. WDR, 18. 11. 1993, Min: 34:00–34:23.

8.2 Das Hospiz als Neue Soziale Bewegung im Westdeutschland der 80er Jahre 431

Berührung gekommene Tübinger Arzt Aart van Soest, dass hospizliche Sterbebegleitung „uns die beglückende Erfahrung machen läßt, daß wir nicht nur Gebende, sondern auch Empfangende sind."[255]

Hospizarbeit hatte mithin ein klar identitätsstiftendes Moment. Dies erklärt nicht nur die hohe Zufriedenheit von hauptberuflichen Hospizmitarbeitern, die ihre Arbeitssituation – wie in Recklinghausen Anfang der 90er Jahre – zum Großteil als sehr befriedigend einschätzten,[256] sondern auch die feste Verwurzelung der meisten Ehrenamtlichen in ihren jeweiligen Hospizvereinen.[257] So erläuterte eine Hospizhelferin, die ihren eigenen Antrieb zunächst damit begründete, sie habe „irgendwie kranken Menschen helfen" wollen, dass sie durch die Arbeit mit Sterbenden und die gemeinsame Reflexion in der Hospizgruppe „immer wieder beschenkt" werde: „Diese Begegnung ist für mich wie eine Quelle."[258] Tatsächlich nannten frühe Ehrenamtliche als Argument für ihre Tätigkeit immer wieder, sie würden beim Umgang mit Sterbenden lernen, was ihnen selbst wichtig sei, und eine Vorbereitung auf das eigene Sterben erfahren, die sie wiederum als Bereicherung für das eigene Leben empfänden.[259] Die hier zu erkennende Bedeutung einer Arbeit am Selbst als Motivationsgrundlage ironisierte 1988 ein Konzeptpapier für ein geplantes stationäres Hospiz in München, das angesichts eines breiten Spektrums an zu erlernenden Fähigkeiten und Eigenschaften die Hospizhelfer mit den Worten beschrieb: „kurz: es handelt sich um rundherum perfekte Menschen!"[260] Eine Stuttgarter Ehrenamtliche, die ebenfalls betonte, der Patient habe ihr „viel mehr gegeben als ich ihm", berichtete sogar von einer „geheimnisvollen Kraft", die bei der Sterbebetreuung in ihr erwachse: „Ich hätte nicht gedacht, welche Kräfte und Möglichkeiten in mir noch geschlummert haben. In meinem Beruf konnte ich das gar nicht entfalten."[261] Zugleich verweist diese Aussage auf als solche empfundene Sinnstiftungslücken in der modernen Gesellschaft: Hospizliche Sterbebegleitung erscheint hier als eine Art Hobby zur persönlichen Optimierung für unausgelastete Arbeitnehmer. Ihre sinnstiftende Funktion richtete sich in diesen Fällen offenkundig weniger auf den todkranken Patienten als vielmehr auf die ihn betreuende Person.

Die im Hospizbereich weit verbreitete Vorstellung, dass Sterbende – wie Paul Becker es in einer Rede formulierte – „unsere Lehrer" seien und Sterbebegleitung der Selbsterziehung dienen könne, zeigt eine klare Anlehnung an die Ideen von

---

[255] Van Soest, Aufgabe, S. 17.
[256] Kirschner, Hospizbewegung, S. 119.
[257] Vgl. etwa die Aussagen eines ehrenamtlichen Helfers in: Beck, OMEGA.
[258] Ausführungen einer Helferin des Tages-Hospizes in Halle im Mai 1994, in: RBSG-A 1106-443.
[259] Vgl. etwa Interview Becker (2006), S. 14 f.
[260] Konzeptpapier des Johannes-Hospizes, in: Stadtarchiv München, Beschluss des Gesundheitsausschusses vom 12. 4. 1988, Protokolle des Gesundheits- und Krankenhausausschusses 1988, Vorlagen-Nr. 84–90 / 1013082, Anlage.
[261] Zitiert nach Lesny, Hospizarbeit, S. 110 f.

Elisabeth Kübler-Ross.²⁶² Tatsächlich hatten viele der frühen deutschen Hospizler wie Christoph Student, Petra Muschaweck, Gerda Graf oder Daniela Tausch Seminare und Vorträge besucht, die die Psychiaterin in den 80er Jahren in Westdeutschland oder der Schweiz hielt, Paul Becker selbst Workshops mit ihr in Limburg organisiert.²⁶³ Diese Veranstaltungen führten Kübler-Ross sogar in ländliche Regionen, etwa nach Beutelsbach im Rems-Murr-Kreis, wo der junge Ulmer Arzt Thomas Schlunk, der später ans Tübinger Paul-Lechler Krankenhaus wechselte und dort 1991 Leiter des palliativen Projektes „Häusliche Betreuung Schwerkranker" werden sollte, auf diese Weise 1984 erstmals mit dem Thema Hospiz in Berührung kam. Schlunk hatte zufällig im *Deutschen Ärzteblatt* von dem einwöchigen Workshop erfahren und diesen ursprünglich wegen des Suizids seiner Ehefrau besucht:

„Das waren solche Seminare von etwa 50 Teilnehmern, sehr eindrucksvoll. Diese Frau hat eine Fähigkeit gehabt, wirklich auf den Punkt zu kommen. Und sie hat mit Teilnehmern gearbeitet. Jemanden nach vorne genommen und mit dem gesprochen über seine Situation. Und das wurde immer ganz stark an den Punkt geführt, wo eben gerade was Wichtiges war. Und was dann ganz oft war, dass ein Anderer mitreagiert. Das ging mir auch so. Ein Problem, das jemand schildert, plötzlich mein Problem wachruft. Und dann kommt der dran, wo es gerade brennt, und macht weiter. Also es war eine unglaublich intensive Erfahrung."²⁶⁴

Das Hospiz erwies sich damit in der Frühphase in mancherlei Hinsicht als wirkmächtiger mit Blick auf die Hospizhelfer als mit Blick auf die Sterbenden selbst. Dies zeigte mitunter schon die Statistik: Noch 1991 lag im bereits sechs Jahre zuvor etablierten Hausbetreuungsdienst in Halle an der Saale etwa die Zahl an Ehrenamtlichen mit 39 über derjenigen der jährlich betreuten Patienten.²⁶⁵ Noch ungleich stärker galt es aber ideell, wie sich an der Selbstbezogenheit vieler Äußerungen von Ehrenamtlichen unterstreichen lässt. Nach der ersten Nacht am Bett eines Sterbenden, so erinnert sich etwa eine Hospizfreiwillige in der Festschrift zum zehnjährigen Bestehen von OMEGA im Jahr 1995 „war in mir nur Freude und Glücklichsein [...]." Als der Mann, ein Krebsleidender von Anfang 60, einige Wochen später in Abwesenheit der Helferin starb, sei sie „fast böse auf ihn" gewesen: „Ich dachte: Jetzt war ich solange bei Dir, nun stirb gefälligst auch, wenn ich dabei bin, ich wollte Dich doch schließlich begleiten."²⁶⁶

Aus solchen Aussagen spricht klar die Diskursivierung des Themas durch die zeitgenössische thanatologische Literatur. Deren grundsätzlich optimistisch-positiver Blick auf Tod und Sterben prägte gleichermaßen die hospizlichen Erfah-

---

²⁶² Abschrift der Rede von Paul Becker anlässlich der Einweihung des Neubaus des Johannes-Hospizes in München am 14. 5. 1993, in: Ordner Hospiz Grundsteinlegung am 8. 3. 1991 und Einweihung am 14. 5. 1993, Provinzarchiv der Barmherzigen Brüder in München. Vgl. zur Bedeutung von Kübler-Ross für die Hospizidee Kap. 4.2.
²⁶³ Vgl. zu deren Erfahrungen in den Kübler-Ross-Seminaren und der Bedeutung Interview Student, S. 1 und S. 26 f.; Interview Graf, S. 3; Interview Tausch, S. 9–11; Interview Becker (2006), S. 3.
²⁶⁴ Interview Schlunk, S. 11. Vgl. zu seiner Biografie ebd., S. 10–12.
²⁶⁵ Vgl. die Angaben in B 149/149813, Blatt 530–534 und Blatt 552.
²⁶⁶ Drescher, Zu Hause, Zitate S. 15 und S. 16.

rungsräume wie Erwartungshorizonte – mit Folgen für die Praxis. Rasch prägte sich etwa ein ganz eigener, entsprechend euphemistischer Jargon aus: Aus „Patienten" wurden „Gäste", aus der „stationären Einrichtung" die „Raststätte". Dies spiegelt keinesfalls nur den medizinkritischen Ausgangspunkt des Hospizkonzepts wider, der im Versuch zum Ausdruck kam, das im professionellen Gesundheitswesen übliche stark asymmetrische Verhältnis zwischen Betreuer und Betreutem aufzulösen.[267] Dahinter verbarg sich vielmehr auch eine habituelle Inszenierung in Form einer mitunter fast aggressiven Selbstdarstellung von Hospizmitarbeitern als Freunde und Angehörige der Sterbenden. In ihren Augen galt es offenbar gerade beim Sterben, das aufgrund der Hilflosigkeit der Betroffenen besonders starke Formen der Asymmetrie hervorbrachte, sich selbst als Gleiche unter Gleichen und eben nicht als professionelle Experten zu stilisieren.[268]

Das Lebensende wurde auf diese Weise in der hospizlichen Praxis, ebenso wie in der thanatologischen Theorie, von einem tragischen Ereignis zu einem durchaus erstrebenswerten Erlebnis transformiert. Die Hospizbewegung rekurrierte folglich immer wieder auf stark idealisierte Sterbeverläufe – und betonte die geradezu euphorischen Gefühle, die eine erfolgreiche Sterbebetreuung hervorrufen könne. In diesem Sinne rekapitulierte etwa eine Ehrenamtliche aus Stuttgart die letzten Momente ihrer ersten Begleitung einer Sterbenden mit den Worten: „Dann atmet sie zum letzten Mal aus. Friedlich und wunderschön sieht sie aus. Mir ist es ganz feierlich zumute."[269] Das Sterben der begleiteten Person wurde hier zu einer Art „Erlebnis", einem Abenteuer mit „Happening"-Charakter. Tatsächlich strahlte die eigentümliche, in der Hospizliteratur häufig zu findende Formulierung „Sterben erleben" semantisch wie inhaltlich auf die Praxis zurück, wurde sie doch zu einem Ziel, vielleicht sogar einer Pflicht, nicht nur für Hospizhelfer, sondern auch für die Betroffenen selbst erklärt. Sogar ein Antrag der Grünen-Fraktion im Münchner Stadtrat im Jahr 1986 nannte als Ziel der geforderten stationären Hospizeinrichtung, „daß das Sterben weitgehend schmerzfrei erlebt werden kann."[270]

Damit einher ging eine feste Normierung der Bestandteile eines „guten Sterbens" – die allerdings oftmals zu Widersprüchlichkeiten in der Praxis führte. Dieses zeichnete sich erstens durch Schmerzfreiheit aus. Auch hierin mag – neben der klaren Prognose bei Tumorerkrankungen – eine Erklärung für den bereits beschriebenen starken Fokus auf Krebspatienten liegen, machte die onkologische Schmerztherapie doch in jenen Jahren große Fortschritte und ermöglichte in der überwiegenden Mehrzahl der Fälle eine vollständige Schmerzfreiheit beim Sterbenden, was auf andere Krankheitsbilder so nicht zutraf. So zeigten Untersuchungen in den USA Ende der 80er Jahre, dass gerade die Lebensqualität von Krebspatienten bei einer hospizlichen Versorgung stark anstieg.[271] Daraus ergab sich

---

[267] Vgl. zu den Ursachen und Folgen dieser Asymmetrie Saake, Performanz, v. a. S. 431–433.
[268] Vgl. Bauer, Rationalitäten, S. 232 f.
[269] Lesny, Sitzwache, S. 17.
[270] Der Antrag findet sich als Anlage in: Ratssitzungsprotokolle Nr. 761/39, Gesundheitsausschuss 1988, Vorlagen-Nummer: 84–90 / 1013082, Stadtarchiv München, S. 167 f.
[271] Morris u. a., Last Weeks.

freilich eine weitgehende Exklusion von anderen Patientengruppen, wie etwa Demenzkranken, zumal in der Wendezeit ohnehin noch viel zu wenig Hospizplätze in der Bundesrepublik existierten, um den Bedarf zu befriedigen. Die Konzentration auf Krebs als „Modellkrankheit" bei der Entwicklung von Hospizstandards stellte das solidarische Grundprinzip der Idee damit durchaus infrage.[272] Zweitens sollte das Sterben bewusst erfolgen, der Todkranke und sein soziales Umfeld sich möglichst aktiv mit dem nahenden Ende beschäftigen und dieses selbstbewusst akzeptieren. Dies geschah in der Praxis jedoch keinesfalls immer. Vielmehr ergab eine Umfrage in Recklinghausen Anfang der 90er Jahre sogar, dass in einer klaren Mehrzahl der Behandlungsfälle Angehörige und Sterbende nie miteinander über den nahenden Tod sprachen.[273]

Drittens war ein „gutes Sterben" immer selbstbestimmt. Vorausgesetzt wurde dabei, dass die Entscheidungen des Sterbenden, etwa mit Blick auf den Sterbeort, dem hospizlichen Ansatz entsprachen, der auf diese Weise das eigentlich durch eine hohe Intransparenz geprägte Patientenbewusstsein quasi verallgemeinerte.[274] Dies sorgte in der Praxis für Paradoxien, gerade in der Frühphase, als mitunter noch Vorbehalte gegen Hospizeinrichtungen existierten. Noch Mitte der 90er Jahre verweigerte sogar die Mutter einer in der Hospizförderung aktiven Ministerialrätin im Bundesfamilienministerium die Einweisung in ein Hospiz und präferierte es, im Krankenhaus zu sterben.[275] Eine solche Entscheidung stieß sich trotz ihrer Selbstbestimmtheit vor alle auch deshalb mit der Hospizidee, da ein idealer Sterbeverlauf im Sinne der frühen Bewegung viertens durch ein möglichst hohes Maß an zwischenmenschlicher Nähe bestimmt war. Das Sterben in Institutionen erschien vor diesem Hintergrund zwangsläufig problematisch – entsprechend fand das „gute Sterben" in den modellhaften Fallbeschreibungen fast immer zu Hause, mit ambulanter Hospizversorgung, statt. Beispiele für misslungene Sterbeprozesse waren dagegen umgekehrt immer solche, bei denen eine medizinische Überversorgung stattfand: Während „Frau Müller" im Krankenhaus unglücklich, gegen ihren Willen und ohne das Beisein ihrer Familie – der das Klinikpersonal die Anwesenheit am Sterbebett sogar ausdrücklich untersagte – sterben musste, verlebte „Herr Horn" zu Hause bei seinen Angehörigen unter Betreuung eines Hospizfreiwilligen entspannte und schmerzfreie letzte Tage.[276] Offenkundig wird hier eine Romantisierung von Heim und Familie, die in das wütende Plädoyer mündete: „Lasst mich doch zu Hause sterben!"[277]

---

[272] Vgl. von Gunten, Hospice, S. 19–23 sowie die Diskussion zum Verhältnis von AIDS und Hospiz in Kap. 10.1.
[273] Kirschner, Hospizbewegung, S. 122.
[274] Vgl. zu diesem Umstand Benkel, Sterben, S. 291 f.
[275] Interview Weritz-Hanf, S. 14.
[276] Student, Alternative, S. 108–111 und S. 127–130. Vgl. auch die beschriebenen Sterbeverläufe in Muschaweck, Tür.
[277] So der Titel von Godzik/Muschaweck, Hause.

Das Hospiz als Neue Soziale Bewegung in der deutsch-deutschen Zeitgeschichte

Gerade in der zweiten Hälfte der 80er Jahre erlebte das Hospiz – ungeachtet fortbestehender gravierender Hürden im Bereich der Finanzierung – einen ebenso rasanten wie fulminanten Aufschwung. Auf einer Tagung der Evangelischen Akademie Baden Anfang 1989 verkündete Renate Wiedemann treffend, dass die Hospizbewegung nicht mehr aufzuhalten sei: „Es keimt, das kann man wohl ohne Übertreibung sagen, an allen Ecken und Enden."[278] Der intensive und relativ unhinterfragte Ausbau des Hospizwesens in der Gegenwart trübt den Blick dabei in mancherlei Hinsicht, denn in seiner Vorgeschichte spiegeln sich sehr unterschiedliche Problem- und Interessenlagen: der Wandel des Sozialstaates, die ökonomische Relevanz der Pharmaindustrie, die Bedeutung der Massenmedien, die oft widersprüchlichen Triebkräfte sozialen Protests sowie eine recht grundlegende Änderung der Position der Kirchen. Diese ambivalenten Hintergründe sorgten letztlich dafür, dass in Deutschland ein komplexes Mosaik der Hospizarbeit entstand, während in anderen Ländern – wie in Großbritannien – die Idee eher zentralistisch umgesetzt wurde.[279]

Die bis heute in der Hospizbewegung anzutreffende Einschätzung, der Boom in den 80er Jahren sei allein den Pionierleistungen Einzelner zu verdanken, ist insofern irrig.[280] Denn erst in dem Moment, als andere Akteure aufs Parkett traten, konnte großflächig der Siegeszug der Hospizidee in Westdeutschland einsetzen. In der Erinnerung der Bewegung selbst wird die Bedeutung der Pharmaindustrie oder der Massenmedien gerne ausgeblendet. Wenn etwa die Journalistin Beate Lakotta noch 2010 im Publikationsorgan des Deutschen Hospiz- und PalliativVerbandes beklagte, dass die deutsche Hospizbewegung über „keine breitenwirksame Öffentlichkeitsarbeit" verfüge, so ist diesem Urteil klar zu widersprechen.[281] Mag der Hospizgedanken auch nicht die mediale Aufmerksamkeit der Sterbehilfebewegung erfahren habe, so war er doch ab der zweiten Hälfte der 80er Jahre in Presse und Rundfunk, auf lokaler wie überregionaler Ebene, genauso breit repräsentiert wie einzelne Hospizvertreter.

Dahinter verbargen sich nicht zuletzt allgemeine gesellschaftspolitische Veränderungen: Auch wenn der endgültige Durchbruch des Hospizes erst mit der noch zu beschreibenden Einführung der Pflegeversicherung in den 90er Jahren erfolgen sollte, so wurde doch bereits in den 80er Jahren deutlich, dass es eng verwoben war mit dem Umbau des westdeutschen Wohlfahrtsstaates, ja in dieser Hinsicht zu einem „Vorreiter" avancierte.[282] Nachdem die sozialpolitischen Aktivitäten in der Bundesrepublik in den 50er und 60er Jahren sukzessive angewachsen waren,

---

[278] Wiedemann, Hospiz-Bewegung, S. 38.
[279] Vgl. Heller u. a., Geschichte, S. 324.
[280] Vgl. Seitz/Seitz, Hospizbewegung, v. a. S. 219 f.
[281] Beate Lakotta: „Die Hospizbewegung in Deutschland – eine journalistische Außensicht." *Die Hospiz-Zeitschrift* 43 (2010), Nr. 1, S. 15.
[282] Heilmann, Umbau.

wurden diese in den Jahren „nach dem Boom" zurückgefahren und Kostendämpfung zu einem wichtigen Anliegen.[283] Dies galt speziell im Gesundheitswesen – das Hospiz eignete sich hier ideal für den angestrebten Ausbau ambulanter Strukturen sowie die Förderung von bürgerschaftlichem Engagement, Ehrenamt und Freiwilligenarbeit. Dies galt umso mehr, als dass sich die Hospizbewegung selbst nicht die Kostensenkung, sondern die soziale Optimierung auf die Fahnen geschrieben hatte, und einen Paradigmenwechseln in einer ohnehin als defizitär empfundenen medizinischen Versorgungslandschaft inklusive neue Formen der Solidarität mit Schwerstkranken versprach.

Der letzte Punkt bettete das Hospiz zugleich in einen breiteren soziokulturellen Kontext ein. So positionierten sich die Hospizanhänger der 80er Jahre nun als Vertreter einer Neuen Sozialen Bewegung (NSB). Tatsächlich war ihr klarer Fokus auf Fragen der Lebensqualität und ein Thema von mittlerer Reichweite, der von ihnen angestrebte Wandel der (Sterbe-) Kultur sowie eine starke Fixierung auf die Gesellschaft, die als eigentlich treibende Kraft der Veränderung betrachtet wurde, prototypisch für die NSB im letzten Viertel des 20. Jahrhunderts. In Einzelfällen existierten auch Verbindungen zu anderen NSB, insbesondere zur Friedensbewegung: So begriffen einige der frühen Hospizvertreter ihre Arbeit mit Sterbenden als eine andere Form der „Friedensarbeit."[284] Die Hospizbewegung stellte damit einen bislang kaum beachteten Teil der deutsch-deutschen Protestgeschichte dar, deren zentrale Rolle für gesellschaftliche Konfliktbewältigung und sozialen Wandel jüngst verstärkt betont wird.[285] Das Ziel, eine Bürgerbewegung zu formieren, deren Anliegen weit über die Verbesserung der Betreuungssituation Sterbender hinausgingen, wurde gelegentlich von den Protagonisten explizit als solches formuliert.[286] Die Hospizbewegung in der Bundesrepublik und im wiedervereinten Deutschland gerierte sich ab den 80er Jahren sehr viel stärker als in anderen Ländern als eine zivilgesellschaftliche Bewegung „von unten".[287] Dementsprechend wurde nun die akademische Forschung, die noch im Jahrzehnt zuvor als eine tragende Säule erschien, vielerorts explizit abgelehnt: Erfahrungen und konkrete Praktiken standen im Mittelpunkt, nicht Wissenschaftlichkeit und Theoriebildung.[288]

---

[283] Vgl. hierzu umfassend Süß, Reform.
[284] Vgl. Heller/Pleschberger, Sterbebegleitung, S. 18, die sogar den Begriff der „Hospeacebewegung" prägen.
[285] Gassert, Gesellschaft, vgl. darin zu den NSB v. a. S. 136 f.
[286] Vgl. etwa die Aussagen von Daniela Tausch in einem Interview mit der *Stuttgarter Zeitung* 1987: Elisabeth Dieterle: „Was ein Mensch so alles zum Sterben braucht. Gespräch mit Dr. Daniela Tausch zur Gründung eines Hospizes in Stuttgart – Erste Aktivitäten bereits im Gange." *Stuttgarter Zeitung*, 17. 8. 1987. Zur Klassifizierung der Hospizbewegung in den 80er Jahren als „Bürgerbewegung" vgl. auch Lilie, Implementierung, S. 45 f. und Seitz/Seitz, Hospizbewegung, S. 219 f.
[287] Zum Konzept der Zivilgesellschaft und seinen historiografischen Fluchtpunkten vgl. Jessen/Reichardt, Einleitung.
[288] Vgl. Heller u. a., Geschichte, S. 332 sowie zur Situation in den 70er Jahren Kap. 4.2.

8.2 Das Hospiz als Neue Soziale Bewegung im Westdeutschland der 80er Jahre

Es war in diesem Sinne nur folgerichtig, dass gerade das Schlagwort des „würdigen Sterbens" mit seiner Referenz an den ersten Artikel des Grundgesetzes in jener Periode reüssierte und als integrales Menschenrecht präsentiert wurde. Entwickelte sich der Schutz der Menschenrechte seit den 70er Jahren, die in der neueren Forschung als zentrale Umbruchzeit gelten, zu einem integralen Ziel der Außenpolitik, so wirkte dies zunehmend auch nach innen.[289] Die Hospizbewegung verstand sich wie auch die Sterbehilfebewegung in Motivation wie Programmatik als eine Art Menschenrechtsgruppierung. Ebenso wie der Kampf um Menschenrechte war der Kampf um ein selbstbestimmtes Sterben in Würde dabei ein überpolitisches Unterfangen, das breite gesellschaftliche Allianzen ermöglichte und religiöse oder ideologische Gräben situativ überwinden konnte. Wie andere NSB jener Jahre, etwa die Frauen- oder Ökologiebewegung, institutionalisierte sich auch die Hospizbewegung ungeachtet eines anti-institutionellen Ansatzes ebenso rasch wie erfolgreich.[290] Dies war Folge der für NSB typischen Vernetzungsformen sowie des spezifischen Zusammenspiels von zivilgesellschaftlicher Aktion und Medienöffentlichkeit.

Ein übergeordneter Baustein des sozialen Protests der Hospizbewegung war ihr Widerstand gegen die Medikalisierung und speziell des „Hospitalisierung" des Sterbens. So verschärften sich die medizinkritischen Positionen sogar noch weiter, die bereits in den 70er Jahren durchaus ausgeprägt waren und maßgeblich zu den frühen Erfolgen beigetragen hatten. Dies führte nicht nur dazu, dass Verweise auf Ivan Illich in den zentralen Hospizschriften omnipräsent waren, die das Hinterfragen der alleinigen ärztlichen Behandlungs- und Deutungsmacht – am Lebensende und ganz generell – zu einem ihrer Kernanliegen erklärten.[291] Der Fokus der modernen Medizin, so das landläufige Narrativ, liege ausschließlich auf Heilung, der einzelne Patient spiele keine Rolle. Da beim Sterben jedoch keine Erfolgserlebnisse mehr zu erwarten seien, finde dieses keinen Platz in den ärztlichen Denklogiken. Infolgedessen würden Schwerstkranke marginalisiert, was in dem viel beschworenen Bild von abgestellten Sterbenden in Badezimmern oder Besenkammern von Kliniken ausdrucksstark artikuliert wurde. Das Krankenhaus erschien als Sterbeort pauschal als „inhuman", da es eine soziale Exklusion hervorrufe.[292] Die Übersetzung einer Saunders-Publikation versah der Herder-Verlag sinnbildlich mit dem Untertitel „Wie wir sinnlose Apparatemedizin und einsames Sterben vermeiden können".[293]

Doch erschöpfte sich der soziale Protest der Hospizanhänger in den 80er Jahren keinesfalls in ihrer Medizinkritik. Immer wieder glitten sie in allgemeine gesellschaftskritische Ausführungen ab. Die Menschen hinterließen ihren Nachfahren

---

[289] Vgl. Moyn, Rückkehr.
[290] Vgl. Gassert, Gesellschaft, S. 136.
[291] Student, Hospiz (1989), S. 28; Student, Alternative, S. 112. Zu Illichs Rolle bei der Diskursivierung des medikalisierten Sterbens als Problemfeld vgl. Kap. 4.1.
[292] Vgl. hierzu Heller u. a., Geschichte, S. 61–68 sowie S. 329.
[293] Saunders, Hospiz.

ein „verwüstetes Erbe", beklagte etwa Franco Volontieri in seinem Überblick zum Stand der deutschen Hospizbewegung in der Wendezeit: „Wir haben schon jetzt so viele hochgiftige und strahlende Substanzen deponiert, und es kommen noch ungeheuere Mengen ‚einzulagernder' Zeitbomben hinzu, daß die nächsten Generationen womöglich nicht einmal mehr die Chance demokratischen Zusammenlebens haben, sondern mit polizeistaatlichen Methoden diese Substanzen vor terroristischem Zugriff schützen müssen."[294] Derartige linksalternative Positionen überwogen gerade in der Frühphase der Bewegung, obschon sie nicht immer mit einer solch unstrukturierten Vehemenz vorgetragen wurden.

Zugleich unterschied sich die Hospizbewegung jedoch von vielen anderen der NSB, da sie sich nicht nur von Anfang an dezidiert als weltanschaulich offen und überparteilich verstand, sondern auch in der Praxis für konfessionell gebundene Milieus anschlussfähig blieb und rasch Unterstützung bis weit hinein ins konservative Lager fand. Dies lag vor allem daran, dass die Infragestellung des Modernisierungsparadigmas ein integraler Bestandteil der gesellschaftskritischen Seite des Hospizes war. Insbesondere die Tabuisierungsthese diente dazu, an die Eigenverantwortung der Menschen zu appellieren, die in der Moderne falsche Prioritäten setzten. Die Missstände am Lebensende seien nämlich – wie Renate Wiedemann wortgewaltig beklagte – gerade darauf zurückzuführen, dass „wir ein Volk von sonnengebräunten, Fitness besessener Machern zwischen 18 – und (höchstens) 58 geworden sind, das für ältere Menschen, Kranke und Außenseiter überhaupt keinen Platz mehr hat."[295] Mit ihrer Forderung nach einer Enttabuisierung von Tod und Sterben und der damit einhergehenden Verklärung einer vermeintlich besseren Vergangenheit gelangen der Hospizbewegung spezifische „Problematisierungs- und Thematisierungsleistungen" auf einer breiten gesellschaftlicher Basis.[296] Auf diese Weise reflektierte sie somit auch den Wandel der Protestmilieus im letzten Drittel des 20. Jahrhunderts.[297] Hospizvertreter avancierten zu Prototypen jener „transnationalen Aktivisten", die sich in jenen Jahren zu einer prägenden Akteursgruppe in vielen Feldern des sozialen Protests entwickelten – und die eben nicht durch eine bestimmte politische Programmatik angetrieben wurden, sondern durch eine ganz allgemeine, persönliche Unzufriedenheit mit der Welt.[298]

Diese Enttäuschung speiste sich nicht zuletzt aus einer mit großer Sorge beobachteten Entwicklung, die zumal im konservativen und religiösen Lager für Unruhe sorgte. Hinter vielen Hospizgründungen stand, wie etwa in Recklinghausen, ausdrücklich der Versuch, (christliche) Antworten auf die zeitgenössischen Versuche zu geben, aktive Sterbehilfe moralisch wie juristisch zu legitimieren.[299] Die Gründerin der Deutschen Hospizhilfe, Renate Wiedemann, war angetrieben vom

---

[294] Volontieri, Hospizbewegung, S. 20.
[295] Wiedemann, Hospiz-Bewegung, S. 38.
[296] Heller u. a., Geschichte, S. 325.
[297] Vgl. hierzu Gassert, Gesellschaft.
[298] Vgl. Berger/Scalmer, Activist.
[299] Vgl. für Recklinghausen Kirschner, Hospizbewegung, S. 60.

8.2 Das Hospiz als Neue Soziale Bewegung im Westdeutschland der 80er Jahre   439

Ziel, den Kampf gegen Sterbehilfe journalistisch unterstützen zu wollen.[300] Auch der Sozialwissenschaftler Michael Ritter, einer der Initiatoren und Hauptgäste der „Hallo Ü-Wagen"-Radiosendung zum Hospiz, nannte als eine Intention der von ihm angestrebten stärkeren öffentlichen Verbreitung der Hospizidee, „eine Alternative zu setzen zu Vereinigungen und Bestrebungen, das Leben zu verkürzen."[301] Gerade die DGHS und der Sterbehilfe-Aktivist Julius Hackethal entwickelten sich in der zweiten Hälfte der 80er Jahre mit ihren öffentlichkeitswirksamen Aktionen zu dem großen Feindbild – und Antriebsmotor – der Hospizbewegung. Die Wahrnehmung vieler Hospizanhänger war, dass die Sterbehilfebewegung die Debatte um Tod und Sterben medial dominierte und ein Gegengewicht dazu geschaffen werden musste.[302]

Dass die Sterbehilfebewegung denselben medizinkritischen Ausgangspunkt hatte und viele ihrer Forderungen (Verhäuslichung des Sterbens, Selbstbestimmung am Lebensende) letztlich sehr ähnlich waren, verstärkte die Feindwahrnehmung auf Seiten der Hospizbewegung eher – sorgte aber zugleich für eigentümliche Berührpunkte. Die OMEGA-Gründerin Petra Muschaweck etwa war zunächst in der DGHS aktiv und saß sogar zeitweilig im Vorstand der größten deutschen Sterbehilfeorganisation. Unmittelbar nachdem sie den Verein infolge eines Streits mit dessen Geschäftsführer Atrott verlassen hatte, begann sie mit ihrem hospizlichen Engagement.[303] Nach eigener Aussage war Muschaweck der DGHS ursprünglich vorrangig wegen ihres Namens beigetreten und es sei ihr immer um „humanes Sterben" gegangen.[304] Dies unterstreicht einmal mehr die große inhaltliche wie semantische Nähe zwischen Sterbehilfe- und Hospizbewegung.

Die Gegnerschaft zur Idee einer aktiven Sterbehilfe war somit für viele Hospizaktivisten ebenso ein persönlicher Antriebsfaktor wie sie im aufgeheizten Klima der 80er Jahre einen großen Pluspunkt für die Hospizbewegung als solche darstellte, zumal sie Berührpunkte zu anderen Akteuren aus den Kirchen, der Medizin, den Medien oder der (Gesundheits-)Politik schuf. Wie viele seiner Mitstreiter sah Christoph Student im Hospiz „die heilsame Alternative" zur Euthanasie, wie er seinen Beitrag in einem Sammelband Anfang der 90er Jahre betitelte, in dem die ablehnende Position der Hospizbewegung gegenüber der Sterbehilfe ausführlich dargelegt wurde – und in dem auch kritische Theologen, Ärzte und Juristen zu Wort kamen.[305] Die Sterbehilfebewegung und speziell die öffentlichkeitswirksamen Aktionen der DGHS lieferten in diesem Sinne in mehrerer Hinsicht den

---

300 Vgl. Interview Student, S. 7 f.
301 Hallo Ü-Wagen: Häuser zum Sterben – Hospize. WDR, 18. 11. 1993, Zitat Min. 29:32–29:42.
302 Vgl. hierzu etwa Interview Overkämping, S. 5 und S. 15; Interview Brysch, S. 13 und S. 20; Interview Student, S. 7; Becker, Bemühungen, sowie Hospiz – Alternative für Sterbebegleitung? Beiträge einer Tagung der Evangelischen Akademie Baden vom 17. – 19. März 1989 in Bad Herrenalb. Hg. von der Evangelischen Akademie Baden. Karlsruhe 1989, S. 69.
303 Vgl. hierzu Rest, NOT-Wendigkeit, S. 1 f.; Interview Student, S. 9; Interview Rest, S. 8;
304 Vgl. Interview Muschaweck, S. 2 f.
305 Student, Alternative. Vgl. in dem Band v. a. die Beiträge von Dörner, Mitleid; Kutzer, Recht und Hans Grewel, Mitleid.

"Zündstoff" für die Hospizbewegung.[306] Franco Rest betonte 1992 angesichts der dank der ministeriellen Förderung immer stärker werdenden Hospizidee in Nordrhein-Westfalen überschwänglich, man sei in dem Bundesland „auf dem richtigen Wege, Euthanasisten und Tötungsethikern das Handwerk zu legen."[307] Tatsächlich war das neue Interesse der Gesundheitspolitik am Hospiz wesentlich darauf zurückzuführen, dass diese im schlechten Zustand der Sterbebegleitung die Hauptursache für das Aufkommen der Sterbehilfebewegung sah.[308] Es erscheint daher treffend, wenn Christoph Student konstatiert: „Im Rückblick muss ich sagen, haben wir [der] Euthanasiebewegung in Deutschland enorm viel zu verdanken."[309]

---

[306] Heller u. a., Geschichte, S. 329. Vgl. zu dieser Einschätzung auch Golek, Standort, S. 58 und Jordan, Hospizbewegung, S. 117–124.
[307] Rest, Vernetzung, S. 98.
[308] Interview Weihrauch, S. 12 f.
[309] Interview Student, S. 7.

9. 1993: Die Verhaftung, oder: Ringen um das „humane" Sterben

> *„Also, da stehen die Beweise noch aus."*
> (Hans Henning Atrott bei seiner Verhaftung auf die Frage, ob er wisse, dass ein Suizid mit Zyankali nicht der sanfte Tod sei, den er propagiere)

Es war eine Falle.[1] Als der Mann an einem milden Nachmittag Ende Januar 1993 das Hotel ibis an der Hamburger Außenalster betrat, war er entspannt und sorglos. Alles lief wie immer. Er sprach seine Zielperson – ein Mitglied der Organisation, der er selbst vorsaß – an, anschließend wechselten ohne viele Worte ein kleines Päckchen mit Pulver und ein Umschlag mit mehreren Tausend DM den Besitzer. Doch beim Verlassen des Hotels fingen ihn die Zivilfahnder ab. Seine einstudierten Erklärungsversuche, die Dame habe ihm das Geld gespendet, verpufften wirkungslos: Bei der vermeintlichen Kundin handelte es sich um eine V-Frau der Polizei, die Geldscheine aus der Staatskasse waren registriert. Der Mann wurde verhaftet. Doch damit nicht genug: Vor der Tür des Hotels warteten einige Reporter mit Filmkamera, die geholfen hatten, die Aktion vorzubereiten – und es sich nicht nehmen ließen, ein völlig groteskes, in dem einleitend zitierten Satz gipfelndes Exklusivinterview zu führen, während die Beamten den Mann in Handschellen den Holzdamm hinab führten.

Was zunächst wie eine alltägliche Geschichte aus dem Drogenmilieu klingt, bekommt spätestens mit dem Auftritt der Speerspitze des deutschen Investigativjournalismus eine andere Dimension. Das Pulver: Zyankali, in genau der Menge, wie sie für einen vermeintlich sicheren und schmerzfreien Suizid vonnöten war. Der Verhaftete: Hans Henning Atrott, studierter Diplompolitologe, vielen Deutschen aus Presse, Hörfunk und Fernsehen bestens bekannt als Gründer, Präsident und Mädchen für alles, ja als Alleinherrscher der mitgliederstärksten Sterbehilfeorganisation der Bundesrepublik, der Deutschen Gesellschaft für Humanes Sterben (DGHS). Die Medien überschlugen sich in den Tagen nach der Verhaftung.[2] Der *Spiegel* widmete dem Fall ein Sonderheft mit dem Titel „Die Zyankali-Bande", in dem fünf Reporter die ganzen Hintergründe des Falls ausbreiteten, zu dem sie

---

[1] Die Geschichte der Verhaftung von Atrott und der Hintergründe ist rekonstruiert aus den im folgenden zitierten Presseberichten; Sierck, „Euthanasie"-Diskussion, S. 80 sowie dem *Spiegel TV*-Bericht „Sterbehelfer Atrott verhaftet" unter https://www.spiegel.de/video/vor-20-jahren-verhaftung-des-sterbehelfers-atrott-video-1249074.html [15. 12. 2021], darin auch die Originalaufnahmen von der Verhaftung.

[2] Vgl. in Auswahl: „Höllische Schmerzen." *Der Spiegel* 47 (1993), Nr. 5, S. 73; „Sterbehelfer Atrott festgenommen." *Neues Deutschland*, 27. 1. 1993; „Zweites Leben auf einer Insel?" *Focus* 1 (1993), Nr. 5; „Sterbehelfer Atrott festgenommen. DGHS-Gründer tappte in eine Falle der Polizei in Hamburg." *Süddeutsche Zeitung*, 27. 1. 1993; Klaus Zintz: „Ist Sterbehilfe nicht mehr als ein Geschäft mit dem Tod?" *Stuttgarter Zeitung*, 30. 1. 1993; „Gesellschaft für Humanes Sterben in Turbulenzen." *Die Welt*, 1. 2. 1993; „Heftige Turbulenzen." *Neues Deutschland*, 1. 2. 1993.

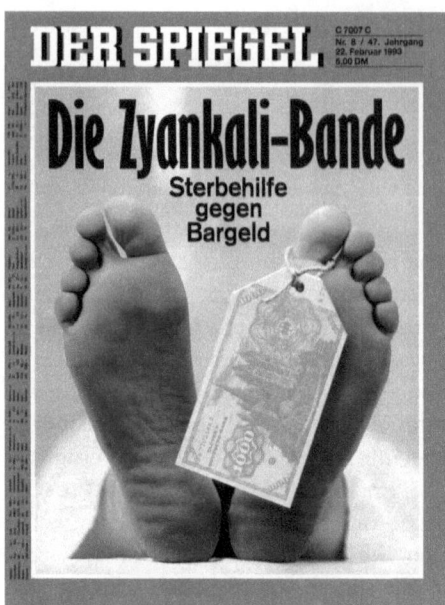

Abb. 29: Cover der Spiegel-Ausgabe vom 22. 2. 1993

neun Monate lang recherchiert hatten.[3] Ihre Informationen hatten sie unter anderem von der Enthüllungsjournalistin Constanze Elsner erhalten, einer erbitterten Gegnerin Atrotts. Knapp ein Jahr vor dessen Verhaftung war sie bei einer eskalierten Live-Sendung im Berliner Hörfunksender Hundert,6 angeblich von ihm mit der Faust ins Gesicht geschlagen worden – zu einer Anzeige in der Sache kam es indes nie, dafür kollaborierte Elsner mit der Polizei bei der Vorbereitung der Falle.[4] Ohnehin las sich vieles, das in diesen Tagen durch die Presse ging, mehr wie eine persönliche Abrechnung denn wie eine sachliche Auseinandersetzung mit Straftatbeständen oder ethischen Problemen der Suizidbeihilfe. So veröffentlichte der *Spiegel* unter anderem Auszüge aus Telefonaten, in denen Atrott eine ehemalige Mitarbeiterin, die sich angeblich den Behörden als Kronzeugin zur Verfügung gestellt hatte, aufs Übelste beleidigte und bedrohte: „Ja, Charakterschweinchen, wenn man so ein Charakterschwein ist wie du, dann muß man Angst haben".[5]

---

[3] Vgl. die Titelgeschichte „Zyankali: ‚Letzter Liebesakt'."*Der Spiegel* 47 (1993), Nr. 8, S. 90–101 und die „Hausmitteilung" dazu in dem Heft auf S. 3.

[4] Zur Beteiligung von Elsner und ihrem Streit mit Atrott vgl. „Einsame Treue." *Der Spiegel* 47 (1993), Nr. 26, S. 198–201 und Adrian Bridge: „Euthanasia Expert Trapped." *The Independent*, 29. 1. 1993 sowie die im Folgenden zitierten Akten der DGHS. Zu Elsners Position sowie speziell ihrer Kritik an der DGHS und an Atrott vgl. ihr kurz zuvor erschienenes Buch: Constanze Elsner: Sterben – Nein danke! Das Buch fürs Leben. München 1991.

[5] *Der Spiegel* 47 (1993), Nr. 8, S. 92. Tatsächlich wurde Atrott später wegen insgesamt 138 belästigenden Telefonanrufen bei der Frau zu einer Geldstrafe verurteilt; vgl. *Humanes Leben – Humanes Sterben* 25 (2005), Nr. 4, S. 24.

9. 1993: Die Verhaftung, oder: Ringen um das „humane" Sterben 443

Doch wie war es überhaupt dazu gekommen, dass der Präsident einer selbsterklärten Patientenschutzorganisation und Bürgerrechtsbewegung zum großen Feindbild der Republik, ja zur „Ausgeburt des Bösen" (*Der Spiegel*) avancierte? Zum einen spiegeln sich darin die Geschichte der Sterbehilfe in der Bundesrepublik und die Widerstände, auf die sie bei kirchlichen, politischen und zivilgesellschaftlichen Akteuren stieß, insbesondere bei der aufblühenden Hospizbewegung. Zum anderen hatte sich die DGHS seit Mitte der 80er Jahre dezidiert der Unterstützung von Suizidenten verschrieben – mit gravierenden Folgen für ihr Image. So vertrieb sie unter dem euphemistischen Titel „Menschenwürdiges und selbstverantwortliches Sterben" eine – wie es bis zur 3. Auflage hieß – „Anleitung zum Freitod", die zwar nicht im Buchhandel erhältlich war, aber von Vereinsmitgliedern erworben werden konnte.[6] Sorgte bereits diese tausendfach verkaufte „Selbstmord-Fibel" für große öffentliche Unruhe und zahlreiche Anzeigen, so war es die DGHS-Praxis, Sterbewillige individuell beim Suizid zu beraten und bei der Versorgung mit geeigneten Mitteln wie Zyankali zu assistieren, die ins Zentrum der Kritik geriet – und bereits 1985 den *Spiegel* auf den Plan rief.[7] Fraglos half nicht, dass die DGHS ihr Agieren sogar noch publikumswirksam inszenierte, wie etwa im Fall einer querschnittsgelähmten jungen Frau, die sich 1987 mit Zyankali das Leben nahm. Atrott filmte sie in den Minuten vor ihrem Tod und ließ die Aufnahmen – in denen er ihr unter anderem suggestiv die Worte in den Mund legte, dass der Zyankali-Handel der DGHS keine „Geschäftemacherei", sondern „human" und barmherzig sei – der ARD zukommen, die sie mehrfach ausstrahlte.[8] Er zeigte sie auch in dem preisgekrönten Dokumentarfilm „Der Pannwitzblick" von 1991, in der er als Interviewpartner fungierte und unter anderem fachmännisch Auskunft zu der nach seinen Erfahrungen idealen Menge an Zyankali für den Suizid (1,2 bis 1,5 Gramm) gab.[9]

Hinter derartigen Aktionen stand offenbar nicht nur der Versuch, das Thema Sterbehilfe öffentlich zu präsentieren, sondern auch, den eigenen Vertrieb von Suizidmitteln anzuwerben, den die Organisation und besonders Atrott persönlich in den Jahren zuvor erfolgreich aufgebaut hatten. Das günstig zu erwerbende Zyankali eignete sich hierfür nicht nur aus finanziellen, sondern vor allem auch aus rechtlichen Gründen: Die Beihilfe zum Suizid in der Bundesrepublik war ohnehin nicht strafbar und da der Sterbeprozess bei der Einnahme einer ausreichenden Menge von Zyankali vermeintlich irreversibel verlief, fiel auch der Tatbestand der unterlassenen Hilfeleistung weg, falls der Helfer – was immer wieder vorkam –

---

[6] Deutsche Gesellschaft für Humanes Sterben, Menschenwürdiges Sterben. Vgl. zu der Publikation die Information im Ordner „Gründung DGHS" in der Geschäftsstelle der DGHS, Berlin.
[7] „Sichere Tricks." *Der Spiegel* 39 (1985), Nr. 16, S. 263–269. Vgl. zur kritischen Rezeption der Broschüre Joachim-Ernst Meyer: „Anleitung zum Freitod." *Deutsches Ärzteblatt* 79 (1982), Nr. 8, S. 22–23; „‚Wir haben nichts zu verbergen.' Präsident der Gesellschaft für Humanes Sterben weist Kritik an seiner Amtsführung zurück." *Augsburger Allgemeine*, 1. 3. 1985 sowie BA Koblenz, B 353/238090.
[8] Vgl. Danquart, Pannwitzblick, S. 20 f.
[9] Didi Danquart: Der Pannwitzblick. Bundesrepublik Deutschland 1991.

dabei blieb. Dennoch war es wiederholt zu Anzeigen und Rechtsstreitigkeiten gekommen, da den Behörden nicht nur der professionell organisierte Handel und die aufgerufenen Wucherpreise rechtswidrig erschienen, sondern in manchen Fällen auch Zweifel bestanden, ob die Suizide auf eine freie Willensentscheidung zurückgingen, oder die DGHS-Vertreter direkt oder indirekt Druck auf ihre Kunden ausübten.[10] Die Verhaftung Atrotts stand im Zusammenhang mit den Ermittlungen rund um den Zyankali-Suizid eines psychisch kranken Notars in Bielefeld im Sommer 1991, der an einer AIDS-Phobie gelitten und nach Eintritt in die DGHS zunächst die „Selbstmordanleitung" des Vereins, später auch eine Zyankali-Kapsel erworben hatte. Im Mai 1992 durchsuchte die Polizei das DGHS-Regionalbüro in Düsseldorf, wo sich Atrott gerade aufhielt, und fand bei ihm zehn Zyankali-Kapseln sowie eine größere Menge Bargeld – für eine Anklage reichte dies zwar noch nicht aus, aber die Ermittler ließen fortan nicht mehr locker.[11]

Zu der behördlichen Hartnäckigkeit trug vermutlich auch die moralische Empörung in der Öffentlichkeit bei, die Anfang der 90er Jahre immer weiter wuchs: Im Januar 1990 strahlte die ARD eine Dokumentation des Investigativjournalisten Ernst Klee über die Zyankali-Machenschaften der DGHS aus: Klee schrieb auch mehrfach in der *Zeit* zu dem Thema und veröffentlichte im selben Jahr ein umfangreiches Buch dazu.[12] Der *Spiegel* berichtete später in seiner Enthüllungsstory von einem ganzen Netz an Kurieren, hunderten Treffen mit Käufern in Hotels und an Bahnhöfen und verglich die Strukturen mit dem organisierten Drogenhandel. Unter Berufung auf Polizeikreise bezifferte das Magazin die durchschnittlichen monatlichen Einnahmen durch den „Handel mit dem Tod" zum Zeitpunkt der Atrott-Verhaftung auf 36 000 DM, verlangte dieser doch pro Gramm Zyankali etwa 3000 DM von seinen Kunden – bei einem Einkaufspreis von gerade einmal 40 Pfennig entsprach der Umsatz quasi dem Gewinn und es ergab sich eine Profitspanne, die selbst diejenige im Heroingeschäft übertraf.

Im März 1994 begann schließlich der Prozess gegen Atrott nach mehr als einjähriger Untersuchungshaft, ein ungewöhnlich langer Zeitraum – der Angeklagte sprach von Rechtsbeugung.[13] Die Gerichtsverhandlung verlief, fast überraschend,

---

[10] Vgl. z. B. „Ermittlungen wegen ‚Sterbehilfe' in Trier eingestellt." *Frankfurter Allgemeine Zeitung*, 20. 10. 1988; Sven Loerzer: „Sterbehilfe statt Lebenshilfe? Vom umstrittenen Wirken der Deutschen Gesellschaft für Humanes Sterben." *Süddeutsche Zeitung*, 24. 4. 1990, S. 20.

[11] Vgl. hierzu neben den Informationen in den oben zitierten Artikeln zur Atrott-Verhaftung im Januar 1993 auch „Ermittlungen gegen Atrott." *Frankfurter Allgemeine Zeitung*, 21. 1. 1992 und „Büro der Sterbehilfe durchsucht. Die Polizei beschlagnahmt zehn Kapseln mit weißem Pulver." *Frankfurter Rundschau*, 13. 5. 1992.

[12] Ernst Klee/Gunnar Petrich: Zuflucht Zyankali – Vom Geschäft mit der Sterbehilfe. Bundesrepublik Deutschland 1989 / ARD 1990; Klee, Zyankali, v. a. S. 90–106 und exemplarisch Ernst Klee: „Schöner Tod statt eines schrecklichen Lebens? Alte, Kranke und Behinderte in der Euthanasie-Diskussion." *Die Zeit*, 11. 4. 1990, S. 54–55. Vgl. auch die Filmkritiken in der Presse: „Der Präsident und die Attentäter. ‚Zuflucht Zyankali – vom Geschäft mit der Sterbehilfe'." *Frankfurter Allgemeine Zeitung*, 23. 1. 1990.

[13] Vgl. Klaus Wittmann: „Wohltäter oder Krimineller?" *Die Tageszeitung*, 14. 3. 1994, S. 20; „Bewährungsstrafe für ‚Sterbehelfer' Atrott. Handel mit Zyankali-Kapseln." *Frankfurter Allgemeine Zeitung*, 15. 3. 1994.

ebenso schnell wie unspektakulär: Atrott gestand den Zyankali-Verkauf und wurde wegen Verstoßes gegen das Chemikaliengesetz zu einer Bewährungsstrafe von zwei Jahren und einer Geldbuße von 40 000 DM verurteilt.[14] Ein fast schon langweiliges Ende angesichts der ganzen Aufregung. Den Urteilsspruch nahm indes sogar die Bundespolitik zur Kenntnis: Nachdem sich ihre Ministerien monatelang über den Fall ausgetauscht hatten, informierte Bundesgesundheitsminister Horst Seehofer im April 1994 persönlich Finanzminister Theo Waigel darüber.[15]

Die DGHS hatte sich zu diesem Zeitpunkt schon längst von ihrem einstigen „Sonnenkönig" distanziert, vielleicht auch, weil von dem in der Presse kolportierten Millionengewinn durch den Zyankali-Handel wenig bei der Organisation selbst angekommen war: 1992 schrieb diese Verluste im mittleren sechsstelligen Bereich und musste zum Ausgleich des Defizits einige Immobilien verkaufen und Rücklagen auflösen. Dies lag auch an den Anwaltskosten von über 160 000 DM, die jährlich auf Weisung Atrotts beglichen werden mussten, um diverse Anzeigen und Klagen abzuschmettern, Gegendarstellungen zu Presseberichten zu erwirken und seine Gegner mit Prozessen zu überziehen – ein Fall ging sogar bis vor das Bundesverfassungsgericht.[16] Bei einer außerordentlichen Hauptversammlung in Augsburg wenige Tage nach der Verhaftung des Präsidenten fanden sich nur noch einzelne Unterstützer, die Elsner und der Polizei „Stasi-Methoden" attestierten und von einem Komplott ausgingen – Atrott sei unter einem Vorwand in das Hotel gelockt worden, wo man ihm das Geld untergeschoben habe.[17] Mit klarer Mehrheit setzten die Delegierten Atrott per Misstrauensvotum ab, erteilten ihm Hausverbot und lehnten die Übernahme seiner Kautionskosten ab.

Am meisten frohlockte jedoch der selbsterklärte ideologische Hauptgegner der DGHS: Die Hospizbewegung. Nach der Verhaftung Atrotts rief diese eiligst eine Pressekonferenz ein, in der sie dessen Festnahme nachdrücklich begrüßte und Sterbehilfe einmal mehr vehement als eine „Scheinlösung" verwarf. Der Wunsch nach einer vorzeitigen Beendigung des eigenen Lebens sei Folge der Angst vor dem Unbekannten, weshalb Renate Wiedemann die Arbeit der DGHS gar – ange-

---

[14] Vgl. „Bewährung für Atrott." *Neues Deutschland*, 15. 3. 1994.
[15] Vgl. etwa Brief von Waigel an Seehofer vom 15. 10. 1993 und dessen Antwortschreiben vom April 1994, in: BA Koblenz, B 353/238090 sowie ausführlich zur Beschäftigung der Bundespolitik mit Atrott und der DGHS Kap. 9.2.
[16] Vgl. Protokoll der Präsidiumssitzung der DGHS am 8. 12. 1992 in Düsseldorf im Ordner „Verein 1980–1993", in der Geschäftsstelle der DGHS, Berlin. Zu den Rechtsstreitigkeiten der DGHS vgl. allgemein Kap. 9.2 sowie speziell zu dem erwähnten Fall von 1988, der schließlich im Februar 1996 vor dem Bundesverfassungsgericht landete, die Akte B 237/79360 im BA Koblenz.
[17] Vgl. hierzu Protokoll der außerordentlichen Hauptversammlung der DGHS am 30. 1. 1993 in Augsburg und die Unterlagen zu der Veranstaltung im Ordner „Verein 1980–1993", in der Geschäftsstelle der DGHS, Berlin, sowie aus der Presseberichterstattung „Zweites Leben auf einer Insel?" *Focus* 1 (1993), Nr. 5 und „Gesellschaft für Humanes Sterben verhängt Hausverbot gegen Atrott." *Frankfurter Allgemeine Zeitung*, 10. 2. 1993. Zum Prozess der Trennung von Atrott, der mit einer jahrelangen Schlammschlacht einherging, und den Folgen für die DGHS vgl. Kap. 9.2.

sichts der zahlreichen Brandanschläge auf Flüchtlingsunterkünfte und Morde an Ausländern in den Jahren nach der Wiedervereinigung – „im Zusammenhang mit der gegenwärtigen Fremdenfeindlichkeit" in der Bundesrepublik zu wissen glaubte.[18] Derart zugespitzte Äußerungen waren Folge jenes unversöhnlichen Antagonismus zwischen Hospiz- und Sterbehilfebewegung, der sich in den Jahren zuvor gerade in der Bundesrepublik und ganz speziell in Bayern ausgeprägt hatte, wo die Gegner auch räumlich eng beieinanderlagen und immer wieder persönlich aufeinandertrafen, wenigstens in einem Fall sogar gewaltsam. In dieser Hinsicht war es sicher kein Zufall, dass sich ausgerechnet die beiden bayerischen Bundespolitiker Seehofer und Waigel so intensiv über die DGHS und ihre Führungsfigur austauschten. Nur wenige Wochen nach der Verhaftung Atrotts, im Mai 1993, sollte jedenfalls knapp 50 Kilometer Luftlinie entfernt vom DGHS-Hauptquartier in Augsburg – in der bayerischen Landeshauptstadt München – der Neubau des ersten stationären Hospizes des Freistaates eröffnen. Der Kampf um das „humane Sterben": Er wurde keinesfalls nur in Bayern geführt, aber hier kristallisierte er sich Anfang der 90er Jahre auf besondere Art und Weise.

9.1 Palliativstation oder Hospiz?
Der Kampf um das Sterben in München

> „The worst thing about death, [...] is not knowing what happens next." (Bernard Cornwell – War Lord)

Die Geschichte der Hospizidee im Raum München steht einerseits prototypisch für die Entwicklung in der ganzen Bundesrepublik in den 80er und 90er Jahren – und ist andererseits zugleich ungemein spezifisch und bestimmt von zahlreichen regionalen Besonderheiten. Zwar prägten sich andernorts etwas früher hospizliche Strukturen aus, jedoch traten hier deren prägende Merkmale vor allem in drei Punkten besonders rasch und klar hervor, namentlich mit Blick auf die Netzwerk-Ebene, sowohl auf lokaler als auch auf transnationaler Ebene, die Bedeutung einer aktiven Öffentlichkeitsarbeit und der medialen Inszenierung sowie die religiöse Dimension. Darüber hinaus strahlte München – insbesondere über den sehr einflussreichen städtischen Hospizverein – schnell bundesweit aus und wurde zu einem Motor der Entwicklung im ganzen Westen beziehungsweise im wiedervereinigten Deutschland.

Ursprünge und Hintergründe der Münchner Hospizbewegung

Ungewöhnlich an der Situation in der bayerischen Landeshauptstadt war zunächst ein frühes Problembewusstsein seitens der Lokal- und Landespolitik. Im Landes-

---

[18] „Die Festnahme Atrotts teilt die Meinungen." *Neues Deutschland*, 9. 2. 1993.

gesundheitsrat (LGR) des Freistaats, dem neben Medizinern und Vertretern einschlägiger Fachverbände aus dem Gesundheitswesen auch zahlreiche Mitglieder des Bayerischen Landtags angehören, stand das Thema Lebensende bereits seit den späten 70er Jahren auf der Agenda.[19] Die Kritik konzentrierte sich insbesondere auf Missstände beim Sterben in Kliniken, einem Thema, dem im Juli 1984 gar eine Vollsitzung und eine Dokumentation gewidmet wurde.[20] Das Bayerische Staatsministerium für Unterricht und Kultur hatte bereits 1982 einen neuen Lehrplan für die Krankenpflege veröffentlicht, der vorsah, in der Grundausbildung dezidiert Sterbe- und Trauerbegleitung sowie Phasenmodelle des Sterbens zu berücksichtigen. Im selben Jahr begann auch die Stadt München mit speziellen Fortbildungen für Krankenpflegepersonal zum richtigen Umgang mit Sterbenden – Maßnahmen, die den Beteiligten aber angesichts der Dimension der wahrgenommenen Probleme am Lebensende als noch nicht ausreichend erschienen.[21]

Als weitergehende Antwort darauf geriet die Hospizidee sehr früh ins Visier der Kommunal- und Landespolitik: Konkrete Pläne für ein Hospiz in München kursierten schon seit Ende der 70er Jahre und gingen auf eine Initiative des Krankenhausreferats der Landeshauptstadt zurück.[22] Ab 1983 arbeitete dieses gezielt auf den Aufbau einer stationären Einrichtung hin, nachdem es bereits zwei Jahre zuvor zu einer öffentlichen Diskussion darüber im Schwabinger Krankenhaus gekommen war, bei der unter anderem Reinhold Iblacker einen Vortrag gehalten hatte.[23] Unter Leitung des städtischen Krankenhausreferenten Herbert Genzel und der Fortbildungsbeauftragten der Stadt, Rosemarie Gumpert, begann nun ein Programm zur hospizlichen Weiterbildung von Pflegekräften.[24] Gumpert, die zuvor in einem Londoner Hospiz gearbeitet hatte, plädierte für eine ganzheitliche Pflege in der Sterbebegleitung, die sie in klassischen medizinischen Einrichtungen bislang vermisste.[25] Ein zeitgenössischer Aufsatz mit dem Titel „Anders mit Sterbenden leben" in der Zeitschrift *Praktische Theologie* begann dementsprechend: „Ein Beitrag, wie es sein könnte, wenn das Krankenpflegepersonal besser auf diese Aufgabe vorbereitet worden wäre [...]."[26]

---

[19] Vgl. BHStA, MArb 7218, MArB 3720 und MArb 4020.
[20] Bayerischer Landesgesundheitsrat, Sterben im Krankenhaus.
[21] Vgl. hierzu das Manuskript des Vortrags von Rosemarie Gumpert auf der Vollversammlung des LGR 1984, in: ebd., S. 15–17.
[22] Vgl. die Informationen in: Anne Urbauer: „In München: Eine Sterbeklinik für unheilbar Kranke. ‚Hospiz' soll Tod ohne Schmerzen ermöglichen." *Abendzeitung* (München), 12. 10. 1987, S. 24 sowie die in den folgenden Fußnoten zitierten Quellen.
[23] Vgl. Renate Jäckle: „Brauchen wir Sterbekliniken? Zu einer Diskussion des Arbeitskreises Gesundheitswesen." *Süddeutsche Zeitung*, 20. 2. 1981. Im Zuge des Diskussionsabends wurden zahlreiche spätere Hospizfreiwillige auf die Idee aufmerksam gemacht. Vgl. hierzu Interview Orth, S. 3.
[24] Vgl. hierzu die im Protokoll über die Besprechung im Provinzialat der Barmherzigen Brüder am 25. 2. 1987 zur „Gründung eines Hospizes im Krankenhaus der Barmherzigen Brüder" überlieferten Passagen zur Vorgeschichte des Hospizprojekts, in: Ordner „Johannes-Hospiz 1987–1988" im Provinzarchiv der Barmherzigen Brüder in München bzw. im Ordner „Hospiz I", Archiv der Inneren Mission München.
[25] Vgl. Gumpert, Hospice und dies., Hospiz.
[26] Gumpert, Sterbenden.

Auch im LGR, der im Oktober 1984 eine Resolution verabschiedete, in der sich die Verantwortlichen darauf verpflichteten, eine menschenwürdige Sterbebegleitung in Bayern zu schaffen, bildete sich in der Folge ein Ausschuss „Hospiz-Bewegung".[27] Dieser formulierte eine Reihe von Forderungen zur adäquaten Raumausstattung und zur personellen Besetzung beziehungsweise Weiterqualifikation von Personal in bayerischen Krankenhäusern. Darüber hinaus unternahm der LGR Ende 1987 eine Informationsreise nach London zur Besichtigung des St. Christopher's Hospice – vorbereitet wurde diese mit der Vorführung des Films „Noch 16 Tage" sowie Erfahrungsberichten von hospizlich geschulten Ärzten und Pflegekräften wie Gumpert oder dem Freiburger Mediziner und Hospizpionier Markus von Lutterotti.[28] Mit der Auflösung des Ausschusses Ende 1988 gab der LGR eine resümierende Dokumentation zu seiner Arbeit heraus.[29] In dem hierin abgedruckten Abschlussbericht des Gremiums wurde das Hospizkonzept gleichzeitig als Chance zur Gewährleistung eines Sterbens in Würde und als Alternative zur aktiven Sterbehilfe präsentiert: „Nicht zuletzt vor dem Hintergrund des Meinungsbildes in der Gesellschaft erscheint es höchst dringlich, daß auch Politik und gesellschaftlich relevante Kräfte den Verfechtern der aktiven Sterbehilfe eine Alternative entgegenstellen und sich dabei auch die Frage stellen, ob die Ängste der Menschen lediglich einer Stimmung entsprechen oder durch offensichtliche Defizite in der Behandlung und Betreuung Sterbender begründet sind."[30] Darüber hinaus verabschiedete die Vollversammlung des LGR eine abermalige Resolution mit der konkreten Forderung, die Ergebnisse in alle gesundheitspolitischen Entscheidungen einzubeziehen und hospizliche Angebote in Bayern zu realisieren, darunter einige stationäre Einrichtungen, die als „Keimzelle" für die Idee dienen sollten.[31]

Eine weitere Münchner Besonderheit war, dass sich weitgehend unabhängig von den gesundheitspolitischen Debatten sehr früh zivilgesellschaftliche Initiativen formierten, die sich für die Verbesserung der wahrgenommenen Missstände am Lebensende einsetzten. Dies lag primär an einer Reihe engagierter und gut vernetzter Einzelpersonen, die in der Stadt lebten. Im Mittelpunkt stand einmal mehr Reinhold Iblacker, der seine Karriere als Filmemacher infolge gesundheitlicher Probleme Ende der 80er Jahre weitgehend beendete und sich auf seine Tätigkeit in

---

[27] Vgl. hier und im Folgenden zur Arbeit und zu den Hintergründen des Ausschusses den internen Vermerk des Referats VII 6 im Bayerischen Arbeitsministerium vom 19. 1. 1989 zu einem Schreiben des Präsidenten der Generalsynode der VELKD an den Staatssekretär für Arbeit und Sozialordnung, Gebhard Glück, in: BHStA, MArb 4020 sowie die ebenda überlieferten Arbeitsberichte des Ausschusses und dessen Abschlussbericht vom 28. 11. 1988. Zwischen den Gremien gab es einige personelle Schnittmengen, so gehörte z. B. Genzel auch dem Landesgesundheitsrat an.
[28] Zu Lutterotti vgl. Gisela Klinkhammer: „Markus von Lutterotti. Pionier der Hospizbewegung gestorben." *Deutsches Ärzteblatt* 107 (2010), Nr. 18, S. B-761.
[29] Bayerischer Landesgesundheitsrat, Hospiz-Bewegung.
[30] Abschlussbericht des Ausschusses „Hospiz-Bewegung" im LGR vom 28. 11. 1988, S. 3, zu finden in ebd.
[31] Resolution des LGR vom 12. 12. 1988, in: BHStA, MArb 4020.

der Landeshauptstadt konzentrierte.[32] Dort war er ausgezeichnet vernetzt, wurde finanziell etwa immer wieder von seinem Duzfreund, dem Medienmogul Leo Kirch unterstützt, dessen Ehefrau Ruth zeitweise auch persönlich im Hospizwesen engagiert war.[33] Iblacker konnte so das von ihm Mitte der 70er Jahre gegründete Institut für Kommunikationsforschung und Medienarbeit an der jesuitischen Hochschule für Philosophie in München zum Zentrum seiner Hospizaktivitäten machen. An dem von ihm als Geschäftsführer geleiteten Institut war seit 1978 Gerburg Vogt tätig, die wie viele erstmals 1971 über die Iblacker-Dokumentationen auf die Idee aufmerksam geworden war.

Seit Anfang der 80er Jahre arbeiteten beide gezielt auf die Schaffung hospizlicher Strukturen im Raum München hin. Einerseits knüpften sie enge Kontakte zu den zentralen Akteuren im Gesundheitswesen in der bayerischen Landeshauptstadt. Aufgrund der bereits eingesetzten gesundheitspolitischen Debatten stießen sie dabei vielerorts auf offene Ohren.[34] Andererseits warben sie zahlreiche interessierte Freiwillige an, wobei sich besonders Iblackers Zugang zur Münchner „Schickeria" als hilfreich erwies. So begegnete er 1982 Gustava Everding, der Ehefrau des Generalintendanten des Bayerischen Staatstheaters. Everding war approbierte Medizinerin und über eine Zusatzausbildung als Kommunikationstherapeutin in Berührung mit den Schriften von Kübler-Ross und den Iblacker-Filmen gekommen.[35] Im selben Jahr traf Iblacker die junge Ärztin Elisabeth Albrecht. Albrecht hatte die neuen Ansätze einer Sterbebegleitung im Medizinstudium in Leeds kennengelernt und anschließend in einem dortigen Hospiz famuliert. In München verblüffte sie die Nichtexistenz einer Hospizeinrichtung in der Stadt – Verwandte schickten sie daraufhin zu Iblacker. Dieser beauftragte Albrecht, die kurz darauf aus familiären Gründen für einige Zeit nach Nordamerika ging und sich in Montreal zur Palliativmedizinerin ausbilden ließ, mit der Übersetzung der zentralen amerikanischen Hospiz-Schrift von Sandol Stoddard – finanziert wurde das Projekt durch eine größere anonyme Spende, vermutlich abermals von Leo Kirch.[36]

---

[32] Vgl. Funiok, Pionier, S. 123 und Rüdiger Funiok: „Wer war Reinhold Iblacker." CHV aktuell 69 (Mai 2015), S. 25–26.

[33] Vgl. Interview Vogt, S. 5; Interview Elisabeth Albrecht, S. 4 sowie den Schriftverkehr zwischen Iblacker und Leo bzw. Ruth Kirch Ende der 80er Jahre, in: Archiv der Zentraleuropäischen Provinz der Jesuiten (SJ), München, Akte Sig.: 48–11. Nr. 30.

[34] Gerburg Vogt berichtet in ihren Erinnerungen zwar von einigen Widerständen, etwa seitens des örtlichen AOK-Chefs, der Hospizeinrichtungen angesichts der hohen Qualität des deutschen Gesundheitssystems für überflüssig hielt. Ihrem Urteil, dass sie und Iblacker „mehr oder weniger" alleine ein Bewusstsein für Hospizfragen in der lokalen Gesundheitspolitik angestoßen hätten, ist aber entschieden zu widersprechen. Deren Beschäftigung mit der Hospizidee hatte vielmehr bereits unabhängig davon eingesetzt – auch die Informationsreise des LGR war, wie sie selbst in dem Interview auf Nachfrage einräumt, ohne ihr Zutun zustande gekommen; Interview Vogt, S. 2 f.

[35] Vgl. Interview Everding (2007), S. 1 und Interview Everding (2016), v. a. S. 22–24.

[36] Vgl. hierzu Interview Elisabeth Albrecht, S. 2–6; die Angaben im Vorwort der 1985 entstandenen und nach zähen Verhandlungen Iblackers mit einiger Verzögerung 1987 im Lambertus-Verlag erschienenen Übersetzung: Stoddard, Hospiz-Bewegung, S. 7–9; sowie das Interview mit der Tante von Albrechts Ehemann, der pensionierten Lehrerin Ruth Albrecht, die im Zuge der Übersetzung des Buches ebenfalls zur Hospizgruppe um Iblacker stieß: Interview Ruth

Auch andere Münchner Ehrenamtliche konnten durch die guten Kontakte Iblackers zur englischen und amerikanischen Hospizbewegung früh in den dortigen Einrichtungen Praxiserfahrungen sammeln. Die Sozialpädagogin Christel Orth etwa hospitierte auf seine Vermittlung hin neun Monate im US-Lehrhospiz von Sylvia Lack in Connecticut,[37] zwei später hauptberuflich angestellte Krankenschwestern erhielten mit Förderung der Robert Bosch Stiftung eine palliative Zusatzausbildung in Schottland – die Empfehlung dafür hatte Iblacker von Cicely Saunders bekommen.[38]

Iblackers Netzwerke und Aktivitäten machten die Landeshauptstadt im Laufe der 80er Jahre zum Zentrum der westdeutschen Hospizbewegung. Es war fast logisch, dass ausgerechnet hier sehr früh ein ungemein einflussreicher privater Hospizverein entstand. Benannt war der Anfang Juni 1985 von knapp 50 Privatpersonen gegründete Christopherus Hospiz Verein (CHV) nach dem Londoner Hospiz von Saunders.[39] Ursprüngliche Initiatoren des bis heute bestehenden, ältesten deutschen Hospizvereins waren Ingeborg und Jörg Harmsen.[40] Das ältere Ehepaar war – wohl nach dem Verlust eines Kindes – in Kontakt mit den Büchern von Kübler-Ross gekommen und hatte daraufhin sein Wohnhaus verkauft, um das Geld in den Aufbau einer Initiative zu stecken.[41] Iblacker, Albrecht und Vogt, die parallel dazu einen Verein „Leben bis zuletzt" gegründet hatten, erfuhren zufällig von der Existenz des CHV. Nach längeren Verhandlungen – in der ursprünglichen Vereinssatzung lag der Fokus klar auf Schmerztherapie, von Sterben oder Sterbebegleitung war noch gar keine Rede – trat die Gruppe dem CHV schließlich bei.[42] Rasch kam es zu inhaltlichen und formalen Auseinandersetzungen. Nachdem sich ein von den Harmsens in Aussicht gestellter größerer ausländischer Geldgeber als Luftnummer entpuppte, verließen diese München.[43]

Albrecht, S. 3 f. Zur Bedeutung der Veröffentlichung für die deutsche Hospizbewegung vgl. Heller u. a., Geschichte, S. 154 f.

[37] Vgl. Interview Elisabeth Albrecht, S. 9; Interview Orth, S. 4 f. Über das Hospiz in Connecticut sowie die Palliativeinrichtungen in Montreal, an denen Elisabeth Albrecht tätig gewesen war, produzierte Iblacker kurz darauf gemeinsam mit Georg Stingl den Dokumentarfilm „Ein neues Hospiz"; vgl. Albrecht, Hospizidee, S. 24 und Kap. 8.2.

[38] Vgl. die Akte Christopherus Hospiz Verein e. V., in: RBSG-A 1106-445; Interview Orth, S. 20–22; Interview Vogt, S. 11 f. sowie Funiok, Pionier, S. 125.

[39] Die Informationen zu Gründung, Profil und Entwicklung des CHV in den folgenden beiden Absätzen entstammen sofern nicht anders angegeben Heller u. a., Geschichte, S. 152–158; Seitz/Seitz, Hospizbewegung, S. 78, S. 173–176 und S. 347 f.; Funiok, Pionier sowie den Angaben in der Sonderausgabe der Vereinszeitschrift zum 25. Jubiläum des CHV, v. a. Westrich, Wie alles begann.

[40] Vgl. „Stiftung für Sterbebegleitung braucht Spender." *Berliner Morgenpost*, 23. 8. 1996.

[41] Vgl. Wiedemann, Hospiz-Bewegung, S. 38. Christel Orth bezweifelt dagegen die kolportierten Eigeninvestitionen des Ehepaars und vermutet finanzielle Interessen des Bankiers Jörg Harmsen hinter der Hospizinitiative; Interview Orth, S. 38 f.

[42] Albrecht, Hospizidee, S. 22 und Interview Elisabeth Albrecht, S. 8 f.

[43] Vgl. Interview Everding (2007), S. 2, Interview Ruth Albrecht, S. 3 und Interview Vogt, S. 3 und S. 8 f. Die Harmsens konzentrierten ihre Aktivitäten anschließend auf den Raum Frankfurt am Main, wo sie 1988 die Geschäftsführung einer Schmerzambulanz übernahmen, um später in Berlin ein Tageshospiz zu gründen; vgl. für ihr späteres Wirken Godzik, Hospizbewe-

9.1 Palliativstation oder Hospiz? Der Kampf um das Sterben in München 451

Ihr Ausscheiden erwies sich freilich als Glücksfall, blühte der CHV unter seiner neuen Führung und dem seit Juli 1988 als erstem Vorsitzenden agierenden Iblacker doch rasch auf. Dank seiner Verbindungen und der Beteiligung von Lokalprominenz wie Everding oder Monika Hohlmeier, der Tochter von Franz Josef Strauß, erhielt der junge Verein große öffentliche Aufmerksamkeit: „Diese Münchner helfen den Kranken beim Sterben", titelte kurz darauf die Regionalausgabe der *Bild*, die die Bemühungen um die „ärmsten Opfer der heutigen Apparatemedizin" in den höchsten Zügen lobte – und die Gründung des CHV kurzerhand Hohlmeier und Everding persönlich zuschrieb.[44] Über die nun anlaufenden Hospizhelfer-Seminare gewann der Verein weitere Freiwillige, darunter die Medizinstudentin und spätere Vizepräsidentin der Deutschen Gesellschaft für Palliativmedizin Claudia Bausewein, deren Doktorarbeit Anfang der 90er Jahre unter anderem von Elisabeth Albrecht betreut werden sollte.[45] 1989 nahm der CHV, der um die Jahrtausendwende mit knapp 1600 Mitgliedern der mitgliederstärkste unter den regionalen Hospizvereinen in der Bundesrepublik war, einen ambulanten Hospizdienst in Betrieb – bereits wenig später verzeichneten über 100 Freiwillige jährlich mehr als 10 000 Einsatzstunden bei der Begleitung von 160 Sterbenden. Iblacker, der einige Zeit später das Bundesverdienstkreuz erhielt, gab den Vorsitz 1991 aus gesundheitlichen Gründen ab; seine Nachfolgerin wurde Gustava Everding. Der CHV verpflichtete sich in seiner Satzung zwar auf weltanschauliche Neutralität, war aber – nicht zuletzt unter dem Einfluss des Jesuiten Iblacker und der Pallottinerin Vogt – eindeutig katholisch geprägt und von der Notwendigkeit einer religiösen Grundlage der Hospizarbeit überzeugt. So unterhielt er enge Kontakte gerade zu den christlichen Wohlfahrtsorganisationen, die dem jungen Hospizverein ebenso wie die Erzdiözese München-Freising und das Landeskirchenamt der Evangelisch-Lutherischen Kirche in Bayern finanzielle Zuschüsse gewährten. Darüber hinaus stellte der örtliche Caritasverband dem CHV Büroräumlichkeiten zur Verfügung.[46] Bei der Ausbildung und beim Einsatz von Hospizhelfern erfolgte ebenfalls früh eine enge Zusammenarbeit zwischen den Ver-

---

gung, S. 9; Buckingham, Hospiz, S. 220; Volontieri, Hospizbewegung, S. 22; „Tu Gutes und werde geehrt. Ingeborg und Jörg Harmsen haben ihr Haus verkauft, um Hospize zu eröffnen – nun dankt ihnen der Bundespräsident." *Der Tagesspiegel*, 7. 1. 2004; Sylke Heun: „Raum für Gespräche." *Berliner Morgenpost*, 12. 6. 2004, online unter: https://www.morgenpost.de/printarchiv/magazin/article103526503/Raum-fuer-Gespraeche.html [15. 12. 2021].

[44] Marc Kayser: „Krankenhaus Harlaching: Neue Einrichtung von Strauß-Tochter Monika. Diese Münchner helfen den Kranken beim Sterben." *Bild. Regionalausgabe München*, 1. 6. 1990, S. 3. Vgl. auch den Bericht über die Mitgliederversammlung des CHV in der *SZ* kurz darauf: Gina Berg: „Trost für Kranke und Sterbende." *Süddeutsche Zeitung*, 23. 8. 1990. Zum hospizlichen Engagement von Hohlmeier, die sich später parallel zu ihrer Arbeit als Staatssekretärin im bayerischen Kultusministerium in der Deutschen Hospiz Stiftung engagierte vgl. Franz Xaver Fuchs: „,Bitte begleite mich.' Die Hospizbewegung gewinnt auch in Deutschland an Bedeutung." *Spiegel Special* 11 (1998), Nr. 7, S. 104 f., online unter: https://magazin.spiegel.de/EpubDelivery/spiegel/pdf/7925020 [15. 12. 2021].

[45] Interview Bausewein, S. 2–4.

[46] Westrich, Geschichte, S. 10, Interview Ruth Albrecht, S. 4.

bänden. Anfang 1989 wurde der CHV folgerichtig sowohl in den Dachverband der Caritas als auch als außerordentliches Mitglied in das Diakonische Werk aufgenommen.[47]

An dieser Stelle kam eine weitere Münchner Besonderheit hinzu. Die Vielfalt an einflussreichen kirchlichen Akteuren im Gesundheitswesen sprengte in der bayerischen Landeshauptstadt sogar die sonst in Westdeutschland üblichen Dimensionen. Neben dem örtlichen Caritasverband und der Inneren Mission ist besonders die Ordensgemeinschaft der Barmherzigen Brüder zu nennen, deren Krankenhaus in Nymphenburg eine zentrale Rolle bei den Debatten um die Errichtung eines stationären Hospizes spielen sollte. Und entgegen der in Teilen der christlichen Wohlfahrtsorganisationen noch bis weit in die 80er Jahre hinein festzustellenden Zurückhaltung und Ablehnung gegenüber der Hospizidee, herrschte bei diesen in München von Anfang an eine aufgeschlossene Haltung.[48] In der örtlichen Caritas war bereits 1985 eine Rufnummer Sterbebegleitung eingerichtet worden.[49] Sowohl der Geschäftsführer der Inneren Mission, Peter Aldebert, als auch der Leiter des Referats ambulante Dienste bei der Caritas, Christian Schmierer, sowie der seit 1986 als Direktor des Diözesan-Caritasverbandes agierende Prälat Peter Neuhauser zeigten früh klare Sympathien.[50] Die örtliche Caritas-Zeitschrift informierte 1988, dass die Hospizbewegung unterstützt werden müsse, da sie so alt sei, „wie es Menschen gibt" und eine „Antwort auf die Frage nach dem Wert menschlichen Lebens angesichts von Leiden und Tod" biete.[51] Die Pflegedienstleiterin des Nymphenburger Krankenhauses der Barmherzigen Brüder war sogar parallel als Mitglied und Beraterin im CHV engagiert und stellte frühzeitig einen Kontakt zwischen Hospizverein und Ordensgemeinschaft her.[52]

---

[47] Vgl. Gina Berg: „Trost für Kranke und Sterbende." *Süddeutsche Zeitung*, 23. 8. 1990; Interview Vogt, S. 9; die Notiz zum Gespräch mit Vertretern der Caritas und der Inneren Mission am 9. 1. 1989 beim Caritasverband von Gerburg Vogt vom 11. 1. 1989 und das Schreiben von Iblacker an Peter Aldebert von der Inneren Mission vom 19. 1. 1989, in: Ordner Hospiz I, Archiv der Inneren Mission München.

[48] Vgl. zur vergleichsweise konfliktfreien Zusammenarbeit kirchlicher Träger und örtlicher Hospizinitiativen in Bayern in jenen Jahren Denzler-Labisch, Erfahrungen, v. a. S. 88 f.

[49] Vgl. *Caritasdienste. Mitteilungen des Katholischen Caritasverbandes der Erzdiözese München und Freising* 1985, S. 109.

[50] Vgl. Interview Elisabeth Albrecht, S. 9 sowie allgemein zu Motivation und Engagement der einzelnen Beteiligten auf kirchlicher Seite die im Folgenden zitierten Quellen aus den Archiven der Barmherzigen Brüder und der Inneren Mission.

[51] „Johannes-Hospiz in München. Neue Einrichtung geplant", in: *Caritasdienste. Mitteilungen des Katholischen Caritasverbandes der Erzdiözese München und Freising* 1988, S. 30–32, Zitate S. 30 und S. 31.

[52] Vgl. Interview Elisabeth Albrecht, S. 9; Interview Vogt, S. 8 f. sowie die Aussagen von Prior Binder von den Barmherzigen Brüdern am 25. 2. 1987, in: Ordner Johannes-Hospiz 1987–1988, Provinzarchiv der Barmherzigen Brüder in München.

Eine schwierige Geburt: das Johannes-Hospiz als eine hospizliche Palliativstation

Vor diesem Hintergrund verdichteten sich die Bemühungen um ein stationäres Hospiz in der Stadt in der zweiten Hälfte der 80er Jahre. Diese hatten zwei unterschiedliche Wurzeln. Zum einen trat der CHV Ende Juli 1986 in dieser Sache an das Krankenhausreferat der Stadt heran.[53] Nur wenige Monate später, im Dezember, stellte unabhängig davon die Fraktion der Grünen im Stadtrat einen Antrag, nach dem die Stadt München im Zusammenwirken mit den Kirchen und den freigemeinnützigen Trägern ein Konzept für einen „Modellversuch zur Begleitung Sterbender (Hospiz) erarbeiten" soll. In der Antragsbegründung hieß es, dass das Sterben infolge seiner Verlagerung in Institutionen gegenwärtig „häufig inhumane Züge" trage. Über eine Modelleinrichtung sollten die Situation in der gesamten Region München verbessert und zugleich neue Möglichkeiten für eine häusliche Betreuung terminal Kranker durch dort entsprechend weiterqualifiziertes Krankenpflegepersonal eröffnet werden.[54] Beide Seiten – CHV und das vom Stadtrat mit der Bearbeitung des Antrags beauftragte Krankenhausreferat – bemühten sich rasch um die Unterstützung der kirchlichen Akteure. Diese wiederum verfolgten eine eigene Agenda und sahen sich als die in Fragen der Sterbebegleitung eigentlich Zuständigen. Bei einem Abstimmungsgespräch zwischen Innerer Mission und Caritas im September 1986 stellte Prälat Neuhauser klar, dass die Einrichtung eines stationären Hospizes in München von katholischer Seite ausgehen und zwingend im Krankenhaus der Barmherzigen Brüder angesiedelt sein müsse; Kooperationen mit der Stadt oder dem CHV würden nicht angestrebt.[55]

Von vornherein waren also potenzielle Konfliktlinien vorgezeichnet. Dennoch überwog zunächst die Notwendigkeit zur Zusammenarbeit, brachten Stadt und Land doch die dringend benötigten Finanzmittel, die Wohlfahrtsorganisationen und der CHV die erforderliche Expertise bei der Pflege und Betreuung von Sterbenden und die Barmherzigen Brüder die ideale Räumlichkeit für eine stationäre Einrichtung mit. So kam es am 25. Februar 1987 zu einer ersten Sondierung zwischen allen Interessierten (darunter Iblacker für den CHV, Aldebert von der Inneren Mission und dem Krankenhausreferenten Genzel) im Provinzialat der Barmherzigen Brüder – Prälat Neuhauser übernahm im Einklang mit den ambitionierten Zielen der Caritas die Gesprächsführung, obschon der Prior der Ordens-

---

[53] Vgl. die Informationen hierzu im Schreiben des Oberkirchenrates vom 31. 7. 1986 an verschiedene Vertreter von Innere Mission, Diakonie und evangelischer Landeskirche, mit der die Sondierung auf evangelischer Seite einsetzte, in: Ordner Hospiz I, Archiv der Inneren Mission München.
[54] Der Antrag findet sich als Anlage, in: Beschluss des Gesundheitsausschusses vom 12. 4. 1988, Protokolle des Gesundheits- und Krankenhausausschusses 1988, Vorlagen-Nr. 84–90 / 1013082, Stadtarchiv München, S. 167 f.
[55] Vgl. den vertraulichen Vermerk von Peter Aldebert vom 11. 9. 1996 zu dem Gespräch am Vortag, in: Ordner Hospiz I, Archiv der Inneren Mission München.

gemeinschaft, Richard Binder, als Gastgeber fungierte.[56] Alle Teilnehmer stellten fest, dass sie unabhängig voneinander bereits Überlegungen in Richtung eines Hospizes in der Stadt München angestellt hatten. In der Sache, nämlich der Notwendigkeit einer verbesserten, auch stationären Sterbebegleitung, war man sich daher schnell einig. Einziger Streitpunkt war die Frage, ob eine als Monostruktur betriebene Einrichtung eine Gefahr für bestehende ambulante Dienste darstellen könne, was die Innere Mission befürchtete, aber von den Beteiligten mit England-Erfahrung wie Gumpert strikt zurückgewiesen wurde. Genzel schließlich wischte diese Diskussion vom Tisch mit der Feststellung, dass ein Hospiz konzeptionell in einer Klinik, und damit im Krankenhausbedarfsplan, verankert werden müsse, da es ansonsten nicht finanzierbar sei.

Geboren war damit, ohne dass es den Gesprächsteilnehmern aufgefallen wäre, eine Münchner Besonderheit, nämlich die Idee, ein Hospiz in Form einer Palliativstation zu konzipieren. Da die Stadt – wie der Krankenhausreferent betonte – zu diesem Zeitpunkt aber noch große Bedenken hatte, das Hospizprojekt als rein „weltliche" Initiative an einem städtischen Krankenhaus anzusiedeln, war der Weg damit quasi vorgegeben. Für die katholischen Beteiligten war klar, dass das Hospizprojekt eine kirchliche Angelegenheit sein müsse, und die Stadt „auf keinen Fall" direkt daran partizipieren könne, sondern sich lediglich über Pflegekräfte beteiligen solle. Hinter dieser Entscheidung standen Sorgen bezüglich möglicher externer Einflüsse auf das Ordenskrankenhaus sowie der Wunsch, flexibel entscheiden und die Personalpolitik im neuen Hospiz den Regelungen des Caritasverbandes, also dem kirchlichen Arbeitsrecht, unterstellen zu können.[57] Nachdem sich der Hospizverein bereit erklärt hatte, trotz seiner satzungsmäßigen weltanschaulichen Neutralität die Regeln der Kirche und das christliche Fundament der Hospizidee zu respektieren, einigten sich Barmherzige Brüder, Caritas und CHV in der Folge auf eine paritätische Besetzung eines gemeinsamen Trägervereins für das stationäre Hospiz.[58] Die Innere Mission, die sich in den Monaten zuvor zurückhaltend bezüglich einer eigenen Mitgliedschaft in einem Trägerverein gezeigt hatte, war verärgert über die letztliche Nichtbeteiligung evangelischer Akteure.[59]

---

[56] Zu dem Treffen vgl. hier und im Folgenden das sechsseitige Protokoll, in: Ordner Hospiz I, Archiv der Inneren Mission München und Ordner Johannes-Hospiz 1987–1988, Provinzarchiv der Barmherzigen Brüder in München.

[57] Ergebnisprotokoll der Besprechung zwischen Barmherzigen Brüdern, CHV, Innerer Mission und Caritas vom 6. 4. 1987, in: Ordner Johannes-Hospiz 1987–1988, Provinzarchiv der Barmherzigen Brüder in München. Auf Seiten der Inneren Mission und der evangelischen Kirche verlief der Entscheidungsfindungsprozess 1986/87 noch eher schleppend, so dass diese zeitweilig nicht mehr direkt in die Gespräche involviert war und nur noch als Kooperationspartner fungierte. Vgl. hierzu auch die internen Vermerke in Ordner Hospiz I, Archiv der Inneren Mission München.

[58] Ergebnisprotokoll der Besprechung zwischen Barmherzigen Brüdern, CHV und Caritas vom 15. 7. 1987, in: Ordner Johannes-Hospiz 1987–1988, Provinzarchiv der Barmherzigen Brüder in München.

[59] Vgl. das Ergebnisprotokoll der Besprechung am 20. 5. 1987 sowie den Schriftverkehr zwischen Aldebert und Heinz Miederer, dem Rektor des Evangelisch-Lutherischen Diakoniewerks Neuendettelsau, im Sommer 1987, in: Ordner Hospiz I, Archiv der Inneren Mission München.

9.1 Palliativstation oder Hospiz? Der Kampf um das Sterben in München 455

In der Regionalausgabe der Zeitschrift *Sonntagsblatt. Evangelische Wochenzeitung für Bayern* beklagte sich Aldebert, dass die katholische Seite sich vom ursprünglich ökumenischen Konzept verabschiedet und „uns den Stuhl vor die Tür gesetzt" habe.[60] Im Oktober 1987 schlossen sich die drei katholischen Verbände zum Johannes-von-Gott Hospiz-Verein (JvG) zusammen – die Benennung nach ihrem Ordensgründer dürfte durchaus als Hinweis auf die gehobene Stellung der Barmherzigen Brüder und ihres Nymphenburger Krankenhauses in dieser Koalition zu verstehen gewesen sein und unterstrich zugleich die von allen Partnern angestrebte Würdigung der katholischen Wurzeln des Projekts.[61]

Der Vereinszweck war laut Satzung der Aufbau einer stationären Einrichtung unter dem Namen „Johannes Hospiz", die eine adäquate Symptomkontrolle bei Sterbenden und deren bedarfsweise Betreuung in der Terminalphase sicherstellen, vor allem aber auch der Weiterentwicklung des Hospizwesens in der Region durch Schulungen, Weiterbildungsprogramme und Forschungsförderung dienen sollte. Das Hospizkonzept des JvG orientierte sich, was Zielvorstellungen, Zusammensetzung des Hospizteams, Betreuungsschlüssel, Patientenkreis und Aufnahmekriterien angeht, an den Vorbildern nordamerikanischer Einrichtungen. In Einklang damit – aber durchaus verblüffend angesichts der vorgesehenen Einbettung des Johannes-Hospizes in ein Krankenhaus – kritisierte es die gegenwärtige Situation von Sterbenden in Kliniken, die „personell, räumlich und finanziell überfordert [seien], den todkranken Patienten ein menschenwürdiges Sterben zu ermöglichen." Sterbebegleitung wurde folglich nicht auf medizinische Zusammenhänge reduziert, sondern dessen psychosoziale Seite in den Mittelpunkt gerückt: Vorgesehen waren eine Musik-, Kunst- und Beschäftigungstherapie „zur nicht-pharmakologischen Symptomkontrolle" und der Aufbau einer Bibliothek. Das Augenmerk der geplanten Einrichtung lag folglich einerseits auf dem „Anlernen" der Familie für die Weiterbetreuung von Sterbenden zu Hause, andererseits auf der Architektur: „Wenn irgend möglich, soll der Patient ins Freie schauen können, besondere Beachtung verdient auch die Zimmerdecke."[62]

Bereits zur Jahreswende 87/88 lag dem JvG der entsprechende Planungsvorschlag eines Architekten für die Errichtung des Hospizes vor. Dieser sah Gesamt-

---

[60] „Hospiz für Sterbende belastet die Ökumene." *Gemeindeblatt für München und Oberbayern*, 8. 11. 1987, Nr. 45, S. I. Der Schritt an die Öffentlichkeit sorgte wiederum für Unmut bei der Caritas. In einem Schreiben an Aldebert stellte Neuhauser klar, dass der einzige Grund für die Entscheidung die fehlenden Signale der Inneren Mission zu einer finanziellen Mitbeteiligung gewesen seien, dennoch sei man im JvG weiter zu einer Kooperation bereit; vgl. das Schreiben vom 13. 11. 1987, in: ebd.

[61] Zur Gründung des JvG am 14. 10. 1987 vgl. das Protokoll im Ordner Hospiz-Errichtung München; zur Namensfrage vgl. das Diskussionsprotokoll des Gesprächs vom 16. 6. 1987 zwischen Vertretern der Barmherzigen Brüder und des Caritasverbandes im Ordner Johannes-Hospiz 1987–1988, Provinzarchiv der Barmherzigen Brüder in München.

[62] Die Satzung und das Hospizkonzept des JvG findet sich im Ordner Johannes-Hospiz 1987–1988, Provinzarchiv der Barmherzigen Brüder in München sowie als Anlage, in: Beschluss des Gesundheitsausschusses vom 12. 4. 1988, Protokolle des Gesundheits- und Krankenhausausschusses 1988, Vorlagen-Nr. 84–90 / 1013082, Stadtarchiv München.

kosten für den Umbau des Nymphenburger Krankenhauses von ungefähr 3,8 Millionen DM vor und bildete die Grundlage für die nun einsetzenden Gespräche mit dem Bayerischen Staatsministerium für Arbeit und Sozialordnung. Tatsächlich konzentrierte sich der JvG fortan auf die politische Lobbyarbeit, um die nötigen Finanzmittel zu generieren – so protokollierte er etwa genau, welche Mitglieder des LGR der Hospizidee positiv gegenüberstanden. Bei einem Besuch im Ministerium Ende Dezember empfahl der für den Krankenhausbedarfsplan zuständige Beamte im Antrag den Modellcharakter der Einrichtung stark zu machen. Darüber hinaus informierte der JvG die Landesärztekammer, nahm Kontakt zu Bundesgesundheitsministerin Rita Süssmuth sowie zum neuen Krankenhausreferenten der Stadt, Zimmermann, auf und verhandelte mit der AOK München, deren Direktor eine Finanzierung des laufenden Betriebs über den normalen Pflegesatz des Krankenhauses in Aussicht stellte.[63] Seitens der Stadt München hatte man sich zunächst enttäuscht über den Ausschluss aus dem Trägerverein gezeigt. Öffentlich beklagte sich ein Sprecher des Krankenhausreferates über die Ausbootung und erklärte, dass die Stadt nach wie vor ein eigenes Hospiz plane. Zwar sei unklar, warum „die evangelische Kirche und die Krankenpflege der Landeshauptstadt in der Betreuung Sterbender plötzlich nicht mehr erwünscht" seien, in jedem Fall handle es sich jedoch um eine „konzertierte Aktion der Katholiken", die das geplante Hospiz offenbar nur vordergründig als „überkonfessionell" definierten. Aufgrund der Unterversorgung in diesem Bereich schmolle man trotz aller Verärgerung nicht, sondern gratuliere den Trägern zu dem Vorhaben.[64] Entsprechend erklärte sich die Stadt auf einer gemeinsamen Sitzung mit Vertretern des JvG dennoch bereit, einen Kooperationsvertrag zu vereinbaren.[65]

Am 1. Februar 1988 reichte der JvG schließlich einen Antrag auf Aufnahme des Johannes-Hospizes in den Krankenhausbedarfsplan beim Staatsministerium ein. Präsentiert wurde das Johannes-Hospiz darin als ein Akutkrankenhaus mit besonderer fachlicher Ausrichtung im Rahmen der Inneren Medizin, der angeschlossene ambulante Hospizdienst sollte in den Händen der Caritas liegen. Die Innere Mission – die sich diesbezüglich zuvor beim Landeskirchenamt abgesichert hatte – und das Krankenhausreferat der Landeshauptstadt München schienen als Kooperationspartner auf. Für die geplanten 25 Betten wurden Kosten in Höhe von 6,25 Millionen DM veranschlagt. Inhaltlich begründete der JvG die Notwendigkeit damit, dass im bestehenden bayerischen Gesundheitssystem schwerstkranke Patienten, „deren ausdrücklicher Wunsch es ist, möglichst schmerzfrei die letzten Tage

---

[63] Vgl. zu den einzelnen Punkten den entsprechenden Schriftverkehr und die Protokolle der fast vierzehntägigen Vorstandssitzung des JvG zwischen Oktober 1987 und April 1988, in: ebd.
[64] Zitiert nach Anne Urbauer: „In München: Eine Sterbeklinik für unheilbar Kranke. ‚Hospiz' soll Tod ohne Schmerzen ermöglichen." *Abendzeitung* (München), 12. 10. 1987, S. 24 und „Caritas entschuldigt sich für ‚Fehler'. Streit um Münchner Hospiz-Trägerschaft kam im Forum nochmals zur Sprache." *Evangelisches Sonntagsblatt aus Bayern*, 10. 4. 1988, S. 1 und S. 3.
[65] Vgl. Protokoll über die gemeinsame Sitzung zwischen Vertretern des JvG und der Stadt München am 24. 11. 1987, in: Ordner Johannes-Hospiz 1987–1988, Provinzarchiv der Barmherzigen Brüder in München.

ihres Lebens in der gewohnten Umgebung zu Hause zu verbringen", nicht adäquat versorgt würden. Mit der Einrichtung wollte man zugleich ein Alternative zur „aktiven Euthanasie" schaffen, da sie „Lebenshilfe bis zum Tod anstelle von Hilfe zum Sterben" biete.[66]

Parallel zu den anschließenden Beratungen im Krankenhausplanungsausschuss bildeten sich die Partner fort. So unternahmen die Barmherzigen Brüder im Laufe des Jahres 1988 eine Reihe von Informationsreisen: Mit finanzieller Unterstützung des Sozialministeriums besichtigte eine Delegation ein Hospiz in San Francisco, darunter waren auch externe Teilnehmer, die als Multiplikatoren aus dem medizinischen und sozialen Bereich ausgewählt wurden. Von besonderer Bedeutung war ferner ein Besuch im „Haus Hörn" in Aachen, das 1986 als erstes stationäres Hospiz in der Bundesrepublik seinen Betrieb aufgenommen hatte.[67] Diese Einrichtung hatte einen ähnlichen institutionellen Hintergrund wie das geplante Johannes-Hospiz mit einer einem Altenheim angeschlossenen Pflegestation unter der Trägerschaft einer katholischen Ordensgemeinschaft. Genau informierten sich die Besucher denn auch über durchschnittliche Belegzeiten der Betten oder die Finanzierungswege – so hatten die zuständigen Landesbehörden ohne gesetzlichen Rahmen die Abrechnung von Hospizleistungen zu einem Satz genehmigt, der den üblichen Pflegesätzen im Altersheim entsprach, eine Flexibilität, die sich der JvH auch für München erhoffte. Und noch zwei andere zentrale Erkenntnisse nahmen die Barmherzigen Brüder, die mit Interesse notierten, dass es in der Planungsphase zu größeren Streitigkeiten mit dem Caritasverband gekommen war, mit zurück nach Bayern. Erstens war es bei der Planung der Erweiterung des Hospizes in Aachen zu Widerständen von Anwohnern gekommen. Dessen Leiter Paul Türks empfahl den Barmherzigen Brüdern daher, ein besonderes Gewicht auf Öffentlichkeitsarbeit zu legen, um den Eindruck zu vermeiden, eine Abschiebeklinik für Sterbende zu errichten. Zweitens wurde die Wichtigkeit der architektonischen Gestaltung des Hospizes herausgehoben, das den Eindruck einer sterilen Klinik vermeiden und vielmehr hell und privat wirken müsse. Genau beobachtete die Delegation das Aussehen der Pflegeeinrichtungen inklusive des Wäscheraums, der Teeküche und einer Kegelbahn, darunter auch Details, zum Beispiel zum verwendeten Bodenbelag („Jura"). Ein Vermerk im Protokoll hielt fest, dass nunmehr im Johannes-Hospiz keine Vierbettzimmer mehr angelegt werden sollten, sondern wie im „Haus Hörn" nur Ein- und Zweibettzimmer.[68]

Darüber hinaus stand die für internationale Hospizinteressierte fast schon obligatorische Reise nach London auf dem Programm – im St. Christopher's Hospice,

---

[66] Antrag auf Aufnahme des Johannes-Hospizes München in den Krankenhausplan nach Art. 5, Bayerisches Krankenhausgesetz vom 1. 2. 1988, in: ebd. Zum Entscheidungsfindungsprozess auf evangelischer Seite vgl. den Schriftverkehr zwischen Innerer Mission und Landeskirchenamt im Dezember 1987, in: Ordner Hospiz I, Archiv der Inneren Mission München.
[67] Vgl. zum „Haus Hörn" Kap. 8.2.
[68] Vgl. für den gesamten Absatz die Aktennotizen, Reiseunterlagen und Protokolle im Ordner „Besichtigungsreisen London/Aachen" im Provinzarchiv der Barmherzigen Brüder in München.

das zu einem „place of pilgrimage"[69] für alle an Sterbebegleitung Interessierte geworden war, musste die Ordensgemeinschaft den dort seit Ende der 80er Jahre erhobenen Unkostenbetrag von 15 Pfund pro Besucher entrichten. Etwas irritiert hielten die Teilnehmer im Protokoll fest, dass im Hospiz von Cicely Saunders, die die Gruppe immerhin persönlich begrüßt und nach ihren Zielen befragt habe, „vermutlich kontinuierlich Führungen mit dementsprechenden Informationen professionell durchgeführt" würden. Auch die Dimension des St. Christopher's Hospice mit seinen zu diesem Zeitpunkt 65 Betten und 200 Mitarbeitern allein im Hauspersonal erstaunte die Delegation aus der bayerischen Landeshauptstadt. Angesichts der knapp 800 Menschen, die jährlich dort sterben würden, müsse es – eine Bestätigung der Erkenntnisse aus Aachen – darum gehen, „in München ein Vorimage aufzubauen, damit das Hospiz nicht im Volksmund als Sterbeklinik hingestellt wird."[70]

Vor diesem Hintergrund überschwemmten die Beteiligten am Hospizprojekt den Raum München in jenen Jahren mit einer wahren Veranstaltungsflut, mittels der sie die Stadtöffentlichkeit für die Thematik sensibilisieren wollten. Im Oktober 1987 hielt Elisabeth Kübler-Ross im Deutschen Museum einen Vortrag, der komplett ausverkauft war. In diesem Kontext organisierte der CHV einen Kongress, im Zuge dessen auch eine öffentliche Podiumsdiskussion zum Thema „Sterbebegleitung" stattfand, an der zahlreiche Vertreter des JvG, darunter auch Iblacker, teilnahmen.[71] Im folgenden Februar organisierte die Caritas eine Haus- und Straßenkollekte, in der hunderte Freiwillige im ganzen Stadtgebiet Spenden für das Hospiz sammelten.[72] Das Evangelische Forum München informierte im Rahmen eines Studientages mit dem Titel „Leben bis zuletzt. Ein Hospiz in München – Sterbebegleitung als Lebenshilfe" im März 1988 über die Aktivitäten – wiederum waren mit Aldebert, Schmierer und Elisabeth Albrecht viele Projektpartner direkt involviert, dazu mit Christoph Student der wohl bekannteste westdeutsche Hospizvertreter Ende der 80er Jahre.[73] Auch die örtliche Presse, die Fragen von Tod und Sterben seit dem Überraschungserfolg der Ausstellung „Die letzte Reise" im Stadtmuseum im Jahr 1984 ohnehin bereits auf der Agenda hatte, berichtete in jenen Monaten ausführlich über die Initiative in der Landeshauptstadt und stellte die Hospizidee dabei sehr positiv dar. Das Hospiz dürfe – wie die *Süddeutsche Zeitung* nachdrücklich klarstellte – auf keinen Fall mit einem „Sterbeghetto" verwechselt werden, ermögliche es doch ein „Sterben in Würde und Freiheit".[74]

---

[69] Du Boulay/Rankin, Saunders, S. 193.
[70] Protokoll vom 18. 11. 1988, in ebd.
[71] Vgl. die Informationen in *CHV aktuell*, Nr. 2/1987.
[72] Vgl. „Die Caritas bittet wieder um Spenden. 15 000 mit der Sammelbüchse unterwegs." *Süddeutsche Zeitung*, 27./28. 2. 1988; „Caritas-Sammlung." *Münchner Merkur*, 15. 2. 1988.
[73] Vgl. das Programm des Studientages vom 24. 3. 1988, in: Ordner Johannes-Hospiz Literatur, Provinzarchiv der Barmherzigen Brüder in München bzw. im Ordner Hospiz I, Archiv der Inneren Mission München.
[74] „Für ein Sterben in Würde und Freiheit." *Süddeutsche Zeitung*, 9. 10. 1987, S. 13 f. Ähnlich: „Im künftigen Christophorus-Hospiz: Aktive Lebenshilfe für unheilbar Kranke." *Süddeutsche Zeitung*, 27. 1. 1988. Vgl. zur Presseberichterstattung über das Projekt in den letzten Monaten

9.1 Palliativstation oder Hospiz? Der Kampf um das Sterben in München   459

Mitten in diese gemeinsamen Aktivitäten der JvG-Partner platzte die Bombe: Die Barmherzigen Brüder kündigten den Trägerverein auf und gaben bekannt, das Johannes-Hospiz nunmehr in Eigenregie aufzubauen. Dieser Schritt, der die anderen Partner in der Konsequenz völlig unvorbereitet traf, war eine Folge der Verhandlungen mit dem Sozialministerium. Der zuständige Ministerialbeamte hatte die Ordensgemeinschaft knapp sechs Wochen nach Einreichung des Antrags beim Krankenhausplanungsausschuss Mitte März 1988 telefonisch darüber informiert, dass einer Aufnahme in den Bedarfsplan unter der Trägerschaft eines heterogen zusammengesetzten Trägervereines nicht zugestimmt werden könne. Für die Barmherzigen Brüder stand unmittelbar fest, dass der Beschluss „zu Konsequenzen in der weiteren Verhaltensweise gegenüber dem Johannes-von-Gott-Hospiz-Vereines [sic] führen" müsse.[75] Nachdem die schriftliche Entscheidung den Barmherzigen Brüdern Ende März zugegangen war, in welcher der Hospizplan an sich klar positiv eingeschätzt wurde, da „die würdige Betreuung Sterbender [...] eine äußerst wichtige Aufgabe" darstelle,[76] ließen sich diese vom ehemaligen Krankenhausreferenten der Stadt München, dem Jura-Professor und Medizinrechtler Herbert Genzel in der Sache beraten. Genzel hielt fest, dass das Ministerium – das offenbar einen Präzedenzfall verhindern wolle, der zu einer Flut an kleinen Initiativen von neuen Trägern führe – rechtlich überhaupt nicht zu einer solchen Entscheidung befugt sei und diese beim Verwaltungsgericht mit guten Erfolgsaussichten angefochten werden könne. Allerdings würde dies das Projekt um mindestens zwei bis drei Jahre verzögern. Zudem könnte sich eine selbstständige Trägerschaft mit kompletter Autonomie im stationären Bereich auch als struktureller Vorteil erweisen.[77]

Bei der Vorstandssitzung des JvG Mitte April wollten CHV und Caritas dagegen unbedingt an der Parität der Projektpartner festhalten und schlugen vor, die formalen Probleme durch einen Kooperationsvertrag zu lösen. Nach den Vorstellungen der Barmherzigen Brüder sollte der Verein jedoch nur noch beratend in die Ausgestaltung des Hospizes eingebunden werden – sowie durch eine Beteiligung an möglichen finanziellen Defiziten. Selbst mit letzterem wären Caritas und CHV zwar einverstanden gewesen, sie verlangten aber – erfolglos – inhaltliche Mitspracherechte und eine Willenserklärung der Ordensgemeinschaft, das Hospiz entsprechend dem ausgearbeiteten Konzeptpapier aufzubauen.[78] Gerade der CHV war in der Folge spürbar verprellt – Iblacker holte in mehreren wütenden Schrei-

---

des Jahres 1987 exemplarisch „Hospiz für unheilbar Kranke geplant." *Straubinger Tagblatt*, 21. 1. 1988, „Bayerisches Hospiz für unheilbare Kranke." *Augsburger Allgemeine*, 21. 1. 1988 sowie die Presseausschnittsammlung im Archiv des Caritasverbandes der Erzdiözese München und Freising, München-Neuperlach, Signaturen: 1543, 1549, 1591/1 und 1591/2, 2401, 2403, 2405, 2407–2413. Zur Ausstellung „Die letzte Reise" vgl. Kap. 7.1.

[75] Vgl. die undatierte Aktennotiz zu dem Telefongespräch im Ordner Johannes-Hospiz 1987–1988, Provinzarchiv der Barmherzigen Brüder in München.
[76] Schreiben vom 25. 3. 1988, in: ebd.
[77] Vgl. das Protokoll zu dem Beratungsgespräch vom 30. 3. 1988, in: ebd.
[78] Ergebnisprotokoll der Vorstandssitzung des JvG vom 15. 4. 1988, in: ebd.

ben an die beteiligten Verbände zum Rundumschlag gegen die Barmherzigen Brüder aus.[79] Für diese war spätestens jetzt das weitere Vorgehen klar: Ohne vorherige Abstimmung mit den Partnern informierten sie das Staatsministerium am 18. Mai schriftlich, dass man bereit sei, das Johannes-Hospiz in eigener Trägerschaft zu errichten. Mehr noch: Die Ordensgemeinschaft bat darum, sofort mit der Sanierung und dem Umbau des Nymphenburger Krankenhauses beginnen zu dürfen. Aufgrund des Modellcharakters des Hospizes könnten zudem „nicht die engen Maßstäbe des üblichen Krankenhausbaues Anwendung finden" – eine klare Vorwarnung an den Geldgeber bezüglich der zu erwartenden Kosten.[80] Am 3. Juni 1988 informierte der Provinzial der Barmherzigen Brüder, Bernhard Binder, schließlich die übrigen Vorstandsmitglieder, dass sich die Barmherzigen Brüder wegen der immer deutlicheren „Verständigungs- und Kooperationsschwierigkeiten" vom JvG trennen.[81]

Das Tischtuch zwischen der Ordensgemeinschaft und den anderen war damit endgültig zerschnitten – und der nun folgende emotionale Streit verlagerte sich rasch auf eine grundsätzliche Ebene, kreiste er doch letztlich um die Frage, welcher der Akteure die „richtige" Hospizidee repräsentierte.[82] Elisabeth Albrecht vom CHV äußerte gegenüber Journalisten den Verdacht, dass es dem Ex-Partner nur darum gegangen sei, sich vom gemeinsam ausgearbeiteten Hospizkonzept verabschieden zu können. Denn der in Anlehnung an die englische und nordamerikanische Hospizpraxis festgelegte Personalschlüssel sei den Barmherzigen Brüdern mit Blick auf die Ressourcenknappheit im Nymphenburger Krankenhaus zu hoch gewesen.[83] Auch die Caritas war sichtlich verärgert: Prälat Neuhauser sprach in einem Schreiben an Provinzial Binder von einer „herben Enttäuschung". Er legte die Abschrift eines Schreibens an das Staatsministerium bei, in dem er ankündigte, dass sich Caritas und CHV nach anderen Möglichkeiten bezüglich eines stationären Hospizes in München umschauen würden, und den Krankenhausplanungsausschuss darum bat, solange mit einer Förderentscheidung zum Johannes-Hospiz zu warten.[84] Das Projekt war nun grundsätzlich bedroht, was auch den Barmherzigen Brüdern nicht verborgen blieb. Binder wandte sich an den Vizepräsidenten des Deutschen Caritasverbands, den Regensburger Theologen Walter Siegert. In seinem Brief kritisierte er den CHV und warb mit Nachdruck um die Unterstützung der Caritas. Da der CHV lange brauchen werde, um wieder einen Krankenhauspartner zu finden, müsse die Wohlfahrtsorganisation die Pläne der Ordensge-

---

[79] Vgl. etwa seinen Brief vom 30. 5. 1988 an die Barmherzigen Brüder und die Caritas, in: ebd.
[80] Brief an das Staatsministerium vom 18. 5. 1988, in: ebd.
[81] Brief von Bernhard Binder vom 3. 6. 1988, in: ebd.
[82] So 2006 auch noch Gerburg Vogt, die den Barmherzigen Brüdern mangelnde Kenntnisse der Hospizidee unterstellte und vorwarf, „ihren sterilen Krankenhausbetrieb" damals nicht adäquat daran angepasst zu haben. Vgl. Interview Vogt, S. 9 und S. 13.
[83] Vgl. „Hospiz-Träger können sich nicht einigen. ‚Barmherzige Brüder' versuchen Alleingang – Kritik vom Hospiz-Verein." *Evangelisches Sonntagsblatt aus Bayern*, 29. 1. 1989.
[84] Schreiben von Neuhauser an Binder vom 7. 6. 1988, in: Ordner Johannes-Hospiz 1987–1988, Provinzarchiv der Barmherzigen Brüder in München.

meinschaft unterstützen, damit „den betroffenen Sterbenskranken dieses Angebot [nicht] vorenthalten" werde.[85] Nach einem Gespräch mit dem Verwaltungsdirektor des Landescaritasverbandes notierte der Verhandlungsführer der Barmherzigen Brüder kurz darauf allerdings, dass dort ein „tiefe[s] Mißtrauen dem Orden gegenüber" herrsche, dem man vorwerfe, über den JvG lediglich eine Grundsanierung der Klinik in Nymphenburg in die Wege geleitet zu haben.[86]

Dennoch gelang in den folgenden Monaten eine Wiederannäherung, durch die sich die religiöse Grundierung des Kampfes um die Hospizidee in München zugleich weiter verstärkte. Bei einem Treffen zwischen Neuhauser, Schmierer und Vertretern der Barmherzigen Brüder Mitte September 1988 betonten letztere, dass sich die eigenen Vorbehalte immer nur gegen eine Zusammenarbeit mit dem CHV gerichtet hätten und man im Johannes-Hospiz gerne mit der Caritas kooperieren würde, zumal im ambulanten Bereich. Neuhauser verwehrte sich umgekehrt nachdrücklich gegen Vorwürfe, dem weltlichen CHV näher als der katholischen Ordensgemeinschaft zu stehen. Im Gegenteil: Eine Partnerschaft mit dem CHV sei für die Caritas „nicht mehr unbedingt anzustreben", falls sich der Hospizverein auch unter der Führung des Jesuiten Iblacker mit anderen, nicht-kirchlichen Trägern zusammenschließe – gemeint war damit offenbar die Stadt München.[87] In einem Schreiben an Neuhauser einige Tage später erläuterte Provinzial Binder, dass die Entscheidung gegen den CHV getroffen worden sei, da sich wegen der Heterogenität der Vereinsmitglieder jederzeit „wechselnde, politische und persönliche Gesinnungsmomente auftun können, welche wir als konfessioneller Träger nicht mittragen können." Ohnehin sei allseits bekannt, dass „der CHV alles in Bewegung setzt, damit nur ‚seine' Hospiz-Idee als Maßstab für die Hospize in Bayern verwirklicht wird."[88] In der letzten Vorstandssitzung des JvG am 6. Dezember 1988, in der sich der Verein offiziell auflöste, eskalierte die Situation vollends. Iblacker warf den Barmherzigen Brüdern vor, den Beschluss des Sozialministeriums bewusst fehlinterpretiert zu haben. Gerburg Vogt kritisierte darauf aufbauend, dass der CHV fälschlich als „liberaler Verein, in dem keine Christen mitarbeiten" verunglimpft werde.[89]

Mit der Rückkehr der katholischen Wohlfahrtsorganisation in das Projekt war dieses indes nicht mehr zu stoppen. Aus dem Jahreskrankenhausbauprogramm 1990 wurden den Barmherzigen Brüdern bis zu achteinhalb Millionen DM für den Aufbau einer stationären Einrichtung in ihrer Klinik bewilligt. Darüber hinaus bezuschusste die Erzbischöfliche Finanzkammer des Bistums München und Freising das Projekt, welches am Ende Gesamtkosten von fast zehn Millionen DM verschlang, mit einem siebenstelligen Betrag. Der Caritasverband unterschrieb ei-

[85] Brief von Binder an Siegert vom 14. 6. 1988, in: ebd.
[86] Aktennotiz vom 24.6. über das Gespräch vom Vortrag, in: ebd.
[87] Vgl. die Aktennotiz vom 20. 9. 1988 zu dem Gespräch am 14.9., in: ebd.
[88] Brief von Binder an Neuhauser vom 30. 9. 1988, in: ebd.
[89] Protokoll der Vorstandssitzung des JvG vom 6. 12. 1988, in: ebd.

nen Kooperationsvertrag und übernahm den ambulanten Bereich.[90] In seiner örtlichen Zeitschrift warb er für ein ehrenamtliches Engagement, das „ein herausragender Dienst christlicher Nächstenliebe" sei.[91] Gemeinsam organisierten die Partner Hospizhelferkurse und unternahmen eine erneute Besichtigungsreise nach London, dazu hospitierten zahlreiche Mitarbeiter, darunter auch der leitende Arzt Thomas Binsack, auf Ordenskosten in britischen Hospizen.[92] Im November 1990 nahm der ambulante Hospizdienst seinen Betrieb auf, ab Ende Januar 1991 wurden erste Patienten stationär versorgt, übergangsweise in einer freigewordenen Zehnbettenstation im Hauptklinikum.[93] Die Grundsteinlegung für den Neubau des Johannes-Hospizes erfolgte am 8. März 1991, unter anderem hielt der Erzbischof von München und Freising, Kardinal Friedrich Wetter, zu diesem Anlass eine Predigt.[94] Die laufenden Kosten konnten über die normalen Krankenhauspflegesätze abgerechnet werden, ein großer Vorteil im Vergleich zu nicht an Kliniken angeschlossenen Hospizen, die vor 1997 auf individuelle Absprachen mit den regionalen Trägern der Krankenkassen angewiesen waren.[95] Nur zu einem geringen Teil waren Spenden nötig, die vor allem für die Hospizhelferkurse und die Ausstattung der Zimmer verwendet wurden. Darüber hinaus erhielt das Johannes-Hospiz im Rahmen des ersten Förderprogramms der Bundesregierung für Palliativstationen zwischen 1992 und 1996 Zuwendungen im Umfang von knapp 300 000 DM.[96] Die Deutsche Krebshilfe beteiligte sich ebenfalls mit einer Starthilfe im fünfstelligen Bereich zur Anstellung von Fachpersonal.[97]

---

[90] Vgl. *Caritasdienste. Mitteilungen des Katholischen Caritasverbandes der Erzdiözese München und Freising* 1991, S. 20–21 sowie die Vertragsvereinbarungen vom 18. 10. 1990 und 12. 12. 1990 sowie die Informationen zur Finanzierung des Johannes-Hospizes, in: Ordner Johannes-Hospiz 1989–1991. Zur Beteiligung des Erzbistums vgl. den Reiter Erzbischöfliche Finanzkammer, in: Ordner Johannes-Hospiz 1991–1992, Provinzarchiv der Barmherzigen Brüder in München.

[91] „Johannes-Hospiz. Raststätte für Sterbenskranke." *Caritasdienste. Mitteilungen des Katholischen Caritasverbandes der Erzdiözese München und Freising* 1991, S. 28–30, Aufruf und Zitat auf S. 29.

[92] Vgl. Protokolle der Sitzung am 18. 4. 1989 und am 16. 1. 1990 in: Ordner Johannes-Hospiz 1989–1991, sowie die Rechnungen der Schulungen und Fortbildungen Binsacks im Ordner Johannes-Hospiz 1991–1992, Provinzarchiv der Barmherzigen Brüder in München. Binsack, nach eigener Aussage ein gläubiger Katholik, war im vergleichsweise jungen Alter von 36 Jahren über die Stellenanzeige der Barmherzigen Brüder auf die ärztliche Leitung aufmerksam geworden und sollte 2010, kurz vor seiner Pensionierung, mit dem Bundesverdienstkreuz ausgezeichnet werden, vgl. Interview Binsack, S. 3 und https://www.palliativ-portal.de/files/Interview%20Dr.%20Binsack_0.pdf [15. 12. 2021). Zu seinem stark hospizlich geprägten Verständnis von Palliativmedizin vgl. auch Binsack, Palliativmedizin.

[93] Zur Entwicklung des Johannes-Hospiz in den ersten knapp anderthalb Jahren vgl. „Informationen über das Johannes-Hospiz am Krankenhaus der Barmherzigen Brüder", zusammengestellt von Siegfried Thoma am 23. 8. 1992, in: Ordner Christophorus Hospiz Verein e. V., Archiv der Inneren Mission München.

[94] Das Manuskript findet sich im Ordner: Hospiz Grundsteinlegung am 8. 3. 1991 und Einweihung am 14. 5. 1993, Provinzarchiv der Barmherzigen Brüder in München.

[95] Vgl. Kap. 8.2 und 10.2.

[96] Vgl. die Akte im BA Koblenz, B 353/4423.

[97] Vgl. Deutsche Krebshilfe: Gesamtübersicht der Förderung im Bereich „Palliativmedizin, Hospize und Schmerztherapie" (Stand 31. 12. 2012), S. 3 und Karl Forster: „Bundesweit einmalige

9.1 Palliativstation oder Hospiz? Der Kampf um das Sterben in München 463

Als der Neubau schließlich am 14. Mai 1993 eingeweiht werden konnte, waren in den provisorischen Räumlichkeiten des Hospizes mit seinen zunächst zehn Betten bereits insgesamt 180 Sterbende stationär betreut worden, auch der ambulante Hospizdienst der Caritas hatte bis dahin schon 105 Patienten über einen Zeitraum von acht Wochen bis neun Monaten begleitet.[98] Der Bedarf für eine solche Einrichtung sei also, wie der bayerische Sozialminister Gebhard Glück in seiner Rede zur Eröffnung des Neubaus betonte, eindrucksvoll nachgewiesen worden. Dies liege auch daran, dass Sterben und Tod „Tabuthemen unserer Gesellschaft" darstellten und sogar der „Medizinbetrieb [...] nicht frei von solchen Tendenzen geblieben" sei.[99] Am Krankenhaus der Barmherzigen Brüder, wo es innerhalb der Belegschaft tatsächlich Vorbehalte gegen eine Spezialeinrichtung für Sterbende gegeben hatte, führte die besonders luxuriös ausgestattete Station anfänglich zu Neidgefühlen.[100] Auch darüber hinaus gab es praktische Probleme. Aufgrund des Pflegekräftemangels musste der Verwaltungsdirektor etwa 1992 nach Kroatien fahren, um dort Personal anzuwerben.[101] Trotz derartiger Widerstände entwickelte sich das Johannes-Hospiz in den ersten Jahren seines Bestehens überaus erfolgreich: So konnten in den nun 25 Betten jährlich bis zur Jahrtausendwende ungefähr 300–350 Sterbende stationär behandelt werden, darunter zu knapp 80% Tumorpatienten und zu circa 20% AIDS-Kranke, die von den großen Münchner Kliniken oder Hausärzten überwiesen wurden.[102] Die Zahl an hospizlich versorgten HIV-Patienten war damit vergleichsweise hoch, was auf die aktive Schwulenszene in der Landeshauptstadt zurückgeführt werden kann, wo sich 1984 die erste regionale AIDS-Hilfe der Bundesrepublik gegründet hatte.[103]

Dass es sich beim Johannes-Hospiz formell um eine Palliativstation handelte, war in den Anfangsjahren lediglich eine pragmatische Entscheidung, um die Finanzierung der Einrichtung zu gewährleisten. Entgegen der Befürchtungen des CHV orientierte sich die ärztliche und pflegerische Praxis sowie die räumliche Ausstattung im Johannes-Hospiz letztlich klar am englischen Vorbild; auch die zu

---

Einrichtung öffnet im Januar 1991. Johannes-Sterbehospiz für den Tod in Würde." *Süddeutsche Zeitung*, 7. 11. 1990.
[98] Vgl. „Großes Interesse an unserer Arbeit. Palliativmedizin im Johannes-Hospiz." *Misericordia. Zeitschrift der Barmherzigen Brüder in Bayern* 45 (1993), Nr. 5, S. 4 sowie die schriftlichen Aussagen des Leiters des ambulanten Dienstes im Rahmen der Pressekonferenz am 12. 5. 1993, in: Ordner: Hospiz Grundsteinlegung am 8. 3. 1991 und Einweihung am 14. 5. 1993, Provinzarchiv der Barmherzigen Brüder in München.
[99] Vgl. die Abschrift der Rede von Glück, in: ebd, Zitate S. 4 f.
[100] Vgl. Interview Binsack, S. 5 und S. 18 und Interview Denzler-Labisch, S. 19.
[101] Ebd., S. 6.
[102] Vgl. ebd., S. 6 f. und S. 12 sowie zu den ambulanten und stationären Patientenzahlen bis Anfang der 2000er Jahre die Angaben im Artikel „Zuwendung statt Todesspritze" im unveröffentlichten Caritas-Jahresbericht von 2001, S. 32–33, in: Archiv des Caritasverbandes der Erzdiözese München und Freising, München.
[103] Zum ambivalenten Verhältnis von Hospizbewegung und AIDS vgl. ausführlich Kap. 10.1, darin auch speziell zu den in dieser Frage durchaus vorhandenen Spannungen in Bayern bzw. München.

Beginn (eher lange) durchschnittliche Liegedauer und die (vergleichsweise geringe) Entlassungsrate entsprachen diesem, was von den Krankenkassen trotz der damit verbundenen Mehrkosten laut Binsack „wohlwollend akzeptiert" wurde.[104] Beraten wurden die Barmherzigen Brüder vom Hospizpionier Paul Becker, ein weiterer – Christoph Student – saß im eingesetzten Fachbeirat. Diesem gehörten ferner hochrangige Vertreter der beiden Kirchen wie der Dekan der evangelisch-lutherischen Kirche im Dekanatsbezirk München und Präsident des Diakonischen Werkes in Bayern, Heimo Liebl, an, der kurzerhand eingesetzt wurde, nachdem er sich gegenüber dem Orden über die alleinige Anstellung eines katholischen Pfarrers als Seelsorger beschwert hatte.[105] Erst im Zuge der durch die neue Sozialgesetzgebung auf Bundesebene angestoßenen juristischen Normierung der Begrifflichkeiten Ende der 90er Jahre erfolgte die Umbenennung der Einrichtung in „Palliativstation St. Johannes von Gott". Vom ursprünglichen Namen trennten sich die Barmherzigen Brüder allerdings nur widerwillig – und betreiben seit 2004 in räumlicher Nähe zur Palliativstation ein „richtiges" Hospiz, das diesen übertragen bekam.[106]

Ein besonderes Gewicht lag von Beginn an auf der Öffentlichkeitsarbeit. Die Barmherzigen Brüder organisierten Anfang der 90er Jahre unzählige Veranstaltungen zum Thema, darunter eine Podiumsdiskussion im Pschorrbräu-Keller an der Theresienwiese und Informationsabende, etwa an der Medizinischen Fakultät der Ludwig-Maximilians-Universität.[107] Darüber hinaus beauftragte die Ordensgemeinschaft einen Redakteur der *Katholischen Nachrichten-Agentur* im Herbst 1990 mit der Ausarbeitung eines PR-Planes.[108] Dieser konzipierte eine Pressemappe und bereitete die Verantwortlichen im Vorfeld der offiziellen Pressekonferenz zur Hospizeröffnung am 28. Januar 1991 auf mögliche kritische Fragen vor: „Was ist denn das besonders Christliche an diesem Hospiz? Wird bei Ihnen etwa besser gepflegt als anderswo?" (Antwort: Christen seien besonders „engagierte ehrenamtliche Helfer", da sie im Kranken Jesus sehen), „Wird im Hospiz missioniert" (die Notlage Sterbender werde nicht zum „Überstülpen von Religiosität genutzt", aber jeder Patient wisse, dass er sich in „einem christlichen Haus" befinde) oder

---

[104] Vgl. das von Binsack formulierte ärztliche Konzept des Johannes-Hospizes, in: Ordner Johannes-Hospiz 1989–1991, Provinzarchiv der Barmherzigen Brüder in München; Interview Bausewein, S. 6 sowie Interview Binsack, S. 10 f. Die geringe Entlassungsquote von anfänglich etwa 30%, die mit der von stationären Hospizeinrichtungen vergleichbar war und die sich erst in den 2000er Jahren den im Palliativbereich üblichen 50% anglich, führte Binsack auf die fehlenden Möglichkeiten einer Weiterverlegung zu jener Zeit zurück.

[105] Vgl. die Reiter Seelsorge und Protokolle Fachbeirat im Ordner Johannes-Hospiz 1991–1992, Provinzarchiv der Barmherzigen Brüder in München sowie Interview Binsack, S. 20.

[106] Interview Binsack, S. 11 und S. 19.

[107] Vgl. zu den Veranstaltungen die Ordner Johannes-Hospiz 1989–1991 und Johannes-Hospiz 1991–1992, Provinzarchiv der Barmherzigen Brüder in München.

[108] Vgl. die Korrespondenz, Rechnungen und das Konzept für die Öffentlichkeitsarbeit zur bevorstehenden Eröffnung des Johannes-Hospizes in München vom 12. 10. 1990, in: Reiter Öffentlichkeitsarbeit im Ordner Johannes-Hospiz 1989–1991, Provinzarchiv der Barmherzigen Brüder in München.

9.1 Palliativstation oder Hospiz? Der Kampf um das Sterben in München 465

„Machen Sie eine ‚christliche Personalpolitik', das heißt, werden wiederverheiratete Geschiedene hinausgeworfen, oder aus der Kirche ausgetretene – wie bei der Caritas?" (der Orden sei frei in Personalentscheidungen, aber erwarte eine christliche Grundhaltung im Hospizteam). Dem Fragenkatalog schloss sich die besorgte Warnung an: „Bitte diesen Zettel nicht zur Pressekonferenz mitnehmen. Ablesen wäre schlecht."[109]

Tatsächlich setzte mit der Gründung des Hospizes eine intensive, lokale wie überregionale mediale Berichterstattung ein. Der BR, das ZDF, zwei Filmemacher des WDR, ein privater Dokumentarfilmer und die katholische Filmproduktionsfirma steyl medien fragten 1991 alle unabhängig voneinander bezüglich längerer Dokumentationen bei den Barmherzigen Brüdern an, die aber wegen des erst kurzen Bestehens der Einrichtung ablehnten. Der NDR berichtete im Rahmen der Reihe „Kompass" ausführlich über das Hospiz, in der ARD-Sendung „Panorama" wurde ein Interview mit Binsack ausgestrahlt.[110] Auch das Presseecho war ebenso breit wie positiv.[111] Die *Frankfurter Allgemeine Zeitung* zitierte den Provinzial der Barmherzigen Brüder mit der Versicherung, dass sich niemand „vor Missionierungsversuchen fürchten" müsse, immerhin liege der Ursprung der Hospizbewegung im wenig katholischen England.[112] Die Logik hinter der Hospizidee sei, wie die *Süddeutsche Zeitung* betonte, so einleuchtend, dass man sich fragen müsse, warum deren Umsetzung „im sonst medizinisch so fortschrittlichen Bayern einem privaten Krankenhausträger überlassen bleibt." Ein suggestives Bild zeigte eine Patientin in einem Raum, der nicht den üblichen Vorstellungen eines Krankenhauszimmers entsprach, sondern wie ein Wohnzimmer eingerichtet war – ohnehin könnten Sterbende hier ganz nach persönlicher Präferenz „rauchen, fernsehen oder ihr Haustier mitbringen".[113] Zudem setzte sich in der Berichterstattung eine klar positiv konnotierte Formulierung zur Umschreibung des Hospizes durch, die der eigene PR-Beauftragte der Barmherzigen Brüder geprägt hatte: „Raststätte für Sterbende".[114]

---

[109] Anmerkungen zur Pressekonferenz am 28. 1. 1991, in: ebd.
[110] Vgl. hierzu die Informationen in ebd.
[111] Vgl. exemplarisch die viel zitierte KNA-Meldung „Barmherzige Brüder eröffnen Bayerns erstes Hospiz. München erhält eine in Deutschland einzigartige Modelleinrichtung." *Katholische Nachrichten-Agentur*, 7. 11. 1990 sowie die Presseausschnittsammlung im Archiv des Caritasverbandes der Erzdiözese München und Freising, München-Neuperlach, Signaturen: 2234–2237, 3242–3248, 3294–3296.
[112] Roswin Finkenzeller: „In Würde sterben. Orden der ‚Barmherzigen Brüder' richtet in München ein Hospiz für Todkranke ein." *Frankfurter Allgemeine Zeitung*, 30. 1. 1991.
[113] Karl Forster: „Das Johannes-Hospiz: Betreuung für Aids- und Krebskranke im letzten Stadium. Eine Klinik, die dem Sterben seinen Schrecken nimmt. Der Orden der Barmherzigen Brüder stellt das für Bayern einzigartige Modellprojekt zur Versorgung Schwerkranker vor." *Süddeutsche Zeitung*, 29. 1. 1991.
[114] Vgl. etwa ebd.; Fridolin Engelfried: „Linderung und Hilfe für die letzten Tage. In München entsteht eine ‚Raststätte für Sterbende'." *Augsburger Allgemeine*, 20. 11. 1990; Irmi Schwartz: „Erste ‚Raststätte' für Sterbende ist in München eröffnet worden." *Münchner Merkur*, 29. 1. 1991. Der betreffende Artikel des PR-Beauftragten findet sich im Ordner: Hospiz Grundsteinlegung am 8. 3. 1991 und Einweihung am 14. 5. 1993, Provinzarchiv der Barmherzigen Brüder in München.

Den vom Ministerium erhofften Modellcharakter konnte das Johannes-Hospiz so rasch ausfüllen. Initiativen aus ganz Bayern nahmen Kontakt auf und besuchten die Barmherzigen Brüder, unter anderem aus Bamberg, wo Interessierte über das Bundessozialministerium versuchten, das Münchner Modell eines als Palliativstation „getarnten" Hospizes zu kopieren.[115] Andere bayerische Hospizvereine fragten zudem früh bezüglich der Gründung einer Dachorganisation in München an – tatsächlich wurde so 1991 im Freistaat der erste Hospizverband auf Landesebene in der Bundesrepublik gegründet, dem das Johannes-Hospiz aber nicht formell angehören konnte.[116] Dieses entfaltete sogar über Bayern hinaus eine große Ausstrahlungskraft. So äußerte die Arbeitsgemeinschaft katholischer Krankenhäuser Rheinland-Pfalz und Saarland den Wunsch nach einem Austausch von Erfahrungen und bezüglich Detailfragen wie der Höhe der Pflegesätze oder der Bettenzahl.[117] Selbst aus Wien kamen unmittelbar nach Gründung der Einrichtung Ärzte nach München, um die dortige Arbeit zu inspizieren und mit diesem Wissen kurz darauf die erste Palliativstation in der österreichischen Hauptstadt zu schaffen.[118]

Ein Münchner „Religionskrieg" – das Ringen um Hospiz Nr. 2

Mit der Eröffnung des Johannes-Hospizes war die Angelegenheit jedoch noch nicht beendet. Denn zeitgleich arbeiteten die ausgebooteten Akteure schon an einer zweiten Einrichtung. Bereits im Frühjahr 1988, nur kurz nach der Gründung des JvG, hatte das Krankenhausreferat der Stadt neue Pläne für ein eigenes Hospiz am städtischen Krankenhaus Harlaching geschmiedet. Hintergrund war, dass der Antrag der Grünen von Ende 1986 nach fast anderthalbjährigen Vorarbeiten des Referats schließlich im Gesundheitsausschuss des Stadtrates geschäftsordnungsmäßig aufgegriffen worden war. Trotz des unfreiwilligen Ausschlusses der Stadt aus dem ersten Projekt herrschte in der Lokalpolitik Einverständnis bezüglich „der Weiterverfolgung der Idee zur Errichtung eines Hospizes unter Beteiligung der Landeshauptstadt München", da der Bedarf an Hospizbetten in der Stadt eine zweite Einrichtung erforderlich mache.[119] Zusammen mit den anderen verstoße-

---

[115] Vgl. „Konzept für ein Hospiz in Bamberg", in: BA Koblenz, B 149/149814, Blatt 330–353 und den damit einhergehenden Schriftverkehr, Blatt 327 und Blatt 366–369 sowie die Aussagen der Bamberger Hospizlerin Christine Denzler-Labisch in einer BR-Dokumentation von 1998: Kathrin Imke: Bis zum letzten Atemzug. Hospizarbeit in Bayern. Ein würdevoller Umgang. BR 1998, S. 9 des Skripts (für die freundliche Überlassung danke ich Kathrin Imke).
[116] Zur Gründung und Bedeutung des Bayerischen Hospizverbandes vgl. Heller u. a., Geschichte, S. 201–203 sowie Interview Denzler-Labisch, S. 3–7.
[117] Vgl. die Korrespondenz im Reiter Mitbeteiligte, Ordner Johannes-Hospiz 1987–1988, sowie im Reiter Schriftverkehr, Ordner Johannes-Hospiz 1989–1991, Provinzarchiv der Barmherzigen Brüder in München.
[118] Interview Binsack, S. 12 f.
[119] Beschluss des Gesundheitsausschusses vom 12. 4. 1988, in: Protokolle des Gesundheits- und Krankenhausausschusses, Vorlagen-Nummer: 84–90 / 1013082, Stadtarchiv München, S. 153–166, hier S. 159.

nen Ex-Partnern der Barmherzigen Brüder formierte die Stadt einen Arbeitskreis, der sich ungeachtet der bevorstehenden Gründung des Johannes-Hospizes selbstbewusst ebenfalls „Modelleinrichtung zur Begleitung Sterbender" nannte.

Das neue Konzept des Krankenhausreferats – das 1989 in Referat für Gesundheit umbenannt wurde – sah eine stationäre Hospizeinrichtung am städtischen Klinikum Harlaching unter der Trägerschaft der Landeshauptstadt vor, die in Zusammenarbeit mit Innerer Mission, CHV und Caritas errichtet und betrieben werden sollte.[120] Hinsichtlich der Finanzierung einigten sich die Beteiligten rasch auf die Formel 80% Stadt, 20% Verbände.[121] Im ursprünglichen Entwurf für einen Gesellschaftsvertrag zwischen den vier Partnern war die Errichtung eines „St. Benno-Hospizes" geplant, der Name wurde aber im Zuge der ab Anfang 1989 stattfindenden Sondierungsgespräche zunächst in „Elisabeth-Hospiz" abgeändert.[122] Bereits die Benennung zeigt, dass die Grundidee dieselbe blieb: Angestrebt wurde wiederum eine über den Krankenhausbedarfsplan finanzierte hospizliche Klinikstation.

Mit dieser Zielvorstellung besuchten Mitarbeiter des Gesundheitsreferats im Laufe des Jahres 1989 wiederum diverse Hospiz- und Palliativeinrichtungen in Deutschland, darunter die Station an der Uniklinik in Köln. Zudem unternahm der Stadtrat im Juni eine viertägige Studienreise nach England.[123] Vorausgegangen war eine hitzige Debatte über den Sinn der Informationsfahrt, deren Gesamtkosten sich auf 32 000 DM belaufen sollten. Der Gesundheitsreferent verteidigte ihre Notwendigkeit erfolgreich mit dem Argument, man könne den Kern des Hospizgedankens nur in seinem Mutterland erfassen.[124] Nur kurze Zeit nach dem LGR (1987) und den Barmherzigen Brüdern (1988) reiste also erneut eine Delegation aus München in Sachen Hospiz gen England. Auf dem Programm standen unter anderem Besuche im Countess Mountbatten Hospice in Southampton und in einer spezialisierten Palliativabteilung in Oxford, einer vom Hospizpionier Robert Twycross geführten Macmillan Care Unit. Federführend organisiert wurde die Reise von Elisabeth Albrecht vom CHV und ihrem Vorgesetzten am Klinikum Harlaching, dem Chefarzt für Onkologie und späteren Präsidenten der Bayerischen Krebsgesellschaft, Reiner Hartenstein. Deren Ziel war es, die an der Reise beteiligten neun Stadträte aus fünf Parteien sowie die drei Verwaltungsangestellten

---

[120] Vgl. konzeptionelle Überlegungen des Krankenhausreferats vom 21. 10. 1988 zum „Modellprojekt zur Begleitung Sterbender" sowie den Brief des zuständigen Verwaltungsdirektors an Iblacker vom 10. 11. 1988, in: Ordner Hospiz I, Archiv der Inneren Mission München.
[121] Protokoll der Sitzung des Arbeitskreises „Modellprojekt zur Begleitung Sterbender" vom 9. 2. 1989, in: ebd.
[122] Vgl. Entwurf „Gesellschaftsvertrag St. Benno-Hospiz" und Entwurf „Gesellschaftsvertrag Münchner Hospiz Sankt Elisabeth", in: ebd.
[123] Protokoll der Sitzung des Arbeitskreises „Modellprojekt zur Begleitung Sterbender" vom 28. 2. 1989, in: ebd.
[124] Vgl. zur Studienreise das Protokoll der Stadtratssitzung vom 10. 5. 1989 sowie den Beschluss der Vollversammlung des Stadtrates vom 10. 5. 1989, in: Ratssitzungsprotokolle Nr. 762/2 bzw. 762/108, Stadtrat 1989, Mai-Juli, Vorlagen-Nummer: 84–90 / 1023174, S. 641–644 und S. 801–805.

von den Vorzügen der Hospizidee zu überzeugen, wozu auch ein laut Albrecht „wahnsinnig gutes Essen" beitragen sollte, das Twycross in Oxford servieren ließ.[125]

Der Plan ging auf: Denn anfangs hatte es durchaus noch kritische Stimmen im Stadtrat gegeben. Eine SPD-Vertreterin im Gesundheitsausschuss bestritt in der Debatte um den Antrag der Grünen im April 1988 etwa vehement den Sinn und die Realisierbarkeit der Errichtung eines Hospizes in München. So sei die dafür benötigte Zahl an freiwilligen Helfern „bei uns kaum vorstellbar", die Verlagerung des Sterbens von den Kliniken in den häuslichen Bereich eine „Utopie", da sich erfahrungsgemäß „die Angehörigen selbst vor einem Sterbenden" am meisten fürchteten.[126] Spätestens nach der Informationsreise im Sommer 1989 formierte sich jedoch ein überparteilicher Konsens hinsichtlich der Schaffung eines stationären Hospizes in Harlaching. Dementsprechend zügig konnte die Angelegenheit auf Seiten der Stadt verfolgt werden. Das Gesundheitsreferat überarbeitete das Konzept und stimmte dieses mit den drei Partnern – CHV, Innere Mission und Caritas – ab, die mit einer gemeinsamen Trägerschaft einverstanden waren. Darüber hinaus verhandelte das Referat mit der AOK, die eine Kostenübernahme durch die Krankenkassen zusicherte.[127] Im März 1990 gab der Gesundheitsausschuss seine prinzipielle Zustimmung zu dem Projekt, das allein Personalkosten von insgesamt fast 1,5 Millionen DM jährlich für den stationären und ambulanten Bereich vorsah. Das Elisabeth-Hospiz fand nun rückhaltlose Unterstützung, selbst von der ursprünglich kritischen SPD-Stadträtin, die ebenfalls an der Informationsfahrt teilgenommen hatte. Einzig die Frage, ob die Einrichtung einen Chefarzt benötige, sorgte für Gesprächsstoff – ein Parlamentarier plädierte dafür, die ärztliche Leitung direkt der jungen Assistenzärztin Elisabeth Albrecht zu übertragen, die offenbar bei der England-Reise einen bleibenden Eindruck hinterlassen hatte.[128]

Allerdings waren ernste Probleme in Sicht. Schon im September 1989 hatte der Gesundheitsreferent den übrigen Projektpartnern bei einer gemeinsamen Sitzung mitgeteilt, dass das Personalreferat Bedenken bezüglich der Rechtmäßigkeit des Gesellschaftsvertrags geäußert habe, der allen involvierten städtischen Dienststellen zur Prüfung vorgelegt worden war. Dort hieß es in § 2 (2) zum Leitbild des Hospizes, dass dieses „christlichen Wertvorstellungen verpflichtet" sei, was ar-

---

[125] Interview Elisabeth Albrecht, S. 16. Vgl. auch Interview Bausewein, S. 7.
[126] Ratssitzungsprotokolle Nr. 761/15, Gesundheitsausschuss 1988, Vorlagen-Nummer: 84–90 / 1013082, Stadtarchiv München, S. 66–72, Zitate S. 67 und S. 68.
[127] Vgl. hierzu das Protokoll des zuständigen Mitarbeiters des Gesundheitsreferats über das Treffen mit den AOK-Vertretern am 5. 10. 1989 sowie das Protokoll der Sitzung des Arbeitskreises „Modellprojekt zur Begleitung Sterbender" vom 9. 4. 1990, in: Ordner Hospiz I, Archiv der Inneren Mission München.
[128] Vgl. Beschluss des Gesundheitsausschusses vom 29. 03. 1990 sowie das Protokoll der Sitzung, in: Ratssitzungsprotokolle Nr. 763/9 bzw. Nr. 763/41, Gesundheitsausschuss 1990, Vorlagen-Nummer: 90–96 / 900496, Stadtarchiv München, S. 221–231 bzw. S. 66–68.

9.1 Palliativstation oder Hospiz? Der Kampf um das Sterben in München 469

beitsrechtliche Implikationen hatte.[129] Tatsächlich war für Innere Mission, Caritas und auch den CHV klar, dass zwar die Aufnahme von Patienten ins Hospiz konfessionsunabhängig erfolgen müsse, dies aber keinesfalls für das Personal gelte: Für dieses sei, wie es im Protokoll zu einer Sitzung des Arbeitskreises hieß, „die Zugehörigkeit zur christlichen Gemeinschaft" vielmehr „unverzichtbar": „Bei Personen, die aus der Kirche ausgetreten sind, bestehen große Bedenken, ob christliche Wertvorstellungen bei der Arbeit am Patienten verwirklicht werden können." Entsprechend lehnten die drei Verbände die vom Personalreferat der Stadt geforderte Streichung des Passus ab, da er grundlegend für ihr Selbstverständnis sei und zudem eine klare Abgrenzung zur Idee einer aktiven „Euthanasie" biete.[130] Auch gegen die seitens der Stadt in den folgenden Sitzungen des Arbeitskreises unterbreiteten Vorschläge einer Neuformulierung verwehrten sich die Vertreter von Caritas, Innerer Mission und CHV.[131]

Im Kern ging es also um die Frage, ob das kirchliche Arbeitsrecht, dem Caritas und Diakonie folgen, auch bei der Anstellung von Pflegekräften oder Ärzten für das neue Hospiz angewendet werden sollte.[132] Dieses verlangte von Bediensteten die Zugehörigkeit zu einer Konfession der Arbeitsgemeinschaft christlicher Kirchen, was eine Beteiligung der Stadt als Mitgesellschafter an dem Projekt verfassungsrechtlich problematisch machte. Der CHV erklärte sich in der Sache von vornherein solidarisch mit Caritas und Innerer Mission. Unter dem Eindruck der Annäherung an die beiden kirchlichen Wohlfahrtsorganisationen hatte der Hospizverein bereits Anfang 1987 eine „Verpflichtung auf christliche Wertvorstellungen" in sein Konzeptpapier „Philosophie des Hospizes" aufgenommen.[133] Daher betonte Iblacker in einem Brief an den Gesundheitsreferenten Zimmermann Ende November 1989, dass sein Verein alle Änderungswünsche im Vertragsentwurf seitens der Stadt ablehnen werde: „Ohne die weltanschauliche Neutralität der Öffentlichen Hände in Frage stellen zu wollen, scheint uns die kulturelle Prägung Europas durch christliche Wertvorstellungen ein Faktum [...]."[134] Da der Stadtrat jedoch diesen Fallstrick zunächst ohnehin übersehen und das Projekt Anfang Ap-

---

[129] Der fünfzehnseitige „Gesellschaftsvertrag – Münchner Hospiz St. Elisabeth – Gesellschaft mit beschränkter Haftung" findet sich in Aktensammlung 1990, Gesundheitsausschuss, Band II, Vorlagen-Nummer: 90–96 / 901955, Stadtarchiv München, Blatt 499 ff.
[130] Protokoll der Sitzung des Arbeitskreises „Modellprojekt zur Begleitung Sterbender" vom 4. 9. 1989, in: Ordner Hospiz I, Archiv der Inneren Mission München.
[131] Vgl. Protokoll der Sitzung des Arbeitskreises „Modellprojekt zur Begleitung Sterbender" vom 9. 10. 1989, in: ebd.
[132] Damit verband sich ein zentraler Konfliktpunkt zwischen der Position der Kirchen und (auch christlichen) Protagonisten der ursprünglichen Hospizidee, die keine formale Kirchenzugehörigkeit von Hospizmitarbeitern vorsah. Vgl. Littger, Hospiz- und Palliativkultur, S. 412.
[133] Vgl. hierzu das Ergebnisprotokoll der Besprechung zwischen Barmherzigen Brüdern, CHV, Innerer Mission und Caritas vom 6. 4. 1987, in: Ordner Johannes-Hospiz 1987–1988, Provinzarchiv der Barmherzigen Brüder in München bzw. Ordner Hospiz I, Archiv der Inneren Mission München.
[134] Brief von Iblacker an Zimmermann vom 27. 11. 1989, in: Ordner Hospiz I, Archiv der Inneren Mission München.

ril 1990 ausdrücklich begrüßt hatte,[135] fuhren das Gesundheitsreferat und die Partner im Arbeitskreis „Modellprojekt zur Begleitung Sterbender" unbeirrt fort und finalisierten den Gesellschaftsvertrag – inklusive der heiklen Formulierung.[136] Als der Gesundheitsausschuss im Juli 1990 das Gesundheitsreferat mit dem Abschluss des Gesellschaftsvertrags beauftragen wollte, kippte die Stimmung. Die Nachfrage eines Stadtrats, ob die Verpflichtung auf „christliche Wertvorstellungen" auch für das Personal gelte, musste Zimmermann bejahen und verwies darauf, dass die Formulierungen im Vertrag sehr pragmatisch gewählt worden seien und das Referat Zugeständnisse habe machen müssen, da es infolge der schlechten Erfahrungen im ersten Anlauf unbedingt eine paritätische Trägerschaft mit Beteiligung der Stadt anstrebe. Mehrere Stadträte, darunter Hildebrecht Braun von der FDP, der den Passus nicht nur aus arbeitsrechtlichen Gründen für „nicht hinnehmbar" hielt, erwirkten eine Vertagung und forderten das Gesundheitsreferat zu Nachverhandlungen auf, die allerdings ergebnislos blieben.[137]

Die Emotionen im Stadtrat kochten nun hoch. Sei es denn schon wieder so weit, polterte Braun bei einer nicht-öffentlichen Sitzung im September, „daß es heißt, kein Jude darf Mitarbeiter in einem Sterbehospiz sein, in einer Einrichtung, wo die Stadt finanziell das Sagen hat und auch noch das Grundstück stellt?" Bereits im Vorfeld hatte Charlotte Knobloch als Präsidentin der Israelitischen Kultusgemeinde München und Oberbayern den Ausschluss von Juden von der Hospizarbeit unter Verweis auf die deutsche Vergangenheit scharf kritisiert. Etliche Stadträte zeigten sich besorgt über die Dominanz der kirchlichen Verbände, die ein selbstständiges Agieren der Stadt unmöglich mache – Braun sprach gar von „Erpressung". Es sei nicht zu erkennen, was das spezifisch Christliche an der Hospizidee sein solle und Sterbebegleitung könne angesichts der vielen aus der Kirche ausgetretenen oder anderen Religionsgemeinschaften zugehörigen Münchner „kein Privileg der Caritas oder der Inneren Mission" darstellen. Inhaltlich bestand dagegen weiterhin Einigkeit bezüglich des Hospizprojekts; so fand ein Änderungsantrag der Grünen Zustimmung, der das Gesundheitsreferat mit erneuten Nachverhandlungen mit dem Ziel einer Streichung der problematischen Klausel beauftragte. Neben dem Gesundheitsreferenten, der darauf verwies, dass der Stadtrat das Konzept für das Elisabeth-Hospiz bereits einstimmig beschlossen hatte, bezog lediglich die CSU-Fraktion Position auf Seiten der christlichen Verbände und stimmte gegen den Änderungsantrag. Eines ihrer jüngeren Mitglieder kritisierte vor allem die Anspielungen auf das „Dritte Reich" in der Debatte, die er sich und seiner Generation „nicht ans Bein schmieren lasse."[138]

---

[135] Beschluss der Vollversammlung des Stadtrats vom 04. 04. 1990, in: Ratssitzungsprotokolle Nr. 763/116, Stadtrat 1990, Vorlagen-Nummer: 90–96 / 900496, S. 873–877.
[136] Protokoll der Sitzung des Arbeitskreises „Modellprojekt zur Begleitung Sterbender" vom 9. 4. 1990, in: Ordner Hospiz I, Archiv der Inneren Mission München.
[137] Protokoll der Sitzung des Gesundheitsausschusses vom 12. 7. 1990, in: Ratssitzungsprotokolle Nr. 763/9, Gesundheitsausschuss 1990, Vorlagen-Nummer: 90–96 / 901955, Stadtarchiv München, S. 43–46.
[138] Protokoll der Sitzung des Gesundheitsausschusses vom 18. 9. 1990, in: Ratssitzungsprotokolle Nr. 763/9, Gesundheitsausschuss 1990, Vorlagen-Nummer: 90–96 / 901955, Stadtarchiv

9.1 Palliativstation oder Hospiz? Der Kampf um das Sterben in München 471

Auch die Presse überschlug sich.[139] Ein „Religionskrieg" tobe in München, titelte die *Bild*, und unterstellte den caritativen Verbänden einen „Tendenz-Betrieb" aufbauen zu wollen, in dem ausschließlich Christen arbeiteten.[140] Die evangelische Wochenzeitung *Sonntagsblatt* kritisierte dagegen die Stadtratsfraktion der Grünen für ihre Weigerung, dem Gesellschaftsvertrag zuzustimmen, obwohl die Verpflichtung auf „christliche Wertvorstellungen" lediglich einen Schutz gegen aktive Sterbehilfe darstelle.[141] Auch der *Münchner Merkur* zitierte Peter Aldebert von der Inneren Mission mit den Worten, man wollte sich so „gegen die Euthanasiewelle abgrenzen".[142] Die *Süddeutsche Zeitung*, die dem „unwürdigen Streit [...] um den würdigen Weg in den Tod" einen langen Artikel widmete, sprach dasselbe Zitat Christian Schmierer von der Caritas zu und warf den Wohlfahrtsorganisationen, die ihr Personal ungeachtet des Pflegenotstands „auf den Katechismus" schwören lassen wollten, „kleinkarierten Dogmatismus" vor. Weder gebe es eine „Euthanasiewelle" noch sei jeder, „der nicht ‚r.k.' oder ‚ev.luth.' auf der Steuerkarte stehen habe, ein potentieller Befürworter der aktiven Sterbehilfe."[143] Für die folgende hitzige Leserbrief-Debatte zu dem Thema reservierte die Zeitung eine ganze Seite. Eine nach eigener Aussage im „Tendenzbetrieb Kirche" angestellte Krankenschwester kritisierte gleichermaßen die Stadt wie die Presseberichterstattung und betonte die Bedeutung von Christen im deutschen Pflegewesen.[144] Schmierer verwehrte sich gegen die ihm fälschlich zugeschriebene Aussage und stellte klar, dass die kirchlichen Verbände von vornherein mit offenen Karten gespielt hätten: „In einer pluralen Gesellschaft muß im Widerstreit der Weltanschauungen auch die religiös gebundene noch einen Platz haben [...]."[145] Und Elisabeth Albrecht vom

---

München, S. 8–17, Zitate S. 9–11. Der Änderungsantrag der Grünen findet sich in Aktensammlung 1990, Gesundheitsausschuss, Band III, Vorlagen-Nummer: 90–96 / 901955, Stadtarchiv München, Blatt 613–628, hier Blatt 625.

[139] Zur Presseberichterstattung zwischen August 1990 und April 1991 vgl. exemplarisch „Streit um erstes Münchener Hospiz." *Katholische Nachrichten Agentur*, 23. 8. 1990; „Hospiz-Kräfte müssen Kirchenmitglied sein. Evangelische Innere Mission will bei Sterbebegleitung hart bleiben." *Evangelischer Pressedienst*, 23. 8. 1990; „Zweites Münchener Hospiz kommt nicht voran – Caritas über Stadtratsbeschluß verärgert – Spitzengespräche vereinbart." *Katholische Nachrichten Agentur*, 22. 2. 1991 sowie die Presseausschnittsammlung im Archiv des Caritasverbandes der Erzdiözese München und Freising, München-Neuperlach, Signaturen: 2117–2121, 2230–2232 und 3263–3275.

[140] Karsten Riechers: „Religionskrieg um Münchner Sterbekliniken. Wer kein Christ ist, darf nicht helfen." *Bild. Regionalausgabe München*, 23. 8. 1990, S. 3.

[141] „Endstation Harlaching für das Hospiz? ‚Christliche Wertvorstellungen' bringen Viererkoalition auseinander." *Sonntagsblatt. Evangelische Wochenzeitung für Bayern* (Gemeindeblatt für München und Oberbayern), 26. 8. 1990, Nr. 34/90.

[142] „Hospiz: Personal muß in der Kirche sein. Christliche Organisationen einig – Caritas will Geschiedene einstellen." *Münchner Merkur*, 24. 8. 1990.

[143] Karl Forster: „Sterbende pflegen – nur mit kirchlichem Segen?" *Süddeutsche Zeitung*, 25./26. 8. 1990, S. 18.

[144] „Sterbehospiz: Berechtigter Ärger in die falsche Richtung." *Süddeutsche Zeitung*, 30. 8. 1990, S. 20.

[145] Christian Schmierer: „Gegen intolerante und persönlich abqualifizierende Kritik." *Süddeutsche Zeitung*, 30. 8. 1990, S. 20.

CHV monierte, dass der Stadtrat offenbar christlich und kirchlich verwechsele.[146] Auch das Gesundheitsreferat gab angesichts der kritischen Medienberichte umgehend eine Presseerklärung in eigener Sache heraus, und betonte, dass weiterhin verhandelt werde und das Projekt keinesfalls „gestorben" sei, wie die *Abendzeitung* behauptet hatte. Vielmehr hätten die Medien „durch gezielte Falschinformation die künftige Arbeit des Hospizes bereits im Vorfeld diskreditiert und die wichtigen Partner der Stadt grundlos verunglimpft."[147]

Das Gesundheitsreferat, das eigentlich eine Beteiligung der Wohlfahrtsorganisationen für zwingend notwendig erachtete, aber vom Stadtrat im Oktober beauftragt wurde, das Projekt notfalls im Alleingang durchzuziehen, strebte einen Kompromiss an, der gemeinsame Einstellungsgespräche mit konfessionslosen, jüdischen oder muslimischen Bewerbern vorsah, die sich darin mit acht Punkten christlicher Wertvorstellungen identifizieren mussten.[148] Die Hoffnung war vor allem, im Falle eines Ausscherens von Caritas und Innerer Mission wenigstens den einflussreichen und mitgliederstarken CHV als Partner behalten zu können.[149] Es folgte ein monatelanges, zähes Ringen, in das sich auch der Landeskirchenrat der ELK in Bayern einschaltete. Schließlich stimmten Caritas, Innere Mission und CHV dieser Lösung zu, nicht ohne gegenüber Zimmermann klarzustellen, dass dies „weit über das hinaus [geht], was in der kirchlichen Anstellungspraxis sonst üblich ist."[150] Aus Sicht der Stadt war dagegen auch der fadenscheinige Kompromiss arbeitsrechtlich heikel. Am Ende fand man einen nicht weniger fragwürdigen Ausweg: Am 9. April 1991 verabschiedete der Gesundheitsausschuss einen erneuten Änderungsantrag, der das Gesundheitsreferat mit dem Abschluss eines Gesellschaftsvertrags beauftragte, der die neue Regelung bezüglich der Einstellung von Bewerbern über ein gemeinsames Gremium enthielt. Dieser Formulierung stimm-

---

[146] Elisabeth Albrecht: „Christlich = kirchlich?" *Süddeutsche Zeitung*, 30. 8. 1990, S. 20.
[147] Die Presseerklärung findet sich in Ordner Hospiz I, Archiv der Inneren Mission München.
[148] Vgl. das Protokoll des Abklärungsgesprächs mit allen beteiligten Verbänden am 11. 9. 1990, in: ebd., die Tischvorlage des Gesundheitsreferenten zur Sitzung des Gesundheitsausschusses eine Woche später und dessen dort getätigten Aussagen, in: Aktensammlung 1990, Gesundheitsausschuss, Band III, Vorlagen-Nummer: 90–96 / 901955, Stadtarchiv München, Blatt 613–628, v. a. Blatt 621 bzw. Protokoll der Sitzung des Gesundheitsausschusses vom 18. 9. 1990, in: Ratssitzungsprotokolle Nr. 763/9, Gesundheitsausschuss 1990, Vorlagen-Nummer: 90–96 / 901955, Stadtarchiv München, S. 8–17, hier v. a. S. 12, sowie den Beschluss der Vollversammlung des Stadtrates vom 4. 10. 1990, in: Ratssitzungsprotokolle Nr. 763/3, Stadtrat 1990 (September-Oktober), Vorlagen-Nummer: 90–96 /901955, S. 31.
[149] Vgl. auch Karl Forster: „Das Sterbe-Hospiz ist noch nicht gestorben." *Süddeutsche Zeitung*, 19. 9. 1990.
[150] Schreiben von Caritasverband, Innerer Mission und CHV an Gesundheitsreferent Zimmermann vom 12. 3. 1991, in: Ordner Hospiz I, Archiv der Inneren Mission München. Zu den vorausgegangenen Verhandlungen vgl. exemplarisch Schreiben von Gesundheitsreferent Zimmermann an Oberkirchenrat Bogdahn vom 12. 11. 1990; Protokoll zu einer Gesprächsrunde am 19. 2. 1991 in München mit Vertretern von CHV, Caritasverband, Innerer Mission, Gesundheitsreferat und des Landeskirchenrates der ELK in Bayern sowie Ergebnisprotokoll über ein informelles Gespräch der Inneren Mission mit SPD-Mitgliedern des Gesundheitsausschusses am 19. 2. 1991, in: ebd.

te die Landeshauptstadt jedoch offiziell nicht ausdrücklich zu, sie nahm lediglich „zur Kenntnis, daß ihre vorgesehenen Partner Wert darauf legen, daß die zukünftigen Mitarbeiter des Hospizes grundsätzlich Mitglieder einer christlichen Kirche sind."[151]

Bei den Beteiligten herrschte dennoch Euphorie. Die FDP-Fraktion gab schon am nächsten Tag eine Presseerklärung mit dem Titel „Endlich! Das Münchner Sterbehospiz kann gebaut werden" heraus.[152] Auch die zuvor besonders kritische *Süddeutsche Zeitung* zeigte sich nun zufrieden, da eine „Diskriminierung von Nicht-Christen" verhindert worden sei.[153] Die Unterzeichnung des Gesellschaftervertrags einen knappen Monat später sorgte abermals für ein breites mediales Echo, welches wie schon im Falle der Berichterstattung über das Johannes-Hospiz zwei Besonderheiten aufwies: Zum einen wurde die neue Einrichtung den Lesern explizit als ein Hospiz präsentiert, zum anderen wurde sie nachdrücklich begrüßt – die *Süddeutsche Zeitung* sprach gar von einer „Glücksstunde" für die Stadt München.[154] Die lokale Caritas-Zeitschrift versicherte, dass kein „Sterbehaus" errichtet, sondern ein „Hospiz ohne Mauern" geschaffen werde, und frohlockte: „Hospiz ist eine Station auf dem Weg in eine erhoffte Zukunft."[155]

Bis zur tatsächlichen Eröffnung der Einrichtung sollten allerdings noch sechs Jahre vergehen. Denn auch in der Folge verlief die Kooperation keinesfalls reibungsfrei, da sich die Partner zunächst nicht auf die Aufgaben- und Kostenverteilung im ambulanten Bereich einigen konnten.[156] Erst Mitte 1992 konnte ein Kooperationsvertrag geschlossen werden, nach dem Innere Mission, Caritas und CHV jeweils 10% der Kosten übernahmen und der Rest über die Krankenkassen finan-

---

[151] Bekanntgabe des Gesundheitsausschusses und Protokoll der öffentlichen Sitzung vom 9. 4. 1991, in: Ratssitzungsprotokolle RP-772, Gesundheitsausschuss 1991, Vorlagen-Nummer: 90–96 / 910581, Stadtarchiv München, S. 27 f. bzw. S. 145–156a.
[152] Presseerklärung der FDP-Fraktion vom 10. 4. 1991, in: Ordner Hospiz I, Archiv der Inneren Mission München.
[153] Robert Roßmann: „Nach Kompromiß mit Kirchen: Weg frei für das Sterbehospiz." *Süddeutsche Zeitung*, 11. 4. 1991, S. 18.
[154] Sibylle Steinkohl: „Vier Institutionen unterzeichnen Vertrag für ‚Sterbeklinik' – Gemeinschaftswerk, das den Todkranken hilft. Weg frei für das ‚Münchner Hospiz St. Elisabeth' im Krankenhaus Harlaching." *Süddeutsche Zeitung*, 14. 5. 1991. Vgl. auch exemplarisch „Zweites Hospiz in München. Konflikt um Harlachinger Einrichtung beigelegt." *Katholische Nachrichten Agentur*, 14. 5. 1991; Fritz Woock: „Für Angehörige Hilfe auch über den Tod hinaus. Sterbe-Hospiz auch in Harlaching." *Münchner Merkur*, 14. 5. 1991; „‚Sterbeklinik' zum Leben erweckt." *tz*, 14. 5. 1991; „Jetzt steht der Vertrag für Münchner Sterbe-Hospiz." *Abendzeitung*, 14. 5. 1991.
[155] „Raststätte auf dem letzten Weg. 2. Hospiz für Schwerstkranke und Sterbende." *Caritasdienste. Mitteilungen des Katholischen Caritasverbandes der Erzdiözese München und Freising* 1991, S. 40.
[156] Vgl. Aktennotiz über das Treffen der Gesellschafter der Münchner Hospiz St. Elisabeth GmbH am 29. 7. 1991; Ergebnisprotokoll der Gesellschafterversammlung vom 29. 10. 1991; Schreiben des CHV an die Innere Mission vom 29. 1. 1992 sowie das Protokoll zur Besprechung „Modelleinrichtung zur Begleitung Sterbender" am 2. 4. 1992, auf der schließlich ein Gesellschaftervorvertrag unterzeichnet wurde, in: Ordner Hospiz I, Archiv der Inneren Mission München.

ziert werden sollte; die Stadt, die letztlich die alleinige Trägerschaft über den stationären Bereich übernahm, deckte etwaige Fehlbeträge.[157] Da sich die Verhandlungen mit den Krankenkassen jedoch schwierig gestalteten und der Posten des städtischen Gesundheitsreferenten neu besetzt werden musste, verzögerte sich der Umbau in Harlaching weiter.[158] Hinzu kamen neue Bedenken im Stadtrat mit Blick auf die geschätzten Kosten, die von anfänglich 1,2 Millionen DM auf 3,3 Millionen angestiegen waren, sowie die Nähe der Station zu einem Kindergarten.[159]

Vor diesem Hintergrund und angesichts der geänderten Gesetzeslage auf Bundesebene erfolgte im Frühjahr 1995 die Umbenennung des Projekts zu einer „palliativmedizinischen Einrichtung" – durch die Umwidmung von Betten der onkologischen Abteilung konnte einerseits ein Großteil der Investitionskosten mit Geldern des Krankenhausbauprogramms des Bayerischen Sozialministeriums über das Regierungskontingent beglichen werden, andererseits die Finanzierung des laufenden Betriebs sichergestellt werden.[160] Weitere finanzielle Mittel erhielt die Einrichtung durch die Einnahmen einer Adventskalenderaktion der *Süddeutschen Zeitung*, über eine großangelegte Spendenkampagne des CHV und vom städtischen Blutspendedienst, der Überschussmittel in Höhe von 350 000 DM zur Verfügung stellte.[161] Erst im Sommer 1996 wurde die Ausführungsgenehmigung für den Klinikumbau erteilt, nachdem kurz zuvor das Baureferat die Arbeiten an dem denkmalgeschützten Gebäude genehmigte.[162] Im Herbst des folgenden Jahres eröffnete schließlich die Palliativstation am städtischen Krankenhaus Harlaching – die in den ersten drei Jahren ihres Bestehens den Namen „Christophorus-Hospiz" trug – mit zehn stationären Betten und anfänglich zwölf Pflegekräften; die ärztli-

---

[157] Vgl. Kooperationsvertrag zwischen der Landeshauptstadt München, dem CHV, dem Caritasverband und der Inneren Mission „zur Errichtung und Unterhalt des Hospizes Sankt Elisabeth", in: Ordner Christophorus Hospiz Verein e. V., Archiv der Inneren Mission München sowie Beschluss der Vollversammlung des Stadtrats vom 10. 5. 1995, Aktensammlung 1995, Stadtrat Band 5, 90–96/950587, Stadtarchiv München, Blatt 999–1015.
[158] Vgl. Protokoll der Besprechung „Hospiz, Einrichtung zur Begleitung Sterbender" am 4. 3. 1993 im Gesundheitsreferat und Schreiben an den Schriftverkehr von Anfang 1994, in: Ordner Christophorus Hospiz Verein e. V., Archiv der Inneren Mission München.
[159] Vgl. zu den steigenden Kostenschätzungen Protokoll der Besprechung vom 30. 6. 1992 im Gesundheitsreferat, in: ebd. Sowie Beschluss des Gesundheits- und Krankenhausausschusses als Werkausschuß für das Krankenhaus München-Harlaching vom 20. 07. 1995, Aktensammlung 1995 Gesundheitsausschuss Band V, Vorlangen-Nummer: 90–96 / 951414, Stadtarchiv München, S. 1075–1089, hier S. 1075.
[160] Vgl. Protokoll über die Sitzung des Gesundheitsausschusses vom 4. 5. 1995, in: Ratssitzungsprotokolle, Gesundheitsausschuss 1995, Januar-Juli (Teil I), Vorlagen-Nummer: 90–96 / 950587, Stadtarchiv München, S. 8–10 und Interview Bausewein, S. 7. Zur Veränderung der Gesetzeslage vgl. Kap. 10.2.
[161] Vgl. Bausewein/Hartenstein, Hospiz sowie Beschluss der Vollversammlung des Stadtrats vom 26. 07. 1995, in: Aktensammlung 1995, Vollversammlung des Stadtrates, Vorlagen-Nummer: 90–96 / 951414, Stadtarchiv München.
[162] Vgl. Protokoll der öffentlichen Sitzung des Gesundheits- und Krankenhausausschusses am 25. 7. 1996, Vorlagen-Nummer: 96–02 / 961201, Stadtarchiv München, S. 3 sowie Beschluss der Vollversammlung des Stadtrats vom 31. 07. 1996, in: Aktensammlung 1996, Vorlagen-Nummer: 96–02 / 961201, ebd.

che Leitung wurde der erst Anfang 30-jährigen Claudia Bausewein übertragen, die im Vorstand des CHV saß und eine Schülerin von Elisabeth Albrecht war, die München zwischenzeitlich verlassen hatte.[163]

Die Hospizidee als Motor und Ausdruck der Glokalisierung

Die Geschichte der Hospizbewegung in München liest sich streckenweise wie eine Provinzposse. Doch darf dies nicht darüber hinwegtäuschen, dass sich in ihr zahlreiche Entwicklungen spiegelten, die auf der einen Seite die zeithistorischen Verschiebungen am Lebensende, auf der anderen Seite die gesellschaftsgeschichtliche Entwicklung der Bundesrepublik in den Jahren unmittelbar vor und nach der Wende kennzeichnen. Ausgangspunkt der Beschäftigung mit hospizlichen Ideen in der Stadt war einerseits ein konkretes Problembewusstsein für die Notlage vieler Sterbender, zumal in medizinischen Institutionen. Andererseits beschleunigten – wie in vielen anderen deutschen Städten auch – internationale Wissenstransfers die Suche nach Lösungen. Wichtiger als die noch vergleichsweise spärlich in deutschen Buchhandlungen verfügbaren thanatologischen Publikationen waren in diesem Kontext die persönliche Vortragstätigkeit von Kübler-Ross, die sie in jenen Jahren wiederholt nach Deutschland führte, und die Sondenfunktion des St. Christopher's Hospice in London, das zur zentralen Anlaufstelle von Interessierten aus aller Welt wurde. Insofern ist die Geschichte der Hospizidee in München auch Ausdruck einer glokalisierten Gesellschaft.

Wie überall in der Bundesrepublik trafen die Akteure auf komplizierte Ausgangsvoraussetzungen, insbesondere mit Blick auf die Finanzierung von Baumaßnahmen, aber auch die Abrechnung palliativer Leistungen. Die Bedingungen in München erlaubten jedoch eine ungewöhnliche Lösung: Angesichts der hohen Kosten und in Ermangelung einer gesundheits- oder sozialpolitischen Finanzierungsgrundlage hospizlicher Pflege schufen die Beteiligten ein Modell, im Rahmen dessen das Hospizkonzept an Krankenhäusern verankert wurde. Dieses sorgte zwischenzeitlich für komplette semantische Verwirrung. Ein Artikel in der Würzburger *Main-Post* über das geplante Johannes-Hospiz in der Landeshauptstadt verkündete beispielsweise Anfang 1988, dass in der Bundesrepublik bisher nur zwei vergleichbare Einrichtungen existierten, in Köln und Recklinghausen – und verwies damit auf eine Palliativstation und ein stationäres Hospiz.[164] Festzuhalten ist, dass es sich bei beiden Münchner Einrichtungen nicht etwa um Palliativstationen handelte, denen einfach ein „falscher" Titel gegeben wurde. Vielmehr waren diese – worauf bereits die ursprüngliche Namensgebung hindeutet – dezidiert als Hospize konzipiert, deren zeitnahe Errichtung und Finanzierung den Akteuren aber nur über den Krankenhausbedarfsplan möglich schien. Dies konnte vor allem auch deshalb gelingen, weil bis Anfang der 90er Jahre noch keine festge-

---

[163] Vgl. Interview Bausewein, S. 6f. und S. 18–20; Bausewein/Hartenstein, Hospiz, S. 202f. sowie Bausewein, Möglichkeiten, v. a. S. 71.
[164] „Eine Lebenshilfe – Hospiz für unheilbar Kranke." *Main-Post*, 21. 1. 1988.

fahrenen Definitionen und eindeutigen Abgrenzungen zwischen Palliativmedizin und Hospizidee existierten – und weil beide nicht nur denselben Grundansatz haben, sondern auch mit Blick auf viele Detailfragen rund um die Pflege und Betreuung Sterbender letztlich deckungsgleich sind.[165] Das Münchner Modell bestätigte somit, dass die spezifisch deutsche Entwicklung einer klaren Trennung von Palliativstationen und Hospizen keine Zwangsläufigkeit darstellte. In Bayern hallte es lange nach: So lässt die Bayerische Staatsregierung seit Mitte der 2000er Jahre nur noch Palliativstationen zu, die einen Kooperationsvertrag mit einem Hospizverein besitzen.[166]

Das Charakteristische in der Landeshauptstadt, das diese Variante und damit letztlich die frühe Schaffung von stationären Hospizeinrichtungen ermöglichte, war die Vielfalt der beteiligten Akteure: Im Endeffekt erlaubte eine besondere Konstellation mit einflussreichen Befürwortern aus der Stadtöffentlichkeit sowie einem hohen Interesse der bayerischen Gesundheitspolitik in München einen vergleichsweise frühen Siegeszug der Hospizidee. Auch bei den christlichen Wohlfahrtsorganisationen und in anderen kirchlichen Institutionen fand diese rasch Unterstützung. Bis 2002 entstanden allein in den Pfarrgemeinden der Erzdiözese München und Freising 14 Hospizgruppen mit über 150 ehrenamtlichen Mitarbeitern.[167] Obschon Motivation und Ziele im Einzelnen durchaus unterschiedlich waren, bildete sich rasch eine breite hospizliche Interessenkoalition. Die dabei entstehenden personellen und organisatorischen Netzwerke, ohnehin ein Charakteristikum der frühen Hospizbewegung, erwiesen sich hier als besonders eng und zentral. Trotz vielfältiger Reibungspunkte zwischen den Akteuren verstärkte sich deren Interesse am Hospizgedanken infolge der wechselseitigen Kontakte immer weiter.

Die guten Rahmenbedingungen schlugen sich auch in der Entwicklung des CHV nieder. Dieser war in den Jahren nach der Wiedervereinigung der vermutlich aktivste private Hospizverein im ganzen Land und avancierte zu einem einflussreichen Akteur im bayerischen Gesundheitswesen.[168] So baute er etwa einen imposanten ambulanten Dienst im Raum München auf und formte sich sukzessive zu einem hochgradig institutionalisierten „Unternehmen", das Aus- und Weiter-

---

[165] Vgl. Bausewein/Hartenstein, Hospiz, S. 202 f.; Interview Bauswein, S. 6; Interview Vogt, S. 19 sowie ausführlich Kap. 7.2 und 8.2.

[166] Interview Binsack, S. 17. Später wurde diese Anforderung um ambulante Palliativdienste ergänzt. Vgl. den Krankenhausplan des Freistaates Bayern (Stand 1. Januar 2019), Teil II, Abschnitt D: Stationäre Palliativversorgung, Anlage 1 und Anlage 2, online unter https://digital.zlb.de/viewer/api/v1/records/15323480_2019/files/images/20190101_krankenhausplan_bayern.pdf/full.pdf [15. 12. 2021].

[167] Vgl. die Statistik im unveröffentlichten Jahresbericht 2002 der Caritas München, S. 22, im Archiv des Caritasverbandes der Erzdiözese München und Freising, München.

[168] Vgl. etwa die breite Medienberichterstattung über die Arbeit des CHV, exemplarisch nur aus der *Süddeutschen Zeitung* die Artikel „Fuchs-Preis für Christophorus-Verein." (28./29. 12. 1991); „Christophorus Hospiz in neuen Räumen." (17. 5. 1994) und „‚Christophorus-Hospiz-Verein' vergrößert sich. Wo Sterbende und Angehörige Begleiter finden." (19. 7. 1994).

bildungen in der ganzen Region anbot.[169] Eine Zusammenarbeit erfolgte in der zweiten Hälfte der 90er Jahre mit zahlreichen Hausärzten, regionalen Sozialstationen unter anderem von Trägern der Freien Wohlfahrtspflege oder des Arbeiter-Samariter-Bundes, sowie beiden städtischen Palliativstationen, nachdem sich das Verhältnis zu den Barmherzigen Brüdern und besonders zum Stationsarzt Binsack gebessert hatte.[170] Im Unterschied zu den meisten anderen Hospizvereinen in der Bundesrepublik setzte der CHV neben freiwilligen Helfern früh auch hauptberufliche, professionelle Pflegekräfte ein. Dies ermöglichten einerseits umfangreiche finanzielle Zuwendungen des bayerischen Sozialministeriums, des Caritasverbandes, der Inneren Mission und der Robert Bosch Stiftung, die den Hospizverein zwischen 1991 und 1997 mit über einer halben Million DM unterstützte.[171] Angelehnt an die Arbeit der Macmillan-Schwestern in Großbritannien konzipierte der CHV ein in der Bundesrepublik singuläres „Brückenmodell": Speziell ausgebildetes Pflegepersonal aus dem onkologischen Bereich, das sowohl stationär als auch ambulant eingesetzt werden konnte, bereitete dabei insbesondere terminal Kranke und ihre Angehörige auf eine Entlassung vor und ermöglichte so ein Sterben zu Hause.[172]

Andererseits waren die Krankenkassen infolge der hohen Zahl an Ehrenamtlichen zu einer Kostenübernahme für die Einsätze der ambulanten „Hospiz-Schwestern" des CHV bereit.[173] Die AOK München und die mit ihr verbundenen Ersatzkassen bezuschussten ihre Arbeit ab Sommer 1996 sogar in Fällen, in denen keine ärztliche Verordnung vorlag.[174] Bereits im Jahr 1993 betreuten sie 124 Patienten, statteten fast 900 Hausbesuche ab und leisteten über 1500 telefonische Beratungen, dazu kamen 112 ehrenamtlich begleitete Sterbende und Angebote im

---

[169] Interview Vogt, S. 11.
[170] Vgl. ebd., S. 10; Interview Binsack, S. 7 und S. 16 sowie den Jahresbericht des CHV von 1992, in: RBSG-A 1106–445.
[171] Vgl. die Akte Christopherus Hospiz Verein e. V., in: RBSG-A 1106–445, darin insbesondere zu den Zielen des CHV den ausführlichen Projektantrag von Iblacker vom 26. 11. 1990, die zwölfseitige Tätigkeitsbeschreibung von 1992 sowie die Schreiben des Caritasverbandes und der Inneren Mission vom 30. 3. 1993 und 6. 5. 1993, in denen sich die Wohlfahrtsverbände zur Übernahme von Gehaltskosten verpflichteten.
[172] Vgl. das Konzeptpapier „Brückenteam" des CHV vom Januar 1998, in: ebd. Vgl. zum Mitte der 70er Jahre mit Mitteln der Macmillan Cancer Support-Stiftung geschaffenen Modell der Macmillan Care Unit in britischen Krankenhäusern Clark/Seymour, Reflections, S. 75 sowie zu dessen praktischer Ausgestaltung in den 90er Jahren an einer Klinik in Cambridge die Informationsbroschüre vom 21. 10. 1997 mit umfassenden Angaben zu den Zielen und der Arbeit der Macmillan Krankenschwestern und der Artikel „Macmillan palliative care specialist nurses" in der Krankenhauszeitschrift *Addenbrooke's Matters* (Ausgabe Februar/März 1996, S. 3), in: Addenbrooke's Hospital Archive Cambridge, AHAP 2/5/6/7 bzw. AHAP 1/10/27.
[173] Vgl. Interview Vogt, S. 11, Heller u. a., Geschichte, S. 158–160 und Deutsche Krebshilfe: Gesamtübersicht der Förderung im Bereich „Palliativmedizin, Hospize und Schmerztherapie" (Stand 31. 12. 2012), S. 5.
[174] Vgl. Resümee der „Hospiz-Schwestern" zum Verwendungsnachweis vom 11. 5. 1997, in: RBSG-A 1106–445.

Bereich Trauer- und Kunsttherapie.[175] Nachdem der CHV kurz vor der Jahrtausendwende dank einer finanziellen Unterstützung der Deutschen Krebshilfe von über 600 000 DM eine zentrale Weiterbildungseinrichtung im Hospiz- und Palliativbereich namens Christophorus Akademie ins Leben gerufen hatte, gründete er schließlich 2001 in Kooperation mit der Münchner AIDS-Hilfe eine eigene stationäre Einrichtung, das „Hospiz München", die er seit 2006 mit 16 Betten in eigener Trägerschaft führt.[176]

Der CHV entfaltete so gerade in den 90er Jahren eine katalysatorische Wirkung auf die westdeutsche Hospizbewegung. Dies galt insbesondere wegen seiner für die frühe Hospizbewegung prototypischen, offensiven Eigendarstellung, mit der der Verein sich selbst, aber auch das Thema „Hospiz" allgemein erfolgreich auf die stadtöffentliche Agenda setzte. Wie die anderen beteiligten Verbände legte der CHV ebenfalls einen klaren Schwerpunkt auf den Bereich Public Relations, der zu einer klar positiven Berichterstattung über die Hospizidee in den lokalen Medien führte. Er platzierte Anfang der 90er Jahre nicht nur seine Ehrenamtlichen strategisch in Pflegearbeitskreisen und anderen sozialen Vereinen in der Stadt, sondern forcierte – noch unter dem Einfluss des Medienprofis Iblacker und seines Instituts für Kommunikationsforschung – persönliche Kontakte der Mitarbeiter zu interessierten Journalisten, die so „aus erster Hand" Informationen über das Hospizkonzept erhalten sollten, wie es im Jahresbericht von 1992 hieß: „Wenn dies auch zunächst viel Zeit in Anspruch nimmt, so werden doch über diesen Weg die Betroffenen sowie die Familien von diesem Angebot erfahren."[177] So konnte durch geschickte Öffentlichkeitsarbeit die Verbreitung von – positiv besetztem – Wissen über das Hospiz auf regionaler wie überregionaler Ebene forciert werden.[178] Reinhold Iblacker verfolgte in seinen letzten Lebensjahren das Ziel einer deutschsprachigen Übersetzung von Mary Campions Buch über die hospizlichen Pionierleistungen der irischen Sisters of Charity in Hackney im Osten Londons, das 1997 an seinem ersten Todestag erschien.[179] Und die auf Iblacker zurückgehenden guten Kontakte zum Herder-Verlag nutzte Gerburg Vogt Mitte der 90er Jahre, um einen ihrer Münchner Studenten, Christoph Hörl, für ein Publikationsprojekt nach London zu schicken, wo er ein ausführliches Interview mit Cicely Saunders führte.[180] Das 1999 erschienene Buch „Brücke in eine andere Welt" erwies sich als eine der

---

[175] Vgl. den Jahresbericht des CHV von 1993, S. 7–13, in: Ordner Christophorus Hospiz Verein e. V., Archiv der Inneren Mission München.

[176] Vgl. Heller u. a., Geschichte, S. 160; Seitz/Seitz, Hospizbewegung, S. 175; https://www.chv.org/wir-ueber-uns/geschichte-des-chv.html [15. 12. 2021] und den Schriftverkehr zwischen dem CHV und der Robert Bosch Stiftung im Jahr 2001 anlässlich der Eröffnung des Hospizes im Juli, in: RBSG-A 1106–445.

[177] RBSG-A 1106–445.

[178] Vgl. Albrecht, Hospiz und Elisabeth Albrecht: „Medizinische Sterbebegleitung im Hospiz." *Deutsches Ärzteblatt*, 8. 1. 1990, S. A-44-A-46.

[179] Campion, Hospiz [englisches Original: dies., Making], vgl. zum Entstehungshintergrund das Vorwort von Gerburg Vogt, S. 3 f.

[180] Vgl. hierzu Interview Vogt, S. 4.

einflussreichsten Veröffentlichungen für die weitere Verbreitung von Hospizidee und Palliativmedizin in der Bundesrepublik nach der Jahrtausendwende.[181]

Auf eine ganz andere Weise entpuppten sich auch die Streitigkeiten über die religiöse Grundierung des Projekts sowie die Positionen und Einflussmöglichkeiten von Caritas und Innerer Mission als ein Spiegelbild der Entwicklung der Hospizidee in Westdeutschland beziehungsweise der wiedervereinigten Bundesrepublik. Das Ringen innerhalb der Koalition der beteiligten kirchlichen Verbände (Caritas, Innere Mission, Barmherzige Brüder) und dem katholisch geprägten, aber nicht als gleichwertig angesehenen CHV sowie zwischen ihnen und der Stadt in den Jahren 1987 bis 1993 stellte dabei auf der einen Seite tatsächlich schlicht ein „unwürdiges" Schauspiel dar. Auf der anderen Seite war es Ausdruck der immer klarer hervortretenden Frontstellung zwischen geistlichen und weltlichen Akteuren am Lebensende. So führte das steigende Engagement der Kirchen und der christlichen Wohlfahrtsorganisationen im Hospizbereich zu Spannungen, zumal diese mitunter offen eine Übernahme der Idee anstrebten, indem sie eine grundlegende Deutungskompetenz in allen Fragen der Sterbebegleitung für sich reklamierten. Im Begleitschreiben zur Pressekonferenz anlässlich der Einweihung des neu gebauten Gebäudetraktes des Johannes-Hospizes am 14. Mai 1993 verkündeten die Barmherzigen Brüder, dass sich die Frage, warum sich ein katholischer Orden in dem Bereich engagiere, leicht beantworten ließe: „Im Grunde ist der Orden der Barmherzigen Brüder seit mehr als 400 Jahren eine Art Hospizbewegung, und die Gründung des Johannes-Hospizes an unserem Münchener Krankenhaus knüpft dort an, wo der Orden seine Wurzeln hat."[182] Umgekehrt waren die Gründe für die enorme öffentliche und lokalpolitische Empörung über das Agieren christlicher Akteure vielschichtig. In ihr schlugen sich gleichfalls Sorgen über die exponierte Stellung kirchlicher Wohlfahrtsverbände innerhalb des Gesundheits- und Pflegewesens wie Befürchtungen nieder, dass sich hinter der in der katholischen Kirche seit dem Zweiten Vatikanischen Konzil forcierten Hinwendung zum Menschen letztlich ein klassischer Dogmatismus verbarg. Letzteres galt umso mehr infolge der Unerfahrenheit und Unsicherheit hinsichtlich des neuen Konzeptes „Hospiz". Was genau verband sich damit und was waren seine Wurzeln? Für viele Beobachter war unklar, ob es als Ausdruck einer traditionell kirchlich-caritativen Weltsicht oder eines von zivilgesellschaftlichen Gruppierungen vorangetriebenen, humanistischen Menschenbildes verstanden werden musste.

Ein anderes bundesweit greifbares Phänomen, dem aber im Raum München wiederum ein besonderes Gewicht zufiel, war schließlich die immer wieder angesprochene Gegnerschaft der Hospizanhänger zur aktiven Sterbehilfe. Neben der insgesamt stark religiösen Prägung der Initiative für ein Hospiz lag dies vor allem daran, dass sich die zentralen Protagonisten der Sterbehilfebewegung in den 80er

---

[181] Saunders, Brücke.
[182] Begleitschreiben des Provinzialats der Barmherzigen Brüder zur Pressekonferenz, in: Ordner: Hospiz Grundsteinlegung am 8. 3. 1991 und Einweihung am 14. 5. 1993, Provinzarchiv der Barmherzigen Brüder in München.

und 90er Jahren in unmittelbarer räumlicher Nähe zur Landeshauptstadt befanden: Julius Hackethal unterhielt eine Privatklinik am Chiemsee, die DGHS hatte ihren Sitz zu jener Zeit in Augsburg. Bereits die Gründung des Ausschusses „Hospiz-Bewegung" im Landesgesundheitsrat stellte eine explizite Antwort hierauf dar.[183] Ihre absolute Gegnerschaft zur „Euthanasie" vereinte letztlich alle beteiligten Akteure – ein Umstand, den sie immer wieder nachdrücklich betonten, so im Zuge der Beratungen zwischen der Stadt und den Verbänden über die ausgearbeiteten „Grundsätze der Hospizarbeit".[184] Für die örtliche Caritas stellte die Euthanasiediskussion ebenfalls stets einen Fluchtpunkt ihres hospizlichen Engagements dar. Ganz zu dessen Beginn, 1988, informierte sie in ihrer Hauszeitschrift, dass das geplante Johannes-Hospiz eine direkte Reaktion auf die jüngsten Forderungen der DGHS nach aktiver Sterbehilfe sei. Deren Antwort auf die „aus der Angst vor langen Leiden, vor quälenden Schmerzen, [...] vor der Übermacht des technisch Machbaren und dem Ausgeliefertsein an Maschinen und menschlicher Verlassenheit" entstandenen Verunsicherung sei die moralisch verwerfliche Übertragung der Verantwortung für den eigenen Tod auf andere.[185] 2001 war der Aufhänger eines Artikels im Jahresbericht mit dem suggestiven Titel „Zuwendung statt Todesspritze" ein neues niederländisches Sterbehilfegesetz, das klar abgelehnt wurde: „Die Kirche und die Caritas vertreten aus ihrem christlichen Glauben und ihrer Erfahrung in der Hospiz-Bewegung eine andere Auffassung."[186] Für den CHV schließlich bestand die Gegnerschaft zur DGHS nicht nur auf dem Papier. Als die größte deutsche Sterbehilfeorganisation am 3. November 1990 ihr zehnjähriges Bestehen mit einem Festakt in München beging, mischten sich Mitglieder des Hospizvereins gemeinsam mit Aktivisten der Behindertenbewegung ins Publikum und forderten mit einem Megafon das Verbot der DGHS: Es kam zu einem tumultartigen Handgemenge, die Staatsanwaltschaft ermittelte wegen versuchter Körperverletzung, Hausfriedensbruch und Beleidigung, ein Beteiligter musste sich vor Gericht verantworten.[187]

---

[183] Vgl. auch „Für ein menschenwürdiges Sterben. Arbeitsgruppe für Hospizbewegung wurde in München beschlossen." *Katholische Nachrichten-Agentur* (Bayerischer Dienst), 2. 2. 1988.
[184] Grundsätze der Hospizarbeit, in: Aktensammlung 1990, Gesundheitsausschuss, Band III, Vorlagen-Nummer: 90-96 / 901955, Stadtarchiv München, Blatt 627.
[185] „Johannes-Hospiz in München. Neue Einrichtung geplant." *Caritasdienste. Mitteilungen des Katholischen Caritasverbandes der Erzdiözese München und Freising* 1988, S. 30–32, hier S. 30.
[186] „Zuwendung statt Todesspritze." Caritas-Jahresbericht 2001, S. 32–33, Zitat S. 32, in: Archiv des Caritasverbandes der Erzdiözese München und Freising, München.
[187] Vgl. Eduard Klingbeil: „‚Gute' Hospizler und ‚böse' DGHS." *Humanes Leben – Humanes Sterben* 12 (1992), Nr. 1 und das Schreiben des Geschäftsführers der DGHS an die Robert Bosch Stiftung vom 16. 12. 1991, in dem er diese dazu aufforderte, angesichts der Vorkommnisse von einer künftigen finanziellen Förderung des CHV abzusehen, in: RBSG-A 1106-445. Am Ende wurde der Angeklagte Gusti Steiner, einer der führenden Vertreter der deutschen Behindertenbewegung, paradoxerweise vom Amtsgericht München zu einer symbolischen Geldstrafe von 200 DM verurteilt – zu leisten an den CHV. Vgl. dazu Thomas Schmidt: „Rollis, Randale und der Hausfriede des Herrn Atrott. Zum Münchner Prozess gegen Gusti Steiner." *Die Randschau. Zeitschrift für Behindertenpolitik* 7 (1992), Nr. 2/3, S. 23–24.

9.2 Gegen alle Widerstände? Die Geschichte der DGHS und der deutschen Sterbehilfebewegung

„Wer früher stirbt, ist länger tot."
(Filmtitel, Bundesrepublik Deutschland 2006)

Bereits am Tag ihrer Gründung, dem 7. November 1980, polarisierte die DGHS: Während Hans Henning Atrott und 18 Mitstreiter in einem Nürnberger Lokal einen Namen für den neuen Verein suchten – verworfen wurde letztlich unter anderem „Gesellschaft für das Recht auf einen würdigen Tod (EXIT) e. V." – und über Satzungsfragen diskutierten, demonstrierten auf Aufruf kirchlicher Kreise Dutzende vor dem Gebäude.[188] Die bayerische Boulevardpresse zeigte sich entsetzt und besorgte Bürger wandten sich ob der „Existenz des obskuren Vereins aus Nürnberg" an die Staatsregierung; ein Mann aus München bot gar ohne Umschweife an, sich gegen diesen mit allen nötigen Mitteln zu „aktivieren" (das Innenministerium lehnte unter Verweis auf die freiheitlich-demokratische Grundordnung höflich ab).[189] Die Unmittelbarkeit der Reaktionen erklärt sich dadurch, dass die Sterbehilfeorganisation keinesfalls aus dem Nichts kam. Bereits Ende 1976 hatte sich in der fränkischen Großstadt eine „Initiative für humanes Sterben nach Wunsch der Sterbenden" formiert.[190] Hinter dieser standen verschiedene Gruppierungen, darunter federführend der atheistische Bund für Geistesfreiheit und die örtliche Humanistische Union. Einen ersten Aufruf an alle „demokratischen Bürgerinnen und Bürger", den die Initiative kurz darauf in drei Nürnberger Zeitungen schaltete, um auf Missstände beim Sterben in medizinischen Institutionen aufmerksam zu machen, unterschrieben aber auch andere sozial und politisch engagierte Organisationen, so etwa die Deutsche Friedensgesellschaft, eine Gruppe Nürnberger Zivildienstleistender sowie die städtischen Jusos und Jungdemokraten – ein deutliches Zeichen dafür, wie Fragen eines „humanen Todes" und speziell der Selbstbestimmung von Sterbenden in jenen Jahren gerade freigeistige und politisch links stehende Verbände umtrieben.[191]

Konkret inspiriert waren die Protagonisten der Initiative von Berichten über die ersten in den USA entstandenen „living will"-Erklärungen sowie der hitzigen Debatte um passive und aktive Sterbehilfe in der Bundesrepublik. Ihr erklärtes Ziel war es, wie sie in dem Aufruf und in einer erstmals 1978 erschienenen Dokumentation darlegten, derartige „Patiententestamente" für die Bundesrepublik zu

---

[188] Vgl. die gesammelten Presseberichte dazu im Ordner „Gründung DGHS" in der Geschäftsstelle der DGHS, Berlin. Der Name Exit fand knapp ein Jahr später in der Schweizer Sterbehilfebewegung prominent Verwendung.
[189] Vgl. Gerd Röckl: „Vom Erlös wird es sich schon leben lassen." *Tz*, 13. 1. 1981 und die Schreiben von U.E. vom 1. 1. 1981 (Zitate), von R.S. vom 25. 3. 1983 sowie das Antwortschreiben an U.E. vom 13. 2. 1981, in: BHStA, Minn 105397.
[190] Vgl. hierzu Gerd Hirschauer: „Menschenwürdiges Sterben" und „Die Nürnberger ‚Initiative für humanes Sterben nach der Sterbenden'." *Vorgänge* 36 (1978), Nr. 6, S. 45–46 bzw. S. 119.
[191] Eine Kopie des Aufrufs findet sich im Ordner „Humanes Sterben – 3./4. Juni 1978, Bremen" in der Geschäftsstelle der Humanistischen Union in Berlin.

adaptieren sowie auf Gesetzesreformen hinzuwirken, mit der eine Strafverfolgung im Falle eines ärztlichen Behandlungsabbruchs, in letzter Konsequenz sogar bei einer „Tötung auf Verlangen" verhindert werden sollte.[192] Die Veröffentlichung enthielt unter anderem dramatische Sterbeberichte von Privatpersonen: „Mein Vater starb am 23. November 1976 in München. Er hätte 2 ½ Wochen früher sterben können, aber man gab ihm das Herz stärkende Mittel, künstliche Beatmung und schloß ihn an die künstliche Niere an. Man fragte weder meinen Vater, als er noch bei Bewußtsein war, noch meine Mutter oder uns Töchter, ob wir mit diesen Maßnahmen einverstanden wären."[193] Gerade chronisch Kranke, so die Botschaft, würden in medizinischen Institutionen nicht adäquat versorgt, ja mitunter unnötig gequält. Ein Fall berichtete von einem Krebskranken in einem offenbar christlichen Altenheim, der vor Schmerzen gebrüllt habe. Der Vorschlag von anderen Bewohnern, ihm wenigstens eine Betäubungsspritze gegen die Schmerzen zu geben, sei abgelehnt worden mit der Begründung: „Er muß jetzt die Schmerzen ertragen, so daß ihm seine Sünden vergeben werden und er nach dem Tode leichter über das Fegefeuer hinwegkommt."[194] Ein solches Lebensende ohne Würde galt es in den Augen der Aktionsgruppe zu verhindern, indem todkranke Patienten besser vor medizinischen Übergriffen geschützt wurden und mehr Möglichkeiten zur Selbstbestimmung erhielten.

Die Ära Atrott (1980–1993) – innerer Aufschwung und öffentliche Diskreditierung

Trotz ihrer regionalen Verankerung strahlte die Initiative mit derartigen Positionen als freigeistig-atheistische Bürgerrechtsbewegung, die sich dezidiert für die Belange Sterbender einsetzte, rasch bundesweit aus.[195] So kooperierte sie etwa mit der Humanistischen Union bei der Organisation einer in Politik wie Medien viel beachteten Fachtagung in Bremen im Sommer 1978.[196] Vor allem aber meldeten sich bei der Nürnberger Initiative – wie sie selbst auf der Gründungsveranstaltung der DGHS rekapitulierte – knapp 10 000 Menschen aus der ganzen Bundesrepublik, die Interesse an einer Mitarbeit signalisierten.[197] Diese Angabe scheint durchaus nicht aus der Luft gegriffen zu sein, explodierten doch in der zweiten Hälfte der 70er Jahre die Mitgliederzahlen von Sterbehilfevereinigungen in vielen westli-

---

[192] Initiative für humanes Sterben, Euthanasie. Vgl. hierzu Bettin, Bedeutsam, S. 56; Sörries, Tod (2015), S. 120–123 sowie Kap. 6 und 6.1.
[193] Ebd., S. 11.
[194] Ebd.
[195] Vgl. etwa „Gesetz für ‚humanes Sterben' gefordert. Patienten sollen sich gegen ‚ausufernde medizinische Technik' wehren." *Passauer Neue Presse*, 31. 8. 1978; Hubert Neumann: „Plädoyer für humanen Tod. Nürnberger Initiativgruppe fordert gesetzliche Regelung für Sterbehilfe." *Süddeutsche Zeitung*, 12./13. 4. 1979.
[196] Vgl. hierzu Kap. 5.1.
[197] Vgl. hier und im Folgenden die Niederschrift über die Gründung der DGHS in Nürnberg am 7. 11. 1980 im Ordner „Gründung DGHS" in der Geschäftsstelle der DGHS, Berlin.

9.2 Die Geschichte der DGHS und der deutschen Sterbehilfebewegung 483

chen Ländern wie Großbritannien, Schweden, den Niederlanden oder den USA. Dies wurde nicht erst, aber ganz besonders sichtbar, als sich im September 1980 knapp 200 Vertreter von 20 Sterbehilfevereinigungen aus 15 Ländern in Oxford trafen und einen internationalen Dachverband formierten.[198] Auch die Nürnberger Initiative entsandte einen Delegierten, der anschließend darüber klagte, dass in der Bundesrepublik das „Wort Euthanasie [...] leider mit einer tausendjährigen Hypothek belastet [sei], die eine allgemeine öffentliche Diskussion bisher verhinderte."[199] Dies alles motivierte die Verantwortlichen, die an jenem Nachmittag im November 1980 ausführlich über die Ergebnisse des Treffens in der englischen Universitätsstadt diskutierten, zur Gründung der DGHS. Und aus dem, was als kleines regionales Phänomen begann, sollte sich innerhalb von nur knapp zehn Jahren eine hochgradig professionalisierte Organisation mit zehntausenden Mitgliedern entwickeln, die im Zentrum hitziger politischer und gesellschaftlicher Auseinandersetzungen stand.

In seiner ersten Satzung bezeichnete sich der neue Verein „als Bürgerrechtsbewegung zur Reform des § 216 StGB", der die Zusammenarbeit mit Gesellschaften gleicher Zielsetzung anstrebe. Eine neue Fassung ergänzte vier Jahre später, dass die DGHS sich für die „Verwirklichung des Selbstbestimmungsrechts der Menschen bis zur letzten Lebensminute" und für mehr Menschlichkeit im Krankenhaus einsetze sowie speziell als Interessenvertretung für diejenigen verstände, die „eine Sterbensverkürzung aus humanitären Gründen" wünschten.[200] Rasch verlagerte die DGHS ihren Sitz nach Augsburg.[201] Hintergrund war offiziell die vermeintliche Veruntreuung von Geldern durch Nürnberger Vereinsmitglieder, die ihrerseits gegen den Vorstand einen Prozess wegen formaler Fehler bei der Abfassung der Satzung anstrengten – der Auftakt zu einer Reihe von Gerichtsverfahren und juristischen Scharmützeln, die die Geschichte der DGHS fortan begleiten sollten. Faktisch dürfte ein Kompetenzgerangel zwischen Hans Henning Atrott und anderen Präsidiumsmitgliedern ausschlaggebend gewesen sein, im Zuge dessen sich der Präsident durchsetzte – seine Stelle wurde 1982 auf eigenen Wunsch in eine hauptamtliche Tätigkeit umgewandelt, zur Geschäftsführerin hatte der Vorstand schon zuvor seine Ehefrau Anita ernannt.[202]

Was die inhaltliche Arbeit der DGHS angeht, so standen von Beginn an Fragen der Autonomie und Selbstbestimmung von Sterbenden im Fokus – das juristisch

---

[198] Das erste internationale Treffen der Right to Die-Gesellschaften hatte 1976 auf Einladung der japanischen Organisation in Tokio stattgefunden; vgl. zur Formierung und Entwicklung der internationalen Sterbehilfebewegung Fittkau, Autonomie, S. 123.
[199] Klaus Waterstradt: „Über das Recht, in Würde zu sterben. Eine Reise nach Oxford." *Vorgänge* 52 (1981), Nr. 4, S. 22–25, hier S. 25.
[200] Vgl. die Satzungen vom 7. 11. 1980 und vom 21. 11. 1984 im Ordner „Gründung DGHS" in der Geschäftsstelle der DGHS, Berlin.
[201] Vgl. den Briefverkehr mit dem Registergericht Augsburg im Ordner „Verein 1980–1993" in der Geschäftsstelle der DGHS, Berlin.
[202] Vgl. das Protokoll der DGHS-Bundesmitgliederversammlung am 31. 10. 1982 in München im Ordner „Hauptversammlungsakten" in der Geschäftsstelle der DGHS, Berlin. Zu den Hintergründen des Umzugs vgl. auch die Darstellung von Klee, Zyankali, S. 91.

problematische Thema der aktiven Sterbehilfe war jedoch anfänglich eher sekundär. Zwar strebe man, wie der Vorstand in seinem Rechenschaftsbericht auf der Bundesmitgliederversammlung Ende Oktober 1982 in München elaborierte, langfristig Gesetzesänderungen an, die kurzfristigen Ziele konzentrierten sich indes auf eine „praktische Verbesserung der Sterbebedingungen im Rahmen bestehender Gesetze". Konkret gemeint waren damit Patientenverfügungen – das erste eigene Exemplar stellte die DGHS im September 1981 zur Verfügung – und Suizidbeihilfe.[203] Bereits der deutsche Vertreter bei dem Treffen der internationalen Sterbehilfeorganisationen in Oxford 1980 hatte interessiert zur Kenntnis genommen, dass die Mitgliederzahlen der schottischen Gesellschaft nach der Herausgabe einer Broschüre, die fünf sichere medikamentöse Suizidarten beschrieb, in die Höhe geschossen seien.[204] Folgerichtig gab die DGHS ab Ende 1981 selbst jene bereits in der Einleitung des Kapitels vorgestellte „Anleitung zum Freitod" inklusive Medikamentenliste heraus, die rasch bundesweite Bekanntheit erlangte und heftige Kritik evozierte, über die der Verein letztlich den Status der Gemeinnützigkeit verlor. So bezeichnete Bundesjustizminister Engelhard sie 1985 als „besonders makaber und ethisch verwerflich" und immer wieder kam es zu Strafanzeigen von Privatpersonen oder Organisationen wie etwa der Deutschen Gesellschaft für Soziale Psychiatrie (DGSP). Allerdings war ihre Verbreitung nicht strafbar, da sie offiziell nur an eigene Mitglieder und „nicht an psychisch depressive Personen" verkauft wurde, ohne dass freilich klar war, wie dies überprüft werden konnte.[205] Die DGHS selbst rechtfertigte den Vertrieb der Broschüre, die durch eine „Freitod-Verfügung" flankiert wurde, als „eine Notlösung für die Inhumanität, die durch die fehlende gesetzliche Möglichkeit des Erlösungstodes im erschreckenden Maße ‚produziert' wird."[206] 1990 schätzte Atrott die Zahl der Menschen, die sich bis dato mit ihrer Hilfe das Leben genommen hatten, auf etwa 3000.[207]

Ungeachtet aller Kritik erwies sich der Ansatz der DGHS als überaus erfolgreich, wie vor allem die Entwicklung der Mitgliederzahl unterstreicht. Bereits 1984 zählte der Verein mehr als 10 000 Mitglieder, zum Zeitpunkt der Verhaftung Atrotts Anfang 1993 waren es fast 60 000. Dieser Anstieg war zweifellos auch Ausdruck der seit den 70er Jahren stark wachsenden Zustimmung zur Sterbehilfe in der westdeutschen Bevölkerung.[208] Mit ihr verbesserten sich zugleich die finanzi-

---

[203] Vgl. ebd., Top 4: Rechenschaftsbericht. Zur Arbeit der DGHS im Bereich Patientenverfügung vgl. das Schreiben der Geschäftsführerin Anita Atrott an die Bundesärztekammer vom 6. 7. 1981, in: BA Koblenz, B 417/412 und Kap. 6.1.
[204] Klaus Waterstradt: „Über das Recht, in Würde zu sterben. Eine Reise nach Oxford." *Vorgänge* 52 (1981), Nr. 4, S. 22–25.
[205] Vgl. die Informationen im Schreiben des Bundesgesundheitsministerium an das Bundesministerium des Innern vom 23. 4. 1991, in: BA Koblenz, B 106/354247.
[206] Deutsche Gesellschaft für Humanes Sterben, Menschenwürdiges Sterben, S. 10. Ein Musterexemplar der „Freitod-Verfügung", die medizinische Eingriffe im Falle eines Suizids untersagte, findet sich in Grubbe, Warum, S. 198 f.
[207] Vgl. die Presseerklärung des Club of Life mit dem Titel „Atrott zieht Bilanz des Todes", in: BA Koblenz, B 106/354247.
[208] Vgl. diesbezüglich die in Kap. 5.1 vorgestellten Meinungsumfragen.

ellen Rahmenbedingungen und Handlungsspielräume der DGHS: Schon im zweiten Jahr nach ihrer Gründung verzeichnete diese neben 35 000 DM an Spendengeldern fast 70 000 DM an Einnahmen über Mitgliedsbeiträge – bis zum Ende der Ära Atrott stiegen letztere auf über 2,7 Millionen DM pro Jahr (1991).[209] Hieraus ergaben sich in den 80er Jahren teilweise sechsstellige Einnahmeüberschüsse.[210] So konnte die Organisation ab 1982 hauptamtliches Personal einstellen, später auch Regionalbüros in der ganzen Bundesrepublik eröffnen und 1989 eine Akademie für Sterbebegleitung gründen, die eine Art Ausbildungszentrum für Mitarbeiter darstellte. Eine weitere Folge der Mitgliederentwicklung war, dass die seit 1981 vierteljährlich erscheinende Vereinszeitschrift *Humanes Leben – Humanes Sterben*, die sich durch eine oft aggressive Rhetorik auszeichnete, zum auflagenstärksten Publikationsorgan rund um Fragen des Sterbens in der Bundesrepublik avancierte (1989 wurden 30 000 Exemplare pro Ausgabe gedruckt) und rasch in der Bundes- und Landespolitik oder bei den Kirchen rezipiert wurde.[211] Auch international wuchs das Renommee der DGHS rasant: Bereits im Jahr 1982, als die DGHS das erste Mal an einer Tagung des internationalen Dachverbandes der Sterbehilfebewegung, der „World Federation of Right to Die Societies", teilnahm, wurde Atrott zu deren Geschäftsführer ernannt.

Vor dem Hintergrund dieser Erfolge intensivierte die DGHS rasch ihre Aktivitäten im Bereich der aktiven Sterbehilfe und die sich damit verbindenden politischen Reformbemühungen. Ihre rechtspolitischen Forderungen legte sie kurz nach Gründung in einer mehrfach aufgelegten Broschüre dar. Mit aggressivem Unterton verkündete diese, dass Lebensqualität wichtiger sei als Lebensverlängerung und das „Menschenrecht auf einen würdigeren Tod" vor der „Fremdbestimmung durch selbsternannte Besserwisser" stehe. Konkret forderte sie Reformen des § 216 StGB, der eine Freiheitsstrafe von bis zu fünf Jahren im Falle einer „Tötung auf Verlangen" vorsah, sowie des damaligen § 226a StGB, nach dem eine Körperverletzung mit „Einwilligung des Verletzten" dann rechtswidrig war, „wenn die Tat trotz der Einwilligung gegen die guten Sitten verstößt." Diese Paragrafen trügen zu einer chaotischen juristischen Lage bei und seien Ursache dafür, dass das Einwilligungsrecht des Patienten in medizinische Behandlungen völlig ausgehöhlt werde: Dieses sei nur ein „Schein-Recht", da es bekannte ärztliche Motive wie „Gewinnstreben", „Profilierung durch gewagte Operationen (Patient als ‚Versuchskaninchen' gegen dessen Willen)" oder „Auslastung teurer Maschinen" in der Praxis

---

[209] Vgl. das Protokoll der DGHS-Bundesmitgliederversammlung am 31. 10. 1982 in München und das Protokoll der außerordentlichen Hauptversammlung in Augsburg am 8. 5. 1993 im Ordner „Hauptversammlungsakten" in der Geschäftsstelle der DGHS, Berlin.

[210] Vgl. Top 5 Bericht der Revision des Protokolls der außerordentlichen Hauptversammlung am 21. 11. 1984 in Frankfurt am Main im Ordner „Hauptversammlungsakten" in der Geschäftsstelle der DGHS, Berlin.

[211] Vgl. z. B. abgelegte Ausgaben der Zeitschrift in Akten des Bundespräsidialamts, des Bundesministeriums des Innern, des Bundesgesundheitsministeriums, des Bayerischen Innenministeriums und in den Presseausschnittsammlungen des Pressearchivs der Evangelischen Kirche Berlin-Brandenburg (West), in: BA Koblenz, B 122/73589, B 106/354247 und B 353/238090; BHStA, Minn 105398 bzw. ELAB 55.5/1691–1693.

unterminierten.²¹² Um möglichst breite Koalitionen herstellen zu können, mühte sich Atrott in seinem Vorwort, die DGHS als überparteilich darzustellen – diese auch in der Satzung verankerte weltanschauliche und parteipolitische Neutralität konterkarierte freilich besonders während seiner Präsidentschaft eine klar antichristliche, ja kirchenfeindliche Ausrichtung.²¹³

In ihren „Frankfurter Thesen" definierte die DGHS 1984 erstmals genau, wann und in welchen Formen sie „ärztliche Sterbehilfe" für legitim erachtete. Dazu zählten „menschliche Zuwendung, Verzicht auf lebensverlängernde Maßnahmen, wenn keine Gesundung mehr möglich ist, Beratung über Möglichkeiten eines schmerzlosen Freitodes, Unterstützung bei der Beschaffung der nötigen Mittel", also ein weites Spektrum, das von passiver Sterbehilfe bis zum assistierten Suizid reichte.²¹⁴ In allen Fällen forderte die DGHS eine unbedingte ärztliche Strafffreiheit auf der einen, und eine Rechtsverbindlichkeit der Wünsche der Patienten auf der anderen Seite, sofern eine tödliche Erkrankung mit begrenzter Lebenserwartung nachgewiesen ist: Bei sogenannten „Bilanzsuiziden", die auf reifliche Überlegung seitens der Betreffenden zurückgehen, dürften Dritte nicht hindernd eingreifen. Bewusst vermieden wurde dagegen der Begriff der „aktiven Sterbehilfe", auf den die Debatte künstlich verengt werde. Diese müsse vielmehr gar nicht praktiziert werden, wenn man das „Menschenrecht auf ein natürliches Sterben" (das wiederum der angemessene Begriff für passive Sterbehilfe darstelle) normiere: „Das meiste ist gewonnen, wenn den Patienten in unseren Krankenhäusern wieder erlaubt wird, eines natürlichen Todes sterben zu dürfen."²¹⁵ Diese Empfehlungen basierten, wie eine begleitende DGHS-Publikation ausführte, auf einer genauen Auswertung der internationalen Rechtslage, die speziell Staaten und Regionen mit liberaler Sterbehilfe-Gesetzgebung fokussierte, darunter Finnland, wo die passive Sterbehilfe 1982 ausdrücklich legalisiert worden war, oder einige US-Bundesstaaten wie Kalifornien. Nach eigener Aussage hatte sich die DGHS zu einem „Informationszentrum über derartige weltweite gesetzliche Tätigkeiten" entwickelt.²¹⁶ Tatsächlich war die Expertise der Organisation durchaus gefragt: So nahm Atrott im Mai 1985 als Sachverständiger bei der Anhörung im Rechtsausschuss des Bundestages zum Thema Sterbehilfe teil. Diese blieb jedoch folgenlos, da außer ihm lediglich zwei weitere der 15 geladenen Experten, namentlich Julius Hackethal und ein Vertreter der Humanistischen Union, Gesetzesänderungen für notwendig erachteten.²¹⁷

---

212 Deutsche Gesellschaft für Humanes Sterben, Gesellschaft, Zitate S. 3, S. 5 und S. 6.
213 Ebd., S. 3.
214 Die „Frankfurter Thesen" finden sich u. a. in Deutsche Gesellschaft für Humanes Sterben, Menschenrecht, S. 51 f. Vgl. bilanzierend zu ihrer Bedeutung für die DGHS auch der Rückblick in *Humanes Leben – Humanes Sterben* 25 (2005), Nr. 4, S. 21 f.
215 Ebd., S. 4.
216 Ebd., S. 3.
217 Vgl. hierzu Fittkau, Autonomie, S. 50 und *Humanes Leben – Humanes Sterben*, Sonderausgabe 2010/11, S. 36 sowie exemplarisch die Presseberichterstattung hierzu: „Zwischen Barmherzigkeit und ‚Totspritzen'." *Stuttgarter Zeitung*, 17. 5. 1985 und Angela Hack: „Gesetzliche

9.2 Die Geschichte der DGHS und der deutschen Sterbehilfebewegung 487

All dies führte zu einer enormen öffentlichen Aufmerksamkeit für die Arbeit der DGHS. Hierzu trug auch die Unterstützung bei, die der Verein durch Prominente erhielt. So bekannten sich etwa die populären Schauspielerinnen Brigitte Mira und Inge Meysel öffentlich zu ihrer DGHS-Mitgliedschaft. Letztere fungierte seit 1984 gar als Werbeträgerin für die Organisation. In der Presse ließ die „Mutter der Nation" wiederholt lautstark verlauten: „Ich habe meine Selbstmordpillen immer in der Handtasche" – was ihr in wenigstens einem Fall eine Strafanzeige durch einen Mann einbrachte, dessen Mutter – eine glühende Meysel-Anhängerin – sich daraufhin mit Unterstützung der DGHS suizidiert hatte.[218] Noch als Meysel 2004 starb, kam es zu wilden Spekulationen in Boulevardzeitungen, ob sie ihre Ankündigung am Ende wahr gemacht haben könnte.[219] Auch den renommierten südafrikanischen Herzchirurgen Christiaan Barnard, der sich 1980 in einer viel beachteten Publikation für ein Recht auf Sterbehilfe und Suizid ausgesprochen hatte, konnte die Organisation erfolgreich für die eigenen Zwecke einspannen, etwa 1985 bei einem mit großem Medienrummel veranstalteten DGHS-Kongress in Frankfurt am Main.[220] Anlässlich der Veröffentlichung der deutschen Übersetzung des Buches hatte Atrott in der Presse frohlockt: „Ein Mann wie Barnard, der Pionierleistungen bei der Lebensverlängerung erbracht hat, ist über jeden Verdacht erhaben, wenn er davor warnt, daß mit Hilfe der modernen Medizintechnik lebende Leichname produziert werden."[221]

Mit solchen Positionen traf die DGHS durchaus den Nerv der Zeit. Fragen der Sterbehilfe nahmen, wie bereits geschildert, in den 80er Jahren einen hohen Platz auf der öffentlichen Agenda in der Bundesrepublik ein. Dabei hatte sich bei allen Akteuren – von Kirchen über Gerichten bis hin zu Ärzteverbänden und Gesundheitspolitik – der Grundsatz durchgesetzt, dass ein ärztlicher Behandlungsverzicht bei Todkranken und passive Sterbehilfe in Anbetracht der zu vermeintlich unwürdigen Zuständen am Lebensende führenden medizintechnischen Möglichkeiten juristisch unproblematisch und ethisch-moralisch zulässig oder sogar geboten

---

Neuregelung zur Sterbehilfe notwendig? [...] Anhörung von Experten in Bonn." *Frankfurter Allgemeine Zeitung*, 17. 5. 1985.
[218] Zit. nach „Mit etwas Wasser schlucken." *Der Spiegel* 47 (1993), Nr. 8, S. 98. Vgl. zu Meysels Tätigkeit für die DGHS auch deren Presseerklärung „Abschied von einem großen, engagierten DGHS-Mitglied" zum Tod von Meysel unter https://www.dghs.de/presse/presse-erklaerungen/artikel/abschied-von-einem-grossen-engagierten-dghs-mitglied-bekenntnis-zu-einem-tabu-thema-inge-meysel-ha.html [15. 12. 2021].
[219] Vgl. „Wie starb Inge Meysel wirklich?" *B.Z.*, 13. 7. 2004; „Betreuer der Schauspielerin empört. Inge Meysel verzichtete auf Sterbehilfe." *RP Online*, 12. 7. 2004, URL: https://rp-online.de/panorama/leute/inge-meysel-verzichtete-auf-sterbehilfe_aid-16896003 [15. 12. 2021].
[220] Barnard, Life bzw. die deutsche Übersetzung Barnard, Leben, hierin ausdrücklich zustimmend zur aktiven Sterbehilfe v. a. S. 123 f. Vgl. zu dem Kongress 1985 *Humanes Leben – Humanes Sterben*, Sonderausgabe 2010/11, S. 25 f., den Tagungsband Deutsche Gesellschaft für Humanes Sterben, Selbstbestimmungsrecht und zu Barnards Tätigkeit in der Sterbehilfebewegung allgemein „Internationaler Ärztekongreß über Sterbehilfe eröffnet." *Der Tagesspiegel*, 21. 9. 1984.
[221] Zit. nach Horst Zimmermann: „Jeder hat das Recht auf einen menschenwürdigen Tod. Neues Buch von Herzchirurg Barnard." *Hamburger Abendblatt*, 9. 9. 1981.

waren.[222] Daher wurden gerade die medizinkritischen Stellungnahmen der DGHS von führenden Leitmedien und Fachmagazinen anfänglich immer wieder aufgegriffen, die die Ziele der Organisation im Bereich der Selbstbestimmung von Sterbenden und eines „würdigen Todes" zum Teil in langen Artikeln durchaus positiv beschrieben.[223] Darüber hinaus fungierten DGHS-Vertreter wiederholt als Experten in der Presse und waren gern gesehene Gäste in TV-Talkshows oder Interviewpartner im Rundfunk.[224] Im November 1986 stellte etwa eine einstündige WDR 3-Sendung mit dem Titel „Der Tod: Bestimmung oder Selbstbestimmung", die später auch in anderen Landesrundfunkanstalten wie Radio Bremen ausgestrahlt werden sollte, die Arbeit der DGHS ausführlich vor. Der Pressetext sah im Aufkommen derartiger neuer „Sterbegesellschaften" eine Reaktion auf die moderne Medizintechnik und das Problem der künstlichen Lebensverlängerung. Atrotts Aussagen in der Sendung, nach denen sich hinter dem Wunsch nach Sterbehilfe nichts weiter als „der moderne Gedanke des Selbstbestimmungsrechts des Bürgers" angesichts einer „Vergrausamung des Sterbeprozesses" im heutigen Krankenhausbetrieb verberge, wurden durchaus wohlwollend verortet und kommentiert.[225]

Allerdings überspannte die DGHS letztlich den Bogen in ihrem Streben nach Öffentlichkeit und medialer Präsenz, mit dem sie vor allem politischen Druck bezüglich ihrer gesetzlichen Reformbestrebungen aufzubauen versuchte. Dies war insbesondere der Fall, da der Verein immer wieder die bereits beschriebene diskursive Grenze jener Jahre – die durch Forderungen nach aktiver Sterbehilfe und Tötung auf Verlangen markiert war – implizit oder explizit überschritt. Die DGHS geriet so nicht nur ins Visier der Bundesärztekammer, deren Präsident Karsten Vilmar sie auf dem Deutschen Ärztetag in Münster 1982 in eine Kontinuitätslinie zur nationalsozialistischen Euthanasiepraxis stellte.[226] Als kontraproduktiv erwies sich vor allem die temporäre Allianz mit dem umstrittenen Arzt Julius Hackethal, der das Thema Sterbehilfe in jenen Jahren wie kein Zweiter verkörperte. Bereits

---

[222] Vgl. hierzu ausführlich Kap. 5.1.
[223] Vgl. etwa Peter Jentsch: „Die Sterbehelfer." *Sozialmagazin* 7 (März 1982), S. 6; Hanno Kühnert: „Der Sterbende wird nicht gefragt. Todkranke Patienten sollten über ihr Ende selbst befinden dürfen." *Die Zeit*, 11. 5. 1984, S. 69; „Das ist sinnloses Vegetieren an Apparaten." *Frankfurter Rundschau*, 17. 5. 1985, S. 14; „'Würde in der letzten Lebensphase erhalten'." *Frankfurter Rundschau*, 23. 11. 1985.
[224] Vgl. „Der Jurist Walter Remmers und der Mediziner Hermann Pohlmeier zur Diskussion um ‚Tötung auf Verlangen'." *Die Welt*, 3. 2. 1986, S. 5; Vera Zylka: „Darf ein Arzt Sterbehilfe leisten." *Die Welt*, 18. 9. 1987; Christel Hofmann: „Was ist ein würdiger Tod? Antworten der Gesellschaft für Humanes Sterben." *Die Zeit*, 8. 1. 1988.
[225] Eva-Maria Alves/Kathrin Meier-Rust: Der Tod – Bestimmung oder Selbstbestimmung. WDR 3, 23. 11. 1986. Vgl. zu der Sendung die Korrespondenz, den Sendeauflaufplan, das Pressematerial und das Manuskript (hier v. a. S. 4–17 zu Atrott, Zitate S. 5 und S. 14) in HA WDR, 09283 (Akten).
[226] Vgl. „‚Der Patient ist kein Delinquent, der Arzt kein Totschläger.' Ärztepräsident vergleicht Gesellschaft für Humanes Sterben mit Nazi-Euthanasie." *Frankfurter Rundschau*, 14. 5. 1982 und zur Position der BÄK in Bezug auf aktive und passive Sterbehilfe Kap. 5.1 und Kap. 7.2.

in den 70er Jahren war Hackethal durch vehemente Kritik an der Schulmedizin, insbesondere der Onkologie und Chirurgie, bundesweit bekannt geworden, nachdem er zuvor seine akademische Karriere an der Universität Erlangen-Nürnberg infolge eines Skandals aufgegeben hatte müssen – er hatte seinen Vorgesetzten nach einer ausgebliebenen Beförderung öffentlich bezichtigt, in Operationen Kunstfehler begangen und Menschenversuche durchgeführt zu haben.[227] In Talkshows und zahlreichen, oft zu Bestsellern avancierenden populärwissenschaftlichen Veröffentlichungen warnte Hackethal fortan vor den gefährlichen Folgen der Krebsvorsorge und monierte lautstark die etablierten ärztlichen Behandlungsmethoden: Medizin mache mit ihren „Rabiat-Strategien" mehr krank, als dass sie helfe, das Gesundheitssystem sei „patientenfeindlich" und insbesondere in Krankenhäusern herrschten unmenschliche Zustände.[228] Er bewegte sich inhaltlich in auffälliger Nähe zu anderen Medizinkritikern jener Jahre wie Ivan Illich, wenngleich er seine Aussagen oft noch drastischer verpackte, was die starke öffentliche Resonanz erklärt – aber auch die rasch damit einhergehende, vehemente Kritik an seiner Person.[229] Anfang der 80er Jahre trat Hackethal in die DGHS ein und konzentrierte sich fortan ganz auf die Themen Suizidbeihilfe und aktive Sterbehilfe. Diese umschrieb er nicht nur mit wohlklingenden Begriffen wie „Mitleidstötung" oder „Erlösungstodhilfe", sondern er sah darin auch ein „Patientenrecht" und – wie er der *Bild* mitteilte – eine „verdammte Pflicht" für Ärzte.[230]

Obschon das persönliche Verhältnis zu Atrott von Anfang an angespannt war, kooperierten die beiden Alphatiere zeitweilig und verursachten im April 1984 gemeinsam einen der großen Medienskandale der Bonner Republik, den Fall Hermy Eckert. Das Schicksal der älteren Dame eignete sich aus Sicht der Sterbehilfebefürworter aus verschiedenen Gründen ideal, um die Würdelosigkeit eines medizinisch erzwungenen Fortlebens von Sterbenden zu unterstreichen und ein öffentliches Zeichen zu setzen. Sie litt an Krebs im Endstadium, wollte sterben, war aber bei voller geistiger Gesundheit. Vor allem aber war sie schwer von einem Gesichtstumor entstellt: Nach elf Operationen fehlten ihr unter anderem ein Auge und Teile des Gesichts, dazu war sie infolge der jahrelangen Krankheit völlig abgemagert. Knapp drei Viertel der Befragten stimmten in – zur öffentlichen Untermauerung der eigenen Position – eilig durchgeführten Umfragen der DGHS zu, dass

---

[227] Vgl. zum „Erlanger Professorenkrieg" die zeitgenössische Berichterstattung des *Spiegel*: „Napoleon in der Klinik." *Der Spiegel* 18 (1964), Nr. 6, S. 30–32 sowie die ausufernde und einseitige, aber unterhaltsame Darstellung in Hackethals Autobiografie: Hackethal, Wahn, S. 360–552.
[228] Vgl. Hackethal, Schneide; ders., Nachoperation; ders., Angst; ders., Krankenhaus sowie die *Spiegel*-Ausgabe vom 2. 10. 1978 mit dem Titelthema „Krebs: Hackethal gegen die Ärzte. Aufruhr in der Medizin", darin z. B. „Hackethal: ‚Ich lasse keinen Arzt ran'." *Der Spiegel* 32 (1978), Nr. 40, S. 130–137.
[229] Vgl. hierzu ausführlich: Scharnagl, Wahn. Zu Illich vgl. Kap. 4.1.
[230] Zit. nach „Das Wort hat: Professor Dr. Julius Hackethal. Sterbehilfe, die ich meine." *Bild*, 2. 6. 1987 bzw. Julius Hackethal: Humanes Sterben. Mitleidstötung als Patientenrecht und Arztpflicht. München 1988.

ihr die „Möglichkeit zur Selbsterlösung" gegeben werden sollte.[231] Mit Zyankali der Sterbehilfeorganisation, der sie noch am Tag ihres Todes beigetreten war, nahm Eckert sich schließlich in Hackethals Klinik in Bernau am Chiemsee das Leben – auf Empfehlung Atrotts interviewte Hackethal die Sterbende kurz vor dem Suizid und spielte die von einem professionellen Filmteam gemachten Videoaufnahmen anschließend dem ZDF zu, das Auszüge davon im „heute-journal" zeigte.[232]

Die Reaktionen fielen anders als gewünscht aus: Die Staatsanwaltschaft Traunstein erhob umgehend Anklage gegen Hackethal. Allerdings lehnten sowohl das dortige Landgericht als auch das Oberlandesgericht München trotz einer tausendseitigen Ermittlungsakte die Eröffnung eines Verfahrens wegen Verstoßes gegen § 216 StGB ab.[233] Der moralischen Empörung tat dies indes keinen Abbruch: Kirchen, Ärzteverbände und Politik zeigten sich entrüstet.[234] Zwar druckte die traditionell Hackethal-freundliche Illustrierte *Quick* einige Leserbriefe, die die Aktion als „uneingeschränkt bewundernswert" bewerteten und „mehr Hackethals" forderten,[235] insgesamt waren aber auch die medialen Stellungnahmen vernichtend. Die *Welt* nannte die DGHS schlicht despektierlich „diese Gesellschaft" und verwies die von ihr geschürte These der Tabuisierung des Todes, welche derartige Aktionen angeblich notwendig mache, kurzerhand ins Reich der propagandistischen Fabeln.[236] Das *Deutsche Ärzteblatt* sah im Fall Eckert ein unwürdiges „Show-Spiel", das „einem den Atem stocken läßt."[237] Der *Spiegel* schritt einmal mehr voran, zunächst mit einem Themenheft, dessen Titelbild Hackethal in gottgleicher Pose als Herr über Leben und Tod zeigte.[238] Zwar bemühte sich dieses noch um eine vergleichsweise differenzierte Darstellung der Hintergründe des Falls und gab Hackethal in einem Interview selbst das Wort – er berichtete unter anderem von positiven Reaktionen von Freunden der Verstorbenen und seitens seiner eigenen Patienten. In den folgenden Ausgaben kam es dann jedoch zu scharfen Angriffen auf den Arzt, von dem sich das Magazin sogar explizit in einer „Hausmitteilung" distanzierte.[239] Auch im *Stern*, der Hackethal als geldgierig und

---

[231] Vgl. dazu *Humanes Leben – Humanes Sterben* 25 (2005), Nr. 4, S. 22, darin auch das von der DGHS bundesweit verbreitete Foto von Eckert mit Hackethal.
[232] Vgl. hierzu auch Zülicke, Sterbehilfe, S. 68; Scharnagl, Wahn, S. 324–329; Danquart, Pannwitzblick, S. 19.
[233] Vgl. Scharnagl, Wahn, S. 330–332; Benzenhöfer, Tod, S. 191–193 sowie zu den rechtlichen Hintergründen die Auszüge aus dem Beschluss des OLG München in Schell, Sterbebegleitung, S. 62–71.
[234] Vgl. Scharnagl, Wahn, S. 335–343.
[235] Vgl. *Quick*, 14. 6. 1984, S. 118. Zur Darstellung Hackethals in der *Quick*, die immer wieder Artikel des Arztes veröffentlichte, vgl. Scharnagl, Wahn, S. 236–243 und S. 304.
[236] Joachim Neander: „‚Diese Gesellschaft' und die angebliche Tabuzone Tod. Zur Diskussion über die Tat eines medizinischen Show-Mannes." *Die Welt*, 27. 4. 1984.
[237] „Euthanasie 1984." *Deutsches Ärzteblatt* 81 (1984), Nr. 19, S. A-1501.
[238] *Der Spiegel* 38 (1984), Nr. 18.
[239] Vgl. „‚Helfen Sie, ich kann so nicht weiterleben'."; „‚Laut Bravo gerufen und dann geklatscht'." *Der Spiegel* 38 (1984), Nr. 18, S. 237–254; dagegen: „Sichere Tricks." *Der Spiegel* 39 (1985), Nr. 16, S. 263–269 und „Betr. Hackethal." *Der Spiegel* 40 (1986), Nr. 4, S. 3.

9.2 Die Geschichte der DGHS und der deutschen Sterbehilfebewegung

Abb. 30: Cover der Spiegel-Ausgabe vom 30. 4. 1984

scheinheilig porträtierte, und in weiten Teilen der Tagespresse dominierte eine klare Ablehnung.[240]

Dass es bald ob eines obskuren Streits zum offenen Bruch zwischen Atrott und Hackethal kam, verschärfte das Problem der Außendarstellung für die DGHS noch zusätzlich. Denn der Austritt Hackethals aus der Sterbehilfeorganisation im März 1985 wurde selbstredend begleitet von gegenseitigen Anzeigen, einstweiligen Verfügungen und wüsten öffentlichen Beschimpfungen der Kontrahenten („Sie sind ein Böser, Herr Atrott!"), ein Schauspiel, das nicht nur dem *Spiegel* angesichts des ernsten Themas von „schrecklicher Provinzialität" zu sein schien.[241] Das Zerwürfnis war jahrelang ein gefundenes Fressen für die Medien. Noch im September 1987 ließ Sat.1 die beiden Kontrahenten in einer Diskussionsrunde aufeinander los, wobei der abermalige „wüste Streit", wie die *Augsburger Allgemeine* einiger-

---

[240] In Auswahl: „Nicht an Krebs gestorben, sondern an Zyankali." *Frankfurter Allgemeine Zeitung*, 27. 4. 1984; „Sterbehilfe gehört nicht in die Schlagzeilen." *epd Zentralausgabe*, 9. 5. 1984; „Sterbehilfe sollte Hilfe beim Sterben sein. Ein Beitrag zur Diskussion über das Thema ‚Humanes Sterben'." *Berliner Sonntagsblatt. Die Kirche*, 24. 6. 1984; „Umstrittene Sterbehilfe. Theologe und Jurist dagegen – Hackethals Videofilm gestohlen." *Stuttgarter Zeitung*, 25. 6. 1984; „Vorsicht! Dr. Hackethal. Ein Arzt verspielt seinen Ruf" und Uta König: Der Fall Hackethal. Sein Ruf ist hin." *Stern*, 11. 4. 1985, S. 1 und S. 28–37.

[241] „Sichere Tricks". *Der Spiegel* 39 (1985), Nr. 16, S. 263–269, Zitat S. 264. Ausführlich zu den Hintergründen des Zerwürfnisses Scharnagl, Wahn, S. 332–334 und Klee, Zyankali, S. 95–99. Hackethal nahm nach der Verhaftung und dem Ausscheiden Atrotts Mitte der 90er Jahre seine Mitgliedschaft in der DGHS wieder auf, verstarb aber bereits 1997; vgl. *Humanes Leben – Humanes Sterben* 15 (1995), Nr. 3, S. 10 f.

maßen irritiert feststellte, rein gar nichts Neues mehr zu Tage förderte.[242] Darüber hinaus entschloss sich Atrott, die Praxis im Fall Eckert fortzuführen, obschon abzusehen war, dass die dadurch erlange Aufmerksamkeit keinesfalls den Vereinszielen zuträglich war. Intensiv rezipiert – und massiv kritisiert – wurden drei weitere von der DGHS begleitete und medienwirksam vermarktete Suizide zwischen September 1987 und Januar 1988.[243] Die *Bild* ließ es sich in einem der Fälle nicht nehmen, Hackethal – der sich zwischenzeitlich von Zyankali als Todesmittel distanziert hatte, da es zu einem „qualvollen Erstickungstod" führe – mit den süffisanten Worten zu zitieren, die Sterbewillige wäre besser zu ihm gekommen, da er ihr zu einem weniger schmerzhaften Suizid hätte verhelfen können.[244]

Diese Ereignisse begründeten wesentlich den schlechten Ruf der DGHS als „Todesengel" (*FAZ*) und „Zyankali-Bande" (*Spiegel*) und sorgten dafür, dass der Sterbehilfeverein in den Jahren unmittelbar vor und nach der Wiedervereinigung zu einem der ganz großen Feindbilder in der Presse der Bundesrepublik aufstieg.[245] Zwar gelang es der Organisation mit derartigen Auftritten in der Tat, die gewünschte öffentliche Debatte über Sterbehilfe zu forcieren, diese verlief jedoch in derart kritischen Bahnen, dass eine sachliche Auseinandersetzung kaum noch möglich war: Stattdessen dominierte eine stark personalisierte Darstellung des Themas, die inhaltliche Aspekte in den Hintergrund rückte und Hackethal sowie immer öfters Atrott zu individuellen Sündenböcken für gesellschaftliche Missstände erklärte – bis hin zu Enthüllungsberichten, nach denen der „Zyankali-Bote" Atrott, ein gebürtiger Ostpreuße, eine rechtsextreme Vergangenheit hatte und zeitweilig im Bundesvorstand des Ostpolitischen Deutschen Studentenverbands aktiv gewesen war.[246] Die Öffentlichkeitsarbeit der DGHS erschien vielen fortan als rei-

---

[242] „Kontrahenten poltern vor Kamera. Sterbehilfe: Hackethal und Atrott erneuern im Privat-TV alte Vorwürfe." *Augsburger Allgemeine*, 18. 9. 1987. Vgl. auch „Einstweilige Verfügung beantragt: DGHS-Chef gegen Prof. Hackethal." *Main Post*, 24. 9. 1987.

[243] In Auswahl: „Sterbehilfe. Wer war die junge Frau, die sich den Tod wünschte." *Hamburger Abendblatt*, 16. 9. 1987; „Inhumane Sterbehilfe." *Süddeutsche Zeitung*, 17. 9. 1987; „Gelähmte Karlsruherin Daniela tot. Gesellschaft für Humanes Sterben: Schweizerin verschaffte der Frau Zyankali." *Süddeutsche Zeitung*, 29. 12. 1987; „Todesengel." *Frankfurter Allgemeine Zeitung*, 29. 12. 1987; „Mit einem Strohhalm trank Daniela das tödliche Zyankali." *Berliner Morgenpost*, 29. 12. 1987. Vgl. zu den Hintergründen der Suizide auch Babett Zöllner: Sterbebegleitung und Sterbehilfe. Für ein humanes Lebensende. Hamburg 2015, S. 58 sowie *Humanes Leben – Humanes Sterben* 8 (1988), Nr. 2.

[244] „Die letzten Worte: Ich danke euch!" *Bild*, 29. 12. 1987. Vgl. auch „Sterbehilfe." *Berliner Morgenpost*, 29. 12. 1987 sowie zu Hackethals Position zu Zyankali Scharnagl, Wahn, S. 328.

[245] Vgl. exemplarisch für besonders scharfe Angriffe auf die DGHS: Norbert Mappes: „Sterbehilfe – Früher Tod ist billiger. Ethik mit dem Taschenrechner." *Vorwärts*, 26. 4. 1986, S. 23 f.; Uta Winkhaus: „Mit der Broschüre in den Freitod." *Frankfurter Rundschau*, 26. 1. 1988; Erich Wiedemann: „Machen wir es feierlich mit Kerzen und Oma?" *Der Spiegel* 42 (1988), Nr. 8, S. 72 ff. [die DGHS wehrte sich erfolgreich mit einer Unterlassungsklage gegen den Artikel, der daher auch nicht im Online-Archiv des *Spiegel* zu finden ist; Wiedemann wurde zu einer Geldstrafe verurteilt. Vgl. dazu *Humanes Leben – Humanes Sterben* 9 (1989), Nr. 1, Titelseite]; Ernst Klee: „Schöner Tod statt eines schrecklichen Lebens? Alte, Kranke und Behinderte in der Euthanasie-Diskussion." *Die Zeit*, 11. 4. 1990, S. 54–55.

[246] Eckhard Stengel: „Skandal. Wie rechts ist Sterbehelfer Atrott?" *Sozialmagazin* 13 (1988), Nr. 6, S. 6. Vgl. auch Scharnagl, Wahn, S. 334 f. und S. 347–351.

ne „Propagandatätigkeit" und bald konnte diese ihre Positionen nur noch in Form von eingeklagten Gegendarstellungen transportieren.[247] Was einst zu kontroversen Diskussionen über individuelle Freiheit und medizinische Fremdbestimmung animiert hatte, wurde so zunehmend verengt auf ethisch verwerfliche Formen einer „Tötung auf Verlangen" und galt vielen Kommentatoren als quasi gleichbedeutend mit Mord.[248]

Es war ein Tropfen auf den heißen Stein, dass die Organisation mehrfach öffentlich auf die – in ihrer Aussagekraft allerdings hoch umstrittenen – Umfragen hinwies, die vermeintlich belegten, dass immer mehr Bundesbürger aktiver Sterbehilfe zustimmten; oft war die DGHS selbst Auftraggeber, zum Beispiel im Fall von einigen zwischen Ende 1985 und Ende 1987 durchgeführten Erhebungen, welche die eigenen Suizidbeihilfe-Praktiken flankierten.[249] Denn die Frontstellung gegen die DGHS war zementiert und kam von vielen Seiten: Den Gesundheitstag im Mai 1987 in Kassel boykottierten zahlreiche Referenten von Organisationen und Parteien wie der DGSP und den Grünen aus Protest gegen einen geplanten Vortrag Hackethals zur Sterbehilfe.[250] Im Jahr darauf musste Atrott einen Vortrag in Karlsruhe abbrechen, als ihm Demonstranten das Mikrofon entrissen.[251] Für viele andere zivilgesellschaftliche Gruppierungen waren der Sterbehilfeverein und sein Präsident eine beliebte Zielscheibe oft polemischer Kritik. Einer der Protagonisten der westdeutschen Behindertenbewegung, der Psychologe Lothar Sandfort, berichtete 1990 in ihrem zentralen Publikationsorgan gar, wie ihm Atrott immer wieder in Albträumen erscheine: „Erst ganz massiv, dann immer dünner, letztlich gar nur als Skelett mit einer Sense in der Hand. ‚Zyankali, Zyankali, der gute Tod, ganz preiswert!', höre ich [...]. Durch sein Gerippe ruft die Mutter der Nation, Inge Meysel, ‚Werde Mitglied, werde Mitglied'."[252] Auch die Politik und die Ordnungshüter waren nicht erst seit den Hackethal-Aktionen alarmiert: So sammelte die Kriminalpolizei Augsburg schon seit 1983 systematisch Informationen über die

---

[247] Wunder, Sterbehilfe, S. 55. Vgl. etwa Hans Henning Atrott: „Gegendarstellung." *Der Spiegel* 42 (1988), Nr. 13, S. 99; ders.: „Gegendarstellung." *Die Zeit*, 6. 5. 1988; ders. „Gegendarstellung." *Der Spiegel* 46 (1992), Nr. 12, S. 267.

[248] Vgl. etwa „Verfassungsbeschwerde Hackethals verworfen" und den dazugehörigen Kommentar „Grausames Trauerspiel." *Frankfurter Allgemeine Zeitung*, 30. 7. 1987; Hanno Gerwin: „Gott setzt das Ende." *Deutsches Allgemeines Sonntagsblatt*, 5. 7. 1987, S. 17. Zum medialen Mordvorwurf vgl. auch Scharnagl, Wahn, S. 334.

[249] Vgl. hierzu „‚Mehrheit für die Sterbehilfe'. Atrott gibt Umfrage bekannt." *Augsburger Allgemeine*, 7. 11. 1985 und *Humanes Leben – Humanes Sterben* 26 (2006), Nr. 2, S. 9 sowie ausführlich zu den Sterbehilfe-Umfragen Kap. 5.1.

[250] Vgl. hierzu Ulrich Seibert: „Sterbehilfe und Boykott des Gesundheitstages: Durcheinander ordnen." *Rundbrief der DGSP*, Nr. 39 (Januar 1988), S. 14–17, zu finden im Ordner „Medizin 1977–1997" in der Geschäftsstelle der Humanistischen Union, Berlin.

[251] Vgl. zu dem Fall „Sterbehilfe. Krüppel gegen Todeswerbung." *Sozialmagazin* 13 (1988), Nr. 5, S. 6 f.

[252] Lothar Sandfort: „DGHS prozessiert gegen ihre Gegner." *Die Randschau. Zeitschrift für Behindertenpolitik* 5/6 (Dez. 1990/Febr. 1991), S. 20–21, hier S. 20. Vgl. auch zur Darstellung der DGHS *Die Randschau. Zeitschrift für Behindertenpolitik* 6 (1991), Nr. 5/6 (Themenheft ‚Euthanasie'/Eugenik – Gegen den Zeitgeist), darin v. a. S. 6.

DGHS, die ans Bundeskriminalamt (BKA) weitergeleitet und von dort bei Bedarf anderen Behörden zur Verfügung gestellt wurden, zum Beispiel als 1991 das Bundesministerium des Innern (BdI) kurzzeitig ergebnislos einen Verbotsantrag prüfte, den ein kleinerer Menschenrechtsverein gestellt hatte. Dass die zahlreichen Verfahren wegen unterlassener Hilfeleistung, Tötung auf Verlangen oder Totschlags durch Unterlassen letztlich allesamt eingestellt wurden, da – wie das BKA in dem Zusammenhang klar feststellte – „im juristischen Sinne die Handlungen des Vereins unangreifbar" seien, tat dem behördlichen Misstrauen keinen Abbruch. Der erwähnte Menschenrechtsverein erhielt vom BdI etwa eine explizite Ermunterung, der DGHS in einer offenen Diskussion entgegenzutreten.[253]

In ruhigeren Fahrwassern? Die DGHS in der post-Atrott Ära

Die Verhaftung ihres Präsidenten im Januar 1993 markierte für die DGHS nicht nur den Höhepunkt der jahrelangen negativen Publicity, sondern mit Blick auf das katastrophale, für die eigenen Ziele extrem hinderliche öffentliche Image zugleich eine Chance. Diese suchten die Vereinsverantwortlichen zu ergreifen, indem sie sich – wie einleitend geschildert – sofort und vollständig von Atrott distanzierten, obwohl ihnen dessen Aktionen seit langem bekannt gewesen sein mussten. Bei einer außerordentlichen Hauptversammlung im Mai 1993 in Augsburg stellte der wenige Tage nach Atrotts Verhaftung zum Interimspräsidenten berufene Hans Leo von Hoesch zwar irrtümlich fest, dass das Bild der DGHS in der Öffentlichkeit bis Anfang des Vorjahrs sehr gut gewesen sei, gab aber mit seiner Forderung nach einer Rückbesinnung auf die satzungsgemäßen Ziele und der Ankündigung von strikteren Kontrollen in allen Tätigkeitsbereichen der Organisation unmissverständlich die künftige Richtung vor. Zu lange habe man Atrott vertraut und ihn einfach machen lassen, auch noch, als dieser sich wegen der polizeilichen Ermittlungen – die sich im Übrigen nie gegen die DGHS als Organisation, sondern nur gegen ihn als Privatperson gerichtet hätten – immer öfters in seiner Schweizer Wahlheimat versteckt habe.[254] Zu allem Überfluss sei unter Atrott zudem zehn Jahre lang betriebswirtschaftlich und personalpolitisch gesündigt worden, ein klarer Verweis auf die katastrophale finanzielle Lage des Vereins.[255]

---

[253] Vgl. zu den genannten Informationen das Schreiben des BKA an das BdI vom 22. 4. 1991, das Schreiben der Geschäftsstelle des Club of Life an das Bayerische Staatsministerium der Justiz vom 12. 12. 1990 und das Schreiben des BdI an den Club of Life vom 8. 5. 1991, in: BA Koblenz, B 106/354247.

[254] Vgl. hier und im Folgenden Protokolle der außerordentlichen Hauptversammlungen der DGHS am 30. 1. 1993 und am 8. 5. 1993 in Augsburg im Ordner „Hauptversammlungsakten", in der Geschäftsstelle der DGHS, Berlin.

[255] Vgl. zu den finanziellen Schwierigkeiten auch das Protokoll der Präsidiumssitzung der DGHS am 8. 12. 1992 in Düsseldorf sowie das Einladungsschreiben von Atrott zur (wegen seiner Verhaftung dann abgesagten bzw. verschobenen) außerordentlichen Hauptversammlung am 30. 1. 1993 in Augsburg im Ordner „Verein 1980–1993", in der Geschäftsstelle der DGHS, Berlin.

9.2 Die Geschichte der DGHS und der deutschen Sterbehilfebewegung

Vor diesem Hintergrund dürfte es ein bewusstes Manöver gewesen sein, dass die Mitglieder auf der Hauptversammlung im Mai 1993 ausgerechnet einen der bekanntesten deutschen Suizidforscher zum neuen Präsidenten wählten, den Göttinger Medizinprofessor und langjährigen Vorsitzenden der Deutschen Gesellschaft für Selbstmordverhütung Hermann Pohlmeier.[256] Dieser kündigte umgehend an, die Herausgabe der umstrittenen Suizid-Anleitung einzustellen, was noch im selben Monat umgesetzt wurde. Auch von weitreichenden Forderungen nach einer gesetzlichen Freigabe der aktiven Sterbehilfe solle fortan abgesehen werden, da deren Durchsetzung in der Bundesrepublik im Unterschied zu anderen europäischen Ländern unrealistisch sei; vielmehr müssten das neue Organspende-Zertifikat und die Tätigkeiten im Bereich der Patientenverfügung ausgebaut werden, in denen die eigentliche Attraktivität der DGHS liege.[257] Mit dieser Neuausrichtung sollte auch der gravierende Mitgliederschwund aufgehalten werden: Bereits in den ersten Tagen nach Bekanntwerden des Skandals um Atrott musste der Verein tausende Austritte verzeichnen, der Mitgliederstand sank von 60 000 (Anfang 1993) über 51 000 (Mai 1993) auf 44 000 (Mitte 1994).

Tatsächlich mäßigte sich die DGHS in den folgenden Jahren spürbar. Die Organisation entsagte nicht nur nachdrücklich den ehemaligen Zyankali-Praktiken, sondern mühte sich auch um eine deutlich zurückhaltendere, weniger polemische Rhetorik in der öffentlichen und politischen Debatte – insbesondere das von Atrott kultivierte, stark kirchenfeindliche Moment wurde klar zurückgefahren.[258] Im internationalen Vergleich zu anderen Sterbehilfeorganisationen waren ihre Positionen, zum Beispiel mit Blick auf geforderte Gesetzesänderungen, fortan eher moderat.[259] Der Verein baute in Augsburg ein präventives Suizid-Informationszentrum auf, eine Ethik-Kommission prüfte sorgfältig im Voraus größere Reformvorschläge und in der Öffentlichkeitsarbeit, der weiterhin eine hohe Priorität beigemessen wurde, lag nun ein – ganz bescheidener – Schwerpunkt darauf, medialen Gleichsetzungen und Analogien zwischen einer fremdbestimmten Euthanasie im Nationalsozialismus und einer selbstbestimmten Sterbehilfe in der Gegenwart entgegenzuwirken.[260] Intern freilich blieb der Tonfall etwas schärfer, wenn beispielsweise die Vereinszeitschrift mit Blick auf „wissenschaftlich nachweisbare [...] Untersuchungs- und Umfrageergebnisse" zur Sterbehilfe düster fragte, wie demokratisch das politische System überhaupt noch sei und „ob die Willensbildung der Wähler in der Bundesrepublik Deutschland von den Parteispitzen respektiert wird."[261]

---

[256] Vgl. exemplarisch zur öffentlichen Wahrnehmung der Neuorientierung der DGHS „Einsame Treue." *Der Spiegel* 47 (1993), Nr. 26, S. 198–201.
[257] Vgl. zu den Tätigkeiten der DGHS in diesen Bereichen Kap. 6.1.
[258] Vgl. auch Hartmut Wewetzer: „Zyankali, Tod und Sterbeforscher. ‚Gesellschaft für Humanes Sterben' entsagt dem Gift und umwirbt die Kirche." *Der Tagesspiegel*, 3. 7. 1993.
[259] Vgl. Fittkau, Autonomie, S. 140.
[260] Vgl. Protokoll der ordentlichen Hauptversammlung vom 01./02. 11. 1996 in Augsburg im Ordner „Verein 1980–1993", in der Geschäftsstelle der DGHS, Berlin.
[261] „Ärzte dürfen beim Freitod helfen – Mehr Menschlichkeit durch ein Volksbegehren in den USA." *Humanes Leben – Humanes Sterben* 15 (1995), Nr. 1, S. 1.

Auch strategische Partnerschaften wurden nun von Seiten der DGHS intensiviert, besonders zu humanistischen Verbänden und Freidenker-Vereinen. War die traditionell bestehende inhaltliche Nähe zu ihnen, die nicht zuletzt zahlreiche Doppelmitgliedschaften nach sich zog, lange durch Atrott – der sogar im eigenen Lager vielerorts eine Persona non grata war – konterkariert worden, so kam es nach 1993 zu vielfältigen Kontakten und punktuellen Kooperationen. Zwar war die Position dieser Organisationen zur aktiven Sterbehilfe nicht in allen Fällen (klar) zustimmend,[262] in humanistischen Patientenverfügungen wurde aber immerhin in der Regel die Einstellung dazu abgefragt. Starke Berührungspunkte ergaben sich weiterhin mit Blick auf die Gewährleistung eines „menschenwürdigen Sterbens" fernab christlicher Sinnstiftungsriten sowie im Bereich der Suizidbegleitung.[263] Parallelen bestanden ferner hinsichtlich der angestrebten Reform des Strafgesetzbuches, mit der für Ärzte wie Patienten Rechtssicherheit geschaffen werden sollte, unabhängig davon, ob damit eine Freigabe der aktiven Sterbehilfe oder nur eine Präzisierung der Grenzen zwischen den unterschiedlichen Formen der Sterbehilfe gemeint war. So forderten die Freien Humanisten Niedersachsen etwa im Oktober 1994 ganz im Sinne der DGHS eine klare gesetzliche Regelung der Sterbehilfe.[264]

Dass dennoch kaum Ruhe einkehrte, lag einmal mehr an der Personalie Atrott, mit der sich der Verein auch nach Januar 1993 noch lange permanent konfrontiert sah. Denn Atrott war wenig überraschend nicht bereit, kampflos das Feld zu räumen, obgleich er rechtskräftig zu einer Bewährungsstrafe verurteilt sowie aus der DGHS ausgeschlossen und mit einem Hausverbot belegt worden war. Es folgten heftige Auseinandersetzungen, die zum Leidwesen der Sterbehilfeorganisation fast alle öffentlich ausgetragen und intensiv medial rezipiert wurden. Bei der ordentlichen Hauptversammlung im November 1994 in Augsburg, auf der Atrott angehört werden sollte, kam es statt zur angestrebten Deeskalation zum völligen Eklat: Der ehemalige Präsident wollte nicht im Vorraum auf den für ihn vorgesehenen Tagesordnungspunkt warten – Sicherheitskräfte hinderten Atrott am Betreten des Saals und führten ihn schließlich ab. Während die Mitglieder daraufhin seine Enthebung von allen Funktionen bestätigten, freuten sich die zahlreich anwesenden Journalisten über den rapide gestiegenen Nachrichtenwert der Veranstaltung: Die *Deutsche Presse-Agentur* berichtete stark übertrieben von einem wüsten „Handge-

---

262 Vgl. zur Position humanistischer Verbände Fittkau, Autonomie, S. 111–114 und Kap. 5.1.
263 Vgl. zu den einzelnen Punkten Gunnar Schupelius: „ABM-Projekt des Freidenker-Verbandes. Würdevolles Sterben ohne Bibel, Gebete und Schmerzen." *Berliner Morgenpost*, 1. 9. 1992; „Freidenker wollen Betreuungsgesetz für ‚Humanes Sterben' nutzen." *epd Landesdienst Ost*, 6. 2. 1992, S. 4; Interview Neumann sowie die Fragebögen für eine persönliche Patientenverfügung aus den 90er Jahren im Ordner „Vermischtes" in der Geschäftsstelle des Humanistischen Verbandes Deutschlands, Berlin.
264 Vgl. dazu Gita Neumann: „Humane Sterbehilfe – Die Suche nach einem Modell für Deutschland." *diesseits – Das humanistische Magazin* 15 (2001), Nr. 2, S. 26 f.

menge".²⁶⁵ Atrott reagierte fast erwartungsgemäß mit einer Anzeige wegen Körperverletzung, darüber hinaus strengte er erfolglos ein gerichtliches Amtslöschungsverfahren gegen die DGHS an. Dabei ging es ihm mehr um finanzielle denn um sachliche Fragen: Öffentlich kündigte Atrott an, dass er der DGHS nicht die ihm zu verdankenden Finanzreserven und Immobilien im Wert von mehreren Millionen DM überlassen werde. Als er sich 1996 erneut zum Präsidenten der Organisation wählen lassen wollte, sah sich sein Nachfolger Pohlmeier sogar gezwungen, zum Beleg für die monetären Interessen Atrotts dessen ehemaliges Gehalt publik zu machen: Als hauptamtlicher Präsident habe Atrott seinerzeit 15 000 DM im Monat eingestrichen.²⁶⁶ Erst im Sommer 1997 stimmte Atrott schließlich gegen Zahlung einer Abfindung dem Verzicht auf alle seine vormaligen Funktionen und die Mitgliedschaft in der DGHS zu – und konzentrierte sich fortan im selbst gewählten Schweizer Exil auf das Verbreiten von antichristlichen Verschwörungstheorien.²⁶⁷

Es mag auch an dieser personellen Schlammschlacht gelegen haben, dass die offenkundige inhaltliche Neuausrichtung der DGHS in der zweiten Hälfte der 90er Jahre so gut wie nichts an deren fundamental kritischer Rezeption änderte. Sie blieb eine beliebte Zielscheibe der Medien, die vor allem den Verdacht, der Verein wolle sich auf Kosten der Sterbenden selbst bereichern, weiter ebenso konstant wie vehement transportierten.²⁶⁸ Eine Ausgabe der ARD-Sendung „Panorama", dem vermutlich wichtigsten politischen Fernsehmagazin der Bundesrepublik, bezweifelte schon im Juli 1993, dass die DGHS unter dem neuen Präsidenten Pohlmeier ernsthaft eine grundsätzliche Neuausrichtung anstrebe: „Zynakali-Händler Atrott ab in den Knast. Auf seinem Stuhl jetzt der Göttinger Professor. Der eine geht, der andere kommt, und die Sterbehilfe bleibt – im Zwielicht."²⁶⁹ Die DGHS sah sich aber auch von anderer Seite nach 1993 fortwährend scharfen, mitunter unsachlichen Angriffen ausgesetzt. Dies galt für Ärzteverbände, Kirchen sowie andere zivilgesellschaftliche Organisationen wie die Behinderten- und insbesondere die Hospizbewegung. Dies war vor allem in einem Bereich schädlich für die Vereinsarbeit: in der politischen Lobbyarbeit.

Diese hatte bei der DGHS durchaus eine gewisse Tradition, wenngleich sie in der Ära Atrott weniger bedeutsam als die Öffentlichkeitsarbeit gewesen war.

---

²⁶⁵ Vgl. Protokoll über die ordentliche Hauptversammlung der DGHS am 12. 11. 1994 in Augsburg im Ordner „Hauptversammlungsakten", in der Geschäftsstelle der DGHS, Berlin und die *dpa*-Meldung vom 12. 11. 1994, in: BA Koblenz, B 353/238090.
²⁶⁶ Michael Emmrich: „Schlammschlacht um den Weg zum Freitod." *Frankfurter Rundschau*, 22. 5. 1996.
²⁶⁷ Vgl. „Atrott läßt sich Verzicht etwas kosten. Vergleich mit der DGHS." *Augsburger Allgemeine*, 26. 7. 1997.
²⁶⁸ Vgl. etwa Birgit Matuscheck: „Geschäft mit dem Tod. Neuer Wirbel um die Gesellschaft für Sterbehilfe." *Süddeutsche Zeitung*, 9. 4. 1999.
²⁶⁹ Vgl. „Panorama." Bundesrepublik Deutschland/ARD 1993, online unter: https://daserste.ndr.de/panorama/archiv/1993/index.html [15. 12. 2021] und das Transkript der Sendung vom 15. 7. 1993 im Ordner „Medizin 1977–1997" in der Geschäftsstelle der Humanistischen Union, Berlin.

Schon Ende 1982 verfasste Atrott Eingaben an den Bundeskanzler, die bayerische Landesregierung um Ministerpräsident Franz Josef Strauß und andere Spitzenpolitiker, um auf das Problem einer „menschenwürdigeren Gestaltung des Sterbens" speziell im stationären Bereich hinzuweisen – was damals noch durchaus positive Resonanz fand: So begrüßte etwa ein Ministerialdirigent des Bayerischen Staatsministeriums für Sozialordnung das Schreiben der DGHS und bekräftigte, dass „Monsterkliniken" zu Recht kritisiert würden.[270] Mit ihrer harten, polemischen Rhetorik verspielte die Organisation in der Folgezeit rasch jeglichen Kredit – und begründete damit den schlechten Ruf, der ihr auch in den Jahren nach 1993 stets vorauseilte. Zwar unterließ es die DGHS auch in der zweiten Hälfte der 90er Jahre nicht, mitunter Politiker, die sich klar gegen ihre Ziele positioniert hatten, zum Teil scharf anzugreifen: Bundesjustizminister Edzard Schmidt-Jortzig warf die Organisation etwa öffentlich vor, „nicht demokratiefähig" und ein „Fundamentalist" in Fragen des Lebensschutzes zu sein.[271] Insgesamt aber folgte der Verein den Linien, die Atrotts Nachfolger bei seiner Wahl vorgegeben hatte und trat deutlich gemäßigter im Ton auf, in der offenkundigen Hoffnung, dadurch ihre Position bei politischen Akteuren stärken zu können. Der neue Präsident Pohlmeier selbst gestand in einem Brief an einige Spitzenpolitiker im Frühjahr 1994 offen ein, dass die DGHS in der Vergangenheit schwere Fehler begangen, ja einen „Missbrauch der Euthanasie" betrieben habe. Zugleich beharrte er auf der Notwendigkeit einer gesetzlichen Neuregelung, die freilich nicht einfach aus der Abschaffung des § 216 StGB bestehen könne, wie er sogleich einschränkte.[272]

Im Unterschied zur Ära Atrott, als das Tagesgeschäft der DGHS komplett von ihrem Präsidenten dominiert war, oblag es nun dem Geschäftsführer, Kurt Schobert, die politischen Kontakte zu steuern. Er versuchte umgehend, die Lobbytätigkeit zu intensivieren, um die Chancen für politische Unterstützung auszuloten. Insbesondere das Bundesgesundheitsministerium (BMG) bombardierte er förmlich mit Informationsmaterial, Stellungnahmen, Anfragen und allgemeinen Schreiben, in denen er häufig auf die internationale Entwicklung einer Liberalisierung der Gesetzgebung zur Sterbehilfe sowie deren vermeintliche Befürwortung in breiten Teilen der Bevölkerung verwies.[273] Ungewohnt waren die häufigen Referenzen auf Passagen aus dem Alten Testament, wonach etwa der Tod besser als „ein bitteres Leben" sei – hinter derartigen Bibelzitaten verbarg sich die neue Rücksichtnahme auf christliche Interessen und die Kirchen. Keinesfalls im Zentrum der zahlreichen Eingaben an die Gesundheitspolitik stand hingegen die aktive Sterbehilfe, die auch als Terminus kaum aufschien, sondern – wo immer derartige Praktiken impliziert waren – begrifflich geschickt umschrieben wurde. Damit

---

[270] Vgl. das Schreiben von Atrott vom 18. 11. 1982 und die Antwort vom 28. 1. 1983, in: BHStA, MInn 105397.
[271] Vgl. DGHS-Presse-Info vom 23. 7. 1998, in: BA Koblenz, B 353/238090.
[272] Schreiben von Pohlmeier vom 9. 4. 1994, in: BA Koblenz, B 353/238090.
[273] Vgl. diesbezüglich z. B. die Akten B 353/22742 und B 353/238090 sowie zahlreiche Schreiben von Schobert in den Akten B 149/149818 und B 149/149819 im BA Koblenz.

9.2 Die Geschichte der DGHS und der deutschen Sterbehilfebewegung 499

reagierte die DGHS letztlich auf die Akzentverschiebung im Diskurs in der Bundesrepublik. Im wiedervereinigten Deutschland war aktive Sterbehilfe – zumindest mit Blick auf eine mögliche gesetzliche Freigabe – im Kontrast zu vielen anderen europäischen Ländern und im Unterschied noch zu den 70er Jahren, als sie wenigstens andiskutiert werden konnte, in Öffentlichkeit, Wissenschaft wie Politik kein ernsthaftes Thema mehr.[274] Es mag auch daran gelegen haben, dass die deutsche Sterbehilfebewegung in der internationalen „Right to Die"-Gesellschaft um die Jahrtausendwende eine sehr marginale Stellung einnahm.[275]

Stattdessen forderte Schobert immer wieder, dass sich der Staat weniger um aktive Sterbehilfe und mehr um das Problem der „aktiven Sterbeverhinderung" kümmern solle, welches beispielsweise durch den Anschluss von Sterbenden oder Gehirntoten an Herz- und Lungenmaschinen entstehe und durch gravierende Mängel im Pflegebereich verschärft werde. In einem Schreiben an Bundesgesundheitsminister Seehofer und seine Staatssekretärin Sabine Bergmann-Pohl verwehrte er sich im Herbst 1993 ganz im Einklang mit der neuen, zurückhaltenden Zielsetzung der DGHS gegen die Diskreditierung des Begriffes „Euthanasie" durch die NS-Verbrechen, die Ausdruck einer Fremdbestimmung gewesen seien. Ziel müsse dagegen die Selbstbestimmung des Menschen bis zur letzten Lebensminute sein, wobei der Staat diese Schutzpflicht gegenwärtig im Angesicht des Pflegenotstands nicht erfülle. Nötig sei eine neue „Ehrfurcht vor dem Sterben" und ein Abbau der Unmenschlichkeiten gegenüber Sterbenden: „Nicht der Staat hat oberstes Primat, nicht der Bürger lebt, um für den Staat in Somalia oder Utopia zu kämpfen, sondern der Staat existiert, um den Bürger in seiner Würde zu schützen, die er nicht antasten darf."[276] Mit solchen recht allgemein gehaltenen, an menschenrechtspolitische Grundsätze anschließenden und dadurch argumentativ kaum angreifbaren Formulierungen hoffte die DGHS, wenigstens symbolisch die Unterstützung der hohen Politik finden zu können: Schobert, der zugleich als Chefredakteur von *Humanes Leben – Humanes Sterben* fungierte, bemühte sich etwa jahrelang ebenso hartnäckig wie vergeblich beim Bundespräsidialamt um eine Kontaktaufnahme und ein Interview mit Roman Herzog, den er infolge einiger Zeitungsartikel des Bundespräsidenten als potenziellen Verbündeten ausgemacht hatte. Der dafür vorgesehene Fragekatalog war wieder extrem moderat formuliert und umfasste nur allgemeine Fragen zum menschlichen Selbstbestimmungsrecht ohne direkten Bezug zum Lebensende oder gar zum Problem der Sterbehilfe, was aber nichts an der Entschiedenheit der Absagen änderte. So erwog ein Referent handschriftlich, „dieser sehr heiklen Institution" gar nicht erst zu antworten.[277]

---

[274] Vgl. diesbezüglich Kap. 5.1; Zülicke, Sterbehilfe, S. 90 f. und ausführlich zur Legalisierung der aktiven Sterbehilfe in anderen europäischen Ländern Mielke, Sterben, S. 169–202.
[275] Vgl. Fittkau, Autonomie, S. 123–140.
[276] Schreiben von Schobert an Bergmann-Pohl und Seehofer vom 6. 10. 1993, in: BA Koblenz, B 353/238090.
[277] Schreiben von Schobert an Herzog vom 15. 4. 1996 und 23. 6. 1997 (sowie der handschriftliche Vermerk des Referenten hierzu) in: BA Koblenz, B 122/58075 sowie das Schreiben vom

Dies war keine Ausnahme: In den Behörden dominierte weiterhin unverhohlene Ablehnung, die eindeutig eine Hypothek der Atrott-Ära war. Immer wieder erhielt die DGHS auf ihre Anfragen deutliche Absagen von den Ämtern und Ministerien, etwa 1996 vom Bundesarbeitsministerium bezüglich einer ähnlichen Bitte um ein Interview mit Norbert Blüm. Dessen Pressesprecher betonte unmissverständlich, die Organisation müsse zuvor noch viel Klärungsarbeit bezüglich ihrer Ziele leisten.[278] Intern wurden Mitarbeiter, beispielsweise im BMG, gemahnt, gegenüber der DGHS auf Abstand zu bleiben.[279] Erstaunlich direkt beantwortete daher im August 1994 ein Referent des BMG die Anfrage einer Bürgerin, ob seitens des Ministeriums einem Beitritt zur DGHS zu- oder abgeraten werde. Unter Verweis auf die berüchtigte „Selbstmordfibel" (deren Vertrieb die DGHS zu diesem Zeitpunkt längst eingestellt hatte) riet er ihr nachdrücklich davon ab: „Aus meiner Sicht ist [...] gegenüber der Deutschen Gesellschaft für humanes Sterben große Zurückhaltung zu üben." Sie solle sich bei Interesse an einer Beratung zu Themen wie Patientenverfügung oder Selbstbestimmung am Lebensende vielmehr an den Hospizverein OMEGA wenden.[280] Sogar als die DGHS Anfang der 2000er Jahre beim BMG bezüglich einer statistischen Datensammlung zu Fällen von passiver oder indirekter Sterbehilfe anfragte, schrillten dort noch sämtliche Alarmglocken. Ein Referatsleiter warnte die Staatssekretärin, dass der Verein keinesfalls eine „Patientenschutzorganisation" darstelle: „Tatsächlich handelt es sich bei dieser Gesellschaft [...] um ein stark profitorientiertes Unternehmen, das es versteht, den Freitod medienwirksam in Szene zu setzen." Erneut wurde auf längst vergangene Praktiken der Suizidbeihilfe rekurriert und unterstellt, dass es der DGHS im Kern schlicht um „die Gebrauchsanweisung zur eigenen Entsorgung" gehe. Künftig sollten von umfangreichen Schriftwechseln ganz abgesehen werden und Schreiben maximal auf Referatsebene beantwortet werden.[281]

Die Hospizbewegung und die DGHS: zwischen Parallelen und Abgrenzung

Hinter der klaren Abneigung der Bundes- und ganz speziell der Gesundheitspolitik gegenüber der DGHS in den 90er Jahren verbarg sich – wie die häufigen Bezugnahmen auf den großen Gegenspieler der Sterbehilfebewegung zeigen – zugleich

---

2. 6. 1999 mit dem Fragekatalog, in: ebd., B 122/57286. Auch noch Anfang der 2000er Jahre beantwortete das Bundespräsidialamt alle Anfrage der DGHS für z. B. Grußworte abschlägig, vgl. ebd., B 122/73589.

[278] Vgl. das Schreiben des Pressesprechers von Bundesarbeitsminister Blüm an Schobert vom 17. 11. 1996, in: BA Koblenz, B 149/149818, Blatt 166.

[279] Vgl. etwa Schreiben von Bergmann-Pohl an Schobert vom 28. 3. 1994 und internes Schreiben von N. an das Referat 318 im BMG vom 16. 7. 1998, in: BA Koblenz, B 353/238090.

[280] Vgl. die Anfrage von D.S. vom 21. 2. 1994 an das Bundesgesundheitsministerium und die Antwort des Referenten vom 8. 8. 1994, in: BA Koblenz, B 353/238090.

[281] Vgl. das Schreiben des Leiters des Referats 318 an die Parlamentarische Staatssekretärin vom 15. 1. 2002, in: BA Koblenz, B 353/22742.

9.2 Die Geschichte der DGHS und der deutschen Sterbehilfebewegung 501

der endgültige Siegeszug der Hospizbewegung in den Jahren nach der Wiedervereinigung, der im folgenden Kapitel näher analysiert wird. Dass Sterbehilfe und Hospiz oft in einer rigiden Frontstellung zueinander betrachtet wurden und sich selbst auch so positionierten, ist in mancherlei Hinsicht paradox. Denn tatsächlich ähneln sich die beiden Konzepte und die sich mit ihnen verbindenden Bewegungen in vielen Punkten. Dies betrifft zunächst die fast identische Problemdiagnose. Mit einer medizin- und gesellschaftskritischen Stoßrichtung beklagten beide Seiten einen Mangel an Würde und Selbstbestimmung von Sterbenden im modernen Gesundheitswesen sowie deren schlechte Versorgung. Infolge der gemeinsamen Ablehnung lebensverlängernder Maßnahmen bei Todkranken und der Betonung des individuellen Rechts auf einen Therapieabbruch sahen anfangs viele Verfechter von Sterbehilfe-Praktiken in der Hospizbewegung einen natürlichen Verbündeten.[282] Auch die Tabuisierungsthese war gleichermaßen beliebt: Dass sich der Gesetzgeber so hartnäckig weigere, die Sterbebedingungen zu verbessern, dürfe so verkündete Atrott 1985, „wohl der Verdrängung des Problems des Sterbens zuzuschreiben sein."[283] So zielte die Sterbehilfebewegung genau wie die Hospizidee letztlich auf „eine breite öffentliche Bewusstseinsänderung", um die vermeintlichen „Tabus über das Sterben, die Verdrängung aller finalen Vorgänge" zu überwinden.[284]

Diese Nähe zwischen Hospiz- und Sterbehilfebewegung führte in der Öffentlichkeit und sogar in der Gesundheitspolitik zu Beginn immer wieder zu Verwirrung und Verwechslungen.[285] In München etwa wurde in den geschilderten Stadtratsdebatten zur geplanten Gründung eines Hospizes wiederholt behauptet, dass in solchen Einrichtungen aktive Sterbehilfe geleistet werde – obschon das vorgelegte „Konzept für ein Modellprojekt zur Begleitung Sterbender" sich im Einklang mit der Hospizidee explizit davon distanzierte.[286] Diese Fehlwahrnehmung war nicht zuletzt eine Folge der zahlreich existierenden Berührungspunkte: So ging die DGHS ebenfalls davon aus, dass es – wie sie Anfang der 80er Jahre verkündete – das Beste sei, „wenn Sterbende im Umkreis ihrer Familie dahinscheiden."[287] Da dies nicht immer möglich sei, wurde anfänglich sogar analog zum stationären Hospiz die Schaffung von Heimen für Todkranke erwogen, um bestmögliche Sterbebedingungen zu bieten: „Es soll hier das Sterben als Teil des Lebens entdeckt werden und als humanes Sterben gestaltet werden. Die ‚Philosophie' der DGHS lautet: Gutes Leben bis zum letzten Atemzug!"[288] Semantisch wie inhaltlich be-

---

[282] Vgl. etwa dezidiert Barnard, Leben, S. 53–57.
[283] Deutsche Gesellschaft für Humanes Sterben, Menschenrecht, S. 2.
[284] Klaus Waterstradt: „Über das Recht, in Würde zu sterben. Eine Reise nach Oxford." *vorgänge* 52 (1981), Nr. 4, S. 22–25, hier S. 22.
[285] Vgl. hierzu auch Kap. 4.2.
[286] Vgl. z. B. Protokoll der Sitzung des Gesundheitsausschusses vom 18. 9. 1990, in: Ratssitzungsprotokolle Nr. 763/9, Gesundheitsausschuss 1990, Vorlagen-Nummer: 90-96 / 901955, Stadtarchiv München.
[287] Deutsche Gesellschaft für Humanes Sterben, Gesellschaft, S. 4.
[288] Ebd.

wegte sich der Verein hier sehr nahe an der Hospizidee, mit der entscheidenden Ausnahme freilich, dass dort Suizid und Sterbehilfe als letzte Konsequenz der Selbstbestimmung am Lebensende verpönt waren. Auch auf struktureller Ebene waren etliche Gemeinsamkeiten festzustellen: Beide Bewegungen erhielten entscheidende Impulse von der thanatologischen Forschung und mühten sich gleichermaßen stark um eine mediale Aufbereitung ihrer Positionen sowie eine intensive Öffentlichkeitsarbeit.[289] Schließlich hatten sie beide einen ausgeprägten NGO-Charakter und betonten ihre zivilgesellschaftlichen, bürgerschaftlichen Wurzeln sowie ihren Einsatz für Menschenrechte.

In den ersten Jahren ihres Bestehens konnte die DGHS mit dieser Programmatik viele Erfolge feiern, was auch auf die relative Schwäche der westdeutschen Hospizidee zu jener Zeit zurückgeführt werden kann. Tatsächlich hatte der Sterbehilfeverein noch bis in die frühen 90er Jahre hinein, wie Hospizanhänger selbst feststellten, ein größeres Mitgliederpotenzial.[290] So war es auch aus strategischen Gründen nur folgerichtig, dass sie die DGHS zum großen Feindbild stilisierten. Die Gegnerschaft zur aktiven Sterbehilfe erwies sich für die Hospizbewegung in der Bundesrepublik als identitätsstiftend, was natürlich zugleich deren religiöse Wurzeln widerspiegelte.[291] Immer wieder gingen Hospizverbände in ihrer politischen Lobbytätigkeit und in ihrer Öffentlichkeitsarbeit in direkte Frontstellung zur Sterbehilfebewegung.[292] Dahinter verbargen sich implizite, zum Teil auch explizite Formen eines „Othering", wie ein Ende der 90er Jahre entstandenes „Weißbuch" der Deutschen Hospiz Stiftung illustriert, das auf rund 100 Seiten Entwicklung, Strukturen, politische Aktivitäten und programmatische Positionen der DGHS dokumentierte – und es an keiner Stelle versäumte, den mutmaßlich dubiosen, profitorientierten Charakter der Sterbehilfeorganisation herauszustellen, die zwar mittels einer geschickten Imagepolitik versuche, sich von den Machenschaften der Ära Atrott zu distanzieren, aber faktisch nicht damit gebrochen habe.[293]

Während also die Hospizbewegung die DGHS mit unverhohlenem Argwohn betrachtete und häufig dezidiert zu ihrem großen Gegner erhob, war die Position der Sterbehilfeorganisation zum Hospiz ambivalenter, der Abgrenzungscharakter deutlich schwächer ausgeprägt. Die DGHS nahm die Entwicklung der Hospizbewegung genau wahr. Dabei changierte die Einschätzung zwischen prinzipieller Zu-

---

[289] Vgl. diesbezüglich Kap. 5.1 und 8.2.
[290] Vgl. Golek, Standort, S. 58.
[291] Vgl. ausführlich hierzu Kap. 8.2.
[292] Vgl. „Schmerzfreier Tod als Aufgabe. Neue ‚Deutsche Hospiz Stiftung' gegen aktive Sterbehilfe." *Frankfurter Rundschau*, 24. 5. 1996; Schreiben des Vorsitzenden des Stiftungsrates der Deutschen Hospiz Stiftung, Prof. Friedhelm Farthmann, an Bundesarbeitsminister Norbert Blüm vom 19. 11. 1997, in: BA Koblenz, B 353/203322, Blatt 30–33; „Sterbebegleitung statt Sterbehilfe gefordert." *Frankfurter Allgemeine Zeitung*, 25. 3. 1998; „Deutsche Hospiz-Stiftung warnt vor Einstieg in aktive Sterbehilfe." epd Zentralausgabe Nr. 148, 4. 8. 1998, S. 2; Silvia Meixner: „Ein Freund auf Zeit, der todkranken Menschen hilft. Die Deutsche Hospizstiftung fordert mit 150 000 Unterschriften menschliche Zuwendung statt aktiver Sterbehilfe." *Die Welt* 8. 3. 1999.
[293] Schweihoff, Sterbehelfer.

9.2 Die Geschichte der DGHS und der deutschen Sterbehilfebewegung

stimmung auf der einen und punktuellen Verweisen auf inhaltliche Mängel sowie Scheinheiligkeit auf der anderen Seite, da im Hospiz Selbstbestimmung nicht bis zum Ende gedacht werde. Primär kultivierte die Sterbehilfeorganisation in den 80er Jahren aber – vielleicht auch weil die Hospizidee noch kaum gesellschaftlich verankert war – andere Feindbilder, vor allem die Kirchen, kritische Medien und die Spitzenpolitik, die sich vermeintlich dem Bürgerwillen versperre.[294]

Erst mit dem Aufblühen der Hospizbewegung in den Jahren nach der Wiedervereinigung wurde der Ton schärfer. Atrott attackierte nun immer wieder Hospizvertreter mit der für ihn typischen Verve, bezeichnete sie in der Vereinszeitschrift etwa als „glühend-schwärmerische" „Wichtigtuer" und „sadistische Menschheitsbeglücker"; freilich waren derartig scharfe, polemische Angriffe durchaus nicht ungewöhnlich und auch nicht spezifisch, sondern konnten sich in der Ära Atrott gegen alle richten, die nicht eindeutig dem eigenen Lager zuzuordnen waren, mithin gegen weite Teile der Welt.[295] Eine Ausnahme stellte das Verhalten der DGHS im Zuge des im vorherigen Kapitel beschriebenen Vorfalls im Jahr 1990 dar, bei dem eine eigene Veranstaltung von Mitgliedern des CHV gestört worden war. Im Nachgang agitierte die Sterbehilfeorganisation aktiv gegen den Münchner Hospizverein. In einem Schreiben an die Robert Bosch Stiftung Ende 1991 forderte die DGHS diese auf, die ihr zufällig bekannt gewordene Förderung an den CHV umgehend einzustellen. Es sei davon auszugehen, dass die Stiftung nicht wisse, wen sie da finanziell unterstütze, verfolgten die „wenigen Mitglieder dieses Vereins" ihre Ziele doch mit „religiösem Fanatismus": „Ich weiß nicht, ob Sie sich die Mühe gemacht haben, einmal das Vereinsblatt zu lesen, das unter allem Niveau von Haßtiraden, Halbwahrheiten und ‚Gift' durchzogen ist. [...] Kein seriöser Mensch kann so etwas ernst nehmen oder gar noch finanzieren."[296]

Deutlich gemäßigter waren Sprachwahl und Verhalten wiederum in der Zeit nach Atrott. Die DGHS unterhielt nun sogar eine eigene „Hospiz-Informationsstelle", über die Interessierte die Adressen aller bekannten Hospizvereinigungen in der Bundesrepublik in Erfahrung bringen konnten. Offiziell begrüßte die Organisation in den Jahren nach 1993 auch die Erfolge der Palliativmedizin, mit denen – wie der Vizepräsident in einem Schreiben an das BMG klarstellte – eine „anzuerkennende Möglichkeit zur Humanisierung des Sterbealltags" einhergehe.[297] Allerdings verwies sie stets darauf, dass trotz der Fortschritte nicht alle Patienten schmerzfrei sterben könnten. So folge aus den im Hospizbereich kolportierten Zahlen, laut denen in knapp über 90% der Fälle bei Tumorerkrankungen eine

---

[294] Vgl. zu dieser Einschätzung etwa die Hauptversammlungsakten in der Geschäftsstelle der DGHS, Berlin.
[295] Zit. nach *Die Randschau. Zeitschrift für Behindertenpolitik* 5/6 (Dez. 1990/Febr. 1991), S. 6 bzw. Thomas Schmidt: „Rollis, Randale und der Hausfriede des Herrn Atrott. Zum Münchner Prozess gegen Gusti Steiner." *Die Randschau. Zeitschrift für Behindertenpolitik* 7 (1992), Nr. 2/3, S. 23–24, hier S. 23.
[296] Schreiben der DGHS an die Robert Bosch Stiftung vom 16. 12. 1991, in: RBSG-A 1106–445.
[297] Schreiben von DGHS-Vizepräsidenten Blessing an das BMG vom 11. 9. 2000, in: BA Koblenz, B 353/22742.

vollständige Schmerzkontrolle gelänge, dass jährlich viele tausend Todkranke qualvoll sterben müssten.[298] Entsprechend hartnäckig bestritt die DGHS die in Hospizkreisen omnipräsente Behauptung, dass bei idealer Sterbebegleitung kein Sterbender den Wunsch nach einer vorzeitigen Lebensbeendigung durch Suizid oder Sterbehilfe habe.

Mit solchen Argumenten versuchte die DGHS vergeblich, dem wachsenden politischen und gesellschaftlichen Einfluss der Hospizbewegung entgegenzuwirken. Denn obwohl die Sterbehilfeorganisation in vielen Punkten nicht weit weg war vom sich ausprägenden „Mainstream" in der Sterbebegleitung, zum Beispiel mit Blick auf Patientenverfügungen oder das grundsätzliche Ziel eines „würdigen", selbstbestimmten, schmerzfreien Sterbens möglichst zu Hause, verlor sie immer weiter den Anschluss. So warnte sie in ihren Schreiben an verschiedene Bundesministerien wiederholt erfolglos vor einem einseitigen Aussprechen für Palliativ- und Hospizpflege, über das die Entwicklung von Alternativen verhindert würde. Dies sei nicht zuletzt aufgrund der anhaltenden Streitigkeiten und Richtungskämpfe innerhalb der Hospizbewegung und den in Hospizen dokumentierten Betreuungsmängeln problematisch.[299] In diesem Kontext versendete die DGHS etwa einen Leserbrief in der Zeitung *Die Woche* an einige Spitzenpolitiker, der von einem Fall aus dem Jahr 1995 berichtete, bei dem auf der Harlachinger Hospizstation in München eine Frau vermeintlich verwahrlost und voller Schmerzen gestorben sei.[300] Noch um die Jahrtausendwende versuchte es Schobert mit dem fast schon verzweifelt wirkenden Hinweis, dass auch in Hospizen „in Form des Paradigmenwechsels von der kurativen (heilenden) zur palliativen (Schmerzbekämpfung) Medizin" letztlich mittels hochdosiertem Morphium „aktive, indirekte Sterbehilfe" praktiziert werde.[301]

Zu diesem Zeitpunkt war freilich längst klar, dass die DGHS den Wettlauf darum, wie und von wem Selbstbestimmung am Lebensende definiert werden sollte, auf politischer und gesellschaftlicher Ebene klar und eindeutig gegen die Hospizbewegung verloren hatte. Während sie selbst im Zwielicht blieb, gewann das Hospiz in der Dekade nach der Wiedervereinigung an Akzeptanz und Bedeutung. Dies lag entscheidend daran, dass es - wie im folgenden Kapitel deutlich wird - die passende Botschaft mit Blick auf die gesellschaftlichen Herausforderungen und sozialpolitischen Reformbemühungen in der Berliner Republik transportierte.

---

[298] Vgl. „Palliativmedizin – des Rätsels Lösung." *Humanes Leben – Humanes Sterben* 17 (1997), Nr. 4, S. 1.
[299] So etwa „Querelen zwischen den Hospizverbänden." *Humanes Leben – Humanes Sterben* 15 (1995), Nr. 3, S. 12. Vgl. zu den Spannungen in der deutschen Hospizbewegung nach der Wiedervereinigung Kap. 10.2.
[300] Vgl. BA Koblenz, B 353/22742.
[301] Schreiben von Schobert an Peter Struck, MdB, vom 30. 7. 2001, in: BA Koblenz, B 353/22742.

10. 1997: Der Paragraf, oder: Triumph der Sterbebegleitung?

> „Versicherte, die keiner Krankenhausbehandlung bedürfen, haben [...] Anspruch auf einen Zuschuss zu stationärer oder teilstationärer Versorgung in Hospizen, in denen palliativ-medizinische Behandlung erbracht wird, wenn eine ambulante Versorgung im Haushalt oder der Familie des Versicherten nicht erbracht werden kann."
> [SGB V, § 39a (1)]

Lange sieht es danach aus, als ob das Jahr 1997 dem Begriff „Sommerloch" eine neue Dimension verleihen sollte. Ob politisch, wirtschaftlich, kulturell, gesellschaftlich: Es passiert so gut wie gar nichts. In den Redaktionen mancher Zeitungen werden bereits die Tage bis zum Herbstanfang gezählt – und als Titel für Kommentare verwendet.[1] Doch dann, Ende Juni, beginnen sich die Ereignisse plötzlich zu überschlagen: Die Deiche an der Oder brechen nach wochenlangen Starkniederschlägen. Es kommt zu einem – wie es in Polen heißt – „Jahrtausendhochwasser", das zugleich bislang unbekannte Wellen der Solidarität zwischen West- und Ostdeutschland hervorruft, die manchem Beobachter die Hoffnung geben, nun endlich vereinige sich das Land. Spendengelder schießen in die Höhe, eine Sonderbriefmarke für die Flutopfer wird zum Verkaufsschlager. Zur gleichen Zeit verlegt der Künstler Gunter Demnig den ersten seiner „Stolpersteine", die an die Opfer der NS-Zeit erinnern – und stößt damit eine lebhafte Debatte um Vergangenheitsbewältigung und Erinnerungspraktiken an. Und es vergeht nur eine knappe Woche, bis Jan Ullrich als erster Deutscher die Tour de France gewinnt: Passenderweise ein gebürtiger Ostdeutscher, der bestens integriert im beschaulichen Merdingen an der badischen Weinstraße lebt – und glücklicherweise lange bevor sich irgendwer für Doping interessiert. Dass zwischendurch der Modedesigner Gianni Versace vor seiner Villa in Miami erschossen wird, verkommt da in der Bundesrepublik fast schon zur Randnotiz – im Unterschied zum Tod von Lady Di, der Ende August die ganze Welt schockiert.

Wen mag angesichts all dessen interessiert haben, dass der Sommer 1997 auch eine Zäsur für die Begleitung von Sterbenden darstellte? Doch markierte das namentliche Erscheinen des „Hospizes" in einer Rechtsnorm – ein Novum, seit der Begriff knapp ein Vierteljahrhundert zuvor erstmals in dieser Bedeutung auch in der Bundesrepublik und wenig später in der DDR Verwendung gefunden hatte – ein ganz eigenes Kapitel der Wiedervereinigung, ja eine deutsch-deutsche „Erfolgsgeschichte". Vorausgegangen waren zähe Verhandlungen zwischen der Bundesregierung, den Krankenkassen, den führenden Wohlfahrtsverbänden sowie der Hospizbewegung selbst, in denen besonders um den Eigenanteil gerungen

---

[1] Vgl. hierzu und zu dem ganzen Absatz: Sarina Märschel: „Sommerloch 1997. Brutal weichgespült." *Süddeutsche Zeitung*, 19. 5. 2010, URL: https://www.sueddeutsche.de/panorama/sommerloch-1997-brutal-weichgespuelt-1.878715 [15. 12. 2021].

wurde, den Hospize und ihre Träger in Form von Spenden oder ehrenamtlicher Tätigkeit zu erbringen hatten. Der schließlich zum 1. Juli 1997 in Kraft getretene, neue § 39a sollte sich nicht nur nachhaltig auf die juristische Akzeptanz der neuen Formen einer Sterbebegleitung auswirken, die zuvor einen unbestimmten Rechtsbegriff dargestellt hatten. Er schuf auch eine feste Finanzierungsgrundlage für zunächst stationäre, später auch ambulante Hospizdienste und verankerte diese damit sozial- und gesundheitspolitisch. Denn das Ziel des Sozialgesetzbuches V ist es, die Finanzierung von Krankenhausersatzpflege und häuslicher medizinischer Krankenbehandlung durch die Krankenkassen zu sichern.[2] Im konkreten Fall bedeutete dies eine Absicherung von hospizlichen Leistungen durch Tagessätze, deren genaue Höhe eine anschließende Rahmenvereinbarung mit den Krankenkassen festlegte.

Die Folgen dieses augenscheinlichen Erfolgs waren für die Hospizbewegung – auch darum wird es im nächsten Kapitel gehen – durchaus ambivalent: Auf der einen Seite versprach das neue sozialpolitische Regelwerk endlich die finanzielle Sicherheit, deren Fehlen das Aufblühen der vielerorts entstehenden hospizlichen Initiativen im Laufe des vorhergegangenen Jahrzehnts noch stark behindert hatte. Auf der anderen Seite bedeutete diese Entwicklung zwangläufig ein wenigstens partielles Abrücken von den Ursprüngen der Graswurzelbewegung. Die Festlegung von Qualitätsnormen, Formen der Standardisierung sowie eine sukzessive Professionalisierung der bislang stark ehrenamtlich geprägten Hospize zum Beispiel durch Normierung der Aus- und Weiterbildung von Hospizhelfern waren aus Sicht der Krankenkassen und Gesundheitspolitik notwendige Begleiterscheinungen ihrer monetären Zuwendungen. Sie sorgten jedoch letztlich dafür, dass sich der Umgang mit Tod und Sterben weiter formalisierte. War die „Institutionalisierung des Lebensendes" in Form einer Verlagerung von Sterbenden in Kliniken oder Pflegeheime ein zentraler Kritikpunkt der Hospizidee, so trugen hospizliche Strukturen nun im Zuge ihrer flächendeckenden Durchsetzung und weiterer Spezialisierung ihrerseits dazu bei.

Aus zeithistorischer Sicht ist die rasante Integration der Hospizidee in die Strukturen des Gesundheitswesens ebenso bemerkenswert wie erklärungsbedürftig, hatte sie doch noch keine zwei Jahrzehnte zuvor eine klare politische wie gesamtgesellschaftliche Absage erhalten. Was verbarg sich hinter dieser Entwicklung? Fraglos lässt sich in der Zeit der Wiedervereinigung eine allgemeine Sensibilisierung für Probleme der Pflege Schwerstkranker und älterer Menschen feststellen. Diese kam in den Überlegungen bezüglich der Notwendigkeit einer Pflegeversicherung zum Ausdruck, die schließlich 1995 eingeführt werden sollte. Das Hospiz avancierte hier aus unterschiedlichen Gründen zu einer Art Prototyp beim Umbau des deutschen Wohlfahrtsstaates – und die Hospizbewegung zu einem zentralen Ansprechpartner für Politik und Krankenkassen.[3] Nicht weniger wichtig war je-

---

[2] Vgl. Jordan, Hospizbewegung, S. 105.
[3] Vgl. Heilmann, Umbau.

doch der Wandel, den Tod und Sterben in jenen Jahren erfuhren – sowohl was ihre tatsächliche Gestalt angeht als auch mit Blick auf die vorherrschenden öffentlichen Bilder davon. Ausgelöst wurden diese Verschiebungen durch eine Krankheit, die viele vermeintliche Gewissheiten konterkarierte, die sich nach 1945 über Todesursachen sowie Art und Alter der Sterbenden ausgebildet hatten: AIDS.

10.1 Jünger, bunter, anders – AIDS und die Transformation des Sterbens

„The night has fallen, I'm lyin' awake
I can feel myself fading away
So receive me brother with your faithless kiss
Or will we leave each other alone like this
On the streets of Philadelphia?"
(Bruce Springsteen – Streets of Philadelphia)

Anfang der 80er Jahre erschien fast aus dem Nichts eine neuartige Infektionskrankheit auf dem Radar einer modernen Gesellschaft, die sich mehr und mehr daran gewöhnt hatte, dass im fortgeschrittenen Lebensalter auftretende, chronische Tumor- und Herz-Kreislauferkrankungen die neuen Prototypen des Sterbens darstellten: AIDS.[4] Es handelte sich dabei um einen Retrovirus, einen Krankheitserreger also, der bis dahin medizinisch kaum von Bedeutung war.[5] Dies änderte sich nun ebenso rasch wie grundlegend. Im Westen war die Bedrohungskommunikation in den ersten Jahren durch eine aufgeladene mediale Berichterstattung über die neue, unheilbare Seuche und deren vermeintliche Hintergründe bestimmt, die sich erst im Laufe der Zeit versachlichte. Die damit einhergehende öffentliche Panik führte vielleicht mehr noch als die sprunghaft ansteigende Zahl der Infizierten (bereits Ende 1989, knapp achteinhalb Jahre nach der Entdeckung der neuen Krankheit, wurden weltweit über 200 000 HIV-Positive gezählt, mehr als die Hälfte davon in den USA und fast 4000 in der Bundesrepublik) zu einer enormen gesundheitspolitischen Aufmerksamkeit. Zu dieser trugen auch die sich rasch formierenden Interessengruppen bei, wie die ab 1983 entstehenden regionalen AIDS-Hilfen oder die im selben Jahr gegründete Deutsche AIDS-Hilfe (DAH), die seit 1985 als Dachverband der Selbsthilfebewegung fungierte. Die Reaktionen auf die Krankheit unterschieden sich dabei von Staat zu Staat, erinnerten aber gerade in westlichen Nationen stark an schon seit den Cholera-Epidemien des 19. Jahrhunderts etablierte Konzepte der Seuchenprävention und des Schutzes gegen Infektionskrankheiten.[6]

---

[4] Vgl. zur Geschichte von AIDS und speziell zum Umgang mit der Krankheit in der Bundesrepublik und der DDR jüngst umfassend: Reichert, Kapsel und Tümmers, AIDS (2017).
[5] Für eine zeitgenössische gesundheitssoziologische Einschätzung vgl. auch Herzlich/Pierret, Kranke, v. a. S. 87–90 und S. 197–204, darin auch die in diesem Absatz genannten Zahlen auf S. 88.
[6] Vgl. die grundlegende Studie von Baldwin, Disease, v. a. S. 51–85.

In der DDR dagegen erwies sich – ironischerweise – die Mauer in diesem Fall tatsächlich als eine Art von „Schutzwall", als ein riesiges „Kondom" (Reichert). Aufgrund der eingeschränkten Reisefreiheit sowie restriktiver Maßnahmen wie verpflichtender HIV-Tests für Ausländer und Ausweisung von Infizierten zählte eine ebenfalls 1983 gegründete „AIDS-Beratergruppe" im Jahr 1988 lediglich 39 HIV-Positive im Land. In der Bundesrepublik setzte sich Mitte der 80er Jahre dagegen ein liberaler, präventiver Ansatz durch. Ein von der bayerischen Landesregierung – die Anfang 1988 sogar in Person von Innenminister Peter Gauweiler Ostdeutschland besuchte, der die dort eingeleiteten Schutzvorkehrungen lobend pries – geforderter Katalog an Zwangsmaßnahmen fand bundesweit keine Zustimmung. Tatsächlich tauschten sich die Bundesrepublik und die DDR intensiv bezüglich des Umgangs mit der neuen Bedrohung aus, zumal sich letztere in der Krise zunehmend in Richtung Westen orientierte und etwa den Slogan „Gib AIDS keine Chance" der Bundeszentrale für gesundheitliche Aufklärung übernahm. Die hohe Gefährdungslage betonte so kurz vor der Wiedervereinigung die Verbundenheit der beiden deutschen Staaten.[7]

AIDS entwickelte sich in der zweiten Hälfte der 80er Jahre auf beiden Seiten der Mauer zu einem allgegenwärtigen Schreckgespenst, das massive Rückwirkungen auf die Gesellschaften hatte. Gerade in der Bundesrepublik trieb die Krankheit – wenigstens zeitweise – Spaltungstendenzen voran, denn sie „demaskierte sexuelle Vorlieben und Suchtverhalten" und schürte damit Stigmatisierungen.[8] Zugleich setzte im Westen wie im Osten infolge der öffentlichen wie gesundheitspolitischen Aufmerksamkeit eine Intensivierung der medizinischen Forschung ein. Erste wirksame Medikamente existierten seit Ende der 80er Jahre, aber erst die auf der Internationalen AIDS-Konferenz in Vancouver 1996 vorgestellte Kombinationstherapie HAART aus drei Substanzen ermöglichte dauerhafte Erfolge bei der Bekämpfung der HI-Viren – und konnte sogar tausende Sterbende im letzten Moment retten.[9]

In den knapp 15 Jahren zuvor waren „HIV" und „Tod" zu Synonymen geworden, was gerade die Sterbekultur nachhaltig prägte. Dabei entfaltete AIDS eine wirkliche statistische Relevanz als Todesursache erst nach der Wiedervereinigung. 1985 belief sich die Zahl an AIDS-Toten in der Bundesrepublik auf gerade einmal 150 und noch 1989, als die Krankheit erstmals in der Todesursachenstatistik erschien, waren weniger als 1000 aidsbedingte Todesfälle zu verzeichnen – bei über 900 000 Verstorbenen ergab sich somit eine relative Häufigkeit von nur knapp über 0,1 %. Bis 1993 sollte sich diese Zahl allerdings bereits verdoppeln – und besonders

---

[7] Vgl. zu den genannten Punkten Tümmers, AIDS (2014); Reichert, Kapsel, S. 78–84 und S. 192 und Tümmers, AIDS (2017), S. 86.
[8] Tümmers, AIDS (2014), S. 158.
[9] Vgl. als Überblick über die Behandlungsmöglichkeiten https://www.pharma-fakten.de/news/details/279-historiederaids-medikamente-30-jahre-entwicklung-von-arzneimitteln-gegen-hiv/ [15. 12. 2021]; Reichert, Kapsel, v. a. S. 131–141 sowie speziell für HAART und die Bedeutung der Konferenz in Vancouver die zeitgenössische Einschätzung in D. A. H. Aktuell, Juli 1996, Nr. 15, v. a. S. 3 und Deutsche AIDS-Hilfe, Vancouver.

dramatisch war der Anstieg in der Kategorie der potenziell verlorenen Lebensjahre vor einem Alter von 65, in der Aids eine Spitzenposition einnahm.[10]

Auch wenn es sich bei HIV um eine Infektionskrankheit handelte, deren pandemischer Ausbruch zeitweilig traditionelle menschliche Ängste vor Seuchen reaktivierte, ähnelte der AIDS-Tod doch in vielen Aspekten chronischen Sterbeverläufen. So existierten – vor allem in Form des Kaposi-Sarkoms – äußerlich sichtbare Zeichen des nahenden Ablebens, die wiederum stigmatisierend wirkten.[11] In dieser Hinsicht löste AIDS, wie die US-Publizistin Susan Sontag Ende der 80er Jahre beklagte, Krebs als eindringlichstes Beispiel für den konstruierten Charakter von Krankheiten ab, die immer als gesellschaftliche Metaphern fungierten.[12] Ferner waren ein positiver HIV-Test und der Ausbruch der eigentlichen Krankheit in den 80er und frühen 90er Jahren quasi gleichbedeutend mit zum Beispiel einer unheilbaren Krebsdiagnose, zeichnete sich AIDS doch in jenen Jahren durch eine infauste Diagnose und einen chronisch progredienten Verlauf aus. Für Betroffene gab es keine Therapiemöglichkeiten, medizinisch lag der Fokus vielmehr auf palliativer Behandlung, und psychologisch galt es, sich mit dem bevorstehenden Tod auseinanderzusetzen.[13] Die privaten Tagebuchaufzeichnungen eines Mannes, der sich 1989 bei einer Blutspende infiziert hatte und kurz darauf HIV-positiv diagnostiziert wurde, illustrieren einen als solchen empfundenen „Wettlauf mit dem Tod", der viele Berührpunkte mit dem Krebstod aufweist: Auf der einen Seite stand ein klar strukturierter Tagesablauf mit fast stündlichen Medikamenteneinnahmen, auf der anderen Seite ein Leben, das geprägt war von Unsicherheiten und der Vorbereitung auf das Unvermeidbare. So vermerkte der Mann bezüglich eines Zahnarzttermins: „Würde es sich überhaupt auszahlen noch diesen Zahn zu ziehen? Wie lange würde ich noch zu leben haben? Sicherlich nicht lang genug um Schmerzen von diesem Zahn bekommen zu können [...]."[14]

Neu hingegeben waren die Patienten: Es handelte sich ganz überwiegend um junge Menschen, zu 90% um Männer, darunter viele Homosexuelle.[15] Betroffen von der Krankheit war also exakt jene jüngere Generation, die durch die Entwicklungen und Verschiebungen im 20. Jahrhunderts eigentlich immer weniger direkt mit dem Sterben in Berührung gekommen war. In diesem Sinne war AIDS nicht nur „an assault on the body, but on the self-belief of a generation."[16] Für jüngere Menschen wurde das Sterben infolge der neuen Krankheit wieder stärker zu einem Thema und gerade in „communities with high prevalence rates of HIV/AIDS" wurde der Tod zu einem „more apparent part of society."[17] Hierin liegt der Haupt-

---

[10] Vgl. zu den Zahlen Rieg/Knupp/Stille, Tod, S. 35; Tümmers, AIDS (2017), S. 11 f. sowie Kap. 2.
[11] Vgl. Stolberg, Geschichte, S. 275.
[12] Sontag, AIDS. Vgl. zum metaphorischen Charakter von Krebs Kap. 2.1.
[13] Vgl. Small, Death, S. 218.
[14] K.H.: Tagebuch eines Sterbenden, im Deutschen Tagebucharchiv, Emmendingen, Sig. 767–1, Zitate S. 1 und S. 37.
[15] Reichert, Kapsel, S. 85.
[16] Small, Death, S. 224.
[17] Finnegan, HIV, S. 568. Vgl. auch Stöcker, Räume, S. 357.

grund, dass Aids, wie Hermann Schreiber bereits 1996 feststellte, „das Erscheinungsbild des Todes" veränderte.[18] Klar sichtbar war dies im Bereich der Sepulkralkultur, wo sterbende AIDS-Patienten und ihre Angehörige, viel häufiger jedoch ihre Freundeskreise, ebenso bewusst wie radikal mit überkommenen Bestattungstraditionen brachen. Schwarze Trauerkleidung wirkte ebenso fremd wie sterile Todesanzeigen oder kirchliche Zeremonien, moderne Musik, unkonventionelle Outfits und freie Trauerreden entwickelten sich stattdessen zur Regel.[19] Die Trauerkultur wurde emotionaler, bunter, ja lebendiger.

Öffentliches Sterben? Inszenierungen des Lebensendes im Kontext der AIDS-Epidemie

Auf ähnliche Weise strahlte die HIV-Bedrohung rasch auch auf die Gestalt des Sterbens und den gesellschaftlichen Umgang damit zurück. Am wohl stärksten betraf dies in den späten 80er und 90er Jahren die Bilder von Tod und Sterben. Vor dem Hintergrund einer forcierten Emotionalisierung und Inszenierung von Gefühlen begannen etliche HIV-Patienten rasch mit einer offensiven, ja mitunter aggressiven öffentlichen Darstellung des eigenen Sterbens.[20] Ein wichtiges Medium hierbei war die Fotografie.[21] Der junge AIDS-Kranke Ikarus (1965–1992) ließ sich etwa wiederholt mit Kaposiflecken und einem T-Shirt, das die Zahl seiner verbliebenen Helferzellen zeigte, fotografieren (Abb. 31), kurz vor seinem Tod folgte sogar ein Aktporträt.[22] Der an AIDS leidende Fotograf Jürgen Baldiga (1959–1993), der zuvor bereits die letzten Lebenswochen seines Partners mit der Kamera begleitet hatte,[23] fotografierte in den Jahren 1991 bis 1993 mit Hilfe eines Freundes sein eigenes Sterben. Die Porträtserie mit 27 Aufnahmen protokollierte eindrucksvoll seinen sukzessiven körperlichen Verfall, die zahlreichen Klinikaufenthalte und die Vorbereitung auf den nahenden Tod, etwa die Suche nach einem Grabstein.[24] Einige der Aufnahmen waren Bestandteil einer Ausstellung im Schwulen Museum in Berlin, die Anfang 1993 unter dem Titel „Infektiös" den Umgang von AIDS-Kranken mit dem eigenen Sterben dokumentierte. Sie zeigte unter anderem Todesanzeigen, HIV-Särge und das in Harz gegossene Kaposi-Sarkom von Baldiga, was selbst der DAH etwas zu weit ging: In einer eigentlich positi-

---

[18] Schreiber, Ende, S. 13.
[19] Vgl. ausführlich Fischer, Erde, S. 88–90 und Fischer, Geschichte der Trauerkultur, S. 52–55.
[20] Vgl. Schreiber, Ende, S. 13 und Pennington, Memento mori, S. 8. Zur Bedeutung von Emotionalität im Kontext der gesellschaftlichen Auseinandersetzung mit der Krankheit sowie ihrer Funktion, z. B. für die Mobilisierung der AIDS-Selbsthilfebewegung, vgl. Beljan, AIDS-Geschichte.
[21] Vgl. als Beispiel für einen frühen fotografischen Erfahrungsbericht über den AIDS-Tod: Herbrich, Ernie.
[22] Vgl. zu Ikarus: https://wusstensie.aidshilfe.de/de/ikarus [15. 12. 2021].
[23] Baldiga/Seyfarth, Tod.
[24] Neubert, Wärme. Die Bilderserie findet sich unter: http://waerme.aronneubert.com/ [15. 12. 2021].

Abb. 31: Postkarte der DAH
mit einem Bild von Ikarus (1992)

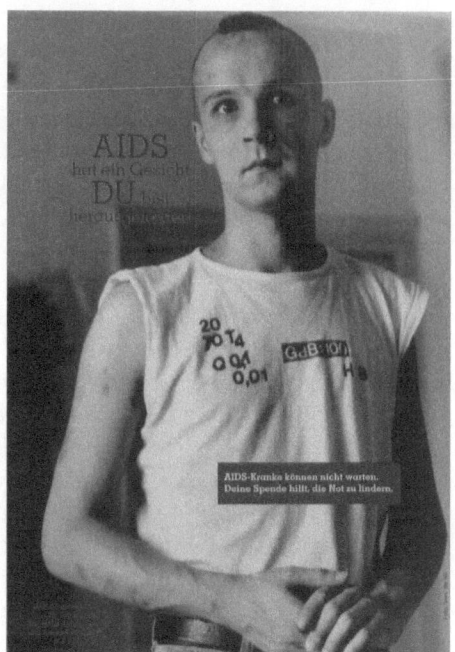

ven Besprechung der Ausstellung bemängelte die Vereinszeitschrift eine punktuelle Glorifizierung von Verlust und Verfall: „Diese kitschigen Selbststilisierungen gleiten natürlich ins Morbide ab, sehr viele finden einen bitteren Spaß am eigenen Tod."[25]

Offenkundig sind die Thematisierungsleistung, die die AIDS-Selbsthilfebewegung damit erzielte, und die damit einhergehende Veränderung von Sag- und Zeigbarkeiten rund um den Tod. Der Kampf für die gesellschaftliche Akzeptanz von Homosexualität und gegen eine Diskriminierung von AIDS-Kranken vermischte sich mit einer erhöhten Sichtbarkeit des Sterbens. Diese strahlte rasch auf breiter Fläche aus. Große Aufmerksamkeit erfuhren etwa Mitte der 90er Jahre international der US-Schriftsteller Harold Brodkey (1930–1996) und der britische Journalist Oscar Moore (1960–1996), die über ihr Sterben an AIDS in Form regelmäßiger Kolumnen im *New Yorker* beziehungsweise im *Guardian* berichteten.[26] Sie schilderten darin das langsame Fortschreiten ihrer Krankheit und sparten auch nicht mit unangenehmen Details. Brodkey etwa beschrieb explizit die Auszehrungssyndrome und eine „Prozession der Pillen".[27] Der autobiografische Zugang

---

[25] Götz-Armin Joas: „Infektiös. Eine Ausstellung des Schwulen Museums Berlin." *D. A. H. Aktuell*, Februar 1993, Nr. 5, S. 42–43, Zitat S. 43.
[26] Vgl. für eine umfassende Analyse der beiden Kolumnen Small, Death. Brodkeys Artikel wurden posthum eigenständig veröffentlicht: Harold Brodkey: This Wild Darkness. The Story of my Death. New York 1996, das noch im selben Jahr auch auf Deutsch erschien.
[27] Brodkey, Geschichte, S. 161–181, Zitat S. 169.

ermöglichte dabei persönliche Sinnstiftung, war zugleich Ausdruck eines „chronicled, public dying", das in jener Zeit im Kontext von AIDS starke Verbreitung fand.[28] In der Bundesrepublik war dies ganz ähnlich: Hier konnte der AIDS-Kranke Napoleon Seyfarth (1953–2000) beispielsweise 1991 mit seiner provokanten Autobiografie „Schweine müssen nackt sein. Ein Leben mit dem Tod" einen Publikumserfolg verzeichnen.[29] Mittels „barocker Planungslust", so resümierte der *Spiegel* einige Jahre später in einer ausführlichen Reportage über den Schriftsteller, gehe Seyfarth dem eigenen Sterben entgegen, was ihm zu einer bundesweiten Prominenz verholfen habe. Denn durch solche persönlichen Schilderungen hätten, wie das Magazin konstatierte, AIDS-Kranke, „die über Jahre mit dem eigenen Sterben und dem Tod von Freunden leben, [...] das Schweigen um den Tod" durchbrochen, nachdem ihre krebskranken Vorgänger wie Maxie Wander oder Peter Noll trotz aller Bemühungen noch an „der zeittypischen Verdrängungslust" gescheitert seien.[30] Tatsächlich war Seyfarth ein beliebter Gast in Talkshows im Fernsehen, wo 1995 auch seine vorab inszenierte Beerdigung ausgestrahlt wurde.[31]

Auf diese Weise bewirkte die AIDS-Epidemie eine verstärkte öffentliche Aufmerksamkeit für Tod und Sterben und erweiterte letztlich die gesellschaftliche Ausdruckskraft bezüglich dieser eben nur vermeintlich tabuisierten Themen.[32] Gleichzeitig galt HIV aufgrund des hohen massenmedialen Interesses bereits zeitgenössisch als die erste „medienvermarktete" Krankheit.[33] So war der AIDS-Tod früh als Thema in Romanen, Fotografien, aber auch in Film und Fernsehen präsent, seit der Wiedervereinigung sogar omnipräsent.[34] Analog zur Fotografie entwickelte sich das Video zu einem zentralen Medium für AIDS-Aktivismus.[35] Filmische Tagebücher entstanden, die wahlweise ganz authentisch mit selbstgedrehten Videoaufnahmen angefertigt oder mit fiktiven Elementen versetzt waren, und häufig explizit die langsamen Sterbeprozesse einfingen, wie im Fall des auch in Westdeutschland bekannt gewordenen neuseeländischen Dramas „A Death in the Family" von 1987 über den Tod eines infizierten jungen Mannes.[36] Insbesondere ab Anfang der 90er Jahre entstanden eine Vielzahl an Dokumentationen wie „Silverlake Life" über die letzten Lebensmonate eines homosexuellen Paares oder die deutsche Produktion „Wer Aids hat", die um den Abschiedsbrief eines AIDS-

---

[28] Small, Death, vgl. v. a. S. 220 f.
[29] Seyfarth, Schweine.
[30] „Sag lächelnd good bye." *Der Spiegel*, 6. 2. 1995, S. 114–121, Zitate S. 114 und S. 115. Zu Wander und Noll vgl. Kap. 2.1.
[31] Vgl. zu Seyfarth auch Reichert, Kapsel, S. 248–250.
[32] Vgl. Field/Walter, Death, S. 3 sowie ausführlich die zeitgenössische gesundheitssoziologische Perspektive von Small, Dying.
[33] Herzlich/Pierret, Kranke, S. 90.
[34] Vgl. Small, Death, S. 221.
[35] Vgl. Juhasz, AIDS TV.
[36] Stewart Main/Peter Wells: A Death in the Family. Neuseeland 1987. Vgl. das Filmstill in *D. A. H. Aktuell*, Juli 1991, Nr. 3, S. 31 sowie für ein ähnlich gelagertes, frühes US-Drama Arthur J. Bressan Jr.: Buddies. USA 1985.

Kranken kreiste.[37] Der kanadische Film „The Last Supper / Das letzte Abendmahl", der die Geschichte rund um den ärztlich assistierten Suizid eines AIDS-Kranken in einem Hospiz in Toronto erzählte, wurde 1995 bei der Berlinale preisgekrönt – was vielleicht auch dadurch bedingt war, dass der Hauptdarsteller nur wenige Tage nach Abschluss der Dreharbeiten selbst an AIDS verstarb.[38] Etliche der AIDS-Filme erreichten ein Millionenpublikum, wie die auf einer wahren Begebenheit beruhende ABC-Verfilmung „The Ryan White Story" (1989) über das Sterben einen hämophilen Jugendlichen, der sich bei einer Blutinfusion mit der Krankheit infiziert hatte.[39] Sogar Hollywood befasste sich nach längerem Zögern beginnend mit dem Film „Longtime Companion" (1990) des HIV-positiven Regisseurs Norman René mit dem AIDS-Tod.[40] Denn dessen Präsentation war durchaus kinotauglich und aus Sicht der Produktionsgesellschaften erfolgsversprechend, wie 1993 schließlich das oscarprämierte Drama „Philadelphia" mit Tom Hanks untermalte.[41]

Selbstorganisiertes Sterben? Der AIDS-Tod zwischen Selbsthilfebewegung und Gesundheitspolitik

Der Wandel der öffentlichen Wahrnehmung des Todes, der bereits eingesetzt hatte, aber durch AIDS weiter katalysiert wurde, war eine wichtige Folie für Veränderungen mit Blick auf die tatsächliche Versorgung von Sterbenden im Gesundheitswesen. Diese wurden aus zwei Richtungen vorangetrieben: Von der AIDS-Selbsthilfebewegung und der Politik. Der Hintergrund für deren Interesse an dem Thema war zum einen die gesellschaftliche Gefährdung, die von einer Epidemie ausging, an der gerade junge Menschen starben, was dazu führte, dass nicht nur im Bundestag, sondern auch auf Länderebene früh offen über den AIDS-Tod und mögliche politische Reaktionen debattiert wurde.[42] Infolge der schlechten Prognose und den fehlenden Behandlungsmöglichkeiten entstand eine regelrechte „AIDS-Phobie", die in manchen Punkten an die andere große Krankheitsfurcht der zweiten Hälfte des 20. Jahrhunderts erinnerte, die „Krebshysterie".[43] So war etwa in einer Umfrage des Instituts für Demoskopie Allensbach im November 1991 die häufigste, von fast drei Vierteln der Befragten gegebene Antwort auf die Frage, wovor sie am meisten Angst hätten, die Sorge, „unheilbar krank zu werden, Krebs oder AIDS zu bekommen".[44] Diesbezüglich existierten offenbar ebenfalls

---

[37] Peter Friedman/Tom Joslin: Silverlake Life: The View from Here. USA 1993; Michael Schulz: Wer Aids hat. Bundesrepublik Deutschland 1996.
[38] Cynthia Robert: The Last Supper / Das letzte Abendmahl. Kanada 1994.
[39] John Herzfeld: The Ryan White Story. USA 1989.
[40] Norman René: Longtime Companion. USA 1990.
[41] Jonathan Demme: Philadelphia. USA 1993.
[42] Tümmers, AIDS (2014), S. 170 und Interview Weihrauch, S. 2.
[43] Vgl. die Ergebnisse einer Münchner Studie: Jäger, AIDS-Phobie. Zur „Krebshysterie" vgl. Kap. 2.1.
[44] Allensbacher Jahrbuch 1984–1992, S. 28.

enge Berührpunkte zwischen der neue Infektionskrankheit und chronischen Tumorerkrankungen.

Zum anderen ergab sich wiederum durch die Gestalt der Gruppe der Betroffenen und den spezifischen Krankheitsverlauf ein neuer Bedarf an Sinnstiftung.[45] Dies galt noch umso mehr, da sich, neben der oft irrationalen öffentlichen Panik, rasch ein ebenso breites wie fundiertes „Wissen um die Art des Sterbens" gerade in der Homosexuellenszene ausbildete, wo immer mehr persönlich den Tod von Freunden miterlebt hatten.[46] Betroffene mussten lernen, jenseits der Trauer auch die eigenen Ungewissheiten und Ängste zu verarbeiten, die in Gestalt einer „borrowed time", einer geliehenen Lebenszeit, daherkamen, wie es der AIDS-kranke amerikanische Schriftsteller Paul Monette (1945–1995) Ende der 80er Jahre im Titel eines mehrfach preisgekrönten und auch auf Deutsch erschienenen autobiografischen Buches formulierte.[47] Ganz ähnlich beschrieb sein bereits erwähnter Kollege Harold Brodkey den Moment der eigenen HIV-Diagnose mit den Worten: „So endete mein Leben. Und mein Sterben begann."[48] Schon zu einem frühen Zeitpunkt, als sich die Zahl der aidsbedingten Todesfälle pro Jahr bundesweit noch in einem dreistelligen Bereich bewegte, reagierte die Selbsthilfebewegung auf dieses Problem, indem sie einen dezidierten Fokus auf den Umgang mit dem Sterben legte. Auf einem der ersten größeren westdeutschen AIDS-Kongresse, der Anfang November 1986 in Berlin unter anderem vom Bundesgesundheitsministerium und der DAH veranstaltet wurde, widmete sich eine Arbeitsgruppe dezidiert der „Auseinandersetzung mit Sterben und Tod".[49] Zwei Jahre später betonte ein für den internen Gebrauch bestimmtes Schulungsvideo der DAH mit dem treffenden Titel „Das schafft man nicht alleine" anhand von Interviews mit Betroffenen und deren Umfeld die Notwendigkeit eines solidarischen Miteinanders von Sterbenden, Freunden und Angehörigen.[50]

Sichtbarer Ausdruck der Sinn- und Identitätskrise vieler AIDS-Kranker war nicht zuletzt die enorm hohe Zahl an Suiziden, die Untersuchungen aus dem englischsprachigen Raum bereits Mitte der 80er Jahre klar belegten.[51] In Berlin nahmen sich nach Schätzungen der DAH in diesen Jahren etwa 30% der Patienten selbst das Leben.[52] Dies hatte direkte Folgen für das Umfeld: Unter Ärzten im von hohen Infektionsraten betroffenen San Francisco stieg zum Beispiel die Zustim-

---

[45] Vgl. die Befunde eines Forschungsprojekts am Frankfurter Universitätsklinikum, bei dem 1988 32 schwerstkranke, auf der Intensivstation liegende AIDS-Patienten mehrere Monate lang interviewt wurden: Knupp, Leben.

[46] Vgl. hierzu Lemmen, AIDS und Klaus Maag: „‚Warum gerade ich?' Ein Berliner Homosexueller über das Sterben in seinem Freundeskreis." *Der Spiegel*, 13. 3. 1995, S. 204–207.

[47] Monette, Time; ders., Zeit.

[48] Brodkey, Geschichte, S. 16. Tatsächlich lagen zwischen Diagnose und Tod bei Brodkey fast drei Jahre.

[49] Vgl. „Kongreß ‚AIDS geht jeden an'." *AIDS Informationsdienst* 14 (Oktober 1986), S. 4.

[50] Deutsche AIDS-Hilfe (Hg.): Das schafft man nicht alleine. Ein Schulungsvideo der DAH (mit Begleitheft). Berlin 1988, in: Archiv der DAH, Berlin.

[51] Deuchar, AIDS.

[52] Interview Vielhaber, S. 7.

mung zum ärztlich assistierten Suizid zwischen 1990 und 1995 von 28 auf 48% sprunghaft an.[53] In den Niederlanden forderten – und praktizierten – Ärzte offen aktive Sterbehilfe an AIDS-Kranken,[54] ein Verfahren, das Julius Hackethal gewohnt lautstark in der *Bild*-Zeitung auch für die Bundesrepublik forderte.[55] In diesem Bereich war er jedoch keinesfalls so randständig wie sonst Ende der 80er Jahre im Kontext der Sterbehilfe-Debatte: Vielmehr bezog auch die DAH als wichtigster Betroffenenverband anfangs klar Stellung für aktive Sterbehilfe.[56] Ein anderes internes DAH-Schulungsvideo für Pflegekräfte von AIDS-Kranken aus dem Jahr 1987 zeigte Mitarbeiter der Hamburger AIDS-Hilfe, Patienten und Psychologen in langwierigen, komplexen Betreuungssituationen. Der Fokus lag auf Problemen der Schmerzbekämpfung sowie auf psychischen Belastungen, insbesondere dem krankheitsbedingten „Abschiednehmen-Müssen, diese[m] Loslassen-Müssen", das emotionale Schwankungen bei den Betroffenen zur Folge habe, die sich etwa in gewaltsamen Ausbrüchen manifestieren könnten: Die meisten Menschen hätten, wie ein Psychologe betonte, „überhaupt keine Ahnung davon, daß diese Menschen ganz schwere Probleme haben, die sich also mit dem Tod, mit dem Sterben auseinandersetzen […] und die also nicht bloß im Bett liegen und darauf warten, daß jemand Händchen hält." Zwei der interviewten AIDS-Patienten berichteten darauf aufbauend ausführlich von Suizidwünschen: Es habe für sie von Anfang an festgestanden, dass „ich mich irgendwann suizidieren werde, wenn ich bei diesem Krankheitsbild ein Stadium erreicht habe, wo ich nicht mehr leben will."[57] Anfang der 90er Jahre empfahl die Vereinszeitschrift der DAH denn auch ausdrücklich die Lektüre der DGHS-Publikation „Sterbehilfe in der Gegenwart".[58]

Infolge dieser komplexen neuen Problemlage wandelte sich die Sterbekultur durch AIDS gerade nach der Wiedervereinigung in einer Reihe unterschiedlicher Sektoren. Zunächst hatte HIV unmittelbare Rückwirkungen auf den sich bereits in einem Wandel befindlichen Bereich von Medizin und Pflege am Lebensende. Die medizinische Forschung erweiterte sich rasch und fokussierte nicht nur die therapeutische Seite, sondern bezog auch eine psychosoziale Komponente mit ein, die für das Gelingen der Versorgung von AIDS-Patienten als zentral erachtet wurde.[59] Ziel war die Neukonzeption einer nun stärker ganzheitlich ansetzenden klinischen Thanatologie, um dem vielschichtigen Krankheitsverlauf, der komplizierten Pflegesituation und den unterschiedlichen Belastungen der AIDS-Patienten gerecht zu werden, die von medizinischen Aspekten über eine Sinn- und Identi-

---

[53] Schell, Sterbebegleitung, S. 216.
[54] „Sterbehilfe für Aids-Patiente." *Der Spiegel*, 4. 5. 1987, S. 267.
[55] „Hackethal fordert die ‚Sterbehilfe für AIDS-Kranke'." *Bild*, 6. 5. 1987.
[56] Vgl. auch Interview Vielhaber, S. 7 f. und Interview Eggers.
[57] Deutsche AIDS-Hilfe (Hg.): Aspekte der Betreuung. Band 1–3. Ein Schulungsvideo für Betreuer (mit Begleitheft). Berlin 1987, Zitate aus dem Begleitheft S. 3, S. 10 und S. 19, in: Archiv der DAH, Berlin.
[58] Bernd Vielhaber: „Polemik für Selbstbestimmung und Freitod." *D. A. H. Aktuell*, Juli 1991, Nr. 3, S. 34–37.
[59] Vgl. Ohlmeier, Psychoanalyse und de Hennezel, Death, v. a. S. 3–9 und S. 169 ff.

tätskrise bis hin zu ihrer sozialen Exklusion in Form einer Diskriminierung reichen konnten.[60] Zu letzterer trug anfangs auch ihre Behandlung in etablierten Institutionen des Gesundheitswesens wie Pflegeeinrichtungen und Kliniken bei, die vielfach geprägt war von Vorurteilen und Ängsten. Studien zeigten, dass Pflegekräfte bei AIDS-Patienten die Betreuung oft als Bedrohung ihrer eigenen körperlichen Gesundheit wahrnahmen.[61]

So reagierte auch die thanatologische Forschung früh auf die neue Krankheit. Bereits die zweite Auflage des zentralen, erstmals 1983 erschienenen US-Handbuchs von DeSpelder und Strickland integrierte im Jahr 1987 HIV ausführlich in die Diskussion der gesundheitspolitischen Entwicklung.[62] AIDS wurde dabei nicht nur für Elisabeth Kübler-Ross zum Sinnbild für all das, was im gesellschaftlichen Umgang mit Tod und Sterben schief lief.[63] Die Thanatologin verschrieb sich dem Kampf gegen die Krankheit, nachdem sie die gesellschaftliche Diskriminierung von AIDS-Patienten selbst erlebt und Zuschriften erhalten hatte, laut denen sogar Ärzte die Behandlung von infizierten Babys verweigerten. Dabei sah Kübler-Ross den Kampf gegen AIDS als Chance, um „von den Übeln geheilt" zu werden, „an denen wir in unseren Herzen leiden."[64]

Von großer Bedeutung war vor allem eine Aufklärungsarbeit hinsichtlich der in der pflegerischen Praxis eher geringen Infektionsgefahr.[65] Die DAH gab insbesondere in den Jahren nach der Wiedervereinigung eine Vielzahl an Büchern, Broschüren, Ratgebern und Filmen heraus, die über geeignete Behandlungspraktiken wie Spezialmassagen oder die ambulante Infusionstherapie, Sicherheitsfragen – beispielsweise den Umgang mit infektiösem Abfall oder mögliche Risiken durch Haustierkontakt bei immungeschwächten Menschen –, aber auch über Vorsorgemaßnahmen für das eigene Lebensende wie Patientenverfügungen oder Betreuungsvollmachten informierten.[66] Darüber hinaus versuchten Betroffenenverbände früh eigene Versorgungsstrukturen aufzubauen – und waren hier überaus erfolgreich. Rasch prägte sich ein spezifisches System der sozialen und pflegerischen Betreuung aus, das oft von lokalen AIDS-Hilfen, Selbsthilfegruppen oder anderen sozialen Verbänden organisiert wurde. In Berlin etwa existierten in Form des laut eines Beteiligten als „schwules Graswurzelprojekt" gegründeten Vereins „Hilfe, Information, Vermittlung" (HIV) seit 1987 erste eigens für HIV-Kranke und speziell Sterbende geschaffene ambulante Betreuungsinitiativen.[67] Zusam-

---

[60] Knupp, Thanatologie.
[61] Stolberg, Geschichte, S. 276.
[62] DeSpelder/Strickland, Last Dance, S. 108–137.
[63] Kübler-Ross, Rad, S. 283–303. Vgl. auch Jones, Reise, S. 32.
[64] Kübler-Ross, Rad, S. 312. Vgl. auch Kübler-Ross, AIDS.
[65] Vgl. Student/Busche, Zu Hause, S. 26 f.
[66] In Auswahl: Smith, Leitfaden; Deutsche AIDS-Hilfe, Aspekte (1990); Deutsche AIDS-Hilfe, Menschen (1993); Deutsche AIDS-Hilfe, Menschen (1995); Meyer, Jahren; Deutsche AIDS-Hilfe, Vorsorge; Deutsche AIDS-Hilfe/Arbeitsgemeinschaft ambulante Versorgung, Infusionstherapie; Deutsche AIDS-Hilfe, Pflegen (2000). Die hier und im Folgenden genannten Publikationen und Filme der DAH finden sich im Archiv der DAH in Berlin.
[67] Interview Weber, S. 7.

men mit einigen Anti-Drogen-Vereinen und einer Sozialstation der Freien Wohlfahrtspflege gründete die Berliner AIDS-Hilfe 1989 den Verein „Zuhause im Kiez" (ZIK), der auch mit Unterstützung des Deutschen Paritätischen Wohlfahrtsverbandes verschiedenste Betreuungsformen für AIDS-Patienten – und sukzessive auch für andere chronisch Kranke – entwickelte, die von häuslicher Pflege über betreutes Wohnen bis hin zu hospizlicher Begleitung reichten. 1993 entstand schließlich das hochspezialisierte „FELIX Pflegeteam", das mit dem Ziel geschaffen wurde, Klinikeinweisungen von AIDS-Patienten zu verhindern und besonders deren selbstbestimmtes Sterben zu ermöglichen.[68] Auf Bundesebene hatten sich bereits im Jahr zuvor 16 Spezialpflegedienste zur Arbeitsgemeinschaft ambulante Versorgung (AGAV) zusammengeschlossen, die Ende der 90er Jahre täglich mehrere Hundert AIDS-Patienten versorgte und dabei neben einer 24-Stunden-Betreuung auch Palliativpflege und Sterbebegleitung anbot.[69]

Das Bestreben der AIDS-Selbsthilfebewegung war es somit, vorrangig ein patientenorientiertes Sterben zu Hause beziehungsweise im gewohnten Umfeld zu ermöglichen und gerade die Bedingungen in der ambulanten Pflege zu verbessern (vgl. auch Abb. 32).[70] Dies stand in völligem Einklang mit den gesundheitspolitischen Zielvorstellungen jener Jahre und dem thanatologischen wie gesellschaftlichen Diskurs um das Lebensende allgemein. Es lag auch an dieser augenfälligen inhaltlichen Nähe, dass die politisch stark aktive Selbsthilfebewegung relativ zügig Einfluss auf Behörden und Zugang zu anderen staatlichen Stellen erlangte. Gesundheitspolitische Sofortmaßnahmen im Kampf gegen AIDS waren in der Bundesrepublik bereits Mitte der 80er Jahre angelaufen – zwischen 1987 und 1991 existierte etwa ein Bundesmodellprogramm „Ausbau ambulanter Hilfen im Rahmen von Sozialstationen für AIDS-Erkrankte" – und es ergab sich rasch eine intensive Zusammenarbeit mit den Betroffenenverbänden.[71] Der DAH wurde Kooperationspartner im großzügig ausgestatteten Modellprogramm „Verbesserung der Situation der Pflegebedürftigen", das die Bundesregierung Anfang der 90er Jahre im Kontext der Einführung der Pflegeversicherung startete, und führte ab 1995 ein Teilprojekt zur „Förderung der Pflegebereitschaft bei schwerkranken und sterbenden Menschen am Beispiel der AIDS-Erkrankten" durch.[72] In diesem Zusammenhang erarbeitete die DAH unter anderem Lehrpläne für die Fortbildung von Pflegekräften, die sich schwerpunktmäßig Fragen der angemessenen Pflege von Sterbenden und der Sterbebegleitung widmeten. So beinhaltete ein „Curriculum zur Laienpflegeschule im AIDS-Bereich" Grundkurseinheiten zur „Pflege ei-

---

[68] Vgl. zu den hier genannten Versorgungsstrukturen in Berlin Berliner Aids-Hilfe, 25 Jahre, S. 34, S. 57 und S. 71–73 sowie Berliner Aids-Hilfe, 30 Jahre, v. a. S. 11–21.
[69] Vgl. Beate Steven: „Quo vadis Pflege?" *D. A. H. Aktuell*, März 1992, Nr. 1, S. 7–8 und Deutsche AIDS-Hilfe, Pflegen (1999), S. 4–6.
[70] Vgl. zu diesem Leitziel bereits Deutsche AIDS-Hilfe, Hand und die Erinnerung eines Zeitzeugen aus der AIDS-Krankenpflege Interview Weber, v. a. S. 2.
[71] Vgl. Steven/Weiß/Arastéh, Menschen, S. 22.
[72] Vgl. Interview Eggers; Interview Vielhaber, S. 16–21 sowie zu den Projektergebnissen DAH, Pflegen (2000).

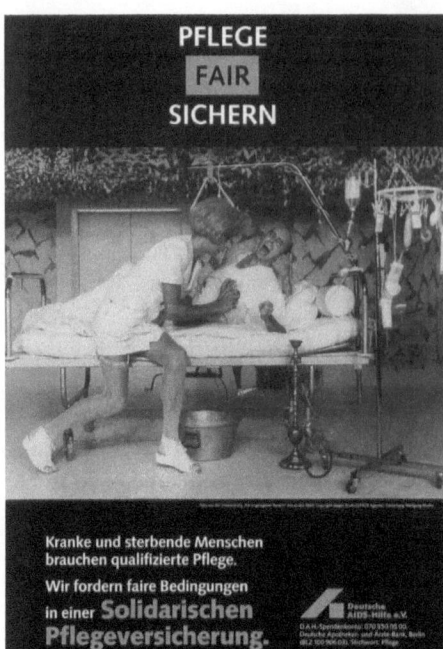

Abb. 32: Postkarte der DAH (1993)

nes sterbenden Menschen" sowie zur Patientenverfügung und zum Umgang mit Toten.[73] Ein in einer dreijährigen Erprobungsphase erstellter 150-seitiger Lehrplan mit Weiterbildungsmaßnahmen für Pflegekräfte sah als Mittel zur Erhöhung der Bereitschaft zur Pflege Sterbender ein Seminar „Sterben und Tod" vor, das neben Aids-spezifischen Aspekten auch viele der thanatologischen Erkenntnisse zum Beispiel hinsichtlich der Kommunikation mit Sterbenden beinhaltete.[74]

Die für die Entwicklung der Sterbebegleitung und Pflege Schwerstkranker seit den 70er Jahren so typische Mischung von Selbsthilfekompetenz, Fachwissen, und Betroffenenengagement fand sich somit auch und gerade im Kontext der HIV-Krise. Es war die ohnehin schon existierende, durch die Krankheit – und die damit einhergehenden Formen der gesellschaftlichen Stigmatisierung und Diskriminierung – noch verschärfte enge Gruppenbindung unter den Betroffenen, die einerseits Praktiken der Solidarität und Unterstützung für Sterbende forcierte und andererseits bei Kranken den Wunsch nach einer Nähe zu anderen Betroffenen hervorrief: Der ideale Nährboden für Selbsthilfegruppen.[75] Die AIDS-Selbsthilfebewegung trug in diesem Zusammenhang maßgeblich zur Schaffung einer neuen Sterbekultur bei, in der der einzelne Sterbende mit seiner individuellen Persön-

---

[73] Deutsche AIDS-Hilfe, Curriculum, vgl. v. a. S. 63.
[74] Deutsche AIDS-Hilfe, Menschen (1998), v. a. S. 124–152, vgl. hierin auch die Informationen zum Bundesmodellprojekt auf S. 15–20.
[75] Vgl. Small, Death, S. 218 f.

lichkeit im Mittelpunkt der pflegerischen wie gesellschaftlichen Aufmerksamkeit stand.[76] Im Zuge ihrer Aktivitäten kamen sie rasch mit jener großen zivilgesellschaftlichen Initiative in Berührung, die sich diesem Kampf bereits seit längerem verschrieben hatte: Der Hospizbewegung.

Ein gespaltenes Verhältnis? AIDS und Hospiz

Die Beziehung zwischen der AIDS-Selbsthilfebewegung und der Hospizbewegung war von Anfang an zwiespältig. Geteilten Zielvorstellungen mit Blick auf die Betreuung von Sterbenden – die vorrangig zu Hause, individuell und patientenorientiert und unter dem Primat der Selbstbestimmung sowie der Freiwilligenarbeit erfolgen sollte – standen lebensweltliche Divergenzen und andere Bruchstellen gegenüber. Dies galt zum Beispiel mit Blick auf die Frage nach Sterbehilfe oder wenn Sterbebetreuung im Unterschied zum hospizlichen Leitbild in der Regel nicht von Familien, sondern von Freunden und ihrer Community geleistet wurde.[77] Auf der einen Seite unterstützte die DAH, in der das Thema Hospiz gerade im ersten Jahrzehnt nach ihrer Gründung 1983 einen extrem hohen Stellenwert besaß, die Hospizbewegung als Ganze. Einer ihrer Mitarbeiter, Bernd Vielhaber, war 1992 Gründungsmitglied der BAG Hospiz und fungierte zeitweilig als Beisitzer im Vorstand.[78] Bereits in der Zeit der Wiedervereinigung hatte mit Franco Volontieri ein HIV-positiver, homosexueller Medizinethiker, der 1991 selbst an AIDS verstarb, eine führende Rolle bei der Vernetzung der deutschen Hospizbewegung gespielt.[79]

Auf der anderen Seite blieb sogar aus Sicht Vielhabers, nach dem die Hospizbewegung von einer „katholischen Bigotterie" geprägt war, das Verhältnis stets „brüchig".[80] Angesichts von völlig konträren religiösen und politischen, ja ideologischen Grundüberzeugungen sowie der großen Unterschiede zwischen dem klassischen hospizlichen Krankheitsbild Krebs und AIDS – während 70% aller AIDS-Patienten unter 45 Jahre alt waren, traten 70% aller Krebsfälle nach dem 65. Lebensjahr auf – unterstellte Vielhaber gar eine „natürliche Feindschaft".[81] Der bewusst positive Zugang zu Tod und Sterben in der Hospizbewegung verschärfte dies noch, da er nur schwer mit der Situation der meist jungen HIV-Kranken in Einklang zu bringen schien. Zwar sei, wie ein von der DAH Mitte der 90er Jahre herausgegebener Ratgeber betonte, auch für den AIDS-Kranken der Tod oft eine Erlösung, aber eben keine, die er freudig erwarte: „[D]er will noch nicht erlöst

---

[76] Vgl. Golek, Standort, S. 25.
[77] Vgl. ausführlich zum Verhältnis von AIDS und Hospiz die Darstellung in Heller u. a., Geschichte, S. 230–261 und die gesundheitswissenschaftliche Studie von Müller, Recht. Beide Darstellungen basieren nahezu ausschließlich auf Zeitzeugenbefragungen und stehen in einem hospizlichen Kontext.
[78] Vgl. Interview Vielhaber, S. 6 und das Protokoll der Gründungsversammlung der BAG Hospiz vom 26. 2. 1992, abgedruckt in von Hayek/Weihrauch, 20 Jahre DHPV, S. 51–58, hier S. 54.
[79] Vgl. Interview Rest, S. 26; Interview Vielhaber, S. 6; Interview Rieffel, S. 12.
[80] Interview Vielhaber, Zitate S. 8 und S. 9.
[81] Zit. nach Deutsche AIDS-Hilfe/Arbeitsgemeinschaft ambulante Versorgung, Hospize, S. 16.

werden, der will noch leben, all die Jahre, die ihm rein statistisch noch zustehen."[82] Eine andere Schrift der DAH warf der Hospizbewegung kurz darauf explizit vor, durch ihre Fixierung auf den „Mythos vom schönen Tod" gerade die Situation vieler AIDS-Patienten zu verklären: „Sterben ist eben nicht immer idyllisch und friedvoll, sanft und schmerzfrei, sondern auch unruhig, laut, qualvoll, aggressiv, schmutzig und würdelos."[83]

Im Speziellen problematisierten Fragen der Religion und die christliche Hospizkultur, die zumal in den Jahren nach der Wiedervereinigung weite Teile der deutschen Hospizlandschaft bestimmte, die Beziehungen zu einer Community, welche ihrerseits eine starke weltanschauliche Fixierung aufwies und sich am Lebensstil homosexueller Männer orientierte. Dies kam zum Beispiel in der punktuellen Ablehnung christlicher Hospizmitarbeiter durch HIV-Positive zum Ausdruck,[84] oder in der anfänglichen Marginalisierung von weiblichen AIDS-Patientinnen in der männlich geprägten Selbsthilfebewegung, die von vielen der neu geschaffenen Pflegedienste zunächst ausgeschlossen blieben.[85] Umgekehrt existierten lange Klagen, dass sich Hospize zu sehr auf Tumorpatienten konzentrierten und insbesondere AIDS-Kranke vernachlässigt, ja dass letztere gerade von kirchlich geprägten Einrichtungen infolge ideologischer Berührungsängste bewusst von einer Hospizbehandlung ausgeschlossen würden.[86] Noch im Jahre 1995 sah sich die 6. Bundesversammlung der Menschen mit HIV und AIDS zur Forderung an alle Hospize gezwungen, uns „unabhängig von unseren weltanschaulichen, religiösen oder sexuellen Orientierungen und Überzeugungen beizustehen" und eine grundlegende „Lebensstilakzeptanz" walten zu lassen.[87] Insgesamt unterstrich, wie sogar im hospizlichen Umfeld mittlerweile selbstkritisch konstatiert wird, der Umgang mit HIV, dass es in der Hospizbewegung trotz eines solidarischen Anspruches durchaus „wertkonservative Ausschlusskriterien" gab.[88]

Dieses Urteil ist insofern zu relativieren, als dass sich inhaltliche wie lebensweltliche Konflikte insgesamt eher in der Theorie als in der Praxis niederschlugen, wo sich ihre negativen Auswirkungen auf Einzelfälle beschränkten. Anders als zum Beispiel mancherorts bei der Betreuung von AIDS-Kranken in Pflegeheimen oder Sozialstationen hatten sie im Hospizbereich kaum praktische Folgen.[89] In den meisten regulären, nicht auf die Behandlung von HIV-Kranken spezialisierten Hospizen, lag der Anteil an AIDS-Patienten zwar im einstelligen Prozentbereich –

---

[82] Meyer, Jahren, S. 4.
[83] Deutsche AIDS-Hilfe/Arbeitsgemeinschaft ambulante Versorgung, Hospize, S. 13.
[84] Vgl. Heller u. a., Geschichte, S. 247 und Interview Vielhaber, S. 14.
[85] Vgl. Interview Weber, S. 7.
[86] Vgl. Kellehear, History, S. 4; Müller, Recht, S. 56–59; Deutsche AIDS-Hilfe/Arbeitsgemeinschaft ambulante Versorgung, Hospize, S. 16.
[87] Vgl. eine an diverse staatliche Stellen übermittelte Druckschrift der DAH vom 17. September 1995 mit der entsprechenden Resolution, in: BA Koblenz, B 149/149816, Blatt 626 und Deutsche AIDS-Hilfe, Dokumentation, S. 26 f.
[88] Heller u. a., Geschichte, S. 338. Vgl. auch ebd., S. 326.
[89] Vgl. Interview Eggers.

10.1 Jünger, bunter, anders – AIDS und die Transformation des Sterbens 521

im christlich geprägten Hospiz zum heiligen Franziskus in Recklinghausen waren es etwa Anfang der 90er Jahre 6%.[90] Damit war AIDS fraglos gegenüber Tumorerkrankungen, die 80% ausmachten, deutlich marginalisiert, aber mit Blick auf seine tatsächliche gesellschaftliche Relevanz als Todesursache und im Vergleich zu anderen Krankheiten (zum Beispiel Demenz) sogar durchaus überrepräsentiert. Auch ein konkreter inhaltlicher Streitpunkt, namentlich die Frage nach aktiver Sterbehilfe, war faktisch kaum von Bedeutung. Vielmehr übernahmen im Bereich der Sterbebegleitung tätige Vertreter der Selbsthilfebewegung rasch die rigide Ablehnung der Tötung auf Verlangen seitens der Hospizbewegung und deren Position, dass diese durch menschliche Zuwendung und adäquate Schmerzbehandlung überflüssig werde, wie ein Mitarbeiter einer lokalen AIDS-Hilfe rückblickend konstatiert: „Wir haben uns da auch angepasst. Das war auch in Ordnung."[91] Tatsächlich orientierte sich im Bereich der Schmerztherapie etwa die DAH rasch an hospizlichen Standards.[92]

Diese Unterschiede zwischen Theorie und Praxis lassen sich gut in München nachvollziehen, wo es einerseits eine stark kirchliche Prägung der örtlichen Hospizbewegung, andererseits eine sehr aktive AIDS-Selbsthilfebewegung gab, die von einer – im Unterschied zum Freistaat Bayern – eher liberalen Haltung der Stadt gegenüber HIV profitierte.[93] Als ab Ende der 80er Jahre konkrete Hospizpläne entstanden, legten wie in anderen Regionen die kirchlichen Beteiligten anfangs einen klaren Fokus auf Krebspatienten als Zielgruppe, während staatliche Akteure explizit die AIDS-Krise im Blick hatten. Dies hatte inhaltliche Streitigkeiten zwischen der Stadt München und speziell den katholischen Projektpartnern zur Folge. Laut eines Sprechers des Krankenhausreferats plante die Landeshauptstadt das Hospiz explizit für AIDS-Patienten, während Barmherzige Brüder, Caritas, Innere Mission und der christlich geprägte örtliche Hospizverein „austherapierte Krebskranke" als vorrangige Zielgruppe anvisierten.[94] Tatsächlich hatte bei den ersten Sondierungen zu der gemeinsamen Hospizinitiative die katholische Seite „kritisch zu bedenken [gegeben], daß die AIDS-Kranken, im Gegensatz zu den allgemeinen Krebspatienten, heutzutage eine sehr starke Lobby haben, die sich für ihre Belange einsetzt" – eine im Frühjahr 1987 absurd anmutende Aussage.[95] Vieldeutig wurde

---

[90] Kirschner, Hospizbewegung, S. 71. Noch in der zweiten Hälfte der 90er Jahre, als die Zahl der aidsbedingten Sterbefälle infolge der neuen Behandlungsmöglichkeiten bereits zurückgingen, war AIDS nach Krebs noch die zweithäufigste hospizlich versorgte Krankheit. Vgl. den Jahresbericht des Hospizes Stuttgart von 1997, in: BA Koblenz, B 353/203322, Blatt 103 und die Ergebnisse einer Befragung des Diakonischen Werkes von 12 stationären Hospizen der Diakonie im Jahr 1998/99, in: BA Koblenz, B 353/224678.
[91] Interview Tittmann, S. 13. Vgl. auch Interview Jarchow, v. a. S. 20 f. sowie zum Verhältnis der AIDS-Hospizbewegung zur Frage nach aktiver Sterbehilfe Müller, Recht, S. 83–87.
[92] Vgl. Deutsche AIDS-Hilfe, Aspekte (1990), S. 22.
[93] Vgl. für das bereits eingehend analysierte Fallbeispiel Kap. 9.1.
[94] Zitiert nach Anne Urbauer: „In München: Eine Sterbeklinik für unheilbar Kranke. ‚Hospiz' soll Tod ohne Schmerzen ermöglichen" *Abendzeitung* (München), 12. 10. 1987, S. 24.
[95] Ergebnisprotokoll des Sondierungsgespräches vom 6. 4. 1987 zwischen Barmherzigen Brüdern, CHV, Innerer Mission und Caritas, in: Ordner Johannes-Hospiz 1987–1988, Provinzar-

hinzugefügt, dass AIDS-Kranke „insgesamt Patienten eigener Art" seien, eine Formulierung, die sogar den Beteiligten selbst im Anschluss offenbar zu heikel erschien, strichen sie sie doch aus dem Protokoll.[96] Auch am Krankenhaus der Barmherzigen Brüder, wo schließlich das erste stationäre Hospiz der Stadt angesiedelt wurde, regte sich zunächst Widerstand in der Belegschaft gegen die Aufnahme von sterbenden AIDS-Patienten.[97]

Auf die konkrete Praxis der Sterbebegleitung wirkten sich diese anfänglichen Vorbehalte indes überhaupt nicht aus. Ganz im Gegenteil erfolgte rasch sogar eine Spezialisierung auf die Betreuung von AIDS-Kranken. Im November 1988 unternahmen die Barmherzigen Brüder eine sogenannte „AIDS-Studienreise" ins besonders stark von der Krankheit betroffene San Francisco. Neben dem Besuch von Spezialkliniken, darunter einer hospizlichen Einrichtung, standen auch Treffen mit Selbsthilfegruppen und Homosexuellenverbänden auf dem Programm.[98] Der leitende Stationsarzt des Johannes-Hospizes, Thomas Binsack, der die Behandlung von HIV-Patienten zur Bedingung für seine Einstellung gemacht hatte, konnte sich auf Kosten der Ordensgemeinschaft in verschiedenen AIDS-Hospizen in Los Angeles fortbilden, unter anderem im 1988 gegründeten Chris Brownlie Hospice, dessen Ruf als führende palliative Spezialeinrichtung für AIDS-Kranke weit über die USA hinausreichte.[99]

Im von der Caritas geleiteten ambulanten Münchner Hospizdienst waren folglich unter den 105 in den ersten beiden Jahren nach seiner Gründung im November 1990 betreuten Patienten 30 AIDS-Kranke.[100] Auch im stationären Bereich lag ihr Anteil mit fast 20% sehr hoch. Auf Initiative der Barmherzigen Brüder erfolgte eine Kooperation mit dem bundesweit bekannten „Aids-Pfarrer" Thomas Schwaiger, einem katholischen Priester, der bei der Öffnung der Kirche für Belange von HIV-Infizierten in der Zeit der Wiedervereinigung eine wichtige Rolle spielte und von der Erzdiözese München-Freising als erster Geistlicher in der Bundesrepublik speziell für die Arbeit mit AIDS-Kranken freigestellt wurde.[101] Schwaiger arbeitete

---

chiv der Barmherzigen Brüder in München bzw. Ordner Hospiz I im Archiv der Inneren Mission München.

[96] Vgl. ebd. und Ergebnisprotokoll der Besprechung zwischen Barmherzigen Brüdern, CHV, Innerer Mission und Caritas am 20. 5. 1987, in: Ordner Hospiz I im Archiv der Inneren Mission München.

[97] Interview Binsack, S. 5.

[98] Vgl. das Programm und die übrigen Reiseunterlagen, in: Ordner „Besichtigungsreisen London/Aachen" im Provinzarchiv der Barmherzigen Brüder in München.

[99] Interview Binsack, S. 3–5. Vgl. zum Chris Brownlie Hospice auch die Mitteilung der AIDS Healthcare Foundation anlässlich seiner Schließung Anfang 2013: https://www.aidshealth.org/2013/01/ahf-remembers-chris-brownlie-hospice/ [15. 12. 2021].

[100] Vgl. Erich Geßner: Zwei Jahre ambulante Hospizarbeit – Häusliche Sterbebegleitung vor, nach oder statt der stationären Betreuung, in: Ordner: Hospiz Grundsteinlegung am 8. 3. 1991 und Einweihung am 14. 5. 1993, Provinzarchiv der Barmherzigen Brüder in München.

[101] Vgl. zu Schwaiger und seiner Rolle in der Bundesrepublik und in München: Martin Merz: „‚Warum segnet ihr uns erst im Sarg?' Viele Aids-Kranke hoffen auf Betreuung durch Pastoren und Priester – ein Wunsch, dem die Kirche sich bislang verschloß." Die Zeit, 31. 7. 1992, URL: https://www.zeit.de/1992/32/warum-segnet-ihr-uns-erst-im-sarg/komplettansicht?print [15.

10.1 Jünger, bunter, anders – AIDS und die Transformation des Sterbens

zwischen Ende 1990 und Mai 1992 in Teilzeit als Seelsorger im Johannes-Hospiz und entwarf aufbauend auf seinen Erfahrungen nicht nur ein Konzept für katholische Hospizseelsorge, sondern war auch federführend an der Konzeptionalisierung der örtlichen Hospizhelferausbildung beteiligt.[102] Binsack wiederum hielt auf einem Kongress in Sevilla 1992 einen Vortrag, in dem er praxisorientiert die Hospizidee als grundlegende Antwort auf die Herausforderungen der im Falle von AIDS besonders „leidvolle[n] Terminalphase" präsentierte.[103]

Eine ähnliche Entwicklung lässt sich auch auf Bundesebene nachzeichnen. In vielen Regionen waren lokale AIDS-Hilfen direkt in Hospizprojekte involviert, etwa in Köln oder Saarbrücken.[104] Zudem bildeten sich in der Bundesrepublik ebenfalls sukzessive aidsspezifische Hospizstrukturen aus. Auf HIV spezialisierte, sogenannte „Lighthouse"-Hospizorganisationen orientierten sich am Vorbild der nordamerikanischen, ganz besonders der kalifornischen AIDS-Hospize.[105] Eine Pionierrolle nahm in der Bundesrepublik der Verein Hamburg Leuchtfeuer ein, der seit 1987 einen hospizlichen Spezialpflegedienst unterhielt und einige Jahre später auch eine stationäre Einrichtung eröffnete. Dazu existierten vielerorts früh ambulant arbeitende Leuchtturm-Initiativen, darunter in Berlin, Basel oder der sehr aktive AIDS-Hospizverein „die insel" in Frankfurt am Main.[106] Der 1992 gegründete Verein Bonn Lighthouse, der einen Hausbetreuungsdienst für sterbende AIDS-Patienten betrieb, erhielt umfangreiche Finanzhilfen in Förderprogrammen der Landes- und der Bundesregierung.[107] Doch bereits das erste stationäre deutsche AIDS-Hospiz, das „Haus Maria Frieden" in Oberharmersbach im Schwarzwald, wurde im Juni 1990 vom Orden der Franziskanerinnen gegründet und dort

---

12. 2021]; „‚Lebensklinik' für Sterbende. Orden eröffnet in München das erste Hospiz Bayerns" *Katholische Nachrichten-Agentur*, 29. 1. 1991 und Interview Vogt, S. 13.

[102] Thomas Schwaiger: Entwurf für ein Konzept für (kath.) Seelsorge an einem Hospiz, das einem Krankenhaus angegliedert ist (Mai 1992), in: Ordner Johannes-Hospiz 1991–1992, Provinzarchiv der Barmherzigen Brüder in München, Reiter Seelsorge und Konzept der Hospizhelferausbildung im ambulanten Hospiz der Caritas-München und im stationären Johannes-Hospiz der Barmherzigen Brüder (Stand: 1. 2. 1991), in: ebd., Reiter Hospizhelfer. Vgl. zu Schwaigers Rolle im Johannes-Hospiz auch Interview Binsack, S. 6.

[103] Thomas Binsack: Hospize in der Betreuung AIDS-Kranker in der Terminalphase (Vortrag, Mai 1992), in: Ordner Johannes-Hospiz 1991–1992, Provinzarchiv der Barmherzigen Brüder in München, Zitat S. 9.

[104] Vgl. Interview Eggers; Heller u. a., Geschichte, S. 260–263 sowie zu den Hospizprojekten in Köln und Saarbrücken Deutsche AIDS-Hilfe/Arbeitsgemeinschaft ambulante Versorgung, Hospize, S. 36 ff. und das Konzept für ein Hospiz mit Hausbetreuungsdienst in Saarbrücken der AIDS-Hilfe Saar, in: BA Koblenz, B 149/149814, Blatt 514–546.

[105] Vgl. zur Rezeption der amerikanischen AIDS-Hospize in der Bundesrepublik auch den fünften Teil der Hospiz-Dokumentation von Georg Stingl und Reinhold Iblacker: Georg Stingl/Reinhold Iblacker: Hospiz – Sterbenden helfen. Eine Filmreihe. Bundesrepublik Deutschland 1991.

[106] Vgl. Heller u. a., Geschichte, S. 262 f.

[107] Vgl. zu Bonn Lighthouse Kap. 10.2 sowie zum Tätigkeitsprofil einen Vermerk des Bundesministeriums für Arbeit und Sozialordnung vom 14. 12. 1993, in: BA Koblenz, B 149/149813, Blatt 795 f.

bis 2017 geführt, was die frühzeitige Einbettung von AIDS in etablierte hospizliche Strukturen unterstreicht.[108]

Hospizliche Strukturen übernahmen oft eine Art Ersatzfunktion für Familien, wenn sich zum Beispiel – wie ein ehrenamtlicher Helfer der Frankfurter Hospizgruppe „die insel" Mitte der 90er Jahre beklagte – die Geschwister des Sterbenden überhaupt „nicht blicken" ließen.[109] Ein Artikel in der DAH-Verbandszeitschrift lobte im Sommer 1991, dass sich Hospizdienste der infolge der prekären privaten und sozialen Situation vieler Menschen im HIV-Vollbildstadium dringend benötigten externen Hilfe im Unterschied zu anderen Institutionen des Gesundheitswesens vorbehaltlos annehmen würden. Sie ergänzten dabei eine hohe Sachkompetenz mit einer „Betroffenheitskompetenz, indem sie schwule und drogengebrauchende Menschen mit AIDS kennen und akzeptieren". Die Hospizidee sei daher für „uns Menschen mit HIV und AIDS […] eine erstrebenswerte Alternative. Geprägt durch unsere Angst vor einem einsamen oder schmerzreichen Sterben, können wir neuen Mut gewinnen durch die Perspektive: Hospiz."[110]

Insgesamt half die AIDS-Selbsthilfebewegung somit nicht nur maßgeblich, bestehende Lücken bei der Versorgung von Sterbenden in der Bundesrepublik zu überbrücken.[111] Vielmehr trug die HIV-Krise insgesamt dazu bei, die noch existierenden strukturellen Probleme des deutschen Hospizwesens in den frühen 90er Jahren, namentlich vor allem eine zum Teil gravierende regionale Unterversorgung und eine flächendeckend prekäre finanzielle Ausstattung, gesundheitspolitisch stärker zu thematisieren.[112] Nicht nur für eine Gruppenleiterin im nordrhein-westfälischen Ministerium für Arbeit, Gesundheit und Soziales, die dort auch das AIDS-Referat verantwortete und später eine zentrale Rolle bei der politischen Hospizförderung auf Landes- und Bundesebene spielen sollte, war die erhöhte Aufmerksamkeit für Fragen der palliativen Versorgung Schwerstkranker und Sterbebegleitung eine direkte Folge der neuen Problemlagen und Unsicherheiten rund um HIV.[113] Zwar verloren die Themen Sterben und Hospiz mit der Verbesserung der medizinischen Behandlungsmöglichkeiten ab Mitte der 90er Jahre in der AIDS-Hilfe sukzessive an Bedeutung.[114] Doch öffneten sich die existierenden AIDS-Hospize daraufhin für andere Patientengruppen, womit ihre Inte-

---

[108] Vgl. Heller u. a., Geschichte, S. 262; Fink, Initiative, S. 133–139 und „„Haus Maria Frieden' verabschiedet sich in bewegender Feier aus Oberharmersbach." *Schwarzwälder Post*, 29. 6. 2017, URL: https://www.schwarzwaelder-post.de/orte-im-verbreitungsgebiet/oberharmersbach/2017/06/haus-maria-frieden-verabschiedet-sich-in-bewegender-feier-aus-oberharmersbach/19297 [15. 12. 2021].
[109] Posch, Sterben, S. 43.
[110] Dirk Hetzel: „Von der Herberge zum Lebensraum für Sterbende." *D. A. H. Aktuell*, Juli 1991, Nr. 3, S. 29–30, Zitat S. 30.
[111] Vgl. Heller/Pleschberger, Anfänge, S. 35.
[112] Vgl. zur Wahrnehmung dieser Probleme auch Deutsche AIDS-Hilfe/Arbeitsgemeinschaft ambulante Versorgung, Hospize, S. 19–32.
[113] Interview Weihrauch, S. 11.
[114] Vgl. Interview Eggers.

gration in die Hospizbewegung letztlich vervollständigt wurde.[115] Und darüber hinaus war der Samen für die vollständige Einbettung der Hospizidee in die sozial- und gesundheitspolitischen Strukturen der Bundesrepublik zu diesem Zeitpunkt ohnehin bereits gelegt.

10.2 Politik und Sterbebegleitung im wiedervereinigten Deutschland

> „Es war ein großer Raum, strahlend von Sonnenschein und gelber Tünche, mit zwanzig Betten, alle belegt. Filine starb in Gesellschaft und mit allem modernen Komfort. Die Luft war voll von munteren synthetischen Weisen. Am Fuß jedes Bettes, dem Sterbenden gegenüber, stand ein Fernsehapparat, der gleich einem aufgedrehten Wasserhahn von morgens bis abends lief. Alle Viertelstunde änderte sich automatisch das im Saal vorherrschende Parfüm. ,Wir bemühen uns', erklärte die Pflegerin [...], ,hier eine durch und durch angenehme Atmosphäre zu schaffen, eine Art Mittelding zwischen einem Luxushotel und einem Fühlfilmpalast, wenn Sie mich verstehen.'"
> (Aldous Huxley – Schöne neue Welt)

Während Hospiz- und Palliativbewegung bereits vor dem Mauerfall im Westen und – zu einem etwas geringeren Maße – im Osten gesundheitspolitische Unterstützung und öffentliche Akzeptanz gefunden hatten, erhielten sie erst im wiedervereinigten Deutschland die Aufmerksamkeit der hohen Politik. Die ministerielle Beschäftigung mit Fragen der Sterbebegleitung begann unmittelbar Anfang der 90er Jahre und betraf im Wesentlichen das Bundesministerium für Arbeit und Sozialordnung (BMA), das Bundesministerium für Gesundheit (BMG) sowie das Bundesministerium für Familie und Senioren (BMFuS) beziehungsweise dessen 1994 geschaffenen Nachfolger, das Bundesministerium für Familie, Senioren, Frauen und Jugend (BMFSFJ). Hintergrund war ein neues sozialpolitisches Problembewusstsein hinsichtlich der Bedürfnisse, aber auch der Kosten von Sterbenden. Neben AIDS lag der Fokus dabei auf Tumorerkrankungen. So waren im Zuge einer Bund-Länder-Besprechung bereits Ende 1989 „erhebliche Defizite" im Bereich der Versorgung von Krebspatienten in der Sterbephase konstatiert worden, insbesondere infolge räumlicher Mängel in den onkologischen Spezialkliniken. Zwar zeigten sich die Vertreter mehrerer Bundesländer und einige der geladenen Experten, nicht nur ob der ungeklärten Frage des Kostenträgers, noch skeptisch bezüglich des Aufbaus von Einrichtungen ausschließlich für todkranke Patienten („Sterbekliniken"), jedoch einigten sich die Teilnehmer auf die Gründung einer vorrangig mit Palliativmedizinern besetzten Arbeitsgruppe „Versorgung Sterbender".[116] Mit großem Interesse wurde eine Umfrage der „Arbeitsgemeinschaft Hos-

---

[115] Vgl. Heller u. a., Geschichte, S. 257.
[116] Vgl. zur Bund-Länder-Besprechung und zur Arbeit der AG „Versorgung Sterbender" deren Akte im BA Koblenz, B 353/4422.

piz" der Evangelischen Gesellschaft Stuttgart zur Kenntnis genommen, nach der die Mehrzahl der Befragten den Zustand der Versorgung Sterbender als defizitär wahrnahmen.[117] Die Aufmerksamkeit sowie ein grundsätzliches Verständnis für die Bedeutung des Themas war nun auch innerhalb der Bundesregierung geweckt.

Eine Frage der Zuständigkeit: die sozialpolitische Förderung von Palliativmedizin und Hospizidee

Die Palliativmedizin wurde direkt im Anschluss daran stark gefördert und bewusst eingebettet in die Strukturen des bundesrepublikanischen Gesundheitswesens.[118] So entstand im BMA, wo seit 1977 eine Abteilung Krankenversicherung und Gesundheitswesen existierte, im Juni 1990 ein Konzept für die Einrichtung einer Palliativeinheit im Krankenhaus.[119] Da das BMA die Zuständigkeit für die Krankenversicherung im Zuge der Neubildung der Bundesregierung im Januar 1991 an das umformierte BMG abgab, fiel diesem die Aufgabe der Implementierung dieses Konzeptes zu.[120] Die finanziellen Mittel hierfür entstammten der bereits erwähnten zweiten Stufe des Modellprogramms zur besseren Versorgung von Krebspatienten, welches nach positiver Evaluierung Ende 1994 verlängert wurde. Hierin war explizit eine Förderung von Palliativstationen in Krankenhäusern vorgesehen, nicht aber von ambulanten oder stationären Hospizen.[121] Bis 1996 bezuschusste das BMG insgesamt 16 Projekte in 14 Bundesländern, darunter auch am Krankenhaus der Barmherzigen Brüder in München.[122] Darüber hinaus erfolgte die Finanzierung zahlreicher Tagungen, Symposien und Kongresse zur Palliativmedizin, sowie einer Begleitstudie des Bochumer Instituts für Sozialmedizinische Forschung (BOSOFO).[123] Das Ministerium arbeitete intensiv mit onkologischen und hämatologischen Forschungseinrichtungen, den Verbänden der Krebshilfe sowie der im Juli 1994 gegründeten Deutschen Gesellschaft für Palliativmedizin (DGP) zusammen, deren treibende Kräfte, Heinz Pichlmaier und Eberhard Klaschik, zugleich immer wieder als Experten für das Themenfeld im BMG fungierten. Ende 1995 warb dieses gegenüber dem Bundespräsidialamt nachdrücklich um Unterstützung des ersten internationalen Kongresses der DGP an der Universität zu Köln. Die Übernahme der Schirmherrschaft über die Veranstaltung durch Bundespräsident Roman Herzog sei zu begrüßen, „da damit zweifellos dokumentiert wird, daß hier eine wichtige, nicht allein von der Medizin zu leistende gesellschaftliche Aufgabe

---

[117] Ebd., Blatt 514. Vgl. zur „Arbeitsgemeinschaft Hospiz" und zu den Ergebnissen der Umfrage Kap. 8.2.
[118] Vgl. zur Geschichte der Palliativmedizin Kap. 7.2.
[119] Vgl. BA Koblenz, B 149/149813, Blatt 343–349.
[120] Vgl. zur Zuständigkeit des BMA für gesundheitspolitische Fragen und zu deren Transfer an das BMG Perschke-Hartmann, Reform, v. a. S. 54 und Stange, Reform, v. a. S. 312–314.
[121] Vgl. BA Koblenz, B 353/4422, Blatt 542 f.
[122] Vgl. Kap. 9.1.
[123] Vgl. etwa BA Koblenz, B 353/7858 sowie Jaspers/Schindler, Stand, v. a. S. 137.

10.2 Politik und Sterbebegleitung im wiedervereinigten Deutschland 527

besteht, die angesichts von ca. 200 000 Krebstodesfällen pro Jahr in Deutschland nicht wenige Bürger unmittelbar betrifft."[124]

Nicht zuletzt ob dieser intensiven Öffentlichkeitsarbeit zeitigte das Modellprogramm die erhoffte katalysatorische Wirkung, bewegten die positiven Evaluierungsergebnisse doch 1995 die Spitzenverbände der Krankenkassen dazu, ihren Mitgliedsverbänden die Finanzierung von Palliativstationen zu empfehlen.[125] Das Hauptargument war neben der besseren Versorgung von Sterbenden im palliativen Bereich die sich damit verbindenden Kosteneinsparungen, insbesondere da terminal kranke Patienten zur Schmerzbekämpfung nicht mehr intensivmedizinisch behandelt werden mussten, im besten Fall sogar vor ihrem Ableben noch einmal nach Hause entlassen werden konnten. So belegte ein Abschlussbericht der Modell-Palliativstation am Malteser-Krankenhaus in Bonn unter Leitung von Klaschik 1993 einen Therapieerfolg in Form einer deutlichen Schmerzreduktion bei 263 von insgesamt 290 stationär Aufgenommenen, wobei eine Schmerzlinderung bei mehr als der Hälfte davon bereits nach nur einem Tag eingetreten sei. Zugleich habe infolge des steigenden Wissens über die Schmerztherapie die durchschnittliche Liegedauer von anschließend wieder entlassenen Patienten im Laufe des dreijährigen Untersuchungszeitraums von 17,5 über 14,2 auf 11,9 Tage reduziert werden können.[126]

Im Unterschied zur Palliativmedizin stieß die Hospizidee in den Ministerien zu Beginn durchaus auf Skepsis. So riet ein Mitarbeiter des BMG im Mai 1991 in einem Schreiben an den Chef des Bundeskanzleramtes zur Zurückhaltung betreffs einer Bitte um Unterstützung der Deutschen Hospizhilfe an Bundeskanzler Helmut Kohl. Zwar sei das Engagement der Hospizbewegung prinzipiell zu begrüßen, insbesondere die gesellschaftliche Enttabuisierung des Todes sowie die Verbesserung der Situation Sterbender im Krankenhaus durch optimierte Schmerzbekämpfung und psychosoziale Betreuung. Allerdings müsste diesen Zielen im Rahmen des bestehenden Versorgungssystems nachgegangen werden, die von der Hospizbewegung angestrebte „Schaffung gesonderter Institutionen", also stationärer Hospize, sei abzulehnen:

„Neben den grundsätzlichen Bedenken, die gegenüber derartigen Einrichtungen bestehen und den Finanzierungsproblemen, die dadurch entstehen, daß eine eindeutige Zuordnung dieser Einrichtungen weder zum Bereich der Krankenhäuser noch zum Bereich der Pflegeheime möglich ist, birgt die Schaffung einer solchen Institutionen die Gefahr in sich, daß eine neue Säule der Versorgung geschaffen wird, die unverbunden neben den genannten Versorgungseinrichtungen steht. Die dort vorhandenen Probleme werden nicht gelöst, sondern nur teilweise verlagert."[127]

In dieser Äußerung spiegeln sich nicht nur juristische Vorbehalte angesichts der Tatsache, dass „Hospiz" zu dieser Zeit noch kein Rechtsbegriff war, was unter an-

---

[124] BA Koblenz, B 122/58124.
[125] BA Koblenz, B 353/203322, Blatt 29. Die Ergebnisse der wissenschaftlichen Begleituntersuchung sind veröffentlicht im 95. Band der Schriftenreihe des Bundesministeriums für Gesundheit: Viefhues/BOSOFO, Palliativeinheiten.
[126] BA Koblenz, B 122/58124.
[127] Schreiben vom 14. 5. 1991 im BA Koblenz, B 149/149813, Blatt 421 f.

derem zu einer komplizierten Finanzierungssituation führte, sondern auch die sich früh andeutende Schwierigkeit hinsichtlich der ministeriellen Zuständigkeit. Während die Palliativmedizin aufgrund ihrer Anbindung an Krankenhäuser nach 1991 eindeutig in den Zuständigkeitsbereich des BMG fiel, war die Hospizbewegung weniger klar zu verorten, was nicht zuletzt mit deren ganzheitlichem Ansatz zusammenhing – sowie der Tatsache, dass die durch sie adressierten Probleme gleichfalls Fragen der Gesundheit, der Pflege und des Alters betrafen.

Dass sich die ministerielle Zuständigkeit letztlich in Richtung des BMA verschob und dort das Interesse an der Hospizbewegung stark anstieg, hing im Wesentlichen mit den um die Zeit der Wiedervereinigung anlaufenden Planungen der Einführung einer gesetzlichen Pflegeversicherung zusammen.[128] Diese entwickelte sich zu einem integralen Bestandteil des neuen gesamtdeutschen Sozialstaat, dem wiederum eine wichtige Rolle bei der Integration von Ost- und Westdeutschland zufiel.[129] Das Hospiz fungierte in diesem Sinne als eine Art Integrationswerkzeug. Zugleich sah sich die Bundesregierung einem zunehmenden Druck der Öffentlichkeit ausgesetzt. Diese dränge, wie Bundesfamilienministerin Hannelore Rönsch am 8. Mai 1992 an ihre Amtskollegen Norbert Blüm im BMA und Horst Seehofer im BMG schrieb, darauf, „Fragen der finanziellen Absicherung von Sterbebegleitung i.S. der Hospizbewegung befriedigender zu regeln". Sie appellierte an Blüm, sich des Problems der Finanzierung von Hospizen im Rahmen der künftigen Pflegeversicherung anzunehmen, da „das alleinige Angebot über Palliativstationen nicht" ausreiche.[130]

Ein diesbezügliches Problembewusstsein hatte im BMA zu diesem Zeitpunkt bereits eingesetzt. Dort war Ministerialdirektor Karl Jung, der ehemalige Chef der Abteilung Krankenversicherung im BMG und eine der Schlüsselfiguren in der deutschen Sozialpolitik jener Jahre, nach seiner Versetzung als Leiter der Außenstelle Berlin für die Konzeption der Pflegeversicherung zuständig.[131] In seiner Abteilung wurde hierfür ein mehrere Millionen DM starker Haushaltstitel „bessere Versorgung Pflegebedürftiger" eingerichtet. Über diesen sollten einerseits die Versorgungsstrukturen im Bereich der Pflege außerhalb von Altenheimen optimiert und deren Kosten ausgelotet, andererseits ein günstiger politischer Wind für die Pflegeversicherung geschaffen werden, deren genaue Ausgestaltung durchaus umstritten war. Das Aufkommen der Hospizbewegung schien diesbezüglich eine

---

[128] Die Pflegeversicherung war bereits seit 1974 ein fester Bestandteil des wohlfahrtsstaatlichen Reformdiskurses in der Bundesrepublik, stellte sie doch eine mutmaßliche Antwort auf die seit 1945 steigende Lebenserwartung, die damit verbundene wachsende Zahl an Pflegebedürftigen sowie die hohen Kosten für die Sozialhilfeträger dar. Sie wurde zum 1. Januar 1995 eingeführt. Vgl. zu ihren Ursprüngen und zur politischen Umsetzung Skuban, Pflegeversicherung, v. a. S. 4–41; Dietz, Pflegeversicherung, S. 13–186 und Jochem, Reformpolitik, S. 281–285.
[129] Süß, Sicherheit, S. 153.
[130] BA Koblenz, B 149/149813, Blatt 508 f. und Blatt 510 f.
[131] Zur Rolle Karl Jungs, der heute gemeinsam mit Norbert Blüm als „Vater der Pflegeversicherung" gilt, vgl. auch die Selbstdarstellung in Jung, Pflegeversicherung, v. a. S. 5 f.

vielversprechende Entwicklung darzustellen, die in beide Richtungen wirken könnte.[132]

Seit 1992 förderte das BMA aus diesen Mitteln modellhaft den Auf- und Ausbau von Hospizen. Zuständig hierfür war das Referat Va 3, das von Christian Petrich, einem Mediziner, geleitet wurde und maßgeblich für die Definition des ersten Begriffes der Pflegebedürftigkeit sowie allgemein für medizinische Fragen bei der Konzeption der Pflegeversicherung verantwortlich war. Bis 1998 erhielten neun Hospizeinrichtungen mit nach ihrer jeweiligen Fertigstellung insgesamt 70 stationären Plätzen Finanzhilfen in Höhe von knapp 26,5 Millionen DM: das Franziskus-Hospiz Erkrath-Hochdahl, das Elisabeth-Hospiz Lohmar-Deesem, das „Haus Porsefeld" Hospiz Rendsburg, das Hospiz Radebeul, das Hospiz am St. Elisabeth Krankenhaus Halle/Saale, stationäre Hospize in Duisburg und Nürnberg sowie zwei weitere Initiativen in Saarbrücken und Bonn, die lediglich mit geringeren Mitteln im Bereich der Ausstattung unterstützt wurden.[133] In den übrigen Fällen dienten die Gelder als Investition im Bereich Infrastruktur, also in der Regel für den kostspieligen Aufbau von stationären Einrichtungen.

Durch die oft öffentlichkeitswirksame Inszenierung jener Hospizneu- und -umbauten – so erschien etwa Bundesarbeitsminister Blüm 1993 persönlich zur Grundsteinlegung in Erkrath-Hochdahl, was ein entsprechendes Presseecho nach sich zog[134] – sowie infolge der engen personellen Netzwerke stieg innerhalb der Hospizbewegung rasch das Wissen über die neuen Fördermöglichkeiten durch das BMA. So ging eine Fülle an letztlich mehr oder weniger schnell abgelehnten Föderanträgen im zuständigen Referat ein. Eine interne Liste vom 1. März 1994 vermerkte bereits 31 abgelehnte Anträge, in den folgenden Jahren schnellte die Zahl weiter nach oben.[135] Da es sich bei den geförderten Hospizen größtenteils um bekanntere Einrichtungen – wie etwa den Hospizdienst von Heinrich Pera in Halle – handelte, kamen Klagen auf, dass die etablierten Initiativen übervorteilt würden. Der Vorsitzende eines Kölner Vereins, der Seminare zur Sterbe- und Trauerbegleitung anbot und dessen (vergleichsweise geringfügiger) Antrag auf Förderung eines Vorbereitungskurses nach einem ungünstigen Außengutachten des Leiters der Malteser-Fachstelle Hospizarbeit abgelehnt worden war, beklagte etwa, dass neue, aus dem Bereich der Selbsthilfe kommende Initiativen mit finanziellen Startschwierigkeiten keine Chance hätten, „die eingefahrenen Förderstrukturen für lobbystarke Organisationen – und hierzu gehören die Hospizgruppen – aufzubrechen."[136]

---

[132] Vgl. die einschlägige Aktenreihe des BMA („Einrichtungen zur Pflege – Hospize/Palliativstationen") im BA Koblenz, B 149/149813- B 149/149819.

[133] Vgl. Schreiben vom 3. 2. 1998, in: BA Koblenz, B 353/203322, Blatt 61 f. sowie die tabellarische Übersicht in ebd., Blatt 288.

[134] Vgl. B 149/149814, Blatt 175. Vgl. hierzu auch den Bericht der Zeitschrift *Hospiz-Bewegung. Nachrichten-Magazin der Deutschen Hospizhilfe* 3 (1993), Nr. 3, S. 6–8 sowie das Titelblatt mit einem Foto von Blüm bei der Grundsteinlegung.

[135] Vermerk vom 1. 3. 1994, in: BA Koblenz, B 149/149815, Blatt 2–4.

[136] Schreiben vom 5. 9. 1996 an Staatssekretär Werner Tegtmeier, in: BA Koblenz, B 149/149817, Blatt 439 f.

Der Hauptgrund lag aber eher in den restriktiven Kriterien für eine Bewilligung von Fördermitteln. Neben einem Eigenkapitalanteil war die Zustimmung des jeweiligen Bundeslandes nötig. Ferner musste eine Versorgung der aus Sicht des Ministeriums „richtigen" Patientengruppe erfolgen, also von Sterbenden, denen medizinisch eine verbleibende Lebensdauer von maximal sechs Monaten attestiert worden war, was das Krankheitsspektrum stark einengte. Insbesondere ältere Personen mit Krebsleiden standen im Zentrum des ministeriellen Interesses. So lehnte das BMA etwa eine 1993 seitens des Bundesministeriums für Frauen und Jugend nachdrücklich unterstützte Förderung eines Kinderhospiz im rheinland-pfälzischen Sinzig entschieden ab.[137] Stellten Hospize für Erwachsene eine „wertvolle Bereicherung der pflegerischen Versorgung schwerkranker und sterbender Menschen" dar, welche gefördert würden, „um im Zusammenhang mit der gesetzlichen Pflegeversicherung den Aufgabenbereich und die Kostenstruktur kennenzulernen", so bestünden Bedenken hinsichtlich von Einrichtungen speziell für Kinder. Relativ unverblümt stellte das Schreiben klar, dass die medizinische Behandlung von Krebs bei Kindern große Fortschritte gemacht habe und zudem in der Regel eine Betreuungsmöglichkeit durch die Eltern zu Hause gegeben sei: „Im Mittelpunkt des Erwachsenenhospizes steht der schwerkranke oder sterbende Mensch, der keine Aussicht auf Heilung hat und dessen Lebenserwartung eng begrenzt ist. Vergleichbare Situationen gibt es bei Kindern nur im Ausnahmefall."[138] Obgleich in Großbritannien schon 1978 ein Kinderhospiz eingerichtet worden war und sich auch in der Bundesrepublik bereits 1990 der Deutsche Kinderhospizverein gegründet hatte, der fortan eine durchaus aktive Rolle innerhalb der deutschen Hospizbewegung einnahm,[139] konnte nicht zuletzt aufgrund derartiger politischer Vorbehalte in den 90er Jahren lediglich ein stationäres Kinderhospiz geschaffen werden.[140] Im sauerländischen Olpe investierte die katholische Frauenkongregation der Franziskanerinnen 6 Millionen DM und eröffnete im Oktober 1998 das Kinderhospiz „Balthasar" mit 8 Betten, was ein breites und klar positives Medienecho evozierte, das auch Ausdruck der bereits geschilderten thanatologischen Diskursivierung des Themas „Tod und Kind" war.[141] Das Nachrichtenmagazin *Focus* verwies etwa darauf, dass in Deutschland jedes Jahr 10 000 Kinder und Jugendli-

---

[137] Auch andere Anfragen von Kinderhospizen wurden vom BMA stets mit dem Argument zurückgewiesen, dass bislang kein ausreichender Bedarf nachgewiesen sei, vgl. etwa BA Koblenz, B 353/203322, Blatt 96 f.
[138] Schreiben vom 28. 6. 1993, in: BA Koblenz, B 149/149814, Blatt 252 f.
[139] Vgl. von Hayek/Weihrauch, 20 Jahre DHPV, S. 22, sowie Hartkopf, Kinderhospizarbeit.
[140] Auch führende Mediziner wie der Präsident der Deutschen Gesellschaft für Kinderonkologie, Günter Henze, bezweifelten in den 90er Jahren noch die Notwendigkeit von Kinderhospizen und forderten, das Geld lieber in die Forschung zu investieren. Vgl. Barbara Dötsch: „Sterbehospiz für Kinder? Kontroverse Diskussion in Berlin über ein sensibles Thema." *Berliner Morgenpost*, 4. 1. 1999.
[141] Vgl. etwa „Sterben unter einem guten Stern. In Olpe entsteht Deutschlands erstes Kinderhospiz." *Die Welt*, 24. 9. 1998. Zur Entwicklung der deutschen Kinderhospize in Deutschland vgl. auch Mielke, Hospiz, S. 146–153 und speziell zum Kinderhospiz „Balthasar" Golek, Standort, S. 62.

che an chronischen Krankheiten starben.[142] Tatsächlich berichteten deutsche Printmedien durchaus interessiert über das Thema und begrüßten es, als um die Jahrtausendwende zwei weitere Kinderhospize in Syke bei Bremen und Berlin errichtet wurden.[143]

Als größte Hürden für die meisten Hospizinitiativen erwiesen sich jedoch die beiden zentralen Aufnahmekriterien in das Förderprogramm des BMA. So musste erstens die Dauerfinanzierung eines stationären Hospizbetriebs soweit wie möglich gesichert sein – und dies war den meisten Antragsstellern in den 90er Jahren kaum möglich, da es noch keinen Rechtsanspruch auf finanzielle Unterstützung durch die Krankenkassen gab und vom Einzelfall abhing, ob und zu welchem Satz diese die hospizlichen Leistungen abrechneten. Zweitens musste zum Zeitpunkt der Antragsstellung bereits ein von ehrenamtlichen Kräften getragener ambulanter Hospizdienst vorhanden sein, dessen Arbeit durch die stationäre Einrichtung gewissermaßen ergänzt und ausgebaut werden sollte. Dahinter stand das Ziel, netzwerkartige Strukturen der Hospizarbeit zu schaffen, über die auch andere Institutionen im Gesundheitswesen sukzessive eingebunden und qualifiziert werden konnten.[144]

Wie im Falle der Förderung der Palliativmedizin im BMG, spielte damit auch im BMA das Kostenargument in Form von antizipierten Einsparungen durch ehrenamtliche Hospizhelfer sowie der Möglichkeiten zur ambulanten Versorgung schwerstkranker Sterbender eine wichtige Rolle. Eine detaillierte Kostenkalkulation mit dem Titel „Ambulant versus stationär", die auf die Auswertung einer Studie von 52 Patienten mit unkontrollierten Tumorschmerzen aufbaute, ergab 1995 eine mögliche Einsparung von 675 777 DM in der ambulanten Opioidtherapie gegenüber einer stationären Schmerzbehandlung.[145] Petrich resümierte im Jahr darauf in einem internen Vermerk rückblickend, dass mit Beginn der Arbeiten zu einem Pflegeversicherungsgesetz Anfang der 90er Jahre deutlich geworden sei, dass die neuen Versorgungsstrukturen durch Hospizdienste „Modellcharakter" haben: „Sie sind insbesondere dazu geeignet, den Grundsatz ‚ambulant vor stationär' zu verwirklichen, stationäre Pflegeeinrichtungen einschließlich von Krankenhäusern zu entlasten und dem Wunsch schwerkranker Menschen nach einem Sterben zu Hause oder in einer wohnungsähnlichen Umgebung zu entsprechen."[146] Diese ei-

---

[142] Nicola Brüning: „Leben, Lachen und Trauern. Im sauerländischen Olpe entsteht Deutschlands erstes Hospiz, in dem Familien ihre todkranken Kinder bis zum letzten Tag betreuen können." *Focus* 6 (1998), Nr. 7, 9. 2. 1998, S. 52 f., online unter: https://www.focus.de/politik/deutschland/sterbebegleitung-leben-lachen-und-trauern_aid_171719.html [15. 12. 2021].

[143] Vgl. „Eine Insel für sterbende Kinder." *Hamburger Abendblatt*, 6. 7. 2000, S. 3; Barbara Dötsch: „Standort für erstes Berliner Kinderhospiz gefunden." *Berliner Morgenpost*, 9. 2. 1999. Im Jahr 2021 existierten 18 stationäre Kinderhospize sowie vier speziell auf Kinder und Jugendliche ausgerichtete Palliativstationen, vgl. https://www.dhpv.de/zahlen_daten_fakten.html [15. 12. 2021].

[144] Vgl. Interview Weritz-Hanf, S. 4 f. sowie exemplarisch für den Fall des Franziskus-Hospizes in Hochdahl bei Düsseldorf Allert, Modellprojekt.

[145] BA Koblenz, B 149/149817, Blatt 28.

[146] Interner Vermerk vom 18. 1. 1996, in: BA Koblenz, B 149/149817, Blatt 484–490, hier Blatt 486.

gentümliche Vermischung von ideellen Zielvorstellungen mit einem klaren Wirtschaftlichkeitsargument war durchaus bezeichnend für die politische Hospizdebatte der 90er Jahre – und wurde sogar seitens der Hospizbewegung selbst bespielt.[147] So unterstrich der (bewilligte) Förderantrag der Hospizinitiative in Lohmar neben dem ethischen Ziel des „Lebensbeistandes" auch das gesellschaftspolitische Ziel einer „Stärkung der Subsidiarität statt Delegation an Institutionen" sowie das ökonomische Ziel einer „Reduktion der Kosten durch ehrenamtliche Solidarität und Betonung des Vorrangs der ambulanten Pflege vor stationärer Unterbringung.[148] In einem Schreiben an das BMA verwies auch Heinrich Pera im Mai 1996 auf die Einsparmöglichkeiten, die sich im Sozial- und Gesundheitswesen durch hospizliche Dienste ergeben würden, „denn sie ermöglichen viele menschliche und billigere Alternativen."[149]

Das Engagement des BMA ging folgerichtig über die bloße finanzielle Förderung einzelner Hospizinitiativen hinaus. Im April 1994 rief der Staatssekretär Bernhard Worms die „Arbeitsgemeinschaft zur Förderung der Hospizbewegung in der Bundesrepublik Deutschland beim Bundesministerium für Arbeit und Sozialordnung", kurz „Arbeitsgemeinschaft Hospiz", ins Leben. Dieser gehörten ein gutes Dutzend Fachleute aus der praktischen Hospizarbeit, der Wissenschaft und den hospizlichen Trägerverbänden an, später kamen Vertreter des BMG und des BMFSFJ hinzu.[150] Darunter befanden sich neben prominenten Hospizpionieren wie Paul Becker und Johann-Christoph Student mit Heinrich Pera, Jo Brombach (Elisabeth-Hospiz Lohmar-Deesem) und Schwester Irmgardis (Franziskus-Hospiz Erkrath-Hochdahl) auch drei Personen, deren Einrichtungen vom Ministerium direkt mit Millionenbeträgen gefördert wurden – mit Pera stimmte das BMA sogar die Mitgliederliste persönlich ab.[151] Hauptaufgabe der Arbeitsgemeinschaft Hospiz war es, Finanzierungskonzepte für stationäre und ambulante Hospizdienste zu entwickeln und insbesondere die Möglichkeit einer Beteiligung der Sozialversicherungssysteme (vor allem der Pflegeversicherung) zu prüfen.[152]

Die Bundespolitik und die Standardisierung der Sterbebegleitung

Darüber hinaus wirkte die Arbeitsgemeinschaft Hospiz wesentlich bei der Normierung der Hospizarbeit in Deutschland mit, deren Notwendigkeit sich fast

---

[147] Vgl. für die Hospizliteratur Albrecht, Hospiz, S. 175.
[148] Antrag des Freundeskreises zur Förderung von Sterbebegleitung und Hospiz Lohmar e. V. vom 20. 5. 1992, in: BA Koblenz, B 149/156528, Blatt 55.
[149] Schreiben vom 3. 5. 1996 BA Koblenz, B 149/149817, Blatt 562.
[150] Vgl. BA Koblenz, B 149/149814, Blatt 850–852 und BA Koblenz, B 149/149817, Blatt 484–490.
[151] Fax von Petrich an Pera vom 18. 1. 1994, in: BA Koblenz, B 149/149814, Blatt 850–852. Vgl. auch BA Koblenz, B 149/149815, Blatt 504 und ebd., Blatt 547. Zur exponierten Stellung Peras innerhalb der „Arbeitsgemeinschaft Hospiz" des BMA vgl. die Akte „Hospiz am St. Elisabeth-Krankenhaus Halle GmbH" im Archiv der Robert Bosch Stiftung, 1106-443.
[152] Vgl. BA Koblenz, B 149/149817, Blatt 255 f.

10.2 Politik und Sterbebegleitung im wiedervereinigten Deutschland 533

zwangsläufig aus der finanziellen Förderung durch staatliche Stellen ergab. Bereits im März 1993 hatte das BMA ein „Konzept des Bundesministers für Arbeit und Sozialordnung zur Förderung von Hospizeinrichtungen" entwickelt, das inhaltliche Kriterien für gute Hospizbetreuung benannte und im Juni desselben Jahres als Richtlinie an die Bundesländer verschickt wurde. Dieses verschriftlichte nicht nur die Fördermöglichkeiten des BMA und deren Grenzen (zum Beispiel die nicht mögliche Übernahme von Personalkosten oder anderen laufenden Kosten), sondern definierte auch in groben Zügen unterschiedliche Hospizmodelle (stationär, ambulant, Palliativstationen) und artikulierte die Vorstellungen des Ministeriums hinsichtlich medizinischer Versorgung, Ausstattung, Größe sowie möglichen Trägern (Kirchen, Verbände der Freien Wohlfahrtspflege, private Vereine). Als ideale Größe für ein stationäres Hospiz seien 8–15 Plätze anzustreben.[153] Diese Richtlinien wurden von der Arbeitsgemeinschaft Hospiz in der Folgezeit weiter verfeinert. Diese befasste sich intensiv mit der Frage einer Standardisierung der Hospizarbeit, etwa der Erarbeitung einheitlicher Aus- und Weiterbildungskonzepte für Hospizhelfer.[154] Im Juni 1997 stellte die Arbeitsgemeinschaft Hospiz schließlich die „Empfehlungen für Qualitätsanforderungen an stationäre Hospize" fertig, die sie anschließend großflächig zirkulieren ließ.[155] Diese waren ungleich detaillierter als die Richtlinien vom März 1993. So wurden nun sogar die Temperatur für Wohn- (22 °C) und Sanitärräume (24 °C) in stationären Hospizen festgeschrieben und die Badewannenlänge auf 170 cm normiert.[156] Mit Blick auf die medizinisch-pflegerische Indikation nannte das Papier namentlich wiederum nur zwei Krankheiten, Krebs und AIDS, bei denen Patienten in der Regel alle Voraussetzungen für eine Aufnahme in das Hospiz erfüllten (progredient, nicht mehr heilbar, begrenzte Lebenserwartung von wenigen Monaten). Explizit hob es die „gleiche Wertigkeit" von (palliativ-)medizinischen und „psychosozialen [sowie] seelsorglich-spirituellen" Maßnahmen hervor, ein Kerngedanke der Hospizbewegung, der aber mit Blick auf Fragen einer gesetzlichen Dauerfinanzierung und der personellen Ausstattung der Hospize durchaus strittig war.[157]

Hier zeigte sich einmal mehr die der Entstehungsgeschichte der Hospizwesens eigene Wissenszirkulation, an der nun auch die bundesdeutsche Politik mitwirkte. So kontaktierte das BMA bei Sachfragen stets dieselben Experten aus der Hospizbewegung und kooperierte eng mit der in Halle an der Saale sitzenden BAG Hospiz um Heinrich Pera. Obwohl diese erst im Februar 1992 gegründet worden war

---

[153] Förderkonzept des Bundesministers für Arbeit und Sozialordnung vom 25. 3. 1993, in: BA Koblenz, B 149/149813, Blatt 658–662.
[154] Vgl. etwa die „Empfehlungen für Vorbereitungskurse für Hospizhelfer" des BMA vom 31. 10. 1995, in: BA Koblenz, B 149/149817, Blatt 408–411.
[155] Empfehlungen für Qualitätsanforderungen an stationäre Hospize der Arbeitsgemeinschaft zur Förderung der Hospizbewegung in der Bundesrepublik Deutschland beim Bundesministerium für Arbeit und Sozialordnung vom 12. 6. 1997, in: BA Koblenz, B 149/149819, Blatt 29–41.
[156] Ebd., Blatt 31.
[157] Ebd., Blatt 38–40.

und ihre Stellung als repräsentativer Dachverband der deutschen Hospizbewegung angesichts ihres Konkurrenzverhältnis zu anderen Vereinen in jenen Jahren noch keinesfalls unumstritten war, erlangte sie im BMA rasch eine Exklusivstellung als Ansprechpartner in Hospizfragen. So wurden Vertreter der BAG Hospiz im März 1993 von Staatssekretär Worms persönlich im BMA zu einer Unterredung empfangen und über die Förderpläne des Ministeriums informiert.[158] Umgekehrt nahm eine BMA-Mitarbeiterin kurz darauf an der zweiten Mitgliederversammlung der BAG Hospiz in Aachen teil und informierte ihre Vorgesetzten darüber in einem internen Vermerk.[159] Mehr noch: Der zuständige Referatsleiter Petrich näherte sich zunehmend persönlich der Hospizbewegung an und hielt einige Vorträge auf Hospizkongressen, etwa bei der Feier zum zehnjährigen Bestehen der von Paul Becker gegründeten IGSL in Bad Kreuznach im Jahr 1996.[160] Einer dieser Beiträge zum Thema „Hospize und Pflegeversicherung" wurde sogar in die dritte Auflage des Hospiz-Buches von Johann-Christoph Student aufgenommen, dem Grundlagenwerk der deutschen Hospizbewegung.[161]

Die engen Beziehungen zwischen BAG Hospiz und BMA und die Bemühungen um eine Standardisierung der Wissensbestände mündeten Mitte Januar 1994 in eine gemeinsame Veranstaltung im Wissenschaftszentrum Bonn. Hintergrund des vom BMA finanzierten Kongresses waren unter anderem Klagen von Verbänden wie dem Kuratorium Deutsche Altershilfe, die angesichts eines sprunghaften Anstiegs an Förderanträgen von Hospizinitiativen ein Informationsdefizit hinsichtlich der Richtlinien für Hospizarbeit auf Bundesebene beklagten.[162] Die als „Informationstag Hospiz" ausgeflaggte Veranstaltung, an der auch Bundespräsident Richard von Weizsäcker teilnahm, versammelte wichtige Persönlichkeiten aus dem Hospiz- und Palliativbereich wie Eberhard Klaschik oder Petra Muschaweck-Kürten und erregte große Aufmerksamkeit in Politik und Hospizbewegung. Staatssekretär Worms stellte in seiner Rede unmissverständlich klar, dass die Zukunft des Hospizwesens und insbesondere dessen finanzielle Absicherung untrennbar mit der Pflegeversicherung, und damit dem BMA, verbunden sei.[163] Bundespräsident von Weizsäcker, der bereits im Mai 1993 die Schirmherrschaft für die deutsche Hospizbewegung übernommen hatte, bezeichnete in seiner An-

---

[158] Protokoll des Treffens am 23. März 1993, in: BA Koblenz, B 149/149814, Blatt 81–84. Zur Gründung und Position der BAG Hospiz vgl. Kap. 8.2.
[159] Ebd., Blatt 88–90.
[160] Vgl. BA Koblenz, B 149/149818, Blatt 1–19 und Interview Petrich.
[161] Petrich, Hospize. Vgl. hierzu die Korrespondenz zwischen Petrich, Student und dem Freiburger Lambertus-Verlag, in: BA Koblenz, B 149/149815, Blatt 395–406 und Blatt 558–569.
[162] Vgl. interner Vermerk des BMA vom 17. 8. 1993 über eine Besprechung mit dem Kuratorium Deutsche Altershilfe (KDA) in Köln zum Thema Hospiz-Einrichtungen, in: BA Koblenz, B 149/149814, Blatt 260–262.
[163] Vgl. zum Informationstag Hospiz am 13. 1. 1994 die Pressemitteilung der BAG Hospiz vom 10. 1. 1994, in: BA Koblenz, B 149/149814, Blatt 697 sowie die Korrespondenz, Manuskripte und Programme in ebd., Blatt 729–760 und Blatt 840–848 (Rede von Worms). Zur Wahrnehmung der Veranstaltung in der Hospizbewegung vgl. Hospiz-Informationsdienst Nr. 1/1994 vom 18. März 1994, v. a. S. 4.

10.2 Politik und Sterbebegleitung im wiedervereinigten Deutschland 535

sprache die Idee nicht nur als einen „Segen für Todkranke und Sterbende, sondern für alle Mitmenschen."[164] Sowohl seitens der BAG Hospiz als auch des BMA wurde die Veranstaltung als großer Erfolg bewertet, so dass einige Jahre später Überlegungen zu einem zweiten Informationstag aufkamen. In dem von Pera erarbeiteten und Ende 1997 an BMA wie BMG übersandten Konzeptpapier war der Diskussionspunkt „die zuständigen Bundesministerien als ‚Diener', wie können sie die Hospizbewegung schützen" aufgeführt, eine Formulierung, die deutlich die durch das enge Verhältnis zur staatlichen Politik gestiegene Erwartungshaltung der BAG Hospiz ausdrückte. Die Vorstellung, als „Diener" der Hospizbewegung zu fungieren, ging beiden Ministerien dann aber doch deutlich zu weit, so dass sie das Konzept verwarfen.[165]

Zu diesem Zeitpunkt hatte – analog zur Situation in den Kirchen und in der Bewegung selbst – bereits eine wahre Flut an Tagungen und sonstigen Veranstaltungen zur Hospizidee mit politischem Hintergrund eingesetzt, hinter denen laut einer verantwortlichen Ministerialrätin das Ziel stand, mit geringen Mitteln Impulse zu setzen sowie „die Kommunikation und die Transparenz in der Szene zu fördern."[166] Nachdem im Herbst 1992 die Landesregierung Nordrhein-Westfalen eine „Fachtagung Sterbebegleitung" und das BMFuS ein Symposium „Sterben und Sterbebegleitung – ein interdisziplinäres Gespräch" in Wachtberg-Niederbachem organisiert hatten,[167] sprangen immer mehr Akteure auf Bundes- und Länderebene sowie in den Parteien und politischen Stiftungen auf den Hospiz-Zug auf.[168] In Expertengesprächen der Senioren-Union („Fragen einer humanes Sterbebegleitung", 10. Dezember 1992 in St. Augustin) sowie der Konrad-Adenauer-Stiftung („Lebensschutz – Sterbehilfe – Sterbebegleitung", 17.-18 Dezember 1993 im Kloster Maria Laach) wurde die Hospizidee jeweils als Mittel gegen die Sterbehilfebewegung und die in den Niederlanden vorangetriebene Legalisierung der „Euthanasie" präsentiert.[169] Nur wenige Wochen nach dem „Informationstag Hospiz" des

---

[164] Ein Abdruck der Rede mit dem Titel „Engagement für ein menschenwürdiges Sterben" findet sich, in: BA Koblenz, B 149/149815, Blatt 118. Zum breiten Presseecho der Veranstaltung und speziell der Weizsäcker-Ansprache vgl. „Menschenwürdigen Tod ermöglichen." *Süddeutsche Zeitung*, 14. 1. 1994.
[165] Vgl. Schreiben von Pera an Horst Seehofer vom 11. 12. 1997 mit Konzeptpapier für einen zweiten Informationstag Hospiz sowie interner Vermerk des BMG hierzu, in: BA Koblenz, B 353/203322, Blatt 44–48.
[166] Interview Weritz-Hanf, S. 5.
[167] Vgl. zu den Veranstaltungen BA Koblenz, BA Koblenz, B 149/149814, Blatt 44–64 und B 149/149815, Blatt 123 sowie die Erinnerung einer beteiligten Ministerialrätin des BMFuS an das Symposium in Wachtberg: Interview Weritz-Hanf, S. 3 f.
[168] Der 1994 publizierte Tagungsband – Fuchs, Sterben (1994) – zu dem BMFuS-Symposium war rasch vergriffen und erschien bis 2001 in insgesamt vier Auflagen. Das Vorwort der letzten Auflage verkündete, dass sich seit der Veranstaltung „der Umgang mit dem Thema Sterben und Sterbebegleitung erkennbar verändert" habe und die Akzeptanz der Hospizidee in der (Gesundheits-)Politik stark gewachsen sei: Fuchs, Sterben (2001), Zitat S. 5.
[169] Vgl. zu den Veranstaltungen die vom BMA – dessen Referatsleiter Petrich jeweils aktiv daran teilnahm – dazu geführten Ergebnisprotokolle, in: BA Koblenz, B 149/149814, Blatt 709–713 bzw. Blatt 447–452 und Blatt 481–487.

BMA Anfang 1994 veranstaltete erneut das BMFuS eine Fachtagung zum Thema „Die Hospizidee braucht keine Mauern – Auf dem Weg zu einem integrativen Hospizverständnis" im Bonner Universitätsclub.[170] Im Sommer 1994 und im Frühjahr 1995 folgten zwei Konferenzen der Friedrich-Ebert-Stiftung unter den Titeln „Humanes Leben, humanes Sterben"[171] und „Der gesellschaftliche Umgang mit Sterben und Tod – Humane, medizinische und finanzielle Aspekte".[172] Das nordrhein-westfälische Ministerium für Arbeit, Gesundheit und Soziales lud im Sommer 1995 zu einer neuerlichen Fachtagung „Hospizbewegung in NRW – Neue Wege in der Sterbebegleitung" nach Bochum ein, auf der neben den üblichen Verdächtigen aus der Hospizbewegung und Palliativmedizin auch Christian Petrich vom BMA einen Vortrag hielt.[173] Am 11. September 1995 veranstaltete schließlich das BMA in Berlin unter der Schirmherrschaft von Bundespräsident Herzog einen Kongress „Humanes Sterben in unserer Gesellschaft" mit 140 Experten aus Palliativmedizin und Hospizbewegung, auf dem Norbert Blüm in seinem Vortrag wortgewaltig klagte: „Wir sterben hierzulande elender als die Armen in den südamerikanischen Favelas!"[174]

Warum Sterbebegleitung? Ursachen für die Entdeckung des Hospizes

Während die Hospizidee also durchaus parteienübergreifend Unterstützung fand, so zeigten sich auf hoher politischer Ebene insbesondere Teile der CDU und speziell die kurz vor der Wiedervereinigung gegründete Senioren-Union sehr aktiv. Deren Bundesvorsitzender war seit 1990 Bernhard Worms, der von 1991 bis 1995 als Staatssekretär im BMA federführend die Hospizförderung vorantrieb.[175] Hinter-

---

[170] Vgl. die Einladung des BMFuS zu dieser Tagung, in: BA Koblenz, B 149/149815, Blatt 122.
[171] Vgl. zu dem gemeinsam mit dem Humanistischen Verband Deutschland organisierten Workshop den Tagungsband von Birnbacher, Leben.
[172] BA Koblenz, B 149/149816, Blatt 28–37 sowie B 149/149817, Blatt 3. Vgl. auch die Tagungsdokumentation, die neben einem kurzen Abriss von Christian Petrich zu Finanzierungsmöglichkeiten über die Pflegeversicherung auch einen Beitrag der zuständigen Referatsleiterin im BMG, Elisabeth Rauterberg, enthielt: Der gesellschaftliche Umgang mit Sterben und Tod: Humane, medizinische und finanzielle Aspekte. Hg. vom Forschungsinstitut der Friedrich-Ebert-Stiftung, Abt. Arbeits- und Sozialforschung. Bonn 1995. Die Nachfolgetagung „Sterben als Teil des Lebens. Humane Sterbebegleitung als gesellschaftliche Herausforderung – Ein internationaler Dialog" fand im Oktober 1996 statt, vgl. das Programm und die Tagungsdokumentation, in: BA Koblenz, B 149/149818, Blatt 342–370.
[173] Vgl. das Programm der Veranstaltung, in: BA Koblenz, B 149/149817, Blatt 479. Bereits im Frühjahr 1994 hatte das Ministerium ein Expertengespräch in Köln veranstaltet, vgl. hierzu die Dokumentation Timmermanns, Grundlagen.
[174] Zit. nach Schreiber, Ende, S. 9. Vgl. zu der Veranstaltung auch die Einladung von Blüm an Horst Seehofer und das Programm, in: BA Koblenz, B 353/238090, sowie exemplarisch für die Medienberichterstattung Beatrice von Weizsäcker: „Der Gesetzgeber ignoriert den Tod. Sterbehilfe nein – Sterbebegleitung ja: Zu mehr können sich Blüms Experten nicht durchringen." *Der Tagesspiegel*, 13. 9. 1995.
[175] Worms pflegte enge persönliche Kontakte zu Vertretern der Hospizbewegung wie Heinrich Pera. Vgl. den Schriftverkehr in: BA Koblenz, B 353/203322, v. a. Blatt 231 f.

grund des starken konservativen Interesses an der Hospizbewegung war eine Mischung von finanz-, gesundheits- und sozialpolitischen Zielen. So erläuterte Worms Ende 1995 in einem Brief an Gesundheitsminister Horst Seehofer die Gründe dafür, dass die Förderung der Hospiz-Idee zu den zentralen Aufgabengebieten der Senioren-Union gehöre: „Wir brauchen in Deutschland mehr Hospize, um den Menschen einen würdigen Tod zu ermöglichen. Hochleistungsmedizin ist in vielen Fällen ein Segen, für manche Menschen jedoch eine Störung auf dem letzten Lebensweg zum sterben [sic], ganz abgesehen von den hohen Kosten in Krankenhäusern, in denen eine Sterbebegleitung kaum bewältigt werden kann."[176] Die Hospizidee erschien folglich als Instrument, um ein sozialverträgliches, „würdiges" Sterben gegen vermeintliche Auswüchse der modernen Medizin zu sichern und damit gleichzeitig die Krankenhäuser zu entlasten sowie eine Kosteneinsparung zu erreichen. Vor diesem Hintergrund stellte die Senioren-Union Ende 1994 auf dem 6. Parteitag der CDU Deutschlands auch einen Antrag auf „Förderung der Hospizarbeit", in dem eine materielle wie ideelle Unterstützung der Hospizbewegung verlangt wurde.[177]

Das starke Interesse der CDU an der Hospizidee erklärt sich mit der sozialpolitischen Neuausrichtung, die sie seit der zweiten Hälfte der 70er Jahre erfahren hatte.[178] Die sowohl vor dem Hintergrund eines Generationenwechsels in der Partei als auch einer wahrgenommen programmatischen Rückständigkeit in diesem Bereich ausgerufene „Neue Soziale Frage" mündete auf dem Bundesparteitag 1975 in die Mannheimer Erklärung.[179] Diese forderte speziell für den Bereich des Gesundheitswesens eine Stärkung der Eigenverantwortung der Bevölkerung sowie einen Ausbau der sozialen Sicherheit, betonte aber zugleich die Bedeutung eines wirtschaftlicheren Einsatzes der vorhandenen finanziellen Mittel.[180] Denn hinter ihr verbarg sich auch eine Kritik an einem vermeintlich übermächtigen Sozialstaat, der zu viele Absicherungen bot. Zu einem wichtigen Schlagwort entwickelte sich dabei „Subsidiarität". So seien gerade im Gesundheitswesen in der Vergan-

---

[176] Kopie des Schreibens des Bundesvorsitzenden der Senioren-Union, Dr. Bernhard Worms, an Horst Seehofer vom 22. 11. 1995, in: BA Koblenz, B 149/149817, Blatt 481.
[177] Vgl. den vom BMA zu den Akten gelegten Antragstext, in: BA Koblenz, B 149/149816 sowie das Protokoll des Parteitages, online unter http://www.kas.de/upload/ACDP/CDU/Protokolle_Parteitage/1994-11-28_Protokoll_06.Parteitag_Bonn.pdf [15. 12. 2021].
[178] Vgl. hierzu Bösch, Macht, v. a. S. 34–37.
[179] Vgl. Christoph Lorke: Armut im geteilten Deutschland: Die Wahrnehmung sozialer Randlagen in der Bundesrepublik und der DDR. Frankfurt a. M. 2015, S. 238 sowie den Text der Mannheimer Erklärung, „Unsere Politik für Deutschland – Mannheimer Erklärung", 23. Bundesparteitag, 23.-25. Juni 1975, Mannheim, online unter http://www.kas.de/upload/themen/programmatik_der_cdu/programme/1975_Mannheimer-Erklaerung-Unsere-Politik-fuer-Deutschland.pdf [15. 12. 2021].
[180] Der Text der Mannheimer Erklärung, „Unsere Politik für Deutschland – Mannheimer Erklärung", 23. Bundesparteitag, 23.-25. Juni 1975, Mannheim, findet sich online unter http://www.kas.de/upload/themen/programmatik_der_cdu/programme/1975_Mannheimer-Erklaerung-Unsere-Politik-fuer-Deutschland.pdf [15. 12. 2021]. Siehe dort zu den gesundheitspolitischen Zielvorstellungen S. 115 f.

genheit Mitbestimmungs- und Mitwirkungsrechte der Bürger ausgehöhlt worden, was sich zu einer Bedrohung der gesellschaftlichen Stabilität entwickelt habe.[181] Daher hob auch das CDU-Grundsatzprogramm 1978 den Zusammenhang von Solidarität und Subsidiarität hervor – Aufgabe des Staates müsse es sein, bürgerliche Initiativen und Selbsthilfe zu erleichtern.[182] Die Hospizbewegung trug dieser Forderung nach mehr Bürgerbeteiligung nicht nur ob ihrer zivilgesellschaftlichen Ursprünge, sondern auch mit ihrer Betonung des Ehrenamtes und der Zielvorstellung eines „Sterbens zu Hause" augenfällig Rechnung. Ihre – nochmals auf einer Fachtagung „Mut zum Leben – Mut zum Sterben – Grenzlinien des Lebens zwischen Lebensrettung und Hilfe beim Sterben" der Senioren-Union im Herbst 1997 in der Katholisch-Sozialen Akademie Münster ausgedrückte – Unterstützung reflektierte somit gut die sozialpolitische Kurskorrektur der CDU.[183] Zudem umgab die Hospizidee eine Aura der Wirtschaftlichkeit, konnten doch gerade durch eine ambulante Versorgung Schwerstkranker die vermeintlich das Gesundheitswesen massiv belastenden Sterbekosten reduziert werden, wodurch sie nicht einmal für die Gegner der „Neuen Sozialen Frage" im rechten Flügel der Partei angreifbar war.

Inhaltlich auffällig am sprunghaft steigenden politischen Interesse an der Hospizbewegung in jenen Jahren ist, dass sich Politiker und Ministerialbeamte deutlich die Krisenrhetorik aneigneten, die sowohl die gesellschaftlichen Debatten um das Sterben allgemein als auch die Hospizbewegung im Speziellen durchzog. Dass das Thema in der Moderne einerseits tabuisiert werde, andererseits der Umgang mit Sterbenden erheblich Mängel aufweise, war in den Bundesministerien wie auf Länderebene zu einem Tatbestand und zur Arbeitsgrundlage geworden. In seiner Eröffnungsrede auf der „Fachtagung Sterbebegleitung" in Düsseldorf im Herbst 1992 beklagte der nordrhein-westfälische Minister für Arbeit, Gesundheit und Soziales das „Todestabu", das in der auf Jugendlichkeit und Konsum ausgerichteten modernen Gesellschaft dominiere: „Und als derzeit zuständiger Gesundheitsminister des Landes füge ich selbstkritisch hinzu: Die mitunter ‚seelenlose Apparatemedizin' der abgeschotteten Intensivstationen [...] hat sicherlich auch dazu beigetragen, das Sterben gesellschaftlich noch stärker zu tabuisieren." Mit diesem für einen Gesundheitspolitiker bemerkenswerten Angriff auf einen der Pfeiler einer modernen, leistungsstarken Krankenhausversorgung inklusive der Übernahme des medizinkritischen Kampfbegriffes „Apparatemedizin" begründete er auch die intensive Auseinandersetzung der Landesregierung mit dem Thema in den letzten beiden Jahren, aus der ein sensiblerer Umgang mit Sterbenden resultieren sollte.[184] Tatsächlich findet sich die gleiche Argumentation bereits in einer Projektskizze „ambulante Sterbebegleitung" für ein Modellförderprogramm des Landes

---

[181] Ebd., S. 98.
[182] Vgl. Döring, Fundament, S. 35 f. sowie das Grundsatzprogramm der CDU Deutschlands, verabschiedet auf dem 26. Bundesparteitag. Ludwigshafen, 23.-25. Oktober 1978, S. 5 f.
[183] Vgl. das Programm der Veranstaltung, in: BA Koblenz, B 149/149819, Blatt 285.
[184] BA Koblenz, B 149/149814, Blatt 44-55.

Nordrhein-Westfalen aus dem Jahr 1991, die die Tabuisierung des Sterbens und dessen Verlagerung in Krankenhäuser und Pflegeheime beklagte: „Sterben als ein natürlicher Prozeß, an dessen Ende der Tod steht, wird der Normalität unseres Lebens entfremdet."[185]

Die Hospizbewegung bespielte folglich die Tabuisierungskarte bewusst, wenn es darum ging, staatliche Unterstützung zu erhalten. So durchzog das gesellschaftskritische Argument einer schädlichen Verdrängung des Todes, die es aufzubrechen gelte, die Förderanträge zahlreicher Hospizinitiativen. Ein Antrag zur Schaffung eines Hospizes in Dortmund begann im September 1991 etwa mit der Feststellung: „In der hochentwickelten und leistungsorientierten Gesellschaft sind Sterben und Tod zu einer Tabuzone geworden."[186] Auch Heinrich Pera betonte in seinem erfolgreichen Konzeptpapier für ein Modellprojekt Hospiz-Hausbetreuungsdienst ein Jahr später, dass „[w]ir alle [...] eine starke Verunsicherung und Verdrängung im Umgang mit Leid, Krankheit, Sterben und Tod" erleben würden. Die Tabuisierung des Sterbens sei keine rein literarische Erscheinung, „sondern belegbar an konkreten Erfahrungen."[187] Im gleichen Stil betonte ein Bamberger Hospizverein die „bisherige Erfolgsgeschichte" der Hospizbewegung, die „das Sterben aus der ängstigenden Tabuisierung befreit, es wieder zu einem Teil des Lebens werden läßt".[188] Auch der Leiter eines Nagolder Pflegeheimes argumentierte im Juni 1997: „Wie weit sind wir braungebrannten, knackigen und erfolgreichen Manager gekommen [sic] wenn wir unserem Ende nicht mehr in die Augen sehen können?"[189] Noch 1999 bewilligte das BMFSFJ aus Mitteln des Bundesaltenplanes einen Förderantrag für eine Veranstaltung eines Braunschweiger Arbeitskreises zum Thema „Das letzte Tabu? Altern, Sterben und Tod in unserer Gesellschaft" in Höhe von fast 8000 DM – an der als „Multiplikatoren-Tagung" ausgeflaggten Konferenz nahmen letztlich nur acht Personen teil.[190] Die in der thanatologischen Forschung bereits in den 90er Jahren stark umstrittene Tabuisierungsthese diente also in der Hospizbewegung nicht nur zur Selbstlegitimation, sondern wurde auch aus finanzstrategischen Gründen funktionalisiert.

Die Landes- und Bundesregierungen sahen sich wiederum in ihrem Engagement für die neuen Praktiken der Sterbebegleitung einem zunehmenden parlamentarischen Druck ausgesetzt, der Folge der intensivierten medialen Rezeption sowie der wachsenden Zahl an Hospizinitiativen in vielen Wahlkreisen gewesen sein dürfte. So häuften sich in den Landtagen Anträge und Anfragen zu diesem Thema. In Baden-Württemberg baten einige CDU-Abgeordnete bereits im Januar 1990 das Ministerium für Arbeit, Gesundheit, Sozialordnung und Familie um eine

---

[185] BA Koblenz, B 149/149814, Blatt 35–43.
[186] BA Koblenz, B 149/149813, Blatt 442–445.
[187] Konzept für das Modellprojekt Hospiz-Hausbetreuungsdienst am St. Elisabeth Krankenhaus in Halle an der Saale vom September 1992, in: BA Koblenz, B 149/149813, Blatt 530–554.
[188] Konzept für ein Hospiz in Bamberg vom 23. 9. 1993, in: BA Koblenz, B 149/149814, Blatt 330–353.
[189] BA Koblenz, B 149/149819, Blatt 43–46, hier Blatt 43.
[190] Vgl. zu der Tagung BA Koblenz, B 189/53717, Blatt 103–130.

Stellungnahme zum Problem der Sterbebegleitung. Die Landesregierung verwies in ihrer Antwort ausweichend auf die bereits existierenden zivilgesellschaftlichen Initiativen in diesem Bereich und sah sich in keiner politischen Verantwortung. Denn die Förderung der inneren Bereitschaft, sich mit dem Sterben auseinanderzusetzen, könne „verständlicherweise nicht durch staatliche Maßnahmen oder Programme erreicht werden. Vielmehr kommt es darauf an, ein gesellschaftliches Klima zu schaffen, das der Verdrängung des Sterbens entgegenwirkt und dem Sterbenden und seinen Angehörigen die gemeinsame Aufgabe verdeutlicht."[191] Zu ähnlich gearteten parlamentarischen Anfragen kam es im Verlauf der 90er Jahre auch in Thüringen, wo ein CDU-Abgeordneter die Unterversorgung mit Hospizen im Vergleich zu allen anderen Bundesländern beklagte,[192] und in Schleswig-Holstein. Die Reaktion der Kieler Landesregierung zeigt, dass sie sich im Unterschied zu den anderen beiden Landesregierungen bereits eingehender mit der Thematik befasst hatte, führte sie doch umfangreich die laufenden Fördermaßnahmen des Landes für ein stationäres Hospiz (der auch vom BMA unterstützten Einrichtung in Rendsburg), einen Hausbetreuungsdienst sowie für ehrenamtliche Hospizhelfer auf und betonte, dass sie perspektivisch mit einem Bedarf von einem stationären Hospizplatz pro 100 000 Einwohnern kalkuliere. Jedoch schränkte sie angesichts der bislang ungenügenden Auslastung des Hospizes in Rendsburg zugleich ein, dass sich der Hospizbereich einer „Planung von oben" entziehe und künftige infrastrukturelle Fördermaßnahmen an die Entwicklung des Hospizgedankens in der Bevölkerung angepasst werden müssten.[193]

Ungleich deutlicher beantwortete die Bundesregierung selbst eine Kleine Anfrage einiger SPD-Abgeordneter zur Versorgung sterbender Menschen in Deutschland („Hospiz-Anfrage") Ende 1993.[194] Die bereits im Titel erfolgte Gleichsetzung des Problems „Versorgung sterbender Menschen" mit dem vermeintlichen Lösungsweg „Hospiz" unterstrich, wie rasch die Hospizidee in der deutschen Politik seit der Wiedervereinigung reüssiert hatte. Dementsprechend forderten die Abgeordneten, dass die Tabuisierung des Sterbens beendet werden müsse und „die Politik die Anstöße aus der Gesellschaft aufnimmt und ihrerseits zu einem Konsens über die Prämissen der Sterbebegleitung sowie ihre politische, rechtliche und finanzielle Absicherung beiträgt."[195] In ihrer Antwort äußerte die Bundesregierung, die die verschiedenen Förderprogramme im Bereich Hospiz und Palliativmedizin aufführte, den Wunsch, dass der gesellschaftliche Einfluss die Hospizbewegung weiter anwachse, sah sie darin doch „eine Chance, langfristig einen Bewußtseinswandel herbeizuführen, der jedem einzelnen wieder den Zugang zu bislang verschütteten

---

[191] Landtag von Baden-Württemberg, 10. Wahlperiode, Drucksache 10/2827, 26. 01. 1990, Zitat S. 2.
[192] Vgl. die Kopie der Drucksache des Thüringer Landtags vom 26. 3. 1996, in: BA Koblenz, B 149/149819, Blatt 253 f.
[193] BA Koblenz, B 353/203322, Blatt 6–17.
[194] Deutscher Bundestag, 12. Wahlperiode, Drucksache 12/6514, 29. 12. 1993, S. 1–28.
[195] Ebd., S. 1.

Fähigkeiten einer selbstverständlichen Sterbebegleitung gerade im häuslichen Bereich erlaubt."[196]

Auf der Suche nach der Dauerfinanzierung – das BMA und die Hospizbewegung

Tatsächlich waren die Erfahrungen des BMA mit der Hospizidee durchweg positiv. Das Ministerium begann daher bereits Anfang 1993 gemeinsam mit der BAG Hospiz, der Bundesarbeitsgemeinschaft der Freien Wohlfahrtspflege (BAGFW) und den Spitzenverbänden der Krankenkassen über das Kernproblem der Hospizbewegung zu beraten, nämlich die Frage der Dauerfinanzierung. So fand im März 1993 eine erste Hospiz-Finanzierungstagung in Bonn statt, im Mai folgte eine Arbeitsbesprechung im BMA, in denen sich die Vertreter aber noch nicht an den heiklen Punkt einer gesetzlichen Absicherung heranwagten, sondern vage auf die Existenz möglicher privater Geldgeber (unter anderem die Robert-Bosch-Stiftung, die Deutsche Krebshilfe und die Deutsche AIDS-Hilfe) verwiesen.[197] Bis dato erfolgte eine sozialpolitische Finanzierung hospizlicher Tätigkeiten im stationären wie ambulanten Bereich auf Basis von losen Absprachen beziehungsweise individuell ausgehandelten Verträgen zwischen einzelnen Hospizinitiativen und den Landesverbänden der Krankenkassen, mitunter auch mit den Landschaftsverbänden oder städtischen Sozialämtern. Diese basierten auf einer entsprechenden Auslegung des § 37 SGB V („Häusliche Krankenpflege"), nämlich dem daraus abgeleiteten Grundsatz der „ausgelagerten Häuslichkeit".[198] Hierdurch ergaben sich in der Hospizarbeit „extreme Formen eines Finanzierungsmix", der oft lückenhaft und stets prekär blieb.[199] Die abgerechneten Tagespflegesätze variierten sogar innerhalb Nordrhein-Westfalens massiv, wie eine Erhebung des BMA ergab. Ferner konstatierte das Ministerium mancherorts starke Vorbehalte der Krankenkassen gegenüber der Hospizidee. Laut einer Stellungnahme des zuständigen Referats von Anfang 1993 standen beispielsweise die Krankenkassen im Rhein-Sieg-Kreis Hospizdiensten „sehr skeptisch gegenüber": Ein Vertreter der Arbeitsgemeinschaft der Krankenversicherungsträger habe mitgeteilt, dass die vorliegenden Anträge alle abgelehnt würden, da die Einrichtung von separaten Einrichtungen „für die letzte Lebens- bzw. Sterbensphase" einen „Bankrott" der Krankenkassen zur Folge hätte. Darüber hinaus seien die von den Krankenkassen andernorts vergüteten Tagespflegesätze von 145 bis 175 DM nicht kostendeckend: Die Hospize in Nordrhein-Westfalen hätten mithin Fehlbeträge in einer Höhe von 74 bis 90 DM pro Tag zu

---

[196] Ebd., S. 3.
[197] BA Koblenz, B 149/149814, Blatt 152–161.
[198] Vgl. etwa die Korrespondenz des Stuttgarter Hospizes mit dem BMG, in: BA Koblenz, B 353/ 4422 sowie zum Konzept „ausgelagerter Häuslichkeit", über das etwa Kurzzeitpflegeeinrichtungen abgedeckt wurden, auch Rest, Sterbebeistand (2006), S. 234 und Kap. 8.2.
[199] Vgl. den zeitgenössischen Überblick über die Finanzierungsstrukturen im Hospizbereich von Klie, Sozialleistungsrecht, Zitat S. 96.

beklagen, die in manchen Fällen über Spenden oder Mitgliedsbeiträge der Hospizvereine ausgeglichen, in anderen von den Pflegebedürftigen oder deren Angehörigen als Eigenbeteiligung erbracht werden müssten. Als Fazit formulierte die Stellungnahme, dass die Gefahr einer Zwei-Klassen-Versorgung am Lebensende bestehe, in der nur für finanziell bessergestellte Sterbende ein Hospizaufenthalt möglich sei.[200]

Als Grundproblem für die Dauerfinanzierung von Hospizleistungen erwies sich insbesondere die Skepsis der Krankenkassen, die der stärker von der professionellen Gesundheitsversorgung gelösten Hospizidee deutlich zurückhaltender begegneten als der Palliativmedizin. So begrüßte beispielsweise der Verband der Angestellten-Krankenkassen (VdAK) im Mai 1994 in einem Rundbrief an seine Landesausschüsse zum Thema „Medizinische Sterbebegleitung in Hospizen" zwar die neue Intensität des gesellschaftlichen „Ringens um eine menschenwürdige Sterbephase" und bot Informationen zur Abrechnung entsprechender Leistungen. Jedoch wurden die Kriterien für die Hospizbetreuung und das Anforderungsprofil an stationäre Hospize durchaus restriktiv ausgelegt.[201] Eine weitere Ursache für die zähen Verhandlungen mit den Krankenkassen bezüglich einer Dauerfinanzierung von Hospizdiensten lag in der fehlenden gesetzlichen Grundlage – so war „Hospiz" nach wie vor kein Rechtsbegriff. Das BMA drängte daher auf eine Neuregelung des § 37 SGB V. Einen Vorschlag des Ministeriums für Arbeit, Gesundheit und Soziales des Landes Nordrhein-Westfalen, nach dem der „Aufenthalt in stationären Hospizen" explizit in Satz 1 § 37 SGB V aufgenommen werden sollte, begrüßte das Bundesministerium im August 1996 nachdrücklich. Denn dieser entspreche laut einem internen Vermerk genau der eigenen Position, wie auch Bundesarbeitsminister Blüm in einem Schreiben an seinen Amtskollegen Horst Seehofer im BMG bestätigte.[202]

Zu diesem Zeitpunkt hatte sich das Problem indes bereits infolge des Inkrafttretens der 2. Stufe des Pflege-Versicherungsgesetzes (PflegeVG) zum 1. Juli 1996 dramatisch verschärft, da hierdurch die Zuständigkeit für die Finanzierung stationärer medizinischer Behandlungspflege von der Kranken- auf die Pflegeversicherung wechselte.[203] In diesem Zuge gab das BMG die weite Auslegung des Konzeptes „ausgelagerter Häuslichkeit" aufgrund rechtlicher Bedenken und auf Drängen der Krankenkassen auf. So hieß es in einem internen Vermerk des BMA dazu, das BMG habe über Jahre hinweg toleriert, dass die Krankenkassen bestehende Verträge zur Finanzierung der stationären Hospizarbeit erfüllten oder diese stillschweigend bezuschussten. Nun aber dränge das Nachbarministerium auf deren Kündigung, da es diese Form einer „ausgelagerten häuslichen Krankenpflege" für

---

[200] Stellungnahme des Leiters des Referats Va 3 betreffs Kosten der Hospizeinrichtungen vom 8. Januar 1993, in: BA Koblenz, B 353/224678.
[201] Eine Kopie des Rundbriefs findet sich, in: BA Koblenz, B 149/149815, Blatt 416–433.
[202] BA Koblenz, B 149/149818, Blatt 238 f.
[203] Vgl. Heinz Rothgang: Theorie und Empirie der Pflegeversicherung. Münster 2009, S. 104.

rechtswidrig halte.[204] Die Hospizbewegung reagierte hierauf mit lautstarken Appellen an Politik und Öffentlichkeit, unter anderem der „Freiburger Erklärung" der Professoren Thomas Klie und Johann-Christoph Student, der sich über 300 Wissenschaftler und Hospizvertreter anschlossen.[205] Eine Pressemitteilung der BAG Hospiz mit dem Titel „Hospize in Gefahr. Pflegeversicherungsgesetz stellt stationäre Hospize vor die Existenzfrage" beklagte, dass stationäre Hospize Pflegeeinrichtungen und nicht etwa krankenhausähnlichen Einrichtungen zugeordnet würden. Da der Großteil der dort betreuten Patienten aber keine Pflegefälle seien, sondern ohne Hospizversorgung weiterer Klinikbehandlung bedürften, kämen nicht zuletzt enorme Mehrkosten auf die Krankenkassen zu.[206]

Das BMA teilte diese Auffassung – ebenso wie einige Landesregierungen, etwa aus Nordrhein-Westfalen und Sachsen-Anhalt, die entsprechende Stellungnahmen an die Bundesregierung formulierten.[207] In einem Protokoll über eine Besprechung mit Hospizvertretern Anfang Juli 1996 betonte Petrich, dem BMG müsse deutlich gemacht werden, dass die Hospizversorgung „eine Nahtstelle zur vollstationären Einrichtung (Krankenhaus)" darstelle und „die Versorgung und Betreuung im stationären Hospiz preiswerter ist als ein Krankenhausaufenthalt."[208] Bereits zuvor hatte er in einem internen Vermerk an Staatssekretär Wilhelm Hecker gefordert, dass das BMA in der Sache initiativ tätig werden müsse, um politischen Schaden zu verhindern – hierbei stand nicht zuletzt die Befürchtung im Raum, dass die Existenz der über das eigene Modellprojekt mit einem zweistelligen Millionenbetrag aufgebauten Hospize gefährdet war.[209] In der Folge arbeitete das Ministerium intensiv an einer Übergangslösung. So erging im Juni 1996 kurzfristig eine Einladung an die Bundesverbände der Krankenkassen zu einer Besprechung, deren einziger Tagesordnungspunkt die Finanzierung stationärer Hospize war. Mit dem BMG und den Vertretern der Krankenkassen wurde zunächst eine Fortsetzung der bisherigen Regelung bis Jahresende 1996 ausgehandelt.[210]

Das Thema Hospizversorgung war folglich bereits ganz oben auf der politischen Agenda angekommen, als der VdAK Ende 1996 verkündete, die krankenkassensei-

---

[204] Vgl. Bundesarchiv Koblenz, B 149/149817, Blatt 696–699. Da die Leistungen der Pflegeversicherung (83 DM pro Tag) deutlich niedriger waren als die bisher übliche Krankenkassenleistung (170 DM), prophezeite das BMA daher eine existenzbedrohende Finanzierungslücke für stationäre Hospize. Vgl. hierzu auch Kap. 8.2 sowie Heller u. a., Geschichte, S. 215, die dem BMG unter Seehofer allerdings irrtümlich unterstellen, ein „Gesetz" abgeschafft zu haben.
[205] Vgl. Student/Napiwotzky, Palliative Care, S. 12. Zur Medienberichterstattung über die Finanzprobleme im Hospizbereich, durch die weiterer Druck auf die politischen Entscheidungsträger ausgeübt wurde, vgl. exemplarisch Ulrike Bauer: „Hospize fürchten Finanzkollaps. Verband lehnt Pläne des Gesundheitsministeriums ab." *Frankfurter Rundschau*, 30. 10. 1996.
[206] Eine Kopie der Pressemitteilung findet sich, in: BA Koblenz, B 149/149817, Blatt 643.
[207] Bundesarchiv Koblenz, B 149/149817, Blatt 684–686 und Blatt 807.
[208] Bundesarchiv Koblenz, B 149/149817, Blatt 721–723.
[209] Bundesarchiv Koblenz, B 149/149817, Blatt 696–699.
[210] Bundesarchiv Koblenz, B 149/149817, Blatt 681 f.

tige Finanzierung stationärer Hospize nicht noch einmal übergangsweise zu verlängern.[211] Als Reaktion darauf beschloss eine Arbeitsgruppe der CDU/CSU-Bundestagsfraktion Anfang Dezember, auf eine Rechtsgrundlage für die Finanzierung stationärer Hospize zu drängen – bis zu deren Umsetzung sollten die Krankenkassen verpflichtet werden, das bisherige Finanzierungsmodell fortzuführen.[212] Hintergrund war wohl auch der immer weiter steigende Druck seitens der Landespolitik und der Öffentlichkeit. So schaltete sich etwa der Hildesheimer Bischof Josef Homeyer in einem persönlichen Schreiben an Bundesarbeitsminister Blüm ein.[213] Sein Amtskollege Horst Seehofer empfing im BMG Vertreter der Deutschen Hospiz Stiftung (DHS), darunter deren Schirmherrin, die Schauspielerin Uschi Glas.[214] Eine Entschließung der am 21. und 22. November 1996 in Cottbus tagenden 69. Gesundheitsministerkonferenz (GMK) forderte Bund und Länder auf, die „Versorgungssituation schwerstkranker und sterbender Menschen [...] auf eine tragfähige strukturelle und finanzielle Basis" zu stellen.[215] Mitte Dezember 1996 verständigte sich die Regierungskoalition auf die Lösung mit einer gesetzlichen Neuregelung sowie einer Übergangszeit, in der die bisherigen Leistungen weiter erfolgen sollten.[216] Dementsprechend wies der zuständige Ministerialdirektor im BMG die Spitzenverbände der Krankenkassen am 18. Dezember 1996 an, alle auf Grundlage des § 37 SGB V geschlossenen Verträge mit Alten- und Pflegeheimen zu kündigen, die bislang praktizierte Regelung für stationäre Hospize aber zunächst beizubehalten.[217]

Die dringend nötige Reform erfolgte schließlich im Jahr 1997. So sah das Zweite Gesetz zur Neuordnung von Selbstverwaltung und Eigenverantwortung in der gesetzlichen Krankenversicherung (2. GKV-NOG) vom 23. Juni 1997 einen Rechtsanspruch Sterbender auf Leistungen der Krankenversicherung im Falle einer Behandlung im stationären oder teilstationären Hospiz vor.[218] Am 1. Juli trat der durch dieses Gesetz eingeführte neue § 39a im Sozialgesetzbuch V in Kraft, in dem erstmals der Begriff „Hospiz" namentlich genannt und über den so eine ge-

---

[211] Vgl. etwa das Schreiben des VdAK an Heinrich Pera, in: BA Koblenz, B 149/149818, Blatt 632 f.
[212] Eine Kopie der Entschließung findet sich, in: BA Koblenz, B 149/149818, Blatt 615 f.
[213] BA Koblenz, B 149/149818, Blatt 603 f.
[214] Vgl. zu diesem Treffen auch Golek, Standort, S. 60. Zur Rolle von Uschi Glas in der DHS und den Hintergründen ihres Engagements vgl. „,Hospize sind auch fröhliche Häuser'. Special-Interview mit Uschi Glas über die Betreuung Sterbender." *Spiegel Special* 11 (1998), Nr. 7, S. 106 f., online unter: https://magazin.spiegel.de/EpubDelivery/spiegel/pdf/7925020 [15. 12. 2021] sowie Interview Brysch, S. 13 f.
[215] Vgl. die Ergebnisniederschrift der 69. GMK, in: BA Koblenz, B 353/203322, Blatt 25.
[216] Vgl. auch die Meldung des Pressedienstes der CDU/CSU-Bundestagsfraktion vom 11. 12. 1996 mit dem Titel „Lohmann/Thomae/Zöller: Finanzierung der Hospize gesichert", in: BA Koblenz, B 149/149818, Blatt 683 f.
[217] BA Koblenz, B 149/149818, Blatt 831 f.
[218] Zweites Gesetz zur Neuordnung von Selbstverwaltung und Eigenverantwortung in der gesetzlichen Krankenversicherung (2. GKV-NOG) vom 23. Juni 1997, in: Bundesgesetzblatt 1997, Teil 1, Nr. 42, S. 1520–1536, hier S. 1522.

setzliche Dauerfinanzierungsgrundlage geschaffen wurde.[219] Bis zum Abschluss einer die konkrete finanzielle Umsetzung regelnden Rahmenvereinbarung mit den Krankenkassen sollte es infolge komplizierter Verhandlungen jedoch noch etliche Monate dauern. Trotz der rechtlichen Verankerung gab es seitens der Sozialämter und Krankenkassen nach wie vor Widerstand. So zweifelte etwa der Vorsitzende der Bundesarbeitsgemeinschaft der überörtlichen Träger der Sozialhilfe (BAGüS) in einem Schreiben an den VdAK im Januar nicht nur die Berechnungsgrundlage für den Bedarf an stationären Hospizen an (statt 8000 Plätzen seien deutschlandweit max. 800 nötig), sondern stellte sogar deren Existenzberechtigung generell in Frage: Gerade der Aussage der Hospizbewegung, dass „die meisten Kliniken und Pflegeheime nicht aus eigener Kraft eine menschenwürdige Sterbebegleitung anbieten können, kann nicht gefolgt werden", vielmehr gehöre dies zu den selbstverständlichen Aufgaben qualifizierter Pflegeheime.[220]

Der zentrale Streitpunkt war die Eigenbeteiligung der Hospize in Form von Spenden sowie einer Anrechnung ehrenamtlicher Tätigkeit. Verschärft wurde dieser infolge der Heterogenität der Hospizbewegung, die in der Frage gespalten war. Die BAG Hospiz drängte auf einen schnellen Vertragsabschluss und war bereit, die von den Krankenkassen zunächst geforderte Eigenbeteiligung von 30% als Verhandlungsgrundlage zu akzeptieren. Dagegen brachen Caritas, Diakonie und der Deutsche Paritätische Wohlfahrtsverband die Gespräche ab, da ihrer Auffassung nach die Gefahr bestand, dass das Ehrenamt zur Entlastung der Krankenkassen missbraucht würde.[221] In der prekären Situation vertieften sich demnach die Gräben innerhalb der Hospizbewegung. So kritisierte Heinrich Pera in einem ausgiebigen Briefverkehr mit Familienministerin Claudia Nolte die pauschale Ablehnung einer „Defizit-Finanzierung" seitens der Wohlfahrtsverbände; die klare Absage stünde der ursprünglichen Hospizidee entgegen.[222] Die BAG Hospiz führte daher nach Aufforderung einer Reihe von finanziell gefährdeter, privater Hospize die Verhandlungen alleine fort und schloss am 13. März 1998 mit den Krankenkassen eine Rahmenvereinbarung, die eine auf 10% reduzierte Eigenbeteiligung vorsah und die zum 1. Mai 1998 in Kraft trat – ohne von den Wohlfahrtsverbänden unterzeichnet worden zu sein.[223] Erst Anfang 1999 stimmten schließlich alle Beteiligten einer leicht modifizierten Rahmenvereinbarung zu. Diese nannte in

---

[219] Vgl. den entsprechenden Änderungsentwurf des SGB V, in: BA Koblenz, B 149/149818, Blatt 844. Vgl. hierzu auch Jordan, Hospizbewegung, S. 111–116.

[220] Schreiben vom 18. 11. 1997, 11. 12. 1997, 13. 1. 1998 und 20. 1. 1998, in: BA Koblenz, B 353/203322, Blatt 56.

[221] Vgl. zur Position der christlichen Wohlfahrtsverbände die Presseerklärung des Deutschen Caritasverbandes vom 13. März 1998, in: BA Koblenz, B 353/203322, Blatt 169 sowie die Meldung des Evangelischen Pressedienstes: „Stationäre Hospize in Gefahr" vom Mai 1998.

[222] Vgl. Schreiben vom 20. 01. 1998, in: BA Koblenz, B 189/100277. Zum Engagement Noltes für die Hospizbewegung, das laut einer BMFuS-Ministerialrätin auf eine persönliches Interesse der Ministerin am Thema zurückzuführen war, vgl. Interview Weritz-Hanf, S. 12 f.

[223] Rahmenvereinbarung zur Sicherung der Qualität der stationären Hospizversorgung vom 13. 03. 1998, in: BA Koblenz, B 353/203322, Blatt 239–250. Vgl. zu den komplexen Verhandlungen ebd., Blatt 171–237.

der Präambel das Ziel, die Lebensqualität Sterbender zu verbessern und aktive Sterbehilfe auszuschließen. Ferner wurden Versorgungsumfang, Qualitätsanforderungen und Anspruchsberechtigte festgelegt, namentlich Patienten, die an Krebs, AIDS und unheilbaren Erkrankungen des Nervensystems litten oder sich im Endzustand einer chronischen Nieren-, Herz-, Verdauungstrakt- oder Lungenerkrankung befanden.[224] Die Krankenkassen vergüteten Pflegeleistungen in stationären Hospizen fortan mit 257 DM (respektive 218 DM in den neuen Bundesländern) pro Tag und Patient. Auch wenn dieser Betrag nicht komplett kostendeckend war und Hospize weiterhin auf Spenden oder Eigenleistungen angewiesen blieben, war die Integration von Hospizidee in das Gesundheitswesen damit abgeschlossen – obschon es in den kommenden Jahren zu zahlreichen Erweiterungen kam, über die etwa die gesetzlichen Fördermöglichkeiten für ambulante Hospizdienste ausgebaut wurden.

Der Siegeszug des Hospizes: Konflikte und Folgen

Auf den ersten Blick mag die Aufnahme von Hospizidee und Palliativmedizin in die sozial- und gesundheitspolitischen Strukturen der wiedervereinigten Bundesrepublik in den 90er Jahren somit recht unproblematisch und geradlinig wirken, zumal sie mit der gesetzlichen Verankerung des § 39a SGB V in einen klaren Erfolg mündete, der eine dauerhafte Verankerung der Hospizidee im deutschen Gesundheitswesen und in der Sozialgesetzgebung ermöglichte. Dies darf jedoch nicht darüber hinwegtäuschen, dass sich mit ihr zahlreiche Probleme und Kontroversen auf unterschiedlichen Ebenen verbanden.

Eine erste Konfliktlinie verlief quer durch die Bundesländer beziehungsweise zwischen Bund und Ländern. Deren Interesse an der Hospizidee und entsprechenden Förderprogrammen war – wie oben bereits angedeutet – in den 90er Jahren noch stark unterschiedlich ausgeprägt. Während einige Bundesländer der Thematik überhaupt keine Aufmerksamkeit schenkten und sogar Anfragen des BMA, etwa im April 1992 zum Stand der Hospizversorgung, komplett ignorierten, engagierten sich andere umso stärker.[225] Zu letzterer Gruppe zählten Baden-Württemberg, in dessen Landtag das Problem „Sterben heute" zwischen Juni 1992 und August 1994 alleine 20 mal diskutiert wurde,[226] und Bayern, wo sich die Staatsregierung vergleichsweise früh zur Hospizidee bekannte und das Sozialministerium den 1993 fertiggestellten Neubau des Johannes-Hospizes in München mit 8 Millionen DM förderte.[227] Das größte landespolitische Engagement ging von

---

[224] Vgl. die Rahmenvereinbarung zur Sicherung der Qualität der stationären Hospizversorgung vom 13. 03. 1998, i. d. F. vom 09. 02. 1999, in: BA Koblenz, B 353/224678.
[225] Vgl. BA Koblenz, B 149/149814, Blatt 840–848 und B 149/149815, Blatt 325 f.
[226] Vgl. Blumenthal-Barby, Türen, S. 9.
[227] Paradoxerweise fiel das in Bayern als „Modellprojekt Hospiz" ausgeflaggte Johannes-Hospiz (vgl. Kap. 9.1) im Bereich des Bundes in die Zuständigkeit des BMG, da es wegen der institutionellen Anbindung an ein Krankenhaus als Palliativstation galt, vgl. BA Koblenz, B 353/4423. Vgl. zur Position der Bayerischen Staatsregierung die Akte „Hospize und Sterbekliniken" (1985–1992) in BHStA, MInn 105398, sowie deren Antwort auf eine Anfrage eines Grü-

Nordrhein-Westfalen aus, das sich in den 80er Jahren zum Zentrum der deutschen Hospizbewegung entwickelt hatte. Eben dort wurden ab Mitte der 80er Jahre die ersten Palliativstationen (Köln, Bonn) sowie stationären Hospize (Recklinghausen, Aachen) in der Bundesrepublik aufgebaut.[228] Ende 1991 schuf die Landesregierung zwei Stellen zur Koordination der Hospizarbeit, von denen eine in Bonn am Malteser-Krankenhaus bei Eberhard Klaschik und eine in Münster bei Franco Rest angesiedelt war. Der im April 1992 gegründete Trägerverein ALPHA, die „**A**nsprechstellen im **L**and NRW zur **P**flege Sterbender (später in **P**alliativversorgung umbenannt), **H**ospizarbeit und **A**ngehörigenbegleitung" mit zwei Geschäftsstellen für die Landesteile Rheinland und Westfalen-Lippe übernahm rasch eine wichtige Rolle bei der Vernetzung, Weiterentwicklung und Öffentlichkeitsarbeit der Hospizbewegung.[229] Das starke zivilgesellschaftliche Engagement, die vorhandene hohe Expertise und die große politische Aufmerksamkeit bedingten sich gegenseitig. Seit 1989 arbeitete die nordrhein-westfälische Landesregierung auf die Einbindung der Hospizbewegung im Zuge der neuen Leitlinien der Altenpolitik hin, deren Protagonisten wie Klaschik oder Rest fungierten als Berater.[230] 1990 initiierte das Ministerium für Arbeit, Gesundheit und Soziales (MAGS) neben dem bereits erwähnten Modellprogramm „ambulante Sterbebegleitung", das Hospizvereine gerade im Bereich der Personalkosten unterstützte,[231] auch das bundesweit erste Förderprogramm für stationäre Hospize. Dieses wurde das Ende 1993 verlängert und ausgeweitet – mit dem Elisabeth-Hospiz in Lohmar, dem Franziskus-Hospiz in Erkrath-Hochdahl und dem Verein Bonn Lighthouse unterstützte das Land dabei auch einige Initiativen, die zeitgleich Fördergelder des BMA erhielten.[232] Hinzu kamen begleitende empirische Erhebungen zur Versorgung Sterbender in dem Bundesland sowie Standardisierungsbemühungen.[233] Bereits im Oktober 1991 entstand ein „Konzept zur Verbesserung der Versorgung Sterbender" – also knapp zwei Jahre bevor das BMA sein eigenes Konzept an die Bundesländer versandte.[234]

---

nen-Abgeordneten Anfang 1992 in: Landtag von Bayern, 12. Wahlperiode, Drucksache 12/6080, 07. 04. 1992.

[228] Vgl. zur damaligen Führungsrolle Nordrhein-Westfalens in der deutschen Hospizbewegung auch Interview Overkämping, S. 10, Interview Weihrauch, S. 1–3 und S. 6 f. sowie Kap. 8.2.

[229] Vgl. Gerstenkorn, Hospizarbeit, S. 26–28; Interview Weihrauch, S. 2 und S. 7; Interview Müller, v. a. S. 1–4; Interview Klaschik, S. 4 sowie ausführlich zur Geschichte von ALPHA das Sonderheft 20 Jahre Alpha der Zeitschrift *Hospiz-Dialog Nordrhein-Westfalen* 15 (2013), Nr. 54, URL: https://alpha-nrw.de/wp-content/uploads/2014/07/54-hospiz-dialog-januar-2013-sonderausgabe.pdf [15. 12. 2021].

[230] Vgl. Rest, Vernetzung, S. 73 f. und S. 95–98; Interview Müller, S. 3.

[231] Vgl. Kriterien für die Teilnahme an einer Modellförderung nach der Projektskizze „Ambulante Sterbebegleitung", in: BA Koblenz, B 149/149814, Blatt 35 f.

[232] Vgl. das Modellkonzept des Ministeriums für Arbeit, Gesundheit und Soziales des Landes Nordrhein-Westfalen vom 6. 11. 1993 sowie die Übersicht des BMA über die vom Land NRW geförderten Hospize, in: BA Koblenz, Blatt 666–671.

[233] Vgl. Gaßmann u. a., Untersuchung.

[234] „Konzept zur Verbesserung der Versorgung Sterbender" in Nordrhein-Westfalen vom 7. 10. 1991, in: BA Koblenz, B 149/149813, Blatt 695–699. Die ersten landesweiten Leitsätze für Sterbebegleitung waren bereits 1988/89 unter Mitwirkung des MAGS im Hospiz in Reck-

Dementsprechend waren Streitigkeiten quasi vorprogrammiert. So zeigte sich die in der Hospizbewegung sehr aktive Gruppenleiterin im MAGS Birgit Weihrauch, die 2006 Vorstandsvorsitzende des Deutschen Hospiz- und PalliativVerbandes werden sollte, in einem Brief an Norbert Blüm vom 10. Juli 1992 ungehalten bezüglich einer fehlenden Absprache bei der Finanzierung des Hospizes in Erkrath-Hochdahl: „Üblicherweise geht einer solchen Förderung eine Abstimmung mit dem jeweils betroffenen Bundesland voraus. Dies ist in diesem Fall bedauerlicherweise nicht geschehen."[235] Ferner beanstandete sie inhaltliche Widersprüche zwischen dem „Konzept zur Verbesserung der Versorgung Sterbender" des Landes und dem Förderprogramm des Bundesministeriums, etwa was die optimale Größe stationärer Hospize angeht – ersteres hielt eine optimale Sterbebegleitung nur in kleinen Hospizen mit maximal sieben bis zehn Plätzen für möglich, das BMA förderte aus wirtschaftlichen Erwägungen aber auch deutlich größere Institutionen, in denen mehr Sterbende betreut werden konnten.[236] Als das MAGS im Frühjahr 1994 von der seitens des BMA geplanten Gründung der Arbeitsgemeinschaft Hospiz erfuhr, beklagte sich Staatssekretär Wolfgang Bodenbender bei seinem Amtskollegen Worms über die ausgebliebene offizielle Information hierüber und insistierte auf die Mitwirkung von Ländervertretern. Worms lehnte dies entschieden ab und verwies auf das mangelnde Interesse vieler Länder, das eine flächendeckende Einbindung nicht sinnvoll erscheinen ließe.[237] Zeitgleich brachte Weihrauch das Thema „Hospiz" in die Arbeitsgemeinschaft der Leitenden Medizinalbeamten der Länder (AGLMB) ein und formulierte einen Fragebogen für eine Länderumfrage zum Stand der Hospizversorgung, die allerdings auf wenig Resonanz stieß.[238]

Tatsächlich zeigten sich die meisten anderen Landesregierungen in den 90er Jahren noch deutlich zurückhaltender, was eine gezielte, zumal finanzielle Förderung der Hospizbewegung anging. So wurden in Hamburg sogar Fördergelder des Bundes für eine bereits aktive Hospizinitiative abgelehnt, da das Land nicht bereit war, einen vergleichsweise geringen Anteil zur Dauerfinanzierung des geplanten Hospizes zu leisten.[239] Folge war ein starkes Ungleichgewicht bei der Hospizver-

---

linghausen entwickelt worden; vgl. die Aussagen von Weihrauch in: von Hayek, Situation in Nordrhein-Westfalen, S. 43.

[235] BA Koblenz, B 149/149813, Blatt 693. Zur Biografie von Weihrauch und speziell den Ursprüngen ihres hospizlichen Engagements vgl. Interview Weihrauch, S. 1; von Hayek/Weihrauch, 20 Jahre DHPV, S. 127 und https://www.mittelstandcafe.de/gesundheit-ministerin-steffens-ueberreicht-verdienstkreuz-an-dr-birgit-weihrauch-540008.html [15. 12. 2021].

[236] Dieser Streitpunkt trat im folgenden Jahr in der Abstimmung über das „Konzept zur Förderung von Hospizeinrichtungen" des BMA erneut zutage, wobei sich das Land Nordrhein-Westfalen letztlich den Vorstellungen des Bundesministeriums deutlich annäherte. Vgl. Brief von Birgit Weihrauch an Christian Petrich vom 4. 7. 1993, in: BA Koblenz, B 149/149815, Blatt 322–324.

[237] BA Koblenz, B 149/149815, Blatt 320–325.

[238] Vgl. hierzu die Überlieferung in BHStA, MArb 3859 und MArb 3876.

[239] Vgl. zu der geplanten Förderung ein Schreiben des BMA an das BMG vom 3. 2. 1998, in: BA Koblenz, B 353/203322, Blatt 61 f. sowie Interview Petrich.

10.2 Politik und Sterbebegleitung im wiedervereinigten Deutschland 549

sorgung, bei der speziell ein deutliches Ost-West-Gefälle erkennbar war – sicherlich auch eine Art historische Altlast, deren Wurzeln in der unterschiedlichen Funktion und Ausgestaltung des Ehrenamtes in den Gesundheitssystemen der Bundesrepublik und der DDR lagen.[240] In Nordrhein-Westfalen existierten im April 1996 bereits 170 Hospizinitiativen sowie 21 stationäre Hospize (mit etwa 230 Plätzen) und 10 Palliativstationen (mit circa 70 Betten). Dagegen kam kein anderes Bundesland auf zusammen mehr als sechs stationäre Hospize und Palliativstationen, in der Regel waren es maximal zwei oder drei. Während Baden-Württemberg (130–150), Niedersachsen (37), Bayern (31), Schleswig-Holstein (22) und Berlin (12) zumindest noch auf eine größere Zahl an Hospizvereinen und somit auf beginnende Strukturen hospizlicher Versorgung verweisen konnten, gab es selbst diese in Thüringen (4), Mecklenburg-Vorpommern (1) oder Brandenburg (1) noch kaum.[241]

Zumindest phasenweise konfliktträchtig waren im Bereich der Hospizförderung zweitens die Beziehungen zwischen den Ministerien. Zwar stimmten sich BMA, BMG und BMFuS beziehungsweise BMFSFJ im Laufe der 90er Jahre durchaus ab und beobachteten intensiv die Aktivitäten der anderen Ressorts, jedoch kam es immer wieder zu einem Kompetenzgerangel infolge der nicht ganz eindeutigen Zuständigkeit und der unterschiedlichen Ansätze im Bereich der Sterbebegleitung.[242] So führte das BMA im März 1994 die Aktivitäten des BMFuS im Hospizbereich auf und stellte besorgt fest, dass das Nachbarministerium ein Projekt der (vom BMA als Kooperationspartner strikt abgelehnten) Deutschen Hospizhilfe mit 75 000 DM förderte und substanzielle Baumittel für eine Koblenzer Einrichtung vergeben hatte, die speziell ein Sterben im Pflegeheim ermöglichen wolle. Die klärenden Gespräche mit der zuständigen Referatsleiterin ergaben, dass das BMFuS sich nur insoweit für Hospize zuständig fühlte, wie alte Menschen und Pflegeheime betroffen waren.[243] Tatsächlich hatte das BMFuS bereits Anfang 1992

---

[240] Vgl. zur Geschichte der Hospizidee in der DDR Kap. 8.1.
[241] Vgl. die Übersicht, in: BA Koblenz, B 353/203322, Blatt 17. Dieses Ungleichgewicht bei der Hospizversorgung in den einzelnen Bundesländern war auch Mitte der 2000er Jahre noch stark ausgeprägt. So kamen nach den Angaben des „Hospiz- und Palliativführers" von 2004 in Nordrhein-Westfalen auf 1 Million Einwohner 2,5 stationäre Hospize, während es etwa in Sachsen oder Bayern nur 0,7 waren und in Thüringen noch gar keine stationäre Einrichtung existierte (die erste eröffnete Anfang 2005 in Bad Berka). Vgl. Allert/Bremer, Erfolgsfaktoren, S. 25 f.
[242] Die teils widersprüchlichen Positionen blieben auch anderen Akteuren nicht verborgen. So forderte die nordrhein-westfälische Landesregierung etwa wiederholt eine bessere Abstimmung der Bundesministerien und beklagte, dass BMA stationäre Hospize mit zweistelligen Millionenbeträgen fördere, während zeitgleich das BMG die Krankenkassen zur Kündigung bestehender Versorgungsverträge ermuntere; vgl. BA Koblenz, B 149/149815, Blatt 320 f. und B 149/149817, Blatt 684–686. Tatsächlich lehnte das BMA eine vom BMG vorgeschlagene „interministerielle Arbeitsgruppe" im Juni 1994 dezidiert ab und lud stattdessen Vertreter der Nachbarministerien zur Mitarbeit in im eigenen Haus angesiedelten „Arbeitsgemeinschaft zur Förderung der Hospizbewegung in der Bundesrepublik Deutschland" ein; vgl. BA Koblenz, B 149/149815, Blatt 546–550.
[243] Vgl. interner Vermerk, in: BA Koblenz, B 149/149815, Blatt 123.

nach einem Expertengespräch eine eigene Arbeitsgruppe zur Hospizbewegung eingesetzt.[244]

Nicht zuletzt aufgrund solcher Überlappungen setzte seitens des BMA mitunter auch ein gewisses Konkurrenzdenken gegenüber den Nachbarministerien ein. Dies betraf gerade das BMG, dessen Engagement in Sachen Sterbebegleitung als ungenügend eingeschätzt wurde.[245] Entsprechend animierte Referatsleiter Petrich im Juni 1996 zur umgehenden Versendung der „Empfehlungen für Qualitätsanforderungen an stationäre Hospize" an alle dem BMA bekannten Hospizinitiativen aus Sorge, dass es ansonsten in Hinblick auf das Inkrafttreten des 2. GKV-NOG zu einem Zuständigkeitskonflikt mit dem BMG kommen könnte.[246] Hintergrund waren nicht zuletzt die sich intensivierenden Spannungen mit dem BMG, das sich trotz der nachdrücklichen Bemühungen des BMA in jener Zeit deutlich zurückhaltender bezüglich einer Dauerfinanzierung stationärer Hospize durch die gesetzliche Krankenversicherung zeigte. So beklagte Petrich in einem internen Vermerk im September 1996 Probleme bei der Anfertigung eines gemeinsamen Berichts der beiden Ministerien zum Stand der Hospizbewegung für den Gesundheitsausschuss des Bundestages. Der zuständige Referatsleiter im BMG habe den BMA-Entwurf als zu umfangreich abgelehnt und mit den Worten „Dieses Buch lese ich nicht!" zurückgeschickt: „Ton und Ablauf des Gesprächs lassen keinen Zweifel daran, daß auf Referatsebene eine Einigung zwischen BMG und BMA zu dem Entwurf nicht möglich sein wird."[247]

Eine dritte Konfliktlinie verlief zwischen den unterschiedlichen Trägergruppen der Hospizbewegung. Deren bereits beschriebene Zwistigkeiten spiegelten sich auch und gerade im Ringen um bundespolitische Förderung wider. Die enge Beziehung zwischen BAG Hospiz und BMA war den Institutionen der kirchlichen Wohlfahrtspflege ein Dorn im Auge, die immer wieder versuchten, ihren erheblichen sozial- und gesundheitspolitischen Einfluss gegenüber der außerkirchlichen BAG Hospiz auszuspielen.[248] Im Sommer 1996 kritisierte der Präsident des Deutschen Caritasverbandes Hellmut Puschmann in einem Schreiben, dass die BAG Hospiz in den Gesprächen mit den Bundesministerien das Hospiz als billigere Alternative zum Krankenhaus darstelle: „Sie übersieht dabei gänzlich, daß sie mit solchen pauschalen Aussagen Gefahr läuft, einer Therapiebegrenzung aus ökonomischen Gründen das Wort zu reden."[249] Das BMA vermerkte hierzu wiederum intern, dass die Caritas Positionen vertrete, die mit den eigenen Ansichten und

---

[244] Vgl. hierzu auch Fuchs, Sterben, S. 1.
[245] Vgl. etwa die Kritik des BMA an der vom BMG im Frühjahr 1994 geplanten Neufassung der Approbationsordnung, in der das Thema „Sterben im Krankenhaus" zu randständig bleibe; BA Koblenz, B 149/149815, Blatt 304–306.
[246] BA Koblenz, B 149/149819, Blatt 133.
[247] BA Koblenz, B 149/149818, Blatt 124.
[248] Vgl. hierzu auch Interview Petrich.
[249] BA Koblenz, B 149/149818, Blatt 190–194. Das BMA legte auch einen brieflichen Streit zwischen Pera und einer Caritas-Referatsleiterin zu den Akten, den Pera offenkundig an Petrich weitergeleitet hatte, ebd. Blatt 195–198.

Förderaktivitäten nicht zu vereinbaren seien.[250] Im folgenden Jahr warf die Referentin für Hospizarbeit im Caritasverband für das Bistum Dresden-Meißen dem BMA in einem Schreiben im Zusammenhang mit der Publikation der ministeriellen „Empfehlungen für Qualitätsanforderungen an stationäre Hospize" vor, einen „Alleingang" unter Ausschluss der kirchlichen Wohlfahrtsverbände unternommen zu haben. Diese seien jedoch der wichtigste Akteur im Hospizbereich – so werde etwa die komplette Hospizarbeit in Sachsen durch den Diözesancaritasverband finanziert: „Kirchliche Wohlfahrtsverbände und Hospizarbeit sind nicht voneinander zu trennen."[251]

Die Situation spitzte sich 1997/98 im Zuge der komplexen Verhandlungen über den neuen § 39a SGB V zu. Da Caritas und BAG Hospiz hierzu unterschiedliche Ansichten vertraten, rückte die Frage, welcher Akteur die Hospizbewegung repräsentiere, ganz nach oben auf der Agenda. So betonte die Caritas in einer Presseinformation zum Abbruch der Verhandlungen im März 1998, dass sie zusammen mit der Diakonie und dem Paritätischen Wohlfahrtsverband 95% aller stationärer Hospize vertrete.[252] Zeitgleich bat sie alle katholischen Hospizinitiativen um die Erteilung einer klaren Verhandlungsvollmacht und äußerte dabei die Sorge, dass die BAG Hospiz, die eine außerkirchliche Interessenvertretung mit einer sehr heterogenen Mitgliederstruktur darstelle, die Rahmenvereinbarung mit den Krankenkassen an den Wohlfahrtsverbänden vorbei durchsetzen könne.[253] Kurz darauf, Anfang September 1998, beklagte abermals Puschmann in einem Schreiben an Norbert Blüm und Horst Seehofer, dass die BAG Hospiz – der im Übrigen auch einige Caritas-Hospize angehörten – nicht die maßgebliche Spitzenorganisation im Hospizbereich sei, wie sie selbst und die Krankenkassen behaupteten. Die Verhandlungsvollmacht müsse vielmehr bei den Spitzenverbänden der Freien Wohlfahrtspflege liegen.[254] Das BMA war anderer Auffassung, wie ein interner Vermerk dazu zeigt: Falls sich die Wohlfahrtsverbände mit ihrem Alleinvertretungsanspruch durchsetzten, wäre dies eine Gefahr für die Hospizidee als solche.[255] Daher verwehrte sich das Ministerium im Antwortschreiben an Puschmann nachdrücklich gegen einen Ausschluss der BAG Hospiz aus den Verhandlungen.[256] Auch das BMG erteilte Puschmann in der Sache eine Absage – Seehofer betonte in einem Schreiben an Blüm, dass die Wohlfahrtsverbände „gut beraten [sind], wenn sie den Verträgen beitreten."[257]

Zwischen den außerkirchlichen Hospizorganisationen kam es indes ebenfalls immer wieder zu Spannungen, was auch die Bundesministerien beschäftigte. Mit-

---

[250] BA Koblenz, B 149/149818, Blatt 201.
[251] Schreiben vom 8. 7. 1997, in: BA Koblenz, B 149/149819, Blatt 163 f.
[252] BA Koblenz, B 353/203322, Blatt 169.
[253] Vgl. die vom BMG zu den Akten gelegte Kopie des Schreibens der Caritas vom 9. März 1998, in: BA Koblenz, B 353/203322, Blatt 170.
[254] BA Koblenz, B 353/203322, Blatt 314 f.
[255] BA Koblenz, B 353/203322, Blatt 321–324.
[256] BA Koblenz, B 353/203322, Blatt 327 f.
[257] BA Koblenz, B 353/203322, Blatt 331 sowie Blatt 350–352.

te der 90er Jahre betraf dies insbesondere den Konflikt zwischen der BAG Hospiz und der bereits 1988 gegründeten Deutschen Hospizhilfe, deren Präsidentin, Renate Wiedemann, eine intensive politische Lobbyarbeit betrieb. Die BAG Hospiz um ihren Geschäftsführer Heinrich Pera informierte das BMA regelmäßig über den Zwist. Neben der Frage, ob die Deutsche Hospizhilfe – wie von Wiedemann mitunter suggeriert – einen Dachverband der deutschen Hospizinitiativen darstelle, war der zentrale Streitpunkt, dass der Verein enorme Spendengelder für die „Hospizbewegung" sammelte. Diese kamen aber keinesfalls einzelnen Hospizen zugute, sondern wurden lediglich für eigene Ziele genutzt, also vor allem für Öffentlichkeitsarbeit und zu Beratungszwecken.[258] Während das BMFuS dennoch ein Projekt der Deutschen Hospizhilfe finanziell förderte,[259] lehnte das BMA eine Zusammenarbeit dagegen – wie ein entsprechender interner Vermerk von Anfang 1992 zeigt – bereits früh ausdrücklich ab.[260] Im Sommer 1993 verwarf das Ministerium einen Förderantrag von Wiedemann für eine zentrale nationale Hospiz-Beratungsstelle mit der (offiziellen) Begründung, dass die Hospizidee „innerhalb konkreter Projekte" verwirklicht werden solle.[261] Ungleich ungeschminkter präsentierte Ministerialdirektor Karl Jung Wiedemann die Position des BMA in einem persönlichen Telefongespräch. Jung bügelte Wiedemann derart ab, dass diese einen Beitrag über den Verlauf des Gesprächs im Hausmagazin „Hospiz-Bewegung" verfasste und das BMA um eine Stellungnahme dazu bat.[262] Tatsächlich mühte sich Staatssekretär Worms anschließend um Schadensbegrenzung. Dennoch intervenierte das BMA Ende 1994 auf Drängen von Pera erfolgreich beim Bundespräsidialamt gegen eine von Wiedemann ersuchte Übernahme der Schirmherrschaft für die Deutsche Hospizhilfe durch Bundespräsident Herzog.[263] Eine kritischer Bericht in der ZDF-Sendereihe „Frontal" über die Deutsche Hospizhilfe und deren Umgang mit Spendengeldern führte im Frühjahr 1995 sogar zu internen Vermerken im BMA und im BMG. Bei zukünftigen Anfragen Wiede-

---

[258] Vgl. BA Koblenz, B 149/149816, Blatt 49–60. Vgl. hierzu auch den Artikel „Bundesarbeitsgemeinschaft Hospiz grenzt sich zu ‚Deutsche Hospizhilfe e. V.' ab, in: *Hospiz-Informationsdienst* 1/1995 vom 31. März 1995, S. 2 sowie exemplarisch für die öffentliche Rezeption Michael Kluth: „‚Das schwarze Schaf.' ‚Deutsche Hospizhilfe'. Kein Pfennig für die Sterbenden." *Hamburger Abendblatt*, 6. 4. 1995.

[259] Vgl. den Projektbericht, in: Bundesministerium für Familie, Senioren, Frauen und Jugend, Forschungs- und Modellvorhaben, S. 257 f. Laut der für Hospizförderung im BMFuS zuständigen Ministerialrätin waren im Rahmen der vom Staatssekretär Hasinger persönlich angeordneten Förderung „mehr als zwei oder drei Verstöße gegen Haushaltsrecht" festzustellen; Interview Weritz-Hanf, S. 5 f.

[260] Vgl. BA Koblenz, B 149/149813, Blatt 396–400 sowie B 149/149815, Blatt 123.

[261] BA Koblenz, B 149/149814, Blatt 279–292, Zitat aus dem Schreiben von Staatssekretär Worms an Wiedemann vom 6. 9. 1993, Blatt 291 f.

[262] Vgl. das Schreiben von Wiedemann an Norbert Blüm vom 21. 7. 1993, die Kopie des Beitrages in der „Hospiz-Bewegung" sowie den Brief von Worms an Wiedemann vom 23. 7. 1993, in: BA Koblenz, B 149/149814, Blatt 383–386.

[263] Vgl. BA Koblenz, B 149/149816, Blatt 120–123.

manns, so hieß es dort, müssten die in der Sendung dargelegten Sachverhalte berücksichtigt werden.[264]

Darauf aufbauend darf nicht übersehen werden, dass im Laufe der 90er Jahre ferner immer wieder Konflikte zwischen den Ministerien und der Hospizbewegung auftraten. Trotz der intensiven bundespolitischen Förderung war gerade deren Verhältnis zum BMA nie reibungsfrei.[265] Angesichts all dieser Brandherde erscheint es auf den ersten Blick paradox, dass die anfangs noch belächelte Hospizidee sich innerhalb weniger Jahre derart fest in den Strukturen der deutschen Gesundheitspolitik verankern konnte. Jedoch profitierte die Hospizbewegung in vielen Fällen sogar von den aufgezeigten Konfliktlinien, da sich hierdurch zum Beispiel zusätzliche Förderoptionen (etwa für die vom BMA abgelehnte, aber vom BMFuS geförderte Deutsche Hospizhilfe) oder mehr Handlungsspielraum ergaben. Zugleich erwies sich das wachsende Engagement der Bundesregierung im Hospizbereich in den 90er Jahren als äußerst folgenreich auch für die Hospizidee selbst.

Durch die politische Aufwertung ihrer Arbeit und die sich zunehmend verbessernde Ausstattung wandelte sich der Charakter der Hospizbewegung spürbar, in der Ehrenamt und Spenden sukzessive an Bedeutung verloren. Hierauf verwies Staatssekretär Worms bereits Anfang 1994 auf dem Infotag des BMA, als er eine Professionalisierung der Pflege Sterbender forderte.[266] Mit der gewünschten und überlebensnotwendigen materiellen Absicherung ambulanter und stationärer Hospizleistungen verband sich also eine Abkehr von zentralen Prinzipien der Hospizidee. Ähnliches gilt mit Blick auf die in den 90er Jahren vor allem aufgrund des Drucks seitens des Gesetzgebers, der Verwaltungen und der Krankenkassen vorgenommenen Standardisierungen. Diese monierten wiederholt fehlende Richtlinien für Hospizarbeit und arbeiteten selbst an der Normierung mit.[267] Folge der erhöhten gesundheitspolitischen Aufmerksamkeit und der staatlichen Finanzierung war, dass – ebenfalls entgegen der ursprünglichen Hospizkonzeption – immer mehr Grundsätze „guter" Hospizarbeit in einer zunehmend detaillierten Art und Weise festgeschrieben wurden. Handelte es sich dabei zunächst noch um „Empfehlungen" (etwa „für Vorbereitungskurse von Hospizhelfern" oder „für Qualitätsanforderungen an stationäre Hospize"), deren unmittelbare Geltungskraft sich auf das Modellprogramm des BMA beschränkte, entstand eine Verbindlichkeit der staatlichen Richtlinien spätestens in den Jahren 1997/98 im Kontext der Beratungen um den neuen § 39a SGB V. Denn hierauf drängten die als Geldgeber vorgesehenen Akteure. So meldete etwa Fritz Rolf Baur, der Vorsitzende der

---

[264] Interner Vermerk des BMG vom 12. 4. 1995 sowie des BMA vom 8. 5. 1995, in: BA Koblenz, B 149/149816, Blatt 446 bzw. Blatt 430 f.
[265] Vgl. auch die harsche Kritik von Hospiz-Vertretern an Petrich im Rahmen einer Podiumsdiskussion auf den 2. Bonner Hospiztagen Ende 1993. Eine Tonbandabschrift der Veranstaltung findet sich, in: BA Koblenz, B 149/149815, Blatt 5–40.
[266] BA Koblenz, B 149/149814, Blatt 840–848.
[267] Vgl. u. a. BA Koblenz, B 149/149814, Blatt 260–262; B 149/149815, Blatt 416–433; B 353/203322, Blatt 25;

BAGüS und gleichzeitig Sozialdezernent des Landschaftsverbandes Westfalen-Lippe, in einem Schreiben an Norbert Blüm Anfang 1997 juristische Bedenken gegen die Gewährung eines Rechtsanspruches für Patienten in stationären Hospizen auf Leistungen der gesetzlichen Krankenversicherung an. Da „Hospiz" nach wie vor ein „unbestimmter Rechtsbegriff" sei, müssten zunächst unmissverständlich Form und Voraussetzungen gesetzlicher Hospizleistungen geklärt werden.[268]

Mit der Beseitigung der letzten rechtlichen Grauzonen bezüglich einer gesundheitspolitischen Förderung, insbesondere der bis dato fehlenden Legaldefinition von „Hospiz", ging also eine Kanonisierung der Hospizidee einher, bei der externe Akteure oftmals die treibenden Kräfte waren. So informierte der Geschäftsführer der Bundesarbeitsgemeinschaft der Freien Wohlfahrtspflege den VdAK Anfang 1998 darüber, dass in einem neuen Entwurf für eine Rahmenvereinbarung nach § 39a SGB V die Qualitätsanforderungen an stationäre Hospize wesentlich überarbeitet worden seien, „indem wir hier mehr Vorgaben gemacht haben."[269] Tatsächlich wurden in der Rahmenvereinbarung sogar minutiös Einzelheiten festgeschrieben, zum Beispiel zur korrekten Körperpflege bei Sterbenden.[270] Infolgedessen liefen zahlreiche Klagen über die Bürokratisierung der Hospizidee beim BMA ein. Eine ehrenamtliche Hospiz-Mitarbeiterin aus Ludwigshafen betonte in einem Brief im Juni 1997, dass sie zwar grundsätzlich die Notwendigkeit von staatlichen Qualitätskontrollen verstehen könne, zumal „Hospizgruppen [...] wie die Pilze aus dem Boden" schießen würden. Der aktuell zu Tag tretende „Bürokratismus" behindere jedoch „die Begeisterung und das Engagement" für die Sache.[271] Gerade die größeren Hospizverbände waren hier jedoch deutlich flexibler und in den Gesprächen zu erheblichen Zugeständnissen bereit. Im Juni 1995 widmete sich etwa eine Ausgabe der Zeitschrift der BAG-Hospiz, „Hospiz-Informationsdienst", schwerpunktmäßig der Frage nach einer finanziellen Sicherung von Hospizen durch die Politik – und räumte dabei ungeschminkt die Notwendigkeit von effektiver Qualitätssicherung und einer Etablierung von Leistungsstandards in der Hospizarbeit ein.[272] Auch bei den in der zweiten Hälfte der 90er Jahre regelmäßig stattfindenden Arbeitsgesprächen zwischen BAG Hospiz, Caritas und Diakonie standen häufig Qualitätskontrolle, Standardisierung der Ausbildung und eine Optimierung der Finanzierung auf der Tagesordnung.[273] Ein in diesem Zuge debattiertes Papier der Geschäftsstelle des Diakonischen Werkes vom 7. Oktober 1996 mit dem Titel „Denkbare Strategien zur Sicherstellung stationärer und teilstationärer Hospizarbeit" war bezeichnenderweise vom Referat Betriebswirtschaft verfasst

---

[268] Schreiben vom 26. 2. 1997, in: BA Koblenz, B 149/149819, Blatt 13 f.
[269] Schreiben vom 27. 1. 1998, in: BA Koblenz, B 353/203322, Blatt 78–80.
[270] Vgl. BA Koblenz, B 353/203322, Blatt 239–250.
[271] Schreiben vom 24. 6. 1997, in: BA Koblenz, B 149/149819, Blatt 81.
[272] Hospiz-Informationsdienst Nr. 2/1995 vom 30. Juni 1995.
[273] Vgl. hierzu den Ordner „Gespräche und Schriftverkehr Wohlfahrtsverbände" beim Deutschen Hospiz- und PalliativVerband, Berlin.

worden und forderte eine starke Anlehnung an Gesundheitspolitik und Krankenkassen.[274]

In diesem Kontext fällt auf, dass der beschriebene Kampf um Zuständigkeiten und Repräsentationsansprüche innerhalb der Hospizbewegung in den 90er Jahre vor allem mit dem zunehmenden politischen Interesse an der Hospizidee zusammenhing – und den sich dadurch ergebenden neuen finanziellen Möglichkeiten und gesellschaftlichen Einflusssphären. Es war eine logische Folge davon, dass im Laufe der 90er Jahre nicht nur die Zahl der einzelnen Hospizinitiativen, sondern auch die der überregionalen Verbände in die Höhe schoss. Letztere widmeten sich vorrangig dem Aufbau professioneller Strukturen in Bereichen wie Aus- und Weiterbildung, Finanzierung, Presse- und Öffentlichkeitsarbeit sowie politischer Vernetzung. Neben der BAG Hospiz, der DHS und der Deutschen Hospizhilfe sowie den schon Mitte der 80er Jahre gegründeten Vereinen OMEGA und der IGSL, etablierten sich etwa die erwähnte Koordinationsstelle ALPHA sowie diverse Ansprechpartner auf Bundesebene bei den Kirchen und den christlichen Wohlfahrtsorganisationen.[275] In zahlreichen Bundesländern gründeten sich darüber hinaus hospizliche Landesarbeitsgemeinschaften beziehungsweise Landesverbände, so zunächst in Bayern (1991), anschließend unter anderem in Nordrhein-Westfalen (1992), Niedersachsen (1993), Rheinland-Pfalz (1995), Schleswig-Holstein (1995), Baden-Württemberg (1996), Hessen (1996), Hamburg (1996), Thüringen (1996), Sachsen (1997) und Berlin (1999).[276]

Mit dieser Entwicklung ging insbesondere eine spürbare Professionalisierung der politischen Lobbytätigkeit sowie der Öffentlichkeitsarbeit der Hospizbewegung einher, die einerseits von Hospizvertretern selbst gefördert wurde. Andererseits stieß sie wiederum auch auf interne Kritik. Paradigmatisch für diese Entwicklung steht die um die Jahreswende 1995/96 geschaffene DHS.[277] Nachdem der Stifter, der Malteser Hilfsdienst, die Gründungseinlage im Oktober 1995 genehmigt hatte, widmete sich die in Dortmund sitzende DHS, die sich selbst als „Förderer der Hospiz-Bewegung in Deutschland" und als „Lobby-Partner für Politik und Gesellschaft" verstand, umgehend der „Entwicklung eines Marketingkonzeptes" für Hospize.[278] Ihr Geschäftsführer Eugen Brysch war von Anfang an um eine

---

[274] Das Papier findet sich ebd.
[275] Vgl. hierzu auch Gerstenkorn, Hospizarbeit, S. 24–36. Zu den überregionalen hospizlichen Fachstellen und Referaten bei den Kirchen und den christlichen Wohlfahrtsorganisationen vgl. Kap. 8.2.
[276] Vgl. die Übersicht in Hörschelmann, 25 Jahre DHPV, S. 34–47. Die Landesverbände in den übrigen Bundesländern, gründeten sich erst nach 2000.
[277] Die DHS wurde 2012 in Deutsche Stiftung Patientenschutz umbenannt, um sie klarer gegenüber dem 2008 neu formierten Dachverband der deutschen Hospizbewegung abzugrenzen, dem Deutscher Hospiz- und PalliativVerband, abzugrenzen.
[278] Vgl. zu den Ursprüngen der DHS Kap. 8.2 und Interview Brysch, sowie den Überblick über Geschichte und bisherigen Aktivitäten der DHS vom Januar 1996 sowie das Organigramm, in: BA Koblenz, B 149/149817, Blatt 127–142 und Blatt 187–190, Zitate Blatt 187 und Blatt 190. Einige öffentlichen Stellungnahmen der DHS aus ihren Anfangsjahren finden sich ferner in Schell, Sterbebegleitung, S. 240–243.

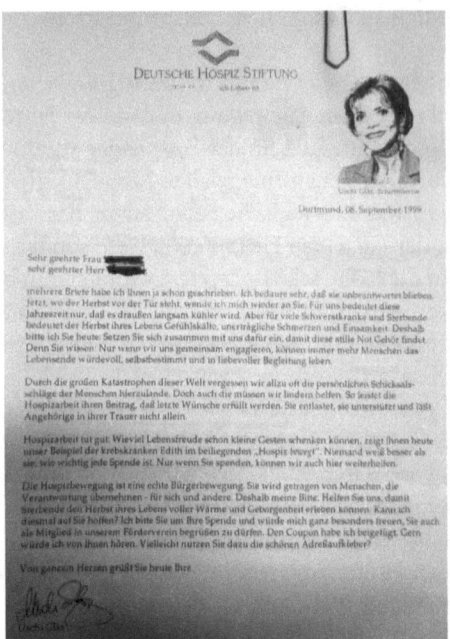

Abb. 33: „Bettelbrief" der DHS

aktive Öffentlichkeitsarbeit bemüht, infolge derer die DHS fortan medial stark präsent war.[279] Darüber hinaus suchte er den Kontakt zur Politik und war hier – wie oben bereits angedeutet – durchaus erfolgreich, obschon die DHS innerhalb der Hospizbewegung hochgradig umstritten war, insbesondere aufgrund eines in den Augen vieler Kritiker in ihrer PR-Arbeit aufscheinenden Alleinvertretungsanspruches sowie ob ihrer aggressiven Spendenwerbung.[280] Dazu zählten offen praktizierte Formen eines Erbschaftsmarketings sowie unzählige „Bettelbriefe", die im Namen der prominenten Schirmherrin Uschi Glas an Privatpersonen verschickt wurden. Blieben diese unbeantwortet, verschärfte sich der Ton der Anschreiben, beispielsweise in Form impliziter Vorwürfe der „Gefühlskälte" (vgl. Abb. 33). Die BAG Hospiz erhielt wiederholt weitergeleitete DHS-Briefe von empörten Hospizvereinen und stellte daraufhin zeitweise die Zusammenarbeit mit der DHS komplett ein.[281]

---

[279] Vgl. exemplarisch „‚Deutsche Hospiz Stiftung' gegründet. Finanzielle Unterstützung zur Begleitung sterbenskranker Menschen" *Frankfurter Allgemeine Zeitung*, 24. 5. 1996; Reinhard Voss: „Unnötig leiden soll niemand. Hospiz-Stiftung setzt sich für sterbende Menschen ein" *Frankfurter Rundschau*, 30. 10. 1996; „Deutsche Hospiz-Stiftung warnt vor Einstieg in aktive Sterbehilfe" *epd Zentralausgabe* Nr. 148, 4. 8. 1998, S. 2; Silvia Meixner: „Ein Freund auf Zeit, der todkranken Menschen hilft. Die Deutsche Hospizstiftung fordert mit 150 000 Unterschriften menschliche Zuwendung statt aktiver Sterbehilfe." *Die Welt* 8. 3. 1999.

[280] Vgl. hierzu Heller u. a., Geschichte, S. 217–220.

[281] Dieser Beschluss wurde auf Mitgliederversammlung der BAG Hospiz in Ludwigshafen im November 1999 getroffen (und im Oktober 2004 wieder aufgehoben), nachdem es bereits

Dessen ungeachtet wurde Brysch im BMA bereits im Januar 1996 erstmals empfangen.[282] In einer umfangreichen Handreichung stellte die DHS unter anderem den „Nutzen [der Hospize] für Ministerien und Behörden" dar und präsentierte Überlegungen mit Blick auf „seriöse Öffentlichkeitsarbeit" und „Vermittlung von Marketing Know How", wobei der zuständige Referatsleiter die Wahl des Wortes „Marketing" als unpassend kritisierte.[283] Das BMA war hierbei vor allem an der Expertise der DHS mit Blick auf den Finanzierungsbedarf für stationäre und ambulante Hospizdienste interessiert. Im Mittelpunkt der Gespräche standen Fragen der Finanzierung der Hospizidee. Anfang 1996 schätzte die DHS die durchschnittlichen Kosten für ein stationäres Hospiz auf 2,1 Millionen DM pro Jahr, für ein Tageshospiz auf 480 000 DM und für einen Hausbetreuungsdienst auf 220 000 DM. Darauf aufbauend bezifferte sie das jährliche bundesweite Gesamtdefizit in der Hospizarbeit auf ungefähr 58,4 Millionen DM. Diese Zahlen machte sich das BMA in der Folge in den Verhandlungen um eine gesetzliche Absicherung von Hospizleistungen zu eigen, wie auch Nachfragen des Ministeriums bei der DHS zu Details dieser Kostenkalkulation zeigen.[284]

Tatsächlich waren die Vorbehalte des Ministeriums hinsichtlich einer Vermarktung der Hospizidee und einer intensiven Öffentlichkeitsarbeit mehr semantischer und weniger inhaltlicher Art, wie auch das Grußwort von Norbert Blüm bei der offiziellen Gründungsveranstaltung der DHS am 23. Mai 1996 in München unter der Schirmherrschaft von Karin Stoiber beweist.[285] Hospizliche Sterbebegleitung auf eine breite Finanzierungsgrundlage zu stellen, lag demnach im gemeinsamen Interesse der Politik, der Hospizbewegung sowie anderer Geldgeber. Als die Robert-Bosch-Stiftung 1997 beispielsweise eine Veröffentlichung des Hospiz-Pioniers Thomas Klie und des Wirtschaftswissenschaftlers Sighard Roloff zum Thema „Hospiz und Marketing" finanzierte, empfahl das BMA diesen Band angesichts der im Hospizbereich grassierenden Finanzierungsprobleme explizit weiter.[286] Die DHS wiederum richtete noch in ihrem Gründungsjahr das bundesweite „Hospiztelefon" zur Vermittlung von Schmerztherapeuten und Hospizdiensten, aber auch zur betriebswirtschaftlichen Beratung von Hospizvereinen ein, das bereits 1997 von fast 11 000 Patienten, Angehörigen, Ärzten und Hospizdiensten genutzt wur-

---

in den Jahren zuvor immer wieder zu dokumentierten Unstimmigkeiten zwischen den beiden Organisationen gekommen war. Vgl. hierzu den Ordner „Kooperation mit DHS" beim Deutschen Hospiz- und PalliativVerband, Berlin.

[282] Interner Vermerk über das Gespräch zwischen Brysch und Christian Petrich vom 17. 1. 1996, in: BA Koblenz, B 149/149817, Blatt 156 f.

[283] BA Koblenz, B 149/149817, Blatt 137–142.

[284] Vgl. BA Koblenz, B 149/149817, Blatt 130 und Blatt 225–230.

[285] BA Koblenz, B 149/149817, Blatt 266 f. Zur prominent besetzten und medial breit rezipierten Gründungsveranstaltung vgl. Heller u. a., Geschichte, S. 217 und exemplarisch den Bericht in der *Süddeutschen Zeitung*: Sibylle Steinkohl: „Prominente Mitstreiter aus dem ganzen Land." *Süddeutsche Zeitung*, 24. 5. 1996.

[286] Klie/Roloff, Hospiz und Marketing. Vgl BA Koblenz, B 149/149819, Blatt 75.

de – im Jahr 1999 waren es mehr als doppelt so viele.[287] Darüber hinaus organisierte sie immer wieder öffentlichkeitswirksame Aktionen, etwa die „Voices for Hospice" im Oktober 1997 mit 600 Veranstaltungen in 43 Ländern und geschätzten 500 000 Teilnehmern oder eine im März 1998 mit dem Aufruf „Menschliche Zuwendung statt aktiver Sterbehilfe" gestartete Solidaritätskampagne für Hospizarbeit und Palliativmedizin.[288] Zu den Erstunterzeichnern gehörten Bundeskanzler Kohl, zahlreiche Ministerpräsidenten und Norbert Blüm.[289]

Dass die Gesundheitspolitik derartige Aktionen unterstützte (und überhaupt Ressourcen in die Hospizbewegung investierte), war letzlich vor allem im angestrebten Aufbrechen der vermeintlichen Tabuisierung von Tod und Sterben begründet. Es müsse darum gehen, so war 1996 in der Entschließung der bereits erwähnten 69. Gesundheitsministerkonferenz zu lesen, durch eine intensive Öffentlichkeitsarbeit „die gesellschaftlichen und sozialen Rahmenbedingungen für ein würdevolles Sterben" zu verbessern.[290] Dahinter stand die Zielvorstellung, dass wieder mehr Menschen zu Hause sterben – und damit nicht zuletzt die hohen Sterbekosten in Institutionen des Gesundheitswesens gesenkt werden könnten. Die hierauf aufbauenden politischen Fördermaßnahmen nahmen in den 90er Jahre derartige Ausmaße an, dass sich zumindest in manchen Regionen sogar ein Überangebot einstellte. So monierte BMA-Referatsleiter Petrich angesichts der Förderaktivitäten des eigenen Hauses und des Landes Nordrhein-Westfalen eine Überversorgung des Raumes Köln/Bonn und Düsseldorf mit seinen 20 Hospizeinrichtungen.[291] Dadurch ergab sich zugleich ein neuer Konkurrenzkampf zwischen den Hospizen, wie ein im April 1994 an Norbert Blüm verfasster, persönlich gehaltener Brief des Hospizpioniers Franco Rest zeigt, dessen Vater, der Münsteraner Philosoph und Pädagogik-Professor Walter Rest, in den 70er Jahren zeitweilig gemeinsam mit Blüm im linkskatholischen Bensberger Kreis tätig war. Rest beklagte darin die finanziellen Schwierigkeiten eines kleinen Kölner Hospizes, obschon sich in unmittelbarer Nachbarschaft das „30 Millionen-Objekt" der von der Deutschen Krebshilfe finanzierten Palliativstation „Mildred-Scheel-Haus" sowie das vom BMA geförderte Hospiz in Lohmar befänden, das ein regelrechtes „Luxushaus" sei. Schon jetzt stünden aufgrund der ungleichen Förderpraktiken in der

---

[287] Vgl. Golek, Standort, S. 61–63 und den Bericht des *Deutschen Ärzteblattes* zum zehnjährigen Bestehen der DHS: Gisela Klinkhammer: Deutsche Hospiz Stiftung – Menschliche Zuwendung, in: *Deutsches Ärzteblatt* 103 (2006), Nr. 1–2, S. A14–A17.
[288] Vgl. hierzu auch den Kommentar der CSU-Politikerin Monika Hohlmeier, die als Stiftungsrätin der DHS agierte: Menschliche Zuwendung statt aktiver Sterbehilfe, in: *Focus* 6 (1998), Nr. 11, 9. 3. 1998, online unter: https://www.focus.de/politik/deutschland/standpunkt-menschliche-zuwendung-statt-aktiver-sterbehilfe_aid_168964.html [15. 12. 2021].
[289] Vgl. den diesbezüglichen Schriftwechsel zwischen Norbert Blüm und dem Vorsitzenden des Stiftungsrates der DHS, dem nordrhein-westfälischen SPD-Politiker Friedhelm Farthmann Ende 1997, in: BA Koblenz, B 353/203322, Blatt 29–33.
[290] BA Koblenz, B 353/203322, Blatt 25.
[291] Schreiben an den Diözesan-Caritasverband für das Erzbistum Köln vom 9. 3. 1998, in: BA Koblenz, B 353/203322, Blatt 162.

Bundesrepublik ein „luxuriöses" Sterben und eines unter „entwürdigenden Bedingungen" nebeneinander.[292]

Hospizidee und Palliativmedizin reüssierten in den 90er Jahren und wurden zu zentralen Bausteinen der sozialpolitischen Reformmaßnahmen in der „Wiedervereinigungsgesellschaft", was sich nicht nur an der starken Zunahme von Hospizinitiativen zeigte: Alleine im Zeitraum zwischen 1995 und Ende 1998 stieg in Deutschland die Anzahl stationärer Hospize von 29 auf 50, diejenige ambulanter Hospizdienste von 264 auf 507 und die von Palliativstationen von 24 auf 37, wobei die neuen Bundesländer immer noch deutlich unterrepräsentiert waren.[293] Laut der ersten Hospizstatistik, die zu Jahresbeginn 2000 erschien, waren im Vorjahr insgesamt über 30 000 Sterbende hospizlich betreut und begleitet worden (circa 4600 davon stationär, etwa 26 000 ambulant); die Zahl der ehrenamtlichen, überwiegend weiblichen Hospizmitarbeiter wurde auf 16 000 beziffert.[294] Folgerichtig wuchs auch die Zahl der Mitgliedseinrichtungen in der BAG Hospiz sprunghaft: Hatte der Dachverband im Gründungsjahr 1992 noch bescheidene 15 Mitgliedseinrichtungen, waren es 1997 bereits 53 und 2003 schließlich 757.[295] Noch frappierender war die – zweifellos damit zusammenhängende – diskursive Durchdringung der Öffentlichkeit mit der Hospizidee: So verdreifachte sich Mitte der 90er Jahre deren Bekanntheitsgrad, wie regelmäßige EMNID-Umfragen zeigten.[296] Die Hospizbewegung erntete hier nicht zuletzt die Früchte ihrer jahrelangen intensiven Öffentlichkeitsarbeit, sowohl – durch die überregionalen Hospizverbände – auf Bundesebene als auch regional durch die Hospizvereine vor Ort. So informierten deutsche Tageszeitungen und Zeitschriften ausführlich und fast ausschließlich positiv über die Entwicklung der Hospizbewegung allgemein und über einzelne Hospizgründungen.[297] Sogar Printmedien mit überregionalem Anspruch trans-

---

[292] Schreiben vom 18. 4. 1994, in: BA Koblenz, B 149/149815, Blatt 386 f. Blüm kritisierte Rest in seiner Antwort ob der verfänglichen und unsachgemäßen Verwendung von Ausdrücken wie „Luxushaus", vgl. ebd., Blatt 390. Vgl. zur Geschichte des 1992 gegründeten „Dr. Mildred Scheel Hauses" und der Rolle der Deutschen Krebshilfe Jonen-Thielemann, Organisation und Kap. 7.2.
[293] Vgl. zu den genannten Zahlen Golek, Standort, S. 63 f. sowie für eine kritische Bestandaufnahme zur Lage der Hospizbewegung in Ostdeutschland aus dem Jahr 2002 Sommermeyer, Entwicklung. Bis ins Jahr 2003 sollte sich die Zahl ambulanter Dienste auf über 1300, die der stationären Hospize auf 109 erhöhen: Mielke, Hospiz, S. 154 f. Zu Begriff und Konzept der „Wiedervereinigungsgesellschaft" vgl. Großbölting, Wiedervereinigungsgesellschaft.
[294] Deutsche Hospiz Stiftung, Hospizstatistik.
[295] Hörschelmann, 25 Jahre DHPV, S. 51.
[296] Vgl. Golek, Standort, S. 40 f. Dessen ungeachtet war das Hospizkonzept 1998 immer noch einer Minderheit von nur 15% der Deutschen bekannt, vgl. Daniela Weber: „Sterben in Würde". *Leipziger Volkszeitung*, 3. 7. 1998, S. 4.
[297] Vgl. in Auswahl: Roswin Finkenzeller: „In Würde sterben. Orden der ‚Barmherzigen Brüder' richtet in München ein Hospiz für Todkranke ein." *Frankfurter Allgemeine Zeitung*, 30. 1. 1991; „Hospiz umsorgt die Sterbenden. Neue Modellklinik in München" *Frankfurter Rundschau*, 29. 1. 1991; „Wenn nicht mehr viel Zeit bleibt. Seit drei Monaten werden Menschen im ersten Berliner Sterbehospiz betreut." *Der Tagesspiegel*, 9. 10. 1998; Gesa Coordes: „Sterben in Würde. In Hessen gibt es immer mehr Hospizdienste." *Frankfurter Rundschau*, 25. 9. 1998; „Interesse an Hospizen nimmt weiter zu" *Frankfurter Allgemeine Zeitung*,

portierten in Berichten regelmäßig Spendenaufrufe von Hospizvereinen, beklagten Finanzierungsprobleme und forderten zur ehrenamtlichen Mitarbeit auf.[298]

Die feste Einbettung in das deutsche Gesundheitswesen – Anfang des neuen Jahrtausends abgeschlossen durch die Ergänzung eines zweiten Absatzes im § 39a SGB V, der die Krankenkassen auch zur Förderung von ambulanten Hospizleistungen verpflichtete – war ein logisches Resultat dieser Entwicklung – und kam zustande obschon, oder gerade weil, zu diesem Zeitpunkt gesundheitspolitisch zunehmend auf Einsparungen geachtet wurde. Dieses Ziel verbarg sich etwa hinter der auf internationaler Ebene ab Ende der 60er Jahre begonnenen Entwicklung der diagnosebezogenen Fallgruppen („diagnosis related groups", DRG) zur Steuerung der Finanzierung des Gesundheitswesens, deren Einführung in der deutschen Gesundheitspolitik in den 90er Jahren verstärkt diskutiert und vorangetrieben wurde. Durch die vorgesehene Vergütung von Krankenhäusern über auf der jeweiligen Krankheit des Patienten basierende Fallpauschalen, die die alte Abrechnung nach Liegetagen ersetzten, bestand die Gefahr, dass sich die Versorgungssituation speziell von denjenigen Sterbenden dramatisch verschlechterte, die an chronischen Krankheiten litten.[299] Tatsächlich waren Patienten am Lebensende wegen der von ihnen verursachten hohen Behandlungskosten besonders im Blickfeld der Gesundheitsreform, ein Umstand, der den Präsident des Bundesärztekammer Karsten Vilmar 1998 davor warnen ließ, dass die Reduzierung der medizinischen Leistungen auf die Förderung eines „sozialverträglichen Frühablebens" herauslaufen könnte: Ungewollt schuf er damit das „Unwort des Jahres" in der Bundesrepublik.[300]

Der hospizliche Siegeszug war primär die Folge einer eigentümlichen und keinesfalls immer konfliktfreien Interessenkoalition von Kirchen beziehungsweise Wohlfahrtsverbänden, zivilgesellschaftlichen Gruppen, gemeinnützigen Organisationen, Gesundheitspolitik, Wissenschaft und Pharmaindustrie. Konnten die Antriebskräfte, die konkrete Problemdiagnose und auch die Wahl der Mittel

---

16. 11. 1999. Wenn in den Medien gegen Ende der 90er Jahre Kritik an der Entwicklung im Hospizbereich geäußert wurde, so bezog sich diese auf eine spürbare Bürokratisierung infolge der gesundheitspolitischen Institutionalisierung, die als problematisch bewertet wurde, vgl. etwa Gerhard Lenz: „Hospize / Übermäßige Bürokratisierung verdrängt die charismatische Aufbruchstimmung. Sterbebegleitung nach DIN-Norm?" *Rheinischer Merkur*, 29. 10. 1999.

[298] Vgl. exemplarisch „Hospize haben es in der Bundesrepublik schwer." *Die Welt*, 27. 1. 1993; „Finanzmittel fehlen: Hospiz wird geschlossen." *Frankfurter Rundschau*, 14. 4. 1993; „Ein neuer Typ medizinischer Versorgung. Hospiz-Bewegung in Schwierigkeiten." *Frankfurter Allgemeine Zeitung*, 21. 5. 1993; „Hospiz sucht edle Spender. Defizit von 150 000 Mark muß gedeckt werden" *Stuttgarter Zeitung*, 18. 10. 1994; „Verein will Sterbenden zum würdigen Tod verhelfen" *Hamburger Abendblatt*, 31. 10. 1995.

[299] Vgl. für einen kurzen Abriss zur Einführung der DRG und des schließlich zum 1. Januar 2003 in Kraft getretenen Fallpauschalengesetzes sowie eine kritische Diskussion der Folgen Vera, Industrialisierung. Die Einführung von Fallpauschalen sollte in den 2000er Jahren auch auf die palliativmedizinische Praxis nachhaltige Rückwirkungen haben, vgl. für eine zeitgenössische Wahrnehmung Interview Binsack, S. 13 f. und Jordan, Hospizbewegung, S. 108.

[300] Vgl. zu dem Fall Peter Dittmar: „Sozialverträgliches Frühableben." *Die Welt*, 27. 1. 1999.

10.2 Politik und Sterbebegleitung im wiedervereinigten Deutschland 561

durchaus unterschiedlich sein, wurde der Lösungsweg „Hospiz" bei allen Akteuren zunehmend als solcher anerkannt. Auf Seiten der Bundespolitik zeichnete sich gerade das BMA in jenen Jahren als Förderer der Hospizidee aus. Dahinter standen neben gesundheits- und sozialpolitischen Erwägungen auch das persönliche Engagement einiger leitender Ministerialbeamter wie Christian Petrich oder Bernhard Worms. Als die Arbeitsgemeinschaft Hospiz Anfang 1999 mit dem Zuständigkeitswechsel der Pflegeversicherung zum BMG aufgelöst wurde, konnte das BMA jedenfalls mit einigem Recht konstatieren, dass man „der Hospizbewegung in besonderer Weise verbunden" sei.[301]

Jedoch darf nicht übersehen werden, dass die bis heute in Deutschland spürbare Trennung von Hospizbewegung und Palliativmedizin eine Folge der unterschiedlichen ministeriellen Förderung durch BMA (Pflegeversicherung) beziehungsweise BMG (Krankenversicherung) in den konstitutiven Jahren nach 1990 ist. Während in anderen Ländern „palliative care" und Hospizidee aufgrund der letztlich identischen inhaltlichen Ansätze stets Hand in Hand gingen, hemmte – wie die *Ärzte Zeitung* 1995 konstatierte – das „Konkurrenzgerangel zwischen den selbstständig organisierten Hospizen und den Palliativstationen, die in Krankenhäusern integriert sind", wenigstens punktuell die Entwicklung einer modernen Sterbebegleitung im wiedervereinigten Deutschland.[302] Hierin lag – neben der Tatsache, dass die deutsche Hospizbewegung mit einiger zeitlicher Verzögerung etabliert wurde und gegen starke anfängliche Widerständen anzukämpfen hatte – einer der Gründe für ihre relative Rückständigkeit im internationalen Vergleich gegen Ende des 20. Jahrhunderts, ungeachtet des beschriebenen Bedeutungsgewinns in den 90er Jahren. Dieser Rückstand wurde nicht nur seitens der deutschen Hospizbewegung immer wieder als Argument genutzt,[303] sondern auch von der deutschen Gesundheitspolitik genau beobachtet und immer wieder kritisiert.[304] Eine Über-

---

[301] BA Koblenz, B 149/149817, Blatt 255 f. Vgl. zur Beendigung der Tätigkeit der „Arbeitsgemeinschaft Hospiz" und zum Zuständigkeitswechsel auch BA Koblenz, B 353/203322, Blatt 394, das Schreiben von Heinrich Pera an das BMFSFJ vom 23. 6. 1999, in: BA Koblenz, B 189/100277 und das Interview mit einer Ministerialrätin, die selbst Mitglied war, Interview Weritz-Hanf, S. 13.

[302] Eine Kopie des Artikels aus der *Ärzte Zeitung* Nr. 107 vom 13. 6. 1995 findet sich, in: BA Koblenz, B 149/149816, Blatt 526. Vgl. zur Konkurrenz zwischen Palliativmedizin und Hospizbewegung in der Bundesrepublik auch Föllmer, Palliativversorgung, S. 18–22, die zeitgenössische Einschätzung von Stoddard, Hospiz-Bewegung, S. 136–153 sowie Heller u. a., Geschichte, S. 297–302, die allerdings zum Urteil gelangen, dass die Palliativmedizin vom „Humus" der Hospizbewegung profitiert habe. Dies erscheint mit Blick auf die institutionelle Entwicklung mehr als fraglich. Fraglos richtig ist, dass Palliativ- wie Hospizidee vom „Humus" der allgemeinen Debatte um Probleme und Missstände am Lebensende seit dem letzten Drittel des 20. Jahrhunderts profitierten; vgl. hierzu und zu den identischen Ansätzen und Zielen Kap. 7.1 und 8.1.

[303] Heinrich Pera bezeichnete Deutschland etwa wiederholt öffentlichkeitswirksam als „Entwicklungsland" in Sachen Hospizarbeit. Vgl. z. B. „Deutschland bei der Betreuung Sterbender ein Entwicklungsland" *Evangelischer Pressedienst Ost*, 9. 3. 1994, S. 4.

[304] Noch 2001 setzte die 74. Gesundheitsministerkonferenz in Bremen eine Arbeitsgruppe ein, die einen internationalen Vergleich der Rechtslage zur Sterbebegleitung vornahm; vgl. BA Koblenz, B 269/527.

sicht des BMA für das Jahr 1995 zeigte etwa, dass die Hospizentwicklung in vielen anderen europäischen Staaten deutlich weiter fortgeschritten war, darunter selbst in solchen mit deutlich finanzschwächeren Gesundheitssystemen wie Italien, wo den Schätzungen des Ministeriums zufolge knapp viermal so viele Palliativstationen und fast doppelt so viele Hospize wie in der Bundesrepublik existierten.[305]

---

[305] BA Koblenz, B 149/149818, Blatt 380. Für einen umfassenden Vergleich der Entwicklung von Hospizversorgung und Palliativmedizin in den verschiedenen europäischen Staaten bis ungefähr zur Jahrtausendwende vgl. Gronemeyer/Fink/Globisch/Schumann, Ende.

11. 2020: Ausblick und Fazit, oder: Was ist das eigentlich – ein „gutes Sterben"?

> *„Wir müssen nicht gewinnen. Was wir müssen, ist sterben."*
> (Christian Streich)

Ende Februar 2020 feiern Walter N. und seine Frau gemeinsam mit 30 Freunden und Familienmitgliedern ihre steinerne Hochzeit.[1] Der rüstige Rentner, ein ehemaliger Trucker, ist 89 Jahre alt und blickt auf ein bewegtes, aber rundum erfülltes Leben zurück. 1969 als Spätaussiedler in die Bundesrepublik gekommen, hatte er sich etwas aufgebaut: Ein großes Eigenheim in einer westfälischen Mittelstadt, vier Kinder, eine erwachsene Enkeltochter, die im selben Haus lebt: Eine intakte Familie, die viel Zeit miteinander verbringt. Dass der Vater im Alter selbst gepflegt wird, stellt hier noch eine Selbstverständlichkeit dar – ihn ins Heim zu geben, das kommt nicht in Frage. Und der Ernstfall ist gerade eingetreten: Wenige Wochen vor seinem Ehejubiläum war bei Walter N. Lungenkrebs diagnostiziert worden. Die Familie bereitet alles für ein Sterben zu Hause vor, die Rahmenbedingungen sind günstig, schließlich lebt man in einem Drei-Generationen-Haus, wie sie so selten geworden sind im Deutschland des 21. Jahrhunderts. Doch Ende März verschlechtert sich der Zustand von Walter N. plötzlich rapide, der Hochbetagte muss mit quälender Atemnot ins Krankenhaus. Die Diagnose: COVID-19. Er kommt auf die Intensivstation. An eine häusliche Pflege ist nicht mehr zu denken, selbst Besuche durch die Familienmitglieder sind fortan unmöglich. Am 9. April stirbt Walter N. – wider aller Erwartungen ganz allein und ohne sich von seinen Angehörigen auch nur verabschieden zu können.

Todesursache ist jenes Virus, das die in den Sterbestatistiken der jüngsten Zeitgeschichte so bedeutungslosen Infektionskrankheiten im Frühjahr 2020 schlagartig zurück ins öffentliche Bewusstsein ruft. Denn Walter N. stirbt eben nicht an seiner Grunderkrankung Krebs, er ist keine zwei Monate nach der Diagnose, mit der er vielleicht noch Jahre hätte leben können, tot. Der chronische, langfristige Sterbeverlauf, der sich bei ihm bereits angekündigt und auf den sich seine ganze Familie vorbereitet hatte, bleibt aus – und mit ihm die Chance, das zu erreichen, was sich im Laufe des halben Jahrhunderts zuvor als „guter Tod" manifestiert hatte. Sein Fall stellt keine Ausnahme dar. Vergleichbare Erfahrungsberichte finden sich zuhauf.[2] Es ist weniger die absolute Zahl an Opfern der Pandemie, die unmittelbar prägend auf die zeitgenössische Sterbekultur zurückwirkt. So erschreckend diese mit weltweit knapp 1,9 Millionen Menschen, darunter etwa 30 000 in Deutschland, auch ist, die 2020 offiziell am Coronavirus gestorben sind, so stellt sie im Verhältnis zur Gesamtzahl an Toten – die in der Bundesrepublik in eben

---

[1] Leben und Sterben von Walter N. sind rekonstruiert nach https://www.zeit.de/2020/24/covid-19-todesfaelle-deutschland-schicksale-geschichten [15. 12. 2021].
[2] Vgl. etwa https://www.spiegel.de/familie/sterben-in-der-corona-krise-wie-waltraud-b-an-covid-19-starb-a-e019612c-a748-43a8-a5c6-68999cccd87c [15. 12. 2021].

diesem Jahr bei über 985 000 lag – immer noch einen verhältnismäßig kleinen Prozentsatz dar. Es sind vielmehr die Charakteristika des Sterbens in Zeiten von COVID-19, die neue – und alte – Unsicherheiten wecken: Ein akuter Sterbeverlauf, der all die Probleme mit sich bringt, mit denen seit der zweiten Hälfte des 20. Jahrhunderts eigentlich chronische Krankheiten assoziiert wurden. Reaktiviert werden hierdurch jene Ängste, die überhaupt erst zur Entdeckung des Sterbens in der Zeitgeschichte geführt hatten: die Furcht vor Überbehandlung, Autonomieverlust und der vollständigen Abhängigkeit von sterilen medizinischen Apparaten, vor der Einsamkeit am Sterbebett, einem Mangel an menschlicher Nähe und Zuneigung, vor dem abgeschotteten „Tod auf der Isolierstation".[3]

Mit COVID-19 geht denn auch eine Krise der Sterbebegleitung einher. Bereits einige Wochen nach Ausbruch der Pandemie in der Bundesrepublik häuften sich in hospizlichen und palliativmedizinischen Kreisen Forderungen an Politik und Gesellschaft, die in den Jahrzehnten zuvor hart erkämpften „Rechte Schwerkranker und Sterbender" zu wahren.[4] Zwar könne immerhin die Schmerzfreiheit, wie der Präsident der Deutschen Gesellschaft für Palliativmedizin im Mai 2020 versicherte, in allen Fällen gewährleistet werden.[5] Doch in fast allen anderen Punkten widersprechen die Entwicklungen im Zuge der Coronakrise den Grundsätzen eines „guten", „würdevollen" und „selbstbestimmten Sterbens", die sich in der jüngeren Zeitgeschichte etabliert hatten: Das Virus macht es, zumindest im Fall einer Diagnose, Betroffenen unmöglich, ihre letzten Tage zu Hause zu verbringen. Stattdessen erfolgt eine Krankenhauseinlieferung, oft mit intensivmedizinischer Behandlung, die in etwa jedem fünften Fall mit dem Tod des Patienten endet.[6] Kontakt- und Besuchsverbote in Altenheimen oder Kliniken führen zur Isolation von Sterbenden. Verschärft wird das Problem durch den Umstand, dass die Einschränkungen keinesfalls nur COVID-19-Patienten betreffen, sondern auch andere Todkranke und ihre Familien.[7]

Auf diese Weise stellen die Ereignisse im Jahr 2020 nicht nur etwas Außergewöhnliches dar: Die Rückkehr der vermeintlich vom medizinisch-wissenschaftlichen Fortschritt besiegten Infektionskrankheiten in der Todesursachenstatistik,

---

[3] Vgl. https://www.faz.net/aktuell/rhein-main/frankfurt/wegen-coronavirus-einsamer-tod-auf-der-isolierstation-16687564.html [15. 12. 2021].

[4] Vgl. https://www.zdf.de/nachrichten/panorama/coronavirus-palliativmedizin-100.html [15. 1 2. 2021]; https://www.tagesschau.de/inland/sterbebegleitung-interview-101.html [15. 12. 202 1]; https://www.blick-aktuell.de/Berichte/Trotz-Corona-fuerSterbende-und-Trauernde-da-44 4554.html [15. 12. 2021].

[5] Vgl. https://www.merkur.de/welt/coronavirus-patienten-therapie-intensivstation-umfrage-be atmet-news-beatmungsgeraete-krankenhaus-zr-13647707.html [15. 12. 2021].

[6] Vgl. https://www.zdf.de/nachrichten/panorama/coronavirus-covid19-todesrate-krankenha us-studie-100.html [15. 12. 2021].

[7] Vgl. https://www.nordbayern.de/region/fuerth/hinterbliebene-klagt-an-einsames-sterben-in-der-corona-zeit-1.10090524 [15. 12. 2021]; https://bnn.de/karlsruhe/einsames-sterben-bnn-redakteurin-erzaehlt-vom-tod-ihres-vaters-in-zeiten-des-coronavirus [15. 12. 2021]; https://www.zeit.de/gesellschaft/familie/2020-07/trauer-corona-isolation-kontaktbeschraenkung-verlust-abschied/komplettansicht [15. 12. 2021].

die sich freilich immer wieder – zum Beispiel während der AIDS-Krise – angedeutet hatte. Sie verdeutlichen vielmehr trotz oder gerade wegen ihres fraglos historisch singulären Charakters jene Entwicklung, die das menschliche Lebensende in der zweiten Hälfte des 20. Jahrhunderts genommen sowie die Gestalt eines „guten Sterbens", die sich ausgeprägt hatte, und illustrieren die anhaltenden Probleme und Widersprüchlichkeiten bei dessen Umsetzung.

Die Entdeckung des Sterbens und die Zeitgeschichte

Mit Ausnahme der Geburt ist das Sterben die einzige lebensweltliche Erfahrung, die ausnahmslos jeder Mensch macht – ein Umstand, der so eingängig ist, dass ihn sogar ein Bundesligatrainer wie Christian Streich in seiner lakonischen Art als Argument nutzt. Was so trivial klingt, verweist aber doch auf eine Leerstelle zeithistorischer Forschung: die Entdeckung des Sterbens. Gemeint ist damit die Aneignung des Lebensendes durch eine amorphe Gruppe an Akteuren. Es ist keineswegs banal, dass diese gesellschaftliche Aneignung nicht primär von den Sterbenden selbst und ihren Erfahrungen vorangetrieben wurde, sondern von denjenigen, die diese begleiten oder beobachten, und die dabei versuchen, das Sterben zu rationalisieren, das erklärbar zu machen, was vielfach nicht erklärbar ist – oder eben nur in Kategorien medizinischer Diagnosen und ökonomischer Kennziffern. Denn wie bei der Geburt können auch beim Sterben die Betroffenen nicht direkt darüber berichten, es fehlen Selbstzeugnisse.[8] Es waren in diesem Sinne die Überlebenden, deren Perspektiven dominierten und die immer stärker danach strebten, das Lebensende nach ihren Vorstellungen zu organisieren und zu gestalten.[9] Fraglos antizipierten sie oftmals die Wünsche der Betroffenen – und waren dabei mal mehr, mal weniger erfolgreich. Zugleich hatten sie jedoch eigene Interessen im Blick und waren eingebunden in größere berufliche und gesellschaftliche Kontexte, zeitgenössische Wertvorstellungen, ökonomische Sachzwänge und vieles mehr. Mit ihren Aktivitäten füllten sie eine zentrale Deutungslücke in der Zeitgeschichte aus: Die Frage, wie man den neuen Unsicherheiten am Lebensende begegnen, Sterben und Tod in der modernen Gesellschaft einen Sinn verleihen könne.

Dies war der Nährboden, auf dem gerade im letzten Drittel des 20. Jahrhunderts die Entdeckung des Sterbens stattfand. Die späten 60er und frühen 70er Jahre sind im gesellschaftlichen Umgang mit dem Lebensende eine „Achsenzeit der Transformation".[10] Natürlich: In vielen Bereichen – von der Sterbehilfe-Debatte über kirchliche Sterbebegleitung bis hin zu massenmedialen Repräsentationen – gab es Vorläufer, längere Traditionen, ältere Rituale und Erfahrungsräume. Und doch spricht vieles dafür, dass sich in beiden deutschen Staaten in jener Zeit etwas Neu-

---

[8] Wertvolle Hinweise zu den Gedanken in diesem Absatz verdanke ich Gesprächen mit Wiebke Lisner.
[9] Vgl. dazu Schneider, Epilog, S. 316.
[10] Kahl/Knoblauch, Transmortalität, S. 15.

es durchzusetzen begann, die eigentliche Blüte des Themas, die sich – mit nationalen Phasenverschiebungen – in weiten Teilen der westlichen und östlichen Welt beobachten lässt. Eindeutige Zäsuren lassen sich dabei nicht feststellen, zumal das Interesse von verschiedenen Akteuren zu leicht unterschiedlichen Zeitpunkten geweckt wurde: Vertreter der Kirchen und religiöse Organisationen befassten sich allgemein etwas früher schwerpunktmäßig damit als Medizin, Zivilgesellschaft, Massenmedien oder Gesundheitspolitik. In jedem Fall berührte diese Entdeckung des Lebensendes zentrale Problemfelder moderner Gesellschaften.[11] Welche Rolle würden künftig die Kirchen und Religion, welche der medizinische Fortschritt spielen? Wie konnte man mit den Schattenseiten der Technisierung umgehen, wie ließ sich die Selbstbestimmung der Menschen – zum Beispiel im Krankenhaus – sicherstellen? Welche Folgen hatten Prozesse der Vermarktlichung, der Medialisierung und der Verwissenschaftlichung? Wie konnte und sollte ein solidarisches Verhalten mit den Schwächsten aussehen? Und was bedeutete das alles für individuelle Erfahrungen und Lebensräume, für Familien, für Alte und Junge? Eine Zeitgeschichte des Sterbens führt in existentieller Weise die Widersprüche und Ambivalenzen zunehmend ausdifferenzierter Gesellschaften vor Augen und verweist auf die tektonischen Verschiebungen der Wohlfahrts- und Konsumgesellschaften der Nachkriegszeit.

Eine starke Triebkraft hinter dieser Entwicklung waren zum einen jene demografischen und sozialen Verschiebungen, die die Gesellschaft nach 1945 im Westen wie im Osten immer älter werden ließen. Verlagerten sich Sterben und Tod ins höhere Lebensalter und kamen die Menschen statistisch immer später damit in Berührung, so entstand zugleich ein neuer Bedarf an Sinnstiftung, der durch die Zunahme chronischer Sterbeverläufe noch weiter forciert wurde. Mit anderen Worten: Mit dem Anwachsen der Zeit, die der Einzelne hatte, um sich auf das Ende des eigenen Lebens vorzubereiten, stieg auch der Bedarf, Antworten auf all jene Fragen und Probleme zu finden, die damit einhergingen. Zeitgenössische Beobachter diagnostizierten besorgt ein Sterben auf Raten im Alter: „In a society in which many people attain longevity, aging is not only anticipation of dying but, actually, it is dying in installments."[12]

Zum anderen spielten allgemeine gesellschaftsgeschichtliche Prozesse in mehrfacher Weise eine zentrale Rolle. In den ersten Jahren nach Kriegsende standen Fragen und Probleme des Lebensendes noch nicht im Zentrum des Interesses, fraglos ebenso Folge eines halben Jahrhunderts des Massentodes wie der gleichzeitigen Verbesserung der medizinischen Versorgung und der Lebensbedingungen, die es den Menschen in den Industriestaaten gestatteten, zunehmend länger und besser zu leben. Vom Ende des Ersten Weltkriegs bis in die späten 50er Jahre habe der Tod „sozusagen Urlaub" gemacht, so rekapitulierte der US-Thanatologe Robert Fulton – eine missverständliche Formulierung mit Blick darauf, dass Menschen

---

[11] Vgl. Lafontaine, Gesellschaft.
[12] Pollak, Shadow, S. 76.

natürlich auch und gerade in dieser Zeit starben, aber eben doch zutreffend, wenn man nach der gesellschaftlichen Aufmerksamkeit fragt, die dem Thema zufiel. Fulton gehörte selbst zu jener Gruppe an Engagierten, die das Lebensende seit den 60er Jahren intensiv bearbeiteten und auf der Agenda immer weiter nach oben rückten.[13] Ihr rascher Erfolg hing auch damit zusammen, dass diese Sterbeaktivisten entgegen der von ihnen selbst viel beschworenen These vom Todestabu genau den richtigen gesellschaftlichen Nerv in einer Epoche des Umbruchs trafen, die in der Forschung wahlweise als Ende der „Hochmoderne", als „Zweite Moderne" oder „reflexive Moderne" bezeichnet wird. Es waren Jahre, in denen nicht nur die Bundesrepublik und die DDR, sondern weite Teile der Welt „zwischen den Zeiten" standen.[14] Vor dem Hintergrund einer Reihe ganz unterschiedlicher Herausforderungen, Problemlagen und Zeitdiagnosen reüssierte der neue Sterbeaktivismus mit der von ihm beschworenen Verlustgeschichte.

Lebensende „nach dem Boom"?

Die Blüte des Themas Tod und Sterben im letzten Drittel des 20. Jahrhunderts verweist auf eines der großen Periodisierungsangebote der jüngeren Forschung: die Vorstellung eines wirtschaftlichen Strukturbruchs, der die Lebenswelten der Zeitgenossen nachdrücklich prägte. Zwar war der industrielle Strukturwandel für die Zeitgeschichte des Lebensendes sekundär, dies gilt aber keinesfalls für seine politischen, sozialen und kulturellen Folgen und Verschiebungen, die sich seit den frühen 70er Jahren manifestierten, aber in mancher Hinsicht erst in den 80er Jahren ihre volle Bedeutung zeigten.[15] In der Zeit „nach dem Boom" stieß auf der einen Seite mit dem ökonomischen Aufschwung auch das Modernisierungs- und Steuerungsparadigma an seine Grenzen. Die vormals so stabilen und optimistischen gesellschaftlichen Zukunftserwartungen gerieten ins Wanken und der Fortschrittsglaube erlosch.[16] Dies war der Nährboden nicht nur für die Ereignisse von 1968, für die grassierende Medizinkritik oder die neuen sozialen Protestbewegungen, sondern auch für das neue Problembewusstsein am Lebensende. Denn infolge dieser Entwicklung rückten der Mensch und seine lebensweltlichen Probleme gesellschaftlich stärker ins Bewusstsein.[17] Die Entdeckung des Sterbens erscheint in diesem Sinne auch als eine weitere jener unbeabsichtigten historischen „Nebenfolgen" des Fortschritts, die Ulrich Beck als zentrale Charakteristika der reflexiven Moderne beschreibt.[18]

---

[13] Fulton, Prolog, S. 9.
[14] Herbert, Geschichte, S. 783.
[15] Vgl. Raphael, 1980er.
[16] Vgl. Seefried, Zukünfte, v. a. S. 235–311.
[17] Vgl. Eckel, Konflikt, v. a. S. 529.
[18] Vgl. Beck, Zeitalter (1996) und zur Anwendung der Theorie Becks in den Geschichtswissenschaften Steiner, Nebenfolgen.

Auf der anderen Seite rückte mit den dynamischen Liberalisierungsprozessen der langen 60er Jahre und der auch in den 70er, 80er und 90er Jahren weiter fortschreitenden Individualisierung im „Zeitalter des eigenen Lebens" (Beck) gerade dessen Ende in den Fokus, da der Einzelne hier die wenigsten Einfluss- und Steuerungsmöglichkeiten zu haben schien.[19] Jetzt erst schlugen sich in den alltäglichen Lebenswelten die Errungenschaften der neue Wohlstandsgesellschaft wie Konsumgüter oder die wachsende Freizeit voll nieder, nun kam es zu Pluralisierungsschüben.[20] Es waren Jahre, die für die meisten Menschen entgegen der in anderen Bereichen durchaus berechtigten, pessimistischen Zeitdiagnosen eben paradoxerweise keinesfalls „nach *dem* Boom" waren, sondern, wie Frank Bösch formuliert, „lebensweltlich in vieler Hinsicht eine ‚Zeit *des* Booms'" darstellten.[21] Dazu passt auch, dass das Sterben eine ganz eigene Form der Ökonomisierung einleitete: Mit ihm ließ sich nun reichlich Geld verdienen. Auf diese Weise erfolgte eine Ausweitung der Lebensentwürfe und der Ressourcen, die es überhaupt erst erlaubten, individuell und gesamtgesellschaftlich das Lebensende als ein Problemfeld zu entdecken, dem verstärkte Aufmerksamkeit geschenkt werden musste. Dies galt allgemein für alte Menschen, deren Unabhängigkeit und Selbstständigkeit nun gesellschaftlich in aller Munde war;[22] es galt aber noch stärker spezifisch für das Sterben, das vom Schicksal zur Chance umgedeutet wurde. Dieses entwickelte sich mithin zum letzten, ja zum vielleicht größten „Lebensprojekt".[23]

Zwischen Religion und Subjektarbeit: Coping und Sinnstiftung am Lebensende

War speziell im letzten Viertel des 20. Jahrhunderts aus Sicht vieler Menschen die „Zeit aus den Fugen" geraten, so weckte die steigende Verunsicherung unter anderem Sorgen vor einer Abhängigkeit und einem Verlust der Autonomie im Alter, auf die die Gesundheitspolitik ebenso reagierte wie die Kirchen oder zivilgesellschaftliche Organisationen wie die Hospiz- oder Sterbehilfebewegung.[24] In manchen Fällen konnten alte, zum Beispiel religiös grundierte Deutungsgewissheiten ein sicheres Handeln am Lebensende nicht länger gewährleisten, gerieten individuelle Erwartungen und die überkommenen normativen Regelwerke immer stärker in Widerspruch zueinander. Eine Zwangsläufigkeit war dies indes keinesfalls,

---

[19] Beck, Zeitalter (2001). Vgl. für Westdeutschland Wolfrum, Demokratie, v. a. S. 241–282 und Ulrich Herbert (Hg.): Wandlungsprozesse in Westdeutschland. Belastung, Integration, Liberalisierung 1945–1980. Göttingen 2002 sowie systemübergreifend Schildt/Siegfried/Lammers, Zeiten.
[20] Vgl. Raphael, 1980er, v. a. S. 12.
[21] Bösch, Arbeit, S. 313 (Kursivsetzung im Original).
[22] Vgl. Thane, Jahrhundert, v. a. S. 295–300.
[23] Schneider, Sterbewelten, S. 67. Vgl. auch Stadelbacher/Schneider, Zuhause Sterben und als Beispiel für die Sepulkralkultur: Winkel, Culture.
[24] Assmann, Zeit.

denn ebenso konnten sie bei der Bewältigung der neuen Probleme Hilfe versprechen – zu denken ist nur an den zwischen Mitte der 70er Jahre und der Jahrtausendwende wieder wachsenden Glauben an ein Leben nach dem Tod. So unterstreicht die Entdeckung des Sterbens denn auch, dass entgegen der lautstarken Diagnose einer gesellschaftlichen Säkularisierung die Bedeutung der Religion anhielt. Dies galt sowohl mit Blick auf Formen alternativer Religiosität wie die spirituell-esoterische „New Age"-Bewegung als auch für die christlichen Kirchen, denen der Zugriff auf Tod und Sterben eben keinesfalls, wie oft behauptet, vollständig von säkularen Instanzen wie der Technik oder der Wissenschaft entrissen wurde: Sie blieben vielmehr als Deutungsgeber wie auch im Bereich sozialer Praktiken am Lebensende ungemein relevant und reklamierten selbst offensiv einen entsprechenden Kompetenzanspruch.[25]

Die Entdeckung des Sterbens war in dieser Hinsicht eben auch eine Wiederentdeckung – und verband sich mit dem bewusst forcierten Versuch einer Behauptung der Religion in einer als säkular empfundenen Welt. Getragen war er von einer kirchlichen Sakralisierungskompetenz, die manche Geistliche zu neuen Medienstars aufsteigen und ihre Bücher zu grandiosen Verkaufserfolgen werden ließ. Sogar in der DDR blieben die Kirchen gerade in Fragen rund um das Lebensende bedeutsam und einflussreich, ja in mancherlei Hinsicht systemrelevant. So ging mit der Entdeckung des Sterbens in beiden deutschen Staaten und in der wiedervereinten Bundesrepublik ein Ringen um den Glauben und die Endlichkeit des Lebens einher. Dass auch diese Geschichte voller Widersprüche ist, lässt sich beispielsweise daran ablesen, wie misstrauisch, mitunter feindselig, die Kirchen und ihre Wohlfahrtsverbände anfänglich der Hospizidee gegenüberstanden, die sie in den 90er Jahren dann völlig inkorporieren sollten, nicht zuletzt mittels erheblicher publizistischer und ökonomischer Mittel. Eine religiös „unmusikalische" Zeitgeschichte bleibt für diese Befunde taub.

Die Persistenz der Religion und der Referenzen an ein „Leben nach dem Tod" unterstreicht zugleich, dass über allem der Wunsch stand, als solche empfundene Risiken zu minimieren, dem Lebensende seinen Schrecken zu nehmen und so mit der letzten großen Unbekannten im menschlichen Leben zurechtzukommen, die der medizinische Fortschritt und die steigende Lebenserwartung eben keinesfalls besiegt, sondern in mancher Hinsicht noch verschärft hatten. Obwohl Tod und Sterben natürlich kein Folgeproblem der historischen Entwicklung waren, erhielten sie doch aufgrund der beschriebenen Verschiebungen eine Aufwertung und entwickelten sich zu einer sehr spezifischen, ungemein bedeutsamen Gefährdungslage in der neuen „Risikogesellschaft".[26] Die die Zeitgeschichte prägende Thematisierung des Sterbens stellt in diesem Sinne ebenso eine Bewältigungsstrategie dar wie dessen Verdrängung – und machte das Lebensende zu einem Be-

---

[25] Vgl. hierzu jüngst Walter, Death (2020), v. a. S. 163–196, der allerdings grundsätzlich am Säkularisierungsparadigma festhält.
[26] Beck, Risikogesellschaft. Für eine zeithistorische Bewertung der Gesellschaftstheorie Becks vgl. Metzler, Demokratisierung.

standteil jener Auseinandersetzung um Vorsorge und Gefahrenkalkulation, die sich zeitgleich in so vielen Lebensbereichen immer weiter verdichtete.[27] Dies fiel vereinzelt bereits den Zeitgenossen auf. So kritisierte die österreichische Sozialforscherin Birgit Buchinger 1989 angesichts einer ausgemachten Publikationsflut zu dem Thema die Versuche, „den Tod zu erschreiben" – durch diese Form der „Jenseitspolitik" solle das Sterben und das Ende des Lebens letztlich „neutralisiert" werden.[28] Tatsächlich setzt auch die so expressive postmoderne Trauerkultur der Gegenwart viel daran, die Härte des Todes zu verschleiern.[29] Im gleichen Stile verbarg sich hinter der Entdeckung des Sterbens der Drang, das Lebensende erträgbar zu gestalten, sowohl was die physische als auch was die psychosoziale Seite angeht. Sie markierte insofern – frei nach Ariès – auch einen Versuch der „Zähmung des Todes" in der Moderne und war Ausdruck einer neuartigen „Globalstrategie des Menschen gegen die Natur".[30]

„Den Tod begreifen" – das versprachen nicht nur die unzähligen neuen Sterberatgeber, dies war vielmehr in den letzten Dekaden des 20. Jahrhunderts das Grundanliegen der thanatologischen Forschung, eine Zielvorstellung der Hospizbewegung oder Katalysator der zeitweisen Blüte des Phänomens der Nahtoderfahrungen.[31] Es war zugleich integraler Bestandteil der immer zahlreicher werdenden massenmedialen Darstellungen und Interpretationen des Lebensendes sowie individueller Praktiken der Verarbeitung, die zur Genese eines eigenen literarischen Genres führten, in dem sich Betroffene mit ihren persönlichen Erfahrungen mit schwerer Krankheit und nahendem Tod auseinandersetzten.[32] Hinter all dem verbarg sich der Umstand, dass gerade nicht therapierbare, letale Erkrankungen bei vielen Menschen ein Bedürfnis hervorriefen, Leben und Sterben eine Bedeutung, ja einen tieferen Sinn zu geben.[33] Statt hilflos dem Schicksal ausgeliefert zu sein, konnte der Tod so zu einer Chance werden.[34] Die Bemühungen der individuellen Sinnsuche eröffneten automatisch Zugriffsmöglichkeiten für andere Akteure, ja verlieh diesen oftmals Deutungs- und Gestaltungsmacht. Sie verbanden sich auf diese Weise mit den zeittypischen Subjektivierungstendenzen. Die Arbeit am Selbst avancierte zu einer wichtigen Copingstrategie bezüglich der Unsicherheiten am Lebensende in der jüngeren Zeitgeschichte.

Das Sterben wurde vor diesem Hintergrund zur Spielwiese einer gesellschaftlichen Suchbewegung, die nicht nur klassische Unsicherheiten bezüglich der Grenzerfahrung Tod widerspiegelte, sondern auch moderne Verlusterfahrungen: Den

---

[27] Vgl. Hannig, Gefahren.
[28] Buchinger, Todesspuren, S. 13.
[29] Vgl. Sörries, Beileid, S. 229–235.
[30] Zu den beiden Begriffen (bei Ariès: Zähmung des Todes") als bestimmende Merkmale von Todeseinstellungen in der christlichen Vormoderne vgl. Ariès, Geschichte des Todes, S. 13–42 und S. 774–777.
[31] Lammer, Tod.
[32] Vgl. hierzu die Pionierarbeiten von Hawkins, Illness und dies., Death.
[33] Vgl. zu diesem Aspekt als einer Art thanatologischer Grundaufgabe Strack, Death.
[34] Vgl. zu diesen Überlegungen Stolberg, Geschichte, S. 247–250.

Wandel kirchlich-religiöser Selbstverständlichkeiten, das Aufbrechen familiärer Strukturen oder eine als solche empfundene Abhängigkeit von einer technischen Entwicklung, die unter anderem eine über anonyme Apparate funktionierende Hochleistungsmedizin hervorgebracht hatte. Auf der Suche nach verloren gegangener menschlicher Nähe und einem neuen Optimismus erkannten verschiedene Akteure das Sterben zunehmend als konstitutiven Teil des Lebens und deuteten dieses entsprechend aus, indem sie es mit spezifischen Erwartungshaltungen versahen: Das Leitziel eines Sterbens zu Hause, die Intensivierung einer interpersonalen Sterbebegleitung, der sich festigende Grundsatz des selbstbestimmten Behandlungsabbruchs am Lebensende, oder eine prinzipiell positive Lesart des Sterbens, das – bei richtiger Einstellung – sogar ein gewinnbringendes Erlebnis sein könne, waren demnach auch Reaktionen auf die Mangelerscheinungen und Defizite, die sich in der Zeitgeschichte lebensweltlich manifestiert zu haben schienen.

Transnationale und deutsch-deutsche Netze

Viele dieser Entwicklungen und Problemdiagnosen waren genuin grenzüberschreitende Phänomene, die Entdeckung des Lebensendes stellte mithin ebenso wie die gesellschaftlichen Rahmungen des Sterbens ein Resultat transnationaler Kontakte, Netzwerke und Austauschprozesse dar, deren räumliche Zentren in den USA oder Großbritannien, in der Schweiz oder den Niederlanden liegen konnten. Sogar der „Eiserne Vorhang" erwies sich bezüglich aller Fragen des Sterbens als sehr durchlässig. Fraglos waren die vielfältigen Verflechtungen zwischen Ost- und Westdeutschland vor der Wende oftmals asymmetrisch, sie dürfen jedoch keinesfalls als einseitiges Transferverhältnis missverstanden werden. Dass der Westen der Ursprungsort der meisten modernen Wissensbestände gewesen sei, an denen der Osten bestenfalls passiv partizipiert habe, ist ein Paradigma, das jüngst nachdrücklich in Frage gestellt wurde.[35] Tatsächlich lässt sich das auch auf das Lebensende übertragen. Obschon etwa die Thanatologie fraglos im Westen ihre Wurzeln hatte und im Osten vor (aber vielerorts auch noch nach) der Wende eher *rand*ständig blieb, war die DDR keinesfalls *rück*ständig mit Blick auf die Entdeckung des Sterbens: Vielmehr entwickelten sich eine vergleichsweise differenzierte medizinethische Sterbehilfedebatte, neue Praktiken der Sterbebegleitung, eine breite gesundheitspolitische Aufmerksamkeit sowie in Ansätzen auch eine öffentliche Diskussion über neue Problemlagen am Lebensende, zum Beispiel mit Blick auf das Sterben im Krankenhaus. All dies wies – trotz aller systembedingten Unterschiede – in vielerlei Weise erstaunliche Parallelen zur Situation im Westen auf. In manchen Bereichen, etwa bei der Forschung zu Sterbeorten oder Todesursachen, war der Osten gar führend.

---

[35] Vgl. etwa Kreuder-Sonnen, Mikroben.

Die DDR gilt mitunter bis heute irrtümlich als ein Staat, in dem das Sterben aus weltanschaulichen Gründen keinerlei Rolle gespielt habe, nicht sagbar war – sogar manch ostdeutscher Thanatologe, der vor 1989 breit publiziert hatte, behauptete paradoxerweise nach der Wende, dass Sterbeforschung im Sozialismus politisch untersagt worden sei.[36] Fraglos waren die Strukturen in der DDR – zu denken ist nur an die paternalistische Ausrichtung des Gesundheitswesens oder die mangelnde Präsenz des Ehrenamts – für einen „Sterbeaktionismus" wie im Westen nicht förderlich. So kamen Problemwahrnehmungen und Impulse für Neuerungen in der DDR eher „von oben", gingen von marxistischen Wissenschaftlern, Ärzten oder dem Ministerium für Gesundheitswesen aus. Eine staatliche Überwachung oder Sanktionierung derjenigen, die sich aktiv dem Sterben zuwandten, existierte indes nicht. Sterbebegleitung etwa galt als ideologisch relativ unproblematisch, ja zunehmend als etwas auch aus sozialistischer Sicht Wünschenswertes. Vor eben jenem Hintergrund erscheint die nach der Wiedervereinigung rasch modifizierte Sozialgesetzgebung im Bereich des Lebensendes als Resultat längerer und auf vielfältige Weise miteinander verflochtener Aushandlungsprozesse in beiden deutschen Staaten.

Tod, Sterben und die Auseinandersetzung mit dem Erbe des „Dritten Reiches"

Bei allen internationalen Einflüssen erhielt das „Framing Dying" in West- wie Ostdeutschland und in der wiedervereinten Bundesrepublik doch einen ganz eigenen Klang. Diese eigentümliche Mischung aus Verflechtung und nationalen Spezifika lässt sich durchaus als ein Grundmuster des letzten Drittels des 20. Jahrhunderts beschreiben, das gerade im Bereich des sozialen Protests prägend war.[37] In beiden deutschen Staaten beeinflusste etwa die Erinnerung an den Nationalsozialismus den Umgang mit Tod und Sterben in vielen Punkten, schlug sich nieder auf die Auseinandersetzungen um Sterbehilfe und beeinflusste die Praktiken der Sterbebegleitung. Doch wie weit ging diese Prägekraft? Einige Zeitgenossen – wie Ende der 80er Jahre der ostdeutsche Fotograf Rudolf Schäfer, Urheber einer Serie mit Porträtbildern von Toten – vermuteten, dass infolge der nationalsozialistischen Vergangenheit die Verdrängung des Sterbens besonders stark sei:

„Ich glaube, daß die Deutschen aufgrund ihrer jüngsten Geschichte und der Tatsache, daß sie einige Millionen Leute in die Gaskammern geschickt und selbst einige Millionen an Kriegsopfern zu beklagen haben, momentan ein grundsätzlich anderes Verhältnis dazu haben. Und dieser Verdrängungsprozeß, der ohnehin da ist, wenn man an den Tod denkt, ist vielleicht dadurch noch verstärkt worden. Man hat einfach keine Lust, sich mit diesem Problem so sehr auseinanderzusetzen. Und es ist auch eine Tatsache, daß viele Deutsche keine Lust haben, sich in ihrer historischen Schuld [mit] der Zeit '33 bis '45 zu beschäftigen – also, daß sie das einfach versuchen zu verdrängen."[38]

---

[36] Vgl. Blumenthal-Barby, Türen, S. 9 f.
[37] Vgl. hierzu Bösch, Zeitenwende.
[38] Schäfer, Schlaf, ohne Seite.

Unzweifelhaft ist – wie bereits oben erläutert – richtig, dass die tendenzielle, nur in einigen Feldern punktuell unterbrochene Randständigkeit von Tod und Sterben in den ersten beiden Nachkriegsjahrzehnten wesentlich eine Folge der Kriegserfahrungen war. Die sich mit dem Übergang vom „gewaltsamen" zum „natürlichen Tod" als prägendem Merkmal der zeithistorischen Sterbekultur verbindenden Probleme wurden erst mit einiger Verzögerung als solche erkannt und diskutiert. Dennoch griff das Argument von Schäfer in zweierlei Weise deutlich zu kurz: Zum einen war dies kein spezifisch deutsches, sondern durchaus ein internationales Phänomen. Freilich regten sich in den USA und in Großbritannien – wie in vielen anderen Bereichen des kulturellen Wandels – etwas früher als andernorts, ab Mitte der 50er und verstärkt ab Anfang der 60er Jahre, kritische Stimmen, die für eine verstärkte Hinwendung zu Fragen des Sterbens warben. Zum anderen konnte aber zum Zeitpunkt der oben zitierten Aussagen Schäfers schon längst keine Rede mehr von einer Nicht-Thematisierung oder gar Verdrängung des Lebensendes sein, weder in West- noch in Ostdeutschland. Dieses hielt vielmehr Gesundheitspolitik, Wissenschaft, Medizin, zivilgesellschaftliche Initiativen, Massenmedien, Literatur und Öffentlichkeit gleichermaßen in Atem. In der wiedervereinten Bundesrepublik zeigten sich rasch die aus beiden deutschen Staaten sowie deren Verflechtungen herrührenden Kontinuitäten, aber zugleich auch deren in vielen Punkten gänzlich neuartige Gestalt, die Folge einer speziellen Mischung aus Selbstbewusstsein und Unsicherheiten des „Aufsteigers" war.[39] Diese schlug sich zum Beispiel in einem ebenso ambitionierten wie problemorientierten sozial- und gesundheitspolitischen Reformprogramm nieder, in dem dezidiert Fragen des Lebensendes und der Sterbebegleitung auf der Agenda nach oben rückten. Auf diese Weise war die Entdeckung des Sterbens ein sehr spezifischer, aber doch ungemein markanter Ausdruck der Gleich- und Ungleichzeitigkeiten der deutsch-deutschen Geschichte nach 1945.

Während die Epoche der Weltkriege in der zweiten Hälfte des 20. Jahrhunderts somit nicht nur allgemein in Form latenter gesamtgesellschaftlicher Ängste in der deutschen Zeitgeschichte überdauerte,[40] sondern auch durchaus in den Auseinandersetzungen über Tod und Sterben nachhallte, dominierte sie Debatten und Praktiken doch keinesfalls in einem Maße, wie es vielleicht zu erwarten gewesen wäre. Dies bemerkten schon zeitgenössische Beobachter. Der Regensburger Religionspädagoge Johann Hofmeier stellte Mitte der 70er Jahre fest, dass das „furchtbare Sterben der letzten Kriege [...] relativ geringe Nachwirkungen gezeigt und die Einstellung zum Tode wenig bestimmt" habe. Er erklärte sich dies zum einen damit, dass „es um der Lebenserhaltung willen notwendig war, möglichst schnell über das Massensterben hinwegzugehen". Zum anderen habe „gemeinschaftlich legitimiertes gewaltsames Töten den Menschen [noch nie] schockiert."[41] Es war

---

[39] Wolfrum, Aufsteiger.
[40] Biess, Republik.
[41] Hofmeier, Erfahrung, S. 238.

in diesem Sinne in der zweiten Hälfte des 20. Jahrhunderts paradoxerweise die Natürlichkeit des Sterbens, die immer mehr Menschen schockierte – und unter anderem zum Aufkommen jener Neuen Sozialen Bewegung führte, deren Entwicklung als eine Art Anker der Zeitgeschichte des Sterbens dienen kann: der Hospizbewegung.

Ein relevantes Randphänomen – zum stillen Siegeszug des Hospizes und seinen Ambivalenzen

Die Entdeckung des Sterbens war getragen vom stillen Siegeszug des Hospizes – eine Geschichte, die sich in der Gegenwart wie die Durchsetzung des Guten und Gerechten anhört, und die doch geprägt war von starken Konflikten und Widersprüchlichkeiten. Dazu gehört zunächst ein einfacher Befund: Trotz seines lautstarken Unterstützerkreises blieb das Hospizwesen bis Ende des Jahrtausends in mancherlei Hinsicht marginal. Nur ein geringer Anteil aller Sterbenden kam direkt mit hospizlichen Praktiken in Berührung, sei es in Form eines Aufenthalts in einem stationären Hospiz oder auch in Form von ambulanter Betreuung. Legt man die Zahlen der ersten deutschen Hospizstatistik aus dem Jahr 2000 zugrunde, waren es knapp 3,5% der im Vorjahr verstorbenen Bundesbürger.[42] Dies gilt für diesen Zeitraum sogar dann, wenn man die Palliativmedizin dazu nimmt, die starke personelle und ideelle Berührpunkte zum Hospizgedanken aufweist. Umso stärker fällt das Gewicht auf, das der Hospizidee bereits von Zeitgenossen zugerechnet worden ist – und zwar keinesfalls nur von ihren eigenen Vorkämpfern, sondern gleichermaßen von Gesundheitspolitik, Wissenschaft, Kirchen, Pharmaindustrie, anderen zivilgesellschaftlichen Akteuren oder den Massenmedien. Bereits bevor die ersten Todkranken in West- und Ostdeutschland in hospizlichen Einrichtungen und durch Hospizdienste versorgt wurden, erschien die Hospizidee vielen als Antwort auf die neuen Herausforderungen am Lebensende: Sie versprach eine bessere Versorgung Sterbender, schuf neue Formen zwischenmenschlicher Solidarität in einer Gesellschaft, in der traditionelle Versorgungsstrukturen für Schwerstkranke – wie die Familie – an Bedeutung verloren und reagierte auf Missstände wie den als solchen empfundenen Autonomieverlust in Zeiten des medizintechnischen Fortschritts. Als Reaktion darauf strebte das Hospiz danach, durch ein interdisziplinäres Team die ärztliche Vormachtstellung am Sterbebett aufzubrechen, und verfolgte den Ansatz einer „ganzheitlichen Betreuung", einer der neuen Zauberformeln einer stärker am individuellen Patientenwohl orientierten Medizin. Die medizinkritische Stoßrichtung der Hospizidee gewann dadurch noch mehr Überzeugungskraft, dass sie vielfach von Ärzten und Sozialmedizinern unterstützt und vorangetrieben wurde. So verwarf sie nicht die Vorzüge des medi-

---

[42] Demnach wurden knapp über 30 000 der im Jahr 1999 insgesamt 850 000 verstorbenen Deutschen hospizlich versorgt. Vgl. zu den Zahlen Kap. 10.2.

zinischen Fortschritts, sondern mühte sich um die Ausbildung „hybrider Sterberäume", in denen eine hochprofessionelle Versorgung und eine familiären Logiken verpflichtete Betreuung Hand in Hand gingen.[43] Und mit dem propagierten Vorrang ambulanter Versorgung sowie ihrem Fokus auf Formen bürgerschaftlichen Engagements und Freiwilligenarbeit stellte sie in Zeiten des immer lautstarker beklagten Pflegenotstands und explodierender Gesundheitsausgaben zunehmend eine kostengünstige Alternative zur klinischen Versorgung Schwerst- und Todkranker dar.

Vor diesem Hintergrund erfolgte seit den 70er Jahren nicht nur eine sich immer weiter beschleunigende Durchdringung der Sterbekultur mit hospizlichen Ideen, sondern auch eine tiefgreifende Prägung der Praxis der Sterbebegleitung. Die Solidarisierung mit Todkranken erhielt hier eine neue, ganz lebensnahe Ausdrucksform. Dies galt sogar in der DDR, wo die Hospizbewegung selbst noch randständiger blieb als in der Bundesrepublik, aber hospizliches Wissen in den 80er Jahren auf unterschiedlichen Wegen, vor allem über persönliche Netzwerke, Fortbildungsveranstaltungen oder die Rezeption westlicher Literatur, Eingang in die Debatten über das Lebensende und die Praktiken der Sterbebegleitung finden konnte. Auch wenn der Begriff „Hospiz" dabei in aller Regel vermieden wurde, stimmten die Positionen der marxistischen Medizinethik, die sozialistische „Sterbebetreuung" oder die „perimortale Medizin" in der DDR inhaltlich nicht nur mit den Grundsätzen hospizlicher Sterbebegleitung überein, sondern waren quasi deckungsgleich. In den 90er Jahren schließlich fiel dem Hospizgedanken eine Vorreiterrolle beim Umbau des gesamtdeutschen Wohlfahrtssystems und im Rahmen eines grundsätzlichen Paradigmenwechsels im Gesundheitswesen zu. Mehr noch: Hospizliche Ideen diffundierten in den letzten Jahrzehnten des 20. Jahrhunderts auf breiterer Fläche in die Gesellschaft, etwa über die Massenmedien, das ganz bewusst forcierte Engagement vieler Hospizvertreter im Bereich der Öffentlichkeitsarbeit oder die enge Verbindung mit den Wissenschaften und insbesondere der interdisziplinären Thanatologie. Organisationsgeschichtlich stellte das Hospiz eine Graswurzelbewegung dar, deren Institutionalisierung seit der zweiten Hälfte der 80er Jahre aber zunehmend zentralistische Tendenzen aufwies, die sich zum Beispiel in einer Kanonisierung von Wissensbeständen, der Etablierung spezifischer Kommunikationszusammenhänge und der Schaffung eines bestimmten gesellschaftlichen Leitbildes äußerte. Eine Tätigkeit in der Bewegung wiederum war für viele Ehrenamtliche mehr als nur ein Liebesdienst an besonders hilfsbedürftigen Nächsten. Sie entwickelte sich vielmehr zum Ausdruck sozialen Protests und zu einer spezifischen Partizipationsform, die zugleich lebensweltliche Orientierung bot, einen gemeinsamen Wertekanon vermittelte, bei der persönlichen Sinnsuche half und damit in vielen Fällen eine identitätsstiftende Funktion hatte. Und für manche verkörperte sie gar eine eskapistische Haltung zu einer sich immer weiter beschleunigenden, unsolidarischen Konsum- und Konkurrenzgesellschaft.

---

[43] Vgl. umfassend von Hayek, Sterberäume.

Die Hospizidee verdeutlicht damit in Theorie wie Praxis jenes „Zusammenspiel zwischen Individualisierungstendenzen und Gruppenbildungen", das so typisch für die Zeitgeschichte ist.[44]

Auf diese Weise stieg das Hospiz – eingebettet in ein transnationales Expertennetz – zu einer kulturellen Norm auf, weitgehend unabhängig, aber selbstredend seit den frühen 80er Jahren noch unterstützt vom Bedeutungszuwachs hospizlicher Verbände und Organisationen.[45] So gelang es ihm, sich im Ringen um Deutungshoheit sukzessive gegen die in vielen Punkten so verwandte Sterbehilfebewegung durchzusetzen, deren historischer Ausgangspunkt in der Zeit nach dem Zweiten Weltkrieg die gleiche Empörung über die herrschenden Missstände am Lebensende war. Damit war zugleich der Boden bereitet für den endgültigen Aufstieg des Hospizwesens zur Massenbewegung, der sich seit der Jahrtausendwende beobachten lässt. Nicht nur in den USA nahm seine statistische Relevanz stark zu und Mitte der 2000er Jahre hatten bereits knapp ein Drittel aller jährlich Verstorbenen hospizliche Dienste und Einrichtungen genutzt.[46] Auch in Deutschland gründeten sich nach der Jahrtausendwende immer mehr Initiativen, der Dachverband DHPV zählte 2008 bereits 1500 ambulante Dienste (mehr als dreimal so viele wie 1996). Bis Mitte der 2010er Jahre waren aus den 1996 noch 28 stationären Hospizen in der Bundesrepublik 235 geworden und über 100 000 haupt- und ehrenamtliche Sterbehelfer versorgten nun im ganzen Bundesgebiet jährlich eine sechsstellige Zahl an Sterbenden.[47] In diesem Sinne kann die Geschichte der Hospizbewegung durchaus – wie es ihre Protagonisten selbst tun – mit guten Gründen als eine „Erfolgsgeschichte" erzählt werden.[48]

Allerdings verdeckt das simplifizierende Schlagwort von der „Erfolgsgeschichte" die substanziellen Probleme und Widersprüchlichkeiten, die im Zuge des institutionellen Siegeszugs zutage traten: Streitigkeiten und Kompetenzgerangel zwischen freiwilligen Helfern und hauptamtlichen Mitarbeitern, eine Debatte um Sinn und Unsinn des Ehrenamts sowie Klagen über zunehmenden Bürokratismus, die Folgen der Professionalisierung oder kommerzielle Dienstleister im Hospizbereich begleiteten die Entwicklung hospizlicher Strukturen vor allem seit der Jahrtausendwende – und führten dazu, dass sich manch Hospizpionier der ersten Stunde enttäuscht von der Idee abwandte.[49] In vielerlei Hinsicht war dies ein Resultat des Erfolgs der Bewegung, der hart erkämpften dauerhaften Finanzierungs-

---

[44] Bösch, Arbeit, S. 313.
[45] Vgl. Walter, Taboo, S. 307.
[46] Vgl. Kiernan, Rights, S. 111.
[47] Vgl. zu den Zahlen Hörschelmann, 25 Jahre DHPV, S. 50 f.; https://www.bbtgruppe.de/zentrale/projektuebergreifende-inhalte/Themenportal/LEBEN-Themen/palliative-care/palliative-care-zahlen-daten-fakten.php [15. 12. 2021] bzw. für ganz aktuelle Statistiken https://www.dhpv.de/zahlen_daten_fakten.html [15. 12. 2021].
[48] Heller u. a., Geschichte, S. 334.
[49] Vgl. als Überblick zu den hier und im Folgenden diskutierten Aspekten Gronemeyer/Heller, Hospizbewegung; Heller u. a., Geschichte, S. 335–338 und das Anfang 2018 veröffentlichte Themenheft „Ehrenamt" der Zeitschrift des DHPV, *Die Hospiz-Zeitschrift* 76 (2018), Nr. 1.

grundlage für Hospizdienste und deren Einbettung in die sozialpolitischen Strukturen der Bundesrepublik. Mitte der 2010er Jahre beklagten etwa Beobachter neue Ungleichheiten am Lebensende und ein „Zwei-Klassen-Sterben", abhängig davon, ob der Patient seine letzten Tage in einem Hospiz mit seinen hochwertigen Versorgungsstrukturen oder in einem Pflegeheim verbrachte, wo die Leistungen der Sozialkassen im Schnitt rund 5000 Euro im Monat geringer ausfielen.[50] Infolge einer aus Sicht der Bewegung positiven Verankerung im Gesundheitswesen wurden bereits in den 90er Jahren Fragen der Qualitätssicherung oder der Standardisierung zu zentralen Themen hospizlicher Sterbebegleitung und es kam zu einer Normierung von etwas, das eigentlich nie normiert hätte werden sollen, ja das vielleicht gar nicht normiert werden kann: der Art, wie man einen sterbenden Menschen bestmöglich betreut. Nicht erst die zunehmende Ausrichtung des Hospizwesens an ökonomischen Logiken und seine gleichzeitige Verbindung zu gesundheitspolitischen Rationalisierungsmaßnahmen weckten Befürchtungen einer sozialverträglichen Domestizierung des Sterbens. War das Hospiz mit seinem Versprechen eines reibungslosen Lebensendes etwa selbst zu einem Bestandteil der Leistungsgesellschaft geworden? Musste der Sterbende nun – ebenso wie der Lebende – funktionieren, durfte er nicht anders als für seine neue Rolle im Rahmen eines „hospice drama" vorgesehen sterben,[51] nicht wütend werden oder über Schmerzen, Langeweile und Sinnkrisen klagen?

Freilich: Das Ziel der Hospizidee war all dies sicher nicht, aber doch eine ihr innewohnende Möglichkeit. So lagen die historischen Wurzeln dieser Ambivalenzen im Konzept selbst, waren älter als die Institutionalisierung der Bewegung. Für manche Patientengruppen öffneten sich die Tore der Hospize früher und weiter als für andere. Die zeitweise Bevorzugung von beispielsweise Krebs- gegenüber AIDS-Kranken mag dabei zum Teil medizinische Ursachen gehabt haben und den spezifischen Sterbeverläufen geschuldet gewesen sein, es verbargen sich dahinter aber auch weltanschauliche Bedenken oder der unterschiedlich große Einfluss – und finanzielle Handlungsspielraum – der jeweiligen Unterstützergruppen. Am deutlichsten aber zeigte sich dies im Konstrukt des „guten Sterbens", das die Hospizbewegung nicht alleine, aber doch wie kein zweiter Akteur in diesem Bereich forcierte und einer breiteren Öffentlichkeit vermittelte. Die Definition, ja die Festlegung der Grundsätze eines „guten Todes" war vermutlich die bedeutsamste soziale Rahmung des Lebensendes, der Kern des „Framing Dying" in der Zeitgeschichte. Hier zeigte sich, wie stark das vermeintlich so freigeistige Hospiz ideologisch behaftet war, dass die Art und der Grundsatz des „schönen Sterbens" auch und gerade Implikationen für die Lebenden bereithielt, ja Empfehlungen transportierte, wie gelebt werden sollte und was ein erfülltes Leben war. Der „gute Tod" war in diesem Sinne vom „guten Leben" nicht zu trennen.

---

[50] Florian Staeck: „Patientenschützer beklagen ‚Zwei-Klassen-Sterben'." *Ärzte Zeitung*, 12. 06. 2015, online unter: https://www.aerztezeitung.de/politik_gesellschaft/sterbehilfe_begleitung/article/887970/pflege-patientenschuetzer-beklagen-zwei-klassen-sterben.html [15. 12. 2021].
[51] Vgl. Oliver-Parker, Construction.

Gut, besser, am besten? Sinn und Unsinn der Superlative des schönen Sterbens

Die Suche nach dem „guten Sterben" ist selbstredend kein Phänomen der Zeitgeschichte. Immer schon machten sich Menschen Gedanken darüber, wie sich das eigene Lebensende am besten gestalten ließ. Stets ging es dabei um mehr als nur persönliche Wünsche, spielten kulturelle, religiöse und soziale Rahmenbedingungen eine zentrale Rolle. Im Mittelalter etwa war das klaglose Ertragen sogar stärkster Schmerzen für Sterbende ein Weg zum Seelenheil und zu einem „guten Tod", galten diese doch als gottgewollt.[52] Dennoch bekam die Frage nach der besten Art zu sterben in der Zeitgeschichte eine ganz eigene Qualität. Nun zeigte sich, welch immense politische Dynamik sie besaß, wie stark sie verwoben war mit der gesellschaftlichen Entwicklung, dem normativen Wandel, neuem wissenschaftlichen und medizinischen Wissen, wirtschaftlichen Interessen, Fragen der Verhaltensnormierung sowie sozialkritischen Zeitdiagnosen.[53] Im Ringen darum, was ein gutes Lebensende ausmacht, spiegelte sich eben nicht nur die für die Moderne so wichtige „medizinische Deutungsmacht", sondern auch die vielfältigen Reaktionen anderer Akteure darauf.[54]

Was also waren die Komponenten des „guten Sterbens", wie sie sich nach 1945 und verstärkt seit den 70er Jahren ausbildeten und wie sie in den unterschiedlichsten Bereichen – von den gesundheitspolitischen Zielvorstellungen über die Position der Kirchen, von Ärzteverbänden oder zivilgesellschaftlichen Organisationen bis hin zu massenmedialen Repräsentationen – sichtbar geworden sind? Zentral war zunächst der Grundsatz der völligen Schmerzfreiheit.[55] Eine Leitfunktion hatten auch die Schlagworte der „Würde" und „Selbstbestimmung", obschon diese inhaltlich unbestimmte, leere Signifikanten waren. Damit konnten im Einzelnen ganz unterschiedliche Dinge umschrieben werden, stets jedoch drehten sie sich um die Wahrung der Autonomie und Individualität von Sterbenden, deren fortwährende soziale Einbindung und eine angemessene Kommunikation mit ihnen. Insbesondere menschliche Nähe, Zuwendung und Begleitung erschienen als Grundbedürfnisse von Todkranken, deren Erfüllung gerade das erstrebte Sterben zu Hause versprach. Damit einher ging auch die Forderung nach einer Akzeptanz des Unvermeidlichen seitens des Erkrankten und seiner Angehörigen, die sich ab einem gewissen Punkt bewusst auf das Abschiednehmen zu konzentrieren und alles Nötige vorzubereiten hatten. Die fünfte Phase des berühmten Stufenmodells von Kübler-Ross, die Annahme des eigenen Schicksals, markierte in diesem Sinne idealtypisch die Krönung eines gelungenen Sterbeverlaufs, ja geradezu ein Happy End. Konkret erlaubte dies einen Therapieabbruch am Lebensende, verlangte ge-

---

[52] Vgl. die Typenbildung des „guten Todes" in Walter, Revival, v. a. S. 109 f.
[53] Vgl. Kellehear, History, S. 109.
[54] Labisch/Spree, Deutungsmacht.
[55] Vgl. hierzu Kastenbaum, Death (2009) und Bradbury, Representations, S. 140.

naugenommen vom Sterbenden und seinem Umfeld wenigstens implizit sogar einen Verzicht auf lebensverlängernde Behandlungsmaßnahmen am Sterbebett, zumal in der zugespitzten Form eines Anschlusses an medizinische Apparate. Zugleich verband sich damit eine klare Absage an Praktiken der Tötung auf Verlangen oder eines ärztlich assistierten Suizids – die Sterbehilfebewegung kämpfte, wie der Verlauf der Auseinandersetzung um aktive Sterbehilfe in beiden deutschen Staaten und nach 1989 illustriert, gegen diese Ausdeutung des „guten Sterbens" zwar vehement, aber letztlich vergeblich an, woran auch ihre kurzzeitige ideelle Unterstützung durch die AIDS-Selbsthilfebewegung Ende der 80er und Anfang der 90er Jahre nichts änderte.

Das Konstrukt des „guten Sterbens" hatte eine enorme Relevanz für die Praxis der Sterbebegleitung, prägte es doch eben nicht nur das Selbstverständnis der Thanatologen, sondern auch dasjenige von Ärzten, Seelsorgern, Gesundheitspolitikern, Hospizfreiwilligen oder Pflegekräften. Und genau hierin lag seine Hauptfunktion. Es schweißte die Gruppe derjenigen zusammen, die weiterlebten, die auch künftig mit dem Sterben der anderen und der eigenen Sterblichkeit konfrontiert waren, gab ihr Hoffnung. Wie konnte das Sterben, das die Existenz eines Individuums unwiederbringlich beendet, überhaupt etwas „Gutes" sein? War der in den USA seit den 60er Jahren so beliebte Begriff des „appropriate death" nicht ein Oxymoron?[56] Solche Fragen verhallten eben deshalb so unbeachtet, weil sich das „gute Sterben" weniger auf die Sterbenden als auf die anderen bezog. Nirgends war dies so deutlich wie in der so optimistischen Deutung des Sterbens als etwas grundsätzlich Schönem und Positivem, das das Leben weniger bedrohe, als vielmehr bereichere, ihm überhaupt erst Sinn verleihe. Eine solche Lesart diente eben gerade der Selbstfindung der Sterbeaktivisten, war eine weitere Bewältigungsstrategie der Lebenden, wie gelegentlich selbst Vertreter der Hospizbewegung feststellten, die sich ebenso amüsiert wie irritiert ob der gelebten „Sterberomantik" mancher Kollegen zeigten.[57]

Tatsächlich romantisierte auch der „gute Tod" bestimmte Wertvorstellungen und überkommene soziale Strukturen, die in einer sich pluralisierenden und immer weiter ausdifferenzierenden modernen Gesellschaft bedroht schienen. Damit einher ging, wie sich insbesondere in der so wirkmächtigen These von der Tabuisierung des Todes in der Gegenwart zeigte, ein verklärender Blick auf die Vergangenheit, in der familiärer, menschlicher gestorben worden sei, das Lebensende vermeintlich angenehmer und leichter zu ertragen war. Dies verdeutlicht auch die starke Konzentration auf die Frage des Sterbeortes, die bis heute anhält. Menschen, darin waren sich nicht nur Hospiz- und Sterbehilfebewegung, sondern auch Gesundheitspolitik, wissenschaftliche Sterbeforschung, Kirchen und kommerzielle Sterberatgeber einig, starben dort am besten, wo sie gelebt hatten, ein vor dem Hintergrund der in den Wohlfahrtsstaaten seit dem Zweiten Weltkrieg gemachten

---

[56] Vgl. ausführlich zum Konzept des „appropriate death" Bleyen, Death.
[57] Vgl. Interview Thamm, S. 14.

Fortschritte bei der Versorgung in medizinischen Einrichtungen durchaus bemerkenswerter Konsens. Hinter dem Wert, dem einem Sterben zu Hause beigemessen wurde, verbargen sich gesellschaftliche Unsicherheiten hinsichtlich des Wandels der Familienstrukturen und ein Wunsch nach Geborgenheit, der das Zuhause zu einem Sehnsuchtsort werden ließ, dessen Bedeutung sich gerade in der existentiellsten aller Lebenskrisen, dem Sterben, manifestierte. Traditionellen Familienidealen fiel bei der Entdeckung des Sterbens im Westen, etwas abgeschwächt sogar im Osten und ganz besonders im wiedervereinten Deutschland als Leitbildern offenkundig eine hohe und lang anhaltende normative Prägekraft zu, wie sie gesamtgesellschaftlich durchaus typisch war.[58]

Damit nahm das „gute Sterben" ganz bewusst eine normative Codierung des Lebensendes vor, im Zuge derer sie das Sterben moralisierte.[59] Eben hier gewann der so vielfältige, aber als höchstes Gut menschlichen Daseins weithin akzeptierte Begriff der „Würde" seine Relevanz.[60] Dieser stellte nicht nur in der Bundesrepublik eine Referenz an den Artikel 1 des Grundgesetzes dar. Er schrieb international und über Systemgrenzen hinweg das Sterben in den Kampf um die Sicherung der Menschenrechte ein, der sich im letzten Drittel des 20. Jahrhunderts beschleunigte. Damit stellte ein „menschenwürdiges Sterben" zugleich eine wechselseitige Verpflichtung dar, etwas, das nicht abgelehnt werden konnte, das Gerechtigkeit dort versprach, wo eigentlich gar keine möglich war. Die Bezugnahme auf die Kategorie der „Würde" machte das „gute Sterben" in diesem Sinne zu einem festen Bestandteil der zeitgeschichtlichen „Moral History".[61] Und in vielerlei Hinsicht war diese Moralisierung erfolgreich. Kritik an ihr war zeitgenössisch jedenfalls selten. Der renommierte amerikanische Bioethiker Paul Ramsey blieb eine Ausnahme, als er Anfang der 70er Jahre infrage stellte, dass etwas so Unerwünschtes wie das Sterben überhaupt „würdevoll" sein könne: „There is nobility and dignity in caring for the dying, but not in dying itself." Darauf aufbauend griff er eine um sich greifende „Death with Dignity"-Ideologie an, welche den Menschen suggeriere, sie müssten das Sterben souverän erdulden, da es zum Leben gehöre. Obschon auch Mord und Vergewaltigung zum Leben gehörten, so bemerkte Ramsey polemisch, gebe es „no campaign for accepting or doing those things with dignity."[62]

Ein solch spöttischer Sarkasmus war indes seinerseits nicht unproblematisch, übersah er doch einen ganz wesentlichen Aspekt: Die sich etablierenden Vorstellungen vom „guten Sterben" verbesserten in vielen Punkten signifikant die Qualität der Sterbebegleitung. Sie trugen dazu bei, dass Fragen einer adäquaten Schmerzkontrolle bei Sterbenden auf der medizinischen und pharmazeutischen Agenda nach oben rückten, sie optimierten die Kommunikation am Sterbebett, sensibilisierten für stille Mechanismen einer sozialen Exklusion und sorgten für die Aktivierung

---

[58] Vgl. hierzu umfassend Neumaier, Familie sowie für die USA Heinemann, Wert.
[59] Vgl. Bauer, Rationalitäten, S. 225.
[60] Vgl. für eine philosophische Vermessung des Konzepts der „Würde" Bieri, Art.
[61] Knoch/Möckel, History.
[62] Ramsey, Indignity, Zitate S. 48.

beträchtlicher Ressourcen im Gesundheitswesen. Doch mit der Festschreibung dieser Grundmuster, und hier traf Ramsey mit seiner Kritik den Nagel auf den Kopf, gingen für die Sterbenden eben nicht nur Chancen und neue Betreuungsangebote einher. Mit der Normierung des „guten Sterbens" ergab sich vielmehr auch eine Art Pflicht, dem Ideal zu entsprechen.[63] Denn für seine Verfechter war das „gute Sterben" eben zumeist keine relationale Kategorie, die von den jeweiligen Umständen abhing, sondern eine klare Zielvorstellung. Auf diese Weise war das Konzept Triebkraft einer „Vergesellschaftung des Sterbeprozesses".[64] Diese ließ kaum Raum für die Mannigfaltigkeit von Sterbeverläufen, aber auch die Individualität von Sterbenden, ein Umstand, der sich einmal mehr drastisch im Zuge der AIDS-Epidemie zeigte, als bei der Betreuung der meist jungen Sterbenden traditionelle Familienstrukturen oft viel weniger griffen als Freundeskreise und ein soziales Netzwerk, das wiederum vielen klassischen Sterbebegleitern fremd war.

Letztere beschworen lieber hartnäckig einen Idealtypus des Sterbens, oft illustriert anhand von mythisierten Paradebeispielen eines „guten Todes". Ein solches war der Sterbeverlauf des amerikanischen Luftfahrtpioniers Charles Lindbergh, der nach einer Krebsdiagnose noch zwei Jahre lang aktiv lebte, sich behandeln ließ, aber eine sinnlose „Leidensverlängerung" ablehnte, seine letzten Dinge regelte, Abschied von der Familie nahm, Bestattung und Trauerfeierlichkeit selbst organisierte und nach seinen eigenen Vorstellungen gestaltete, ehe er schließlich im Sommer 1974 „friedlich" einen Tod starb, der wie von ihm gewünscht genauso „natürlich" wie seine Geburt verlaufen sei.[65] Solche Idealbilder verdeckten indes den Blick auf so manche Blindstelle. So konnte beispielsweise die vollständige Schmerzfreiheit, das große Heilsversprechen palliativer Versorgung und hospizlicher Sterbebegleitung, zwar bei den meisten chronischen Sterbeverläufen erreicht, aber doch eben keinesfalls in allen Fällen gewährleistet werden. Nicht nur deshalb bleibt fraglich, ob sich Wünsche nach Suizid oder Sterbehilfe tatsächlich bei allen Schwerstkranken erübrigten, sofern sie nur gut betreut wurden. Als der RBB 1993 einen Fernsehbericht über die Arbeit des ostdeutschen Hospizpioniers Heinrich Pera in Halle an der Saale drehte, dokumentierte die Sendung unfreiwillig, wie ein Patient mit Magenkrebs im Endstadium trotz intensiver Gespräche hartnäckig am Wunsch festhielt, seinem Leiden selbst ein Ende zu bereiten – zum Entsetzen des sichtbar hilflosen Pera.[66] Kaschiert wurde auch der determinierende Einfluss von sozialen und kulturellen Faktoren auf den Verlauf des Lebensendes, wie etwa der Umstand, dass die Chance eines Mannes, den vermeintlich besseren Tod zu Hause

---

[63] Vgl. Sörries, Tod (2015), S. 144 f.
[64] Nassehi, Formen.
[65] Vgl. DeSpelder/Strickland, Last Dance, S. 489–493. Noch heute wird der Sterbeverlauf Lindberghs etwa in der US-Krebshilfe ehrfürchtig kolportiert, vgl. http://www.cancersupportiveca re.com/plan.html [15. 12. 2021].
[66] Vgl. Peter Wingert: Leben bis zuletzt. Eindrücke von der Hospizbewegung in Halle. RBB 1993, Min. 21:45–25:28.

zu sterben, statistisch deutlich höher war als die seiner Ehefrau – was schlicht daran lag, dass diese ihn in der Regel überlebte und pflegen konnte.[67]

Ohnehin erscheint fraglich, ob das von den Lebenden ausgedeutete und entwickelte Konstrukt des „guten Sterbens" überhaupt den Wünschen und Erwartungen der Sterbenden selbst entsprach.[68] In der DDR ergab eine systematische Untersuchung jedenfalls Ende der 70er Jahre, dass zwar eine deutliche Mehrheit eine Einbeziehung von Angehörigen in den Prozess der Sterbebetreuung wünschte, aber nur eine Minderheit von nicht einmal 30% eine häusliche Pflege bevorzugte. Weniger als die Hälfte der Menschen erhoffte sich das eigene Zuhause als Sterbeort, Personen, die keinen medizinischen Beruf ausübten, präferierten klar das Krankenhaus. Ein Drittel der Befragten bejahte sogar die Frage, ob Sterbende „prinzipiell in einer stationären Einrichtung untergebracht werden" sollten.[69] Unabhängig von diesen Zahlen stellten ostdeutsche Thanatologen zeitgleich verblüfft fest, dass die Sicherung der eigenen „Würde" für viele Schwerstkranke kaum von Bedeutung war und diese vielmehr einen unerwarteten, plötzlichen Tod wünschten.[70] Eine Studie in den USA zeigte Ende der 80er Jahre, dass entgegen der entsprechenden Ambitionen von Hospizmitarbeitern nur einer von 20 Krebspatienten das Bedürfnis hatte, beim Sterben „mentally alert and in control of their own exit" zu sein.[71] Auch in der Bundesrepublik ergab 1996 eine EMNID-Umfrage, dass lediglich 14% der Bürger jenen bewussten, vorbereiteten und begleiteten Sterbeprozess anstrebten, der sich längst als Leitbild etabliert hatte; 62% erhofften dagegen ein schnelles, kurzes und schmerzloses Ableben – die Deutsche Hospiz Stiftung, die das Meinungsforschungsinstitut selbst beauftragt hatte, verwies sichtlich ernüchtert darauf, dass dieser Wunsch eben für die meisten Menschen nicht in Erfüllung gehe.[72]

Die zeithistorische Konstruktion des Idealtypus vom „guten Sterben" war umso frappierender, als dass – wie neuere Studien klar belegen – sich die Perspektiven auf das Lebensende je nach individuellen Umständen unterschieden und stark abhängig von den Rahmenbedingungen in den jeweiligen medizinischen Einrichtungen waren, die Sterbebegleitung praktizierten.[73] Immer wieder standen die individuellen Erfahrungen von Sterbenden dem Ideal entgegen, empfanden sie beispielsweise Fremdbestimmung keinesfalls als etwas pauschal Negatives, zumal im Rahmen des auf Vertrauen aufbauenden Arzt-Patienten-Verhältnisses. Denn paradoxerweise insistierte das Leitbild ausgerechnet in einer Lebensphase auf vollständige Selbstbestimmung, die notwendigerweise mit dem sukzessiven Verlust

---

[67] Vgl. Heller u. a., Geschichte, S. 338.
[68] Vgl. übergreifend zu den folgenden Überlegungen auch Greiner, Tod.
[69] Zingelmann, Untersuchungen, S. 65–70.
[70] Blumenthal-Barby/Jacob, Sterben, S. 42.
[71] Walter, Revival, S. 109.
[72] Emnid-Institut (Hg.): Umfrage & Analyse 6 (1996), Nr. 11/12, S. 13. Vgl. für die Reaktion der DHS „Der Tod ist für viele tabu. Mehrheit der Deutschen wünscht sich ein abruptes Ende." *Hannoversche Allgemeine Zeitung*, 1. 11. 1996.
[73] Vgl. die wegweisende Studie von Lawton, Process; Hanses u. a., Konstruktionen sowie für einen guten Überblick über die neuere soziologische Hospizforschung Coates, Care-Arbeit.

jeglicher Autonomie einhergeht: dem Sterben.[74] Mitunter drängten Sterbebegleiter Todkranken ein „bewusstes" Sterben förmlich auf und zwangen Patienten geradezu, über ihr Sterben zu sprechen und sich aktiv mit den eigenen Wünschen und Vorstellungen auseinanderzusetzen.[75] Auf diese Weise wurde die „Nötigung zur Selbstbestimmung" zu einem Teil des „palliativen Geschäfts" und es kam gar zu einer latenten Pathologisierung von Menschen am Lebensende, die sich nicht in jene Rolle drängen ließen, die für sie vorgesehen war.[76]

Quo vadis, Sterben – ein Lebensende 2.0?

Die Wurzeln dieses Problems reichen bis in die 60er und 70er Jahre zurück. Sie sind letztlich angelegt in der Entdeckung und Rahmung des Sterbens durch Lebende sowie in deren historischen Ursachen. Die moralische Überhöhung und pathetische Aufladung des „guten Sterbens" war dabei in vielerlei Hinsicht Katalysator einer notwendigen Verbesserung der Sterbebegleitung, barg langfristig aber Risiken. Der Blick auf die Zeitgeschichte des Sterbens kann daher nicht zuletzt helfen, sich daran zu erinnern, warum, wie und durch wen das Lebensende zu dem wurde, was es heute ist.

Fraglos transformieren sich die Rahmenbedingungen auch in der Gegenwart weiter, und das nicht erst in Zeiten von COVID-19. Insbesondere die Digitalisierung hat seit der Jahrtausendwende die Sterbekultur, aber zunehmend auch den Alltag von Todkranken stark beeinflusst. Die Folgen und Hintergründe dieser Entwicklung werden gegenwärtig intensiv diskutiert.[77] Vieles deutet darauf hin, dass gerade das Internet zu einer Erweiterung der Handlungsspielräume und einer Erhöhung der Agency von Sterbenden beiträgt, die sich mittels Social Media deutlich unmittelbarer und weitläufiger artikulieren können.[78] Beispiele dafür existieren zuhauf, etwa das über das Internet vor einigen Jahren in Echtzeit zu verfolgende Sterben der jungen amerikanischen Krebspatientin Brittany M., deren offizielles YouTube-Video – in dem sie über ihre Krankheit, ihren Suizidwunsch und den ihr von Ärzten zur Verfügung gestellten tödlichen Medikamentenmix spricht – über 12 Millionen Mal aufgerufen wurde.[79] Derartige, oft sehr intime Erfahrungsberichte lassen nicht nur weiter die Grenzen von Privatem und Öffentlichem verschwimmen, wie dies hierzulande besonders prominent der Blog eines 2016 an einem Gehirntumor verstorbenen Marburger Studenten illustriert, der mit den

---

[74] Bauer, Rationalitäten, S. 238 f. Vgl. auch kritisch zur diesbezüglichen Entwicklung der internationalen Palliativversorgung bereits 2001: Di Mola, Medicalisation.
[75] Vgl. für eine jüngere Auseinandersetzung mit diesem Problem Saake/Nassehi/Mayr, Gegenwarten.
[76] Gronemeyer/Heller, Ruhe, S. 224.
[77] Vgl. als Überblick Offerhaus, Sterben.
[78] Vgl. Matthias Drobinski: „Zeige deine Wunde." *Süddeutsche Zeitung*, 18./19. 3. 2017, S. 45.
[79] Vgl. https://www.youtube.com/watch?v=yPfe3rCcUeQ [15. 12. 2021]. Vgl. zu dem Fall http://www.zeit.de/gesellschaft/2014-11/sterbehilfe-maynard-oregon [15. 12. 2021].

ebenso schlichten wie eindringlichen Worten begann: „Ich heiße Dmitrij [P.] und ich werde bald sterben."[80] Sie erhöhen vielmehr auch einmal mehr die Sichtbarkeit jener Versuche, dem Sterben – und damit dem Leben – einen Sinn zu verleihen und den Tod als Endzustand menschlicher Existenz zu verarbeiten.

Ebenso wie die aktuelle Krise der Sterbebegleitung infolge der Corona-Pandemie ist das Sterben 2.0 denn auch stark geprägt von den Rahmungen, die das Lebensende in der zweiten Hälfte des 20. Jahrhunderts erfahren hat. Noch immer zeigen sich die geradezu absurden Beharrungskräfte der Verdrängungsthese, wenn zeitgenössische Podcasts wie „Tod unplugged – Totschweigen war gestern" oder „Todcast. Wir reden über den Tod, Tabus, das Sterben und das Leben" mit dem Tabubruch kokettieren.[81] Noch immer offenbart sich, wie Praktiken der Sterbebegleitung inhärent verwoben sind mit gesellschaftlichen Verlusterfahrungen. Noch immer bestimmt das Ringen um Antworten und Zugriffsmöglichkeiten die Auseinandersetzung mit einem Thema, das allzu viele offene Fragen und Unsicherheiten produziert. Die zum Vorzugspreis von knapp einem Euro zu erwerbende App „WeCroak" erinnert Smartphone-Nutzer jedenfalls fünfmal täglich mittels einschlägiger Zitate und dem Satz „Vergiss nicht, dass du sterben wirst" an die eigene Vergänglichkeit. Ihr Motto „Finde Dein Lebensglück, in dem Du über Deine Sterblichkeit nachdenkst" reflektiert eine grundlegende Prämisse der Entdeckung des Sterbens nach 1945: Die Vorstellung, dass ein aktives Todesbewusstsein etwas Gewinnbringendes sein könne.[82]

Die Suche nach dem Happy End – sie dauert also an.

---

[80] Vgl. http://sterbenmitswag.blogspot.com [15. 12. 2021].
[81] Vgl. https://tod-unplugged.de [15. 12. 2021] und https://leid-und-freud.de/todcast [15. 12. 2021].
[82] Vgl. https://www.wecroak.com [15. 12. 2021].

Danksagung

Dieses Buch wäre in der ein oder anderen Form wahrscheinlich auch ohne die im Folgenden genannten Personen entstanden: Es wäre allerdings ebenso langweilig wie unlesbar – und vor allem das Werk eines einsamen und orientierungslosen Verfassers.

Dass es so weit nicht kam, ist zunächst und hauptsächlich das Verdienst von Dietmar Süß: In vielen gemeinsamen Gesprächen entwickelten wir die Projektidee im Anschluss an meinen Wechsel nach Augsburg im Frühsommer 2013 – und in den folgenden Jahren stand er mir stets unermüdlich mit Rat und Tat zur Seite. Letzteres gilt gleichfalls für die anderen beiden Mitglieder meines Habilitationsmentorats, Günther Kronenbitter und Dirk van Laak. Auch eine Vielzahl an Kolleginnen und Kollegen halfen im Laufe der Zeit mit ihrer Expertise – sie werden an den jeweils einschlägigen Stellen im Text genannt. Herausgreifen möchte ich an dieser Stelle Sina Fabian, Mathias Häußler, Takuma Melber und Marion Schmidt, die mich seit vielen Jahren bei allen fachlichen Fragen ebenso wie bei den wirklich wichtigen Dingen begleiten. Das Institut für Zeitgeschichte nahm mich freundlicherweise in ihre Schriftenreihe auf und stellte mir mit Günther Opitz einen echten Profi bei der Aufbereitung der Habilitationsschrift für die Publikation zur Seite. Trotz der fehlenden thematischen Nähe stieß die Zeitgeschichte des Lebensendes auch bei meinem neuen Arbeitgeber, der Stiftung Reichspräsident-Friedrich-Ebert-Gedenkstätte in Heidelberg, auf erstaunliches Interesse: Ich danke vor allem Walter Mühlhausen für manche Freiräume bei den letzten Arbeiten am Manuskript und Lukas Armbruster für seine umsichtige Hilfe bei der Formatierung.

Eine Vielzahl an Archiven staatlicher, kirchlicher und privater Art ermöglichten mir Akteneinsicht und unterstützten mich bei den Recherchen: die Bundesarchive in Koblenz und Lichterfelde; Irmgard Lackner und das Bayerische Hauptstaatsarchiv in München; Astrid Rose und das Archiv des Bundesbeauftragten für die Unterlagen des Staatssicherheitsdienstes der ehemaligen Deutschen Demokratischen Republik; das Deutsche Tagebucharchiv in Emmendingen; die Stadtarchive in Halle an der Saale und München; Petra Witting-Nöthen und das Historische Archiv des Westdeutschen Rundfunks in Köln; Veit Scheller und das ZDF Unternehmensarchiv in Mainz; die Archive des Deutschen Caritasverbandes in Freiburg im Breisgau (v. a. Gabriele Witolla) und des Caritasverbandes der Erzdiözese München und Freising (v. a. Barbara Maigler-Loeser und Irene Krammer); Lilian Hohrmann und das Archiv des Evangelischen Werkes für Diakonie und Entwicklung in Berlin; das Evangelische Zentralarchiv in Berlin; die Archive der Inneren Mission, der Zentraleuropäischen Provinz der Jesuiten und der Barmherzigen Brüder (hier v. a. Frater Magnus) in München; Hilary Ritchie und das Addenbrooke's Hospital Archive in Cambridge; Diana Manipud und die King's College London Archives sowie das Mass Observation Archive in Brighton. Manchmal half bei der schwierigen Quellensuche der pure Zufall: Auf die reichhaltigen Bestände des Archivs der Robert Bosch Stiftung (Stuttgart) wurde ich aufmerksam, als ich eine Mitarbeiterin, Anne Phieler, im Zug kennenlernte. Die Deutsche Gesellschaft für Humanes Sterben gewährte mir ebenso großzügig Zugang zu den internen Unterlagen und Dokumenten wie die Deutsche Aids-Hilfe, der Deutsche Hospiz- und PalliativVerband, die Humanistische Union und der Humanistische Verband Deutschlands (alle Berlin) sowie der überregionale Hospizverein OMEGA (Gelsenkirchen): Namentlich gedankt sei vor allem Claudia Wiedenmann (DGHS), Thomas Schützenberger (DAH), Angela Hörschelmann (DHPV), Carola Otte (HU) und Sabine Schermele (HVD). Nicht weniger gilt der Dank denjenigen, die sich für Interviews zur Verfügung gestellt haben und mir dadurch Einblicke in Bereiche ermöglichten, die mir ansonsten versperrt geblieben wären.

Es war ein unschätzbarer Vorteil, das Projekt in den vergangenen Jahren in zahlreichen Forschungskolloquien, auf Tagungen und im Rahmen von Einzelvorträgen diskutieren zu können. Allen Organisator*innen und Teilnehmenden von Freiburg bis Hannover, von Regensburg bis Potsdam, von Stuttgart bis Leipzig, von Berlin bis Göttingen bin ich zu Dank verpflichtet: Viel der in diesem Kontext artikulierten Kritik hat das Manuskript verbessert, Lob und Zuspruch haben – kaum weniger wichtig – zur Fertigstellung motiviert. Zu dieser trugen auch die Zuarbeiten von zahlreichen studentischen und wissenschaftlichen Hilfskräften in Augsburg entscheidend bei: Florian Batorfi, Daniela Hahn, Bastian Högg, Kornelia Rung und insbesondere Tobias Meßmer und Elischa Rietzler.

Ohnehin hatte ich großes Glück mit meinem Arbeitsplatz: Abgesehen vielleicht nur vom Fußballstadion ist Augsburg ein toller Ort mit einer völlig zu Unrecht unterschätzten Universität. Zu ganz besonderem Dank bin ich dem gesamten Team des Lehrstuhls für Neuere und Neueste Geschichte – von manchem Gast ebenso ehrfürchtig wie treffend als „Lehrstuhl der Liebe" bezeichnet – verpflichtet: Eine bessere Kombination aus fachlicher Exzellenz und unprätentiöser Kollegialität ist nicht vorstellbar. Hierfür stehen auch – wenngleich in einem ganz anderen Feld – Christian Streich und Andy Reid, die mit ihrer herausragenden Trainerarbeit wesentlich zu meinem emotionalen Wohlbefinden in der „heißen Phase" der Niederschrift des Manuskripts beigetragen haben. Kaum genug danken kann ich in dieser Hinsicht meiner Frau Freya, nicht nur dafür, dass sie die lebensweltlichen Belastungen im Zuge der Corona-Pandemie im Alleingang aufgefangen hat.

Gewidmet ist dieses Buch meinen Eltern Angelika und Karl-Heinz und meinen Töchtern Melicent und Theresa: The Circle of Life.

Abbildungs- und Tabellenverzeichnis

Abbildungen

Abb. 1	Weibliche Lebenserwartung bei Geburt in den deutschen Staaten (1900–2000)	S. 29
Abb. 2	Männliche Lebenserwartung bei Geburt in den deutschen Staaten (1900–2000)	S. 29
Abb. 3	Lebenserwartung im Alter von 65 Jahren im Deutschen Reich bzw. in (West-)Deutschland (1900–2000)	S. 32
Abb. 4	Rohe Sterbeziffer (Gestorbene je 1000 Einwohner) in allen deutschen Staaten (1900–2000)	S. 34
Abb. 5	Absolute Zahl der Verstorbenen in 1000 in allen deutschen Staaten (1946–2000)	S. 35
Abb. 6	Häufigste Todesursachen in den deutschen Staaten vor dem Zweiten Weltkrieg	S. 38
Abb. 7	Häufigste Todesursachen in den deutschen Staaten nach 1945	S. 39
Abb. 8	Entwicklung der durchschnittlichen Haushaltsgröße in den deutschen Staaten im 20. Jahrhundert	S. 49
Abb. 9	Sterbeort Krankenhaus im Deutsches Reich (1923–1939)	S. 50
Abb. 10	Sterbeort Krankenhaus in der Bundesrepublik (1959–2000)	S. 50
Abb. 11	Anteil der im Krankenhaus Verstorbenen an der Gesamtzahl der Behandelten im Deutschen Reich (1923–1939)	S. 54
Abb. 12	Anteil der im Krankenhaus Verstorbenen an der Gesamtzahl der Behandelten in der Bundesrepublik (1959–2000)	S. 54
Abb. 13	Prozentuale Häufigkeit der Begriffe „Tabuisierung des Todes" und „Todestabu" in deutschsprachigen Veröffentlichungen (1960–2000)	S. 66
Abb. 14	Übersicht Umfragen des Instituts für Demoskopie Allensbach in Westdeutschland (1956–2001)	S. 96
Abb. 15	Übersicht Umfragen des Instituts für Demoskopie Allensbach in Ostdeutschland (1992–2001)	S. 96
Abb. 16	„Wie ein Geier darauf warten, dass ein Mensch stirbt." Krisengespräch der Filmcrew (Still „Die letzte Station", Minute 19:33)	S. 154
Abb. 17	Cover der Spiegel-Ausgabe vom 10. 2. 1975	S. 185

Abb. 18   Cover der Stern-Ausgabe vom 21. 7. 1977 .... S. 187

Abb. 19   Prozentuale Häufigkeit des Begriffes „near-death experience" im englischsprachigem Google Ngram-Textkorpus (1960– 2000) .... S. 226

Abb. 20   Cover der Spiegel-Ausgabe vom 20. 6. 1977 .... S. 237

Abb. 21   Persönliche Verfügung für den Todesfall von Gustav Heinemann vom 11. 5. 1972 .... S. 246

Abb. 22   Prozentuale Häufigkeit der Begriffe „Patiententestament", „Patientenverfügung" und „Patientenbrief" in deutschsprachigen Veröffentlichungen (1974–2000) .... S. 267

Abb. 23   Cover der Spiegel-Ausgabe vom 28. 10. 1985 .... S. 302

Abb. 24   Filmstill „Die Schwarzwaldklinik", Folge 4 .... S. 303

Abb. 25   Man Ray: Masque de l'inconnue de la Seine, 1966 .... S. 308

Abb. 26   Optische und inhaltliche Nähe: Sterberatgeber der Hospiz- und
und 27   Sterbehilfebewegung .... S. 317

Abb. 28   Punch-Karikatur in der Spiegel-Ausgabe vom 7. 5. 1978 .... S. 354

Abb. 29   Cover der Spiegel-Ausgabe vom 22. 2. 1993 .... S. 442

Abb. 30   Cover der Spiegel-Ausgabe vom 30. 4. 1984 .... S. 491

Abb. 31   Postkarte der DAH mit einem Bild von Ikarus (1992) .... S. 511

Abb. 32   Postkarte der DAH (1993) .... S. 518

Abb. 33   „Bettelbrief" der DHS .... S. 556

Tabellen

Tab. 1   „Hallo Ü-Wagen"-Sendungen zu Tod und Sterben mit Moderatorin Carmen Thomas (Dez. 1974–Dez. 1994) .... S. 331

Tab. 2   Geburtsjahre ausgewählter westdeutscher Hospizpioniere ..... S. 430

Quellen- und Literaturverzeichnis

1. Quellen

1.1 Öffentlich zugängliche Archive

Addenbrooke's Hospital Archive Cambridge

Broschüren, Jahresberichte und Ausgaben der Krankenhauszeitschrift *Addenbrooke's Matters*, Signaturen AHAP 1/10/27, AHAP 1/10/35, AHAP 2/5/6/7, AHAR 2/8/2/7, AHGR 2/3/7.

Archiv des Bundesbeauftragten für die Unterlagen des Staatssicherheitsdienstes der ehemaligen Deutschen Demokratischen Republik (BStU) Berlin

Bestand MfS BV Halle.
Bestand MfS HA XX.

Archiv MedZeitgeschichte, Forschungsschwerpunkt Zeitgeschichte der Medizin, Charité Berlin

Graue Literatur und diverse unpublizierte Tagungs- und Kongressberichte.

Bayerisches Hauptstaatsarchiv (BHStA) München

Bestand Landeshauptfürsorgestelle.
Bestand MArb, Arbeitsministerium.
Bestand MInn, Innenministerium.

Bundesarchiv (BA) Berlin-Lichterfelde

Bestand DC 20, Ministerrat der DDR.
Bestand DP 1, Ministerium der Justiz.
Bestand DQ 1, Ministerium für Gesundheitswesen (MfG).
Bestand DQ 103, Akademie für Ärztliche Fortbildung der DDR.
Bestand DQ 112, Institut für medizinische Statistik und Datenverarbeitung.
Bestand DQ 119, Fachschule für Gesundheits- und Sozialwesen „Prof. Dr. Karl Gelbke".
Bestand DY 30, Protokolle des Sekretariats des ZK der SED.

Bundesarchiv (BA) Koblenz

Bestand B 106, Bundesministerium des Innern.
Bestand B 122, Bundespräsidialamt.
Bestand B 149, Bundesministerium für Arbeit und Sozialordnung.
Bestand B 189, Bundesministerium für Familie, Senioren, Frauen und Jugend.
Bestand B 237, Bundesverfassungsgericht.
Bestand B 269, Konferenz der für das Gesundheitswesen zuständigen Minister und Senatoren der Länder.
Bestand B 353, Bundesministerium für Gesundheit.

Bestand B 411, Deutscher Juristentag e. V.
Bestand B 417, Bundesärztekammer.

Deutsches Tagebucharchiv, Emmendingen

Signaturen: 1-1; 98-5; 974-8; 1913-1; 3148-1; 1488-1; 1525-1; 3375-1; 3376-67.

King's College Archive, London

Nachlass Cicely Saunders, Signaturreihe K/PP149/4/1-6.

Mass Observation Archive, University of Sussex (Brighton)

Antworten auf die Spring Directive 1994: Death & Bereavement, Signaturreihe SxMOA2/1/42/1/1/1-SxMOA2/1/42/1/1/102.

Stadtarchiv Halle an der Saale

Nachlass Heinrich Pera, Bestandsnummer S 26.1, Archivsignatur FA 10455.

Stadtarchiv München

Aktensammlungen und Protokolle der Vollversammlung des Stadtrates, des Gesundheits- und Krankenhausausschusses und des Sozialausschusses 1988–1996, Vorlagen-Nummern: 84-90 / 1013082; 84-90 / 1023174; 90-96 / 900496; 90-96 / 901955; 90-96 / 950587; 90-96 / 951414; 96-02 / 961201.

Historisches Archiv des Westdeutschen Rundfunks Köln (HA WDR)

Abhörstation, Sendungen „Hallo Ü-Wagen" vom 15. 4. 1976; 04. 05. 1978; 03. 04. 1980; 06. 11. 1980; 19. 04. 1984; 05. 05. 1988; 29. 06. 1989; 12. 04. 1990; 05. 09. 1991;16. 04. 1992; 04. 06. 1992; 06. 05. 1993; 18. 11. 1993; 31. 03. 1994; 06. 10. 1994.
Bestand Familie und Gesellschaft, Akte Nr. 10551.
Bestand Kirchenfunk, Akten Nr. 04723, 04797.
Bestand Politik, Manuskripte und Sendeunterlagen von Features, Akten Nr. 09283, 12034.
Bestand „Hallo Ü-Wagen", Akten Nr. 09088, 09090, 09092.
Hörerpost „Hallo Ü-Wagen", Akten Nr.14304, 14305, 14310, 14318, 14319, 14320.

ZDF Unternehmensarchiv, Mainz

Bestand „Sekundäre Programmüberlieferung", Schriftverkehr und Produktionsordner, Signaturen 6321/2088-2093 und 6321/2147-2152 sowie Presseausschnittsammlung, Signatur 11.4/4-1.11.
Infratam-Einschaltquote, Berichte 23 und 39 (1971).
Protokolle der Telefonredaktion vom 10. 6. 1971, 3. 10. 1971 und 27. 10. 1985.

1.2 Kirchenarchive

Archiv des Caritasverbandes der Erzdiözese München und Freising, München

Digitalisate der Zeitschrift *Caritasdienste. Mitteilungen des Katholischen Caritasverbandes der Erzdiözese München und Freising.*
Unveröffentliche Jahresberichte des Caritasverbandes der Erzdiözese München und Freising 1991–2002.

Archiv des Caritasverbandes der Erzdiözese München und Freising, München-Neuperlach

Presseausschnittsammlung, Signaturen 1543–5614.

Archiv des Deutschen Caritasverbandes, Freiburg im Breisgau

Akten der Vereinigung katholischer Seelsorger an deutschen Heil- und Pflegeanstalten, Signatur 259.4.
Akten zur Kranken(haus)seelsorge, Signaturen AP, R 338 und 290.50.

Archiv des Evangelischen Werkes für Diakonie und Entwicklung (ADW), Berlin

Akten der Hauptgeschäftsstelle des Diakonischen Werkes der EKD, HGSt.
Bestand Deutscher Evangelischer Verband für Altenhilfe, DEVA.
Bestand Diakonisches Werk Innere Mission und Hilfswerk der evangelischen Kirchen in der DDR, DWDDR.
Bestand Evangelischer Diakonenverband in der DDR, EDV.

Archiv der Inneren Mission München

Ordner „Hospiz I" und Ordner „Christophorus Hospiz Verein e. V.".

Archiv der Zentraleuropäischen Provinz der Jesuiten (SJ), München

Bestand Institut für Kommunikationsforschung und Medienarbeit der Hochschule für Philosophie München, Sig.: 48-11.
Nachlass P. Reinhold Iblacker SJ, Sig.: 47-444.

Evangelisches Zentralarchiv in Berlin

Akte „Sammlung zu Tod und Sterben", ELAB 27/175.
Nachlass Jürgen Henkys, EZA 811/95.
Ordner „Tod und Sterben", ELAB 55.5/1751-1753.
Ordner „Sterbehilfe", ELAB 55.5/1690-1693.

Provinzarchiv der Barmherzigen Brüder in München

Ordner „Besichtigungsreisen London/Aachen", „Johannes-Hospiz 1987–1988", „Johannes-Hospiz 1989–1991", „Johannes-Hospiz [1991–1992]", „Bauleitung Hospiz", „1. Antrag, 2. Antrag modifiziert", „Hospiz-Errichtung München", „Hospiz Grundsteinlegung am 8. 3. 1991 und Einweihung am 14. 5. 1993", „Johannes-Hospiz Literatur".

1.3 Privat- und Organisationsarchive

Archiv der Robert Bosch Stiftung GmbH (RBSG-A), Stuttgart

Signaturen: 1106-443; 1106-445; 1106-447; 1200-10; 3100-32; 3100-65; 3100-67.

Deutsche AIDS-Hilfe (DAH), Berlin

Ausgaben der Vereinszeitschrift *AIDS Informationsdienst* (1985–1989) und *D. A. H. Aktuell* (seit 1989).
Diverse unverzeichnete Filme, Ordner, Werbematerialien, Druckschriften und Informationsbroschüren.

Deutsche Gesellschaft für Humanes Sterben (DGHS), Berlin

Ausgaben der Vereinszeitschrift *Humanes Leben – Humanes Sterben*.
Diverse unverzeichnete Ordner und Materialien.
Ordner „Gründung DGHS", „Patientenverfügung" und „Verein 1980–1993".
Protokolle und Akten der Hauptversammlungen.

Deutscher Hospiz- und PalliativVerband (DHPV), Berlin

Ordner „Gespräche und Schriftverkehr Wohlfahrtsverbände" und „Kooperation mit DHS".

Humanistische Union (HU), Berlin

Ausgaben der Verbandszeitschriften *vorgänge. Zeitschrift für Bürgerrechte und Gesellschaftspolitik* und *Mitteilungen der Humanistischen Union. Zeitschrift für Aufklärung und Bürgerrechte*
Diverse unverzeichnete Druckschriften.
Ordner: „Medizin 1977–1997"; „Humanes Sterben – 3./4. Juni 1978, Bremen".

Humanistischer Verband Deutschlands (HVD), Berlin

Ausgaben der Verbandszeitschrift *diesseits – Das humanistische Magazin*.
Diverse unverzeichnete Druckschriften, VHS-Kassetten, Presseausschnittsammlungen und Akten der Bundesgeschäftsstelle.
Ordner: „Folien", „Organtransplantation, Nahtod und Anatomie", „Vermischtes", „Muster/Vorlagen anderer Anbieter".

OMEGA – Mit dem Sterben leben, Bundesgeschäftsstelle Gelsenkirchen

Diverse unverzeichnete Ordner und Materialien.

1.4 Eigene Interviews[1]

Blettermann, Burkhard (Mundipharma), 6. 3. 2015.
Blümke, Dirk (Malteser Hilfsdienst), 8. 11. 2018.
Eggers, Silke (Deutsche Aidshilfe), 25. 9. 2018.
Kirsch, Josef (Krankenhausseelsorger), 15. 8. 2018.
Kunz, Inge/Nieder, Dorothee (OMEGA – Mit dem Sterben leben e. V.), 22. 2. 2019.
Neumann, Gita (Deutscher Humanistischer Verband), 9. 10. 2018.
Petrich, Christian (ehem. Referatsleiter BMA), 17. 7. 2018.
Roche, Axel de (Filmemacher), 20. 7. 2019.

---

[1] Transkripte/Aufzeichnungen können beim Autor angefragt werden.

1.5 Interviews Dritter und unpublizierte Dokumente[2]

Albrecht, Ruth (CHV/Palliativstation Harlaching), Interview für den DHPV am 2. 11. 2006.
Albrecht, Elisabeth (CHV), Interview für den DHPV am 13. 3. 2006.
Bausewein, Claudia (CHV/Deutsche Gesellschaft für Palliativmedizin), Interview für den DHPV am 19. 10. 2008.
Becker, Paul (IGSL), Interview für den DHPV am 28. 11. 2006.
Becker, Paul (IGSL), Interview von Alexander Laske am 8. 10. 2009.
Binsack, Thomas (Johannes-Hospiz München, Gründungsmitglied der Deutschen Gesellschaft für Palliativmedizin), Interview für den DHPV am 2. 11. 2006.
Brysch, Eugen (Deutsche Hospiz Stiftung), Interview für den DHPV am 2. 3. 2007.
Denzler-Labisch, Christine (Hospizbewegung Bamberg, Bayerischer Hospizverband), Interview für den DHPV am 13. 3. 2007.
Deutsche Krebshilfe: Gesamtübersicht der Förderung im Bereich „Palliativmedizin, Hospize und Schmerztherapie" (Stand 31. 12. 2012).
Domdey, Ulrich (Hospizbewegung Hildesheim, Hospiz- und Palliativverband Niedersachsen), Interview für den DHPV am 14. 11. 2006.
Everding, Gustava (CHV), Interview für den DHPV am 11. 1. 2007.
Everding, Gustava (CHV), Zeitzeugen-Interview des Hauses der Bayerischen Geschichte am 16. 1. 2016.
Giering, Anton (Caritas Ost-Berlin), Interview von Alexander Laske am 11. 10. 2009.
Godzik, Peter (VELKD), Interview für den DHPV am 25. 10. 2006.
Graf, Gerda (BAG Hospiz/DHPV), Interview für den DHPV am 28. 6. 2006.
Herrmann, Inger (Hospizbewegung Stuttgart), Interview für den DHPV am 29. 9. 2006.
Jarchow, Rainer (AIDS-Hilfe Köln/NRW), Interview für den DHPV am 19. 4. 2007.
Jonen-Thielemann, Ingeborg (Palliativstation in Köln; DGP), Interview für den DHPV am 1. 2. 2007.
Klaschik, Eberhard (Palliativstation in Bonn, erste Professur für Palliativmedizin in der Bundesrepublik), Interview für den DHPV am 16. 1. 2007.
Kottnik, Roswitha (Diakonisches Werk), Interview für den DHPV am 20. 9. 2006.
Louven, Clementine („Haus Hörn", Aachen), Interview für den DHPV am 3. 3. 2007.
Müller, Monika (ALPHA-Rheinland), Interview für den DHPV am 5. 12. 2006.
Muschaweck, Petra-Renate (OMEGA), Interview für den DHPV am 23. 1. 2007.
Nauck, Friedemann (Palliativstation in Bonn; Professor für Palliativmedizin in Göttingen), Interview für den DHPV am 10. 2. 2009.
Orth, Christel (CHV), Interview für den DHPV am 10. 11. 2006.
Overkämping, Hans (Hospizbewegung Recklinghausen, BAG Hospiz), Interview für den DHPV am 9. 5. 2007.
Pichlmaier, Heinz (Direktor der Chirurgischen Universitätsklinik der Universität zu Köln, DGP), Interview für den DHPV am 1. 2. 2007.
Radbruch, Lukas (Palliativstation in Köln, Professor für Palliativmedizin in Aachen), Interview für den DHPV am 24. 11. 2008.
Satrapa-Schill, Almut (Robert Bosch Stiftung), Interview für den DHPV am 18. 8. 2010.
Schlunk, Thomas (Oberarzt und Leiter des Projekts „Häusliche Betreuung Schwerkranker", Tropenklinik Paul-Lechler-Krankenhaus Tübingen), Interview für den DHPV am 9. 11. 2006.
Spies von Büllesheim, Elisabeth Freifrau (Hospizbeauftragte des Malteserordens und Generaloberin des Malteser Hilfsdienstes), Interview für den DHPV am 31. 10. 2006.
Rest, Franco (Thanatologe und Erziehungswissenschafler; OMEGA – Mit dem Sterben leben e. V.), Interview für den DHPV am 9. 1. 2007.
Rieffel, Adelheid (Pflegefachkraft für Geriatrie, BAG Hospiz, Hospizbewegung Bielefeld), Interview für den DHPV am 21. 2. 2007.

---

[2] Transkripte bzw. Dateien können beim DHPV, beim Haus der Bayerischen Geschichte Augsburg, der Deutschen Krebshilfe bzw. beim Autor angefragt werden.

Syska, Christa (Krankenschwester, Hospizbewegung Halle an der Saale), Interview für den DHPV am 14. 1. 2007.
Tausch, Daniela (Hospizbewegung Stuttgart), Interview für den DHPV am 20. 1. 2007.
Thamm, Gabriele (Krankenschwester, Hospizbewegung Halle an der Saale), Interview für den DHPV am 2. 3. 2007.
Thoenes, Herbert/Schmitz, Bernd („Haus Hörn", Aachen), Interview für den DHPV am 17. 3. 2007.
Tittmann, Wolfgang (AIDS-Hilfe München), Interview für den DHPV am 10. 6. 2007.
Vogt, Sr. Gerburg (CHV/Institut für Kommunikation und Medien der Hochschule für Philosophie in München), Interview für den DHPV am 3. 11. 2006.
Vielhaber, Bernd (DAH / BAG Hospiz), Interview für den DHPV am 28. 3. 2008.
Weber, Achim (HIV e. V. Berlin / DAH), Interview für den DHPV am 18. 3. 2008.
Weihrauch, Birgit (Gesundheitsministerium des Landes Nordrhein-Westfalen/DHPV), Interview für den DHPV am 1. 3. 2007.
Weritz-Hanf, Petra (Bundesministerium für Familie, Senioren, Frauen und Jugend, Berlin), Interview für den DHPV am 11. 4. 2007.
Ziegenfuß, Maria (Ärztin, Referentin für Hospizarbeit im Caritasverband für Dresden), Interview für den DHPV am 17. 9. 2006.

1.6 Tageszeitungen, Zeitschriften, Fachmagazine und Nachrichtenagenturen

Abendzeitung (München)
Ärzte Zeitung
AIDS Informationsdienst (Vereinszeitschrift der Deutschen AIDS-Hilfe e. V. 1985–1989)
Altenpflege
Augsburger Allgemeine
Badische Neueste Nachrichten
Berliner Ärzte (Zeitschrift der Ärztekammer Berlin)
Berliner Kirchenreport
Berliner Morgenpost
Berliner Sonntagsblatt. Die Kirche (Evangelische Wochenzeitung für Berlin-Brandenburg)
Berliner Zeitung
Bild
Bild am Sonntag
Bild. Regionalausgabe München
Blick in die Kirche. Informationen aus der Evangelischen Kirche von Kurhessen-Waldeck
Bunte
B.Z.
Caritasdienste. Mitteilungen des Katholischen Caritasverbandes der Erzdiözese München und Freising
Christ und Welt
CHV aktuell (Vereinszeitschrift des Christophorus Hospiz Verein e. V.)
D. A. H. Aktuell (Vereinszeitschrift der Deutschen AIDS-Hilfe e. V. ab 1989)
Der Abend
Der Spiegel
Der Tagesspiegel
Deutsche Medizinische Wochenschrift
Deutsches Ärzteblatt
Deutsches Allgemeines Sonntagsblatt
Deutsches Pfarrerblatt
Deutsche Zeitung. Christ und Welt asd
Die Hospiz-Zeitschrift. Organ des Deutschen Hospiz- und PalliativVerbandes e. V.
Die Kirche (Ost-Berlin)

Die Kirche – Wochenzeitung für Anhalt und die Kirchenprovinz Sachsen
Die Randschau. Zeitschrift für Behindertenpolitik
Diesseits – Das humanistische Magazin (Verbandszeitschrift des HVD e. V.)
Die Tageszeitung
Die Welt
Die Zeit
Donaukurier
Evangelischer Pressedienst (epd)
Evangelisches Sonntagsblatt aus Bayern
Focus
Frankfurter Allgemeine Zeitung
Frankfurter Rundschau
Funk-Report
Glaube und Leben
Hamburger Abendblatt
Hannoversche Allgemeine Zeitung
Hospiz-Bewegung. Nachrichten-Magazin der Deutschen Hospizhilfe
Hospiz-Dialog Nordrhein-Westfalen
Hospiz-Informationsdienst. Zeitschrift der Bundesarbeitsgemeinschaft Hospiz
Humanes Leben – Humanes Sterben (Vereinszeitschrift der Deutschen Gesellschaft für Humanes Sterben)
Katholische Nachrichten-Agentur (KNA)
Kirchliches Amtsblatt der Evangelisch-Lutherischen Landeskirche Mecklenburgs
Kölner Stadt-Anzeiger
Kölnische Rundschau
Kurier
Leipziger Volkszeitung
Life
Linzer Kirchenzeitung
Märkische Allgemeine
Märkische Oderzeitung
Magdeburger Volksstimme
Main-Post
Mannheimer Morgen
Mecklenburgische & Pommersche Kirchenzeitung
Misericordia. Zeitschrift der Barmherzigen Brüder in Bayern
Mitteilungen der Humanistischen Union. Zeitschrift für Aufklärung und Bürgerrechte (Verbandszeitschrift der Humanistischen Union e. V.)
Mitteldeutsche Zeitung
Münchner Merkur
Neue Ruhr Zeitung
Neue Zeit
Neues Deutschland
New York Herald Tribune
New York Times
Nürnberger Nachrichten
Oberrheinisches Pastoralblatt
Onkologie. International Journal for Cancer Research and Treatment
Passauer Neue Presse
Petrusblatt (Katholisches Kirchenblatt für das Bistum West-Berlin)
Quick
Rheinische Post
Rheinischer Merkur
Rhein-Zeitung
RP Online
RuhrWort (Wochenzeitung im Bistum Essen)

Rundschau am Sonntag
Saturday Evening Post
Schwarzwälder Post
Slate
Sonntagsblatt. Evangelische Wochenzeitung für Bayern (Regionalausgabe: *Gemeindeblatt für München und Oberbayern*)
Sozialmagazin
Spandauer Volksblatt
Spiegel Special
Stern
Straubinger Tagblatt
Stuttgarter Nachrichten
Stuttgarter Zeitung
Süddeutsche Zeitung
Sunday Mirror
test (Zeitschrift der Stiftung Warentest)
The Atlantic Monthly
The Guardian
The Independent
Time
tz
vorgänge (Verbandszeitschrift der Humanistischen Union e. V.)
Vorwärts
Welt am Sonntag
Westdeutsche Allgemeine Zeitung
Westfälische Nachrichten
Westfalenpost
Wiesbadener Kurier
Würzburger katholisches Sonntagsblatt

1.7 Filme, Dokumentationen, Serien und Rundfunksendungen

37 Grad. Bundesrepublik Deutschland/ZDF seit 1994.
Alves, Eva-Maria/Meier-Rust, Kathrin: Der Tod – Bestimmung oder Selbstbestimmung. WDR 3, 23. 11. 1986.
America Undercover. USA/HBO seit 1983.
Ardolino, Emile: Chances Are / Ein himmlischer Liebhaber. USA 1989.
Ashby, Hal: Harold and Maude / Harold und Maude. USA 1971.
Badham, John: Whose Life Is It Anyway? / Ist das nicht mein Leben? USA 1981.
Bennett, Bill: A Street to Die / Die Straße des Sterbens. Australien 1985 / Fernsehen der DDR 1988.
Betzold, Michael, u. a.: The Kevorkian File. Australien/SBS 1997.
Bierach, Jörg-Peter: Ende oder Anfang. Erfahrungen in einem Sterbehospiz. SR 1996.
Bleckner, Jeff: Last Wish / Der letzte Wunsch. USA 1992.
Bohm, Hark: Moritz, lieber Moritz. Bundesrepublik Deutschland 1978.
Brakhage, Stan: The Act of Seeing with One's Own Eyes. USA 1971.
Braun, Siegfried/Iblacker, Reinhold: Die letzte Station. Dreharbeiten in einer Sterbeklinik. ZDF 1971.
Braun, Siegfried/Iblacker, Reinhold: Noch 16 Tage. Eine Sterbeklinik in London. ZDF 1971.
Braun, Siegfried: Der Anfang von etwas (aus der Reihe „Rufzeichen"). ZDF 1975.
Breitel, Heide: Da Sein. Bundesrepublik Deutschland 1991.
Bressan Jr., Arthur J.: Buddies. USA 1985.
Breul, Regina/Matthies, Silvia: Eine Hirntodfehldiagnose aus Deutschland. Bundesrepublik Deutschland/Arte 1997, online unter https://www.youtube.com/watch?v=IMYzQzBXvQg [15. 12. 2021].

1. Quellen

Cadeggianini, Gino: Cicely Saunders: Der Tod – mein Leben. Bundesrepublik Deutschland 1989.
Cayatte, André: Justice est faite / Schwurgericht. Frankreich 1950.
Chicago Hope – Endstation Hoffnung. USA/CBS 1994–2000.
Christoff, Daniel: Der Tod vor dem Sterben. ARD 1975.
Clark, Brian: Whose Life Is It Anyway? Großbritannien 1972.
Dale, Richard: The End of Life (aus der Reihe „The Human Body"). BBC One 1998.
Danquart, Didi: Der Pannwitzblick. Bundesrepublik Deutschland 1991.
Das Ende der Angst: Porträt der Sterbeforscherin Elisabeth Kübler-Ross. Bundesrepublik Deutschland 1981.
Dateline. USA/NBC seit 1992.
Death and Dying. Kanada 1971.
Death and Dying. A Conversation with Elisabeth Kübler-Ross. USA 1989.
Demme, Jonathan: Philadelphia. USA 1993.
Denecke, Gabriele: Wegen Todesfall geschlossen (aus der Reihe „Der Staatsanwalt hat das Wort"). Fernsehen der DDR 1989.
Der gute Tod der Margina Grevelink. ZDF, 9. 7. 1973.
Die Schwarzwaldklinik. Bundesrepublik Deutschland/ZDF 1985–1989.
Die Sendung mit der Maus. Bundesrepublik Deutschland/WDR seit 1971.
Discussions in Bioethics. NFB/Kanada 1985.
Emergency Room – Die Notaufnahme. USA/NBC 1994–2009.
Fechner, Eberhard: Nachrede auf Klara Heydebreck. NDR 1969.
Frey, Peter: Zu Hause leben bis zuletzt. Bundesrepublik Deutschland 1994.
Frontline. USA/PBS seit 1983.
Gendries, Klaus: Meschkas Enkel. Fernsehen der DDR 1981.
Gespräche mit Sterbenden – Begleiten bis zum Ende des Weges [Schulungsvideo zur Fort- und Ausbildung in der Altenpflege]. Bundesrepublik Deutschland 1994.
Gloor, Kurt: Mit einem Fuß im Jenseits. Erfahrungen aus dem Reich zwischen Leben und Tod. SF/SR DRS/3Sat 1996.
Grabe, Hans-Dieter: Tytte Borgfeld: Aufs Sterben freu' ich mich. ZDF 1979.
Grimm, Yola: Schattenrisse. Bundesrepublik Deutschland 1989.
Hallo Ü-Wagen: Wie stelle ich mir meinen Tod vor? WDR, 4. 5. 1978.
Hallo Ü-Wagen: Trauer gedruckt? Todesanzeigen. WDR, 23. 2. 1989.
Hallo Ü-Wagen: Abschied für immer – will ich mein Sterben erleben? WDR, 29. 6. 1989.
Hallo Ü-Wagen: Wenn's ans Sterben geht – die letzten Worte. WDR, 12. 4. 1990.
Hallo Ü-Wagen: Abschied für immer – will ich mein Sterben erleben, 29. 6. 1989.
Hallo Ü-Wagen: Beim Schlußstrich mitziehen? Sterbehilfe. WDR, 4. 6. 1992.
Hallo Ü-Wagen: Häuser zum Sterben – Hospize. WDR, 18. 11. 1993.
Hampe, Johann Christoph: Wissen, was dahinter. SFB 1975.
Hampe, Johann Christoph: Zweimal sterben – zweimal leben. WDR 1975.
Hart, Harvey: Murder or Mercy. USA 1974.
Haupt, Stefan: Elisabeth Kübler-Ross, dem Tod ins Gesicht sehen. DVD-Ausgabe: Berlin 2013.
Hayashi, Yukari/McLean, Barrie: The Tibetan Book of the Dead. Japan/Frankreich/Kanada 1994.
Hellman, Jerome: Promises in the Dark / Wenn das Schicksal es will. USA 1979.
Hengelhaupt, Dagmar/Sieler, Gerhard: Dem Leben verpflichtet. Chance und Verantwortung der Medizin. Fernsehen der DDR 1981.
Herzfeld, John: The Ryan White Story. USA 1989.
Hiller, Arthur: Love Story. USA 1970.
Hoelzke, Hubert: Ein leeres Haus (aus der Reihe „Der Staatsanwalt hat das Wort"). Fernsehen der DDR 1984.
Höver, Günter: Lazarus in der Unterwelt. ZDF 1978.
Höver, Günter: Auf eine offene Tür zu. Bundesrepublik Deutschland 1981.
Hoffmann, Kurt/Kropf, Peter: Blick ins Jenseits – Grenzerfahrungen zwischen Leben und Tod. BR 1995.
Horizonte. Bundesrepublik Deutschland/HR 1975–2016.
Imke, Kathrin: Bis zum letzten Atemzug. Hospizarbeit in Bayern. Ein würdevoller Umgang. BR 1998.

In der Diskussion: Euthanasie. NDR, 2. 3. 1973.
International Task Force on Euthanasia and Assisted Suicide: Euthanasia: False Light. USA 1995, online unter http://www.patientsrightscouncil.org/site/euthanasia-false-light [15. 12. 2021].
Jahn, Thomas: Knockin' on Heaven's Door. Bundesrepublik Deutschland 1997.
Jönsson, Gun/Hagerfors, Anna-Maria: Leva livet / Der Preis des Lebens. Schweden 1976 / ARD 1977.
Jordan, Glenn: In the Matter of Karen Ann Quinlan / Zum Leben verurteilt. USA 1977.
Kienzle, Birgit: Wenn das Planen aufhört. Das Hospiz in Tübingen. SWF 1986.
Kirk, Michael/Sullivan, Michael: Physician-assisted Suicide on Trial. Australien/SBS 1997.
Klee, Ernst/Petrich, Gunnar: Zuflucht Zyankali – Vom Geschäft mit der Sterbehilfe. Bundesrepublik Deutschland 1989 / ARD 1990.
Kottusch, Wilma: Sterbehilfe – Mord oder Möglichkeit. ARD 1974.
Kramer, Jurij: Inklusive Totenschein. Fernsehen der DDR 1977.
Kramer, Jurij: Eine Anzeige in der Zeitung. Fernsehen der DDR 1980.
Kramer, Jurij: Drei Wohnungen. Deutscher Fernsehfunk (Berlin/Ost) 1990.
Kulling, Lutz: Trauer kann mir keiner mehr nehmen. Bundesrepublik Deutschland 1989.
Langhoff, Thomas: Ich will nicht leise sterben. Fernsehen der DDR 1977.
Lehman, Susan: Michigan v. Kevorkian. The Trial of Dr. Death. USA 1995.
Lemmen, Christine: Lieber sterben als leben, oder: Warum Jugendliche den Tod suchen, WDR 2, 21. 11. 1979.
Lobkowicz, Monika, u. a.: Todesschmerz: Sterbebegleitung kontra Todesspritze. Arte 1997.
Loebner, Vera: Geschenkt ist geschenkt. Fernsehen der DDR 1979.
Löchte, Isabel: Mama ist tot – Wie Kinder trauern. Bundesrepublik Deutschland 1995.
Luderer, Wolfgang: Um den Tod eines Justizobersekretärs. Fernsehen der DDR 1972.
Main, Stewart/Wells, Peter: A Death in the Family. Neuseeland 1987.
Matthies, Silvia: Tot oder lebendig – Die ethische Kontroverse um den Hirntod. Bundesrepublik Deutschland 1995.
Matthies, Silvia: Das Recht zu töten – Die Folgen der neuen Euthanasie-Diskussion. ARD 1997.
Mészáros, János: Lasst mich doch sterben! Bundesrepublik Deutschland 1980.
Modern Times. Großbritannien/BBC Two 1995–2015.
Mönninghoff, Uwe: Erlösung Todesspritze? Der neue Streit um Sterbehilfe. Bundesrepublik Deutschland 1994.
Moskito. Bundesrepublik Deutschland/SFB 1987–1995.
Müser, Mechthild/Röttger, Jörg: Leben dürfen bis zum Tod. Hospize: ein neuer Weg der Sterbebegleitung. HR 1987.
Neujahrsgespräch 1983: Elisabeth Kübler-Ross und Hans Küng. SRF 1982.
Noczynski, Fred: Die Sprache der Vögel. Deutscher Fernsehfunk (Berlin/Ost) 1990/91.
On Death and Dying. USA/NBC 1974.
Panorama. Bundesrepublik Deutschland/ARD seit 1961.
Petersen, Peter: Geborgenheit im Alter. DEFA-Studio für Dokumentarfilme (Berlin/Ost) 1981.
Petrie, Daniel: The Bramble Bush / Jeder zahlt für seine Schuld. USA 1960.
Picket Fences – Tatort Gartenzaun. USA/CBS 1992–1996.
Poitier, Sidney: Ghost Dad. USA 1990.
Pottier, Richard: Meurtres? / Klagt mich an! Frankreich 1950.
Quincy. USA/NBC 1976–1983.
Ray, Nicholas/Wenders, Wim: Nick's Film – Lightning Over Water. Bundesrepublik Deutschland/USA 1980.
René, Norman: Longtime Companion. USA 1990.
Ricketson, James: Limbo. Australien 1972.
Riedel, Marianne/Engelke, Ernst/Schmoll, Hans-Joachim: Hoffnung wider alle Hoffnung – Vom Umgang mit Todkranken. ZDF 1975.
Riedel, Marianne: Kontakte: Der gute Tod. ZDF 1976.
Riedel, Marianne: Bring mir Sand und Kies zu essen. Bundesrepublik Deutschland 1980.
Robert, Cynthia: The Last Supper / Das letzte Abendmahl. Kanada 1994.
Roemer, Michael: Dying / Die letzte Zeit. USA 1976 / Bundesrepublik Deutschland 1977.
Sargent, Joseph: Sunshine. USA 1973.

Schüler, Henning: Gramp – Ein Mann altert und stirbt. Bundesrepublik Deutschland 1985.
Schulz, Michael: Wer Aids hat. Bundesrepublik Deutschland 1996.
Schumacher, Joel: Flatliners / Flatliners – Heute ist ein schöner Tag zum Sterben. USA 1990.
Schumacher, Joel: Dying Young / Entscheidung aus Liebe. USA 1991.
Sherman, Kenneth: The Time Being. USA 1998.
Six Feet Under. USA/HBO 2001–2005.
South Park. USA/Comedy Central seit 1997.
Sterben ohne Angst. Günter Rolling im Gespräch mit Dr. Elisabeth Kübler-Ross. ARD 1982.
Stingl, Georg/Iblacker, Reinhold: Hospiz – Sterbenden helfen. Eine Filmreihe. Bundesrepublik Deutschland 1991.
Taylor, Jud: Act of Love / Ein Akt der Liebe. USA 1980.
The Late Show. Großbritannien/BBC Two 1989–1995.
The National. Kanada/CBC seit 1954.
The Simpsons. USA/Fox seit 1989.
Trzos-Rastawiecki, Andrzej: Skazany / Der Verurteilte. Polen 1975 / Fernsehen der DDR 1977.
Tschörtner, Petra: Unsere alten Tage. DEFA-Studio für Dokumentarfilme (Berlin/Ost) 1989.
Umbreit, Heidi und Bernd: Hollands langer Schatten oder: Euthanasie durch die Hintertür. Bundesrepublik Deutschland 1994.
Umbreit, Heidi und Bernd: Die Kunst zu trauern. SDR 1997.
Umbreit, Heidi und Bernd: Meine letzten Worte an Euch – Gedanken von Sterbenden. WDR/MDR 1998.
Umschau. Deutscher Fernsehfunk / Fernsehen der DDR / MDR seit 1961.
Unger, Michael: Der Tod des alten Mannes. Fernsehen der DDR 1984.
Warneke, Lothar: Die Beunruhigung. DDR/DEFA 1982.
Wendkos, Paul: Right to Die / Das Recht zu sterben. USA 1987.
Weymann-Weyhe, Walter: Denken und Tod. WDR 1967.
White, Robert B.: Please Let Me Die. USA 1974.
Wingens, Ernst-Michael: Abschied vom Leben – Gespräche mit einer Sterbenden. WDR 1991.
Wingert, Peter: Leben bis zuletzt. Eindrücke von der Hospizbewegung in Halle. RBB 1993.
Zeppenfeld, Dieter: Mit dem Sterben leben – Bericht aus einem Hospiz. Bundesrepublik Deutschland 1993.
Zetterling, Mai: Doktor Glas. Dänemark 1968.
Zucker, Jerry: Ghost / Ghost – Nachricht von Sam. USA 1990.

1.8 Politische, kirchliche und staatliche Dokumente und medizinische Richtlinien

Anordnung über die Rahmen-Krankenhausordnung vom 14. November 1979, in: Gesetzblatt der Deutschen Demokratischen Republik, Teil I, Nr. 3/1980, S. 29 f.
Bericht an das Bundesministerium für Gesundheit über die Umsetzung der SAPV-Richtlinie für das Jahr 2016, URL: https://www.g-ba.de/downloads/17-98-4474/Bericht-Evaluation-SAPV-2016.pdf [15. 12. 2021].
Deutscher Bundestag, 7. Wahlperiode, Drucksache 7/4835, 9. 3. 1976, online unter: http://dipbt.bundestag.de/doc/btd/07/048/0704835.pdf [15. 12. 2021].
Deutscher Bundestag, 11. Wahlperiode, Drucksache 11/3993, 15. 2. 1989, online unter: http://dipbt.bundestag.de/doc/btd/11/039/1103993.pdf [15. 12. 2021].
Deutscher Bundestag, 12. Wahlperiode, Drucksache 12/6514, 29. 12. 1993, online unter: http://dipbt.bundestag.de/doc/btd/12/065/1206514.pdf [15. 12. 2021].
Die deutschen Bischöfe: Das Lebensrecht des Menschen und die Euthanasie. Hg. vom Sekretariat der Deutschen Bischofskonferenz. Bonn 1975, online unter: https://www.dbk.de/fileadmin/redaktion/veroeffentlichungen/deutsche-bischoefe/DB04.pdf [15. 12. 2021].
Die deutschen Bischöfe: Menschenwürdig sterben und christlich sterben. Hg. vom Sekretariat der Deutschen Bischofskonferenz. Bonn 1978, online unter: https://www.dbk.de/fileadmin/redaktion/veroeffentlichungen/deutsche-bischoefe/DB47.pdf [15. 12. 2021].

Die deutschen Bischöfe: Schwerkranken und Sterbenden beistehen. Hg. vom Sekretariat der Deutschen Bischofskonferenz. Bonn 1991, online unter: https://www.dbk.de/fileadmin/redaktion/veroeffentlichungen/deutsche-bischoefe/DB47.pdf [15. 12. 2021].

Die europäischen Bischöfe und die Neu-Evangelisierung Europas. Hg. vom Sekretariat der Deutschen Bischofskonferenz und dem Rat der europäischen Bischofskonferenzen (CCEE). Bonn 1991.

Die Hospizbewegung – Profil eines hilfreichen Weges in katholischem Verständnis. Erklärung der Pastoralkommission der Deutschen Bischofskonferenz, 23. 9. 1993, in: Die deutschen Bischöfe 47 (März 1996), S. 43–57.

Evangelischer Pressedienst: „Stationäre Hospize in Gefahr", Mai 1998, online unter: http://www.selk.de/neues/info/selk-info%205_98.pdf [15. 12. 2021].

Fünfte Verordnung zur Änderung der Approbationsordnung für Ärzte vom 15. Dezember 1986, in: Bundesgesetzblatt 1986, Teil I, Nr. 67, S. 2457–2471.

Gott ist ein Freund des Lebens. Herausforderungen und Aufgaben bei Schutz des Lebens. Herausgegeben vom Kirchenamt der Evangelischen Kirche in Deutschland und vom Sekretariat der Deutschen Bischofskonferenz. Bonn 1989, online unter: https://www.dbk.de/fileadmin/redaktion/veroeffentlichungen/arbeitshilfen/AH_076.pdf [15. 12. 2021].

Grundsatzprogramm der CDU Deutschlands, verabschiedet auf dem 26. Bundesparteitag. Ludwigshafen, 23.-25. Oktober 1978, online unter: http://www.kas.de/upload/ACDP/CDU/Programme_Beschluesse/1978_Grundsatzprogramm_Ludwigshafen.pdf [15. 12. 2021].

Im Sterben: Umfangen vom Leben. Gemeinsames Wort zur *Woche für das Leben 1996*: „Leben bis zuletzt – Sterben als Teil des Lebens". Herausgegeben vom Kirchenamt der Evangelischen Kirche in Deutschland und vom Sekretariat der Deutschen Bischofskonferenz, online unter: https://www.ekd.de/23653.htm [15. 12. 2021].

In Würde sterben – in Hoffnung leben. Hg. vom Sekretariat der Deutschen Bischofskonferenz. Bonn 1996.

Johannes Paul II.: Enzyklika Evangelium Vitae (25. März 1995), online unter: http://w2.vatican.va/content/john-paul-ii/de/encyclicals/documents/hf_jp-ii_enc_25031995_evangelium-vitae.html [15. 12. 2021].

Landtag von Baden-Württemberg, 10. Wahlperiode, Drucksache 10/2827, 26. 01. 1990, online unter: https://www.landtag-bw.de/files/live/sites/LTBW/files/dokumente/WP10/Drucksachen/2000/10_2827_D.pdf [15. 12. 2021].

Landtag von Bayern, 12. Wahlperiode, Drucksache 12/6080, 07. 04. 1992, online unter: http://www1.bayern.landtag.de/www/ElanTextAblage_WP12/Drucksachen/0000006000/12-06080.pdf [15. 12. 2021].

Landtag von Nordrhein-Westfalen, 7. Wahlperiode, Drucksache 7/2698, 10. 05. 1973, online unter: https://www.landtag.nrw.de/Dokumentenservice/portal/WWW/dokumentenarchiv/Dokument/MMD07-2698.pdf;jsessionid=A04F06E08A47535E8036AE7007CF0097 [15. 12. 2021].

Kongregation für die Glaubenslehre: „Erklärung zur Euthanasie" (1980), online unter: https://www.vatican.va/roman_curia/congregations/cfaith/documents/rc_con_cfaith_doc_19800505_euthanasia_ge.html [15. 12. 2021].

Organtransplantationen. Erklärung der Deutschen Bischofskonferenz und des Rates der EKD. Bonn/Hannover 1990, online unter: https://www.dbk.de/fileadmin/redaktion/veroeffentlichungen/gem-texte/GT_01.pdf [15. 12. 2021].

Persönliche Verfügung Gustav Heinemanns für den Todesfall (Reproduktion), in: Haus der Geschichte der Bundesrepublik Deutschland, Bonn, EB-Nr. 1996/01/0044.

Politik für ältere Menschen. 2. Landesaltenplan für Nordrhein-Westfalen. Hg. vom Ministerium für Arbeit, Gesundheit und Soziales des Landes Nordrhein-Westfalen. Köln 1991.

Proclamation 4966 – National Hospice Week, 1982, online unter: https://www.reaganlibrary.gov/research/speeches/91382h [15. 12. 2021].

Protokoll des 6. Parteitags der CDU Deutschlands, Bonn, 28. November 1994, online unter: http://www.kas.de/upload/ACDP/CDU/Protokolle_Parteitage/1994-11-28_Protokoll_06.Parteitag_Bonn.pdf [15. 12. 2021].

Richtlinien für die Sterbehilfe (1979), Richtlinien für die ärztliche Sterbebegleitung (1993) und Grundsätze zur ärztlichen Sterbebegleitung (1998) der Bundesärztekammer, veröffentlicht je-

weils im *Deutschen Ärzteblatt*: 76 (1979), Nr. 14, S. 957–960; 90 (1993), Nr. 37, S. A 2404-A 2406 bzw. 95 (1998), Nr. 39, S. A 2366 f.
Unsere Politik für Deutschland – Mannheimer Erklärung, 23. Bundesparteitag, 23.-25. Juni 1975, Mannheim, online unter: http://www.kas.de/upload/themen/programmatik_der_cdu/programme/1975_Mannheimer-Erklaerung-Unsere-Politik-fuer-Deutschland.pdf [15. 12. 2021].
Verlautbarungen des Apostolischen Stuhls Nr. 108: Ansprachen von Papst Johannes Paul II. aus Anlaß der Ad-limina-Besuche der deutschen Bischöfe. Hg. vom Sekretariat der Deutschen Bischofskonferenz. Bonn 1992.
Zweites Gesetz zur Neuordnung von Selbstverwaltung und Eigenverantwortung in der gesetzlichen Krankenversicherung (2. GKV-NOG) vom 23. Juni 1997, in: Bundesgesetzblatt 1997, Teil 1, Nr. 42, S. 1520–1536.

1.9 Meinungsumfragen und Statistiken

Allensbacher Jahrbuch der Demoskopie 1974–1976. Hg. von Elisabeth Noelle-Neumann und Edgar Piel. Band 6, München 1976.
Allensbacher Jahrbuch der Demoskopie 1978–1983. Hg. von Elisabeth Noelle-Neumann und Edgar Piel. Band 8, München 1983.
Allensbacher Jahrbuch der Demoskopie 1984–1992. Hg. von Elisabeth Noelle-Neumann und Renate Köcher. Band 9, München 1993.
Allensbacher Jahrbuch der Demoskopie 1993–1997. Hg. von Elisabeth Noelle-Neumann und Renate Köcher. Band 10, München 1997.
Allensbacher Jahrbuch der Demoskopie 1998–2002. Hg. von Elisabeth Noelle-Neumann und Renate Köcher. Band 11, München 2002.
Bevölkerung und Wirtschaft 1872–1972. Herausgegeben vom Statistischen Bundesamt Wiesbaden anlässlich des 100jährigen Bestehens der zentralen amtlichen Statistik. Stuttgart 1972.
Deutsche Hospiz Stiftung: Erste Hospizstatistik. Sterbebegleitung für 30.000 Menschen. Menschenwürde durch Engagement und Vernetzung. Pressemitteilung 01/2000, Dortmund 2000.
Emnid-Institut (Hg.): Informationen 27 (1975), Nr. 5.
Emnid-Institut (Hg.): Informationen 30 (1978), Nr. 7.
Emnid-Institut (Hg.): Informationen 36 (1984), Nr. 9/10.
Emnid-Institut (Hg.): Informationen 38 (1986), Nr. 5/6.
Emnid-Institut (Hg.): Informationen 38 (1986), Nr. 7.
Emnid-Institut (Hg.): Umfrage & Analyse 2 (1992), Nr. 3/4.
Emnid-Institut (Hg.): Umfrage & Analyse 4 (1994), Nr. 7/8.
Emnid-Institut (Hg.): Umfrage & Analyse 6 (1996), Nr. 11/12.
Emnid-Institut (Hg.): Umfrage & Analyse 8 (1998), Nr. 7/8.
Institut für Medizinische Statistik und Datenverarbeitung (Hg.): Das Gesundheitswesen der Deutschen Demokratischen Republik 1986. Band 21, Berlin 1986.
Institut für Medizinische Statistik und Datenverarbeitung (Hg.): Das Gesundheitswesen der Deutschen Demokratischen Republik 1988. Band 23, Berlin 1988.
Jahrbuch der öffentlichen Meinung 1957. Hg. von Elisabeth Noelle-Neumann. Band 2, Allensbach 1957.
Jahrbuch der öffentlichen Meinung 1958–1964. Hg. von Elisabeth Noelle-Neumann. Band 3, Allensbach 1965.
Jahrbuch der öffentlichen Meinung 1965–1967. Hg. von Elisabeth Noelle-Neumann. Band 4, Allensbach 1967.
Jahrbuch der öffentlichen Meinung 1968–1973. Hg. von Elisabeth Noelle-Neumann und Edgar Piel. Band 5, Allensbach 1974.
Sonderreihe mit Beiträgen für das Gebiet der ehemaligen DDR. Heft 27: Gesundheits- und Sozialwesen in Übersichten (Teil IV), hg. v. Statistisches Bundesamt. Wiesbaden 1995.
Statistisches Jahrbuch der Deutschen Demokratischen Republik, hg. v. Zentralverwaltung für Statistik. Berlin: Bd. 1955 – Bd. 1990.
Statistisches Jahrbuch für das Deutsche Reich, hg. v. Kaiserliches Statistisches Amt. Berlin: Bd. 1915 – Bd. 1918.

Statistisches Jahrbuch für das Deutsche Reich, hg. v. Statistisches Reichsamt. Berlin: Bd. 1919 – Bd. 1943.
Statistisches Jahrbuch für die Bundesrepublik Deutschland, hg. v. Statistisches Bundesamt. Wiesbaden: Bd. 1952 – Bd. 1990.
Statistisches Jahrbuch für die Bundesrepublik Deutschland, hg. v. Statistisches Bundesamt. Wiesbaden: Bd. 1991 – Bd. 2003.

1.10 Publizierte Quellen und graue Literatur[3]

Abram, Morris B., u. a.: Defining Death. A Report on the Medical, Legal and Ethical Issues in the Determination of Death. Washington 1981.
Adler, Gerhard: Wiedergeboren nach dem Tode? Die Idee der Reinkarnation. Frankfurt a. M. 1977.
Adler, Gerhard/Aichelin, Helmut: Reinkarnation, Seelenwanderung, Wiedergeburt. Eine religiöse Idee im Aufwind. Stuttgart 1979.
Adler, Gerhard: Seelenwanderung und Wiedergeburt. Leben wir nicht nur einmal? Freiburg i. Br. 1980.
Admiraal, Pieter: Euthanasie. Leiden 1977.
Aichelin, Helmut, u. a.: Tod und Sterben. Deutungsversuche. Gütersloh 1978.
Albery, Nicholas/Elliot, Gil/Elliot, Joseph: The Natural Death Handbook. London 1993.
Albrecht, Anneliese: Denn alles Leben ist wie Gras. Wie eine Mutter Leiden und Sterben ihrer Tochter erlebte. Freiburg i. Br. 1990.
Albrecht, Elisabeth: Hospiz als Konzept der Sterbebetreuung, in: Matouschek, Erich (Hg.): Arzt und Tod: Verantwortung, Freiheiten und Zwänge. Stuttgart 1989, S. 165–175.
Albrecht, Elisabeth: „Wie die Hospizidee nach Deutschland kam. Cicely Saunders und Pater Reinhold Iblacker SJ." *CHV aktuell 69* (Mai 2015), S. 21–24.
Alcock, James: Psychology and Near-Death Experiences, in: Frazier, Kendrick (Hg.): Paranormal Borderlands of Science. Buffalo 1981, S. 153–169.
Alexander, Irving E./Adlerstein, Arthur M.: Studies in the Psychology of Death, in: David, Henry P./Brengelmann, Johannes C.: Perspectives in Personality Research. New York 1960, S. 65–92.
Allert, Rochus: Modellprojekt „Franziskus-Hospiz Hochdahl", in: Das Krankenhaus 84 (1992), Nr. 9, S. 453–456.
Allgeier, Kurt: Du hast schon einmal gelebt. Wiedergeburt? Erinnerungen in der Hypnose. München 1979.
Améry, Jean: Über das Altern. Revolte und Resignation. Stuttgart 1968.
Améry, Jean: Hand an sich legen. Diskurs über den Freitod. Stuttgart 1976.
Angstwurm, Heinz: Der Hirntod als sicheres Todeszeichen des Menschen und als eine Voraussetzung der Organentnahme, in: Firnkorn, Hans-Jürgen (Hg.): Hirntod als Todeskriterium. Stuttgart 2000, S. 7–10.
Anthony, Elwyn James/Koupernik, Cyrille (Hg.): The Child in His Family. New York 1970.
Anthony, Sylvia: The Discovery of Death in Childhood and After. London 1971.
Ariès, Philippe: Western Attitudes Toward Death: from the Middle Ages to the Present. Baltimore 1974.
Ariès, Philippe: Essais sur l'histoire de la mort en Occident: du Moyen Âge à nos jours. Paris 1975.
Ariès, Philippe: Studien zur Geschichte des Todes im Abendland. München 1976.
Ariès, Philippe: L'Homme devant la mort. Paris 1977.
Ariès, Philippe: Bilder zur Geschichte des Todes. München 1984.
Ariès, Philippe: Geschichte des Todes. München [11]2005 [[1]1980].

---

[3] Die Unterscheidung zwischen Quellen und Sekundärliteratur ist in vielen Fällen nicht eindeutig, da z. B. vor 2000 erschienene thanatologische Studien in dieser Arbeit gleichermaßen eine Informationsgrundlage darstellen und als Quellen analysiert werden können.

Armstrong-Coster, Angela: In Morte Media Jubilate: An Empirical Study of Cancer-Related Documentary Film, in: Mortality 6 (2001), Nr. 3, S. 287–305.
Aronson, Gerald J.: Treatment of the Dying Person, in: Feifel, Herman (Hg.): The Meaning of Death. New York 1959, S. 251–258.
Asadullah, Khusru: Die Behandlung der Problematik „Betreuung Sterbender" in der Hochschulausbildung Medizin in der DDR und in der BRD. Diss. med., Berlin 1991.
Asadullah, Khusru/Franze, Thilo/Dietze, Ferdinand: Die Behandlung der Problematik der Betreuung Sterbender im Medizinstudium – Ergebnisse einer Befragung von 565 Studenten und Ärzten, in: Zeitschrift für Gerontologie und Geriatrie 29 (1996), Nr. 6, S. 432–437.
Asperger, Hans: Das sterbende Kind, in: Internationale katholische Zeitschrift 4 (1975), Nr. 6, S. 518–527.
Attali, Jacques: Die kannibalische Ordnung. Von der Magie zur Computermedizin. Frankfurt a. M. 1981.
Auer, Alfons: Das Recht des Menschen auf einen „natürlichen Tod", in: Schwartländer, Johannes (Hg.): Der Mensch und sein Tod. Göttingen 1976, S. 82–93.
Aulbert, Eberhard (Hg.): Lehrbuch der Palliativmedizin. Mit 74 Tabellen. Stuttgart 1997.
Aulbert, Eberhard/Klaschik, Eberhard/Pichlmaier, Heinz (Hg.): Palliativmedizin – Ein ganzheitliches Konzept. Stuttgart 1998.
Aulbert, Eberhard/Klaschik, Eberhard/Pichlmaier, Heinz (Hg.): Palliativmedizin – Verpflichtung zur Interdisziplinarität. Stuttgart 2000.
Baader, Gerhard: Sterbehilfe und Euthanasie – ideologische Zusammenhänge, in: Evangelisches Bildungswerk Berlin (Hg.): „Sterbehilfe". Tötung auf wessen Verlangen? Tagung vom 3. bis 5. Juni 1988 im Haus der Kirche. Berlin 1988, S. 1–21.
Baader, Gerhard: Heilen und Helfen – eine Auseinandersetzung mit Menschenbildern und Wertmaßstäben bei der Einstellung zum Tod, in: Evangelisches Bildungswerk Berlin (Hg.): Begleitetes Sterben. Gegen den Versuch, Euthanasie zu legalisieren. Tagung vom 2. bis 4. Juni 1989 im Haus der Kirche. Berlin 1989, S. 1–21.
Bahle, Julius: Keine Angst vor dem Sterben. Zur Psychologie des angstfreien und schönen Sterbens. Hemmenhofen 1963.
Baldiga, Jürgen/Seyfarth, Napoleon: Etwas Besseres als den Tod finden wir allemal. Berlin 1992.
Baltes, Margret M.: Altern und Tod in der psychologischen Forschung, in: Winau, Rolf/Rosemeier, Hans Peter (Hg.): Tod und Sterben. Berlin 1984, S. 237–251.
Barnard, Christiaan: Good Life, Good Death. A Doctor's Case for Euthanasia and Suicide. Englewood Cliffs 1980.
Barnard, Christiaan: Glückliches Leben – Würdiger Tod. Der weltberühmte Herzchirurg plädiert für Sterbehilfe und das Recht auf Freitod. Bayreuth ²1981.
Bartholomäus, Lore: Ich möchte an der Hand eines Menschen sterben. Aus dem Alltag eines Hospizes. Mainz ⁶1990 [¹1980].
Baumann, Heinz: Individualität und Tod. Psychologische und anthropologische Aspekte der Todeserfahrung. Würzburg 1995.
Baumann, Jürgen, u. a.: Alternativentwurf eines Gesetzes über Sterbehilfe (AE-Sterbehilfe). Entwurf eines Arbeitskreises von Professoren des Strafrechts und der Medizin sowie ihrer Mitarbeiter. Stuttgart 1986.
Baust, Günter: Klinische Problemsituationen und medizinische Ethik, in: Luther, Ernst (Hg.): Beiträge zur Ethik in der Medizin. Jena 1983, S. 13–40
Baust, Günter: Sterben und Tod. Medizinische Aspekte. Berlin 1988 [¹1983].
Baust, Günter: Sterbezimmer, in: Beltz, Walter (Hg.): Lexikon der Letzten Dinge. Augsburg 1993, S. 397.
Bayerischer Landesgesundheitsrat (Hg.): Sterben im Krankenhaus. Referate der Vollsitzung des Landesgesundheitsrats am 16. Juli 1984. München 1984.
Bayerischer Landesgesundheitsrat (Hg.): Hospiz-Bewegung. München 1989.
Beauvoir, Simone de: Das Alter. Essay, Hamburg 1972.
Becher, Werner/Lindner, Reinhold: Gespräche mit Sterbenden, in: Deutsche Krankenpflegezeitschrift 25 (1972), Nr. 11, S. 600–607.
Beck, Thorsten: Zehn Jahre OMEGA aus der Sicht eines ehrenamtlichen Helfers, in: OMEGA – Mit dem Sterben leben (Hg.): OMEGA – Mit dem Sterben leben. Eine Idee wächst, 1985–1995. O.O. 1995, S. 10 f.

Becker, Ernest: The Denial of Death. New York 1973.
Becker, Ernest: Dynamik des Todes. Die Überwindung der Todesfurcht – Ursprung der Kultur. Olten 1976.
Becker, Hansjakob/Einig, Bernhard/Ullrich, Peter-Otto (Hg.): Im Angesicht des Todes. Ein interdisziplinäres Kompendium I. St. Ottilien 1987.
Becker, Hansjakob/Einig, Bernhard/Ullrich, Peter-Otto (Hg.): Im Angesicht des Todes. Ein interdisziplinäres Kompendium II. St. Ottilien 1987.
Becker, Ingeborg (Hg.): Handbuch der Seelsorge. Berlin 1983.
Becker, Karl F.: Sterben in christlicher Sicht, in: Schmitz-Scherzer, Reinhard (Hg.): Altern und sterben. Bern 1992, S. 43–61.
Becker, Paul: Bemühungen um humanes Sterben am Modell des St. Vincenz-Krankenhauses in Limburg und anderswo, in: Deutsche Akademie für medizinische Fortbildung (Hg.): Sterben zwischen Angst und Hoffnung. Referate vom Interdisziplinären Fortbildungskongress vom 2. und 3. Oktober 1981 in Bad Nauheim. Kassel/Bad Nauheim 1981, ohne Seitenzahlen.
Becker, Paul/Eid, Volker (Hg.): Begleitung von Schwerkranken und Sterbenden – Praktische Erfahrungen und wissenschaftliche Reflexion. Mainz 1984.
Becker, Paul: Moderne Gesellschaft im Umgang mit Sterben und Tod – Hospize. Hospitalisierung des Todes?, in: Nassehi, Armin/Pohlmann, Reinhard (Hg.): Sterben und Tod. Probleme und Perspektiven der Organisation von Sterbebegleitung. Münster 1992, S. 43–53.
Becker, Paul: Sterben aus der Sicht der heutigen Medizin, in: Schmitz-Scherzer, Reinhard (Hg.): Altern und sterben. Bern 1992, S. 27–41.
Becker, Paul: Orte des Sterbens heute – Das Hospiz als Modell und Realität, in: Fuchs, Michael (Red.): Sterben und Sterbebegleitung. Ein interdisziplinäres Gespräch. Herausgegeben vom Bundesministerium für Familie, Senioren, Frauen und Jugend. Stuttgart 1994, S. 65–69.
Begemann, Herbert (Hg.): Patient und Krankenhaus. München 1976.
Begemann-Deppe, Monika: Im Krankenhaus sterben: Das Problem der Wissenskonstitution in einer besonderen Situation, in: Begemann, Herbert (Hg.): Patient und Krankenhaus. München 1976, S. 71–90.
Begemann-Deppe, Monika: Sprechverhalten und Thematisierung von Krankheitsinformation im Rahmen von Stationsvisiten. Eine empirische Untersuchung zur Arzt-Patient-Beziehung im Krankenhaus. Diss. phil., Freiburg i. Br. 1978.
Beine, Karl-Heinz: Sehen, Hören, Schweigen. Patiententötungen und aktive Sterbehilfe. Freiburg i. Br. 1998.
Beltz, Walter (Hg.): Lexikon der Letzten Dinge. Augsburg 1993.
Berger, Klaus: Einander zum Sterben begleiten. Gemeindliche und missionarische Aspekte der Vorbereitung auf den Tod in der Alten Kirche, in: Diakonie 18 (1992), Nr. 4, S. 199–204.
Bernstein, Morey: Protokoll einer Wiedergeburt. Der weltbekannte Fall Bridey Murphy: Der Mensch lebt nicht nur einmal. München 1973.
Beutel, Helmuth: Erfahrungen der Hospizinitiativen mit Diakonie und Kirchen aus Sicht der Arbeitsgemeinschaft Hospiz, in: Godzik, Peter/Pfisterer, Karl Dietrich/Pleitner, Henning (Hg.): „…daß die Gemeinde zum Hospiz werde". Dokumentation der Klausurtagung „Hospiz" des Diakonischen Werkes der EKD vom 18.-20. Februar 1992 im Deutschen Institut für Ärztliche Mission in Tübingen. Stuttgart 1992, S. 82–87.
Beutel, Helmuth/Tausch, Daniela: Hospiz – Begleitung Sterbender und ihrer Angehörigen in Stuttgart, in: dies. (Hg.): Sterben – eine Zeit des Lebens. Ein Handbuch der Hospizbewegung. Stuttgart ^{4}1996 [^{1}1989], S. 158–169.
Beutel, Helmuth/Tausch, Daniela (Hg.): Sterben – eine Zeit des Lebens. Ein Handbuch der Hospizbewegung. Stuttgart ^{4}1996 [^{1}1989].
Binding, Karl/Hoche, Alfred: Die Freigabe der Vernichtung lebensunwerten Lebens. Ihr Maß und ihre Form. Leipzig 1920.
Binsack, Thomas: Palliativmedizin aus der Sicht eines Arztes, in: Everding, Gustava/Westrich, Angelika (Hg.): Würdig leben bis zum letzten Augenblick. Idee und Praxis der Hospiz-Bewegung. München ^{2}2001, S. 17–22.
Birnbacher, Dieter (Hg.): Humanes Leben, humanes Sterben. Bonn 1994.
Blaha, Herbert, u. a. (Hg.): Schutz des Lebens – Recht auf Tod. München 1978.

Blendinger, Hermann: Tote begraben. Ein Ratgeber für alle, die wissen, daß die Vorgänge um den Tod eines Menschen der Gestaltung bedürfen, und sich darum bemühen. Nürnberg 1977.
Bloom, Bernard/Kissick, Priscilla: Home and Hospital Care of Terminal Illness, in: Medical Care 18 (1980), S. 560–564.
Bluebond-Langner, Myra: I Know, Do You? A Study of Awareness, Communication, and Coping in Terminally Ill Children, in: Schoenberg, Bernard, u. a. (Hg.): Anticipatory Grief. New York 1974, S. 171–181.
Blümke, Dirk, u. a.: Weil Sterben auch Leben ist – Grundlagen der Hospizarbeit bei den Maltesern. Köln ²2000 [¹1996].
Blumenthal-Barby, Kay: Sterbeort Krankenhaus, in: Zeitschrift für die gesamte Hygiene und ihre Grenzgebiete 24 (1978), Nr. 2, S. 131–134.
Blumenthal-Barby, Kay: Der Arzt beim Sterbenden, in: Medizin aktuell 6 (1980), S. 193.
Blumenthal-Barby, Kay/Jacob, Roland: Sterben heute, in: Sozialhygiene-Report 6 (1981), Nr. 1, S. 41–45.
Blumenthal-Barby, Kay/Pietrowiak, Walter: Anforderungen an die Betreuung Sterbender, in: Die Heilberufe. Zeitschrift für die Angehörigen der mittleren medizinischen Berufe und der medizinischen Hilfsberufe 33 (1981), Nr. 5, S. 192–196.
Blumenthal-Barby, Kay/Hahn, Susanne: Sterbeort und Betreuung Sterbender, in: Die Heilberufe. Zeitschrift für die Angehörigen der mittleren medizinischen Berufe und der medizinischen Hilfsberufe 35 (1983), Nr. 3, S. 101–102.
Blumenthal-Barby, Kay: Was ist und was kann die perimortale Medizin?, in: Zeitschrift für ärztliche Fortbildung 82 (1988), Nr. 21, S. 1047–1048.
Blumenthal-Barby, Kay: Wenn ein Mensch stirbt… Ausgewählte Aspekte perimortaler Forschung. Berlin ³1989 [¹1986].
Blumenthal-Barby, Kay (Hg.): Betreuung Sterbender. Berlin ⁴1991 [¹1982].
Blumenthal-Barby, Kay: Leben im Schatten des Todes. Wie wir Schwerstkranken und Sterbenden helfen können. Wiesbaden 1991.
Blumenthal-Barby, Kay: Ausgewählte Ergebnisse perimortaler Forschung, in: Imhof, Arthur E. (Hg.): Leben wir zu lange? Die Zunahme unserer Lebensspanne seit 300 Jahren – und die Folgen; Beiträge eines Symposiums vom 27. – 29. November 1991 an der Freien Universität Berlin. Köln 1992, S. 163–169.
Blumenthal-Barby, Kay: Sterbeerziehung, in: Beltz, Walter (Hg.): Lexikon der Letzten Dinge. Augsburg 1993, S. 385 f.
Blumenthal-Barby, Kay: Sterbeort Krankenhaus und Fragen der Sterbeaufklärung, in: Fuchs, Michael (Red.): Sterben und Sterbebegleitung. Ein interdisziplinäres Gespräch. Herausgegeben vom Bundesministerium für Familie, Senioren, Frauen und Jugend. Stuttgart 1994, S. 83–88.
Blumenthal-Barby, Kay/Özkan, Ibrahim: Sterbeaufklärung im internationalen Vergleich, in: Knupp, Bernhard/Stille, Wolfgang (Hg.): Sterben und Tod in der Medizin. Stuttgart 1996, S. 10–13.
Blumenthal-Barby, Kay: Tausend Türen hat der Tod. Gesammeltes zum Sterben in Europa. Berlin 1997.
Bock, Peter F. (Hg.): Keiner stirbt für sich allein. Audio-visuelle Arbeitsunterlagen und Bildmeditation für die Jugend- und Gemeindearbeit zum Thema Tod, besonders zu Allerheiligen/Allerseelen/Totensonntag. München 1975.
Bodelschwingh, Friedrich von: „Euthanasie" – Erfahrungen von gestern, Gefährdungen in der Gegenwart, in: Deutscher Evangelischer Verband für Altenhilfe (Hg.): Recht auf Leben – Recht auf Sterben. Bundestagung 1975, S. 73–77.
Boehlke, Hans-Kurt: Wie die Alten den Tod gebildet. Wandlungen der Sepulkralkultur 1750–1850. Kassel 1981.
Böke, Hubert /Knudsen, Lene Thuroe/Müller, Monika: Trauer ist ein langer Weg. Düsseldorf 2000.
Boff, Leonardo: Was kommt nachher? Das Leben nach dem Tode. Salzburg 1982.
Bonk, Jürgen, u. a. (Hg.): Alles hat am Ende sich gelohnt. Material für weltliche Trauerfeiern. Leipzig 1972.
Boros, Ladislaus: Mysterium Mortis – Der Mensch in der letzten Entscheidung. Olten ⁵1966 [¹1962].

Boros, Ladislaus: Über den Tod hinaus. Mainz 1972.
Bowers, Margaretta K., u. a.: Counseling the Dying. Camden 1964.
Bowers, Margaretta K., u. a.: Wie können wir Sterbenden beistehen. München 1971.
Bowlby, John: Processes of Mourning, in: International Journal of Psychoanalysis 42 (1961), S. 317–340.
Bowlby, John/Parkes, Colin Murray: Separation and Loss Within the Family, in: Anthony, Elwyn James/Koupernik, Cyrille (Hg.): The Child in His Family. New York 1970, S. 197–216.
Bowman, LeRoy E.: The American Funeral: A Study in Guilt, Extravagance, and Sublimity. Washington 1959.
Bradbury, Mary: Representations of Death. A Social Psychological Perspective. London 1999.
Brandt, Heinz/Hahn, Susanne/Thom, Achim: Probleme und Aufgaben der Betreuung Sterbender durch den Hausarzt, in: Körner, Uwe/Seidel, Karl/Thom, Achim (Hg.): Grenzsituationen ärztlichen Handelns. Jena ^{3}1984 [^{1}1981], S. 211–232.
Brathuhn, Sylvia: Lernen, mit dem Tod zu leben. Menschenwürdiges Sterben – Möglichkeiten der Sterbebegleitung – Hospizbewegung. Bad Iburg 1999.
Braun, Hans-Jürg: Das Jenseits. Die Vorstellung der Menschheit über das Leben nach dem Tod. Zürich 1996.
Bredt, Heinrich: Über den Tod. Eine naturwissenschaftliche Betrachtung. Berlin 1958.
Brězan, Jurij: Bild des Vaters. Berlin 1982.
Brocher, Tobias: Wenn Kinder trauern: wie sprechen wir über den Tod? Zürich 1980.
Brock, Margret: Vom Umgang mit kranken und todkranken Kindern. Aus einem Fortbildungskurs der Arbeitsgemeinschaft der sozialpädagogischen Mitarbeiter in Kinderkliniken, in: Unsere Jugend (1974), Nr. 12, S. 537–543.
Brodkey, Harold: Die Geschichte meines Todes. Reinbek 1996.
Brodkey, Harold: This Wild Darkness. The Story of my Death. New York 1996.
Bronfen, Elisabeth: Over Her Dead Body. Death, Femininity and the Aesthetic. Manchester 1992.
Brüschke, Gerhard: Zur Ethik der Krankenpflege, in: Die Heilberufe. Zeitschrift für die Angehörigen der mittleren medizinischen Berufe und der medizinischen Hilfsberufe 29 (1977), S. 239–240.
Buchinger, Birgit: Todesspuren. Jenseitspolitik im Diesseits. Frankfurt a. M. 1989.
Buckingham, Robert W.: The Complete Hospice Guide. New York 1983.
Buckingham, Robert W.: Mit Liebe begleiten. Die Pflege sterbender Kinder. München 1987.
Buckingham, Robert W.: Hospiz – Sterbende menschlich begleiten. Freiburg i. Br. 1993.
Buckman, Robert: I Don't Know What to Say. How to Help and Support Someone Who Is Dying. London 1988.
Buckman, Robert: Was wir für Sterbende tun können. Praktische Ratschläge für Angehörige und Freunde Zürich 1990.
Bürgin, Dieter: Begleitung sterbender Kinder, in: Spiegel-Rösing, Ina/Petzold, Hilarion (Hg.): Die Begleitung Sterbender. Theorie und Praxis der Thanatotherapie. Paderborn 1984, S. 377–390.
Bundesministerium für Familie, Senioren, Frauen und Jugend (Hg.): Forschungs- und Modellvorhaben im Familien-, Alterns- und Sozialbereich in der 12. Legislaturperiode. Stuttgart 1996.
Burgheim, Werner, u. a.: Mit Kindern sterben lernen. Kinder begegnen dem Tod. Wenn Kinder sterben. Sterben, Tod und Trauer als Thema im Unterricht. Bingen 1999.
Burns, Stanley B.: Sleeping Beauty. Memorial Photography in America. Altadena 1990.
Byrne, Paul A./O'Reilly, Sean/Quay, Paul M.: Brain Death – An Opposing Viewpoint, in: Journal of the American Medical Association 242 (1979), Nr. 18, S. 1985–1990.
Cameron, Jean: Heute will ich leben. Eine Krebskranke erzählt. Stuttgart 1983.
Campion, Mary: The Making of a Hospice. Congregation of the Sisters of Charity. London 1979.
Campion, Mary: Ein Hospiz entsteht. Von Pionierinnen der Hospizbewegung. Straubing 1997.
Canacakis, Jorgos: Ich sehe deine Tränen. Trauern, klagen, leben können. Stuttgart 1987.
Canacakis, Jorgos: Ich begleite dich durch deine Trauer. Stuttgart 1990.
Canguilhem, Georges: Grenzen medizinischer Rationalität. Historisch-epistemologische Untersuchungen. Tübingen 1989.

Casera, Domenico: Umgang des heutigen Menschen mit dem Tod: Herausforderung für die Evangelisierung, in: Die europäischen Bischöfe und die Neu-Evangelisierung Europas. Hg. vom Sekretariat der Deutschen Bischofskonferenz und dem Rat der europäischen Bischofskonferenzen (CCEE). Bonn 1991, S. 355–366.
Cassidy, Sheila: Audacity to Believe. London 1977.
Cassidy, Sheila: Hope stirs in Halle, in: The Tablet, 30. September 1989, S. 1114 f.
Catel, Werner: Grenzsituationen des Lebens. Beitrag zum Problem der begrenzten Euthanasie. Nürnberg 1962.
Charmaz, Kathy: The Social Reality of Death. Death in Contemporary America. Reading 1980.
Christian-Widmaier, Petra: Sterben zu Hause in der Familie. Wunschdenken und Wirklichkeit aus soziologischer Sicht, in: Godzik, Peter/Muschaweck, Petra-Renate (Hg.): Lasst mich doch zu Hause sterben! Gütersloh 1989, S. 31–52.
Christoph, Franz: Tödlicher Zeitgeist. Notwehr gegen Euthanasie. Köln 1990.
Clark, David (Hg.): The Sociology of Death. Theory, Culture, Practice. Oxford 1993.
Clark, David/Seymour, Jane: Reflections on Palliative Care. Sociological and Policy Perspectives. Buckingham 1999.
Commandeur, Claus/Grunewald, Antje: Was tun, wenn jemand stirbt? Ein Ratgeber in Bestattungsfragen. Hg. von der Arbeitsgemeinschaft der Verbraucher. Bonn 1985 [^{1}1984].
Condrau, Gion: Der Mensch und sein Tod. Certa moriendi condicio. Zürich 1991 [^{1}1984].
Corr, Charles A.: Coping with Dying: Lessons That We Should and Should Not Learn from the Work of Elisabeth Kübler-Ross, in: Death Studies 17 (1993), S. 69–83.
Corr, Charles A.: Death in modern society, in: Doyle, Derek/Hanks, Geoffrey W.C./MacDonald, Neil (Hg.): Oxford Textbook of Palliative Medicine. New York ^{2}1998, S. 31–40.
Dan, Jürgen: Probleme bei der Betreuung Sterbender aus der Sicht des Facharztes für Allgemeinmedizin, in: Zeitschrift für Alternsforschung 37 (1982), Nr. 1, S. 35–40.
Danquart, Didi: Der Pannwitzblick. Zur Entstehung und Intention des Films, in: Sierck, Udo/ ders. (Hg.): Der Pannwitzblick – Wie Gewalt gegen Behinderte entsteht. Hamburg 1993, S. 11–30.
David, Henry P./Brengelmann, Johannes C.: Perspectives in Personality Research. New York 1960
Davidson, Glen (Hg.): Introduction, in: ders. (Hg.): The Hospice. Development and Administration. Washington ^{2}1985 [^{1}1978], S. 1–12.
Davidson, Glen (Hg.): The Hospice. Development and Administration. Washington ^{2}1985 [^{1}1978].
Davis, Feather Ann: Medicare Hospice Benefit: Early Program Experiences, in: Health Care Financing Review 9 (1988), Nr. 4, S. 99–111, online unter: https://www.ncbi.nlm.nih.gov/pmc/articles/PMC4192888 [15. 12. 2021].
Daxelmüller, Christoph: Tod und Gesellschaft – Tod im Wandel, in: ders. (Hg.): Tod und Gesellschaft – Tod im Wandel. Begleitband zur Ausstellung im Diözesanmuseum Obermünster Regensburg, 8. November 1996 bis 22. Dezember 1996. Regensburg 1996, S. 9–14.
Daxelmüller, Christoph: Tod und Gesellschaft – Tod im Wandel. Begleitband zur Ausstellung im Diözesanmuseum Obermünster Regensburg, 8. November 1996 bis 22. Dezember 1996. Regensburg 1996.
Delacour, Jean-Baptiste: Aus dem Jenseits zurück. Berichte von Totgeglaubten. Bergisch Gladbach 1978 [^{1}1973].
Dentler, Ina: Last Minute. Geschichten über den Tod im Leben. Berlin 1994.
Denzler-Labisch, Christine: Erfahrungen der Hospizinitiativen mit Diakonie und Kirchen am Beispiel der Sicht des bayerischen Hospizverbandes, in: Godzik, Peter/Pfisterer, Karl Dietrich/ Pleitner, Henning (Hg.): „...daß die Gemeinde zum Hospiz werde". Dokumentation der Klausurtagung „Hospiz" des Diakonischen Werkes der EKD vom 18.-20. Februar 1992 im Deutschen Institut für Ärztliche Mission in Tübingen. Stuttgart 1992, S. 87–90.
DeSpelder, Lynne Ann/Strickland, Albert Lee: The Last Dance. Encountering Death and Dying. Boston ^{2}1987 [^{1}1983].
Der gesellschaftliche Umgang mit Sterben und Tod: Humane, medizinische und finanzielle Aspekte. Hg. vom Forschungsinstitut der Friedrich-Ebert-Stiftung, Abt. Arbeits- und Sozialforschung. Bonn 1995.

Dethlefsen, Thorwald: Das Leben nach dem Leben. Gespräche mit Wiedergeborenen. München 1974.
Deuchar, Neil: AIDS in New York City with Particular Reference to Psycho-Social Aspects, in: British Journal of Psychiatry 145 (1984), Nr. 6, S. 612–619.
Deutsche AIDS-Hilfe (Hg.): Hand in Hand. Pflegekurse für Angehörige und ehrenamtliche Pflegepersonen. Konzeptionelle Überlegungen zur Umsetzung des § 45 SGB XI bei der Pflege und Versorgung von Menschen mit HIV/AIDS. Berlin 1985.
Deutsche AIDS-Hilfe (Hg.): Aspekte der Betreuung. Band 1–3. Ein Schulungsvideo für Betreuer (mit Begleitheft). Berlin 1987.
Deutsche AIDS-Hilfe (Hg.): Das schafft man nicht alleine. Ein Schulungsvideo der DAH (mit Begleitheft). Berlin 1988.
Deutsche AIDS-Hilfe (Hg.): „Wir müssen jetzt damit leben..." – Aspekte der ambulanten und stationären Versorgung im Rahmen der AIDS-Hilfe-Arbeit in der Bundesrepublik Deutschland und Berlin-West. Schulungsvideo mit Begleitheft. Berlin 1990.
Deutsche AIDS-Hilfe (Hg.): Menschen mit AIDS zuhause pflegen – Tips für Freunde und Angehörige. Berlin 1993.
Deutsche AIDS-Hilfe (Hg.): Dokumentation der 6. Bundesversammlung der Menschen mit Hiv und Aids, 14.-17. 9. 1995 Köln. Berlin 1995.
Deutsche AIDS-Hilfe (Hg.): Menschen mit AIDS und die Pflegeversicherung. Ein Ratgeber. Berlin 1995.
Deutsche AIDS-Hilfe (Hg.): Curriculum zur Laienpflegeschulung im AIDS-Bereich. Berlin 1996.
Deutsche AIDS-Hilfe: Vorsorge für den Todesfall. Berlin ^{4}1996.
Deutsche AIDS-Hilfe/Arbeitsgemeinschaft ambulante Versorgung (Hg.): Hospize und Sterben in der modernen Gesellschaft. Eine Problemskizze. Berlin 1997.
Deutsche AIDS-Hilfe/Arbeitsgemeinschaft ambulante Versorgung (Hg.): Infusionstherapie als Bestandteil der ambulanten medizinisch-pflegerischen Versorgung von Menschen mit HIV/AIDS. 10 Jahre Erfahrung – Daten und Fakten. Berlin 1998.
Deutsche AIDS-Hilfe (Hg.): Menschen mit AIDS pflegen. Curriculum für die Fortbildung von Pflegekräften. Gefördert durch das Bundesministerium für Arbeit und Sozialordnung. Berlin 1998.
Deutsche AIDS-Hilfe (Hg.): Vancouver – zwei Jahre danach. Dokumentation der Fachtagung, Berlin 17.-19. Juli 1998. Berlin 1998.
Deutsche AIDS-Hilfe (Hg.): Pflegen für mehr Leben. Pflegekonzept und Anschriften der AIDS-Spezialpflegedienste der Arbeitsgemeinschaft Ambulante Versorgung AGAV in der Deutschen AIDS-Hilfe e. V. Berlin 1999.
Deutsche AIDS-Hilfe (Hg.): Pflegen und pflegen lassen. Für Menschen mit HIV und AIDS, ihre Partner, Partnerinnen und Angehörigen. Berlin 2000.
Deutsche Akademie für medizinische Fortbildung (Hg.): Sterben zwischen Angst und Hoffnung. Referate vom Interdisziplinären Fortbildungskongress vom 2. und 3. Oktober 1981 in Bad Nauheim. Kassel/Bad Nauheim 1981.
Deutsche Akademie für medizinische Fortbildung (Hg.): Sterben zwischen Angst und Hoffnung. Referate, gehalten auf dem Interdisziplinären Fortbildungskongress in Düsseldorf und Berlin 1983. Kassel/Bad Nauheim 1983.
Deutsche Gesellschaft für Gerontologie: Resolution „Sterben aus der Sicht des Krankenhauses", in: Zeitschrift für Gerontologie 13 (1980), Nr. 6, S. 565–566.
Deutsche Gesellschaft für Humanes Sterben (Hg.): Die Deutsche Gesellschaft für Humanes Sterben e. V. – Ihre rechtspolitischen Forderungen – Ihre Stellungnahmen – Ihre Hilfen für den Einzelnen. Augsburg ^{3}1981.
Deutsche Gesellschaft für Humanes Sterben (Hg.): Menschenwürdiges und selbstverantwortliches Sterben. Augsburg ^{3}1984.
Deutsche Gesellschaft für Humanes Sterben (Hg.): Sterben zu Hause. Ratgeber für Angehörige. Augsburg 1984.
Deutsche Gesellschaft für Humanes Sterben (Hg.): Das Menschenrecht auf einen natürlichen Tod. Internationaler Überblick über Patientenverfügungsgesetze und rechtliche Regelungen der Sterbehilfe. Augsburg 1985.

Deutsche Gesellschaft für Humanes Sterben (Hg.): Das Selbstbestimmungsrecht und die letzte Lebensphase des Menschen. 5. Europäischer Kongreß für Humanes Sterben. Augsburg 1985.
Deutsche Gesellschaft für Humanes Sterben (Hg.): Praktische Fragen zum Erbrecht. Augsburg 1991.
Deutscher Evangelischer Verband für Altenhilfe (Hg.): Recht auf Leben – Recht auf Sterben. Bundestagung 1975. Stuttgart 1975.
Diakonisches Werk – Innere Mission und Hilfswerk – der Evangelischen Kirchen in der DDR (Hg.): Diakonie Dokumentation. Berlin 1990.
Diakonisches Werk der Evangelischen Kirche von Westfalen – Landesverband der Inneren Mission (Hg.): Handeln an der Grenze des Lebens. Sterben und Tod als Herausforderung für die Diakonie. Münster 1996.
Diakonisches Werk der Evangelischen Kirche von Westfalen – Landesverband der Inneren Mission e. V. (Hg.): Leben bis zuletzt. Sterben als Teil des Lebens. Eine Handreichung zu ambulanter und stationärer Sterbebegleitung und zur Hospizbewegung im Bereich der Evangelischen Kirche von Westfalen. Münster 1996.
Dingwerth, Paul/Tiefenbacher, Heinz (Hg.): Sterbekliniken oder was brauchen Sterbende? Stuttgart 1980.
Dirschauer, Klaus: Der totgeschwiegene Tod. Theologische Aspekte der kirchlichen Bestattung. Bremen 1973.
Dirschauer, Klaus: Leben aus dem Tod. Grundlegung christlicher Frömmigkeit. München 1979.
Dobrick, Barbara: Wenn die alten Eltern sterben. Das endgültige Ende der Kindheit. Stuttgart 1989.
Dörner, Klaus: Tödliches Mitleid, in: Student, Johann-Christoph (Hg.): Das Recht auf den eigenen Tod. Düsseldorf 1993, S. 31–43.
Dopffel, Hellmut: „Gemeinde als Hospiz", in: Godzik, Peter/Pfisterer, Karl Dietrich/Pleitner, Henning (Hg.): „...daß die Gemeinde zum Hospiz werde". Dokumentation der Klausurtagung „Hospiz" des Diakonischen Werkes der EKD vom 18.-20. Februar 1992 im Deutschen Institut für Ärztliche Mission in Tübingen. Stuttgart 1992, S. 77–81.
Dornberg, Martin: Angefragt: Sterbehilfe. Behandlungsbegrenzung und Sterbehilfe aus der Sicht internistischer Krankenhausärzte – Ergebnisse einer Befragung und medizinethische Bewertung. Frankfurt a. M. 1997.
Doyle Derek/Hanks, Geoffrey W.C./MacDonald, Neil (Hg.): Oxford Textbook of Palliative Medicine. Oxford 1993.
Doyle, Derek/Hanks, Geoffrey W.C./MacDonald, Neil (Hg.): Oxford Textbook of Palliative Medicine. Oxford ²1998.
Drescher, Antje: Zu Hause Sterben oder wie zu Hause sterben, in: OMEGA – Mit dem Sterben leben (Hg.): OMEGA – Mit dem Sterben leben. Eine Idee wächst, 1985–1995. O.O. 1995, S. 14–16.
Duda, Deborah: Coming Home. A Guide to Dying at Home with Dignity. New York 1987 [¹1982].
Duda, Deborah: Für Dich da sein wenn Du stirbst. Vorschläge zur Betreuung. München ³1989 [¹1983].
Duesberg, Hans: Mit Sterbenden beten, in: Becker, Hansjakob/Einig, Bernhard/Ullrich, Peter-Otto (Hg.): Im Angesicht des Todes. Ein interdisziplinäres Kompendium II. St. Ottilien 1987, S. 867–888.
Dumont Richard G./Foss, Dennis C.: The American View of Death: Acceptance or Denial? Cambridge, MA 1972.
Dworkin, Ronald: Die Grenzen des Lebens – Abtreibung, Euthanasie und persönliche Freiheit. Reinbek 1994.
Ebeling, Hans (Hg.): Der Tod in der Moderne. Königstein 1979.
Ebeling, Hans: Vorwort, in: ders. (Hg.): Der Tod in der Moderne. Königstein 1979, S. 11–31.
Ebert, Andreas/Godzik, Peter (Hg.): Verlaß mich nicht, wenn ich schwach werde. Handbuch zur Begleitung Schwerkranker und Sterbender im Rahmen des Projekts „Sterbende begleiten – Seelsorge der Gemeinde". Hamburg 1993.
Ebon, Martin: Erfahrungen mit dem Leben nach dem Tod. „Schon-einmal-tot-Gewesene" berichten über ihre Erfahrungen mit dem eigenen Sterben und Totsein. München 1977.

Eggensberger, Werner: Sterben und Tod im Krankenhaus. Eine empirische Untersuchung über die berufliche Sozialisation von Schwesternschülerinnen, in: Deutsche Krankenpflegezeitschrift 33 (1980), Nr. 11, S. 1–8.
Egler, Monika: Vorgespräch. Statt eines Vorworts – ein Interview, in: Beutel, Helmuth/Tausch, Daniela (Hg.): Sterben – eine Zeit des Lebens. Ein Handbuch der Hospizbewegung. Stuttgart ⁴1996 [¹1989], S. 9–12.
Ehrhardt, Helmut: Euthanasie und die Vernichtung „lebensunwerten" Lebens. Stuttgart 1965.
Eibach, Ulrich: Recht auf Leben – Recht auf Sterben. Anthropologische Grundlegung einer medizinischen Ethik. Wuppertal 1974.
Eibach, Ulrich: Kliniken für unheilbar kranke und sterbende Menschen, in: Zeitschrift für Gerontologie 13 (1980), S. 547–551.
Eibach, Ulrich: Vorbereitung auf das Sterben unter theologisch-ethischen und seelsorgerlichen Gesichtspunkten, in: Falck, Ingeborg (Hg.): Sterbebegleitung älterer Menschen – Ergebnisse einer Arbeitstagung der Deutschen Gesellschaft für Gerontologie im November 1979 in Berlin. Berlin 1980, S. 20–42.
Eibach, Ulrich: Patientenverfügungen – „Mein Wille geschehe!?", in: Zeitschrift für medizinische Ethik 44 (1998), Nr. 3, S. 201–208.
Eibach, Ulrich: Selbstbestimmung angesichts schwerster Krankheit und des Todes? Kritische Betrachtung eines philosophisch-juristischen Postulats, in: Wienke, Albrecht/Lippert, Hans-Dieter (Hg.): Der Wille des Menschen zwischen Leben und Sterben – Patientenverfügung und Vorsorgevollmacht. Ausgewählte medizinrechtliche Aspekte. Berlin 2001, S. 47–64.
Eid, Volker (Hg.): Euthanasie oder Soll man auf Verlangen töten? Mainz 1975.
Eisenberg, Götz/Gronemeyer, Marianne (Hg.): Der Tod im Leben. Ein Lesebuch zu einem „verbotenen" Thema. Gießen 1985.
Eissler, Kurt R.: The Psychiatrist and the Dying Patient. New York 1955.
Eissler, Kurt R.: Der sterbende Patient. Zur Psychologie des Todes. Stuttgart 1978.
Elias, Norbert: Über die Einsamkeit der Sterbenden. Frankfurt a. M. 1982.
Elliot, Gil: The Twentieth Century Book of the Dead. London 1972.
Elsner, Constanze: Sterben – Nein danke! Das Buch fürs Leben. München 1991.
Emmerich, Rolf: Das Vertrauensverhältnis Arzt-Patient und sein ethischer Wert, in: Mayer, Georg (Hg.): Über das ärztliche Berufsethos in der sozialistischen Gesellschaft. Leipzig 1962, S. 35–44.
Emmrich, Rolf (Hg.): Sozialismus und ärztliche Pflichten. Leipzig 1964.
Engelke, Ernst: Signale ins Leben. Begegnungen mit Sterbenden. München 1977.
Engelke, Ernst/Schmoll, Hans-Joachim/Wolff, Georg (Hg.): Sterbebeistand bei Kindern und Erwachsenen. Stuttgart 1979.
Engelke, Ernst: Sterbenskranke und die Kirche. München 1980.
Engelmann, Lothar, u. a.: Bewahrungsauftrag und Intensivmedizin, in: Körner, Uwe/Seidel, Karl/Thom, Achim (Hg.): Grenzsituationen ärztlichen Handelns. Jena ³1984 [¹1981], S. 119–132.
Erlemeier, Norbert: Psychologische Forschungen zum Todesproblem, in: Zeitschrift für Gerontologie 5 (1972), S. 32–49.
Erlemeier, Norbert: Beiträge der psychologischen Thanatologie zum Euthanasieproblem, in: Eid, Volker (Hg.): Euthanasie oder Soll man auf Verlangen töten? Mainz 1975, S. 108–131.
Eser, Albin (Hg.): Suizid und Euthanasie als human- und sozialwissenschaftliches Problem. Stuttgart 1976.
Evangelische Akademie Hofgeismar (Hg.): Das perfekte Sterben. Vom Umgang mit Sterbenden und ihren Angehörigen im Krankenhaus. Hofgeismar 1972.
Evangelisches Bildungswerk Berlin (Hg.): „Sterbehilfe". Tötung auf wessen Verlangen? Tagung vom 3. bis 5. Juni 1988 im Haus der Kirche. Berlin 1988.
Evangelisches Bildungswerk Berlin (Hg.): Begleitetes Sterben. Gegen den Versuch, Euthanasie zu legalisieren. Tagung vom 2. bis 4. Juni 1989 im Haus der Kirche. Berlin 1989.
Everding, Gustava/Westrich, Angelika (Hg.): Würdig leben bis zum letzten Augenblick. Idee und Praxis der Hospiz-Bewegung. München ²2001.
Falck, Ingeborg, u. a.: Stellungnahme zur Errichtung von Modellsterbekliniken der Deutschen Gesellschaft für Gerontologie, in: aktuelle gerontologie 8 (1978), S. 681–682.

Falck, Ingeborg (Hg.): Sterbebegleitung älterer Menschen – Ergebnisse einer Arbeitstagung der Deutschen Gesellschaft für Gerontologie im November 1979 in Berlin. Berlin 1980.
Falck, Ingeborg: Sterbebegleitung älterer Menschen im Krankenhaus, in: Winau, Rolf/Rosemeier, Hans Peter (Hg.): Tod und Sterben. Berlin 1984, S. 358–364.
Falck, Ingeborg: Sterbebegleitung aus der Sicht des Arztes, in: Evangelisches Bildungswerk Berlin (Hg.): Begleitetes Sterben. Gegen den Versuch, Euthanasie zu legalisieren. Tagung vom 2. bis 4. Juni 1989 im Haus der Kirche. Berlin 1989, S. 29–35.
Farberow, Norman (Hg.): Taboo Topics. New York 1963.
Feifel, Herman (Hg.): The Meaning of Death. New York 1959.
Feifel, Herman: Death, in: Farberow, Norman (Hg.): Taboo Topics. New York 1963, S. 8–21.
Feifel, Herman (Hg.): New Meanings of Death. New York 1977.
Feldes, Dieter/Hahn, Susanne: Psychosoziale Anforderungen bei der Betreuung infaust Kranker und Sterbender, in: Die Heilberufe – monatliche Zeitschrift für Dienstleistende in medizinischen Berufen und alle Heilhilfsberufe 32 (1980), Nr. 12, S. 453–454.
Feldmann, Klaus: Tod und Gesellschaft. Eine soziologische Betrachtung von Sterben und Tod. Frankfurt a. M. 1990.
Feldmann, Klaus: Sterben und Tod. Sozialwissenschaftliche Theorie und Forschungsergebnisse. Opladen 1997.
Ferber, Christian von: Soziologische Aspekte des Todes. Ein Versuch über einige Beziehungen der Soziologie zur Philosophischen Anthropologie, in: Zeitschrift für Evangelische Ethik 7 (1963), S. 338–360.
Ferber, Christian und Liselotte von: Der kranke Mensch in der Gesellschaft. Reinbek 1978.
Firnkorn, Hans-Jürgen (Hg.): Hirntod als Todeskriterium. Stuttgart 2000.
Fischer, Johannes: Aktive und passive Sterbehilfe, in: Zeitschrift für Evangelische Ethik 40 (1996), S. 110–127.
Fischer, Norbert: Vom Gottesacker zum Krematorium. Eine Sozialgeschichte der Friedhöfe in Deutschland seit dem 18. Jahrhundert. Köln 1996.
Fischer, Norbert: Wie wir unter die Erde kommen. Sterben und Tod zwischen Trauer und Technik. Frankfurt a. M. 1997.
Fleischer, Stefan: Dying to Be on Television, in: Film Quarterly 31 (1978), Nr. 4, S. 30–36.
Ford, Arthur A.: Bericht vom Leben nach dem Tode. München 1972.
Fox, Reneé C. (Hg.): The Social Meaning of Death. Philadelphia 1980.
Frazier, Kendrick (Hg.): Paranormal Borderlands of Science. Buffalo 1981.
Frederiksson, Dorrit: Lennart starb jung. Tagebuch einer Mutter. Mit einem Nachwort von Johann Christoph Hampe. Göttingen 1977.
Freidank, Gustav E.: Alles hat am Ende sich gelohnt, in: Bonk, Jürgen, u. a. (Hg.): Alles hat am Ende sich gelohnt. Material für weltliche Trauerfeiern. Leipzig 1972, S. 4–17.
Frey, Rudolf: Nachwort – Recht zu leben – Recht zu sterben, in: Höfer, Werner (Hg.): Leben müssen – sterben dürfen. Die letzten Dinge, die letzte Stunde. Bergisch Gladbach 1977, S. 266–269.
Freyberger, Hellmuth: Grundzüge der psychotherapeutischen Sterbehilfe bei Krankenhauspatienten, in: Deutsche Krankenpflegezeitschrift 26 (1973), Nr. 11, S. 582–587.
Freyberger, Hellmuth: Psychosoziales Verhalten des unheilbar Krebskranken, in: Die medizinische Welt 27 (1976), Nr. 40, S. 1878–1882.
Fried, Amelie/Gleich, Jacky: Hat Opa einen Anzug an? München 1997.
Fried, Anne: Wo man in Frieden sterben kann – Die Hospizbewegung. Wuppertal 1988.
Fritsche, Paul, u. a.: Sterbehilfe? Schwerpunktthema, in: Saarländisches Ärzteblatt 33 (1980), Nr. 12, S. 630–647.
Fuchs, Michael (Red.): Sterben und Sterbebegleitung. Ein interdisziplinäres Gespräch. Herausgegeben vom Bundesministerium für Familie, Senioren, Frauen und Jugend. Stuttgart 1994.
Fuchs, Michael (Red.): Sterben und Sterbebegleitung. Ein interdisziplinäres Gespräch. Herausgegeben vom Bundesministerium für Familie, Senioren, Frauen und Jugend. Stuttgart ^{4}2001.
Fuchs, Werner: Todesbilder in der modernen Gesellschaft. Frankfurt a. M. 1969.
Fuchs, Werner: Herrschaft und Gewalt, in: Ebeling, Hans (Hg.): Der Tod in der Moderne. Königstein 1979, S. 152–165.

Füllmich, Reiner: Der Tod im Krankenhaus und das Selbstbestimmungsrecht des Patienten. Über das Recht des nicht entscheidungsfähigen Patienten, künstlich lebensverlängernde Maßnahmen abzulehnen. Frankfurt a. M. 1990.
Fulton, Robert: Death and Identity. New York 1965.
Fulton, Robert: Death, Grief and Bereavement: A Bibliography. I: 1845–1975. New York 1977.
Fulton, Robert, u. a. (Hg.): Death and Dying. Challenge and Change. San Francisco 1981.
Fulton, Robert: Death, Grief and Bereavement: A Bibliography. II: 1975–1980. New York 1981.
Fulton, Robert: Prolog: Kurzgefasste Geschichte und etwas persönlicher Bericht über die Bewegung des Todesbewusstseins in den Vereinigten Staaten, in: Wittkowski, Joachim (Hg.): Sterben, Tod und Trauer. Grundlagen, Methoden, Anwendungsfelder. Stuttgart 2003, S. 3–13.
Fussek, Claus: „So will ich nicht mehr leben" – „Bloß niemanden zur Last fallen". Aus dem Alltag eines Sozialarbeiters, in: Stössel, Jürgen-Peter (Hg.): Tüchtig oder tot. Die Entsorgung des Leidens. Freiburg i. Br. 1991, S. 66–80.
Garfield Charles A. (Hg.): Psychosocial Care of the Dying Patient. New York 1978.
Gaßmann, Raphael, u. a.: Untersuchung zur Versorgung Sterbender und ihrer Angehörigen in Nordrhein-Westfalen. Hg. vom Ministerium für Arbeit, Gesundheit und Soziales des Landes Nordrhein-Westfalen, Düsseldorf 1992.
Geilen, Gerd: Euthanasie und Selbstbestimmung. Juristische Betrachtungen zum „Recht auf den eigenen Tod". Tübingen 1975.
George, Wolfgang/Beckmann, Dieter/Vaitl, Dieter: Aktuelle empirische Daten zu den Sterbebedingungen im Krankenhaus, in: Psychotherapie, Psychosomatik, Medizinische Psychologie 39 (1989), Nr. 12, S. 306–309.
Germain, Carol P.: Nursing the Dying: Implications of Kübler-Ross' Staging Theory, in: Fox, Reneé C. (Hg.): The Social Meaning of Death. Philadelphia 1980, S. 46–58.
Gestrich, Reinhold: Das seelsorgerliche Gespräch in der Krankenpflege. Studienbuch für Krankenschwestern, Krankenpfleger, Altenpflegerinnen, Altenpfleger und medizinisch-technische Assistentinnen. Stuttgart 1991.
Gill, Derek: Elisabeth Kübler-Ross. Wie sie wurde, wer sie ist. Stuttgart 1981.
Gins, Kurt: Sterben und Weiterleben – was bedeutet das für Kinder, insbesondere Vorschulkinder?, in: Archiv für Religionspsychologie 17 (1985), Nr. 1, S. 248–283.
Giudice, Liliane: Ohne meinen Mann. Aufzeichnungen einer Witwe. Stuttgart 1970.
Glarner, Hans-Ulrich (Hg.): Last minute. Ein Buch zu Sterben und Tod. Baden 1999.
Glaser, Barney G./Strauss, Anselm L.: Awareness of Dying. Chicago 1965.
Glaser, Barney G./Strauss, Anselm L.: Time for Dying. Chicago 1968.
Glaser, Barney G./Strauss, Anselm L.: Interaktion mit Sterbenden. Beobachtungen für Ärzte, Schwestern, Seelsorger und Angehörige. Göttingen 1974.
Godin, André (Hg.): Mort et présence. Études de psychologie. Brüssel 1971.
Godin, André (Hg.): Death and Presence. The Psychology of Death and the After-Life. Brüssel 1972.
Godzik, Peter/Muschaweck, Petra-Renate (Hg.): Lasst mich doch zu Hause sterben! Gütersloh 1989.
Godzik, Peter/Jeziorowski, Jürgen (Hg.): Von der Begleitung Sterbender. Referate und Beschlüsse der Generalsynode der VELKD in Veitshöchheim 1988. Hannover 1989.
Godzik, Peter/Pfisterer, Karl Dietrich/Pleitner, Henning (Hg.): „...daß die Gemeinde zum Hospiz werde". Dokumentation der Klausurtagung „Hospiz" des Diakonischen Werkes der EKD vom 18.-20. Februar 1992 im Deutschen Institut für Ärztliche Mission in Tübingen. Stuttgart 1992.
Godzik, Peter: Dem Sterben ein Zuhause geben, in: Diakonie 18 (1992), Nr. 4, S. 205–211.
Godzik, Peter: Die Hospizbewegung in der Bundesrepublik Deutschland. Eine Dokumentation. Hannover ³1992.
Godzik, Peter: Hospize vermitteln Begleitung und Hilfe auf dem letzten Stück des Lebensweges, in: Diakonie im Rheinland 29 (1992), Nr. 3, S. 20–25.
Godzik, Peter: In Würde sterben: die Hospizbewegung in der Bundesrepublik Deutschland, in: Nachrichten der Evangelisch-Lutherischen Kirche in Bayern 47 (1992), Nr. 21, S. 410–412.
Godzik, Peter: Sterbe-Heroen. Eine Buchbesprechung, in: Lutherische Monatshefte 34 (1995), S. 42.

Godzik, Peter: Der Tod behält nicht das letzte Wort: zur diakonischen Begleitung Sterbender, in: Evangelische Impulse 21 (1999), Nr. 4, S. 16–18
Goldmann-Posch, Ursula: Wenn Mütter trauern: Erinnerungen an das verlorene Kind. München 1988.
Gorer, Geoffrey: The Pornography of Death, in: Encounter 5 (1955), Nr. 10, S. 49–52.
Gorer, Geoffrey: Death, Grief and Mourning in Contemporary Britain. New York 1965.
Graumann, Stephan, u. a. (Red.): Endlich leben – wahrnehmen, annehmen, begleiten. Festschrift zum zehnjährigen Jubiläum der Hospizdienste in Halle (Saale) am 15. und 16. September 1995. Halle an der Saale 1995.
Greer, David S., u. a.: National Hospice Study Analysis Plan, in: Journal of Chronic Diseases 36 (1983), Nr. 11, S. 737–780.
Greer, David S.: An Alternative in Terminal Care: Results of the National Hospice Study, in: Journal of Chronic Diseases 39 (1986), Nr. 1, S. 9–26.
Grewel, Hans: Zwischen Mitleid, Mord und Menschlichkeit – Wider das Mißverständnis der Humanität in den neuen Euthanasiebewegungen, in: Student, Johann-Christoph (Hg.): Das Recht auf den eigenen Tod. Düsseldorf 1993, S. 66–89.
Greyson, Bruce: Vorwort, in: Ring, Kenneth/Elsaesser-Valarino, Evelyn: Im Angesicht des Lichts. Was wir aus Nah-Tod-Erfahrungen für das Leben gewinnen. München 1999, S. 7–12.
Grießhammer, Birke/Weih-Krüger, Sonja (Hg.): Memento Mori! Zur Kulturgeschichte des Todes in Franken. Zwei Bände (Ausstellungskatalog und Ausstellungsecho), Erlangen 1990/1992.
Griffiths, John/Bood, Alex/Weyers, Heleen: Euthanasia and Law in the Netherlands. Amsterdam 1998.
Griffiths, John/Weyers, Heleen/Adams, Maurice: Euthanasia and Law in Europe. Oxford 2008.
Grof, Stanislav/Halifax, Joan: The Human Encounter with Death. New York 1977.
Grof, Stanislav/Grof, Christina: Jenseits des Todes. An den Toren des Bewußtseins. München 1984.
Grof, Stanislav: Die Erfahrung von Tod und Sterben: Psychologische, philosophische und spirituelle Aspekte, in: Transpersonale Psychologie und Psychotherapie 2 (1996), Nr. 2, S. 72–94.
Grof, Stanislav/Halifax, Joan: Die Begegnung mit dem Tod. Stuttgart ³2000 [¹1980].
Grollman, Earl A.: Mit Kindern über den Tod sprechen. Ein Ratgeber für Eltern. Konstanz 1991.
Gronemeyer, Reimer: Orthothanasie – Vorschläge für einen therapeutisch gesicherten Abgang aus dem Leben, in: Eisenberg, Götz/Gronemeyer, Marianne (Hg.): Der Tod im Leben. Ein Lesebuch zu einem „verbotenen" Thema. Gießen 1985, S. 102–115.
Gross, Antje: Besucherbefragung, in: Zekorn, Beate/dies. (Hg.): Zwischen Furcht und Faszination. Erfahrungen mit der Ausstellung „Langsamer Abschied, Tod und Jenseits im Kulturvergleich", Dezember 1989 – März 1991. Frankfurt a. M. 1991, S. 54–56.
Gross, Antje: Mit anderen Augen. Ein kritischer Rundgang durch die Ausstellung, in: Zekorn, Beate/dies. (Hg.): Zwischen Furcht und Faszination. Erfahrungen mit der Ausstellung „Langsamer Abschied, Tod und Jenseits im Kulturvergleich", Dezember 1989 – März 1991. Frankfurt a. M. 1991, S. 67–77.
Grubbe, Peter: „Warum darf ich nicht sterben?" Das Recht auf den eigenen Tod – die Sterbehilfe-Bewegung. München 1986.
Gumpert, Rosemarie: Das Hospice – eine ergänzende Einrichtung zur Pflege von schwerkranken Patienten, in: Deutsche Krankenpflegezeitschrift 33 (1980), Nr. 11, S. 660–662.
Gumpert, Rosemarie: Das Hospiz St. Christopherus, London – ein Modell, in: Deutsche Akademie für medizinische Fortbildung (Hg.): Sterben zwischen Angst und Hoffnung. Referate vom Interdisziplinären Fortbildungskongress vom 2. und 3. Oktober 1981 in Bad Nauheim. Kassel/Bad Nauheim 1981, ohne Seitenzahlen.
Gumpert, Rosemarie: Anders mit Sterbenden leben, in: Praktische Theologe. Zeitschrift für Praxis in Kirche, Gesellschaft und Kultur 21 (1986), Nr. 3, S. 213–218.
Gunten, Charles F. von: Hospice, in Quill, Timothy E./Miller Franklin G. (Hg.): Palliative Care and Ethics. New York 2014, S. 17–33.
Habel, Luise: Sterben heißt Leben. München 1986.
Hackethal, Julius: Auf Messers Schneide. Kunst und Fehler der Chirurgen. Reinbek 1976.
Hackethal, Julius: Nachoperation. Noteingriff zur Korrektur eines patientenfeindlichen Gesundheitssystems. München 1977.

Hackethal, Julius: Keine Angst vor Krebs. Kronzeuge Prostatakrebs gegen die schulmedizinische Rabiat-Strategie bei Krebs. München 1978.
Hackethal, Julius: Krankenhaus. Über Patientenschicksale und Zustände in unseren Kliniken. München 1979.
Hackethal, Julius: Humanes Sterben. Mitleidstötung als Patientenrecht und Arztpflicht. München 1988.
Hackethal, Julius: Der Wahn, der mich beglückt. Karriere und Ketzerei eines Arztes. Bergisch Gladbach 1995.
Hager, Kurt: Philosophie und Politik. Schlußwort auf dem V. Philosophie-Kongreß der DDR, 21. bis 23. November 1979 in Berlin. Berlin 1979.
Hahn, Alois: Einstellungen zum Tod und ihre soziale Bedingtheit. Eine soziologische Untersuchung. Stuttgart 1968.
Hahn, Susanne/Thom, Achim: Was erwartet die sozialistische Gesellschaft vom Hausarzt bei der Betreuung Sterbender?, in: Das Deutsche Gesundheitswesen 33 (1978), Nr. 12, S. 565–568.
Hahn, Susanne/Thom, Achim: Die Betreuung unheilbar Kranker und Sterbender als wichtiger Verantwortungsbereich im Rahmen der medizinischen Bewahrungspflicht gegenüber menschlichem Leben – Eine marxistisch-leninistische Positionsbestimmung, in: Die Zeichen der Zeit 36 (1982), Nr. 1, S. 33–39.
Hahn, Susanne/Thom, Achim: Sinnvolle Lebensbewahrung – humanes Sterben. Positionen zur Auseinandersetzung um den ärztlichen Bewahrungsauftrag gegenüber menschlichem Leben. Berlin 1983.
Hahn, Susanne: Synopsis über die in den letzten Jahren in der DDR erschienen medizinischen Literatur zur Sterbebetreuung, in: Zeitschrift für ärztliche Fortbildung 81 (1987), S. 557–558.
Hammerschmidt, Stefania/Purps, Angelika: Die berufsethische Ausbildung der Medizinstudenten unter Berücksichtigung der Betreuung Schwerstkranker und Sterbender. Diss. med., Halle-Wittenberg 1989.
Hampe, Johann Christoph: Sterben ist doch ganz anders. Erfahrungen mit dem eigenen Tod. Stuttgart 1975.
Hannich, Hans-Joachim: Sterben auf der Intensivstation, in: Knupp, Bernhard/Stille, Wolfgang (Hg.): Sterben und Tod in der Medizin. Stuttgart 1996, S. 86–89.
Hansen, Gerhard: Diagnose des Todes, Reanimation und Organtransplantation, in: Zeitschrift für ärztliche Fortbildung 63 (1969), Nr. 4, S. 237–239.
Harmer, Ruth M.: The High Cost of Dying. London 1963.
Hawkins, Anne H.: Constructing Death: Three Pathographies about Dying, in: Omega – Journal of Death and Dying 22 (1991), Nr. 4, S. 301–317.
Hawkins, Anne H.: Reconstructing Illness. Studies in Pathography. West Lafayette ²1999.
Hedeby, Berit: Ja zur Sterbehilfe. Zug 1978.
Heereman, Johannes Freiherr/Thurn und Taxis, Karl Ferdinand Prinz von: Vorwort, in: Blümke, Dirk, u. a.: Weil Sterben auch Leben ist – Grundlagen der Hospizarbeit bei den Maltestern. Köln ²2000 [¹1996], S. 1.
Heidegger, Martin: Das mögliche Ganzsein des Daseins und das Sein zum Tode, in: Ebeling, Hans (Hg.): Der Tod in der Moderne. Königstein 1979, S. 32–56.
Heifetz, Milton D.: Das Recht zu sterben. Frankfurt a. M. 1976.
Heinz-Mohr, Gerd: Jetzt und in der Stunde unseres Todes. Lebens- und Sterbeanweisungen für den Christen. Hamburg 1963.
Heller, Friedrich: Die Einstellung von Pflegepersonal und Ärzten zu sterbenden Patienten. Diss. med., Aachen 1980.
Helmers, Sabine: Tabu und Faszination. Über die Ambivalenz der Einstellung zu Toten. Berlin 1989.
Hennezel, Marie de: Intimate Death. How the Dying Teach Us How to Live. New York 1997.
Herbrich, Sibylla: Ernie stirbt an AIDS, in: Student, Johann-Christoph (Hg.): Das Hospiz-Buch. Freiburg i. Br. 1989, S. 83–87.
Herbst, Manfred/Goeke, Hildburg: Wem dient die Palliativmedizin?, in: Aulbert, Eberhard/Klaschik, Eberhard/Pichlmaier, Heinz (Hg.): Palliativmedizin – Ein ganzheitliches Konzept. Stuttgart 1998, S. 19–24.

Herrmann, Nina: Ich habe nicht umsonst geweint. Eine Krankenhausseelsorgerin erzählt. Stuttgart 1979.
Herzlich, Claudine/Pierret, Janine: Kranke gestern – Kranke heute. Die Gesellschaft und das Leiden. München 1991.
Hilt, Hans: Kind und Tod. Hg. von der Bundesvereinigung Evangelischer Kindertagesstätten e. V., Stuttgart 1992.
Hinderer, Hans/Körner, Uwe: Rechtliche Aspekte des Tötungsverbotes und der ärztlichen Pflichten zur Lebensbewahrung, in: Das Deutsche Gesundheitswesen 34 (1979), S. 1601–1609.
Hinton, John: Dying. Harmondsworth ²1972.
Höfer, Werner (Hg.): Leben müssen – sterben dürfen. Die letzten Dinge, die letzte Stunde. Bergisch Gladbach 1977.
Höfer, Werner: Wer viel fragt..., in: ders. (Hg.): Leben müssen – sterben dürfen. Die letzten Dinge, die letzte Stunde. Bergisch Gladbach 1977, S. 118–152.
Hofmeier, Johann: Die heutige Erfahrung des Sterbens, in: Concilium 10 (1974), S. 235–240.
Hoff, Ferdinand: Zur Psychologie des Sterbenden, in: Die medizinische Welt 26 (1975), Nr. 1, S. 12–17.
Hoff, Johannes/Schmitten, Jürgen in der: Kritik der „Hirntod"-Konzeption. Plädoyer für ein menschenwürdiges Todeskriterium, in: dies. (Hg.): Wann ist der Mensch tot? Organverpflanzung und Hirntodkriterium. Reinbek ²1995 [¹1994], S. 153–252.
Hoff, Johannes/Schmitten, Jürgen in der (Hg.): Wann ist der Mensch tot? Organverpflanzung und Hirntodkriterium. Reinbek ²1995 [¹1994].
Holm, Nils G.: Einführung in die Religionspsychologie. München 1990.
Homann, Norbert: Hospiz zum hl. Franziskus in Recklinghausen-Süd. Grundgedanken über die Gründung und die Praxis eines Hospizes. Recklinghausen 1990 [¹1989].
Hospiz – Alternative für Sterbebegleitung? Beiträge einer Tagung der Evangelischen Akademie Baden vom 17. – 19. März 1989 in Bad Herrenalb. Hg. von der Evangelischen Akademie Baden. Karlsruhe 1989.
Hospizarbeit in den Einrichtungen des Diakonischen Werkes der EKD und in den Kirchengemeinden der EKD. Grundsätze – Konkretionen – Perspektiven. Hg. vom Fachbeirat des DW-EKD. Entwurf von 1997, URL: http://www.pkgodzik.de/fileadmin/user_upload/Hospiz_und_Sterbebegleitung/Hospizarbeit_DW-EKD.pdf [15. 12. 2021].
Howe, Jürgen: Das Sterben als Gegenstand psychsozialer Alternsforschung. Stuttgart 1987.
Huck, Karin/Petzold, Hilarion: Death Education, Thanatagogik – Modelle und Konzepte, in: Spiegel-Rösing, Ina/Petzold, Hilarion (Hg.): Die Begleitung Sterbender. Theorie und Praxis der Thanatotherapie. Paderborn 1984, S. 501–576.
Hüller, Hansgeorg (Hg.): Ethik und Medizin im Sozialismus. Greifswald 1976.
Hütten, Felix: Sterben lernen. Das Buch für den Abschied. München 2019.
Humanistischer Verband Deutschlands (Hg.): Schwer und unheilbar krank. Wegweiser mit Informationen, Beratungs- und Hilfsangeboten, Adressen aus Berlin und dem Umland für Betroffene, für Angehörige und Freunde, für professionelle Helfer. Berlin 1996.
Hummel, Konrad: Ein Leben vor dem Tod. Therapeutische Arbeit im Altenheim, in: Spiegel-Rösing, Ina/Petzold, Hilarion (Hg.): Die Begleitung Sterbender. Theorie und Praxis der Thanatotherapie. Paderborn 1984, S. 605–611.
Humphry, Derek/Wickett, Ann: Jean's Way. New York 1978.
Humphry, Derek/Wickett, Ann: Kurzes Leben – Langes Sterben? Der Weg, den Jean Humphry ging. Ein ergreifendes Dokument zum Thema Sterbehilfe und die Geschichte einer großen Liebe. Haldenwang 1984.
Huntington, Richard/Metcalf, Peter: Celebrations of Death: The Anthropology of Mortuary Ritual. Cambridge 1979.
Huppmann, Gernot/Werner, Angela: Sterben in der Institution: Psychologische Aspekte, in: Medizin, Mensch, Gesellschaft 7 (1982), S. 155–168.
Illhardt, Franz Josef: Ars moriendi – Hilfe beim Sterben. Ein historisches Modell, in: Matouschek, Erich (Hg.): Arzt und Tod: Verantwortung, Freiheiten und Zwänge. Stuttgart 1989, S. 89–104.
Illich, Ivan: Die Enteignung der Gesundheit. Reinbek 1975.

Illich, Ivan: Die Nemesis der Medizin. Die Kritik der Medikalisierung des Lebens. München ⁵2007 [¹1977].
Imhof, Arthur E.: Einführung in die Historische Demographie. München 1977.
Imhof, Arthur E.: Die gewonnenen Jahre. Von der Zunahme unserer Lebensspanne seit dreihundert Jahren oder der Notwendigkeit einer neuen Einstellung zu Leben und Sterben. Ein historischer Essay. München 1981.
Imhof, Arthur E.: Die Lebenszeit. Vom aufgeschobenen Tod und von der Kunst des Lebens. München 1988.
Imhof, Arthur E.: Von der unsicheren zur sicheren Lebenszeit. Fünf historisch-demographische Studien. Darmstadt 1988.
Imhof, Arthur E.: Ars moriendi. Die Kunst des Sterbens einst und heute. Wien 1991.
Imhof, Arthur E.: Die Zunahme unserer Lebensspanne seit 300 Jahren – und die Folgen. Überlegungen aus der Sicht eines Historikers und Historiker-Demographen, in: ders. (Hg.): Leben wir zu lange? Die Zunahme unserer Lebensspanne seit 300 Jahren – und die Folgen; Beiträge eines Symposiums vom 27.-29. November 1991 an der Freien Universität Berlin. Köln 1992, S. 17-29.
Imhof, Arthur E.: „Sis humilis!" Die Kunst des Lebens als Grundlage für ein besseres Sterben. Wien 1992.
Imhof, Arthur E.: Einleitung, in: ders. (Hg.): Leben wir zu lange? Die Zunahme unserer Lebensspanne seit 300 Jahren – und die Folgen; Beiträge eines Symposiums vom 27.-29. November 1991 an der Freien Universität Berlin. Köln 1992, S. 9–16.
Imhof, Arthur E. (Hg.): Leben wir zu lange? Die Zunahme unserer Lebensspanne seit 300 Jahren – und die Folgen; Beiträge eines Symposiums vom 27.-29. November 1991 an der Freien Universität Berlin. Köln 1992.
Imhof, Arthur E.: Vorwort, in: ders. (Hg.): Leben wir zu lange? Die Zunahme unserer Lebensspanne seit 300 Jahren – und die Folgen; Beiträge eines Symposiums vom 27.-29. November 1991 an der Freien Universität Berlin. Köln 1992, S. 7 f.
Imhof, Arthur E.: Brauchen wir eine neue ars moriendi? Einige Gedankenanstösse für die Diskussion, in: Fuchs, Michael (Red.): Sterben und Sterbebegleitung. Ein interdisziplinäres Gespräch. Herausgegeben vom Bundesministerium für Familie, Senioren, Frauen und Jugend. Stuttgart 1994, S. 10–23.
Imhof, Arthur E.: Erfüllt leben – in Gelassenheit sterben. Symposium vom 23.-25. November 1993 an der Freien Universität Berlin [Hand-out zur Kurzorientierung]. Berlin 1994.
Initiative für humanes Sterben nach Wunsch der Sterbenden (Hg.): Euthanasie heute. Für das Recht, human zu sterben? Eine Dokumentation. Nürnberg 1978.
Jacob, Ingrid/Jacob, Roland: Einige Aspekte der Pflege Sterbender, in: Heilberufe 33 (1981), Nr. 5, S. 196–199.
Jacob, Roland/Jacob, Ingrid: Zunächst einmal sich selbst erkennen, in: humanitas. Zeitschrift für Medizin und Gesellschaft 21 (1981), Nr. 4, S. 15.
Jacob, Roland: Erfahrungen und Probleme zur psychischen Führung Krebskranker, in: Körner, Uwe/Seidel, Karl/Thom, Achim (Hg.): Grenzsituationen ärztlichen Handelns. Jena ³1984 [¹1981], S. 257–265.
Jacobi, Thorsten u. a.: Ratgeber Patientenverfügung. Vorgedacht oder selbstverfasst? Münster 2001.
Jacobi, Thorsten, u. a.: Wege durch den Verfügungswald – Eine Einführung, in: dies. (Hg.): Ratgeber Patientenverfügung. Vorgedacht oder selbstverfasst? Münster 2001, S. 12–22.
Jacobson, Nils-Olof: Leben nach dem Tode? Über Parapsychologie und Mystik. Düsseldorf 1973.
Jäckle, Renate: Brauchen wir Sterbekliniken?, in: Medizinische Klinik 76 (1981), Nr. 12, S. 327.
Jäger, Elke/Knuth, Alexander: Sterben in der Onkologie, in: Knupp, Bernhard/Stille, Wolfgang (Hg.): Sterben und Tod in der Medizin. Stuttgart 1996, S. 48–51.
Jäger, Hans: AIDS-Phobie. Krankheitsbild und Behandlungsmöglichkeiten. Stuttgart 1988.
Jakoby, Bernard: Auch du lebst ewig – Die Ergebnisse der modernen Sterbeforschung. München 2000.
Jakoby, Bernard: Die Brücke zum Licht – Nahtod-Erfahrung als Hoffnung. Reinbek 2005.
Jakoby, Bernard: Hoffnung auf ein Wiedersehen – Liebevolle Sterbebegleitung und Trost für Angehörige. München 2010.

Jaspers, Birgit/Schindler, Thomas: Stand der Palliativmedizin und Hospizarbeit in Deutschland und im Vergleich zu ausgewählten Staaten (Belgien, Frankreich, Großbritannien, Niederlande, Norwegen, Österreich, Polen, Schweden, Schweiz, Spanien). Gutachten im Auftrag der Enquete-Kommission des Bundestages „Ethik und Recht der modernen Medizin". O.O. 2004.
Jelen, Heinz Lothar: Sterbeklinik als Alternative?, in: Dingwerth, Paul/Tiefenbacher, Heinz (Hg.): Sterbekliniken oder was brauchen Sterbende? Stuttgart 1980, S. 43-60.
Jens, Walter/Küng, Hans: Menschenwürdig sterben. Ein Plädoyer für Selbstverantwortung. München 1995.
Jonas, Hans: Philosophical Reflections on Experimenting with Human Subjects, in: Daedalus 98 (1969), S. 219-247.
Jonas, Hans: Technik, Medizin und Ethik. Zur Praxis des Prinzips Verantwortung. Frankfurt a. M. 1985.
Jonsen, Albert R.: Dying Right in California – The Natural Death Act, in: Clinical Toxicology 13 (1978), Nr. 4, S. 513-522.
Jorke, Dietfried: Euthanasie und Sterbehilfe, in: Zeitschrift für ärztliche Fortbildung 76 (1982), Nr. 15, S. 657-661.
Juchli, Liliane: Allgemeine und spezielle Krankenpflege. Ein Lehr- und Lernbuch. Stuttgart 1973.
Juchli, Liliane: Allgemeine und spezielle Krankenpflege. Ein Lehr- und Lernbuch. Stuttgart ³1979.
Jürgenson, Friedrich: Sprechfunk mit Verstorbenen. Eine dem Atomzeitalter gemäße Form der praktischen technisch-physikalischen Kontaktherstellung mit dem Jenseits. Freiburg i. Br. 1967.
Jung, Karl: Die neue Pflegeversicherung Sozialgesetzbuch XI. Das Recht der sozialen und privaten Pflegeversicherung. Bonn 1995.
Jury, Mark und Dan: Gramp. New York 1978.
Kaldhol, Marit/Øyen, Wenche: Abschied von Rune. München ⁴1988.
Kalish, Richard A.: Der gegenwärtige Status von Tod und Betreuung des Sterbenden: Das Ende eines Tabus, in: Eser, Albin (Hg.): Suizid und Euthanasie als human- und sozialwissenschaftliches Problem. Stuttgart 1976, S. 159-169.
Kalish, Richard A.: A Little Myth Is a Dangerous Thing: Research in the Service of the Dying, in: Garfield Charles A. (Hg.): Psychosocial Care of the Dying Patient. New York 1978, S. 219-226.
Kasper, August M.: The Doctor and Death, in: Feifel, Herman (Hg.): The Meaning of Death. New York 1959, S. 259-270.
Kast, Verena: Trauern. Phasen und Chancen des psychischen Prozesses. Stuttgart ²⁰1999 [¹1982].
Kastenbaum, Robert/Aisenberg, Ruth: The Psychology of Death. New York 1972.
Kastenbaum, Robert: Death, Society, and Human Experience. St. Louis 1977.
Kastenbaum, Robert/Costa, Paul T., Jr.: Psychological Perspectives on Death, in: Annual Review of Psychology 28 (1977), S. 225-249, URL: https://www.annualreviews.org/doi/pdf/10.1146/annurev.ps.28.020177.001301 [15. 12. 2021].
Kautzky, Rudolf (Hg.): Sterben im Krankenhaus. Aufzeichnungen über einen Tod. Freiburg i. Br. 1976.
Keck, Edi/Keck, Patrick: Sterben für Fortgeschrittene. Norderstedt 2012.
Kellehear, Allan: Are We a „Death-Denying" Society?, in: Social Science and Medicine 18 (1984), Nr. 9, S. 713-723.
Kerde, Christiane/Schulz, H.: Erfahrungen bei der Toterklärung, in: Das Deutsche Gesundheitswesen 28 (1973), Nr. 22, S. 1043-1047.
Kersten, Paul: Der alltägliche Tod meines Vaters. Köln 1978.
Kidder, David: The Impact of Hospices on the Health-Care Costs of Terminal Cancer Patients, in: Mor, Vincent/Greer, David S./Kastenbaum, Robert (Hg.): The Hospice Experiment. Baltimore 1988, S. 48-68.
Kielstein, Rita/Sass, Hans-Martin: Die Wertanamnese. Methodische Überlegungen und Bewertungsbogen für die Hand des Patienten. Heft 76 der Materialien des Zentrums für Medizinische Ethik, Bochum ²1992.
Kielstein, Rita/Sass, Hans-Martin: Die Wertanamnese: ein narrativer Ansatz zur Erstellung und Interpretation von Betreuungsverfügungen, in: Wiener Medizinische Wochenschrift 147 (1997), S. 125-129.

Kirschner, Janbernd: Die Hospizbewegung in Deutschland am Beispiel Recklinghausen. Frankfurt a. M. 1996 [zugleich Diss. med., Freiburg i. Br. 1995].
Klaschik, Eberhard/Nauck, Friedemann (Hg.): Palliativmedizin heute. Berlin 1994.
Klaschik, Eberhard: Palliativmedizin – eine Notwendigkeit in Klinik, Lehre und Forschung, in: Krankenpflege-Journal 38 (2000), S. 20–22.
Klee, Ernst: „Durch Zyankali erlöst." Sterbehilfe und Euthanasie heute. Frankfurt a. M. 1990.
Kleemann, Gabriele: Post mortem – Historischer Rückblick und derzeitige Situation in ausgewählten Gesundheits- und Sozialeinrichtungen der Hauptstadt der DDR. Diss. med., Berlin 1984.
Klie, Thomas/Roloff, Sighard (Hg.): Hospiz und Marketing. Finanzierungsstrategien für soziale Initiativen am Beispiel der ambulanten Hospizarbeit. Freiburg i. Br. 1997.
Klie, Thomas: Sozialleistungsrecht und ambulante, ehrenamtliche Hospizarbeit, in: ders./Roloff, Sighard (Hg.): Hospiz und Marketing. Finanzierungsstrategien für soziale Initiativen am Beispiel der ambulanten Hospizarbeit. Freiburg i. Br. 1997, S. 96–127.
Klimkeit, Hans-Joachim/Ozols, Jakob (Hg.): Tod und Jenseits im Glauben der Völker. Wiesbaden 1978.
Knoblauch, Hubert/Soeffner, Hans-Georg (Hg.): Todesnähe. Wissenschaftliche Zugänge zu einem außergewöhnlichen Phänomen. Konstanz 1999.
Kobryn, Eckhard/Neumann, Manfred/Kuminek, Konstantin: Zur hausärztlichen Betreuung von Sterbenden, in: Zeitschrift für Klinische Medizin 41 (1986), Nr. 6, S. 459–460.
Koch, Gerhard: Euthanasie, Sterbehilfe. Eine dokumentierte Bibliographie. Erlangen 1984.
Koch, Traugott: „Sterbehilfe" oder „Euthanasie" als Thema der Ethik, in: Zeitschrift für Theologie und Kirche 84 (1987), S. 86–117.
Koch, Uwe/Schmeling, Christoph: Umgang mit Sterbenden – ein Lernprogramm für Ärzte, Medizinstudenten und Krankenschwestern, in: Medizinische Psychologie 4 (1978), S. 81–83.
Koch, Uwe/Schmeling, Christoph: Ausbildung für den Umgang mit Sterbenden. Eine Diskussion möglicher Lernziele, in: Engelke, Ernst/Schmoll, Hans-Joachim/Wolff, Georg (Hg.): Sterbebeistand bei Kindern und Erwachsenen. Stuttgart 1979, S. 125–140.
Koch, Uwe/Schmeling-Kludas, Christoph: Betreuung von Schwer- und Todkranken: Ausbildungskurs für Ärzte und Krankenpflegepersonal. München 1982.
Koestenbaum, Peter: Is There an Answer to Death? Englewood Cliffs 1976.
König, Hansheinz: Gespräche über den Tod. In Würde sterben. München 1977.
Körner, Uwe/Ott, Jürgen/Schirmer, Roswitha: Philosophisch-ethische Aspekte der ärztlichen Konfrontation mit Sterben und Tod, in: Das Deutsche Gesundheitswesen 34 (1979), Nr. 17, S. 811–814.
Körner, Uwe: Sterben und Tod und der Sinn des Lebens, in: Deutsche Zeitschrift für Philosophie 30 (1982), Nr. 7, S. 876–891.
Körner, Uwe/Seidel, Karl/Thom, Achim (Hg.): Grenzsituationen ärztlichen Handelns. Jena ³1984 [¹1981].
Körner, Uwe: Interdisziplinäres Kolloquium zum Thema „Leben und Sterben", in: Deutsche Zeitschrift für Philosophie 32 (1984), Nr. 6, S. 575–580.
Körner, Uwe: „Leben und Sterben" in interdisziplinärer Diskussion, in: Zeitschrift für ärztliche Fortbildung 78 (1984), S. 837–838.
Körner, Uwe/Mann, Harald: Die ärztlichen Pflichten im Grenzbereich der Lebensbewahrung und Sterbebetreuung – Vorstellungen eines ethisch-rechtlichen Konsenspapiers zur Sterbehilfe, in: Zeitschrift für klinische Medizin 46 (1991), S. 233–237.
Körner, Uwe: Hirntod und Organtransplantation. Fragen zum menschlichen Leben und zum menschlichen Tod. Dortmund ²1995.
Knupp, Bernhard: Leben und Sterben mit AIDS. Gespräche mit Patienten im Krankenhaus. Frankfurt a. M. 1990.
Knupp, Bernhard: Klinische Thanatologie am Beispiel von AIDS, in: ders./Stille, Wolfgang (Hg.): Sterben und Tod in der Medizin. Stuttgart 1996, S. 103–108.
Knupp, Bernhard/Stille, Wolfgang (Hg.): Sterben und Tod in der Medizin. Stuttgart 1996.
Knupp, Bernhard/Stille, Wolfgang: Vorwort, in: dies. (Hg.): Sterben und Tod in der Medizin. Stuttgart 1996, S. 5.

Kracht, Elfriede: Die Stellung der evangelischen Schwester zum Problem der Euthanasie, in: Wege zum Menschen 19 (1967), S. 241-261.
Krause, Hans-Otto (Hg.): Lebende Tote. Totenkult in Mexiko. Frankfurt a. M. 1986.
Krause, Thomas: Der Umgang mit ethischen Problemen des Lebensendes in der DDR und die Einstellung medizinischen Personals zu Sterbenden und zum eigenen Tod. Diss. med., Leipzig 1994.
Kreibich, Herbert: Probleme und Erkenntnisse bei der Erforschung des Gesundheitswesens der DDR, in: Rohland, Lothar (Red.): Das Gesundheitswesen der DDR – zwischen Konzept und Realität. Berlin 1995, S. 3-5.
Kreß, Hartmut: Die Würde von Sterbenden achten, in: Lilie, Ulrich/Zwierlein, Eduard (Hg.): Handbuch integrierte Sterbebegleitung. Gütersloh 2004, S. 34-44.
Kroeber-Wolf, Gerda: Besucherkommentare an der Kritiktafel, in: Zekorn, Beate/Gross, Antje (Hg.): Zwischen Furcht und Faszination. Erfahrungen mit der Ausstellung „Langsamer Abschied, Tod und Jenseits im Kulturvergleich", Dezember 1989 – März 1991. Frankfurt a. M. 1991, S. 50-53.
Kroen, William C.: Da sein, wenn Kinder trauern. Freiburg i. Br. 1998.
Krüger, Günter: Wenn Kinder nach dem Tod fragen... Hg. von der Bundesvereinigung Evangelischer Kindertagesstätten e. V., Stuttgart 1976.
Kruse, Andreas: Sterbende begleiten. Anthropologische Überlegungen, psychologische Beiträge und Erarbeitung von psychologischen Grundlagen einer Sterbebegleitung, in: Schmitz-Scherzer, Reinhard (Hg.): Altern und sterben. Bern 1992, S. 63-103.
Kruse, Torsten/Wagner, Harald: Sterbende brauchen Solidarität. Überlegungen aus medizinischer, ethischer und juristischer Sicht. München 1986.
Kselman, Thomas: Death and the Afterlife in Modern France. Princeton 1993.
Kselman, Thomas: The Dechristianisation of Death in Modern France, in: McLeod, Hugh/Ustorf, Werner (Hg.): The Decline of Christendom in Western Europe, 1750-2000. Cambridge 2003, S. 145-162.
Kübler-Ross, Elisabeth: On Death and Dying. New York 1969.
Kübler-Ross, Elisabeth: Interviews mit Sterbenden. Stuttgart 1971 [^{1}1969].
Kübler-Ross, Elisabeth: Was können wir noch tun? Antworten auf Fragen nach Sterben und Tod. Stuttgart 1974.
Kübler-Ross, Elisabeth (Hg.): Reif werden zum Tode. Stuttgart 1975.
Kübler-Ross, Elisabeth: Leben bis wir Abschied nehmen. Stuttgart 1979.
Kübler-Ross, Elisabeth (Hg.): Reif werden zum Tode. Gütersloh 1981.
Kübler-Ross, Elisabeth: Verstehen, was Sterbende sagen wollen. Stuttgart 1982.
Kübler-Ross, Elisabeth: Kinder und Tod. Stuttgart 1984.
Kübler-Ross, Elisabeth: Über den Tod und das Leben danach. Neuwied ^{4}1985 [^{1}1984].
Kübler-Ross, Elisabeth: Interviews mit Sterbenden. Gütersloh 1987.
Kübler-Ross, Elisabeth: AIDS – Herausforderung zur Menschlichkeit. Stuttgart 1988.
Kübler-Ross, Elisabeth: Jedes Ende ist ein strahlender Beginn. Herausgegeben von Gottfried Siebel. Neuwied 1992.
Kübler-Ross, Elisabeth: Sterben lernen – Leben lernen. Fragen und Antworten. Herausgegeben von Ingo Hermann. Neuwied 1993.
Kübler-Ross, Elisabeth: Das Rad des Lebens. München 1997.
Küng, Hans: Erlebte Menschlichkeit. Erinnerungen. München ^{2}2013.
Kürten, Claudio: „Lasst mich doch endlich sterben!" Begegnung mit Walter G., in: Godzik, Peter/Muschaweck, Petra-Renate (Hg.): Lasst mich doch zu Hause sterben! Gütersloh 1989, S. 92-103.
Kuitert, Harry M.: Der gewünschte Tod: Euthanasie und humanes Sterben. Gütersloh 1991.
Kunzendorff, Eberhard: Sterben und Tod – soziologisch-psychologische Überlegungen über ein zu Unrecht vernachlässigtes Problem, in: Das Deutsche Gesundheitswesen 33 (1978), Nr. 12, S. 570-574.
Kurzke, Hermann: Über die Frivolität, das Sterben zu filmen. Bemerkungen zu „Nick's Film" von Wim Wender, in: Becker, Hansjakob/Einig, Bernhard/Ullrich, Peter-Otto (Hg.): Im Angesicht des Todes. Ein interdisziplinäres Kompendium I. St. Ottilien 1987, S. 529-533.

Kutzer, Klaus: Das Recht auf den eigenen Tod, in: Student, Johann-Christoph (Hg.): Das Recht auf den eigenen Tod. Düsseldorf 1993, S. 44–65.
Lack, Sylvia A./Buckingham, Robert W.: First American Hospice: Three Years of Home Care. New Haven 1978.
Lakotta, Beate/Schels, Walter: Nochmal leben vor dem Tod. Wenn Menschen sterben. München 2004.
Lamerton, Richard: Care of the Dying. London 1979.
Lamerton, Richard: Sterbenden Freund sein. Helfen in der letzten Lebensphase. Freiburg i. Br. 1991.
Lamla, Gertraud: Muß ich auch wandern in finsterer Schlucht. Eine Mutter erlebt das Sterben ihres Kindes. Freiburg i. Br. 1985.
Lammer, Kerstin: Den Tod begreifen. Neue Wege in der Trauerbegleitung. Neukirchen-Vluyn ³2004.
Lampmann, Greg R.: Wie gerne hätte ich gesehen, was aus Dir wird. Briefe eines todkranken Vaters an seine kleine Tochter. München 1996.
Lang, Bernhard/McDannell, Colleen: Der Himmel. Eine Kulturgeschichte des ewigen Lebens. Frankfurt a. M. 1990.
Laplanche, Jean: Vie et mort en psychanalyse. Paris 1970.
Laplanche, Jean: Leben und Tod in der Psychoanalyse. Olten 1974.
Larbig, Wolfgang: Zum kindlichen Todeserleben und zur Situation des todkranken Kindes im Krankenhaus, in: Deutsche Akademie für medizinische Fortbildung (Hg.): Sterben zwischen Angst und Hoffnung. Referate, gehalten auf dem Interdisziplinären Fortbildungskongress in Düsseldorf und Berlin 1983. Kassel/Bad Nauheim 1983, S. 17–30.
Lau, Ephrem Else: Tod im Krankenhaus. Soziologische Aspekte des Sterbens in Institutionen. Köln 1975.
Lawton, Julia: The Dying Process. Patients' Experiences of Palliative Care. London 2000.
Leist, Marielene: Kinder begegnen dem Tod. Gütersloh 1979.
Lemmen, Karl: AIDS – eine besondere Krankheit, in: Evangelisches Bildungswerk Berlin (Hg.): Begleitetes Sterben. Gegen den Versuch, Euthanasie zu legalisieren. Tagung vom 2. bis 4. Juni 1989 im Haus der Kirche. Berlin 1989, S. 22–28.
Lenker, Christiane: Krebs kann auch eine Chance sein. Zwischenbilanz oder Antwort an Fritz Zorn. Frankfurt a. M. 1986.
Lerner, Gerda: A Death of One's Own. New York 1978.
Lerner, Gerda: Ein eigener Tod. Der Schlüssel zum Leben. Düsseldorf 1979.
Lesny, Ursula: Sitzwache in Pflegeheimen. Ein Erfahrungsbericht, in: Evangelische Impulse 10 (1988), Nr. 5, S. 17–19.
Lesny, Ursula: Hospizarbeit in Pflegeheimen – Sitzwachengruppen in Stuttgart, in: Student, Johann-Christoph (Hg.): Das Hospiz-Buch. Freiburg i. Br. ⁴1999, S. 106–111.
Leviton, Dan: Death Education, in: Feifel, Herman (Hg.): New Meanings of Death. New York 1977, S. 253–272.
Lewis, Clive Staples: A Grief Observed. London 1961.
Lewis, Clive Staples: Über die Trauer. Zürich ⁵1995 [¹1982].
Liebl, Heimo: Fachliche Einführung zum Thema der Bundestagung 1975, in: Deutscher Evangelischer Verband für Altenhilfe (Hg.): Recht auf Leben – Recht auf Sterben. Bundestagung 1975. Stuttgart 1975, S. 1–5.
Lilie, Ulrich/Zwierlein, Eduard (Hg.): Handbuch integrierte Sterbebegleitung. Gütersloh 2004.
Lilie, Ulrich: Zur Implementierung der Hospizidee in Krankenhäusern und Einrichtungen der Altenhilfe, in: ders./Zwierlein, Eduard (Hg.): Handbuch integrierte Sterbebegleitung. Gütersloh 2004, S. 45–49.
Lindgren, Astrid: Die Brüder Löwenherz. Hamburg 1980 [¹1973].
Llewellyn, Nigel: Art of Death. Visual Culture in the English Death Ritual c. 1500 – c. 1800. London 1991.
Loewy, Erich H./Gronemeyer, Reimer (Hg.): Dokumentation des 1. Gießener Symposiums vom 10.-12. Dezember 1999 zum Thema „Die Hospizbewegung im internationalen Vergleich". Gießen 2000.
Lofland, Lyn H.: The Craft of Dying. The Modern Face of Death. Beverly Hills 1978.

Lohfink, Gerhard: Der Tod ist nicht das letzte Wort. Ein Buch, das in tröstlicher Weise den Tod anzunehmen verhilft. Freiburg 1976.
Lohmann, Thomas: Euthanasie in der Diskussion. Zu Beiträgen aus Medizin und Theologie seit 1945. Düsseldorf 1975.
Lohmann, Ulrich: Gesellschaft – Norm – Medizin: Ge- und Verbote beim ärztlichen Handeln unter Berücksichtigung ehemaliger DDR-Regelungen. Diss. phil., Augsburg 1993.
Lohmann, Ulrich: Gesellschaftliche Grundwerte und Rechtsnormen in der Medizin. Unter Berücksichtigung der DDR und der Bundesrepublik. Dortmund 1996.
Lohner, Marlene: Plötzlich allein. Frauen nach dem Tod des Partners. Frankfurt a. M. 1982.
Lübbe, Hermann: Fortschritt als Orientierungsproblem. Aufklärung in der Gegenwart. Freiburg i. Br. 1975.
Lübbe, Hermann: Der Mensch als Orientierungswaise? Ein interdisziplinärer Erkundungsgang. Freiburg i. Br. 1982.
Lückel, Kurt: Begegnung mit Sterbenden. „Gestaltseelsorge" in der Begleitung sterbender Menschen. München 1981.
Lüth, Paul: Sterben heute – ein menschlicher Vorgang? Beiträge zur Frage Sterbehilfe als Lebenshilfe. Stuttgart 1976.
Lüth, Paul: Sterben heute – ein menschlicher Vorgang?, in: ders. (Hg.): Sterben heute – ein menschlicher Vorgang? Beiträge zur Frage Sterbehilfe als Lebenshilfe. Stuttgart 1976, S. 56–68.
Luther, Ernst (Hg.): Beiträge zur Ethik in der Medizin. Jena 1983.
Luther, Ernst/Baust, Günther/Körner, Uwe (Hg.): Ethik in der Medizin: Halle an der Saale 1986.
Luther, Ernst: Nachdenken über Sterben und Tod – eine Lebenshilfe, in: Deine Gesundheit (1987), Nr. 2, S. 37–39.
Luther, Ernst: „Gemeinsame humanistische Ziele?" Gedanken zum Thema aus der Sicht marxistischer Ethik, in: Diakonie Information 1 (1988), S. 23–31.
Luther, Ernst: Selbstbestimmt sterben?, in: Marxistische Blätter 6 (1999), S. 32–40.
Lutherisches Kirchenamt der VELKD (Hg.): „Hospiz-Bewegung". Ein Arbeitsbericht für die Generalsynode der VELKD. Hannover 1990.
Lutherisches Kirchenamt der VELKD (Hg.): „Hospiz-Bewegung". Ein Arbeitsbericht für die Generalsynode der VELKD. Hannover 1996.
Lutterotti, Markus von: Ärztlicher Heilauftrag und Euthanasie – Gedanken zu ärztlichen, ethischen und juristischen Aspekten, in: Eser, Albin (Hg.): Suizid und Euthanasie als human- und sozialwissenschaftliches Problem. Stuttgart 1976, S. 291–298.
Lutterotti, Markus von: Sterbebegleitung als Aufgabe des Arztes, in: Student, Johann-Christoph (Hg.): Das Hospiz-Buch. Freiburg i. Br. 1989, S. 44–56.
Lutterotti, Markus von: Menschenwürdiges Sterben – Kann sich die Gesellschaft auf das Gewissen des Arztes verlassen? Freiburg i. Br. ^{5}1990 [^{1}1985].
Lutterotti, Markus von: Grenzen ärztlicher Behandlungspflicht und passive Sterbehilfe, in: Zeitschrift für medizinische Ethik 39 (1993), S. 3–14.
Maas, Ellen: Photographisches Totengedenken. Funde in alten Familiennachlässen, in: Knupp, Bernhard/Stille, Wolfgang (Hg.): Sterben und Tod in der Medizin. Stuttgart 1996, S. 56–65.
Maas, Paul J. van der, et al.: Euthanasia, Physician-Assisted Suicide, and Other Medical Practices Involving the End of Life in the Netherlands, 1990–1995, in: The New England Journal of Medicine 335 (1996), S. 1699–1705.
Macho, Thomas: Todesmetaphern – zur Logik von Grenzerfahrungen. Frankfurt a. M. 1987.
Märkel, Friedrich: Sterbende begleiten. Eine Hilfe für alle, die mit Sterbenskranken umgehen. Eine Handreichung der VELKD. Lahr 1983.
Malinowski, Bronisław: Magie, Wissenschaft und Religion und andere Schriften. Frankfurt a. M. 1973.
Mant, Keith: Tot und lebendig?, in: Höfer, Werner (Hg.): Leben müssen – sterben dürfen. Die letzten Dinge, die letzte Stunde. Bergisch Gladbach 1977, S. 35–46.
Manzei, Alexandra: Hirntod, Herztod, ganz tot? Von der Macht der Medizin und der Bedeutung der Sterblichkeit für das Leben. Eine soziologische Kritik des Hirntodkonzeptes. Frankfurt a. M. 1997.
Margolis, Otto S. (Hg.): Thanatology Course Outline. New York 1978.

Marklan, Claire W., u. a. (Hg.): Life-Sustaining Technologies and the Elderly. Washington 1987.
Matouschek, Erich (Hg.): Arzt und Tod: Verantwortung, Freiheiten und Zwänge. Stuttgart 1989.
Matouschek, Erich: Wovon reden wir, wenn wir von Sterben sprechen?, in: ders. (Hg.): Arzt und Tod: Verantwortung, Freiheiten und Zwänge. Stuttgart 1989, S. 5–31.
Mattern, Hansjakob: Der Hausarzt im Grenzbereich zwischen Leben und Tod, in: Zeitschrift für Allgemeinmedizin 55 (1979), S. 1247–1252.
Matthaei, Peter: Möglichkeiten der Sterbebegleitung im Krankenhaus, in: Hospiz – Alternative für Sterbebegleitung? Beiträge einer Tagung der Evangelischen Akademie Baden vom 17. – 19. März 1989 in Bad Herrenalb. Hg. von der Evangelischen Akademie Baden. Karlsruhe 1989, S. 21–26.
May, Arnd T./Gawrich, Stefan/Stiegel, Katja: Empirische Erfahrungen mit wertanamnestischen Betreuungsverfügungen. Heft 113 der Materialien des Zentrums für Medizinische Ethik, Bochum ²1997.
May, Arnd T./Brandenburg, Birgitta: Einstellungen medizinischer Laien zu Behandlungsverfügungen. Heft 148 der Materialien des Zentrums für Medizinische Ethik, Bochum 2004.
Mayer, Georg (Hg.): Über das ärztliche Berufsethos in der sozialistischen Gesellschaft. Leipzig 1962.
Mayer-Scheu, Josef: Der mitmenschliche Auftrag am Sterbenden, in: Concilium 10 (1974), Nr. 4, S. 286–293.
Mayer-Scheu, Josef: Der mitmenschliche Auftrag der Sterbenshilfe, in: Eid, Volker (Hg.): Euthanasie oder Soll man auf Verlangen töten? Mainz 1975, S. 95–107.
Mayer-Scheu, Josef/Reiner, Artur: Heilszeichen für Kranke – Krankensalbung heute, in: Nikelski, Hartmut (Hg.): Christliche Sterbehilfe. Beiträge zum Gespräch über Sterben und Tod. Leipzig ²1983 [¹1979], S. 182–201.
Mayer-Scheu, Josef: Seelsorgerliche Begleitung von Sterbenden und ihren Angehörigen im Krankenhaus, in: Winau, Rolf/Rosemeier, Hans Peter (Hg.): Tod und Sterben. Berlin 1984, S. 338–348.
McCann, Barbara A.: Foreword, in: Mor, Vincent/Greer, David S./Kastenbaum, Robert (Hg.): The Hospice Experiment. Baltimore 1988, S. ix-xii.
McIntosh, Jim: Communication and Awareness in a Cancer Ward. London 1977.
Mecklinger, Ludwig: Das Gesundheitswesen der DDR – Konzept und Realität, in: Rohland, Lothar (Red.): Das Gesundheitswesen der DDR – zwischen Konzept und Realität. Berlin 1995, S. 61–67.
Meggle, Georg: Euthanasie und der Wert eines Lebens, in: Grazer Philosophische Studien 41 (1991), S. 207–223.
Meister, Helmut: Prognoseeröffnung gegenüber Todkranken, in: Zeitschrift für die gesamte Innere Medizin 39 (1984), Nr. 22, S. 555–556.
Meran, Johannes G./Poliwoda, Sebastian: Der Hirntod und das Ende menschlichen Lebens, in: Ethik in der Medizin 4 (1992), Nr. 4, S. 165–171.
Meran, Johannes G., u. a. (Hg.): Möglichkeiten einer standardisierten Patientenverfügung. Gutachten im Auftrag des Bundesministeriums der Gesundheit. Münster 2002.
Mertens, Walter: The 1994 International Conference on Population and Development (ICPD): Context and Characteristics. O.O. 1995, online unter: https://iussp.org/sites/default/files/PRP7.pdf.
Messner, Reinhold: Grenzbereich Todeszone. Köln 1978.
Metken, Sigrid (Hg.): Die letzte Reise. Sterben, Tod und Trauersitten in Oberbayern. München 1984.
Meyer, Detlev (Hg.): Ich ließ dich los nach ein paar schönen Jahren. Vom Sterben, Trauern und vom Tod. Herausgegeben von der Deutschen AIDS-Hilfe. Berlin ²1995.
Meyer, Joachim-Ernst: Zur Situation des sterbenden Patienten – aus der Sicht des Psychiaters, in: Evangelische Akademie Hofgeismar (Hg.): Das perfekte Sterben. Vom Umgang mit Sterbenden und ihren Angehörigen im Krankenhaus. Hofgeismar 1972, S. 29–35.
Meyer, Joachim-Ernst: Todesangst und das Todesbewußtsein der Gegenwart. Berlin 1979.
Meyer, Joachim-Ernst: Die Wahrheit am Sterbebett. Einsichten aus der Beziehung zwischen Arzt und Patient, in: Godzik, Peter/Muschaweck, Petra-Renate (Hg.): Lasst mich doch zu Hause sterben! Gütersloh 1989, S. 53–62.

Miquel, André: Le Fils interrompu. Paris 1971.
Miquel, André: Warum mußt Du gehen? Tagebuch eines Vaters. Freiburg i. Br. 1973.
Miquel, André: Warum mußt Du gehen? Tagebuch eines Vaters. Leipzig ²1976.
Mitford, Jessica: The American Way of Death. New York 1963.
Mitford, Jessica: Der Tod als Geschäft. Freiburg i. Br. 1965.
Mitford, Jessica: The American Way of Death Revisited. New York 1998.
Mochel, Henk: Euthanasie, in: ders.: Milder Tod. Euthanasie: Aufzeichnungen nach einer Fernsehsendung. München 1973, S. 7–20.
Mochel, Henk: Milder Tod. Euthanasie: Aufzeichnungen nach einer Fernsehsendung. München 1973.
Modelmog, Dieter: Todesursachen sowie Häufigkeit pathologisch-anatomischer Befundkomplexe und Diagnosen einer mittelgroßen Stadt bei fast 100prozentiger Obduktionsquote – eine Obduktionsanalyse unter Einbeziehung histologischer Untersuchungen zum gegenwärtigen Stellenwert der Pathologie (Görlitzer Studie 1986-87). Egelsbach 1993.
Monette, Paul: Borrowed Time: An AIDS Memoir. San Diego 1988.
Monette, Paul: Geliehene Zeit. Bergisch Gladbach 1990.
Monroe, Robert A.: Der Mann mit den zwei Leben. Reisen außerhalb des Körpers. München 1986 [¹Düsseldorf 1972].
Monroe, Robert A.: Journeys Out of the Body. Garden City 1971.
Moody, Raymond A.: Life after Life. The Investigation of a Phenomenon – Survival of Bodily Death. Covington 1975.
Moody, Raymond A.: Leben nach dem Tod. Reinbek 1977.
Moody, Raymond A.: Reflections on Life after Life. Harrisburg 1977.
Moody, Raymond A.: Nachgedanken über das Leben nach dem Tod. Reinbek 1978.
Moor, Paul: Die Freiheit zum Tode. Ein Plädoyer für das Recht auf menschenwürdiges Sterben. Reinbek 1973.
Mor, Vincent/Greer, David S./Kastenbaum, Robert (Hg.): The Hospice Experiment. Baltimore 1988.
Mor, Vincent/Greer, David S./Kastenbaum, Robert: The Hospice Experiment: An Alternative in Terminal Care, in: dies. (Hg.): The Hospice Experiment. Baltimore 1988, S. 1–15.
Mor, Vincent: The Research Design of the National Hospice Study, in: ders./Greer, David S./Kastenbaum, Robert (Hg.): The Hospice Experiment. Baltimore 1988, S. 28–47.
Morin, Edgar: L'homme et la mort. Paris ²1970.
Morris, John N., u. a.: The Last Weeks of Life: Does Hospice Care Make a Difference, in: Mor, Vincent/Greer, David S./Kastenbaum, Robert (Hg.): The Hospice Experiment. Baltimore 1988, S. 109–132.
Mros, Bodo: Die Aus-, Weiter- und Fortbildung der medizinischen Hochschulkader in der DDR. Tradition, Vorzüge und Schwächen, in: Rohland, Lothar (Red.): Das Gesundheitswesen der DDR – zwischen Konzept und Realität. Berlin 1995, S. 50–56.
Müller, Christina/Göbel, Hubert: Palliativmedizin in den neuen Bundesländern am Beispiel der Palliativstation Erfurt, in: Aulbert, Eberhard/Klaschik, Eberhard/Pichlmaier, Heinz (Hg.): Palliativmedizin – Verpflichtung zur Interdisziplinarität. Stuttgart 2000, S. 37–49.
Müller, Josef (Hg.): Von Hoffnung getragen. Begleitung von Sterbenden und Trauernden. Hilfen und Anregungen. Würzburg 1996.
Müller, Martin: Hoffnung im Sterben, in: Die Zeichen der Zeit 32 (1978), S. 454–460.
Müller, Monika/Schnegg, Matthias: Unwiederbringlich – Vom Sinn der Trauer. Hilfen bei Verlust und Tod. Freiburg 1997.
Muschaweck, Petra-Renate: Die Tür zum Sterbezimmer. Erfahrungen aus der ärztlichen Praxis, in: Godzik, Peter/dies. (Hg.): Lasst mich doch zu Hause sterben! Gütersloh 1989, S. 9–19.
Muschaweck-Kürten, Petra-Renate: Die Hospizbewegung in Deutschland, in: Schmitz-Scherzer, Reinhard (Hg.): Altern und sterben. Bern 1992, S. 117–131.
Nagy, Maria H.: The Child's View of Death, in: Feifel, Herman (Hg.): The Meaning of Death. New York 1959, S. 79–98.
Nassehi, Armin/Weber, Georg: Tod, Modernität und Gesellschaft. Entwurf einer Theorie der Todesverdrängung. Opladen 1989.

Nassehi, Armin/Pohlmann, Reinhard (Hg.): Sterben und Tod. Probleme und Perspektiven der Organisation von Sterbebegleitung. Münster 1992.
Nassehi, Armin/Pohlmann, Reinhard: Vorwort, in: dies. (Hg.): Sterben und Tod. Probleme und Perspektiven der Organisation von Sterbebegleitung. Münster 1992, S. 7–9.
Neher, Peter: Ars moriendi – Sterbebeistand durch Laien. Eine historisch-pastoraltheologische Analyse. St. Ottilien 1989.
Neubauer, Reinhard: Verändertes Sterben im Krankenhaus. Ein Bericht mit Folgerungen, in: Die Diakonieschwester 73 (Nov. 1977), S. 194–199.
Neubert, Aron: Wärme, die nur Feuer uns geben kann. Köln 1995.
Neuffer, Manfred: Die Kunst des Helfens. Geschichte der sozialen Einzelhilfe in Deutschland. Weinheim 1990.
Neulinger, Klaus-Ulrich: Schweigt die Schule den Tod tot? München 1975.
Neumann, Gita: Patientenverfügung. Sicherheit des Rechts auf humanes Sterben. Berlin 1995 [zu finden im Ordner „Vermischtes" in der Geschäftsstelle des HVD in Berlin].
Neun, Manfred (Hg.): Tatsache Tod. Wie können wir damit leben? Stuttgart 1974.
Nikelski, Hartmut (Hg.): Christliche Sterbehilfe. Beiträge zum Gespräch über Sterben und Tod. Leipzig ²1983 [¹1979].
Nikelski, Hartmut: Zur Einführung, in: ders. (Hg.): Christliche Sterbehilfe. Beiträge zum Gespräch über Sterben und Tod. Leipzig ²1983 [¹1979], S. 9–15.
Noll, Peter: Diktate über Sterben und Tod. Zürich 1984.
Nouwen, Henri J.M.: Sterben, um zu leben – Abschied von meiner Mutter. Freiburg i. Br. 1983.
Nuland, Sherwin B.: How We Die: Reflections on Life's Final Chapter. New York 1994.
Nuland, Sherwin B.: Wie wir sterben. Ein Ende in Würde? München 1994.
Özkan, Ibrahim: Sterbeaufklärung in Deutschland: Eine kritische Bestandsaufnahme. Regensburg 1997.
Ohlmeier, Dieter: Psychoanalyse, Sterben und Tod. Unter besonderer Berücksichtigung der Gruppenpsychotherapie mit HIV-Patienten, in: Knupp, Bernhard/Stille, Wolfgang (Hg.): Sterben und Tod in der Medizin. Stuttgart 1996, S. 66–70.
OMEGA – Mit dem Sterben leben. Eine Idee wächst, 1985–1995. O.O. 1995.
OMEGA – Mit dem Sterben leben (Hg.): OMEGA – leben mit dem Sterben, seit Oktober 1985. Bocholt 2010.
Osis, Kārlis: Deathbed Observations by Physicians and Nurses. New York 1961.
Osis, Kārlis/Haraldsson, Erlendur: At the Hour of Death. New York 1977.
Osis, Kārlis/Haraldsson, Erlendur: Der Tod – ein neuer Anfang. Visionen und Erfahrungen an der Schwelle des Seins. Freiburg i. Br. 1978.
Ott, Jürgen/Körner, Uwe/Schirmer, Roswitha: Zur medizinisch-psychologischen Situation der unheilbar Kranken und Sterbenden, in: Das Deutsche Gesundheitswesen 34 (1979), Nr. 36, S. 1765–1768.
Ott, Jürgen/Schirmer, Roswitha/Körner, Uwe: Die Betreuung sterbender Menschen aus medizinisch-psychologischer Sicht, in: Das Deutsche Gesundheitswesen 35 (1980), Nr. 8, S. 317–320.
O.V.: A Definition of Irreversible Coma. Report of the Ad Hoc Committee of the Harvard Medical School to Examine the Definition of Brain Death, in: Journal of the American Medical Association 205 (1968), Nr. 6, S. 337–340.
Pahnke, Walter N.: The Psychedelic Mystical Experience in the Human Encounter with Death, in: The Harvard Theological Review 62 (1971), Nr. 1, S. 1–21.
Parker-Oliver, Debra: The Social Construction of the „Dying Role" and the Hospice Drama, in: OMEGA – Journal of Death and Dying 40 (1999–2000), Nr. 4, S. 493–512.
Parkes, Colin Murray: Bereavement. Studies of Grief in Adult Life. London 1972.
Parkes, Colin Murray: Vereinsamung. Die Lebenskrise bei Partnerverlust. Reinbek 1974.
Parkes, Colin Murray: Grief: Lessons from the Past, Visions for the Future, in: Psychologica Belgica 50 (2010), Nr. 1–2 , S. 7–26.
Parsons, Talcott: Death in American Society – A Brief Working Paper, in: American Behavioral Scientist 6 (1963), S. 61–65.
Paul, Chris: Warum hast Du uns das angetan? Ein Begleitbuch für Trauernde, wenn sich jemand das Leben genommen hat. Gütersloh 1998.
Paul, Chris: Wie kann ich mit meiner Trauer leben? Ein Begleitbuch. Gütersloh 2000.

Paus, Ansgar (Hg.): Grenzerfahrung Tod. Graz 1976.
Pendleton, Edith: Too Old to Cry, Too Young to Die. 35 Teenagers Talk About Cancer. Nashville 1980.
Pera, Heinrich/Weinert, Bernd (Hg.): Mit Leidenden unterwegs. Wo wir einander begegnen, sind wir Lebende. Leipzig 1991.
Pera, Heinrich: Sterbende verstehen. Ein praktischer Leitfaden zur Sterbebegleitung. Freiburg i. Br. 1995.
Pera, Heinrich: Es geht nur im Miteinander (gewachsene Erfahrungen in Halle/Saale), in: Heimerl, Katharina/Heller, Andreas (Hg.): Eine große Vision in kleinen Schritten. Aus Modellen der Hospiz- und Palliativbetreuung lernen. Freiburg i. Br. 2001, S. 59–67.
Pera, Heinrich: Da sein bis zuletzt – Erfahrungen am Ende des Lebens. Freiburg i. Br. 2004.
Peter, Dietmar: ... *und Gott wird abwischen alle Tränen*. Das Thema „Tod" im Religionsunterricht, in: Loccumer Pelikan. Religionspädagogisches Magazin für Schule und Gemeinde 7 (1997), Nr. 1, S. 21–23.
Petrich, Christian: Hospize und Pflegeversicherung, in: Student, Johann-Christoph (Hg.): Das Hospiz-Buch. Freiburg i. Br. ³1994, S. 135–142.
Pflege braucht Eliten. Denkschrift der Kommission der Robert-Bosch-Stiftung zur Hochschulausbildung für Lehr- und Leitungskräfte in der Pflege. Hg. von der Robert Bosch Stiftung. Gerlingen 1992.
Pichlmaier, Heinz/Müller, Joachim Michael/Thielemann-Jonen, Ingeborg (Hg.): Palliative Krebstherapie. Berlin 1991.
Pichlmaier, Heinz: Entwicklung der Palliativmedizin in Deutschland, in: Aulbert, Eberhard/Klaschik, Eberhard/ders. (Hg.): Palliativmedizin – Ein ganzheitliches Konzept. Stuttgart 1998, S. 1–7.
Pine, Vanderlyn R.: A Socio-Historical Portrait of Death Education, in: Death Education 1 (1977), Nr. 1, S. 57–84.
Piper, Hans-Christoph/Zabel, Hugo/Grunow, Paul-Heinz: Gespräche mit Sterbenden. Berlin 1973.
Piper, Hans-Christoph: Klinische Seelsorge-Ausbildung / Clinical Pastoral Training. Berlin ²1973 [¹1972].
Piper, Hans-Christoph: Gespräche mit Sterbenden. Schwestern reden mit Patienten. Göttingen 1977.
Piper, Hans-Christoph: Die Begleitung des Sterbenden in der Ausbildung zu Krankenhausseelsorgern, in: Engelke, Ernst/Schmoll, Hans-Joachim/Wolff, Georg (Hg.): Sterbebeistand bei Kindern und Erwachsenen. Stuttgart 1979, S. 57–63.
Piper, Ida/Piper, Hans-Christoph: Schwestern reden mit Patienten – ein Arbeitsbuch für Pflegeberufe im Krankenhaus. Göttingen 1979.
Plieth, Martina: Kind und Tod. Zum Umgang mit kindlichen Schreckensvorstellungen und Hoffnungsbildern. Neukirchen-Vluyn ⁴2007 [¹2001].
Plieth, Martina: Tote essen auch Nutella. Die tröstende Kraft kindlicher Todesvorstellungen. Freiburg i. Br. 2013.
Pöhlein, Georg: Großvater geht. Foto-Essay. Weitra 2001.
Pohl, Eckhard: Paul Becker – Pionier der Sterbebegleitung, in: Tag des Herrn. Katholische Wochenzeitung für das Erzbistum Berlin und die Bistümer Dresden-Meißen, Erfurt, Görlitz und Magdeburg 50 (2000), Nr. 2, online unter: https://www.tdh-online.de/archiv_1996_bis_2007/artikel/5462.php [15. 12. 2021].
Pollak, Otto: The Shadow of Death Over Aging, in: Fox, Reneé C. (Hg.): The Social Meaning of Death. Philadelphia 1980, S. 71–77.
Pompey, Heinrich: Fragen zur Einstellung „moderner Menschen" zum Tod, in: Matouschek, Erich (Hg.): Arzt und Tod: Verantwortung, Freiheiten und Zwänge. Stuttgart 1989, S. 33–52.
Pompey, Heinrich: Zwischen Leben und Tod – Sterben heute. Die christliche Lebenswissensüberlieferung und die diakonische Praxis der Sterbebegleitung heute, in: Imhof, Arthur E. (Hg.): Leben wir zu lange? Die Zunahme unserer Lebensspanne seit 300 Jahren – und die Folgen; Beiträge eines Symposiums vom 27.–29. November 1991 an der Freien Universität Berlin. Köln 1992, S.187–201.

Pompey, Heinrich: Sterbende nicht alleine lassen. Erfahrungen christlicher Sterbebegleitung. Mainz 1996.
Posch, Peter: Ich wußte, wie Dieter sich sein Sterben vorstellte – Helfer in einer AIDS-Hospiz-Gruppe, in: Diakonie 22 (1996), Nr. 1, S. 42–45.
Potthoff, Peter: Der Tod im medizinischen Denken. Die Entwicklung kognitiver und emotionaler Dimensionen der Todesbedeutung. Stuttgart 1980.
Prest, A.P.L.: Die Sprache der Sterbenden. Göttingen 1970.
Pschyrembel, Willibald: Klinisches Wörterbuch mit klinischen Syndromen und einem Anhang Nomina Anatomica. 253., um einen Anhang Nomina Anatomica erweiterte Auflage. Berlin 1977.
Pschyrembel, Willibald: Klinisches Wörterbuch mit klinischen Syndromen und Nomina Anatomica. 254., neubearbeitete Auflage mit 2.843 Abbildungen. Berlin 1982.
Pschyrembel, Willibald: Klinisches Wörterbuch. 258., neu bearbeitete Auflage mit 2052 Abbildungen und 250 Tabellen. Bearbeitet von der Wörterbuch-Redaktion des Verlages unter der Leitung von Helmut Hildebrandt. Berlin 1998.
Pullwitt, Jürgen: Tod – eine Lebensfrage. Materialien zum Religionsunterricht. Paderborn 1978.
Quinlan, Joseph/Quinlan, Julia: Karen Ann: The Quinlans Tell Their Story. Garden City 1977.
Quint, Jeanne C.: The Nurse and the Dying Patient. New York 1967.
Raguse, Siegfried (Hg.): Was erwartet uns nach dem Tod? 24 Darstellungen von Religionen und Konfessionen. Gütersloh 1983.
Rahner, Karl: Das christliche Sterben – Prolixitas mortis, in: Nikelski, Hartmut (Hg.): Christliche Sterbehilfe. Beiträge zum Gespräch über Sterben und Tod. Leipzig ²1983 [¹1979], S. 143–151.
Ramsey, Paul: The Indignity of ‚Death with Dignity', in: Hastings Center Studies 2 (1974), Nr. 2, S. 47–62.
Ratzinger, Joseph: Jenseits des Todes, in: Rosenberg, Alfons (Hg.): Leben nach dem Sterben. München 1974, S. 15–31.
Reed, Elizabeth L.: Helping Children with the Mystery of Death. Nashville 1970.
Reed, Elizabeth L.: Kinder fragen nach dem Tod. Stuttgart 1972.
Reichel, Gerhard/Rabending, Günter: Die Grenze zwischen Leben und Tod – ethische Aspekte der Todzeitbestimmung aus der Sicht der Neurologie/Psychiatrie, in: Hüller, Hansgeorg (Hg.): Ethik und Medizin im Sozialismus. Greifswald 1976, S. 57–61.
Reimann, Adelheid/Napiwotzky, Werner: Hospiz Stuttgart. Wie alles begann… eine Chronik für 25 Jahre Hospiz Stuttgart. Stuttgart 2012.
Renz, Monika: Zeugnisse Sterbender. Todesnähe als Wandlung und letzte Reifung. Paderborn 2000.
Rest, Franco: Pädagogik des Todes – Hilfe zum Sterben. Ein Versuch über Orthothanasie im Arbeitsfeld der sozialen und pflegerischen Praxis, in: Theorie und Praxis der sozialen Arbeit 25 (1974), Nr. 11, S. 422–432.
Rest, Franco: Praktische Orthothanasie (Sterbebeistand) im Arbeitsfeld sozialer Praxis. Teil 1: Entwicklung von Verhaltensmerkmalen für den Umgang mit Sterbenden auf der Grundlage partizipierender Feldforschung in Einrichtungen der Altenhilfe. Opladen 1977.
Rest, Franco: Praktische Orthothanasie (Sterbebeistand) im Arbeitsfeld sozialer Praxis. Teil 2: Dokumentation in- und ausländischer Literatur zur multidisziplinärischen Auseinandersetzung mit Tod und Sterben unter besonderer Berücksichtigung des Umgangs mit Sterbenden. Opladen 1978.
Rest, Franco: Sterbeerziehung: Hilfe zum Leben, in: päd. extra Sozialarbeit 3 (1979), Nr. 1, S. 29–34 und S. 43.
Rest, Franco: Vorbereitung auf das Sterben aus der Sicht pflegerischer Institutionen, in: Falck, Ingeborg (Hg.): Sterbebegleitung älterer Menschen – Ergebnisse einer Arbeitstagung der Deutschen Gesellschaft für Gerontologie im November 1979 in Berlin. Berlin 1980, S. 64–78.
Rest, Franco: Von der Wahrheit am Sterbebett, in: Deutsche Akademie für medizinische Fortbildung (Hg.): Sterben zwischen Angst und Hoffnung. Referate, gehalten auf dem Interdisziplinären Fortbildungskongress in Düsseldorf und Berlin 1983. Kassel/Bad Nauheim 1983, S. 42–50.
Rest, Franco: Sterbebeistand, Sterbebegleitung, Sterbegeleit. Studienbuch für Krankenpflege, Altenpflege und andere. Stuttgart 1989.

Rest, Franco: Sterbende begleiten – können wir das? Eine Orientierung für Angehörige und Helfer, in: Godzik, Peter/Muschaweck, Petra-Renate (Hg.): Lasst mich doch zu Hause sterben! Gütersloh 1989, S. 77–91.
Rest, Franco: Vernetzung der Versorgung Sterbender und ihrer Angehörigen in Nordrhein-Westfalen, in: Nassehi, Armin/Pohlmann, Reinhard (Hg.): Sterben und Tod. Probleme und Perspektiven der Organisation von Sterbebegleitung. Münster 1992, S. 65–99.
Rest, Franco: Sterbebeistand, Sterbebegleitung, Sterbegeleit. Handbuch für den stationären und ambulanten Bereich. Stuttgart ^{4}2006 [^{1}1989].
Rest, Franco: Die NOT-Wendigkeit von OMEGA. 25 Jahre leben mit dem Sterben. Unveröffentlichtes Vortragsmanuskript von 2010.
Richter, Klemens/Probst, Manfred/Plock, Heinrich: Das Verhältnis von Kranksalbung und Wegzehrung, in: Nikelski, Hartmut (Hg.): Christliche Sterbehilfe. Beiträge zum Gespräch über Sterben und Tod. Leipzig ^{2}1983 [^{1}1979], S. 126–130.
Riley, John W., Jr.: Dying and the Meanings of Death: Sociological Inquiries, in: Annual Review of Sociology 9 (1983), S. 191–216.
Ring, Kenneth: Life at Death: A Scientific Investigation of Near-Death-Experience. New York 1980.
Ring, Kenneth: Heading Towards Omega: In Search of the Meaning of Near-Death-Experience. New York 1984.
Ring, Kenneth: Den Tod erfahren – das Leben gewinnen. Erkenntnisse und Erfahrungen von Menschen, die an der Schwelle zum Tod gestanden und überlebt haben. Bern 1985.
Ring, Kenneth/Elsaesser-Valarino, Evelyn: Im Angesicht des Lichts. Was wir aus Nah-Tod-Erfahrungen für das Leben gewinnen. München 1999.
Ritchie, George/Sherrill, Elizabeth: Return from Tomorrow. Waco 1978.
Ritchie, George/Sherrill, Elizabeth: Rückkehr von Morgen. Marburg an der Lahn ^{38}2008 [^{1}1985].
Ritzow, Henning: Ethische Aspekte der Todzeitbestimmung aus der Sicht des Anästhesiologen, in: Hüller, Hansgeorg (Hg.): Ethik und Medizin im Sozialismus. Greifswald 1976, S. 53–57.
Rochler, Peter: Aspekte der Haltung zu Sterben und Tod sowie zum Sinn des Lebens in der Berufsausübung der Ärzte und Krankenschwestern. Diss. med., Berlin 1982.
Röhricht, Rainer: Lebensverlängerung um jeden Preis, in: Die Zeichen der Zeit 26 (1972), S. 269–273.
Rohland, Lothar (Red.): Das Gesundheitswesen der DDR – zwischen Konzept und Realität. Berlin 1995.
Rohner, Ludwig: ars (bene) moriendi, in: Beltz, Walter (Hg.): Lexikon der Letzten Dinge. Augsburg 1993, S. 27–30.
Rolfes, Helmuth: Ars moriendi. Eine Sterbekunst aus der Sorge um das ewige Heil, in: Wagner, Harald (Hg.): Ars moriendi. Erwägungen zur Kunst des Sterbens. Freiburg i. Br. 1989, S. 15–44.
Roloff, Eckart: Die Berichterstattung über Herztransplantationen in der westdeutschen Presse. Eine aussagenanalytische Fallstudie zu Phänomenen des Medizinjournalismus. Diss. phil., Salzburg 1972.
Rosemeier, Hans Peter: Zur Psychologie der Begegnung des Kindes mit dem Tode, in: Winau, Rolf/ders. (Hg.): Tod und Sterben. Berlin 1984, S. 291–309.
Rosenberg, Alfons (Hg.): Leben nach dem Sterben. München 1974.
Rost, Ludwig: Der Euthanasie-Film „Ich klage an" von 1941. Vorgeschichte und Gestaltung der Propaganda zu den Anstaltsmassenmorden, in: Evangelisches Bildungswerk Berlin (Hg.): „Sterbehilfe". Tötung auf wessen Verlangen? Tagung vom 3. bis 5. Juni 1988 im Haus der Kirche. Berlin (West) 1988, S. 40–48.
Roth, Gerhard/Dicke, Ursula: Das Hirntodproblem aus der Sicht der Hirnforschung, in: Hoff, Johannes/Schmitten, Jürgen in der (Hg.): Wann ist der Mensch tot? Organverpflanzung und Hirntodkriterium. Reinbek ^{2}1995 [^{1}1994], S. 51–67.
Roth, Gerhard: Ist der Hirntod gleichbedeutend mit dem Gesamttod des Menschen?, in: Firnkorn, Hans-Jürgen (Hg.): Hirntod als Todeskriterium. Stuttgart 2000, S. 11–19.
Ruellan, André: Die Kunst zu sterben. Ein Lehrbuch illustriert von Topor. Wiesbaden 1980.
Rüsberg, Günther: Eindrücke am Rande einer Englandreise. Besuch in einem englischen Sterbehospiz, in: Deutsche Krankenpflegezeitschrift 31 (1978), Nr. 11, S. 598–600.

Rüther, Bernhard: Der Tod im Krankenhaus, in: Krankendienst 46 (1973), Nr. 4, S. 103–111.
Rüther, Bernhard: Zur Diskussion um die sogenannte „Sterbeklinik", in: Krankendienst 51 (1978), S. 317 f.
Rüther, Otmar: „Denn ich bin gewiß, daß weder Tod noch Leben... uns scheiden kann von der Liebe Gottes" (Römer 8,38). Eine theologische Antwort zu Fragen der Sterbebegleitung, Hospiz- und Palliativarbeit, in: Diakonisches Werk der Evangelischen Kirche von Westfalen – Landesverband der Inneren Mission (Hg.): Handeln an der Grenze des Lebens. Sterben und Tod als Herausforderung für die Diakonie. Münster 1996.
Rust-Riedel, Marga: Praxisbericht aus der Seelsorge, in: Evangelisches Bildungswerk Berlin (Hg.): Begleitetes Sterben. Gegen den Versuch, Euthanasie zu legalisieren. Tagung vom 2. bis 4. Juni 1989 im Haus der Kirche. Berlin 1989, S. 45–47.
Rytlewski, Ralf/Opp de Hipt, Manfred: Die Bundesrepublik Deutschland in Zahlen 1945/49–1980. Ein sozialgeschichtliches Arbeitsbuch. München 1987.
Rytlewski, Ralf/Opp de Hipt, Manfred: Die Deutsche Demokratische Republik in Zahlen 1945/49–1980. Ein sozialgeschichtliches Arbeitsbuch. München 1987.
Rýzl, Milan: Der Tod und was danach kommt. Das Weiterleben aus der Sicht der Parapsychologie. Genf 1981.
Rýzl, Milan: Der Tod ist nicht das Ende. Von der Unsterblichkeit geistiger Energie. Genf 1995 [[1]1981].
Sabatowski, Rainer, u. a.: Über die Entwicklung palliativmedizinischer Einrichtungen in Deutschland, in: Zeitschrift für Palliativmedizin 1 (2000), Nr. 2, S. 40–46.
Säuberlich, Gerhard: Hilfe im und zum Sterben? Welche Konsequenzen hat das Patiententestament für den behandelnden Arzt?, in: Der Anaesthesist 47 (1998), S. 143–144.
Saunders, Cicely M.: Care of the Dying. Euthanasia, Control of Pain in Terminal Cancer, and Mental Distress in the Dying. London 1960.
Saunders, Cicely M.: Appropriate Treatment, Appropriate Death, in: dies. (Hg.): The Management of Terminal Disease. London 1978, S. 1–18.
Saunders, Cicely M. (Hg.): The Management of Terminal Disease. London 1978.
Saunders, Cicely M./Baines, Mary: Leben mit dem Sterben. Betreuung und medizinische Behandlung todkranker Menschen. Bern 1991.
Saunders, Cicely M. (Hg.): Hospiz und Begleitung im Schmerz. Wie wir sinnlose Apparatemedizin und einsames Sterben vermeiden können. Freiburg i. Br. 1993.
Saunders, Cicely: Foreword, in: Doyle, Derek/Hanks, Geoffrey W.C./MacDonald, Neil (Hg.): Oxford Textbook of Palliative Medicine. New York [2]1998, S. v-ix.
Saunders, Cicely M.: Brücke in eine andere Welt. Herausgegeben von Christoph Hörl. Freiburg i. Br. 1999.
Saunders, Cicely M./Kastenbaum, Robert (Hg.): Hospice Care on the International Scene. New York 2001.
Saunders, Cicely M.: Hospices Worldwide: A Mission Statement, in: dies./Kastenbaum, Robert (Hg.): Hospice Care on the International Scene. New York 2001, S. 1–12.
Saunders, Cicely M.: Cicely Saunders. Selected Writings 1958–2004. Oxford 2006.
Saunders, Cicely M.: The Management of Terminal Illness (1967), in: dies.: Cicely Saunders. Selected Writings 1958–2004. Oxford 2006, S. 91–114.
Schadewaldt, Hans: Der Arzt vor der Frage von Leben und Tod, in: Klinische Wochenschrift 47 (1969), Nr. 11, S. 557–568.
Schäfer, Rudolf: Der ewige Schlaf – visages de morts. Hamburg 1989.
Schaup, Susanne: Elisabeth Kübler-Ross. Ein Leben für gutes Sterben. Stuttgart 1996.
Scheffel, Thomas: Die Versorgung sterbender Patienten im Krankenhaus. Ansätze in Deutschland auf dem Hintergrund der britischen Terminal Care. Diss. med., Freiburg i. Br. 1983.
Scheler, Max: Die Wissensformen und die Gesellschaft. Leipzig 1926.
Scheler, Max: Tod und Fortleben (1911), in: Wittwer, Héctor (Hg.): Der Tod. Philosophische Texte von der Antike bis zur Gegenwart. Stuttgart 2014, S. 164–183.
Schell, Werner: Sterbebegleitung und Sterbehilfe. Gesetze, Rechtsprechung, Deklarationen, Richtlinien, Stellungnahmen. Hannover [3]2002 [[1]1998].
Scheytt, Christoph: Seelsorge an Sterbenden im Krankenhaus, in: Spiegel-Rösing, Ina/Petzold, Hilarion (Hg.): Die Begleitung Sterbender. Theorie und Praxis der Thanatotherapie. Paderborn 1984, S. 409–430.

Schiebeler, Werner: Wir überleben den Tod. Erfahrungsbeweise für ein Weiterleben. Freiburg i. Br. 1983.
Schiebeler, Werner: Der Tod, die Brücke zu neuem Leben. Beweise für ein persönliches Fortleben nach dem Tod. Der Bericht eines Physikers. Neuwied 1991.
Schied, Hans-Werner: Sterben in der Klinik oder zu Hause? Vorhandene und fehlende Daten zum Sterbeort in der Bundesrepublik Deutschland, in: Zeitschrift für Allgemeinmedizin 55 (1979), Nr. 23, S. 1270-1274.
Schied, Hans-Werner: Wo sterben die Deutschen?, in: Dingwerth, Paul/Tiefenbacher, Heinz (Hg.): Sterbekliniken oder was brauchen Sterbende? Stuttgart 1980, S. 9-19.
Schindler, Regine: Pele und das neue Leben. Eine Geschichte von Tod und Leben. Lahr 1981.
Schipperges, Heinrich: Die moderne Medizin und der Tod, in: Therapiewoche 23 (1973), Nr. 34, S. 2736-2742.
Schlake, Hans-Peter/Roosen, Klaus: Der Hirntod als Tod des Menschen. Hg. von der Deutschen Stiftung Organtransplantation. Neu-Isenburg 1995.
Schlegel-Holzmann, Uta: Kein Abend mehr zu zweit. Familienstand: Witwe. Stuttgart 1992.
Schlund, Robert: Der manipulierte Tod und das menschliche Sterben. Ethische Orientierungen. Freiburg i. Br. 1987.
Schmerler, Roland: Todesahnung und Sterbeinformation zu Hause betreuter unheilbar Kranker, in: Das Deutsche Gesundheitswesen 33 (1978), Nr. 22, S. 1045-1046.
Schmidt-Sommer, Irmgard: Sterbekliniken in Deutschland, in: Deutsche Krankenpflegezeitschrift 32 (1979), Nr. 11, S. 583-588.
Schmied, Gerhard: Sterben und Trauern in der modernen Gesellschaft. Opladen 1985.
Schmitz-Scherzer, Reinhard (Hg.): Altern und sterben. Bern 1992.
Schmitz-Scherzer, Reinhard: Sterben heute, in: ders. (Hg.): Altern und sterben. Bern 1992, S. 9-26.
Schmoll, Hans-Joachim: Sterben als sozialer Prozeß. Über das soziale Umfeld der Sterbenden, in: Engelke, Ernst/Schmoll, Hans-Joachim/Wolff, Georg (Hg.): Sterbebeistand bei Kindern und Erwachsenen. Stuttgart 1979, S. 40-48.
Schober, Christian: Tod und Sterben aus der Sicht von Medizinstudenten. Diss. med., Heidelberg 1987.
Schockenhoff, Eberhard: Sterbehilfe und Menschenwürde. Begleitung zu einem „eigenen Tod". Regensburg 1991.
Schoenberg, Bernard, u. a. (Hg.): Anticipatory Grief. New York 1974.
Scholten, Hans-Joseph: Legalisierung der aktiven Sterbehilfe in den Niederlanden?, in: Juristenzeitung 39 (1984), Nr. 19, S. 877-879.
Schreiber, Hermann: Das gute Ende. Wider die Abschaffung des Todes. Reinbek 1996.
Schubert-Lehnhardt, Viola: Gemeinsamkeiten und Unterschiede von Marxisten und Christen in der DDR bei der theoretischen Reflexion und praktischen Umsetzung einer gesunden Lebensführung unter den Bedingungen der Meisterung des wissenschaftlich-technischen Fortschritts. Diss. phil., Martin-Luther-Universität Halle-Wittenberg 1988.
Schubnell, Hermann: Erste Europäische Bevölkerungskonferenz, in: Allgemeines Statistisches Archiv 51 (1967), S. 139-151.
Schultz, Hans Jürgen: Letzte Tage – Sterbegeschichten aus zwei Jahrtausenden. Stuttgart 1983.
Schulz, Richard/Aderman, David: How the Medical Staff Copes with Dying Patients: A Critical Review, in: OMEGA – Journal of Death and Dying 7 (1976), Nr. 1, S. 15-16.
Schulz, Walter: Zum Problem des Todes, in: Ebeling, Hans (Hg.): Der Tod in der Moderne. Königstein 1979, S. 166-183.
Schulz, Wilfried (Hg.): Seelsorgepraxis. Erfahrungen – Klärungen – Erkenntnisse. Berlin 1981.
Schwartländer, Johannes (Hg.): Der Mensch und sein Tod. Göttingen 1976.
Schwartländer, Johannes: Einleitung des Herausgebers, in: ders. (Hg.): Der Mensch und sein Tod. Göttingen 1976, S. 5-13.
Schwartländer, Johannes: Der Tod und die Würde des Menschen, in: ders. (Hg.): Der Mensch und sein Tod. Göttingen 1976, S. 14-33.
Schweidtmann, Werner: Sterbebegleitung. Menschliche Nähe am Krankenbett. Stuttgart 1991.
Schweiger, Dieter: Sterben im Altenheim, in: Altenheim 15 (1976), Nr. 8, S. 163-168.
Schweihoff, Monika (Red.): Sterbehelfer in Deutschland. Weißbuch 2000. Darmstadt 2000.

Schwitzer, Klaus-Peter: Soziologische Aspekte des Zusammenhangs von Lebensalter, Lebensweise und sozialer Lage – Beiträge zur theoretischen und praktischen Problemen der sozialen Cerontologie. Diss. phil., Berlin 1990.
Seeler, Jürgen: „Nicht immer vom Geld reden. Hospizidee in Halle/Saale." CHV aktuell (1992), Nr. 17, S. 4–5.
Seidel, Karl: Euthanasie, ein Problem für uns?, in: humanitas. Zeitschrift für Medizin und Gesellschaft 14 (1974), Nr. 23, S. 9.
Seidel, Karl/Ott, Jürgen: Der sterbende Patient – ein medizinisch-psychologisches Problem, in: humanitas. Zeitschrift für Medizin und Gesellschaft 17 (1977), Nr. 19, S. 9.
Seidel, Karl/Hinderer, Hans/Körner, Uwe: Zu Grundsätzen und Pflichten der Lebensbewahrung und Sterbebetreuung im sozialistischen Gesundheitswesen, in: Das Deutsche Gesundheitswesen 36 (1981), Nr. 49, S. 2041–2049.
Seidel, Karl/Körner, Uwe/Ott, Jürgen/Schirmer, Roswitha: Die Betreuung zum Tode Kranker und Sterbender, in: Körner, Uwe/Seidel, Karl/Thom, Achim (Hg.): Grenzsituationen ärztlichen Handelns. Jena ³1984 [¹1981], S. 233–256.
Seidel, Karl/Hinderer, Hans/Körner, Uwe: Sozialistischer Humanismus und ärztliche Pflichten zur Bewahrung menschlichen Lebens. Deutsche Zeitschrift für Philosophie 33 (1985), Nr. 7, S. 597–606.
Seyfarth, Napoleon: Schweine müssen nackt sein. Ein Leben mit dem Tod. Berlin 1991.
Shewmon, D. Alan: Chronic „Brain Death". Meta-Analysis and Conceptual Consequences, in: Neurology 51 (1998), Nr. 6, S. 1538–1545.
Shneidman, Edwin S.: Deaths of Man. New York 1973.
Shneidman, Edwin S.: „In grenzenloser Unempfindlichkeit" – Briefe und Zeugnisse von Menschen, die ihren Tod erwarten. München 1987.
Sierck, Udo/Danquart, Didi (Hg.): Der Pannwitzblick – Wie Gewalt gegen Behinderte entsteht. Hamburg 1993.
Sierck, Udo: Die neue „Euthanasie"-Diskussion. Theorie und Praxis der Tötung von behinderten Neugeborenen und Erwachsenen sowie ein Blick auf die Situation in England und in den Niederlanden, in: ders./Danquart, Didi (Hg.): Der Pannwitzblick – Wie Gewalt gegen Behinderte entsteht. Hamburg 1993, S. 69–91.
Sikorska, Elzbieta: The Hospice Movement in Poland, in: Death Studies 15 (1991), Nr. 3, S. 309–316.
Simpson, Michael A.: Dying, Death and Grief. A Critically Annotated Bibliography and Source Book of Thanatology and Terminal Care. New York 1979.
Singer, Peter: Practical Ethics. Cambrdige 1979.
Singer, Peter: Praktische Ethik. Stuttgart 1984.
Smith, Irene: Leitfaden für die Massage von Menschen mit AIDS. Hg. von der Deutschen AIDS-Hilfe. Berlin 1990.
Smith, Rodney: Lessons from the Dying. Boston 1998.
Smith, Rodney: Die innere Kunst des Lebens und des Sterbens. Ein Ratgeber zum Umgang mit dem Tod. München 1998.
Soest, Aart H. van: Erfahrungen mit Sterbenden, in: Dingwerth, Paul/Tiefenbacher, Heinz (Hg.): Sterbekliniken oder was brauchen Sterbende? Stuttgart 1980, S. 19–41.
Soest, Aart H. van: Die vergessene Aufgabe. Wie ein Krankenhaus zu seiner Bestimmung fand, in: Konsequenzen – Zeitschrift für Mitarbeiter in Gemeinden, Diakonie und Mission 23 (1989), S. 14–17.
Sontag, Susan: Illness as Metaphor. New York 1978.
Sontag, Susan: AIDS and Its Metaphors. New York 1989.
Spann, Wolfgang: Das „Patiententestament" – Zur Verbindlichkeit einer bei Gesundheit abgegebenen allgemein gehaltenen Willenserklärung des Patienten an einen Arzt, mögliche ärztliche Maßnahmen nach Schwinden der Willensfähigkeit zu unterlassen, in: Medizinrecht 1 (1983), S. 13–16.
Spengler, Pia: Die Motivation ehrenamtlicher Helferinnen in der Sterbebegleitung am Beispiel der Hospizgruppe Freiburg e. V., in: Klie, Thomas/Roloff, Sighard (Hg.): Hospiz und Marketing. Finanzierungsstrategien für soziale Initiativen am Beispiel der ambulanten Hospizarbeit. Freiburg i. Br. 1997, S. 81–94.

Spiegel, Yorick: Der Prozeß des Trauerns. Analyse und Beratung. München ⁴1981 [¹1973].
Spiegel-Rösing, Ina/Petzold, Hilarion (Hg.): Die Begleitung Sterbender. Theorie und Praxis der Thanatotherapie. Paderborn 1984.
Sporken, Paul: Darf die Medizin, was sie kann? Düsseldorf 1971.
Sporken, Paul C.: Menschlich sterben. Düsseldorf 1972.
Sporken, Paul C.: Euthanasie im Rahmen der Lebens- und Sterbehilfe, in: Therapie der Gegenwart: Monatsschrift für praktische Medizin 115 (1976), S. 543–569.
Sporken, Paul C.: Ausbildung und Training für den Umgang mit Sterbenden, in: Engelke, Ernst/Schmoll, Hans-Joachim/Wolff, Georg (Hg.): Sterbebeistand bei Kindern und Erwachsenen. Stuttgart 1979, S. 115–124.
Sporken, Paul C.: Sterbekliniken – oder was brauchen Sterbende?, in: Dingwerth, Paul/Tiefenbacher, Heinz (Hg.): Sterbekliniken oder was brauchen Sterbende? Stuttgart 1980, S. 61–78.
Sporken, Paul C.: Hast du denn bejaht, daß ich sterben muß? Eine Handreichung für den Umgang mit Sterbenden. Düsseldorf 1981.
Sporken, Paul C. (Hg.): Was Sterbende brauchen. Freiburg i. Br. 1982.
Sporken, Paul C.: Umgang mit Sterbenden, in: Nikelski, Hartmut (Hg.): Christliche Sterbehilfe. Beiträge zum Gespräch über Sterben und Tod. Leipzig ²1983 [¹1979], S. 16–125.
Spranger, Carl-Dieter: Von der Fristenlösung nun zur Euthanasie?, in: Deutscher Evangelischer Verband für Altenhilfe (Hg.): Recht auf Leben – Recht auf Sterben. Bundestagung 1975, S. 111–116.
Stadler, Christian: Sterbehilfe – gestern und heute. Bonn 1991.
Stalfelt, Pernilla: Und was kommt dann? Das Kinderbuch vom Tod. Frankfurt a. M. ²2001.
Stange, Katja: Qualitative Befragung ehrenamtlicher HelferInnen der Hospizgruppe Freiburg e. V., in: Klie, Thomas/Roloff, Sighard (Hg.): Hospiz und Marketing. Finanzierungsstrategien für soziale Initiativen am Beispiel der ambulanten Hospizarbeit. Freiburg i. Br. 1997, S. 62–80.
Stephan, Lydia: Du hättest so gern noch ein bißchen gelebt. Frankfurt a. M. 1986.
Steußloff, Hans: Sozialismus und hippokratische Tradition in der Bewahrungspflicht. Philosophische Erwägungen über die Amoralität der Euthanasie, in: Emmrich, Rolf (Hg.): Sozialismus und ärztliche Pflichten. Leipzig 1964, S. 53–58.
Steußloff, Hans (Hg.): Medizin und Philosophie – Arzt und Gesellschaft. Leipzig 1965.
Steußloff, Hans: Zur Kritik der ideologisch-theoretischen Verschleierung der Todesprobleme in der modernen christlichen Theologie. Univ. Habil.-Schr. Jena 1967.
Steven, Beate/Weiß Rudolf/Arastéh, Keikawus N.: Menschen mit Aids. Stationäre und ambulante Pflege. Berlin 1999.
Stevenson, Ian: Reinkarnation: Der Mensch im Wandel von Tod und Wiedergeburt. 20 überzeugende und wissenschaftlich bewiesene Fälle. Freiburg i. Br. 1976.
Stiefvater, Alois: Sterben – und dann? Eine Handreichung. Würzburg 1982.
Stoddard, Sandol: The Hospice Movement. A Better Way of Caring for the Dying. New York 1978.
Stoddard, Sandol: Die Hospiz-Bewegung. Ein anderer Umgang mit Sterbenden. Freiburg i. Br. 1987.
Stössel, Jürgen-Peter (Hg.): Tüchtig oder tot. Die Entsorgung des Leidens. Freiburg i. Br. 1991.
Stoltenberg, Annette: Menschen im Angesicht des Todes, in: Deutsche Krankenpflegezeitschrift 26 (1973), S. 587–590.
Strack, Stephen (Hg.): Death and the Quest for Meaning. Essays in Honor of Herman Feifel. Northvale 1997.
Stubbe, Hannes: Formen der Trauer. Eine kulturanthropologische Untersuchung. Berlin 1985.
Student, Johann-Christoph: Hospiz versus ‚Sterbeklinik', in: Wege zum Menschen 37 (1985), S. 260–269.
Student, Johann-Christoph/Student, Ute: Trauer über den Tod eines Kindes. Hilfen für „verwaiste Eltern". Stuttgart 1987.
Student, Johann-Christoph: Schmerz-Therapie bei sterbenden Menschen – Die orale Morphin-Therapie in der Hand des Hausarztes. Göttingen 1988.
Student, Johann-Christoph (Hg.): Das Hospiz-Buch. Freiburg i. Br. 1989.
Student, Johann-Christoph: Hospiz – was ist das?, in: Hospiz – Alternative für Sterbebegleitung? Beiträge einer Tagung der Evangelischen Akademie Baden vom 17. – 19. März 1989 in Bad Herrenalb. Hg. von der Evangelischen Akademie Baden. Karlsruhe 1989, S. 7–20.

Student, Johann-Christoph: Was ist ein Hospiz?, in: ders. (Hg.): Das Hospiz-Buch. Freiburg i. Br. 1989, S. 19–30.

Student, Johann-Christoph/Busche, Anne: Zu Hause sterben. Hilfen für Betroffene und Angehörige. Hannover ²1990 [¹1986].

Student, Johann-Christoph: Neue Wege der Sterbebegleitung – Die Anfänge der Hospizbewegung in Deutschland, in: Zeitschrift für Allgemeinmedizin 66 (1990), Nr. 22, S. 549–552.

Student, Johann-Christoph: Auf der Suche nach dem „guten Tod" – eine persönliche Einführung, in: ders. (Hg.): Das Recht auf den eigenen Tod. Düsseldorf 1993, S. 11–30.

Student, Johann-Christoph (Hg.): Das Recht auf den eigenen Tod. Düsseldorf 1993.

Student, Johann-Christoph: Die heilsame Alternative: Hospiz, in: ders. (Hg.): Das Recht auf den eigenen Tod. Düsseldorf 1993, S. 108–135.

Student, Johann-Christoph: Wie Menschen ohne Schmerzen sterben können, in: ders. (Hg.): Das Recht auf den eigenen Tod. Düsseldorf 1993, S. 90–107.

Student, Johann-Christoph (Hg.): Das Hospiz-Buch. Freiburg i. Br. ³1994.

Student, Johann-Christoph: „… daß da jemand ist, der meine Hand hält…" Die Antwort der Hospiz-Bewegung auf die Wünsche Sterbender, in: Erwachsenenbildung. Vierteljahresschrift für Theorie und Praxis 40 (1994), Nr. 3, S. 121–123.

Student, Johann-Christoph (Hg.): Das Hospiz-Buch. Freiburg i. Br. ⁴1999.

Student, Johann-Christoph/Student, Ute: Trauer über den Tod eines Kindes. Hilfen für „verwaiste Eltern". Bad Krozingen ¹⁰2007, online unter: http://christoph-student.homepage.t-online.de/Trauer_ueber_den_Tod_eines_Kindes_07.pdf?foo=0.758060095171839 [15. 12. 2021].

Student, Johann-Christoph: Zu Hause sterben. Hilfen für Betroffene und Angehörige. Bad Krozingen ⁹2009, online unter: http://christoph-student.homepage.t-online.de/Zu%20Hause%20sterben%2009.pdf?foo=0.3959106878395705 [15. 12. 2021].

Sudnow, David: Passing On. The Social Organization of Dying. Englewood Cliffs 1967.

Sudnow, David: Organisiertes Sterben. Eine soziologische Untersuchung. Frankfurt a. M. 1973.

Székely, Anton: Zur Diskussion um die sogenannte „Sterbeklinik", in: Krankendienst 51 (1978), S. 318.

Székely, Anton: Nein zur Sterbeklinik, in: Krankendienst 52 (1979), S. 38–41.

Tausch, Anne-Marie: Gespräche gegen die Angst. Krankheit – ein Weg zum Leben. Reinbek 1985.

Tausch, Anne-Marie/Tausch, Reinhard: Sanftes Sterben. Was der Tod für das Leben bedeutet. Reinbek 1985.

Tausch, Daniela: Sterbenden nahe sein. Was können wir noch tun? Freiburg i. Br. 1996 [¹1993].

Thiede, Werner: Die mit dem Tod spielen. Okkultismus – Reinkarnation – Sterbeforschung. Gütersloh 1994.

Thiel, Josef Franz: Vorwort, in: Zekorn, Beate/Gross, Antje (Hg.): Zwischen Furcht und Faszination. Erfahrungen mit der Ausstellung „Langsamer Abschied, Tod und Jenseits im Kulturvergleich", Dezember 1989 – März 1991. Frankfurt a. M. 1991, S. 5–7.

Thielemann-Jonen, Ingeborg/Pichlmaier, Heinz: Terminale Pflege Krebskranker: Erfahrungen aus dem Modell einer Station für palliative Therapie in der Chirurgischen Universitätsklinik Köln, in: Münchener Medizinische Wochenschrift 130 (1988), Nr. 15, S. 279–283.

Thielicke, Helmut: Wer darf leben? Ethische Probleme der modernen Medizin. München 1970.

Thielicke, Helmut: Wer darf sterben? Grenzfragen der modernen Medizin. Freiburg 1979.

Thielicke, Helmut: Leben mit dem Tod. Tübingen 1980.

Thielicke, Helmut: Theologische Ethik. Band II: Entfaltung, Teil 1: Mensch und Welt. Tübingen ⁵1986.

Thielmann, Wolfgang (Red.): Hospizarbeit in den Einrichtungen des Diakonischen Werkes, in den Landeskirchen und in den Kirchengemeinden der EKD. Grundsätze – Konkretionen – Perspektiven. Reutlingen 1997.

Thomas, Carmen: Berührungsängste? Vom Umgang mit der Leiche. Köln 1994.

Thomas, Lewis: Dying as Failure, in: Fox, Reneé C. (Hg.): The Social Meaning of Death. Philadelphia 1980, S. 1–4.

Timmermanns, Paul (Red.): Ethische und philosophische Grundlagen der Hospizbewegung. Dokumentation eines Expertengespräches am 11. März 1994 in der Mildred-Scheel-Akademie

in Köln. Hg. vom Ministerium für Arbeit, Gesundheit und Soziales des Landes Nordrhein-Westfalen, Düsseldorf 1994.
Todd, Paula: A Quiet Courage: Inspiring Stories from All of Us. Toronto 2004.
Towers, Bernard: The Impact of the California Natural Death Act, in: Journal of Medical Ethics 4 (1978), Nr. 2, S. 96–98.
Toynbee, Arnold: Changing Attitudes towards Death in the Modern Western World, in: ders. u. a. (Hg.): Man's Concern with Death. New York 1969, S. 122–132.
Toynbee, Arnold, u. a. (Hg.): Man's Concern with Death. New York 1969.
Türks, Paul: Einleitung, in: Lamerton, Richard: Sterbenden Freund sein. Helfen in der letzten Lebensphase. Freiburg i. Br. 1991, S. 7–12.
Twer, Karl-Joachim: Hingehen. Sterbende begleiten. Düsseldorf 1983.
Twycross, Robert G.: Relief of Pain, in: Saunders, Cicely M. (Hg.): The Management of Terminal Disease. London 1978, S. 65–92.
Uebach, Hartmut: Über zehn Jahre Hospizarbeit in Deutschland – Rückblick und Ausblick, in: Loewy, Erich H./Gronemeyer, Reimer (Hg.): Dokumentation des 1. Gießener Symposiums vom 10.-12. Dezember 1999 zum Thema „Die Hospizbewegung im internationalen Vergleich". Gießen 2000, S. 69–80.
Uhlenbruck, Wilhelm: Der Patientenbrief – die privatautonome Gestaltung des Rechts auf einen menschenwürdigen Tod, in: Neue Juristische Wochenschrift 31 (1978), Nr. 12, S. 566–570.
Uhlenbruck, Wilhelm: Rechtliche, medizinische und theologische Probleme im Grenzbereich zwischen Leben und Tod, in: ders./Rollin, Marion (Hg.): Sterbehilfe und Patienten-Testament. Berlin 1983, S. 33–100.
Uhlenbruck, Wilhelm/Rollin, Marion (Hg.): Sterbehilfe und Patienten-Testament. Berlin 1983.
Uhlenbruck, Wilhelm: Zur Rechtsverbindlichkeit des Patiententestaments. Zugleich eine Stellungnahme zum Beitrag von Wolfgang Spann, in: Medizinrecht 1 (1983), S. 16–18.
Uhlenbruck, Wilhelm: Selbstbestimmtes Sterben durch Patienten-Testament, Vorsorgevollmacht, Betreuungsverfügung. Berlin 1997.
Uhlenbruck, Wilhelm: Patiententestament, Betreuungsverfügung und Vorsorgevollmacht: zur Selbstbestimmung im Vorfeld des Todes. Dortmund ²1998.
Varga-Ottahal, Beatrix: Möglichkeiten der Integration des Hospizgedankens in die Struktur von Krankenhaus und Altenheim, in: Fuchs, Michael (Red.): Sterben und Sterbebegleitung. Ein interdisziplinäres Gespräch. Herausgegeben vom Bundesministerium für Familie, Senioren, Frauen und Jugend. Stuttgart 1994, S. 114–116.
Varley, Susan: Leb wohl, lieber Dachs. München 1984.
Velthuijs, Max: „Was ist das?", fragt der Frosch. Aarau 1992.
Ven, Johannes van der: Kindern den Tod vermitteln. Der Tod in religionspädagogischer Sicht, in: Becker, Hansjakob/Einig, Bernhard/Ullrich, Peter-Otto (Hg.): Im Angesicht des Todes. Ein interdisziplinäres Kompendium II. St. Ottilien 1987, S. 855–866.
Vereinigte Evangelisch-Lutherische Kirche Deutschlands (Hg.): Sterben, Tod. Eine Handreichung der VELKD. Vellmar 1983.
Viefhues, Herbert/BOSOFO – Institut für Sozialmedizinische Forschung (Hg.): Palliativeinheiten im Modellprogramm zur Verbesserung der Versorgung Sterbender. Ergebnisse der wissenschaftlichen Begleitung. Baden-Baden 1997.
Volland, Hannelore: Zu neueren protestantischen Auffassungen über Sterben und Tod, in: Luther, Ernst/Baust, Günther/Körner, Uwe (Hg.): Ethik in der Medizin: Halle an der Saale 1986, S. 173–177.
Volland, Hannelore/Körner, Uwe: Humane Sterbebetreuung – gemeinsames Anliegen von Kommunisten und Christen, in: Zeitschrift für klinische Medizin 41 (1986), Nr. 24, S. 2055–2058.
Volontieri, Franco W.: Die Hospizbewegung in der Bundesrepublik Deutschland, in: Altern in unserer Zeit. Öffentliche Vortragsreihe von Pro Senectute, Gesellschaft für Würdiges Leben und Sterben im Alter 5 (1991), S. 11–30.
Vovelle, Michel: Mourir autrefois. Attitudes collectives devant la mort aux XVIIe et XVIIIe siècles. Paris 1974.
Vovelle, Michel: Rediscovery of Death Since 1960, in: Fox, Reneé C. (Hg.): The Social Meaning of Death. Philadelphia 1980, S. 89–99.
Vovelle, Michel: La mort et l'Occident de 1300 à nos jours. Paris 1983.

Wagner, Harald (Hg.): Ars moriendi. Erwägungen zur Kunst des Sterbens. Freiburg 1989.
Wagner, Harald: Ars moriendi: Vor 500 Jahren – und heute? Überlegungen aus der Sicht eines Theologen und Religionspädagogen, in: Imhof, Arthur E. (Hg.): Leben wir zu lange? Die Zunahme unserer Lebensspanne seit 300 Jahren – und die Folgen; Beiträge eines Symposiums vom 27. – 29. November 1991 an der Freien Universität Berlin. Köln 1992, S. 203–209.
Wagner, Heinz: Die Wahrheit am Krankenbett, in: Weise, Manfred (Hg.): Wort und Welt. Festgabe für Prof. D. Erich Hertzsch anläßlich der Vollendung seines 65. Lebensjahres. Berlin 1968, S. 289–298.
Walter, Tony: Modern Death: Taboo or not Taboo?, in: Sociology 25 (1991), Nr. 2, S. 293–310.
Walter, Tony: The Revival of Death. London 1994.
Wander, Maxie: Tagebücher und Briefe. Herausgegeben von Fred Wander. Berlin 1979.
Wander, Maxie: Leben wär' eine prima Alternative. Tagebuchaufzeichnungen und Briefe. Herausgegeben von Fred Wander. Darmstadt 1980.
Wehkamp, Karl-Heinz: Sterben und Töten: Euthanasie aus der Sicht deutscher Ärztinnen und Ärzte. Ergebnisse einer empirischen Studie vom Herbst 1996. Dortmund 1998.
Wehowsky, Stephan: Sterben wie ein Mensch. Gütersloh 1985.
Weise, Manfred (Hg.): Wort und Welt. Festgabe für Prof. D. Erich Hertzsch anläßlich der Vollendung seines 65. Lebensjahres. Berlin 1968.
Weisman, Avery D./Kastenbaum, Robert: The Psychological Autopsy. A Study of the Terminal Phase of Life. New York 1968.
Weisman, Avery D.: On Dying and Denying. New York 1972.
Westrich, Angelika: „Wie alles begann – Die Geschichte der Hospizbewegung." CHV aktuell 59 (Mai 2010), S. 8–15.
Wiedemann, Renate: Die Hospiz-Bewegung. Motivation und Erfahrungen, in: Hospiz – Alternative für Sterbebegleitung? Beiträge einer Tagung der Evangelischen Akademie Baden vom 17. – 19. März 1989 in Bad Herrenalb. Hg. von der Evangelischen Akademie Baden. Karlsruhe 1989, S. 38–45.
Wiedemann, Renate: Tips für die Öffentlichkeitsarbeit, in: Student, Johann-Christoph (Hg.): Das Hospiz-Buch. Freiburg i. Br. 1989, S. 180–182.
Wienke, Albrecht/Lippert, Hans-Dieter (Hg.): Der Wille des Menschen zwischen Leben und Sterben – Patientenverfügung und Vorsorgevollmacht. Ausgewählte medizinrechtliche Aspekte. Berlin 2001.
Wiesenhütter, Eckart: Blick nach drüben. Selbsterfahrung im Sterben. Hamburg 1974.
Wilkins, Russell/Adams, Owen/Brancker, Anna: Highlights from a New Study of Changes in Mortality by Income in Urban Canada, in: *Chronic Diseases in Canada* 11 (Mai 1990), S. 38–40.
Willems, Susanne: Krankenmorde in der NS-Zeit und die Reaktion der Kirchen, in: Evangelisches Bildungswerk Berlin (Hg.): „Sterbehilfe". Tötung auf wessen Verlangen? Tagung vom 3. bis 5. Juni 1988 im Haus der Kirche. Berlin (West) 1988, S. 22–39.
Wilson, Marilyn/Kastenbaum, Robert: Worldwide Development in Hospice Care: Survey Results, in: Saunders, Cicely M./Kastenbaum, Robert (Hg.): Hospice Care on the International Scene. New York 2001, S. 21–38.
Wimmer, August: Kein Recht auf den eigenen Tod?, in: FamRZ – Zeitschrift für das gesamte Familienrecht 21 (1975), Nr. 8/9, S. 438–440.
Winau, Rolf/Rosemeier, Hans Peter (Hg.): Tod und Sterben. Berlin 1984.
Winkel, Heidemarie: Körperwelten. Die Faszination des Echten, in: Mortality 5 (2000), Nr. 3, S. 337–338.
Winkler, Eberhard (Hg.): Das Wort der Hoffnung. Beispiele für Seelsorge und Predigt bei Todesfällen. Berlin 1983.
Winkler, Eberhard: Seelsorge an Kranken, Sterbenden und Trauernden, in: Becker, Ingeborg (Hg.): Handbuch der Seelsorge. Berlin 1983, S. 405–427.
Winkler, Eberhard: Seelsorge, in: Beltz, Walter (Hg.): Lexikon der Letzten Dinge. Augsburg 1993, S. 373.
Winter, Friedrich: Seelsorge an Sterbenden und Trauernden. Göttingen 1976.
With, Hans de: Recht auf Leben – Recht auf Sterben?, in: Deutscher Evangelischer Verband für Altenhilfe (Hg.): Recht auf Leben – Recht auf Sterben. Bundestagung 1975. Stuttgart 1975, S. 105–110.

Wittkowski, Joachim: Affektive Erlebens- und Verhaltensmodi bei der Begegnung mit Tod und Sterben. Ein theoretischer und empirischer Beitrag zur Psychologie des Todes. Diss. phil., Würzburg 1977.
Wittkowski, Joachim: Tod und Sterben. Ergebnisse der Thanatopsychologie. Heidelberg 1978.
Wittkowski, Joachim (Hg.): Sterben, Tod und Trauer. Grundlagen, Methoden, Anwendungsfelder. Stuttgart 2003.
Wittkowski, Joachim: Zur Psychologie des Sterbens – oder: Was die zeitgenössische Psychologie über das Sterben weiß, in: Bormann, Franz-Josef/Borasio, Gian Domenico (Hg.): Sterben. Dimensionen eines anthropologischen Grundphänomens. Berlin 2012, S. 50–64.
Witzel, Lothar: Das Verhalten von sterbenden Patienten, in: Medizinische Klinik 66 (1971), Nr. 15, S. 577 f.
Witzel, Lothar: Der Sterbende als Patient. Verhalten – Gespräch – Euthanasie – Sterbenshilfe, in: Medizinische Klinik 68 (1973), S. 1373–1378.
Wölfing, Marie-Luise: Komm gib mir deine Hand. Briefe an mein sterbendes Kind. Düsseldorf 1985.
Wörterbuch der Medizin. Herausgegeben von Maxim Zetkin und Herbert Schaldach. Berlin 1956.
Wörterbuch der Medizin. Band 2: L-Z. Herausgegeben von Herbert Schaldach. 11. überarbeitete Auflage, Berlin 1980.
Wörterbuch der Medizin. Herausgegeben von Heinz David. 12. völlig neubearbeitete und erweiterte Auflage, Berlin 1984.
Wörterbuch der Medizin. Bearbeitet von Heinz David u. a. 15. vollständig überarbeitete Auflage, Berlin 1992.
Wolbert, Klaus (Hg.): Memento mori. Der Tod als Thema der Kunst vom Mittelalter bis zur Gegenwart. Ausstellung im Hessischen Landesmuseum Darmstadt vom 20. 9. 1984 bis 28. 10. 1984. Darmstadt 1984.
Wolf, Ernst: Das Problem der „Euthanasie" im Spiegel evangelischer Ethik, in: Zeitschrift für Evangelische Ethik 10 (1966), S. 345–361.
World Health Organization: Cancer Pain Relief. Genf 1986.
Wunder, Michael: Sterbehilfe – zur gegenwärtigen medizinischen, juristischen und ethischen Diskussion, in: Evangelisches Bildungswerk Berlin (Hg.): „Sterbehilfe". Tötung auf wessen Verlangen? Tagung vom 3. bis 5. Juni 1988 im Haus der Kirche. Berlin (West) 1988, S. 49–62.
Wunder, Michael: 50 Jahre danach – welche Rolle kommt der „Euthanasie"-Aufarbeitung zu in den aktuellen Debatten um Sterilisation, Sterbehilfe und Gentechnologie zu?, in: Diakonisches Werk – Innere Mission und Hilfswerk – der Evangelischen Kirchen in der DDR (Hg.): Diakonie Dokumentation. Berlin 1990, S. 52–63.
Wunderli, Jürg: Euthanasie oder die Würde des Sterbens. Ein Beitrag zur Diskussion. Stuttgart 1974.
Zachert, Christel/Zachert, Isabell: Wir treffen uns wieder in meinem Paradies. Eine 15jährige nimmt Abschied von ihrer Familie. Bergisch Gladbach 1993.
Zaleski, Carol: Otherworld Journeys: Accounts of Near-Death Experience in Medieval and Modern Times. New York 1987.
Zech, Detlev: Entwicklung der Palliativmedizin in Deutschland, in: Klaschik, Eberhard/Nauck, Friedemann (Hg.): Palliativmedizin heute. Berlin 1994, S. 85–102.
Zekorn, Beate: Der Tod – (k)ein Thema für Kinder, in: dies./ Gross, Antje (Hg.): Zwischen Furcht und Faszination. Erfahrungen mit der Ausstellung „Langsamer Abschied, Tod und Jenseits im Kulturvergleich", Dezember 1989 – März 1991. Frankfurt a. M. 1991, S. 11–16.
Zekorn, Beate/Gross, Antje: Einführung, in: dies. (Hg.): Zwischen Furcht und Faszination. Erfahrungen mit der Ausstellung „Langsamer Abschied, Tod und Jenseits im Kulturvergleich", Dezember 1989 – März 1991. Frankfurt a. M. 1991, S. 9–10.
Zekorn, Beate/Gross, Antje: Schlußbemerkung, in: dies. (Hg.): Zwischen Furcht und Faszination. Erfahrungen mit der Ausstellung „Langsamer Abschied, Tod und Jenseits im Kulturvergleich", Dezember 1989 – März 1991. Frankfurt a. M. 1991, S. 85–86.
Zekorn, Beate/Gross, Antje (Hg.): Zwischen Furcht und Faszination. Erfahrungen mit der Ausstellung „Langsamer Abschied, Tod und Jenseits im Kulturvergleich", Dezember 1989 – März 1991. Frankfurt a. M. 1991.

Zickgraf, Cordula: Ich lerne leben, weil du sterben mußt. Ein Krankenhaustagebuch. Stuttgart 1979.
Ziegler, Jean: Die Lebenden und der Tod. Darmstadt 1977.
Zielinski, Helmut R. (Hg.): Prüfsteine medizinischer Ethik. Band 1, Grevenbroich 1980.
Zielinski, Helmut R.: Sterbeklinik – Ja oder Nein, in: ders. (Hg.): Prüfsteine medizinischer Ethik. Band 1, Grevenbroich 1980, S. 52–86.
Zielinski, Helmut R.: Religion und Sterbebegleitung auf der Station für Palliative Therapie in Köln, in: Wagner, Harald (Hg.): Ars moriendi. Erwägungen zur Kunst des Sterbens. Freiburg i. Br. 1989, S. 117–135.
Zingelmann, Günther: Untersuchungen zum Sterbeort im Kreis Prenzlau 1978–1980. Diss. med., Berlin 1980.
Zirwes, D.: Palliativstation – Erfahrung aus der Sicht eines Angehörigen, in: Klaschik, Eberhard/ Nauck, Friedemann (Hg.): Palliativmedizin heute. Berlin 1994, S. 51–53.
Zorn, Fritz: Mars. Mit einem Vorwort von Adolf Muschg. München 1977.

2. Sekundärliteratur

Abel, Emily K.: The Inevitable Hour. A History of Caring for Dying Patients in America. Baltimore 2013.
Ahn, Gregor/Miczek, Nadja/Rakow, Katja (Hg.): Diesseits, Jenseits und Dazwischen? Die Transformation und Konstruktion von Tod, Sterben und Postmortalität. Bielefeld 2011.
Akass, Kim/McCabe, Janet (Hg.): Reading Six Feet Under. TV to Die For. London 2005.
Albrecht-Birkner, Veronika: Freiheit in Grenzen. Protestantismus in der DDR. Leipzig 2018.
Allen, Kathleen Ann: The Hospice Concept in Health Care, in: Pecorino, Philip A. (Hg.): Perspectives on Death and Dying. An Online Textbook. ^{5}2002, http://www.qcc.cuny.edu/SocialSciences/ppecorino/DeathandDying_TEXT/The%20Hospice%20Concept%20in%20Health%20Care.pdf [15. 12. 2021].
Allert, Rochus/Bremer, Anja: Erfolgsfaktoren für Hospize: Forschungsergebnisse zu Qualität und Kosten. Wuppertal 2005.
Allert, Rochus/Klie, Thomas: Der Wissenschaftliche Beirat des DHPV, in: Hayek, Julia von/ Weihrauch, Birgit (Red.): 20 Jahre Deutscher Hospiz- und PalliativVerband. Eine Zeitreise. Ludwigsburg 2012, S. 69–73.
Andersen, Uwe/Woyke, Wichard (Hg.): Handwörterbuch des politischen Systems der Bundesrepublik Deutschland. Heidelberg ^{7}2013.
Appleford, Amy: Learning to Die in London, 1380–1540. Philadelphia 2015.
Arnold, Jörg/Süß, Dietmar/Thießen, Malte (Hg.): Luftkrieg. Erinnerungen in Deutschland und Europa. Göttingen 2009.
Arnold, Jörg: The Allied Air War and Urban Memory. The Legacy of Strategic Bombing in Germany. Cambridge 2011.
Arntz, Klaus (Hg.): Ars moriendi. Sterben als geistliche Aufgabe. Regensburg 2008.
Asperger, Walter/Wüstner, Thomas (Hg.): Kreuz und Rose. 120 Jahre Krankenhaus St. Elisabeth und St. Barbara Halle (Saale). Wettin-Löbejün 2017.
Assmann, Aleida: Ist die Zeit aus den Fugen? Aufstieg und Fall des Zeitregimes der Moderne. München 2013.
Assmann, Jan: Der Mensch und sein Tod. Einführende Bemerkungen, in: ders./Trauzettel, Rolf (Hg.): Tod, Jenseits und Identität. Perspektiven einer kulturwissenschaftlichen Thanatologie. Freiburg i. Br. 2002, S. 12–27.
Assmann, Jan/Trauzettel, Rolf (Hg.): Tod, Jenseits und Identität. Perspektiven einer kulturwissenschaftlichen Thanatologie. Freiburg i. Br. 2002.
Atwood-Gailey, Elizabeth: Write to Death. News Framing of the Right to Die Conflict, from Quinlan's Coma to Kevorkian's Conviction. Westport 2003.
Aulbert, Eberhard/Klaschik, Eberhard/Kettler, Dietrich (Hg.): Palliativmedizin – Ausdruck gesellschaftlicher Verantwortung. Stuttgart 2002.
Bader, Mathis: Organmangel und Organverteilung. Tübingen 2010.

2. Sekundärliteratur

Bär, Alexandra: Intensivmedizin im Wandel der Zeit. Patientenanalyse der internistischen Intensivstation 92 des Universitätsklinikums Regensburg aus dem Jahre 2001 und historischer Vergleich der Ergebnisse mit Beschreibungen aus Mainz und Frankfurt. Diss. med., Regensburg 2010.

Baier, Karl (Hg.): Handbuch Spiritualität. Zugänge, Traditionen, interreligiöse Prozesse. Darmstadt 2006.

Baines, Mary: From Pioneer Days to Implementation: Lessons to be Learnt, in: European Journal of Palliative Care 18 (2011), S. 223-227.

Bajohr, Frank, u. a. (Hg.): Mehr als eine Erzählung. Zeitgeschichtliche Perspektiven auf die Bundesrepublik. Göttingen 2016.

Baldwin, Peter: Disease and Democracy: The Industrialized World Faces AIDS. Berkeley 2005.

Barfield, Raymond: Brain Death, in: Bryant, Clifton D./Peck, Dennis L. (Hg.): Encyclopedia of Death and the Human Experience. Los Angeles 2009, S. 112-115.

Barth, Niklas/Mayr, Katharina: Der Tod ist ein Skandal der Exklusion. Neue Entwicklungen und ein altbekannter Ton in der deutschen Thanatosoziologie, in: Soziologische Revue 42 (2019), Nr. 4, S. 572-592.

Bauer, Anna, u. a. (Hg.): Rationalitäten des Lebensendes. Interdisziplinäre Perspektiven auf Sterben, Tod und Trauer. Baden-Baden 2020.

Bauer, Anna D.: Rationalitäten und Routinen des ‚Sterben-Machens'. Normative Orientierungen und professionelle Problemlösungskompetenz in der spezialisierten ambulanten Palliativversorgung, in: dies. u. a. (Hg.): Rationalitäten des Lebensendes. Interdisziplinäre Perspektiven auf Sterben, Tod und Trauer. Baden-Baden 2020, S. 223-249.

Bauer, Axel W.: Scheintod, in: Gerabek, Werner E., u. a. (Hg.): Enzyklopädie Medizingeschichte. Berlin 2005, S. 1291.

Bauerkämper, Arnd/Sabrow, Martin/Stöver, Bernd (Hg.): Doppelte Zeitgeschichte. Deutschdeutsche Beziehungen 1945-1990. Bonn 1998.

Baumann, Ursula: Vom Recht auf den eigenen Tod. Die Geschichte des Suizids vom 18. bis zum 20. Jahrhundert. Weimar 2001.

Bausewein, Claudia/Hartenstein, Reiner: Vom Hospiz zur palliativmedizinischen Einrichtung: Die Palliativstation am Städtischen Krankenhaus München-Harlaching, in: Heimerl, Katharina/Heller, Andreas (Hg.): Eine große Vision in kleinen Schritten. Aus Modellen der Hospiz- und Palliativbetreuung lernen. Freiburg i. Br. 2001, S. 195-203.

Bausewein, Claudia: Möglichkeiten der besseren Verzahnung stationärer und häuslicher Patientenversorgung, in: Aulbert, Eberhard/Klaschik, Eberhard/Kettler, Dietrich (Hg.): Palliativmedizin – Ausdruck gesellschaftlicher Verantwortung. Stuttgart 2002, S. 69-74.

Bausewein, Claudia: Sterben ohne Angst. Was Palliativmedizin leisten kann. München 2015.

Beck, Ulrich: Risikogesellschaft. Auf dem Weg in eine andere Moderne. Frankfurt a. M. 1986.

Beck, Ulrich: Das Zeitalter der Nebenfolgen und die Politisierung der Moderne, in: ders./ Giddens, Anthony/Lash, Scott (Hg.): Reflexive Modernisierung. Eine Kontroverse. Frankfurt a. M. 1996, S. 19-112.

Beck, Ulrich/Giddens, Anthony/Lash, Scott (Hg.): Reflexive Modernisierung. Eine Kontroverse. Frankfurt a. M. 1996.

Beck, Ulrich: Das Zeitalter des „eigenen Lebens". Individualisierung als „paradoxe Sozialstruktur" und andere offene Fragen, in: Aus Politik und Zeitgeschichte 29/2001, S. 3-6.

Becker, Frank/Reinhardt-Becker, Elke: Systemtheorie. Eine Einführung für die Geschichts- und Kulturwissenschaften. Frankfurt a. M. 2001.

Behrenbeck, Sabine: Der Kult um die toten Helden. Nationalsozialistische Mythen, Riten und Symbole 1923 bis 1945. Vierow bei Greifswald 1996.

Behrenbeck, Sabine: Between Pain and Silence: Remembering the Victims of Violence in Germany after 1949, in: Bessel, Richard/Schumann, Dirk (Hg.): Life after Death. Approaches to a Cultural and Social History during the 1940s and 1950s. Washington 2003, S. 37-64.

Belau, Detlef: Gesundheitswesen in der DDR und Transformation in Sachsen 1989/90. Halle 1992.

Beljan, Magdalena: AIDS-Geschichte als Gefühlsgeschichte, in: Aus Politik und Zeitgeschichte 46/2015, S. 25-31.

Belkin, Gary S.: Death before Dying. New York 2014.

Benkel, Thorsten/Meitzler, Matthias: Sterbende Blicke, lebende Bilder. Die Fotografie als Erinnerungsmedium im Todeskontext, in: Medien & Altern. Zeitschrift für Forschung und Praxis 3 (2014), Nr. 5, S. 41–56.
Benkel, Thorsten (Hg.): Die Zukunft des Todes. Heterotopien des Lebensendes. Bielefeld 2016.
Benkel, Thorsten/Meitzler, Matthias (Hg.): Zwischen Leben und Tod. Sozialwissenschaftliche Grenzgänge. Wiesbaden 2019.
Benkel, Thorsten: Versachlichtes Sterben? Reflexionsansprüche und Reflexionsdefizite in institutionellen Settings, in: Bauer, Anna, u. a. (Hg.): Rationalitäten des Lebensendes. Interdisziplinäre Perspektiven auf Sterben, Tod und Trauer. Baden-Baden 2020, S. 287–309.
Bennahum, David A.: The Historical Development of Hospice and Palliative Care, in: Forman, Walter B., u. a. (Hg.): Hospice and Palliative Care. Concepts and Practice. Sudbury ²2003, S. 1–12.
Benzenhöfer, Udo: Der gute Tod? Geschichte der Euthanasie und Sterbehilfe. Göttingen 2009.
Berger, Peter L.: The Desecularization of the World: Resurgent Religion and World Politics. Grand Rapids 1999.
Berger, Stefan/Scalmer, Sean (Hg.): The Transnational Activist. Transformations and Comparisons from the Anglo-World since the Nineteenth Century. New York 2018.
Berghoff, Hartmut/Thießen, Malte: Gesundheitsökonomien. Zeithistorische Fragen, Befunde, Perspektiven, in: Zeithistorische Forschungen 17 (2020), Nr. 2, S. 217–233.
Berliner Aids-Hilfe (Hg.): 25 Jahre Herzblut. Berlin 2010, URL: https://www.berlin-aidshilfe.de/wp-content/uploads/2021/05/bah_festschrift_0.pdf [15. 12. 2021].
Berliner Aids-Hilfe (Hg.): 30 Jahre Positives Erleben. Berlin 2015, URL: https://web.archive.org/web/20170213175829/http://berlin-aidshilfe.de/sites/default/files/broschuere_30_jahre_berliner_aids_hilfe_e_v.pdf [15. 12. 2021].
Bertels, Andreas: Der Hirntod des Menschen – medizinische und ethische Aspekte. Diss. med., Düsseldorf 2002.
Besier, Gerhard/Wolf, Stephan: „Pfarrer, Christen und Katholiken". Das Ministerium für die Staatssicherheit der ehemaligen DDR und die Kirchen. Neukirchen-Vluyn 1991.
Bessel, Richard/Schumann, Dirk: Introduction: Violence, Normality, and the Construction of Postwar Europe, in: dies. (Hg.): Life after Death. Approaches to a Cultural and Social History during the 1940s and 1950s. Washington 2003, S. 1–13.
Bessel, Richard/Schumann, Dirk (Hg.): Life after Death. Approaches to a Cultural and Social History during the 1940s and 1950s. Washington 2003.
Bessel, Richard: Violence. A Modern Obsession. London 2015.
Bettin, Hartmut/Gadebusch Bondio, Mariacarla: Medizinische Ethik in der DDR. Erfahrungswert oder Altlast? Lengerich 2010.
Bettin, Hartmut: Bedeutsam, eigenständig, relevant? Eine vergleichende Analyse der Debatten zur Sterbehilfe in der DDR, in: Medizinhistorisches Journal 54 (2019), Nr. 1, S. 31–69.
Betts, Paul/Smith, Stephen A. (Hg.): Science, Religion and Communism in Cold War Europe. Basingstoke 2016.
Bialas, Wolfgang/Fritze, Lothar: Ideologie und Moral im Nationalsozialismus. Göttingen 2014.
Bielka, Heinz: Berlin-Buch. Zentrum der Krebsforschung in der DDR, in: Eckart, Wolfgang U. (Hg.): 100 Years of Organized Cancer Research. Stuttgart 2000, S. 83–88.
Bieri, Peter: Eine Art zu leben. Über die Vielfalt menschlicher Würde. München 2013.
Biess, Frank/Gross, Daniel M. (Hg.): Science and Emotions after 1945. A Transatlantic Perspective. Chicago 2014.
Biess, Frank: Republik der Angst. Eine andere Geschichte der Bundesrepublik. Reinbek 2019.
BioSkop-AutorInnenkollektiv: „Sterbehilfe" – die neue Zivilkultur des Tötens? Frankfurt a. M. 2002.
BioSkop (Hg.): Planungssicherheit am Lebensende. Patientenverfügungen im Widerstreit. Dokumentation der Tagung vom 18.-19. Oktober 2002 in Essen. Essen 2002.
Birnbacher, Dieter: Tod. Berlin 2017.
Bishop, Jeffrey P.: The Anticipatory Corpse. Medicine, Power, and the Care of the Dying. Notre Dame 2012.
Black, Monica: Death in Berlin. From Weimar to Divided Germany. Cambridge 2010.

Bleicher, Joan K.: Gestorben wird immer – Tod im Fernsehen, in: Klie, Thomas/Nord, Ilona (Hg.): Tod und Trauer im Netz. Mediale Kommunikationen in der Bestattungskultur. Stuttgart 2016, S. 153–168.
Bleyen, Jan: Appropriate Death, in: Bryant, Clifton D./Peck, Dennis L. (Hg.): Encyclopedia of Death and the Human Experience. Los Angeles 2009, S. 63–65.
Bleyen, Jan: Ariès's Social History of Death, in: Bryant, Clifton D./Peck, Dennis L. (Hg.): Encyclopedia of Death and the Human Experience. Los Angeles 2009, S. 65–68.
Böick, Marcus/Siebold, Angela: Die Jüngste als Sorgenkind? Plädoyer für eine jüngste Zeitgeschichte als Varianz- und Kontextgeschichte von Übergängen, in: Deutschland Archiv 2/2011, https://www.bpb.de/geschichte/zeitgeschichte/deutschlandarchiv/54133/juengste-zeitgeschichte [15. 12. 2021].
Böick, Marcus/Brückweh, Kerstin: Einleitung „Weder Ost noch West" zum Themenschwerpunkt über die schwierige Geschichte der Transformation Ostdeutschlands, in: Zeitgeschichte-online, März 2019, URL: https://zeitgeschichte-online.de/themen/einleitung-weder-ost-noch-west [15. 12. 2021].
Böick, Marcus/Schmeer, Marcel: Aus dem toten Winkel ins „Kreuzfeuer der Kritik"? Organisationen in der zeithistorischen Theorie und Praxis, in: dies (Hg.): Im Kreuzfeuer der Kritik. Umstrittene Organisationen im 20. Jahrhundert. Frankfurt a. M. 2020, S. 9–65.
Böick, Marcus/Schmeer, Marcel: (Hg.): Im Kreuzfeuer der Kritik. Umstrittene Organisationen im 20. Jahrhundert. Frankfurt a. M. 2020.
Bösch, Frank: Macht und Machtverlust. Die Geschichte der CDU. München 2002.
Bösch, Frank: Die Religion der Öffentlichkeit. Plädoyer für einen Perspektivwechsel der Kirchen- und Religionsgeschichte, in: Zeithistorische Forschungen 7 (2010), Nr. 3, S. 447–453.
Bösch, Frank/Vowinckel, Annette: Mediengeschichte, Version: 2.0, in: Docupedia-Zeitgeschichte, 29. 10. 2012, http://docupedia.de/zg/boesch_vowinckel_mediengeschichte_v2_de_2012 [15. 12. 2021].
Bösch, Frank: Geteilt und verbunden. Perspektiven auf die deutsche Geschichte seit den 1970er Jahren, in: ders. (Hg.): Geteilte Geschichte. Ost- und Westdeutschland 1970–2000. Göttingen 2015, S. 7–37.
Bösch, Frank (Hg.): Geteilte Geschichte. Ost- und Westdeutschland 1970–2000. Göttingen 2015.
Bösch, Frank: Geteilte Geschichte. Plädoyer für eine deutsch-deutsche Perspektive auf die jüngere Zeitgeschichte, in: Zeithistorische Forschungen 12 (2015), Nr. 1, S. 98–114.
Bösch, Frank: Arbeit, Freizeit, Schlaf. Alltagspraktiken als Perspektive der bundesdeutschen Zeitgeschichte, in: Bajohr, Frank, u. a. (Hg.): Mehr als eine Erzählung. Zeitgeschichtliche Perspektiven auf die Bundesrepublik. Göttingen 2016, S. 301–313.
Bösch, Frank: Zeitenwende 1979. Als die Welt von heute begann. München 2019.
Böttcher, Jakob: Zwischen staatlichem Auftrag und gesellschaftlicher Trägerschaft. Eine Geschichte der Kriegsgräberfürsorge in Deutschland im 20. Jahrhundert. Göttingen 2018.
Bolze, Max, u. a. (Hg.): Prozesse des Alterns. Konzepte – Narrative – Praktiken. Bielefeld 2015.
Bormann, Franz-Josef/Borasio, Gian Domenico (Hg.): Sterben. Dimensionen eines anthropologischen Grundphänomens. Berlin 2012.
Bormann, Franz-Josef: Ist die Vorstellung eines ‚natürlichen Todes' noch zeitgemäß? Moraltheologische Überlegungen zu einem umstrittenen Begriff, in: ders./Borasio, Gian Domenico (Hg.): Sterben. Dimensionen eines anthropologischen Grundphänomens. Berlin 2012, S. 325–350.
Borry, Pascal/Schotsmans, Paul/Dierickx, Kris: Empirical Research in Bioethical Journals. A Quantitative Analysis, in: Journal of Medical Ethics 32 (2006), Nr. 4, S. 240–245.
Boyer, Christoph/Henke, Klaus-Dietmar/Skyba, Peter (Hg.): Geschichte der Sozialpolitik in Deutschland seit 1945. Band 10: 1971–1989. Deutsche Demokratische Republik. Bewegung in der Sozialpolitik, Erstarrung und Niedergang. Baden-Baden 2008.
Brandstetter, Thomas/Pias, Claus/Vehlken, Sebastian (Hg.): Think Tanks. Die Beratung der Gesellschaft. Zürich 2010.
Braun, Jutta: Politische Medizin. Ideologie und Gesundheitsökonomie im SED-Staat der 1950er- und 1960er-Jahre, in: Zeithistorische Forschungen 17 (2020), Nr. 2, S. 349–361.
Brechenmacher, Thomas: Im Sog der Säkularisierung. Die deutschen Kirchen in Politik und Gesellschaft (1945–1990). Berlin 2021.

Brennan, Michael J.: Social Death, in: ders. (Hg.): The A-Z of Death and Dying. Social, Medical, and Cultural Aspects. Santa Barbara 2014, S. 386.
Brennan, Michael J. (Hg.): The A-Z of Death and Dying. Social, Medical, and Cultural Aspects. Santa Barbara 2014.
Brewitt-Taylor, Sam: Christian Radicalism in the Church of England and the Invention of the British Sixties, 1957–1970. The Hope of a World Transformed. Oxford 2018.
Broom, Alex: Dying: A Social Perspective on the End of Life. London 2017.
Bruce, Steve: God Is Dead. Secularization in the West. Oxford 2002.
Brückweh, Kerstin: Das vereinte Deutschland als zeithistorischer Forschungsgegenstand, in: Aus Politik und Zeitgeschichte 28–29/2020, S. 4–10.
Brückweh, Kerstin/Villinger, Clemens/Zöller, Kathrin (Hg.): Die lange Geschichte der „Wende". Geschichtswissenschaft im Dialog. Berlin 2020.
Brüggemann, Linda: Herrschaft und Tod in der Frühen Neuzeit. Das Sterbe- und Begräbniszeremoniell preußischer Herrscher vom Großen Kurfürsten bis zu Friedrich Wilhelm II. (1688–1797). München 2015.
Brüggen, Susanne: Letzte Ratschläge. Der Tod als Problem für Soziologie, Ratgeberliteratur und Expertenwissen. Wiesbaden 2005.
Brüggen, Susanne: Letzte Ratschläge. Die „Ars moriendi" in der zeitgenössischen Lebenshilfe-Literatur, in: Arntz, Klaus (Hg.): Ars moriendi. Sterben als geistliche Aufgabe. Regensburg 2008, S. 44–59.
Bruggisser-Lanker, Therese: Musik und Tod im Mittelalter. Imaginationsräume der Transzendenz. Göttingen 2010.
Brunner, Detlef/Grashoff, Udo/Kötzing, Andreas (Hg.): Asymmetrisch verflochten? Neue Forschungen zur gesamtdeutschen Nachkriegsgeschichte. Berlin 2013.
Bryant, Clifton D. (Hg.): Handbook of Death & Dying. Thousand Oakes 2003.
Bryant, Clifton D./Peck, Dennis L. (Hg.): Encyclopedia of Death and the Human Experience. Los Angeles 2009.
Buchner, Moritz/Götz, Anna-Maria (Hg.): transmortale. Sterben, Tod und Trauer in der neueren Forschung. Köln 2016.
Buchner, Moritz: Warum weinen? Eine Geschichte des Trauerns im liberalen Italien (1850–1915). Berlin 2018.
Bülow, Ulrich von/Wolf, Sabine (Hg.): DDR-Literatur. Eine Archivexpedition. Berlin 2014.
Burleigh, Michael: Die Nazi-Analogie und die Debatten zur Euthanasie, in: Frewer, Andreas/Eickhoff, Clemens (Hg.): „Euthanasie" und die aktuelle Sterbehilfe-Debatte. Die historischen Hintergründe medizinischer Ethik. Frankfurt a. M. 2000, S. 408–421.
Businger, Susanne/Biebricher, Martin (Hg.): Von der paternalistischen Fürsorge zu Partizipation und Agency. Der gesellschaftliche Wandel im Spiegel der Sozialen Arbeit und der Sozialpädagogik. Zürich 2020.
Bynum, William F.: Geschichte der Medizin. Stuttgart 2010.
Clark, David: Originating a Movement: Cicely Saunders and the Development of St Christopher's Hospice, 1957–1967, in: Mortality 3 (1998), Nr. 1, S. 43–63.
Clark, David (Hg.): Cicely Saunders – Founder of the Hospice Movement. Selected Letters 1959–1999. Oxford 2005.
Clark, David: To Comfort Always. A History of Palliative Medicine since the Nineteenth Century. Oxford 2016.
Clark, David: Cicely Saunders: A Life and Legacy. Oxford 2018.
Coates, Lilian: Care-Arbeit am Lebensende. Eine ethnomethodologische Perspektive auf die stationäre Hospizarbeit, in: Bauer, Anna, u. a. (Hg.): Rationalitäten des Lebensendes. Interdisziplinäre Perspektiven auf Sterben, Tod und Trauer. Baden-Baden 2020, S. 119–148.
Coeppicus, Rolf: Das „Gesetz über Patientenverfügungen" und Sterbehilfe. Wann sind die Umsetzung von Patientenverfügungen und eine Sterbehilfe rechtmäßig? Heidelberg 2010.
Conze, Susanne, u. a. (Hg.): Körper macht Geschichte – Geschichte macht Körper. Körpergeschichte als Sozialgeschichte. Bielefeld 1999.
Coors, Michael/Jox, Ralf/Schmitten, Jürgen in der (Hg.): Advance Care Planning – von der Patientenverfügung zur gesundheitlichen Vorausplanung. Stuttgart 2015.

Cox, Heinrich L. (Red.): Sterben und Tod. Jahrbuch der Rheinischen Vereinigung für Volkskunde. Bonn 2002.
Därmann, Iris: Tod und Bild. Eine phänomenologische Mediengeschichte. München 1995.
Degelmann, Christopher: Squalor. Symbolisches Trauern in der Politischen Kommunikation der Römischen Republik und Frühen Kaiserzeit. Stuttgart 2018.
Dietrich, Gerd: Kulturgeschichte der DDR. Band III: Kultur in der Konsumgesellschaft 1977–1990. Göttingen 2018.
Dietz, Bernhard/Neumaier, Christopher/Rödder, Andreas (Hg.): Gab es den Wertewandel? Neue Forschungen zum gesellschaftlich-kulturellen Wandel seit den 1960er Jahren. München 2014.
Dietz, Berthold: Die Pflegeversicherung. Ansprüche, Wirklichkeiten und Zukunft einer Sozialreform. Wiesbaden 2002.
Dinges, Martin (Hg.): Männlichkeit und Gesundheit im historischen Wandel ca. 1800 – ca. 2000. Stuttgart 2007.
Dinkel, Jürgen: Erben und Vererben in der Moderne. Erkundungen eines Forschungsfeldes, in: Archiv für Sozialgeschichte 56 (2016), S. 81–108.
Döring, Lars: Fundament für Europa. Subsidiarität, Föderalismus, Regionalismus. Münster 2004.
Doka, Kenneth J.: The Death Awareness Movement: Description, History, and Analysis, in: Bryant, Clifton D. (Hg.): Handbook of Death & Dying. Thousand Oakes 2003, S. 50–56.
Dornhöfer, Julia: Sterben? Mit Sicherheit! Die Patientenverfügung und die Konstituierung eines Präventiven Selbst. Münster 2019.
Dornhöfer, Julia: „So bunt wie ein Liebesbrief". Sicherheitsfiktionen im Entstehungsprozess von Patientenverfügungen, in: Bauer, Anna, u. a. (Hg.): Rationalitäten des Lebensendes. Interdisziplinäre Perspektiven auf Sterben, Tod und Trauer. Baden-Baden 2020, S. 37–62.
Dowbiggin, Ian R.: A Merciful End. The Euthanasia Movement in Modern America. Oxford 2003.
Dracklé, Dorle: Bilder vom Tod. Kulturwissenschaftliche Perspektiven. Münster 2001.
Driesch, Ellen von den: Unter Verschluss. Eine Geschichte des Suizids in der DDR 1952–1990. Frankfurt a. M. 2021.
Du Boulay, Shirley/Rankin, Marianne: Cicely Saunders, Founder of the Modern Hospice Movement. London 2007 [^{1}1984].
Durkin, Keith F.: Popular Culture and Images of Death, in: Bryant, Clifton D./Peck, Dennis L. (Hg.): Encyclopedia of Death and the Human Experience. Los Angeles 2009, S. 811–814.
Eckart, Wolfgang U. (Hg.): 100 Years of Organized Cancer Research. Stuttgart 2000.
Eckart, Wolfgang U./Jütte, Robert: Medizingeschichte. Eine Einführung. Stuttgart ^{2}2014.
Eckel, Jan/Moyn, Samuel (Hg.): Moral für die Welt? Menschenrechtspolitik in den 1970er Jahren. Göttingen 2012.
Eckel, Jan: Die Ambivalenz des Guten: Menschenrechte in der internationalen Politik seit den 1940ern. Göttingen 2014.
Eckel, Jan: Vielschichtiger Konflikt und transnationale Steuerung. Zur Neuinterpretation der Geschichte internationaler Politik zwischen den 1940er- und den 1990er-Jahren, in: Archiv für Sozialgeschichte 57 (2017), S. 497–535.
Ehm, Martin: Die kleine Herde – die katholische Kirche in der SBZ und im sozialistischen Staat DDR. Münster 2007.
Eiden, Patrick, u. a. (Hg.): Totenkulte: Kulturelle und literarische Grenzgänge zwischen Leben und Tod. Frankfurt a. M. 2006.
Eitler, Pascal: Wissenschaftliche Ressourcen religiösen Wissens: Informationshoheiten und Politisierungsfelder in der Bundesrepublik Deutschland 1965–1990, in: Archiv für Sozialgeschichte 51 (2011), S. 291–310.
Elberfeld, Jens: Anleitung zur Selbstregulation. Eine Wissensgeschichte der Therapeutisierung im 20. Jahrhundert, Frankfurt a. M. 2020.
Ellerbrock, Dagmar: „Healing Democracy" – Demokratie als Heilmittel. Gesundheit, Krankheit und Politik in der amerikanischen Besatzungszone 1945–1949. Bonn 2004.
Engmann, Birk: Near-Death Experiences. Heavenly Insights or Human Illusion? Cham 2014.
Ens, Kornelius: Religionsfreies Sterben. Sterbeethik im atheistischen Umfeld der DDR, in: Deutschland Archiv 3/2012, URL: https://www.bpb.de/geschichte/zeitgeschichte/deutschland archiv/126656/religionsfreies-sterben?p=all [15. 12. 2021].

Erdur, Onur: Die epistemologischen Jahre. Philosophie und Biologie in Frankreich, 1960–1980. Zürich 2017.
Erices, Rainer/Gumz, Antje: DDR-Gesundheitswesen: Die Versorgungslage war überaus kritisch, in: Deutsches Ärzteblatt 111 (2014), Nr. 9, S. A 348–350.
Ermann, Michael: Psychosomatische Medizin und Psychotherapie. Ein Lehrbuch auf psychoanalytischer Grundlage. Stuttgart ⁵2007.
Eschenbruch, Nicholas: Nursing Stories. Life and Death in a German Hospice. New York 2007.
Esser, Andrea M./Kersting Daniel/Schäfer, Christoph G.W. (Hg.): Welchen Tod stirbt der Mensch? Philosophische Kontroversen zur Definition und Bedeutung des Todes. Frankfurt a. M. 2012.
Evans, Richard J.: Tod in Hamburg. Stadt, Gesellschaft und Politik in den Cholera-Jahren 1830–1910. Reinbek 1990.
Evans, Richard J.: Rituale der Vergeltung. Die Todesstrafe in der deutschen Geschichte 1532–1987. Berlin 2001.
Evers, Adalbert/Heinze, Rolf G./Olk, Thomas: Handbuch Soziale Dienste. Wiesbaden 2011.
Ewers, Michael/Schaeffer, Doris (Hg.): Am Ende des Lebens. Versorgung und Pflege von Menschen in der letzten Lebensphase. Bern 2005.
Farmer, Paul: Infections and Inequalities: The Modern Plagues. Berkeley 1999.
Feldmann, Klaus: Tod und Gesellschaft. Sozialwissenschaftliche Thanatologie im Überblick. Wiesbaden 2010.
Feldmann, Klaus: Sterben in der modernen Gesellschaft, in: Bormann, Franz-Josef/Borasio, Gian Domenico (Hg.): Sterben. Dimensionen eines anthropologischen Grundphänomens. Berlin 2012, S. 23–40.
Festschrift 50 Jahre Katholisch Gemeinde Heilig Kreuz Halle, hg. von der Pfarrei Heilig Kreuz in Halle (Saale). Halle an der Saale 2005.
Field, David/Walter, Tony: Death and the Media, in: Mortality 8 (2003), Virtual Themed Issue, S. 1–4.
Fink, Michaela: Von der Initiative zur Institution – Die Hospizbewegung zwischen lebendiger Begegnung und standardisierter Dienstleistung. Ludwigsburg 2012.
Finnegan, Amy C.: HIV/AIDS, in: Bryant, Clifton D./Peck, Dennis L. (Hg.): Encyclopedia of Death and the Human Experience. Los Angeles 2009, S. 565–569.
Fisch, Jörg: Tödliche Rituale. Die indische Witwenverbrennung und andere Formen der Totenfolge. Frankfurt a. M. 1998.
Fischer, Norbert: Geschichte des Todes in der Neuzeit. Erfurt 2001.
Fischer, Norbert: Zur Geschichte der Trauerkultur in der Neuzeit. Kulturhistorische Skizzen zur Individualisierung, Säkularisierung und Technisierung des Totengedenkens, in: Herzog, Markwart (Hg.): Totengedenken und Trauerkultur. Geschichte und Zukunft des Umgangs mit Verstorbenen. Stuttgart 2001, S. 41–57.
Norbert Fischer: Auf dem Weg zu einer neuen Bestattungs- und Friedhofskultur, in: ders. (Hg.): Raum für Tote. Die Geschichte der Friedhöfe von den Gräberstraßen der Römerzeit bis zur anonymen Bestattung. Braunschweig 2003, S. 225–238.
Fischer, Norbert (Hg.): Raum für Tote. Die Geschichte der Friedhöfe von den Gräberstraßen der Römerzeit bis zur anonymen Bestattung. Braunschweig 2003.
Fischer, Norbert/Herzog, Markwart (Hg.): Nekropolis. Der Friedhof als Ort der Toten und der Lebenden. Stuttgart 2005.
Fittkau, Ludger: Autonomie und Fremdtötung. Frankfurt a. M. 2006.
Fittkau, Ludger/Gehring, Petra: Zur Geschichte der Sterbehilfe, in: Aus Politik und Zeitgeschichte 4/2008, S. 25–31.
Föllmer, Johanna: Palliativversorgung in der gesetzlichen Krankenversicherung. Zur Hospizversorgung nach § 39a SGB V und zur spezialisierten ambulanten Palliativversorgung nach § 37b SGB V. Berlin 2014.
Foitzik, Eva Christine: Epidemiologische Untersuchung zur Entwicklung der Balintarbeit in Deutschland (von 1970 bis 2000). Diss. med., Aachen 2007.
Foltyn, Jacque Lynn: Dead Famous and Dead Sexy: Popular Culture, Forensics and the Rise of the Corpse, in: Mortality 13 (2008), Nr. 2, S. 153–173.

Fonseca, Liselotte Hermes da/Kliche, Thomas (Hg.): Verführerische Leichen – verbotener Verfall. „Körperwelten" als gesellschaftliches Schlüsselereignis. Lengerich 2006.
Fonseca, Liselotte Hermes da: „Ich will in meinem Knochenleben endlich zufrieden und glücklich sein": Eschatologie der Körperwelten, in: Groß, Dominik/Tag, Brigitte/Schweikardt, Christoph (Hg.): Who wants to live forever? Frankfurt a. M. 2011, S. 197–217.
Forman, Walter B., u. a. (Hg.): Hospice and Palliative Care. Concepts and Practice. Sudbury ²2003.
Forsbach, Ralf: Abwehren, Verschweigen, Aufklären. Der Umgang mit den NS-Medizinverbrechen seit 1945, in: Zeitgeschichte-online, Dezember 2013, URL: https://zeitgeschichte-online.de/themen/abwehren-verschweigen-aufklaren [15. 12. 2021].
Foucault, Michel: Dispositive der Macht. Über Sexualität, Wissen und Wahrheit. Berlin 1978.
Frewer, Andreas/Eickhoff, Clemens (Hg.): „Euthanasie" und die aktuelle Sterbehilfe-Debatte. Die historischen Hintergründe medizinischer Ethik. Frankfurt a. M. 2000.
Frewer, Andreas/Erices, Rainer: Medizinethik in der DDR. Moralische und menschenrechtliche Fragen im Gesundheitswesen. Stuttgart 2015.
Frie, Ewald: Caritativer Katholizismus im expandierenden Wohlfahrtsstaat. Abschied von der Fürsorgeeinheit Gemeinde, in: Jähnichen, Traugott, u. a. (Hg.): Caritas und Diakonie im „goldenen Zeitalter" des bundesdeutschen Sozialstaats. Transformationen der konfessionellen Wohlfahrtsverbände in den 1960er Jahren. Stuttgart 2010, S. 39–55.
Frieß, Michael: Sterbehilfe. Zur theologischen Akzeptanz von assistiertem Suizid und aktiver Sterbehilfe. Stuttgart 2010.
Fulbrook, Mary: Ein ganz normales Leben. Alltag und Gesellschaft in der DDR. Darmstadt 2008.
Funiok, Rüdiger: Ein Pionier der Hospiz-Bewegung in Deutschland: P. Reinhold Iblacker SJ (1930–1996), in: Spiritual Care 7 (2018), Nr. 2, S. 121–129.
Funke, Ronald: Bilder des Glaubens. Das Fernsehen und der Wandel des Religiösen in der Bonner Republik. Göttingen 2020.
Gaber, Elisabeth: Sterblichkeit, Todesursachen und regionale Unterschiede. Berlin 2011, online unter: https://www.rki.de/DE/Content/Gesundheitsmonitoring/Gesundheitsberichterstattung/GBEDownloadsT/sterblichkeit.pdf%3f__blob%3dpublicationFile [15. 12. 2021].
Gante, Michael: Das 20. Jahrhundert (II). Rechtspolitik und Rechtswirklichkeit 1927–1976, in: Jütte, Robert (Hg.): Geschichte der Abtreibung. Von der Antike bis zur Gegenwart. München 1993, S. 169–207.
Gassert, Philipp: Bewegte Gesellschaft. Deutsche Protestgeschichte seit 1945. Stuttgart 2018.
Gehring, Petra/Rölli, Marc/Saborowski, Maxine (Hg.): Ambivalenzen des Todes. Wirklichkeit des Sterbens und Todestheorien heute. Darmstadt 2013.
George, Stephan: Bestattung und katholische Begräbnisliturgie in der SBZ/DDR. Eine Untersuchung unter Berücksichtigung präskriptiver und deskriptiver Quellen. Würzburg 2006.
Gerabek, Werner E., u. a. (Hg.): Enzyklopädie Medizingeschichte. Berlin 2005.
Gerhard, Christoph: Praxiswissen Palliativmedizin. Konzepte für unterschiedlichste palliative Versorgungssituationen. Stuttgart 2015.
Gerhards, Jürgen/Metzler, Astrid: Die Veränderung der Semantik von Todesanzeigen als Indikator für Säkularisierungsprozesse, in: Zeitschrift für Soziologie 25 (1996), Nr. 4, S. 304–314.
Gerst, Thomas: Ärztliche Standesorganisationen und Standespolitik in Deutschland 1945–1955. Stuttgart 2004.
Gerstenkorn, Uwe: Hospizarbeit in Deutschland. Lebenswissen im Angesicht des Todes. Stuttgart 2004.
Geyer, Michael/Senf, Wolfgang: Gruppentherapie in der DDR, in: Psychotherapie im Dialog 2 (2001), Nr. 2, S. 232–235.
Godzik, Peter: Hospizlich engagiert. Erfahrungen und Impulse aus drei Jahrzehnten. Hamburg 2011.
Goeschel, Christian: Selbstmord im Dritten Reich. Berlin 2011.
Götz, Anna-Maria: Die Trauernde. Weibliche Grabplastik und bürgerliche Trauer um 1900. Köln 2013.
Gohr, Antonia: Was tun, wenn man die Regierungsmacht verloren hat? Die SPD-Sozialpolitik in den 80er Jahren. ZeS-Arbeitspapier Nr. 5/2000, URL: https://www.ssoar.info/ssoar/bitstream/

handle/document/11638/ssoar-2000-gohr-was_tun.pdf?sequence=1&isAllowed=y&lnkname=ssoar-2000-gohr-was_tun.pdf [08. 11. 2021].

Golek, Michael: Standort und Zukunft der ambulanten Hospizarbeit in Deutschland. Münster 2001.

Gorsky, Martin: The British National Health Service 1948–2008: A Review of the Historiography, in: Social History of Medicine 21 (2008), Nr. 3, S. 437–460.

Gott, Merryn/Ingleton, Christine: Introduction, in: dies. (Hg.): Living with Ageing and Dying: Palliative and End of Life Care for Older People. Oxford 2011, S. xv-xviii.

Gott, Merryn/Ingleton, Christine (Hg.): Living with Ageing and Dying: Palliative and End of Life Care for Older People. Oxford 2011.

Gottberg, Joachim von: Skandalisierung, Empörung, Konsequenzen. Medien und Tabus, in: tv diskurs 14 (2010), Nr. 4, S. 18–23.

Grabe, Nina: Die stationäre Versorgung alter Menschen in Niedersachsen 1945–1975. Stuttgart 2016.

Gradmann, Christoph: Natur, Technik, Zeit. Infektionskrankheiten und ihre Kontrolle im langen 20. Jahrhundert, in: Schmiedebach, Heinz-Peter (Hg.): Medizin und öffentliche Gesundheit. Konzepte, Akteure, Perspektiven. Berlin 2018, S. 95–104.

Gräb, Christopher: Sterblichkeit und Todesursachenstatistik, in: Knupp, Bernhard/Stille, Wolfgang (Hg.): Sterben und Tod in der Medizin. Stuttgart 1996, S. 14–21.

Graen, Dennis (Hg.): Tod und Sterben in der Antike. Grab und Bestattung bei den Ägyptern, Griechen, Etruskern und Römern. Stuttgart 2011.

Graf, Friedrich Wilhelm: Die Wiederkehr der Götter: Religion in der modernen Kultur. München 2004.

Graitl, Lorenz: Sterben als Spektakel. Zur kommunikativen Dimension des politisch motivierten Suizids. Wiesbaden 2012.

Grashoff, Udo: „In einem Anfall von Depression". Selbsttötungen in der DDR. Berlin 2006.

Greiner, Florian: „Richtig sterben"? Populäres Wissen zum Thema „Tod" seit den 1970er-Jahren, in: Archiv für Sozialgeschichte 55 (2015), S. 275–296.

Greiner, Florian: Volksbund Deutsche Kriegsgräberfürsorge, in: 1914–1918-online. International Encyclopedia of the First World War, hg. Von Ute Daniel u. a., Berlin 19. 07. 2017, https://encyclopedia.1914-1918-online.net/article/volksbund_deutsche_kriegsgraberfursorge.

Greiner, Florian: Zwischen Warentest, Sensenmann und Respawnen – Überlegungen zur Medialität von Tod und Sterben, in: Augsburger Volkskundliche Nachrichten 23 (2017), Nr. 1, S. 98–115.

Greiner, Florian: Was war, wurde und ist ein „guter Tod"?, in: Müller, Monika C.M. (Hg.): Gut gemeint – gut gemacht? Professionalisierung der Sterbebegleitung und Zukunft der Hospizarbeit. Rehburg-Loccum 2018, S. 33–46.

Greiner, Florian: Säkulares Sterben? Die Kirchen und das Lebensende in der Bundesrepublik Deutschland nach 1945, in: Vierteljahrshefte für Zeitgeschichte 47 (2019), Nr. 2, S. 181–207.

Greiner, Florian: Rationalitäten des Lebensendes. Chancen, Herausforderungen und Perspektiven in der interdisziplinären Gesundheitsforschung, in: Bauer, Anna, u. a. (Hg.): Rationalitäten des Lebensendes. Interdisziplinäre Perspektiven auf Sterben, Tod und Trauer. Baden-Baden 2020, S. 9–33.

Greschat, Martin: Protestantismus im Kalten Krieg. Kirche, Politik und Gesellschaft im geteilten Deutschland, 1945–1963. Paderborn 2010.

Grimm Carlo: Rechtliche Aspekte der Sterbehilfe, in: ders./Hillebrand, Ingo: Sterbehilfe – Rechtliche und ethische Aspekte. Freiburg i. Br. 2009, S. 13–63.

Grimm Carlo/Hillebrand, Ingo: Sterbehilfe – Rechtliche und ethische Aspekte. Freiburg i. Br. 2009.

Gronemeyer, Reimer/Loewy, Erich H. (Hg.): Wohin mit den Sterbenden? Hospize in Europa – Ansätze zu einem Vergleich. Münster 2002.

Gronemeyer, Reimer/Fink, Michaela/Globisch, Marcel/Schumann, Felix (Hg.): Helfen am Ende des Lebens. Hospizarbeit und Palliative Care in Europa. Wuppertal 2004.

Gronemeyer, Reimer/Heller, Andreas: Stirbt die Hospizbewegung am eigenen Erfolg? Ein Zwischenruf, in: Heller, Andreas/Heimerl, Katharina/Husebø, Stein (Hg.): Wenn nichts mehr zu machen ist, ist noch viel zu tun. Wie alte Menschen würdig sterben können. Freiburg i. Br. 2007, S. 576–586.

Gronemeyer, Reimer/Heller, Andreas: In Ruhe sterben. Was wir uns wünschen und was die moderne Medizin nicht leisten kann. München 2014.

Groß, Dominik: Die Behandlung des Scheintods in der Medizinalgesetzgebung des Königreichs Württemberg (1806–1918), in: Würzburger medizinhistorische Mitteilungen 16 (1997), S. 15–33.

Groß, Dominik/Schweikardt, Christoph (Hg.): Die Realität des Todes. Zum gegenwärtigen Wandel von Totenbildern und Erinnerungskulturen. Frankfurt a. M. 2010.

Groß, Dominik/Tag, Brigitte/Schweikardt, Christoph (Hg.): Who wants to live forever? Frankfurt a. M. 2011.

Großbölting, Thomas/Große Kracht, Klaus: Religion in der Bundesrepublik Deutschland. Eine Einleitung, in: Zeithistorische Forschungen 7 (2010), Nr. 3, S. 334–342.

Großbölting, Thomas: Geteilter Himmel: Wahrnehmungsgeschichte der Zweistaatlichkeit, in: Aus Politik und Zeitgeschichte 1–3/2012, S. 15–21.

Großbölting, Thomas: Der verlorene Himmel. Glaube in Deutschland seit 1945. Göttingen 2013.

Großbölting, Thomas: Wiedervereinigungsgesellschaft. Aufbruch und Entgrenzung in Deutschland seit 1989–90. Bonn 2020.

Groys, Boris/Hagemeister, Michael (Hg.): Die Neue Menschheit. Biopolitische Utopien in Russland zu Beginn des 20. Jahrhunderts. Frankfurt a. M. 2005.

Grümer, Karl-Wilhelm/Helmrich, Robert. Die Todesanzeige. Viel gelesen, jedoch wenig bekannt. Deskription eines wenig erschlossenen Forschungsmaterials, in: Historical Social Research 19 (1994), Nr. 1, S. 60–108.

Guthmann, Jens: Dem Tod ins Gesicht sehen – Bilder aus dem Leichenschauhaus in der zeitgenössischen Fotografie. Vortrag im Medizinhistorischen Institut und Museum der Universität Zürich, April 2002, URL: http://www.jensguthmann.de/zuerich.pdf [15. 12. 2021].

Häberlen, Joachim C.: Spiritual Politics: New Age and New Left in West Germany around 1980, in: European History Quarterly 51 (2021), Nr. 2, S. 239–261.

Hähner-Rombach, Sylvelyn: Aus- und Weiterbildung in der Krankenpflege der Bundesrepublik Deutschland nach 1945, in: dies./Pfütsch, Pierre (Hg.): Entwicklungen in der Krankenpflege und in anderen Gesundheitsberufen nach 1945. Ein Lehr- und Studienbuch. Frankfurt a. M. 2018, S. 146–194.

Hähner-Rombach, Sylvelyn/Pfütsch, Pierre (Hg.): Entwicklungen in der Krankenpflege und in anderen Gesundheitsberufen nach 1945. Ein Lehr- und Studienbuch. Frankfurt a. M. 2018.

Hähner-Rombach, Sylvelyn: Historischer Rahmen, in: dies./Pfütsch, Pierre (Hg.): Entwicklungen in der Krankenpflege und in anderen Gesundheitsberufen nach 1945. Ein Lehr- und Studienbuch. Frankfurt a. M. 2018, S. 12–28.

Hähner-Rombach, Sylvelyn: Quantitative Entwicklung des Krankenpflegepersonals, in: dies./Pfütsch, Pierre (Hg.): Entwicklungen in der Krankenpflege und in anderen Gesundheitsberufen nach 1945. Ein Lehr- und Studienbuch. Frankfurt a. M. 2018, S. 195–219.

Hahn, Alois: Tod und Sterben in soziologischer Sicht, in: Assmann, Jan/Trauzettel, Rolf (Hg.): Tod, Jenseits und Identität. Perspektiven einer kulturwissenschaftlichen Thanatologie. Freiburg i. Br. 2002, S. 55–89.

Hahn, Alois/Hoffmann, Matthias: Der Tod und das Sterben als soziales Ereignis, in: Klinger, Cornelia (Hg.): Perspektiven des Todes in der modernen Gesellschaft. Wien 2009, S. 121–144.

Hahnen, Marie-Christin, u. a.: Die Sterbehilfedebatte und das Bild der Palliativmedizin in deutschen Printmedien, in: Ethik in der Medizin, 21 (2009), Nr. 4, S. 289–305.

Hall, David: Worktown: The Astonishing Story of the Birth of Mass-Observation. London 2015.

Hallam, Elizabeth: Beyond the Body: Death and Social Identity. London 1999.

Hamilton, David: A History of Organ Transplantation: Ancient Legends to Modern Practice. Pittsburgh 2012.

Hammer, Georg-Hinrich: Geschichte der Diakonie in Deutschland. Stuttgart 2013.

Hanegraaff, Wouter J.: New Age Religion and Western Culture: Esotericism in the Mirror of Secular Thought. Leiden 1996.

Hanegraaff, Wouter J.: Western Esotericism: A Guide for the Perplexed. London 2013.

Hannig, Nicolai: Die Religion der Öffentlichkeit. Kirche, Religion und Medien in der Bundesrepublik 1945–1980. Göttingen 2010.
Hannig, Nicolai/Thießen, Malte (Hg.): Vorsorgen in der Moderne. Akteure, Räume und Praktiken. München 2017.
Hannig, Nicolai: Kalkulierte Gefahren. Naturkatastrophen und Vorsorge seit 1800. Göttingen 2019.
Hanses Andreas, u. a.: Konstruktionen des Sterbens. Analysen zu den Herstellungsweisen des Sterbens in organisationalen Kontexten, in: neue praxis 45 (2015), Nr. 2, S. 160–177.
Hanusch, Folker: Representing Death in the News: Journalism, Media and Mortality. Basingstoke 2010.
Harrison, Mark: Contagion: How Commerce Has Spread Disease. New Haven 2012.
Hartkopf, Margret: Die Kinderhospizarbeit – Teil der Hospizbewegung, in: Hayek, Julia von/Weihrauch, Birgit (Red.): 20 Jahre Deutscher Hospiz- und PalliativVerband. Eine Zeitreise. Ludwigsburg 2012, S. 99–101.
Hartmann, Heinrich/Unger, Corinna (Hg.): Bevölkerungswissenschaften im 20. Jahrhundert – Diskurse und Praktiken in transnationaler Perspektive. Berichte zur Wissenschaftsgeschichte 33 (2010), Nr. 3.
Hartmann, Heinrich/Unger, Corinna (Hg.): A World of Populations. Transnational Perspectives on Demography in the Twentieth Century. New York 2014.
Hartmann, Maren/Hepp, Andreas (Hg.): Die Mediatisierung der Alltagswelt. Wiesbaden 2010.
Haus, Adrian: Todesanzeigen in Ost- und Westdeutschland: ein sprach- und kulturwissenschaftlicher Vergleich. Todesanzeigen aus der Leipziger Volkszeitung und der Frankfurter Neuen Presse 1976 bis 2004. Frankfurt a. M. 2007.
Hauser-Schäublin, Brigitta u. a.: Der geteilte Leib. Die kulturelle Dimension von Organtransplantation und Reproduktionsmedizin in Deutschland. Frankfurt a. M. 2001.
Have, Henk ten/Janssens, Rien: Introduction, in: dies. (Hg.): Palliative Care in Europe. Concepts and Policies. Amsterdam 2001, S. 1–12.
Have, Henk ten/Janssens, Rien (Hg.): Palliative Care in Europe. Concepts and Policies. Amsterdam 2001.
Hayek, Julia von: Hybride Sterberäume in der reflexiven Moderne: Eine ethnographische Studie. Münster 2006.
Hayek, Julia von/Weihrauch, Birgit (Red.): 20 Jahre Deutscher Hospiz- und PalliativVerband. Eine Zeitreise. Ludwigsburg 2012.
Hayek, Julia von: Zur Bedeutung der Presse- und Öffentlichkeitsarbeit, in: dies./Weihrauch, Birgit (Red.): 20 Jahre Deutscher Hospiz- und PalliativVerband. Eine Zeitreise. Ludwigsburg 2012, S. 102–104.
Hayek, Julia von: Zur Situation in Halle. Gespräch mit Kathrin Dietl und Eduard Prosch, in: dies./Weihrauch, Birgit (Red.): 20 Jahre Deutscher Hospiz- und PalliativVerband. Eine Zeitreise. Ludwigsburg 2012, S. 47–50.
Hayek, Julia von: Zur Situation in Nordrhein-Westfalen. Ein Gespräch mit Dr. Birgit Weihrauch und Professor Dr. Franco Rest, in: dies./Weihrauch, Birgit (Red.): 20 Jahre Deutscher Hospiz- und PalliativVerband. Eine Zeitreise. Ludwigsburg 2012, S. 41–46.
Heilmann, Bernhard: Umbau des Wohlfahrtssystems – Hospiz als Vorreiter, in: Gronemeyer, Reimer/Loewy, Erich H. (Hg.): Wohin mit den Sterbenden? Hospize in Europa – Ansätze zu einem Vergleich. Münster 2002, S. 66–84.
Heimerl, Katharina/Heller, Andreas (Hg.): Eine große Vision in kleinen Schritten. Aus Modellen der Hospiz- und Palliativbetreuung lernen. Freiburg i. Br. 2001.
Heinemann, Isabel: Wertewandel, Version: 1.0, in: Docupedia-Zeitgeschichte, 22. 10. 2012, URL: http://docupedia.de/zg/Wertewandel?oldid=106492 [26. 07. 2020].
Heinemann, Isabel: Wert der Familie. Ehescheidung, Frauenarbeit und Reproduktion in den USA des 20. Jahrhunderts. Berlin 2018.
Heller, Andreas/Heimerl, Katharina/Husebø, Stein (Hg.): Wenn nichts mehr zu machen ist, ist noch viel zu tun. Wie alte Menschen würdig sterben können. Freiburg i. Br. 2007.
Heller, Andreas/Pleschberger, Sabine/Fink, Michaela/Gronemeyer, Reimer: Die Geschichte der Hospizbewegung in Deutschland. Ludwigsburg 2012.

Heller, Andreas/Pleschberger, Sabine: Die Anfänge der BAG Hospiz, in: Hayek, Julia von/Weihrauch, Birgit (Red.): 20 Jahre Deutscher Hospiz- und PalliativVerband. Eine Zeitreise. Ludwigsburg 2012, S. 33-37.
Heller, Andreas/Pleschberger, Sabine: Ein Film schreibt Hospizgeschichte, in: Praxis PalliativeCare 16 (2012), S. 26-27.
Heller, Andreas/Pleschberger, Sabine: Sterbebegleitung als Friedensarbeit, in: Praxis PalliativeCare 16 (2012), S. 16-18.
Heller, Birgit/Winter, Franz (Hg.): Tod und Ritual. Interkulturelle Perspektiven zwischen Tradition und Moderne. Wien 2007.
Helmberger, Peter: Blauhemd und Kugelkreuz. Konflikte zwischen der SED und den christlichen Kirchen um die Jugendlichen in der SBZ/DDR. München 2008.
Herbert, Ulrich: Drei deutsche Vergangenheiten. Über den Umgang mit der deutschen Zeitgeschichte, in: Bauerkämper, Arnd/Sabrow Martin/Stöver, Bernd (Hg.): Doppelte Zeitgeschichte. Deutsch-deutsche Beziehungen 1945-1990. Bonn 1998, S. 376-390.
Herbert, Ulrich: Geschichte Deutschlands im 20. Jahrhundert. München 2014.
Hering, Sabine/Münchmeier, Richard: Geschichte der Sozialen Arbeit. Eine Einführung. Weinheim ^{5}2014.
Herzog, Markwart (Hg.): Totengedenken und Trauerkultur. Geschichte und Zukunft des Umgangs mit Verstorbenen. Stuttgart 2001.
Hesse, Anja, u. a. (Hg.): Tabu. Über den gesellschaftlichen Umgang mit Ekel und Scham. Berlin 2009.
Hettling, Manfred/Echternkamp, Jörg (Hg.): Gefallenengedenken im globalen Vergleich. Nationale Tradition, politische Legitimation und Individualisierung der Erinnerung. München 2013.
Heyden, Maximilian von/Jungaberle, Henrik/Majić, Tomislav: Handbuch Psychoaktive Substanzen. Berlin 2017.
Hitzer, Bettina: Angst, Panik?! Eine vergleichende Gefühlsgeschichte von Grippe und Krebs in der Bundesrepublik, in: Thießen, Malte (Hg.): Infiziertes Europa. Seuchen im langen 20. Jahrhundert. München 2014, S. 137-156.
Hitzer, Bettina: Oncomotions: Experience and Debates in West Germany and the United States after 1945, in: Biess, Frank/Gross, Daniel M. (Hg.): Science and Emotions after 1945. A Transatlantic Perspective. Chicago 2014, S. 157-178.
Hitzer, Bettina: Krebs fühlen. Eine Emotionsgeschichte des 20. Jahrhunderts. Stuttgart 2020.
Hockerts, Hans Günter (Hg.): Drei Wege deutscher Sozialstaatlichkeit. NS-Diktatur, Bundesrepublik und DDR im Vergleich. München 1998.
Hockerts, Hans Günter: Caritas in der „Fürsorgediktatur". Über Rahmenbedingungen caritativen Handelns im SED-Staat, in: Kösters, Christoph (Hg.): Caritas in der SBZ/DDR 1945-1989. Erinnerungen, Berichte, Forschungen. Paderborn 2001, S. 27-36.
Hodenberg, Christina von: Television's Moment. Sitcom Audiences and the Sixties Cultural Revolution. New York 2015.
Hömberg, Walter/Neuberger, Christoph: Experten des Alltags. Ratgeberjournalismus und Rechercheanzeigen. Eichstätt 1995.
Hölscher, Lucian (Hg.): Die Zukunft des 20. Jahrhunderts. Dimensionen einer historischen Zukunftsforschung. Frankfurt a. M. 2017.
Höpflinger, François: Bevölkerungssoziologie. Eine Einführung in bevölkerungssoziologische Ansätze und demographische Prozesse. Weinheim ^{2}2012.
Hörschelmann, Angela (Red.): 25 Jahre DHPV. Bürgerbewegt. Initiativ. Zugewandt. Hg. vom Deutschen Hospiz- und PalliativVerband, Berlin 2017.
Hoffmann, Dierk/Schwartz, Michael (Hg.): Geschichte der Sozialpolitik in Deutschland seit 1945. Band 8: 1949-1961. Deutsche Demokratische Republik. Im Zeichen des Aufbaus des Sozialismus. Baden-Baden 2004.
Hoffmann, Dierk/Brunnbauer, Ulf (Hg.): Transformation als soziale Praxis. Mitteleuropa seit den 1970er Jahren. Berlin 2020.
Hofmann, Simon: Umstrittene Körperteile. Eine Geschichte der Organspende in der Schweiz. Bielefeld 2016.

Hohendorf, Gerrit: Der Tod als Erlösung vom Leiden. Geschichte und Ethik der Sterbehilfe seit dem Ende des 19. Jahrhunderts. Göttingen 2013.

Hohendorf, Gerrit: Die nationalsozialistischen Krankenmorde zwischen Tabu und Argument. Zur aktuellen Debatte über die Sterbehilfe, in: Bialas, Wolfgang/Fritze, Lothar: Ideologie und Moral im Nationalsozialismus. Göttingen 2014, S. 267–292.

Hong Xiong, Jesse: The Outline of Parapsychology. Lanham 2010.

Hübner, Constanze: Sterbehilfe – ein unbekanntes Terrain. Empirische und ethische Analysen zu einem guten Lebensende. Stuttgart 2016.

Hübner, Peter: Sozialpolitik im geteilten Deutschland 1945–1989. Entwicklungspfade und Forschungsperspektiven, in: Lindenberger, Thomas/Sabrow, Martin (Hg.): German Zeitgeschichte. Konturen eines Forschungsfeldes. Göttingen 2016, S. 209–225.

Hülsen-Esch, Andrea von /Wolf, Gerhard: Vorwort, in: Bolze, Max, u. a. (Hg.): Prozesse des Alterns. Konzepte – Narrative – Praktiken. Bielefeld 2015, S. 9–12.

Huppmann, Gernot/Fischbeck, Sabine (Hg.): Zur Geschichte der medizinischen Psychologie. Würzburg 2006.

Husebø, Stein/Mathis, Gebhard (Hg.): Palliativmedizin. Berlin ^{6}2017.

Igersky, Sabine/Schmacke, Norbert: Und wo bleiben die Patienten...? Eine Analyse von Arzt- und Krankenhausserien im Deutschen Fernsehen, in: Jazbinsek, Dietmar (Hg.): Gesundheitskommunikation. Wiesbaden 2000, S. 129–147.

Irmak, Kenan H.: Der hinfällige Körper. Der Alters- und Siechendiskurs in Deutschland (1880–1960), in: Conze, Susanne, u. a. (Hg.): Körper macht Geschichte – Geschichte macht Körper. Körpergeschichte als Sozialgeschichte. Bielefeld 1999, S. 321–346.

Irmak, Kenan H.: Der Sieche. Alte Menschen und die stationäre Altenhilfe in Deutschland 1924–1961. Essen 2002.

Jacob, Nicola: Aktive Sterbehilfe im Rechtsvergleich und unter der Europäischen Menschenrechtskonvention. Marburg 2013.

Jacobsen, Jens: Schatten des Todes. Die Geschichte der Seuchen. Darmstadt 2012.

Jähnichen, Traugott, u. a. (Hg.): Caritas und Diakonie im „goldenen Zeitalter" des bundesdeutschen Sozialstaats. Transformationen der konfessionellen Wohlfahrtsverbände in den 1960er Jahren. Stuttgart 2010.

Jakob, Mark: Familienbilder. Sozialer Wandel, Wissenschaft und Familienpolitik in der BRD 1954–1982. Wiesbaden 2018.

Jakoby, Nina/Thönnes, Michaela (Hg.): Zur Soziologie des Sterbens. Aktuelle theoretische und empirische Beiträge. Wiesbaden 2017.

Janßen, Mike: Wie das Leben so der Tod. Sterbedarstellungen von Kaisern und Königen in der Historiographie des früheren Mittelalters. Göttingen 2021.

Janz, Nina: Von Toten und Helden. Die gefallenen Soldaten der Wehrmacht während des Zweiten Weltkriegs, in: Planert, Ute/Süß, Dietmar/Woyke, Meik (Hg.): Sterben, Töten, Gedenken. Zur Sozialgeschichte des Todes. Bonn 2018, S. 181–208.

Janz, Oliver: Das symbolische Kapital der Trauer. Nation, Religion und Familie im Gefallenenkult des Ersten Weltkriegs. Tübingen 2009.

Jarausch, Konrad H.: Die Umkehr. Deutsche Wandlungen 1945–1995. Bonn 2004.

Jarausch, Konrad H.: Fürsorgediktatur, Version: 1.0, in: Docupedia-Zeitgeschichte, 11. 02. 2010, URL: https://docupedia.de/zg/F%C3 %BCrsorgediktatur [15. 12. 2021].

Jazbinsek, Dietmar (Hg.): Gesundheitskommunikation. Wiesbaden 2000.

Jessen, Ralph/Reichardt, Sven: Einleitung, in: dies./Klein, Ansgar (Hg.): Zivilgesellschaft als Geschichte. Studien zum 19. und 20. Jahrhundert. Wiesbaden 2004, S. 7–27.

Jessen, Ralph/Reichardt, Sven/Klein, Ansgar (Hg.): Zivilgesellschaft als Geschichte. Studien zum 19. und 20. Jahrhundert. Wiesbaden 2004.

Jochem, Sven: Reformpolitik im Wohlfahrtsstaat. Deutschland im internationalen Vergleich. Berlin 2009.

Jonen-Thielemann, Ingeborg: Organisation der Palliativmedizin in Klinik und Ambulanz – Das Dr. Mildred Scheel Haus am Klinikum der Universität zu Köln, in: Heimerl, Katharina/Heller, Andreas (Hg.): Eine große Vision in kleinen Schritten. Aus Modellen der Hospiz- und Palliativbetreuung lernen. Freiburg i. Br. 2001, S. 215–233.

Jones, Constance: Die letzte Reise. Eine Kulturgeschichte des Todes. München 1999.

Jordan, Isabella: Hospizbewegung in Deutschland und den Niederlanden. Palliativversorgung und Selbstbestimmung am Lebensende. Frankfurt a. M. 2007.
Jordheim, Helge: Zukunft in der Altersforschung des 20. Jahrhunderts, in: Hölscher, Lucian (Hg.): Die Zukunft des 20. Jahrhunderts. Dimensionen einer historischen Zukunftsforschung. Frankfurt a. M. 2017, S. 159–178.
Jox, Ralf J.: Sterben lassen. Über Entscheidungen am Ende des Lebens. Reinbek 2013.
Jütte, Robert (Hg.): Geschichte der Abtreibung. Von der Antike bis zur Gegenwart. München 1993.
Juhasz, Alexandra: AIDS TV. Identity, Community, and Alternative Video. Durham 1995.
Kahl, Antje/Knoblauch, Hubert: Transmortalität. Organspende, Tod und tote Körper in der heutigen Gesellschaft, in: dies./Weber, Tina (Hg.): Transmortalität. Organspende, Tod und tote Körper in der heutigen Gesellschaft. Weinheim 2017, S. 8–34.
Kahl, Antje/Knoblauch, Hubert/Weber, Tina (Hg.): Transmortalität. Organspende, Tod und tote Körper in der heutigen Gesellschaft. Weinheim 2017.
Kaiser, Alexandra: Von Helden und Opfern. Eine Geschichte des Volkstrauertags. Frankfurt a. M. 2010.
Kaller-Dietrich, Martina: Ivan Illich (1926 – 2002). Sein Leben, sein Denken. Wien 2007.
Kampf, Antje: Alter(n), Gender, Körper. Neue Verbindungen für die zeithistorische Forschung, in: Zeithistorische Forschungen 10 (2013), Nr. 3, S. 464–470.
Kampmann, Sabine: Bilder des Alterns. Greise Körper in Kunst und visueller Kultur. Berlin 2020.
Karliczek, Ernst: Das Patientenverfügungsgesetz, in: Hessisches Ärzteblatt 70 (2009), Nr. 12, S. 791–794.
Karpf, Ernst/Kiesel, Doron/Visarius, Karsten (Hg.): Kino und Tod. Zur filmischen Inszenierung von Vergänglichkeit. Marburg 1993.
Karsten, Arne/Zitzlsperger, Philipp (Hg.): Tod und Verklärung. Grabmalskultur in der Frühen Neuzeit. Köln 2004.
Kastenbaum, Robert: Good Death, in: Bryant, Clifton D./Peck, Dennis L. (Hg.): Encyclopedia of Death and the Human Experience. Los Angeles 2009, S. 522–524.
Katzenmeier, Christian/Dahm, Franz-Josef: Wilhelm Uhlenbruck zum 80. Geburtstag, in: Medizinrecht 28 (2010), Nr. 10, S. 675.
Kaufmann, Benedikt: Patientenverfügungen zwischen Selbstbestimmung und staatlicher Fürsorge. Mehr Patientenautonomie durch das 3. BtÄndG? Würzburg 2015.
Kellehear, Allan: A Social History of Dying. Cambridge 2007.
Keown, John: Euthanasia, Ethics and Public Policy: An Argument against Legalisation. Cambridge 2018.
Kern, Udo: Der Mensch bleibt Mensch. Anthropologische Grunddaten des alten Menschen, in: Kumlehn, Martina/Klie, Thomas (Hg.): Aging – Anti-Aging – Pro-Aging. Altersdiskurse in theologischer Deutung. Stuttgart 2009, S. 56–102.
Kersten, Jörg: Medizinethische Theorie und Praxis in der DDR, dargestellt am Beispiel der Behandlung kritisch kranker Patienten mit wahrscheinlich infauster Prognose in Gesundheitseinrichtungen. Diss. phil., Frankfurt/Oder 2010.
Kiernan, Stephen P.: Last Rights: Rescuing the End of Life from the Medical System. New York 2006.
Kießling, Friedrich: Die undeutschen Deutschen. Eine ideengeschichtliche Archäologie der alten Bundesrepublik 1945 – 1972. Paderborn 2012.
Kimeswenger, Elke: Der Wunsch nach Legalisierung der aktiven Sterbehilfe. Die Entwicklung des öffentlichen Diskurses seit 1945 und die Rolle der Ärzteschaft. Diss. med., Graz 2012.
Kinch, Ashby: Imago Mortis: Mediating Images of Death in Late Medieval Culture. Leiden 2013.
Kirste, Günter: Organspende: Partielles Weiterleben in einem fremden Körper, in: Groß, Dominik/Tag, Brigitte/Schweikardt, Christoph (Hg.): Who wants to live forever? Frankfurt a. M. 2011, S. 191–196.
Klee, Ernst: „Euthanasie" im NS-Staat. Die „Vernichtung lebensunwerten Lebens". Frankfurt a. M. 2010.
Kleiner, Stephanie/Suter, Robert (Hg.): Guter Rat. Glück und Erfolg in der Ratgeberliteratur 1900–1940. Berlin 2015.

Kleiner, Stephanie/Suter, Robert (Hg.): Stress und Unbehagen. Glücks- und Erfolgspathologien in der zweiten Hälfte des 20. Jahrhunderts. Berlin 2018.
Kleiner, Stephanie/Suter, Robert: Stress und Unbehagen. Glück- und Erfolgspathologien in der zweiten Hälfte des 20. Jahrhunderts – eine Einleitung, in: dies. (Hg.): Stress und Unbehagen. Glücks- und Erfolgspathologien in der zweiten Hälfte des 20. Jahrhunderts. Berlin 2018, S. 7–28.
Kleßmann, Christoph: Zwei Staaten, eine Nation. Deutsche Geschichte 1955–1970. Bonn ²1997.
Kleßmann, Christoph (Hg.): Geschichte der Sozialpolitik in Deutschland seit 1945. Band 9: 1961–1971. Deutsche Demokratische Republik. Politische Stabilisierung und wirtschaftliche Mobilisierung. Baden-Baden 2006.
Kleßmann, Christoph/Lautzas, Peter (Hg.): Teilung und Integration. Die doppelte deutsche Nachkriegsgeschichte als wissenschaftliches und didaktisches Problem. Schwalbach 2006.
Klessmann, Michael: Von der Krankenseelsorge zur Krankenhausseelsorge – historische Streiflichter, in: Roser, Traugott (Hg.): Handbuch der Krankenhausseelsorge. Göttingen ⁵2019, S. 34–41.
Klie, Thomas/Nord, Ilona (Hg.): Tod und Trauer im Netz. Mediale Kommunikationen in der Bestattungskultur. Stuttgart 2016.
Klinger, Cornelia (Hg.): Perspektiven des Todes in der modernen Gesellschaft. Wien 2009.
Klose, Gabriele: Die Wurzeln der Hospizarbeit in der DDR. Esslingen 2022.
Knoblauch, Hubert/Zingerle, Arnold (Hg.): Thanatosoziologie. Tod, Hospiz und die Institutionalisierung des Sterbens. Berlin 2005.
Knoblauch, Hubert: Soziologie der Spiritualität, in: Baier, Karl (Hg.): Handbuch Spiritualität. Zugänge, Traditionen, interreligiöse Prozesse. Darmstadt 2006, S. 91–111.
Knoblauch, Hubert: Der populäre Tod? Obduktion, Postmoderne und die Verdrängung des Todes, in: Groß, Dominik/Tag, Brigitte/Schweikardt, Christoph (Hg.): Who wants to live forever? Frankfurt a. M. 2011, S. 27–53.
Knoch, Habbo: Die Tat als Bild. Fotografien des Holocaust in der deutschen Erinnerungskultur. Hamburg 2001.
Knoch, Habbo/Möckel, Benjamin: Moral History. Überlegungen zu einer Geschichte des Moralischen im „langen" 20. Jahrhundert, in: Zeithistorische Forschungen 14 (2017), Nr. 1, S. 93–111.
Kobelt-Groch, Marion/Niekus Moore, Cornelia (Hg.): Tod und Jenseits in der Schriftkultur der Frühen Neuzeit. Wiesbaden 2008.
Koch, Jörg: Von Helden und Opfern. Kulturgeschichte des deutschen Kriegsgedenkens. Darmstadt 2013.
König, Ida: Die „objektiven" Toten. Leichenfotografie als Spiegel des Umgangs mit den Toten. Hamburg 2008.
Kösters, Christoph (Hg.): Caritas in der SBZ/DDR 1945–1989. Erinnerungen, Berichte, Forschungen. Paderborn 2001.
Kösters, Christoph: Staatssicherheit und Caritas. Zur politischen Geschichte der katholischen Kirche in der DDR. Paderborn 2001.
Kohnert, Monika: Hospiz aus Sicht des Bundesministeriums für Familie, Senioren, Frauen und Jugend, in: Gronemeyer, Reimer/Loewy, Erich H. (Hg.): Wohin mit den Sterbenden? Hospize in Europa – Ansätze zu einem Vergleich. Münster 2002, S. 169–176.
Kolling, Hubert: Robert Svoboda, in: ders. (Hg.): Who was who in Nursing history. Biographisches Lexikon zur Pflegegeschichte. Band 5, München 2011, S. 277–280.
Kolling, Hubert: Elisabeth Kübler-Ross, in: ders. (Hg.): Who was who in Nursing history. Biographisches Lexikon zur Pflegegeschichte. Band 7, München 2015.
Kolling, Hubert: Reinhold Iblacker, in: ders. (Hg.): Who was who in Nursing history. Biographisches Lexikon zur Pflegegeschichte. Band 7, München 2015, S. 127–130.
Kolling, Hubert: Who was who in Nursing history. Biographisches Lexikon zur Pflegegeschichte. 7 Bände, München 1997–2015.
Kolmer, Lothar: Der Tod des Mächtigen. Kult und Kultur des Todes spätmittelalterlicher Herrscher. Paderborn 1997.
Kolodziej, Thomas: Hospizarbeit in Halle. „Wo wir einander begegnen, sind wir Lebende und Hoffende", in: Asperger, Walter/Wüstner, Thomas (Hg.): Kreuz und Rose. 120 Jahre Krankenhaus St. Elisabeth und St. Barbara Halle (Saale). Wettin-Löbejün 2017, S. 574 f.

Koppehele, Eva: Sterbehilfe – Sterbebegleitung: alternativenlos, alternativ oder ganz anders? Soziologische Studie zum Diskurs. Diss. phil., München 2008.

Koselleck, Reinhart/Jeismann, Michael (Hg.): Der politische Totenkult. Kriegerdenkmäler in der Moderne. München 1994.

Kostrzewa, Stephan/Gerhard, Christoph: Hospizliche Altenpflege. Palliative Versorgungskonzepte in Altenpflegeheimen entwickeln, etablieren und evaluieren. Bern 2010.

Kottnik, Roswitha (Red.): Hospizarbeit in Diakonie und Kirche: Reflexionen und Konkretionen. Hg. Vom Diakonischen Werk der EKD. Stuttgart 2002.

Králová, Jana: What Is Social Death?, in: Contemporary Social Science 10 (2015), Nr. 3, S. 235–248.

Kramer, Nicole: Neue soziale Bewegungen, Sozialwissenschaften und die Erweiterung des Sozialstaats. Familien- und Altenpolitik in den 1970er und 1980er Jahren, in: Archiv für Sozialgeschichte 52 (2012), S. 211–230.

Kramer, Nicole: Alter(n) als Thema der Zeitgeschichte. Einleitung, in: Zeithistorische Forschungen 10 (2013), Nr. 3, S. 455–463.

Krasberg, Ulrike: „Hab ich vergessen, ich hab nämlich Alzheimer!" Beobachtungen einer Ethnologin in Demenzwohngruppen. Bern 2013.

Krauss, Sabine H.: Who cares? Rationalitäten der spezialisierten ambulanten Palliativversorgung am Beispiel Zeit, in: Bauer, Anna, u. a. (Hg.): Rationalitäten des Lebensendes. Interdisziplinäre Perspektiven auf Sterben, Tod und Trauer. Baden-Baden 2020, S. 173–206.

Kreuder-Sonnen, Katharina: Wie man Mikroben auf Reisen schickt. Zirkulierendes bakteriologisches Wissen und die polnische Medizin 1885–1939. Tübingen 2018.

Kreutzer, Susanne: Arbeits- und Lebensalltag evangelischer Krankenpflege. Organisation, soziale Praxis und biographische Erfahrungen, 1945–1980. Göttingen 2014.

Kreutzer, Susanne: Sorge für Leib und Seele – Arbeits- und Lebensalltag evangelischer Krankenpflege, 1950er bis 1970er Jahre, in: Hähner-Rombach, Sylvelyn/Pfütsch, Pierre (Hg.): Entwicklungen in der Krankenpflege und in anderen Gesundheitsberufen nach 1945. Ein Lehr- und Studienbuch. Frankfurt a. M. 2018, S. 91–119.

Krome, Kathrin: Entwicklung und aktueller Stand der Euthanasiedebatte in der Bundesrepublik Deutschland. Diss. med., Würzburg 2005.

Krotz, Friedrich: Mediatisierung. Fallstudien zum Wandel von Kommunikation. Wiesbaden 2007.

Krüger, Oliver: Virtualität und Unsterblichkeit. Die Visionen des Posthumanismus. Freiburg i. Br. 2004.

Krüger, Oliver: Die Unsterblichkeitsutopie der Kryonik: Geschichte, Kontext und Probleme, in: Groß, Dominik/Tag, Brigitte/Schweikardt, Christoph (Hg.): Who wants to live forever? Frankfurt a. M. 2011, S. 249–273.

Kselman, Thomas: Death in the Western World: Michel Vovelle's Ambivalent Epic *La mort et l'Occident, de 1300 à nos jours*, in: Mortality: Promoting the Interdisciplinary Study of Death and Dying 9 (2004), Nr. 2, S. 168–176.

Kühl, Richard/Tümmers, Henning: Auf dem Markt. Das bundesdeutsche Krankenhaus – Skizzen zu einer Gegenwartsgeschichte, in: Zeithistorische Forschungen 17 (2020), Nr. 2, S. 261–282.

Kühnel, Florian: Kranke Ehre? Adlige Selbsttötung im Übergang zur Moderne. München 2013.

Kujawska-Tenner, Janina: The Beginnings of Hospice Care Under Communist Regime: The Cracow Experience, in: Saunders, Cicely M./Kastenbaum, Robert (Hg.): Hospice Care on the International Scene. New York 2001, S. 158–166.

Kumlehn, Martina/Klie, Thomas (Hg.): Aging – Anti-Aging – Pro-Aging. Altersdiskurse in theologischer Deutung. Stuttgart 2009.

Laak, Dirk van: Planung, Planbarkeit und Planungseuphorie, Version: 1.0, in: Docupedia-Zeitgeschichte, 16. 02. 2010, https://docupedia.de/zg/Planung [14. 07. 2020].

Laak, Dirk van: Was bleibt? Erben und Vererben als Themen der zeithistorischen Forschung, in: Zeithistorische Forschungen 13 (2016), Nr. 1, S. 136–150.

Labisch, Alfons/Spree, Reinhard (Hg.): Medizinische Deutungsmacht im sozialen Wandel des 19. und frühen 20. Jahrhunderts. Bonn 1989.

Lachner, Raimund/Schmelter, Denis (Hg.): Nahtoderfahrungen. Eine Herausforderung für Theologie und Naturwissenschaft. Berlin 2013.

Lafontaine, Céline: Die postmortale Gesellschaft. Wiesbaden 2010.
Lampert, Thomas/Knoll, Lars Eric/Dunkelberg, Annalena: Soziale Ungleichheit und Lebenserwartung in Deutschland, in: Aus Politik und Zeitgeschichte 42/2007, S. 11–17.
Lange, Ines: Von der Wiege bis zur Bahre. Zur Geschichte Sozialistischer Feiern zu Geburt, Ehe und Tod in der DDR, in: Kulturation. Onlinejournal für Kultur, Wissenschaft und Politik 2004, online unter: http://www.kulturation.de/ki_1_thema.php?id=57 [15. 12. 2021].
Lanzrath, Sascha: Patientenverfügung und Demenz. Berlin 2016.
Laske, Alexander: Hospizarbeit in der DDR?, in: Zeitschrift für Palliativmedizin 11 (2010), Nr. 5, S. 248.
Laslett, Peter: Das dritte Alter. Historische Soziologie des Alterns. Weinheim 1995.
Lawin, Peter/Opderbecke, Hans Wolfgang/Schuster, Hans-Peter (Hg.): Die Intensivmedizin in Deutschland: Geschichte und Entwicklung. Heidelberg 2001.
Leisner, Walter: Tod im Staatsrecht. Sterben in der Demokratie: Befehl, Erlaubnis, Vermeidung, Folgen – Überwindung? Berlin 2016.
Leonhard, Jörn: Der überforderte Frieden. Versailles und die Welt 1918–1923. München 2018.
Lewis, Milton J.: Medicine and the Care of Dying. A Modern History. Oxford 2007.
Lindemann, Gesa: Beunruhigende Sicherheiten. Zur Genese des Hirntodkonzepts. Konstanz 2003.
Lindenberger, Thomas/Sabrow, Martin (Hg.): German Zeitgeschichte. Konturen eines Forschungsfeldes. Göttingen 2016.
Lindner, Ulrike: Gesundheitspolitik in der Nachkriegszeit. Großbritannien und die Bundesrepublik Deutschland im Vergleich. München 2004.
Lindstrom, Lamont: Geoffrey Gorer and Féral Benga, a Collaboration, in: History and Anthropology 24 (2013), Nr. 2, S. 183–205.
Link, Franz (Hg.): Tanz und Tod in Kunst und Literatur. Berlin 1993.
Littger, Benno: Christliche Hospiz- und Palliativkultur. Grundlagen, Erfahrungen und Herausforderungen. Würzburg 2014.
Loffeier Iris/ Majerus, Benoît/Moulaert, Thibauld (Hg.): Framing Age: Contested Knowledge in Science and Politics. London 2017.
Lohmeier, Jens/Kaiser, Stephanie: Die Medizintechnik im Dienst der Unsterblichkeit: Ein Vergleich zwischen russisch-sozialistischen Utopien und der Kryonik, in: Groß, Dominik/Tag, Brigitte/Schweikardt, Christoph (Hg.): Who wants to live forever? Frankfurt a. M. 2011, S. 301–329.
Lorbeer, Lukas: Die Sterbe- und Ewigkeitslieder in deutschen lutherischen Gesangbüchern des 17. Jahrhunderts. Göttingen 2012.
Luczak, Jacek/Hunter, Gillian Petrie: Hospice care in eastern Europe, in: The Lancet 356 (2000), Special Issue 1, S. s23, online unter: https://www.thelancet.com/journals/lancet/article/PIIS0140-6736(00)92009-9/fulltext [15. 12. 2021].
Luhmann, Niklas: Die Realität der Massenmedien. Wiesbaden ³2004.
Lunshof, Jeantine E./Simon, Alfred: Die Diskussion um Sterbehilfe und Euthanasie in Deutschland von 1945 bis in die Gegenwart, in: Frewer, Andreas/Eickhoff, Clemens (Hg.): „Euthanasie" und die aktuelle Sterbehilfe-Debatte. Die historischen Hintergründe medizinischer Ethik. Frankfurt a. M. 2000, S. 237–249.
Maasen, Sabine, u. a. (Hg.): Das beratene Selbst. Zur Genealogie der Therapeutisierung in den ‚langen' Siebzigern. Bielefeld 2011.
Macho, Thomas/Marek, Kristin (Hg.): Die neue Sichtbarkeit des Todes. Paderborn 2007.
Macho, Thomas: Was tun? Skizzen zur Wissensgeschichte der Beratung, in: Brandstetter, Thomas/Pias, Claus/Vehlken, Sebastian (Hg.): Think Tanks. Die Beratung der Gesellschaft. Zürich 2010, S. 59–85.
Macho, Thomas: Sterben zwischen neuer Öffentlichkeit und Tabuisierung, in: Bormann, Franz-Josef/Borasio, Gian Domenico (Hg.): Sterben. Dimensionen eines anthropologischen Grundphänomens. Berlin 2012, S. 41–49.
Macho, Thomas: Das Leben nehmen. Suizid in der Moderne. Berlin 2017.
Maes, Hans (Hg.): Pornographic Art and the Aesthetics of Pornography. Basingstoke 2013.

Mai, Ralf: Regionale Sterblichkeitsunterschiede in Ostdeutschland. Struktur, Entwicklung und die Ost-West-Lücke seit der Wiedervereinigung, in: Materialien zur Bevölkerungswissenschaft 111 (2004), S. 51–68.

Maio, Giovanni: Tod, in: Gerabek, Werner E., u. a. (Hg.): Enzyklopädie Medizingeschichte. Berlin 2005, S. 1400–1402.

Manderscheid, Michael/Wollasch, Hans-Josef (Hg.): Die ersten hundert Jahre. Forschungsstand zur Caritas-Geschichte. Hg. im Auftrag des Deutschen Caritasverbandes. Freiburg i. Br. 1998.

Mantei, Simone: Nein und Ja zur Abtreibung. Die evangelische Kirche in der Reformdebatte um § 218 StGB (1970–1976). Göttingen 2004.

Marschall, Susanne: Letzte Augenblicke im Kino. Gedanken über filmische (Vor-)Zeichen des Abschieds, in: AugenBlick. Marburger Hefte zur Medienwissenschaft 43 (2008), S. 28–40.

Martin, Wendy/Twigg, Julia (Hg.): Routledge Handbook on Cultural Gerontology. London 2014.

Maier, Tanja: Die (un-)sichtbare Religion. Wandel des christlichen Bilderrepertoires in der visuellen Kultur. Köln 2019.

Marckmann, Georg/Sanktjohanser, Anna Mara/Schmitten, Jürgen in der: Sterben im Spannungsfeld zwischen Ethik und Ökonomie, in: Bormann, Franz-Josef/Borasio, Gian Domenico (Hg.): Sterben. Dimensionen eines anthropologischen Grundphänomens. Berlin 2012, S. 351–367.

Martin, Robert/Tradii, Laura: Do we deny death? I. A genealogy of death denial, in: Mortality 24 (2019), Nr. 3, S. 247–260.

Martschukat, Jürgen: Inszeniertes Töten. Eine Geschichte der Todesstrafe vom 17. bis zum 19. Jahrhundert. Köln 2000.

Martschukat, Jürgen: Das Zeitalter der Fitness. Wie der Körper zum Zeichen für Erfolg und Leistung wurde. Frankfurt a. M. 2019.

Matron, Kristina: Häusliche Altenpflege von 1945 bis 1985, in: Hähner-Rombach, Sylvelyn/Pfütsch, Pierre (Hg.): Entwicklungen in der Krankenpflege und in anderen Gesundheitsberufen nach 1945. Ein Lehr- und Studienbuch. Frankfurt a. M. 2018, S. 287–311.

Mayer, Gerhard: Phantome – Wunder – Sensationen. Das Übersinnliche in der Presseberichterstattung. Sandhausen 2004.

McIlwain, Charlton D.: When Death Goes Pop: Death, Media and the Remaking of Community. New York 2005.

McKeown, Thomas: The Modern Rise of Population. London 1976.

Meinhardt, Volker/Schulz, Erika: Kostenexplosion im Gesundheitswesen? Wochenbericht des DIW Berlin 7/2003, URL: http://www.diw.de/sixcms/detail.php/284880# [20. 07. 2020].

Menke, Manuel/Kinnebrock, Susanne: Würde bis zum Schluss? Mediale Konzeptionen von Würde im Diskurs über Sterbehilfe, In: Medien & Altern. Zeitschrift für Forschung und Praxis 8 (2016), S. 32–46.

Merrin, William: Crash, Bang, Wallop! What a Picture! The Death of Diana and the Media, in: Mortality 4 (1998), Nr. 1, S. 41–62.

Meßmer, Tobias: Sektionsbericht HT 2021: Deutungskämpfe am Lebensende – Zur Dialektik von Individualisierung und Standardisierung beim Sterben, Trauern und Erben im 20. Jahrhundert, 05. 10. 2021 – 08. 10. 2021 hybrid (München), in: H-Soz-Kult, 20. 11. 2021, https://www.hsozkult.de/conferencereport/id/tagungsberichte-9158 [15. 12. 2021].

Mettenbrink, Roland: Religion in Kinderliteratur. Sterben und Tod bei Astrid Lindgren. Leipzig 2018.

Metz, Christian: Hospizbewegung und/oder Palliative Care: zwei Seiten einer Medaille? Zur organisatorischen Implementierung und Weiterentwicklung der Hospiz-Idee, in: Gronemeyer, Reimer/Loewy, Erich H. (Hg.): Wohin mit den Sterbenden? Hospize in Europa – Ansätze zu einem Vergleich. Münster 2002, S. 88–105.

Metzler, Gabriele: Demokratisierung des Risikos? Ulrich Becks „Risikogesellschaft", in: Zeithistorische Forschungen 7 (2010), Nr. 2, S. 323–327.

Metzler, Gabriele: Zeitgeschichte: Begriff – Disziplin – Problem, Version: 1.0, in: Docupedia-Zeitgeschichte, 7. 4. 2014, URL: http://docupedia.de/zg/Zeitgeschichte [15. 12. 2021].

Mielke, Leonie: Sterben und Tod im modernen Wohlfahrtsstaat. Dargestellt an der deutschen Hospizbewegung. Berlin 2006.

Mielke, Leonie: Hospiz im Wohlfahrtsstaat. Gesellschaftliche Antworten auf Sterben und Tod. Eine soziologische Bestandsaufnahme in Deutschland. Ludwigsburg 2007.
Minois, Georges: Geschichte des Selbstmords. Düsseldorf 1996.
Mintz, Steven: The Prime of Life. A History of Modern Adulthood. Cambridge 2015.
Mirkin, Barry: Evolution of National Population Policies since the United Nations 1954 World Population Conference, in: Genus – Journal of Population Sciences 61 (2005), Nr. 3/4, S. 297–328.
Möhring, Maren: Die Regierung der Körper. „Gouvernementalität" und „Techniken des Selbst", in: Zeithistorische Forschungen 3 (2006), Nr. 2, S. 284–290.
Möller, Frank/Mählert, Ulrich (Hg.): Abgrenzung und Verflechtung. Das geteilte Deutschland in der zeithistorischen Debatte. Berlin 2008.
Mola, Giorgio Di: A New Medicalisation of Death?, in: Have, Henk ten/Janssens, Rien (Hg.): Palliative Care in Europe. Concepts and Policies. Amsterdam 2001, S. 143–146.
Morse, Tal: The Mourning News. Reporting Violent Death in a Global Age. New York 2018.
Moskopp, Dag: Hirntod: Konzept – Kommunikation – Verantwortung. Stuttgart 2015.
Mosse, George L.: Gefallen für das Vaterland. Nationales Heldentum und namenloses Sterben. Stuttgart 1993.
Moyn, Samuel: Die Rückkehr des verlorenen Sohns – Einleitung: Die 1970er Jahre als Umbruchphase in der Menschenrechtsgeschichte, in: Eckel, Jan/ders. (Hg.): Moral für die Welt? Menschenrechtspolitik in den 1970er Jahren. Göttingen 2012, S. 7–21.
Müller, Klaus: „Ich habe das Recht darauf, so zu sterben, wie ich gelebt habe!" Die Geschichte der AIDS-(Hospiz-)Versorgung in Deutschland. Ludwigsburg 2012.
Müller, Monika/Brathuhn, Sylvia/Schnegg, Matthias (Hg.): Handbuch Trauerbegegnung und -begleitung. Theorie und Praxis in Hospizarbeit und Palliative Care. Göttingen 2013.
Murken, Axel Hinrich: Vom Armenhospital zum Großklinikum. Die Geschichte des Krankenhauses vom 18. Jahrhundert bis zur Gegenwart. Köln ³1995.
Naegler, Heinz/Wehkamp, Karl-Heinz: Medizin zwischen Patientenwohl und Ökonomisierung. Krankenhausärzte und Geschäftsführer im Interview. Berlin 2018.
Nahmer, Dieter von der: Der Heilige und sein Tod. Sterben im Mittelalter. Darmstadt 2013.
Nassehi, Armin/Brüggen, Susanne/Saake, Irmhild: Beratung zum Tode. Eine neue ars moriendi?, in: Berliner Journal für Soziologie 12 (2002), S. 63–85.
Nassehi, Armin: Formen der Vergesellschaftung des Sterbeprozesses, in: Nationaler Ethikrat (Hg.): Wie wir sterben / Selbstbestimmung am Lebensende. Tagungsdokumentationen der Tagungen des Nationalen Ethikrats in Augsburg und Münster. Berlin 2006, S. 81–92.
Nationaler Ethikrat (Hg.): Wie wir sterben / Selbstbestimmung am Lebensende. Tagungsdokumentationen der Tagungen des Nationalen Ethikrats in Augsburg und Münster. Berlin 2006.
Nauck, Friedemann: Hospizarbeit und Palliativmedizin: Europäischer Ausblick, in: Aulbert, Eberhard/Klaschik, Eberhard/Kettler, Dietrich (Hg.): Palliativmedizin – Ausdruck gesellschaftlicher Verantwortung. Stuttgart 2002, S. 3–14.
Neumaier, Christopher: Familie im 20. Jahrhundert. Konflikte um Ideale, Politiken und Praktiken. Berlin 2019.
Nieder, Ludwig/Schneider, Werner (Hg.): Die Grenzen des menschlichen Lebens. Lebensbeginn und Lebensende aus sozial- und kulturwissenschaftlicher Sicht. Münster 2007.
Niehaus, Michael/Peeters, Wim (Hg.): Rat geben. Zu Theorie und Analyse des Beratungshandelns. Bielefeld 2014.
Nöthen, Manuela: Hohe Kosten im Gesundheitswesen: Eine Frage des Alters?, in: Wirtschaft und Statistik 11 (2011), Nr. 7, S. 665–675.
Nolte, Karen: Todkrank. Sterbebegleitung im 19. Jahrhundert: Medizin, Krankenpflege und Religion. Göttingen 2016.
Nowak, Kai: Automatismen als Unfallprävention? Verkehrssicherheit in der frühen Bundesrepublik im Zeichen von Selbstkontrolle und Resilienz, in: Hannig, Nicolai/Thießen, Malte (Hg.): Vorsorgen in der Moderne. Akteure, Räume und Praktiken. München 2017, S. 147–167.
Oels, David/Schikowski, Michael (Hg.): Ratgeber. Hannover 2012.
Offerhaus, Anke: Sterben, Trauern und Gedenken in der digitalisierten Gesellschaft: Zur Erweiterung von Handlungsspielräumen mit und durch digitale Medientechnologien, in: Bauer,

Anna, u. a. (Hg.): Rationalitäten des Lebensendes. Interdisziplinäre Perspektiven auf Sterben, Tod und Trauer. Baden-Baden 2020, S. 251–286.

Östling, Johan, u. a. (Hg.): Circulation of Knowledge. Explorations in the History of Knowledge. Lund 2018.

Oestreicher, Paul: A Dissident Parish in East Germany. The Unique Story of Holy Cross in Halle, in: Occasional Papers on Religion in Eastern Europe 25 (2005), Nr. 3, S. 70–73.

Ohler, Norbert: Sterben und Tod im Mittelalter. München 1990.

Ohse, Marc-Dietrich/Pollack, Detlef: Dissidente Gruppen in der DDR (1949–1989), in: Roth, Roland/Rucht, Dieter (Hg.): Die sozialen Bewegungen in Deutschland seit 1945. Ein Handbuch. Frankfurt a. M. 2008, S. 363–390.

Oliver, Kelly: Technologies of Life and Death: From Cloning to Capital Punishment. New York 2013.

Packenius, Gerhard: Heilen war seine Berufung. Zum Tod von Pfarrer Heinrich Pera, in: Pressemitteilungen des Bistums Magdeburg, März 2004, online unter: https://www.bistum-magdeburg.de/front_content.php?idart=3319 [15. 12. 2021].

Packenius, Gerhard: Heinrich Pera (1938–2004), in: Festschrift 50 Jahre Katholisch Gemeinde Heilig Kreuz Halle, hg. von der Pfarrei Heilig Kreuz in Halle (Saale). Halle an der Saale 2005, S. 13–15.

Pantenius, Michael: Gelehrte, Weltanschauer, auch Poeten... Literarische Porträts berühmter Hallenser. Halle an der Saale 2006.

Paquot, Thierry: Ivan Illich. Denker und Rebell. München 2017.

Pates, Rebecca: Postmortale Auferstehungsmärkte: Körperwelten und das Verschwinden des Leviathan, in: Groß, Dominik/Tag, Brigitte/Schweikardt, Christoph (Hg.): Who wants to live forever? Frankfurt a. M. 2011, S. 235–246.

Paul, Norbert/Schlich, Thomas (Hg.): Medizingeschichte: Aufgaben, Probleme, Perspektiven. Frankfurt a. M. 1998.

Pecorino, Philip A. (Hg.): Perspectives on Death and Dying. An Online Textbook. ^{5}2002, http://www.qcc.cuny.edu/SocialSciences/ppecorino/DeathandDying_TEXT/table_of_contents.htm [15. 12. 2021].

Peng-Keller, Simon: Die Integration spiritueller Aspekte in die Gesundheitspolitik der WHO seit 1984, online unter: http://p3.snf.ch/project-169222 [15. 12. 2021].

Pennington, Margot: Memento mori – Eine Kulturgeschichte des Todes. Stuttgart 2001.

Perabo, Christa: Hospiz aus Sicht des Hessischen Sozialministeriums, in: Gronemeyer, Reimer/Loewy, Erich H. (Hg.): Wohin mit den Sterbenden? Hospize in Europa – Ansätze zu einem Vergleich. Münster 2002, S. 177–189.

Perschke-Hartmann, Christiane: Die doppelte Reform. Gesundheitspolitik von Blüm zu Seehofer. Wiesbaden 1994.

Peuker, Torsten/Schulz, Christian: Der über Leichen geht – Gunther von Hagens und seine „Körperwelten". Berlin 2004.

Peuten, Sarah: Die Patientenverfügung – über den Selbstbestimmungsdiskurs am Lebensende. Münster 2018.

Pfeiffer, Mathias: Tod und Jenseitsvorstellungen in der griechischen Antike. Religiöse, philosophische und medizinische Aspekte. München 2007.

Pfütsch, Pierre (Hg.): Marketplace, Power, Prestige. The Healthcare Professions' Struggle for Recognition (19th – 20th Century). Stuttgart 2019.

Phieler, Anne: Die Betreuung Sterbender in der Altenpflege. Von Mitte der 1970er Jahre bis zu Beginn der 1990er Jahre, in: Geschichte der Pflege 2 (2013), Nr. 2, S. 88–102.

Pilvousek, Josef: Die katholische Kirche in der DDR. Beiträge zur Kirchengeschichte Mitteldeutschlands. Münster 2014.

Planert, Ute/Süß, Dietmar/Woyke, Meik (Hg.): Sterben, Töten, Gedenken. Zur Sozialgeschichte des Todes. Bonn 2018.

Pleinen, Jenny/Raphael, Lutz: Zeithistoriker in den Archiven der Sozialwissenschaften. Erkenntnispotenziale und Relevanzgewinne für die Disziplin, in: Vierteljahrshefte für Zeitgeschichte 62 (2014), Nr. 2, S. 173–196.

Poiger, Uta G.: Auf der Suche nach dem wahren Selbst. Feminismus, Schönheit und Kosmetikindustrie in der Bundesrepublik seit den 1970er-Jahren, in: Zeithistorische Forschungen 14 (2017), Nr. 2, S. 286–310.

Pollack, Detlef: Rekonstruktion statt Dekonstruktion. Für eine Historisierung der Säkularisierungsthese, in: Zeithistorische Forschungen 7 (2010), Nr. 3, S. 433–439.
Pollack, Detlef: Säkularisierungstheorie, Version: 1.0, in: Docupedia-Zeitgeschichte, 07. 03. 2013, URL: https://docupedia.de/zg/Saekularisierungstheorie [15. 12. 2021].
Porter, Roy: Geschröpft und zur Ader gelassen. Eine kleine Kulturgeschichte der Medizin. Frankfurt a. M. 2006.
Proctor, Robert N.: Naziärzte, Rassenmedizin und „lebensunwertes Leben" – Von der Ideologie zur „Euthanasie", in: Frewer, Andreas/Eickhoff, Clemens (Hg.): „Euthanasie" und die aktuelle Sterbehilfe-Debatte. Die historischen Hintergründe medizinischer Ethik. Frankfurt a. M. 2000, S. 65–79.
Putz, Wolfgang/Steldinger, Beate: Patientenrechte am Ende des Lebens. Vorsorgevollmacht – Patientenverfügung – Selbstbestimmtes Sterben. München ^{5}2014.
Quill, Timothy E./Miller Franklin G. (Hg.): Palliative Care and Ethics. New York 2014.
Quitz, Andrea: Moralische Fragen von Sterben und Tod. Medizinethik der DDR im Dienst des Marxismus, in: Frewer, Andreas/Erices, Rainer: Medizinethik in der DDR. Moralische und menschenrechtliche Fragen im Gesundheitswesen. Stuttgart 2015, S. 145–162.
Quitz, Andrea: Staat, Macht, Moral. Die medizinische Ethik in der DDR. Berlin 2015.
Rajagopal, M.R./Mazza, David/Lipman, Arthur G. (Hg.): Pain and Palliative Care in the Developing World and Marginalized Populations: A Global Challenge. New York 2003.
Raphael, Lutz: Die Verwissenschaftlichung des Sozialen als methodische und konzeptionelle Herausforderung für eine Sozialgeschichte des 20. Jahrhunderts, in: Geschichte und Gesellschaft 22 (1996), Nr. 2, S. 165–193.
Raphael, Lutz/Doering-Manteuffel, Anselm: Nach dem Boom. Perspektiven auf die Zeitgeschichte seit 1970. Göttingen ^{3}2012.
Raphael, Lutz: 1980er: Typische Jahre „nach dem Boom", in: Aus Politik und Zeitgeschichte 46/ 2015, S. 8–13.
Rathmayr, Bernhard: Armut und Fürsorge. Einführung in die Geschichte der Sozialen Arbeit von der Antike bis zur Gegenwart. Opladen 2014.
Ravenscroft, Elke: Entwicklung, Organisation und Praxis der Hospizbewegung in Großbritannien. Diss. phil., Münster 2000.
Redlin, Jane: Säkulare Totenrituale. Totenehrung, Staatsbegräbnis und private Bestattung in der DDR. München 2009.
Reichert, Martin: Die Kapsel. Aids in der Bundesrepublik. Berlin 2018.
Reinecke, Christiane: Wissensgesellschaft und Informationsgesellschaft, Version: 1.0, in: Docupedia-Zeitgeschichte, 11. 02. 2010, URL: http://docupedia.de/zg/Wissensgesellschaft?oldid=97454 [15. 12. 2021].
Reinicke, Peter (Hg.): Soziale Arbeit im Krankenhaus – Vergangenheit und Zukunft. Freiburg i. Br. 2001.
Reitmayer, Morten/Schlemmer, Thomas (Hg.): Die Anfänge der Gegenwart. Umbrüche in Westeuropa nach dem Boom. München 2014.
Richter, Isabel: Der phantasierte Tod. Bilder und Vorstellungen vom Lebensende im 19. Jahrhundert. Frankfurt a. M. 2010.
Ricken, Friedo: *Ars moriendi* – zu Ursprung und Wirkungsgeschichte der Rede von der Sterbekunst, in: Bormann, Franz-Josef/Borasio, Gian Domenico (Hg.): Sterben. Dimensionen eines anthropologischen Grundphänomens. Berlin 2012, S. 309–324.
Ridder, Michael de: Wie wollen wir sterben? Ein ärztliches Plädoyer für eine neue Sterbekultur in Zeiten der Hochleistungsmedizin. München 2010.
Rieg, Günter/Knupp, Bernhard/Stille, Wolfgang: Tod an Infektionen, in: Knupp, Bernhard/Stille, Wolfgang (Hg.): Sterben und Tod in der Medizin. Stuttgart 1996, S. 26–45.
Rink, Dieter: Bürgerbewegungen in der DDR. Demokratische Sammlungsbewegungen am Ende des Sozialismus, in: Roth, Roland/Rucht, Dieter (Hg.): Die sozialen Bewegungen in Deutschland seit 1945. Ein Handbuch. Frankfurt a. M. 2008, S. 391–415.
Risse, Guenter B.: Mending Bodies, Saving Souls. A History of Hospitals. Oxford 1999.
Rollo-Koster, Joëlle (Hg.): Death in Medieval Europe. Death Scripted and Death Coreographed. London 2017.

Roloff, Eckart: Die publizistische Entdeckung des Patienten. Eine Presseanalyse zum Medizinjournalismus und zu den ersten Herztransplantationen. Baden-Baden 2013.

Ropers, Cornelia: Katholische Krankenpflegeausbildung in der SBZ/DDR und im Transformationsprozess. Diss. phil., Erfurt 2009.

Rosenberg, Charles E./Golden, Janet (Hg.): Framing Disease. Studies in Cultural History. New Brunswick 1997.

Rosenberg, Charles E.: Introduction. Framing Disease: Illness, Society, and History, in: ders./Golden, Janet (Hg.): Framing Disease. Studies in Cultural History. New Brunswick 1997, S. xiii-xxiv.

Rosentreter Michael/Groß, Dominik/Kaiser, Stephanie (Hg.): Sterbeprozesse – Annäherungen an den Tod. Kassel 2010.

Roser, Traugott: Spiritual Care. Ethische, organisationale und spirituelle Aspekte der Krankenhausseelsorge. Ein praktisch-theologischer Zugang. Stuttgart 2007.

Roser, Traugott (Hg.): Handbuch der Krankenhausseelsorge. Göttingen ⁵2019.

Roth, Roland/Rucht, Dieter (Hg.): Die sozialen Bewegungen in Deutschland seit 1945. Ein Handbuch. Frankfurt a. M. 2008.

Ruby, Jay: Secure the Shadow. Death and Photography in America. Cambridge 1995.

Ruck, Michael/Boldorf, Marcel (Hg.): Geschichte der Sozialpolitik in Deutschland seit 1945. Band 4: 1957–1966. Bundesrepublik Deutschland. Sozialpolitik im Zeichen des erreichten Wohlstands. Baden-Baden 2007.

Rucht, Dieter: Neue Soziale Bewegungen, in: Andersen, Uwe/Woyke, Wichard (Hg.): Handwörterbuch des politischen Systems der Bundesrepublik Deutschland. Heidelberg ⁷2013, S. 479–482.

Saake, Irmhild: Die Performanz des Medizinischen. Zur Asymmetrie in der Arzt-Patienten-Interaktion. In: Soziale Welt 54 (2003), Nr. 4, S. 429–459.

Saake, Irmhild/Nassehi, Armin/Mayr, Katharina: Gegenwarten von Sterbenden. Eine Kritik des Paradigmas vom „bewussten" Sterben, in: Kölner Zeitschrift für Psychologie und Sozialpsychologie 71 (2019), Nr. 1, S. 27–52.

Sabrow, Martin: Die NS-Vergangenheit in der geteilten deutschen Geschichtskultur, in: Kleßmann, Christoph/Lautzas, Peter (Hg.): Teilung und Integration. Die doppelte deutsche Nachkriegsgeschichte als wissenschaftliches und didaktisches Problem. Schwalbach 2006, S. 132–151.

Sabrow, Martin: Writing Contemporary German History in the Present, in: Lindenberger, Thomas/ders. (Hg.): German Zeitgeschichte. Konturen eines Forschungsfeldes. Göttingen 2016, S. 13–27.

Sachße, Christoph: Zur Geschichte Sozialer Dienste in Deutschland, in: Evers, Adalbert/Heinze, Rolf G./Olk, Thomas: Handbuch Soziale Dienste. Wiesbaden 2011, S. 94–116.

Saga, Tomoo/Yamaguchi, Keizo: History of Antimicrobial Agents and Resistant Bacteria, in: Japan Medical Association Journal 52 (2009), Nr. 2, S. 103–108.

Sahm, Stephan: Sterbebegleitung und Patientenverfügung. Ärztliches Handeln an den Grenzen von Ethik und Recht. Frankfurt a. M. 2006.

Saliot, Anne-Gaëlle: The Drowned Muse. Casting the Unknown Woman of the Seine Across the Tides of Modernity. Oxford 2015.

Salis Gross, Corina: Der ansteckende Tod. Eine ethnologische Studie zum Sterben im Altersheim. Frankfurt a. M. 2001.

Sames, Klaus H.: Die Kryonik – ihre biomedizinische Relevanz und ihre gesellschaftliche Wahrnehmung, in: Groß, Dominik/Tag, Brigitte/Schweikardt, Christoph (Hg.): Who wants to live forever? Frankfurt a. M. 2011 (Hg.): Who wants to live forever? Frankfurt a. M. 2011, S. 275–300.

Samuel, Lawrence R.: Death, American Style. A Cultural History of Dying in America. Lanham 2013.

Sarasin, Philipp: Was ist Wissensgeschichte?, in: Internationales Archiv für Sozialgeschichte der deutschen Literatur 36 (2011), S. 159–172.

Schäfer, Dagmar: Patientenverfügungen: krank – aber entscheidungsfähig. Lage 2001.

Schäfer, Klaus: Vom Scheintod zum Hirntod. Gesellschaftliche Reaktionen bei der Änderung des Todesbegriffs. Norderstedt 2016.

Schäfer, Klaus: Vom Koma zum Hirntod. Pflege und Begleitung auf der Intensivstation. Stuttgart 2017.

Schagen, Udo/Schleiermacher, Sabine: Gesundheitswesen und Sicherung bei Krankheit, in: Hoffmann, Dierk/Schwartz, Michael (Hg.): Geschichte der Sozialpolitik in Deutschland seit 1945. Band 8: 1949–1961. Deutsche Demokratische Republik. Im Zeichen des Aufbaus des Sozialismus. Baden-Baden 2004, S. 388–433.

Schagen, Udo/Schleiermacher, Sabine (Hg.): 100 Jahre Sozialhygiene, Sozialmedizin und Public Health in Deutschland. Berlin 2005.

Scharnagl, Martin N.W.: „Der Wahn, der mich beglückt." Der Chirurg Julius Hackethal (1921–1997) als Beispiel deutscher Medizinkritik und ihrer medialen Darstellung in der zweiten Hälfte des 20. Jahrhunderts. Diss. med., Würzburg 2017.

Schiefer, Frank: Die vielen Tode. Individualisierung und Privatisierung im Kontext von Sterben, Tod und Trauer in der Moderne. Wissenssoziologische Perspektiven. Münster 2007.

Schiffer, Christian, u. a. (Hg.): WASD. Bookazine für Gameskultur 10: Game Over. Videospiele und der Tod. München 2016.

Schildt, Axel/Siegfried, Detlef/Lammers, Karl Christian (Hg.): Dynamische Zeiten. Die 60er Jahre in den beiden deutschen Gesellschaften. Hamburg 2000.

Schilling, Johannes/Klus, Sebastian: Soziale Arbeit. Geschichte – Theorie – Profession. München ⁶2015.

Schimmel, Ulrich: Zur Entwicklung der Nierenentnahmen zu Transplantationszwecken im Thüringer Raum in den Jahren 1974–1990. Diss. med., Halle 2001.

Schlich, Thomas: Transplantation. Geschichte, Medizin, Ethik der Organverpflanzung, München 1998.

Schlich, Thomas/Wiesemann, Claudia (Hg.): Hirntod. Zur Kulturgeschichte der Todesfeststellung. Frankfurt a. M. 2001.

Schlich, Thomas: Zeitgeschichte der Medizin: Herangehensweisen und Probleme, in: Medizinhistorisches Journal 42 (2007), S. 269–298.

Schlichter, Ansgar/Wulff, Hans J.: Sterbehilfe: Ein filmographisches Dossier, in: Medienwissenschaft: Berichte und Papiere 163 (2015), S. 1–28.

Schlögel, Karl: Friedhof Europa. Ein Essay, in: Fischer, Norbert/Herzog, Markwart (Hg.): Nekropolis. Der Friedhof als Ort der Toten und der Lebenden. Stuttgart 2005, S. 253–266.

Schlott, René: Papsttod und Weltöffentlichkeit seit 1878. Die Medialisierung eines Rituals. Paderborn 2013.

Schmähl, Winfried: Alterssicherungspolitik in Deutschland. Vorgeschichte und Entwicklung von 1945 bis 1998. Tübingen 2018.

Schmale, Wolfgang: For a Democratic "United States of Europe" (1918–1951). Freemasons – Human Rights Leagues – Winston S. Churchill – Individual Citizens. Stuttgart 2019.

Schmiedebach, Heinz-Peter (Hg.): Medizin und öffentliche Gesundheit. Konzepte, Akteure, Perspektiven. Berlin 2018.

Schmidt, Manfred G. (Hg.): Geschichte der Sozialpolitik in Deutschland seit 1945. Band 7: 1982–1989. Bundesrepublik Deutschland. Finanzielle Konsolidierung und institutionelle Reform. Baden-Baden 2005.

Schmied-Knittel, Ina: Physik der Unsterblichkeit: Nahtod-Forschung und Überlebenshypothesen, in: Groß, Dominik/Tag, Brigitte/Schweikardt, Christoph (Hg.): Who wants to live forever? Frankfurt a. M. 2011, S. 55–75.

Schmied-Kowarzik, Wolfdietrich (Hg.): Auseinandersetzungen mit dem zerstörten jüdischen Erbe. Franz-Rosenzweig-Gastvorlesungen (1999–2005). Kassel 2004, URL: https://www.uni-kassel.de/upress/online/frei/978-3-89958-044-0.volltext.frei.pdf [15. 12. 2021].

Schmitz-Esser, Romedio: Der Leichnam im Mittelalter. Einbalsamierung, Verbrennung und die kulturelle Konstruktion des toten Körpers. Ostfildern 2014.

Schneider, Werner: „So tot wie nötig – so lebendig wie möglich!" Sterben und Tod in der fortgeschrittenen Moderne. Eine Diskursanalyse der öffentlichen Diskussion um den Hirntod in Deutschland. Münster 1999.

Schneider, Werner: Vom schlechten Sterben und vom guten Tod – Die Neu-Ordnung des Todes in der politischen Debatte um Hirntod und Organtransplantation, in: Schlich, Thomas/Wiese-

mann, Claudia (Hg.): Hirntod. Zur Kulturgeschichte der Todesfeststellung. Frankfurt a. M. 2001, S. 279–317.
Schneider, Werner/Hayek, Julia von: „Sterben dort, wo man zu Hause ist…" Zur institutionellen Ordnung des Lebensendes in der ambulanten Hospizarbeit, in: Ewers, Michael/Schaeffer, Doris (Hg.): Am Ende des Lebens. Versorgung und Pflege von Menschen in der letzten Lebensphase. Bern 2005, S. 117–137.
Schneider, Werner: Sterbewelten: Ethnographische (und dispositivanalytische) Forschung zum Lebensende, in: Schnell, Martin W./Schneider, Werner/Kolbe, Harald (Hg.): Sterbewelten. Eine Ethnographie. Wiesbaden 2014, S. 51–138.
Schneider, Werner: Epilog: Wenn schon kein fröhliches, so doch zumindest ein rationales Sterben… Oder: Wie mit dem Lebensende umgehen?, in: Bauer, Anna, u. a. (Hg.): Rationalitäten des Lebensendes. Interdisziplinäre Perspektiven auf Sterben, Tod und Trauer. Baden-Baden 2020, S. 313–317.
Schnell, Martin W./Schneider, Werner/Kolbe, Harald (Hg.): Sterbewelten. Eine Ethnographie. Wiesbaden 2014.
Schöller, Aline: Der Hirntod als Todeskriterium und Voraussetzung für eine Organtransplantation: Die Entwicklung der ethischen Diskussion unter Berücksichtigung aktueller neurowissenschaftlicher Erkenntnisse. Diss. med., Tübingen 2015.
Schorberger, Gregor: Geschichte der ökumenischen Krankenhausseelsorge an der Universitätsklinik Frankfurt am Main. Mainz 2002.
Schrader, Tobias: Sterbehilfe. Geschichte und Recht in Europa am Beispiel von Deutschland und Frankreich. Marburg 2012.
Schreiter, Miriam: Wie kommt der Tod ins Spiel? Von Leichen und Geistern in Casual Games. Glückstadt 2019.
Schütte, Christian: Kommunikative Strategien in Ratgeberbüchern zum Thema „Trauer", in: Niehaus, Michael/Peeters, Wim (Hg.); Rat geben. Zu Theorie und Analyse des Beratungshandelns. Bielefeld 2014, S. 133–158.
Schulz, Felix Robin: Death in East Germany, 1945–1990. Oxford 2013.
Schulz, Felix Robin: In Search of Rationality and Objectivity: Origins and Development of East German Thanatology, in: Betts, Paul/Smith, Stephen A. (Hg.): Science, Religion and Communism in Cold War Europe. Basingstoke 2016, S. 205–224.
Schwamm, Christoph: Hegemonic Masculinity and the Gender Gap in Caregiving: The Contentious Presence of West German Men in Nursing since around 1970, in: Pfütsch, Pierre (Hg.): Marketplace, Power, Prestige. The Healthcare Professions' Struggle for Recognition (19th – 20th Century). Stuttgart 2019, S. 79–95.
Schwartz, Michael: „Liberaler als bei uns?" Zwei Fristenregelungen und die Folgen. Reformen des Abtreibungsstrafrechts in Deutschland, in: Wengst, Udo/Wentker, Hermann (Hg.): Das doppelte Deutschland: 40 Jahre Systemkonkurrenz. Berlin 2008, S. 183–212.
Seale, Clive: Media Constructions of Dying Alone: a Form of „Bad Death", in: Social Science & Medicine 58 (2004), Nr. 5, S. 967–974.
Seefried, Elke: Zukünfte. Aufstieg und Krise der Zukunftsforschung, 1945–1980. Berlin 2015.
Seefried, Elke/Rolf, Malte: Trans-Bloc Exchange of Knowledge during the Cold War. Special Issue, Journal of Cold War Studies 25 (2023), in Vorbereitung.
Seigewasser, Peter: Das Diplom für Mediziner und Stomatologen in der DDR, unter besonderer Berücksichtigung der Immatrikulations- und Absolventenzahlen der Charité. Diss. med., Berlin 2006.
Seitz, Oliver/Seitz, Dieter: Die moderne Hospizbewegung in Deutschland auf dem Weg ins öffentliche Bewusstsein. Ursprünge, kontroverse Diskussionen, Perspektiven. Herbolzheim 2002.
Selg, Olaf (Red.): Populäre Serien-Genres: Familie, Heimat, Ärzte, Sitcom. Bundeszentrale für politische Bildung, 1. 6. 2021, URL: https://www.bpb.de/themen/medien-journalismus/deutsche-fernsehgeschichte-in-ost-und-west/245202/populaere-serien-genres-familie-heimat-aerzte-sitcom/ [12. 9. 2022].
Senf, Wolfgang/Geyer, Michael: Jürgen Ott: Vermittler zwischen Ost und West, in: Psychotherapie im Dialog 4 (2003), Nr. 4, S. 422 f.

Senne, Stefan/Hesse, Alexander: Genealogie der Selbstführung. Zur Historizität von Selbsttechnologien in Lebensratgebern. Bielefeld 2019.
Senneke, Julia-Sophie: Tagungsbericht: Rationalitäten des Lebensendes. Sterbekulturen in Vergangenheit und Gegenwart, 07. 03. 2019 – 08. 03. 2019 Augsburg, in: H-Soz-Kult, 13. 06. 2019, https://www.hsozkult.de/conferencereport/id/tagungsberichte-8304 [15. 12. 2021].
Sessa, Ben: Geschichte der Psychedelika in der Medizin, in: Heyden, Maximilian von/Jungaberle, Henrik/Majić, Tomislav: Handbuch Psychoaktive Substanzen. Berlin 2017, o.S., URL: https://link.springer.com/referenceworkentry/10.1007/978-3-642-55214-4_99-1 [15. 12. 2021].
Seubold, Günter/Schmaus, Thomas (Hg.): Ästhetik des Todes. Tod und Sterben in der Kunst der Moderne. Bonn 2013.
Seul, Michaela: Ein Abschied in Würde. Sterbebegleitung, Hospiz, Palliativbetreuung. München 2007.
Sheldon, Tony: Andries Postma, in: BMJ 334 (10. 2. 2007), S. 320.
Silomon, Anke: Widerstand von Protestanten im NS und in der DDR, in: Aus Politik und Zeitgeschichte 14/2009, S. 33–38.
Simonovic, Vasilija/Laryionava, Katsiaryna: Das öffentliche Sterben in der Postmoderne, in: Rosentreter Michael/Groß, Dominik/Kaiser, Stephanie (Hg.): Sterbeprozesse – Annäherungen an den Tod. Kassel 2010, S. 203–213.
Skuban, Ralph: Die Pflegeversicherung. Eine kritische Betrachtung. Wiesbaden 2000.
Small, Neil: Dying in a Public Place: AIDS Deaths, in: Clark, David (Hg.): The Sociology of Death. Theory, Culture, Practice. Oxford 1993, S. 87–111.
Small, Neil: Death of the Authors, in: Mortality 3 (1998), Nr. 3, S. 215–228.
Smolny, Conny: Komm, sanfter Tod, des Schlafes Bruder. Eine Kulturgeschichte des Todes. Berlin 2010.
Sörries, Reiner: Der Tod im Museum. Anmerkungen zur Musealisierung der letzten Dinge, in: Cox, Heinrich L. (Red.): Sterben und Tod. Jahrbuch der Rheinischen Vereinigung für Volkskunde. Bonn 2002, S. 175–198.
Sörries, Reiner: Ruhe sanft. Kulturgeschichte des Friedhofs. Kevelaer 2009.
Sörries, Reiner: Herzliches Beileid. Eine Kulturgeschichte der Trauer. Darmstadt 2012.
Sörries, Reiner: Vom guten Tod. Die aktuelle Debatte und ihre kulturgeschichtlichen Hintergründe. Kevelaer 2015.
Sommermeyer, Ruth: Die Entwicklung der Hospizarbeit in den neuen Bundesländern, in: Kottnik, Roswitha (Red.): Hospizarbeit in Diakonie und Kirche: Reflexionen und Konkretionen. Hg. vom Diakonischen Werk der EKD. Stuttgart 2002, S. 24–37.
Speich Chassé, Daniel/Gugerli, David: Wissensgeschichte. Eine Standortbestimmung, in: Traverse 19 (2012), S. 85–100.
Spree, Reinhard: Soziale Ungleichheit vor Krankheit und Tod. Zur Sozialgeschichte des Gesundheitsbereichs im Deutschen Kaiserreich. Göttingen 1981.
Spree, Reinhard: Der Rückzug des Todes. Der Epidemiologische Übergang in Deutschland während des 19. und 20. Jahrhunderts. Konstanz 1992.
Spree, Reinhard: Der Rückzug des Todes: der epidemiologische Übergang in Deutschland während des 19. und 20. Jahrhunderts, in: Historical Social Research 23 (1998), Nr. 1/2, S. 4–43.
Springhart, Heike: Der verwundbare Mensch. Sterben, Tod und Endlichkeit im Horizont einer realistischen Anthropologie. Tübingen 2016.
Stadelbacher, Stephanie/Schneider, Werner: Zuhause Sterben in der reflexiven Moderne. Private Sterbewelten als Heterotopien, in: Benkel, Thorsten (Hg.): Die Zukunft des Todes. Heterotopien des Lebensendes. Bielefeld 2016, S. 61–84.
Staehle, Ernst: Geschichte der Johanniter und Malteser. Band 3: Die Malteserritter. Schild der Christenheit im Mittelmeer. Gnas 2002.
Stange, Karl-Heinz: Verpaßte Reform der ambulanten Versorgung? Die Transformation des Gesundheitssystems in den neuen Bundesländern, in: Blanke, Bernhard (Hg.): Krankheit und Gemeinwohl. Gesundheitspolitik zwischen Staat, Sozialversicherung und Medizin. Opladen 1994, S. 291–326.
Steiner, Benjamin: Nebenfolgen in der Geschichte. Eine historische Soziologie reflexiver Modernisierung. München 2015.

Stevenson, Robert G./Cox, Gerry R. (Hg.): Children, Adolescents, and Death. Questions and Answers. New York 2017.
Stevenson, Robert G.: Children and Death: What Do They Know and When Do They Learn It?, in: ders./Cox, Gerry R. (Hg.): Children, Adolescents, and Death. Questions and Answers. New York 2017, S. 3–24.
Stillion, Judith M./Attig, Thomas (Hg.): Death, Dying and Bereavement. Contemporary Perspectives, Institutions, and Practices. New York 2015.
Stjernswärd, Jan: Foreword: Instituting Palliative Care in Developing Countries – An Urgently Needed and Achievable Goal, in: Rajagopal, M.R./Mazza, David/Lipman, Arthur G. (Hg.): Pain and Palliative Care in the Developing World and Marginalized Populations: A Global Challenge. New York 2003, S. xvii-xxiv.
Stodieck, Jochen: Wissen und Einstellungen zur Palliativmedizinischen Versorgung und Lehre bei Medizinstudierenden. Diss. med., Hamburg 2017.
Stöcker, Wolfgang: Die letzten Räume. Sterbe- und Bestattungskultur im Rheinland seit dem späten 18. Jahrhundert. Weimar 2006.
Stolberg, Michael: Heilkundige: Professionalisierung und Medikalisierung, in: Paul, Norbert/Schlich, Thomas (Hg.): Medizingeschichte: Aufgaben, Probleme, Perspektiven. Frankfurt a. M. 1998, S. 69–82.
Stolberg, Michael: Die Geschichte der Palliativmedizin. Medizinische Sterbebegleitung von 1500 bis heute. Frankfurt a. M. 2011.
Strack, Stephan: Feifel, Herman, in: Encyclopedia of Death and Dying, URL: http://www.deathreference.com/En-Gh/Feifel-Herman.html [15. 12. 2021].
Strack, Stephan: Herman Feifel (1915–2003), in: American Psychologist 58 (2003), Nr. 10, S. 810.
Streeck, Nina: Jedem seinen eigenen Tod. Authentizität als ethisches Ideal am Lebensende. Frankfurt a. M. 2020.
Student, Johann-Christoph/Napiwotzky, Annedore: Palliative Care. Wahrnehmen – verstehen – schützen. Stuttgart ²2011 [2007].
Süß, Dietmar: Tod aus der Luft. Kriegsgesellschaft und Luftkrieg in Deutschland und England. München 2011.
Süß, Dietmar/Torp, Cornelius: Solidarität – eine Geschichte. Bonn 2021.
Süß, Winfried: Gesundheitspolitik, in: Hockerts, Hans Günter (Hg.): Drei Wege deutscher Sozialstaatlichkeit. NS-Diktatur, Bundesrepublik und DDR im Vergleich. München 1998, S. 55–97.
Süß, Winfried: Der „Volkskörper" im Krieg. Gesundheitspolitik, Gesundheitsverhältnisse und Krankenmord im nationalsozialistischen Deutschland 1939–1945. München 2003.
Süß, Winfried: Soziale Sicherheit und soziale Ungleichheit in wohlfahrtsstaatlich formierten Gesellschaften, in: Bösch, Frank (Hg.): Geteilte Geschichte. Ost- und Westdeutschland 1970–2000. Göttingen 2015, S. 153–193.
Süß, Winfried: Von der Reform in die Krise. Der westdeutsche Wohlfahrtsstaat in der Großen Koalition und der sozialliberalen Ära. Göttingen 2019.
Süß, Winfried: Enteignete Gesundheit? Ivan Illich und die Pathologien der Industriemoderne, in: Zeithistorische Forschungen 17 (2020), Nr. 2, S. 378–385.
Sundberg, Louise, u. a.: Why is the gender gap in life expectancy decreasing? The impact of age- and cause-specific mortality in Sweden 1997–2014, in: International Journal of Public Health 63 (2018), Nr. 6, S. 673–681.
Sykora, Katharina: Die Tode der Fotografie. Band I: Totenfotografie und ihr sozialer Gebrauch. Paderborn 2009.
Sykora, Katharina: Die Tode der Fotografie. Band II: Tod, Theorie und Fotokunst. Paderborn 2015.
Sykora, Katharina: Tabubruch oder Memento Mori? Über Totenfotografie, in: Hesse, Anja, u. a. (Hg.): Tabu. Über den gesellschaftlichen Umgang mit Ekel und Scham. Berlin 2009, S. 255–276.
Szöllösi-Janze, Margit: Wissensgesellschaft in Deutschland: Überlegungen zur Neubestimmung der deutschen Zeitgeschichte über Verwissenschaftlichungsprozesse, in: Geschichte und Gesellschaft 30 (2004), Nr. 2, S. 277–313.

Tändler, Maik: „Psychoboom". Therapeutisierungsprozesse in Westdeutschland in den späten 1960er- und 1970er-Jahren, in: Maasen, Sabine, u. a. (Hg.): Das beratene Selbst. Zur Genealogie der Therapeutisierung in den ‚langen' Siebzigern, Bielefeld 2011, S. 59–94.

Tändler, Maik: Das therapeutische Jahrzehnt. Der Psychoboom in den siebziger Jahren. Göttingen 2016.

Tag, Brigitte/Groß, Dominik (Hg.): Der Umgang mit der Leiche. Sektion und toter Körper in internationaler und interdisziplinärer Perspektive. Frankfurt a. M. 2010.

Tercier, John: The Pornography of Death, in: Maes, Hans (Hg.): Pornographic Art and the Aesthetics of Pornography. Basingstoke 2013, S. 221–235.

Tesche, Thorsten: Nachtodvorstellungen in Deutschland heute – Ein religionswissenschaftlicher Forschungsbeitrag. Diss. phil., München 2015.

Thane, Pat: Das 20. Jahrhundert. Grenzen und Perspektiven, in: ders. (Hg.): Das Alter. Eine Kulturgeschichte. Darmstadt 2005, S. 262–300.

Thane, Pat (Hg.): Das Alter. Eine Kulturgeschichte. Darmstadt 2005.

Thane, Pat: Einführung. Der alte Mensch im Wandel der Zeit, in: ders. (Hg.): Das Alter. Eine Kulturgeschichte. Darmstadt 2005, S. 9–29.

Thannhausen, Marie-Sophie von: Der Todesbegriff im Strafrecht. Frankfurt a. M. 2013.

Thiekötter, Andrea: Pflegeausbildung in der Deutschen Demokratischen Republik. Ein Beitrag zur Berufsgeschichte der Pflege. Frankfurt a. M. 2006.

Thieme, Frank: Sterben und Tod in Deutschland. Eine Einführung in die Thanatosoziologie. Wiesbaden 2019.

Thießen, Malte: Medizingeschichte in der Erweiterung. Perspektiven für eine Sozial- und Kulturgeschichte der Moderne, in: Archiv für Sozialgeschichte 53 (2013), S. 535–599.

Thießen, Malte (Hg.): Infiziertes Europa. Seuchen im langen 20. Jahrhundert. Berlin 2014.

Thießen, Malte: Seuchen im langen 20. Jahrhundert. Perspektiven für eine europäische Sozial- und Kulturgeschichte, in: Ders. (Hg.): Infiziertes Europa. Seuchen im langen 20. Jahrhundert. Berlin 2014, S. 7–28.

Thießen, Malte: Immunisierte Gesellschaft. Impfen in Deutschland im 19. und 20. Jahrhundert. Göttingen 2017.

Thönnes, Michaela: Das soziologische Grundthema der Institutionalisierung und Individualisierung in der ambulanten Pflege Sterbender: Ein Modellprojekt zur Implementierung von Hospizkultur und Palliative Care, in: Bauer, Anna, u. a. (Hg.): Rationalitäten des Lebensendes. Interdisziplinäre Perspektiven auf Sterben, Tod und Trauer. Baden-Baden 2020, S. 85–115.

Thöns, Matthias: Patient ohne Verfügung. Das Geschäft mit dem Lebensende. Bonn 2017.

Tirschmann, Felix: Der Alltag des Todes. Perspektiven einer wissenssoziologischen Thanatologie. Wiesbaden 2019.

Torp, Cornelius: Gerechtigkeit im Wohlfahrtsstaat. Alter und Alterssicherung in Deutschland und Großbritannien von 1945 bis heute. Göttingen 2015.

Tóth, Heléna: Shades of Grey: Secular Burial Rites in East Germany, in: Venbrux, Eric, u. a. (Hg.): Changing European Death Ways. Wien 2013, S. 141–163.

Tóth, Heléna: Writing Rituals: The Sources of Socialist Rites of Passage in Hungary, 1958–1970, in: Betts, Paul/Smith, Stephen A. (Hg.): Science, Religion and Communism in Cold War Europe. Basingstoke 2016, S. 179–203.

Trauzettel, Rolf: Individuelle und kollektive Todeserfahrungen. Komparatistische Problemhorizonte und Forschungsperspektiven, in: Assmann, Jan/ders. (Hg.): Tod, Jenseits und Identität. Perspektiven einer kulturwissenschaftlichen Thanatologie. Freiburg i. Br. 2002, S. 30–40.

Truong, Thu-Ly: Vorsorgevollmacht und Vorsorgetreuhand in Gesundheitsangelegenheiten – Hilfe zur Selbsthilfe? Diss. Jur., Würzburg 2006.

Tschuschke, Volker: Psychoonkologie. Psychologische Aspekte der Entstehung und Bewältigung von Krebs. Stuttgart 2002.

Tümmers, Henning: AIDS und die Mauer. Deutsch-deutsche Reaktionen auf eine komplexe Bedrohung, in: Thießen, Malte (Hg.): Infiziertes Europa. Seuchen im langen 20. Jahrhundert. München 2014, S. 157–185.

Tümmers, Henning: AIDS. Autopsie einer Bedrohung im geteilten Deutschland. Göttingen 2017.

Uekötter, Frank, Der Deutsche Kanal. Eine Mythologie der alten Bundesrepublik. Stuttgart 2020.

Ulmer, Konstantin: „Eine Art Kriegszustand." Luchterhand, Suhrkamp und die DDR-Literatur, in: Bülow, Ulrich von/Wolf, Sabine (Hg.): DDR-Literatur. Eine Archivexpedition. Berlin 2014, S. 128–136.

Ulmer, Konstantin: VEB Luchterhand? Ein Verlag im deutsch-deutschen literarischen Leben. Berlin 2016.

Vasold, Manfred: Grippe, Pest und Cholera. Eine Geschiche der Seuchen in Europa. Stuttgart 2008.

Venbrux, Eric, u. a. (Hg.): Changing European Death Ways. Wien 2013.

Vera, Antonio: Die „Industrialisierung" des Krankenhauswesens durch DRG-Fallpauschalen – eine interdisziplinäre Analyse, in: Das Gesundheitswesen 71 (2009), Nr. 3, S. 161–162 und S. e10-e17.

Verbraucherzentrale Nordrhein-Westfalen (Hg.): Frühjahr 2015. Düsseldorf 2015.

Vögele, Jörg: Sanitäre Reformen und der Sterblichkeitsrückgang in deutschen Städten, 1877–1913, in: Vierteljahresschrift für Sozial- und Wirtschaftsgeschichte 80 (1993), Nr. 3, S. 345–365.

Vögele, Jörg: Lebenserwartung, in: Gerabek, Werner E., u. a. (Hg.): Enzyklopädie Medizingeschichte. Berlin 2005, S. 831 f.

Vögele, Jörg: Mortalität, in: Blog des Arbeitskreises Historische Demographie, 20. April 2017, online unter: https://blogs.urz.uni-halle.de/demografie/2017/04/mortalitaet-von-joerg-voegele [15. 12. 2021].

Volp, Ulrich: Tod und Ritual in den christlichen Gemeinden der Antike. Leiden 2002.

Volp, Ulrich (Hg.): Tod. Stuttgart 2018.

Wagner, Anna u. a.: Care in den Medien: Gesundheitliches Vorausplanen und Care am Lebensende in der massenmedialen Berichterstattung, in: Bauer, Anna, u. a. (Hg.): Rationalitäten des Lebensendes. Interdisziplinäre Perspektiven auf Sterben, Tod und Trauer. Baden-Baden 2020, S. 63–84.

Walldorf, Friedemann: Die Neuevangelisierung Europas. Eine missiologische Studie zu ihren Grundlinien in der römisch-katholischen Kirche (1979–1991). M. Th. Diss. University of South Africa. Pretoria 1998, online unter: http://uir.unisa.ac.za/bitstream/handle/10500/178 39/dissertation_walldorf_f.pdf?sequence=1&isAllowed=y [15. 12. 2021].

Walter, Tony/Littlewood, Jane/Pickering, Michael: Death in the News: The Public Invigilation of Private Emotion, in: Sociology 29 (1995), Nr. 4, S. 579–596.

Walter, Tony: Jade and the Journalists. Media Coverage of a Young British Celebrity Dying of Cancer, in: Social Science and Medicine 71 (2010), Nr. 5, S. 853–860.

Walter, Tony: Communication Media and the Dead: From the Stone Age to Facebook, in: Mortality 20 (2015), Nr. 3, S. 215–232.

Walter, Tony: Death in the Modern World. Los Angeles 2020.

Warda, Susanne: Memento mori. Bild und Text in Totentänzen des Spätmittelalters und der Frühen Neuzeit. Köln 2011.

Wasem, Jürgen, u. a.: Gesundheitswesen und Sicherung bei Krankheit und im Pflegefall, in: Ruck, Michael/Boldorf, Marcel (Hg.): Geschichte der Sozialpolitik in Deutschland seit 1945. Band 4: 1957–1966. Bundesrepublik Deutschland. Sozialpolitik im Zeichen des erreichten Wohlstands. Baden-Baden 2007, S. 373–432.

Wasem, Jürgen, u. a.: Gesundheitswesen und Sicherung bei Krankheit und im Pflegefall, in: Schmidt, Manfred G. (Hg.): Geschichte der Sozialpolitik in Deutschland seit 1945. Band 7: 1982–1989. Bundesrepublik Deutschland. Finanzielle Konsolidierung und institutionelle Reform. Baden-Baden 2005, S. 389–440.

Wasem, Jürgen/Mill, Doris/Wilhelm, Jürgen: Gesundheitswesen und Sicherung bei Krankheit und im Pflegefall, in: Boyer, Christoph/Henke, Klaus-Dietmar/Skyba, Peter (Hg.): Geschichte der Sozialpolitik in Deutschland seit 1945. Band 10: 1971–1989. Deutsche Demokratische Republik. Bewegung in der Sozialpolitik, Erstarrung und Niedergang. Baden-Baden 2008, S. 363–416.

Wasem, Jürgen/Mill, Doris/Wilhelm, Jürgen: Gesundheitswesen und Sicherung bei Krankheit und im Pflegefall, in: Kleßmann, Christoph (Hg.): Geschichte der Sozialpolitik in Deutschland seit 1945. Band 9: 1961–1971. Deutsche Demokratische Republik. Politische Stabilisierung und wirtschaftliche Mobilisierung. Baden-Baden 2006, S. 377–428.

Weart, Spencer C.: The Rise of Nuclear Fear. Cambridge 2012.
Weber, Petra: Getrennt und doch vereint. Deutsch-deutsche Geschichte 1945–1989/90. Berlin 2020.
Weber, Tina: Codierungen des Todes. Zur filmischen Darstellung von Toten in der amerikanischen Fernsehserie „Six Feet Under", in: Macho, Thomas/Marek, Kristin (Hg.): Die neue Sichtbarkeit des Todes. Paderborn 2007, S. 541–558.
Weber, Tina: Drop Dead Gorgeous. Representations of Corpses in American TV Shows. Frankfurt a. M. 2011.
Wecker, Regina: Eugenics in Switzerland before and after 1945 – a Continuum?, in: Journal of Modern European History 10 (2012), Nr. 4, S. 519–539.
Weigl, Andreas: Der „gender gap" revisited: Eine Modellrechnung im Kontext historischer, sozial- und naturwissenschaftlicher Befunde, in: Dinges, Martin (Hg.): Männlichkeit und Gesundheit im historischen Wandel ca. 1800 – ca. 2000. Stuttgart 2007, S. 41–52.
Weigl, Andreas: Bevölkerungsgeschichte Europas. Von den Anfängen bis in die Gegenwart. Köln 2012.
Weiher, Erhard: Das Geheimnis des Lebens berühren. Spiritualität bei Krankheit, Sterben, Tod. Eine Grammatik für Helfende. Stuttgart ^{4}2014.
Weil, Francesca: Zielgruppe Ärzteschaft. Ärzte als inoffizielle Mitarbeiter des Ministeriums für Staatssicherheit. Göttingen 2008.
Weingarten, Michael: Sterben (bio-ethisch). Bielefeld 2015.
Wendt, Wolf R.: Geschichte der Sozialen Arbeit 2. Die Profession im Wandel ihrer Verhältnisse. Wiesbaden ^{2}2017.
Wenninger, Markus (Hg.): Du guoter tôt. Sterben im Mittelalter – Ideal und Realität. Klagenfurt 1998.
Wengst, Udo/Wentker, Hermann (Hg.): Das doppelte Deutschland. 40 Jahre Systemkonkurrenz. Berlin 2008.
Wentker, Hermann: Zwischen Abgrenzung und Verflechtung: deutsch-deutsche Geschichte nach 1945, in: Aus Politik und Zeitgeschichte 1–2/2005, S. 10–17.
Wentker, Hermann: 1954 – Kirchentag in Leipzig. Kontakte und wechselseitige Wahrnehmungen der evangelischen Kirchen in Ost und West, in: Wengst, Udo/ders. (Hg.): Das doppelte Deutschland. 40 Jahre Systemkonkurrenz. Berlin 2008, S. 65–85.
Wenzel, Claudia/Pleschberger, Sabine: Der Sterbeprozess. Theoretische Konzepte und ihr Nutzen für die Praxis, in: Pflegewissenschaft 9 (2009), S. 532–536.
Wetz, Franz Josef: Selbstbetrachtung ohne Spiegel: Körperwelten und Öffentlichkeit, in: Groß, Dominik/Tag, Brigitte/Schweikardt, Christoph (Hg.): Who wants to live forever? Frankfurt a. M. 2011, S. 219–233.
Wiede, Wiebke: Subjekt und Subjektivierung, Version: 2.0, in: Docupedia-Zeitgeschichte, 26. 10. 2019, URL: http://docupedia.de/zg/Wiede_subjekt_und_subjektivierung_v2_de_2019 [15. 12. 2021].
Wilk, Sina-Christin: Als die Kirche dem Volk eine Stimme verlieh – Die evangelische Friedensarbeit und ihr Einfluss auf die politische Wende in der DDR. Hamburg 2012.
Wilkening, Karin/Kunz, Roland (Hg.): Sterben im Pflegeheim. Perspektiven und Praxis einer neuen Abschiedskultur. Göttingen 2003.
Wilkie, Diane J./Corless, Inge B.: Science and Practice: Contributions of Nurses to End-of-Life and Palliative Care, in: Stillion, Judith M./Attig, Thomas (Hg.): Death, Dying and Bereavement. Contemporary Perspectives, Institutions, and Practices. New York 2015, S. 45–58.
Winkel, Heidemarie: A Postmodern Culture of Grief? On Individualization of Mourning in Germany, in: Mortality 6 (2001), Nr. 1, S. 65–79.
Winter, Friedrich: „Weg hast du allerwegen." Mein Leben als Theologe im Osten Deutschlands. Berlin 2015.
Wittwer, Héctor/Schäfer, Daniel/Frewer, Andreas (Hg.): Sterben und Tod. Geschichte – Theorie – Ethik. Ein interdisziplinäres Handbuch. Stuttgart 2010.
Wittwer, Héctor (Hg.): Der Tod. Philosophische Texte von der Antike bis zur Gegenwart. Stuttgart 2014.
Wohlrab-Sahr, Monika/Karstein, Uta/Schmidt-Lux, Thomas: Forcierte Säkularität. Religiöser Wandel und Generationendynamik im Osten Deutschlands. Frankfurt a. M. 2009.

Wolff, Frank: In der Teilung vereint. Neue Ansätze der deutsch-deutschen Zeitgeschichte, in: Archiv für Sozialgeschichte 58 (2018), S. 353-391.
Wolfrum, Edgar: Die geglückte Demokratie. Geschichte der Bundesrepublik Deutschland von ihren Anfängen bis zur Gegenwart. Stuttgart 2006.
Wolfrum, Edgar: Der Aufsteiger. Eine Geschichte Deutschlands von 1990 bis heute. Stuttgart 2020.
Woodyard, Chris: The Victorian Book of the Dead. Ottawa 2014.
Zedler, Jörg: Nützliche Leichen. Monarchenbegräbnisse in Bayern und Belgien 1825-1935. Göttingen 2022.
Zeller, Thomas: Loving the Automobile to Death? Injuries, Mortality, Fear, and Automobility in West Germany and the United States, 1950-1980 Autoliebe und Verkehrstod. Verletzungen, Angst und Automobilismus in der Bundesrepublik Deutschland und den USA 1950-1980, in: Technikgeschichte 86 (2019), Nr. 3, S. 201-226.
Ziemann, Benjamin: Katholische Kirche und Sozialwissenschaften 1945-1975. Göttingen 2007.
Ziemann, Benjamin: Säkularisierung und Neuformierung des Religiösen. Religion und Gesellschaft in der zweiten Hälfte des 20. Jahrhunderts, in: Archiv für Sozialgeschichte 51 (2011), S. 3-36.
Zilien, Johann: Der „Volksbund Deutsche Kriegsgräberfürsorge e. V." in der Weimarer Republik. Ein Beitrag zum politischen Denkmalkult zwischen Kaiserreich und Nationalsozialismus, in: Archiv für Kulturgeschichte 75 (1993), Nr. 2, S. 445-478.
Zimmermann, Volker: Die „Heiligkeit des Lebens" - Geschichte der Euthanasie in Grundzügen, in: Frewer, Andreas/Eickhoff, Clemens (Hg.): „Euthanasie" und die aktuelle Sterbehilfe-Debatte. Die historischen Hintergründe medizinischer Ethik. Frankfurt a. M. 2000, S. 27-45.
Zöllner, Babett: Sterbebegleitung und Sterbehilfe. Für ein humanes Lebensende. Hamburg 2015.
Zülicke, Freddy: Sterbehilfe in der Diskussion. Eine vergleichende Analyse der Debatten in den USA und Deutschland. Münster 2005.
Zürn, Gabriele: Die Altonaer jüdische Gemeinde (1611-1875). Ritus und soziale Institution des Todes im Wandel. Münster 2001.
Zurmühl, Sabine: Das Leben, dieser Augenblick. Die Biografie der Maxie Wander. Berlin ²2001.

3. Sonstige Online-Ressourcen und Internetadressen[4]

https://www.youtube.com/watch?v=0kR8VianhSk [15. 12. 2021].
https://www.sepulkralmuseum.de/forschung/forschung-zur-sepulkralkultur/transmortale--neue-forschungen-zum-thema-tod [15. 12. 2021].
https://cicelysaundersarchive.wordpress.com/tag/david-tasma [15. 12. 2021].
https://digital.nmla.metoffice.gov.uk/IO_7aa3bf68-127c-4331-96c0-3ec97b082120 [15. 12. 2021].
https://www.destatis.de/DE/Themen/Gesellschaft-Umwelt/Gesundheit/Todesursachen/Methoden/todesursachenstatistik.html [15. 12. 2021].
http://www.who.int/classifications/icd/en/ [15. 12. 2021].
https://archiveshub.jisc.ac.uk/search/archives/8b51e213-c8c7-3945-81d8-73412a8271ec [15. 12. 2021].
https://www.duden.de/rechtschreibung/Tabu [15. 12. 2021].
https://www.ekrfoundation.org/5-stages-of-grief/5-stages-in-popular-media [15. 12. 2021].
https://www.youtube.com/watch?v=jYN4CllWuiM [15. 12. 2021].
https://www.ekrfoundation.org/elisabeth-kubler-ross/awards-and-honors [15. 12. 2021].
https://www.womenofthehall.org/inductee/elisabeth-kblerross [15. 12. 2021].
https://www.srf.ch/play/tv/kultur-webvideos/video/neujahrsgespraech-1983-elisabeth-kuebler-ross-und-hans-kueng-teil-1?id=6d13af7c-4d1d-49d5-bca3-91de9101f7b6 [15. 12. 2021].

---

[4] Nach ihrer Reihenfolge im Text.

https://www.srf.ch/play/tv/kultur-webvideos/video/neujahrsgespraech-1983-elisabeth-kuebler-ross-und-hans-kueng-teil-2?id=824c55b6-4859-4e19-a5f3-35e31d1c0366 [15. 12. 2021].
http://www.massobs.org.uk/images/Directives/Spring_1994_Directive.pdf [15. 12. 2021]
https://www.duden.de/suchen/dudenonline/Hospiz [15. 12. 2021].
http://www.scriptoriumnovum.com/l/club.html [15. 12. 2021].
https://www.ahd-saar.de/images/downloads/Zum-Tod-von-Dr.-Paul-Becker-Januar-2017.pdf [15. 12. 2021].
http://onf-nfb.gc.ca/en/our-collection/series/?ids=171583&nom=Discussions%20in%20Bioethics [15. 12. 2021].
https://www.hartmannbund.de/wir-ueber-uns/preise-ehrungen/film-und-fernsehpreis [15. 12. 2021].
http://www.zuschauerpost.de/zupo/docs70/1975d.htm [15. 12. 2021].
https://pace.coe.int/en/files/14813 [15. 12. 2021].
https://pace.coe.int/en/files/16026 [15. 12. 2021].
https://www.bildderfrau.de/gesundheit/praxisratgeber/article228550195/Sterbehilfe-ist-als-Dienstleistung-zulaessig.html [15. 12. 2021].
https://www.luzernerzeitung.ch/international/deutsche-durfen-wieder-zu-hause-sterben-ld.1198585 [15. 12. 2021].
https://www.luzernerzeitung.ch/international/gutes-zeichen-fuer-die-schweiz-der-deutsche-sterbehilfeentscheid-und-seine-auswirkungen-auf-den-sterbetourismus-ld.1198584 [15. 12. 2021].
http://www.dignitas.ch/images/stories/pdf/statistik-ftb-jahr-wohnsitz-1998-2021.pdf [15. 09. 2022].
https://www.spiegel.de/panorama/justiz/sterbehilfe-was-das-urteil-des-bundesverfassungsgericht-zum-begleiteten-suizid-besagt-a-6a263d8a-4a64-4539-aa98-333d3f65991f [15. 12. 2021].
https://books.google.com/ngrams/graph?content=Near-death+experience&year_start=1960&year_end=2000&corpus=15&smoothing=3&share=&direct_url=t1%3B%2CNear%20-%20death%20experience%3B%2Cc0#t1%3B%2CNear%20-%20death%20experience%3B%2Cc0 [15. 12. 2021].
https://www.monroeinstitute.de/workshops-die-bewegen/the-monroe-institute [15. 12. 2021].
https://www.silberschnur.de/ueber-uns [15. 12. 2021].
https://www.vtf.de/p126_2.shtml [15. 12. 2021].
https://www.sterbeforschung.de/index.php/beratung.html [15. 12. 2021].
https://www.bundesgesundheitsministerium.de/ministerium/meldungen/2019/widerspruchsloesung.html [15. 12. 2021].
https://www.stiftung-patientenschutz.de/Emnid-75-Prozent-der-Menschen-w%C3%BCrden-Willenserkl%C3%A4rung-verfassen,-aber-Massive-Verunsicherung-%C3%BCber-Patiententestamente [15. 12. 2021].
https://www.imew.de/de/barrierefreie-volltexte-1/volltexte/sterbeorte [15. 12. 2021].
https://www.youtube.com/watch?v=Rwn43ZJdbC4 [15. 12. 2021].
https://www.burnsarchive.com/historical-death-memorial [15. 12. 2021].
https://co-berlin.org/de/programm/ausstellungen/das-letzte-bild [15. 12. 2021].
https://koerperwelten.de/wissenswertes/philosophie/ [15. 12. 2021].
http://www.southpark.de/alle-episoden/s01e06-wer-killt-opa [15. 12. 2021].
https://www.youtube.com/watch?v=rnrOrv_se-k [15. 12. 2021].
https://friday87central.wordpress.com/2010/07/02/sunshine/ [15. 12. 2021]
https://www.youtube.com/watch?v=hFJTN9c_75Q [15. 12. 2021].
https://www.youtube.com/watch?v=k0uvOaC4cTQ [15. 12. 2021].
https://www.defa-stiftung.de/filme/filmsuche/die-beunruhigung [15. 12. 2021].
https://www.sachsen-sonntag.de/dem-abschied-ins-auge-sehen-dr-roland-jacob-nach-einer-herzerkrankung-gibt-ihm-die-eigene-kirche-kraft [15. 12. 2021].
https://www.stiftung-patientenschutz.de/Gr%C3%BCnenthal-stiftet-1.-Lehrstuhl-f%C3%BCr-Palliativmedizin-in-Deutschland [15. 12. 2021].
https://www.dgpalliativmedizin.de/neuigkeiten/informationen-fuer-patienten-und-angehoerige.html [15. 12. 2021].
https://www.dhpv.de/zahlen_daten_fakten.html [15. 12. 2021].

3. Sonstige Online-Ressourcen und Internetadressen 667

https://www.hospiz-halle.de/unser-haus/geschichte [15. 12. 2021].
https://www.bundesstiftung-aufarbeitung.de/wer-war-wer-in-der-ddr-%2363;-1424.html?ID= 430 [15. 12. 2021].
https://docplayer.org/55155099-Leben-duerfen-bis-zum-tod-arbeitshilfe-katholisches-filmwerk.html [15. 12. 2021].
https://www.fbw-filmbewertung.com/film/da_sein [15. 12. 2021].
http://www.christoph-student.de/ [15. 12. 2021].
https://www.woche-fuer-das-leben.de/wp-content/uploads/2017/12/Die_Themen_von_1991_bis_2018.pdf [15. 12. 2021].
https://www.yumpu.com/de/document/view/11043604/jahresbericht-2011-2012-hospiz [15. 12. 2021].
https://www.dresden-lese.de/index.php?article_id=142 [15. 12. 2021].
https://www.spiegel.de/video/vor-20-jahren-verhaftung-des-sterbehelfers-atrott-video-1249074.html [15. 12. 2021].
https://www.palliativ-portal.de/files/Interview%20Dr.%20Binsack_0.pdf [15. 12. 2021].
https://www.chv.org/wir-ueber-uns/geschichte-des-chv.html [15. 12. 2021].
https://digital.zlb.de/viewer/api/v1/records/15323480_2019/files/images/20190101_krankenhausplan_bayern.pdf/full.pdf [15. 12. 2021].
https://www.dghs.de/presse/presse-erklaerungen/artikel/abschied-von-einem-grossen-engagierten-dghs-mitglied-bekenntnis-zu-einem-tabu-thema-inge-meysel-ha.html [15. 12. 2021].
https://www.pharma-fakten.de/news/details/279-historiederaids-medikamente-30-jahre-entwicklung-von-arzneimitteln-gegen-hiv/ [15. 12. 2021].
https://wusstensie.aidshilfe.de/de/ikarus [15. 12. 2021]
http://waerme.aronneubert.com [15. 12. 2021].
https://www.dhpv.de/zahlen_daten_fakten.html [15. 12. 2021].
https://www.aidshealth.org/2013/01/ahf-remembers-chris-brownlie-hospice/ [15. 12. 2021].
https://www.mittelstandcafe.de/gesundheit-ministerin-steffens-ueberreicht-verdienstkreuz-an-dr-birgit-weihrauch-540008.html [15. 12. 2021].
https://www.zeit.de/2020/24/covid-19-todesfaelle-deutschland-schicksale-geschichten [15. 12. 2021].
https://www.spiegel.de/familie/sterben-in-der-corona-krise-wie-waltraud-b-an-covid-19-starb-a-e019612c-a748-43a8-a5c6-68999cccd87c [15. 12. 2021].
https://www.faz.net/aktuell/rhein-main/frankfurt/wegen-coronavirus-einsamer-tod-auf-der-isolierstation-16687564.html [15. 12. 2021].
https://www.zdf.de/nachrichten/panorama/coronavirus-palliativmedizin-100.html [15. 12. 2021].
https://www.tagesschau.de/inland/sterbebegleitung-interview-101.html [15. 12. 2021].
https://www.blick-aktuell.de/Berichte/Trotz-Corona-fuerSterbende-und-Trauernde-da-444554.html [15. 12. 2021].
https://www.merkur.de/welt/coronavirus-patienten-therapie-intensivstation-umfrage-beatmet-news-beatmungsgeraete-krankenhaus-zr-13647707.html [15. 12. 2021].
https://www.zdf.de/nachrichten/panorama/coronavirus-covid19-todesrate-krankenhaus-studie-100.html [15. 12. 2021].
https://www.nordbayern.de/region/fuerth/hinterbliebene-klagt-an-einsames-sterben-in-der-corona-zeit-1.10090524 [15. 12. 2021].
https://bnn.de/karlsruhe/einsames-sterben-bnn-redakteurin-erzaehlt-vom-tod-ihres-vaters-in-zeiten-des-coronavirus [15. 12. 2021].
https://www.zeit.de/gesellschaft/familie/2020-07/trauer-corona-isolation-kontaktbeschraenkung-verlust-abschied/komplettansicht [15. 12. 2021].
https://www.bbtgruppe.de/zentrale/projektuebergreifende-inhalte/Themenportal/LEBEN-Themen/palliative-care/palliative-care-zahlen-daten-fakten.php [15. 12. 2021].
https://www.dhpv.de/zahlen_daten_fakten.html [15. 12. 2021].
https://www.aerztezeitung.de/politik_gesellschaft/sterbehilfe_begleitung/article/887970/pflegepatientenschuetzer-beklagen-zwei-klassen-sterben.html [15. 12. 2021].
http://www.cancersupportivecare.com/plan.html [15. 12. 2021].
https://www.youtube.com/watch?v=yPfe3rCcUeQ [15. 12. 2021].

http://www.zeit.de/gesellschaft/2014-11/sterbehilfe-maynard-oregon [15. 12. 2021].
http://sterbenmitswag.blogspot.com [15. 12. 2021].
https://tod-unplugged.de [15. 12. 2021].
https://leid-und-freud.de/todcast [15. 12. 2021].
https://www.wecroak.com [15. 12. 2021].

Personenregister

Adler, Gerhard 236
Admiraal, Pieter 170, 172
Aichelin, Helmut 228
Aikenhead, Mary 142
Albery, Nicholas 133 f., 140
Albrecht, Elisabeth 372, 449 ff., 458, 460, 467 f., 471, 475
Albrecht, Ruth 449
Aldebert, Peter 452 f., 455, 458, 471
Améry, Jean 185 f.
Ansohn, Eugen 127, 129
Ariès, Philippe 8, 52, 62, 67 ff., 72 f., 75, 79, 97, 128, 225, 240, 334, 570
Atrott, Anita 483
Atrott, Hans Henning 317, 441–446, 481 f., 483–487, 489–498, 500–503
Attali, Jacques 352
Attlee, Clement 26
Auer, Alfons 61
Auster, Paul 248

Bacon, Kevin 239
Baldiga, Jürgen 510 f.
Baldwin, William 239
Barnard, Christiaan 487
Barschel, Uwe 308
Bastian, Rainward 423
Baumann, Jürgen 192
Baur, Fritz Rolf 553
Bausewein, Claudia 451, 475
Baust, Günter 139, 349, 355, 363, 366, 368, 372
Beauvoir, Simone de 78
Beck, Ulrich 567 f.
Becker, Boris 212
Becker, Ernest 119
Becker, Karl 108
Becker, Paul 95, 151, 156, 238, 298, 351, 354, 397 f., 402, 405, 423, 429, 431 f., 464, 532, 534
Beecher, Henry K. 249
Bender, Hans 228
Benjamin, Hilde 254
Bergmann-Pohl, Sabine 499
Beutel, Helmuth 403, 405, 428, 430
Binder, Bernhard 460 f.
Binder, Richard 454
Binding, Karl 174 f.
Binsack, Thomas 372, 462, 464 f., 477, 522 f.
Bismarck, Otto von 308
Bloch, Ernst 108

Blüm, Norbert 500, 528 f., 536, 542, 544, 548, 551, 554, 557 f.
Blumenthal-Barby, Kay 51, 56, 76, 124, 131, 135, 320, 325, 356 f., 363 f., 366 f., 372
Bocklet, Paul 419
Böckle, Franz 85, 190, 203
Bodenbender, Wolfgang 548
Boff, Leonardo 94
Bohusz-Szyszko, Marian 26, 145, 149
Boros, Ladislaus 93
Bortnowska, Halina 149, 386
Bourgeois-Pichat, Jean 38
Boveri, Margret 183
Bowlby, John 125
Bräutigam, Hans Harald 259
Brandt, Heinz 366
Braun, Hildebrecht 470
Braun, Johannes 383
Braun, Siegfried 152, 326 f.
Bredt, Heinrich 251
Breitel, Heide 417
Brězan, Jurij 57
Brockhoff, Adolf 388 f.
Brodkey, Harold 511, 514
Brombach, Jo 532
Brückner, Herbert 52
Brysch, Eugen 555 f.
Buchinger, Birgit 570
Buckingham, Robert W. 415
Buckman, Robert 324
Burton, Richard 187

Campion, Mary 478
Canacakis, Jorgos 330
Carrell, Rudi 186
Carstens, Veronica 205
Casera, Domenico 105
Cassidy, Sheila 383 f.
Catel, Werner 175
Churchill, Winston 25
Commandeur, Claus 323
Cornwell, Bernard 446
Cosby, Bill 239

Dadder, Rudolf 406
Demnig, Gunther 505
Dentler, Ina 321
Denzler-Labisch, Christine 430
DeSpelder, Lynne Anne 516
Detlefsen, Thorwald 228

670 Personenregister

Diana, Princess of Wales (geb. Diana Frances Spencer) 505
Domdey, Ulrich 425, 430
Downey jr., Robert 239
Drescher, Antje 428, 430
Duda, Deborah 319
Dutschke, Rudi 140

Ebeling, Hans 140
Eckert, Hermy 489 f., 492
Eibach, Ulrich 86
Eissler, Kurt 119
Elias, Norbert 66, 69, 78
Elsner, Constanze 442
Emmerich, Rolf 129
Engelhard, Hans Arnold 484
Engelke, Ernst 285
Erlemeier, Norbert 118
Eser, Albin 215
Everding, August 451
Everding, Gustava 428, 430, 449, 451

Falco (eig. Johann Hölzel) 114, 132
Faust-Kübler, Erika 1
Fechner, Eberhard 330
Feifel, Herman 115 f., 123, 126, 130, 140
Feldmann, Klaus 305
Foster-Dulles, John 44
Foucault, Michel 24
Franco, Francisco 181
Frère Roger (eig. Louis Schutz-Marsauche) 419
Freud, Sigmund 77, 125
Frisch, Max 46
Fuchs, Werner 61, 70
Fulton, Robert 116 f., 119, 134, 139, 566
Fussek, Claus 283

Gaines, Renford 230
Galbraith, Robert (eig. Joanne K. Rowling) 79
Gauweiler, Peter 507
Gélin, Daniel 238
Genzel, Herbert 447, 453 f., 459
George, Götz 212
Gerner, Walter 414 f.
Giering, Anton 397
Glas, Uschi 544, 556
Glaser, Barney 119, 127
Glück, Gebhard 463
Godzik, Peter 420, 425, 430
Gorer, Geoffrey 63–66, 77, 79
Graf, Gerda 406, 429 f., 432
Grof, Stanislav 229, 233
Gronemeyer, Marianne 277
Großbölting, Thomas 105

Grunewald, Antje 323
Gumpert, Rosemarie 447 f., 454

Hackethal, Julius 172, 203, 207, 217, 224, 301, 329, 439, 480, 486, 488–493, 515
Haemmerli, Urs 52, 182 f., 191, 197, 355
Häring, Bernhard 427
Haffner, Sebastian 171
Hagens, Gunther von 312
Hager, Kurt 121 f., 357
Hahn, Alois 70
Hahn, Susanne 102, 197, 366, 372
Halifax, Joan 229
Hampe, Johann Christoph 71, 90, 94, 100, 226, 236, 238
Hanks, Tom 513
Hansen, Gerhard 254
Haraldsson, Erlendur 229
Harmsen, Ingeborg 450
Harmsen, Jörg 450
Hartenstein, Reiner 467
Hartig, Günther 40
Hecker, Wilhelm 543
Hedeby, Berit 186
Heidegger, Martin 115
Heidemann, Gerd 350
Heinemann, Gustav 245 f.
Henkys, Jürgen 100
Herzog, Roman 392, 499, 526, 536, 552
Heym, Stefan 389
Higgins, Marguerite 44
Hinderer, Hans 197 f.
Hirschauer, Gerd 171
Hoche, Alfred 174 f.
Hörl, Christoph 478
Hoesch, Hans Leo von 494
Hoff, Johannes 257
Hofmeier, Rudolf 572
Hohlmeier, Monika 451
Hohmann, Joachim 284
Homann, Norbert 400
Homeyer, Josef 544
Honecker, Erich 98, 291
Horkheimer, Max 177
Hufeland, Christoph Wilhelm 129
Hume, Basil 389
Hustvedt, Siri 277
Huxley, Aldous 159, 525

Iblacker, Reinhold 21, 151–158, 160, 162 f., 390, 413, 417 f., 429, 447–451, 453, 458 f., 461, 469, 478
Ibsen, Björn 182
Ikarus (eig. Thomas Passarge) 510 f.
Illich, Ivan 70, 130 f., 352, 437, 489, 493

Imhof, Arthur E.   30 f., 35, 46 f., 60, 70
Irmgardis, Schwester   532

Jacob, Roland   130, 356, 366
Jäckle, Renate   159
Jaeger, Lorenz   385
Jakoby, Bernard   241
Jens, Walter   186, 188, 215
Johannes Paul II. (Karol Józef Wojtyła)   149, 421 f., 426
Jonas, Hans   252
Jonen-Thielemann, Ingeborg   361, 372, 402, 430
Jorke, Dietfried   198, 201
Jost, Adolf   176
Juchli, Liliane   283, 285, 287, 292
Jürgenson, Friedrich   237
Jung, Carl Gustav   115
Jung, Karl   528, 552

Kafka, Franz   171
Kahlau, Heinz   141,143
Kast, Verena   125
Kastenbaum, Robert   115
Kersten, Paul   46
Kevorkian, Jack   172, 207, 221, 329
Kienzle, Birgit   417
Kirch, Leo   418, 449
Kirch, Ruth   449
Klaschik, Eberhard   158, 362, 372, 375, 402, 526 f., 534, 547
Klee, Ernst   444
Klie, Thomas   543, 557
Klug, Ulrich   204
Knobloch, Charlotte   470
Kobryn, Eckhard   365
Köberle, Fidelio   236
Körner, Uwe   103, 122 f., 197 f., 200 f., 295, 366 f., 371
Kohl, Helmut   217, 527, 558
Kokschal, Peter   326
Kottnik, Roswitha   430
Kübler-Ross, Elisabeth   1 f., 6, 14, 24, 71, 92, 95, 100, 104, 109–114, 116, 118 f.,121, 123–128, 130 f., 133 f., 136, 146, 148– 151, 158, 165, 201, 230–235, 238, 280 f., 283 f., 287, 294, 314–317, 322 ff., 335 f., 343, 351, 353 f., 360, 364, 368, 373, 383, 386, 403, 420, 432, 449 f., 458, 475, 516, 578
Küng, Hans   116, 215 f. 239
Kürten, Claudio   414
Kuhlendahl, Hans   256
Kuitert, Harry   216

Kurzke, Hermann   332
Kutner, Luis   244

Lack, Sylvia   146, 418, 450
Lady Di siehe Diana
Lakotta, Beate   435
Laplanche, Jean   119
Lau, Ephrem Else   53
Lehmann, Karl   219
Leist, Marielene   137
Lembke, Robert   383
Leonhardt, Peter   45
Lerner, Gerda   132
Lewis, Clive Staples   144
Liebl, Heimo   85, 464
Lilie, Ulrich   223
Lindbergh, Charles   581
Lindgren, Astrid   138
Löbsack, Theo   171
Lofland, Lyn H.   132
Lohmann, Thomas   190
Lohner, Marlene   315
Lüth, Paul   355
Luhmann, Niklas   339
Luther, Ernst   103, 124, 202
Lutterotti, Markus von   375, 448

M., Brittany   548
Malinowski, Bronisław   114 f.
Man Ray (eig. Emmanuel Rudnitzky / Radnitzky)   308
Marcuse, Herbert   115
Mayer-Scheu, Josef   101, 399
McCann, Barbara   146
Mead, Margaret   63
Mecklinger, Ludwig   196 f., 354
Meggle, Georg   208
Meisner, Joachim   256
Messner, Reinhold   228
Meyer, Joachim-Ernst   67, 119
Meysel, Inge   186, 487, 493
Michniewicz, Antoni   149
Miquel, André   326
Mira, Brigitte   487
Mitford, Jessica   136, 340
Mörl, Franz   254
Monette, Paul   514
Monroe, Robert   231
Montaigne, Michel de   173 f., 176
Montezuma   125
Moody, Raymond A.   225 ff., 229–232, 234
Moor, Paul   185, 191
Moore, Oscar   511
Morlock, Martin   134
Mount, Balfour   360
Müller, Franz   85

Müller, Martin 100
Müller, Monika 430
Müller-Meiningen jr., Ernst 170
Muschaweck- Kürten, Petra-Renate 402, 404, 412, 430, 432, 439, 534
Mutter Theresa (eig. Anjezë Gonxhe Bojaxhiu) 419

N., Walter 563
Nauck, Friedemann 362, 372, 374
Negowski, Wladimir 250 f.
Neher, Peter 90
Neubauer, Reinhard 240
Neudeck, Rupert 304
Neuhauser, Peter 452 f., 460 f.
Neumann, Gita 335
Niethammer, Dietrich 215
Nikelski, Hartmut 101, 104
Noll, Peter 46, 512
Nolte, Claudia 545
Norman, René 513
Nouwen, Henri 93
Nuland, Sherwin B. 316

Oestreicher, Paul 387
Orth, Christel 450
Osis, Kārlis 228
Ott, Jürgen 129, 286, 355, 371
Overkämping, Hans 401, 408, 430

P., Dimitrij 584
Pahnke, Walter 233
Parkes, Colin Murray 125, 146
Pauling, Linus 244
Pera, Heinrich 21, 295 f., 384–396, 398, 406, 421, 424, 529, 532 f., 539, 545, 552, 581
Petrich, Christian 529, 534,536, 543, 550, 558, 561
Pichlmaier, Heinz 361 f., 372, 402, 526
Pinochet, Augusto José Ramón 384
Piper, Hans Christoph 81, 126, 291
Pius XII. (eig. Eugenio Maria Giuseppe Giovanni Pacelli) 189
Ploetz, Alfred 174
Pöhlein, Georg 309
Pohlmeier, Hermann 495, 497 f.
Pompey, Heinrich 79, 93, 107 f.
Postma, Andries 167, 169
Postma-van Boven, Geertruida (Truus) 167–172, 179, 183, 210
Puschmann, Hellmut 550 f.

Quinlan, Karen Ann 179 ff., 188, 190, 193, 202, 205, 247, 251

Rademann, Wolfgang 304
Rahner, Karl 91, 101, 152, 256

Ramsey, Paul 580 f.
Ratzinger, Joseph 227, 420
Ray, Nicholas 332
Reagan, Ronald 147 f.
Reginalda, Schwester 400
Reiner, Artur 101
Rest, Franco 119, 121, 135, 140, 165, 281, 354, 399, 399, 404, 407, 409, 416, 428, 430, 440, 547, 558
Rest, Walter 558
Rieffel, Adelheid 407
Ring, Kenneth 229
Ritchie, George 232
Ritter, Michael 438
Roberts, Julia 239, 332
Roemer, Michael 334
Rönsch, Hannelore 528
Roloff, Eckart 261
Roloff, Sighard 557
Rosenberg, Alfons 227
Rosenberg, Charles E. 23, 227
Rüther, Bernhard 159
Ruhbach, Gerhard 89
Rýzl, Milan 229

Sade, Marquis de 63
Sandfort, Lothar 493
Satrapa-Schill, Almut 410
Saunders, Cicely 21, 25 f., 125, 143–146, 149–152, 155 f., 162 f., 165 f., 297, 318, 351, 359 f. 362, 401 f. 415 f., 418 f., 437, 450, 458
Schadewaldt, Hans 128, 330, 350
Schäfer, Rudolf 309, 342, 572 f.
Scharfenberg, Joachim 286
Scheel, Mildred 361, 409
Scheel, Walter 361
Scheele, Paul Werner 425
Scheler, Max 61, 67, 125
Schenk, Herrad 416
Schiebeler, Werner 94, 228
Schied, Hans-Werner 132
Schipperges, Heinrich 348
Schlund, Robert 207
Schlunk, Thomas 430, 432
Schmeling, Max 186
Schmidt-Jortzig, Edzard 498
Schmied, Gerhard 323 f.
Schmierer, Christian 452, 458, 461, 471
Schmitten, Jürgen in der 257
Schneider, Gregor 342
Schober, Theodor 87, 192
Schobert, Kurt 498 f., 504
Schockenhoff, Eberhard 214
Schott, Christian-Erdmann 84
Schreiber, Hans-Ludwig 219

Schreiber, Hermann 510
Schulz, Paul 91
Schulz, Walter 61
Schwaiger, Thomas 522
Schwartländer, Johannes 61
Schweidtmann, Werner 92
Schweiger, Til 332
Seehofer, Horst 445 f., 499, 528, 537, 542, 544, 551
Seidel, Karl 122 f., 129, 196 ff., 202, 286, 355, 366, 371
Seifert, Jürgen 268
Seyfarth, Napoleon 512
Sherrill, Elizabeth 232
Shewmon, Alan 257
Shneidman, Edwin 193
Siegert, Walter 460
Sievers, Leo 182
Simpson, Michael 78
Singer, Peter 203, 209, 223
Smith, Betty 346, 348
Soest, Aart van 151, 164, 358, 431
Sokrates 125
Solschenizyn, Alexander 389
Sontag, Susan 23, 509
Spahn, Jens 266
Spies von Büllesheim, Elisabeth 423, 430
Sporken, Paul 102, 131, 160, 190, 201, 284, 395
Spree, Reinhard 35
Springsteen, Bruce 506
Steußloff, Hans 120, 196
Stevenson, Jan 228
Stoddard, Sandol 165 f., 415, 449
Stoiber, Karin 557
Strauss, Anselm 119, 127
Strauß, Franz-Josef 451, 498
Streich, Christian 563, 565
Strickland, Albert Lee 516
Student, Johann-Christoph 160, 219, 390, 402 f., 405, 415, 420, 428, 430, 432, 439 f., 458, 464, 532, 534
Sudnow, David 118 f.
Süssmuth, Rita 456
Susman, Franz 134
Sutherland, Kiefer 239
Svoboda, Robert 81 f.
Székely, Anton 82, 157, 159 f., 297

Tanneberger, Stephan 44
Tasma, David 25 ff., 143, 149
Tausch, Anne-Marie 403
Tausch, Daniela 403, 413, 432
Tausch, Reinhard 316, 330, 403, 416, 428
Tenhumberg, Heinrich 86

Thielicke, Helmut 85, 190, 201
Thom, Achim 102, 122, 197, 202
Thomas, Carmen 330 ff., 334 ff., 416, 430
Thomsen, Klaus 352
Tille, Alexander 174
Toynbee, Arnold 65
Trifonow, Juri 100
Türks, Paul 390, 401, 405, 407, 412, 415 ff., 419 f., 457
Twycross, Robert 377, 467 f.

Uhlenbruck, Wilhelm 243, 246 ff., 266
Ullrich, Jan 505

Versace, Gianni 505
Vielhaber, Bernd 519
Vilmar, Karsten 560
Vogelsang, Kurt 301
Vogt, Gerburg 449 ff., 461, 478
Vogts, Berti 243
Volland, Hannelore 103, 295
Volontieri, Franco 402, 438, 519
Vovelle, Michel 8, 67, 71

Waigel, Theo 446
Wald, Florence 146
Walter, Tony 71
Wander, Maxie 45, 202, 295, 512
Wassermann, Rudolf 192
Weihrauch, Birgit 428, 430, 548
Weizäcker, Richard von 534
Wenders, Wim 332
Wetter, Friedrich 462
Weymann-Weyhe, Walter 90
Wiedemann, Renate 405, 413, 435, 438, 445, 552 f.
Wiesenhütter, Eckart 230
Wimmer, August 192
Winandy, Thea 413
Winau, Rolf 330
Winkler, Eberhard 129, 282, 284
Winter, Friedrich 100 f.
With, Hans de 192
Wittkowski, Joachim 123
Witzel, Lothar 88, 126, 184
Woodward, Kenneth 235
Worms, Bernhard 392, 532, 534, 536 f., 548, 552 f., 561
Wunder, Michael 88, 104

Zeidler, Wolfgang 208
Zenz, Michael 379
Zickgraf, Cordula 321
Ziegler, Jean 74
Zielinski, Helmut R. 107, 160 f., 297 f., 360 f., 427

Zilk, Helmut 156
Zimmermann, Thomas 456, 469 ff.
Zingelmann, Günther 56

Zorn, Fritz (eig. Fritz Angst) 46
Zschocke, Fee 163
Zulehner, Paul 421

Ortsregister

Aachen 206, 297, 374, 383, 390, 401, 408, 412 f., 415 f., 419, 421, 457 f., 534, 547
Allensbach 96, 211
Amman 253
Augsburg 21, 445 f., 480, 483, 493–496

Bad Kreuznach 534
Bad Nauheim 359
Baltimore 233
Bamberg 421, 466, 539
Basel 313, 523
Berlin 19–22, 31, 35, 63, 214, 241, 243, 274, 313, 510, 528, 531, 536, 549, 555
– Ost-Berlin 48, 104, 113, 130, 263, 280, 290, 292, 295, 298, 309, 356, 363, 378, 397 f.
– West-Berlin 87, 111, 176 f., 235, 272, 356, 378, 385, 390, 418 f., 514, 516 f., 523
Bernau a. Chiemsee 490
Beutelsbach 432
Białystok 150
Bielefeld 444
Bingen 397, 405, 412, 423, 431
Bocholt 404
Bochum 272, 526, 536
Böblingen 272
Bonn 86, 159, 208, 217, 301, 310, 362, 372, 374, 377 ff., 402, 417, 419, 527, 529, 534, 536, 541, 547, 558
Boston 244
Brandenburg a. d. Havel 41, 121
Braunschweig 192, 425, 539
Bremen 52, 191, 268, 310, 419, 482, 488, 531
Brüssel 142
Buchholz in der Nordheide 405
Budapest 387

Cambridge 63
Celle 421 f.
Chicago 109, 151
Cottbus 544

Danzig (Gdańsk) 149 f.
Darmstadt 45, 310
Dessau 393, 398
Dortmund 119, 121, 127, 165, 281, 539, 555
Dresden 98, 292, 398, 415, 551
Dublin 142
Düren 406

Düsseldorf 128, 160, 354, 407, 444, 538, 558
Duisburg 529

Emmendingen 23
Erfurt 365 f., 385, 398, 424
Erkrath-Hochdahl 529, 532, 547 f.
Erlangen 126, 257, 310, 414, 489
Essen 82
Esslingen 272

Fellbach 280
Flensburg 409, 423
Frankfurt a. M. 73, 218 f., 310 f., 486 f., 523 f.
Freiburg i. Brsg. 21, 207, 215, 228, 355, 375, 419, 424, 448, 543
Freising 82, 451, 461 f., 476, 522

Gelsenkirchen 20
Gießen 355, 370
Görlitz 41, 42, 47
Göttingen 101, 135, 219, 374, 495, 497
Greifswald 123

Hackney siehe London
Halle a. d. Saale 17, 21, 103, 254, 296, 368 f., 383–396, 398, 406, 432, 529, 533, 581
Hamburg 8, 53, 71, 265, 280, 352, 378, 441, 515, 523, 548, 555
Harlaching siehe München
Hann. Münden 404 f., 412
Hannover 92, 126, 160, 291, 318, 420
Heidelberg 82, 86, 101, 348, 357
Herborn 409, 419
Hildesheim 544
Hofgeismar 119

Ingolstadt 141

Jena 120, 198

Karlsruhe 206, 218, 375, 493
Kassel 9, 141, 310, 312, 493
Kempten 218, 271, 274
Kiel 175, 540
Koblenz 19, 304, 549
Köln 107, 112, 192, 204, 243, 297 f., 313, 360 ff., 372, 374, 376 ff., 385, 402, 406 f., 423, 427, 430, 467, 475, 523, 526, 529, 547, 558
Kopenhagen 182
Konstanz 220

Krakau 149 f., 386, 390
Kühlungsborn 124

Leeds 449
Leeuwarden 168 f., 171
Leipzig 101, 120, 124, 196, 325, 357, 393, 398
Limburg 95, 151, 156, 238, 351, 377, 379, 412 f., 432
Loccum 425
Lohmar 409, 416 f., 529, 532, 547, 558
London 21, 25 f., 63, 125, 142, 144 (Hackney), 146, 149, 151 ff., 157, 162, 164, 178, 296, 298, 311, 326, 359–362, 383, 387, 389, 391, 398 f., 401, 447 f., 450, 457, 462, 475, 478
Los Angeles 522
Ludwigshafen 554

Magdeburg 272, 383, 385, 388 f., 398
Mainz 219
Mannheim 313, 374, 537
Marburg 113, 265, 583
Maria Laach 535
Meilen am Zürichsee 109
Meißen 551
Merdingen 505
Merseburg 385, 388
Miami 505
Montreal 360, 403, 449
München 21, 46, 85, 134, 151, 159, 268, 293, 301, 310 f., 362, 372, 383, 409, 418, 421, 427, 429, 431, 433, 446–451, 452–454, 456–464, 466 ff., 470 f., 473–482, 484, 490, 501, 503 f., 521 f., 526, 546, 557
Münster 86, 258, 426, 488, 538, 547, 558

Nagold 539
New Haven, CT 147
New York 52, 109, 142, 147, 307
Neubrandenburg 281 ff., 292, 354
Noordwolde 167, 169
Norwich 137
Nürnberg 245, 267 f., 287, 295, 428, 481 ff.,489, 529

Oberharmersbach 523
Oberhausen 313
Olpe 530
Oosterwolde 167 f.
Osaka 165
Oxford 26, 144, 359, 467 f., 483 f.

Paderborn 140, 385
Parey 366

Paris 63, 308
Plymouth 383
Posen (Poznań) 150
Prag 263, 389

Radebeul 415, 529
Ravensburg 206
Recklinghausen 400 f., 407 ff., 426, 428, 431, 434, 438, 475, 521, 547
Regensburg 214, 460, 573
Reigate 383
Rendsburg 419, 529, 540
Rottenburg 160

Saarbrücken 362, 523, 529
San Francisco 147, 457, 514, 522
Schwerte 119, 419
Sheffield 401
Siegen 419
Sinzig 530
Sondershausen 100
Southampton 467
St. (Sankt) Augustin 535
Straßburg 37
Stuttgart 21, 160, 228, 402 f., 408, 414, 422, 428, 431, 433, 526
Suhl 48
Sydney 142
Syke 530

Tilburg 168
Toronto 513
Tokio 165
Traunstein 490
Trier 206
Tübingen 61, 83, 151, 164, 192, 215, 358, 410, 417, 422, 431 f.

Ulm 350, 432
Unna 310
Utrecht 86

Vancouver 508

Wachtberg-Niederbachem 535
Warschau 25, 149
Weimar 45
Weißenfels 385
Wien 313, 426, 466
Wiesbaden 39
Wiesloch 419
Wittenberg 368 f.
Würzburg 427, 475

Zakopane 387
Zürich 52, 109, 182

www.ingramcontent.com/pod-product-compliance
Lightning Source LLC
Chambersburg PA
CBHW031717230426
43669CB00007B/168